現代民事手続の法理

上野泰男先生古稀祝賀論文集

弘文堂

上野恭男先生

謹んで古稀をお祝いし
上野益男先生に捧げます

執筆者一同

はしがき

　上野泰男先生は2017年3月16日に古稀をお迎えになられました。本論文集は、上野先生の古稀をお祝いするために編まれ、その趣旨に賛同する方々のご寄稿によって上野泰男先生古稀祝賀論文集『現代民事手続の法理』として先生に献呈するものです。

　上野先生は、1947年3月16日、和歌山市にお生まれになりました。関西大学法学部で学ばれた後、大阪市立大学大学院法学研究科で小室直人先生の指導のもと民事訴訟法の研究に入られました。小室先生は上訴制度の研究で知られる大家ですが、上野先生もそのテーマを引き継がれ、多くの重要な論考を発表されてこられたこと、ことに上訴の利益論において新実体的不服説をとられたことは周知の通りです。またご研究の初期の頃に書かれた当事者変更論や当事者確定論は、現在にいたるまでこの種の研究の必読文献となっております。さらには、証拠収集手続、とりわけ文書提出命令に関するご研究や口頭弁論終結後の承継人論などで注目すべき業績を残されてこられました。仲裁に関する先生の一連のご研究も学界に大きく寄与されたことはいうまでもありません。このような先生のご業績のすべてが、丹念かつ緻密な研究の成果であり、それに基づく思索の深さ、独特の論理の運びは、他の追随を許さないものとなっております。先生のこのようなご業績を介して、どのような問題に対しても幾重にも慎重な分析を施し、きわめて入念な論理の積み重ねを大切にされてきた先生の学風に触れた方は少なくないと思われます。

　上野先生は、1975年に名城大学法学部の専任講師、1977年に同助教授、1985年に関西大学法学部教授を経て、2001年に早稲田大学法学部教授に嘱任されました。この間、日本民事訴訟法学会の大会担当理事、雑誌担当理事、総務担当理事などの要職を務められ、さらには司法試験考査委員、新司法試験考査委員、法制審議会臨時委員などを歴任されておられます。また、海外留学に関しましては、1980年から約2年間ドイツのフランクフルト大学に、そして1987年から約1年半、同じくドイツのレーゲンスブルク大学に留学され、研鑽を積まれました。先生のドイツ法に関する造詣の深さは、当事者変更論などにみられるところですが、特にWolfram Henckel（ヴォルフラム・

ヘンケル）教授の影響を強く受けておられるように見受けられます。Henckel流の緻密な議論はそのまま上野先生の緻密かつ精密な議論につながっているように思われます。

　上野先生は、その穏やかなお人柄とともに大変に遠慮深い方でもあります。古代ローマの詩人オウィディウスの詩の一節に「よく隠れたる者は、よく生きたり（Bene vixit qui bene latuit）」とありますが、先生はまさにこれを体現されておられるようにも思われます。このような姿勢を貫いてこれまで研究を続けてこられました。もちろん先生のご業績は隠れようもないところですが、先生のお人柄と一体となってわれわれ後進に研究者の1つのあり方を示しておられるように思われます。今後とも先生のご指導を賜ることができれば、幸いこれにすぐるものはございません。

　上野先生を初めご家族の皆様の益々のご健勝をお祈り申し上げる次第です。

　　2017年3月

　　　　　　　　　　　　　　　　　　　　　　　編集委員
　　　　　　　　　　　　　　　　　　　　　　　加藤　哲夫
　　　　　　　　　　　　　　　　　　　　　　　本間　靖規
　　　　　　　　　　　　　　　　　　　　　　　髙田　昌宏

目　　次

はしがき　　*iii*
執筆者一覧　　*xiv*
凡　　例　　*xvi*

第 1 編　民事訴訟の担い手

インターネット上の名誉・信用毀損事件における国際裁判管轄
──ドイツ判例の紹介と検討……………………………………安達栄司…*3*

  I　はじめに
  II　ドイツ連邦通常裁判所 2010 年 3 月 2 日判決（ニューヨークタイムズ事件）
  III　ニューヨークタイムズ事件判決の評価と影響
  IV　2011 年 10 月 25 日の EU 司法裁判所判決（eDate 事件）
  V　日本法に向けての示唆

利益相反を規律する裁判所の役割
──アメリカ法における代理人欠格の法理からの示唆……………石田京子…*23*

  I　問題の所在
  II　ABA 模範規則における利益相反の規律の概要
  III　アメリカの裁判所における代理人欠格の法理
  IV　まとめにかえて──日本法への示唆

除斥原因から考える忌避事由
──金沢地決平成 28 年 3 月 31 日……………………………………高田賢治…*37*

  I　はじめに
  II　金沢地決平成 28 年 3 月 31 日
  III　除斥と忌避の制度趣旨
  IV　忌避の理由の検討
  V　おわりに

民事訴訟における専門家の「中立性」
──専門委員の手続規律を中心として………………………………福永清貴…*53*

  I　はじめに──課題の限定
  II　専門委員の法的性格──鑑定人との比較

Ⅲ　専門委員の中立性
　　Ⅳ　結び

裁判権に服する者の一般公法上の義務という観念について
……………………………………………………………………福本知行…65
　　Ⅰ　はじめに
　　Ⅱ　裁判権に服する者の一般公法上の義務という観念の含意
　　Ⅲ　一般公法上の義務の理論的な基礎づけ
　　Ⅳ　まとめ

訴訟信託禁止規定と隣接諸制度 ………………………堀野　出…81
　　Ⅰ　問題の所在
　　Ⅱ　立法の経緯・制度趣旨
　　Ⅲ　訴訟信託に関する先例・学説
　　Ⅳ　隣接する諸制度との関係
　　Ⅴ　任意的訴訟担当と訴訟信託
　　Ⅵ　まとめ

第2編　各種の民事訴訟

賃料増減額確認訴訟に関する一考察…………………坂田　宏…101
　　Ⅰ　はじめに
　　Ⅱ　本判決の紹介
　　Ⅲ　検討

共有物分割の自由とその限界……………………………秦　公正…115
　　Ⅰ　はじめに
　　Ⅱ　共有物分割の自由の根拠
　　Ⅲ　共有物分割の自由とその限界
　　Ⅳ　結びに代えて

債権法改正法案における詐害行為取消請求訴訟に
係る確定判決の効力………………………………………畑　瑞穂…133
　　Ⅰ　はじめに
　　Ⅱ　従来の状況
　　Ⅲ　債権法改正への動き
　　Ⅳ　改正法案の理解
　　Ⅴ　おわりに

第3編　民事訴訟の審理

民事訴訟における実体法的アプローチと訴訟政策的アプローチ
——当事者適格論および証明責任論を中心として………………池田辰夫…*147*

    Ⅰ　はじめに——問題の所在
    Ⅱ　当事者適格——具体例からみた論点
    Ⅲ　証明責任の分配論
    Ⅳ　両アプローチのいずれに立つべきか
    Ⅴ　おわりに

証拠調べにおける当事者の支配（Parteiherrschaft）と裁判官の権能（Richtermacht）
——ドイツの独立証拠手続における「職権による文書等の提出命令」の可否を素材として………………………………………… 春日偉知郎…*163*

    Ⅰ　問題の所在
    Ⅱ　解釈上の具体的問題——ベルリン高等裁判所 2013 年 4 月 10 日決定とその周辺
    Ⅲ　学説の対応
    Ⅳ　背後に潜む問題——裁判官の権能の拡大・強化と弁論主義
    Ⅴ　むすび

続・民事裁判における「手続的正義」・小考
——「弁論再開判決」（最一小判昭和 56 年 9 月 24 日）後の諸判例を中心として
………………………………………………………………………川嶋四郎…*185*

    Ⅰ　はじめに——問題の所在
    Ⅱ　「弁論再開判決」以降の判例等
    Ⅲ　おわりに——「手続的正義」規範の救済志向的な活用を目指して

直接主義の機能分析
——心理学的考察のための覚書………………………………………菅原郁夫…*205*

    Ⅰ　はじめに——直接主義をめぐる近時の議論
    Ⅱ　わが国における直接主義をとりまく環境とその効果
    Ⅲ　直接主義に対する検討の視点
    Ⅳ　心理学的検討からの示唆——直接主義と訴訟の迅速化とのバランシング
    Ⅴ　最後に

二重起訴禁止と相殺の抗弁との関係に関する判例の展開
………………………………………………………………………杉本和士…*227*

    Ⅰ　はじめに——問題状況
    Ⅱ　平成 27 年判決以前の判例
    Ⅲ　平成 27 年判決の分析と位置付け
    Ⅳ　おわりに——二重起訴禁止と相殺の抗弁との関係に関する判例の展開

「自由な証明」の現在
――近時の日独民事訴訟法の比較……………………………………髙田昌宏…247
- I　はじめに――わが国の民事訴訟法における「自由な証明」の現在
- II　ドイツ民事訴訟法における「自由な証明」の現在
- III　若干の分析――民事訴訟における「自由な証明」の今後

一般条項と処分権主義
――立退料判決を素材として……………………………………………堤　龍弥…267
- I　はじめに
- II　正当事由をめぐる訴訟法的諸問題（主として処分権主義の観点から）
- III　おわりに

本訴・反訴の請求債権による相殺に関する判例法理
…………………………………………………………………………勅使川原和彦…285
- I　はじめに
- II　3つの最高裁判例と2つの下級審裁判例
- III　「審判対象の重複を許さない形での条件付けによる制度的な分離禁止」構成
- IV　おわりに

医療事故調査制度の現状と課題
――民事訴訟法の観点から………………………………………………西口　元…301
- I　問題の所在
- II　これまでの死因究明手段
- III　医療事故調査制度
- IV　医療事故調査制度の民事訴訟法的問題
- V　民事訴訟の事実認定力の強化と医師の責任追及

第4編　判決の効力

登記手続を命ずる確定判決と承継人に対する判決効…笠井正俊…319
- I　はじめに
- II　関連する判例
- III　意思表示を命ずる確定判決の強制執行に関する総論的事項
- IV　承継執行肯定説
- V　承継執行否定説
- VI　検討
- VII　結びに代えて

既判力の時的限界について……………………………………………加波眞一…335
- I　はじめに
- II　既判力の時的限界と既判力の基本的規制枠組み
- III　既判力の時的限界と口頭弁論終結後の形成権行使の許否

Ⅳ　本稿のまとめ

既判力の失権効と要件事実
――口頭弁論終結後の承継人への既判力拡張・補論……………………鶴田　滋…353
　　　Ⅰ　問題の所在
　　　Ⅱ　既判力の拘束力と失権効
　　　Ⅲ　既判力の失権効と要件事実
　　　Ⅳ　口頭弁論終結後の承継人への既判力拡張の作用
　　　Ⅴ　おわりに

口頭弁論終結後の承継人の訴訟上の地位……………長谷部由起子…371
　　　Ⅰ　問題の所在
　　　Ⅱ　【例1】の検討――給付判決の既判力の拡張
　　　Ⅲ　【例2】の検討――請求棄却判決の既判力の拡張

口頭弁論終結後の承継人に関する覚書………………………本間靖規…389
　　　Ⅰ　はじめに
　　　Ⅱ　口頭弁論終結後の承継人の基準をめぐる従来の議論
　　　Ⅲ　上野説の位置付け
　　　Ⅳ　おわりに

第5編　上訴・再審

再審の訴えにおける除斥期間
――民訴法338条2項後段の場合について……………………………内山衛次…411
　　　Ⅰ　はじめに
　　　Ⅱ　判例および学説の状況
　　　Ⅲ　検討
　　　Ⅳ　おわりに

一部請求と控訴の利益
――全部勝訴した原告にはなぜ控訴の利益が認められないのか？…越山和広…427
　　　Ⅰ　課題の提示
　　　Ⅱ　明示の一部請求と控訴の利益
　　　Ⅲ　黙示の一部請求と控訴の利益
　　　Ⅳ　結果的な一部請求と控訴の利益
　　　Ⅴ　附帯控訴による請求の拡張
　　　Ⅵ　原理的検討

詐害再審についての一考察……………………………………畑　宏樹…445
　　　Ⅰ　はじめに
　　　Ⅱ　再審における当事者適格
　　　Ⅲ　詐害判決と再審事由

Ⅳ　現行民事訴訟法の解釈論による詐害再審の可能性
　　Ⅴ　さいごに——立法論として

「手続集中」理念と更新禁止原則……………………………松村和德…459
　　Ⅰ　はじめに
　　Ⅱ　わが国における更新権をめぐる議論——更新禁止原則を中心として
　　Ⅲ　オーストリア民訴法における更新禁止原則
　　Ⅳ　おわりに——わが国民事訴訟法における更新権のあり方

訴訟判決および訴訟終了宣言判決を取り消す際の
控訴審における措置をめぐる諸問題………………………三木浩一…479
　　Ⅰ　はじめに
　　Ⅱ　訴訟判決の取消しと不利益変更禁止原則
　　Ⅲ　訴訟終了宣言判決の取消しと自判の可否

民事訴訟における上告受理制度の機能について………安見ゆかり…495
　　Ⅰ　はじめに
　　Ⅱ　上告受理（および上告）の機能をめぐる議論状況
　　Ⅲ　代表的判例にみられる上告受理の機能
　　Ⅳ　まとめとして

第6編　執行・倒産

請求権の事後的変動と強制執行
——転換執行説に対する若干の疑問と検討………………内田義厚…515
　　Ⅰ　はじめに
　　Ⅱ　転換執行説の内容
　　Ⅲ　転換執行説の検討と私見
　　Ⅳ　不作為義務の強制執行における侵害態様の変動
　　Ⅴ　建物買取請求権の行使による債務名義上の請求権の変動
　　Ⅵ　おわりに

執行判決訴訟における相殺の抗弁………………………………小田　司…533
　　Ⅰ　はじめに
　　Ⅱ　執行判決訴訟における相殺の抗弁の主張
　　Ⅲ　相殺の抗弁と国際的訴訟競合
　　Ⅳ　おわりに

株式会社である再生債務者の公平誠実義務・再論
——事業再生過程における取締役の業務執行との関わりをめぐって…加藤哲夫…551
　　Ⅰ　はじめに
　　Ⅱ　日本法における理論状況
　　Ⅲ　米国法におけるDIPとその取締役——概説

Ⅳ　むすびにかえて

相反する債務名義による義務の衝突と間接強制の阻害事由
——諫早湾事例を素材とした覚書……………………………金　炳学…567
　　Ⅰ　はじめに
　　Ⅱ　事案の概要および決定の要旨
　　Ⅲ　検討
　　Ⅳ　結びに代えて

倒産 ADR の現状と課題
——「法的整理から倒産 ADR へ」の流れを受けて ……………中島弘雅…581
　　Ⅰ　倒産 ADR の意義と本稿の目的
　　Ⅱ　私的整理と私的整理ガイドライン
　　Ⅲ　民間型倒産 ADR
　　Ⅳ　行政型倒産 ADR
　　Ⅴ　司法型倒産 ADR
　　Ⅵ　おわりに

間接強制決定をめぐるプロセスと不当利得 ……………西川佳代…609
　　Ⅰ　はじめに
　　Ⅱ　諫早湾潮受堤防排水門をめぐる間接強制と請求異議
　　Ⅲ　執行と不当利得
　　Ⅳ　裁判外のプロセスと間接強制における審理
　　Ⅴ　おわりに

破産管財人の法的地位と破産財団に属する財産の帰属
——最判平成 26 年 10 月 28 日の理解をめぐって …………………山本克己…631
　　Ⅰ　はじめに
　　Ⅱ　最判平成 26 年 10 月 28 日
　　Ⅲ　木内裁判官の補足意見の分析
　　Ⅳ　破産財団に属する財産一般が破産管財人に帰属すると考えることの問題点
　　Ⅴ　不法原因給付の扱い
　　Ⅵ　他の問題点

アメリカにおける早期事業再生の手法 ………………山本　研…651
　　Ⅰ　はじめに
　　Ⅱ　事前調整型の再建手続の類型
　　Ⅲ　363 条セールによる事業譲渡
　　Ⅳ　商取引債権者の処遇——Critical Vendor に対する優先弁済
　　Ⅴ　おわりに

第7編　仲裁・ADR

仲裁における当事者自治の原則……………………………猪股孝史…671
  I 仲裁における手続自由原則
  II 仲裁における当事者自治の原則と限界
  III 仲裁における強行規定違反

欧州連合 ADR とドイツ新消費者紛争解決法の動向……出口雅久…689
  I はじめに
  II 欧州連合消費者 ADR ガイドラインのねらい
  III 欧州連合とドイツにおける ADR の歴史
  IV ドイツ新消費者紛争解決法の内容
  V 新消費者紛争解決法の評価
  VI おわりに

過払金返還請求訴訟と特定調停の効力………………………柳沢雄二…707
  I はじめに
  II 調停条項と公序良俗違反
  III 調停に代わる決定と錯誤
  IV おわりに

ADR 和解への執行力付与に関する総論的検討
――UNCITRAL 国際商事調停和解の執行に関する審議からの示唆…山田　文…723
  I はじめに
  II ADR 和解への執行力付与に関する現在の状況
  III 執行力消極論の理由と対応可能性
  IV 執行拒絶事由の検討
  V おわりに

仲裁判断における準拠法について………………………………山本和彦…737
  I 本稿の問題意識
  II 準拠法（合意法）違反と仲裁判断取消事由
  III 準拠法（密接関連国法）違反と仲裁判断取消事由
  IV 最密接関連性に関する自白・擬制自白の効力
  V おわりに

認定司法書士と裁判外和解の代理権能および裁判書類作成権能
 ……………………………………………………………………我妻　学…755
  I はじめに
  II 認定司法書士の裁判外和解の代理権能
  III 司法書士の裁判書類作成権能
  IV おわりに

国際仲裁における仲裁判断の res judicata ……………渡部美由紀…771
    Ⅰ はじめに
    Ⅱ 仲裁判断の res judicata
    Ⅲ 国際仲裁判断の res judicata
    Ⅳ むすびに代えて

上野㤗男先生　経歴・著作目録　　787
あとがき　　801

●執筆者一覧（五十音順・敬称略）

安達　栄司（あだち・えいじ）　立教大学大学院法務研究科教授
池田　辰夫（いけだ・たつお）　大阪大学名誉教授・弁護士
石田　京子（いしだ・きょうこ）　早稲田大学法学学術院准教授
猪股　孝史（いのまた・たかし）　中央大学法学部教授
内田　義厚（うちだ・よしあつ）　早稲田大学法学学術院教授
内山　衛次（うちやま・えいじ）　関西学院大学法学部教授
小田　　司（おだ・つかさ）　日本大学法学部教授
笠井　正俊（かさい・まさとし）　京都大学大学院法学研究科教授
春日偉知郎（かすが・いちろう）　関西大学大学院法務研究科教授
加藤　哲夫（かとう・てつお）　早稲田大学法学学術院教授
加波　眞一（かなみ・しんいち）　立命館大学大学院法務研究科教授
川嶋　四郎（かわしま・しろう）　同志社大学法学部・大学院法学研究科教授
金　　炳学（きむ・びょんはく）　福島大学行政政策学類法学系准教授
越山　和広（こしやま・かずひろ）　龍谷大学法学部教授
坂田　　宏（さかた・ひろし）　東北大学大学院法学研究科教授
菅原　郁夫（すがわら・いくお）　早稲田大学法学学術院教授
杉本　和士（すぎもと・かずし）　千葉大学大学院専門法務研究科准教授
髙田　賢治（たかた・けんじ）　大阪市立大学大学院法学研究科教授
髙田　昌宏（たかだ・まさひろ）　早稲田大学法学学術院教授
堤　　龍弥（つつみ・たつや）　関西学院大学大学院司法研究科教授
鶴田　　滋（つるた・しげる）　大阪市立大学大学院法学研究科教授
出口　雅久（でぐち・まさひさ）　立命館大学法学部教授
勅使川原和彦（てしがはら・かずひこ）　早稲田大学法学学術院教授
中島　弘雅（なかじま・ひろまさ）　慶應義塾大学大学院法務研究科教授
西川　佳代（にしかわ・かよ）　横浜国立大学大学院国際社会科学研究院教授
西口　　元（にしぐち・はじめ）　早稲田大学法学学術院教授
長谷部由起子（はせべ・ゆきこ）　学習院大学大学院法務研究科教授
秦　　公正（はた・きみまさ）　中央大学法学部教授

畑　　宏樹	（はた・ひろき）	明治学院大学法学部教授
畑　　瑞穂	（はた・みずほ）	東京大学大学院法学政治学研究科教授
福永　清貴	（ふくなが・きよたか）	国士舘大学法学部教授
福本　知行	（ふくもと・ともゆき）	金沢大学人間社会研究域法学系准教授
堀野　　出	（ほりの・いずる）	九州大学大学院法学研究院教授
本間　靖規	（ほんま・やすのり）	早稲田大学法学学術院教授
三木　浩一	（みき・こういち）	慶應義塾大学大学院法務研究科教授
松村　和德	（まつむら・かずのり）	早稲田大学法学学術院教授
安見ゆかり	（やすみ・ゆかり）	青山学院大学法学部教授
柳沢　雄二	（やなぎさわ・ゆうじ）	名城大学法学部准教授
山田　　文	（やまだ・あや）	京都大学大学院法学研究科教授
山本　和彦	（やまもと・かずひこ）	一橋大学大学院法学研究科教授
山本　克己	（やまもと・かつみ）	京都大学大学院法学研究科教授
山本　　研	（やまもと・けん）	早稲田大学法学学術院教授
我妻　　学	（わがつま・まなぶ）	首都大学東京大学院社会科学研究科法曹養成専攻教授
渡部美由紀	（わたなべ・みゆき）	名古屋大学大学院法学研究科教授

凡　例

判旨等の中における〔　　〕は、引用者注であることを示す。
法令・判例の表記方法は、大方の慣例に従った。
判例出典・判例集・雑誌等の表記は以下のような略語を用いた。

● 判例集

民録	大審院民事判決録
民集	最高裁判所民事判例集
高民	高等裁判所民事判例集
下民	下級裁判所民事判例集
集民	最高裁判所裁判集民事
東高民	東京高等裁判所民事判決時報
家月	家庭裁判所月報
裁時	裁判所時報
金判	金融・商事判例
最判解民事篇	最高裁判所判例解説・民事篇
判時	判例時報
判自	判例地方自治
判タ	判例タイムズ

● 雑誌等

NBL	NBL
金法	旬刊金融法務事情
自正	自由と正義
重判解	重要判例解説
ジュリ	ジュリスト
曹時	法曹時報
判評	判例評論
法協	法学協会雑誌
法教	法学教室
法時	法律時報
法セミ	法学セミナー
ひろば	法律のひろば
民商	民商法雑誌
民訴	民事訴訟雑誌
リマークス	私法判例リマークス

第 1 編

民事訴訟の担い手

インターネット上の名誉・信用毀損事件における国際裁判管轄
──ドイツ判例の紹介と検討

◆安達栄司◆

 I　はじめに
 II　ドイツ連邦通常裁判所 2010 年 3 月 2 日判決（ニューヨークタイムズ事件）
 III　ニューヨークタイムズ事件判決の評価と影響
 IV　2011 年 10 月 25 日の EU 司法裁判所判決（eDate 事件）
 V　日本法に向けての示唆

I　はじめに

　インターネット上のウェブサイト、ホームページまたは SNS において、ある表現行為や記事がひとたびアップロードされるとそれは瞬時に世界中でアクセス可能になる。それらの表現行為が他人の名誉、信用という人格権を侵害する内容を含む場合、当該記事等が作成され、アップロードされた国と人格権侵害の被害者がその記事等にアクセスした国が異なるならば、そのことに対する損害賠償および差止めを求める紛争は自ずと国際化し、国際裁判管轄の問題を検討することが不可避となる。わが国では平成 23 年の民訴法改正によって、民訴法 3 条の 2 から 3 条の 12 として、国際裁判管轄に関する規定が新設された。国際的な人格権侵害事件に関しては、被告住所地による管轄権（民訴 3 条の 2）および不法行為があった地（不法行為地）による管轄権（同 3 条の 3 第 8 号）の適用が特に関係する。

　最高裁判所平成 28 年 3 月 10 日判決[1]（民集 70 巻 3 号 846 頁。ユニバーサル・エンターテインメント事件）は、わが国の新しい国際裁判管轄法の適用が問題に

　1）　筆者は、本判決に対し反対の評釈を書いていた。安達栄司「インターネット上の名誉毀損の国際裁判管轄と特別の事情の考慮」金判 1507 号（2017）8 頁。

なった初めての最高裁判例である。この最判平成 28 年の意義は、関連する別件米国訴訟等を考慮すると、民訴法 3 条の 9 にいう「日本の裁判所が審理及び裁判をすることが当事者間の衡平を害し、又は適正かつ迅速な審理の実現を妨げることとなる特別の事情」があるというべきであると判断したことにあるが、事案は、米国法人がインターネット上のウェブサイトに掲載した記事による名誉等の毀損を理由とする不法行為に基づく損害賠償事件であった。最判平成 28 年の原審は（第 1 審判決と同様に）、「民訴法 3 条の 3 第 8 号にいう『不法行為があった地が日本国内にあるとき』とは、加害行為地が日本国内である場合だけではなく、加害行為による直接の結果が発生した地が日本国内である場合も含まれるものと解される。」と述べた上で、次のように判断して、結果発生地が日本国内にあることを認めた[2]。

　「本件プレスリリースには、……原告 P3 及びその関係者が多数回にわたり米国海外腐敗行為防止法違反を繰り返したこと等が記載されており、被告会社がこれをインターネット上で公表することによって、日本国内でも閲覧可能な状態となったことに照らせば、原告 P3 及び原告 P3 が取締役会長を務める原告ユニバーサルの名誉・信用毀損結果が日本国内でも直接発生したといえる。」
　「……原告 P3 は、日本人であり、A 社の親会社である原告ユニバーサルは、日本の株式会社であって、日本国内にも株主が多数いることは容易に想像され得るところであることからすれば、英語表記である点を考慮しても、なお日本国内で閲覧され、日本の投資家等にも多大な影響を及ぼすであろうことは、十分予見することが可能であったといえる。そうすると、本件プレスリリースを掲載すれば、それが日本国内で閲覧され、原告ユニバーサル及び原告 P3 の名誉・信用が毀損され得ることについて、通常予見することができたといえる。」
　「よって、被告会社がした本件プレスリリースの掲載によって、原告 P3 及び原告ユニバーサルの名誉・信用毀損という直接の結果が、日本において発生したと解するのが相当である」。

　最判平成 28 年は、原判決において肯定された国際裁判管轄の管轄原因としての結果発生地の存在に触れることなく、原判決が民訴法 3 条の 9 の「特別の事情」を肯定して訴えを却下した判断についてのみ上告審として取り上

---

[2] 原判決は、同時に、株価下落という損害発生は、3 条の 3 第 8 号の管轄原因にならないという判断もしていることが注目される。民集 70 巻 3 号 925 頁。

げて、その結論を支持して上告を棄却した。この最判平成 28 年は、訴え却下を導くことができる特別の事情として、主要争点に関する証拠が米国に所在すること、または被告の応訴の負担をあげている。しかし、証拠の所在や当事者の衡平の観点は、元来、不法行為地による特別の国際裁判管轄を正当化する要素である[3]。そうであるならば、最判平成 28 年の事案において、これらの要素が民訴法 3 条の 9 の「特別の事情」として再び考慮されて、訴えが却下されたということは、そもそも、民訴法 3 条の 3 第 8 号の不法行為地（結果発生地）がわが国にあると判断したことが、実は、本件では妥当ではなかったのではないか、という疑問も生じる[4]。

本稿は、最判平成 28 年を契機として、わが国におけるインターネット上の名誉・信用毀損事件における国際裁判管轄、とくに不法行為地の国際裁判管轄のありかたを検討するものである[5]。検討の方法は、民訴法 3 条の 3 第 8 号と同様に、証拠収集の便宜等の管轄利益の考慮に基づいて不法行為地（加害行為地と結果発生地）の所在国の裁判所に国際裁判管轄を認めるドイツ法（ZPO32 条）に当たることである。名誉毀損事件の国際裁判管轄の問題に関するドイツ法の状況は、わが国においてもすでに紹介されているが、考察対象は、主として出版物（印刷物）の刊行による名誉毀損（人格権侵害）の事案であった[6]。ドイツにおいては 2000 年代に入ると、出版物による名誉毀損に関する法理がインターネット上の名誉毀損にも転用可能かどうかが争われ、2010 年、新しい判例が確立した（ニューヨークタイムズ［The New York Times］事件）。そして、このドイツの判例は、後述の 2011 年の EU 司法裁判所の新判例（eDate 事件）の登場によって再検討を迫られている。

---

3) 澤木敬郎＝青山善充編・国際民事訴訟法の理論（有斐閣・1987）62 頁〔高橋宏志〕。
4) たとえば、本件の第 1 審において、被告は、本件プレスリリースは、米国内投資家向けとして公表されたものであるから、日本は結果発生地に含まれないと主張していた。民集 70 巻 3 号 899 頁。
5) 先駆的研究として、三井哲夫「サイバースペースにおける国際取引紛争」筑波大学大学院企業法学専攻十周年記念・現代企業法学の研究（信山社・2001）65 頁、松本博之「サイバースペースと国際裁判管轄」松本博之＝西谷敏＝守矢健一編・インターネット・情報社会と法（信山社・2002）429 頁、マルク・レオンハルト（松本博之訳）「インターネットにおける人格権侵害」同書 463 頁、高橋和之＝松井茂記＝鈴木秀美編・インターネットと法［第 4 版］（有斐閣・2010）346 頁がある。
6) 芳賀雅顯「名誉毀損の国際裁判管轄権」石川明先生古稀記念・EU 法・ヨーロッパ法の諸問題（信山社・2002）433 頁。

II ドイツ連邦通常裁判所 2010 年 3 月 2 日判決
（ニューヨークタイムズ事件）

　ドイツにおいて、出版物（印刷物）による名誉・信用毀損事件の国際裁判管轄は、1977 年 5 月 3 日の連邦通常裁判所（BGH）判決がリーディングケースである[7]。それによれば、国際裁判管轄の根拠となる不法行為地（結果発生地）は、印刷物が指定通りに頒布される場所、すなわち、第三者が指定通りに覚知する場所に認められるのであって、ただ偶然に覚知されたという場合は含まないというものである。したがって、発行者の販売部門が全く把握していなかったような地域において、問題の新聞や雑誌が第三者によって数冊持ち込まれたというだけでは、結果発生地とするには足りない。

　この印刷物による名誉毀損の法理が、インターネット上の名誉・信用毀損にも適用されるのかについて最初に BGH が判断することになったのが、2010 年 3 月 2 日のニューヨークタイムズ事件判決[8]である。以下、本判決を詳しく紹介する。

1　事案の概要

　ドイツに居住する原告は、著名な米国の日刊紙ニューヨークタイムズの 2001 年 6 月 12 日の紙版およびインターネット版の新聞に掲載され、さらにオンラインアーカイブにおいてアクセス可能な状態になった新聞記事によって人格権が侵害されたと主張して、ニューヨークタイムズの発行会社および記事の著者を相手取って、当該記事の差止めを求める訴えをドイツの地方裁判所に提起した。この問題の記事は、ニューヨーク市において RL 氏および RL 氏が支配する CEM 社に対し、ウクライナ政府高官への贈収賄の嫌疑で犯罪捜査が開始されたという内容である。この記事において、原告は名前を挙げて言及され、原告は金の密輸業者であり、かつ横領犯でもあると表記されている。さらに原告が支配するドイツ企業は、ドイツと米国の捜査機関の

　7）　NJW 1977, 1590. 芳賀・前掲注 6）438 頁、出口耕自「国際私法上における名誉毀損」上智法学論集 38 巻 3 号（1995）131 頁に紹介がある。
　8）　BGHZ 184, 313.

Ⅱ ドイツ連邦通常裁判所 2010 年 3 月 2 日判決（ニューヨークタイムズ事件）

報告書によれば、ロシアの組織犯罪団の一味であると報じられている。その記事では、原告はロシアの組織犯罪と関係があり、原告は米国への渡航が禁止されている、と記載されていた。

第 1 審裁判所および原審は、ドイツの国際裁判管轄を否定して、本件の訴えを不適法却下した[9]。これに対する原告の上告が受理されたところ、BGH は次のような理由を述べて、ドイツの国際裁判管轄が肯定できると判断し、原判決を破棄して、事件を控訴審裁判所に差し戻した。

2 判決の理由

BGH は、判決書の冒頭で、原判決の判断を次のように要約する。すなわち「4 控訴審裁判所は、ZPO32 条に基づくドイツの裁判所の国際裁判管轄を否定した。なぜなら、原告によって主張されているような記事による人格権侵害はドイツで行われなかった、と判断したからである。また、2001 年 6 月 12 日付けニューヨークタイムズ紙の印刷版は、通常、ドイツに向けた販売流通に置かれていなかったのであり、それゆえに、ドイツ国内においては、裁判管轄の発生原因となる頒布がないからである。」「インターネットにおける記事の公表もまた、ドイツにおける裁判籍を理由づけない。この記事は、内国関連性の要件を満たさない。記事は、ドイツにおけるインターネット利用者を名宛人として書かれていなかった。そのように評価できるのは、記事がニューヨークタイムズの地域版においてのみアクセス可能であり、そのような外形的な発現形態からして、アメリカの、とくにニューヨークにいる公衆に照準を合わせていた、ということが決定的である。その限りにおいて、本件の状況は、もっぱら地方の内容を掲載している地域の日刊新聞のオンラインアーカイブと同等であって、その内容は、典型的には、当該地域に客観的に向けられているものである。それゆえに、その記事内容が外国において取るに足るような関心を呼ぶことはほとんどない、と考えられる。ドイツが、ニューヨークタイムズのオンラインアーカイブにおいて読者住所として挙げられており、2001 年 6 月の時点で、1 万 4484 人の読者が自己申告の形でドイツを住所として届け出ているという事実があっても、その結論を変えるも

---

9) OLG Duesseldorf, Urteil vom 30. 12. 2008, NJW-RR 2009, 701.

のではない。なぜなら、そのことは、ニューヨークタイムズのオンライン読者の全体の約 0.5% に相応するにすぎず、覚知可能性の点では、ドイツ国内の市場範囲においてごくわずかな影響しか意味しないからである。問題の記事がまさにドイツにおいても注目されたかどうか、およびそこでドイツのマスコミによって引用されたかどうか、は重要ではない。原告がドイツに住所を有し、記事において犯罪行為と関係づけられて名前を挙げられていることも、同様に、必要な内国関連性を生み出さない。」

BGH は、以上のような原審の判断は上告審の再審査に耐えず、本件では逆に、ドイツの裁判所の国際裁判管轄は認められると判断した。BGH が最初に言及するのは、ドイツの国際裁判管轄が、ドイツ民訴法 12 条以下の土地管轄規定から間接的に定まること（二重機能性）および上告審での審査可能性（ZPO545 条 2 項）である。本件では、不法行為地の裁判籍を定める ZPO32 条の適用が問題になる。

(1) ZPO32 条の適用範囲　まず、BGH は、同条に関するいくつかの従来の解釈論を確認する。すなわち、「ZPO32 条によれば、不法行為に基づく訴えについて、その行為があった区域の裁判所が管轄権を有する[10]。管轄権の創設のためには、原告が、当該裁判所管区において実行された不法行為を生じさせるような事実を有理的に主張すれば足りる[11]。不法行為があった地とは、加害行為地と結果発生地の双方を意味し、そのため、侵害行為が行われたか、または保護法益が侵害されたかのいずれかの場所に選択的に裁判管轄が与えられる。ZPO32 条の不法行為地の裁判籍には、損害賠償請求と並んで、差止請求も含まれ[12]、さらに、同条は、法益の侵害が実際に発生したことを必ずしも要件とせず、法益侵害の恐れで足りるとするので、予防的差止請求の訴えもこの規定の適用範囲に入る。」

(2) インターネット上の不法行為の特徴——4 つの見解　次に、BGH は、原告が、インターネットのウェブサイトにアクセスされることによって自己の法益の侵害が発生した、または発生する恐れがあると主張している場合、

---

10) BGHZ 124, 237 [241]; BGHZ 132, 105 [110] = NJW 1996, 1411 が参照される。
11) BGHZ 132, 105 [110] = NJW 1996, 1411 が参照される。管轄原因と本案が符合する場合に管轄原因を仮定する判例である。
12) BGH, AfP 1994, 288 [290]; Zöller/Vollkommer, ZPO, 28. Aufl., §32 Rdnrn. 14, 16; Stein/Jonas/Roth, ZPO, 22. Aufl., §32 Rdnr. 23 が参照される。

いかなる目印を基準にして、その法益の侵害または侵害の恐れが発生する場所を確定するのかについて、判例および学説で争われている、と診断する。最初に言及されるのは、印刷物のなかに記載された名誉毀損的な表現による人格権侵害に関して、「法益侵害は、特に、刊行物が『頒布された場所』で発生するとした 1977 年の BGH の判例である[13]。その判例によれば、『頒布された』ということができるのは、刊行物の内容が第三者に、指定通りに、かつ単なる偶然にではなく、知られた場合である。そうであるから、出版社または編集者の販売部門が知っておらず、かつその印刷物は定期的には配達されていなかったような地域において、たまたま数冊の標本が持ち込まれたというだけでは頒布されたとはいえない。」

本件の原判決は、この判例の頒布の基準を本件にも応用したようにみえるが、BGH は、この 1977 年の判例をインターネット上の不法行為に無条件では転用できない、と躊躇をみせる。すなわち、「インターネットの内容（コンテンツ）は、通常は、『頒布』されず、アクセスされる状態に置かれるものである[14]。印刷物とは異なり、インターネットにおいては空間的に限定されるウェブサイトの頒布地域を特定することが困難である[15]。そのために、BGH の判例によって発展した制限をインターネット上の不法行為に転用することができるかどうか、さらには、指定通りの『頒布』という要件を原則的に肯定するとしても、それをどのように具体化するのか、は争われている。」。ここで BGH は、従来からの 4 つの見解を紹介する。

第 1 の見解は、下級審判例および一部の有力学説によって主張されているものであるが、ワールドワイドなウェブサイトの特徴に鑑みて、権利侵害的な内容を内国において単にアクセスする可能性があれば、それだけで、国際裁判管轄を肯定する[16]。

---

13) NJW 1977, 1590. 前掲注 7) 参照。
14) Pichler, in: Hoeren/Sieber, Hdb. Multimedia-Recht, Stand: Juni 2009, Kap. 25 Rdnr. 210 が参照される。
15) Isabel Roth, Die int. Zuständigkeit deutscher Gerichte bei Persönlichkeitsrechtsverletzungen im Internet, S. 254f が参照される。これは、2007 年に Mansel 教授の指導のもとケルン大学に提出された博士論文である。
16) Damm/Rehbock, Widerruf, Unterlassung und Schadensersatz in den Medien, 3. Aufl., Rdnr. 831; Baumbach/Lauterbach/Albers/Hartmann, ZPO, 67. Aufl., Art. 5 EuGVVO Rdnr. 23; Bachmann, IPRax 1998, 179 [184]; Coester-Waltjen, in: Festschr. f. Schütze, 1999, S. 175, 184; Spindler, ZUM 1996, 533 [562]; Schack, MMR 2000, 135 [138f] が参照される。その後、Schack はその国際民訴法

第2の見解は、本件の原判決が従った立場である。すなわち、「インターネット上の不法行為の結果発生地は、ZPO32条の枠内でも、またそれと同じ内容の規定のEUのブリュッセル規則5条3号の枠内においても、問題とされているインターネット上の表現が事業者の目的的な指定（zielgerichtete Bestimmung）によれば内国でアクセス可能である場合にのみ、内国に存在すると想定する[17]。」ここで参考になるのは、かつてBGH民事第1部が、競争法違反の事案において、ブリュッセル条約5条3号に関して示した解釈論である。すなわち、「ドイツ裁判所の国際裁判管轄は、問題のインターネット上の表現が、指定通りに内国において影響することが意図されている、または指定通りに、ドイツのインターネットユーザーに対しても向けられていた、という場合に想定できる[18]。被告に対する無制限の応訴義務（裁判義務）を回避するために、複数の下級審裁判所は、このような原則を、著作権侵害[19]、商標権侵害[20]、固定の営業権侵害[21]および、人格権侵害[22]の事案に転用してきた。」

　第3の見解は、フランス判例の立場である。すなわち、「パリの大審裁判所は、ブリュッセル規則5条3号の適用範囲において、法廷地国における権利侵害的記事へのアクセス数が判断基準になるとみなした[23]。」

　第4の見解は、BGH民事第1部の2004年の判例が、ブリュッセル規則5条3号の適用範囲における商標権侵害に関して示した考え方であって、「利益の衝突が実際に発生し得た場所に限定して、この裁判籍を適用する」というものである[24]。同じ考え方は、2000年12月12日のBGH刑事第1部の判決でも用いられている[25]。すなわち、その刑事判例によれば、「外国人が、

　　　体系書 IZVR, 6. Aufl.（2014）, Rn 343 で本判決の結論に異論を唱えていない。
17)　Pichler, in: Hoeren/Sieber, Kap. 25 Rdnrn. 207ff が参照される。
18)　BGHZ 167, 91 [98] が参照される。
19)　OLG Köln, GRUR-RR 2008, 71 が参照される。
20)　KG, NJW 1997, 3321 = MMR 1998, 56 L が参照される。
21)　LG Krefeld, AfP 2008, 99 [100] が参照される。
22)　OLG Celle, AfP 2009, 159; AG Charlottenburg, MMR 2006, 254 [255] が参照される。本件の原判決の立場もこれである。
23)　Ordonnance du Juge de la Mise en Etat, rendue le 27 Avril 2009, 17. Ch. Presse-Civile, Nr. Rg. 08/15331; Ordonnance du Juge de la Mise en Etat, rendue le 6 Juillet 2009, 17. Ch. Presse-Civile, Nr. Rg. 08/15331 が参照される。
24)　BGH, NJW 2005, 1435 [1436] が参照される。学説では Roth, S. 276ff.; v. Hinden, Persönlichkeitsrechtsverletzungen im Internet, S. 80ff., 88 が同様であるとして参照される。
25)　BGHSt 46, 212.

民衆煽動罪の構成要件を充足する自作の表現内容を、外国のサーバーからインターネットに掲載し、ドイツのインターネットユーザーがそれにアクセスしたという場合、その表現が具体的に内国における平和の妨害に適していたならば、犯罪の構成要件に該当する結果が内国で発生する。」

（3）　**第 4 の見解を支持**　　BGH は、本判決において、インターネット上の表現活動による人格権侵害に関して、ドイツの裁判所の国際裁判管轄は、最後にあげた第 4 の見解に従って決定されなければならない、とする新判断を下した。そのために次のような 4 つの理由を述べる。

　　（a）　最初に、上記の第 1 の見解によると過剰管轄となることが指摘される。すなわち、「権利侵害的な表現内容への単なるアクセス可能性だけで管轄を発生させるとみなす見解は、ZPO32 条の趣旨と目的に矛盾する。この規定に定められている不法行為地との連結は、原告が被告の裁判籍で訴えを提起しなければならないという原則 (actor sequitur forum rei) に対する例外を意味する[26]。本規定の正当化根拠は、加害行為地または結果発生地によって基礎づけられる、紛争と法廷地との特別な結びつきの中にある[27]。しかし、ある特定の法廷地との間の特別の結びつきは、権利侵害的な表現内容の単なるアクセス可能性によっては、生み出されない。なぜなら、ウェブサイトのアクセス可能性は、技術上の外的条件があれば、すべての国家において認められるものだからである。単なるアクセス可能性だけで足りるとするならば、被告にとって応訴義務の無限の拡大を引き起こすことになり、それは、関連性の乏しい裁判籍の回避、競合する裁判管轄権の限定、潜在的応訴義務の事前制御可能性といった管轄法上の基本原則に明確に違反することになる[28]。」

　　（b）　次に、本判決で BGH は、過剰管轄を回避するために、内国関連性を要件として付加することを宣言する一方で、原判決が採用したような「意図的または指定通りの頒布」の概念による制限を拒否した。すなわち、「このような事態を避けるために、権利侵害的な表現内容の単なるアクセ

---

[26]　BGHZ 115, 90 [92] = NJW 1991, 3092; Pichler, in: Hoeren/Sieber, Kap. 25 Rdnrn. 9ff が参照される。
[27]　BGH, NJW 1977, 1590; Pichler, in: Hoeren/Sieber, Kap. 25 Rdnrn. 180, 195; Bachmann, IPRax 1998, 179 [181]; Roth, S. 276; Zöller/Vollkommer, §32 Rdnr. 1 が参照される。
[28]　Pichler, in: Hoeren/Sieber, Kap. 25 Rdnr. 198 が参照される。

可能性を超える内国関連性が必要である[29]。控訴審裁判所の見解（第2の見解）とは逆に、問題のウェブサイトが『意図的に』または『指定通りに』ドイツのインターネット利用者に向けられていることは要件にすることができない。このような制限的基準は、競争法違反のような市場に関係付けられる不法行為の場合にその正当性を有するものであって、人格権侵害の場合のように、至る所に存在し得る多数の裁判籍を必要的に限定するのには適していない。人格権侵害は、市場への影響を要件とするのではなく、侵害者の意図とは無関係に、権利侵害的な表現内容を第三者が閲読することによって発生するものである[30]。」

(c) BGHは、本判決において、フランス法が採用する第3の見解も拒否する。すなわち、「裁判国における権利侵害的な表現内容へのアクセス数については、差止請求の場合、単なる徴表となるにすぎず、それを超えるだけの内国関連性の要件を確定するための十分な意義を認めることができない。なぜなら、第1に、実際のアクセス数は、必ずしも確実に確定ではないからである。第2に、アクセス数は、その点で主張・立証責任を負っている原告にとって、情報保護の理由から無制限に取得できるものではないからである[31]。それをおくとしても、差止請求は将来のことへと向けられているのであり、また、すでに法益が侵害されていることを要件としないからである。」

(d) 結局、BGHは上記の第4の見解に従い、結果発生地に基づく国際裁判管轄を認めるために明白な内国関連性を付加的要件とするべきことを明示する。その意義を次のように説明する。「むしろ決定的なのは、権利侵害的であると異議を唱えられている表現内容が、次のような意味において、内国に対する明瞭な関係〔内国関連性〕を示すかどうか、である。すなわち、対立する利益──すなわち、一方で、人格権の尊重という原告の利益と、他方で、インターネット上の表現行為および報道に関する被告の利益──の衝突が、具合的事案の状況に応じて、特に問題の記事の内容に照らしてみて、内

---

[29] BGHの決定であるBGH, GRUR 2010, 261 = MMR 2010, 211が参照される。これは、後述のeDate事件に関して、BGHがEU司法裁判所の先行判決に付託するために下した決定であり、そこでは、結果発生地の特定に内国関連性を要求するという本判決と同様の見解がすでに示されていた。

[30] Pichler, in: Hoeren/Sieber, Kap. 25 Rdnrn. 229, 251; v. Hinden, S. 83が参照される。

[31] Roth, S. 232ffが引用される。

国において実際に発生し得たのか、または発生し得るのか、という意味においてである[32]。このようなことは、次の場合に想定できる。すなわち、問題になっている報道に関し、内国における具体的事案の状況に応じて、その記事の単なるアクセス可能性があるという場合と比べて、その報道が知れわたる蓋然性がより高く[33]、かつその報道が知れわたることによって、原告が主張するような原告の人格権の侵害が、内国において（も）発生するだろうという場合である[34]。」

（4）**本件の結論**　　BGHは、以上のような法解釈論を示した上で、本件の原告による差止請求の訴えに関して、ドイツの裁判所の国際裁判管轄は肯定されると結論付ける。すなわち、「上述の原則によれば、ZPO32条に基づく、差止請求権に関して判決をするためのドイツの裁判所の国際裁判管轄は、肯定されなければならない。攻撃されている言明は、内容的にみてもすでに、ドイツのインターネット利用者がその閲読についての重大な利害関心を想起させるような明白な内国関連性を示している。攻撃されている記事において、ドイツに居住する原告は名前を挙げられている。原告は、ヨーロッパの刑事訴追官署の報告書を引用して、ロシアのマフィアとの結びつきがあると陰口が書かれている。ドイツに所在する原告の会社は、ドイツ検察庁の報告書によれば国際的犯罪組織のネットワークの一味であり、また原告は合衆国への渡航が禁じられている、と主張されている。」

「この記事が、内国（ドイツ）で閲読された、または将来閲読されることは、間違いない。ニューヨークタイムズは、国際的に著名な新聞であり、世界中の関心層から注目を集め、かつ彼らに到達するだろう。控訴審裁判所の認定によれば、新聞のオンライン版は、ドイツでもアクセス可能である。ドイツは、オンラインポータルサイトの登録地域のなかにあって、明確に『住所

---

32) BGH, GRUR 2010, 261 = MMR 2010, 211 = VersR 2010, 226 Rdnr. 21; BGH, NJW 2005, 1435 = GRUR 2005, 431; Pichler, in: Hoeren/Sieber, Kap. 25 Rdnr. 210; Lütcke, Persönlichkeitsrechtsverletzungen im Internet, 2000, S. 135, 137; Roth, S. 276f. という従来のドイツの判例・学説が参照される。これに加えてオーストラリアの判例もここで参照されている。High Court of Australia, Urt. v. 10. 12. 2002-Dow Jones and Company Inc. v. Gutnick [2002] HCA 56; 210 CLR 575; 194 ALR 433; 77 ALJR 255.
33) Roth, S. 278ff が参照される。
34) Bachmann, IPrax 1998, 179 [185]; Pichler, in: Hoeren/Sieber, Kap. Rdnr. 251; Roth, S. 282ff が参照される。

地』として記載されている。控訴審裁判所の認定によれば、2001年6月において1万4484人が、ドイツを住所として記載してネット利用者として登録されていた。」

「攻撃されている表現内容によって、ドイツに居住し、かつ仕事をしている原告は、ドイツにおけるその生活圏で享受している尊重される状態を、ドイツにおいても妨害される、または危険にさらされる[35]。」

(5) キーワード検索の考慮　　最後にBGHは、原判決が強調していたような、本件の記事がインターネットサイトの地域版に掲載されていたことをもって内国関連性の要件を否定することはできない、として原審の判断を非難する。すなわち、「本件の記事は、特に、地方の日刊新聞のオンライン版における報道や、または特に地域に限定された内容をもつミニコミ誌のように、典型的にはその地域へと客観的な方向性を定めているようなもの、と同等に扱うことはできない。本件の記事によれば、記事はワシントンで書かれている。この記事は、明らかにローカルな出来事に関わるというものではなく、明らかに国際的な関心をひく出来事、すなわち、東欧の役人が自己の職務上の利益を図るためにした収賄に関するものであった。そのことをさておいても、オンライン版の読者は、伝統的な新聞読者とは異なり、自分の関心のある内容の記事を検索機能によって、——例えば、germanyというワードを検索欄に入れることによって——発見できることが考慮されなければならない。そうであるならば、控訴審裁判所は、問題の記事が、たった1万4484人しか知ることができなかったのでドイツにおいては取るに足らない影響があるにすぎないと考えているならば、ひとつには、人格権侵害の場合の国際裁判管轄の創設にとって、実際に覚知されたかどうかの観点が問題にならないということ[36]を見過ごしている。他方で、社会的に阻害されずに生活するという原告の望みは、原告の生活圏にいるたったひとりの人物が原告にとって有害な不利な事実主張を知ることによって、すでに著しく影響され得るということを、控訴審裁判所は十分に考慮していない。」

---

35) 被害者の住所地における尊重される状態（Achtung）の妨害の判例として、BGH判例NJW 1977, 1590が参照される。
36) BGH, NJW 1977, 1590 [1591] が参照される。

Ⅲ　ニューヨークタイムズ事件判決の評価と影響

1　評　価

　2010年のBGH判決（ニューヨークタイムズ事件）は、インターネット上の人格権侵害について、不法行為地（結果発生地）に基づいてドイツの裁判所の国際裁判管轄を認めるために、従来の印刷物による人格権侵害の場合とは異なる基準によるべきことを明らかにした。BGH判決によれば、インターネット上の人格権侵害の場合、インターネットにおいて問題になっている報道記事のアクセス可能性が内国にあるだけでは足りない。その記事の具体的内容を考慮して、それが、客観的にみて、内国〔ドイツ〕と明白な関連性を有すること〔＝明白な内国関連性〕が必要である。この内国関連性の要件は、人格権の尊重を求める原告の利益と、インターネット上の表現活動に関する被告の利益という「対立する利益の衝突する〔または、する恐れがある〕場所」が内国に存在する場合に認められる。

　2010年のBGH判決に対して、学説の一部は強い異論を述べる。すなわち、明白な内国関連性の要件、または対立する利益の衝突する場所という基準は、不特定概念であり、よって限界付けの基準として使うことができない、という批判がある[37]。たとえば、原告の住所と職場の双方がドイツにあるという場合には内国関連性が認められるとしても、住所がオランダで、職場がドイツにあるという場合はどうなるのか。死者の人格権侵害の場合には、どのようにして利害対立の場所を確定することができるのか、という疑問が直ちに提出されている[38]。しかしながら、その後のBGHおよび下級審の判例は、2010年のBGH判決の基準に明らかに追従して、内国関連性の要件の具体化の手がかりを積み重ねている。

---

[37]　Staudinger, NJW 2010, 1754; Damm, GRUR 2010, 891 (892 f．)．他方で賛成評釈として、Robak, GRUR-Prax 2011, 257; Weller, LMK 2010, 305128．ドイツにおいてBGHが財産裁判籍（ZPO23条）に基づく国際裁判管轄の基準として、はじめて内国関連性という条文にない要件を加重したときの批判がふたたび想起される。安達栄司・国際民事訴訟法の展開（成文堂・2000）27頁以下参照。

[38]　Staudinger, NJW 2010, 1754.

2　2011年3月29日のBGH判決（モスクワの7日事件）

　インターネット上の記事による人格権侵害の事件において、2010年のBGH判決の基準に従うが、しかしその記事内容に鑑みてドイツの裁判所の国際裁判管轄を否定したのが、2011年3月29日のBGH判決（Sieben Tage in Moskauモスクワの7日事件）である[39]。

　(1)　事件の概要　ドイツ国内に住所をもつ原告は、米国に住所をもつ被告に対し、インターネット上の表現行為によって原告の人格権が侵害されたと主張して、その差止め、情報開示および損害賠償を求める訴えを、ドイツのケルン地方裁判所に提起した。原告も被告もともにロシアの出身で、そこで一緒に学校に通っていた。2006年6月29日、原告と被告は、モスクワに所在する原告所有の家で開かれた同窓会をきっかけにして再会した。被告は、米国に帰ってから、「モスクワの7日間—3日目」と題する記事を著し、そこからインターネットに発信した。被告は、その記事の中で、原告の暮らし向き（豪華な家に住んで、スイスに銀行口座をもつ、裕福な生活をしている等）およびその容貌（昔と比べて太った）や蔑称的なあだ名があることについて言及していた。この記事は、キリル文字のロシア語で著されたインターネットサイトにおいて公表された。このサイトは、ドイツの会社によって運営されていた。ケルン地裁もケルン高等裁判所も、国際裁判管轄の欠如を理由に原告の訴えを却下した[40]。控訴裁判所はBGHへの上告を許可したが、2011年3月29日、BGHは次の通り上告を棄却する判決を言い渡した。

　(2)　判決要旨　BGHは、インターネット上の記事による人格権侵害に基づく訴えについて、ドイツの裁判所が国際裁判管轄を有するためには、問題の記事がドイツと客観的な関連性を有する場合でなければならない、という2010年3月2日のニューヨークタイムズ事件判決の判旨を引用し、それに対する賛成学説と同様に、本件についてもこの基準に従うべきことを宣言する。しかしながら、BGHは、本件についてこの内国関連性の要件が欠けると判断した。すなわち、「問題になっている表現行為の内容からは、管轄権の基準になるような明白な内国関連性が引き出されない。ロシア語でキリル文字のロシア語で書かれた旅行記は、ロシアにおける、当事者および彼ら

---

39)　BGH, NJW 2011, 2059.
40)　LG Koeln, BeckRS 2009, 89462; OLG Koeln, BeckRS 2011, 06549.

Ⅲ　ニューヨークタイムズ事件判決の評価と影響　　*17*

の同窓生の私的な会合を描いているに過ぎない。原告の私的領域から生じて描かれた状況は、第1に、会合に参加した人の関心事である。原告の主張に基づく上告の申立てから明らかになる限りにおいて、個別的にロシア人の仕事仲間がこの記事を覚知したという上告理由をみても、そのことによって認められるような明白な内国関連性は示されていない。」

「基準になるような十分な内国関連性は、原告が内国〔ドイツ〕における居所においてその記事にアクセスしたということによっても、導くことができない[41]。不法行為地の裁判籍の正当化根拠は、加害行為地または結果発生地によって理由づけられる、紛争と法廷との特別な結びつきであり、また不法な行為に及んだ債務者が、自己の住所で訴えられるという利益を保護する必要がない、ということにある[42]。ZPO32条の規定の目的は、事案の解明と証拠調べが、通常は、最もよくできて、最も適切で、かつ最もわずかな費用で、実施され得る場所に裁判籍を開くことにある[43]。適切にも、上告の答弁書が指摘するように、本件紛争において、ドイツの裁判所とモスクワでの出来事との間には、そのような事案の近さが欠けている。」「原告の内国〔ドイツ〕の住所が、可能な損害発生地として、内国における裁判籍を理由づけるのに十分であるとするならば、賠償義務を生じさせるような事件の後に住所を移転させることによって、不法行為地の裁判籍が開かれる。そうなると、インターネットにおける単なるアクセス可能性に結びつけるという〔すでにニューヨークタイムズ事件判決で拒否されているのと同じような〕方法によって、被告にとって無制限の応訴義務の拡張が引き起こされることになる。裁判籍は、偶然かつ恣意的なものになるだろう[44]。」

「最後に、問題とされている表現内容は、キリル文字のロシア語で著されており、かつウェブサイト上ではロシア語で拡散されていることも、明確な内国関連性に反対する理由となる。上告によって主張されているようにロシ

---

41)　BGH判例のBGHZ 184, 313 = NJW 2010, 1752 が参照される。
42)　BGHの判例 NJW 1977, 1590 [1591]; Zöller/Vollkommer, §32 Rdnr. 1 が参照される。
43)　BGHの判例 NJW 1977, 1590 [1591] = GRUR 1978, 194 が参照される。この解釈はECのブリュッセル条約5条3号の不法行為地管轄の解釈が問題になったShevill事件判決：EuGVÜ EuGH, NJW 1995, 1881 = GRURInt 1998, 298 Rdnr. 19 でも同様にみられるとする。Shevill事件判決については、芳賀・前掲注6) 435頁参照。
44)　EuGH, Slg. 1995, I-2733 = EuZW 1995, 765 Rdnrn. 13 f.-Marinari; Pichler, in: Hoeren/Sieber, Hdb. MultimediaR, 2010, Rdnr. 198 が参照される。

ア語の知識がドイツの住民にもあるとしても、そのことによって、旅行記を覚知することについての特別の利益がドイツで生じるわけではない。この記事は、きわめて明白に、ロシアの級友に向けられたものであるが、被告の主張によれば、移住をした2人を除いてすべての人がロシアに住んでいる[45]｡｣

Ⅳ 2011年10月25日のEU司法裁判所判決（eDate事件）

1 BGH判例に対する疑問

　2010年のBGH判決の基準に従っているにもかかわらず、2011年のBGH判決（モスクワの7日事件）は、同じくドイツ在住の人がインターネット上の人格権侵害の被害者になった事案について、問題の記事の具体的内容、言語（ロシア語）およびその影響等を考慮して、原告の住所が内国（ドイツ）にあるだけではこの内国関連性の要件を満たさないと判断した。BGHの判例の基準によれば、ドイツの裁判所の国際裁判管轄の有無は、インターネット上の権利侵害的な記事の具体的内容と事案の個別的事情によって判断される内国関連性の要件に左右されることがいっそう明白になったので、2011年のBGHの判決は、この点でも強く批判される。たとえば、「潜在的加害者は、自分が広めたインターネット上の事実主張に実際にアクセスする受取人の人的範囲がどうなるかに比べて、被害者の住所に基づいて内国関連性が発生することのほうを、より簡単に予見することができるだろう。具体的事案において、被害者の住所を凌駕するような内国関連性を証明することが要求されることによって、被告の応訴義務〔裁判義務〕の予見可能性と事前の制御可能性は、促進されるどころか、むしろ阻害される。事案の具体的事情および具体的記事の内容に照準を合わせることは、予見可能性を甚だしく低下させる[46]｡｣。この批判者によれば、原告の内国における住所が、原告の人格権が侵害される場所であるとして十分であると承認される場合にのみ、裁判管轄の指導原理（応訴義務の予見可能性と事前の制御可能性）が充足される。

---

45) 本判決は、最後にサーバーがドイツに置かれていることを理由に、加害行為地がドイツであるという原告の主張も否定した。
46) Brand, NJW 2011, 2061.

2 eDate 事件判決の登場と波紋

同時期のドイツおいて、この批判説に加勢したのが、2011年の EU 司法裁判所の判決（eDate 事件）である[47]。インターネット上の記事による人格権侵害が問題になったドイツとフランスの2つの事件から派生した先行判決手続において、EU 司法裁判所は、ZPO32 条と同様の文言によって不法行為地の裁判籍を定めるブリュッセル I 規則5条3号の解釈、とりわけ結果発生地の確定に関して、次のような判断を示した。すなわち、「ウェブサイト上で公表された内容〔コンテンツ〕による人格権侵害を主張する場合、自己の権利を侵害されたと感じる人物は、①当該内容の著作者が業務を行う締約国の裁判所において、または、②その人物の利益の中心が存在する締約国の裁判所のいずれかで、発生したすべての損害の補填を求める損害賠償の訴えを提起することができる。」

これらの判旨のうち、②の（原告・被害者の）利益の中心が存在する締約国の裁判所が同規定による国際裁判管轄を有することになるという判断が、ここでは重要である。この判決において、EU 司法裁判所は、不法行為地（結果発生地）の国際裁判管轄が無制限に拡大しないようにするために、各締約国の判例、学説、さらには先行判決の付託決定において提唱されていたような制限基準、すなわちインターネット上の問題の記事へのアクセス数、記事の作成者の意図および影響の方向性[48]を考慮することをすべて排除して、この「被害者・原告の利益の中心」という概念を新しく導入した。この EU 司法裁判所の判決によれば、原告・被害者の利益の中心地とは、通常は被害者の住所地と一致する。しかも、被害者は、その不法行為地（結果発生地）の裁判管轄権に基づいて、自己の人格権侵害によって発生したすべての損害の賠

---

47) [2011] ECR I-415. 本判決は、安達栄司「インターネットにおける人格権侵害の国際裁判管轄」国際商事法務 41 巻 2 号 (2013) 282 頁で紹介、検討した。

48) eDate 事件判決を EU 司法裁判所に付託した BGH の 2009 年 11 月 10 日決定は、問題の表現内容とドイツとの内国関連性を要件とするとして、ニューヨークタイムズ事件判決の BGH 判決の内容を先取りして示していた。GRUR 2010, 263. 他方で、本件の法務官意見は、被害者の利益の中心および当該情報の客観的重要性という二重の基準によって判断される「紛争の重点」の所在を基準とすることを新しく提案していたが（法務官意見第 59 節）、EU 司法裁判所はそれに従わなかったのである。ドイツの BGH の判例基準を支持する立場からは、この法務官意見の「紛争の重点」という基準は不明瞭であり、法的不安定を害するとして批判されていた。Robak, GRUR-Prax 2011, 260.

償を求めて訴えを提起することができる[49]。

3 eDate 判決後のドイツ法の状況

原告・被害者の利益の中心地という概念は、BGH の判例が示していたような、権利侵害的な記事の具体的内容と事案の個別的事情によって判断される内国関連性の要件とは対照的に、はじめから客観的に確定される管轄基準である。同じインターネット上の人格権侵害の事件について、EU 司法裁判所の判決が、BGH の判例法理とは全く異なる客観的基準（連結点）によることを宣言したことによって、ドイツにおいて BGH の判例が変更されることになるのかどうか注目されなければならない。この点で、ドイツの学説上、すでに2つの異なる方向がみられる。ひとつは、ドイツ法とヨーロッパ法で同一の解釈論によることが好ましいとしても、説得力ある BGH の従来の判例を変更するべきではないという立場である。この立場からは、「たしかにEU 司法裁判所は、超国家的判断機関として、締約国の裁判所に対し、原告に有利な、広範囲の管轄権も認めているが、しかし、ドイツ住民の人格権の保護のために、ドイツの裁判所を世界の警察官へと一方的に跳躍させることはやり過ぎである」と説明される[50]。それに対して、BGH の判例による内国関連性の要件が引き起こす法的不安定と予見不可能性を危惧する立場からは、客観的な連結基準を提供する EU 司法裁判所の判例は、歓迎され、ドイツ法もそれにならうことが望ましい[51]。

V 日本法に向けての示唆

本稿は、最判平成 28 年 3 月のユニバーサルエンターテインメント事件判決を契機にして具体化した、インターネット上の人格権侵害に関する国際裁判管轄の問題を検討するために、ドイツの BGH のリーディングケースおよび EU 司法裁判所の判例の動向を紹介してきた。ドイツ法の状況は、わが国

---

49) 安達・前掲注 47) 285 頁。
50) Heinze, EuZW 2011, 950. Schack, IZVR. 6. Aufl., (2014) は Rn 343 と Rn 346 において、ドイツ法と EU 法を区別して論じている。
51) Hess, JZ 2012, 193. Hess によれば、モスクワの7日事件では、eDate 判決の基準によれば、ドイツの裁判所の国際裁判管轄が肯定される。

においてこの問題を解決するために採り得る3つの法解釈の態度を示唆する。

第1の態度は、民訴法3条の3第8号の不法行為地、とくに結果発生地による国際裁判管轄を、たとえばわが国におけるインターネット上の記事のアクセス可能性、または原告住所地の存在だけによって軽く肯定することを許す一方で、民訴法3条の9を適用する枠内において、個々の事案における、具体的な事情、原告の利益、被告の利益、または裁判所の利益を多面的に、総合的に考慮して、場合によっては訴えを却下するというものである。民訴法3条の9に基づく特別の事情で考慮される事情または要素をあらかじめ限定しないようにみえる最判平成28年の立場がこれにあたるだろう。

第2の態度は、民訴法3条の3第8号の不法行為があった地として結果発生地によってわが国の裁判所に国際裁判管轄を認めようとする場合、インターネットのアクセス可能性または原告住所地の存在だけで結果発生地がわが国にあると判断することは過剰管轄を引き起こすと考えて、事案に含まれる個別具体的な事情に鑑みて、事案と日本との間に明白な関連性がある場合に不法行為地（結果発生地）の裁判管轄の発生を認めるというものである。その際には、もちろんドイツのBGHの2010年判決（ニューヨークタイムズ事件）とその後の判例の展開を直接的に参考にすることができる[52]。

第3の態度は、EU司法裁判所の判例にならって、インターネット上の問題の具体的記事の内容および事案の個別事情を考慮することなく、被害者（原告）の利益の中心地において、被害者の人格権侵害が発生する（恐れがある）と考えて、それを民訴法3条の3第8号による国際裁判管轄の適用基準にするという方法である[53]。

---

[52] 最判平成28年のユニバーサルエンターテインメント事件において、わが国に住所をもつ原告等は、米国以外の国で贈賄をしたこと、そしてそのことが米国の犯罪を構成し、かつ被告会社の役員の資格を剥奪されたこと等を報じるインターネット上のプレスリリースにアクセスしたことによって人格権侵害がされたと主張している。これに加えて、このプレスリリースを発端として、わが国の複数の新聞社等が同内容の記事をさらにインターネットにアップロードした。BGHの判例基準によれば、これらの事情の存在によって、当該プレスリリースとわが国との間に明確な関連性は肯定されるので、わが国の裁判所に不法行為地（結果発生地）の国際裁判管轄は十分に根拠付けられることになる。

[53] この方法によれば、最判平成28年の事案では、わが国に利益の中心地は認められる。わが国の学説では、上村明広「国際裁判管轄論序説」佐々木吉男先生追悼・民事紛争の解決と手続（信山社・2000）333頁が「当事者の生活の中心」という客観的な基準に依るべきとする見解をすでに主張し、松本・前掲注5）451頁以下もこれを支持していた。これらの基準も解釈を要する評価的概念であり、不安定さを完全には排除できていない。

最判平成28年の結論に反対し、民訴法3条の9の「特別の事情」の適用場面はできるだけ狭くするべきであると考える筆者の立場からすれば[54]、第2または第3の態度いずれかが選択肢として残る。まだ私見は十分に定まっていないが、EU司法裁判所の判例は、ヨーロッパという限定された地域において、締約国の過剰管轄をあらかじめ排除して、かつ締約国の判決を原則無審査で承認するというブリュッセル規則・条約の適用範囲内で生まれたものであること、同規則・条約の解釈上の至上命題は、管轄ルールの法的安定性と予見可能性の確保にあることは、常に留意しなければならないだろうと自覚している[55]。そうすると、第2の解釈態度の方向、すなわち、ドイツの判例法と同様に内国関連性の要件に着目しながら国際裁判管轄の根拠となる不法行為地、とくに結果発生地の概念に関する解釈論を洗練させることが、日本法としては望ましいということになる。

---

54) 安達・前掲注1）12頁。また安達・前掲注37) 18頁、130頁参照。
55) EC (EU) 司法裁判所におけるブリュッセル条約（規則）の解釈の特徴や傾向は、野村秀敏＝安達栄司編著・最新EU民事訴訟法判例研究Ⅰ（信山社・2013) の第2部の各判例研究を参照のこと。

利益相反を規律する裁判所の役割
―― アメリカ法における代理人欠格の法理からの示唆

◆石田京子◆

  I　問題の所在
  II　ABA 模範規則における利益相反の規律の概要
  III　アメリカの裁判所における代理人欠格の法理
  IV　まとめにかえて――日本法への示唆

I　問題の所在

　弁護士の利益相反については、弁護士法 25 条に加えて、日本弁護士連合会（日弁連）の会規である弁護士職務基本規程（規程）27 条および 28 条が規律している[1]。弁護士法 25 条の立法趣旨については、これまで①当事者の利益の保護、②弁護士の職務執行の公正の確保、および③弁護士の品位の保持にあると説明されてきたが[2]、弁護士人口や弁護士の職務内容の変化に伴い、利益相反を根拠とする懲戒事件が増加してきており、同条ならびに規程27 条および 28 条の適用の是非について日弁連や単位弁護士会の綱紀委員会、懲戒委員会等で検討される場面が増えてきている[3]。

---

[1]　弁護士職務基本規程は 2004 年に日弁連によって採択された、弁護士の専門職としての行為規範を定めた規程である。日弁連が会規という会員に拘束力をもつ形式で行為規範を定めたのはこれが初めてであった。その制定経緯と概要については、日本弁護士連合会弁護士倫理委員会編著・解説弁護士職務基本規程［第 2 版］（2012）参照。

[2]　日本弁護士連合会調査室編著・条解弁護士法［第 4 版］（弘文堂・2007）182 頁、高中正彦・弁護士法概説［第 4 版］（三省堂・2012）119 頁、萩沢清彦「弁護士法と訴訟行為」民訴 14 号（1968）149 頁参照。

[3]　日弁連が刊行する月刊誌『自由と正義』においては、毎号懲戒事件が公表されている。筆者の分析では、過去 3 年 7 ヶ月（自正 64 巻 1 号～67 号 7 巻（2013 年 1 月～2016 年 7 月））の間に、同誌において公表された懲戒事件で後に日弁連で処分が取り消された事件を除外した懲戒事件計 452 件のうち、利益相反が関係するものは 36 件（8%）であった。2001 年に日弁連の懲戒実務が変更され、遺言執行者を務めた者が相続人の代理人となることが懲戒になるようになったことも利益相反関連の懲戒事件が増えた原因の 1 つであろう。懲戒事件の統計を検討した文献として、高中正彦ほか・弁護士の失敗学―冷や汗が成功への鍵（ぎょうせい・2014）226 頁以下参照。

翻って裁判所は、弁護士の利益相反行為については、弁護士法 61 条に基づく懲戒事件の裁決取消請求事件を扱うことに加えて、目の前の代理人について弁護士法 25 条違反があった場合には、当該代理人の訴訟行為について無効とすることによりこれを規律することが可能である。弁護士法 25 条違反の代理人の訴訟行為の効力については、昭和 38 年の最高裁判所大法廷判決においていわゆる異議説が採用され判例が確立しているものの[4]、当事者が適時に異議を申し立てた場合に裁判所がどのような基準によって弁護士法 25 条違反の有無を判断すべきかについては、必ずしも十分な議論がなされておらず[5]、前述の立法趣旨をもってしても、弁護士法 25 条違反があるとされる代理人の訴訟行為を裁判所が無効と判断すべきか否かの明確な基準となっているとはいい難い。

　一方、アメリカにおいては、相手方代理人に利益相反の可能性がある場合に、訴訟戦略の 1 つとして代理人欠格（disqualification）の申立てが盛んに行われ、このことが長年問題視されてきた[6]。このため、アメリカの裁判所、実務家、および研究者の間では、裁判所による代理人欠格の機能をどのように捉え、いかなる場合に利益相反を理由とした代理人欠格を認めるべきかについて、議論の蓄積がある。以下では、アメリカにおける利益相反の規律の概要を踏まえて、代理人欠格の法理を検討し、懲戒手続とは別個に弁護士の利益相反を規律する裁判所の役割について、日本法への示唆を得たいと考える。

4）　最大判昭和 38 年 10 月 30 日民集 17 巻 9 号 1266 頁。手賀寛・民事訴訟法判例百選［第 5 版］（2015）46 頁参照。調査官解説として、宮田信夫・曹時 15 巻 12 号（1963）1887 頁がある。
5）　伊藤眞「弁護士と当事者」新堂幸司編集代表・講座民事訴訟 3（弘文堂・1984）115 頁は、弁護士法 25 条 1 号違反といいうるためには、弁護士の受任行為による信頼関係の破壊が必要であるとする。
6）　例えば、William J. Brennan 連邦最高裁判所判事は、1985 年に書いた補足意見の中で、「弁護士の非行を原因とした代理人欠格の申立ての戦略的利用は、現代の民事訴訟において極めて憂慮すべき現象である」と指摘している。Richardson-Merrell, Inc. v. Koller, 472 US 424, 441 (1985). アメリカで代理人欠格の申立てがさかんに行われるようになったのは 1970 年代以降のことであるという。利益相反が法律事務所にまで拡張されるようになった理論的社会的背景については、Kenneth L. Penegar, *The Loss of Innocence: A Brief History of Law Firm Disqualification in the Courts*, 8 Geo. J. L. Ethics 831 (1995) 参照。

II　ABA 模範規則における利益相反の規律の概要

1　アメリカにおける弁護士・依頼者関係の本質

　日本においては、弁護士と依頼者の関係は原則として委任関係として理解されるが[7]、アメリカでは、弁護士はそもそも依頼者の信認を受けた代理人（fiduciary agent）であるとされる。第3次代理法リステイトメント（Restatement (Third) Of Agency）1条は、代理を次のように定義する。

　　代理は、一方当事者〔「本人」〕が相手方〔「代理人」〕に対して、本人の監督のもとに代理人が本人に代わって行動することに承諾を表明し、代理人がその他の同意がなければそのように行動することに承諾を表明した場合に生じる、信認関係である[8]。

　すなわち、上記の定義上、代理は当然に信認関係となるが、本条の注釈dでは、「全ての弁護士は、本人である依頼者の権限に制約される倫理上の責任を負う」と述べられている[9]。加えて、弁護士を規律する法の第3次リステイトメント（Restatement (Third) Law Governing Lawyers）16条は、弁護士が依頼者の合法な目的を達成するために尽くすことや、合理的な能力と勤勉さを有すること、依頼者の信頼を保護し利益相反を避けることなど、弁護士の依頼者に対する一般的な義務を定めているが、同条の注釈bは、弁護士がこのような義務を依頼者に対して負う根拠を次のように述べている。

　　弁護士は受認者である。すなわち、弁護士は、受認者の行動を他者が詳細に監督することがしばしば困難であるか、それが望まれないような状況において、他人の問題について委ねられる者である。したがって弁護士の有能さ、勤勉さ、誠実さへの約束は、不可欠なものである（以下略）[10]。

---

7)　大判昭和5年3月4日新聞3126号10頁、高中・前掲注2）34頁以下参照。
8)　Restatement (Third) Of Agency §1.01 (2006).
9)　Restatement (Third) Of Agency §1.01 (2006), Comment d.
10)　Restatement (Third) Law Governing Lawyers §16 (2000), Comment b.

このように、アメリカ法においては、弁護士と依頼者の関係の本質は信認関係と捉えられており、弁護士は依頼者に対して当然に信認義務を負っている。それでは、弁護士の信認義務は具体的にどのような行為規範を導くのか。ABA が定める法律家職務模範規則（ABA Model Rules of Professional Conduct. 以下、模範規則）を参照しても、そこに「信認」という言葉は存在しない[11]。しかし、多くの法曹倫理の基本書において、弁護士と依頼者の関係を説明する冒頭では、それが本質的に信認関係であることが説かれている[12]。弁護士の信認義務から導かれる具体的な行為規範として、一般に、①専門職としての能力をもって有能な代理を行う義務である適格性（Competence）、②依頼者の秘密を保持する守秘義務（Confidentiality）、③依頼者に対して率直に情報開示を行う、正直なコミュニケーションをとる義務（Candid Communication）、および④利益相反の規律を中心とした、依頼者に対する不可分の忠実義務（Undivided Loyalty）がある[13]。4 つ目に挙げた忠実義務の中核が利益相反（Conflict of Interest）の規律の遵守であることを理由に、弁護士の依頼者に対する信認義務は、「4C」とも説明される[14]。もっとも、信認義務自体は、上に挙げた4つの義務を単純に足したものよりも大きなものであり、依頼者の抱える法的問題について弁護士が特別な地位にあることを理由として、弁護士には常に依頼者のために誠実に行動する高度の注意義務が課されている[15]。

2　ABA 模範規則における利益相反に関する具体的規律

前述の通り、アメリカにおいては弁護士・依頼者関係の本質は信認関係として捉えられており、その義務の中核の1つとして、利益相反の規律がある。ABA の定める模範規則では、規則 1.7 条から 1.12 条で利益相反を規律し

---

11) アメリカでは州ごとに弁護士の規律が異なり、主に州最高裁判所が弁護士を規律している。各州の最高裁判所規則として制定される弁護士の倫理規則を標準化するために、ABA では模範規則を定めている。模範規則の詳細については、藤倉皓一郎監修・完全対訳 ABA 法律家模範規則（第一法規・2006）参照。ただし、その後も模範規則は修正されており、最新版は、ABA のホームページを参照する必要がある。http://www.americanbar.org/groups/professional_responsibility/publications/model_rules_of_professional_conduct/model_rules_of_professional_conduct_table_of_contents.html（2016 年 8 月 30 日最終アクセス）。
12) See, e. g., CHARLES W. WOLFRAM, MODERN LEGAL ETHICS, 145 (1986).
13) RICHARD ZITRIN ET. AL., LEGAL ETHICS IN THE PRACTICE OF LAW (4th ed.) (2013), 44.
14) Id.
15) Id.

ている[16]。規則1.7条および1.8条は、現在の依頼者との関係における原則的な規律を定める。すなわち、規則1.7条は、利益の相反する複数の依頼者を同時に代理することを原則として禁止し、規則1.8条は、依頼者との経済取引行為、依頼者情報の利用、依頼者からの贈与など、特定の場面を想定して代理を禁じている。規則1.9条は、過去の依頼者に対する義務を規定し、過去の依頼者と実質的に利益が対立する事件の受任を禁じている。規則1.10条は、共同事務所において1人の所属弁護士について生じた利益相反を他の所属弁護士に拡張する一般原則を定めている。そして、規則1.11条が過去および現在の政府役員または職員である弁護士の利益相反ルールを定め、規則1.12条が裁判官、仲裁人等中立的な第三者であった者の利益相反ルールを定めている。

　日弁連の定める弁護士職務基本規程においても、弁護士法25条とほぼ同じ内容を規定した規程27条に加えて、規程28条で①相手方が弁護士の配偶者など、弁護士と特別な関係にある者である事件、②受任している他の事件の依頼者または継続的な法律事務の提供を約している者を相手方とする事件、③依頼者の利益と他の依頼者の利益が相反する事件、および④依頼者の利益と自己の経済的利益が相反する事件について、規律を加えている。また、規程57条および64条が、共同法律事務所と弁護士法人における、所属弁護士への利益相反の拡張原則をそれぞれ規定している。しかし、ABAの模範規則における利益相反の規律は、日本の規定に比べるとはるかに広範に及び、かつ具体的である。弁護士法25条が現在の事件に着眼した類型的な規律をしていることと比較するならば、ABAの模範規則は過去の依頼者を含む、依頼者との関係性に着眼した類型的な規律となっている点が特徴である[17]。

---

16) 各条文の詳細と解説については、藤倉監修・前掲注11) に加えて、ロナルド・D・ロタンダ（当山尚幸＝武田昌則＝石田京子共訳)・アメリカの法曹倫理―事例解説［第4版］（彩流社・2015) 112頁以下参照。

17) 弁護士法25条1号は、相手方の協議を受けて賛助し、またはその依頼を承諾した事件、2号は相手方の協議を受けた事件で、その協議の程度および方法が信頼関係に基づくと認められるもの、3号は受任している事件の相手方からの依頼による他の事件、そして4号および5号が、公務員として扱った事件とADR等の手続で手続実施者として扱った事件について、それぞれ受任を禁じている（加えて、6号から9号までの規定が、弁護士法人における利益相反行為を規律している）。1号および2号の対象となるには事件の同一性が必要であるし、3号は現在受任している事件であり、終了した事件は含まない。高中・前掲注2) 120-127頁参照。このことは、ABA模範規則において代理の禁止が過去の依頼者に関するものを含む、広範な事件に及びうることと対照的であると考える。

このことは、アメリカにおいて弁護士と依頼者の関係の本質が信認関係と捉えられていることに由来していると考えられる。すなわち、利益相反の規律は、依頼者の秘密の保護と、弁護士の忠誠に対する依頼者の信頼維持という2つの必要性に由来すると説明される[18]。ある依頼者に対する守秘義務を果たしつつ、一方で利益が対立する他の依頼者への忠実義務を十分に果たすことが不可能であること、すなわち、そのような場合には弁護士が両依頼者に対する信認義務を果たし得ないことが利益相反を禁止する根拠である。特に規則1.8条では、そのような問題が生じる典型的な弁護士と依頼者の関係について、具体的な規律を定めているのである[19]。

3 弁護士機能の保全装置としての利益相反の規律

利益相反の具体的な場面は、それぞれの事件の文脈によって大きく異なる。例えば、家事事件における利益相反行為と、企業法務における利益相反行為では、そもそも性質が異なるようにみえる。しかし、ABA模範規則ではこれらの全く異なる文脈についても同一の利益相反の諸規定が適用される。なぜならば、文脈の違いがあったとしても、利益相反を規律する機能はいずれにおいても同一だからである。すなわち、利益相反を規律する機能とは、前述した弁護士の依頼者に対する信認義務を十分に果たすために、弁護士の有効性と倫理的機能を損なう恐れのある動機を生じさせないこと——弁護士機能の保全装置としての役割——にある[20]。それでは、このような動機をいか

---

[18] ロタンダ・前掲注16) 112頁以下参照。具体例として、利益の相反する甲・乙を同時に代理する場合に、このことがいかに弁護士の甲・乙それぞれに対する信認義務に違背することになるかが説明されている。

[19] もっとも、各規定には、依頼者がインフォームドコンセントを与えることや、代理に関する情報が保護されることなどを条件とした代理の禁止を解除する文言が定められている。規則1.7条(b)では、弁護士が各当事者に対して適格で熱心な代理ができると合理的に信じ、そのような代理が法によって禁止されておらず、同一の訴訟または審判手続におけるものではなく、かつ関連する当事者が書面によるインフォームドコンセントを与える場合には、代理を認めている。規則1.8条の各項においても、例外規定が存在する。過去の依頼者に対する義務を規律した規則1.9条も、書面によるインフォームドコンセントが代理を認める条件となっている。このように、利益相反行為の禁止については依頼者が解除できる場合が定められているが、法律知識を有しない依頼者が真にリスクを理解して同意することができるのか、はたしてそのような規律が適切であるかについては、議論がある。利益相反する当事者の代理について、裁判所がいかなる場合に依頼者による事前の同意を認めてきたかを検討した最近の論文として、Elena Postnikova, *Conflict Waivers That Do Not Cure Conflicts Apprent Inconsistency in the Jurisprudence Governing Advance Waivers and How These Waivers Can Become More Effective*, 28 Georgetown J. of Legal Ethics 839 (2015) がある。

なる姿勢をもって排除すべきか。McMunigal は、1992 年に公表した論文において、利益相反の規律を刑法における処罰の種類とも比較しつつ、次の 3 つのアプローチがあると説明する[21]。

(1) **結果として生じる機能障害アプローチ**　傷害を与えた事実など、一定の刑法の規定が特定の結果発生を求めるように、弁護士の利益相反行為によって実際に弁護士の機能が損なわれた結果のある場合のみを取り締まりの対象とするアプローチ。具体的規律としては、弁護士が依頼者と経済的取引を行う場合についての模範規則の規律がこれに当てはまる。規則 1.8 条(b)では、取引の文言が依頼者にとって公正で合理的であり、依頼者が当該取引について他の法律家の意見を求めるよう助言を受けており、依頼者が書面によるインフォームドコンセントを与えていれば、弁護士は自己の経済的利益と依頼者の利益が対立する可能性があるにもかかわらず、依頼者と経済的取引を行うことが可能である。本条では、依頼者との不平等な取引条項などによって、現実に弁護士が依頼者を搾取する場合のみを禁止している。

(2) **リスク回避アプローチ**　危険な自動車運転など、一定のリスクを発生させたこと自体を取り締まる刑法の規定のように、弁護士の様々な機能を損ねる許容できないリスクを冒した利益相反行為を取り締まりの対象とするアプローチ。多くの利益相反の規律は、この視点から制定されており、3 つのアプローチの中で最も中心的な地位を占めるものである。このような視点から規定された倫理規則の違反については、「現実に損害は発生していない」という抗弁は成り立たないことになる。

(3) **外観アプローチ**　文字通り、弁護士の行動の不適切な外観に着眼する。模範規則の前身であった、弁護士責任規程（Model Code of Professional Responsibility（1969））には、「依頼者が弁護士に遺言執行者、受託者、または弁護士と名乗ることを望んだ場合には、当該弁護士は不適切な外観をも回避するように努めなければならない」とあり、弁護士倫理典範から引き継がれたこの文言が利益相反の規律における外観アプローチの基礎となった[22]。もっ

---

20) Kevin McMunigal, *Rethinking Attorney Conflict of Interest Doctrine*, 5 Geo. J. L. Ethics 823 (1992), 831.
21) *Id.*, 834-842.
22) Model Code EC 5-6 (1963). この文言は、1908 年に ABA によって初めて定められた模範倫理規則である弁護士倫理典範（Canons of Professional Ethics）の Canon 9 条に由来するものである。

とも、模範規則ではこの規律は引き継がれておらず[23]、今日利益相反の規律のあり方として外観アプローチが採用されているか否かは州によって異なる。

　McMunigal は、このように利益相反の規律のあり方について整理をした上で、これらのアプローチは相互に排他的なものではないが、今日ではリスク回避アプローチが最も中心的であると位置付ける。そして、どのようなリスクを回避すべきかという判断が、許容される利益相反行為とそうでない利益相反行為との間の線引きをすることになり、この判断のためにはリスクの大きさとリスクを許容する正当性の存否についてそれぞれ検討が必要であると指摘する[24]。

　このような考え方は、日本の利益相反の規律について検討する際にも参考にすることができよう。すなわち、日本の弁護士法 25 条の立法趣旨（①依頼者の保護、②弁護士職務の公正の確保、③弁護士の品位の保持）を引用しても、利益相反の規律は弁護士および弁護士制度の機能を十分に果たすための規律ということができ、このためには結果のみに着眼したアプローチでは不十分なことは明らかであり、規律のあり方については、やはりリスク回避アプローチが中心となろう[25]。しかし、過度に厳格にリスクを回避した場合には、弁護士人口が増加した今日においても、特に過疎地域においては一般市民の弁護士に対するアクセス障害の問題となり得るし、一方で弁護士法 25 条 1 号のような事件はいかなる場合にも許容されてはならない。問題となっている行為が許容されるものであるか否かは、生じうる損害の大きさと、これを許容することで得られる利用者の利益を衡量しつつ判断され、日本においても将来的にはより具体的に類型化された規定に置き換えていくことが望ましいと考える。

23）　模範規則では、立法者が外観を独立の行為規範の基準とすることを断念したと説明される。*See, generally,* WOLFRAM, *supra* note 12 *at* 322.
24）　McMunigal, *supra* note 20, *at* 861-869. 正当性の判断については、費用対効果分析が一般的に用いられ、生じうる害悪の大きさと発生可能性に対して、当該リスクが生み出す効用が比較されるという。加えて、そのような判断をするのは弁護士なのか、依頼者なのかも重要な視点であると指摘する。
25）　ただし、依頼者の利益保護における利益とは具体的にどのような利益か、また品位の保持とはどのような内容を含むのかなど、より詳細な検討が必要である。品位や信頼の保持のためには、McMunigal が示すところの外観アプローチも採用しうるであろうが、規律の根拠としては「外観」は曖昧であり、やはり具体的な依頼者や第三者に対する損害が及ぶ可能性などを検討するリスク回避アプローチが最も適切であろう。

Ⅲ　アメリカの裁判所における代理人欠格の法理

1　利益相反を代理人欠格によって排除する裁判所の役割

　アメリカでは模範規則を基礎として各州の裁判所規則として制定される弁護士倫理規則は、弁護士の行為規範を定めたものであり、これに違反した弁護士は原則として懲戒の対象となる[26]。既に述べた通り、裁判手続の当事者は、相手方代理人の利益相反行為を理由として、当該代理人を代理人欠格として訴訟手続から排除するよう、裁判所に申し立てることができる。2003年から2012年までの10年間で連邦裁判所に代理人欠格の申立てがあった計276件のうち、過去の依頼者との利益相反を理由とするものは47.8％、現在の依頼者との利益相反を理由とするものは32.6％、利益相反の拡張原則に基づくものは21.7％であったという[27]。それでは、懲戒手続とは別個に、裁判所が代理人の利益相反行為を理由として当該代理人を訴訟手続から排除する機能をどのように位置付けるべきか。これを裁判所による当該弁護士に対する制裁と位置付けるべきか（制裁説）、関係当事者への救済と位置付けるべきか（救済説）、議論がある[28]。

　制裁説は、代理人を欠格とすることによる裁判所の当該弁護士に対する間接的な制裁機能を重要視し、利益相反の規則に違反した弁護士を発見した裁判所は、たとえ当該弁護士または当該弁護士が所属する法律事務所の他の弁護士が代理を継続することによって関係当事者への不利益が発生しないとしても、代理人を欠格にするべきであるとする[29]。なぜなら、裁判所が利益相反行為を指摘しない限り、規律の対象となっている弁護士は全く処罰されな

---

[26]　アメリカにおける懲戒手続は州ごとに詳細が異なるが、懲戒手続についてもABAで模範規則が定められている。この概要と翻訳については、石田京子「ABA弁護士懲戒実施模範規則の紹介と試訳」比較法学48巻2号（2014）197頁以下参照。

[27]　Keith Swisher, *The Practice and Theory of Lawyer Disqualification*, 27 Geo. J. L. Ethics 71 (2014), 77. 公表されている連邦裁判所の統計データに基づく分析である。

[28]　この論点を中心に扱った論文として、以下がある。Bruce A. Green, *Conflicts of Interest in Litigation: The Judicial Role*, 65 Fordham L. R. 71 (1996); Susan R. Martyn, *Developing the Judicial Role in Controlling Litigation Conflicts: Response to Green*, 65 Fordham L. R. 131 (1996).

[29]　このような考え方に立った判断として、第5巡回区裁判所の判断がある。In re American Airlines, Inc., 972 F. 2d 605 (5th Cir. 1992). この事件で第5巡回区裁判所は、利益相反の規律を強制することは裁判所の職務であるとして、他の複数の法域で採られている、救済説に基づく判断基準の採用を拒絶した。

いかもしれず、そして弁護士の行動を監督することは裁判所の職務であるからである。

　一方、救済説は、代理人を欠格とすることは、問題となっている利益相反行為が裁判手続を汚す（taint）ときに、その救済として用いる場合にのみ適切であるとする。多くの法域では、明示的にこの立場を採り、弁護士の非行は一義的には懲戒制度において対応されることが望ましく、裁判所が代理人欠格の申立てによって懲戒機関に代わる役割を果たすことは適切ではないとする[30]。

　制裁説は、弁護士の訴訟に関する行動を効果的に規律することができるという、裁判所の優位性を主張する。確かに、例えば企業法務における利益相反の問題は、依頼者である企業やその従業員が懲戒請求をすることがないため、懲戒機関は効果的な管理ができていないとの指摘がある[31]。Green は、裁判所の高潔性の保持や一定の事件においては裁判所による統制が最も効率的であることを理由に、裁判所による代理人欠格を不要とする立場は採らないものの、制裁説についても次の理由から否定する。すなわち、①制裁の対象が依頼者と裁判所という、問題行動を起こした弁護士以外の者を含んでしまうこと、そして②裁判官はその固有の権限（inherent power）から、弁護士を規律することができ、弁護士のみを対象とした個別の制裁（現在または過去の依頼者に対する金銭的補償を命じることや、行為規範の明白な違反に対しては裁判所への金銭の支払いを命じることなど）を課すことの方が望ましいこと、である。そして、裁判所による利益相反行為に対する代理人欠格は、もっぱら裁判手続の救済行為としてのみ行われるべきであると指摘する。さらに、したがって代理人を欠格とするか否かの裁判所の判断は、弁護士の利益相反を規律する

---

30) 代表的な事例として、Armstrong v. McAlpin, 625 F. 2d 433 (2d Cir. 1980) (en banc) がある。証券詐欺事件から派生した株主代表訴訟の原告側代理人が元証券取引委員会（SEC）役職者であったことを理由に、被告側が代理人欠格を申し立てた本事件において、第2巡回区控訴裁判所は、「裁判手続が汚される恐れがない限り、訴訟手続中に生じた利益相反の可能性のある問題行為については、州の『総合的な懲戒機関』によって対処されることが望ましい」と述べ、現実的な問題が生じているとはいえないとして、当該代理人を欠格としなかった。

31) David B. Wilkins, *Who Should Regulate Lawyers*, 105 Harv. L. Rev. 799 (1992). 本論文の中でWilkins は、言説としては、弁護士の行動の規律は懲戒権限を有する弁護士会等によって実施されることが効果的で望ましいと考えられているが、現実としては、弁護士の行動すべてを管理するには懲戒機関は構造的な限界があり、裁判所による統制や依頼者からの過誤訴訟の提起がこれを補完することが望ましいと主張している。

規定を基礎とすべきではないと主張する。これは、アメリカにおける裁判所規則としての利益相反の規律が詳細かつ厳格に定められており、懲戒手続と同一の判断基準で代理人欠格について判断すると、負の効果の方が大きくなることを危惧した指摘である。Green は、救済手段としての代理人欠格の判断は、倫理規則としての利益相反の規律とは別の、より緩やかでアドホックな利益衡量によるものでよいとする。

　利益相反行為を規律する裁判所の役割の本質に関する上記の議論は、日本の弁護士法 25 条に違反した行為の訴訟上の効力に関する議論を想起させる。日本においても、旧弁護士法（昭和 8 年法律 3 号）24 条および旧旧弁護士法（明治 26 年法律 7 号）14 条違反の行為について、大審院は当初絶対無効説を採り、その後当事者本人の追認があれば有効となり得ることを認める追認説を採った。しかし、学説としてはこれらの規定は弁護士に対する職務上の訓示規定にすぎず、訴訟法上の効力には影響しないとする有効説も強力に展開され、そして結局、戦後に最高裁判所は昭和 38 年に前述の大法廷判決で異議説を採るに至った[32]。懲戒機関とは独立して裁判所が弁護士の行為を規律する権限を行使することの是非、およびその背景にある裁判所の役割に対する考え方の対立という点では、日本の議論もアメリカの議論と共通している。日本においても、弁護士法 25 条違反の代理人の訴訟行為の効力を無効とする機能は、制裁的な機能というよりはむしろ裁判手続における不公正を是正するための救済的措置と位置付けることが、日本の弁護士が弁護士自治を有していることに鑑みても妥当であろう。そこで、いかなる場合に裁判所は違法な行為を排除すべきかの検討が求められる。

2　代理人欠格を判断するための具体的考慮事項

　アメリカの裁判所で代理人欠格の申立てについて判断するにあたり、通常、裁判所は、①利益相反行為の有無と、②当該事件において代理人を欠格とすることが適切であるかどうかを判断する利益衡量の 2 段階の検討を行う[33]。それでは裁判所は、目の前の代理人に利益相反行為があると認めた場合に、

---

32) 判例および学説の展開については、前掲注 4）に挙げた文献のほか、青山善充「弁護士法 25 条違反と訴訟法上の効果」ジュリ 500 号（1972）315 頁、石川明・法学研究（慶應義塾大学）38 巻 6 号（1965）122 頁参照。

33) Swisher, *supra* note 27, *at* 86.

どのようなことを考慮して後者の判断を下すのか。Swisher は、代理人欠格の実務と理論について検討した論文において、申立てのあった代理人または代理人の事務所を欠格とするか否かを判断するにあたり、裁判所は下記の事項についてそれぞれ検討が必要であると指摘する[34]。

(1) **代理人欠格の申立人に関する考慮事項**　①申立人が当該申立てをする当事者適格を有しているか（実際に依頼者または過去の依頼者であったか）、②当該申立てを適時に行ったか、③問題となっている利益相反行為について知識を有していたか、④利益相反の発生に申立人の過失や不正行為が寄与していなかったか、⑤申立人が当該申立てを行う動機が単なる嫌がらせや不当な利益を得ようとするものでないか、および⑥当該申立てを却下した場合に申立人が被る実際の不利益。

(2) **対象弁護士に関する考慮事項**　①利益相反行為について認識していたか、②問題となっている利益相反行為を行った弁護士の動機、③問題となっている倫理規定の重大性、④問題となっている違反行為の重大性（故意か過失か、違反者が経営弁護士か勤務弁護士かなど）、および⑤欠格を認めた場合に弁護士または法律事務所が被る不利益[35]。

(3) **対象弁護士の依頼者に関する考慮事項**　①問題となっている利益相反行為に関する依頼者の知識、および②裁判所が欠格を認めた場合の不利益。

(4) **対象弁護士の所属する法律事務所に関する考慮事項**　①事務所の規模、②事務所における弁護士の物理的な配置、③事務所内の階層構造、④事務所が機密情報に関する知識をどの程度得ているか、および⑤利益相反を審査する構造（審査のタイムライン、効果、通知方法等）。

(5) **裁判所または司法制度に関する考慮事項**　①問題となっている利益相反行為によって一般市民の信頼（外観の適切性）が害されるか、②手続の公正さと欠格を認めることの救済としての妥当性、および③司法経済。

Swisher は、代理人欠格の申立てがあった場合には、上記の5つの事項への個々の検討をした上で、代理人欠格の申立てを認めた場合と却下した場合

---

[34]　Id., 88-106.
[35]　ただし、この考慮事項は論争のあるところであり、これを説得力をもつ要因と考える法域と、微妙な要因であると考える法域と、全く考慮すべきでない要素であると考える法域があるという。Id., 95-96.

について個別に利益衡量を行うことが必要であり、唯一の結論を導くような理論は代理人欠格の申立てに関しては適切ではないと説く。

Ⅳ　まとめにかえて——日本法への示唆

　平成19年3月9日東京地裁判決は、遺言執行者に就任した弁護士が、遺言執行業務を終了した後に、共同相続人の特定の者から委任を受けて、訴訟代理人として他の共同相続人に対し当該遺産に関する訴訟を提起した事例であるが、裁判所は、被告とされた当該共同相続人は、被相続人の地位を継承した者として、弁護士法25条1号の「相手方」に該当するとして、原告訴訟代理人の訴訟行為は無効であるとして訴えを却下している[36]。遺言執行者に就任した者が、相続財産等に関する紛争において一部の相続人の代理人になれるかについては、日弁連の懲戒委員会にいくつかの議決があるものの、今日でも懲戒事件としてしばしば散見される事例である[37]。加えて、遺言執行業務終了後の弁護士のこのような行為について弁護士法25条や規程27条、28条の利益相反行為とみなすか、あるいは弁護士の信頼が損なわれたとして、規程5条、6条の問題として捉えるか、弁護士会による懲戒議決でも見解が分かれている。この論点自体の検討は別の機会に譲るが、上記東京地裁判決は、そのように弁護士会の懲戒事件として判断が揺れている問題について、弁護士法25条1号違反であると明言して訴訟自体を却下した非常に珍しい事例である。日本社会の高齢化が進み相続に関する紛争が増加する中で、今後裁判所がこのような問題に直面する場面も増えてくるかもしれない。

　弁護士会が懲戒権を有する日本の弁護士制度の下で、裁判所における弁護士法25条に基づく弁護士の利益相反行為の規律はいかにあるべきか。アメリカにおける議論から得られる示唆は多い。裁判官が目の前の事件の公正な解決を主要な役割としていることに鑑みるならば、やはり日本の裁判所においても、訴訟手続内における弁護士の利益相反の規律は、手続的公正を確保することが専らの目的となり、弁護士の非倫理的な行為に対する制裁は、原

---

[36]　東京地判平成19年3月9日ウエストロー・ジャパン。
[37]　日本弁護士連合会弁護士倫理委員会編著・前掲注1) 84頁以下で、懲戒議決の内容の変遷が説明されている。

則としては懲戒手続や過誤訴訟に委ねられるべきであろう。反対に、看過することが裁判手続の公正を損なうような深刻な利益相反行為については、裁判所は、裁判手続の公正の確保のために当該行為を無効とし積極的に排除していく姿勢が求められる。その際、日本の裁判所においても、当該行為の無効によって関係当事者が受ける影響等を具体的に考慮して判断が下されることになろう。特に、弁護士法25条2号における信頼関係の有無の判断や、3号における依頼者の同意の有無の判断においては、アメリカの議論で考慮事項として挙げられているものが、裁判所が検討すべき事項としても参考になろう。もっとも、上記の東京地裁の判決のような事例について、そもそも弁護士法25条1号を適用すべきか否かなど、日本の利益相反に関する論点には未だ十分な議論のなされていないものが多い。裁判所が目の前の事件に対して利益相反行為を規律することの前提として、弁護士自治が十分に機能していることと、弁護士の行為規範が明確であることが求められる。利益相反については、弁護士会内外での議論により、さらなる理論的深化と行為規範の具体化が求められていると考える。

【付記】
　上野㤗男先生からこれまで賜りましたご指導に感謝申し上げると共に、謹んで古稀のお祝いを申し上げます。

除斥原因から考える忌避事由
——金沢地決平成 28 年 3 月 31 日

◆ 高田賢治 ◆

  I はじめに
  II 金沢地決平成 28 年 3 月 31 日
  III 除斥と忌避の制度趣旨
  IV 忌避の理由の検討
  V おわりに

I はじめに

 裁判の公正を保障し、裁判に対する国民の信頼を確保するためには、裁判官の独立とならんで、当事者や事件と特別な関係にある裁判官が裁判活動において不当な影響を受けないように裁判官の中立性を確保する必要がある[1]。そこで、現行民事訴訟法（平成 8 年法 109 号）は、当事者または事件と特別な関係にある裁判官を職務執行から排除するために、除斥および忌避の制度を定めており（民訴 23 条～25 条）、それらの場合における回避について民事訴訟規則が定めている（民訴規 12 条）。

 実際の事件をみてみると、地方裁判所の民事・行政事件における裁判官に対する除斥または忌避の申立ての件数が毎年 300 件前後あるにもかかわらず、忌避申立てが認容された裁判例は、ほとんどないに等しく、公刊された判例集において、裁判官の忌避申立てが認容された民事訴訟の事例は、皆無であるといわれてきた[2]。そして、旧民事訴訟法の下で、唯一の忌避決定例とし

 1） 以上につき、松本博之＝上野泰男・民事訴訟法［第 8 版］（弘文堂・2015）88 頁〔松本〕。
 2） 永井博史「裁判官忌避の制度瞥見—裁判官忌避の制度は飾りものか」近畿大学法学 46 巻 1 号（1998）2 頁。刑事事件について、高松高決昭和 25 年 3 月 18 日高刑 3 巻追録 1 頁の 1 件がある。このことについて、佐々木吉男「担当裁判機関の公正の担保—回避義務試論」新堂幸司＝谷口安平編・講座民事訴訟 2 訴訟の提起（弘文堂・1984）74 頁参照。なお、非公表の忌避事例については、司法部先輩の口授の内容として「旧裁判所構成法施行後の明治 24 年ごろ、大津地裁判事が、近江の琵琶湖畔の料亭で、一方の当事者と酒食を共にしていた場面を相手方より発見されたた

ては、西野喜一論文において紹介された横浜地小田原支決平成3年8月6日（自正43巻6号120頁）があるにとどまっていた[3]。

このような状況の下、忌避を認容した金沢地決平成28年3月31日（判時2299号143頁。以下、「本決定」という）が公表された。本決定は、公表された民事・行政事件における忌避決定例として2件目のものであり、現行民事訴訟法の下、判例雑誌に通常の裁判例の形式によって掲載されたものとしては、忌避申立てを認容した初めての裁判例としての意義をもつ。

このような紹介をすると、本決定は、極めて特殊な事案ではないのか、あるいは極めて特殊な見解に立つ裁判例ではないかという疑問が生じるかもしれない。そこで、本稿は、従来の関連する裁判例・学説等との関係において本決定がどのように位置づけられるかを検討することによって、その疑問に答えることを目的とする。

検討の順序としては、まず、Ⅱにおいて本決定における事案の概要と決定の要旨を紹介する。次に、Ⅲにおいて、除斥と忌避の制度趣旨をめぐる議論を簡単に整理する。その上で、Ⅳにおいて、本決定の要旨と従来の裁判例・学説等との関係を分析する。最後に、Ⅴにおいて、本稿の結論を述べる。

Ⅱ 金沢地決平成28年3月31日

1 事案の概要

本件は、Xら（申立人）がXらを原告、国および金沢市を被告とする金沢地方裁判所平成26年（行ウ）第8号生活保護基準引下げ違憲処分取消等請求事件（以下、「基本事件」という）について、主位的に基本事件の受訴裁判所を構成する裁判官であるA（以下、「A裁判官」という）を基本事件の職務の執行から除斥する、予備的にA裁判官の忌避は理由があるとの裁判を求めた事案である。

Xらの申立理由は、A裁判官が、国等を被告とする基本事件と主たる争

　め、忌避申立てを受けた事件につき、大審院民事部長神谷健夫氏より、忌避理由ありとされたやに承ったのが唯一の実例と思う」との記述が、斎藤秀夫ほか編著・注解民事訴訟法［第2版］(1)（第一法規・1991）433頁〔斎藤＝奈良次郎〕にある。

[3] 西野喜一「裁判官忌避制度小論」自正43巻6号（1992）120頁〔同・裁判の過程（判例タイムズ社・1995）所収〕。

点が同じであるさいたま地方裁判所平成26年（行ウ）第34号生活保護基準引下げ違憲処分取消等請求事件（以下、「さいたま事件」といい、基本事件と併せて「両事件」という）において、被告国等の指定代理人として期日に出廷し、答弁書陳述等の訴訟活動を行ったため、基本事件について当事者の代理人であった者が裁判官となるに実質的に等しく、民訴法23条1項5号に該当し、そうでないとしても、同法24条1項の「裁判の公正を妨げるべき事情」があるというものである。

　裁判所は、民事訴訟法23条1項5号にいう「事件」とは、当該事件およびそれと訴訟法上関連する事件（証拠保全事件等）をいい、訴訟法上関連しない同種の事件は含まれないとして、主位的請求を却下したが、予備的申立てについては、A裁判官の忌避は理由があるとの決定をした。本決定の要旨は、2において引用する通りである。

2　決定要旨

　　（1）「民訴法24条1項が忌避事由として定める『裁判の公正を妨げるべき事情』とは、当該裁判官が当該事件やその当事者と特別な関係を有することにより、公正で客観性のある裁判を期待することができないとの懸念を通常人に抱かせる客観的事情をいうと解されるところ、当該裁判官が当該事件と主たる争点が同じである事件について当事者の訴訟代理人として訴訟活動を行ったとしても、そのことだけで、当該事件又はその当事者と特別な関係があるとはいえないから、当該裁判官に上記客観的事情があると直ちにはいえない。そして、国の指定代理人は、所部の職員のうち法務大臣に指定された者であり……、法務大臣の指揮を受けるから、国の代理人となった場合にいかなる主張をするかについての裁量は限定的であると解され、職務上一方当事者たる国の立場に立脚し、これに即した主張をすることは、法律上も予定されており、他方で、指定代理人の立場を離れれば、法定の指揮の下にはなく、かつてした主張とは異なる主張又は判断をすることが当然に許容される。したがって、当該裁判官がかつて国の指定代理人の職務の遂行として、同一争点について一方当事者たる国に有利な主張をしたからといって、それだけで上記客観的事情があるとはいえない。」

　　（2）「しかしながら、主たる争点が同じ事件といっても、法令の合憲性や法解釈上の争点が共通するが具体的事実関係は全く別個である場合と、具体的事実関係まで共通する場合とでは、事件相互の関連性の程度は異なるというべき

であるし、また、国の指定代理人等になったことがある場合も、事件への関与の態様や程度は様々であるから、事件相互の関連性の程度や同種争点事件への当該裁判官の関与の態様等によっては、民訴法23条1項5号の趣旨にも徴し、事件と特別な関係を有するとして、上記客観的事情があるというべき場合もあると解される。」

(3)「そこで、検討するところ、一件記録によれば、A裁判官は、平成27年3月まで東京法務局訟務部付検事としてその職務に従事していたもので、さいたま事件が提起されてから同月までの間、さいたま事件の被告国等の指定代理人であったことが認められる。また、A裁判官が、同年4月1日に金沢地方裁判所判事補に任命されて基本事件の受訴裁判所を構成する裁判官となったことは、当裁判所に顕著である。」

(4)「さらに、一件記録によれば、両事件においては、いずれも厚生労働大臣が平成25年5月16日に発出した同年厚生労働省告示第174号（以下「本件告示」という。）及びこれに伴い同日発出された同省社会・援護局長通知『『生活保護法による保護の基準』の一部改正について（通知）」（社援発0516第5号。以下、本件告示と併せて「本件告示等」という。）に基づき同年7月に各原告……に対してされた生活保護変更決定処分の取消し並びに本件告示等を発出したことについての国家賠償が請求されており、いずれも本件告示を発出したことについての厚生労働大臣の裁量の逸脱・濫用（違憲性・違法性）の有無について主張がされ、その有無が主要な争点であると認められる。なお、基本事件においては、厚生労働大臣がその後に発出した告示に係る生活保護変更決定処分の取消しや国家賠償も請求され、厚生労働大臣が同告示を発出したことについての裁量の逸脱・濫用（違憲性・違法性）の有無についても主張されており、この点も争点である。」

(5)「そして、両事件の各原告に対する本件告示等に基づく生活保護変更決定処分は、いずれも本件告示等で新たな生活保護基準が示されたことに伴い、全国各地の保護の実施機関によって統一的に職権でされた処分であるため、処分の違憲性・違法性の判断に際して各原告の個別事情が及ぼす影響はもともと乏しいものである。加えて、本件告示等が発出されたこと及びその当時各原告が生活保護受給者であったことという前提となる重要な事実関係が両事件で共通することに照らせば、両事件の帰趨は、いずれも各原告のその余の個別的な事情にかかわらず、専ら厚生労働大臣が本件告示を発出したことにつき裁量の逸脱・濫用（違憲性・違法性）があったかどうかの判断によることになる。」

(6)「また、両事件の各原告に対する生活保護変更決定処分は、それぞれ別個のものであることから、その各取消しを求めるためには、それぞれの保護の実施機関の違いによる管轄の相違により、別個の地方裁判所に訴えを提起せざるを得ないところ（なお、同じ管轄内では、両事件においても、取消対象が別個であるのに各原告の訴訟は併合提起され、さいたま事件にあっては、実施機関が異なる

訴訟すら併合提起されている。)、基本事件は、さいたま事件の約二か月半後に提起されるなど、さいたま事件と訴訟係属している時期が重なっている上、さいたま事件において、A裁判官が被告国等の指定代理人となっていた期間中に提出・陳述された主張書面（平成27年1月30日付け第一準備書面）と基本事件で提出・陳述されている被告国等の主張書面（同年2月12日付け答弁書）とでは、上記主要な争点に係る主張内容がほぼ完全に共通するのみならず、その目次等の形式や脚注を含む細部の表現に至るまで酷似している。」

(7)　「したがって、両事件は強い関連性を有するというべきである。」

(8)　「しかも、さいたま事件の被告国等の答弁書及び上記第一準備書面において、A裁判官は、唯一人の訟務部付検事として作成者の筆頭に名を連ねている上、さいたま事件や基本事件のような全国規模で訴訟展開される事案については、法務省内で検討が行われ、国として足並みをそろえて訴訟活動することが顕著な事実であることにも照らせば、A裁判官は、さいたま事件を担当する唯一人の訟務部付検事として、さいたま事件の被告国等の主張書面作成に実質的に関与したのみならず、基本事件の被告国等の主張書面作成にも何らかの影響を及ぼしたことが合理的に推測される。」

(9)　「加えて、A裁判官は、さいたま事件の被告国等の指定代理人45名中、代表して出廷した各回十数名の指定代理人のうちやはり唯一人の訟務部付検事として、さいたま事件の口頭弁論期日及び進行協議期日の合計四期日において現に主張書面陳述等の訴訟活動を主動的に行ったものと認められ、かつ、最後に出廷した期日が平成27年3月25日であったことからすると、同月末頃までの間、A裁判官はさいたま事件に被告国等の指定代理人として中心的に関与していたと認められる。」

(10)　「このように、基本事件と主要な争点が同じであるにとどまらず、強い関連性を有するさいたま事件において、平成27年3月末頃までその一方当事者である被告国等の指定代理人として現に中心的に活動し、かつ、基本事件の被告国等の主張書面の作成にも何らかの影響を及ぼした可能性のある者が、その直後の同年4月1日から基本事件の受訴裁判所を構成する裁判官として関与するということになれば、通常人において、公正で客観性のある裁判を期待することができないとの懸念を抱かせるに十分であり、かつ、このような懸念は単なる主観的なものではなく、事件との特別な関係を有するという客観的事情に基づくものであるということができる。」

Ⅲ　除斥と忌避の制度趣旨

1　除斥と忌避の制度上の相違点

裁判官に除斥原因（民訴23条1項各号）がある場合、その裁判官は、職務執

行から当然に排除される[4]。除斥原因がある裁判官がした訴訟行為は、無効であり、終局判決がされた場合、「法律により判決に関与することができない裁判官が判決に関与したこと」に該当して、絶対的上告理由（民訴312条2項2号）および再審事由（民訴338条1項2号）となる。除斥原因があるときは、裁判所は、申立てによりまたは職権で、除斥の裁判をする。当事者が除斥原因を知っていたかどうかを問わず、責問権の喪失も問題とならないことから、除斥の裁判は、確認的なものであるといわれる。

これに対して、裁判官について裁判の公正を妨げるべき事情、すなわち忌避事由（民訴24条1項）がある場合は、当事者の忌避申立てにより、その裁判官について忌避の理由があると認める裁判（忌避の裁判）がされると、将来に向かってその裁判官が職務執行から排除される。当事者が裁判官の面前において弁論をし、または弁論準備手続において申述をしたときは、忌避申立権を失う。ただし、忌避事由の存在を知らなかったとき、または忌避事由がその後に生じたときは、忌避申立権を失わない。

上記のように除斥制度と忌避制度については、当事者による申立ての要否、当事者の忌避申立権の喪失の余地、効力の発生時など異なる点がある。それらの相違点があることから、除斥と忌避の制度趣旨が本質的に異なるか否かについて議論がある。

2　除斥と忌避の制度趣旨についての議論

(1)　異質説　ある裁判官（当時）の見解は、除斥と忌避の異質性を強調する（以下、「異質説」という）。異質説は、おおよそ次のように主張する[5]。

裁判は、対立当事者と独立の判断機関からなる三角型が要求される。これは、裁判という観念そのものの成立する論理的前提である。判断にあたる者が一方当事者と同一もしくは同一視されるべき客観的関係を有していること、または、判断の対象・資料もしくはその作成者であることは、判断という精神作用の成立を不可能にし、論理的に矛盾するからにほかならない。こうし

4）　ただし、民事訴訟法23条1項6号の場合、他の裁判所の嘱託により受託裁判官としてその職務を行うことができる（23条1項柱書ただし書）。また、多数説によれば、裁判官は、急速を要する行為もすることができると解される（民訴26条ただし書）。

5）　畔上英治「忌避試論(1)」曹時12巻11号（1960）1515-1518頁。

た裁判の基本形態を具体的事件において論理的に成立せしめない場合に備えられた制度が除斥である。

民事訴訟において除斥原因として定められているものは、裁判官と当事者、裁判官と訴訟資料、裁判官とその対象である原裁判の裁判官が、それぞれ同一体または同一体と同視されて、裁判の基本形態である三角型そのものの成立や判断作用の構成を論理的に成立せしめない場合である。除斥の効果が確認的であるとされるのは、除斥原因のある裁判官による裁判は、基本形態そのものを欠き、裁判の論理的構造を具備しないからであって、当事者がこれを信用して容認するか否かは無関係であり、責問権の対象となることでもない。

忌避制度は、裁判所の構成に関する司法行政的作用に属し、個々の裁判官に対する具体的事件との関係に基づく特定人の不信を原因とし、その不信の念を除去するためにその裁判官を将来に向かってその事件の担当からは外すことを目的とする。

(2) **同質説** 学説は、除斥と忌避とを同趣旨の制度であると解することで一致している（以下、「同質説」という）[6]。

除斥と忌避のいずれもが、具体的裁判官が具体的事件について判断の公正を期待しえないような具体的関係を有する場合に当該裁判官に当該事件の裁判をさせないようにする制度であると考えられている[7]。そして、除斥原因が忌避事由よりも裁判の公正を妨げる程度が常により重大であるとは決して

---

6) 新堂幸司＝小島武司編・注釈民事訴訟法(1)（有斐閣・1991）310頁〔新堂〕、312頁〔大村雅彦〕、斎藤ほか編著・前掲注2）408頁〔斎藤＝奈良〕、三宅省三＝塩崎勤＝小林秀之編集代表・注解民事訴訟法Ｉ（青林書院・2002）209頁〔西野喜一〕、兼子一ほか・条解民事訴訟法［第2版］（弘文堂・2011）136頁〔新堂幸司＝高橋宏志＝高田裕成〕、賀集唱＝松本博之＝加藤新太郎編・基本法コンメンタール民事訴訟法1［第3版追補版］（日本評論社・2012）74頁〔林屋礼二〕、笠井正俊＝越山和広編・新・コンメンタール民事訴訟法［第2版］（日本評論社・2013）105頁〔笠井〕、秋山幹男ほか・コンメンタール民事訴訟法Ｉ［第2版追補版］（日本評論社・2014）231頁、伊藤眞・民事訴訟法［第4版補訂版］（有斐閣・2014）100頁、伊藤眞＝山本和彦編・民事訴訟法の争点（有斐閣・2009）48頁〔藪口康夫〕、梅本吉彦・民事訴訟法［第4版補正第2刷］（信山社・2010）90頁、川嶋四郎・民事訴訟法（日本評論社・2013）122頁、河野正憲・民事訴訟法（有斐閣・2009）76-77頁、新堂幸司・新民事訴訟法［第5版］（弘文堂・2011）83-84頁、長谷部由起子・民事訴訟法（岩波書店・2014）98頁、松本＝上野・前掲注1）88-89頁〔松本〕、三木浩一ほか・民事訴訟法［第2版］（有斐閣・2015）81頁〔笠井正俊〕、山本和彦・Law Practice 民事訴訟法［第2版］（商事法務・2014）27頁〔山本〕、渡部美由紀＝鶴田滋＝岡庭幹司・民事訴訟法（日本評論社・2016）37頁〔鶴田〕など。

7) 佐々木・前掲注2）69頁。

いえないのであり、忌避事由が裁判の公正を妨げる程度において除斥原因を凌駕する場合がありえることを認めるべきであるとの指摘がされている[8]。

同質説は、異質説に対して、以下のように批判する[9]。

除斥原因のある場合には裁判としての論理的構造を満たさないというリジッドな捉え方では、除斥原因があっても極限状況においては司法機能の遂行を優先せざるをえないという柔軟な対処が生まれる余地がない。除斥制度は、必ずしも三角型構造（二当事者対立構造）をとらない非訟事件手続にも準用[10]されているし、調停委員などについても準用され、執行官についても規定されている。これらをも視野に収めて考えると、除斥を三角型構造における判断（裁判）作用にのみ直結させて、これと論理上不可分のものと捉えることが正しいかどうか疑問である。

異質説に対する以上の批判があるほか、異質説の論者自身が異質説の限界を以下のように述べている。

除斥事由のうち、裁判官が事件の証人・鑑定人となった場合および前審に関与した場合は、三角型という裁判の構造自体に反する場合でなく、質的には訴訟手続または審級制度の構造自体に内在するものともいえ、その意味で除斥制度も完全に論理的ではない[11]。

以上より、異質説は、除斥原因の一部について妥当する理論であって、すべての除斥原因に妥当する理論ではない。本来、除斥原因にすべきではないものが除斥原因に含まれているという主張は、除斥原因を忌避事由とはまったく異質なものとして純化する方向で立法すべきであるという立法論としての意義をもちうるが、少なくとも現行法上の除斥制度の趣旨を一元的に説明する理論として採用することができない。異質説の意義は、除斥原因の趣旨には多様なものが含まれていることを明らかにするにとどまる。

旧民事訴訟法下の裁判例は、「忌避の制度は、除斥の制度を補充し、弾力

---

[8] 佐々木・前掲注2) 79頁。
[9] 大村雅彦「公平な裁判所―忌避権の保障をめぐって」比較民事司法研究（中央大学出版部・2013〔初出1989〕）194頁。
[10] これは、旧法下の記述であり、現行非訟事件手続法（平成23年法律第51号）は、準用ではなく、除斥に関して独自に定め、新たに忌避制度を導入している（非訟11条以下）。高田賢治「家事事件・非訟事件における忌避と簡易却下」松本博之先生古稀祝賀・民事手続法制の展開と手続原則（弘文堂・2016）54頁。
[11] 畔上・前掲注5) 1519頁注3)。

性をもたしめるための制度であって、その制度が設けられた趣旨は裁判権行使の公正と裁判に対する国民の信頼を担保することを目的とした除斥の制度と同様の趣旨に基づいたものである」として、同質説に近い立場である（東京高決昭和 45 年 5 月 8 日判時 590 号 18 頁。なお、同決定に対する抗告を棄却した最決昭和 45 年 9 月 29 日集民 100 号 499 頁がある）。

以下では、学説および裁判例と同じく同質説の立場から、本決定が裁判官の忌避を認めた理由を検討する。

Ⅳ　忌避の理由の検討

1　「裁判の公正を妨げるべき事情」の意義

民事訴訟法 24 条 1 項における「裁判の公正を妨げるべき事情」とは、裁判官と当事者または事件との特殊な関係からみて、裁判官が不公平な裁判をするのではないかという疑いを当事者に抱かせる客観的事情をいう[12]。学説は、通常人として冷静な当事者が、裁判官の公正さを信頼できないと感じることが無理でない場合を意味すると解している[13]。

旧民事訴訟法下の裁判例も（上記東京高決昭和 45 年 5 月 8 日判時 590 号 18 頁）は、「裁判官と具体的事件との間に客観的に公正な裁判を期待しえないような人的、物的に特殊な関係がある場合」をいうとする。

本決定は、「当該裁判官が当該事件やその当事者と特別な関係を有することにより、公正で客観性のある裁判を期待することができないとの懸念を通常人に抱かせる客観的事情をいう」と解している（決定要旨(1)）。これは、学説・裁判例と同様の解釈であるといえる。

忌避申立事件ではないが、控訴審裁判長であった裁判官が一方当事者の訴訟代理人の女婿であることは、忌避事由とならない旨を判示した判例（最判昭和 30 年 1 月 28 日民集 9 巻 1 号 83 頁）がある。学説は、ほぼ一致してこの判例を疑問であると批判し[14]、現在でも判例としての意義を有しているかは疑問

---

12) 松本＝上野・前掲注 1 ）88 頁〔松本〕。
13) 兼子ほか・前掲注 6 ）142 頁〔新堂＝高橋＝高田〕。
14) 高橋宏志「判批」法協 107 巻 3 号（1990）512 頁、秋山ほか・前掲注 6 ）243 頁、伊藤・前掲注 6 ）104 頁、梅本・前掲注 6 ）92 頁、河野・前掲注 6 ）80 頁、新堂・前掲注 6 ）86 頁、長谷部・前掲注 6 ）100 頁など。

であるといわれる[15]。学説からまったく支持されないこの判例においては、旧民事訴訟法 37 条の「裁判官につき裁判の公正を妨ぐべき事情」の解釈が示されないまま、そのような事情があるものとはいえないと判断している点に特徴がある。

2 除斥原因からみる忌避事由

本決定は、「裁判官が事件について当事者の代理人又は補佐人であるとき、又はあったとき」（民訴 23 条 1 項 5 号）における「事件」とは、当該事件およびそれと訴訟法上関連する事件（証拠保全事件等）をいうとして、訴訟法上関連しない同種の事件が含まれないことを理由に X らの主位的請求を却下する。他方で、本決定は、「事件相互の関連性の程度や同種争点事件への当該裁判官の関与の態様等によっては、民訴法 23 条 1 項 5 号の趣旨にも徴し、事件と特別な関係を有するとして、上記客観的事情があるというべき場合もあると解される」として、忌避事由の存否の検討をする。

これは、本決定が除斥と忌避とを同趣旨の制度と捉える立場（同質説）に立っていることを示すものと考えられる。そして、特定の除斥原因の存否を検討して、その除斥原因がないと判断する場合に、さらに、その除斥原因の趣旨に照らし、除斥原因の要件と対比しながら個別事情を検討することによって、忌避事由の存否を慎重に判断している。

このような特定の除斥原因の要件との対比というアプローチは、当該除斥原因において定められている要件に該当する諸事実についての個別事情の有無を検討するという視点を提供することにつながる。すなわち、このアプローチは、①ある除斥原因の特定の要件を充足しない場合において、それを直接的に補充するような個別事情があるか否かを検討すること、および②特定の要件が形式的に充足されている場合に、それを強化する実質的に重要な個別事情があるか否かを検討することになり、これら双方を考慮して、「裁判の公正を妨げるべき事情」の存否を判断するという、適切かつ有効な枠組みを提供する。

以下では、本件の決定要旨において、「事件」について前記①の観点から

---

15) 笠井＝越山編・前掲注6）113 頁〔笠井〕、山本(和)編・前掲注6）29 頁〔山本〕。

事件の関連性についての個別事情が検討され、前記②の観点から「代理人」について指定代理人の実質的役割に関する個別事情が検討されている。それゆえ、事件の関連性と指定代理人の役割の2つに分けて個別事情の検討を従来の学説・裁判例等と対比して位置づける。

3 事件の関連性

(1) 本決定における個別事情の認定 本決定は、民事訴訟法23条1項5号にいう「事件」には、訴訟法上関連しない同種の事件が含まれないことを前提としている。そして、本決定は、「当該裁判官が当該事件と主たる争点が同じである事件について当事者の訴訟代理人として訴訟活動を行ったとしても、そのことだけで、当該事件又はその当事者と特別な関係があるとはいえない」とする（決定要旨(1)）。つまり、訴訟法上関連しない事件は、除斥事由における「事件」に該当しないという基準と忌避事由を肯定するために必要な程度の事件の同一性について、主たる争点が同じであるというだけでは足りないとする。

では、主たる争点が同じである事件のうち、どのような個別事情がある場合に忌避事由を肯定することができるのであろうか。本決定は、主たる争点が同じ事件を、①法令の合憲性や法解釈上の争点が共通するが具体的事実関係は全く別個である場合と、②具体的事実関係まで共通する場合とに分けて、事件の関連性の程度が異なるという。

本件における主要な争点の共通および具体的事実関係の共通については、決定要旨(4)～(6)において詳細に検討されているが、それらの概要を列挙すると以下の点が挙げられている。

①本件告示等に基づく生活保護変更決定処分の取消しおよび本件告示等の発出についての国家賠償請求である点、②本件告示を発出したことについての厚生労働大臣の裁量の逸脱・濫用の有無が主要な争点と認められる点、③本件告示等に基づく生活保護変更決定処分が統一的な処分のため、処分の違憲性・違法性の判断に際して各原告の個別事情が及ぼす影響が乏しい点、④両事件の帰趨が専ら厚生労働大臣による裁量の逸脱・濫用の有無の判断による点、⑤さいたま事件と基本事件の訴訟係属している時期が重なっている点、⑥両事件の主張書面における主要な争点に係る主張内容がほぼ完全に共通す

るのみならず、その目次等の形式や脚注を含む細部の表現に至るまで酷似している点を挙げる。

本決定は、①～⑥の点を指摘して、両事件が強い関連性を有するというべきであるとの結論に至っている。上記①②が主要な争点の共通性の存在を認定するものであり、上記③以下が具体的事実関係の共通性を認定するものと考えられる。

以上のように、たとえ訴訟法上関連しない事件であることから除斥原因がないとされる事件であっても、主要な争点の共通に加えて、具体的事実関係の共通が認められるような個別事情がある場合は、事件の関連性が強いといえることから、裁判官が不公平な裁判をするのではないかという疑いを当事者に抱かせる客観的事情の1つとなる。

(2) **裁判例・学説**　名古屋高決昭和63年7月5日（判タ669号270頁）は、予防接種禍による国家賠償請求事件の担当裁判官が、それ以前に訟務部付検事であったが、前記事件またはこれと同一のものとみられるべき紛争事件について国の指定代理人になったことがないという事案において、以下の理由により忌避申立てを棄却した。

「〔旧〕民事訴訟法35条5号〔現23条1項5号〕……の『事件』とは受訴裁判所に係属する具体的な個々の事件又はこれと同一のものとみられるべき紛争事件をいうものと解されるところ、本件の裁判官Aが右の本案事件等につきこれの代理人になつた形跡のないことは前記のとおりであるから、同裁判官が前記の期間同法務局訟務部付として前記の職務等に従事したことの一事をもつて、同裁判官が本案事件の審理裁判に関与することにつき実質的に〔旧〕民事訴訟法35条5号〔現23条1項5号〕の事由ありということのできないこと、従つて、このことにつき同法37条〔現24条〕の裁判の公正を妨げるべき事情ありとみることのできないことは明らかであり、また本案事件の記録等を精査するも、その他同裁判官につき同法37条〔現24条〕の裁判の公正を妨げるべき事情があると認めることもできない。」

学説は、前記名古屋高決の忌避申立棄却を支持しつつも、指定代理人としてたずさわった事件の内容を考慮する必要があり、両事件が同じ機会に生じた一連の事故で主要な争点を共通にしている等、両事件の関連性の程度によっては、民事訴訟法23条1項5号との近似性から忌避事由になると解すべ

き場合もあるとする[16]。

以上より、本決定の結論は、前記名古屋高決と整合的なものであり、事件の関連性の詳細な検討は、学説に沿うものであるといえる。

4　指定代理人の役割

(1)　本決定における個別事情の認定　民事訴訟法23条1項5号における「代理人」には、法定代理人、訴訟代理人、補佐人が含まれる[17]。訴訟代理人には、国の指定代理人も含まれると解されている[18]。

したがって、本決定が2でみたように両事件の関連性が強いことを理由として当該事件の指定代理人であった裁判官の忌避を認めることができるという立場もありえた。その場合、指定代理人について個別事情を検討するまでもなく忌避事由の存在を肯定することができたはずである。

しかし、本決定は、決定要旨(8)および(9)において、指定代理人について詳細な個別事情の検討を加えている。このことからすると、本決定は、事件の関連性のみならず指定代理人についての個別事情も考慮して忌避事由の存在を肯定しているとも考えられる。

指定代理人の個別事情としては、①裁判官が唯一人の訟務部付検事として主張書面作成に実質的に関与したのみならず、基本事件の主張書面作成にも何らかの影響を及ぼしたことが合理的に推測される点、②裁判官が指定代理人45名中、代表して出廷した各回十数名の指定代理人のうち唯一人の訟務部付検事として口頭弁論期日および進行協議期日の合計4期日において現に主張書面陳述等の訴訟活動を主動的に行った点、③平成27年3月末頃までの間、裁判官は指定代理人として中心的に関与していた点が挙げられる。

上記①～③の事情により、平成27年3月末頃まで指定代理人として現に中心的に活動し、かつ、基本事件の主張書面の作成にも何らかの影響を及ぼした可能性のある者が、その直後の同年4月1日から基本事件の受訴裁判所を構成する裁判官として関与するということになれば、通常人において、公

---

16)　新堂＝小島編・前掲注6) 336頁〔大村〕、三宅＝塩崎＝小林編集代表・前掲注6) 230頁〔西野〕。
17)　秋山ほか・前掲注6) 236頁。
18)　三宅＝塩崎＝小林編集代表・前掲注6) 219頁〔西野〕。

正で客観性のある裁判を期待することができないとの懸念を抱かせるに十分であり、かつ、このような懸念は単なる主観的なものではなく、事件との特別な関係を有するという客観的事情に基づくものであるということができると判断した。

(2) **回避事例・学説**　訟務部付検事の指定代理人としてではないが、訟務部長としての関与の程度を理由に回避した事例として百里基地訴訟の上告審がある。これは、同事件の第1審に国の指定代理人が提出した最終準備書面の作成に法務省の訟務部長として関与するという具体的な職務行為をしていたことを理由に、裁判官会議の許可を得て回避したケースである[19]。

学説は、この回避事例について、前記名古屋高決と対比して、指定代理人ではないが事件が同一である旨を指摘し、忌避事由にあたると解されるという[20]。

本判決は、主張書面の共通性、主動的な訴訟活動、および時期の近接性という指定代理人としての職務に関する個別事情を認定しており、上記の回避事例および学説に沿って検討するものと位置づけられる。

V　おわりに

本稿において、最近の忌避決定例について、従来の裁判例、回避事例、および学説に照らして、どのように位置づけることができるか検討した。結論としては、以下の通りである。

本決定は、学説と同じく、除斥と忌避を同趣旨の制度として扱う前提に立つものである。それゆえ、本決定は、特定の除斥原因の存在を否定した後、当該除斥原因の趣旨に鑑みて、当該除斥原因の個々の要件に関する個別事情の有無を検討するというアプローチを採用する。

本決定は、2つの要件を中心に個別事情の有無を検討している。すなわち、第1に、「事件」について、事件の関連性の程度という観点から要件を補充するような客観的な個別事情（両事件が実質的に同一のものとみられるべきである

---

[19] 朝日新聞昭和63年7月22日付朝刊。この回避事例に言及するものとして、新堂＝小島編・前掲注6）336頁〔大村〕。
[20] 新堂＝小島編・前掲注6）336頁〔大村〕。

ことを示す事情）の有無を検討しており、第2に、「代理人」について、形式的に指定代理人であったことの指摘にとどまらず、それをさらに強化するような客観的な個別事情（裁判の公正を妨げる程度において除斥原因と同じかそれを凌駕することを示す事情）の有無を検討している。このように除斥原因の要件を補充・強化する客観的個別事情を認定することで、裁判の公正を妨げるべき事情があるとの判断を導いている。

　本稿における検討の結果、本決定の検討の方法とその結論のいずれもが、従来の裁判例、回避事例、および学説に沿うものであることがわかった。本決定は、忌避に関する従来の裁判例、回避事例、および学説に沿った裁判例と位置づけられるべきであり、特殊な事案や特殊な裁判例と位置づけるべきではないと考える。

民事訴訟における専門家の「中立性」
—— 専門委員の手続規律を中心として

◆ 福永清貴 ◆

  I はじめに——課題の限定
  II 専門委員の法的性格——鑑定人との比較
  III 専門委員の中立性
  IV 結 び

I はじめに——課題の限定[1]

　人はどのような裁判を公正（適正かつ公平）[2]と感じるか。民事訴訟手続に関わる裁判官や裁判所書記官はもちろんのこと、訴訟当事者がその訴訟手続に関与する専門家[3]としての専門委員や鑑定人等の中立性に不信感を抱けば、その裁判を公正と感じることができなくなり、裁判に対する国民一般の信頼も確保できない。一般的・抽象的にいえば、公正な裁判の実現のためには、

---

1) 筆者は、以前に「民事訴訟手続における法廷通訳人の中立性—通訳人の行為規範定立に向けて」という論考を発表（法学研究（愛知学院大学）48 巻 3 号（2007）119 頁以下）しているが、本稿はその継続的研究の一部である。前稿では、法廷通訳人の責任の基礎としての中立性について検討したが、その際、民事訴訟に関わる他の専門家として鑑定人や専門委員の訴訟手続上の（法的）中立性についても検討をする必要性があるものと考えていた。本稿は、法廷通訳人と同じく訴訟手続に関わる専門家としての専門委員や鑑定人の手続規律のあり方を手掛かりに、その中立性を検討するものである。「中立性」の概念に着目する理由は、民事訴訟法が予定する専門委員や鑑定人制度の前提となっている中立性の意義・内容について必ずしも明確であるとはいえないと考えるからである。すなわち、訴訟手続に関わる専門家をめぐる従来の議論の中で、一般的には「中立性」という言葉がアプリオリに用いられており、その実態は抽象的イメージに基づいているだけではないかという印象を強くもっているからである。

2) 「公正」（適正・公平）という概念も明確化する必要があるが、この点については、菅原郁夫教授による手続的公正に関する優れた先行研究（菅原郁夫・民事訴訟政策と心理学（慈学社・2010）、特に第 1 章および第 2 章・第 3 章参照）がある。本稿も、「公正」概念については同研究を前提としているが、本稿で使用している「公正」の用語は、目指すべき民事裁判の抽象的目標（理念）として使用しているに過ぎないことを予めお断りしておく。

3) 杉山悦子・民事訴訟と専門家（有斐閣・2007）341 頁以下では、民事訴訟における専門家の知識の提供の仕方について、各国の法制の詳細な分析から裁判所委託型と当事者委託型に区別され、わが国の専門委員制度のような裁判所委託型の特色として、裁判官と同様に中立で当事者から独立していることを指摘されている。

その前提としてあるいは制度的保障として訴訟手続に関わる専門家である専門委員や鑑定人等の中立性が要求されるべきである[4]。しかし、裁判所から指定される（民訴92条の5）専門委員や鑑定人（民訴213条）は、その職務の性質上「中立性」が要請されるとしても、その「中立性」の中身・内容については必ずしも明確ではない。

そこで、本稿では、専門家の「中立性」の概念に着目して考察してみることにする[5]。ただ、このような抽象的な「中立性」の概念について議論をする場合に注意しなければならないのは、使用する概念の不明確さのためにそれぞれの論者によってイメージするものが異なる恐れがあることであろう。特に「中立性」の概念は、所与の前提として用いられることが多く、使用概念について何らの限定や断りもなく用いられているために、前提となる概念が不明確なままその上で議論が展開されている。それでは論者の主張が十分に理解されないうえ、説得力に欠ける議論となりがちである。そのため、本稿では、特に訴訟手続における中立性（これを「手続的中立性」[6]と呼ぶことにす

---

4) もとより鑑定人については、現行法の規定の仕方（民訴法第2編「第1審の訴訟手続」第4章「証拠」第4節「鑑定」）からすれば、当事者が事実を立証するために提出する攻撃防御方法としての側面もあるため、中立性と党派性の二面性を有するといわれている（小林秀之・新証拠法（弘文堂・1998）83頁、谷口安平＝福永有利編・注釈 民事訴訟法(6)（有斐閣・1995）407頁以下〔太田勝造〕414頁等）。ただし、小林（秀）教授は、「平成8年の民事訴訟法改正では、……鑑定人が審理に立ち会い、場合によれば裁判長の許可を得て、証人または当事者本人に対して直接尋問することができる旨が規定された（民訴規133条）。本条の導入により、鑑定人が裁判所の保佐人というイメージが強まるとする見解もあり、その意味では鑑定人の中立性の要請がより高まってくるとも考えられよう」と指摘されている（同書88頁）。なお、2003（平成15）年改正は、鑑定人に対する質問の制度を新たに設けている。すなわち、まず専門家の意見を聴くという鑑定手続の性質に適合するように、質問に先立ち、鑑定人から鑑定事項について意見の陳述をすること（民訴215条の2第1項）とし、質問の順序も裁判所の判断に必要な専門的知見を補うという鑑定手続の性質に適合するように原則としてまず裁判長から質問すること（民訴215条の2第2項）としている（小野瀬厚＝武智克典編著・一問一答 平成15年改正民事訴訟法（商事法務・2004）60頁）。この点、高橋宏志教授は、「日本法は、鑑定という特別の範疇を設けており、かつ、鑑定人に対する忌避を明記していることからも、明らかに大陸法に属する」が、「平成15年改正は、裁判所の知識・判断能力の補充の方に再び傾いたということであろう」と指摘されている（門口正人編集代表・民事証拠法大系第5巻 各論Ⅲ 鑑定その他（青林書院・2005）303頁〔高橋〕）。こうした改正動向を踏まえて、本稿では、比較の対象とする鑑定についても、裁判所の知識・判断能力の補充という側面を重視すべきとする立場からその中立性の観点のみを対象として論ずることにする。

5) 本稿が、専門家である専門委員や鑑定人の中立性を取り上げるのも、菅原教授の「手続的公正研究」の研究成果より大きな示唆を得ている（菅原・前掲注2）1頁以下）。ただし、本稿で主張する「中立性」は、手続的公正の評価の規定因としての中立性とは異なる（同書17頁参照）。

6) 「手続的中立性」の「手続的」という表現は、菅原教授が使用されている「手続的公正」すなわち「結果とは独立した手続それ自体の持つ公正さ」（菅原・前掲注2）1頁）とは異なり、民事訴訟手続に関わる専門家の中立性を論ずる場面、すなわち「訴訟手続上」という場を明確にする

I はじめに

る。）の概念を明確にすることを試みる。すなわち、本稿は、「手続的中立性」概念の理論的考察を目的とする。ただし、本稿での考察の射程範囲をさらに明確にするため、「中立性」の概念を主観的中立性と客観的中立性とに区別することとする[7]。ここでいう「主観的中立性」は、訴訟当事者が専門家に対して中立であると感じるかどうか、そのための判断要因を探る場面を想定している。これに対して、「客観的中立性」は、制度設計段階で予定され、設計者が要求している中立性の意義およびその判断基準を示すものとする。専門家の「主観的中立性」の判断要因を探るには実証的研究を必要とするが、それは筆者の能力を超えるところである。そのため、本研究は、菅原郁夫教授の「手続的公正研究」より示唆を得て、専門家の客観的「中立性」概念の理論的考察のみを行うものである。つまり、本稿の目的は、あくまでも客観的中立性の概念を明確化することにある。しかし、「手続的中立性」の概念について一般的・抽象的に考察してもその意義は少ないと思われる。そこで、課題を限定することとし、訴訟手続に関わる専門家の責任の基礎となり得るであろう「手続的中立性」について考察することにしたい。また、専門家の中でも、後述するように、制度上、裁判官の補助者としてより強く「中立性」が求められている専門委員を考察の対象とする。なぜなら、今後、専門的知見を要する事件が増加するに伴い民事訴訟の内容の高度な技術化・専門化・複雑化の傾向が一層進むとすれば、専門委員の需要も高まりその役割もより重要となると予想するからである。そうなった場合、将来、専門委員に関する法的諸問題をより多面的に検討しなければならない時期が来るものと予想する。そこで、本稿では、民事訴訟における専門委員に関する諸問題の中でも、専門委員の役割・機能に着目し、専門委員の責任の基礎となるその法的性格とそこから規定される中立性を取り上げることにする。特に、

ために用いていることを予めお断りする。また、中立性という概念の意味について、菅原教授は、手続的公正判断にとって重要とみなされる要因の1つとして「手続や過程において差別のないことを示す指標」と表現されている（同書17頁および185頁参照）。しかし、本稿での「中立性」は、本文で後述するように第三者性と専門的適格性を示す指標を意味するものとして使用している。

7）この区分の仕方は、菅原教授の手続的公正研究より示唆を得ている。すなわち、菅原教授は、「公正」概念を、客観的公正と主観的公正とに分類し、前者は、個人の評価を離れた客観的に公正な手続に関する研究であり、後者は、個々人が公正と感じる手続はどのようなものかという主観的判断を対象とする研究であるとする（菅原・前掲注2）26頁）。

裁判官による公正な審理を実現する上で、専門委員が同じく裁判官の専門的知見を補充する鑑定人と類似の機能を果たす側面を有している点に着目する。後述するように、専門委員は、裁判所によって指定される鑑定人（民訴213条）と同様に裁判官の補助者たる地位を有する（民訴92条の5第2項）。その専門委員により不適切な「説明」（民訴92条の2）がなされた場合、専門的知見を有していない訴訟関係者にとってはその不適切さを的確に指摘することが必ずしも容易でない場合もあり得よう。とするならば、専門委員の「説明」も、裁判所の公正であるべき審理に直接的もしくは間接的に影響を及ぼす可能性も否定できない。この点、程度の差はあろうが高度な専門的知見にもとづく鑑定意見の誤りを訴訟関係者が容易に指摘しにくいことと類似性を有している。つまり、訴訟手続において高度の専門的知見に関する「説明」を正確に理解できなければ、裁判官の公正な審理を実現することも期待できなくなる危険性を孕んでいるともいえよう。民事事件が複雑化・専門化していく中で、鑑定人の重要性が見直されてきた[8]が、それと同様に、民事訴訟における専門委員の役割の重要性に鑑みれば、専門委員の法的責任つまりその要件・程度・範囲等について検討する意義があるものと考える。もっとも、本稿の目的は、専門委員の事後的な責任追及のための評価規範としての責任論ではない[9]。裁判所から指定された専門委員が法廷における「説明」を行う際の事前的な行動の指針として機能するであろう行為規範の定立に向けての議論であり、そのために専門委員の責任に関する解釈論の基礎となる問題を考察することにある。このような問題意識に基づき、本稿では、専門委員の法的責任の構造・程度・範囲の基礎となる法的性格とその中立性を中心に検

---

8) 例えば、1996（平成8）年の民事訴訟法改正により、鑑定人は、鑑定のため必要があるときは、審理に立ち会い、裁判長に証人もしくは当事者本人に対する尋問を求め、または裁判長の許可を得て、これらの者に対し直接に問いを発することができるようになった（民訴規133条、最高裁判所事務総局民事局監修・条解 民事訴訟規則（司法協会・1997）285頁）。これは鑑定人の中立的補助者としての側面を重視し、鑑定人の権限を強化したものであるといえる。また、2003（平成15）年改正民事訴訟法は、専門家が学識経験に基づいて意見を陳述するという鑑定手続の性質によりふさわしいものとするため、当事者等からの質問に先立ち、まず鑑定人が鑑定事項について意見を述べることとするとともに、証人尋問の規定が鑑定人に対する質問についてどのように準用されるのかを具体的に明らかにするなど鑑定人に対する質問の手続等を整備した（小野瀬＝武智編著・前掲注4）59頁以下）。

9) 本稿は、個別事件における専門委員の説明や鑑定人の判断・意見の適切さを問題とするものではなく、あくまでも「中立性」を求められる専門委員や鑑定人の本来あるべき姿を模索するものである。

討する。その際、裁判所の知識・判断能力の補充という機能面において類似性[10]を有すると考えられる鑑定人の責任に関する議論[11]を手がかりとして考察する。すなわち、専門委員は、その専門的知見の「説明」を通して裁判所の公正な審理に寄与するものであり、専門委員が専門家として裁判所の専門的知見を補充するという機能を有している点に着目し、「専門家責任」論[12]の一環と位置付けて論じることにする。以下、まず専門委員の法的性格について鑑定人と比較し、次に専門委員の中立性について検討する。

Ⅱ 専門委員の法的性格──鑑定人との比較

　審判の対象としている事象の理解に専門的知見を必要とするいわゆる専門訴訟[13]においては、専門家が裁判所の知識や判断能力を補充することによって、審理の充実・迅速化を図る必要がある。また、専門的知見は争いある事

---

10) 高橋宏志教授は、「鑑定は、裁判所の知識・判断能力の補充という側面では、裁判官に準ずるから中立性が必要となる。他方、証拠方法であり当事者が申し出るという側面からは、有利と思うから申し出るという党派性が表に出てくることとなる。鑑定には、この中立性と党派性の両方の要素があり、その間で揺れることとなる」と指摘される（門口編集代表・前掲注4）302頁(1)〔高橋〕）。本稿は、前述の通り、前者の側面にスポットを当てて専門委員と比較検討するものである。

11) 谷口安平「鑑定人の民事賠償責任」判タ487号（1983）8頁以下、山下登「鑑定人の民事賠償責任に関する西ドイツ法の動向」年報医事法学2号（1987）24頁以下、波多野雅子「訴訟当事者の損害に関する第三者責任について」法学研究（慶應義塾大学）56巻11号（1983）1893頁以下、谷口安平「訴訟思想と鑑定人の責任」法学論叢128巻4＝5＝6合併号（1991）40頁以下、春日偉知郎「鑑定人の責任」川井健編・専門家の責任（日本評論社・1993）267頁以下、谷口＝福永編・前掲注4）407頁以下〔太田〕、春日偉知郎「鑑定人の民事責任」石川明先生古稀祝賀・現代社会における民事手続法の展開(下)（商事法務・2002）3頁以下、同「鑑定人の責任」川井健＝塩崎勤編・新・裁判実務大系8 専門家責任訴訟法（青林書院・2004）5頁以下等。

12) そもそも専門家責任の意義については議論があるが、ここでは深く立ち入らない。詳細については、川井健「専門家責任の意義と課題」前掲注11）専門家責任訴訟法3頁以下を参照。本稿では、川井健教授の理解、すなわち、専門家責任とは、その資格を信頼して一定の業務を依頼した相手方が受けた損害およびその資格に基づく行為を信頼した第三者が受けた損害に対して専門家が負うべき責任をいうものと解する。なお、ここで考察の対象となり得るのは、専ら専門家としての専門委員の不法行為責任である。この点、鑑定人の責任も同様であろう。専門家の不法行為責任については、円谷峻「日本法における『専門家の不法行為責任』」前掲注11）専門家の責任51頁以下、同「専門家の不法行為責任」前掲注11）専門家責任訴訟法27頁以下等を参照。その他、専門家責任全般については、川井編・前掲注11）専門家の責任、同・専門家の民事責任（商事法務研究会・1994）、「（シンポジウム）専門家の民事責任」私法55号（1995）3頁以下、「特集・『専門家の責任』法理の課題と展望」法時67巻2号（1995）30頁以下等を参照。

13) 加藤新太郎「専門委員の制度設計のあり方」判タ1092号（2002）36頁、伊藤眞「専門訴訟の行方」判タ1124号（2003）4頁、秋山幹男ほか・コンメンタール 民事訴訟法Ⅱ［第2版］（日本評論社・2006）237頁。

実についての認定の場面だけではなく、それ以前の争点整理段階や和解勧試の場面でも必要とされると指摘されている。確かに民事訴訟法上、専門的知見を獲得する手段として、争点整理手続においては、釈明処分としての鑑定（民訴 151 条 1 項 5 号）があるが、鑑定人の選任が容易でないことや、意見陳述の方法が証拠調べの規定によることとされていたため機動性に欠けるという難点があった。また、証拠調べ段階では鑑定の制度（民訴 212 条以下）があるが、こちらも様々な工夫がなされてはいる[14]ものの適切な鑑定人の選任が容易でない場合もあり、専門的知見の獲得を鑑定にのみ依存することはできない。それ以外にも、実務上、専門家調停委員を利用した争点整理や、私鑑定あるいは鑑定型陳述書等も利用されている。しかし、どれも裁判官の専門的知見を補充する制度として十分なものであるとはいえない。そこで、2003（平成 15）年改正民事訴訟法は、専門訴訟への対応を強化し、専門訴訟の審理を充実したものとしかつ迅速化するため、争点整理あるいは進行協議期日、証拠調べまたは和解の各手続において、機動的に専門家である「専門委員」の関与を求め、当事者が提出した主張や証拠等についてその説明を聴くことができることを内容とする専門委員制度を創設した[15]。

　ここではまず、機能面で類似した側面を有する鑑定人と比較しながら、専門委員の法的性格について検討する。専門委員は、適正かつ迅速な審理を行うために、裁判官の補助者としての立場で、裁判官に対して専門的知見を提供する者である[16]。これに対して、鑑定人は、専門の学識経験に基づいて、経験則等およびそれらを適用して得た判断の結果を裁判所に報告し、裁判官の知識の不足を補充する者である[17]。両者とも、裁判官の専門的知見を補充する機能・作用を有する点では共通する。民事訴訟法上（規則も含む）も、鑑定人については、鑑定人の指定（民訴 213 条）、鑑定の義務（民訴 212 条）、勾引の不適用（民訴規 134 条）、宣誓の方式（民訴規 131 条）、忌避（民訴 214 条）、忌避の申立ての方式（民訴規 130 条）等が規定され、専門委員についても、専門

---

14) 小田司「鑑定制度の現状と課題」法時 87 巻 8 号（2015）28 頁以下、門口編集代表・前掲注 4）58 頁以下［前田順司］。
15) 小野瀬＝武智編著・前掲注 4）48 頁以下。
16) 秋山ほか・前掲注 13）242 頁、賀集唱＝松本博之＝加藤新太郎編・基本法コンメンタール 民事訴訟法 1［第 3 版追補版］（日本評論社・2012）236 頁［笠井正俊］。
17) 菊井維大＝村松俊夫・全訂民事訴訟法 II［補訂版］（日本評論社・1989）548 頁等。

委員の関与（民訴 92 条の 2）、専門委員の関与の決定の取消し（民訴 92 条の 4）、専門委員の指定および任免等（民訴 92 条の 5）、専門委員の除斥および忌避（民訴 92 条の 6）等が規定されている。

　しかし、鑑定人と専門委員には、いくつかの相違点もある。すなわち、鑑定は、裁判官の知識の補充とともに当事者に有利な証拠方法という二面的な機能を有している[18]。つまり、一面では、裁判官の専門的知識や判断能力を補充する証拠方法であるが、他面では弁論主義が支配する当事者の攻撃防御方法のひとつであるという矛盾する二面的性格を有している[19]。それに対して、専門委員は、独立の証拠方法ではなく、争点や証拠の整理、訴訟手続の執行に関する協議、証拠調べ、和解の場面において、訴訟関係を明確にしたり、証拠調べの結果の趣旨を明瞭にしたりする制度である[20]。また、鑑定人が、裁判所に代わって経験則を具体的事実に適用して得た事実判断を報告する[21]のに対し、専門委員は、裁判所が当事者の主張の内容を明らかにし、その争点を明確にしたり、訴訟手続を円滑に進行させるため、裁判所に対して、その専門的な知見に基づいた説明をするのであって、原則としてそれに至る経験則の具体的事実に対する判断過程を述べることはない[22]。

　このように、確かに専門委員は経験則を具体的事実に適用して得た事実判断（意見）を報告するわけではなく、訴訟関係を明確にしたり、証拠調べの結果の趣旨を明瞭にするようなことだけを主な任務とする[23]。その点に着目すれば、本来の職務内容については専門委員と鑑定人とで異なる側面を有しているといえる。しかし、裁判官の専門的知見の補充という観点から鑑定人と専門委員の役割機能の同質性[24]に鑑みれば、専門委員の法的性格は鑑定人

---

[18] 黒田直行「医療過誤訴訟における審理上の諸問題」鈴木忠一＝三ケ月章監修・新実務民事訴訟講座 5（日本評論社・1983）319 頁、門口編集代表・前掲注 4）302 頁〔高橋〕。
[19] 小林・前掲注 4）83 頁。谷口＝福永編・前掲注 4）414 頁〔太田〕は、鑑定を中立性と党派性の間の微妙なバランスの上にある制度であると表現する。
[20] 杉山・前掲注 3）332 頁。
[21] 岩松三郎＝兼子一編・法律実務講座 民事訴訟法編第 4 巻（有斐閣・1961）300 頁等。
[22] 専門委員は争点や証拠の整理に必要な知見を提供するに過ぎない（杉山・前掲注 3）334 頁）。
[23] ただし、杉山論文は、立法 10 年経過後の専門委員制度の実情について、「鑑定に代替する機能を果たしているようである」と指摘する。また、「実際は当事者の同意を条件として、専門委員に客観的な推論、さらには評価説明まで認め、それを心証の基礎とする実務が広がりつつあるる」とし、立法時にはこのような争点に対する判断を専門委員が提供することは想定していなかったと指摘している（杉山悦子「民事訴訟手続における専門家の関与―専門委員制度の課題と展望を中心に」法時 87 巻 8 号（2015）26 頁）。
[24] 本間教授は、「特集・司法制度改革と民事訴訟手続―改革の趣旨と現状の検証」（法時 87 巻 8

のそれと類似性を有している[25]ということができよう。

　そこで次に、鑑定人と専門委員の相違点は認めつつ、裁判官の専門的知見の補充という民事訴訟における役割・機能の同質性という点に着目し、その「中立性」の内容について検討する。

Ⅲ　専門委員の中立性

1　本質的・構造的中立性

　中立性の概念も多義的である[26]。本稿で取り上げる「中立性」とは前述のように広く一般的な中立性ではなく、あくまでも訴訟手続上の法的中立性である。すなわち、訴訟手続上の中立性というのは、専門的適格性を有する当該専門家が専ら訴訟当事者および他の訴訟関係人もしくは裁判官とは実質的かつ形式的利害関係のない第三者性を有していることを意味するものと考える。本稿では、これを本質的・構造的中立性と呼ぶことにする[27]。

　このような中立性は、専門家である専門委員が負うべき法的義務の基礎となる。それゆえに、その中立性の捉え方が専門委員の法的責任の構造・程度・範囲の議論に影響を及ぼすものと考えられる。そこで、ここではまず専門委員の中立性をどのように捉えるかについて検討する。

　思うに、これは民事訴訟における専門家の役割や機能の重点をどこに置くかに関わる。すなわち、専門委員については、本質的に裁判官の専門的知見

　　号（2015）4頁以下）の中で、2003（平成15）年の改正により「専門委員と鑑定人とはその役割分担が異なるものとして制度設計されたことになる」として、「専門家の関与の形態としては、専門委員が裁判官の知見の補助者である一方で、鑑定は証拠調べの方法として純化されたとみることができる」と指摘されている（本間靖規「司法制度改革と平成15年民事手続法改正後の現状―本企画の趣旨を兼ねて」同号7頁）。これは専門委員の説明内容は証拠となるものではなく、専門委員が争点について判断を示す立場にないという役割分担を指摘されるもので、本稿が、両者が裁判官の専門的知見の補充という役割を有しているという主張と矛盾するものではない。

25)　杉山・前掲注3）333頁。吉野正三郎「訴訟法・比較法学からの問題提起（シンポジウム『医療訴訟と鑑定』）」年報医事法学2（1987）82頁は、裁判官の判断形成の補助者という役割こそが鑑定の本質的内容であると主張する。ただし、本稿は、鑑定人と専門委員の相違点は認めており、決して、鑑定人と専門委員を全く同様の規律に服しめるべきであると考えているわけではない。

26)　和田仁孝「司法書士とADR」月報司法書士370号（2002）46頁は、中立性の意味するところが対象とされる問題領域によって異なってくるとして、中立性の概念の多義性を指摘する。

27)　和田・前掲注26）44頁は、中立性の概念の多義性について、「規範的中立」対「状況的中立」と「構造的中立」対「過程的中立」とに分類して論じており、大変興味深い。本稿では、訴訟手続上の中立性のみを念頭に論じているが、法的な「中立性」の概念の分析については、なお検討してみたい。

を補充するという機能を有する[28]。これは、争点や証拠の整理、訴訟手続の進行に関する協議、証拠調べ、和解等のどのような場面で専門委員が指定されるかにより法的な中立性の程度が異なるものではない。すなわち、専門委員の法的責任の基礎となる訴訟手続上の法的中立性は、裁判官の専門的知見を補充するという役割の中で捉えるべきであり、その中立性は、前述した本質的・構造的中立性が問題となる場面である。中立性から導き出される専門委員の法的責任の基礎となる注意義務等は、訴訟手続に関与する専門家である専門委員としての地位に課されるべきものである。これに対し、鑑定人は、前述の如く現行法の規定の仕方（民訴法第2編「第1審の訴訟手続」第4章「証拠」第4節「鑑定」）からすれば、当事者が事実を立証するために提出する攻撃防御方法としての側面を有することから、裁判官の専門的知見の補充以外の機能も有している。とするならば、本質的・構造的中立性については、専門委員の法的性格からして一般的に鑑定人の中立性よりも強いということができよう[29]。すなわち、そもそも鑑定人と専門委員の法的性格を比較した場合、前述したように、鑑定人は制度上党派性と中立性の二面性を具備しているのに対し、専門委員は制度設計上においては裁判官の補助者としての一面性しか有していない。つまり、鑑定人はその性質上本来的に党派性と中立性を兼有しているのに対して、専門委員は証拠方法としての側面は有しておらず、本来的に中立性のみが要請され、党派性は有していないといえる。そういう意味では、むしろ、中立性と党派性の二面的性格を有する鑑定人より、中立性のみが要請される専門委員の方がより強く本来的・構造的中立性が要請されているといえるであろう。

2　実質的・相対的中立性

それでは次に、専門委員の中立性を担保する忌避の制度との関連から検討してみることにする。前述したように、専門委員については、裁判官に対する忌避の規定が準用されている（民訴92条の6第1項・24条1項）。しかし、裁

---

[28]　専門委員は、裁判所が職権で関与させるものであり、基本的に裁判所の補助者として性質を有する（秋山ほか・前掲注13) 246頁、賀集＝松本＝加藤編・前掲注16) 229頁〔笠井〕）。
[29]　杉山・前掲注3) 333頁は、「鑑定以上に裁判官の補助者としての性質が強い」と指摘する。なお、専門委員は、非常勤の裁判所職員としての地位が認められている（小野瀬＝武智編著・前掲注4) 58頁）。

判官の補助者としての鑑定人については、必ずしも一般的に絶対的中立性が要求されているとはいえない。鑑定人の中立性を担保する忌避権についても、その範囲につき解釈上の争いがあるからである[30]。すなわち、鑑定人が代替性を有することが中立性の前提となるものと考えられているが、高度に複雑化・専門化した事件においては、専門領域によって必ずしも代替する者がいるとは限らず、忌避権について厳格に解釈することが不都合な場合も予想される[31]。そこで、鑑定人の中立性を緩和せざるを得ない場合も生じうる[32]。つまり、鑑定人の忌避事由である「誠実に鑑定をすることを妨げるべき事情があるとき」（民訴214条）に該当するか否かは、同条の趣旨[33]に鑑みるならば、実質的に鑑定人の公正が損なわれる事情が存在するか否かによって判断されるべきである。すなわち、ここでの中立性の意味は一般的・抽象的な中立性ではなく、当面の問題解決に必要な具体的専門性を意味するものと考えるべきで、当該分野・専門的知見に関する専門的適格性を有しているか否かが当該鑑定人の中立性の判断の決め手になる。そのような意味では、中立性も相対的であるといえる。

同様の問題は、専門委員に対する忌避権についても生じ得る。つまり、専門委員の場合も、その法的性格つまり裁判官の補助者たる地位を有していることから本質的に中立性が要請されるが、やはり代替性がその前提となる。しかし、専門委員の場合も事件の対象となる分野・専門的知見に関して、必ずしも常に代替性があるとはいえない。実際に専門的知見を要する事件の内容の複雑化・専門化に伴って、専門委員が必要とされる事件が増大し、しかも、専門委員の確保が問題になってきていると指摘されている[34]。その際、

---

30) 栂善夫「民事訴訟における鑑定人の忌避について」曹時43巻10号（1991）2009頁以下。谷口＝福永編著・前掲注4）445頁〔畑郁夫〕等。
31) 栂・前掲注31）2028頁、谷口＝福永編著・前掲注4）415頁〔太田〕、同書447頁〔畑(郁)〕、小林・前掲注4）86頁。賀集唱＝松本博之＝加藤新太郎編・基本法コンメンタール 民事訴訟法2〔第3版追補版〕（日本評論社・2012）221頁〔信濃孝一〕は、「理論的にはともかく現実には鑑定人が代替性に乏しい場合も稀ではなく、このことは忌避の事由の解釈に影響を及ぼしている」と指摘する。
32) 谷口＝福永編・前掲注4）447頁〔畑(郁)〕、同書414頁〔太田〕、福永清貴「民事訴訟法における私鑑定の限界―『私鑑定』の手続的規律に関する一考察」企業法研究13号（2001）126頁等。
33) 賀集＝松本＝加藤編・前掲注31）221頁〔信濃〕。鑑定人に忌避の制度を設けた理由は、鑑定人が裁判所の判断の補助者であることから中立性が要求され、鑑定人には代替性があるため、誠実な鑑定を妨げる事情がある者を排除して鑑定人を指定し直すことが可能とされるからである、と説明されている。
34) 秋山ほか・前掲注13）875頁。

当該専門委員の現有している諸事情・属性が、忌避事由である「裁判の公正を妨げるべき事情があるとき」(民訴92条の6第1項・24条1項)に該当する場合には重大な問題が生じ得る[35]。つまり、もし仮に、この場合に専門委員に前述した形式的・絶対的中立性を要求し、当該専門委員に対する忌避を認めるとすれば、当該訴訟当事者の公正な裁判を受ける権利ないし民事訴訟上の手続保障を害することにもなりかねない。そこで、同条の趣旨[36]に鑑みるならば、ここで要求される中立性の内容も、鑑定人の場合と同様、一般的抽象的(絶対的)中立性ではなく、当面の問題解決に必要な具体的専門性であると考えるべきである。すなわち、当該専門委員が当該専門的知見につき専門的適格性を有しているか否かが専門委員の中立性判断において極めて重要な要素であると思われる。そうすると、本来的・構造的な意味での中立性についても、それは必ずしも形式的・絶対的な中立性を意味するのではなく、実質的・相対的中立性で足りるものと考えるべきであろう。

Ⅳ 結 び

本稿では、専門委員の法的責任の前提として検討すべき「中立性」の問題のみを取り上げて考察した。特に訴訟手続上の専門委員の法的性格と中立性(本質的・構造的中立性および実質的・相対的中立性)について、鑑定人と比較しながら検討した。その結果、専門委員の法的性格は、鑑定人のそれと類似性を有するが、鑑定人のような二面性はなく、とくに証拠方法としての側面は有していないといえる。それゆえに専門委員が有する裁判官の補助者としての法的性格からは、本質的・構造的中立性が強く要請されるものと考えること

---

[35] 賀集＝松本＝加藤編・前掲注16) 237頁〔笠井〕。
[36] 秋山ほか・前掲注13) 270頁では、本条の趣旨について、「専門委員は、裁判官に対し専門的知見を提供するものであるから、その提供する専門的情報が偏頗なものであってはならない。また、専門委員が、その手続関与の姿勢において中立性・公平性を欠くとすれば、それは制度の前提を崩すものというほかない。そこで、専門委員についても、除斥・忌避・回避が認められるのである」と説明されている。また、賀集＝松本＝加藤編・前掲注16) 236頁〔笠井〕では、「専門委員は、裁判官の補助者としての立場で、裁判官に対して専門的知見を提供するものであり、その職務の性質上、中立性や公平性が要請されるので、これを欠く場合には、公正な裁判に対する当事者や国民一般の信頼が得られないこととなる。そこで、専門委員についても裁判官や裁判所書記官と同様に、公正な裁判を保障し、また、公正な裁判の外観(公正らしさ)を確保するために、当事者や事件(請求)と一定の関係にある者を、当該事件での職務の執行から排除する制度を設ける必要がある。それが、除斥、忌避、回避の制度である」と説明されている。

ができる。また、代替性を前提としている当該問題に対する専門的適格性の観点からは、鑑定人と同様、実質的・相対的中立性で足りるものと考えるべきである。

　既に指摘した通り、訴訟手続に関与する専門家の中立性の概念については、その内容について十分に吟味されることなく使用されてきたきらいがある。しかし、本稿では、中立性の内容が多義的であることを指摘し、中立性が、訴訟手続関係者の１人である専門家の法的責任の構造や責任要件・責任範囲を検討する基礎的研究の一部となるものであると考え、そこでの中立性の概念を明確化することを試みた。具体的には、専門委員が、民事訴訟の公正な審理の実現に寄与するものであり、専門家として裁判所の専門的知見を補充するという機能を有している点に着目し、考察した。その結果として、専門委員の中立性の内容を如何に考えるかにより、専門委員の責任の成立要件としての注意義務の内容・程度、主観的要件である過失の程度、ひいては責任の範囲等も異なってくることを明らかにした。すなわち、民事訴訟手続上の専門委員に要求される中立性が本質的・構造的中立性であると考えることから、専門委員の責任の成立要件としての注意義務は、専門家としての注意義務であることを導くことができる。そして、その程度は、一般的抽象的過失の基準とされる善管注意義務よりも高度な専門的な注意義務であるといえよう。さらに、専門委員の中立性は、その代替性を前提とする専門的適格性の観点から実質的・相対的中立性と考えるべきであることを指摘した。この観点からは、専門委員の責任の範囲・程度も相対化されることになろう。つまり、一方で専門委員としての本質的・構造的中立性から専門家としての高度な注意義務が課されるべきことになるものの、他方で、当該専門的知見に関する適格性に基づく実質的・相対的中立性からは、専門委員の個人責任の程度および範囲を緩和ないし免除するという方向での責任制限の解釈論を導くことができるものといえよう。以上の考察は、未だ分野により専門委員制度の確保や活用に汲々としている現状において、専門委員の責任を論じるには時期尚早とも思われるが、将来の議論の一助となれば幸いである。

裁判権に服する者の一般公法上の
義務という観念について

◆福本知行◆

 I　はじめに
 II　裁判権に服する者の一般公法上の義務という観念の含意
 III　一般公法上の義務の理論的な基礎づけ
 IV　まとめ

I　はじめに

　証拠調べの実施にあたって、当事者以外の第三者の協力を必要とする場面においては、わが国の裁判権に服する者である限り、第三者にはこれに協力する「一般公法上の義務」あるいは「公法上の一般義務」があると説明されている[1]。この観念は、証人義務、鑑定義務、文書提出義務、検証受忍義務のいずれにおいても用いられ[2]、さらに調査嘱託においても、相手方はこれに応じて回答をする一般公法上の義務がある、といわれている[3]。

　もっとも、この一般公法上の義務なる観念が、いかなる内容のものであり、また理論上いかなる位置づけを与えられるのかは、必ずしも明らかではないように思われる。例えば、一般義務文書（民訴220条4号）の所持者は、文字通りその所持する文書を提出すべき一般公法上の義務を負っているとしても、この義務は文書提出命令の申立てに対する審理において、提出免除事由の有

---

[1]　兼子一・新修民事訴訟法体系［増訂版］（酒井書店・1965）269頁、新堂幸司・新民事訴訟法［第5版］（弘文堂・2011）629頁、伊藤眞・民事訴訟法［第5版］（有斐閣・2016）385頁、高橋宏志・重点講義民事訴訟法(下)［第2版補訂版］（有斐閣・2014）99頁、松本博之＝上野泰男・民事訴訟法［第8版］481頁〔松本〕。
[2]　当事者本人尋問の場合は、事柄の性質上、第三者が関係しないから、問題とならない。
[3]　門口正人編集代表・民事証拠法大系　第5巻（青林書院・2006）147頁以下〔小海隆則〕。

無が調査され、免除事由なしとして、その者に文書提出命令がなされること（民訴 223 条 1 項前段）によって初めて具体化することとなる。これに対し、同じく一般公法上の義務であるとされる証人義務は、証人尋問の申出に対して証拠決定がなされることによって、裁判所に出頭して、宣誓の上、証言をするという具体的義務となるが、証拠決定をする際に、証言拒絶事由の有無が考慮されるわけではなく、むしろ、証言義務を課された証人が後日、証言を拒絶した場合に初めて、証言拒絶の当否が争われることになる（民訴 199 条参照）。あるいは、調査嘱託への回答義務については、他の場合と同様に、一般公法上の義務であることを前提に、専門的知見を訴訟に導入するための手段のひとつとして調査嘱託を積極的に活用することも検討されているようであるが、そこでは調査嘱託の対象とされる事項が、教科書事例として典型的に想定される、手持ちの資料から容易に回答しうるものにとどまらなくなりつつあるということができる[4]。また、近時の裁判例[5]では、金融機関の顧客情報や携帯電話利用契約者の情報のように、個人情報保護や通信の秘密の保護といった問題との兼ね合いで、相手方が回答することに慎重にならざるを得ないような情報について調査嘱託が行われ、回答義務とこれらの保護義務とをどのように調整するかをめぐって困難な問題が生じている。このことは直接には、調査嘱託の相手方が回答義務に違反して回答を拒絶したとして、調査嘱託の申立てをした当事者から、不法行為にもとづく損害賠償請求訴訟が提起される形で問題とされているが、調査嘱託に類似した制度である弁護士会照会（弁護士法 23 条の 2）に関して、前科照会に漫然と応じて報告をすることが国家賠償法上、違法とされた先例[6]があるため、調査嘱託についても、それに不用意に応じたことが、不法行為と評価される可能性も否定できず、調査嘱託に応じて回答をするかどうかをめぐって、相手方が板挟みの状態に置かれる危険がある。

---

4) 大森文彦ほか「（座談会）民事訴訟の新展開(上)」判タ 1153 号（2004）4 頁、18 頁以下〔福田剛久、山本和彦発言〕参照。

5) 例えば、大阪高判平成 19 年 1 月 30 日判時 1962 号 78 頁、東京高判平成 24 年 10 月 24 日判時 2168 号 65 頁。

6) 最判昭和 56 年 4 月 14 日民集 35 巻 3 号 620 頁。なお、弁護士会照会に関しては、近時、最判平成 28 年 10 月 18 日判タ 1431 号 92 頁が、相手方は正当な理由がない限り報告をすべきものと解される、として回答義務が肯定されることを前提としている。もっとも、弁護士会には報告を受けることについて法律上保護される利益はなく、報告を拒絶する行為が弁護士会に対する不法行為を構成するものではないとして、弁護士会からの損害賠償請求には理由がないとした。

このようにみるとまず、「一般公法上の義務」なる観念がいかなる理論的意義を有するかを明確にしておく必要があると思われる。そこで本稿はまず、この観念がいかなる含意で用いられているかを確認する（Ⅱ）。その上で、この義務の理論的基礎づけを行い、それとの関連で特に調査嘱託への回答義務の肯否を検討する（Ⅲ）。

Ⅱ 裁判権に服する者の一般公法上の義務という観念の含意

1 裁判権に服する者の義務

まず、この義務は、わが国の裁判権に服する者の義務であるとされているから、裁判権の免除を受ける者が始めから対象外であることは争いがない。証人義務や文書提出義務については、民事訴訟法190条や220条がそのことを前提としており、検証受忍義務についても同様に解されている。これに対して、調査嘱託については、条文の文言上、相手方として、国内の官公署や公私の団体と並べて、外国の官公署が掲げられているので（民訴186条）、両者で取り扱いを区別し、国内の官公署や公私の団体は回答義務があるが、外国の官公署には回答義務はなく、任意に応じることが可能であるにすぎない、とするのが一般的な理解である[7]。もっともこのような条文の文言から、調査嘱託への回答は、そもそも一般公法上の義務ではなく、相手方の任意の協力に委ねられるとみる余地もあると指摘されることになる[8]。

2 公法上の義務

公法上の義務という観念は、この義務が私人に対する義務ではなく、国家に対する義務であることを意味する。したがって、この義務に対応する私人（当事者）の権利を観念する余地はない。そして、私人に対する義務ではないことから、例えば証人が正当な理由なく証言を拒んだ場合あるいは調査嘱託の相手方が回答を拒絶した場合のように、第三者がこの義務に違反した場合であっても、証人や嘱託先が私人たる当事者から債務不履行責任を追及され

---

[7] 兼子一ほか・条解民事訴訟法［第2版］（弘文堂・2011）1069頁〔松浦馨＝加藤新太郎〕。
[8] 松本＝上野・前掲注1）476頁〔松本〕。

ることはない、という帰結が導かれる[9]。これに対し、不法行為については、第三者の行為によって当事者が損害を被り、かつ第三者に故意または過失があれば、一般原則どおり、成立する余地があると解されている[10]。もっとも、いずれにせよ、公法上の義務であるとするならば、第1次的に問題となることは、公権力の担い手である裁判所自身が、義務の履行を確保するためにどのような手段を用いることができるか、またその限界はどこにあるかであろう。そして、証言拒絶に対しては過料または罰金の制裁が予定されている（民訴200条・192条・193条）のに対し、調査嘱託への回答拒絶には特に制裁が予定されておらず、他に履行確保のための手段が定められているわけでない。このことからも、調査嘱託への回答は義務ではないとみる可能性が指摘されることになる[11]。

　他方において、私法上の義務とは次元を異にする義務であるから、この義務は、実体私法上の権利の存在を前提にしなくても、観念することができる。したがって例えば、一般義務文書（民訴220条4号）を所持する第三者の提出義務が、証人義務と同様の一般義務として観念される場合、そこには、当事者が第三者に実体私法上、当該文書の提出を求める権利がある場合に限定的に生じる義務ではなく、「私法上の義務の存否とは無関係に成立する義務」である、という意味が含まれているということができる。

3　一般義務

　一般義務という観念は、やや多義的に用いられているように思われる。すなわち、①具体的義務に対置される形で、いわば「抽象的義務」という意味で用いられる場合、②公法の中でも特別な法分野である訴訟法に基づく義務

---

9) 谷口安平＝福永有利編・注釈民事訴訟法(6)（有斐閣・1995）255頁〔藤原弘道〕。
10) 証人義務違反の場合につき、松本＝上野・前掲注1) 482頁〔松本〕。なお、前掲注5) に引用した裁判例のうち大阪高判平成19年1月30日判時1962号78頁は、調査嘱託への回答義務が公法上の義務であることを理由として不法行為の成立を否定する趣旨とみられるのに対し、東京高判平成24年10月24日判時2168号65頁は、一般論として不法行為の成立可能性を肯定しつつ、事案との関係では結論において成立を否定した。また、栗田隆「裁判所の調査嘱託に応ずる義務と義務違反の効果及び義務確認の訴えの適法性」関西大学法学論集63巻2号（2013）367頁、159頁は、国民は人格権の一部として、適正な裁判の実現のために他者に協力を求めることができる、つまり他者の協力の下に適正な裁判を受ける利益をもつとして、この利益が害されることを理由として不法行為の成立を根拠づける。
11) 松本＝上野・前掲注1) 476頁〔松本〕。

ではなく、公法の「一般法」に基づく義務という意味で用いられる場合、③わが国の裁判権に服する「万人が負う義務」という意味で用いられる場合、④統治機構内部あるいは公権力を保持する機関相互の協力義務という意味で用いられる場合、がある。

(1) 抽象的義務　例えば証人義務は、190条の規定によって証人を尋問することができる裁判所の権限が法定されていることから、論理上当然のものとされている[12]。そして、190条から導かれるこの証人義務のことを「一般義務」という場合、それ自体は抽象的なものにとどまり、この条文が存在するというだけでは、何人も特に何らかの作為・不作為を強いられるわけではない。そして、当事者による証人尋問の申出に応えて、裁判所が証拠決定をすると、その効果として、裁判所に係属している事件に関して、証人として裁判所に出頭し、宣誓の上、証言をするという、訴訟手続上の具体的義務が特定の第三者に発生する。これはあたかも、行政庁が行政行為によって私人に義務を課す場合に、法律による行政の原則の下、法律の根拠が必要とされるのと同様である。したがって190条は、裁判所が証拠決定によって、第三者に証人としての具体的義務を課するための根拠法令と位置づけられ、190条から導かれる義務を「一般義務」という場合、それは所定の要件が充足した場合に、裁判所が行う裁判（つまり証拠決定）によって、「具体的義務を課されることになる潜在的な可能性」を意味することになろう。

同様のことは、いわゆる一般義務文書（民訴220条4号）を所持する第三者の文書提出義務にも妥当する。この場合も、まず文書を提出するという具体的義務を課されることになる潜在的可能性が観念され、それを前提にして、裁判所に係属している事件に関して、裁判所が文書を所持する第三者に対して文書提出命令を発することにより、文書の所持者に特定の文書を提出すべき具体的義務が課されることになる。また、調査嘱託についても、それへの回答を義務と解するのであれば、裁判所が具体的な事件に関して、第三者を名宛人として調査を嘱託することによって、相手方に具体的な嘱託事項に対して回答をする具体的義務が課され、186条は裁判所が相手方に具体的義務を課するための根拠法令である、と説明されることになる。

---

12)　谷口＝福永編・前掲注9) 252頁〔藤原〕。明治民訴法289条では、義務づけ規定であったのが、大正改正（271条）で裁判所の権限規定に改められたが、実質に変更はないとされる。

(2) 公法の「一般法」に基づく義務　次に、訴訟法律関係に入った当事者が訴訟手続内で負う、訴訟法上の義務と区別する意味で用いられることがある。すなわち、民事訴訟法も私人たる当事者と公権力の主体である裁判所との関係を規律する点で公法に属するから、当事者の訴訟法上の義務も一種の公法上の義務であることはいうまでもない。そして当事者の訴訟法上の義務は通常、訴訟係属の存在を前提とする、訴訟法律関係上の義務として観念され、いわゆる訴訟上の信義誠実義務（民訴2条）は、この義務を一般条項的に表現するものである。この意味で民事訴訟法は公法全体からみれば、特別法というべき位置にあり、当事者が訴訟法律関係に立つことによって訴訟法上負う義務は、いわば「特別」公法上の義務ということになる。

これに対し、訴外の第三者はいかなる意味においても訴訟法律関係上の義務を負うわけではなく、裁判所が証拠決定という裁判をすることにより、その効力として他人間の訴訟手続に協力する具体的義務（上記(1)）を課されることになる。したがってこの関係は、訴訟法律関係を規律するのに特有の原理とは次元を異にする、公法の「一般法」によって規律されるものであり、この公法の「一般法」に基づく義務であるという意味での、一般義務を観念することができる。そしてこの公法の「一般法」に基づく義務は、例えば、「裁判権行使への協力義務」というような最も抽象的な次元で、憲法上当然のものとして、いわば統治機構内在的に措定されており[13]、民事訴訟法の個別的な規範はその存在を前提に、各種の証拠調べの手続のそれぞれの場面において、裁判所が証拠決定によって私人に義務を課す権限に根拠を与えるもの、と位置づけることができる。

(3) 万人が負う義務　証人義務と、鑑定義務（民訴212条1項）とを対比する文脈において、鑑定義務は一般義務ではなく、専門的知識・経験のゆえに裁判所が鑑定を命じた場合にのみ、個別に発生する義務である、と説明されることがある[14]。これは、鑑定義務の存否は鑑定に必要な学識経験を有す

---

13) 伊藤・前掲注1）385頁以下は、一般義務の基礎にある考え方を、民事訴訟が真実発見にもとづく紛争解決制度として機能するためには、証言を強制されることによる精神的負担や経済的不利益を国民は甘受しなければならない、とまとめている。

14) 谷口＝福永編・前掲注9）426頁〔太田幸夫〕、兼子ほか・前掲注7）1155頁以下〔松浦＝加藤〕。逆に、秋山幹男ほか・コンメンタール民事訴訟法Ⅵ（日本評論社・2010）293頁は、証言義務と同様に、鑑定人たるべき者が鑑定事項とどのような関係にあるかを問わない一般的義務と理解されるという。

るかどうか、という第三者の属性いかんによって決せられるので、鑑定義務は裁判権に服する者がすべからく負うものではないこと、を意味するとみられ、逆にいえば、この文脈で一般義務は、(わが国の裁判権に服する)「万人が負う義務」という意味で用いられている、ということができる。

　しかしながらここでは、証拠決定によって具体化される義務と、その前提となる抽象的義務とが区別されていないように見受けられる。確かに、裁判所に出頭し、宣誓の上、意見陳述するという鑑定人の具体的義務は、具体的事件における当事者による鑑定の申出に応えて、裁判所が証拠決定において特定の第三者に鑑定を命ずることによって生じるから、それ自体は個別に発生する義務であるが、この関係は証拠決定によって抽象的な証人義務が具体化する場合と特に異なるところはない。他方、裁判所が何らの法律上の根拠もないままに、証拠決定によって第三者に鑑定人としての具体的義務を課すことができる、というのは不当であるから、212条1項は裁判所にそのための権限を付与する意味をもつ。しかも、裁判所は鑑定に必要な学識経験の有無を調査した上で鑑定人を指定するのであるから、証拠決定によって具体的義務が生じる前の段階では、鑑定に必要な学識経験の有無を問わず、抽象的義務が観念されなければならない。212条1項はこれを前提として、裁判所による、鑑定に必要な学識経験を有する者であるかどうかの調査を経た上で、証拠決定によって具体的な鑑定義務を課される可能性があることを示すものといえる。もちろん、鑑定に必要な学識経験を有しない者が、具体的な鑑定義務を負うことがないのは当然であるが、それは証拠決定の前提として行われる調査の結果として、抽象的義務が具体化する可能性がないからである[15]。

(4) 統治機構内部あるいは公権力を保持する機関の協力義務　　国内の官公署その他の団体に対する調査嘱託が行われる場合における、嘱託先の回答義務を基礎づける文脈において、この回答義務が一般公法上の義務とされることがある。このうち、官公署の回答義務は、その他の団体の回答義務とは次

---

15)　一般義務文書以外の文書(220条1号から3号までの文書)の提出義務にも同様のことが妥当する。これらの文書は、文書の属性を調査した上で、提出が命じられるから、具体的な提出義務は個別に発生することになる。しかし、提出が義務づけられることになるべき文書を所持することになる可能性は、万人がもっているから、文書提出命令が発せられる前の段階では、万人が抽象的義務を負っているのである。したがって、220条4号の文書提出義務を「一般義務」という場合、220条1号から3号までの文書とは異なり、「文書の具体的な属性を問わず、およそ文書であればすべて」という意味で用いられることになろう。

元を異にし、官公署間の協力援助義務に根差すものとされる[16]。官公署は、私人と同様の意味で裁判権に服する立場にはないからである。恐らくこの義務は、主権あるいは公権力の行使の一体性・統一性を考慮して、裁判所組織内部だけでなく、裁判所以外の公権力の主体たる官公署についても観念されるのであろう[17]。

4 小　括

このようにみると、裁判権に服する私人たる第三者との関係に限定すれば、従来「一般公法上の義務」といわれてきたものは、次のような構造をしているようである。すなわちまず、民事訴訟法の規範以前の存在として、「裁判権行使への協力義務」が措定される。この段階の義務は、憲法の定める統治機構に根差すものとして位置づけられ、わが国の裁判権に服するすべての人が負担しているものと観念される。次いで、この憲法上の義務を前提とする、民事訴訟法の規範が措定する段階である。ここにおいては、裁判所に係属した具体的な事件に関して、一定の要件をそなえる場合に、証拠決定によって具体的義務を課される潜在的な可能性がすべての人に対して予告されると同時に、各種の証拠調べ手続のそれぞれの場面において、公権力の担い手である裁判所が訴訟法律関係の外にいる、私人たる第三者に具体的義務を課すための根拠を与えていることになる。

Ⅲ　一般公法上の義務の理論的な基礎づけ

次に、一般公法上の義務という観念をめぐる上述したような構造の、理論的な基礎づけとともに、特に証人義務との対比で、調査嘱託への回答義務を基礎づけることができるかどうかを検討する。

---

16)　細野長良・民事訴訟法要義　第3巻（厳松堂書店・1931）379頁注2。
17)　裁判権の担い手である裁判所組織内部では、一般的に裁判事務についての共助が想定されている（裁判所法79条）のに対して、裁判所と他の公権力の担い手との間の協力援助義務なるものの基礎づけは必ずしもはっきりしない。特に権力分立の原則との関係を整理する必要があると思われるが、現段階では本稿著者の手に余るので、この問題には立ち入らず、以下では私人たる第三者に対する関係に限定する。

1 憲法による基礎づけ

　民事訴訟法の規範以前の存在として措定される、「裁判権行使への協力義務」の観念を考察する作業は、本来、憲法学の領分に属するので、民事訴訟法の文献上は、そのまま議論の前提とされてきたように見受けられる。一般的な説明は、とりわけ証人義務を典型例として、例えば、それは国の主権の一部を構成する司法権に根拠を有するものであり、証人が法廷に出頭して正確な情報を提供することで、当該事件の当事者の私的利益が保護されることになるだけでなく、そのことを通じて司法権が適正に行使される結果となり、ひいては社会全体の法と秩序の確立・安定をもたらすことになるので、証人義務は全体としての社会からの要請であるとされ[18]、あるいは証人義務は憲法76条1項・3項や32条によって憲法上基礎づけられ、証言拒絶権がこれに対置されて、憲法上の情報プライバシー権に根差す公法上の抗弁権として、その具体的保護手段に位置づけられる[19]、などとされる。したがって、「裁判権行使への協力義務」は、私人の裁判を受ける権利の保障を全うさせるべく、司法権の適正な行使を可能にするために観念されているといえる。そして、裁判所が証拠決定によって第三者に具体的義務を課する際には、原則として当事者からの証拠申出がその前提になっているから、少なくともその場合、裁判所の証拠決定を媒介として、当事者権としてのいわゆる証明権を保障するために、第三者に具体的義務が課される、という形で両者は対応することになる[20]。

　このようにみるとそれはさらに、被告のいわゆる応訴強制と共通の基盤を有する面がある、ということもできる。応訴強制は厳密な意味での強制あるいは義務ではなく、単に応訴負担があるにすぎない、とされることをしばらくおくと、それは原告の訴権の対応物として、相手方を、被告という訴訟法律関係上の地位に立たせる可能性であり、「応訴を拒んでも被告として訴訟法律関係には立たされ、不利な判決を受ける危険を負担すること」を意味す

---

[18]　谷口＝福永編・前掲注9）252頁以下〔藤原〕。
[19]　坂田宏「民事訴訟における証人義務と証言拒絶権」横浜経営研究15巻1号（1994）33頁、36頁以下。
[20]　刑事訴訟においては、刑事被告人の憲法上の権利として、強制的手段による証人の喚問権が保障されているので（憲37条2項）、そこでは憲法上の義務としての証人義務をいっそう明白に観念することができる。

るということができる。そして、被告にこのような危険あるいは不利益を負わせることは、双方審尋主義あるいは武器平等の原則の下、原告と対等に自己の利益を訴訟手続において擁護する機会が与えられていることによって正当化されることになる。

これに対して、訴訟法律関係に立つことのない第三者は、自己の権利・利益をめぐって当事者と直接に対峙するわけではなく、むしろ、当事者に裁判を受ける権利を保障して、その権利利益の保護を全うさせるために、裁判権行使の巻き添えとなるという犠牲を甘受させられるのである。したがって、第三者にこのような犠牲を甘受させることを正当化するためには、公法一般の原則により、具体的義務を課すにあたって、必要最小限の義務づけが法の定める適正な手続に則って行われることとともに、一種の損失補償的なものが用意されていることが必要であろう。以下ではこのような観点から、証人義務に関わる民事訴訟法の規範を検討する。

2 民事訴訟法の規範による証人義務の基礎づけ

(1) 立法による違憲行為? 坂田宏教授[21]は、証人義務に関連して、裁判所が証拠決定をした場合に、これに対して証人から不服を申立てる手段がないこと、さらに証人は尋問事項がプライバシーに関わる事項にあたるかどうかも知らされないまま、制裁だけを予告されることから、公権力の発動の下に個人の情報プライバシー権が侵害される可能性のある状況に置かれることになるので、証人義務を定める(旧)民事訴訟法271条(=現190条)は、立法による違憲行為と評価される、とされている。

しかしながら、民事訴訟法の規範以前の存在として憲法レベルで「裁判権行使への協力義務」が観念されることを前提にするならば、証人尋問の場面に即して、証拠決定によって具体的義務を課する権限を裁判所に与える民事訴訟法の規定を制定することが、なぜ「立法による違憲行為」になるのかが、よく分からない。民事訴訟法の規定はむしろ、訴訟法律関係に立つ当事者の裁判を受ける権利の保障を全うさせるべく、裁判所が適正に裁判権を行使するための犠牲を第三者に強いることになるとしても、それが民事訴訟への第

---

21) 坂田・前掲注19) 38頁以下。

三者の無限定・無方式な「動員」に陥る危険を除去し、「裁判権行使への協力義務」を適切な範囲に限定することを目的として置かれているとみることができる。したがって問題となるのは、民事訴訟法による義務の限界づけが全体として、第三者に負担を負わせることを正当化できるだけのものとなっているかである。そこで具体的義務を課すにあたって、第三者の犠牲を正当化するための基礎、つまり上述した、必要最小限の義務づけが法の定める適正な手続に則って行われることとともに、一種の損失補償的なものが用意されていることが、民事訴訟法上、どのように考慮されているかを確認する。

(a) 負担の程度　まず、一定の場合に証人に証言拒絶権が保障されていることは、証人義務の負担の限界を画するものということができる。坂田教授は、証言拒絶権を憲法上の情報プライバシー権に根差すものと位置づけて、証人義務に対置させているが[22]、これは、証人義務の限界づけまたは証言拒絶事由の有無を判定する際に、憲法レベルの議論を導入することに意味があるといえる。もっとも実際には、証言拒絶権は、証拠決定によって具体化された証人義務の中でも、証言義務に対抗するものであるから、憲法レベルの議論を導入することの実践的な意義は、証言拒絶事由が憲法上の価値を背景にもつことを踏まえて、その解釈論が憲法適合的なものとなっているかを検証する作業の必要性を意識させることにある、ということができる。

次に証人は、法廷に出頭して宣誓の上、真実を証言しさえすれば、尽くすべき義務は十分に尽くしたものと評価される。したがって、この範囲を超える不利益や忍耐を強いられる理由はないから、人格攻撃的な尋問や糾弾的な尋問によって、精神的あるいは肉体的な苦痛を与えるようなことは、当然許されない[23]。民事訴訟法上、明文の規定はないが、民事訴訟規則115条2項1号が、証人を侮辱し、または困惑させる質問を例外なく禁止しているのは、このことを前提にしているからであろう。また、近年、特に犯罪被害者保護の一環として新設された、証人の陳述中の付添い（203条の2）、遮へいの措置（203条の3）は、尋問の実施にあたって証人の不安や緊張等を緩和し、過度の負担を負わせないための配慮であることは明らかである[24]。

---

22) 坂田・前掲注19) 36頁以下。
23) 谷口＝福永編・前掲注9) 256頁〔藤原〕。
24) 小野瀬厚「犯罪被害者等の保護に関する民事訴訟法の改正について」民事月報62巻8号（2007) 7頁、13頁。十分な陳述を可能とすることにより、適正な裁判のための資料を確保するこ

(b)　適正手続　　坂田教授の指摘する、証人に証拠決定に対する不服申立てが認められていないことは、199条によって、事後に証言拒絶の当否について、決定で裁判がなされ、この裁判に対しては証人も即時抗告をすることが可能である、とされていることでカバーされ、現実的にプライバシー権が侵害される危険は回避できるであろう。また、証人は尋問事項の詳細を知らされないまま呼び出されることになるという点も、それによってプライバシー権の侵害が現実化する恐れが生じたとしても、証言拒絶権の行使によって、いわば水際でこれを防ぐことができ、それが立法者の用意した、証人の保護のための手続である、と説明することは可能である。なお、現行法の制定に際して、民事訴訟規則107条2項によって、尋問事項書の記載を、できる限り個別的かつ具体的なものとしなければならないこととされ、かつ従来、尋問事項の要領が証人の呼出状に記載されていたにすぎなかったのが、108条によって、証人の呼出状に尋問事項書の写しを添付することに改められた。これは、直接には裁判所による証拠の採否の決定のための資料、あるいは相手方の反対尋問の準備のためであるが、証人の記憶を喚起し、証言を準備させるためでもあるとされているので[25]、これが励行されれば、問題はほぼ解消すると思われる。

　(c)　損失補償　　民事訴訟費用等に関する法律18条1項に基づいて、証人に支給される日当——1日あたり8000円以内という金額の妥当性はしばらくおくとしても——は、自己の時間を犠牲にして裁判所まで出頭し、宣誓の上、供述をしなければならない証人に対する、最低限の損失補償ということができる。

　(2)　**義務を明示する規範の欠缺？**　　第三者への義務づけを定める形での条文がある鑑定義務のような場合とは異なり、証人義務の場合には、裁判所に権限を付与する規定の存在から論理的に導かれる、というのが一般的な理解である[26]。これに対して、坂田教授は、証人義務が国民の当然に負う義務なら、憲法または訴訟法に明確に「義務」として規定しておくのが本来の筋である、と指摘する[27]。もっとも、坂田教授の論稿の公表後、現行法の制定

　　　とを直接の目的とするものではない、とする。
　25)　秋山ほか・前掲注14) 156頁、158頁、兼子ほか・前掲注7) 1089頁以下〔松浦＝加藤〕。
　26)　谷口＝福永編・前掲注9) 252頁〔藤原〕。
　27)　坂田・前掲注19) 38頁。

に際して、190条には、立法者の手で「証人義務」という見出しが付されたので、少なくとも立法者は、何人であっても証人として尋問することのできる権限を裁判所に付与する旨の規定から、論理的に義務が導かれるという前提に立って、その明確化を図ったものとみられる。理論的にみても、公権力の主体にその行使権限を付与する規範は、権限が法の定めるところに従って行使された場合における、その名宛人である私人の公法上の義務を表裏一体的に定めているというのは、公法関係の性質上、当然のことであろう。

(3) **証拠決定によって具体化された義務に違反した場合の制裁の有無** 裁判所が証拠決定によって、第三者に具体的義務を課した場合、この義務は公法上の義務である以上、公権力の主体である裁判所が、その履行の確保に責任を負うべきものである。もっとも、義務の履行を直接的に強制しうるのは、証人の出頭義務の履行を確保するために194条が定めている勾引のみであって、それ以外の場面では、第三者の義務違反に対して、過料や罰金といった制裁を予告する、という以上の措置は設けられていない。このことは、証人の宣誓、証言義務や鑑定人の義務のように直接的な強制になじまない場合はともかく、文書提出義務や検証受忍義務については、義務の履行確保の実効性に疑いがないわけではない。ただいずれにしても、少なくとも過料や罰金の制裁を予告する規定が存在するところでは、その規定から第三者の法的な義務の存在を容易に肯定することができる。

3 調査嘱託への回答義務を基礎づける可能性

調査嘱託への回答義務についても、186条が調査を嘱託することのできる権限を裁判所に付与していることから論理的に導かれる、換言すれば裁判所が調査嘱託をする旨の決定をすることによって、相手方の「裁判権行使に協力すべき」義務が、嘱託に応答して回答すべき義務として具体化する、というのが一般的な理解であり[28]、その上で、例えば文書提出義務の範囲あるいは証言拒絶事由の解釈などを参照しながら、回答義務をどのように限界づけるかが議論されているようである[29]。もっとも、このような帰結は186条の

---

28) その際、嘱託事項が相手方の手持ち資料から容易に回答しうるものに限るとされるほか、相手方は報酬および必要な費用を請求することができる(民訴費20条)。
29) 栗田・前掲注10) 383頁。

規定からだけでは、未だ明確とはいい難いように思われる。すなわち、まず立法者は、嘱託「することができる（スルコトヲ得）」という文言によって、専ら裁判所に権限を付与することに主眼を置いており、それだけから直ちに第三者に何らかの義務を課すことは想定していなかったように見受けられる[30]。回答拒絶が正当化される事由について規定が置かれていないことも、義務性を否定する趣旨ととれる。のみならず、「嘱託」という日本語の普通の意味は、それをする側が相手方に対して何かを依頼することにとどまり、そこに公権力を行使して相手方に義務を課すという契機は当然には含まれていないから、調査嘱託を受けた相手方がこれに応じて回答をするかどうかは、その者の任意に委ねられる、と読む余地がある[31]。

さらに、調査嘱託への回答拒絶に対する制裁を予告する明文の規定を欠くことから、回答義務はないと説明することも可能である、と指摘されることもあるが[32]、一般には回答義務の存否と義務違反に対する制裁の有無とを区別して、回答義務はあるが回答義務に違反しても制裁を科すことはできない、とされている[33]。確かに、義務であることの要素として、その履行確保のための法的な制裁の予告が不可欠のものとまではいえないであろうが、少なく

---

[30] 大正15年2月24日貴族院民事訴訟法中改正法律案外一件特別小委員会議事速記録第5号における、池田寅二郎政府委員の答弁では、「……裁判所トシマシテハ此規定ニ依ッテ嘱託ヲスル所ノ権限ガアルト云フコトガ茲ニ定マッタモノト見ル、其為ニ此嘱託ヲ受ケタ者ニ対シテ必シモ義務ヲ負ハシムルモノデアルカドウカト云フコトハ是デハ特ニ決マッテ居ル訳デハナカラウト思ヒマス〔原文旧字体を新字体に改めた〕」とされている。松本博之＝河野正憲＝徳田和幸編著・民事訴訟法〔大正改正編〕（4）（信山社・1993）510頁以下参照。このような立法者の理解が、現在のような理解に変遷した契機は明らかでないが、例えば、菊井維大・民事訴訟法(下)〔補正版〕（弘文堂・1968）312頁では、法律がこの方法により立証の目的を達成しようとしたのであるから、応嘱義務を認めてよいとされ、三ケ月章・民事訴訟法（有斐閣・1960）426頁では、（旧）262条により応嘱義務があるとみてよいとされている。

[31] 形式的には、186条の見出しには、190条とは異なり、「義務」とは書かれていない。また、同じ「嘱託」という語が用いられている文書の送付嘱託（民訴226条）の場合、相手方に嘱託にかかる文書を送付すべき義務がないことが、むしろ前提とされているのである。兼子ほか・前掲注7）1257頁〔松浦＝加藤〕参照。なお、過料の裁判の執行についての民事訴訟法189条3項が準用する刑事訴訟法507条（これらはいずれも、平成13年の改正に際して追加された）では、検察官が過料の裁判の執行に際して、必要があると認めるときは、公務所または公私の団体に「照会して必要な事項の報告を求めることができる」とされているのが参考になる。この規定は、検察官の調査権限に法的根拠を与えるとともに、照会を受けた相手方が、これに応じて報告をする法的義務を負うことを明確にしたほか、照会に応じても、守秘義務あるいは個人情報保護法上の提供制限には抵触しない、とされている。三井誠ほか編・新基本法コンメンタール刑事訴訟法〔第2版〕（日本評論社・2014）652頁〔上野友慈〕参照。

[32] 松本＝上野・前掲注1）476頁〔松本〕。

[33] 谷口＝福永編・前掲注9）172頁〔矢吹〕、秋山ほか・前掲注14）123頁。

とも調査嘱託への回答義務を肯定するとしても、それは証人の出頭・宣誓・証言の義務よりも弱い、法的な制裁を予告することによって履行を確保するほどのものではない義務にとどまるであろう。

なお、専門的知見を訴訟に導入するために調査嘱託を積極的に活用することを試みる実務の動向に関しては、事前に第三者との協議をし、無理であれば応じなくてもよいという前提で嘱託に応じることの同意を得てから嘱託をすることによって、非常に多くの情報が得られる、といわれている[34]。しかし、それならば第三者の義務の根拠は、嘱託に応じることへの同意に求められることになるであろうし、他方、第三者が一般公法上の義務として、調査嘱託に回答すべきものとされるのであれば、本来同意の有無は問題とならないはずである。このように、いかにも歯切れが悪いばかりでなく、基礎づけの不明確な「義務」の存在を背景にしつつ、第三者の同意を調達しているような印象を拭えない。

4 小 括

このようにみると、少なくとも証人義務については、一般公法上の義務を前提にして、裁判所に出頭し、宣誓の上、証言するという第三者の義務が、証拠決定によって具体化する、という関係は十分に説明可能であるのに対し、調査嘱託への回答義務をこれと同様の関係において根拠づけることは、当然にはできないのではないかと思われる。もちろん、当事者が訴訟を追行する上で必要な情報を収集するための手段が必ずしも十分とはいえない現状において、専門的知見に関わる情報を収集するために調査嘱託を活用しようと試みる実務の努力には敬意を表すべきであるが、民事訴訟法186条は、相手方に回答をすべき具体的義務を課する権限まで裁判所に付与しているとは必ずしもいい切れず、むしろ任意に回答することを依頼する権限があるにすぎないと読む余地があるし、回答を拒絶された場合に、裁判所が履行を確保するための手段が用意されているわけでもないからである。したがって、民事訴訟法186条から最低限読み取ることができるのは、調査嘱託の相手方が、裁判所からの嘱託に応じて任意に回答をする行為は、法令に基づく正当行為と

---

34) 大森ほか・前掲注4)18頁以下〔福田、山本発言〕参照。

評価され、不法行為の成立を阻却する根拠となる、ということまでであり、それを超えて、相手方に積極的に回答すべき義務を課する根拠としては十分でないと思われる。のみならず現状ではそれは、回答を拒絶すれば当事者から不法行為責任を追及され、回答をすれば第三者から不法行為責任を追及されるという危険を生じさせ、相手方を相反する義務の板挟みにすることにもなろう。

Ⅳ　まとめ

　本稿は、裁判権に服する者の一般公法上の義務という観念の含意を明らかにしたうえで、特に調査嘱託への回答義務の肯否を検討した。その結果、一般公法上の義務には、憲法の定める統治機構に根差す、「裁判権行使への協力義務」の段階がまずあり、次いで民事訴訟法の規範は、これを具体化させる裁判所の権限を定めるとともに、この義務を適切な範囲に限定する意味をもつこと、証人義務については、一般公法上の義務を前提にして、第三者が具体的義務を課される関係がよく説明できるのに対し、調査嘱託への回答は、186条からだけでは、第三者の義務であることの根拠づけが必ずしも十分とはいえないこと、などが明らかになった。

訴訟信託禁止規定と隣接諸制度

◆堀野　出◆

Ⅰ　問題の所在
Ⅱ　立法の経緯・制度趣旨
Ⅲ　訴訟信託に関する先例・学説
Ⅳ　隣接する諸制度との関係
Ⅴ　任意的訴訟担当と訴訟信託
Ⅵ　まとめ

Ⅰ　問題の所在

　現行信託法10条（旧信託11条）は、「信託は、訴訟行為をさせることを主たる目的としてすることができない」と規定し、いわゆる訴訟信託を禁止している。当該規定に対する違反は判例上もしばしば問題となっており、近時においても、東京地判平成26年9月30日（判タ1414号349頁）が、訴訟提起に先立ってなされた債権譲渡が、訴訟の帰趨に伴う実質的な計算を譲渡人に帰属させたまま、譲渡人自らがその名で訴訟提起することを回避し、譲受人に訴訟を提起・追行させるためになされたものであるときは、当該債権譲渡は訴訟行為をさせることを主たる目的とした訴訟信託に該当し無効である、との判断をなしている。

　信託において受託者が信託財産について訴訟を提起することに何ら問題はないが、訴訟を主たる目的とした信託（訴訟信託）が警戒され禁止されてきたのは、受託者たる地位につく譲受人に財産が移転する形式が採られることにより、権利を譲渡人に残したまま訴訟を委ねる場合であれば課せられる規制に対し、脱法が図られるがゆえである。このような趣旨のもと、当該規定は強行規定とされており、これに反する債権譲渡等の信託行為は無効なものと扱われる。

　訴訟信託は、この問題が信託法に規定されており、信託法制から派生する

問題点である半面で、訴訟制度そのものにかかわる問題でもある。換言すれば、訴訟信託は、信託法、民事訴訟法の両分野において検討を要する問題である。にもかかわらず、民事訴訟法学説は、任意的訴訟担当の許容性との関連で訴訟信託を禁止する信託法10条に言及するのが一般的であり、それ以上の検討を行う機会はさほど多くはなかったといえる[1]。このような状況を踏まえ、本稿は、信託的譲渡を受けた譲受人が提訴する場合ないし場面を念頭に置いて、訴訟信託に隣接する訴訟法上の制度との関係を整理し、訴訟信託の制度趣旨について検討を行うものである。

なお、信託法上の信託行為の態様は一様ではなく、とりわけ現行信託法においては、権利の譲渡による信託以外にも担保権の設定等による信託が許容され、いわゆるセキュリティトラストが認められるに至っている（同法2条参照）[2]。この点からすれば、訴訟信託を論じるには、こうした権利の信託的譲渡を伴わない信託も視野に入れなければならないところではあるが、本稿は、このうち、これまで最も問題となってきた信託的譲渡の場合を中心に検討を進めることにしたい。以下で「訴訟信託」というときは、訴訟で争われる財産・権利について前権利者（財産の帰属主体）からその譲渡を受けた譲受人が自己の名で訴訟の提起に及ぶ場合のみを指していうものである。

II 立法の経緯・制度趣旨

1 従来の議論

信託法10条は訴訟信託を禁止しているが、訴訟提起に先立って対象となる債権が譲渡され譲受人が訴訟を提起しているからといって、そのことのみで訴訟信託に該当し信託法10条に違反することになるわけではない。訴訟信託に当たるというためには、かかる債権譲渡が信託的譲渡であり、かつ訴訟行為[3]をなさしめることを「主たる目的」としてなされている場合でなけ

---

1) 岡伸浩「訴訟信託禁止の制度趣旨再考(1)～(4)」慶應法学21号（2011）29頁、22号（2012）111頁、23号（2012）67頁、25号（2013）93頁は、このような中にあって正面から訴訟信託を取り上げた論考である。
2) 現行信託法2条は信託の定義につき、要物性を緩和し定義から財産の移転を外しているが、これはセキュリティトラスト（抵当権の設定による信託）を認めたことによるものである（寺本昌広・後掲注7）33頁）。
3) ここでの訴訟行為には、判例によれば、訴訟提起はもちろん、破産手続開始の申立てや強制

II 立法の経緯・制度趣旨

ればならない。

　信託法10条の趣旨をめぐっては、大正11年（1922年）に制定された旧信託法11条の趣旨を引き継ぐかたちで、㋐弁護士代理原則の潜脱の防止、㋑三百代言の跳梁の防止、㋒濫訴健訟の弊（害）の防止、㋓他人間の法的紛争に介入し不当な利益を追求することの防止、などがいわれている。ただしもちろん、現在の背景事情は当時のそれとは相応に変容していることも否定できないところである。

　㋐と㋑は、訴訟信託が、弁護士資格をもたない第三者に訴訟のみを委ねるのではなく、その目的を隠すために形式的に権利を譲渡したうえで当該第三者が権利者として訴訟を行うことになる点に由来するものである。㋐は、民事訴訟法54条にいう地方裁判所以上の審級にかかる民事訴訟事件について、訴訟代理人を弁護士に限定する弁護士代理の原則が、訴訟信託により脱法されてしまいかねないことから、これを防止するのが信託法10条の趣旨であるとする。㋑は、弁護士資格を有さないにもかかわらず、他人の法律事務への関与を業とする者による弊害を、より恒常的に防止しようとする目的によるものであり、㋐の弊害をより一般化したような趣旨となろう。ただし、㋑は、いわゆる三百代言の活動を生み出していた大正立法当時の社会的背景を基礎にしたものであり[4]、このような趣旨は、司法制度の健全化の観点からみれば異論の余地はまったくないにせよ、司法制度改革後の弁護士の増加に伴う状況の変化からすれば、現代において妥当する場面は限定されるであろう。

　㋒は、多数の訴訟が起こされることを指していわれてきた弊害のようであるが、訴訟提起自体が好ましくないと考えられかねなかった当時では濫訴の観念も現代のものとは異なったであったろうし[5]、現代においても濫訴の危険はあるにせよ、濫訴の観念自体は変容しうるものであるから、制度趣旨に据えるにしてもそうした変容に応じたものとする必要があろう。

　　執行の申立て（最判昭和36年3月14日民集15巻3号444頁）も含まれるが、仮差押えの申立てや更生債権の届出（最判昭和42年5月23日民集21巻4号928頁）は含まれないものとされている。
　4）　岡・前掲注1）22号115頁以下に詳しい。
　5）　濫訴健訟がいわれた当時の時代背景については、岡・前掲注1）22号126頁以下を参照。なお、同論文によれば、「濫訴健訟」のうち濫訴は文字通りの意義であるが、健訟とは、もともとは「訴訟が盛んに行われ激しい状態」という意味であったらしい。

㊁は、㋑三百代言の跳梁や㋒濫訴健訟の弊をそのまま取り沙汰するのがその後の時代的・社会的背景に見合わなくなった状況に至って、いわれはじめた制度根拠である[6]。これら㋑や㋒の弊害を規律する必要があるにしても、そのような必要がある場合がさほど多くないとすると、より広く一般的な根拠を制度の基礎に据えておく必要があると考えられるが、㊁はそうしたものとしてあらためて指摘された趣旨といえよう。

2　信託法改正の際の議論

　現行信託法は平成18年に改正されている[7]。旧信託法11条は、現10条へと文言もそのままに引き継がれているが、改正に際して、法務省法制審議会信託法部会事務局は、訴訟信託禁止の趣旨を、①非弁護士が弁護士代理の原則に反して他人のための訴訟行為をなす場合、②非弁護士が弁護士法72条に違反して法律事務を業として取り扱う場合、③第三者が他人間の法的紛争に介入し、司法機関を利用しつつ不当な利益を追求するとみられる場合が、信託的譲渡により脱法されることを防止するものとの見解を示したうえで、このうち、③については、直接に民法90条を適用し無効としうるから、訴訟信託禁止の立法趣旨からは外れる旨を示した。

　これに対し、日本弁護士連合会[8]は、訴訟信託禁止の場面について、受託者の拙い訴訟行為が受益者の利益を害することを防止する場合なども含まれうることに照らせば、事務局のいう①②の場合に尽きるものではないこと、また、③の趣旨について、受託者は自らの利益を犠牲にしても受益者の利益を追求すべきなのが信託の本質であるとすると、訴訟信託は単に公序良俗に反するというのみではなく、信託の本質に反するものでありこれを禁止する趣旨を織り込むことには相応の意義があること、などを理由に反論をなしている[9]。日弁連の反論は、制度趣旨もさることながら、訴訟信託を禁止する

---

　6)　四宮和夫・信託法［新版］（有斐閣・1989）143頁。
　7)　立法の経緯等については、小野傑＝深山雅也編・新しい信託法解説（三省堂・2007）152頁、寺本昌広・逐条解説新しい信託法（商事法務・2007）55頁、寺本振透編集代表・解説新信託法（弘文堂・2007）19頁など参照。
　8)　日本弁護士連合会「現行信託法11条（訴訟信託の禁止）の改正についての意見書」(2005)。
　9)　この他にも、事務局が旧信託法11条（現10条）を同10条（現9条）の定める脱法信託行為の具体的例示として機能するものと捉えたのに対し、日弁連は、旧10条は財産権の享受を禁じられている者が受益者として信託利益を享受することを禁止するものであるから、旧11条はその具体的例示ではなく両法条は並列するものである、との反論をなしている。

現信託法 10 条に、ただし書として、正当事由が認められる場合はこのかぎりでないとする旨の規定を明文化する点に向けられたものであったところ、後述（V）するように、ただし書は規定されないことになったが、結果として、改正に際しての訴訟信託の制度趣旨をめぐっては上記の内容以上の議論はされていない。

III　訴訟信託に関する先例・学説

1　裁判例

　訴訟提起に先立ってなされた債権譲渡が信託法が禁止する訴訟信託に該当するとされた例として、【1】東京高判昭和 33 年 6 月 24 日（金法 180 号 463 頁）、【2】東京高判昭和 54 年 8 月 27 日（判時 940 号 44 頁、判タ 401 号 77 頁、金判 585 号 28 頁）、【3】大阪高判昭和 58 年 1 月 18 日（判時 1084 号 92 頁）、【4】東京地判昭和 58 年 5 月 26 日（判時 1093 号 97 頁、判タ 503 号 84 頁）などがある。裁判例【1】は、債権の譲渡を受けた譲受人がその取立てに奏功した場合には、元本相当金を譲渡人に優先的に支払う旨の約定がされていたケースであり、裁判例【2】は、提訴に至った譲受人が譲渡人から訴求債権を譲り受ける際に、「譲渡代金及びその支払方法については後日譲渡人と譲受人間で協議する」といった内容の契約が交わされそれにもとづき提訴がされたケースである。裁判例【3】は、提訴に至った譲受人が譲渡人から訴求債権を買い受けたと主張しているものの、譲受人の年収等の事情に照らして、その代金を全額支払ったとは認め難いことが判断の決め手となっている。裁判例【4】は、譲渡人である会社が倒産する前に訴求債権が登記簿上の存在にすぎない原告に譲渡され提訴がされた例である。

　これに対し、債権譲渡が訴訟信託の禁止に違反しないとされた例として、【5】東京高判昭和 28 年 11 月 4 日（東高民 4 巻 6 号 178 頁）、【6】東京地判昭和 33 年 9 月 1 日（金法 187 号 618 頁）などがある。本稿の冒頭で言及した【7】前記東京地判平成 26 年 9 月 30 日（判タ 1414 号 349 頁）は、匿名組合への出資金についての詐取による不法行為を理由とする損害賠償請求権の譲受人により提訴がされたケースにおいて信託法 10 条が適用された例であるが、その一方で、共同出資していた別の譲渡人（訴訟信託の禁止に反するとされた譲

渡人の知人）の損害賠償請求権については、対価の支払があったとして信託法 10 条の適用が否定された例である[10]。訴訟信託に該当しないと判断された事案のうち、裁判例【5】では、譲渡人が、債権の譲渡に際し債務者の支払能力を考慮して、各債権額の 6 割ないし 7 割の価額で譲受人へ譲渡したうえで、譲受人による提訴がされている。

2　学説による分析

　これらの例においては、訴訟信託の禁止に該当するかの判断枠組みは一様ではない。学説は、こうした裁判例を分析しつつ、譲渡を取り巻く諸事情をもって、訴訟が主たる目的であるか否かの判断が総合的になされるべきとし、そのための判断要素を整理する。それによれば、かかる要素として、ⓐ信託がなされた経緯、ⓑ信託契約の条項の内容、ⓒ受託者の職業、ⓓ委託者と受託者の関係、ⓔ譲渡の対価の有無、ⓕ譲渡から受託者が訴訟を提起するまでの時間的へだたり、などが挙げられている[11]。このうち、ⓒは、権利行使のために譲渡を受けることが反復継続して行われているかといったことを内容とするものであり、譲受人が非弁活動を行うような危険がなければ違反することはないものである[12]。そうすると、この要素は後述する弁護士法 72 条、73 条と関連することになろう。

　これらの各要素は総合的に評価されるのであるから、事案毎に訴訟信託の該当性の判断がされることは避けられないが、こうした判断枠組みを用いなければ、個々の事案に即した妥当な判断を導きにくい面があることは否定できない。しかし反面で、これまで等格のものとして並列的に置かれていた各要素の間にも、判断の段階に照らしてその重要度に差があることも否定でき

10）　投資ファンドの運営および管理を目的とする有限会社 Y₂ の代表者である Y₁ は、当時国会議員であった A およびその知人である B に対して、天然水の販売等を目的とする株式会社およびその関連会社への出資等を目的とする匿名組合への出資を勧誘し、A および B は、この勧誘に応じ出資金を支払った後、Y₁ らが組合契約に基づく出資金が契約の目的どおりに用いられるものと誤信させ、A および B から出資金を詐取したものであると主張するに至った。この後、この詐取による不法行為を理由とする損害賠償請求権を、A の実兄が代表取締役であり休眠会社であった有限会社 X が譲り受け、その支払を求める訴訟を提起したという事案である。裁判所は、A からの譲渡は実質的な計算が A に残ったままであり訴訟信託に該当するとし、B からの譲渡には対価性が認められ、訴訟信託には当たらないとした。

11）　四宮・前掲注6）143 頁など。

12）　田中實・信託法入門（有斐閣・1992）71 頁、新井誠・信託法［第 4 版］（有斐閣・2014）179 頁以下参照。

ないように思われる。すなわち、裁判例から察するに、訴訟信託に該当するかの判断において、最も重要な要素はⓔであることが推察されるところである。信託法10条（旧11条）の肯定例のうち、裁判例【1】は、譲受人が提訴し債権の回収に成功した場合は、譲受人が取り立てた金銭を譲渡人に優先的に支払う旨の合意が債権譲渡の契約の内容としてなされていたケースである。また、裁判例【2】ないし【4】はいずれも、譲渡の際の対価が譲受人に支払われていた事実が認定しえなかったケースである。これに対し、否定例はいずれも、譲受人が訴求債権につき譲渡人に、（裁判例【5】のように額面どおりとまではいかなくても）相応の対価を支払っていたケースである。

以上のことは、実質的な利益の帰属主体（計算の主体）が依然として譲渡人である場合に問題となる、後述する訴訟信託禁止に隣接する諸制度との関連においても、その判断に際しての前提問題として重要な基準となるものと考えられる。

3 分析の視点の整理

(1) 真正譲渡か信託的譲渡か　裁判例において、訴訟信託に該当するかが問題となった事例は、その多くが、譲渡が真正譲渡か信託的譲渡かの判断が重要であった例であり、第一義的に譲渡がそのいずれに該当するかという視点により判断がされているといってよい。換言すれば、経済的効果が誰に帰属するかという視点が決め手となっているのであり、訴訟信託に該当するかが問われる事案において最も重要な視点となるのは、権利義務関係の計算が誰についてなされるものであるのか、という点である。訴訟信託への該当性が肯定されるのは、実際は、計算の帰属主体と訴訟主体（原告となる譲受人）とが異なる事例がほとんどであり、裁判所は、その点の評価判断に終始していたにすぎないと評しても過言ではないと思われる。たとえば、訴訟信託禁止規定の適用を否定した例のうち、裁判例【6】は、権利の譲渡が訴訟行為を目的としたものであることは否定していないが、譲渡が対価をもってなされていることから訴訟信託には当たらないとの判断をなしている。

権利の譲渡が相応の対価を伴う真正な譲渡である場合には、かかる譲受人による提訴は許されてしかるべきであり、訴訟信託の問題にはならない。それゆえ問題は、権利が受託者に移転してはいても、実質的な計算を委託者に

残したままで訴訟提起がされている場合に限定されることになろう。そして、こうしたケースこそが、後述する訴訟信託に隣接する諸制度（に対する規律）と大きく関連することになる。

　(2) **信託的譲渡である場合**　権利の譲渡が真正譲渡でなく信託的譲渡であると評価されてはじめて、続いて、その有効性が問題となる訴訟信託への該当性が問われることになる。ただし、経済効果が譲渡人に残る場合であれば必ず訴訟信託に該当し譲渡が無効になるという扱いがされるわけではない。ここではじめて、信託の「主たる目的」が訴訟を追行せしめることにあるか否かという基準が機能することになる。この主たる目的であるか否かの判断において、先にみた諸要素のうち、対価性を除いた、ⓐ信託がなされた経緯、ⓑ信託契約の条項の内容、ⓒ受託者の職業、ⓓ委託者と受託者の関係、ⓕ譲渡から受託者が訴訟を提起するまでの時間的へだたり、といった要素が考慮されることになろう。

　(3) **小活**　以上述べたところにより、学説理論により示されている判断要素は並列的なものではないこと、弁護士代理の原則や非弁活動を禁ずる弁護士法の規定との関係、および、任意的訴訟担当との対比は、譲渡人への譲渡が真正譲渡ではなく信託的譲渡である事案においてはじめてなされるべきものであることが、ひとまず指摘できよう。続いて、以下ではこのような視点に基づき、訴訟信託に隣接する諸制度と信託法10条との関係を整理することにしたい。

4　信託法10条違反の効果

　訴訟信託禁止規定に違反した効果としては、信託的譲渡を受けた受託者への譲渡が無効になるのであるから、受託者たる譲受人が訴え出た場合、その訴えにかかる請求は棄却となる。訴訟信託の禁止に違反した譲渡にもとづき訴え出ている場合には、訴訟信託禁止違反の事実は相手方の抗弁事項とされている。権利を訴訟上行使するについて、譲渡が無効であり、結果として権利を譲り受けていない者が提訴していることになるのだから、当事者適格が欠けるわけではない。それゆえ、信託的に譲渡を受けた者による訴えを不適法却下とする余地はないのが原則である[13]。

IV 隣接する諸制度との関係

1 非弁活動の禁止との関係

　訴訟信託と隣接諸制度との関係が問われるのは、前述のとおり、権利の譲渡が真正譲渡である場合ではなく、信託的譲渡である場合である[14]。かかる場合においては、訴訟信託禁止規定は、当該規定の立法趣旨との関係で言及されてきた各隣接制度（前述Ⅱ参照）の脱法行為を阻止ないし予防する機能を果たす。すなわち、弁護士代理の原則の潜脱、弁護士法72条の潜脱など、ひいては三百代言の跳梁につながる非弁活動を、訴訟信託禁止規定が、その制度趣旨をどこに求めるかにかかわらず、防止する関係にあることは否定できないところである。これに加えて、任意的訴訟担当の許容性が判断されるに際し、その許容が訴訟信託の禁止の脱法にならないことが必要とされることには古くから言及されているが、その点に表れているとおり、訴訟信託は任意的訴訟担当とも関係する[15]。任意的訴訟担当との関係については節（Ⅴ）を改めて検討することにし、本節では弁護士代理の原則、弁護士法72条・73条との関係を検討しておきたい。

　(1) 弁護士代理の原則　民事訴訟法54条1項は、地方裁判所以上において訴訟委任による訴訟代理人を弁護士に限定する、いわゆる弁護士代理の原則を採用しているが、弁護士でない者が代理人としてではなく権利の主体

---

13) ただし、訴訟信託は訴訟を主たる目的としたものであるからこそ禁止される点に照らせば、違反の場合には、訴訟手続の利用を封じれば足り、それゆえ実体法上の譲渡の効果までは否定することなく、原告適格の問題として訴えを却下するのみの処理で十分かもしれない。こうした処理が妥当かについては、引き続き検討してみたい。

14) なお、この点に関し、前掲注10) 東京地判平成26年9月30日（事案は前掲注10) 参照）では、債権者Aがしたその同族が経営する原告会社への権利の譲渡とは別に、債権者Bも原告会社に権利を譲渡しており、その訴訟信託該当性も問題とされ、この点は否定され譲渡は有効である旨の判断がされている。筆者は、当該判決の評釈（リマークス53号（2016）102頁、105頁）において、Bからの譲渡は、任意的訴訟担当との対比をするのであれば、何ら法律関係をベースに置かない者への授権に等しく、担当者・被担当者間に実体関係が存しないケースでありその要件も満たさないがゆえに、訴訟信託がされたとしてもその効力は認められない旨を論じたが、訂正の必要があると考えている。すなわち、譲受人に対する譲渡が真正譲渡と認定されている以上は、そもそも任意的訴訟担当と対比する基盤を欠くし、その必要もないところ、Bからの譲渡は対価もみとめられる真正譲渡であり、それゆえ任意的訴訟担当と対比することなく、訴訟信託の禁止には違反しないものとしてよい例であったと考えられる。

15) この問題については、小野傑「訴訟手続における受託者・信託財産・受益者の関係」東京大学法科大学院ローレヴュー4巻（2009）146頁、とくに155頁以下の検討が有益である。

（譲受人）として訴訟に現れる場合には、当該原則は適用されえない。ここより争われる権利関係の信託的譲渡による当該原則の脱法が問題となりうる。この点については、訴訟信託の禁止を問われる受託者がさらに訴訟代理人に事件を委任した場合であっても、委託者との関係において、信託法10条違反が問われる可能性があるとするのが支配的な見解である[16]。しかしそのような場合であっても、それはあくまで訴訟信託の禁止に違反する扱いとなるのであり、弁護士代理の原則の違反が生じているわけではない。民事訴訟法54条との関係では、あくまで弁護士代理原則の潜脱が信託的譲渡のもとになされる場面が問題視されるのであって、受託者に訴訟代理人弁護士がついている以上、実際に訴訟追行にあたる主体を規律する当該原則との関係では問題はない。換言すれば、訴訟代理人弁護士がついている以上、それが受託者の代理人であるか、委託者の代理人であるかは、弁護士代理の原則からみれば問題ではないことになろう[17]。

　民事訴訟において弁護士代理の原則が採られているのは、専門技術的な性格を有する訴訟において当事者の利益保護を確実にして手続の円滑化を図ること、および三百代言の跋扈を一般的に防止することにその趣旨があるとされていることからすれば[18]、その趣旨と訴訟信託禁止の趣旨とは三百代言の跋扈の防止の点で重なるものである。ただし、弁護士代理原則と訴訟信託禁止とは、実際の機能面で重なり合うことはもちろん、趣旨の点でもその一部が重なりはするものの、まったく合致するわけではなく、弁護士代理の原則の潜脱防止は、訴訟信託禁止の本質的な制度趣旨ではないとの指摘がされるのも[19]、厳密にはその通りであろうと考えられる。

(2)　弁護士法72条（非弁活動の禁止）および同法73条　　弁護士法72条は、

---

16)　四宮和夫「信託法11条にいう訴訟信託の意義」信託の研究（有斐閣・1965）251頁以下、岡・前掲注1）25号117頁。

17)　谷口安平・口述民事訴訟法（成文堂・1987）261頁は、弁護士代理の原則と訴訟信託の禁止の趣旨・機能の相違にいち早く言及したものである。

18)　兼子一ほか・条解民事訴訟法［第2版］（弘文堂・2011）286頁〔新堂幸司＝高橋宏志＝高田裕成〕など。

19)　岡・前掲注1）25号117頁以下。民事訴訟法の大正改正が大正15年になされ、（平成18年改正前の）旧信託法の制定は大正11年であるから、時系列でみれば、信託法に訴訟信託の禁止が定められた後に、民事訴訟法において弁護士代理の原則が明文化されたのであり、信託法制定当時は弁護士代理の原則を参照できなかったことも、両者の関係を切断する理由となりうるとされる。

弁護士資格のない者が、業として訴訟等の法律事務の取扱いまたは斡旋をなすことを禁止し、同法73条は、権利を譲り受けたうえで実行することを業とすることを禁止する。同法73条は、形式的に権利を移転することによって、非弁活動を禁止する72条が潜脱されることを防止する旨の規定であり[20]、またそれと並んで、みだりに訴訟を誘発したり紛議を助長することの防止を趣旨とする規定である。信託法10条と機能的に近似するのは弁護士法73条であり、73条と信託法10条はいずれも弁護士法72条の脱法行為を規律しうる規定である。とりわけ信託法10条の制度趣旨を、三百代言の跳梁の防止に求める場合には、弁護士法73条と信託法10条とは機能的に重なることになる。この点からすれば、信託法と弁護士法の両法条のいずれもが問題となった例がみられるのも当然であろう。【9】東京高判平成3年6月27日（判時1396号60頁、判タ773号250頁）は、貸金業者である原告が他人から債権を譲り受け、2年間に同一地裁管区で37件（被告側でも6件）という訴訟を提起した例（のうち1件）において、弁護士法73条に違反すると判断されたケースであり、訴訟信託の抗弁も出されていたが、より簡潔に判断できる弁護士法違反が判断の中心にされたようである。

ただし、弁護士法73条の趣旨からすれば、業として他人の法律事務を取り扱う者であっても、濫訴の弊害（みだりに訴訟を誘発することなどによる国民の法律生活上の利益に対する弊害）を生ずるおそれがなく、譲受人の社会的経済的に正当な業務の範囲内にある場合には弁護士法73条に反することはない場合があることも否定できないところであり、【10】最判平成14年1月22日（民集56巻1号123頁）は、こうした判断がされた例である。このような場合は、譲受人による訴えは訴訟信託の禁止にも反しないものであろう。

反対に、業として、繰り返し他人の法律事務を扱う者ではない場合には、これらの弁護士法の規定の潜脱・違反の危険性はないであろうが、訴訟信託に該当し信託法10条に違反する可能性はある。また、弁護士法の規定は罰則を伴うものであり、その目的には高い公益性が盛り込まれているものである。譲受人が弁護士である場合、73条に違反することはないにせよ、信託法10条に反する場合がありえないわけではないであろう。つまりは、信託

---

[20] 日本弁護士連合会調査室編著・条解弁護士法［第4版］（弘文堂・2007）639頁以下、高中正彦・弁護士法概説［第4版］（三省堂・2012）372頁以下参照。

法10条と弁護士法73条とは、その制度趣旨について、厳密には質が異なるものを包含していることになろう。

しかし、さらにまた、そうだからといって、民事訴訟法54条と信託法10条との関係にも当てはまるのと同様に、これらの弁護士法72条・73条の規定と信託法10条が機能的に重なることまでは否定できないであろう。

2 譲渡人の規律の必要性

従来の議論において、信託法10条違反が問題とされ、規律対象とされてきたのは譲受人が中心であって、譲渡人を問題とするのはむしろ例外である（裁判例【7】がこうした例外に該当する）。その制度趣旨も、譲受人側の事情を中心に検討されてきたところであり、先にみた（Ⅱ）制度根拠のうち㋐㋑㋓がまさにそうである。しかし、譲渡人の規律を訴訟信託の禁止の趣旨に置かなくてよいという理由もないであろう。たとえば、訴訟に名前を出したくない、といった理由により、債権をかたちのうえで譲渡し譲受人に訴訟を委ねるようなケースでは、受託者よりも、譲渡人側の責任が問われるべきであろう。

そして、譲渡人を規律しうる趣旨としては、㋒濫訴健訟の弊害の防止のみが想定されるところである。したがって、こうした側面を否定できないのであれば、従来は譲受人（受託者）に対する規律の必要からその趣旨として議論されてきたものではありはするが、平成18年改正の際に言及されなかった制度趣旨である、濫訴健訟の弊害も、その意味内容は現代的に変容することは当然としても、訴訟信託禁止の趣旨として残しておくべきではないかと考えられる。

3 小　括

以上のように、訴訟信託がこれらの隣接諸制度と関連することは否定できないところであるが、これら隣接諸制度のうち単一のものをピックアップし、その潜脱の防止を訴訟信託禁止の制度趣旨に置かなければならないわけではないであろう。

結論として、訴訟信託禁止の根拠としては、隣接する個別制度の潜脱の危険の除去ではなく、より抽象的にはなるものの、譲受人による他人間の訴訟事件（法的紛争）への介入による不当な利益を求めることの防止、および、

譲渡人側への規制として、(現代版の) 濫訴の禁止を、制度の基礎に置くべきことになると考えられる。

V 任意的訴訟担当と訴訟信託

1 任意的訴訟担当との相互関係

　訴訟信託と任意的訴訟担当とは、機能する場面がとりわけ近似しており、任意的訴訟担当が古くから任意的訴訟信託とも呼称されてきた経緯によるのみならず、類似する制度として互いに参照され[21]、一方の制度の利用が許されるかが判断されるに際し、他方の制度の脱法の危険がないかに言及される関係にあったということができる。前記【7】東京地判平成 26 年 9 月 30 日は、債権譲渡が訴訟信託に該当するかにつき、最大判昭和 45 年 11 月 11 日 (民集 24 巻 12 号 1854 頁) によって示された任意的訴訟担当の許容性の枠組みを前提として、権利の譲渡を伴わない訴訟追行の授権のみがなされたとすれば、合理的必要が認められ訴え却下がされない場合には、債権譲渡も訴訟信託に該当せず許されるという判断枠組みを採用したものである。これ以外にも、【8】東京地判昭和 49 年 12 月 25 日 (判タ 322 号 198 頁) も、信託的譲渡を受けた債権者が配当要求をなしたのに対し、債務者が配当異議の訴えを起こしそこで債権譲渡の訴訟信託禁止違反が問われた事案において、同様に、最大判昭和 45 年の判断枠組みを採用して、その観点から訴訟信託禁止に違反しないものと判断しており、最大判昭和 45 年の影響力が窺える。

　このように、任意的訴訟担当と訴訟信託は互いに密接に関係するものであったことは疑いえないが、その厳密な関係性を明らかにすることは意外に容易ではない。

2 信託法改正の際の議論

　平成 18 年の現行信託法改正に際して、法制審信託法部会事務局からは、任意的訴訟担当が許容される場合との近似性を根拠として、訴訟信託に該当しない場合をより広げるべきとし、現行法 10 条にただし書として「ただし、

---

[21] 判例にあらわれた事案について、古くは、桜田勝義「判例にあらわれた訴訟信託(1)〜(4・完)」判評 94 号 (1966) 83 頁、100 号 (1967) 72 頁、106 号 (1967) 109 頁、108 号 (1967) 97 頁参照。

そのような信託行為をすることについて正当な理由がある場合は、この限りでないものとする」旨を定めるべきという提案がされていた。これは、任意的訴訟担当が合理的必要のある場合に許されていることとの整合性の観点から、被担当者の権利を担当者に信託的に譲渡し、譲受人が受託者として受益者たる譲渡人のために訴訟を追行するのと任意的訴訟担当の実質は変わらず、これを許すべきであること等を理由としたものであった。これが明文化に至らなかったのは、日本弁護士連合会から、①任意的訴訟担当が許容されている場合に許される訴訟信託の範囲を一致させる必要はなく、そのような場合には任意的訴訟担当を利用すれば足りること、②訴訟信託と当事者適格（任意的訴訟担当）は制度趣旨が異なり許容範囲を整合させる根拠に乏しいこと、③正当な事由について判例の集積もなく見通しが立ちにくいこと、などを理由に反対がなされたのが主たる原因である[22]。こうした経緯からすれば、訴訟信託と任意的訴訟担当との対置にはより慎重な検討を要することになるものと考えられる。

　ただし、これらの反論が向けられたのは、前述のとおり、制度趣旨そのものに関する議論のためというよりは、ただし書の要否をめぐってのものであり、結果として、改正においてただし書は削除され、訴訟信託の当否は「主たる目的」についての解釈に委ねられることとなった。この点からすれば、任意的訴訟担当が許される状況で訴訟信託を行った場合に、当該訴訟信託が禁止されるといった議論がされたわけではないとし、主たる目的の解釈により、任意的訴訟担当が許される場合には訴訟信託としても許される可能性が高い、とする指摘[23]の正当性が是認されるところであり、むしろ、両者の機能面での相関関係それ自体は否定できないというべきであろう。

3　相互参照の是非

　任意的訴訟担当は、権利を受託者に移転する訴訟信託とは、当然ながら法形式が異なる。訴訟信託の潜脱目的で任意的訴訟担当が利用されることは認めるべきではないことになろうし、このような考慮は、弁護士代理原則の潜脱の危険とともに、任意的訴訟担当を許容するための外在的要件として機能

---

[22]　日弁連・前掲注8）意見書4頁以下。
[23]　小野・前掲注15) 157頁。

してきたところである[24]。

　一方で、信託法10条の規律を中心に据えて任意的訴訟担当をみた場合には、任意的訴訟担当では許されないような他人による訴訟追行の脱法を図る目的で、かたちのうえでの権利の譲渡（信託的譲渡）が濫用的に利用される危険性に注意すべきであり、この観点からは、信託的譲渡ではなく、訴訟追行の授権のみがされた場合でも、原告の当事者適格が認められることが、受託者による訴訟が訴訟信託に当たらないことの要件となろう。

　ただし、以上を肯定しながらも、互いが互いの脱法禁止を制度趣旨に置いたのでは、制度の根本の説明には至らないことに留意すべきである。そしてここでも、以下のことを指摘しうる。すなわち、信託法に訴訟信託の禁止が定められた当時に比せば、現在において任意的訴訟担当が要請される事案のヴァリエーションも増加しその意義も変容する素地が培われている、という点である。そうである以上は、現在では、訴訟信託は任意的訴訟担当の一部と機能的に重なるに過ぎないことに注意すべきであり、訴訟信託（＝訴訟を主目的とした信託的行為）が許される場合と、任意的訴訟担当が許される場合とを合致させる必要はなく、それぞれ独立した目的をもつ制度として、第三者たる担当者ないし受託者による訴訟追行の当否を規律すべきことになろう。

4　補　　足

　訴訟信託による訴訟の判決効は、信託の形式を採る以上は、受託者はかたちのうえでは権利者として登場するのであるから、その受けた判決の効力が受益者に及ぶことはないのが原則である。真正譲渡ではなく、信託的譲渡がされた場合でも、それが訴訟を主目的としたものではなく訴訟信託には該当しないとして許されることもありえ、そうしたときは、受託者が当事者となり訴訟追行をすることになる。信託関係においては、委託者・受託者・受益者の三者があらわれるが[25]、ここではとりあえず委託者が受益者であるよう

---

24)　古い例では、【11】広島高判昭和28年10月26日高民6巻2号778頁のごとく、労働組合の任意的訴訟担当資格を認めた事例において、労働者の権利につき訴訟追行の授権のみがされており、信託的譲渡はなされていないから、訴訟信託の禁止には違反せず、適法であるとされたものもある。ただ、このような理由づけは形式的に過ぎるであろう。問題とされるのは、信託目的でありながら、任意的訴訟担当の利用により訴訟信託禁止の脱法がされる場面である。

25)　法定訴訟担当を対象としたものであるが、訴訟担当の場面を信託の法構造の視点から観察し、その構造を分析する先駆的業績として、山本克己「法定訴訟担当論の再検討―信認関係としての

なシンプルな場合を念頭に置いて考えてみると、訴訟の場面では、譲受人が受託者たる原告、譲渡人が委託者・受益者ということになろうが、受託者の受けた判決の効力は委託者・受益者には及ばないことになる。しかし、真正譲渡ではないのであるから、かかる場合には、受託者が受けた判決の効力が受益者に対しても及ぶことが肯定されうるとする議論[26]は検討に値するものと考えられる。

　ただし、それは任意的訴訟担当としてみた場合でも、受託者による提訴が許容される場合である必要があろうから、受益者への拘束力を認めうるかという議論を俎上に上げてよいのはそうした場合に限られるであろう。訴訟信託と任意的訴訟担当との機能的重なりもこの点においては認めざるをえないことになろうか。

Ⅵ　まとめ

　以上、本稿では、訴訟信託を禁止する信託法10条の趣旨およびこれと隣接する諸制度との関連について整理を試みた。

　そこではまず、これまでは、信託法10条違反について、複数の判断要素を並列的に考慮し、それをもって総合的に判断されてきた点に関して、違反が問われている場面には二層があることを指摘しうる。第1に、権利の譲渡が信託的譲渡ではなく真正の譲渡であれば、そもそも禁止されている訴訟信

　　　　法定訴訟担当」民訴51号（2005）96頁、同「信認関係として見た法定訴訟担当」法学論叢154巻4＝5＝6号（2004）236頁が著名である（この方向は、同「新信託法における当事者適格論」法学論叢166巻5号（2010）1頁以下において、さらに進められている）。ただし、同論文は信託関係そのものを訴訟法理論に持ち込むものではなく、そこでの枠組みとして用いられる信認関係には、委託者から受託者への権利の移転を伴うものは含まれていない。

26)　小野・前掲注15）160頁。
　　　また、信託的行為（信託的譲渡）ではなく、信託法上の通常の信託においても、今後は、セキュリティトラストのように、受託者が権利を譲り受けずに訴訟上の主体となる場合もありうる。そうした場合には、さらにその訴訟追行の結果として受益者への判決の拘束力を肯定すべきという議論が重要となるのではないかと考えられる。
　　　なお、小野・前掲注15）160頁以下は、さらに、信託をめぐる法律関係の主体を信託財産とみうること、それゆえ効果の帰属先は財産であり、受託者はそのための当事者適格を有するとの構成が不可能でないことを指摘する。受託者の信託任務の終了を訴訟手続の中断事由として定める民事訴訟法124条1項4号イの規定は、信託財産を主体とみなければ説明が困難であること（新受託者が選任された場合には、信託財産はその者に旧受託者からかたちのうえでは譲渡されたものと扱われるのだから、特定承継の手続によることになるにもかかわらず当然承継がされること）などが理由となる。

託に該当するものではないところ、ここで重要な基準となるのが、対価が支払われているか・計算が誰に帰属するかという点である。真正譲渡であれば、対価が譲渡人に支払われているはずであり、かつ訴訟結果の計算は譲受人に帰属する。前述したとおり、判例にあらわれた従来の事案も、この基準に関するものがほとんどである。ただし第2に、計算がなお譲渡人に残る信託的譲渡であるからといって、譲渡人による訴えが訴訟を主目的としたものとはかぎらず、そうではない場合があることも否定できない。ここで、学説のいう受託者の職業や、委託者・受託者の関係といったその他の判断要素が考慮されることになる。

　また、訴訟信託禁止の制度趣旨については、以下のことを指摘しうる。隣接する諸制度との関係においては、機能的には複数の制度の潜脱防止を果たすことは否定できず、制度趣旨として、これらを訴訟信託禁止の基礎に置くことは可能ではある。しかし、機能的に重なり合うにしても、これら隣接諸制度そのものの趣旨と訴訟信託禁止の制度趣旨とは厳密には合致しないし、にもかかわらず、いずれか1つの制度との関係を重視しそれにより単一的・統一的に訴訟信託が禁止される目的を説明しようとすることは、妥当でないように考えられる。古くから問題とされてきた、任意的訴訟担当との関係も同様である。結論として、信託法10条の趣旨は、弁護士代理の原則等の隣接制度とは制度間の関係をとりあえず切り離した制度趣旨を置くことを出発点とすべきであり、それを前提とすれば、譲受人に対しては、他人の訴訟事件に関与し不当に利益を追求することの防止、および、譲渡人に対するものとしては、濫訴の弊害の防止を趣旨として据えるべきと考えられる。

第 2 編

各種の民事訴訟

賃料増減額確認訴訟に関する一考察

◆坂田　宏◆

  I　はじめに
  II　本判決の紹介
  III　検　討

I　はじめに

　近時、最高裁判所（第1小法廷）平成26年9月25日判決[1]がなされ、借地借家法32条1項の賃料増額請求が前件口頭弁論終結時以前にされていることから、本件訴訟において本件賃料増額請求による本件賃料の増額を主張することが前訴判決の既判力に抵触し許されないか否かが争われていた事例において、当該賃料増減請求により増減された賃料額の確認を求める訴訟の確定判決の既判力についての最高裁判例が示された。

　本稿では、本判決の紹介の後、本判決がどのように理解されているかにつき概観した後、一般に論じられていない、筆者が疑問と思われる問題点につき、形成訴訟との類似点にも言及しつつ検討を進めたい。

II　本判決の紹介

　本件訴訟の事実関係については、賃貸借契約の対象である本件建物部分[2]

---

[1]　民集登載判例である（民集68巻7号661頁。なお、裁時1612号1頁、判時2238号14頁、判タ1407号69頁、金法2020号73頁にも掲載されている）。判例批評等としては、石毛和夫・銀行法務779号（2014）66頁、田中壯太・NBL1042号（2015）92頁、加藤新太郎・法教422号（2015）32頁、勅使川原和彦・平成26年度重判解137頁、越山和広・新・判例解説Watch16号（2015）153頁、同・龍谷法学48巻2号（2015）221頁、中村肇・判時2256号（2015）123頁（判評677号9頁）、林紘司・金判1469号（2015）8頁、川嶋四郎・法セミ729号（2015）128頁、堀清史・リマークス51号（2015）124頁、池田愛・熊本法学134号（2015）121頁、三木浩一・法学研究（慶應義塾大学）88巻10号（2015）90頁、山本克己・金法2025号（2015）67頁、上田竹志・判例セレクト2015［2］31頁がある。

[2]　本件建物部分は、具体的には、東京都文京区にあり、第1審判決の「事実の概要」によれば、

の所有権が転々と譲渡され、賃貸人の地位の移転および本件賃料の改定が繰り返され、また、原告側・被告側に当事者の承継が生じるなど、一見、複雑にみえるものの、本件（建物）賃貸借契約の骨格部分は、本件賃料の点を除いて、何ら変わりはないため、本稿で論ずべき争点を浮き上がらせるに必要な限りにおいて、予め整理しておくこととしたい。

本件賃貸借契約の対象は、8階建てのビルのうち、1階、2階および地下1階の全フロア（店舗部分。共用部分等を除く）であったが、平成6年1月1日以降の本件賃料は月額300万円とされていた。承継前被上告人Wは、平成16年3月29日、賃貸人Mに対し、本件賃料を同年4月1日から月額240万円に減額する旨の意思表示をした（基準時1）。その後、平成17年6月8日、同年2月9日に本件賃貸借契約の賃貸人の地位を承継した上告人X_1を被告として、「本件賃料が平成16年4月1日から月額240万円であること」の確認等を求める訴訟を提起した（前件本訴）。

他方、上告人X_1は、平成17年7月27日、Wに対し、本件賃料を同年8月1日から月額320万2200円に増額する旨の意思表示をした（基準時2）。その後、平成17年9月6日、前件本訴に対し、「本件賃料が平成17年8月1日から月額320万2200円であること」の確認等を求める反訴を提起した（前件反訴。前件本訴と併せて「前件訴訟」という）。

前件訴訟の係属中、上告人X_1は、前件訴訟が第1審に係属中の平成19年6月30日、Wに対し、本件賃料を同年7月1日から月額360万円に増額する旨の意思表示をした（基準時3。なお、この意思表示を「本件賃料増額請求」という）。これに対して、Wは、本件賃料増額請求に基づく本件賃料額確認請求を前件訴訟の審理判断の対象とすることは、その訴訟手続を著しく遅滞させることとなるとして、裁判所の訴訟指揮により、上告人X_1が、前件訴訟における反訴の提起ではなく、別訴の提起によって上記確認請求を行うよう促すことを求める旨を記載した上申書を裁判所に提出した。上告人X_1は、前件訴訟において、本件賃料増額請求に基づく本件賃料額確認請求を追加することなく、前件訴訟の第1審は、平成20年6月11日、前件本訴につき、「本件賃料が平成16年4月1日から月額254万5400円であること」を確認

当時より「コープとうきょう」として営業が行われていたものと推察される。

するなどの限度でWの請求を認容し、前件反訴請求については全部棄却する旨の判決をした。上告人X1が控訴したが、控訴審は、平成20年10月9日に口頭弁論を終結したうえ（前件口頭弁論終結時）、同年11月20日、上告人X1の控訴を棄却し、上記判決は、同年12月10日に確定した（前訴判決）。

本件は、上告人X1および平成23年4月28日に同上告人から本件賃貸借契約の賃貸人の地位を承継した上告人X2が、承継前被上告人W（平成25年3月21日に吸収合併され現在はYである。）に対し、先に述べた本件賃料増額請求により増額された本件賃料の額の確認等を求める事案である。

原審は、上告人らの請求を棄却した。その理由は、「賃料増減請求により増減された賃料額の確認を求める訴訟の訴訟物は、当事者が請求の趣旨において特に期間を限定しない限り、形成権である賃料増減請求権の行使により賃料の増額又は減額がされた日から事実審の口頭弁論終結時までの期間の賃料額であると解されるところ」、「本件賃料増額請求により本件賃料が前件口頭弁論終結時以前の基準時3において増額された旨主張することは、前訴判決の既判力に抵触し許されない。」というものであったと最高裁は認識している。

最高裁は、以下に要約した理由に基づき、このような原審の判断は是認することができないとして、原判決を破棄し、原審に差し戻した。

まず、賃料増減請求権は形成権であり、その効果は、将来に向かって、増減請求の範囲内かつ客観的に相当な額について生ずるとした最判昭和32年9月3日（民集11巻9号1467頁）等の判例、ならびに、この効果は、賃料増減請求があって初めて生ずるものであるから、賃料増減請求により増減された賃料額の確認を求める訴訟の係属中に賃料増減を相当とする事由が生じたとしても、新たな賃料増減請求がされない限り、上記事由に基づく賃料の増減が生ずることはないとした最判昭和44年4月15日（集民95号97頁）等、および、賃料増減額確認請求訴訟を審理判断するに当たっては、賃貸借契約の当事者が現実に合意した賃料のうち直近のものを基にして、その合意等がされた日から当該賃料増減額確認請求訴訟に係る賃料増減請求の日までの間の経済事情の変動等を総合的に考慮すべきものであるとした最判平成20年2月29日（集民227号383頁）の最高裁の裁判例を引き合いに、「賃料増減額確認請求訴訟においては、その前提である賃料増減請求の効果が生ずる時点よ

り後の事情は、新たな賃料増減請求がされるといった特段の事情のない限り、直接的には結論に影響する余地はないものといえる。」とする。また、賃料増減請求により増減された時点の賃料が法的に確定されることにより、当事者間における賃料に係る紛争の直接かつ抜本的解決が図られることからすると、「賃料増減額確認請求訴訟の請求の趣旨において、通常、特定の時点からの賃料額の確認を求めるものとされているのは、その前提である賃料増減請求の効果が生じたとする時点を特定する趣旨に止まると解され、終期が示されていないにもかかわらず、特定の期間の賃料額の確認を求める趣旨と解すべき必然性は認め難い。」とする。

「以上の事情に照らせば、賃料増減額確認請求訴訟の確定判決の既判力は、原告が特定の期間の賃料額について確認を求めていると認められる特段の事情のない限り、前提である賃料増減請求の効果が生じた時点の賃料額に係る判断について生ずると解するのが相当である。」。本件についてこれをみると、前件訴訟の訴訟経過をも考慮すれば、前件訴訟につき承継前被上告人および上告人 X_1 が特定の期間の賃料額について確認を求めていたとみるべき特段の事情はないといえる。したがって、前訴判決の既判力は、基準時１および基準時２の各賃料額に係る判断について生じているにすぎないから、本件訴訟において本件賃料増額請求により基準時３において本件賃料が増額された旨を主張することは、前訴判決の既判力に抵触するものではない。

Ⅲ 検 討

1 本判例の理解

本判決の中心的争点は、建物賃貸人から建物賃借人に対して、賃料増額請求により増額された賃料額の確認等を求める事案において、賃料増額請求がすでに確定している賃料額確認判決の口頭弁論終結時以前にされていることから、賃料増額請求による賃料の増額を主張することが当該前訴判決の既判力に抵触し許されないか否かが争われているものである[3]。具体的には、まず賃借人（本件被告）から賃料減額請求に基づく賃料額確認訴訟が提起され、

---

[3] 本判決の理由２による。

これに対する反訴として、賃貸人（本件原告）から賃料増額請求に基づく賃料額確認訴訟が提起され、前件本訴請求一部認容、反訴請求棄却判決がされ、確定した事例において、前件訴訟の口頭弁論終結以前にされた新たな賃料増額請求に基づく賃料額確認訴訟において、この新たな賃料増額請求という実体法上の形成権の行使（およびその効果）を主張することが前件判決のもつ既判力の時的範囲に抵触するのではないかという問題に対する解を最高裁として示したものである。すなわち、賃料増減額請求についての諸判例および最高裁の裁判例の示すところと、賃料の「確定により、当事者間における賃料に係る紛争の直接かつ抜本的解決が図られるものといえる。」と述べているように、確認の利益の判断においても十分であり、「以上の事情に照らせば、賃料増減額確認請求訴訟の確定判決の既判力は、原告が特定の期間の賃料額について確認を求めていると認められる特段の事情のない限り、前提である賃料増減請求の効果が生じた時点の賃料額に係る判断について生ずると解するのが相当である。」とした。

　金築誠志裁判官の補足意見によると、この問題を原審の拠って立つ期間説[4]と最高裁の拠って立つ時点説（後述）の相克と捉え、訴訟物の捉え方として、むしろ時点説をデフォルトとして実務を運用すべきであるとする。すなわち、「訴訟物をいかなる形で設定するかは処分権主義に服するものであるから、第一義的には原告の意思によることになるところ……、通常、原告が期間説を念頭に置いて訴えを提起しているものと理解すべきかどうかは、甚だ疑問である。また、裁判所も、期間説に従って訴訟指揮をしているのが通常かというと、そうとはいえないように思われる。実務は、常に意識的ではないかもしれないが、賃料増減請求が効果を生じた時点の賃料額が訴訟物という考え方（以下、この考え方を「時点説」という。）の下に運用されていることが多かったのではないかと推察される。」との認識に立ちつつ、本件訴訟のように別個の賃料増減請求が訴訟の係属中になされたような場合に、当該訴訟の対象とすることは訴訟手続を著しく遅滞させることになるとして、裁

---

[4]　金築裁判官も、賃料増減額確認「訴訟が継続的な法律関係である賃貸借契約の要素としての賃料額の確認を求めるものであること、既判力の基準時までの期間の法律関係が確定され紛争解決の目的により資すること、確認の利益も現在の法律関係を確認する内容として含み問題が少ないことなどからすると、自然な考え方であるように思われるかもしれない。」と、期間説に対する一定の理解を示している。

判所の訴訟指揮により別訴を提起するよう促すことが求められる場合もあり、「一般的形態の請求の訴訟物は口頭弁論終結時までの期間の賃料額であって、本件賃料増額請求が前訴判決の既判力によって遮断されるなどとは、裁判所を含めて考えていなかったことを示しているように思われる。」とする。理論的には、「過去の法律関係であっても、紛争の解決に資する確認の利益が認められるものであれば、確認の対象とすることが許されると解されているが、上記のように、一旦定まった賃料額は、別の合意等が認められない限り継続的に当事者を拘束するのであるから、時点説を採っても、確認の利益は肯定されるであろう。」として、過去の法律関係としての確認訴訟であっても紛争解決機能を果たすものとして肯定している。さらに、「期間説の難点として、賃料増減額確認請求訴訟の係属中に新たな増減請求がされた場合に、手続上煩わしい問題が生じる可能性があるように思う。」とする。

2 学　　説

本判決についての判例批評・判例解説（以下、「判例批評等」という）のうち大多数は、最高裁の解法に好意的であり[5]、これまでいずれかといえば支配的であった期間説[6]から時点説をデフォルトとして訴訟物を読み解く方向に完全にシフトしていくことが容易に予想される。

まず、実体法上の賃料増減請求権の法的性質については、本件判旨をはじめすでに論じ尽くされている[7]。借地借家法 32 条 1 項に規定された賃料増減額請求権は、経済事情の変更や近隣の賃料との比較において事情変更が認

5）　越山・前掲注 1）新・判例解説 Watch16 号 156 頁は、最高裁の採る時点説は、賃料増減額確認請求訴訟の紛争解決機能の範囲を限定していると批判する。「増減請求訴訟の係属中は当事者の相当な賃料決定に向けての黙示的な意思表示が継続していると解する立場（澤野順彦『論点借地借家法』（青林書院、2013 年）」によれば、訴訟物は、期間説とは異なり、「口頭弁論終結時点での相当賃料額」でありうる。「過去の一時点での賃料額をばらばらに確定するのではなく、実際上は、最も新しい段階（口頭弁論の終結時）を基準時とした確認判決を行い、当事者間での紛争解決基準としなければならないはずである。そのためには、原審のように、既判力による遮断の可能性によって警告を与えつつ、前訴口頭弁論終結までの期間内の増減請求によって成立した新しい資料をすべて主張、立証の対象とさせたほうが、望ましい解決になるように思われる」（反対、東京地判平成 11 年 3 月 26 日判タ 1020 号 216 頁）として、「賃料増減請求の意思表示の継続可能性を肯定する見解に、審理の長期化の危険にもかかわらず、より合理性があるのではなかろうか。」と異なる解法の可能性を示唆している。

6）　加藤・前掲注 1）36 頁、越山・前掲注 1）新・判例解説 Watch16 号 156 頁、勅使川原・前掲注 1）138 頁、堀・前掲注 1）125 頁など。

7）　加藤・前掲注 1）35 頁以下参照。

められる場合に認められる実体法上の形成権である。実体法上の形成権であるため、その意思表示が相手方に到達した時点で直ちに実体的な効力を生ずるものであるが、相当な賃料額を定めるのは裁判所であり、その決定があってはじめて賃料増減の範囲（≒つまり相当賃料額）が確定する[8]。賃料増減額確認訴訟の係属中に賃料増減を相当とする事由が生じたとしても、新たな賃料増減額請求がされない限り、新たな事由に基づく賃料の増減は生じない[9]。賃料増減額確認訴訟の審理にあたっては、直近に合意した賃料をもとに、合意時から増減請求時までの経済事情の変動を考慮すべきである[10]。これらが、実体法上の賃料増減額請求の性質論である。

次に、賃料増減額確認訴訟の法的性質についてであるが、時点説に立つ限り、実体法上の賃料増減額請求権が行使された時点で、後に裁判所によって明らかとなる賃料額が確定されるのであるから、これは、過去における法律関係[11]の確認訴訟であるといわなければならない。過去における法律関係の確認訴訟については、確認の利益について議論があったが、現在では「紛争の直接かつ抜本的解決が図られる」場合には、これを適法とするのが一般である[12]。本判決も、理由において、本件賃料の「確定により、当事者間における賃料に係る紛争の直接かつ抜本的解決が図られるものといえる。」[13]としている。

そのうえで、金築裁判官の補足意見のいう「期間説」か、「時点説」かと

---

[8] 前掲最判昭和32年9月3日民集11巻9号1467頁。
[9] 大判昭和17年4月30日民集21巻4号472頁、前掲最判昭和44年4月15日集民95号97頁、最判昭和52年2月22日集民120号107頁、最判平成3年11月29日判タ805号53頁等。
[10] 前掲最判平成20年2月29日集民227号383頁。この判決においては、賃貸借契約成立後、契約改定の際に賃料自動改定特約が存在していたという特殊な事実関係がある。たとえば、すでに賃料増減額請求により相当賃料額が裁判所によって定まっていたとき、新たな賃料増減額請求がなされたときには、前回賃料増減額請求と新たな増減額請求との間の事情が考慮されることになろう。
[11] 越山・前掲注1) 新・判例解説Watch16号155頁は、法的な「事実関係」であると主張する。
[12] 加藤・前掲注1) 35頁以下、三木・前掲注1) 93頁以下、越山・前掲注1) 新・判例解説Watch16号155頁、勅使川原・前掲注1) 138頁、堀・前掲注1) 127頁など。最判昭和47年11月9日民集26巻9号1513頁。最大判昭和45年7月15日民集24巻7号861頁参照。
期間説においては、「形成権である賃料増減額請求権の行使により賃料の増額又は減額がされた日から事実審の口頭弁論終結時までの期間の賃料額」という現在の法律関係の確認であるため、確認対象は俎上にのぼることがなかった問題であるが、多くの論者は、確認の利益がないという理由で時点説を拒否することはないようである。
[13] 三木・前掲注1) 93頁は、「本判決は、確認の利益についての新たな事例判例としての意義も有する。」と指摘する。

いう議論に入る。しかしながら、多くの学説のいうように、期間説 vs 時点説は、理論的優位を競うものではない。すなわち、いずれの説が妥当かという問題設定について、「訴状の記載状明確でない場合における意思推定のルールを定立したにすぎない」[14]という観点に立ちつつ、原告の合理的意思解釈の在り方において理論的妥当性を問うものである[15]。そして、本判決を妥当なものとし、デフォルトにおいて時点説を採り、賃料増減額確認訴訟の訴訟物は、実体法上の賃料増減請求権の行使時における過去の賃料額の確認であるとする[16]。

3　検　討

（1）　**疑問**　本判決は、賃料増減額請求に基づく賃料額確認訴訟において、原告が定めるべき訴訟物が明確に定まらないときには[17]、デフォルトの意思解釈によって、実体法上の賃料増減請求権の行使時における過去の賃料額の確認訴訟と推定する旨を明らかにするもので、確認の利益については事例判例としての意味をもつが[18]、賃料増減請求権の行使に基づいてされる賃料額確認訴訟に関する理論的判例として、民事判例集に登載されるに至った。

しかしながら、本判決が対峙した直接の問題は、期間説を前提とした既判力の時的範囲に抵触するところの、基準時3において X_1 からされた（X_1 にとっては2回目の）賃料増額請求権の行使を本件訴訟でどのように取り扱うべきであったかというものである。しかも、これを既判力の本則どおりに排斥するとしたならば、前件訴訟で行った裁判所の訴訟指揮の是非が問われることになるものでもあった[19]。したがって、理論的可能性としては、当該賃料

---

[14]　山本・前掲注1）70頁。
[15]　とりわけ、三木・前掲注1）93頁、97頁以下。
[16]　加藤・前掲注1）36頁以下、三木・前掲注1）101頁、勅使川原・前掲注1）138頁、堀・前掲注1）125頁以下など。これに対し、時点説はもとより、期間説とも異なる、いわば「賃料増減請求の意思表示の継続可能性」から、結論において反対する越山・前掲注1）新・判例解説Watch16号156頁（前掲注5））がある。
[17]　より厳密にいえば、原審判決がとった期間説を前提とする原告の合理的意思解釈が誤ったものであったことにより、最高裁がデフォルトを定めたものともいえる。
[18]　三木・前掲注1）93頁参照。
[19]　「本件賃料増額請求により増額された本件賃料の額の確認請求を前件訴訟の審理判断の対象とすることは、その訴訟手続を著しく遅滞させることとなるとして、裁判所の訴訟指揮により、上告人 X_1 が、前件訴訟における反訴の提起ではなく、別訴の提起によって上記確認請求を行うよう促すことを求める旨記載した上申書を裁判所に提出した。」（本件判決理由による）。

増額請求権の行使の事実を本件訴訟においても主張しうるものとするため、このような事例（裁判所の訴訟指揮や当事者の訴訟活動）のもとでは、これをいわゆる基準時後の新事由と解釈するか、あるいは、信義則に基づいて基準時後の行使を許されるとする可能性もあったと考えられる。

また、山本克己教授の次のような指摘がある[20]。「賃料額確認請求訴訟においては、賃料額の確認が求められている時点より前のいずれかの時点での賃料額を前提にその後の賃料額の変動事由を審理しなければならない。したがって、本件前件訴訟における反訴請求の訴訟物は、本件訴訟における訴訟物の先決的法律関係であることになるからである。」。そのうえで、「前訴判決の既判力は基準時2（それよりも前の時点である基準時1における賃料額を確認する、前訴確定判決の本訴請求に関する主文での判断は、本件訴訟において無意味である[21]）において賃料額がゼロであることに生じていることになる（この前訴確定判決のこの部分の結論は不当であるが、既判力は不当判決にも生ずる）。」として、これを前提とすれば、基準時3の賃料額の判断もゼロとしなければならず、上告棄却が妥当であるという[22]。

山本説が指摘する基準時2の賃料額が先決的法律関係であることも、既判力は不当判決に及ぶことも、いずれも鋭い指摘である。だが、前件反訴請求を棄却したことが直ちに不当判決といえるのかについては、疑問が残る。つまり、どういう判決が可能であったかという疑問である。本訴請求と反訴請求とが併合審理されて結審している場合であるから、裁判所の事実認定は本訴請求のいうように賃料を「減額」した判決とならざるを得ないであろうが、減額した賃料額を認めるという確認判決が、果たして賃料「増額」後の賃料額の確認を求めた反訴請求に対する答えといえるのだろうか[23]。

---

20) 山本・前掲注1）70頁。なお、「過去の法律関係……を確認する判決の既判力の基準時はすべて当該過去の時点であると言わなければならない。」との指摘もある。

21) これは、そもそも各請求（確認訴訟）の基礎となる賃料減額請求権と賃料増額請求権とが異なる事実関係から生じているものであり、事実審理においても（最終合意の時点での賃料額は同じであろうが）請求権行使の時点が異なり、時点説を前提とする限り、各々の確認訴訟の基準時もまた異なるからであろう。

22) これは、本件原告にとって半永久的に賃料増額請求が既判力によって排斥されることを意味しない。基準時1の賃料減額請求権による相手方勝訴判決で認められた賃料額に対する新たな賃料増額請求権の行使は、前件反訴請求についての確定判決および本判決の既判力に抵触することはないからである。

23) あるいは、前件本訴請求が認容されるとすれば、借地借家法32条1項本文の法律要件が「減額」請求については満たされるものの、「増額」請求についてはこれが認められないため、賃料

(2) 異なった視点から——形成訴権との類似性　　以上の疑問の根本には、事情変更に基づく建物賃貸人と賃借人との紛争をどのようにして解決していくかという、借地借家法 32 条 1 項が規律するところの実体的・訴訟的立法判断にそもそもの問題点が隠されているのではなかろうか。すなわち、同条 1 項本文が「建物の借賃が、土地若しくは建物に対する租税その他の負担の増減により、土地若しくは建物の価格の上昇若しくは低下その他の経済事情の変動により、又は近傍同種の建物の借賃に比較して不相当となったとき」と法律要件事実を定め、「契約の条件にかかわらず、当事者は、将来に向かって建物の借賃の額の増減を請求することができる。」として法律効果を規定するときにイメージしているのは、当然に形成訴訟を意味しない、一方当事者から相手方当事者に対する増減交渉に応じるよう請求ができるというものだと思われる[24]。増減交渉が妥結に至らなかったときは、すでに発生している法律効果、つまり増減請求の範囲内かつ客観的に相当な額についてすでに生じた額を具体化するべく、様々の訴訟が可能となる。本稿で考察の対象とする賃料額確認訴訟もそのうちの 1 つであるが、具体的な賃料額についての主張は、何らかの裁判所の訴訟的関与がない限り、その額を定めることはできない。

　形成訴訟のメルクマールについては議論があるが、現在では、「形成判決の確定のない限り当該法律関係の変動を何人も主張することができない」点に求めるのが通説であるといえよう[25]。すると、賃料額増減請求という実体法上の形成権より導き出される法律効果（増減請求の範囲内かつ客観的に相当な額＝相当賃料額）については、少なくとも法律的な利害関係を有する建物賃貸人と賃借人は、具体的にその額が確定する以前にも形成権行使の事実と法的効果である相当賃料額を主張することはできるので、賃料額確認訴訟は、明らかに形成訴訟ではない。しかし、賃料額増減請求権という実体法上の形成権の機能的側面からいえば、当事者の協議が整わない限り、その額はあくまでも「相当」な額に過ぎず、裁判外で確定したものとして主張することはで

　　増額請求権の行使が認められないとして「棄却」したというのも考えられる。そうすると、後述する形成訴訟との類似性を示しているのかもしれない。
24)　前掲注 8) 参照。
25)　高橋宏志・重点講義民事訴訟法(上)［第 2 版補訂版］（有斐閣・2013）71 頁以下、同・民事訴訟法概論（有斐閣・2016）30 頁以下参照。

きないのであって、その意味で、形成訴訟との径庭は予想以上に大きくはない。

　ここで、形成訴訟の代表選手である離婚の訴えが類似した構造となっていることを指摘したい。すなわち、実体法上、離婚という法律効果を受けようとする場合に、まず、一方配偶者は、相手方配偶者と協議のうえで離婚することができる（協議離婚。民763条）。次に、もし協議が調わない場合は、民法770条1項により離婚の訴えを提起することができる。賃料増額請求権の場合は、当該請求権の行使によって、一方当事者は相手方当事者に対し、相当賃料額に向けて協議をする旨を請求し、協議が調えば、それが新たな賃料額となるが、協議が調わなければ、何らかの訴訟を提起しなければならない[26]。何が異なるかといえば、離婚訴訟は人事訴訟であり、身分関係という公益に属する法律問題について裁判所が職権探知をもって判断しなければならないものであるのに対し、賃料額確認訴訟は、全くの私益であり、原則として両当事者の合意に基づくべきものである。したがって、形成権の行使だけで協議義務が発生する賃料額確認訴訟とは異なり、一方配偶者が離婚を考え、意思表示したからといって、協議義務のような負担が相手方配偶者に発生するわけではない[27]。このような違いが実体法上の形成権と形成訴訟を分かつに至ったものと思われる。

　ただ、ここで1つの仮定を立てて、本件賃料額確認訴訟の問題を異なる角度から考察してみるのも、決して無駄ではないであろう。仮に、借地借家法32条が1項において、事情変更という法律要件のもとに、まず、建物賃貸借契約の当事者に対し、賃料額改定のために協議することを求める権利なるものを定め、2項において、その協議が調わないときは、一方当事者に賃料額増減を求める訴えを提起する形成訴権を与えていたとしよう（仮に「賃料増減額確定訴訟」と呼ぼう）。そして、この形成判決の効力は、1項の協議請求のときに遡るものとする。当事者間の協議が調わないときであっても、実体法

---

26) ちなみに、いずれの場合でも、協議が調わないときは、調停を申し立てなければならない。離婚訴訟については、家事事件手続法257条・244条、賃料額確認訴訟については、民事調停法24条の2参照。
27) おそらく、賃料額増減請求権の場合には、このような紛争が社会的にみて日常茶飯事のごとく発生することを見越したうえで、本来、私的自治が通用する私的な法律関係であることに鑑み、賃料額の確定につき協議する義務を両当事者に課し、宅地建物調停という民事調停法の特則を設けて、裁判所に押し寄せる紛争をスクリーニングするために採られた方策であるように思われる。

上、賃料額の増減は観念上相当賃料額について生じているのが現在の同法32条1項の規律であるが、仮定の設例では、新たな賃料額が定まるためには必ず訴訟を必要とし[28]、当該形成判決の確定以外には何人も新たな賃料額を法的に主張することはできない。

ここで、本件事例が生じたと仮定しよう。まず建物賃借人が、基準時1の時点で協議を申し入れたが協議が調わず、賃料減額確定訴訟を提起した。次に、これに対する反訴として、建物賃貸人が、基準時2の時点で協議を申し入れたが協議が調わず、賃料増額確定訴訟を提起したが、審理の結果、賃借人の主張が受け入れられ、賃料月額金〇〇円に減額する旨の本訴判決がされ、反訴請求については、そのような形成訴権は認められないとして棄却された。なお、当事者の主張により、この訴訟（前件訴訟）の係属中に賃貸人は、基準時3の時点で新たな協議を申し入れたが、これもまた不調に終わったという事実を裁判所は把握していたが、前件判決が確定後、新たに賃料額確定訴訟が当該事実を基礎として提起されるに至った（本件訴訟）。

基準時1における前件本訴判決と基準時2における前件反訴判決は、同一の口頭弁論による同一の事実認定に基づくものであるが、それを包摂する規範は異なり、前件反訴判決の棄却については疑いの余地がない。前件反訴請求と本件請求については、形成権の基準時後行使の問題のように捉えられなくもないが、山本教授の基準時の捉え方によれば[29]、基準時2（場合によっては基準時1）における賃料増額確定訴訟（あるいは賃料減額確定訴訟）で確定された賃料を前提に事情変更があったか否かを審理するのであるから、基準時2（あるいは基準時1）と考えるほかなく、基準時3の協議申入れに基づく主張は可能である[30]。

最後に、賃料増減額確定訴訟の既判力は何かについても考えてみよう。上述した仮定によれば、棄却された前件反訴判決については、当該形成原因がないことを確認するものと考えられよう[31]。他方、前件本訴判決については、

---

28) むろん、現在の民事調停法24条1項と同様に調停前置主義は採られるものの、かなり多くの賃料額紛争が裁判所のもとに雪崩れ込んでくることは間違いないであろう。
29) 前掲3 (1) 参照。
30) もちろん、賃貸人が基準時1および基準時2以前の直近の合意時からの事情変更を主張する場合には、前訴反訴判決および前訴本訴判決の既判力に抵触することは明らかである。
31) 通説。伊藤眞・民事訴訟法［第4版補訂版］（有斐閣・2014）557頁以下参照。

当該形成原因の存在もさることながら、形成の結果である「基準時2において改定された賃料月額金〇〇円」の確認に及ぶものとは考えられないであろうか[32]。本件を置換して形成訴訟で争われたものと仮定したとしても、過去の時点における法律関係の確認という既判力が生じるように思われる。

　この仮定を用いた検討の結果として、時点説をデフォルトとした本件最高裁判決は、基本的方向において妥当な判決であると考える（ただし、これは、あくまでも訴訟物決定における原告の意思解釈のデフォルト・ルールである[33]）。借地借家法32条1項の賃料増減額請求権が実体法上の形成権であるが、最重要の賃料額については、相当賃料額として（当事者の協議が調わなければ）、後の裁判所において確定されることが必要であり、その点に限っていえば、形成訴訟として構築することとの径庭は限りなく小さいものだといえる。いずれの構成を採っても、過去における法律関係の確認として既判力の時的範囲は画されることとなる。

---

[32] 離婚訴訟の場合には、離婚後の身分を表す法的概念がないことが、このような発想の妨げになっているのではあるまいか。不動産の賃貸借関係のような継続的法律関係の場合に形成訴権を組み入れる際には、このような発想も必要になってくるものと思われる。

[33] たとえば、前件訴訟の結審前に、基準時3に基づく賃料額確認の主張がなされ、基準時2の主張を撤回することも可能であり、その場合には、直近の合意額と基準時3の時点での事情変更が審理されることとなろう。

共有物分割の自由とその限界

◆秦　公正◆

Ⅰ　はじめに
Ⅱ　共有物分割の自由の根拠
Ⅲ　共有物分割の自由とその限界
Ⅳ　結びに代えて

Ⅰ　はじめに

　共有物の共有者は、一部の例外を除き[1]、いつでも共有関係の解消を求めることができる（民256条1項本文）。判例・通説は、この共有物分割の自由を共有の本質的属性と理解する[2]。共有物の分割は次の2つの方法による。1つは、共有者間の協議にもとづき分割が行われる場合、もう1つは、それができないときに裁判所での訴訟手続を介して分割が行われる場合である（民258条1項）。したがって、各共有者は最終的に訴訟によって共有物の分割を実現することができ、その意味で共有物分割の自由は保障される[3]。しかし、見方をかえれば、この保障は裁判所の姿勢如何に関わっている。裁判所が分割を認めるか否かによって、共有物分割の自由が強く保障されたものなのか、そうではないのかが決まるからである。
　ところで、このような問題意識をもつこと自体が疑問であるとの理解もあるだろう。一部の例外を除き、共有者は共有者である以上、いつでも共有物の分割を求める権利を有し、裁判所がその当否につき、裁量を入れる余地は

---

1) 不分割の合意（民256条1項ただし書）が存在する場合、共有物が境界線上に設けた境界標（229条）である場合など。
2) 最大判昭和62年4月22日民集41巻3号408頁。我妻榮（有泉亨補訂）・新訂物権法（民法講義Ⅱ）［補訂版］（岩波書店・1983）330頁、川島武宜＝川井健編・新版注釈民法(7)（有斐閣・2007）466頁〔川井〕など。
3) ただ、他の分割方法をとりえず、裁判所が最終的に共有物の競売、売得金の分割を命じたとしても、競売が不奏功となれば現実には分割できない。この点については、奈良次郎「全面的価格賠償方式・金銭代価分割方式の位置付けと審理手続への影響―共有物分割訴訟における」判タ973号（1998）11頁以下参照。

ないはずだからである。しかし、現実には必ずしもそうとはいい切れない。というのも、分割請求が権利の濫用（民1条3項）にあたるとして分割を認めない裁判例がみられるようになったからである。では、それはどのような場合なのか。他面、民法は共有者自らの意思による分割の自由の制約を認めている（民256条1項ただし書参照）。そこで、仮に分割の自由が権利濫用で制約されるならば、逆に不分割合意からの解放を認める余地はないか。すなわち、共有者間で不分割合意がある場合でも、その期間経過前の分割の可否を問題とする議論はありえないのか。ドイツ法は、期限を設けず、あるいは期間を設けて、不分割の定めができるとする一方、期間経過前でも重大な事由が存在する場合に、共有関係の解消を認めている（ドイツ民法749条2項）。

現在の筆者の主たる関心は、共有物分割の訴えにおいて裁判所がどのような判決を下すべきか、あるいは、下すことができるかにあるが、本稿では、その結論に影響すると考えられる、各共有者の共有物分割の自由とその限界につき、その一端を明らかにしようと思う。

II 共有物分割の自由の根拠

なぜ各共有者はいつでも共有物の分割を求めることができるとされたのか。分割の自由を可能な限り保障しようとするならば、不分割の合意自体許されない（無効）とする考えも成り立ちうる。にもかかわらず、民法はどのような理由にもとづき、共有者が5年を上限とする不分割の合意をすることができるとしたのか。

1 民法起草者の説明

共有の規定を主に担当したとされる民法起草者の富井政章博士は、次のように述べている[4]。

> 「各共有者ハ何時ニテモ共有物ノ分割ヲ請求スルコトヲ得ルヲ原則トス（二五六條一項）是他ナシ共有ハ一物ノ所有権カ數人ニ属スル状態ナルカ故ニ各自己ノ専有物ニ對スル如クニ其物ノ利用又ハ改良ニ注意ヲ加フルコトナキハ勿論

4） 富井政章・民法原論第2巻 物権［復刻版］（有斐閣・1985）172頁以下。

他ノ共有者ト共ニスルニ非サレハ其利用、改良又ハ處分ヲ爲スコトヲ得サルヨリシテ自然共有者間ニ意見ノ衝突ヲ來シ紛議ヲ生スルコト頻繁ナルヘシ故ニ共有ハ財産ノ改良及ヒ流通ヲ妨礙シ經濟上甚不利ナル状態ト謂フヘク殊ニ共有者中ニ此状態ヲ持續スルコトヲ欲セサル者アルトキハ到底其間ニ圓滿ナル關係ヲ保ツコト能ハサルヤ明ナリトス是即チ何レノ國ノ法律ニ於テモ各共有者ハ常ニ共有物ノ分割ヲ請求スル權利ヲ有スルモノト爲ス所以ナリ」。

また、続けて不分割の合意について、以下のように述べる。

「共有物ノ時價又ハ共有者ノ需要等ヨリシテ一時不分割ノ契約ヲ爲スコトハ往往便利トスル所ニシテ短期間ニ限ルモノトスル以上ハ別段弊害アルコトナシ故ニ民法ハ五年ヲ超エサル期間内分割ヲ爲ササル契約ヲ爲スコトヲ得ルモノトセリ」。

富井博士の説明によれば、共有物分割の自由の根拠は、共有者が共有物の利用等につき注意を十分払わないこと、共有物の利用等が制限されることなどにより、共有者間で紛争が生じることが多く、そのため共有物の改良・流通が阻害されるなど経済上望ましくないと考えられたことにある[5]。また、不分割の合意ができるとされたのは各共有者の利益を考慮したもので、その期間を5年と短く限定すれば各共有者に不利益を及ぼすこともない、と考えられたことにあるといえる[6]。

2 最大判昭和62年4月22日（民集41巻3号408頁）

前述した起草者の理解は、最大判昭和62年4月22日（以下、「最高裁昭和

---

[5] 同じく起草者である梅謙次郎・民法要義 巻之二物権編［復刻版］（信山社出版・1992）170頁も「共有ハ經濟上頗ル不利益ナルモノトス何トナレハ共有者ノ意見合致スルニ非サレハ充分ニ物ノ利用及ヒ改良ヲ爲スコト能ハス」と述べる。

[6] この規定が現在でも妥当性があるかは疑問もなくはない。とくに2つの面で問題になる。1つは、立法当時に比べ社会・経済の複雑さや不透明さが増大し、同時にその変動はより急速、より大きくなっているため、そのような変化に対応するためには、分割の自由をより強力に確保すべきではないかということ。もう1つは、いわゆる遺産流れによる共有物や夫婦共有財産の分割を想定し、共有不動産を生活の本拠等にする共有者の保護という観点から、より長期（無期限）の不分割合意を可能とすべきということである（現在、相続法の改正をめぐって、遺産分割時の短期・長期居住権の創設が議論されている）。立法論としては、不分割期間の上限をなくし、後述するドイツ法のような規定の仕方も考えられるのではないかと思う。

62年判決」という）においてもほぼ同じ形で引き継がれている。

　最高裁昭和62年判決は、森林法（昭和26年法249号）186条（昭和62年改正により削除）の合憲性が問題となった事案である。同法186条は、共有森林につき持分価額2分の1以下の共有者の分割請求権を否定していたが、最高裁は結論として同条は憲法29条2項に違反するとした。最高裁は、共有物分割の自由とその根拠について、以下のように判示している。

　　「共有の場合にあつては、持分権が共有の性質上互いに制約し合う関係に立つため、単独所有の場合に比し、物の利用又は改善等において十分配慮されない状態におかれることがあり、また、共有者間に共有物の管理、変更等をめぐつて、意見の対立、紛争が生じやすく、いつたんかかる意見の対立、紛争が生じたときは、共有物の管理、変更等に障害を来し、物の経済的価値が十分に実現されなくなるという事態となるので、同条は、かかる弊害を除去し、共有者に目的物を自由に支配させ、その経済的効用を十分に発揮させるため、各共有者はいつでも共有物の分割を請求することができるものとし、しかも共有者の締結する共有物の不分割契約について期間の制限を設け、不分割契約は右制限を超えては効力を有しないとして、共有者に共有物の分割請求権を保障しているのである。このように共有物分割請求権は、各共有者に近代市民社会における原則的所有形態である単独所有への移行を可能ならしめ、右のような公益的目的をも果たすものとして発展した権利であり、共有の本質的属性として、持分権の処分の自由とともに、民法において認められるに至った……」。

3　共有物分割の自由によって利益を受ける者

　以上から、民法起草者や最高裁昭和62年判決が、共有が時として共有物の利用等に関し、好ましくない状況をもたらすため、常にその状態の解消を認める必要があると考えていることは明らかである。ところで、そこではいったい誰の利益の保護が念頭に置かれているのか。例えば、富井博士の説明では「共有ハ財産ノ改良及ヒ流通ヲ妨礙シ經濟上甚不利ナル状態」とされているところ、通常、そのような状態から脱することができることによって利益を受けるのは直接には共有者と考えられる。しかし、「流通ヲ妨礙シ經濟上甚不利」という部分を切り取ると「共有は不動産の流通を阻害し、国民経済上望ましくない」と読むことも可能かもしれない。そうすると、共有の解消は国家の利益である、との理解も成り立ちうる。他方、最高裁昭和62年

判決は「共有物分割請求権は、各共有者に近代市民社会における原則的所有形態である単独所有への移行を可能ならしめ、公益的目的をも果たすものとして発展した権利」と述べている。前段部分は各共有者の利益を念頭に置いていると考えられるが、後段の「公益的目的」の内容が問題となりうる。なぜなら、公益とは、当事者以外の第三者（ここでは、共有者以外の第三者や国家など）の利益と理解されることが多いからである。そうすると、ここでの利益とはやはり共有者以外の第三者のことになるのだろうか。

しかし、共有物分割の自由が認められた理由は、各共有者の利益を考慮したことにもとづくと考えるべきであろう[7]。仮に、共有物を分割する利益がもっぱら第三者や国家の利益のためであるとするならば、共有者だけに分割請求権が帰属しているのは疑問である[8]。また、最高裁昭和62年判決が述べる「公益的目的」も、共有者以外の具体的な第三者の利益を考慮しているのではなく（判示は「公益」ではなく「公益的目的」とする）、分割によって各共有者が物の価値を十分利用・活用できるようにする、つまり、共有者一般の利益を指していると解されるからである。

Ⅲ　共有物分割の自由とその限界

ある者が共有者である以上、共有の本質的属性として、各共有者はいつでも共有物の分割を求めることができる。しかし、それは絶対的なものなのか。ここでは、共有物分割の自由の限界の一端を探るため、2つの面を考察する。すなわち、①共有物分割の自由をより制限する側面、②共有物分割の自由をより強化する側面である。より具体的に、①は、分割請求が権利の濫用であるとして認められないのはどのような場合か、②は、共有者間に不分割合意があるにもかかわらず、なお、分割請求が認められる余地はないのかという問題である。

---

7) 奈良次郎「共有物分割の訴えについて（二）」判タ580号（1986）14頁。
8) 家事事件では、当該法律関係の当事者以外の利害関係人や検察官が訴えを提起できる例が多い（民744条ほか）。

1 共有物分割の自由と権利の濫用

　共有物の分割を求める訴えが提起された場合、被告が、原告の分割請求は権利の濫用にあたると主張することが少なくない。この点、古い裁判例は、権利の濫用を認めることに対して慎重であったように思われる[9]。しかし、昭和60年頃から、分割請求が権利の濫用にあたるとして請求を棄却する裁判例がみられるようになった[10]。共有者がもつ共有物分割請求権も私権である以上、一般条項である権利濫用の法理によって制限を受ける余地があると考えられる。他方、安易にそれが認められるならば、共有物分割の自由が保障されないことにもなりかねない。そこで、仮に権利濫用の法理の適用があるとしても、それがどのような場合に肯定されるかを明らかにする必要がある。以下では、共有物分割請求が権利の濫用にあたるとされた最近の裁判例を取り上げ[11]、その点を確認する。

【裁判例1】　東京地判平成3年8月9日（金判895号22頁）
　〔事案の概要〕　共有土地および共有建物（以下、「本件不動産」という）の分割が求められた事案である。本件不動産はXとA（XとY₁の父で、Y₂の夫）が共有していたが、Aの死亡により、X、Y₁、Y₂が共同相続した。遺産分割協議において、X、Y₁が10分の4ずつ、Y₂が10分の2の割合で共有することになり、その後、XがY₁、Y₂を共同被告として本件不動産を競売に付して分割を求める訴えを提起した。なお、共有建物には、Y₁、Y₂および他の賃借人が居住している。Yらは、本件請求が権利の濫用にあたると主張した。
　〔裁判所の判断〕　裁判所は、次のような事情を勘案して、Yの主張を認めた。①Y₂が本件不動産において余生をおくることを当然の前提として遺産分

---

9)　権利の濫用を否定し、共有物の分割を命じた公刊裁判例として、大阪地判昭和41年2月28日判時446号50頁、東京地判平成4年2月28日判時1442号116頁（東京高判平成4年12月10日判時1450号81頁で一部変更）がある。
10)　敷地賃借権の分割につき、東京高判昭和57年12月27日判時1068号60頁。なお、横浜地判昭和62年6月19日判時1253号96頁は直接権利濫用の当否を問題としていないが、共有地（私道）の現物分割が求められた事案につき、次のように判示して請求を棄却した。「共有者間で共有物の分割が予定されていない共有物にあって、その外形上もそのような関係にあることが明らかな共有物においては、民法257条、676条に準じ、その権利に内在する制約として、共有関係が設定された共同の目的、機能が失われない間は、他の共有者の意思に反して共有物の分割を求めることはできない」。
11)　以下、各裁判例についてコメントを加えるものを挙げる。【裁判例1】奈良次郎「共有物分割訴訟をめぐる若干の問題点―最近の若干の裁判例を参照しながら」判タ879号（1995）67頁以下、【裁判例3】前田陽一「判評」リマークス35号（2007）70頁、櫻井弘晃「判研」九州国際大学法学論集14巻3号（2008）204頁、【裁判例4】原田昌和「判解」法セミ637号（2008）114頁、池田恒男「判評」判タ1263号（2008）61頁、【裁判例5】長秀之「判解」NBL1033号（2014）63頁。

割協議が成立させられたこと（Y₂の法定相続分が少なくされていること[12]）、本件不動産の家賃収入の一部をY₂の生活資金にあてることを予定していたことから判断）、②Xが本件建物に居住していないこと、③本件建物にはY₁、Y₂が居住していること、④Y₁、Y₂は家賃収入の分配金（年額約200万余円）をXに交付する意思を表明していること、⑤本件建物の現物分割は不可能で、競売を命じざるを得ないが[13]、そうなるとY₂は住むべき家を失うこと、⑥Xは若く、労働能力を有し、現に働いて賃金を得ていること。また、これに家賃分配金が加わればゆとりある生活を享受でき、直ちに本件不動産を競売してその売得金を配分する必要がないこと。

【裁判例2】 東京地判平成8年7月29日（判時1597号97頁）
〔事案の概要〕 Xは、実親Yと共有するマンション（以下、「本件不動産」という）を競売に付して分割することを求める訴えを提起した。これに対し、YはXに対して反訴を提起し、持分全部の移転登記を求めた。
〔裁判所の判断〕 裁判所は、Yの権利濫用の主張を容れ、Xの請求を棄却した（反訴請求も棄却）。その際、共有物分割請求権の内容につき、最高裁昭和62年判決を引用した上で「各共有者の分割の自由を貫徹させることが当該共有関係の目的、性質等に照らして著しく不合理であり、分割請求権の行使が権利の濫用に当たると認めるべき場合のあることは否定することができない」と一般的に説明した上で、次のような事情を考慮して結論を導く。

①Yは60歳を超えており、病気により仕事につけない状態にあること、②Yは本件不動産を唯一の生活の本拠としており、競売により退去を余儀なくされること、③Yは競売開始により本件不動産の住宅ローンの期限の利益を喪失し、残債務の一時払いを余儀なくされること、④Xの分割請求はYの持分買取調停の申立てに端を発するものとはいえ、その申立てはXの行動にも原因があること、⑤Xは医師として十分な経済力をもち、高賃料のマンションに居住していること、⑥競売の実施によりYは代替住居を確保できる金銭を得ることが期待できないこと、⑦X、Yの関係から、YがXから経済的援助を受けられると断言できないこと。

【裁判例3】 大阪高判平成17年6月9日（判時1938号80頁）
〔事案の概要〕 夫Xが妻Yに対して、X、Yが各2分の1ずつ共有する土地・建物（以下、「本件不動産」という）を競売に付す形での分割を求め、Yは

---

12) 本件では、遺産分割案の作成にあたり、その内容を税理士に相談し、具体案を税理士に提案させたという経緯があった。そのため、分割協議においてY₂の持分割合を少なくしたのは、Y₂死亡時の相続税を考慮したものと考えられる。
13) この時点では、全面的価格賠償の方法による分割（最判平成8年10月31日民集50巻9号2563頁）は認められておらず、現物分割が不可能な場合は競売分割を命じざるを得なかった。

本件請求が権利の濫用にあたると主張した。原審（大阪地判平成16年12月13日判時1938号86頁）は、X側の事情（Xが癌に罹患していること、Xは負債の整理のため分割を申し立てたこと、Xは夫婦協力義務に違反しているものの、他方で本件不動産の担保の被担保債権の返済を続け、Yおよび子Aの居住を確保してきたこと、XがYおよび子Aを苦境に陥れることを企図して分割を申し立てたとは認めがたいことなど）、X・Yの事情（X・Yの婚姻関係の継続は困難であり、本件不動産は分割が予定されていない目的物とまではいえないこと）、Yの事情（競売によりYおよび子Aが生活の場を失うことは見過ごせないが、本件不動産は担保に供されており、Xの収入が途絶えれば、競売の時期は選択の余地なく直面せざるをえないことなど）を勘案した上で、本件請求が権利の濫用にあたるとまでは認めがたいとしてXの請求を認容した。Y控訴。

〔裁判所の判断〕 原判決取消、請求棄却。裁判所は【裁判例2】と同様、最高裁昭和62年判決を引用したうえで「各共有者の分割の自由を貫徹させることが当該共有関係の目的、性質等に照らして著しく不合理であり、分割請求権の行使が権利の濫用に当たると認めるべき場合がある」との一般論を展開する。その上で、次のような諸事情を総合勘案している。

①本件不動産はX、Yが婚姻後に取得した財産で、本来ならば離婚の際の財産分与手続に処理が委ねられるべきだが（その場合はYが単独で取得する可能性が高い）、Xの分割請求はYの単独取得の可能性を奪うこと、②Yおよび子Aは本件不動産に居住しているため、競売により退去を余儀なくされること、③Xは離婚の訴えを提起しておらず、現に夫婦関係が継続しているから、Yおよび子Aの居所の確保はXの義務であること、④Xは相当額の収入があるが、夫婦関係にもとづく義務を果たさず、わずかな生活費しかYに支払っていないこと、⑤Yは経済的に困窮した状態で、精神的疾患を抱えた子Aの看護を一人で行っていること、⑥本件不動産が競売に付されても、Yに十分な売得金が支払われないため、Yおよび子Aが生計を維持できないこと、また、Yは60歳を超え、持病のため通院治療を行っており、今後稼働して満足な収入を得ることは困難であること、⑦Xは現時点で直ちに本件不動産を処分しなければならない経済状態にはないこと。

【裁判例4】 福岡高判平成19年1月25日（判タ1246号186頁）

〔事案の概要〕 Xら2名とYとの間で損害賠償請求と共有物分割請求が問題となった事案である（以下、共有物分割請求に絞る）。XらとYは、ある土地（以下、「本件通路」という）を共有している。XらはYに対し、XらがYに相当額の代償金を支払うことにより、Yの持分をXらが取得し、本件通路をXら各2分の1ずつの共有とする分割を求めた。原審は、XらがYに支払うべき代償金額を各人1万2969円と定め、Xらの請求通り本件通路を分割する判決を言い渡した。双方控訴。なお、X・Yは次のような経緯を経て、本件通路

を共有するに至った。
　Mが所有するA地が3筆に分筆され、1つが訴外Nに、もう1つがX₁に譲渡され、残る1つ（本件通路）がXとNに持分2分の1ずつの割合で譲渡された。X₁が前記土地をMから取得する際、すでにこのうち1つの土地の所有者となっていたNから、本件通路をNとの共有名義にしてほしいと強く求められ、X₁はこれに応じた。その後、N所有地と本件通路のNの持分が相次いでYに譲渡された。
　〔裁判所の判断〕　裁判所は、X₁の土地取得経緯から、本件通路がX₁およびN所有地（のちY所有地）にとっても公道へ至る通路として確保されるべく、X₁とNの共有にされたと考えられるとし、本件通路がX所有地およびY所有地から公道に至る共用道路であって、その性質や効用が失われたといえるような特段の事情が認められない限り、共有物分割になじまず、そのような請求は権利の濫用として許されないと説示した上で、次のような事情から特段の事情は認めるに至らないと結論づけた（第1審取消、請求棄却）。
　①本件通路は公道からX宅へ通じる通路として不可欠で、現にそのように利用されていること、②原判決は、Yは本件通路を利用する必要はなく、実際にも使用していないと認定判断したが、それはYが訴外Sの所有地を通って公道への出入りをしていたことによる。しかし、平成18年9月末ころからその方法をやめ、今後はもっぱら本件通路を経由して公道とY所有地の出入りをする意向を明らかにしていること（訴外S所有地の通行につき承諾がない以上、当然である）。

【裁判例5】　東京高判平成25年7月25日（判時2220号39頁）
　〔事案の概要〕　Aはあるマンションの6階部分（以下、「本件建物」という）を区分所有していた。A死亡により、Aの妻Y、その子であるXとBが本件建物を共同相続した。その後、X、Y、Bとの間で遺産分割協議が調い、Xは本件建物をYと共有するに至ったとして、Yに対し、分割を求める訴えを提起した。原審は、Xの分割請求は権利の濫用に当たるとして、請求を棄却した（横浜地判平成25年3月12日判例誌未登載）。X控訴。なお、XはYに対し、Xの持分をYが取得する全面的価格賠償の方法による分割を求めた[14]。
　〔裁判所の判断〕　控訴棄却。裁判所は、Xの分割請求はX、Y、Bが本件建物をX、Yの共有とする際の前提とした本件建物の使用関係を合理的理由な

---

14) このように原告が、他の共有者に対して、自らの持分の取得ならびにその価格に相当する賠償金の支払を求める全面的価格賠償による分割が申し立てられることがある。筆者は「買い取り請求型」、「押し付け型」と呼んでいるが、最判平成8年判決（前掲注13）の登場以降、自らが共有物を単独取得する申し立てだけでなく、このような内容の申し立ても散見される（秦公正「共有物分割の訴えに関する近時の裁判例の動向―全面的価格賠償の方法による分割が問題となった事件を中心に」法学新報123巻3＝4号（2016）105頁を参照）。

く覆すものであり、権利の濫用にあたるとした。その際、裁判所は次の事情を考慮している。
　①Yは本件建物を生活の本拠としており、本件建物をYの単独所有とする相当性はないとはいえないが、Yには賠償金の支払能力がなく、競売分割を命じざるを得ないこと、②X、Y、Bが遺産分割協議をする際、Yは存命中、本件建物に居住し、年金、家賃収入等で生活を維持すること、XはYと別居して、賃借アパートに居住し、主として生活保護で生計を維持することを前提として協議したこと、③競売を命じれば、②の前提を覆すことになり、また、分割協議後、現在に至るまで上記事情に重大な変更があったとは認められないこと、④Xは、分割を求める理由として専門学校への入学および通学資金の取得を挙げるが、Xの生活歴、Yに対する言動からみて、安定した通学・就労が困難であること、また、その意思も前記前提を覆してまでの堅固な意思ではないこと。

【裁判例6】　東京地判平成26年4月25日（LEX/DB 25519293）[15]
　〔事案の概要〕　ある建物および敷地権（以下、「本件マンション」という）は、YとYの前夫Aが各2分の1ずつ所有していたが、YとAの離婚後、Yと婚姻したXがAから持分を買い受け、Yと共有するに至った。その後、XはYと別居し、Yに対して夫婦関係調整調停を申し立てる一方、本件マンションの競売による分割を求めて提訴した。
　〔裁判所の判断〕　請求棄却。裁判所は、次のような事情からXの請求は権利の濫用にあたるとした。
　①X・Yの婚姻関係は完全に破綻しているとはいえず、その帰趨が決せられるまでは相当期間を要すること、②YはXとの関係の継続を希望し、今後も本件マンションを生活の本拠とすることを希望していること、③YにはXの持分を取得する意思および資力はなく、競売を命じれば、Yの不利益は少なくないこと、④現在のXの経済状態が本件マンション等に係る債務を直ちに清算せざるをえないほどの状態にあると認められないこと。

【裁判例7】　東京地判平成27年5月27日（LEX/DB 25530357）[16]
　〔事案の概要〕　本件は、【裁判例6】の原告（以下、Bと表記する）から共有持分2分の1を譲り受けた不動産業者Xが、残りの持分をもつYに対して、前記マンションの競売による分割を求めた事案である。【裁判例6】判決後、Bは控訴したが、控訴審係属中、不動産業者Xに持分2分の1を譲渡し、Xへの持分全部移転登記を経て、控訴を取り下げたため、判決が確定した（以下、

15）　TKC法律情報データベースLEX/DBインターネットより。
16）　TKC法律情報データベースLEX/DBインターネットより。

「前訴判決」という）。

　〔裁判所の判断〕　裁判所は、前訴判決後、BとYとの状況には変化がなく、現時点においてBが分割請求権を行使することは依然として権利の濫用にあたると述べ、そのBから持分を譲り受けたXがYに対して本件マンションの分割を求めることは権利の濫用にあたるとして請求を棄却した。その際、裁判所は次の事情を考慮している。

　①Xは離婚トラブルを抱えた夫婦の共有不動産の持分の買取が可能との情報を提供しており、これをみたBが持分の売却を申し入れ、Bの持分を2050万円で買い取った。その上でYに対し、Xの持分を2750万円で買い取るか、Yの持分をXに2000万円で売却すること、さらに、それまで家賃10万余円を払うように求めた。このXの行動は、YがBの持分を買いとる資力がないことを知りながら、Yに立ち退きを余儀なくさせ、夫婦間のトラブルに乗じて利益を得ようとするものである。②XがB・Y間の前訴判決の存在を知っていたかは不明だが、離婚をめぐり係争中の夫婦間で、その一方が、他方の居住する住宅の明け渡し、分割請求をすることが権利の濫用にあたることはままみられる。そのような夫婦の一方から持分の買取を求められた者は、権利行使が権利の濫用にあたるかに関心をもつべきである。本件でXはそのような調査をせず、漫然とBの持分を購入してYにその買取を求めている。

　以上の裁判例から明らかになった事項を、(1)分割の対象となった事件類型、(2)権利の濫用の判断基準、(3)考慮された事情の3つに分けて分析する。

　(1)　**分割の対象となった事件類型**　　分割の訴えの対象となる事件は広範囲におよぶが、権利濫用の肯定例を共有者の属性で分類すると、親族間でのケースが多数を占める（いわゆる遺産ながれの事案【裁判例1・5】、夫婦共有財産が対象となった事案【裁判例3・6】、親子の共有財産の事案【裁判例2】）。一方、通常の共有は【裁判例4・7】である。次に、対象となる共有物は建物が多い（【裁判例1・2・3・5・6・7】）。建物は共有者の生活の基礎となっている可能性があり、権利の濫用の抗弁が主張されることが多いためと思われる。それ以外では共有物が通路である事案が複数みられる（【裁判例4】および前掲注10）横浜地裁判決）。分割を求める者は、競売による分割、あるいは、全面的価格賠償の方法による分割を求めている。

　(2)　**権利の濫用の判断基準**　　権利濫用の判断基準を明示せず、いわば生の利益衡量によって当否を判断する裁判例もみられるが、【裁判例2・3】が明確に示すように、共有者分割の自由の貫徹が「当該共有関係の目的、性質

等に照らして著しく不合理」かどうかが1つの重要な判断基準となっている。【裁判例5】もほぼ同旨であると考えてよいだろう。また、【裁判例4】は、共用道路としての性質、効用が失われた特段の事情の存否を問題とする。【裁判例1】は基準を示さないが、目的物を共有にした段階での前提や経緯が重視されていることは明らかである。なお、権利濫用ではなく、分割請求権の内在的制約にもとづき分割請求を棄却した前掲注10）横浜地裁判決も共有関係が設定された共同の目的、機能の喪失の有無を基準とする。これに対し、【裁判例7】は、分割を求める者が分割を求められる者の窮状に乗じて分割請求をしていることを理由に権利の濫用を認めており、分割請求権者の加害目的ないし意思にもとづいて権利濫用を認めた事案と評価できる。

　(3)　**考慮された事情**　このように分割請求が権利の濫用と評価される類型は、主として①共有関係の目的、性質等に照らして、分割の自由の貫徹が著しく不合理な場合、②分割請求が請求権者の加害目的ないし意思によりなされた場合に分けられる。このうち①の類型では、共有関係の目的・性質等の確認、その後現在に至るまでそれを失わせるような事情がないかの確認が重要である。共有建物の分割事案では、当該建物の居住・利用などが前提とされたこと、当該建物が依然として生活の本拠とされていること（転居の事実などがないこと）が、また、共用道路の事案では、そのような使用目的、性質の有無、通路として現に利用されていること（他の通路等の設置・利用がされていないこと）といった客観的な事情が考慮される。また、分割を求められた者に今後とも共有建物に居住する（共用道路として利用する）意思があることも考慮されるべき事情である。以上のような事情があれば、共有の目的等に変更がないと評価でき、一応分割請求が権利濫用にあたる素地があるといってよいと思われる。しかし、もちろんそれだけで権利濫用とされるわけではない。共有建物の例では、それらに加え、ⓐ競売分割の方法しかとれないため、分割を求められた者が退去を余儀なくされること[17]、ⓑ分割を求める側の事情として、経済状態等による即時分割（金銭取得）の必要性、分割を貫徹する強い意思の有無が、ⓒ求められる側の事情として、転居・代替住居の取得の可否、年齢、収入、労働能力の有無を基礎とする経済状態などを総合的に

---

[17]　最高裁平成8年判決（前掲注13））により、全面的価格賠償の方法による分割が認められたため、希望者がいるときは、そのような方法がとり得ないかが優先的に検討される。

衡量して判断されることになろう。さらに、夫婦共有財産の分割では、離婚へ向けた行動・婚姻関係の破綻の有無、財産分与手続になった場合に当該財産を誰が取得すると考えられるか、といった事情が考慮されている点に特徴がある。

2 不分割の合意と共有物分割の自由

これまでの裁判例は、共有物分割の自由が権利濫用の法理によって制約されることを肯定する。そして、いったん権利の濫用と評価された以上、新たな事情の発生がない限り、その制約は、将来に向けて存続するものと考えられる（不分割合意の上限5年とは無関係に）。しかし、逆に考えれば、共有の目的等の喪失その他事情の変更等があれば、その制約は解放されうるものといえる。仮にそうであるなら、同じく分割を制約する効果をもつ不分割合意が共有者間にある場合でも、合意の目的等が喪失するなど新たな事情の発生により、期間満了前の分割請求の可能性があると解することができるのではないか。日本では不分割期間が5年を上限とすることもあってか、この点に関する研究は存在せず、また、裁判例も存在しないようである。そこで、明文をもって不分割合意の拘束力が打ち破られることを認めているドイツ法の議論を参考にして、この問題に関する日本への示唆を得ようと思う。

(1) **ドイツ民法における不分割の合意に関する規律**　共有の解消はドイツ民法749条が規定する。同1項は「すべての共有者はいつでも共有の解消を求めることができる」と規定し、同2項前段は「共有の解消を求める権利が、合意によって永久にあるいは期限付きで排除された場合であっても、重大な事由が存在する場合には解消を求めることができる」と定める。そして、同3項は、これらの規定に反して共有の解消を求める権利を排除する合意は無効であるとする。これをみると、不分割合意に関する日本とドイツの規定は明らかに大きく異なっている。ドイツ民法の立法過程では、日本のように上限を設けて不分割合意を許容する考えなども出されたが、組合財産の分割とのバランスや期間の妥当性などを考慮して採用するに至らなかった[18]。その

---

18) Protokolle der Kommission für die zweite Lesung des Entwurfs des Bürgerlichen Gesetzbuchs Band II, 1898, S. 751ff. 草案では、共有の解消を求める権利を無期限、あるいは、期限を設けて排除する契約を不可能とすること、分割を有効に排除できる期間は30年（それを超える合意は無効）とした。前者は採用されず、後者は第2委員会において期間の上限がなくされ、「期間経過

一方で、立法者は、「重大な事由」という合意の拘束力を打ち破る要件を明示した。そこで、これがどのような場合を指すのかが問題となる。

(2) **重大な事由**　抽象的な要件であるがゆえに、どのような場合がこれにあたるのかを一見して判断することは難しい。判例は、重大な事由の存否は、あらゆる事情を総合的に評価して判断されるとし[19]、文献は、これまでの裁判例の蓄積をもとに類型化を試みている。

まず、共通するのは「解消を求める共有者にとって共有の継続が期待できない」という基準である[20]。問題は何をもって共有の継続が期待できないとするのかである。この点につき、ドイツにおいて強調されるのは、組合と狭義の共有との相違である。組合は共通の目的を達成するために人が集まり、また、そのための協力が必要なため、その構成員間での紛争は目的の達成を困難にする。これに対して、狭義の共有はそのような目的・密接な関係を予定していない。それゆえ、組合財産の分割における議論をそのまま持ち込むことはできない[21]。狭義の共有における重要な視点は「共有の目的物が適切な管理によってその経済的な価値が維持されるかどうか」である[22]。共有者間に争いがあっても、遺言執行者が共有者のために活動しているような場合は、適切な管理によって共有物の経済的な価値が維持されるため、重大な事由は存在しない[23]。

次に、共有者間に意見の相違、不和や協力を欠く事態が生じた場合は、重大な事由が基礎づけられるのか。このような主観的な要素は、それが共有物の適切な管理を不可能にする場合は重大な事由の存在を基礎づける[24]。裁判例は、X・Yが建物を共有し、そこで医師業を営んでいるところ、X・Y間

　　　前であっても重大な事由が存在する場合、共有者は共有の解消を求めることができる」とする規定が挿入された。そこでは、共有における限界を組合よりも短くすることを引き出す十分な理由がない、30年という上限は恣意的で多くの場合は短すぎ、それ以外の場合は長すぎる、無期限の不分割の合意を許容する必要があり、重大な事由による解消の可能性はそのような合意を許容することによる懸念を解決するなどの意見が出された（とくに、a. a. O., Protokolle, S. 754）。

19)　BGH WM 1962, 464, 465.
20)　*Staudinger*, BGB §§741-764, 2008, S. 244: *Hadding*, Kohlhammer-Kommentar Band 5/1, 12. Aufl., 2007, S. 383: *K. Schmidt*, Münchner Kommentar zum BGB Band 5, 4. Aufl 2004, S. 771 など。裁判例においては、BGH BB 1962, S. 427: BGH WM 1962, 464, 465 など。
21)　*Staudinger*, a. a. O. (Fn. 20), S. 244: BGH WM 1962, 464, 465: BGH WM 1984, 873: NJW-RR 1995, 334, 335.
22)　BGH WM 1962, 464.
23)　*Staudinger*, a. a. O. (Fn. 20), S. 244: *Hadding*, a. a. O. (Fn. 20), S. 384.
24)　*Staudinger*, a. a. O. (Fn. 20), S. 244.

に不分割の合意があるにもかかわらず、Xが共有建物の競売による分割を求めた事案において、両者の仲たがいは一方の者の害意（Schikane）によって共有物の使用が侵害される可能性があること、中立な第三者による適切な管理・使用が達成できないことを理由として重大な事由があると判断している[25]。それ以外の該当例として、共有物に必要とされる管理行為に反対すること、多数決に際して事前に意見表明の機会を与えなかったこと、あるいは、独断で共有物に変更を加えたことなどが挙げられる[26]。

ところで、「解消を求める共有者にとって共有の継続が期待できない」との事情が存在すれば、常に重大な事由が認められるというわけではない。その存否の判断に際して、どの共有者が共有者間の信頼を危険にさらす原因を作ったかが考慮されるからである[27]。一方的にまたは圧倒的に責任がある共有者が共有の解消を求める場合、重大な事由の存在が否定される。一方、分割を求められた者にそのような責任がなければ重大な事由が認められないというわけでもない[28]。

上記以外の基準の類型化は文献によって異なる。例えば、解消の排除が合意された前提の喪失を挙げるもの[29]、客観的な事情にもとづく場合と解消を求める者の人的な関係にもとづく場合に分類するものがある[30]。しかし、その内容について大きな相違があるとは思われない。そこでの重要な視点は、「共有に関する重大な事情の変更があったかどうか」である。文献ではその該当例が示されている[31]。例えば、LG Berlin MDR 12/1990, 1116 は、同棲

---

25) OLG Bamberg MDR 1/2004, 24.
26) *Staudinger*, a. a. O. (Fn. 20), S. 244: *Hadding*, a. a. O. (Fn. 20), S. 384.
27) *K. Schmidt*, a. a. O. (Fn. 20), S. 771. 裁判例では、BGH BB 1962, S. 427: BGH WM 1962, 464, 465: BGH WM 1984, 873, 874.
28) BGH WM 1984, 873, 874. 本件では2世帯住宅の分割が問題となった。住宅は、X_1、X_2が各4分の1、Yが2分の1の割合で共有し、X_1、X_2、Yの間には、X_1およびX_2が2階を、Yが1階を使用するとの合意ならびに共有物を永久に分割しないとの合意があった。しかし、X_1、X_2、Yの間で共有の費用の支払や個人的な理由により意見の相違が生じ、争いとなったため、X_1およびX_2が共有の継続を期待できないとして重大な事由の存在を主張し、競売による売得金の分割を求めた。これに対し、Yは、不和の原因はX側にあると反論した。BGHは、不和の責任はX、Y双方にあり、それも同程度であることから、Xの分割請求は否定されないとした上で、2世帯住宅の使用においてはその適切な管理のために当事者間での話し合いは不可欠であることから、重大な事由があると判断した。
29) *Staudinger*, a. a. O. (Fn. 20), S. 244.
30) *K. Schmidt*, a. a. O. (Fn. 20), S. 771; *Hadding*, a. a. O. (Fn. 20), S. 384 も、共有者の人的な関係を挙げている。
31) 夫婦共有財産について離婚があった場合（*K. Schmidt*, a. a. O. (Fn. 20), S. 771: *Hadding*, a. a. O.

関係にあるX・Y間で無制限の居住権を保護する合意および両者が一致した場合にのみ共有を解消できるとの合意があったが、その後、同棲関係が解消され、Xから分割が求められた事案である。裁判所は、Yに認められた居住権は同棲関係を前提としており、その関係は両者が共に居住することにつき、信頼の基礎を与えていたものであるから、それが終了すれば重大な事由があると判示した。この事案は、不分割合意の前提が事後的に欠けた場合と評価できる。

次に、分割を求める共有者に予測しない金銭を得る必要性が生じた場合、重大な事由は基礎づけられるのか。しかし、これは原則として重大な事情の変更にはあたらないと解されている[32]。関連して、ある共有者に金銭の必要性が生じ、それが重大な事由にあたる場合の処理は見解が分かれる。Schmidtは、このような場合、他の共有者は適切な金銭の支払と引換えに、分割請求者の解消を求める権利を消滅させる権利が認められるべきであると主張するのに対し[33]、他の文献は解消を求める権利をもつ者から金銭の支払によってその権利を奪うことはできないとする[34]。

なお、重大な事由の存否が問題となるケースでも、分割請求が権利の濫用にあたるどうかが別途検討される必要がある[35]。

(3) **日本法への示唆**　ドイツでは、不分割の合意に反してなお共有者が分割の自由を貫徹できる場合として、①共有の解消を求める者にとって共有の継続（共有物の適切な管理・利用）が期待できない、②共有に関する重大な事

　　　(Fn. 20), S. 384)、通行権の措置による共有道路が目的外使用された場合（*K. Schmidt*, a. a. O. (Fn. 20), S. 771）など。

32)　*K. Schmidt*, a. a. O. (Fn. 20), S. 771; *Staudinger*, a. a. O. (Fn. 20), S. 244 は、該当の有無は個別の事案において評価されるとしながらも、抑制的であることが求められるとする。

33)　*K. Schmidt*, a. a. O. (Fn. 20), S. 771.

34)　*Staudinger*, a. a. O. (Fn. 20), S. 245.

35)　*Hadding*, a. a. O. (Fn. 20), S. 384. 裁判例では重大な事由の存在と分割請求の権利の濫用がともに問題となった BGH NJW-RR, 1995, 334 がある。X・Yは 2644m^2 にも及ぶ耕牧地を共有しており、公正証書により 20 年間共有の解消を排除していた。X・Yは同地においてそれぞれ犬の宿舎、犬の訓練をしていたが、数年後、両者の利用権や果たすべき義務をめぐって争いが生じた。そこで、XがYに対し、共有地の適切な管理、利用が保障されないほどにX・Yの信頼関係は破壊されており、また、その原因はYにあることから、重大な事由が存在すると主張して、共有地の競売による売得金の分割を求めた。ラント裁判所およびラント上級裁判所は請求認容。Y上告。BGHは、原判決を破棄し、差し戻しを命じた。その理由として、原判決が共有物の適切な利用と管理が不可能であるとした結論が、不完全な事実評価にもとづくものであり、また、原判決が被告の権利濫用の抗弁は有効でないとした判断に法的な疑いがあることを挙げる。

情の変更があった、との2つの基準につき概ね一致がみられる。①の基準は、狭義の共有と組合との違いを基礎とするもので、日本の民法起草者が共有物分割の自由を認めた説明（前掲Ⅱ参照）に通じるものがある。また、②の基準は、合意後の新たな事情の発生による合意の前提の喪失や事情変更の原則に基礎を置くものである。

以上の議論をそのまま日本にもち込めるわけではないが、ここで2点指摘しておきたい。まず、日本でこの問題を論ずる意味があるのかである。合意の拘束力を重視し、あるいは、その期間も5年と短いことから、論ずるに値しないとの考えもあり得よう。しかし、そのような考えはあまりに硬直的であるし、また、5年耐えればよいとの割り切りも、立法当時に比べて社会・経済が複雑となり、その変動もより急速かつ大きくなっていることを考えれば説得力が十分あるかは疑わしい。想定例として、共有建物を生活の本拠とする共有者のために不分割の合意をしたところ、合意成立後の転居等により、生活の本拠ではなくなったケースや事業のために建物を購入して共有名義とし、不分割合意をしたが、その後、事業が中止・変更されたようなケースなどがあるだろう[36]。

もう1つは、仮に期間満了前の分割請求を認める必要があるとして、合意の拘束力を解消する明文がない日本において、その理論的根拠や法的根拠をどこに求めるのかである。この点は、なお検討を要するが、さしあたり合意自体の解釈・効力および一般条項からの理由づけが考えられる。前者は、ある目的や前提をもって不分割合意がされた場合に、その目的や前提の喪失により合意も拘束力を失うとの理解であり[37]、後者は、不分割合意の目的の喪失など新たな事情の発生を理由に分割を拒むことが信義誠実の原則（民1条2項）や事情変更の原則に反するとの考えである。ただ、いずれにせよ、不分割合意が現に存在し、各共有者はその合意を行動の基礎としているなどの可能性がある以上、要件の慎重な検討が必要なことはいうまでもない。

---

36) これらは不分割合意の目的等の喪失と評価できるが、目的等は維持されつつ、他の事情の発生による期間経過前の分割請求の可否も問題となりうる（一部共有者の経済事情に伴う分割請求、景気の悪化、共有物の管理の不十分・故意による毀損など共有物の価値を著しく減少させる事情の発生による分割請求など）。

37) これは、前掲注10)の横浜地判が採用した「権利に内在する制約」という考えを不分割合意に転じたものである。

Ⅳ 結びに代えて

　本稿では、共有の本質的属性とされる共有物分割の自由に焦点をあて、その制約、強化の両面から分割の自由の限界の一端を探ることを試みた。その試みが成功したとはいい難いが、最後に本稿を通じて明らかになったことを要約して結びに代えたい。

　立法者・判例の理解では、共有物分割の自由は、共有状態から時として生じ得る共有者間の紛争や不和により共有物の管理等が十分になされないことで、共有物の価値が発揮できなくなることを回避するために認められたものである。しかし、その自由は、一般条項たる権利濫用の法理によって制約を受ける。過去の裁判例から、権利濫用の肯定例は、①分割の自由を貫徹することが共有の目的、性質等に照らし、著しく不合理な場合、②分割を求める者が相手方の窮状に乗じて利益を得ようとしている場合に分けられる。

　他方、分割の自由を貫徹する方向の議論として、不分割合意の期間満了前の分割請求の可否という問題がある。ここではドイツの議論が参考になる。ドイツ法は不分割の合意が存在する場合でも、「重大な事由」があれば即時の分割を肯定する（ドイツ民法749条2項）。裁判例の蓄積により、その類型として、主に①分割を求める者にとって共有物の適切な管理・利用が期待できない場合、②共有に重大な変更があった場合が挙げられる。ただし、①につき、分割を求める者に一方的にあるいは圧倒的に責任がある場合は重大な事由の存在は否定され、また、重大な事由の存否とは別に、権利行使が権利の濫用にあたるかどうかの検討も問題となる。

　日本においても不分割期間満了前の分割請求を論ずる意義はあると考えるが、問題は、分割の自由の貫徹を認めるときに、その法的根拠をどこに求めるかである。これは合意自体の解釈・効力、あるいは、信義誠実の原則（事情変更の原則）から基礎づけられると考えられる。

債権法改正法案における詐害行為取消請求訴訟に係る確定判決の効力

◆畑　瑞穂◆

I　はじめに
II　従来の状況
III　債権法改正への動き
IV　改正法案の理解
V　おわりに

I　はじめに

　本稿は、債権法改正法案（第189回国会提出閣法第63号「民法の一部を改正する法律案」。以下、「改正法案」とする）[1]における詐害行為取消請求訴訟に係る確定判決の効力について若干の検討を試みるものである[2]。
　この問題については、改正法案の立案準備過程である程度議論されてはいる（後述III参照）ものの、なお明らかでない面もあるように思われ、また、詐害行為取消訴訟に債務者[3]や他の債権者[4]が参加する場合の参加形態等の問

---

[1]　本稿執筆時点では、第193回国会において、継続案件として審議中である。
[2]　本稿は、「中間試案」（後掲注8）および対応する本文参照）策定後の段階における畑瑞穂「詐害行為取消訴訟の構造に関する覚書」石川正先生古稀記念・経済社会と法の役割（商事法務・2013）1163頁、特に1182頁以下（以下、「別稿①」とする）および同「詐害行為取消訴訟の構造と転得者に対する取消しの効果」民訴60号（2014）101頁、特に105頁以下（以下、「別稿②」とする）、本稿と同様の改正法案の国会提出段階における同「債権法改正と民事手続法―債権者代位権と詐害行為取消権」司研論集125号（2015）128頁、特に140頁以下、154頁以下（以下、「別稿③」とする）で述べたところを敷衍するものであり、重複する部分も多い。ただし、上記各別稿間でも、本稿との間でも、ニュアンスを異にする部分もある。いずれにしても、上野泰男先生および読者のご海容を乞う次第である。
[3]　改正法案に即したものとして、塚本恒「詐害行為取消訴訟における債務者の訴訟上の地位」東京大学法科大学院ローレビュー11号（2016）151頁。
[4]　現行法に即したものとして、八田卓也「詐害行為取消訴訟における他の債権者による権利主張参加の可否」田原睦夫先生古稀・最高裁事退官記念・現代民事法の実務と理論（下）（きんざい・2013）934頁。

題にも影響する面があると考えられるためである。

　ここで、あらかじめ法文を確認しておけば、現行民法425条が「前条の規定による取消しは、すべての債権者の利益のためにその効力を生ずる。」としているのを、改正法案は「詐害行為取消請求を認容する確定判決は、債務者及びその全ての債権者に対してもその効力を有する。」と改めることを提案している。

II　従来の状況

　現行民法における詐害行為取消権の性質や訴訟構造についてはさまざまな議論がある[5]ものの、判例（大判明治44年3月24日民録17輯117頁等）は、詐害行為の取消しを求めるとともに目的財産の返還等を求めるものとするいわゆる折衷説を前提としつつ、取消しの効力は債務者には及ばず（相対的取消し）、このため受益者（または転得者）のみを被告とすれば足りる、としてきた。

　この場合、「取消しの効力」として問題にされているのは実体的な効力（形成力）であるが、これが及ばない以上、債務者に関しては既判力等の拘束力も問題にならないと考えられてきたように思われる。

III　債権法改正への動き

　改正法案の立案については、主に法制審議会の民法（債権関係）部会（以下、「部会」という）で審議が行われた[6)7]。

　　　このほか、他の債権者による共同訴訟参加の可否、別訴の可否等の問題もあると考えられるが、これらも含めて本稿では検討しえない。
　5)　潮見佳男・債権総論 II［第3版］（信山社・2005）85頁以下、中田裕康・債権総論［新版］（岩波書店・2011）、奥田昌道編・新版注釈民法(10) II（有斐閣・2011）795頁以下〔下森定〕等参照。
　6)　部会での審議事項・資料・議事録等は、本稿執筆時点では以下のURLにまとめられているほか、商事法務編・民法（債権関係）部会資料集第1集　第1巻（商事法務・2011）以下として順次公刊されているが、後に引用する第91回会議分は冊子体としては未公刊である。http://www.moj.go.jp/shingi1/shingikai_saiken.html. 以下では、部会の議事録を「部会第○回会議議事録○○頁」という形で引用する。
　7)　筆者は部会の審議に幹事として参加した。

1 相対的取消しからの転換

　部会での審議では、詐害行為取消権に関して、いわゆる折衷説を維持しつつ、債務者に効力を及ぼさないという意味での「相対的取消し」からは転換して債務者に実体的な効力を及ぼす方向が一貫して有力であり、「民法（債権関係）の改正に関する中間試案」（平成25年2月26日部会決定)[8]を経て、前述（Ⅰ）の通り、改正法案による民法425条において「詐害行為取消請求を認容する確定判決は、債務者及びその全ての債権者に対してもその効力を有する。」とされるに至っている。判例の相対的取消しの考え方（前述Ⅱ参照）に対して、逸出財産が不動産である場合には、詐害行為取消しによって債務者名義に回復され、債務者の責任財産として強制執行の対象となるにもかかわらず、詐害行為取消しの効果が債務者に及ばないとするのは、整合的でないとの批判がされていること等[9]を踏まえたものである。

2 訴訟構造

　問題になったのは、これを前提とした訴訟構造であり、「中間試案」の段階では、債務者を詐害行為取消訴訟の共同被告にすべきこと（共同被告構成）を本案として掲げた上で、「債務者を被告とするのではなく、債務者に対する訴訟告知を取消債権者に義務付けるとする考え方」（訴訟告知構成）が注記されていた。部会での審議では、共同被告構成に傾く論拠として、債務者に判決の効力を及ぼす以上は被告にするのが筋であること、債務者が行方不明のような場合は公示送達を用いることができること等が挙げられ、訴訟告知構成に傾く論拠として、共同被告構成では、やはり手続的な負担が重いこと、債務者が実は死亡していたような場合に問題を生じる可能性があること、否

---

[8] この「中間試案」に、法務省民事局参事官室の文責において各項目ごとにそのポイントを要約して説明する「概要」欄を付した「民法（債権関係）の改正に関する中間試案（概要付き）」および「概要」欄に加えてさらに詳細説明を付した「民法（債権関係）の改正に関する中間試案の補足説明」が公表されている。このうち上記「補足説明」が、商事法務編・民法（債権関係）の改正に関する中間試案の補足説明（商事法務・2013）として公刊されている。「中間試案」の段階で、債務者に取消しの実体的な効力を及ぼすことが前提になっていたことにつき、前掲『補足説明』162頁以下参照。

[9] このほか、逸出財産が金銭その他の動産である場合には、それを直接受領した取消債権者が債務者に対してその返還債務を負うとされていること、詐害行為取消権を保全するための仮処分における仮処分解放金（供託金）の還付請求権は、債務者に帰属するとされている（民保65条参照）こと、逸出財産から債権者が満足を受ければ、債務者は受益者からの不当利得返還請求を受けることになることが考慮されている。前掲注8）『補足説明』163頁参照。

認訴訟においても債務者（破産者）を被告とすることとはされていないこと等が指摘されていた[10]が、結局、改正法案では訴訟告知構成がとられるに至った（改正法案による民法424条の7）。

3 確定判決の効力

確定判決の効力については、部会での審議の途中までは、実体的な効力を全債権者に加えて債務者に及ぼすこと（前述1参照）のみが考えられており、既判力の拡張は想定されていなかった[11]。しかしながら、不動産の譲渡が取り消され、当該不動産に対して強制執行が行われた後に、受益者から配当を受けた他の債権者に対して（当該不動産は受益者のものであるとして）不当利得返還請求がされるのを封じるために、全債権者に認容判決の既判力を及ぼす必要があるのではないかという問題（以下、「不当利得問題」とする）が提起され[12]、部会での「民法（債権関係）の改正に関する要綱案」の取りまとめの段階では、債務者および全債権者への既判力の拡張が事務当局の趣旨として説明されている[13]。これに対しては異論もあり[14]、既判力については解釈に委ねられる旨の発言もあった[15]が、想定されていた改正法案による民法425条のような規定を置くこと自体に対する反対ではなかったこともあって、それ以上は議論されていない。既判力拡張を認める場合のそのメカニズム等の詳細についても議論されていないが、債務者に既判力を及ぼすことによって反射的に全債権者にも判決効が及ぶとする趣旨とみうる発言がされている[16][17]。

---

10) 前掲注8)『補足説明』163頁以下参照。
11) 部会第62回会議議事録45頁〔金洪周関係官発言〕。
12) 部会第62回会議議事録45頁〔山本和彦幹事発言〕。
13) 部会第91回会議議事録37頁以下〔金関係官発言〕。
14) 部会第91回会議議事録40頁〔畑発言〕。
15) 部会第91回会議議事録40頁以下〔高須順一幹事発言〕。
16) 部会第91回会議議事録42頁〔山本幹事発言〕。
17) 部会の審議に参加した民事手続法研究者のうち、山本和彦教授は、共同訴訟構成＋債務者への既判力拡張ありという意見であり、筆者は、訴訟告知構成＋債務者への既判力拡張なしという意見であったが、部会全体として有力であったのは、訴訟告知構成＋債務者への既判力拡張ありという意見であったということになりそうである。

Ⅳ　改正法案の理解

　以上を踏まえて、改正法案に関して、前提として形成力について簡単に触れた後、既判力について検討を試みる。その際、以下の【図】を前提とするが、債務者・受益者間の行為が財産減少行為（とりわけ廉価売却）である、という事例を典型例として想定する。代物弁済のような偏頗行為については、それ独自の問題を含む可能性があるように思われるためである。

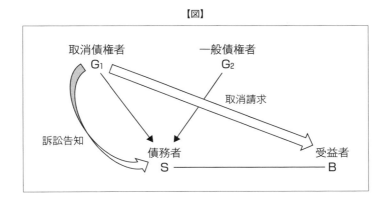

1　形成力

　（取消請求を認容する）確定判決の実体的効力（形成力）については、これを正面から債務者に及ぼすこととされた（前述Ⅲ1）が、全債権者に実体的な効力が及ぶとする部分については、基本的に判例の枠組みを前提とする現行法の状態と変わらないものと思われる[18)19)]。

---

18)　現行民法425条については、詐害行為取消権の性質論と関係して、とりわけ債権者平等の趣旨をどのように理解するかについて議論があるが、改正法案がいわゆる折衷説を維持しつつ債権者平等の問題についても基本的に現状を維持するものであることもあり、本稿では立ち入らない。

19)　なお、詐害行為取消請求の被告からの目的物の転得者には取消しの効果は及ばず、別途、転得者に対する詐害行為取消請求（改正法案による民法424条の5）の問題となるが、本稿では立ち入らない。

　また、転得者に対して詐害行為取消権が行使された場合の後始末については、取消しの効果が転得者の前者に及ぶかも含めて問題があり、改正法案は転得者から債務者に対する特殊な請求権を設けた（改正法案による民法425条の4）が、やはり本稿では立ち入らない。この問題につき、

なお、形成判決の効力一般については、議論が帰一していない面がある[20]。すなわち、形成力をどのように観念するのか、既判力を観念するのか、形成の効果（実体関係の変動）を生じるために確定形成判決の存在で足りる（「単一要件説」）のか、形成原因の存在も必要（「二重要件説」）なのか等について、見解が分かれているところである。このうち二重要件説を前提とすると、形成の効果を争えないとするためには既判力を及ぼす必要があることにある。他方、単一要件説を前提とすると、そこから形成の効果を争えないことが帰結され、既判力を認めることの意味は、形成原因が欠けるにもかかわらず実体関係の形成がされたことに基づく損害賠償請求を遮断する点にあることになるが、とりわけ形成訴訟の当事者でない第三者が形成の効果を争えないことがなぜ正当化されるのかは問題であり、二重要件説を前提として第三者に既判力を及ぼすことがなぜ正当化されるのかという問題と重なることになりそうである。

そこで、部会での審議では二重要件説が前提とされていたように見受けられることもあって、以下の検討でもさしあたり二重要件説を前提とすることとする。

2 既判力等の拘束力

（1） 総論　既判力等の確定判決の拘束力に関しては、部会での審議の状況から債務者（や他の債権者）への既判力拡張を肯定する理解がありうる。例えば、取消債権者の手続的な負担への配慮と債務者が詐害行為取消訴訟に関心を有することがおそらくは少ないという実情から、詐害行為取消訴訟に参加する負担を債務者に課したものと捉えて[21]、債務者については、端的には、参加しなくとも、共同被告構成の場合とまったく同様の効力を及ぼすことなどが考えられようか。

他方、筆者としては、部会の審議でも念頭に置かれていた改正法案による

　　畑瑞穂「転得者に対する否認権・詐害行為取消権行使の効果に関する覚書」田原睦夫先生古稀・最高裁判事退官記念・現代民事法の実務と理論（上）（きんざい・2013）158頁、同・前掲注2）「別稿②」107頁以下、同・前掲注2）「別稿③」147頁以下参照。
20)　近時の分析として、垣内秀介「形成判決の効力、訴訟担当資格者間の判決効の波及、払戻金額増減の裁判の効力」神作裕之ほか編・会社裁判にかかる理論の到達点（商事法務・2014）359頁、366頁以下参照。
21)　塚本・前掲注3）163頁以下。

民法425条の規定は既判力拡張の有無にかかわらず形成力の拡張を示すものとして了解可能なものであることや、債務者等への既判力拡張肯定論が念頭に置いていたのはもっぱら受益者（B）から配当を受けた他の債権者（G₂）に対する不当利得返還請求を遮断することであったこと（前述Ⅲ3参照）からすると、この不当利得問題の扱いを超えて既判力の拡張を当然に肯定する必然性もないと考えている。

また、既判力拡張肯定論からしても、そもそも「既判力の拡張」が何を意味するのか、既判力の拡張を否定する立場とどの程度の距離があるのか等について分析しておくことは、今後の議論のために無用なことではないように思われる。

そこで、以下では若干の分析を試みるが、別稿でも述べた[22]ように、そもそも既判力等の拘束力については、単に「及ぶ」「及ばない」ではなく、誰と誰の間でどのように問題になるのかを考える必要があろう。

念のため確認しておけば、問題になっているのは、詐害行為取消請求（厳密にはそのうちの形成請求部分）を認容する確定判決の拘束力であり、棄却判決の効力を他の債権者に拡張することは考えられていない。

(2) 受益者（B）・他の債権者（G₂）間

(a) 不当利得問題　まず、B・G₂間で、Bが取消しの効果を否定して、取消しによって取り戻された財産に対する強制執行において配当を受けたG₂に対して不当利得返還請求をすることを遮断すべしとの不当利得問題に関する実質判断については、部会でおおむね合意があったように思われる。

この実質判断を前提とする場合、それをどう理論構成するかについては、前述（Ⅲ3）したように、部会の審議では、債務者に既判力を及ぼして、それが反射的に他の債権者にも及ぶ、という理解が示唆されていた。

ただし、この方向によるとしても、一般的には、債務者から一般債権者に拡張されるのは既判力そのものではない反射効であるとする理解も有力であり[23]、これを既判力そのものと性質決定するという了解までが部会で形成されていたとはいえないように思われる。

---

22) 畑・前掲注2）「別稿③」155頁。
23) 兼子一・新修民事訴訟法体系［増訂版］（酒井書店・1965）352頁以下等。反射効と既判力の違いを検討する古典的な文献として、鈴木正裕「判決の反射的効果」判タ261号（1971）2頁。

また、通常は取消しに反対することが想定される債務者に既判力を及ぼして、それによって反射的に他の債権者が有利になるというのはやや屈折した構成であるようにも思われ、むしろ、取消債権者と他の債権者の利益の共通性から、既判力の拡張か反射効かはともかくとして、端的に取消債権者・受益者間の判決効が他の債権者に拡張される（ないし、G_2 が $G_1 \rightarrow B$ 取消請求認容判決を援用しうる）ことを考える余地もありそうである[24]。

　なお、不当利得問題は、現行法下でも存在するように思われるところ、債務者を介して判決効の拡張を認める構成は債務者に判決効を及ぼさない現行法下では適用できないが、債務者を介さない構成は現行法下でも適用可能であると思われる。

　(b)　受益者（B）の反対給付返還請求権　　S に対する強制執行（典型的には、B 名義から S 名義に戻された詐害行為取消しの目的である不動産を対象とするもの）において、B が反対給付返還請求権に基づいて配当を受けようとするのを他の債権者 G_2 が争えるか、という問題も考えられるが、ここでも、既判力か反射効か、あるいは信義則・禁反言の問題かはともかくとして、取消しを前提として目的物から配当を得ようとしている G_2 が、取消しの効果を否定して B の配当加入を争うことはできないと考える方がバランスがよさそうである[25]。

　(3)　**取消債権者（G_1）・債務者（S）間**　　G_1・S 間での拘束力については、別稿でも述べた[26]ように、もともと取消債権者と債務者の間で既判力が問題になるのは、取消要件を欠くにもかかわらず不当に取消しがなされたことに基づく損害賠償請求くらいではないかと思われ、既判力の有無は大きな問題ではないと考えることもできそうである。この場合の「損害」がどのようなものかについてもなお検討を要するように思われるが、その意味内容によっ

---

24) 文脈は同じではないが、山本克己「法定訴訟担当論の再検討」民訴 51 号（2005）103 頁以下は、法定訴訟担当における受認者（訴訟担当者）・（権利義務関係の）帰属者・受益者という「三項図式」における（帰属者ではない）受益者への既判力拡張の可能性について論じている。山本克己ほか「シンポジウム・債権法改正と民事手続法」民訴 60 号（2014）150 頁以下における佐藤鉄男教授の筆者に対する質問も、取消債権者を全ての一般債権者のための訴訟担当者として捉える余地を示唆しているように思われる（上記シンポジウム当日、筆者〔畑〕は、取消債権者を債務者のための訴訟担当者として捉える余地を示唆されたものと誤解して回答している）。佐藤鉄男「訴訟当事者論で考える詐害行為取消権」市民と法 83 号（2013）2 頁、4 頁参照。

25) B の反対給付返還請求権については、後述 (4)(b) も参照。

26) 畑・前掲注 2 ）「別稿①」1183 頁、「別稿③」155 頁。

ては、従来の「相対的取消し」を前提としても同様の損害賠償請求が問題になりえ、従来も債務者は被告適格を有さず、訴訟告知も要求されなかったために取消債権者・債務者間で既判力を生じてはいなかったが、大きな問題として意識はされていなかったということになりそうでもある。訴訟告知をいわば梃にして何らかの拘束力を認めることも考えられるが、被告として訴えられる場合と同様の既判力を受けることまでを認める必要はないようにも思われる。

　（4）　**受益者（B）・債務者（S）間**　　B・S間についても、当然に既判力が生じるわけではないという前提から出発する[27]が、別稿で論じた[28]ところよりもさらに局面を分けて検討したい。

　　（a）　**債務者（S）から受益者（B）に対する返還請求権**　　まず、改正法案においては、債務者にも取消しの実体的効果が及ぶことから、債務者も目的物の返還請求権を有することになるため[29]、理論上は、SからBに対する返還請求において詐害行為取消訴訟の確定認容判決の拘束力が作用するのかが問題となりうる。

　ここでも、債務者に対する必要的訴訟告知を梃にして何らかの拘束力を認めることも考えられそうであるが、参加しなかった被告知者に有利な参加的効力を認めうるかというハードルもありそうであり、この局面ではむしろ、

---

27) なお、共同被告構成をとったとしても、B・S間に請求が定立されているわけではないため、当然に既判力を生じるとはいえないが、この種の状況（固有必要的共同訴訟人間の問題）について既判力を認める見解も有力である。笠井正俊「遺産確認訴訟における確定判決の既判力の主体的範囲」伊藤眞先生古稀祝賀・民事手続の現代的使命（有斐閣・2015）155頁。垣内・前掲注20) 377頁以下も、役員解任の訴えについて、結論的には「単一要件説」から形成結果の不可争性を根拠づけることを是とする。もっとも、これらの見解は、それぞれの検討対象とする局面において、共同被告間での拘束力ないし不可争性を認める実質的な必要性があるという認識を背景とするもののように見受けられるため、これらの方向によるとしても、詐害行為取消請求における債務者・受益者間についてそのような実質的必要性があるかを問う意味は、なおあるように思われる。また、必要的共同訴訟人が互いに共同訴訟の補助参加をしているのと同様の関係にあるとすれば、必要的共同訴訟人間で参加的効力を観念する可能性もありそうであり、このようなアプローチと既判力肯定説の距離についても検討する必要があろう（趣旨は同じではないが、笠井・前掲173頁参照。なお、いうまでもなく、もともと既判力と参加的効力との関係については議論があるところである）。

28) 畑・前掲注2)「別稿①」1183頁、「別稿③」155頁以下。

29) 改正法案による民法424条の9は、取消債権者が受益者（または転得者）に対して自らへの金銭の支払い・動産の引渡しを求めることができるとしつつ、「この場合において、受益者又は転得者は、債権者に対してその支払又は引渡しをしたときは、債務者に対してその支払又は引渡しをすることを要しない。」としているが、この規定は、債務者も受益者（または転得者）に対して請求権を有することを前提としている。

反射効的な意味で、G_1→B請求認容判決をSが援用できると考えることもできようか。目的物の返還を巡ってG_1との関係で敗訴したBに、Sとの関係であらためて取消しについて争う機会を保障する必要性は低いように思われるためである。

　もっとも、逆に、実際に参加しなかったSに有利な効果を認めるまでの必要性もない、と割り切ることも考えられようか。

　　（b）　受益者（B）から債務者（S）に対する反対給付返還請求権　　他方、B・S間での拘束力が問題となる局面として、BからSに対する反対給付の返還請求も考えられる。

　この場合、詐害行為取消訴訟においてBからSに対して訴訟告知をしていれば、Sが参加しなかったとしても、おそらく一般原則によって参加的効力がSに対して働くことになりそうである[30]。これを前提に、Bが訴訟告知をしなかった場合はB・S間での拘束力は働かない、というのが紛争の相対的解決の原則にもっとも忠実な考え方である[31]が、G_1からの必要的訴訟告知によってBからの訴訟告知がいわば代替されると考えて参加的効力の発生を認めることも考えられよう。

　さらに、とりわけ(a)においてG_1→B請求認容判決をSが援用できると考えるのであれば、(b)においてSが取消しの効果を否定しうるという方向はバランスが悪いということにもなりえよう。

　また、G_1・G_2らは目的物に対する強制執行で配当を受けることができ、それによって少なくとも実質的にはSの債務が減少することになる以上は、Sが取消しの効果を否定しうるという方向はバランスが悪いとも考えられる。とりわけ、目的物に対する執行手続内でSが配当異議によってBの反対給付返還請求権を争うことには問題が多いように思われる（G_2につき、前述(2)(b)参照）。

　そうすると、ここでも既判力そのものの作用であるかどうかは別として、Sは取消しの効果を否定できないという方向にも一定の合理性がありそうである。

---

30)　近時は、被告知者が参加しなかった場合の参加的効力（民訴53条4項）について、例えば被告知者が告知者に協力すべき関係がある場合等に限定する方向が有力であるが、詐害行為取消請求においては、SはBに協力すべきものといえそうである。

31)　畑・前掲注2）「別稿③」155頁以下ではこの旨を述べた。

V おわりに

　以上のように、本稿は、改正法案において債務者や他の債権者に当然に既判力が拡張されるわけではないという出発点からの検討を試みたものの、その帰結は、反射効や信義則等の適用によっては既判力の拡張を認めるのと大きくは変わらないことにもなりえ、確定的な結論に達していない部分があることも含めて、実益の少ない覚書に終始している。詐害行為取消訴訟への債務者や他の債権者の参加等の問題（前述Ⅰ参照）についても他日を期さざるを得ないが、理論的な整理に少しでも資するところがあるとすれば幸いである。

【付記】
　脱稿後、勅使川原和彦「詐害行為取消請求の判決効に関する若干の検討」徳田和幸先生古稀祝賀・民事手続法の現代的課題と理論的解明（弘文堂・2017）409頁に接した。本文に反映する余裕がなかったが、改正法案下でも既判力の拡張については解釈に委ねられている、という理解を前提に、「判決の法律要件的効果」という構成によって不当利得問題を解消しつつ、債務者に関しては、現実に補助参加した場合は参加的効力の除外事由を主張して法律要件的効果を免れることを認める、としている。
　本稿は、学術研究助成基金助成金（基盤研究(C)(一般)）課題番号16K03389による研究成果の一部である。

第 3 編

民事訴訟の審理

民事訴訟における実体法的アプローチと訴訟政策的アプローチ
―― 当事者適格論および証明責任論を中心として

◆池田辰夫◆

I　はじめに――問題の所在
II　当事者適格――具体例からみた論点
III　証明責任の分配論
IV　両アプローチのいずれに立つべきか
V　おわりに

　世界で法を、あるいは制度を学ぶ[1]。簡単にいえば、比較法なのであるが、とりわけ興味をもたれる1つの局面がある。それは、それぞれの国々において、ある事項が実体法の問題なのか、それとも訴訟法の問題なのかという点にある。たとえば、消滅時効にかかる問題。これは、時効といい切った場合、すでにあきらかに実体法事項と捉えていることとなる。そうではなく出訴期間（提訴期限）といえば、訴訟法事項と受け止められていることになる。ともあれ、その実相にせまる各国がいずれの姿勢でこれを取り扱うのか、ということになる。この問題に限っては、基本的には、コモンロー系の国においては訴訟法、シビルロー系の国では実体法という色分けが可能である。いず

---

[1]　筆者は、1999年8月、ウィーン大学で開催された、国際手続法学会（International Association of Procedural Law）第11回世界大会において、Loïc Cadiet パリ第1大学教授（現在、同学会会長）とともに包括報告を担当した（テーマ「各国法曹養成制度比較」）。彼がヨーロッパを中心として、そしてわたくしがアジア太平洋地区を担当し、国別報告者を割り当て、レポートの作成を依頼し、情報を収集した。全体テーマは "Procedural Law on the Threshold of a New Millennium"（新千年紀を前にする手続法）である。ウィーンという世紀末都市のラベルが貼られ、色調も合うこの都市には、妙にふさわしいテーマであることが何よりも印象深く記憶に残っている。そこでは、多様な法曹養成制度が熱く語られた。なかでも、手続法のもつ世界共通の価値は、一部の論者からは「母」とまで、もち上げられた。
　わたくしどもの包括報告を含むこの折の成果の一部は、W. Rechberger and T. Klicka (eds.), *Procedural Law on the Threshold of a New Millenium, XI. World Congress of Procedural Law* (Schriftenreihe des Center of Legal Competence, Manzsche Verlags und Universitätsbuchhandlung, Vienna 2002) として公刊されている。

れにしても、世界は法としても統一はされていない。これには、さまざまな主権国家の文化的な背景も絡む。以下の論稿においては、わが国内法を前提に議論を進めるが、それでも複雑極まりない錯綜した議論状況にあるといえる。この問題の解析と統合がいかに容易ではないかを象徴する。

I はじめに——問題の所在

民事訴訟において生起する手続的諸問題に応接する場合、ややラフなまとめ方ではあるけれども、「実体法的アプローチ」[2]と「訴訟政策的アプローチ」の2つの相克する思考の方向性がみられる。「実体法的アプローチ」といっても、必ずしも内実が一義的ではないけれども、ここでは、おおまかに実体法の視点を重視しながら、解決の基準を見出そうとする立場を示そうとするものである[3]。「訴訟政策的アプローチ」は「実体法的アプローチ」とはいい得ない視点をもち込む考え方としておく。論者の訴訟観を色濃く反映する。古典的には、訴訟物論争がそうである。実体法説（実体法的アプローチ）か訴訟法説（訴訟法的アプローチ）かの対立に象徴される。

本稿では、さしあたり、当事者適格論と証明責任論の各局面において、こうしたアプローチがどう具現化され、議論をときに混乱させ、初学者を道に迷わせ、躓きの石ともなりかねないという諸状況を一定あぶり出し、当面の整理をしておこうというものである。もっとも、問題局面ごとに両者が適宜使い分けされたり、併用されたりすることはあり得るところであるので、そ

---

2) かつて、わたくしは「訴訟実体法的視角」などと表現したこともある。池田辰夫「多数当事者紛争における代表適格についての覚え書」新世代の民事裁判（信山社・1996) 107頁。同じ意味である。

3) いわゆる「第三の波」は、どう位置付けるべきか。井上正三の「第三の波論」は、実体法は「虚妄」と言い切るところからは、明らかに訴訟法的アプローチにみえる。しかしながら、だからといって、訴訟政策的かというと、そうではなく、むしろ全く異なる。訴訟政策的思考には垂直方向（裁判所（国家）対当事者）がつきものであるが、あきらかに水平方向で対立当事者の関係性から出発する。その一環として、既判力による拘束力は、当事者間の「失権の束」と喝破する。これをさらに発展させた井上治典は、訴訟外と訴訟とを連続するものとして捉え、対立当事者間のコミュニケーションルールが適用されるものとする。これは、実体法的アプローチとはいえないが、当事者的アプローチとも呼称した方が適切である。無論、実体法的アプローチの枠には収まらない。訴訟は静止的な観察ではなく、もっとダイナミック（動態的）だとする訴訟観にある。かつてわたくしは、井上治典理論は、本人に向かって、言い放った。「水平切りの〔よく切れる〕カミソリだ」と。これに対して、彼は即座に答えた。「安全カミソリだよ」と。第三の波の検証はまだほとんどされていない。

こは注意をしながら進めていきたい。

II 当事者適格──具体例からみた論点

1 概　　説
　まず、当事者適格の基礎は管理処分権とする考え方がある。筆者も基本的にはこの立場である。あきらかに、実体法的アプローチを採用している[4]。
　たとえば、少額消費者被害の救済を念頭に、アメリカ型のクラスアクションの導入が話題となった昭和40年代から50年代の第1次ブーム[5]。いわゆるクラスアクション（集合団体訴訟）における代表適格論の構想は、この代表者適格をどうとらえるのかにかかっていた。わたくしは、ここでも「実体法的アプローチ」に基づく[6]。これに対して、たとえば、小島武司博士の「代表の適切性（十分性）」論は、まさしく「訴訟政策的アプローチ」である[7]。

2 具体例
（1） 労働組合の被告適格（大阪地判平成10年2月18日〔谷本産業事件〕）[8]

　〔事案〕　使用者が労働組合を被告として、被告労働組合の組合員に支払う一時金の算定には使用者が20％の査定権限を有するとの確認を求めた訴えにつき、労働組合は一時金請求権につき法律上の利害関係を有しないので当事者適格がない、などとして口頭弁論を経ずに訴えが却下された事例。
　〔判旨〕　「本件査定権限は、原告が被告組合員に対して支給する一時金額を算定するために、原告が行使するものであるから、本件査定権限の存否及びその範囲について法律上の利害関係を有するのは、原告及び被告組合員であって、被告は、被告組合員の原告に対する一時金請求権については、何らの法的利益をも有しない。したがって、被告は、本件訴えにつき当事者適格を欠くというべきである。」

4）　必読文献としては、中野貞一郎「当事者適格の決まり方」民事訴訟法の論点I（判例タイムズ社・1994）93頁以下。支持するのは、福永有利「給付訴訟における当事者適格」中野貞一郎先生古稀祝賀・判例民事訴訟法の理論(上)（有斐閣・1995）217頁以下〔同・民事訴訟当事者論(2004)〕。
5）　これに対して、直近では、平成28年10月から消費者集団訴訟手続法が施行されている。
6）　池田・前掲注2）100頁以下。
7）　小島武司・民事訴訟の新しい課題（法学書院・1975）205頁以下。
8）　判タ981号120頁、労働経済判例速報1677号3頁、労働判例735号33頁〔平9（ワ）10533号〕。

管理処分権説といえるかはともかく、実体法的アプローチに立脚しているとみてよい。

(2) 破産管財人の当事者適格（最一小判平成 13 年 7 月 19 日〔株式返還等請求事件〕）[9]

〔事案〕 X（被上告人）は破産者 A の破産管財人である Y（上告人）に対して、主位的に、A が破産宣告を受ける前に締結された寄託契約に基づき、X が A に交付した株券および金銭の返還を求め、予備的に、A が破産宣告を受ける前後に行った利益保証を約して X を証券取引に勧誘した行為、X に無断で株式の売買をした行為等が不法行為に該当すると主張して、損害賠償を請求した事案である。第 1 審は、X の請求をすべて棄却した。原審は、主位的請求は棄却したが、予備的請求については、不法行為が成立すると判断して、第 1 審判決を変更し、X の請求を一部認容した。これに対して上告審では、破産管財人 Y に対する金銭給付の訴えが不適法であるとして却下された。

〔判旨〕「被上告人の主位的請求に係る請求権のうち、金銭の返還請求権は、A に対して破産宣告前の原因に基づいて生じた破産債権に当たり、破産手続きによらなければ行使することができないから、被上告人は、上告人である破産管財人を被告として破産債権の確定を請求すべきものである。ところが、被上告人は、これを上告人に対する給付の訴えとして請求しているのであるから、その訴えは明らかに不適法なものといわざるを得ない。また、被上告人が予備的に請求する損害賠償請求権のうち、破産宣告の前の不法行為に基づいて生じたと主張する部分も破産債権に当たるから、この部分に関する被上告人の訴えも、上記と同様、不適法なものというべきである。さらに、予備的請求のうち、破産宣告の後の不法行為に基づく損害賠償を請求する部分は、破産財団に関する訴えに当たらず、破産管財人である上告人には当事者適格がない。したがって、この部分に関する被上告人の訴えは、被告とすべきものを誤ったものであって、不適法であることが明らかである」。

これは、破産式確定について X が無理解であったことに由来し、まずは破産債権として届出をしたうえで、破産管財人から異議があった場合には、管財人の被告適格は疑いようはないところである。ともあれ、管理処分権説に立脚していると見得る。

(3) 信徒の当事者適格が否定された事例（京都地判昭和 48 年 2 月 9 日〔所有権移転登記抹消登記手続請求事件〕）[10]

---

[9] 金法 1628 号 47 頁〔平 10（受）23 号〕。原審：大阪高判平成 10 年 3 月 5 日〔平 7（ネ）1832 号〕。
[10] 下民 24 巻 1 = 4 号 78 頁、判タ 292 号 293 頁、判時 702 号 93 頁〔昭 47（ワ）954 号〕。

〔事案および判旨〕　信者その他の利害関係人には、宗教法人の不動産とその処分について、直接権利または法律関係があるわけではないことを理由として、宗教法人法23条に違反する境内地の処分に関する訴えについて、信徒は原告適格を有しないとされた。また、宗教法人法には、第三者の訴訟担当を許容した規定がないため、不動産の処分を争うには、権利または法律関係の主体である当該宗教法人に当事者適格を認め、単なる信徒には、これを認めない趣旨であるとした。抹消登記手続をするため訴外宗教法人に代位するにも、信徒は、訴外宗教法人に対し、何らの債権もないとした。

実体法的アプローチと理解できる。

(4)　**差押後の債務者の当事者適格につき消極に判断した事例**（東京地判昭和47年5月2日〔運賃請求事件、当事者参加事件〕）[11]

〔事案および判旨〕　給付訴訟の目的たる運送賃請求権が国税債権に基づく国税滞納処分によって差し押さえられた場合、債務者（原告）の訴訟追行権を消極に解した。差押後においては国税徴収法67条1項により国が本件運送賃請求権の取立権を取得し、原告に代わって債権者の立場に立ちその権利を行使し得るものとされる以上、原告は本件運送賃請求訴訟の訴訟追行権を失い、当事者適格を欠くに至ったものというべきであるから原告の本件訴えは不適法に帰し、却下を免れないとした。

実体法的アプローチ、なかんずく管理処分権説によるものとみてよい。

(5)　**頼母子講の講管理人の当事者適格**（最三小判昭和35年6月28日〔講掛戻金請求事件〕）[12]

---

11)　下民23巻5＝8号213頁、訟務月報18巻11号1690頁、判時668号57頁〔昭45（ワ）5501号・昭46（ワ）9909号〕。評釈：小町谷操三・ジュリ601号（1976）139頁。
　　　控訴審も同旨（控訴棄却）。東京高判昭和50年11月6日訟務月報21巻12号2460頁、東高民26巻11号221頁、判タ337号255頁〔昭47（ネ）1284号、1289号〕。評釈：中田裕康・ジュリ612号（1976）118頁。すなわち、国が国税滞納処分により滞納者の債権を差し押さえた場合には、国が同債権の取立権を取得し、滞納者に代わってその権利を行使することができ、滞納者は、当該債権の取立権を失うから、滞納者の提起した当該債権の支払を求める訴えは不適法である。また、滞納処分による債権差押えおよび取立権の効力の及ぶ範囲は、国税債権の金額のいかんにかかわらず、被差押債権の全額であるとした。第1審原告はその取立権を失い、右請求権の給付を求める訴訟追行権を喪失するに至ったものというべきであるから、第1審原告が第1審被告に対して右運送賃の支払を求める本件訴えは不適法に帰し、却下を免れないとした。
　　　なお、大阪高判昭和30年8月26日下民6巻8号1708頁〔昭26（ネ）353号〕〔売掛代金請求控訴事件〕も、国税滞納処分によって国が本件売買代金債権を差押えし、取立権を取得したものである以上、債権者が訴訟においてこれを請求することは、当事者適格を欠くとしていた。
12)　民集14巻8号1558頁、判タ107号48頁〔昭33（オ）677号〕。第1審：神戸地判昭和31年7

〔事案および判旨〕 講金の取立、支払等について一切の権原を有する講管理人が、掛戻金請求訴訟の原告としての当事者適格を認める妨げとはならない。

これも実体法的アプローチである。頼母子講の当事者能力の存在とは衝突しないとする。

(6) マンション管理組合の当事者適格[13]　従来の裁判例は、欠陥マンションを理由とする損害賠償請求につき、金銭債権として個々の区分所有者に分割帰属するとして、管理組合自体の当事者適格に消極であった[14]。たとえば、消極に解された事案として、東京地判平成 14 年 6 月 24 日（判時 1809 号 98 頁）〔平 11 (ワ) 28914 号〕〔管理費等請求事件〕は、管理組合は、共用部分としての駐車場を権原なく占有する者に対する不当利得返還の訴えにつき、当事者（原告）適格を有しないとした。

また、最一小判平成 13 年 3 月 22 日（金法 1617 号 39 頁）〔平 10 (オ) 127 号〕〔管理費等請求控訴、同附帯控訴事件〕は、マンションの管理組合法人に訴訟追行権が認められないとした原審の判断に違法はないとした（評釈：堀野出・リマークス 25 号（2002）114 頁。原審：東京高判平成 9 年 3 月 18 日〔平 7 (ネ) 5262 号等〕）。「所論の点に関する原審の事実認定は、原判決挙示の証拠関係に照らして首肯するに足り、上記事実関係の下においては、本件求償債権及びこれに対する遅延損害金債権は各区分所有者に帰属するものであって、上告人が上記各

月 12 日、第 2 審：大阪高判昭和 33 年 4 月 26 日。評釈：小山昇・民商 44 巻 1 号 (1961) 145 頁、川添利起・曹時 12 巻 8 号 95 頁（昭和 35 年度最判解 76 事件）、萩大輔・法協 71 巻 3 号 (1953) 365 頁。

13)　さしあたり、山上知裕「マンション管理組合の当事者適格―誰が原告になれるか」http://homepage2.nifty.com/kekkanzenkokunet/2-6-08-05=mansionkanrikumiainotoujishatekikaku(yamagami).html（最終閲覧 2016 年 10 月）参照。

14)　東京地判昭和 54 年 4 月 23 日下民 31 巻 5＝8 号 713 頁・34 巻 5＝8 号 629 頁、判時 938 号 68 頁、判タ 389 号 108 頁〔昭 47 (ワ) 9515 号・昭 49 (ワ) 1639 号・1851 号〕〔建物所有権移転登記抹消登記等請求事件〕。評釈：住吉博・判評 255 号 (1980) 32 頁。管理者に対する区分所有者からの任意的訴訟担当の成立を認めなかった事例である。

任意的訴訟担当の許容性については、民法上の組合の業務執行組合員に対する組合員の任意的訴訟担当を積極に解した、最大判昭和 45 年 11 月 11 日民集 24 巻 12 号 1854 頁がリーディングケースである。訴訟法的アプローチの側面がここでは前面に出る。

なお、東京地判昭和 31 年 11 月 30 日下民 7 巻 11 号 3479 頁、判時 98 号 19 頁〔昭 29 (ワ) 9260 号〕〔請負代金請求事件〕は、債権者、債務者、第三者間の契約で、債権回収確保のために第三者に取立権が与えられた場合、代金債権の支払いを求める訴えを提起したときは、任意的訴訟担当の一種として、必ずしも許されないものではないとして、任意的訴訟担当の余地は認めたが、前訴確定判決（敗訴）との関係では当事者適格を欠くとした。

債権の行使につき訴訟追行権を有し、又はこれを付与されたものとは認められないとした上で、上告人の上記各債権の支払を求める訴えは不適法として却下すべきものとした原審の判断は、正当として是認することができる。原判決に所論の違法はない。論旨は、原審の専権に属する証拠の取捨判断、事実の認定を非難するか、又は独自の見解に立って原判決を論難するに帰し、採用することができない。」

大阪地判平成12年3月29日（判例集不詳）〔平11（ワ）5957号〕〔損害賠償等請求事件〕は、マンションの隣地で焼肉屋の露店商を経営する者に対する不法行為に基づく損害賠償請求権、露店営業の差止請求権および露店等の撤去請求権は、マンションの区分所有者に帰属する権利であるとし、マンションの管理組合法人は、同請求に関する訴えについて当事者適格が認められないとして不適法却下された事例である。

東京地判平成9年7月29日（判時1638号98頁）〔平8（ワ）22906号〕〔損害賠償等請求事件〕は、温泉付マンションの管理組合が温泉の供給不足を理由としてマンションの分譲業者および販売代理業者に対して請求した損害賠償請求訴訟等につき、原告管理組合の当事者適格を否定した。管理組合である原告の業務は、共用部分ならびに管理組合の管理に係る敷地および付属施設の保安、保全、保守などの保存行為等であって（建物区分所有法3条および原告の管理組合規約）、温泉の給湯設備の修復改善等の請求権の行使および前記の各区分所有者らが被告らに対して有する損害賠償請求権の行使がこれらの業務の範囲に含まれると認めることはできない。また、右損害賠償請求権は、損害を被ったと主張する各区分所有者が個別に行使すれば足り、温泉の供給を含む給湯施設の修復改善請求についても、被告T建築設計と本件温泉供給契約を締結した個々の区分所有者が行使すれば足りるのであるから、これらの請求に係る訴えについて管理組合である原告に任意的訴訟担当を許容する合理的必要があるとも認め難い。したがって、本件は任意的訴訟担当が許される場合には当たらないと解すべきであり、各区分所有者から授権がなされたことを理由として本件各訴えについて原告の当事者適格を肯定すべきであるとする原告の主張は採用できない、とした。

東京高判平成8年12月26日（判時1599号79頁、金法1510号78頁）〔平8（ネ）3595号〕〔損害賠償請求控訴事件〕（評釈：菅原郁夫・判評466号（1997）40頁（判時

1615号202頁））は、第1審の東京地判平成8年7月15日〔平6（ワ）22281号〕が、マンションの建設業者、販売業者に対しマンションの管理組合が共有部分の瑕疵による損害賠償請求をするにつき、請求権が区分所有者全員に総有的に帰属すると主張していることを理由に管理組合の当事者適格を肯定しつつ、請求権は可分債権として請求棄却した。これに対して、控訴人は、本件損害賠償請求権は控訴人の組合員である区分所有者全員に総有的に帰属するとも主張しているところ、本件訴訟において権利能力なき社団である控訴人が自ら原告となるのが相当かどうかは、控訴人の主張する本件損害賠償請求権が控訴人の組合員である区分所有者全員に総有的に帰属するかどうかという本件訴訟における本案の問題にほかならず、本件訴訟において、控訴人は本件損害賠償請求権は控訴人の組合員である区分所有者全員に総有的に帰属すると主張しているのであるから、その主張に理由があるか否かにかかわらず、控訴人には本件訴訟の当事者適格はあるというべきであり、ただ控訴人の右主張が理由のない場合には、控訴人の請求は棄却すべきものということになるというべきである。控訴人の主張は、被控訴人らの行為により、本件建物の共有部分にひび割れ等の瑕疵が生じたことによる損害の賠償を求めるということにあるから、本件損害賠償請求権は、本件建物の共用部分の共有者である各区分所有者に帰属するのであり、しかも、右損害賠償請求権は可分債権であるから、各区分所有者にその共有持分割合に従って分割して帰属するものと解するのが相当であって、本件損害賠償請求権が控訴人の組合員である区分所有者全員に総有的に帰属する旨の控訴人の前記主張は採用し難い。したがって、控訴人の請求は理由がなく、棄却すべきものである、とした。

神戸地判平成7年10月4日（判時1569号89頁）〔平7（ワ）619号〕〔損害賠償請求事件〕は、原告適格がないとして、訴えを不適法却下した。

東京地判平成4年7月16日（判タ815号221頁）〔平3（ワ）6956号〕〔損害賠償請求事件〕は、法人格なき団体であるマンション管理組合の構成員が理事長に対して組合の違法な支出につき組合に損害金として支払うことを請求するのは当事者適格がなく不適法であるとした。

他方、当事者適格を認めた例もあった。

東京地判平成3年12月26日（判時1418号103頁、判タ789号179頁）〔平2（ワ）9314号〕〔衛星放送受信用アンテナ撤去等請求事件〕は、マンションにおいて、

共同パラボラアンテナ設置後もバルコニーに設置された個人用の衛星放送受信用パラボラアンテナを撤去しない区分所有者を管理組合の管理者が訴えた事例であるが、同アンテナの撤去請求を認容し、原告適格は問題とはならなかった。

その後、建物区分所有法改正[15]が、損害賠償請求をめぐる管理組合の原告適格の問題に対応した。すなわち、管理者および管理組合法人の代理権および当事者適格につき、管理者は、共用部分ならびに21条に規定する場合における当該建物の敷地および附属施設について生じた損害賠償金および不当利得による返還金の請求および受領に関し、区分所有者を代理するとし、管理者または管理組合法人は、規約または集会の決議により、前記の請求および受領に関し、区分所有者のために、原告または被告となることができるものとする(建物区分所有26条4項・47条8項)。これは、実体法的アプローチとみるほかなく、明らかに規約または集会の議決による授権という任意的訴訟担当構成となる。

(7) **入会権確認の訴え** 入会権確認訴訟は固有必要的共同訴訟とする昭和41年最高裁判決がある。これは、入会権が入会集団に総有的に帰属するものというところから帰結を導いており、実体法的アプローチであることは明らかである。このように、判例はこれまで実体法的アプローチで徹底してきた[16]。これに対して、学界では、たとえば、小島武司が、敢然と訴訟法的アプローチを提唱する[17]。そしてついに平成20年、入会権確認訴訟において、提訴拒絶者を被告に加えることで、構成員全員が原被告のいずれかで訴訟当事者となる提訴を認める最高裁判例(馬毛島事件)が登場する。

---

15) 「建物の区分所有等に関する法律及びマンションの建替えの円滑化等に関する法律の一部を改正する法律」(法第140号)。平成14年12月11日公布。
16) 総有権確認請求訴訟につき、最三小判平成6年5月31日民集48巻4号1065頁が、権利能力のない社団が原告となり、代表者が不動産についての総有権確認請求訴訟を追行するには、規約等において当該不動産を処分するのに必要とされる総会の議決等の手続による授権を要するとする立場も実体法的アプローチの立場を裏付ける。なお、学説として、実体法的アプローチによるのは、たとえば、福永有利「共同所有関係と固有必要的共同訴訟―原告側の場合」民訴21号(1975)1頁。松本博之＝上野泰男・民事訴訟法[第8版](弘文堂・2015)760頁以下[上野]は、両アプローチの対立の度合いは大きくないとする。なお本稿では、河村基予「固有必要的共同訴訟と当事者適格―馬毛島事件を契機として」山梨学院ロー・ジャーナル(2010)を随時参照した。
17) 小島武司「共同所有をめぐる紛争とその集団的処理」訴訟制度改革の理論(弘文堂・1977[初出1972])117頁、同「判批」民商66巻6号(1972)1116頁、同「判批」判評142号(判時609号)(1970)123頁など。

なお、前記馬毛島事件と同様に固有必要的共同訴訟において訴訟提起に同調しない共有者を被告にして訴えを提起してよいとする判例はこれまでにもあった[18]。ただ、境界確定訴訟の非訟性等の特殊性から、訴訟法的アプローチを例外的に正当化するという位置づけでよいように思われる。ところが、平成20年最高裁判決（破棄自判）は、共有者全員が原告か被告のいずれかの立場で当事者として訴訟関与していれば足りるとし、共同提訴に同調しない者を被告に回すことを認めた[19]。これは、平成11年判決をさらに大きく変更したものとも受け止めることができる。すなわち、訴訟法的アプローチがここに至って前面に出てきた。しかし、これは明らかに救済型判例といってもよい。ただし、総有関係にある権利については、事実上裁判を受ける権利を途絶させる[20]前記昭和41年判決を画期的に変更したことになる。たしかに、当事者としての手続保障は万全である。

　〔事案〕　入会集団の一部の構成員が訴えの提起に同調しない構成員を被告に加えて構成員全員が訴訟当事者となる形式で第三者に対する入会権確認の訴えを提起することの許否が争われた事案。入会地か第三者の所有地かについて争いがあり、入会集団の一部の構成員が第三者を被告として当該土地が入会地であることの確認を求めようとする場合、訴えの提起に同調しない構成員がいるために構成員全員で訴えを提起することができないときは、一部の構成員は、訴えの提起に同調しない構成員も被告に加え、構成員全員が訴訟当事者となる形式で、構成員全員が当該土地について入会権を有することの確認を求める訴えを提起することが許され、当事者適格は否定されない。
　〔判旨〕　主文「原判決を破棄し、第1審判決を取り消す。本件を鹿児島地方裁判所に差し戻す。」理由「1　本件は、……上告人ら及び被上告人入会権者らが本件各土地につき共有の性質を有する入会権を有することの確認を求める事案である。」

---

18)　最三小判平成11年11月9日民集53巻8号1421頁。千種秀夫裁判官の補足意見は、被告に回す手法は、あくまで「境界確定の訴えの特殊性に由来する便法」、「他の必要的共同訴訟に直ちに類推適用し得るものではない」うえ、「非同調者は、これを被告とするといっても、隣地所有者とは立場が異なり、原審が『二次被告』と称したように特別な立場にある者として理解せざるを得ない。にもかかわらず、これを被告として取り扱うことを是とするのは、……境界確定の訴えが本質的には非訟事件であって、訴訟に関与していれば、その申立てや主張に拘らず、裁判所が判断を下しうるという訴えの性格によるものだからである。」とする。
19)　最一小判平成20年7月17日民集62巻7号1994頁（馬毛島事件）〔平18（受）1818号〕〔入会権確認請求事件〕。
20)　新堂幸司「民事訴訟法理論はだれのためにあるか」民事訴訟制度の役割（有斐閣・1993）1頁以下。

「2　原審が確定した事実関係の概要は、次のとおりである。
　被上告会社は、……その所有権を取得したとして、平成13年5月29日、共有持分移転登記を了した。」
「3　原審は、次のとおり判示して、本件訴えを却下すべきものとした。
　(1)　入会権は権利者である入会集団の構成員に総有的に帰属するものであるから、入会権の確認を求める訴えは、権利者全員が共同してのみ提起し得る固有必要的共同訴訟であるというべきである。
　(2)　本件各土地につき共有の性質を有する入会権自体の確認を求めている本件訴えは、本件入会集団の構成員全員によって提起されたものではなく、その一部の者によって提起されたものであるため、原告適格を欠く不適法なものであるといわざるを得ない。本件のような場合において、訴訟提起に同調しない者は本来原告となるべき者であって、民訴法にはかかる者を被告にすることを前提とした規定が存しないため、同調しない者を被告として訴えの提起を認めることは訴訟手続的に困難というべきである上、入会権は入会集団の構成員全員に総有的に帰属するものであり、その管理処分については構成員全員でなければすることができないのであって、構成員の一部の者による訴訟提起を認めることは実体法と抵触することにもなるから、上告人らに当事者適格を認めることはできない。
　4　しかしながら、原審の上記3(2)の判断は是認することができない。その理由は、次のとおりである。
　上告人らは、本件各土地について所有権を取得したと主張する被上告会社に対し、本件各土地が本件入会集団の入会地であることの確認を求めたいと考えたが、本件入会集団の内部においても本件各土地の帰属について争いがあり、被上告人入会権者らは上記確認を求める訴えを提起することについて同調しなかったので、対内的にも対外的にも本件各土地が本件入会集団の入会地であること、すなわち上告人らを含む本件入会集団の構成員全員が本件各土地について共有の性質を有する入会権を有することを合一的に確定するため、被上告会社だけでなく、被上告人入会権者らも被告として本件訴訟を提起したものと解される。
　特定の土地が入会地であることの確認を求める訴えは、原審の上記3(1)の説示のとおり、入会集団の構成員全員が当事者として関与し、その間で合一にのみ確定することを要する固有必要的共同訴訟である。そして、入会集団の構成員のうちに入会権の確認を求める訴えを提起することに同調しない者がいる場合であっても、入会権の存否について争いのあるときは、民事訴訟を通じてこれを確定する必要があることは否定することができず、入会権の存在を主張する構成員の訴権は保護されなければならない。そこで、入会集団の構成員のうちに入会権確認の訴えを提起することに同調しない者がいる場合には、入会権の存在を主張する構成員が原告となり、同訴えを提起することに同調しない者

を被告に加えて、同訴えを提起することも許されるものと解するのが相当である。このような訴えの提起を認めて、判決の効力を入会集団の構成員全員に及ぼしても、構成員全員が訴訟の当事者として関与するのであるから、構成員の利益が害されることはないというべきである。

　最高裁昭和34年（オ）第650号同41年11月25日第二小法廷判決・民集20巻9号1921頁は、入会権の確認を求める訴えは権利者全員が共同してのみ提起し得る固有必要的共同訴訟というべきであると判示しているが、上記判示は、土地の登記名義人である村を被告として、入会集団の一部の構成員が当該土地につき入会権を有することの確認を求めて提起した訴えに関するものであり、入会集団の一部の構成員が、前記のような形式で、当該土地につき入会集団の構成員全員が入会権を有することの確認を求める訴えを提起することを許さないとするものではないと解するのが相当である。

　したがって、特定の土地が入会地であるのか第三者の所有地であるのかについて争いがあり、入会集団の一部の構成員が、当該第三者を被告として、訴訟によって当該土地が入会地であることの確認を求めたいと考えた場合において、訴えの提起に同調しない構成員がいるために構成員全員で訴えを提起することができないときは、上記一部の構成員は、訴えの提起に同調しない構成員も被告に加え、構成員全員が訴訟当事者となる形式で当該土地が入会地であること、すなわち、入会集団の構成員全員が当該土地について入会権を有することの確認を求める訴えを提起することが許され、構成員全員による訴えの提起ではないことを理由に当事者適格を否定されることはないというべきである。

　以上によれば、上告人らと被上告人入会権者ら以外に本件入会集団の構成員がいないのであれば、上告人らによる本件訴えの提起は許容されるべきであり、上告人らが本件入会集団の構成員の一部であることを理由に当事者適格を否定されることはない。」

　こうした結論は、アメリカ法的プラグマティズムに親和的である。それでも、私見[21]は、玉つき理論に象徴される、実体法的アプローチの深化にある。

III　証明責任の分配論

1　概　　説

　法科大学院の講義でも丁寧に講述することが期待される分野である。そも

---

21)　中野貞一郎編・現代民事訴訟法入門［新版］（法律文化社・2001）107頁〔池田辰夫〕、池田・前掲注2）104頁。

そも「要件事実論」という特化した科目であれば問題はないが、民法で扱うべきか、民事訴訟法で扱うべきか。これまでは伝統的に民事訴訟法マターで扱ってきた[22]。しかし、かなり誤って理解されることも少なくない分野である。ここでも両アプローチは、日本民訴法学会のシンポジウムのテーマとしても、かつて先鋭的に対立した。しかしながら、圧倒的な支持を得ている法律要件分類説（規範説も同様）は、明らかに実体法的アプローチである。これに対して、訴訟法的アプローチは、証拠との近さなどの基準の導入を求めた[23]。実務はむろん前者である。これは、どこからくるのか。やはり安定的な基準を求めるところにあろう。かつて、さきのシンポジウムにおいて、倉田卓次は、郵便物の配達の際の住宅地図になぞらえた。地図がなければ配達は迷う。理想としては、訴訟をする前から一義的に明確に決まっていなければならないところである。訴訟指揮をするにしても、これがバックボーンとなる。そして、これを導くのは実体法とみる。権利義務の発生の根拠法規である。そこに法規適用の前提となる事実の存否が不明な場合（ノンリケット）の扱いは、すぐれて実体法問題とみた。

2 具体例──準消費貸借契約における旧債務の存否に関する証明責任[24]

　準消費貸借契約において、旧債務の存在または不存在は、いずれの当事者が証明責任を負うべきか。形式論理的には、発生原因の1つとして、旧債務の存在を請求原因事実と素直に考えるであろう。まさに実体法的アプローチである。しかし、最高裁は異なった。契約の効力を争う者が、旧債務の不存在の事実を立証する責任を負う、とした。

　　〔事案〕　Aから上告人に対する債権を譲り受けた被上告人が、上告人が約定どおりに完済せず、期限の利益を失ったとして、上告人に対し、債権残金の支払いを求めたところ、原判決が、請求を認容した第1審判決を維持し、控訴を棄却したため、上告人が上告した事案で、準消費貸借契約は目的とされた旧

---

22) たとえば、松本＝上野・前掲注16) 455頁〔松本〕は、実体法的アプローチによる。問題は、なぜそうか、という点にある。
23) 藤田広美・講義 民事訴訟〔第3版〕（東京大学出版会・2013）にいう利益衡量説は、両アプローチのいずれなのか。
24) 最二小判昭和43年2月16日民集22巻2号217頁〔昭42（オ）687号〕〔貸金請求上告事件〕〔上告棄却〕。第1審：広島地判昭和40年10月19日、控訴審：広島高判昭和42年3月13日。

債務が存在しない以上、その効力を有しないものではあるが、右旧債務の存否については、準消費貸借契約の効力を主張する者が旧債務の存在について証明責任を負うものではなく、旧債務の不存在を事由に準消費貸借契約の効力を争う者においてその事実の証明責任を負うものとし、上告を棄却した事例である。

〔判旨〕「準消費貸借契約は目的とされた旧債務が存在しない以上その効力を有しないものではあるが、右旧債務の存否については、準消費貸借契約の効力を主張する者が旧債務の存在について立証責任を負うものではなく、旧債務の不存在を事由に準消費貸借契約の効力を争う者においてその事実の立証責任を負うものと解するを相当とするところ、原審は証拠により訴外Aと上告人間に従前の数口の貸金の残元金合計98万円の返還債務を目的とする準消費貸借契約が締結された事実を認定しているのであるから、このような場合には右98万円の旧貸金債務が存在しないことを事由として準消費貸借契約の効力を争う上告人がその事実を立証すべきものであり、これと同旨の原審の判断は正当であり、論旨は理由がない。」

　それでは、この最高裁の判断は、訴訟法的アプローチに立脚するのであろうか。結論を導く論拠は必ずしも明確とはいえないものの、ここでは準消費貸借の合意をする者は、当然に旧債務が存在することを承知のうえで署名等を行うところ、いったんそうした者が前言を覆して、旧債務の不存在を主張するのは、実体法上の信義則（禁反言）に反するということから、本来の証明責任を転換したとみてよい。この意味において、やはり実務は実体法的アプローチなのである。

Ⅳ　両アプローチのいずれに立つべきか

　以上の限られた分野のみ、それも文献等の渉猟も十分ではないままに、いささか結論を急ぐことになるのはお許しいただきたい。そもそも訴訟法を自己目的化するのか、それとも実体法の手段とするのか。これは訴訟観にもよる。そこで、両アプローチを局面ごとに使い分けるという考え方もあるかもしれない。しかしながら、おそらくは訴訟観として一貫性を欠くこととなるのであろうし、論理破綻のリスクはやはり避けられない。ヘンケルが喝破したところの訴訟による実体法上の権利処分性[25]を超える理論には、わたくしは未だ遭遇しない。それゆえに、わたくしは訴訟観としてもあきらかに後者

の立場であるし、基本的には実体法的アプローチをとる。たしかに訴訟法研究者にとっては、前者の方が勇ましいに決まっている。しかし、そうした試みは、根無し草の如くに、ついにあまり成功したためしがない。それは人類が長い時間をかけて叡智を育んだ結晶ともいうべき実体法へのリスペクトを欠くことにもほかならない。その恩義を忘れた見解が席巻するとは考えられない[26]。そもそもローマ法において実体権は提訴権とワンセットのactioとして生まれた。この出自に思いをいたすだけでも、訴訟法の自己目的化は成立しにくい。"formell" 形式法とされる訴訟法は、"materiell" 実質法となる実体法との融合なくして成立しえないものと思う。

V　おわりに

　そうはいっても、世界をひとつの立場でまとめてしまうということにはならない[27]。それは、いずれが正しいか、というほどのことではないからである。訴訟観に関わるところに過ぎない面もあり、沿革もまた法系によって異なるはずのものである。多様性はあってよい[28]。問題は、この多様性をいか

---

25)　Wolfram Henckel, Prozessrecht und materielles Recht (1970). この学説の影響を最も強く受けた1人として、吉村徳重がいる。当時、日本では新訴訟物理論がスーパー台風の如くに吹き荒れた時代でもあるなか、新実体法説が大きな地歩を築き始める。なお、兼子一・実体法と訴訟法―民事訴訟の基礎理論（有斐閣・1957）。
　　なお、2015年にヘンケル教授生誕90周年記念論文集として、同名の "Prozessrecht und materielles Recht"（訴訟法と実体法）が刊行された。このなかには、多年にわたりドイツ民訴法学会を率いてきたプリュッティング教授（ケルン大学）による渾身の「訴訟法と実体法」と題する論文があるが、本稿では残念ながら紹介する余裕がない。
26)　共著者の小テキストブック、上原敏夫＝池田辰夫＝山本和彦・民事訴訟法［Sシリーズ・第6版補訂版］（有斐閣・2012）は、新訴訟物理論で書かれている。多くの学生からは、旧説ならもっと活用できるのに、との嘆息が漏れる。
27)　ユニドロワなどが今日どうなったのか。エスペラント語のような理想をめざしたのか、それとも国際ビジネス訴訟をスタンダード化するという現実主義に根差し、着実な成果を得たのか。ともあれ、仲裁分野のアンシトラル・モデルローの例もある。各国はこぞってこれにしたがう。世界はもっと努力することができるに違いない。
28)　わたくし自身が関わったアジア太平洋地域等での諸状況については、さしあたり以下のような文献がある。池田辰夫「21世紀のビジネス法務戦略から見た法制度の先端的構築と運用―国際通商法への展望（KISER講演録）」（2001）、同「アジア経済・通商法制度の現状と課題―法制度の先端的構築と運用（JETRO経済・通商法制度研究会報告書）」（2001）、同「アジア・太平洋諸国におけるADR制度の現状と展望(上)(下)」NBL748、749号（2002）、アジア太平洋法制ADR研究会編・アジア太平洋諸国におけるADR（商事法務・2003）、同・アジア太平洋諸国における企業倒産と担保法（商事法務・2001）、同・アジア太平洋諸国における倒産法制（商事法務・2000）。なお、池田辰夫「海外学界事情・国際手続法学術協会アテネ大会報告」民訴48号（2002）。

にハーモナイズできるかにある。そう容易なことではないが、実現が不可能というほどのことでもない。わたくしたちはその入り口にいるように思える。しかし、その道のりはけっして平坦ではないであろう。その間、場合によっては、多様な観点を併存させる度量も必要かもしれない。わたくしたちの世界はもうそんなに広くはないのだから。

証拠調べにおける
当事者の支配 (Parteiherrschaft) と
裁判官の権能 (Richtermacht)
——ドイツの独立証拠手続における「職権による文書等の提出命令」の可否を素材として

◆春日偉知郎◆

- I 問題の所在
- II 解釈上の具体的問題——ベルリン高等裁判所2013年4月10日決定とその周辺
- III 学説の対応
- IV 背後に潜む問題——裁判官の権能の拡大・強化と弁論主義
- V むすび

I 問題の所在

1 証拠法における日独の相違

　わが国の民事訴訟法が、母法であるドイツ民事訴訟法を継受して以来、すでに1世紀を優に超える歳月が流れている。その間に、双方における幾多の改正に伴って、同じ規律対象であっても、その内容が大きく変容したものも存在する。例えば、証拠法の領域では、弁論主義の妥当は当然のこととしても、ドイツの民訴法では、職権証拠調べの規定が随所に設けられており[1]、特に戦後のわが民訴法と比較すると、彼我双方の間に著しい相違を生じていることに気付く[2]。

　すなわち、ドイツでは、証拠申出を必要とするのは、証人についてのみで

---

1) *Rosenberg/Schwab/Gottwald*, ZPR, 17. Aufl., (2010) §110 Rn 30.; *Musielak/Voit/Foerste*, ZPO (2016), §284 Rn 9.; *MüKoZPO/Prütting* (2016) §284 Rn. 89.

2) 笠井正俊「弁論主義の意義」鈴木正裕先生古稀祝賀・民事訴訟法の史的展開（有斐閣・2002）385頁、393頁、397頁。門口正人編集代表・民事証拠法大系第1巻（青林書院・2006）11頁以下、34頁以下〔笠井〕参照。

あって、文書（142条）、検証および鑑定（144条）ならびに当事者尋問（448条）については、裁判所が職権で証拠調べをすることも可能であり、広く例外を認めている[3]。他方で、わが国では、当事者尋問以外（207条1項）の証拠方法については、いずれも当事者の申出を必要とする。また、わが法における交互尋問制（202条、規113条）、ドイツ法における独立証拠手続（485条以下）のほか、文書提出命令の規律についても、長年月を経て、双方に明らかな隔たりの存することを容易に認めることができる。

2 ドイツの証拠法の改正

ドイツ民事訴訟法（以下、「民訴法」と記す）は、1976年の「司法簡素化法（Vereinfachungsnovelle 1976)」の制定以降、幾多の改正を経ている[4]。なかでも、証拠法関連の改正については、①1990年の「司法簡素化法律（Rechtspflege-Vereinfachungsgesetz von 17. 12. 1990)」において、証拠保全手続が「独立証拠手続」（民訴485条以下）に改変されたこと[5]、および、②2001年の「民事訴訟改革法律（Zivilprozeßreformgesetz vom 27. 7. 2001)」において、文書提出命令に関して、従前の文書提出命令（同422条以下）と並んで、「裁判所の職権による文書等の提出命令（同142条以下）」が新たに規定されたこと[6]、の2つが特徴的なものといえる。

近時、こうした改正法の双方に跨る新たな解釈問題が、後述（Ⅱ2）のベルリン高等裁判所2013年4月10日決定によって顕在化している。具体的には、裁判所は、民訴法142条以下において規定する文書および検証物の提出命令ならびに鑑定人による鑑定の受忍命令を、相手方および第三者に対して、民訴法485条以下の独立証拠手続において（も）発令することができるか否か、

3）　前掲注1）参照。
4）　ドイツ民事訴訟法の法改正については、春日偉知郎「ドイツ民事訴訟法概説」法務省大臣官房司法法制部編・ドイツ民事訴訟法典―2011年12月22日現在（法曹会・2012）3頁以下参照。
5）　春日偉知郎「ドイツの民事訴訟法における『独立的証拠手続』」民事証拠法論集―情報開示・証拠収集と事案の解明（有斐閣・1995）111頁以下。関連して、同「独立証拠手続の最前線―判例からみた『訴訟前の解明に係る法的利益』」河野正憲先生古稀祝賀・民事手続法の比較法的・歴史的研究（慈学社・2014）45頁以下参照。
6）　春日偉知郎「ドイツの民事訴訟における文書の提出義務―実体的訴訟指揮の一環としての職権による文書の提出命令」松本博之先生古稀祝賀・民事手続法制の展開と手続原則（弘文堂・2016）413頁以下。坂田宏「ドイツ民事訴訟における職権による文書開示制度を手がかりとして」石川明＝三木浩一編・民事手続法の現代的機能（信山社・2014）57頁以下。

という問題である[7]。民訴法142条以下の文書提出命令は、実体的訴訟指揮（139条）を具体化したものであり、裁判所が裁量によって[8]職権で発令するものである。他方、独立証拠手続は、証拠調べであって、訴訟の係属前であっても当事者の一方に一定の事項の確定について法的利益が存する場合に（485条2項）、申立てに基づいて行うものである。このように、双方には明らかな相違があるにもかかわらず、後者の独立証拠手続において前者の文書提出命令を発令することが——適用・類推適用の如何を問わず——可能であるか否か、という解釈問題が急浮上することとなったのである。

3 問題とその背景

上記の問題は、一見、ドイツ法に固有の解釈問題であるかのように思える。しかし、背景には、冒頭に示したように、弁論主義の妥当する民事訴訟において、特に証拠資料をめぐって「当事者の支配（Parteiherrschaft）」と「裁判官の権能（Richtermacht）」（の行使）という緊張関係が存し、その中でどのような均衡点を見出すべきか、という普遍的ともいえる問題が内在している。

すなわち、独立証拠手続において、裁判所が職権で文書の提出命令を発令することができるとすると、提訴前には申立てによって鑑定人による書面鑑定だけが可能であるにもかかわらず（485条2項）、実体的訴訟指揮を介して職権によって文書の提出命令が可能となり、それが証拠調べではないとしても、裁判所の権能の著しい拡大・強化をもたらすことになる。したがって、改正法において職権探知主義は強く否定されているとはいえ[9]、そうした方向への傾斜を否めず、先の解釈問題は、弁論主義か職権探知主義か、という分水嶺に位置する問題といえる。

ドイツでは、かねてから、訴訟における当事者支配から裁判所支配への徴

---

7) *Stein/Jonas/Berger*[23] (2015) §492 Rdnr. 11.
8) 民訴法142条は、職権による提出命令を、裁判所の義務としてではなく、「義務的裁量（im pflichtgemäßen gerichtlichen Ermessen）」として規定している。
9) *Dieter Leipold*, Die gerichtliche Anordnung der Urkundenvorlage im reformierten deutschen Zivilprozess, Festschrift für Walter Gerhard (2004), S. 564. ディーター・ライボルド（松本博之訳）「改正ドイツ民事訴訟における裁判所による文書提出命令」実効的権利保護（信山社・2009）195頁以下; *Gerhard Wagner*, Urkundenedition durch Prozeßparteien-Auskunftspflicht und Weigerungsrechte, JZ 2007, 711. ゲルハルト・ヴァーグナー（河野憲一郎訳）「訴訟当事者による文書提出—情報提供義務と拒絶権」小樽商科大学・商学討究61巻4号（2011）177頁。

候について長きにわたって論じられており[10]、こうした巨視的な観点から「職権による文書提出命令」を検討することは、わが国の民事訴訟における事案解明のあり方——事案解明をめぐる裁判官の関与——にも示唆を与えてくれるであろうと考える。

そこで、このような問題の検討を試みるに先立って、節を改めて、裁判例によって明らかになった問題を具体的に示し、また、関連する学説を眺めてみよう。

II 解釈上の具体的問題
—— ベルリン高等裁判所 2013 年 4 月 10 日決定とその周辺

1 解釈上の具体的問題

すでに素描したように、「独立証拠手続における職権による文書の提出命令の可否」の問題は、前者が提訴前の申立てに基づく書面鑑定を中心とするのに対して、後者が実体的訴訟指揮として職権により発令されること、に起因している。具体例は、後述する裁判例において詳しく紹介するが、まずは 1 例に即して解釈上の問題を素描しておこう。

例えば、ドイツ特許法 140c 条は、特許権者は、同法 9 条ないし 13 条の規定に違反して特許発明を利用している者に対して、違反の十分な蓋然性が存する場合において、その違反に基づく請求権を根拠づけるために必要なときは、違反者が処分権を有している文書の提出または物の検査を求めることができる、と規定している。そこで、特許権者が独立証拠手続を申し立てた場合に、裁判所は、この特許法の規定に基づいて民訴法 142 条・144 条により職権で文書等の提出命令を発令することが可能か否か、という問題を生ずる[11]。

これについて、ⓐ民訴法 142 条・144 条自体からは、これらの規定が独立証拠手続において適用可能であるとはいえない。また、民訴法 485 条以下も、民訴法 142 条・144 条が独立証拠手続において原則として妥当すべきである

---

[10] 詳細は、後述Ⅳ。
[11] カールスルーエ高等裁判所 2013 年 8 月 12 日決定（BecksRS 2014, 05839）の事案を簡略化したものである。なお、同決定は、後述の「否定説」に与している。

としているわけでもない。むしろ、法律の文言は、その反対を示唆している。すなわち、民訴法492条1項によれば、独立証拠手続については、民訴法485条に掲げる証拠方法（検証、鑑定、証人）に関して一般に適用される規定を適用することとなり、これらによると、もっぱら検証の領域における民訴法144条の適用が定められている（民訴371条2項）だけであり、民訴法142条については条文上何ら示されていない。このように、民訴法492条1項および371条2項によると、独立証拠手続における検証という狭い領域に限って民訴法144条の適用について明示的な指示があるにとどまり、独立証拠手続における民訴法144条・142条の原則的な適用については不明確である。しかし、他方で、ⓑ申立てに基づく証拠調べと民訴法142条以下による提出命令とを厳密に区別することができないとすると、むしろ後者を独立証拠手続においても適用することを容認することができる、と考えることもできる。こうしたことから、上記のように、これらの規定の適用または類推適用の可否が問題となってくるわけである[12]。

以下では、民訴法485条の独立証拠手続において同法142条以下の規定の適用を認める見解を「肯定説」、認めない見解を「否定説」と呼ぶこととし、この問題に深くかかわった裁判例に即して叙述を進めることとする。

2　ベルリン高等裁判所2013年4月10日決定[13]

(1)　事実の概要　　事案は、超軽量飛行機が耐空性を欠いていて使用できないことを理由に、その飛行機の所有者が、相手方に対して独立証拠手続の申立てをしたというものである。申立人は、相手方の従業員Aと部品検査を依頼された検査人（この者は、この飛行機の製造販売の責任者でもある）が、飛行機の性能を欺くために偽造した証明書を作成し、超軽量飛行機製造規定に違反してこれを販売した、と主張した。

この独立証拠手続において、第1鑑定人による鑑定の実施後に、申立人は、補充証拠申立てをし、民訴法142条ないし144条に基づいて、製造ラインに関する従業員Aの検査記録を鑑定人が閲読することを認めるべきであると

---

[12] 問題の指摘については、*Ralf Willer*, Das selbständige Beweisverfahren und die Grenzen richterlicher Vorlageanordnungen, NJW 2014, 22ff.

[13] NJW 2014, 85. Vgl. *Ralf Willer*, a. a. O. (Fn. 12), NJW 2014, 22ff.

主張した。

　ベルリン地裁は、この申立てを却下したため、申立人が即時抗告したが、ベルリン高裁も、以下の理由によりこれを退けた。

　(2)　決定の内容　　本決定は、結論として、独立証拠手続において民訴法142条ないし144条の適用可能性を否定する地裁の考えに与している。以下、その理由の中核部分を示すこととする（民訴法については条文のみを示す――筆者）。

　まず、①法律の文言および体系に基づく理由。142条ないし144条は、「第1編　総則」中の「第3章　手続」において規定されており、「口頭弁論（第3章の第1節の表題）」に関する内容を規律している。けれども、証拠調べ（独立証拠手続も）は、こうした意味における口頭弁論に属しない。第1編第3章の第1節の諸規定の意味における「口頭弁論」は、当事者が訴訟について受訴裁判所において口頭で弁論するもの（128条1項）を意味し、そうした口頭弁論は、当事者が申立てをすることによって運営されるものである（137条1項）。また、それは、136条4項により、事案について完全な討論が尽くされた場合に裁判長によって終結されるものである。

　これに対して、証拠調べは、法律の規定に従って行われ、口頭弁論を伴わないものである。また、当事者は、証拠調べに立ち会うことを認められているにすぎない（357条1項）。そのため、口頭弁論が証拠調べの後に続行されなければならない場合には、370条1項は（訴訟促進のために）、証拠調べを行う期日は、同時に口頭弁論の続行のために指定されたものである、と法律により規定している。

　要するに、142条ないし144条は口頭弁論の規定であって、これとは明確に区別される証拠調べ、したがって独立証拠手続において適用されるものではないとする。

　次に、②142条ないし144条の規定の意味および目的からも、独立証拠手続における適用は否定されるとする。

　すなわち、「立法者によれば（BT-Dr 14/4722, S. 78）、142条は、事案の解明のために、訴訟の基礎にある事実関係についてできるだけ早期に包括的に見通す可能性を裁判所に与えようとするものである。したがって、142条による規律は、まずは、訴訟資料のより十分な理解と当事者の主張の精確化とい

う意味での裁判所の情報に寄与するものである（*Musielak/Stadler*, ZPO, 9. Aufl., §142 Rdnr. 1）。だが、連邦通常裁判所は、そのような規律は『限界線上においては証拠方法の準備にも寄与し』うるとの理解をも示している（BGH, NJW 2007, 155 Rdnr. 5）。他方、独立証拠手続においては、裁判所の審査権限は、求められている事実確定に関して法的利益が備わっているか否かという点に限られている。職権によって命じた文書の提出によって当事者間の訴訟の本案について解明可能か否かについては、独立証拠手続は何ら関与しない。独立証拠手続において、裁判所は、主張された事実が、証明を必要とするかどうか、また、裁判にとっての重要性はもとより、その後の勝訴の見込みについても、審査することを許されない。」と。

このように、142条による提出命令と独立証拠手続との間には相違があるため、後者の手続において前者の規定を適用することはできないとする。

さらに、③こうした理由から、独立証拠手続において142条による提出命令を発令する要件を確定することができないという点も、否定説の理由としてあげられる。

すなわち、「文書提出命令は、当該文書が訴訟にとって重要であるとの首尾一貫した主張があった場合に限って発令することができる。142条においては『引用』のあった文書という要件が規定されているが、そのためには、当該文書が裁判にとって重要であることを明らかにする首尾一貫した主張が必要である（BGH, NJW 2007, 2989 Rdnr. 20）。民事訴訟改革法律の立法資料も、142条および144条の規定は、『裁判所の命令を受けた当事者または第三者に向けて（不適法な）模索をすることを目的とするものではないことを明記している（BT-Dr 14/6036, S. 120）。』同条の規律は、裁判所が模索を試みることを通じて当事者の陳述責任を軽減するものではない（BGH, NJW-RR 2007, 1393 Rdnr. 10: NJW-RR 2008, 865 Rdnr. 30）。『草案142条は、首尾一貫した主張に関係なくして、裁判所に対して情報の獲得を目的として文書の提出を求める権能を付与するものではない。そうした模索は、当事者または第三者に対して訴訟法上違法である（BT-Dr 14/6036. S. 121）。』ところが、独立証拠手続においては、142条の意味における文書について、訴訟にとっての重要性の審査は行われず、この規定の適用は禁じられている。そうしないと、提出命令の相手方が訴訟法上違法とされる模索から保護されなくなるからである」。

また、関連して、142条2項による第三者に対する提出命令の要件も、独立証拠手続において審査することはできない。同項によると、第三者は、提出の期待可能性がない場合または証言拒絶（383条ないし385条）が認められる場合には提出義務を負わない。第三者がこうした事由を主張する場合には、拒絶事由に関する中間の争い（387条）として、中間判決をしなければならない。こうした点でも、独立証拠手続において142条の適用は考えられない。

　(3)　**小活**　　以上が、ベルリン高裁の指摘する否定説の理由であり、誤解をおそれずにいうと、142条および144条による提出命令と独立証拠手続とは、前者が弁論における裁判所の処分であるのに対して、後者は当事者の申立に係る証拠調べであって、双方には明らかな違いが存するため、前者を後者において適用することはできない、という点にある。

3　その他の決定例

　(1)　**肯定例**　　民訴法142条・144条が同法485条以下に規定する独立証拠手続においても適用されるか否かに関して、比較的早い段階において、ベルリン高裁は、傍論ではあるけれども、適用可能との判断を示している。

　ベルリン高裁2005年10月21日決定[14]は、建物に瑕疵、特に防災上の問題がある事務所の建物をめぐって、証拠保全のために、第三者に対して、建築部分の検証の実施と鑑定人による鑑定が求められた事件において、この者に受忍義務があると判断した。その際に、前記の問題をめぐっては、次のように述べている。すなわち、「2001年の民事訴訟改革法律による民訴法144条の拡張は、裁判官が、第三者に対しても、場合によって、その占有に係る目的物の鑑定の受忍を義務づける可能性を開くものである。確かに、この規定は、原則として口頭弁論の準備を目的とするものである。だが他方、民訴法139条以下では、受訴裁判所の裁判官の一般的な義務と権限が規定されており、この一般的な義務と権限が独立証拠手続についても妥当していることは、自明である。この独立証拠手続は、訴訟中または訴訟外において特定の要件の下で、裁判官が証拠調べをあらかじめ実施することを可能にしている。もちろん、この証拠調べは、民訴法492条1項により、当該証拠方法の取調

---

14)　NJW=RR 2006, 241.

べに適用される諸規定に従って行わなければならない。」と述べて、肯定的な判断を示している。

　また、最近のデュッセルドルフ高等裁判所2014年1月30日決定[15]は、人工股関節の手術を受けた者に脱臼が生じたため、その者から人工股関節の製造者に対して独立証拠手続の申立てがあった事案である。ここでも、同じく、142条による文書提出命令を発令することができるかどうかが問題となった。これについて、裁判所は、先のベルリン高裁の肯定例を引用して、具体的な理由を示すことなく、当部の見解によれば、本件の場合、独立証拠手続においても142条による文書提出命令を発令することに何の疑問もないとしている。

　(2) 否定例　　しかしながら、最近では、上記の決定例とは逆に、民訴法142条以下の規定を独立証拠手続において適用することを否定する傾向が強くなっている。すなわち、カールスルーエ高裁2013年8月12日決定[16]（Ⅱ1前掲注11）の特許法に基づく独立証拠手続）と、その後の、フランクフルト高裁2014年6月12日決定[17]が、その例である。特に前者は、前掲のベルリン高裁決定（Ⅱ2）を引用して、「142条ないし144条が独立証拠手続において適用されるか否か、また、その範囲については争いがあるが、最上級裁判所による判例は存しない（後掲(3)参照）。当部は、142条が独立証拠手続において適用されないとする原審の判断に従うし、また、144条に関しても同様である。492条1項によれば、独立証拠手続における証拠調べは、証拠方法の取調べについて一般に適用される規定に従って行うとしている〔からである〕」。（さらに、142条・144条の類推適用の可能性も問題とならないとしている）。

　(3) 小活　　最後に、上記のカールスルーエ高裁2013年8月12日決定において触れられていた、連邦通常裁判所2013年5月16日決定[18]について言及しておこう。この決定は、前掲のベルリン高等裁判所決定（Ⅱ2）の直後に言い渡されたものであり、共有の建築物について瑕疵の確定を目的として、申立人から相手方に対して独立証拠調べが申し立てられ、144条が問題とな

---

15) MDR 2014, 926.
16) Beck RS 2014, 05839.
17) OLG Frankfurt am Main, 12. 06. 2014-3 W 25/14.
18) NJW 2013, 2687, Vgl. *Christoph Fellner*, Duldung von Bauöffnungen am Gemeinschaftseigentum im selbständigen Beweisverfahren durch Dritte, MDR 2013, 1011 ff.

ったものである。本稿の問題に直接関係しているわけではないが、「民訴法492条1項をめぐって144条1項が適用されるか否か、また、その範囲如何については、結局、不明確である。」とし、民事訴訟改革法律の草案理由書（Breg v. 24. 11. 2000 z. Reform d. Zivilprozesses, BT-Dr 14/4722, S. 79 zu Nr. 22）を引用しているにとどまる。したがって、問題の指摘はあったものの、現段階では、最上級裁判所としての判断は示されていない。

Ⅲ　学説の対応

　決定例に対して、学説の反応は、どちらかというとやや緩慢であるとの印象を否めない。また、裁判例に即して問題に言及するにとどまっているものが多い。

1　肯定説

　そうした中にあって、早くに問題に言及しているものとして、まず、シュタイン・ヨナス『民事訴訟法コメンタール』における、ライポルト教授（第22版（2005年））およびこれを踏襲するベルガー教授（同書第23版（2015年））の見解がある[19]。すなわち、両教授は、「裁判所が、独立証拠手続においても、142条から144条までに規定する命令、とりわけ、文書および検証物の提出ならびに鑑定の実施の受忍を相手方または第三者に命ずることが可能か否かについては明確でない。否定の理由は、142条から144条までの規定が、職権による措置に関するものであるのに対して、独立証拠手続においては、当事者の申立てに基づく証拠調べのみが行われる点にある。他方で、通常手続においては、申立てに基づく証拠調べと並んで、142条から144条までの規定による命令も認められていると考えられる。また、検証の際には、挙証者が対象物を占有していない場合、371条2項1文により、裁判所が144条による命令を発令することを求める申立てによって証拠の申出をすることができる。したがって、申立てに基づく証拠調べと、142条から144条までの規定による命令との間で、厳格な区別ができないことからすると、むしろ、

---

　　19)　*Stein/Jonas/Leipold*[22] (2005) §492 Rdnr. 11. und *Stein/Jonas/Berger*[23] (2015) §492 Rdnr. 11.

同条の――裁判所の裁量による――命令を独立証拠手続においても認めることへと傾く。」と述べている。要するに、理由づけとしてはやや不鮮明ではあるが、独立証拠調べにおいても142条ないし144条に規定する命令を発令することができる、との趣旨と解することができ、肯定説に与していると考えられる。

同様に、例えば、バウムバッハ他『民事訴訟法コメンタール［第74版］』[20]（2016年）も、「142条は、民訴法が適用可能なあらゆる手続、とりわけ弁論主義の手続においても、また、485条以下の独立証拠手続においても適用される。」としている。だが、具体的な理由については述べていない。

2 否定説

他方、これらとは異なる見解として、ムズィラーク・ヴォイト『民事訴訟法［第13版］』[21]（2016年）は、「独立証拠手続においては、裁判官による提出命令（142、144条）は、371条2項による検証のために第三者が占有している目的物の提出が問題となる限りにおいて、可能である。これ以外に、文書またはその他の書面が鑑定のために必要な場合に、当事者または第三者に対してその提出を命ずることが考えられる。」とするが、反面で後述するヴィラー弁護士の見解を引用した上で、「どのような場合に、142条および144条が適用可能かどうかについては、なお、不明確であって、むしろ体系的な理由から否定すべきであろう。」と述べている。

また、類似するものとして、ツェラー・ヘルゲート『民事訴訟法コメンタール［第31版］』[22]（2016年）も、理由づけはないが、142条については適用を否定するが、144条については適用を肯定する、としている。

そこで、次に、この問題に立ち入った検討を試みている、ヴィラー弁護士の考えについて眺めてみよう[23]。

ヴィラー弁護士は、前掲のベルリン高裁2013年4月10日決定（Ⅱ2）について、問題に対して解釈上完全に納得を得られるものでないとしても、民訴

---

20) *Baumbach/et al*, ZPO 74. Aufl. (2016) §142 Rn 3.
21) *Musielak/Voit/Huber*, ZPO (2016), §492 Rn. 1.
22) *Zöller/Herget*, ZPO (31. Aufl.) §492 Rn. 1.; *Thomas/Putzo/Reichold*, ZPO, 37. Aufl. (2016), §492, Rn. 1.
23) *Ralf Willer*, a. a. O. (Fn. 12), NJW 2014, 22, 23ff.

法142条と144条とを区別した解決を示唆しているとする。その上で、以下のように述べている。すなわち、①民訴法142条および144条からも、民訴法485条からも、前二者の「弁論主義の規定〔142・144条をこのよう皮肉って表現している——筆者〕」が、原則として後者においても適用されるべきであるということは帰結されない。むしろ、法律の文言からは、その逆のことが示唆されている。すなわち、民訴法492条1項は、同485条の独立証拠調べにおいて証拠調べの一般規定が適用されるとし、その371条2項によれば、144条の適用をもっぱら検証の領域に限ると明示している反面、142条については何も指示していない。こうしたことからすでに、民訴法144条および142条を独立証拠手続において原則的に適用することには異論を生ずる。また、②民訴法142条・144条は、固有の意味での証拠の規定ではなく、もっぱら弁論に適用のある規定である。両者の違いは、弁論は当事者が、証拠調べは裁判所が、それぞれ運営権限を有する点において顕著であり（128条1項と357条1項との対比）、したがって、前者の規定を後者において適用することはできない、と。

　上記を踏まえて、ヴィラー弁護士は、次のように述べる。すなわち、③民訴法144条の直接的な適用は、独立証拠手続において検証が実施される場合に限られている。また、この場合に、裁判所は、訴訟前においても検証に関与し、訴訟前の事実確定について十分な利益が存するときには相手方または第三者に対して提出命令を発令することができる。しかしながら、こうした独立証拠手続において、裁判所は、民訴法371条2項、144条の申立てについて裁判することができるに留まり、職権で目的物の提出を命ずることは許されない。なぜなら、まず、独立証拠手続においては、証拠調べは申立てに基づいてのみ行われるからである。裁判所みずからの取調べは、独立証拠手続の構造上不可能であるし、民訴法144条は、当事者にその者の陳述義務を軽減するような職権による過剰な事実関係の探知を認めていない。同条は、裁判所に、提出された事実関係についてより十分な評価（bessere Beurteilung）を可能にすべきものである。当事者が事実関係を詳しく述べて、裁判所にさらなる事実関係の把握を促そうとするものである。独立証拠調べにおいて、裁判所は、主張された事実について、申立人が求める事実確定について法的利益を有しているか否かについてのみ審査する。そして、こうした法的利益

という、独立証拠手続の適法要件について、裁判所は、民訴法142条、144条による提出命令を発令する前に確定しなければならない。要するに、裁判所の審査権限はこの点に尽きるのであって、独立証拠手続において、民訴法142条、144条の提出命令が介在する余地はない。

以上が、ヴィラー弁護士の見解であり、③において指摘があるように、裁判所は独立証拠手続において371条2項、144条の申立てについて裁判することが可能であるにとどまる、との非常に限定的な解釈をしている。

3 小 括

以上のことから、裁判例が、肯定と否定の双方に分かれているのと同じように、学説も、多くは、はっきりとした理由を述べることなく、肯定と否定の両者に分かれている。ただ、ライポルト教授およびベルガー教授は、必ずしも透明ではないとしても、理由をあげて、肯定説の方向を示唆している。また、ヴィラー弁護士のように、142条については適用を否定するが、144条については適用を肯定するとの見解もある。

結局、連邦通常裁判所の判断が望まれるところであり、これを契機として、学説のさらなる展開に期待をしたい。

Ⅳ 背後に潜む問題——裁判官の権能の拡大・強化と弁論主義

1 2つの法改正に伴う職権主義的要素

(1) 裁判官の権能の顕在化 ところで、これまで検討してきた問題は、巨視的に眺めてみると、独立証拠手続（訴訟前・訴訟外のそれ）の実施とそこでの職権による文書の提出命令等の発令とに跨って、裁判官の権能に関して、これまでとは異なる理解を必要としているように考えられる。

既述のように、ドイツの民事訴訟を刷新した2001年の「民事訴訟改革法律」は、実体的訴訟指揮（139条）[24]の一環として、新たに民訴法142条以下を設けて、同法422条以下に規定する従来の文書提出義務とは別に、裁判所

---

[24] ドイツの実体的訴訟指揮については、髙田昌宏「訴訟審理の実体面における裁判所の役割について―釈明権の法理に関する序論的考察」栂善夫先生＝遠藤賢治先生古稀祝賀・民事手続における法と実践（成文堂・2014）299頁以下、特に314頁以下。

に対して職権で文書の提出を命ずる権能を付与した。これによって、裁判所は、当事者のいずれか一方が文書を証拠として引用するならばその提出を命じることができるほか（1項）、第三者に対しても文書の提出を命じることが可能になった（2項）。また、提出義務の範囲も、同法422条以下のそれよりも著しく広範となったため、裁判実務に大きな影響を及ぼすこととなった。

その趣旨は、立法理由によると、まず、紛争の第1審による終局的解決のために、その強化策として、当事者双方にとって透明でかつ追証可能な手続過程を経て得られる受容可能な裁判を目指すことにある[25]、としている。次いで、そのためには、裁判所の権能を拡大し、裁判所に対して、実体的訴訟指揮（義務）を通じて、事案解明のために出来る限り早期に訴訟の基礎にある事実関係を包括的に把握する可能性を与え、訴訟資料をより迅速にかつ裁判にとって重要な問題に限定することができるようにすべきである[26]、とする。ちなみに、こうした裁判所の措置は、訴訟指揮の一環であるため、当事者に対して直接に強制可能なものではないが、当事者は裁判所が定めた期間内に命令に従う義務を負っている（1項2文）。

また、他方の独立証拠手続の方は[27]、1990年の「司法簡素化法律」において、証拠保全手続を抜本的に改正して新たな制度設計のもとで規定されたものである。この手続は、取調べが困難になるおそれのある証拠を保全しておくという従来の役割に加えて、訴訟が係属する以前に鑑定人が鑑定（書面鑑定）を実施することにより、訴訟外において広範な証拠調べを可能にするというものである。その目的は、当事者間での和解を促進し、これによって訴訟の回避をもたらそうとするものである。また、独立証拠手続を実施する要件としては、当事者の一方が一定の事項の確定について「法的利益（rechtliches Interesse）」を有することが必要である（485条2項）けれども、判例は、この要件を緩やかに解している[28]。そのため、訴訟前・訴訟外における事案解明によって早期の紛争解決に資するため、実務における利用は、医師責任訴訟におけるほか、他の紛争類型においても多数に上っている。

25) BT-Drs. 14/4722. S. 58. 前掲注6）参照。
26) BT-Drs. 14/4722. S. 61. 前掲注6）参照。
27) 春日・前掲注5）参照。
28) 連邦通常裁判所2013年9月24日決定（BGHZ 198, 237）。詳細は、春日・前掲注5）「独立証拠手続の最前線」50頁以下参照。

(2) **当事者の支配の後退？**　　こうした法改正の共通点は、早期の事案解明を目指し、そのために、訴訟資料、証拠資料をめぐる裁判所の権能をより広範に認めようとすることにある。だが、その反面として、当事者の支配が後退するのではないかというおそれを生ずる可能性も否定しえない。具体的にいうと、独立証拠手続が訴訟の開始前に実施される場合に、仮に、この手続において職権による文書の提出命令等の発令が可能であると解釈すると（前記肯定説）、証拠資料の収集に関して、裁判所の権能がすでに訴訟前において、かつ、当事者の支配から離れた形において、行使可能となり（事案解明をめぐる裁判所の権能の拡大行使）、従来の裁判所の権能の枠を超えるおそれがある。もちろん、職権調査または職権探知への回帰は明確に否定されているが[29]、具体的にどのような要件があれば、当事者の一方のみによる引用によって提出義務を生じさせることができるのか、といった問題は解釈に委ねられたままである。また、より根源的な疑念として、訴訟指揮の問題と証拠法の問題との境界線の不明瞭化や、過剰な開示に対するドイツ法の抑制的な対応といった法文化的な観点からの疑問に至るまで、多様な問題が提起されている。したがって、表現として適切ではないかもしれないが、やはり職権探知主義への回帰の余地をはらんでいるのではなかろうかと感じないわけではない。また、証拠の提出および事案の解明をめぐって、裁判官の権能と当事者の支配との緊張関係について、これまでとは別の均衡点を見出す必要性があることを示唆しているのではないか、と感じざるをえない。そこで、最後にこの点に焦点を絞って考えてみたい。

2　原理的な枠組み

(1) **職権主義への回帰に対する危惧――バウアー教授の見解**　　裁判所の権能（釈明権、釈明処分）の拡大は、オーストリア民訴法（1895年）に遡るが[30]、こ

---

29) この点について、例えば、*Musielak/Voit/Stadler*, ZPO (2016), §139 Rn. 1 は、「139条は、裁判所に、補充的かつ修正を加えた形で、公正で、恣意的でなく、かつできる限り真実の発見に配慮する義務と責務を課している。裁判官の能動性は、職権探知主義的要素によって弁論主義を打破するものでも、協働主義へと変更するものでもない。裁判官の援助を要請することにより弁論主義を修正するにすぎない。裁判官の指摘に従うか否かは当事者に任されている。したがって、裁判官の訴訟指揮は、法的審問の保障の手段であり、対話形式の民事訴訟を意味するものである。」と述べている。Vgl. *Rosenberg/Schwab/Gottwald*, ZPR, 17. Aufl. (2010), §77 Rn. 5, 16.
30) 詳細は、鈴木正裕・近代民事訴訟法史・オーストリア（信山社・2016）の「はしがき」iii 頁および99頁以下参照。

れに対して、戦後のドイツ民訴法学は、表題にあるように、当事者支配と裁判官権能というシェーマの中で多様な議論を展開してきている。本稿では、その発端であるフリッツ・バウアー教授の見解と現在の通説的なライポルト教授の見解を、まずは素描してみよう[31]。

(a) バウアー教授は、『現代民事訴訟における当事者権と裁判官の義務―変遷と経験』[32]において、過去100年間における発展のなかで裁判所と当事者との関係を眺め、オーストリアのフランツ・クラインとの結びつきを指摘した上で、今や「当事者支配から裁判官支配」という言葉で表現することができるとする。また、裁判官は、その能動的活動によって、訴訟における当事者の形式的な平等のみならず実質的な平等をもたらす義務を負っているとの思潮をみて取ることができるとする。これに対して、バウアー教授自身は、裁判官による一層の権威主義的な訴訟運営は当事者権の圧縮をもたらす危険があり、また、当事者が訴訟の主体ではなく、裁判官の手続形成の客体になってしまう、と指摘する（いわゆる1977年の簡素化法に則して具体的な批判を展開しているが、ここでは割愛せざるをえない）。その上で、訴訟は、私権の裁判所による実現の手段であり、実体権が訴訟において現実化されるべきであるとするならば、こうした訴訟の目的は、法律で定める訴訟法に準拠すべきであって、訴訟手続は個々の裁判官の裁量に委ねられるものではない、との総論を述べる（S. 75~80）。

(b) そして、本テーマとの関係で、証拠手続について次のように述べている。すなわち、まず、今日、裁判官は、証人を除いて、訴訟手続において証拠方法をみずから取り込み、利用することができるし（Ⅰ1参照）、これとの関係で、訴訟における事実基盤をみた場合に、事実の基礎を収集するために裁判所と当事者との間に一定の協働が認められる。しかし、その際に、訴訟において事実の基礎を提出する重心は当事者に置かれているのであって、

---

31) 後述するように、ライポルト教授の見解とシュタッドラー教授の見解とを比較対照しているが、学説はこれに尽きるわけではなく、例えば、ワグナー教授の見解等々も非常に参考になる（Vgl. *Gerhard Wagner*, Urkundenedition durch Prozeßparteien-Auskunftspflicht und Weigerungsrechte, JZ 2007, 706ff.; ヴァーグナー・前掲注9）161頁以下）。ただ、本稿では、理解のために、前二者をある種の理念型として叙述を進めることとした。

32) *Fritz Baur*, Parteirechte und Richterpflichten im modernen Zivilprozeß―Wandlungen und Erfahrungen, Festschrift für Winfried Kralik zum 65. Geburtstag (1986), S. 75ff.; なお、関連して、安達栄司「フリッツ・バウアの手続法フォーマリズム論について」前掲注24）梅善夫先生＝遠藤賢治先生古稀祝賀273頁以下。

裁判所に重心があるのは、要証事実の確定、証拠調べ、および証拠評価においてである、と。次いで、裁判官の「能動性」とこれに伴う当事者の影響力の後退は、手続過程の形成、すなわち、訴訟を口頭弁論——そこでは当事者の主張について失権効を課している——に集中するという点に、最も顕著に現れる。また、裁判所は、当事者にこうした口頭弁論の準備をも課している。そのため、当事者が、裁判所の事実確定の単なる客体に堕し、裁判官がその後の訴訟に対して先入観をいだく可能性を排除できない、と批判する。そして、こうした現状の評価に続いて、バウアー教授自身は、「裁判官は当事者が申し立てたことを超えて言い渡してはならない (ne eat judex ultra petita partium)。」という言葉を引用し、裁判官の能動性という「うねり」について、当事者権を無にしないよう慎重であるべきであるということを強調している (S. 80, 81)。本稿のテーマとの関係で、大局的な観点からの警鐘として傾聴に値するものである。

(2) **ライポルト教授の見解** (a) 裁判官の能動性を語るライポルト教授[33]も、バウアー教授と同じように、釈明権 (139条) をめぐって、職権探知主義を否定するが、それにとどまらず、いわゆる社会的民事訴訟をも完全に拒否している。すなわち、「裁判所の役割は、当事者の主張を聴き取り、それを裁判に用いることに尽きるわけではない。むしろ、裁判所はみずから、訴訟資料を事実面および法律面から完全にかつ明確にし、その上で可能な限り正しい紛争解決——判決という形であれ和解という形であれ——を図ることに寄与しなければならない。当事者による訴訟の対象の特定は、『処分権主義』という形で包括的に記述することが可能であるように、何らの変更を受けることはない。同様に、139条は、事実主張および証拠方法に関して当事者の責務を変更するわけでなく、『弁論主義』に変更はない。139条の規定は、こっそりと職権探知主義を導入するものではない。実体的訴訟指揮の領域における裁判所の能動的な行為は、むしろ、当事者が民事訴訟において自己の権利を効果的に利用することを可能にするという目的に立脚している。処分権主義・弁論主義と139条によって定められている能動的裁判官との間に、矛盾・対立は存しない。139条が求める裁判官の能動性は、当事者にと

---

33) *Stein/Jonas/Leipold*[22] (2005), §139, Rdnr. 1ff.

って手助けとなり、当事者の主張の欠缺部分を取り除くことに役立つものである。これにより、訴訟代理人の見落しや懈怠も治癒できる。裁判所の能動性は、具体的な訴訟経過に即したものであり、いわゆる社会的な弱者と強者といった当事者間の基本的な相違に基づくものではない。139条を援用して、当事者の自治と平等を本旨とする法治国家の民事訴訟に代えて、イデオロギー的な『いわゆる社会的民事訴訟』を据えようとするアプローチは、時代から遠退いている。こうした意味において、139条の新規定によって立法者が裁判の受容の促進に寄与しようとしていることも、社会的訴訟モデルとは無縁であり、こうした概念は無意味と考えられる。」とする（Rdnr. 1～3）。

また、裁判所は、実体的訴訟指揮において、当事者を平等に扱う義務および中立性を保つ義務を厳格に守らなければならず、139条について、2001年の改正によって、基本的な変更はないが、従来以上に、「訴訟資料に関する事実面および法律面における透明性を備えた包括的な討論についての裁判所の責務を強調すること」が意図されているとする（Rdnr. 4, 5）。

その上で、「142条は、2001年の民事訴訟改革法律後も、事実の探知を当事者の責任とする弁論主義に代えて、職権で事実を探知すること、つまり職権探知主義を意図するものではない。この規定は、いずれの当事者も主張していない新たな事実を裁判所が導入することを認めるわけではない。連邦通常裁判所の表現によれば、142条による証拠調べは、争っている当事者の主張にその基礎を有し、それを超える事実関係の模索を許していない。142条は、新たな規定になった後も、裁判所と当事者との基本的な役割分担を決して変更するものではない。」[34]と続けている。

　　（b）　もっとも、139条を具体化するはずの142条（手段）の解釈においては、ライポルト教授は、以下のように述べる[35]。すなわち、「文書を引用する当事者が証明責任を負っている場合において、その当事者による引用があれば、文書を所持している相手方に対して提出命令を発令する要件として十分であるとみなすことは、極めて問題である。142条と422条・423条との間の乖離は見通しの利かないものとなる。証明責任を負っていない当事者に対して、証明責任を負っている当事者の勝訴に必要な資料を提供するよう、

---

34) *Stein/Jonas/Leipold*[22], §142, Rdnr. 4.
35) *Dieter Leipold*, a. a. O.（Fn. 9）, S. 583f.（ライポルト・前掲注9）195頁以下）

立法者が広範な義務を課したのであるとすると、立法者は、422条・423条をそうした形に修正または廃止しなければならなかったはずである。しかし、そうなってはいないことからすると、422条・423条が含んでいる評価は、142条1項による提出命令においても尊重されるべきこととなる。それゆえ、証明責任を負っていない当事者に対しては、142条1項による提出命令は、その者が自ら文書を引用した場合または証明責任を負っている当事者に対して実体法上の提出義務を負っている場合に限って正当とされる。」とし、証明責任を負っていない当事者が、相手方の所持する文書または書類を引用するだけでは、142条による提出命令を発令することはできないとする。解釈論として手堅いとはいえ、結論において、従来の文書提出義務およびその範囲に変化をもたらすことはなく、新味に欠けるように思う。

　(3)　**シュタッドラー教授による異なる評価**　(a)　以上のライポルト教授の見解に対して、いわば対極に位置するのが、シュタッドラー教授の見解である[36]。すなわち、139条の実体的訴訟指揮の具体的手段である「142条〔文書の提出命令〕は、弁論主義を従来の枠組みよりもより明確に突き破り、かなり職権探知的な要素を創りだしている。そこでは、モザイク状の小石に代えて、民訴法273条〔期日の準備〕2項5号と関係する142条以下による裁判官の証拠収集（richterliche Beweisinitiative）の広範な可能性が開かれているだけでなく、申出がなくても職権で証拠を訴訟に導入するという裁判所の義務にまで至る質的変更が多くの場合に加えられている。裁判所が当事者の主張に基づいて訴訟に重要な文書の存在を概括的に知った場合、139条1項2文により、裁判所は、142条による措置をとることを可能にするために、証明責任を負っている当事者に詳細な陳述を求めようと努めることとなる。こうした形のより強化された裁判官の能動性を立法者が意図したか否かについては疑問であるが、422条・423条と142条、273条との間のその射程に関する乖離は、おそらくは認識されていなかったであろう。だがしかし、ヨーロッパのお手本[37]が存在している限り、頭からこうした結論に懐疑的になる

---

36)　*Astrid Stadler*, Inquisitionsmaxime und Sachverhaltsaufklärung; erweiterte Urkundenvorlagepflichten von Parteien und Dritten nach der Zivilprozeßrechtsreform, Festschrift für Kostas Beys (2003), S. 1646f.; アストリッド・シュタッドラー（本間靖規訳）「現代民事訴訟における裁判所と弁護士の役割分担—改正ドイツ民事訴訟法を例として」民訴50号（2004）167頁以下。
37)　シュタッドラー教授は、オーストリア民事訴訟法を「緩和された職権主義」と呼び、弁論主義を

必要はない。むしろ、改正が――意図していたか否かに関係なく――、273条2項による期日準備のための命令について従来の性格を変更したということをはっきりさせなければならない。これまでは、273条は、迅速化、集中化および合理化という枠組みの中で、重要な訴訟資料および証拠資料を適時に入手するということに役立っていたが、今や、273条2項5号に基づいて、相手方が所持する文書を訴訟において提出する可能性または義務が生ずる。」と舌鋒鋭く述べている。

　(b)　また、142条に関してシュタッドラー教授は、次の点を強調している[38]。すなわち、裁判官が273条による期日準備の方法で142条の手続を進めることを決断した場合、文書を所持している相手方にその提出を命ずるためには、提出を求める当事者がその文書を引用することだけで足り、423条とは無関係であるとしていることにある。つまり、142条の提出命令は、実体法上の提出義務がある場合または証明責任を負っていない当事者が自ら文書を引用した場合に限定されない。また、そうした提出命令は、証拠提出を試みる当事者にもその相手方にも等しく向けられるものであり、従来にも増して一般的な提出義務を課すことになるとする[39]。こうした点において、ライポルト教授の見解とは明らかに相違している。

3　2つの見解の相違の原因

　ライポルト教授の見解とシュタッドラー教授の見解との相違は明らかであるが、その原因はどこにあるのであろうか。
　まず、ライポルト教授は、民事訴訟改革法律によって新設された142条の職権による文書の提出命令と従来の422条以下の文書提出命令との間には「連続性」があるとみており、後者における基本的な考え方を、可能な限り142条の解釈にも活かそうとする。とりわけ、142条において当事者の模索

　　　明記しているスイスの統一民訴法に先立つ多くの州民訴法（例えば、チューリッヒ民訴法54条）と対比している。しかし、いずれの民訴法においても、広く職権による証拠調べの可能性が開かれているとする。その他に、フランス民訴法11条2項1文は、相手方の申立てに基づいて証拠方法の提出を命じ、必要な場合にはアストラントにより実効性を確保する裁判官の権能が規定されているとする、など（*Stadler*, a. a. O. (Fn. 36), S. 1635f.)。
38)　*Stadler*, a. a. O. (Fn. 36), S. 1639f.; *Musielak/Voit/Stadler*, a. a. O. (Fn. 29), §142 Rn. 1.
39)　民訴法142条の創設によって、証明責任を負わない当事者も文書の提出を義務づけられることについては、連邦通常裁判所2007年6月26日判決（BGHZ173, 23=NJW 2007, 2989）参照。詳細は、春日・前掲注6）417頁以下。

（Ausforschung）を防ぐために、同条による文書提出の範囲を422条の要件に合致させる方向で解釈を展開している。

他方、シュタッドラー教授は、142条と422条との間の連続性を捨象している。前者は実体的訴訟指揮の手段であるのに対して、後者は証拠調べであって、その間には直接的な関連はないとみている。筆者はそのように考える[40]。

次に、上記のこと（連続性）を反映して、本稿で俎上に載せた、独立証拠手続（485条、特にその2項）――提訴前の申立てに基づく――において職権による文書の提出命令（142条）が可能か否かという問題について、ライポルト教授は、双方に厳格な区別ができないことを根拠として、必ずしも鮮明とはいえないが、前者において後者を適用することは可能であるとした。

もちろん、意識していたか否かは分からないが、このことによって、結果として、142条の適用範囲が拡大され、本来ライポルト教授が慎重であった裁判官の権能の拡大・強化を生じさせていることは否めないであろう。こうした面で、立法上の是非・評価は別として、142条の新設によって、シュタッドラー教授がいうように、職権探知主義的な要素を払拭することには無理があるのではなかろうかと考える[41]。

V むすび

本稿では、ドイツ民訴法485条において同法142条以下の職権による文書等の提出命令が発令可能か否か、という1つの解釈問題を俎上に載せて、民事裁判における訴訟資料・証拠資料の当事者支配と裁判官権能との関係を探ってみた。既述のごとく、ドイツでは、証拠調べにおける裁判官の広範な裁量のほか、職権による証拠調べもわが国に比して広く認められている。また、証拠調べの方法は、当事者主導の交互尋問制ではなく、裁判官の主導の下に実施される。こうした特徴を反映して、ややもすると、裁判所の権能の拡大・強化に傾くおそれがあり、そうした裁判所の手続支配に対する危惧の念

---

40) 双方の違いは、Ⅳ1(2)で指摘したように、訴訟指揮の問題と証拠法の問題との境界線の不明瞭性に起因するのではないかと考える。
41) ちなみに、他方のシュタッドラー教授においては、独立証拠手続において142条の職権による文書の提出命令が可能かどうかの問題に対して言及はない。

が底流に存しているように感じられる。

　上記の解釈問題に対して、最上級裁判所である連邦通常裁判所の判断はまだ出ていないが、仮に142条の適用を肯定することになれば、職権による文書等の提出の拡大は明らかであり、事案解明の領域への裁判所の権能の行使の範囲は大きくなり、実体的訴訟指揮の枠を超えるおそれがないとは言い切れないように思う。

　これと比較したならば、わが国の民事訴訟においては裁判官の権能の行使は抑制的であるといえよう。ドイツの独立証拠手続における事案解明にそれなりに相当すると思われる「訴え提起前における照会および証拠収集の処分」は、後者において裁判所の関与はあるものの、当事者間で行うことを基調とし、照会に応じなかった場合の制裁も存しない。また、訴訟が係属した後においても、当事者照会に裁判所が関与したり、制裁を用いて実効性を確保するといったことはない。こうした意味において、裁判所の職権による事案の解明はもとより、紛争をめぐる情報の収集面でも裁判所の手続支配はほとんど認められない。

　いずれにせよ、こうした彼我の相違は、民事裁判制度の歴史的な経緯を背景にしており、その是非を問うことにどれだけの意味があるかは定かでないけれども、少なくとも、冒頭に掲げた「当事者支配と裁判官権能」といった大局的な視点から、わが国の民事裁判における事案解明の問題を改めて問い直してみることには十分な意義があろうと考える。

続・民事裁判における「手続的正義」・小考
―― 「弁論再開判決」（最一小判昭和 56 年 9 月 24 日）後の諸判例を
　　中心として

◆ 川嶋四郎 ◆

I　はじめに――問題の所在
II　「弁論再開判決」以降の判例等
III　おわりに――「手続的正義」規範の救済志向的な活用を目指して

I　はじめに――問題の所在

　先に私は、著名な「弁論再開判決」（最一小判昭和 56 年 9 月 24 日民集 35 巻 6 号 1088 頁〔以下、「昭和 56 年判決」とも呼ぶ〕）が用いた「手続的正義」という用語が、その後の諸判例を通じて、他の事件類型でも用いられることによって、「手続的正義」規範となったと評価できることを踏まえて、その意義と問題点について、若干の検討を行った[1]。

　それは、手続法における崇高な理想を、新たに規範的に具体化し得るかのようにもみえる「手続的正義」という表現は、従来から、法哲学や民事訴訟法学において民事裁判の基本的なあり方を論じる文献のなかで用いられてきたものの、その民事訴訟法上ひいては民事手続法上の含意が必ずしも定かではないと思われたからである。具体的には、いくつかの最高裁判例にみられる「手続的正義」の措辞が、その意味内容も規範的含意も、必ずしも明確ではないようにみえたことによる。「手続的正義」規範は、当事者の視点からみた場合に、手続保障の核心と考えられる対論（口頭弁論〔または、決定手続では少なくとも対席形式の審尋〕）を確保するための「弁論権の保障」を基礎づけ、

---

1)　川嶋四郎「民事裁判における『手続的正義』・小考―『弁論再開判決』（最一小判昭和 56 年 9 月 24 日・民集 35 巻 6 号 1088 頁）を機縁として」立命館法学 369 = 370 号合併号（2017）所収。

「法的救済保障」[2]を促進するかのようにみえるが、ともすれば、手続面での違憲・違法による法的救済のハードルを高めて救済制約的にさえ作用しかねない要素となり得るようにも思われたからでもある。

前稿では、「弁論再開判決」である「昭和56年判決」のみについて、「手続的正義」規範を考察することができたにすぎなかったので、本稿では、その続編として、「手続的正義」規範を用いたようにみえるその後の諸判例等について検討を加えていきたい。なお、関連判例も取り上げる予定でいたが、紙幅の関係で別の機会としたい。

II 「弁論再開判決」以降の判例等

1 「手続的正義」規範を用いた「平成7年判決」

（1） 「平成7年判決」（最二小判平成7年7月14日民集49巻7号2674頁）

　　（a）　事案　　本件において、Xは、戸籍上、Y_1・訴外A間の嫡出子として届出がなされているY_2について、家庭裁判所に、まず、Y_1とY_2との間の親子関係不存在の確認を求める調停の申立てを行ったが、この調停の取下げの後に、Xは、地方裁判所に、Y_1とY_2との間の親子関係不存在確認の訴え（以下、「本件訴え」という）を提起した（Xは、Y_2の血縁上の父であると主張していた。なお、当時は、人事訴訟事件の管轄が、地方裁判所にあった）。この訴訟の第1審係属中、家庭裁判所において、Y_2を訴外B・C夫妻の特別養子とする審判（民817条の2、旧家審9条1項甲類8号の2〔現、家事「別表第一」63項〕。以下、この審判を「本件審判」という）がなされたので、Xがこの審判に対して即時抗告を申し立てたが、申立適格を欠くという理由で却下され、この審判が確定した。

その後、本件訴えの第1審において、地方裁判所は、Xの請求を認容し、Y_1・Y_2間の親子関係の不存在を確認する旨の判決を言い渡したところ、Yらが控訴を提起した。控訴審は、Y_2を特別養子とする本件審判が確定した以上、本件訴えは確認の利益を欠き不適法であるとして、第1審判決を取り消して、本件訴えを却下した。これに対して、Xが上告した。

　　2）　たとえば、川嶋四郎・民事訴訟法（日本評論社・2013）4頁、10頁、309頁、670頁等を参照。

(b) 判旨　　最高裁は、次のように判示して、原判決を破棄し、事件を原審に差し戻した。

「子の血縁上の父は、戸籍上の父と子との間に親子関係が存在しないことの確認を求める訴えの利益を有するものと解されるところ、その子を第三者の特別養子とする審判が確定した場合においては、原則として右訴えの利益は消滅するが、右審判に準再審の事由があると認められるときは、将来、子を認知することが可能になるのであるから、右の訴えの利益は失われないものと解するのが相当である。

これを本件についてみると、記録によれば、被上告人 Y_2 を B、C の特別養子とする審判……が確定していることは明らかであるが、上告人 X は、被上告人 Y_2 が出生したことを知った直後から自分が被上告人 Y_2 の血縁上の父であると主張し、同被上告人 Y_2 を認知するために調停の申立てを行い、次いで本件訴えを提起していた上、本件審判を行った福島家庭裁判所郡山支部審判官も、上告人 X の上申を受けるなどしてこのことを知っていたなどの事情があることがうかがえる。右のような事情がある場合においては、上告人 X について民法 817 条の 6 ただし書〔養子となるべき者の利益を著しく害する事由〕に該当する事由が認められるなどの特段の事情のない限り、特別養子縁組を成立させる審判の申立てについて審理を担当する審判官が、本件訴えの帰すうが定まらないにもかかわらず、被上告人 Y_2 を特別養子とする審判をすることは許されないものと解される。なぜならば、仮に、上告人 X が被上告人 Y_2 の血縁上の父であったとしても、被上告人 Y_2 を特別養子とする審判がされたならば、被上告人 Y_2 を認知する権利は消滅するものと解さざるを得ないところ（民法 817 条の 9）、上告人 X が、被上告人 Y_2 を認知する権利を現実に行使するためとして本件訴えを提起しているにもかかわらず、右の特段の事情も認められないのに、裁判所が上告人 X の意思に反して被上告人 Y_2 を特別養子とする審判をすることによって、上告人 X が主張する権利の実現のみちを閉ざすことは、著しく手続的正義に反するものといわざるを得ないからである。

そして、上告人 X が被上告人 Y_2 の血縁上の父であって、右の特段の事情が認められない場合には、特別養子縁組を成立させる審判の申立てについて審理を担当する審判官が本件訴えの帰すうが定まるのを待っていれば、上告人 X は、被上告人 Y_2 を認知した上で、事件当事者たる父として右審判申立事件に関与することができたはずであって、本件審判は、前記のような事情を考慮した適正な手続を執らず、事件当事者となるべき者に対して手続に関与する機会を与えることなくされたものといわざるを得ないことになる。そうであれば、上告人 X が被上告人 Y_2 の血縁上の父であって、右の特段の事情が認められない場合には、本件審判には、家事審判法 7 条〔非訟事件手続法（旧法）の準用規

定。現、不存在〕、非訟事件手続法 25 条〔現、非訟 73 条 2 項・家事 93 条 1 項〕、民訴法 429 条〔現、民訴 349 条〕、420 条 1 項 3 号〔現、民訴 338 条 1 項 3 号〕の準再審の事由があるものと解するのが相当であって、本件審判が確定したことの一事をもって本件訴えの利益は失われたものとした原審の判断は、法令の解釈を誤り、ひいては審理不尽の違法を犯したものといわざるを得ない」(〔　〕内は、便宜的に付加した)。

(2)　「平成 7 年判決」にみる「手続的正義」規範について　　この「平成 7 年判決」は、審判手続での審理・判断をするさいの前提問題に関して訴訟手続が係属しており、かつ、そのことを知っているにもかかわらず、その訴えの帰趨を待つことなく裁判所が審判手続を行うことは、訴訟の原告が主張する権利の実現のみちを閉ざすことになり、著しく「手続的正義」に反すると判示した[3]。

すなわち、「平成 7 年判決」は、子を第三者の特別養子とする審判が確定した場合には、原則として、その子の血縁上の父が戸籍上の父と子との間の親子関係不存在の確認を求める訴えの利益は消滅するが、その審判に準再審の事由があるときは、親子関係不存在確認の訴えにおける確認の利益は失われないことを、一般的な規範を定立して判示するとともに、準再審の事由についても、次のように判示した。子の血縁上の父であると主張する者が戸籍上の父とその子との間の親子関係不存在の確認を求める訴えを提起するなどしており、子を第三者の特別養子とする審判を担当する審判官も上申を受けてそのことを知っていたにもかかわらず、その訴えの帰趨が定まる前に子を第三者の特別養子とする審判を行った場合において、子の血縁上の父である

---

3)　本判決に関する評釈、解説および論文は、おびただしい数に上る。たとえば、本間靖規「判批」法教 186 号（1996）70 頁、中川高男「判批」判例セレクト 1995、25 頁、上原敏夫「判批」NBL591 号（1996）58 頁、石渡哲「判批」法学研究（慶應義塾大学）69 巻 9 号（1996）196 頁、鈴木正裕「判批」リマークス 13 号（1996）124 頁、内山梨枝子「判批」家月 48 巻 10 号（1996）193 頁、佐上善和「判批」民商 116 巻 1 号（1997）85 頁、中島弘雅「判批」平成 7 年度重判解 110 頁、南敏文「判批」平成 7 年度民事主要判例解説 150 頁、綿引万里子「判解」ジュリ 1080 号（1995）98 頁、同「判解」平成 7 年度最判解民事篇(下) 768 頁、池尻郁夫「人事訴訟手続と家事審判手続の統合へ向けての一考察—最判平成 7 年 7 月 14 日・仙台高判平成 8 年 9 月 2 日事件の手続法理論への示唆」判評 471 号（1998）2 頁、戸根住夫「瑕疵のある非訟事件の裁判の確定と訴訟裁判所の判断—最高裁判例から取材した問題研究」訴訟と非訟の交錯（信山社・2008）83 頁、德田和幸「民事裁判における『手続的正義』の意義と機能—若干の最高裁判例から」松本博之先生古稀祝賀・民事手続法制の展開と手続原則（弘文堂・2016）3 頁等がある。徳田論文を除いて、おおむね本件訴えにおける訴えの利益（確認の利益）と準再審のみについての論評がなされている。

と主張する者が子の血縁上の父であると判断されたときは、その者について民法817条の6ただし書に該当する事由が認められるなどの特段の事情のない限り、その審判には、準再審の事由がある旨を判示したのである[4]。

　その判決のさいに、最高裁は、本件ではその特段の事情も認められないのに、控訴審が、子の血縁上の父であると主張する者（本件訴えの原告）の意思に反して、子（本件訴えの被告）を特別養子とする審判をすることによって、原告が主張する権利実現のみちを閉ざすことは、著しく「手続的正義」に反するものといわざるを得ないと判示したのである。

　そこで、以下では、本稿の論題である「手続的正義」規範に限定して、若干の検討を行いたい。

　まず、「平成7年判決」は、前稿で述べた「弁論再開判決」である「昭和56年判決」とは、「手続的正義」規範の援用局面が異なるようにみえる。一方で、「昭和56年判決」が、「手続的正義」という用語を、当事者の申立てを受けて、弁論の再開を義務的に認めるべき場合に関する一般的な規範定立の局面で用いている（それと同時に、具体的な当てはめの局面でも用いている）のに対して、他方で、「平成7年判決」は、一般的な規範定立の局面ではその用語を用いていないものの、その具合的な当てはめの場面で用いているからである。その意味で、両判決における「手続的正義」の内容には異同がみられるようにも思われるが、しかし、基本的にはその内容は変わらないのではないかと考えられる。

　なぜならば、「昭和56年判決」では、弁論再開をごく例外的に義務づける指針として「手続的正義」規範を一般的な規範定立のなかに組み込むことができたのに対して、「平成7年判決」の場合は、例外的に準再審の事由があるときには訴えの利益が失われないとの一般的な規範定立を行っているのであり、「手続的正義」規範自体はその準再審を基礎づける事由を判断する規

　4）　最高裁判所調査官の解説によれば、「平成7年判決」の意義として、親子関係不存在確認訴訟の係属中に、子を第三者の特別養子とする審判をすることの許否という、特別養子制度制定当時にも十分に議論がされず、明文の規定もない問題について、最高裁として初めての判断を示したものであり、今後、本判決の趣旨に沿った審判の運用がなされることになると思われると指摘されている。綿引・前掲注3）最判解778頁。ただし、「手続的正義」については特に言及がなく、その脚注で「昭和56年判決」を引用しているにすぎない。同・781頁注6）を参照。なお、綿引・前掲注3）ジュリ99頁では、本判決は、親子関係不存在確認訴訟の帰趨、そして、血縁上の父と主張する者の認知の成否を待つために、家事審判手続を中止すべきことを明言しているので、従来の家庭裁判所実務を変更する判決であると指摘し、手続に着目した解説がなされている。

範として機能することが期待されていたともいえ、そもそも一般的な規範定立のなかに組み込むことができにくかったのではないかと考えられるからである。それでも、より具体的に考えた場合には、「弁論再開判決」である「昭和56年判決」で究極的に問題とされたのが、その事例では、弁論の再開が認められなければ「主張提出の機会」が遮断され、後訴も遮断されるという、手続保障に悖る事態が生じてしまうことであり、それは、「平成7年判決」が問題とした、裁判所が特別養子とする審判をすることによって、当事者が主張する「権利の実現のみち」（認知する権利を現実に行使するために提起した本件訴えのみち）が閉ざされることと、共通性を有すると考えられるであろう。要するに、当事者が手続保障の機会（「昭和56年判決」では、訴訟事件における弁論の再開を通じた弁論権の行使、「平成7年判決」では、本件訴えの提起による弁論権の行使）を求めているにもかかわらず、裁判所による「手続的正義」に反した訴訟運営・手続運営によって当事者の事後的な救済手段が剥奪されてしまうことに対する問題提起なのである。「昭和56年判決」も「平成7年判決」も、当事者にとって、自己に不利な手続帰結を招来させないための救済手段が途絶させられる場合における法的救済の必要性を認めたものとして、高く評価することができるであろう[5]。

　鈴木教授[6]は、この「平成7年判決」について、「血縁上の父であるXから本件訴えを提起している旨の上申書が提出されているのである。これを無視したことはやはり家庭裁判所にとって決定的なミスであったというほかないであろう。」「本件の最高裁判決に反対する者は、何ぴともいないのではあるまいか。家庭裁判所、原裁判所の無感覚・無神経ともいうべき取扱いを見た後、本件判決に接した者は誰でも、ほっと安堵の胸をなでおろすであろう。」と指摘されている。

　「平成7年判決」は、最高裁判所が、訴えの利益の判断を通じて、通常の

---

5) 「平成7年判決」は、認知をする権利の剥奪という、実体権の侵害が問題とされているようにもみえるが、「手続的正義」規範の文脈では、本件訴えが認知目的であるとしても、あくまで、手続（本件訴え）が閉ざされてしまうこと（手続権侵害）を問題視していると考えられるのである。なお、綿引・前掲注3）最判解776頁〔ここでは、本件訴えを「提起しているのに、裁判所がその者の意思に反して、子を第三者の特別養子とする審判をして、その者の権利行使、すなわち認知のみちを閉ざすことは著しく手続的正義に反する」と解説されている〕も参照。人事訴訟事件の家裁への移管の後も、このことがより強く妥当するであろう。

6) 鈴木・前掲注3) 125～126頁、127頁。

民事訴訟手続よりも職権主義的色彩の強い家事審判事件の手続進行のあり方を問題とし（審判手続において係属中の訴訟手続との関係を考慮すべきことを要請し）、本件訴えの利益の喪失を導いた他の手続運営を問題とし、著しく「手続的正義」に反するとした点に特徴がある（最高裁判所が、結論的には、本件訴えにおける訴えの利益を肯定する形式で、「手続的正義」規範までもち出し、そのような判断を行った点は、最高裁判所における強い法的救済志向をうかがうことができるであろう）。しかも、この事件の特徴は、訴訟当事者が、（判決文によれば）「上申」などというう事実上の情報伝達方法を用いて、事前に、家事審判官（裁判官）に本件訴訟の係属を伝えていた点にあり、それに対応した適切な措置（家事審判手続の停止等）をとらなかったことが、最高裁判所によって、大きく問題視されている点にある。それは、上申などというような非公式な手続であっても（いわば当事者に申立権がなくても）、その提供された情報次第で裁判所に考慮義務が生じることを示唆しているようにみえるのである[7]。

なお、「平成7年判決」との関係では、その訴訟も審判も、旧法（人事訴訟手続法、家事審判法）下の事件であるが、その後、現行民事訴訟法が制定され、人事訴訟法・家事事件手続法が制定され、一般的には、裁判迅速化法が睨みを利かしている現在、より一層の迅速化や効率化が事件処理における目的とされることが予想される。ただし、「平成7年判決」は、迅速な事件処理や効率的な事件処理を超えた価値が存在することを示唆しているようにも思われる。その価値を個別事件で保護する機能が「手続的正義」規範に課されることが、「昭和56年判決」と「平成7年判決」によって明らかにされたと考えられるのである[8]。しかもそれは、実体的価値というよりも、手続的価値

---

7) ちなみに、その後の判断については、本件差戻控訴審判決として仙台高判平成8年9月2日家月51巻2号91頁〔訴え却下〕を、本件差戻上告審判決として最三小判平成10年7月14日集民189号141頁・判例時報1652号71頁〔原判決破棄、事件を原審差戻し〕を、それぞれ参照。ただし、ここで最高裁は、「手続的正義」の用語は用いていない。なお、戸根・前掲注3）116～117頁も参照。

8) なお、本判決は、「手続的正義」規範の点だけではなく、準再審を認めたものとして注目される。また、訴えの利益の判断においても、興味深い判示がなされている。
まず、準再審については、「平成7年判決」では、旧家事審判法のもとで議論されていた、家事審判に対して準再審が認められるか否かの問題点について、肯定的に解することを前提に判断していたが、この点は、後に、家事事件手続法103条1項によって、立法的にも明確化された。なお、上原・前掲注3）61頁では、準再審の構造は再審の場合と異ならないが、通常の場合とは異なり、本件で「やや問題があるのは、認知というX〔本件訴えの原告〕の意思に基づく行為が介在し、それがその後の手続の前提問題となる点である」という不確定要素が存在することが指摘されている。そのような要素が存在する場合でも、本件で「手続的正義」が問題とされたのは、

なのである。このことは、次に述べる決定手続においても、基本的に妥当するであろう。

2 「手続的正義」規範を用いた「平成 23 年決定」

(1) 「平成 23 年決定」（最二小決平成 23 年 4 月 13 日民集 65 巻 3 号 1290 頁）

　　(a) 事案　　X（申立人・相手方・特別抗告人）は、Y（相手方・抗告人・相手方）に対する時間外勤務手当の支払請求訴訟を提起したが、この訴訟において、時間外手当の計算の基礎となる労働時間を立証するために、Y の所持する X のタイムカード（以下、「本件文書」という）が必要であると主張して、本件文書について、文書提出命令の申立てを行った。

　この X の申立てに対して、原々審は、Y が本件文書を所持していると認めるのが相当であり、本件文書は民事訴訟法 220 条 3 号所定の利益文書に当たることなどを理由として、Y に対し、本件文書の提出を命じた。これに対して、Y は、本件文書を所持していない理由を具体的に記載し、また、それを裏付ける証拠として、原々決定後にその写しが提出された書証を引用した即時抗告申立書を提出して、即時抗告を申し立てた。

　抗告審である原審は、X に対し、即時抗告申立書の写しを送付することも、即時抗告を知らせることもなく、審理の結果、Y の不服を認め、本件文書が存在していると認めるに足りないとして、原々決定を取り消し、X の本件申立てを却下した。これに対して、X は、原審が X に対して手続に参加する機会を保障しないままに、原々決定を取り消したことは、憲法 32 条（裁判を受ける権利）に違反していると主張して、特別抗告を申し立てた。

　　(b) 決定要旨　　最高裁は、原審の手続における法令違反の有無につい

　　やはり、最高裁が、本件訴えの本案判断への志向という手続継続による X の弁論権保障を優先しているからであると考えられる。なお、再審事由である代理権欠缺（民訴 338 条 1 項 3 号）との関係でも、「平成 7 年判決」は注目に値する。たとえば、南・前掲注 3）151 頁等も参照。
　　次に、確認の利益については、本判決では指摘されていないが、かねてから、真実の身分関係に基づく戸籍訂正の必要性が、即時確定の必要性を基礎づけてきた（たとえば、川嶋・前掲注 2）245 頁等を参照）。その点で、本件もその延長線上にあるように思われる。ただし、本件訴えでは、確認対象は現在の親子関係の不存在であるものの、「審判に準再審の事由があると認められるときは、将来、子を認知することが可能になるのであるから、右の訴えの利益は失われない」と判示されているように、他の手続に対する規範的な情報（既判力による親子関係の存在という確定情報）の獲得に重点が置かれているようにも思われる点は興味深い。この問題については、たとえば、川嶋四郎「確認判決における情報提供機能─『みなし相続財産の確認の訴え』を手掛かりとして」民事救済過程の展望的指針（弘文堂・2006）166 頁等も参照。

て、職権により次のように判断し、原決定を破棄し、本件を原審に差し戻した。

「①本件文書は、本案訴訟において、抗告人Xが労働に従事した事実及び労働時間を証明する上で極めて重要な書証であり、②本件申立てが認められるか否かは、本案訴訟における当事者の主張立証の方針や裁判所の判断に重大な影響を与える可能性がある上、③本件申立てに係る手続は、本案訴訟の手続の一部をなすという側面も有する。そして、本件においては、④相手方Yが本件文書を所持しているとの事実が認められるか否かは、裁判所が本件文書の提出を命ずるか否かについての判断をほぼ決定付けるほどの重要性を有するものであるとともに、⑤上記事実の存否の判断は、当事者の主張やその提出する証拠に依存するところが大きいことにも照らせば、上記の事実の存否に関して当事者に攻撃防御の機会を与える必要性は極めて高い。

しかるに、記録によれば、⑥相手方Yが提出した即時抗告申立書には、相手方Yが本件文書を所持していると認めた原々決定に対する反論が具体的な理由を示して記載され、かつ、⑦原々決定後にその写しが提出された書証が引用されているにもかかわらず、⑧原審は、抗告人Xに対し、同申立書の写しを送付することも、即時抗告があったことを抗告人Xに知らせる措置を執ることもなく、⑨その結果、抗告人Xに何らの反論の機会を与えないまま、上記書証をも用い、本件文書が存在していると認めるに足りないとして、原々決定を取り消し、本件申立てを却下しているのである。そして、記録によっても、⑩抗告人Xにおいて、相手方Yが即時抗告をしたことを知っていた事実や、そのことを知らなかったことにつき、抗告人Xの責めに帰すべき事由があることもうかがわれない。

以上の事情の下においては、原審が、即時抗告申立書の写しを抗告人Xに送付するなどして抗告人Xに攻撃防御の機会を与えることのないまま、原々決定を取り消し、本件申立てを却下するという抗告人Xに不利益な判断をしたことは、明らかに民事訴訟における手続的正義の要求に反するというべきであり、その審理手続には、裁量の範囲を逸脱した違法があるといわざるを得ない。そして、この違法は、裁判に影響を及ぼすことが明らかであるから、その余の点について判断するまでもなく、原決定は破棄を免れない。そこで、更に審理を尽くさせるため、本件を原審に差し戻すこととする」。（①～⑩は、便宜的に表記した）

(2)　「平成23年決定」にみる「手続的正義」規範について　「平成23年決定」は、最高裁判所が、文書提出命令事件において、即時抗告申立書の写しを相手方に送付等をして攻撃防御の機会を与えることなく、相手方の申立て

に関する文書提出命令を取り消し、同申立てを却下した抗告裁判所の審理手続に違法があるとして、職権により破棄したものである[9]。

本稿の論題である「手続的正義」規範について、「平成23年決定」は、原審が、即時抗告申立書の写しを相手方に送付するなどして、攻撃防御の機会を与えることのないまま、原決定を取り消し申立てを却下するという相手方に不利益な判断をしたことは、「明らかに民事訴訟における手続的正義の要求に反するというべきであり、その審理手続には、裁量の範囲を逸脱した違法がある」と判示した。そこで、以下では、本稿の論題である「手続的正義」規範に限定して、若干の検討を行いたい。

まず、「平成23年決定」は、訴訟手続に関する「昭和56年判決」や「平成7年判決」とは異なり、決定手続における「手続的正義」規範の援用であり、注目に値する。なぜならば、訴訟手続と比較して、決定手続は、簡易迅速な事件処理が目的とされる[10]柔軟かつ裁量的な手続であり[11]、そのような基本的な性格（その定義にもよるが、実質的にみて非訟事件としての性格）が、裁判所に認められる手続指揮権のありようにも反映すると考えられるからである。したがって、そのような裁判所の権限行使（裁判官の手続指揮権の行使）に関しても相対的に自由度が高いと考えられる手続において、「手続的正義」規範が用いられ、明文上は必ずしも明確ではなかった事項に関して、一定の義務づけがなされたことは注目に値するのである。

先に述べた「昭和56年判決」や「平成7年判決」と同様に、「平成23年決定」も、「手続的正義」規範の適用を通じて、当事者の対論確保による弁論権（主張〔法的主張も含む〕や証拠を提出する権利）の保障という側面を有する。

---

9) 本決定の評釈や論文等として、たとえば、川嶋四郎「判批」法セミ683号（2011）126頁、田中壮太「判批」NBL 967号（2011）79頁、加波眞一「判批」民商145巻3号（2011）329頁、川嶋隆憲「判批」法学研究（慶應義塾大学）85巻1号（2012）157頁、宇野聡「判批」平成23年度重判解131頁、草鹿晋一「判批」新・判例解説Watch 10号（2012）127頁、安達栄司「判批」ひろば65巻7号（2012）49頁、加藤新太郎「判批」判タ1375号（2012）52頁、田邊誠「判批」リマークス45号（2012）106頁、園田賢治「判批」判例セレクト2011〔II〕34頁、渡邉和道「判批」同志社法学65巻1号（2013）247頁、長屋幸世「民事訴訟に見る手続的正義―最決平成23年4月13日を参考に」北星論集52巻2号（2013）113頁、石丸将利「判解」平成23年度最判解民事篇268頁、徳田・前掲注3）、渡邉和道「判批―訴訟手続の違憲を理由とする上告と破棄差戻し」愛知学泉大学現代マネジメント学部紀要4巻1号（2015）11頁等がある。これらでは、若干の文献を除き、抗告手続における抗告状等の不送付等の問題と職権破棄等の問題が、主として論じられている。

10) たとえば、新堂幸司・新民事訴訟法〔第5版〕（弘文堂・2011）654頁等を参照。

11) たとえば、加波・前掲注9）337頁、川嶋・前掲注2）22頁以下等も参照。

「平成23年決定」は、その適用局面を、決定手続における抗告状等の送付等の局面にまで、限定的であれ拡大した点に意義がある。なお、「平成23年決定」では、「平成7年判決」と同様に、「手続的正義」規範が、一般的な規範定立のなかで援用されているわけではなく、個別事案における具体的な事情の評価にさいして用いられている（もともと決定要旨の形式からして、「平成23年決定」は、事例判例と考えられているようであるが、やはり、一般的に決定手続の抗告審における対論を求める権利に関わるものと考えられる）。

従来、即時抗告申立書の写しの送付等により相手方に攻撃防御の機会を与えるかどうかは、抗告裁判所の裁量に委ねられていたようであった[12]。ただし、すでに以前から、実務家等によって、「抗告の審理について……口頭弁論を経ないで審理しまた審尋もしないならば、相手方を定めて呼び出すなどの必要もないが……その相手方に対して不利益な裁判をする場合には、相手方を定めて口頭弁論を開いて呼び出したり、審尋することができる。事案によっては、特に独立的決定ないし争訟性の強いものについては、相手方の弁論権の保障を法的に必要とすべき場合もあろう」[13]との指摘もなされていた。このような状況で、「平成23年決定」により、「手続的正義」の要求から、相手方に攻撃防御の機会を与えることが義務的なものになる場合があることが判示されたのである。

この「平成23年決定」の特徴は、一般的に、決定手続において抗告状等

---

12) 古くは、迅速性が要求される抗告手続にそぐわないことなどを理由に、抗告状の送達を不要とする判例（大決昭和13年10月12日民集17巻1984頁）が存在した。
　　従前の手続実務の紹介として、石丸・前掲注9）288頁は、「平成23年決定」に先立つ調査結果によれば、実務上、送達や送付をしなければ、ただちに違法になるとは解されていないようであるが、ただ原審の判断を相手方に不利益に変更する場合には、手続保障の観点から、抗告状等を送付するという配慮がされていることが多いとのことであったとする。
　　また、「平成23年決定」以前の判例で、送付等の裁量性を示すものとして、民事訴訟事件の付随手続については、たとえば、最二小決平成22年9月29日（判例集未登載。綿引万里子＝今福正己「許可抗告事件の実情（平成22年度）」判時2121号（2011）5頁参照）、また、家事事件の例であるが、最三小決平成20年5月8日家月60巻8号51頁〔「少なくとも実務上一般に行われているように即時抗告の抗告状及び抗告理由書の写しを抗告人に送付するという配慮が必要であった」と言及〕や、最三小決平成21年12月1日家月62巻3号47頁〔相手方が即時抗告を知っていたと窺われる事例〕等も参照。
13) 菊井維大＝村松俊夫・全訂民事訴訟法Ⅲ（日本評論社・1986）318頁。なお、そこでは、最三小決昭和58年6月2日（判例集未登載）〔借地条件変更決定に対する抗告認容決定の抗告審手続について、「原審が、所論のように原審相手方……に抗告状を送達せず、かつ、これを審問しないで抗告認容の決定をし、それが原審の審理手続の違法を来たすとしても、右の点は、ひっきょう、原決定の法令違背の問題を生じうるにとどまるものというべきである」と判示した判例〕が挙げられていた。

をその相手方に送付するなどして、攻撃防御の機会を与えなければならないと判示したのではなく（つまり、一般的な規範定立を行ったのではなく）、本件事案に即して、当事者に攻撃防御の機会を与える必要性の高さを指摘し、即時抗告の相手方がそれを知っていた事実がないこと、および、その不知につき帰責事由がないことまで認定し、そのような相手方に対して攻撃防御の機会を与えず不利益判断を行ったことが、「明らかに手続的正義に反する」とした点にある。事例判例といわれるゆえんであり、事案の諸事情を考慮して、即時抗告の相手方に不利益を与えることになれば、抗告状等の不送付等が違法となる旨を判示したにすぎないのである。しかも、興味深いのは、仮に裁判所サイドから送付等が行われなくても、即時抗告の相手方が悪意または不知につき帰責事由があれば、抗告状等の不送付等の違法性が阻却されると考えている点である。

このように、「平成23年決定」は、個別事件の具体的な事情により、抗告状等の不送付等が違法となることがあるにすぎないという判断枠組のもとでの帰結のように思われるが、やはり、裁判所によるプロセス志向の制度的な手続保障のあり方自体が問題とされているというべきであろう[14]。

なぜならば、「手続的正義」規範は、結果依存的な実体的正義の探求ではなく、手続自体の正義の要請であると考えられるからである。「平成23年決定」の判断の基礎には、当時、抗告状等の送付等を行っていなかった裁判所もあると推測されることから、従前の裁判実務への配慮も感じられる。結果的に不利益さえ与えなければ送付等は不要（不送付が違法とはならない）という、やや結果志向・実体志向の発想による配慮である。しかし、手続保障の問題が、手続結果のいかんにかかわらず、手続への参加・関与による対論を確保し弁論権を保障するという、手続志向の発想に基づくものであると考える立場からは、違和感を覚えるのである。

ともかく、「平成23年決定」においても、「昭和56年判決」と同様に、個

---

14) 即時抗告の提起に関する知・不知や帰責事由の有無を問題にすること自体、先例的な判例（前掲注12）最三小決平成21年12月1日参照）があるとしても疑問がある。手続異議権（民訴90条〔旧法下の責問権〕）の放棄・喪失に類した考え方ではあるが、明文がない規律について、事後的に当事者の責任を問うことになりかねない帰結〔知っていたが裁判所から連絡があると考え即座に対応しなかった場合等〕は、当事者にとってはやや酷であろう。制度的に「手続的正義」規範の遵守が要請される主体は、裁判所だからである。

別事案で手続が違法となるのは、「明らかに民事訴訟における手続的正義の要求に反する」場合であり、そのハードルは比較的高いように思われる。

ところで、「平成23年決定」の事案において、その判断をするために考慮されている事情（先に、便宜的に①～⑩と表記した。→2 (1)(b)）は多様である。しかも、その決定要旨の構造は、必ずしも明快なものでもなく、また、明確に一般化できるものでもないようである。

すなわち、最高裁は、①本件文書であるタイムカードが、本案訴訟での要証事実の証明のために極めて重要な書証であること（書証自体の重要性）、②本件申立ての認否は、本案訴訟で、当事者の主張立証や裁判所の判断に重大な影響を与える可能性があること（本件の当事者・裁判所に対する影響の重大性）、③文書提出命令手続が、本案訴訟手続の一部をなすこと（付随事件の本案手続との密接な関係性）、④本件文書を所持する事実の認否は、文書提出命令の判断を決定付ける重要性を有すること（文書提出命令手続における文書所持事実の重要性）、⑤文書所持事実の存否の判断は、当事者の主張や証拠に依存すること（文書所持事実の判断における当事者による攻撃防御展開の重要性）を挙げ、本件では、①ないし⑤の事情から、「当事者に攻撃防御の機会を与える必要性は極めて高い」と判断した。

ここでは、②は、①と重なる面があるが、当事者・裁判所による①の活用可能性（行為責任への影響）を想定しているように思われ、③は、②の手続基盤（本案手続との密接性）を敢えて一般的に指摘しており、事件固有の独立した判断要素ではないとも考えられる。しかし、決定手続でも、「手続的正義」規範が通用性を有していることを前提としていることには意義がある。また、④は、文書所持の事実が、文書提出命令における判断の前提となることから、その判断の重要性を指摘し、しかも、⑤では、④の判断における当事者の攻防展開の重要性を指摘している。要するに、①ないし③は、当事者にとっても裁判所にとっても、本案判断のために本件文書が重要であることが、重要な考慮要因であることを示している。なお、④と⑤は、本件文書の所持者とされる者の争い方（本件文書不所持の主張）に対応した判示と考えられる。

しかし、これらの事情の考慮は、Xのために原審手続への関与の機会を付与する必要性の高さを示すものであるが、それらが、直ちに抗告状等の写しをXに送付するなどという裁判所の義務を発生させる要因となるとは考

えられていないようである。その判断に続く部分で、さらに具体的な事情が考慮されているからである。

すなわち、最高裁は、⑥即時抗告申立書には、原々決定に対するYの反論の理由が具体的に記載され（Yの即時抗告申立書における具体的理由記載）、かつ、⑦Yの新たな書証引用（Yによる新証拠の提出）にもかかわらず、⑧原審が、申立書の写しの送付等をせず（Xへの申立書の写しの不送付等）、⑨Xに反論の機会を与えることなく不利益な判断を行ったが（Xに反論の機会のない不利益判断）、⑩Xが即時抗告の事実を知らず、また、知らなかったことにつき帰責事由が存在しないこと（X不知および帰責事由の不存在）をも認定し、「手続的正義」規範の適用に至る理由付けを行っているからである。

決定要旨のこの部分からすると、①から⑤の要素の存在に加え、さらに、抗告状等の不送付等が「手続的正義」規範に反し違法となるには、⑥から⑩のような要素が存在する必要があり、ここでは、特に判断の不利益性（→⑨）とXの不知と帰責事由の不存在（→⑩）が重視されるのではないかと考えられる。自己に帰責事由なくして対論保障という手続保障が抗告審において完全に欠けた当事者に対して、攻撃防御の機会を与えず不利な判断を行うことが、「手続的正義」規範に抵触すると考えられたのである[15]。また、⑥（主張関係）と⑦（証拠関係）の事情は、その前提として、本件即時抗告の申立てが相手方（X）を対論に引き込むことを不可避とする要因（Xの反論を求めることが当事者間の公平にかなうことを示す要因）を示している。

しかし、抗告審の手続においても、対立当事者構造が存在する以上、自己の法的救済のあり方に関する手続関与権は一般に認められるべきであり（憲法31条・32条の問題だけではなく、当事者の知る権利〔憲21条〕の問題とも考えられるので）、即時抗告の申立てが不適法な場合（明白な手続濫用事例[16]等を含む）を除き、原則一律に抗告状等の送付等を行うのが妥当であろう。確かに、一般に抗告事件の多様性[17]は理解でき、また、不利益を与える場合（抗告に理由がある場合）にのみ送付等を行うことも考えられるが、しかし、不利益か否か

---

[15] 加波・前掲注9）337頁では、この「平成23年決定」には「昭和56年判決」は引用されていないが、それを先例としてならったものと評価できると指摘されている。

[16] たとえば、事案も手続も異なるが、判例としては、最三小判平成8年5月28日判時1569号48頁等が参考になるであろう。

[17] 宇野・前掲注9）132頁。

の判断に時間を要することも考えられるので、むしろ抗告審の簡易迅速な手続進行のためには、裁判所の負担にはなるものの、原則送付等が妥当であると考えられるからである。ここで、「手続的正義」規範は、単に、結果的な不利益発生の可能性の告知による反論の機会の保障の要請という意味だけではなく、裁判所の審理判断のプロセスにおける平等な対論保障の要請という意味（自己に関する手続への関与・参加）をも有していると考えられるであろう。

従来、手続保障を完全に欠く場合は、憲法違反（審問請求権違反としての憲法32条違反）となるとする見解[18]等が主張されていたが、「平成23年決定」は、「明らかに民事訴訟における手続的正義の要求に反する」場合には、その審理手続には、裁量の範囲を逸脱した違法があると判示した。「平成23年決定」では、「昭和56年判決」や「平成7年判決」と同様に、「手続的正義」規範違反が、違憲ではなく違法となると判示している点は、「手続的正義」規範が、いわば違憲回避の法理として作用し[19]、その判断が定着していることを物語るであろう[20]。

一般に、送達等は、手続保障の重要な要素であり、不意打防止の重要なメカニズムの1つである[21]。不意打防止は手続保障の重要な要素であり、送達等は、憲法上の適正手続（憲31条）や裁判を受ける権利（憲32条）の保障をも目的としていることから[22]、本件は、憲法違反の事件（憲法31条違反の事件）として扱われてもよかったのではないかと考えられる[23]。その意味では、

---

18) たとえば、紺谷浩司「審問請求権（Anspruch auf rechtliches Gehör）の保障とその問題点」民訴18号（1972）161頁、賀集唱＝松本博之＝加藤新太郎編・基本法コンメンタール民事訴訟法2［第3版追補版］（日本評論社・2012）94～95頁〔上北武男〕等を参照。
19) 川嶋・前掲注1）。
20) なお、「平成23年決定」については、抗告状の送付が従前の実務慣行であるならば、これを覆すことが、民訴法2条との関係で問題となり信義則違反と構成することも可能であるとする、注目すべき見解もみられる。渡邉・前掲注9）愛知学泉大紀要19～20頁を参照。
21) 髙橋宏志「不意打防止のシステム—期日・期間・送達」新堂幸司編・特別講義 民事訴訟法（有斐閣・1988）381頁、391頁を参照。
22) 川嶋・前掲注2）184頁参照。なお、決定手続では、送達以外にも、簡易な不意打ち防止の手続が認められている。民事訴訟法122条・119条等を参照。
23) この点については、川嶋・前掲注9）126頁、同・前掲注2）19～21頁を参照。さらに、本件を法令違反の問題として処理することに対して批判的な見解として、川嶋隆憲・前掲注9）126頁〔憲法32条違反として、特別抗告に基づいて原決定を破棄すべきと論じられている〕もある。なお、憲法問題として扱うことになれば、一般に特別抗告が増え、最高裁判所の負担が加重になるのではないかとの危惧も当然に考えられるが、最後の憲法審としての最高裁判所における日常的な憲法実践の積み重ねは、むしろ、憲法自体を身近で豊かなものにし、具体的に規範化することを意味し、裁判所や国民の合憲性への敏感な感性が陶冶されることにもなると考えられるので、（実際には、違憲の法令や違憲の手続運営がほとんど存在しないのではないかとさえ思われる日

「平成23年決定」もまた、決定手続では訴訟手続以上に要請されることになると考えられる、迅速かつ効率的な事件処理の要請をも超えた価値が存在することを示唆しているであろう。その価値を個別事件で保護する機能が「手続的正義」規範に課されることが、「昭和56年判決」、「平成7年判決」、そして「平成23年決定」によって、明らかにされたとも考えられるのである。

3 反対意見にみる「手続的正義」──最三小判平成23年6月7日（民集65巻4号2081頁）

　以上の判例のほか、ある行政訴訟事件の最高裁判例における反対意見で、那須弘平裁判官が、「手続的正義」の措辞を用いていることにも言及しておきたい。

　この事件は、一級建築士免許取消処分等取消請求事件であるが、最高裁は、建築士法（平成18年法律第92号による改正前のもの）10条1項2号・3号に基づいてなされた一級建築士免許取消処分の通知書において、処分の理由として、構造計算書に偽装がみられ不適切な設計を行ったなどという処分の原因となる事実と、処分の根拠法条とが示されているのみで、処分基準の適用関係が全く示されていないなどの判示の事情のもとでは、名宛人が、いかなる理由に基づいてどのような処分基準の適用によって当該処分が選択されたのかを知ることができず、上記取消処分は、行政手続法14条1項本文の定める理由提示の要件を欠き違法である旨を判示した。

　その反対意見で、那須弘平裁判官は、「……聴聞を経た後は、より詳しく

本社会でも）最高裁判所の役割として、むしろ相応しいと考えられる。
　なお、本件でXは、憲法32条を援用しており（従来の学説上では、審問請求権の保障を、憲法32条の問題として捉える見解が有力であったが）、私見のように（当事者が主張しない）憲法31条の適用には疑問（石丸・前掲注9）317頁を参照）が呈されるかもしれない。しかし、法適用は、憲法尊重遵守義務（憲99条）を負う裁判官の専権であり、法的観点指摘義務さえ果たせば、憲法31条の適用も認められると解される。前掲注12）最三小決平成20年5月8日の田原睦夫裁判官の補足意見も参照。このような考え方に対しては、さらに、決定手続に憲法規定を持ち込み、当事者の手続保障を要求すると、手続がとたんに重くなり、簡易、迅速、柔軟といった決定手続の諸要請に悖る結果が生じることを指摘する見解（本間靖規「判批」リマークス38号〔2009〕126頁）も存在する。これは、手続の性質と機能に即した合理的ともみえる立論であるが、しかし、決定手続においてその手続を憲法問題化することは、決して決定手続を訴訟手続化することではなく、憲法上保障されたと考えられる最低限の手続保障の要請を決定手続にも組み込むこと、あるいは、適用することを意味するにすぎない。決定手続においても、日本国の法制度である以上憲法規範の適用下にあることから、法体系上も問題なく、日常的な憲法認識は、むしろ、裁判官の日常的な憲法実践として有用であろう。

理由を示すこともできるはずであるとの指摘もある。しかし、不利益処分の理由の中には、明示しないことが名宛人とされる者の利益につながるものや、質的又は量的な側面から、文章化することに適しないものも含まれている。手続的正義も、常に書面の中に痕跡を残さなくてはこれを実現できない、ということではなかろう。……本件では、多数意見のように、当審で原判決を破棄し自判により上告人らの請求を認容して本件免許取消処分を取り消すことも、事例判断の一つとして論理的に採り得ない話ではない。しかし、この場合、処分行政庁が前回と同様な懲戒手続により、理由中で処分基準の適用関係を明示した上で、再度同様な内容の免許取消処分を行い、更に訴訟で争われる事態が生じることもあり得る。このような事態も手続的正義の貫徹という視点からは積極的に評価できる面もあろうが、これに要する時間、労力及び費用等の訴訟経済の問題を考慮すれば逆の評価をせざるを得ない面もある。」と論じられている。

先に、前稿で述べたように[24]、最三小判昭和39年10月13日（民集18巻8号1619頁）の判決文のなかで、「手続的正義」という用語が用いられていた。しかし、そこでは、手続の理想型・理念型として用いられているようであり、那須裁判官の反対意見の措辞も、それに近いが、規範的に考えても、慎重かつ丁寧な合法的手続を行うべき要請程度の意味で用いられているようである。ただし、反対意見のなかで、「手続的正義」に言及しており、反対意見によれば、多数意見が手続的正義に基づいた論旨であるとも評価されているようで興味深い。ともかく、「手続的正義」規範の浸透度を垣間見ることができるが、同時にその含意の抽象性を示しており、また、手続的な合法性の最低ラインを示すものとして用いられているようでもある[25]。

III　おわりに
　　──「手続的正義」規範の救済志向的な活用を目指して

「手続的正義」規範は、現在進化し発展しつつあるようにみえる。それが

---

24)　川嶋・前掲注1) 参照。
25)　なお、「手続的正義」という表現は用いられていないが、前掲注12) 最三小決平成20年5月8日および前掲注12) 最三小決平成21年12月1日における那須弘平裁判官の各反対意見も参照。

用いられた判例の件数も限られていることから、その規範の具体化は、今後の展開に委ねられた問題とも考えられる。また、一部は、新たな立法にも反映されたと考えられる[26]。

確かに、「手続的正義」規範は、一面では、先に述べたように、当事者救済の場面をごく例外的な場合に限定することにより、救済制約的な役割を果たすようにもみえるが、しかし、他面では、それでも当事者が法的に救済される場面が創出されたことにより、当事者の法的救済の利益（手続的な側面に関する利益）を拡張する方向性をもった手続創造であるとも評価できる。裁判所の権限行使・不行使が違法となる場合を新たに明示したからである。「昭和56年判決」で誕生した「手続的正義」規範は、「平成7年判決」、「平成23年決定」等を通じて、民事訴訟法領域（民事訴訟の付随手続を含む）における対論志向の弁論権保障を実質化し、法的救済手段の途絶をもたらしかねない事態を回避する役割を、これまで果たしてきたように思われる。

本稿では、先に述べたように、このような手続保障は、適正手続（憲31条）の核心と考えられることから、その違反は、原則違憲となると考えたい。争訟性の高い決定手続においても、基本的に同様であると考えられるであろう[27]。

機能的にみた場合に、「手続的正義」規範は、特に、明文規定のない領域で裁判所（裁判官）の権限（裁量権）を制約し一定の行為を強制（義務付け）する働きを有している。そこでは、信義則論や裁量権の濫用論等、他の法理では賄いきれない課題に対して対応できるような新たな一般条項（規範的要件）を創造的に定立することにより、当事者の手続保障を充実化する意図をも読み取ることができる。これは、既存の裁判実務の大枠を決して崩すことなく、極めて例外的な事態に対して対処するための法・裁判の安全弁もしくはセーフティネットの創造のようにもみえる[28]。また、憲法判断や違憲判断の回避

---

[26] 徳田・前掲注3）16頁参照。なお、立法論として、三木浩一＝山本和彦編・民事訴訟法の改正課題（有斐閣・2012）162頁を参照。この立法論に対しては、林道晴「決定手続における対審審理による手続保障」新堂幸司監修・実務民事訴訟講座［第3期］(3)（日本評論社・2013）199頁、226頁等を参照。

[27] なお、憲法32条との関係では、園田賢治「判批」法政研究（九州大学）75巻3号（2008）657頁、662頁以下、渡邉・前掲注9）同志社法学258頁等も参照。

[28] なお、先にみたように「手続的正義」規範を用いたアプローチを、「手続裁量の制約論としての手続保障論」と位置づける見解（加藤・前掲注9）56頁）もある（この表現からは、興味深いことに、手続裁量論は、手続保障論の「対極」にあるように思われる。しかも、そこでは、手続

Ⅲ　おわりに

を可能とする新たな法律構成とも考えられる。

「手続的正義」規範は、このように一見したところ、裁判所の裁量権を原則的に維持しつつ、ごく例外的にそれを統制する原理のように思われるが、ただ同時に、救済志向的な展開や活用を目指す立場からは、さらに興味深い展望をもたらしてくれる規範のようにも思われる。

まず、仮に裁判所の裁量を前提としても、「手続的正義」規範は、基本的には、当事者に不利益を与えないように（不利益を与える可能性を生じさせないように）、その権限を行使すべきことを規範的に要請しているようにも思われる[29]。その結実が、上述した家事事件手続法や非訟事件手続法の明文規定ではないかと考えられる。

次に、「手続的正義」規範は、近時の手続運営における迅速化・効率化志向に抗い、当事者の手続基本権として、そのような傾向にも優る手続的な価値が存在することを示唆していると考えられる。それが、対論確保という弁論権保障の局面での手続保障であり、手続保障中で最も核心的な部分の制度的保障を示唆しているように思われるのである。

さらに、このように推論すれば、「手続的正義」規範は、そもそも裁判所の裁量権の存在自体を疑問視させる作用さえ果たすようにも思われる。なぜなら、一定の要件を満たした場合には、一定の行為が義務づけられることになるので、要するに、裁判所には、そのように義務づけされるかされないかの要件審査権限のみが与えられているにすぎないとも考えられるからである。

裁量が原則で、手続的正義が例外であるようにも思われる）。裁判官が手続運営（訴訟運営）を主宰する責任を委ねられていることに由来する権能としての手続裁量論（加藤新太郎「審理における実質と形式の統合と手続裁量」手続裁量論〔弘文堂・1996〕63頁、67～68頁）においては、効率的な審理を目標として、かなり自由に裁判官が手続形成を行うことのできる余地が認められている。そこでは、当事者の意向等も考慮要素とされ、当事者の手続保障の要請にも配慮することが示されている。これに対しては、井上治典「書評」ジュリ1285号（2005）99頁も参照。

29）　この文脈では、初期のアメリカ合衆国の公務員について述べられた文章であるが、A・トクヴィル（井伊玄太郎訳）・アメリカの民主政治㊥（講談社・1987〔原著1835、1840〕）177頁に、興味深い記述がみられる。トクヴィルは、「アメリカの公務員の自由裁量に対する多数者の専制権力の効果」の表題のもとで、「自由裁量と専制とは、はっきり区別せねばならない。専制は法律自体によって行われうる。そしてそのとき、専制は自由裁量ではない。自由裁量は被治者のためになされうるし、そのとき、それは専制的なものではない。」という指摘を行っている。なお、争訟性のある民事手続の場合には、少なくとも2人の当事者がいることから、当事者の利益に置き換えた場合には、いずれの当事者の利益かが問題となるが、より保護に値する法的救済利益をもつ者のために、裁量権が行使されるべきと考えられるであろう。つまり、仮に裁判所の裁量というものがあるとすると、それは当事者の利益のために行使されるべきであるということである。

それゆえ、「手続的正義」規範は、抽象的一般的な規範ではあるものの、裁判官の専権事項・裁量権限に対する制約法理・統制手段として誕生したようにもみえるが、実は、このように、専権事項・裁量権限を要件効果プログラムに規制転換する契機を有するようにも思われるのである。したがって、これを敷衍すれば、伝統的に、当事者の申立権が規定されていない場合には、裁判所の専権（裁量権限）が認められるとする考え方にも、再考の機会が訪れることになる。対論確保のための弁論権保障を求める当事者の申立てに対しては、原則的に応答義務が生じると考えられるからである。

　これらの問題については、裁判所（裁判官）の裁量に関する基礎的な課題と関わることから[30]、今後の課題としたい。

---

30) 今後の具体化が期待される最近の重要な基礎研究として、石橋英典「民事裁判官の裁量に関する基礎的考察—ドイツにおける裁量をめぐる議論をてがかりとして」同志社法学367号（2014）35頁を参照。

直接主義の機能分析
――心理学的考察のための覚書

◆菅原郁夫◆

  I はじめに――直接主義をめぐる近時の議論
  II わが国における直接主義をとりまく環境とその効果
  III 直接主義に対する検討の視点
  IV 心理学的検討からの示唆――直接主義と訴訟の迅速化とのバランシング
  V 最後に

I はじめに――直接主義をめぐる近時の議論

1 近時の議論

 直接主義とは、「その事件について判決をする裁判所（受訴裁判所）を構成する裁判官が、自ら弁論を聴取し、証拠調べを行うとの原則」とされる[1]。それによって、裁判官は当事者や各種の証拠方法から直接新鮮な印象を得ることができ、また、不明な点をその場で確認することができることから、弁論の内容を理解し、事案の真相を把握するのに優れているとされる[2]。この原則は、わが国の民事訴訟法の母法である1877年ドイツ帝国民事訴訟法において確立され、わが国の旧々民事訴訟法、旧民事訴訟に引き継がれ、現在の民事訴訟法に至っている[3]。

 わが国の民事訴訟法の成立以来、基本原則として受け継がれ、その意義が疑われることのなかったこの原則が、たとえば、書面尋問制度の導入[4]、受

 1） 兼子一ほか・条解民事訴訟法［第2版］（弘文堂・2011）865頁〔竹下守夫〕、林屋礼二・新民事訴訟法概要［第2版］（有斐閣・2004）206頁、河野正憲・民事訴訟法（有斐閣・2009）255頁、松本博之＝上野泰男・民事訴訟法［第8版］（弘文堂・2015）62頁〔松本〕。
 2） 鬼澤友直「証拠調べ手続」福田剛久＝金井康雄＝難波孝一編・民事証拠法大系第2巻（青林書院・2004）159頁。
 3） 現在の口頭弁論の諸原則の成立経緯に関しては、竹下守夫「『口頭弁論』の歴史的意義と将来の展望」新堂幸司編集代表・講座民事訴訟4 審理（弘文堂・1985）1頁以下参照。
 4） 民訴法205条は、裁判所が相当と認め、当事者に異議がない場合には、証人の尋問に代え書面を提出させることができる旨を規定する。なお、ドイツにおける書面尋問の導入に関する経緯

命・受託裁判官による証人尋問の適用範囲の拡大など[5]、近時の改正にあたっては、部分的ではあるが適用範囲が制限されるに至っている[6]。また、実務上では、条文にない陳述書と呼ばれる書面の利用により、証人尋問の場における直接主義が実質的に破られているのではといった懸念が示されている[7]。その背景には、近時の訴訟数の増加、高度化に伴う訴訟促進・迅速化の要求があるものと思われる[8]。確かに、直接主義には上記のメリットがあるとしても、裁判所の面前での審理は、訴訟手続中でも最も時間と労力を要する部分の1つでもある。専門的な訴訟や複雑な訴訟等の増加するなか裁判所や当事者のリソースが無尽蔵ではない点を考えるならば、審理の内容に大きな影響を及ぼさない合理的な範囲での制限は致し方のない面もある[9]。しかし、問題は、その合理的な範囲をどのように画するかである。かつていわれてきた直接主義のメリットないし機能は、極めて明快で説得力のあるものではあるが、その範囲を合理的なものに収めようとするためには多くの手がかりを有しない。そのためには、さらに踏み込んだ機能分析が必要なように思われる。また、わが国の民事訴訟法は、戦後母法であるドイツ法から離れ、交互尋問制度を採用するに至っており、わが国の直接主義は、その原則が生じた制度とは異なる基盤上で機能している。そのため、考察の視点も母法のものとはやや異なるように思える。たとえば、ドイツ法では、上述のように直接

　　とそれをめぐる議論に関しては、髙田昌宏「民事訴訟における証人尋問の書面化の限界(1)～(3)」早稲田法学72巻4号（1997）203頁以下、同75巻3号（2000）1頁以下、同75巻4号（2000）1頁以下が詳しい。
 5) 民訴法195条は、旧法の場合に加え、「現場において証人を尋問することが事実を発見するために必要であるとき」と「当事者に異議がないとき」を加えている。また、同法268条は、大規模訴訟に係る事件における受命裁判官による証人等の尋問を規定し、当事者に異議のない場合は、「当事者に異議がないときは、受命裁判官に裁判所内で証人又は当事者本人の尋問をさせることができる」と規定している。
 6) 直接主義との関係では、テレビ会議による証人尋問の導入に関しても検討すべき点が少なからず存在するように思われるが、本稿とはやや異なる視点からの分析も必要なように思われることから、本稿の考察の対象外とした。その点に関する問題の実証的な研究としては、菅原郁夫ほか「テレビ会議システムによる証人尋問が証人の信憑性評価に与える影響」行政社会論集11巻4号（1999）111頁以下を参照のこと。
 7) たとえば、本間靖規「人証の取調べにおける直接主義と書面の利用」松本博之＝宮崎公男編・講座新民事訴訟法Ⅱ（弘文堂・1999）192頁以下、214頁。
 8) これらの点に関する指摘として、髙田昌宏「証拠法の展開と直接主義の原則―ドイツ民事訴訟法との比較に基づく覚書」民訴59号（2013）46頁以下参照。また、その世界的傾向に関しては、本間・前掲注7）200頁以下参照。
 9) すでに、民訴法249条2項の弁論更新は、裁判官の交替があった場合、実質的に直接主義の例外を認めている。

主義は心証形成者である裁判官の側からその機能が言及されるが、その背景には職権尋問の存在があるように思われる。それに対して、交互尋問の行われる英米では、反対尋問権や対面権の保障といった形で、尋問者である当事者の視点から審理原則が語られる。これらの視点の点においても、日本の制度は分析の視点が交錯しているといってよい。その意味でも、その実際の機能を考察にするにあたっては、わが国独自の視点からの考察が必要といえる。

2 本稿の視点

 そこで、本稿では、直接主義と訴訟促進・迅速化の要求とのバランスを考える上で、いかなる調整ポイントがあり得るのかを検討するにあたって、その前提としてのわが国の直接主義の機能分析を証人尋問の場面に焦点をあて行う[10]。ただ、直接主義の現実的な機能を分解的にとらえ、審理の効率性や迅速性との間でのトレードオフを考えるにあたっては、これまで経験的に指摘されてきた直接主義の機能の指摘のみでは難しく、かつ、実証性にも乏しい。そこで、本稿の考察にあたっては、従来と異なり、この原則の現実的な機能を重視する意味で、心理学的観点から考察の可能性を追求する。ここで心理学の知見を用いる理由は、証拠調べの対象である証人の特性を把握するためには心理学の知見が数多く存在することと、裁判官の心証形成過程を分析するにあたっても利用可能と思われる知見がいくつか存在すると考えられるからである。ただ、そういった知見も直接主義の機能そのものを分析するためになされたものではなく、その知見を利用するにしても、ここでの指摘は仮説構築の域を出るものではない。その意味で、将来の検証を待つ部分も多い。ただ、母法とは異なる形で審理原則が用いられ、かつその原則と訴訟促進・迅速化の要求とのより踏み込んだ調整を考えるといった状況にあたっては、比較法的知見にのみ頼ることもできず、今後こういった方向での考察も有益であろうと考え、あえて覚書として、ここに考察を示す次第である。

---

 10) 当然のことながら、同じく口頭主義といっても、狭義の口頭弁論と証拠調べの場面、とくに証人尋問場面とでは大きく配慮が異なる。この点を区別し論じるものとして、近藤莞爾「直接主義復習」倉田卓次＝住吉博編・民事訴訟論考第2巻（判例タイムズ社・1978）23頁以下。直接主義の、この点に関わる機能差については、今後の検証が必要といえるが、差しあたり、論理的あるいは要件論的な議論が中心である狭義の口頭弁論以上に、事実認定の場である証拠調べにおいては、本稿のような視点からの分析の必要性が高いといえよう。

以下、はじめに、考察の前提としてわが国の直接主義の機能の特徴を整理し（Ⅱ）、ついで、直接主義の機能に関し、証人尋問の対象である証人および裁判官の心証形成作用との関わりで、心理学知見を用い分析的な視点で検討する（Ⅲ）。さらに、それらの考察をもとに、現状での調整の方向性を示し（Ⅳ）、最後に今後の考察についての示唆を取りまとめる（Ⅴ）。

Ⅱ　わが国における直接主義をとりまく環境とその効果

　前述のように、直接主義が、裁判官が自ら弁論を聴取し、証拠調べを行うとの原則である点は、母法のドイツ法同様、わが国の直接主義にも当てはまる。しかし、その効果として、裁判官が各種の証拠方法から直接新鮮な印象を得ることができ、また、不明な点をその場で確認することができる、といった利点に関しては、母法であるドイツ法の場合とわが国ではその意味するところがやや異なるように思われる。というのは、上記利点の内容は、観察の直接性（以下、「直接観察性」とする）とその場での質問が可能な点（以下、「即時応答性」とする）にあるが、この2つの点は、尋問形態が職権尋問か交互尋問かで、その内容が異なってくると思われるからである。

　まず、職権尋問の場合、心証形成者である裁判官が証人を直接観察し、直接尋問する形になることから、自分の訊きたいことを自分で訊き、その反応を直接に確認することができる。疑問点は即座に確認し、証人の反応も質問とあわせ、焦点を絞った形で確認することができる。ここでの直接主義は、裁判官の視点からみると、自らが取り調べを行うという意味において、積極的直接主義とでも呼べるものであるが、そこでは、従来指摘されてきた直接主義のメリットがまさに当てはまることになる。

　しかし、この積極的直接主義にも限界があることを忘れてはならない。直接主義それ自体の問題とは異なるが、それが職権尋問と結びつく場合、裁判官は尋問者であり、かつ、観察者でもある。この2つの同時作業は、自分の訊きたいことを訊けるといった意味ではメリットであるが、同時に2つの精神作用を要求するという意味では、あきらかに裁判官に心理的負担を増加させるものでもある。そのため、裁判官に自己の視点を離れた客観的な信憑性評価や自己の視点とは異なる視点からの質問は期待しづらくなる面が出てく

る[11]。この点を考えるならば、職権尋問下での直接主義は、直接観察性と即時応答性に優れることは確かであるが、それは裁判官の視点の範囲内という限界を有するものだということもできる。

他方、交互尋問をとる場合、直接観察性は維持されるものの、裁判官の立場からみた場合、即時応答性は職権尋問の場合とは異なる形となる。すなわち、交互尋問の場合、尋問者は当事者であり、心証形成者である裁判官ではない。裁判官は聞く立場に回ることになる。この場合の直接主義は、前述の積極的直接主義と対比するならば、消極的直接主義とも呼ぶことができよう。この消極的直接主義の場合、心証形成者である裁判官の立場からすれば、訊きたいことを端的に当事者が尋問してくれた場合には前述の職権尋問の場合と同じように直接観察性のメリットが生じる。あるいはむしろ、尋問の負担から解放され、冷静に証人を観察できるという意味では、職権尋問以上のメリットが生じ得るともいえる[12]。しかし、反面、裁判官の心の中に浮かんだ疑問を尋問者である当事者が訊いてくれない場合には、即時応答性の点ではそのメリットは得られない。そこでは訊きたいことを適時に訊けない、いわば隔靴掻痒の感が生じることになり、心理的にもフラストレーションが生じることになる[13]。そして、訊きたいことを訊いてもらえず、結果、見たい反応を見ることができないという意味では、直接観察性も満たされないことになり、直接主義のメリットは大きく損なわれる可能性がある。

しかし、この点は、前述の積極的直接主義の限界との対比でみれば、別な視点からの評価も可能である。すなわち、尋問をなす当事者の立場からすれば、仮に裁判官が適切な観点から証人を評価せず誤った心証を形成しつつある、あるいは、裁判官が気づいていないと思われる重要な点があるというよ

---

[11] この点の問題に対する対処として、控訴審では合議制がとられる合理性が見いだされる。合議制の長所は、各裁判官の個性、主観性が捨象され、合理的な判断とみられ、また当事者その他の関係人からの信頼も得られる点にあるとされる。兼子一＝竹下守夫・裁判法［第4版］（有斐閣・1999）305頁。

[12] こういった点は、当初から交互尋問のメリットとしても自覚されていた。小石寿夫「『交互尋問制実施状況に照らして考慮すべき事項』についての意見」民事裁判月報5号（1949）73頁、田辺公二・民事訴訟の動態と背景（田辺公二著作集第1巻）（弘文堂・1964）123頁以下、近藤・前掲注10）243頁、本間義信「証人尋問に関する制度上の問題点―比較法的検討を含めて」自正31巻5号（1980）68頁以下など参照。

[13] まさにこのフラストレーションを解消すべく、交互尋問下においても、補充尋問や介入尋問が認められているといえるが、職権尋問と比較すると、その行使が抑制されることは否定できまい。

うな場合には、自ら尋問を行うことによって、それを正したり、訊き出したりする機会が当事者に与えられているとみることもできる。その意味では、交互尋問下における直接主義は、当事者によって交互になされる尋問が、裁判官の心証形成に対する補正機能を果たしているともいえる[14]。ただ、そうはいっても、裁判官の関心と大きくズレてしまったり、焦点の絞られない意味不明な尋問は、直接主義の機能を大きく損ねることになる[15]。そして、要領を得ない尋問を聞かさせるよりも、要領よくまとめられた陳述書を読んだ方が早いといったことになりかねない。結局のところ、わが国における直接主義の機能は、その前提となる尋問の優劣、さらにその前提となる尋問事項の適否に大きく依存するといえるが、適切な尋問が行われた場合には、職権尋問以上のメリットを示す可能性がある反面、不適切な尋問が行われた場合には、直接主義のメリットが大きく損なわれることになろう[16]。

　以上の検討からすれば、交互尋問下にあるわが国の直接主義は、その前提如何によっては、その機能評価が大きく異なることになるが、以下では、その点も念頭に置いた上で、従来からいわれてきた直接主義の機能をさらに踏み込んだ視点からの分析を試みる。

Ⅲ　直接主義に対する検討の視点

　それでは、直接主義の個々の機能をどのように評価すべきか、心理学的な知見をもとにした機能分析的な視点からの考察を試みる。

---

14)　当事者主義における証拠の対立提示が、心証形成者の予断を抑制する機能がある点については実証研究が存在する。証人尋問の場面でもこの機能は期待できよう。*See*, Thibaut, J., Walker, L & Lind, E. A., *Adversary Presentation and Bias in legal Decision making*, Harvard Law Review vol. 86, p. 386 (1972), Allan Lind, John Thibaut and Laurens Walker, *A Cross-cultural Comparison of The Effect of Adversary and Inquisitorial Processes on Bias in Legal Decisionmaking*, Virginia Law Review vol. 62, p. 271 (1976).

15)　とくに、集中力が低下した受動処理と呼ばれる状態の場合には、裁判官の心証形成が停止するのではなく、仮に裁判官に思い込み等により既存の心証が形成されている場合、それに沿った心証形成が進むことになり、直接主義の弊害がより大きくなるともいえる。この受動処理の場合の弊害については、スティーヴン・ルベット（菅原郁夫＝小田敬美＝岡田悦典訳）・現代アメリカ法廷技法（慈学社・2009）35頁以下参照。

16)　わが国の交互尋問制度における裁判官と当事者の尋問事項に関する認識の一致の重要性を指摘するものとして、菅原郁夫「事実認定と心理学―証人尋問制度の再構成」民訴63号（2017）42頁以下参照。

1 証拠調べの対象の性質——証人の信憑性と直接主義の必要性

　直接主義の一般原則は、「判決は、その基本となる口頭弁論に関与した裁判官がする。」との民訴法249条1項に示されるが、それが、証人尋問に関しては、同条3項において必要的再尋問といった形で徹底されている。このように、直接主義が証人尋問に関してはとくに重要視されている背景には、証人の証言評価にあたっての直接観察性および即時応答性の重要性が存在するものと思われる。その重要性の根拠はどこにあるのであろうか。まずは、証人という証拠調べの対象の特徴と直接主義の関係について検討する。

　証人のもつ特徴の1つは、取調べの対象が証人の過去の体験に対する記憶という人の心の中にあるものであることから、直接観察が不可能な点にある。証人の心の中に、証言内容に当たる記憶の原像があったとしても、外部からその全体像が観察可能なわけではない。そのため、質問に対応する答えという形で、常に限定的な部分しか把握することができない。したがって、質問の仕方いかんによって全体像の見え方は大きく異なる可能性がある。たとえていえば、円錐体は、真上から覗けば円に見えるが、真横から覗けば三角形となり、見る位置によって大きく形を変える。この観察者の立ち位置こそが、尋問者の視点であり、のぞき穴が質問といえよう。

　1つの尋問例を挙げよう。有名な反対尋問の失敗例がある。尋問者は、主尋問において加害者が被害者の鼻を嚙みちぎった場面を目撃した旨の証言をなした証人に対し反対尋問を行った。彼は尋問を通じ、実は、目撃者は、悲鳴を聞いて初めて振り返ったのであり、嚙みつく瞬間は見ていないことを明らかにした。しかし、その後に、「どうしてあなたはAさんがBさんの鼻を嚙みちぎったといえるのですか」と質問をしてしまい、「嚙むところは見なかったのですが、はき出すところをみました」と答えられてしまう。これは、訊きすぎは逆効果になることがあることを示す反対尋問の失敗例であるが、反対尋問者が最後の質問をしていなければどうであったろうか。尋問のあり方如何によって証言の評価が大きく変わる例としてみることもできる[17]。

　同じ証人であっても、尋問者Xによる証言と尋問者Yによる証言は同じ

---

[17] Wigmore, J. *Evidence vol. 5* (Chadbourn rev. 1974) §1368 at p. 43. Cited from: Park, Roger C., *Adversarial Influences on the Interrogation of Trial Witnesses Adversarial Influences on the Interrogation of Trial Witnesses*, in van Koppen P. J. & Penrod, S. D. ed, Adversarial versus Inquisitorial Justice, 2003, p. 136.

とは限らないのである。その点で、誰が見ても同じ内容の書証とは性質が大きく異なる。証人は、尋問者の立場や技量によって内容が異なってしまう不安定な性質を有しているといえる。

さらに、証言の元になる記憶の原像自体の正確性にも大きな問題がある[18]。多くの心理学研究が指摘するように、人間の記憶は、ビデオのように、起きた事柄をそのまま記憶に焼き付けるものではない。実は、そのまま記憶しようとすれば、人間の脳はすぐにパンク状態になってしまう。そこで、人は、シェマやスキーマ[19]と呼ばれる心の中の構造化された先行経験や記憶を使って、現実を解釈し簡略化して記憶し、思い出すときも簡略化されたパターンに沿って記憶を呼び出すといったことをしている[20]。そういった記憶の仕方、思い出し方の故に、立場により現実の解釈が異なる可能性があり、同じ事柄に関しても証言の食い違いが生じることになるのである。たとえば、遠い昔の記憶を遡るにあたって、保証契約であれば当然保証人自身から確認をとったはずだ、きっととったに違いない、いや確認した覚えがある、といった形で、現実にあった事柄ではなく、あったはずの事柄、あって欲しい事柄が思い出されるといったことが生じ得るのである。注意を要するのは、ここで生じる食い違いは、一方がいわゆる「嘘」を言っていることによって生じるのではなく、いずれも誠心誠意そう思っていることの結果といったことも十分あり得る点である。

さらに指摘すべきは、上記のような記憶の不安定・不正確性が、証人が尋問手続の中に置かれることによって、さらに増幅する点である。心理学的知見によれば、事前面接による無意識下での記憶変容の可能性や[21]、証人の覚

---

18) 証人の記憶を不正確にする要因一般については、菅原郁夫・民事裁判心理学序説（信山社・1998）63頁以下参照。
19) スキーマとは、経験の心的表象のことを指すと説明されるが、その心の中の構造化された先行経験や記憶が知覚、認知、推論の導出、既知の知識による新規な情報の解釈を促進あるいは歪曲すると説明される。コールマン A. M.（藤永保＝仲真紀子監訳、岡ノ谷一夫ほか編）・心理学事典［普及版］（丸善・2005）363頁以下参照。
20) たとえば、被験者を一見して研究室のようにみえる部屋に案内し、そこを出たあとにしばらくして、その部屋にあったものを尋ねる。すると、「机」「スタンド」「タイプライター」など、研究室によくあり、かつ、実際にあったものが多く思い出されるが、「本」といったありそうではあるが、実際にはなかったものも思い出す被験者が相当数出てくることを示す実験がある。これは、人が実際に見た部屋の中のものをあるがままに思い出すのではなく、まずその部屋が研究室であるところから出発し、研究室にありそうなものがあったか否かを確認するといった想起の仕方をしているが故に生じる誤りであると説明される。高橋雅延＝北神慎司「日常記憶」太田信夫＝厳島行雄編・記憶と日常（北大路書房・2011）211頁参照。

派的位置づけによる証言内容偏向の可能性を指摘している[22]。さらに重要な問題として、実務において証人の信憑性評価の拠り所の1つとされる証人の自信や確信も、想起の繰り返しや[23]、質問者との対話によっても生じうることが知られている[24]。

　このような証言の性質を考えるなら、証言は、証人が体験した事柄の全てではなく、その体験の自分の視点や立場からの要約に過ぎない。証人が自由に語る場合も、それは証人の立場や視点に基づく要約であり、尋問者の尋問に答える場合も、尋問者の視点を加味した要約になるに過ぎない。単純な文章の要約であれば、その要約内容が人によって異なる部分が少ないが、長文の要約であれば、人により要約の仕方が異なる場合も少なくないことは日常においても経験する事柄である。同様に、証人の証言内容も、事実そのものを語るというよりも、証人の視点からみた事実の要約である。したがって、事実を認定する者としては、一見一貫していて自信ありげにみえても、その証言がいかなる立場で、いかなる視点からなされたのかを、種々質問するこ

---

21) Loftus, E. F. & Palmer, J. C., *Reconstruction of Automobile Destruction; An Example of the Interaction Between Language and Memory*, Journal of Verbal Learning and Verbal behavior, vol. 13, p. 587. この実験は、最初に、交通事故のビデオを被験者に見せ、1週間後に被験者に対しそのビデオで見た交通事故についてのインタビューを行い、さらにその1週間後に再度同じ事件に関するインタビューを行うといったもので、最初のインタビューで、ビデオの中で車のスピードを尋ねるにあたって、「ぶつかった」時と言うか「激突した」時と言うかで、最終インタビューで、現場に割れたガラスが落ちていたかどうかの証言が異なってくるというものである。実際には、ガラスはなくても、「激突」という言葉を用いれば、それを見たとする被験者が増える。これは、中間のインタビューで用いた「激突した」という言葉のイメージが無意識のうちにも証人の記憶の中に入り込み、証人の記憶の原像を塗り替えてしまったが故に生じる現象と説明される。詳しくは、菅原・前掲注18) 98頁以下参照。

22) Sheppard, B. R., & Vidmar, N., *Adversary Pretrial Procedure and Testimonial Evidence: Effects of Lawyer's Role and Machiavellism*, Journal of Personality and Social Psychology, vol. 39, p. 320. この実験は、証人の呼び出しを「原告の証人」として呼び出すか、「被告の証人」として呼び出すかで、証言内容が影響を受けることをみるものである。いずれも、証言内容に呼び出した側に有利な偏向がみられた。詳しくは、菅原・前掲注18) 94頁以下参照。

23) 時間の経過に従い、記憶の確信度は低下するのが一般であるが、同じことを繰り返し思い出していると、確信度は低下しないことが知られている。仲真紀子「想起の諸問題」厳島行雄＝仲真紀子＝原聡・目撃証言の心理学（北大路書房・2003）119頁以下参照。

24) たとえば、写真や実際の人間を用い、犯人の同一性識別を行うラインナップ（首実検）においては、捜査官と目撃証人のラインナップの際のやりとりが証人の同一性識別の確信度に影響を及ぼす可能性が指摘されている。そのため、目撃証人の同一性識別にあたっては、捜査官も被疑者を知らない二重盲検法を用いるべきことが推奨されている。この点に関しては、ロバート・カトラー（浅井千絵＝菅原郁夫訳）・目撃証人への反対尋問（北大路書房・2007）26頁参照。なお、近時、えん罪とこういった指摘を契機として、米国テキサス州において、The Tim Cole Actと呼ばれる取り調べの適性化のための法律が成立したことが紹介されている（*New York Times*, Jan 18 2016)。

とによって直接確認する必要があろう。さらに証言内容は、尋問者の質問如何によって異なることを考えるならば、やはり最終的な心証を形成する裁判官が質問を含め観察することが重要といえる。ここに、証人尋問に関しては、他人の評価や、書面化され一部が切り出された形になる間接主義ではなく、判断形成者自身が証人を観察することの重要性があるといえよう。

2 直接主義の機能

次に、そのような証人に対峙する際の直接主義の機能について考察する。直接主義の「自ら証拠調べを行うことによって、証拠方法から直接新鮮な印象を得ることができる」という利点は、多くの者が直感的にうなずける点である。「百聞は一見にしかず」との諺にも直接観察の優位性が示される。しかし、そういった指摘があるとしても、直接観察は具体的に何がどのように優れているのかは、必ずしも明らかではない。そこで、以下ではまず、この直接観察の機能について分析的な視点から検討する。はじめに、直接観察自体の機能について考え、ついで、それを間接報告や書面化した場合の効果と比較する。

(1) **直接観察の機能** 人間のコミュニケーションは言語が中心であると一般には考えられがちである。とくに書面による表現が得意な法律家はそうである。しかし、コミュニケーションに関する多くの研究は、言語以外の要素によるコミュニケーションが言語的コミュニケーションと同等に重要な役割を有することを指摘する[25]。訴訟法上も、証人の証言内容だけではなく、その態度、発言の間合いや順番などが重要な判断要素となるとの自覚は、弁論の全趣旨が証拠とならび事実認定の基礎となりうる点に示されている[26]。直接観察の重要性を考える場合、この非言語的コミュニケーション、すなわちノンバーバル・コミュニケーションの存在を考えることが重要である[27]。

---

25) 非言語的行動は、言語的行動から独立しており、抽象的論理的情報の伝達には適しないが、感情伝達には有効であるとされる。小林裕＝飛田操編著・教科書 社会心理学（北大路書房・2000）26頁以下。
26) 弁論の全趣旨とは、口頭弁論に現れた一切の資料・模様・状況をさす。松本＝上野・前掲注1）437頁〔松本〕。
27) 直接主義の効果はここで示すものに限られるものではないと思われるし、ここでの指摘も既存の知見をもとにした仮定的なものである。詳細は今後の検証に待たなくてはならない。ここではさしあたりの理解を助ける意味で、それらの知見を引用した。

ノンバーバル・コミュニケーションの重要性を簡単に示す例を1つ示そう。子どものいたずらを見つけた母親が怒った顔で、子どもに対して、「怒らないから何をしたか正直に言ってみなさい」と言っても、子どもはなかなか本当のことを話さない、といった場合がある。これは、「怒らない」という言葉以上に「怒った表情」が、より多くのことを伝えている例とされる。さて、これを、文章化すればどうであろうか。

　　母：「あらあら、どうしてこんなことに。怒らないから何をしたか正直に言って
　　　　みなさい」
　　子ども：「……」

となるであろうが、この文章化されたものを見ても、もともとの状況はうまくは伝わらないであろう。そしてまた、この文章を読んだ者の内心に着目した場合、問題はこの情報の欠如の点にとどまらない。というのは、人は、このような欠如した情報を与えられた場合であってもそれを補って状況を理解するといったことを日常的に行っている（前述のスキーマや後述のスクリプトの機能も参照）。この例でも、上記の記述を読んで、多くの人は、無意識のうちにも、内心に母のイメージと子のイメージを思い描き、それがどのような状況であったかの理解を試みる。このとき、与えられた情報以外の受け手固有の情報が機能することになる。たとえば、優しい母に育てられた者は、暗黙のうちに優しい母をそこに想定し、厳しい母に育てられた者は、厳しい母をそこに想定する可能性がある。あるいは、同様の事例を先に経験した者は、その事例と同じような形で母親を想定し、子どもを想定するかもしれない。自らの母のイメージを想定した場合を考えてみよう。前者の優しい母を想定した場合、読み手には、母が優しく言っているのに、その子どもはなぜ正直に話さないのかという子どもに対する疑念が生じ、後者の厳しい母の場合には、きっと母はきつい顔をして言ったのであろう、子どもとしては怖くて何も言えなかったのであろうと、子どもへの同情が生じることになる。情報の欠如が異なる推論をもたらすのである。あるいは、仮に慎重な裁判官であれば、このいずれの推論もなさないといった指摘もあり得よう。そうだとしても、結局はいったい母親はどういった態度で言ったのか、子どもはどのよう

に受け取ったのかといった疑問が残ることになり、十分な判断ができないことになる。しかし、現実の場面を見ていれば、そのような問題は生じない。ここに、目に見えない個々人の無意識の推論や疑問を排除する直接主義の価値があるといえよう。

　以上の点からすれば、直接主義はより豊富な情報を提供し、無意識下での推測や情報不足から生じる疑問点を排除し、正確な情報把握をもたらす点において優れていることになる。しかし、さらに進んで、直接観察が虚偽を見破る上で優れているのか、という点に関しては、心理学的な知見は消極的である。まずは、前述のように、証人が真実と異なる証言をした場合でも、証人が意図的に嘘を言っているとは限らない。その場合、証人が意図的に嘘を言っているか否かを見破ろうとすること自体が現実にあわない行為といえる。しかし、一定割合で嘘を述べる証人もいることは事実であろうし、事実認定の専門家である裁判官であれば、それを見破ることも可能なように思われる。それゆえ、証言の真偽を見破る上でも裁判官が証言時の証人を直接観察することが重要なのではないか、との指摘が生じうる。しかし、心理学知見によれば、この意味で直接観察の効果は必ずしも高くはない[28]。というのは、嘘の兆候とされるものの多くは、正直な証人が緊張した場合にも生じることから、証人の態度等によって、その嘘を見抜くことは難しいからである。実際、裁判官が嘘を見抜く能力も素人のそれとはあまり変わらず、50％前後の偶然レベルの正解率であることを示す研究が少なからず存在する[29]。とすれば、直接主義の直接観察の価値は、虚偽の直接的な手がかりを見いだすためというよりも、むしろ裁判官の無意識の推測等を抑制し、より総合的な判断である証言の信憑性判断のためにより正確かつ多くの情報を提供する点にあるといえよう。

(2) 即時応答性　　直接主義のもう1つの利点は、即時応答性である。この利点は、前述の証言の不安定性や不正確性といった性質を考えるとき、証人尋問場面での意義は大きい。なぜなら、証人の証言は質問への対応物としてなされるが、質問の仕方いかんでは答えが変わる可能性も否定できないし、

---

[28] 同様の指摘をなすものとして、佐瀬裕史「控訴審における証人の再尋問―人証調べの直接主義の価値」伊藤眞先生古稀祝賀・民事手続の現代的使命（有斐閣・2015）289頁以下、302頁。

[29] Vriji, A., Granhag, P. A., & Porter, S., *Pitfalls and Opportunities in Nonverbal and Verbal Lie Detection*, Psychological Science in the Public Interest 11 (3) 89-121, (2010).

自信をもっているように見える証人も思い違いをしている可能性もあり、異なる視点からの確認が必要な場合もあり得るからである。その意味で、心証形成者が自ら（あるいは、自らでなくても少なくともその面前で）種々の質問をその場でなせることが、真実発見に資することは明らかである[30]。ただ、この利点が、職権尋問か交互尋問かでその現れ方が異なる点は、前述の通りである。わが国の場合、心証形成者と尋問者の尋問事項に関する認識の一致がその効果を左右する重要なポイントとなる[31]。

　(3)　**間接主義との対比**　さらに、間接主義との対比が直接主義のメリットを明らかにする。間接主義の場合、他者が観察した結果報告に基づくことから、単に直接に観察ができないのみならず、他者の視点からの報告に基づき判断をしなくてはならないという大きな問題が付け加わる。この点は、前述の証言の性質を考えるとき、その影響が決して小さくないことが理解可能であろう。さらにここでは、示唆に富む2つの研究を紹介し、加えて問題点を指摘したい。

　まずは、裁判官といえども、同じ証人に対する評価が必ずしも一致するとは限らない可能性を示唆する研究がある。その1つはスクリプトに関する研究である。「スクリプト」とは、一連の関係や出来事に関する人間の心的なイメージや理解を意味している。スクリプト理論は、人間が諸事実を孤立したものとして評価するのではなく、むしろ、個々の新たな事実をすでに存在している表象に適合させることよって新たな情報を意味づけていると指摘する。1つの簡単な思考実験がこの考え方をより明解なものにする[32]。

　たとえば、「ポップコーン、次のアトラクション、チケット、夏の大ヒット作」という言葉を何度かつぶやいたとする。そのとき、人はすでに、心の中に映画館全体を思い浮かべるのではなかろうか。しかもそれは、おそらくは、最近行ったあるいはしばしば行った映画館であろう。その映画館こそが上記のスクリプトである。その思い浮かんだ映像の中では、切符売り場やキャンディー売り場、ロビーやポスターすら「見る」ことができよう。さらに劇場以外の「ポップコーン」に焦点をあててみても、人はおそらく過去の経

---

30)　英米法においては、反対尋問が保障されるのはこの故である点、およびその限界に関しては、菅原・前掲注16) 42頁以下参照。
31)　この点に関しては、菅原・前掲注16) 42頁以下も参照のこと。
32)　ルベット・前掲注15) 30頁からの例である。

験から慣れ親しんだポップコーンの袋か箱かバスケットを心の中に思い描くであろう。

　このように、人は少ない情報に接した場合にも、理解可能なものにすべく、それを他の情報で補うといったことを日常的に行っている。このスクリプト理論の本質は、人々は不確かなものを嫌い、可能な限り速やかに不確かさを減少させようとするものであることを指摘するところにある。新しい情報は、とりわけ個別に提示されたときに混乱をもたらす。そのため、人々は不確かさや混乱に秩序を与えるためにスクリプトを「思い起こす」のである。前述の母親と子どもの会話の例であっても、単純に言葉としての母親や子どもを考えるのではなく、心の中に具体的な母親像や子ども像をイメージし、そこでの会話をその映像の中にあてはめ、理解するのである。このスクリプトは個人的な経験や考え方に左右されるものであり、全ての人間に共通するものばかりではない。とすれば、証人から一定の情報が与えられたとしても、それが完全なものでない限り（完全なものはあまり考えられないが）、裁判官毎にイメージが異なることがあっても不思議ではない。

　くわえて、近時の裁判官の判断形成過程に関する心理学研究は、裁判官といえども判断形成過程に、一定のバイアスが存在し得ることを示唆している。ここでのバイアスとは個人的な思想や態度に基づくものを指していない。それは、人間であれば誰もが有する可能性のあるバイアスを指している。近時の研究では、人間である以上、たとえば、医師もそうであるように、裁判官も、人間の有する認知バイアス（cognitive biases)[33]から逃れることができない旨が指摘されている[34]。たとえば、実際の訴訟では、裁判官は、尋問前に

---

[33]　この認知的バイアスがいかなるものかに関しては、さしあたり、藤田政博「裁判官による意思決定」越智啓太＝藤田政博＝渡邉和美編・法と心理学の事典—犯罪・裁判・矯正（朝倉書店・2011）398頁以下。

[34]　この領域の研究はまた緒についたばかりともいえ、いまだ包括的な示唆を示すに至ってはいないが、本文の確証バイアスのほか、自分が同意しない結論については、使用された方法等が何であれ批判的になる傾向（信念バイアス）、自分の能力を過大視する、自分の行為を正当化する傾向（自己奉仕バイアス）、最初に示された基準に後の判断が不当に影響される傾向（アンカー・イフェクト）などが指摘されている。近時、これまで陪審研究が中心であったアメリカにおいても、裁判官の判断形成に関する心理学研究が盛んになりつつある。それら裁判官の有しうる典型的なバイアスに関しては、以下の文献を参照のこと。Bartol C. R. & Bartol, A. M., *Psychology and Law; Research and Practice* (2015) p. 248ff., Vidmar, N., *The Psychology of Trial Judging*, Current Directions in Psychological Science 20 (1) 2011 pp. 58-62., Guthrie, C., Rachlinski, J. J., & Wistrich, A. J., *Inside the judicial mind*, Cornell Law Review 86, 2001 pp. 777-830.

事件についての情報に接し、基礎となる心証を有する。その際、たとえば陳述書を利用していたとすれば、暫定的とはいえ、一定の心証をもとに尋問に臨む。それまでの過程において、前述のスクリプトが機能しているであろうことは当然に予想される。そして、尋問は、その暫定的な心証に沿って行われるが、その際、生じると思われるのが、いわゆる「確証バイアス」と呼ばれるものである。この「確証バイアス」とは、自らの仮説を反証するよりも、支持する方向で情報に接触する傾向を指すが、このバイアスの存在によって、裁判官の情報収集が裁判官の暫定的な心証を支持する方向で多く行われることが危惧されることになる。そして、この点は、裁判官自身が尋問を行う職権尋問下では、証言を聞く態度に限らず、尋問自体も暫定的な心証を支持するものに偏るといった形で、二重の危険性が生じることになる[35]。

　以上の点を考えれば、間接主義をとった場合、尋問実施者からの報告は、尋問実施者自身の見方や考え方を色濃く反映する可能性があり、判決裁判官が直接尋問を実施した場合の評価と異なるものになる可能性が否定できない。この直接主義の結果と間接主義の結果の乖離は、報告が逐語的記録による場合以上に要約による場合、さらには、交互尋問下よりも職権尋問下でより大きなものとなろう。

　(4) 書面化との対比　　最後に、証言内容を書面化した場合との比較を行う。書面による尋問は、証拠調べとしては証人尋問であるとされ、判決裁判官が取り調べを行う場合は、いわゆる形式的直接主義には反しない。しかし、本来証言をなす証人本人に対し直接尋問をなすべきだとする実質的直接主義の要請には反するとされる[36]。この場合の問題点はどこにあるのであろうか。

　まずは、直接観察が不可能なことから、ノンバーバルな情報が欠如してしまうことになる。そのため、証人の表情や態度、発言の強弱や抑揚、証言の間隔などの情報が落ちてしまう。それによって、前述のように、証言内容を理解するにあたって無意識のうちの推論に頼る場面が増えることになる。ま

---

35) 近藤・前掲注10) 33頁は、裁判官と証拠方法の間に中間的存在を認めた場合、「正確にいえば人の認識は単なる感覚ではなく判断の性質を持つものであるから誤差を生ずることを免れない。従って事実の報告が証拠資料である場合、その信憑力、証明力を判断するには報告者の誠実性を確かめるだけでは足らずその者の認識の正確性をも検討しなければならない」とする。
36) 形式的直接主義と実質的直接主義については、松本＝上野・前掲注1) 62頁〔松本〕、髙田・前掲注8) 61頁以下を参照のこと。

た、情報の欠落に対する対応や、疑問点の解消の点に関しても即時応答性がなく、やはり推論に基づく判断の余地を広げてしまうことになる。この場合、情報の欠如は、一貫性がある形や因果関係が仮定できる形、さらに目的関係が想定できる形で補われることが指摘されている[37]。その結果、一貫した論理的な供述がより信用される可能性が生じてくる。こういった問題点は、事実が複雑で立場によって見方が異なるような場合や、証言が証人の情緒的な側面に関わる場合には問題を引き起こしかねないといえよう。また、同様に証人に党派性がある場合にも問題を引き起こす。とくに、文章化された場合には、多くのコミュニケーション要素が取り払われる分だけ、書き方如何によっては、読み手にとって明快で説得力のある文章が現れる。しかし、生の証言と同様、そういった一見理路整然としたものが常に真実を語っているとは限らない点を考えれば、口頭での質問による検証可能性がない書面尋問は、直接の尋問に比べ、問題が多く、その利用は制限的に考えられるべきであろう。ただ、一般的にはそのように考えるべきであるとしても、証言内容が証人の見方や立場に影響されない客観的なものである場合や証人自身が中立的で偏った証言をなす可能性が低い場合は、上記の危惧は小さくなる。そういった場合の利用の可否は、証言内容との関係においても判断されるべきこととなろう。

IV 心理学的検討からの示唆
——直接主義と訴訟の迅速化とのバランシング

　以上の考察からすれば、日本において直接主義を貫くことは、証人尋問の場面では、裁判官により多くの情報をもたらすだけではなく、交互尋問により裁判官が有する可能性のあるバイアスが抑制される可能性があることになる。しかし、この後者のメリットが発揮されるには、心証形成者である裁判官の関心を理解し、尋問者である当事者が適切な尋問を行うことが前提となる。もし、この前提が上手く実現されない場合、裁判官は興味のない尋問につきあわされることになり、尋問を聞く意欲が低下し、むしろ要領よくまと

---

　37)　ルベット・前掲注15) 32頁以下参照。

められた陳述書を基礎に心証を形成する可能性がある。

　いわば、わが国の直接主義は、その用い方如何では、元来のものよりも優れたものにもなり得るし、元来の機能を損ねるものにもなり得ることになる。この特徴をいかに利用すべきか、以下では、これまでの分析に基づいた現状での仮説を提示する。

1　受託・受命裁判官による証拠調べの問題とその対応

　受託・受命裁判官による証人尋問は、判決裁判官が直接証人尋問に立ち会わない点で、直接主義のメリットである直接観察および即時応答性を欠く。そのため、原則として限定的に用いられるべきである。ただ、ここでの問題も、職権尋問か交互尋問かでやや異なる。職権尋問では、受託・受命裁判官が尋問を行うが、その点で、単に直接観察性を欠くだけではなく、尋問内容がその受託・受命裁判官の視点に限定されるという間接性のデメリットが重なることになる。それに対して、交互尋問の場合は、職権尋問の場合と同じように直接観察性は失われるが、即時応答性に関しては、尋問自体を当事者が行うことから、判決裁判官の面前とあまり変わらない可能性がある。そのため、当事者の尋問の十分さ如何によっては両者に大きな差は生じないとみることもできる。

　そのように考えるならば、証人の証言内容が、直接観察を必要とする複雑な内容や情緒的・感情的な要素の強い事項を含むものであるときはこの方法を控えるべきであるが、そういった要素が少なく、判決裁判官と当事者の間に尋問事項に関する十分な認識の一致がある場合には、この方法による証人尋問の弊害もさほど大きくはないといえよう。とすれば、争点が多岐にわたり、複数の証人が想定されるような複雑訴訟や大規模訴訟においては、中心的な争点に至る前に、裁判所と当事者の間での尋問事項に関する十分なすりあわせのもとに行われる受託・受命裁判官による証人尋問は、訴訟促進・迅速化の必要性が高い場合にはそれを用いる合理性が肯定されよう。ただし、そのように考える場合であっても、上述のように、判決裁判官と当事者の間に尋問事項に関する十分な認識の一致があることが条件であることは忘れてはならないし、報告に際しては逐語の供述調書を用いるべきである。

2　書面尋問の問題とその対応

　前述のように、書面尋問では、直接主義の直接観察性も即時応答性も失われ、その点に関し職権尋問、交互尋問間での差はない。むしろ、この書面尋問を利用すべきか否かの判断は、対象となる証人や証言の性質との関係で判断されるべきである。そのような視点から考えると、証言内容としては、詳細な情報を含むと考えられるもの、立場によって事実の解釈が異なり得ると考えられるもの、情緒的・感情的な要素の強い事項に関するものについては書面尋問を避けるべきであろう。また、証人類型としては、党派性の強い証人の場合には同様に避けるべきであろう。ただ、前述のように、証言内容が証人の見方や立場に影響されない客観的なものである場合や証人自身が中立的で偏った証言をなす可能性が低い場合には、必要に応じ利用することが考えられるべきである[38]。民訴法205条は、書面尋問をなすにあたっての要件として、「裁判所は、相当と認める場合」および「当事者に異議のないとき」を挙げるが、裁判所が相当性を判断するにあたっては、とくに反対尋問の要否を考えるにあたって、本稿で示した心理学上の知見等をもとに、対象となる証人や証言内容の妥当性も検討されるべきであるし、当事者の異議の要否を検討するにあたっても、同様の検討が必要であろう。

3　陳述書の問題点とその対応

　最後に陳述書の問題を考える。今日の実務では、争点整理の際や証人尋問に先立ち陳述書が用いられるのが一般的である[39]。この陳述書に関しては、直接主義に反するものとして、そもそもその利用を認めないとの立場もあるし、これを争点整理についてのみ用いることを認め、事実認定の基礎にはすべきでないといった指摘もある。しかし、集中証拠調べを実施するにあたっ

---

38)　解釈上も、入院中、拘禁中など裁判所に出頭することが著しく困難な点に加え、証人としての中立性や尋問事項の簡明さなどを顧慮すべきといった指摘がなされている。秋山幹男ほか・コンメンタール民事訴訟法Ⅳ（日本評論社・2010）255頁、兼子ほか・前掲注1）1133頁〔加藤新太郎〕参照。なお、ドイツにおける書面尋問の要件に関しては、髙田・前掲注4）書面化の限界(2)12頁以下が詳しい。

39)　陳述書に関しては、すでに多くの議論があるが、さしあたり山本克己「人証の取調べの書面化―『陳述書』の利用を中心に」自正46巻8号（1995）54頁、高橋宏志「陳述書について―研究者の視点から」重点講義民事訴訟法(下)〔第2版補訂版〕（有斐閣・2014）809頁以下、内堀宏達「証拠能力と証拠価値」門口正人編集代表・民事証拠法大系第2巻（青林書院・2004）112頁を参照のこと。

ては、陳述書を用いた争点整理が不可欠な点は多くが認めるところであろうし、争点整理のみに用いるべきとする指摘も、人間心理を考えると現実的ではない[40]。むしろ、その必要性と現実を正面からとらえ、その利用の適正化に向けた対応を検討するのが実際的であろう[41]。

その適正な利用を考える上で、まず明らかにしなくてはならないのは、その問題点であろう。陳述書は、心理学的知見に基づけば、まず、①本人の記憶に基づくものかどうかが明らかでない点（他人の創作部分はないか）、さらに、②内容の十分性の確認が必要な点（記述内容に、落とされたり、省かれたりされた部分はないか等）、③内容の信憑性の確認が必要な点（証人の記憶の正確性のチェック）などの問題があり、それのみに依存する心証形成は真実を見誤る可能性を内包している。そのため、重要な争点に関わる証人についての陳述書が提出されている場合は、その内容について十分な吟味をするために、必ず尋問の実施がなされるべきである。まずは、直接主義の回避にならないように、前述の書面尋問が許容されるような場合を除き、直接尋問の機会が確保されるべきである。しかしそれでも、すでに陳述書により一定の心証が形成されている場合には、その心証の方が勝ってしまうのではないかといった危惧も残ることになる。この問題に関し、陳述書による暫定心証の適性化を図る上で効果を期待できるのが、前述の交互尋問による心証形成者のバイアス抑制機能である。交互尋問下では、陳述書の上記問題点に関し、相手方からの検証的な反対尋問がなされ、心証形成の基盤が偏っていれば、それを是正する機会が生じることになる。ただし、ここで忘れてはならないのは、この交互尋問のバイアス抑制機能の前提には、交互尋問がポイントを突いたものであることが必要な点である。その点を考えるならば、裁判所は、重要な争点に

---

40) たとえば、アメリカにおいて、裁判官と素人の証拠への接し方を比較した実験で、違法証拠排除の説示の効果は、素人と裁判官で差がなかったといった結果が示されている。裁判官のみが自らの心証を十分にコントロールできると解することには無理があるように思われる。Landsman, S., & Rakos, R. F., *A preliminary inquiry into the effect of potentially biasing information on judges and jurors in civil litigation*, Behavioral Sciences and the Law 12, 113-126 (1994), Wistrich, A. J., Guthrie, C., & Rachlinski, J. J., *Can judges ignore inadmissible information? The difficulty of deliberately disregarding*, University of Pennsylvania Law Review 153, 1251-1345 (2005).

41) ちなみに、アメリカにおいても、裁判官のみによるベンチトライアルでは、複雑な事件の場合、証人からの供述書を提出させるべきとの指摘がある。その意味では、わが国の審理と共通性が高い場面では、同様の対処がなされているとみることもできる。Federal Judicial Center, *Manual for complex litigation*, Fourth (2004) p. 164.

関し陳述書を利用した以上は、それによって得られた暫定的な心証を示し、当事者に対し、尋問時のターゲットを明確に示すべきであろう。そうすることによって、当事者としては、守る場合も攻める場合も、要点をついた尋問が可能になり、裁判所にも適正な心証形成がもたらされることが期待できよう。逆に、この要点をついた交互尋問が行われない場合は、仮に、陳述書と並んで実際の尋問が行われても、裁判官は、ポイントを突かない交互尋問の結果を無視し、陳述書による心証を重視することにもなろう。その場合は、実害は残るにもかかわらず、尋問の実施によって陳述書の弊害が形式的に治癒されたようにみえ、問題が潜在化することになる。したがって、陳述書を用いる場合も、とくに重要な証人に対しては、直接尋問を実施することと、その際、裁判官は陳述書により得ている暫定的な心証を開示し、攻撃防御の対象を明らかにすることが必要といえよう。そうすることにより、陳述書の利用が実質的直接主義に反しその意義を失わせる面があったとしても、その回復を図ることができよう。

V 最後に

　以上、本稿においては、直接主義の機能を、心理学知見をもとにいわば解剖学的に分解し、分析することを試みた。冒頭に述べたように、ここで言及した知見は、直接主義の機能を検証することを直接の目的にしてなされたわけではなく、他の目的で行われた検証結果の借用でしかない。その意味で、今回の指摘の多くは今後の検証を待つものである。ただ、こういった仮説を提示することによって、これまで疑われることの少なかった審理の基本原則の現実的な機能をよりブレイクダウンした形でみる可能性を示し得たのではないかと考える。そして、そういった視点は、母法とは異なる形で発展し、母法での議論をそのままの形では用いることができなくなったわが国の民事訴訟においては、今後必要とされる視点なのではなかろうかと思われる。
　同様の分析は、直接主義のみならず、口頭主義に関しても恐らく可能であろう。試みにその一視点を示すならば、口頭主義と書面主義を比較した場合の相互のメリット・デメリットとしてこれまで一般的に指摘されることのほかに、書面主義は、情報選択の自由をより多く裁判官に留保する。それゆえ、

裁判官の確証バイアスを助長する可能性がより高くなる。すなわち、自分の見解と一致する部分の拾い読みや深読みが可能となる。それに対し、口頭主義は、情報提示のコントロールが当事者に留保される。それゆえ、裁判官が読み落としそうなことでも当事者は口頭で強調する等の調整が可能である。反面、当事者の情報提供が裁判官の求めるものと大きく隔たるときには無関心と不効率を導くことになる。このように考えるならば、口頭主義のメリットが十分に発揮されるためには、どのような条件を整えるべきかを改めて考える必要があるように思われる。

　さらなる分析の視点は、この例に尽きるものではない。本稿では、細かな解釈論にはあえて踏み込まず、解釈論の根拠となり得る機能論の観点から分析を試みた。本稿では心理学を用いたが、この心理学に限らず、隣接科学を用いた分析は、起源の異なる審理原則が交錯する日本において、その必要性がより高いように思われる。今後、さらなる研究の登場を期待して、本稿を終えることにする。

【付記】
　上野泰男先生からは、筆者が早稲田大学に赴任して以来、5年間にわたり同僚として多くのご指導をいただきました。それ以前にも、筆者がまだ駆け出しの頃、初めての論文を法律時報の学界回顧に取り上げていただくなど、学恩は数知れません。今回の古稀を迎えられたことを心からお祝いするとともに、先生のますますのご活躍とご健康をお祈り申し上げます。
　本稿は、平成27年度民事紛争処理研究基金および2015年早稲田大学特定課題研究助成費（特定課題A）による研究成果の一部である。

二重起訴禁止と相殺の抗弁との関係に関する判例の展開

◆杉本和士◆

Ⅰ　はじめに——問題状況
Ⅱ　平成27年判決以前の判例
Ⅲ　平成27年判決の分析と位置付け
Ⅳ　おわりに——二重起訴禁止と相殺の抗弁との関係に関する判例の展開

Ⅰ　はじめに——問題状況

　本稿は、二重起訴禁止と相殺の抗弁との関係について、すでに係属中の別訴において訴訟物として訴求されている債権を自働債権とする相殺の抗弁が提出されるという形態、いわゆる「訴え先行型」（別訴先行型・抗弁後行型）に関する一連の判例を確認し、そこにおいて近時の最高裁判例である最高裁平成27年12月14日第一小法廷判決（民集69巻8号2295頁。以下、「平成27年判決」という）の位置付けを行った上で、現時点までに至る判例の展開を提示しようとするものである[1]。

　訴え先行型に関しては、最高裁平成3年12月17日第三小法廷判決（民集45巻9号1435頁。以下、「平成3年判決」という）が、すでに係属中の別訴において訴訟物となっている債権を自働債権として他の訴訟において相殺の抗弁を主張することは、民事訴訟法142条の趣旨に反し許されない旨を判示しており、「訴え先行型＝相殺不許」という一般論を示したリーディングケースとして判例法理の基礎をなしている。

　たしかに、最高裁は、平成3年判決以前も、最高裁昭和63年3月15日第

---

[1]　本稿執筆を準備するにあたり、千葉大学法経学部法学科および法政経学部法政経学科で平成28年度（2016年度）後期に開講した筆者の担当する「民事訴訟法演習」（平成28年12月22日）においてこのテーマを扱った際、熱心に議論に参加してくれた受講学生およびゲスト参加のOBOGの諸君に感謝を申し上げたい。

三小法廷判決（民集42巻3号170頁。以下、「昭和63年判決」をいう）において、同じく訴え先行型の事案につき相殺不許という判断をすでに示していた。しかし、この昭和63年判決は、後に紹介するように、仮処分命令の取消しを理由とする仮払金返還請求権を仮処分債務者が訴求していたところ、仮処分債権者を原告とする本案訴訟において、被告である仮処分債務者がこの仮払金返還請求権を自働債権とする相殺の抗弁を提出したという、仮処分事件と本案事件が交錯する特殊な事案に関する事例判決であった。それゆえ、この判例は、事案の具体的事情を勘案して相殺不許という結論を導いたものであるとされ、その先例性は認められていない。

そこで、平成3年判決の登場により、これ以降、訴えと相殺の抗弁が同一の訴訟手続内において審理の対象とされているか否か（「同一手続型」か「非同一手続型」か）[2]にかかわらず、判例は訴え先行型について否定説の立場に与するものとされ、この立場が後の裁判例で踏襲されることとなる（ただし、周知のとおり、平成3年判決自体に対しては学説による批判がなされてきた）。

しかし、その後、最高裁平成10年6月30日第三小法廷判決（民集52巻4号1225頁。以下、「平成10年判決」という）が、別訴において一部請求をしている債権の残部部分を自働債権とする相殺の抗弁の許否が争われた事案において（これは、先行する訴えが一部請求訴訟である点で「一部請求訴訟先行型」と称することができる[3]）、相殺の有する機能に対する配慮を明示的に示した上で、相殺の抗弁を認める余地を示すに至る。

さらには最高裁平成18年4月14日第二小法廷判決（民集60巻4号1497頁。以下、「平成18年判決」という）が、本訴に対して反訴を提起した後で、本訴被告（反訴原告）が、反訴請求債権を自働債権とし、本訴請求債権を受働債権とする相殺の抗弁を提出することが許されるかという問題につき（この事例は、純粋な「訴え先行型」とは異なるという意味で、その亜種形態としての「反訴先行型」と称することができる[4]）、結論において相殺の抗弁提出を許容したことで、

---

2) 「同一手続型」と「非同一手続型」という分類は、山本克己「判批（平成3年判決）」平成3年度重判解122頁による。
3) 八田卓也「相殺の抗弁と民訴法142条」法教385号（2012）9頁は、これを「一部請求残部相殺型」と称する。
4) 谷本誠司「判批（平成18年判決）」銀行法務664号（2006）57頁、杉本和士「判批（平成18年判決）」早稲田法学83巻2号（2008）148頁。八田・前掲注3）11頁では、「反訴相殺型」と称されている。

判例の否定説という立場は「揺らぎを見せている」と、学説上評価されている[5]。ただし、平成18年判決は、「反訴原告において異なる意思表示をしない限り、反訴は、反訴請求債権につき本訴において相殺の自働債権として既判力ある判断が示された場合にはその部分については反訴請求としない趣旨の予備的反訴に変更されることになるものと解するのが相当であって、このように解すれば、重複起訴の問題は生じないことになる」と説示し、単純に同一手続型において相殺を認めたのではなく、先行する反訴が予備的反訴に黙示的に変更されるという技巧的な法律構成[6]を用いて、平成3年判決との抵触を避けている。このため、同判決は平成3年判決の上記立場を変更したものではない。

以上のような判例の状況において、平成27年判決は、反訴において本訴請求債権を自働債権とする相殺の抗弁が提出されたという事案（「本訴先行型」と称することとする）について、自働債権が時効により消滅しているという事情を前提とするものの、平成18年判決のように技巧的な法律構成を用いることもなく、これを許容するに至っている。そこで、この平成27年判決を一連の判例の展開においてどのように位置づけるべきか、改めて昭和63年判決から平成27年判決に至るまでの判例の展開をいかに理解すべきであるのか、というのが本稿における問題関心である。

以下では、まず、主にリーディングケースである平成3年判決との関係を中心に、訴え先行型に関する従来の判例の展開につき改めて確認した上で（Ⅱ）、平成27年判決の事案と判決を分析し、判例の展開におけるその位置付けを行うこととする（Ⅲ）。最後に、以上を受けて、二重起訴禁止と相殺の抗弁との関係に関する判例の現時点での到達点の評価を試みることとしたい（Ⅳ）。

---

5) 八田・前掲注3）12頁。
6) この法律構成については、まず、反訴原告（本訴被告）が予備的反訴への変更の申立てをしていないにもかかわらず、「異なる意思表示をしない限り」、予備的反訴があるものとして扱うことは、処分権主義に反するおそれがあると指摘されている（松本博之＝上野泰男・民事訴訟法［第8版］（弘文堂・2015）357頁〔松本〕）。さらに、そもそもこの法律構成自体が便宜的かつ技巧的であるばかりか、本訴原告が反訴において相殺の抗弁を提出する可能性を封じてしまうという点（「本訴先行型」に分類される大阪地判平成18年7月7日判タ1248号314頁参照）において、理論的に破綻しているといわざるを得ない。杉本・前掲注4）158-160頁、山本弘「二重訴訟の範囲と効果」伊藤眞＝山本和彦編・民事訴訟法の争点（有斐閣・2009）97頁、八田・前掲注3）12頁等参照。

II 平成 27 年判決以前の判例

1 平成 3 年判決以前──昭和 63 年判決の位置付け

まず、昭和 63 年判決について概観しておく。事案の概要および判旨は、以下のとおりである。

〔**事案**〕 労働者側（Y ら）の使用者側（X）に対する解雇無効確認および賃金支払請求訴訟（本案訴訟）に先駆けて、まず、賃金仮払仮処分命令の執行によって Y ら（仮処分債権者）が X（仮処分債務者）から仮払金を受領したが、その後、この仮処分命令が控訴審で取り消された。そこで、X が Y らを被告として仮払金返還請求訴訟を提起したところ、Y らが、すでに係属中の本案訴訟において訴求していた未払賃金債権を自働債権とする相殺の抗弁を提出した。

〔**判旨（上告棄却）**〕 ①「本件受働債権の給付請求権は、仮払仮処分の取消という訴訟法上の事実に基づいて発生し、本来、民訴法 198 条 2 項〔筆者注：現 260 条 2 項〕の原状回復請求権に類するものであり、……別訴で現に訴求中の本件自働債権をもってする Y らの相殺の抗弁の提出を許容すべきものとすれば、右債権の存否につき審理が重複して訴訟上の不経済が生じ、本件受働債権の右性質をも没却することは避け難いばかりでなく、確定判決により本件自働債権の存否が判断されると、相殺をもって対抗した額の不存在につき同法 199 条 2 項〔筆者注：現 114 条 2 項〕による既判力を生じ、ひいては本件本案訴訟における別の裁判所の判断と抵触して法的安定性を害する可能性もにわかに否定することはできず、重複起訴の禁止を定めた同法 231 条〔筆者注：現 142 条〕の法意に反することとなるし」、②「他方、本件自働債権の性質及び右本案訴訟の経緯等に照らし、この債権の行使のため本案訴訟の追行に併せて本件訴訟での抗弁の提出をも許容しなければ Y らにとって酷に失するともいえないことなどに鑑みると、Y らにおいて右相殺の抗弁を提出することは許されないものと解するのが相当である。」

昭和 63 年判決は、判旨①部分では、審理の重複による訴訟上の不経済や既判力の抵触により法的安定性を害する危険性といった民事訴訟法 142 条の法意一般について言及しつつも、判旨②部分では、「本件自働債権の性質及び右本案訴訟の経緯等に照らし、この債権の行使のため本案訴訟の追行に併せて本件訴訟での抗弁の提出をも許容しなければ Y らにとって酷に失するともいえない」というように、事案における具体的事情を考慮した上で、相

殺不許の結論を導いている[7]。この点において、たしかに昭和63年判決は事例判決であるといえる。しかし、ここで最高裁が、具体的事情の下、相殺を訴訟上の抗弁として行使しようとする当事者の利益の有無にも配慮をみせていたという点は、改めて注目しておくべきである。

2 平成3年判決

つぎに、平成3年判決の事案の概要と判旨を確認すると、以下のとおりである。

〔事案〕XはYに対し、継続的取引契約に基づくバドミントン用品の輸入原材料残代金等合計207万余円の支払を求めて本訴を提起していた。他方で、YもXに対して売買代金等1284万余円の支払を求めて別訴を提起していた。
本訴と別訴はそれぞれの控訴審につき併合審理されていたところ、本訴においてYが別訴請求債権を自働債権とする相殺の抗弁を提出した。その後、本訴と別訴の弁論が分離され、それぞれにつき控訴棄却の判決がなされている（別訴については、Xが上告をせずに確定している）。本訴控訴審判決（原審判決）は、上記の相殺の抗弁提出が、平成8年改正前民事訴訟法231条（現民訴142条に相当する）の類推適用により許されないとして斥け、Yの控訴を棄却したため、Yが上告をした。

平成3年判決の前提となっている事案は、控訴審において本訴と別訴の弁論が併合されて審理されていたところ（つまり、当初は同一手続型の事案であった）、本訴において別訴請求債権を自働債権とする相殺の抗弁が提出された後で、本訴と別訴の弁論が分離され、別訴については控訴棄却判決がなされてすでに確定していた（なお、別訴第1審判決は一部認容である）、という特殊な経緯を辿るものであった。しかし、平成3年判決は以上のような具体的事情

---

[7] 昭和63年判決の事案について、「この場合に相殺の抗弁を認めると、仮処分事件において仮定的に形成した法律関係に関する判断に本案訴訟の訴訟物の判断が混入することになり、保全手続と本案手続の峻別が事実上失われることになる」ため、「もともと立場のいかんを問わず相殺の抗弁を認めにくい事案であった」という評価がなされている（三木浩一「判批（平成3年判決）」法学研究（慶應義塾大学）66巻3号（1993）133頁）。また、篠原勝美「判解（昭和63年判決）」昭和63年度最判解民事篇140-141頁は、「本判決は、……一般論を避け、抗弁後行型において相殺の抗弁を不許とする裁判例の大勢に従いつつ、被告の利益ないし一種の訴訟上の信義則の見地も考慮し、相殺不許の結論を導いたものであろう」と指摘する。

を特に考慮することなく、昭和63年判決を参照引用したうえで、以下のように判示している。

〔判旨（上告棄却）〕 ①「係属中の別訴において訴訟物となっている債権を自働債権として他の訴訟において相殺の抗弁を主張することは許されないと解するのが相当である（最高裁昭和……63年3月15日第三小法廷判決・民集42巻3号170頁参照）」。②「すなわち、民訴法231条〔筆者注：現142条〕が重複起訴を禁止する理由は、審理の重複による無駄を避けるためと複数の判決において互いに矛盾した既判力ある判断がされるのを防止するためであるが、相殺の抗弁が提出された自働債権の存在又は不存在の判断が相殺をもって対抗した額について既判力を有するとされていること（同法199条2項〔筆者注：現114条2項〕）、相殺の抗弁の場合にも自働債権の存否について矛盾する判決が生じ法的安定性を害しないようにする必要があるけれども理論上も実際上もこれを防止することが困難であること、等の点を考えると、同法231条〔筆者注：現142条〕の趣旨は、同一債権について重複して訴えが係属した場合のみならず、既に係属中の別訴において訴訟物となっている債権を他の訴訟において自働債権として相殺の抗弁を提出する場合にも同様に妥当するものであり」、③「このことは右抗弁が控訴審の段階で初めて主張され、両事件が併合審理された場合についても同様である。」

平成3年判決は、判旨②部分で、矛盾する判決が生じ法的安定性を害する危険、要するに、既判力が矛盾抵触するという危険をことさら強調する。これによって、訴え先行型の事案において、相殺の抗弁提出を認めてしまうと、上記危険の発生につき「理論上も実際上もこれを防止することが困難である」として、硬直的かつ形式的に、およそ一般的に相殺の抗弁提出を否定する。さらに、判旨③部分では、本訴と別訴の弁論が併合審理されている同一手続型においても、同様に相殺の抗弁提出が許されないとまで念を押している。これは、本訴と別訴の弁論が併合審理されているとしても、その後、両者の弁論が分離されうるため（事実審段階で弁論が分離されるという場合のほか、上告審で本訴と別訴の一方または双方が差し戻しされ、弁論が分離されて、双方についてまたは一方についてのみ再度事実審で審理されるという場合もありうる）、既判力の矛盾抵触が生じる事態を危惧しているためだという[8]。

8） 河野信夫「判解（平成3年判決）」平成3年度最判解民事篇516-517頁、519頁（注6）。

3 平成10年判決

　平成3年判決の登場後、下級審裁判例はこの立場を忠実に踏襲する[9]。しかし、後で述べるように、最高裁は、その後、形式的には平成3年判決を維持しつつも、具体的な事案の下、実体法上の観点、すなわち相殺を行使しようとする当事者の実体法上の地位への考慮を示すこととなる。明示的にこの考慮を初めて示した最高裁判例が平成10年判決である。

　そこで、平成3年判決との関係において、平成10年判決について検討する。平成10年判決は、別訴において一部請求をしている債権の残部を自働債権とする相殺の抗弁の許否が争われた事案に関するものである。事案の概要および判旨は、以下のとおりである。

　　〔事案〕　Yは、Xの申請した違法な仮処分により、本件土地および建物の持分各2分の1を通常の取引価格より低い価格で売却することを余儀なくされ、その差額2億5260万円相当の損害を被ったと主張して、Xに対し、不法行為を理由として、このうち4000万円の支払を求める損害賠償請求訴訟（別件訴訟。明示的数量的一部請求訴訟）を提起した。なお、その後、この一部請求訴訟については、上告棄却により最終的に差額損害の発生を否定し一部請求棄却とした第1審判決が確定している（園部逸夫裁判官補足意見参照）。
　　一方、Xは、Yが支払うべき相続税等を立て替えて支払ったとして、Yを被告として1296万円余の不当利得返還請求訴訟（本件訴訟）を提起した。
　　Yは、本件訴訟において、ⓐ別件訴訟における訴求債権である損害賠償請求権のうち4000万円を超える残部債権、ⓑ預金および現金の支払請求権およびⓒ違法仮処分に対する異議申立手続の弁護士報酬として支払った金銭、および遅延損害金に関する損害賠償請求権をそれぞれ自働債権とする相殺を主張した。
　　原審判決は、平成3年判決の趣旨に照らして、ⓐ損害賠償請求権のうち4000万円を超える部分を自働債権とする相殺の主張、およびⓒ弁護士報酬相当額の損害賠償請求権を自働債権とする相殺の主張につき不許と判断した。

　平成10年判決は、以下のように一部請求訴訟先行型である上記事案について、残部債権を自働債権とする相殺の抗弁提出を認める余地を肯定した[10]。

---

[9]　東京高判平成4年5月27日判時1424号56頁、東京地判平成4年6月30日判時1457号119頁、東京地判平成4年10月9日金法1359号141頁、東京高判平成5年9月29日判タ864号263頁等。
[10]　同種の一部請求訴訟先行型の事案について、東京高判平成4年5月27日判時1424号56頁

〔判旨（原判決破棄、差戻し）〕①「民訴法142条（旧民訴法231条）が係属中の事件について重複して訴えを提起することを禁じているのは、審理の重複による無駄を避けるとともに、同一の請求について異なる判決がされ、既判力の矛盾抵触が生ずることを防止する点にある。そうすると、自働債権の成立又は不成立の判断が相殺をもって対抗した額について既判力を有する相殺の抗弁についても、その趣旨を及ぼすべきことは当然であって、既に係属中の別訴において訴訟物となっている債権を自働債権として他の訴訟において相殺の抗弁を主張することが許されないことは、原審の判示するとおりである（……平成3年12月17日第三小法廷判決参照）」。

②「しかしながら、他面、一個の債権の一部であっても、そのことを明示して訴えが提起された場合には、訴訟物となるのは右債権のうち当該一部のみに限られ、その確定判決の既判力も右一部のみについて生じ、残部の債権に及ばない」とする最高裁昭和37年8月10日第二小法廷判決（民集16巻8号1720頁）を参照し、「この理は相殺の抗弁についても同様に当てはまるところであって、一個の債権の一部をもってする相殺の主張も、それ自体は当然に許容されるところである」。

③「もっとも、一個の債権が訴訟上分割して行使された場合には、実質的な争点が共通であるため、ある程度審理の重複が生ずることは避け難く、応訴を強いられる被告や裁判所に少なからぬ負担をかける上、債権の一部と残部とで異なる判決がされ、事実上の判断の抵触が生ずる可能性もないではない。そうすると、……一個の債権の一部について訴えの提起ないし相殺の主張を許容した場合に、その残部について、訴えを提起し、あるいは、これをもって他の債権との相殺を主張することができるかについては、別途に検討を要するところであり、残部請求等が当然に許容されることになるものとはいえない」。

④「しかし、こと相殺の抗弁に関しては、訴えの提起と異なり、相手方の提訴を契機として防御の手段として提出されるものであり、相手方の請求する債権と簡易迅速かつ確実な決済を図るという機能を有するものであるから、一個の債権の残部をもって他の債権との相殺を主張することは、債権の発生事由、一部請求がされるに至った経緯、その後の審理経過等にかんがみ、債権の分割行使による相殺の主張が訴訟上の権利の濫用に当たるなど特段の事情の存する場合を除いて、正当な防御権の行使として許容されるものと解すべきである。」

⑤「したがって、一個の債権の一部についてのみ判決を求める旨を明示して訴えが提起された場合において、当該債権の残部を自働債権として他の訴訟に

（前掲注9）参照）は、平成3年判決の立場を忠実に踏襲し、既判力の抵触の危険を根拠に残部債権を自働債権とする相殺の抗弁提出を不許としていた。これについて、畑瑞穂「判批（東京高判平成4年5月27日）」平成4年度重判解154頁は、「相殺の担保的機能の軽視という最高裁の判断を既判力抵触のおそれがない場合にまで徹底して、重複審理の防止を優先したもの」と評する。

おいて相殺の抗弁を主張することは、債権の分割行使をすることが訴訟上の権利の濫用に当たるなど特段の事情の存しない限り、許されるものと解するのが相当である。」

　ここで平成10年判決は、判旨①部分で平成3年判決を参照引用するとともに、判旨③部分では、明示的一部請求として一部債権につき訴求しつつ、残部債権を別途訴求し、または相殺の自働債権に供することが当然に許容されることになるものとはいえないという慎重な姿勢をみせる。この背景には、その直近において、一個の金銭債権の数量的一部請求の前訴で敗訴した原告による残部請求訴訟につき、特段の事情のない限り、信義則違反を理由に不適法却下とすべき旨を判示した最高裁平成10年6月12日第三小法廷判決（民集52巻4号1147頁）が現れた点が指摘されている[11]。同判決の登場により、前訴で数量的一部請求である旨の明示があったとしても（前掲・最高裁昭和37年8月10日第二小法廷判決参照）、確定した前訴本案判決が少なくとも全部認容判決でない限り、残部請求は原則として許されないこととなる。それゆえ、一部請求訴訟が未だ係属中である場合には、その判決が確定しない限り、たとえ明示的一部請求訴訟の事案であっても残部請求訴訟が許されるとは限らなくなる。そうすると、判決の矛盾抵触が生じる事態を頑なに防ごうとする平成3年判決の立場からは、一部請求訴訟の係属中に、その残部債権を自働債権とする相殺の抗弁を提出することは当然許されないという帰結が予想される。
　ところが、平成10年判決は、続けて判旨④部分において、相殺の抗弁が「相手方の提訴を契機として防御の手段として提出されるものであり、相手方の訴求する債権と簡易迅速かつ確実な決済を図るという機能を有するものである」という点を強調し、そこから「特段の事情の存する場合を除いて、正当な防御権の行使として許容される」という説示を導いている点が注目される[12]。このように、相殺の有する機能、あるいは相殺を行使する当事者の

---

[11]　高橋宏志「判批（平成10年判決）」リマークス19号（1999）130頁参照。
[12]　具体的帰結としては、ⓐ損害賠償請求権のうち4000万円を超える残部部分を自働債権とする相殺の主張については、4000万円の明示的一部請求訴訟につき請求棄却判決が確定していたため、認められないこととなる。他方、ⓒ弁護士報酬相当額の損害賠償請求権について、平成10年判決は、「別件訴訟において訴求している債権とはいずれも違法仮処分に基づく損害賠償請求権と

利益に配慮を示して相殺の抗弁を許容する判断を示した平成 10 年判決の登場によって、重複審理回避、とりわけ既判力抵触の防止を硬直的にまで貫徹しようとしていた平成 3 年判決の否定説の立場は大きく揺らいだとみることができる[13]。

4 平成 18 年判決

次に、平成 18 年判決について検討する。平成 18 年判決の事案の概要および判旨は以下のとおりである。

〔事案〕 X は、平成 2 年 2 月 28 日、建築業を営む A との間で、請負代金額を 3 億 900 万円として賃貸用マンション新築工事請負契約を締結した。その後、X は、設計変更による追加工事を A に発注した。

A は、平成 3 年 3 月 31 日までに本件工事を完成させ、完成した建物（本件建物）を X に引き渡した。ところが、X は、平成 5 年 12 月 3 日、A に対し、本件建物に瑕疵があり、瑕疵修補に代わる損害賠償または不当利得の額は 5304 万 440 円であると主張して、同額の金員およびこれに対する完成引渡日の翌日である平成 3 年 4 月 1 日から支払済みまで商事法定利率年 6 分の割合による遅延損害金の支払を求める本訴を提起した。

これに対し、A は、第 1 審係属中の平成 6 年 1 月 21 日、X に対し、本件請負契約に基づく請負残代金の額は 2418 万円であると主張して、同額の金員およびこれに対する平成 3 年 4 月 1 日から支払済みまで商事法定利率年 6 分の割合による遅延損害金の支払を求める反訴を提起し、反訴状は、平成 6 年 1 月 25 日、X に送達された。なお、控訴審において最終的に、本件請負契約に基づく請負残代金の額は 1820 万 5645 円であると認定され、他方、本件建物には

いう一個の債権の一部を構成するものではあるが、単に数量的な一部ではなく、実質的な発生事由を異にする異種の損害というべきものである。そして、他に、本件において、右弁護士報酬相当額の損害賠償請求権を自働債権とする相殺の主張が訴訟上の権利の濫用に当たるなど特段の事情も存しないから、右相殺の抗弁を主張することは許される」と判示している。弁護士報酬相当額の損害賠償請求権は、平成 10 年判決が述べるように、一個の債権であってもその特定の損害費目部分のみを訴求する特定残部請求に該当するため（最高裁平成 20 年 7 月 10 日第一小法廷判決判時 2020 号 71 頁参照）、先行する特定一部請求訴訟の帰結如何にかかわらず、これを自働債権とする相殺の抗弁が認められることになる。

13) 髙橋宏志・重点講義 民事訴訟法(上)〔第 2 版補訂版〕（有斐閣・2013）143 頁、杉本・前掲注 4）155 頁、八田・前掲注 3）10 頁等。なお、さらに平成 3 年判決と平成 10 年判決の不整合または緊張関係を指摘するものとして、上野泰男「判批（平成 10 年判決）」平成 10 年度重判解 124 頁、髙橋・前掲注 11）131 頁、松本博之「判批（平成 3 年判決）」民事訴訟法判例百選〔第 3 版〕（2003）93 頁、三木浩一「判批（平成 10 年判決）」同書 97 頁、山本弘・前掲注 6）96 頁、本間靖規「判批（平成 3 年・平成 10 年判決）」民事訴訟法判例百選〔第 4 版〕（2010）84 頁、内海博俊「判批（平成 3 年・平成 10 年判決）」民事訴訟法判例百選〔第 5 版〕（2015）85 頁等がある。

瑕疵が存在し、それによりXが被った損害の額は2474万9798円であると認定されている。

Aは、平成13年4月13日に死亡し、その相続人である妻および子であるYらがAの訴訟上の地位を承継した（Yらの法定相続分は各2分の1）。

Yらは、平成14年3月8日の第1審口頭弁論期日において、Xに対し、仮に本訴請求が認容される場合、Yらがそれぞれ相続によって取得した反訴請求に係る請負残代金債権を自働債権とし、XのYらそれぞれに対する本訴請求に係る瑕疵修補に代わる損害賠償債権を受働債権として、対当額で相殺する旨の意思表示をし（本件相殺）、これを本訴請求についての抗弁（予備的相殺の抗弁）として主張した。

〔判旨（破棄自判）〕①「本件相殺は、反訴提起後に、反訴請求債権を自働債権とし、本訴請求債権を受働債権として対当額で相殺するというものであるから、まず、本件相殺と本件反訴との関係について判断する。

係属中の別訴において訴訟物となっている債権を自働債権として他の訴訟において相殺の抗弁を主張することは、重複起訴を禁じた民訴法142条の趣旨に反し、許されない（最高裁……平成3年12月17日第三小法廷判決・民集45巻9号1435頁）。」

②「しかし、本訴及び反訴が係属中に、反訴請求債権を自働債権とし、本訴請求債権を受働債権として相殺の抗弁を主張することは禁じられないと解するのが相当である。この場合においては、反訴原告において異なる意思表示をしない限り、反訴は、反訴請求債権につき本訴において相殺の自働債権として既判力ある判断が示された場合にはその部分については反訴請求としない趣旨の予備的反訴に変更されることになるものと解するのが相当であって、このように解すれば、重複起訴の問題は生じないことになるからである。そして、上記の訴えの変更は、本訴、反訴を通じた審判の対象に変更を生ずるものではなく、反訴被告の利益を損なうものでもないから、書面によることを要せず、反訴被告の同意も要しないというべきである。本件については、前記事実関係及び訴訟の経過に照らしても、Yらが本件相殺を抗弁として主張したことについて、上記と異なる意思表示をしたことはうかがわれないので、本件反訴は、上記のような内容の予備的反訴に変更されたものと解するのが相当である。」

筆者はすでに、平成3年判決と上記の平成18年判決との整合性を理解するに当たり、平成18年判決において相殺に供された自働債権と受働債権の実体法上の性質、すなわち両者の民法上の関係性に着目すべき旨を説いている[14]。その結論の概略は以下のとおりである。

14）杉本和士「請負契約における瑕疵修補に代わる損害賠償債権と報酬債権に関する実体法と訴訟法―最二小判平成18年4月14日民集60巻4号1497頁再読」栂善夫先生＝遠藤賢治先生古稀

平成 18 年判決の事案における自働債権と受働債権は、それぞれ請負契約における請負残代金債権（報酬債権）と瑕疵修補に代わる損害賠償請求権とであり、この両者は、民法上、同時履行の関係にあるとされる（民法 634 条 2 項後段の準用する同法 533 条）。しかし、これは本来の同時履行関係とは異なり、同時履行の抗弁権のいわゆる存在効果によって遅滞の違法性を阻却させるとともに、その後の相殺による清算的調整（代金減額的処理）を誘導するという趣旨の規律である。この趣旨はそもそも民法起草者の意図していたところであり、最高裁昭和 51 年 3 月 4 日第一小法廷判決（民集 30 巻 2 号 48 頁）、最高裁昭和 53 年 9 月 21 日第一小法廷判決（判時 907 号 54 頁）、最高裁平成 9 年 2 月 14 日第三小法廷判決（民集 51 巻 2 号 337 頁）および最高裁平成 9 年 7 月 15 日第三小法廷判決（民集 51 巻 6 号 2581 頁）という一連の最高裁判決によって判例法理として確立している[15]。

　こうして最高裁は、民法 634 条 2 項後段に関して形成されてきた、瑕疵修補に代わる損害賠償請求権と報酬債権との相殺による清算的調整を志向する実体法上の判例法理と、訴え先行型における相殺の抗弁提出を一律に否定する平成 3 年判決の示した訴訟法上の判例法理との間で板挟みの状態に置かれた。そこで、平成 18 年判決は、判決文に明示されてはいないものの、相殺による清算的調整に関する上記の実体法上の判例法理を優先し、これを第一次的な前提として据えた上で結論を導いたと評しうる。しかし他方で、同判決は平成 3 年判決の硬直的ともいえる判断枠組を実質的に緩和しつつも、同判決を直接引用していることからも明らかなように、そこで示された既判力の矛盾抵触防止を徹底しようとする判断枠組は維持し（判旨①部分）、そのために「単純反訴から予備的反訴への変更」という法律構成をもち出してまで、これとの整合性を保とうとした（判旨②部分）、と評価することができる[16]。

　　祝賀・民事手続における法と実践（成文堂・2014）175 頁。詳細については、同論文を参照されたい。
15)　民法（債権関係）改正案においては、民法 634 条は削除されることとなり、同時履行の抗弁権を前提とする清算的調整という判例法理による規律を改めて、請負の目的物の契約不適合を理由とする注文者による報酬減額請求権が認められ（改正民法案 563 条の売買契約における買主の代金減額請求権が民法 559 条により有償契約一般に準用される）、かつ、損害賠償請求権と報酬請求権との同時履行関係は民法改正案 533 条で追加される「（債務の履行に代わる損害賠償の債務の履行を含む。）」という文言によって規律される。
16)　ただし、この法律構成が理論的に破綻していることについては、前掲注 6）を参照。

5 平成18年判決までの判例の総括

　以上のとおり、平成27年判決までの一連の判例を概観すると、実は平成3年判決だけが例外的に、具体的事案で問題となっている相殺の抗弁行使に関する事情、当事者の有する相殺の利益またはこれに対する期待、あるいは自働債権および受働債権に関する実体法上の性質等を勘案することなく一般的な相殺不許を説いていることが判明する。たしかに、平成3年判決は、その判決内容からすれば、訴え先行型における相殺不許という先例を示す法理判決であると考えられる。しかし、平成3年判決を一連の判例の展開において改めて位置付けてみると、むしろ異物とさえなっているかの印象を受けはしないだろうか。このことは、次の平成27年判決の登場により一層明らかとなったように思われる。そこで、つぎに平成27年判決について検討することとしよう。

Ⅲ　平成27年判決の分析と位置付け

1　平成27年判決の事案と判旨[17]

　平成27年判決に関する事案の概要と判旨は以下のとおりである。

〔事案〕　本件本訴は、Xが、貸金業者であるYとの間で、平成8年6月5日から平成21年11月24日までの間、継続的な金銭消費貸借取引（本件取引）について、平成8年6月5日から平成12年7月17日までの取引（第1取引）と平成14年4月15日から平成21年11月24日までの取引（以下、「第2取引」という）を一連のものとみて、各弁済金のうち利息制限法（平成18年法律第115号による改正前のもの）1条1項所定の制限を超えて利息として支払った部分を元本に充当すると過払金が発生している等と主張して、Yに対し、不当利得返還請求権に基づき、上記過払金の返還等を求める事案である。

　他方、本件反訴は、Yが、Xに対し、第2取引に基づく貸金の返還等を求める事案であった。

---

[17]　平成27年最高裁判決に関する評釈または解説として、内田義厚・新判例解説Watch Vol. 19 (2016) 157頁、宮川聡・甲南法務研究12号 (2016) 113頁、今津綾子・法教430号 (2016) 144頁、上田竹志・法セミ738号 (2016) 124頁、我妻学・リマークス53号 (2016) 110頁、山本弘・金法2049号 (2016) 26頁がある。その他、2016年6月11日開催の慶應義塾大学民事訴訟法研究会において、中島弘雅教授による同判決に関する報告を筆者は拝聴している。中島教授による評釈については、法学研究（慶應義塾大学）に掲載される予定である。

Yは、本件本訴において、本件取引は一連のものではなく、第1取引に基づくXの過払金の返還請求権は時効により消滅したと主張し、消滅時効を援用した。これに対し、Xは、本件本訴において上記過払金の返還請求権が時効により消滅したと判断される場合には、本件反訴において、予備的に同請求権を自働債権とし、第2取引に基づくYの貸金債権を受働債権として対当額で相殺すると主張している。

　第1審判決は、第1取引と第2取引とを一連の取引とみて過払金を算定し、Xの本訴請求を一部認容し、同時に、この過払金の算定に伴い、Yの貸付債権は利息制限法所定の制限超過部分の元本充当によって消滅しているとして、Yの反訴請求を全部棄却した。これに対して、原審判決は、第1取引と第2取引とを一連の取引とみることはできないとして、それぞれ利息制限法所定の制限超過部分の元本充当を行った結果、第1取引については過払金が生じているものの、これは時効により消滅したとし、また、第2取引については、元本充当によっても貸付金が消滅するには至っていないとして、その残元利金の限度で、かつ、第1取引において時効消滅した過払金との相殺を主張するXの抗弁について判断することなくYの反訴請求を一部認容した。

　以上のように、平成27年判決の事案は、反訴において本訴請求債権を自働債権とする相殺の抗弁を提出したというものであり、「反訴先行型」の平成18年判決と対比すれば、「本訴先行型」と称すべき類型であった（前掲注6）大阪地判平成18年7月7日参照）。また、自働債権である本訴請求債権が時効により消滅しているという事情がどのように結論に影響しているのかという点も注目される。

　　〔判旨（原判決一部破棄、差戻し）〕　①「係属中の別訴において訴訟物となっている債権を自働債権として他の訴訟において相殺の抗弁を主張することは、重複起訴を禁じた民訴法142条の趣旨に反し、許されない（最高裁……平成3年12月17日第三小法廷判決・民集45巻9号1435頁参照）。」
　　②「しかし、本訴において訴訟物となっている債権の全部又は一部が時効により消滅したと判断されることを条件として、反訴において、当該債権のうち時効により消滅した部分を自働債権として相殺の抗弁を主張することは許されると解するのが相当である。その理由は、次のとおりである。」
　　③「時効により消滅し、履行の請求ができなくなった債権であっても、その消滅以前に相殺に適するようになっていた場合には、これを自働債権として相殺をすることができるところ、本訴において訴訟物となっている債権の全部又は一部が時効により消滅したと判断される場合には、その判断を前提に、同時

に審判される反訴において、当該債権のうち時効により消滅した部分を自働債権とする相殺の抗弁につき判断をしても、当該債権の存否に係る本訴における判断と矛盾抵触することはなく、審理が重複することもない。したがって、反訴において上記相殺の抗弁を主張することは、重複起訴を禁じた民訴法142条の趣旨に反するものとはいえない」。④「このように解することは、民法508条が、時効により消滅した債権であっても、一定の場合にはこれを自働債権として相殺をすることができるとして、公平の見地から当事者の相殺に対する期待を保護することとした趣旨にもかなうものである。」

2 平成27年判決の分析

平成27年判決は、判旨①部分で平成3年判決を参照引用しつつも、判旨②部分において、「本訴において訴訟物となっている債権の全部又は一部が時効により消滅したと判断されることを条件として、反訴において、当該債権のうち時効により消滅した部分を自働債権として相殺の抗弁を主張することは許される」という結論を示す。

この結論を導く論理を検討していこう。弁論の分離により自働債権の存否に関する既判力が矛盾抵触する危険を防止するという点を強調する平成3年判決との関係を考えると、平成27年判決の事案では、そもそもこのような危険はなかったといえる。なぜならば、仮に審理の途中で本訴と反訴の弁論が分離されたとしても、本訴請求債権はすでに時効により消滅しているため、本訴において消滅時効により同債権が消滅し不存在であるという点に生じる既判力（民訴114条1項）と、反訴において相殺に供された自働債権として同債権が不存在であるという点に生じる既判力（同条2項）という2つの既判力が当該債権に関して生じるものの、少なくとも両者が矛盾抵触することはないからである。

しかし、判旨③部分によると、平成27年判決の結論は、以上の点を決定的な考慮要素とするものではなかったと考えられる。このことは、「本訴において訴訟物となっている債権の全部又は一部が時効により消滅したと判断される場合には、その判断を前提に、同時に審判される反訴において」（下線は筆者による）という説示から明らかである。つまり、平成27年判決によると、この事案において本訴と反訴の弁論が分離される可能性は想定されていなかったといえよう。実際に、本件事案では自働債権である本訴請求債権

が過払金返還請求権、受働債権である反訴請求債権が貸金返還請求権であり、客観的に同一の金銭消費貸借取引経過という事実関係の下で、両者の審理対象事実と審理内容は密接に関連し（表裏一体の関係にあった）、その審理は統一的に行わざるをえないため、およそ両者に関する弁論を分離することがありえなかったという事情が認められる[18]。その結果、本訴と反訴が必ず同一訴訟手続において審理判断されるからこそ、反訴において本訴請求債権を自働債権とする相殺の抗弁を認めても、「当該債権の存否に係る本訴における判断と矛盾抵触することはなく、審理が重複することもない」、というのが平成27年判決の説くところである。

ただし、平成27年判決は、あくまで本訴請求債権である自働債権が時効により消滅している場面を前提とした上で、その消滅時効を条件として反訴における相殺の抗弁提出を許容するという結論を示している（このことは、判旨②部分における「本訴において訴訟物となっている債権の全部又は一部が時効により消滅したと判断されることを条件として」という説示、判旨③部分における「本訴において訴訟物となっている債権の全部又は一部が時効により消滅したと判断される場合には、その判断を前提に」という説示のとおりである）。

そこで、仮に平成27年判決の射程が上記場面に限定されるとすれば、本訴について消滅時効を理由に請求棄却とされる場合にのみ反訴における相殺の抗弁提出が認められるにすぎないことになるが、それではいかにも便宜的な論法を説くことになろう[19]。それでは、どのように理解すべきであろうか。ここで平成27年判決が、続けて判旨④部分において、「このように解することは、民法508条が、時効により消滅した債権であっても、一定の場合にはこれを自働債権として相殺をすることができるとして、公平の見地から当事

---

[18] 内田・前掲注17) 159頁。なお、山本弘・前掲注17) 29頁は、この「本訴と反訴の弁論の不可分離性」につき、「本来判旨が論証する責任を負うべきところ」、特に説示することなく「立論の当然の前提としてしまっている点で論理が倒錯しているというほかない」と批判する。いずれにせよ、本文で述べたように、自働債権と受働債権の関係性から判断すると、弁論分離の可能性はなかった事案であるのはたしかであるといえよう。我妻・前掲注17) 113頁も参照。

[19] 山本弘・前掲注17) 29頁は、平成27年判決が直接示す結論だけからすれば、「本訴の訴訟物である債権が時効により消滅したことを理由として本訴請求が棄却される場合には、Xは反訴において相殺の担保的利益を享受できるが、本訴の請求が認容される場合、すなわちXのYに対する債権の存在が認められる場合には、Xは相殺の担保的利益を享受できないこととな」り、これは「倒錯した結論であ」り、「後者の場合にもXに相殺の担保的利益を享受させようとすれば、本訴で訴訟物とされている債権をもってする反訴における相殺の抗弁の提出を正面から許容するほかない。」と指摘する。

者の相殺に対する期待を保護することとした趣旨にもかなうものである。」（下線は筆者による）と説示する点に注目すべきである。この説示からは、民法508条が規律する自働債権が時効により消滅した場合はもとより[20]、およそ相殺につき当事者の有する実体法上の利益またはこれに対する期待を重視する姿勢がうかがわれる。このような相殺に対する実体法上の利益またはこれに対する期待を保護すべき要請は、自働債権が消滅時効にかかっていない事案であっても当然に認められると考えられるからである。したがって、たしかに平成27年判決の直接の結論は、自働債権が消滅時効にかかることを条件とするものであるが、その射程は、弁論の分離可能性が否定される具体的事案の下、自働債権が消滅時効にかかっていない場合にもおよぶと考えるべきだろう[21]。

以上から、平成27年判決は、事案における具体的事情を勘案し、かつ当事者の相殺に対する実体的利益に配慮した上で相殺の抗弁提出を許容しており、平成3年判決を除く従来の一連の判例の流れに合致するものと評価することができる。

Ⅳ　おわりに
―― 二重起訴禁止と相殺の抗弁との関係に関する判例の展開

以上の検討に基づいて、二重起訴禁止と相殺の抗弁との関係に関する判例の展開を整理すると、以下のようになろう。

まず、訴え先行型について、平成3年判決は、民事訴訟法142条の趣旨を審理の重複による無駄の回避および矛盾した既判力ある判断の防止にあるとして、これを根拠に、別訴と本訴が併合審理される同一手続型であるか否かにかかわらず、一般的に相殺の抗弁を許容しないという形式的かつ硬直的な態度を採っていた。

しかし、その後、平成10年判決が、「一部請求訴訟先行型」の事案におい

---

[20] 最判平成25年2月28日民集67巻2号343頁参照。
[21] 内田・前掲注17) 160頁は、「第1取引部分に係る過払金返還請求権が時効によって消滅しておらず、かつ、第2取引に基づく貸金返還請求権の反訴が提起された場合に、第1取引に基づく過払金返還請求権を自働債権とする相殺の抗弁が許されるかという点についても、本判決の趣旨が及ぶのではないかと考えられる。」と指摘する。

て、相殺の実質的な機能確保の要請への配慮を明示しつつ、一部請求訴訟後の残部債権を自働債権とする相殺の抗弁の提出を認める余地を示した。また、平成18年判決は、相殺の抗弁につき既判力ある判断が示されることにより反訴を予備的反訴に変更するという極めて便宜的かつ技巧的な法律構成を採ることで平成3年判決との抵触を避けつつ、結論として反訴請求債権を自働債権とする相殺の抗弁提出を許容した。この平成18年判決は、請負契約における瑕疵修補に代わる損害賠償請求権を注文者が本訴で訴求し、他方、請負人が報酬残債権を反訴で訴求したところ、本訴において請負人がこの反訴請求債権を自働債権とする予備的相殺の抗弁を提出したという「反訴先行型」の事案に関するものであり、判決文には明確に現れていないものの、実質的には、上記両債権につき清算的調整を図ろうとする実体法上の要請を重視したものだと理解される。さらに、平成27年判決も、やはり判決文が明らかにする点ではないものの、金銭消費貸借取引における過払金返還請求権と貸金返還請求権という実体的に密接な関連性を有する両債権の関係性を重視していると考えられる。平成27年判決は「本訴先行型」の事案であったが、本訴と反訴におけるそれぞれの訴求債権の関係性から両者が分離されえないという前提の下、さらに当事者が実体法上の相殺から得られる利益やこれに対する期待保護への配慮を示すことで、相殺の抗弁提出を認めている。ここでは、もはや単純反訴を予備的反訴に変更するという、平成18年判決の採った技巧的な法律構成を用いることはしていない。そもそも平成27年判決では、平成18年判決の法律構成とパラレルに「予備的本訴」という法律構成をそもそも採りえなかったにもかかわらず（同じく本訴先行型に関する前掲注6）大阪地判平成18年7月7日参照）、それでも本訴請求債権を自働債権とする相殺の抗弁を許容したことは注目すべきである。

以上のように、判例は、平成3年判決を除いて、事案毎の事情や相殺の利益または期待、自働債権と受働債権の関係性等を勘案して、相殺の許否について判断してきたといえる。そうすると、平成3年判決以降も、訴え先行型の事案について、判例は相殺不許という硬直的な判断枠組を形式的にはなお維持しつつも、個別の事案に即して、そこでの実質的な考慮に基づき徐々にその例外を認め、これを緩和させる方向性にあると評することができる。ここから、訴え先行型につき、原則として相殺の抗弁提出を許容しないが、

例外を個別の事案に応じて許容する、というのが現在の判例の立場であると整理することが許されよう。

そうであるならば、今後も判例は、一方で平成3年判決を変更することなくこれを堅持し、形式的な原則論として位置付けつつも、他方では、個別の事案毎に、そこで問題とされている相殺の抗弁に関する当事者の利益または期待、あるいは自働債権と受働債権の関係性等を勘案して、相殺の抗弁提出の許否を判断していくものと予測される。たしかに、これでは相殺の抗弁を提出しようとする当事者の予測可能性という点で問題があるのは否めない。しかし、差し当たり、原則としては平成3年判決に基づき、訴え先行型における相殺の抗弁提出は許されないという方針を採りつつも、決してこの立場に形式的に拘束されることなく、具体的事案に応じて柔軟に相殺の抗弁提出の許否が判断されていくべきである。これにより、少なくとも一般的に判例が重視する実体法上の相殺の利益またはこれに対する期待の保護が訴訟の場面においても適切に図られるであろう。もっとも、やがて最高裁が正面から平成3年判決につき判例変更をすべき事例も現れるのではないだろうか。

【付記】
　上野泰男先生と初めてお目にかかりお話をさせて頂いたのは、修士課程2年生の1月頃であったと思うが、修士論文提出に際して、突然連絡を差し上げて研究室に伺い、御指導を賜った時であった。その際、御自身の大学院時代のお話をなされて、不安な筆者を大いに励まして下さった。その後、例えば専任教員として就職をした後、私が塞ぎ込んでいた際に「杉本さん、腐ったらあきませんで。」と励まして頂いたことも昨日のことのようである。

　博士後期課程進学後、毎週の講義で先生の謦咳に接する機会を賜り、そこで初めて民事訴訟法研究の奥深さと面白さを実感させて頂いた。ふと「僕、ここがよく分からんのですわ。」と上野先生がおっしゃっていたことが、従来の学説の盲点であったり、さらにその後の先生の御論稿として結実するのを目の当たりにし、研究者とはかくあるべきと思い知らされた。

　上野先生のご指導に改めて深く感謝申し上げるとともに、先生が古稀を迎えられたことを心よりお祝い申し上げたい。

　本稿は、科学研究費「倒産手続における独占的担保に関する日仏比較法研究」（平成28年度 若手研究(B) 課題番号16K17019。研究代表者：杉本和士）による研究成果の一部である。

本稿脱稿後、校正段階で、髙部眞規子「判批（平成 27 年判決）」金判 1509 号
(2017) 16 頁および堀清史「重複訴訟の制限と相殺の抗弁についての判例の変
遷」徳田和幸先生古稀祝賀・民事手続法の現代的課題と理論的解明（弘文堂・
2017) 163 頁に接した。

「自由な証明」の現在
―― 近時の日独民事訴訟法の比較

◆髙田昌宏◆

I　はじめに――わが国の民事訴訟法における「自由な証明」の現在
II　ドイツ民事訴訟法における「自由な証明」の現在
III　若干の分析――民事訴訟における「自由な証明」の今後

I　はじめに
――わが国の民事訴訟法における「自由な証明」の現在

1　わが国の民事訴訟法において、「自由な証明（自由証明）」の概念は、多くの体系書や注釈書でも言及されるほど広く普及した概念である。一般的には、「自由な証明」とは、「厳格な証明（厳格証明）」――すなわち法律（民事訴訟法〔以下、「民訴」と略す〕180条以下）が定める証拠方法および証拠手続による証明――に対置される概念で、法定の証拠方法および証拠手続に拘束されない証明を意味する。「自由な証明」を直接規定した条文はなく、あくまで講学上の概念である[1]。一般的に認知されてはいるが、その概念の内容やその適用範囲はもとより、その要否も、いまだ十分に解明されているとはいいがたい[2]。

「自由な証明」のもともとの由来[3]は、ドイツの刑事訴訟法にあり、刑事訴訟法典が規定する証拠方法・証拠手続による証明を意味する Strengbeweis（厳格な証明）の対概念として創唱された Freibeweis（自由な証明）の概念にまで遡る。それがドイツの民事訴訟法の領域で採用され、さらに、ドイツ民事訴訟法の強い影響下にあったわが国の民事訴訟法の領域に入ってきた

---
1)　東京高判昭和56年10月29日東高民32巻10号257頁、家月34巻7号67頁、判時1026号94頁、判タ457号142頁の判決理由のなかで「自由な証明」の概念が用いられている。
2)　高橋宏志「自由な証明」新堂幸司ほか・演習民事訴訟法2（有斐閣・1985）221頁参照。
3)　自由証明の由来および成立の経緯については、髙田昌宏・自由証明の研究（有斐閣・2008）1頁、15頁参照。

ものと推測される。わが国の民事訴訟法の領域で本格的に自由証明が取り扱われるのは、1950年代に入ってからであり[4]、その後、自由証明の概念は、その支持者を増やしていく[5]。そこで提唱された理論によれば、自由証明は、証拠方法および証拠手続につき法律の規定から解放されている証明と定義され、法律規定に拘束される厳格証明に対置される。もっとも、自由証明も、証明である以上、裁判官に確信を得させなければならない点では厳格証明と異ならない。自由証明の適用範囲については、まず、訴訟要件、上訴要件などの職権調査事項の証明の際に自由証明が適用できるとされる。訴訟物たる権利関係の存否の判断に必要な事実（実体法上重要な事実）には厳格証明が要求されるのに対し、訴訟要件などの職権調査事項は、訴訟内で容易に把握できる事実ないし形式的な事実であるから、審理の簡易・迅速性からも、公正を疑われる余地が少ないことからも、厳格証明の必要はないなどの理由に基づいている。このほかにも、法規や経験則が証明の対象となる場合（外国法規や高度の専門的経験則の場合）や、任意的口頭弁論の手続などでも自由証明が適用になると考えられた。

2　結果的に、このような自由証明の理論が多数説を占めるにいたったが[6]、その一方で、それに疑問を呈する論者や見解もみられるようになる[7]。

---

4) 岩松三郎「民事裁判における判断の限界」民事裁判の研究（弘文堂・1961〔初出1953〕）137頁注37を嚆矢とする。

5) 村松俊夫「証拠における弁論主義」民事裁判の理論と実務（有信堂・1967〔初出1956〕）142頁、三ケ月章・民事訴訟法（有斐閣・1959）381頁、菊井維大「自由な証明―主として決定手続との関連において」北大法学部十周年記念・法学政治学論集（有斐閣・1960）358頁。また、実務教育に関連するものとして、司法研修所民事教官室「民事訴訟における自由証明について」司法研修所報23号（1959）174頁。

6) 三ケ月・前掲注5)382頁、新堂幸司・民事訴訟法［第2版］（筑摩書房・1981）340頁、斎藤秀夫・民事訴訟法概論（有斐閣・1969）274頁注1ほか。最近の文献では、新堂幸司・新民事訴訟法［第5版］（弘文堂・2011）577頁や、兼子一ほか・条解民事訴訟法［第2版］（弘文堂・2011）1011頁〔松浦馨＝加藤新太郎〕、森英明「厳格な証明と自由な証明」門口正人編集代表・民事証拠法大系第2巻（青林書院・2004）55頁以下が比較的広い範囲で自由証明の適用を認める。例えば、森・前掲は、基本的に訴訟要件につき自由証明の適用を認めるほか、法規の存在・内容、経験則、裁判所が職務上知りえた事実、決定手続、上告審などで自由証明の適用を認める。なお、これらの、訴訟要件などの職権調査事項をはじめとして自由証明の適用を肯定する立場は、今日でも、通説ないし多数説と位置づけられている（松本博之＝上野泰男・民事訴訟法［第8版］（弘文堂・2015）426頁〔松本〕、秋山幹男ほか・コンメンタール民事訴訟法Ⅳ（日本評論社・2010）15頁参照）。

7) 例えば、野田宏「自由な証明」鈴木忠一＝三ケ月章編・実務民事訴訟講座1（日本評論社・1969）292頁以下は、職権調査事項というだけで自由証明を許容する見解に対して、法定の証拠手続の基礎である当事者公開主義、口頭主義、直接主義などの諸原則を守ることが不必要または不相当な場合、またはそれらの原則の後退が余儀なくされる場合にのみ自由証明が許され、職権調

例えば、訴訟要件や上訴要件については、請求の当否に関する事実（実体法上重要な事実）に劣らず重要であるにもかかわらず、その証明の際に、自由証明によって、（法律上の根拠なしに）法定の証拠手続の基礎にある直接主義などの諸原則が侵害されてよいのかとの疑問が提起され、専門的経験則や外国法の証明なども、厳格証明としての鑑定によるべきではないかとの批判が加えられてきた[8]。さらには、民事訴訟法では証拠調べに関する規律自体がそもそも柔軟で、自由証明によってそれから解放する必要性が乏しいとの指摘もなされるにいたっている[9]。そうした疑問や批判から、自由証明の適用の制限ないし抑制を唱える見解が有力になりつつあり、さらには、民事訴訟法において自由証明の不要や不許容を唱える見解も登場している[10]。

3　このような自由証明をめぐるわが国の状況を前にすると、民事訴訟法の領域での自由証明の意義を考察する必要が依然として存在することは、否定できない[11]。自由証明は、証拠調べの融通性の拡大によって訴訟経済に資する面があるとされ、また、そこに民事訴訟の将来への期待を抱く向きもある[12]ことから、そういう期待に応えうるかも併せて考察する必要があろう。

こうした問題意識から、本稿では、わが国の民事訴訟における自由証明の理論に大きな影響を及ぼしてきたドイツ民事訴訟法における自由証明に目を向けることにする。ドイツでは、2004年の第1司法現代化法（das Erste Jus-

---

　　査事項というだけで自由証明の対象となるのではないとして、従前の学説よりも自由証明の対象を狭く捉えようとする。同様の立場として、梅本吉彦・民事訴訟法［第4版］（信山社・2009）754頁。
8)　例えば、松本＝上野・前掲注6）426頁〔松本〕。中野貞一郎＝松浦馨＝鈴木正裕編・新民事訴訟法講義［第2版補訂2版］（有斐閣・2008）282頁〔春日偉知郎〕も、自由証明の適用に慎重な立場に立つ。
9)　髙橋宏志・重点講義民事訴訟法(下)［第2版補訂版］（有斐閣・2014）36頁。
10)　中野貞一郎「鑑定の現代問題」民事手続の現在問題（判例タイムズ社・1989）145頁以下、山本弘＝長谷部由起子＝松下淳一・民事訴訟法［第2版］（有斐閣・2013）238頁〔山本〕。また、小島武司・民事訴訟法（有斐閣・2013）444頁は、自由証明の領域を定める基準を立てることが難しく、自由証明の観念を独自に認める実益は乏しいという。
11)　自由証明は、非訟手続においてもその適用が問題となる。非訟では、民事訴訟とは状況を異にし、非訟事件手続法49条1項や家事事件手続法56条1項が定める「事実の調査」が自由証明にあたると解されており、そこでの自由証明の原則的適用を認める立場が通説である（森・前掲注6）64頁ほか）。非訟手続における自由証明とその問題性については、髙田・前掲注3）189頁以下、同「非訟手続における職権探知の審理構造─新非訟事件手続法・家事事件手続法の制定を契機として」曹時63巻11号（2011）2571頁、とくに2603頁以下、2612頁以下参照。
12)　福田剛久「21世紀仕様の民事訴訟」門口正人判事退官記念・新しい時代の民事司法（商事法務・2011）490頁は、ドイツ民事訴訟法が当事者の同意による自由証明を許容したことから、わが国でも当事者の同意による自由証明を許容する規定を新設することが考えられるとする。

tizmodernisierungsgesetz）により、民事訴訟法（Zivilprozessordnung〔以下、「ZPO」と略す〕）284条に、当事者の同意による自由証明の制度が導入され[13]、それを契機に自由証明をめぐる新たな理論的展開がみられるからである[14]。そこで、以下では、ドイツ民事訴訟法における自由証明に関する判例・理論の現状を考察し、前述のわが国の民事訴訟法上の自由証明をめぐる諸問題を解決する手がかりを得たい。

II ドイツ民事訴訟法における「自由な証明」の現在

1 従前の状況——ドイツ民事訴訟法284条の改正前
(1) 民事訴訟法の領域への「自由な証明」の導入

1 ドイツでは、自由証明は、学説上すでに1930年代に、刑事訴訟法から民事訴訟法の領域に導入されている[15]。当時を代表するミュラー（Müller）[16]の見解によると、自由証明は、通常の証明（厳格証明）や疎明とは異なる第3の証明方式で、完全証明が要求される点で厳格証明と共通する一方、その実施に際し原則としていかなる形式規定の支配下にもない点で厳格証明と異なるとされた。ミュラーは、実体法上重要な事実の場合、判決基礎事実としての重要性が認められるため、異論のない本案判決の基礎が保障されるよう、ZPOの定める証拠規定が遵守される必要があるのに対し、訴訟要件や個別的適法要件のための訴訟法上重要な事実の確定に厳格証明を適用することは、ZPOが規定する証拠手続の目的を超え、不必要であるとした。その結果、彼によると、「訴訟物の概念が画する事実領域」に含まれない事実に自由証

---

13) これに関する詳細は、髙田・前掲注3）120頁以下参照。
14) 近時のドイツ民事訴訟法における自由証明に関する主な研究として、以下のものがある。*Eberhard Schilken*, Gedanken zum Anwendungsbereich von Strengbeweis und Freibeweis im Zivilverfahrensrecht, in: Festschrift für Helmut Kollhosser, 2004, S. 649 ff.; *Barbara Völzmann-Stickelbrock*, Unmittelbarkeit der Beweisaufnahme und Parteiöffentlichkeit – Nicht mehr zeitgemäße oder unverzichtbare Elemente des Zivilprozesses?, ZZP 118 (2005), 359, 360 ff.; *Andreas Reißmann*, Zulässigkeit und Grenzen des Freibeweises im Zivilprozess, JR 2012, 182 ff.; *Reinhard Greger*, Der (immer noch) so genannte Freibeweis, Festschrift für Peter Gottwald, 2014, S. 207 ff.
15) 代表的な文献として、*Ludwig Müller*, Der Freibeweis im Zivilprozeßrecht, Diss. Halle, 1936と*H. v. Weber*, Die Prüfung von Amts wegen, ZZP 57 (1933), 91 ff. insb. 97 f. が挙げられる。*Müller*, a. a. O., S. 7 は、ドイツ民事訴訟に自由証明の概念を最初にとりいれた著者は、フォン・ヴェーバー（v. Weber）であると述べる。彼らの見解の詳細は、髙田・前掲注3）51頁以下参照。
16) *Müller*, a. a. O. (Fn. 15), S. 26 ff.

明を適用することが正当化されるため、訴訟要件の確定の場合は、自由証明が適法であると解される。もっとも、体系書などでは、訴訟法上重要な事実というよりも、むしろ職権調査または職権探知事項として訴訟要件などに自由証明の適用を肯定する見解のほうが一般的であった[17]。

2 判例は、連邦通常裁判所（Bundesgerichtshof〔以下、BGH という〕）が 1951 年 1 月 12 日の判決で、訴訟能力との関連において「訴訟要件の調査の際には、裁判所は、ZPO の証拠手続に関する規定に拘束されず、そこに定められた証拠方法に限られない（いわゆる自由な証明）。」と判示して、自由証明を肯定する立場を明らかにした[18]。それ以来、BGH は、訴えまたは上訴の適法要件について自由証明の適用を認めてきた[19]。もっとも、BGH は、自由証明の理由づけのために若干の文献を掲げるにとどまり、後述の学説からの批判があっても、一貫して、十分な理由づけはしてこなかった[20]。

(2) 「自由な証明」の理論への批判

1 BGH によって採用された自由証明の理論は、1960 年代に入り、ペータース（Peters）[21]による厳しい批判にさらされた。ペータースは、とりわけ、職権調査または職権探知事項である訴訟法上重要な事実について自由証明で足りるとする判例・学説に対し、次のような理由から批判を加え、これらの事項についても原則として厳格証明の適用を唱えた。

まず、判例が、これらの事実が実体法上重要な事実と違って民事訴訟の中心を構成しないことを根拠にしている点に対して、訴訟法上重要な事実でも、その存否によって訴訟判決が言い渡される訴訟要件の判断基礎事実のように、実体法上重要な事実に劣らず重要なものもあり、訴訟法上重要な事実が実体

---

17) Leo Rosenberg, Lehrbuch des deutschen Zivilprozeßrechts, 9. Aufl., 1961, § 63 IV 2c, § 111 I 2c; Arthur Nikisch, Zivilprozeßrecht, 2. Aufl, 1951, § 84 I 3 u. a. Rainer Oberheim, Beweiserleichterungen im Zivilprozeß, JuS 1996, 1112 は、この立場が今日の通説であるという。この見解の詳細は、髙田・前掲注 3) 47 頁以下参照。
18) BGH, NJW 1951, 441. Greger, a. a. O. (Fn. 14), S. 207 によれば、本判決が、民事訴訟における自由証明に関する BGH の最初の判決である。
19) BGH の判例が自由証明の適用を認める主な場合は、①一般的訴訟要件、②上訴などの要件、③外国法・慣習法・規約、④公の報告、⑤証拠利用禁止の確定、である。Vgl. Oberheim, JuS 1996, 1112 f.
20) 髙田・前掲注 3) 70 頁注 129 参照。BGH の判例のなかでは、BGH, NJW 1987, 2875 が、「訴訟経済（Prozeßwirtschaftlichkeit）」による根拠づけを行うにとどまる（髙田・前掲注 3) 109 頁参照）。
21) Egbert Peters, Der sogenannte Freibeweis im Zivilprozeß, 1962, S. 77 ff. ペータースの見解については、髙田・前掲注 3) 55 頁以下参照。

法上重要な事実より重要でないとはいえないこと、また、自由証明が証拠調べの直接主義（ZPO 355 条 1 項）や当事者公開主義（同 375 条 1 項）を基礎とする厳格証明から離れる結果、これらの原則の不遵守による証明結果の質の低下を招来する危険を有しているということである。

　2　このほかにも、自由証明の場合、証拠規定から自由であることから、当事者の証拠申出がなくても証拠調べができることになれば[22]、弁論主義に違反するとの批判、例外的に厳格証明から解放される場合は、法律で定められていることから（例えば、ZPO 495 条の a による少額事件手続〔Bagatellverfahren〕や ZPO 118 条 2 項による訴訟費用援助付与手続〔Prozesskostenhilfeverfahren〕）、法律上の根拠なしに自由証明を許容することはできないといった批判などが加えられ、これらの批判に基づき、自由証明の適用を厳しく限定する見解が有力となった[23]。しかし、BGH は、これら学説からの厳しい批判にもかかわらず、それと正面から向き合わなかったため、BGH と学説は平行線を辿った[24]。

2　ドイツ民事訴訟法 284 条の改正

　1　ドイツでは、このように判例と有力学説の対立が存続するなか、2004 年の第 1 司法現代化法に基づく ZPO の一部改正により、自由証明に関わる重要な改正が行われた。すなわち、改正前は、「証拠調べ、および、証拠決定をもってなす特別の証拠調べ手続の命令は、第 5 ないし第 11 節の規定により、これを定める。」とのみ規定して厳格証明の通用を明らかにしてきた ZPO 284 条に、新たに、2 文ないし 4 文——「裁判所は、両当事者の同意を得て、自らが相当と認める方式の証拠を取り調べることができる。同意は、個々の証拠調べに限ることができる。同意は、それが関係する証拠調べの開始の前に訴訟状態の重大な変更がある場合にのみ、撤回することができる。」

---

[22]　この点に最初に注目したのは、*Bruno Rimmelspacher*, Zur Prüfung von Amts wegen im Zivilprozeß, 1966, S. 39 f. である。なお、自由証明と弁論主義との関係について、髙田・前掲注 3）93 頁以下参照。

[23]　ペータースの見解に従って、自由証明に批判的な立場をとった主な文献として、*Rimmelspacher*, a. a. O. (Fn. 22), S. 171 ff.; *Wolfgang Grunsky*, Grundlagen des Verfahrensrechts, 2. Aufl., 1974, § 42 I 2; *Leo Rosenberg/Karl Heinz Schwab*, Zivilprozeßrecht, 14. Aufl, 1986, § 113 III 2; Stein/Jonas/*Ekkehard Schumann*, Kommentar zur ZPO, 20. Aufl., 1988, Rdn. 21 ff. vor § 355 u. a.

[24]　*Greger*, a. a. O. (Fn. 14), S. 207.

という定め——が付け加えられたのである。この2文の定めるところの裁判所自らが「相当と認める方式」の証拠調べとは、法律草案理由書で立法担当者が自ら明らかにしている通り、自由証明を意味し、両当事者の同意があれば自由証明を行うことができることが、明らかにされている[25]。

　ZPO 284条の改正は、より効果的かつ訴訟経済的な手続を形成する目的で行われたものである[26]。立法者は、このために、第1に、法定の証拠方法の制限をなくし、第2に、証拠調べの直接主義の原則を、適当な場合に当事者双方の同意によって排除することによって、厳格証明の規定を無視する可能性を裁判所に付与することを企図した。より具体的には、証拠調べの結果についての討論により更に証拠調べをする必要が生じたときに、証人や鑑定人に即時に電話で質問することにより新たな弁期期日を不要にすることや、証人らに電子メールで質問することが、例として挙げられる。また、立法者は、自由証明を当事者双方の同意にかからしめることにより、当事者の訴訟上の形成権（当事者支配）を強化し、当事者からの手続受容を促進することを企図する[27]。

　2　ZPO 284条改正の趣旨は、以上の通りであるが、新284条の2文以下の新設は、その規定の射程範囲をめぐって重大な見解対立を引き起こす結果となった。というのも、それまでの判例・通説は、訴訟法上重要な事実や職権調査事項を中心に、その確定に際して自由証明の適用を肯定してきたが、これらの適用範囲と新284条2文による自由証明の適用との関係が問題となるからである。すなわち、従前より自由証明の適用対象とされてきた事実でも、自由証明の適用のためには、284条2文により両当事者の同意が必要であるかが問われることになり、これについて2つの見解が対立している[28]。1つは、284条2文により、これまで自由証明の適用が認められていなかった実体法上重要な事実についても、新たに、両当事者の同意があれば自由証明が可能になったことは認めつつも、従前より自由証明の適用対象とされてきた訴訟要件などの職権調査事項（訴訟法上重要な事実）への自由証明の適用

---

25)　髙田・前掲注3) 128頁参照。
26)　*Völzmann-Stickelbrock*, ZPP 118, 359 f.; 髙田・前掲注3) 127頁参照。
27)　髙田・前掲注3) 128頁参照。
28)　詳細は、髙田・前掲注3) 133頁以下。

にも、両当事者の同意が必要となるとする見解（全事実適用説）[29]である。これに対するもう1つの見解は、従前の自由証明の適用対象には284条2文の適用はなく（したがって、訴訟要件などについては両当事者の同意がなくても自由証明が許される）、284条2文は、自由証明の適用が従来は認められなかった実体法上重要な事実にのみ適用されるとする立場（実体法的事実適用説）[30]である。

3　ZPO 284条改正の立法者意図が、訴訟経済に重きを置いているとするならば、後者の実体法的事実適用説のように、従前の実務上の自由証明の適用をそのまま維持しつつ、かつ――両当事者の同意という条件は付すものの――実体法上重要な事実にも自由証明の適用可能性を広げたものと解するほうが立法者意思に沿ったものと言うことができる一方、規定の文言のみをみるかぎりは、適用対象の事実に限定がない以上、実体法上重要な事実に限らず、職権調査事項を含む訴訟法上重要な事実にも適用があると解する前者の全事実適用説のほうが文言に整合しているとみることもできる。少なくとも、従前から有力説が自由証明の適用に消極的であったことから、284条による自由証明の適用範囲をできるだけ限局しようとする傾向が、学説上は強い。では、この改正を受けて、判例・実務は、284条と自由証明の適用との関係をどのように捉えているのか。

改正後、BGH[31]は、抗告手続（ZPO 567条以下）での自由証明の適法性が問題となった事案において、抗告手続では、ラント裁判所の第1審判決手続のための規定である ZPO 355条以下の厳格な証拠規定が適用される旨の明文規定がなく、その適用が法律や民事訴訟上の手続原則からも引き出せないことと、抗告手続では（必要的）口頭弁論がないことから、自由証明が最初から排除されるわけではないとしたうえで、次のように判示している。

「この点は、2004年9月1日発効のZPO 284条の新条文によって何も変わっていない。284条2文は、今や、裁判所に、これまで厳格証明のルールに

---

29) この見解は、今日の文献では、圧倒的な支持を得ているように見受けられる。例えば、Stein/Jonas/*Dieter Leipold*, Kommentar zur Zivilprozeßordnung, 22. Aufl., 2008, §284 Rdn. 129; Stein/Jonas/*Christian Berger*, Kommentar zur ZPO, 23. Aufl., 2015, vor §355 Rdn. 26; *Hans Joachim Musielak*, Zur Sachverhaltsaufklärung im Zivilprozess, unter besonderer Berücksichtigung der in jüngerer Zeit geschaffenen gesetzlichen Regelungen, in: Festgabe für Max Vollkommer, 2006, S. 247 f., 254 u. a.

30) *Fölsch*, MDR 2004, 1029; *Völzmann-Stickelbrock*, ZZP 118, 365.

31) BGH, FamRZ 2008, 390, 391 f.

従い正式な証拠調べのみを行うことができた場面で、両当事者の同意を得て自由証明の方法で手続を行うことを可能にする。自由証明が、これまでこの同意がなくても訴訟上適法と認められていた手続場面でも、現在は両当事者の同意に拘束されるべきであるとの仮定については、規定自体からも立法理由書からもそれを支持するものを引き出すことができない。」

BGH は、このように判示して、ZPO 284 条 2 文からは、従来の実務で認められてきた自由証明の適用場面でも当然に両当事者の同意を必要とすることは導き出せないとの立場をとり、284 条 2 文は実体法上重要な事実にも自由証明の適用を広げ、その場合にのみ両当事者の同意を要求するとの立場を支持している。また、訴訟法上重要な事実を中心に自由証明の適用を肯定する裁判実務に対して批判的な学説には、あいかわらず言及すらしていない[32]。

3 現在の状況——考察の深化
(1) 学説と実務の乖離

1 ZPO 284 条 2～4 文の新設により、自由証明が、厳格証明および疎明 (ZPO 294 条) とならんで法律上認められたのであるが、この条文の新設は、自由証明をめぐる学説と判例の対立を収束するどころか、かえってその対立を際立たせる結果となったといってよい。片や BGH は、従来、自由証明の適用が禁じられてきた実体法上重要な事実に関しても、上記規定の新設を奇貨として——両当事者の同意を得るとの制約付きではあるが——自由証明の適用下に置き、そのうえ、従前から自由証明の適用対象としてきた訴訟要件などの訴訟法上の事実には、これまでどおり、両当事者の同意の有無に関係なく適用を認める。片や、学説の主流は、実体法上重要な事実はもとより、判例が開拓してきた訴訟法上重要な事実への自由証明への適用をも原則として否定してきたことから、判例とは違って、訴訟法上重要な事実にも新規定の制限をかぶせることにより、自由証明の適用の限局化を図る。

2 このように判例と学説が平行線をたどるなか、自由証明が本来、民事訴訟においてどのような位置を占めるべきかを明らかにすることは、ますます重要な意味をもつと考えられる。この問題に関連して、最近のドイツの学

---

32) *Greger*, a. a. O. (Fn. 14), S. 208.

説は、判例・学説の対立の中、判例に抗して自由証明の適用の限局化をさらに進める方向を目指すものもあれば、判例をあくまで前提としつつ、その問題性を克服する方向を目指すものも現れている。そこで、以下では、これら近時の学説に特徴的な傾向のいくつかに注目したい。

(2) 「自由な証明」の内容——ベルガーの見解

1　まず、自由証明の内容という点で、ベルガー（Berger）の考察が注目される[33]。ベルガーは、これまでの裁判実務による自由証明の適用事例の多くで、裁判官の活動が不当に（また、時おり慣用的に）自由証明として性質決定されていると主張する[34]。すなわち、まったく証拠調べが行われていないのに（つまり証拠調べにあたらないのに）自由な「証明」と捉えたり、厳格証明の原則のもとでの証拠手続規定に何も違背していないのに自由証明と解したり、さらには、法律上認められた証拠方法や手続資料に基づいて心証形成が行われているのに自由証明と位置づけたりしている場合が多いという。

もう少し具体的に説明すると、ベルガーによれば、自由証明の概念は、しばしば、証拠調べと無関係な裁判官活動の場面で用いられており、まず、手続資料（Verfahrensstoff）の収集および評価が、証拠調べとは区別されなければならないとされる[35]。ベルガーによれば、ZPO 293条による外国法の探査も、裁判官が必要な認識を裁判所内部の法規研究によって調達する場合、その活動は証拠調べではないし、鑑定人が自らの鑑定意見の準備のためにする調査も、検証補助者（Augenscheinsgehilfe）の活動も、裁判所の証拠調べにあたらない。

また、ベルガーは、証拠調べの際に何ら手続規定の違背がないのに自由証明と呼ばれる場合がしばしばあるとする。具体例としては、文書内容の朗読の方法で実施されていない書証、弁論評価に基づく確信形成、報告者が作成した陳述書の利用、公の報告（amtliche Auskunft）などが挙げられる[36]。

---

[33] Stein/Jonas/*Berger*, a. a. O. (Fn. 29), vor § 355 Rdn. 16 ff.

[34] ベルガーは、自由証明の場合、裁判所は、ZPO所掲の証拠方法に限られず、あらゆる種類の認識手段を利用することができるとし、認識手段として、宣誓に代わる保証、書面による証人供述、電話やEメールで付与された情報などを例示する（Stein/Jonas/*Berger*, a. a. O. (Fn. 29), vor § 355 Rdn. 5 f.）。

[35] Stein/Jonas/*Berger*, a. a. O. (Fn. 29), vor § 355 Rdn. 17. これは、すでにブレーム（Brehm）が非訟における自由証明に関する考察で指摘していたところである（*Wolfgang Brehm*, Freiwillige Gerichtsbarkeit, 4. Aufl., 2009, §11 Rdn. 3, 11）。ブレームの考察については、髙田・前掲注3）227頁以下参照。

2　このように、ベルガーは、従来、自由証明の適用範囲とされてきたものから、自由証明に該当しないものを除外する。これによって、ベルガーは、自由証明の許否をめぐる争いは重要性が著しく減殺されるとし、彼自身によって限局された自由証明の概念を前提に、自由証明の許容性を検討する。結論的には、ベルガーは、自ら限界づけた自由証明の許容性について、ペータースの見解と基本的に同様に、自由証明の原則的不適法の立場を支持する[37]。

(3)　実務を前提にした解決の模索——ライスマンの見解

1　ライスマン (Reißmann) は、ベルガーとは対照的に、BGH が自由証明を適用してきたこと自体は正当であるとし、判例の立場を前提として自由証明の問題性に目を向ける。ライスマンによれば、ZPO 355条以下の厳格証明手続の規律は、ZPO 第2編のラント裁判所の第1審手続の規律として定められており、それが区裁判所 (ZPO 495条) や控訴審の手続に準用される (同525条) 一方、その規律からの逸脱も、立法者自ら明文で (例えば、少額事件手続〔同495条のa〕、訴訟費用援助付与手続〔同118条2項〕) 許容してきたとして、自由証明の存在およびその適用の正当性が肯定される[38]。そのうえで、彼は、学説が判例に加える批判に応えることのできる解決案を模索する。

2　ライスマンが BGH 判例の正当性を支持する基礎には、自由証明が法的基礎を有しているという主張がある。しかし、BGH が自由証明の適用を認める訴訟要件や上訴要件の場合は、自由証明の許容が法定されている場合にあたらないため、自由証明の他の場合とは違い、それらの要件について自由証明が許容されるかを考えるには、自由証明を一般的に規律する ZPO の新284条2文に着目せざるをえないとする[39]。

---

36)　Stein/Jonas/*Berger*, a. a. O. (Fn. 29), vor § 355 Rdn. 20. ベルガーによれば、朗読されていない文書は、ドイツ刑事訴訟法では、公判での文書の朗読が要求されているため (ドイツ刑事訴訟法249条1項) 問題となりうるが、書証が文書内容の朗読によってなされる必要があったかつての民事訴訟法下ではともかく、今日、違法の問題は生じない。報告者の書面での陳述も、民事訴訟法では、実質的直接主義が採用されていない以上、違法ではないし、弁論評価に基づく心証形成は、自由心証主義で認められており (ZPO 286条1項の弁論の全趣旨にあたる)、公の報告も、その利用は証人証拠・鑑定人証拠・書証のいずれかに含まれるため、自由証明の方法ではない。

37)　Stein/Jonas/*Berger*, a. a. O. (Fn. 29), vor § 355 Rdn. 24 ff. ベルガーは、法律が許容する場合にのみ、厳格証明の例外が認められるとして、ZPO 284条2文による両当事者の同意がある自由証明の場合と、同495条のaによる少額手続においてのみ自由証明を例外的に許容する (民事訴訟以外では、家事・非訟事件手続、仲裁手続で自由証明を許容する)。彼の見解については、髙田・前掲注3) 65～66頁、275頁も参照。

38)　*Reißmann*, JR 2012, 184.

39)　*Reißmann*, JR 2012, 184.

そこで、ライスマンは、同条文について文理解釈、歴史的解釈、目的論的解釈、憲法適合的解釈などを試みるが[40]、自由証明を許容する明文の例外規定がない場合は、ZPOの証拠規定から離れてよいとする有効な法的基礎が欠けているとする[41]。すなわち、たとえ、ZPO 284条2文によって立法者が自由証明に関する従前の裁判実務の全部を承認したいと望んでいたとしても、その意思の法的支えが見出されない以上、（訴訟要件などのように）明文の定めのない場合に、厳格証明の規律を無視する（自由証明によって証拠調べの直接主義や当事者公開主義を無視する）十分な法的基礎が欠けていると結論する。

3　ここまでのライスマンの分析は、訴訟要件のように、自由証明を許容する明文の定めがない場合に自由証明の適用に反対するペータースらの立場をむしろ正当化するものであるが、それにもかかわらずライスマンは、ペータースらの見解を支持しない。ライスマンは、裁判実務に原則的な批判を行うペータースらの見解について、「原則的批判にまかせて、実務が過去何十年にわたり、その批判による影響を受けなかったことに目をそむけるのは、純粋に学問的な願望思考にすぎない」と断じる[42]。むしろ、当事者双方が自分の手続権を侵害されないかたちで、実務上の自由証明の適用の問題を解決することを試みるのが重要であるとし、その際、証明責任を負っている当事者（以下、「挙証者」という）とその相手方のそれぞれの利益に応えられる解決可能性を示すことが重要でなければならないという。

ライスマン[43]によれば、まず、挙証者については、自由証明の問題性は、挙証者が厳格証明で証拠を取り調べるよう証拠申出をすることができることによって緩和される。BGHは明らかに自由証明による証拠提出（挙証）の拡大から出発するが、挙証者にまず自由証明での証拠提出が要求されると、挙証の拡大とは正反対になるから、ライスマンは、挙証者に、自由証明の方法によっても裁判官の確信を調達できるかを自ら判断し、自由証明によるか厳格証明によるか証拠提出の選択をすることを委ねる。ライスマンによれば、自由証明での証拠調べでは事実の真否に関する合理的な疑いを取り除くのに十分でないときは、裁判所が、ZPO 139条により釈明権を行使し、厳格証明

---

40)　*Reißmann*, JR 2012, 184 ff.
41)　*Reißmann*, JR 2012, 186.
42)　*Reißmann*, JR 2012, 186.
43)　*Reißmann*, JR 2012, 186 f.

の手続で補完する機会を付与しなければならないとされる。したがって、ライスマンによれば、挙証者の視点からは、自由証明手続は、より簡易な挙証可能性を表わす補完的オプションを提供するもので、そのオプションが不成功に終わったときは、厳格証明手続での挙証をあらためて試みる可能性が確保されるものと解される。

　それに対して、挙証者の相手方当事者の場合、ライスマンによれば、自由証明の問題性は、挙証者が自由証明の手続で挙証に成功する場合に相手方当事者が十分に保護されているかにある[44]。この場合、証拠方法は、ZPOの証拠規定に違反して提出されており、相手方には厳格証明のもとでの保障はない。しかし、ライスマンは、同じ証拠方法を反証として厳格証明の方法で申し出ることは相手方の自由であり、また、裁判所が、自由証明の手続で確信にいたったことを指摘すれば、相手方は、この確信を動揺させるよう試みることができるとする[45]。そして、裁判所は、相手方のこのような証拠申出を拒むことはできず、武器対等の要請から、相手方も、厳格証明の手続に移行することができなければならないとする[46]。

　4　ライスマンは、訴訟要件などについて自由証明の許容に反対する学説の側からの批判を、厳格証明の機会を当事者双方に保障することにより克服することを提案する。これによって、従来の実務で自由証明の適用が肯定されてきた訴訟要件などの場面で、両当事者の同意がなくても従来どおり自由証明が適用できるようにするべく、法律上の根拠のない場面での自由証明の問題性をクリアーし、とりわけそこでの自由証明の適用をめぐる長年の学説と実務の乖離を解決しようと試みる。

(4)　いわゆる「自由な証明」概念の廃棄——グレガーの見解

　1　グレガーは、彼の自由証明に関する最新研究[47]において、自由証明に

---

[44]　*Reißmann*, JR 2012, 187.
[45]　*Reißmann*, JR 2012, 187.
[46]　*Reißmann*, JR 2012, 187. この点は、証人の反覆尋問（再尋問）を裁判所の裁量とするZPO 398条1項との関係が問題となるが、ライスマンによれば、同条は、当事者が証人の最初の尋問の際に自らの発問権を包括的に行使できた場合に合わせて定められており、「当事者立会いの手続で証人証拠の保障を備えた証人尋問が行われていなかった場合」（例えば377条3項による書面尋問の場合）には、再尋問は398条1項の意味での反覆・再尋問とはいえないことから、相手方当事者による厳格証明での証人尋問の申出があれば、それに裁判所は応じなければならないとされる（*Reißmann*, JR 2012, 187 f.）。
[47]　*Greger*, a. a. O. (Fn. 14), S. 207 ff.

対する最も懐疑的な立場を主張する。自由証明には、しばしば「いわゆる (so genannt)」という付加語が付されるが、グレガーによれば、この付加語は、実際には存在しないものを描写する際に付せられるもので、このようなものは、正確な法適用には役立たないとされる[48]。そこで、グレガーは、最終的に、自由証明の概念を民事訴訟法から追放することを試みる。

2 グレガーは、まず、BGH の判例は、ZPO 284 条 2 文以下の導入の前も後も、ペータースに代表される自由証明に批判的な見解とは正面から向きあってこなかったとして、ライスマンとは対照的に、BGH の態度に厳しい批判を加えるとともに、判例の立場が、自由証明の法理論的な基礎づけを欠くのみならず、その適用範囲および意義を一般的に曖昧にしているとみる[49]。グレガーによれば、判例は、自由証明の許容によって、ZPO に何ら基礎のない法制度を創出してきたが、その法形成の正当化のために、これまで実用性の考慮しか持ち出さず、これでは法に反する法形成を正当化することは不可能であるとされる[50]。

また、グレガーは、自由証明が重大な評価矛盾をもたらすとし、とくに、訴訟要件のように本案判決の可否の問題に、本案要件の事実確定よりも正当性保障の少ない証拠手続を適用することを理由づけることはできない、と強く主張する。グレガーによれば、訴え却下に係る訴訟法上重要な事実は、当事者にとって、請求棄却に係る実体法上重要な事実に劣らず重要である以上、それぞれの事実で証拠手続の信頼性について異なる要求を課すことは支持できないし、「形式を付与された」証拠手続を放棄することによって直接主義や当事者公開主義が守られず、憲法上保障された法的審尋などの当事者権が制限されることにより、問題性が一層増幅されるからである。さらに、グレガーは、自由証明に積極的な論者が、職権調査事項である訴訟要件の調査の際に、自由証明の適用の結果として、証拠調べが当事者の証拠申出に依存しないと繰り返し述べることに対しても、いかなる形式で証拠を取り調べるかの問題に、訴訟資料の提出は誰の責任かの問題を結びつけるのは、弁論主義などの基本原理と相容れない、と批判する[51]。

---

48) *Greger*, a. a. O. (Fn. 14), S. 207.
49) *Greger*, a. a. O. (Fn. 14), S. 208.
50) *Greger*, a. a. O. (Fn. 14), S. 210.
51) *Greger*, a. a. O. (Fn. 14), S. 210 f.

3 最終的に、グレガーは、ZPO 284条の改正により、かえって同355条以下の証拠調べ規定が判決手続に一般的に通用することは否定できなくなり、本案判決の適法性（訴訟要件の有無）を左右する事実の確定のための例外扱いは、法律および一般的法原則（弁論主義、法的審尋）とは調和しないと主張する[52]。グレガーによれば、法律が明示的に疎明で十分としている場合、または、手続を裁判所の裁量に委ねる場合（同495条のa、1101条）にのみ、証拠調べ規定の拘束を免れることが許されるほかは、両当事者のみが裁判所にその拘束を免除することができるにすぎない（同284条2文）。そのため、グレガーは、ZPOの判決手続では自由証明の余地はなく、そのことを誤認させる「自由な証明」の概念は放棄されるべきと結論する。

(5) 小括

1 自由証明の観念とその適用をめぐる2つの相対立する傾向——片やBGHによって形成されてきた「自由証明を維持・適用しつづける方向」と、片や、ペータースの提唱以来、学説上むしろ幅広い支持を得てきた「自由証明の適用を抑える方向」——は、ZPO 284条2文以下の新設により自由証明をめぐる法状況が変わるのを機に、両者の対立の収束へと向かうことが期待された。しかし、少なくとも裁判実務は、改正前とほぼ変わらず、原則、訴訟法上重要な事実に限られてきた自由証明の適用領域を——両当事者の同意を条件に——実体法上重要な事実に拡大する方向に進んでいる。その意味では、上記の2つの傾向の距離は、かえって拡大しているといってもよい。

とはいえ、上記のドイツの自由証明をめぐる現在の理論状況を冷静に眺めると、いくつかの理論的深化がみられる。深化の1つは、論争の対象である「自由証明」自体の中身の考察である。従来自由証明の適用と解されていた事象（裁判官活動）の中に、自由証明にあたらないものが相当に含まれており、自由証明の許容性を持ち出さなくても、法的に許容される裁判官活動として位置づける可能性があるとのベルガーの指摘に、従前とは異なる理論的深化がみられる。このような理論展開からは、自由証明の考察において、自由証明の内容・中身を精査・限定したうえで、自由証明の許容性とその適用上の問題点を検討することが必要不可欠であることが示唆されるように思われる。

---

52) *Greger*, a. a. O. (Fn. 14), S. 213.

2　自由証明に関する理論的深化として、もう1つ注目されるのは、ライスマンにみられるように、実務における自由証明の適用が存続することを前提として、その批判対象となっている問題性を克服する試みが現れていることである。自由証明に批判的な見解は、繰り返し、証拠手続の規律から離れることによる直接主義や当事者公開主義の違反、さらには当事者の手続権（法的審尋請求権）保障に対する侵害を問題とする。この傾向は、前述のグレガーの最新の研究にも明確に現れているところである。この問題性を、ライスマンは、自由証明による挙証者およびその相手方に正規の厳格証明による証拠方法の提出および取調べの機会を保障することを通じて克服しようと試みる[53]。自由証明による訴訟経済や、場合によっては当事者の便宜に応えようとする裁判実務の要望を受け止めつつ、その問題性[54]を克服する試みは、現実に存在する実務と学説の間の乖離を何とかして解決し埋め合わせるための重要な試みとして注目される[55]。

3　なお、ZPO 284条2文の新設は、自由証明を法律で（一般的に）承認したものと解されるが、そうした状況下で、グレガーは、前述の通り、あえて自由証明の概念ないし呼称の廃棄を主張している。たしかに、法定の証拠規定に拘束されない証明手続の存在は、否定できないとみられるが、グレガーの主張の狙いは、あくまで、自由証明とその適用の「例外的性格」を認識させることにあると考えられ、その論述を通じて、自由証明が厳格証明と対等のものではなく、多くの問題を抱え、かつ例外的なものであるとの認識があらためて印象づけられることになろう[56]。

---

[53]　Musielak/Voit/*Ulrich Foerste*, ZPO, 12. Aufl., 2015, § 284 Rdn. 5 も、職権調査事項、抗告手続、少額手続、経験則または外国法の探知への自由証明の適用は疑わしいとして、当事者には、少なくとも、補充的に厳格証明を申し出る権利が認められなければならないと主張する。

[54]　この問題性は、自由証明に限った問題ではなく、厳格証明のもとでも、例えば、緩和された証拠手続ともいうべき書面尋問などの実施に際して、口頭尋問の原則に対する例外事象がどのような場合に認められ、またその弊害をどのように克服するかといった場面でも現れうる（髙田昌宏「証拠法の展開と直接主義の原則―ドイツ民事訴訟法との比較に基づく覚書」民訴59号（2013）46頁以下参照）。

[55]　ライスマンの提案が実務に受け入れられるかは、疑わしい。なぜなら、自由証明のあとに厳格証明の申出権を認めると、裁判所が企図する訴訟経済は図れないため、自由証明のメリットがなくなるからである。

[56]　自由証明の初期の提唱者ミュラー（*Müller*, a. a. O. (Fn. 15), S. 11 ff.）は、自由証明を訴訟法上重要な事実に適用する見解を唱えつつも、自由証明の対概念として厳格証明の概念を用いず、「通常の証明（Normalbeweis）」を用いることで、それが民事訴訟法上の一般的証明方式であることを表現していた。

III　若干の分析——民事訴訟における「自由な証明」の今後

1　冒頭でみた通り、わが国の民事訴訟法では、現在、職権調査事項の場合や任意的口頭弁論の手続を中心に自由証明の適用を比較的広く認めていこうとする傾向と、自由証明をごく例外的に許容するにとどめるか、もしくは概念およびその適用を否定する傾向とが対立している。そのなかで、裁判実務に携わる者の間では、一般的に、前者の傾向が強いことが窺えるのに対し[57]、学説は、後者の傾向が比較的強いように思われる[58]。少なくとも、わが国では、請求の当否に関する事実には厳格証明が妥当することは争いがなく、上記の対立する学説傾向に現れる通り、自由証明の許否が最も活発に議論され、見解の対立する領域は、訴訟要件や上訴要件に代表される職権調査事項と任意的口頭弁論の手続場面であろう。したがって、自由証明の現在的な問題としては、これらの領域での自由証明の可否について理論的解明がなされることがとくに重要である。この点は、前節でみたドイツ法においても変わらない。ドイツでは、前記の通り、ZPO 284条2文以下の新設により、両当事者の同意による自由証明の可能性が導入され、実体法上重要な事実（請求の当否に関する事実）にも自由証明の途が開かれたために、自由証明の適用をめぐる判例・学説の対立はますます深刻化している。とはいえ、訴訟要件などの職権調査事項などについての自由証明の許否をめぐるドイツ法の議論は、わが国での同種の問題の解決に参考となるところは、依然として少なくない。そこで、ここで、前述のドイツ民事訴訟法における自由証明の理論状況および展開から、わが国の民事訴訟、とりわけ訴訟要件や任意的口頭弁論における自由証明の許否の問題を解決するための有益な視点が得られないかを検討することにする。

2　自由証明の適用について考える際に注意する必要があるのは、ドイツでベルガーが示唆している通り[59]、自由証明とはそもそも何か、自由証明の

---

57)　森・前掲注6）59～65頁、兼子ほか・前掲注6）1011～1012頁〔松浦＝加藤〕など。
58)　松本＝上野・前掲注6）426頁〔松本〕（松本教授は、外国法や経験則の内容について、裁判官が「調査の嘱託」のような無方式の証拠調べ手続を行う場合のみ自由証明と解し、その限度でのみ自由証明を許容するようである）、高橋・前掲注9）36頁。
59)　Stein/Jonas/*Berger*, a. a. O.（Fn. 29）, vor § 355 Rdn. 17 ff.

概念の射程が必ずしもはっきりしていなかったということである。例えば、訴訟要件や上訴要件などの職権調査事項についてその判断資料を収集し評価する裁判官活動を例にした場合に、自由証明の概念の射程の問題性が明らかになるように思われる。わが国の民事訴訟法では、訴訟要件の欠缺や上訴要件の欠缺が明らかで補正ができないときには、口頭弁論を経ずに訴えや上訴を却下できる旨の規定がある（例えば、民訴140条、290条・313条）[60]。ドイツ法でも、上訴要件について口頭弁論を経ない上訴の却下が許容されている（ZPO 522条1項3文・128条4項〔決定によって〕）。このような場面では、原則的に口頭弁論で行われる厳格証明の手続を経ずに適法・不適法の判断基礎の事実認定を行っているはずであり、こうした事実認定は、自由証明の概念で捉えられる可能性がある。かりにこれを証明の問題と解し、訴訟要件や上訴要件などの職権調査事項の存否の判断を常に厳格証明で行わなければならないとすると、口頭弁論を経ない訴え等の却下は現実にはできないから、自由証明が可能であると説明するかもしれない。このような例からも推察できる通り、これまで自由証明の概念の意味するところは必ずしも明確ではなく、自由証明の必要性や許容性を考える際に、そこで主張される見解の意味が不明確となったり、誤解されたりして、議論を複雑にする傾向があったことが想像できるし、現にあるように思われる。ベルガーは、証拠調べでないのに誤って自由証明と捉えられる場合として、裁判官による手続資料の評価を挙げるが、口頭弁論外での手続資料——これは口頭弁論における弁論の全趣旨に対応する資料であるが——の評価と自由証明との区別の必要を唱えている。このような形で自由証明の射程が明確化されるならば、手続資料の評価など、それに含まれない裁判官活動は切り離して検討し[61]、また、本来の意味で自由証明が問題となる場面で自由証明の許否を論じていくことが可能となる。

　例えば、訴訟要件などの存否に関する訴訟法上重要な事実にも厳格証明の適用を唱えるペータース[62]は、すでに1962年刊の著書の中で、訴訟要件な

---

60) 口頭弁論を経ない訴えなどの却下については、堤龍弥「口頭弁論を経ない訴え却下」中野貞一郎先生古稀祝賀・判例民事訴訟法の理論(下)（有斐閣・1995）111頁、同「職権調査事項と当事者の手続権保障—とくに適法性の審査（Prüfung der Zulässigkeit）について」リュケ教授退官記念・民事手続法の改革（信山社・1995）160頁参照。
61) 髙田・前掲注3）275～276頁参照。この手続資料の評価に基づく訴え等の却下判断については、自由証明の場合の問題性と同様に、当事者の手続保障の点で問題があることについては、堤・前掲注60)「口頭弁論を経ない訴え却下」138頁以下参照。

どの訴訟法上重要な事実に厳格証明を要求するからといって、それらの事実が常に厳格証明の方法で確定されなければならないと主張するのは誤りであると述べている。ペータースによれば、訴訟要件は、通常、簡略に調査され、証拠調べなしにその存在が認定される。ただ欠缺の手がかりがある場合にのみ、裁判所は調査を開始し、必要な場合には当事者に自らの疑いを指摘（釈明）し、その際に当事者が申出をした証拠を取り調べるところで、厳格証明の原則が働く。したがって、例えば、上訴期間の遵守を送達証明書で確定するのは、そもそも証拠調べとはみなされないとする[63]。

自由証明で「証明」という概念を用いる以上、ペータースのこの記述にみるように、証明がどこで必要となるか、どこで裁判所が証拠調べに着手できるかを考える必要がある。そして、これによって限界づけられた（証明の必要がある）場面で自由証明が本当に許されるのかが、次に検討すべき問題となる。

　3　このような限界づけのもとで自由証明の許否を検討すると、従来の多数説のように訴訟要件などの職権調査事項の判断基礎事実に自由証明を認めてよいと本当に解することができるかは、あらためてその根拠の精査を必要としよう。ドイツでは、その根拠は、請求の当否の判断に必要な事実（実体法上重要な事実）が本案判決の基礎事実として重要であるがゆえに厳格証明が要求されるのに対し、訴訟要件などは訴訟法上重要な事実として、実体法上重要な事実と比較すると重要性に劣ることから、自由証明でも差し支えない、との考慮に求められる。また、ドイツの判例が自由証明を正当化するために持ち出す（唯一の）根拠としては、自由証明の適用による訴訟経済の促進という実際的考慮がある。しかし、これらの学説・判例に対しては、前述の通り、すでに、訴訟要件などの場合、訴訟法上の事実であっても、その証明の成否により、訴え却下の訴訟判決が下されるか否かが左右されるため、当事者にとって実体法上の事実に劣らず重要であるとか、自由証明により正規の

---

62)　*Peters*, a. a. O. (Fn. 21), S. 114 f., 177. この種の問題性の認識は、裁判所内部の経過（例えば、控訴期間の遵守・不遵守に関する控訴状受領日付）の職権による解明を自由証明と位置づけることの妥当性に関するグレガーの批判的論証にもみられる（*Greger*, a. a. O. (Fn. 14), S. 211 f.）。
63)　高橋・前掲注9) 727頁が、上告審で職権調査事項について記録に基づいて事実を確定して判断することは許されるとし、それを自由証明と敢えて呼ぶこともないとするのも、同趣旨と解される。

証拠調べの基礎にある直接主義や当事者公開主義の諸原則が侵害され、憲法上保障された当事者の法的審尋権が制限される結果、証明結果の質が低下して適正な事実認定が危険にさらされるなどの問題点が繰り返し指摘されてきた。ドイツでは、このような自由証明の問題性から、訴訟要件などの訴訟法上重要な事実にも、厳格証明の適用を要求する見解が有力化し、通説的な地位を占めているといってもよい状況である。訴訟要件などが訴訟結果に有する意義と重要性に鑑みると、自由証明に伴う手続原則および手続権の侵害や証明結果の質の低下などの問題性は看過できず、そうである以上、自由証明の適用を認めるべきではないとする見解の方がより一層の妥当性と説得力を有すると考えられる。これは、わが国の民事訴訟における訴訟要件などの職権調査事項の審理の際にもあてはまる。このように考えると、今後は、証明の必要がある場面では、従来の学説に比して、厳格証明の原則がますます維持される展開が望まれよう[64)65)]。

---

64) 自由証明は、当事者の証拠申出を前提としない証拠資料収集の可能性を包含しうるだけに（証拠申出からの自由）、職権調査や職権探知の領域で自由証明を許容することは、そこでの資料収集の際に当事者立会いなどの手続権保障や証拠調べの基本原則の遵守を欠いた事実認定につながる可能性や、さらにその問題点を隠蔽する危険がある。自由証明は、裁判官の様々な情報収集手段（例えば、インターネットの利用）の増大の受け皿にもなりうるから、今後は、その面での自由証明の許否が問題となりうるし、前述のライスマンの見解のように、そこで自由証明が実施された場合のその後の補充的な手続保障の確保も合わせて検討する必要がある。
65) また、簡易な証拠調べが相当と認められる場合に、ドイツ法のように両当事者の同意を条件に自由証明を許容する規律を解釈または立法により導入する可能性は、なお検討の余地があるかもしれない。前注12も参照。

一般条項と処分権主義
―― 立退料判決を素材として

◆堤　龍弥◆

I　はじめに
II　正当事由をめぐる訴訟法的諸問題（主として処分権主義の観点から）
III　おわりに

I　はじめに

　建物明渡請求訴訟において、正当事由を基礎づける立退料支払いの申出が、訴訟物である建物明渡請求にどのように関わっているのか、本稿の問題意識は、前者の弁論主義の問題ではなく、主として、後者の処分権主義の観点からの解明にある。換言すれば、更新拒絶の通知ないし解約の申入れ（借地借家 26 条・27 条。以下、両者をまとめて「解約申入れ等」という）による建物賃貸借契約の終了に基づく同明渡請求訴訟における立退料（の提供ないし支払いの申出）の訴訟法的意味ないし訴訟法上の位置づけ（主として処分権主義〔民訴 246 条〕との関係）をその対象とする[1]。

　明渡請求訴訟における立退料の問題については、旧借家法の時代から、多くの論者（主として実体法学者および実務家）により、実体法および訴訟法上の様々な観点から論じられてきたところであるが、本稿がその対象にしようとしている訴訟法上の処分権主義の観点からそれを解明し論じた論文はそれほど多くなかったように思われる[2]。その大きな理由の 1 つは、（裁判所による

---

[1]　本稿は、とりあえずその対象を建物に限定して論じることとし、紙幅の節約・繰り返しを避ける意味から、以下では、「建物明渡し」に代えて単に「明渡し」と略称することにする。
　　この度、めでたく古稀をお迎えになる上野泰男先生のご健康とご多幸を祈念し、謹んで拙稿を捧げる。
[2]　鈴木重勝「申立事項と判決事項」鈴木忠一＝三ケ月章監修・新実務民事訴訟講座(3)（日本評論社・1982）359 頁以下、坂田宏・民事訴訟における処分権主義（有斐閣・2001）163 頁以下、山本克己「立退料判決をめぐる実体法と訴訟法」石川正先生古稀記念・経済社会と法の役割（商事法務・2013）1204 頁以下など参照。

裁量的・後見的判断がその大きな要素を占めると思われる）正当事由を基礎とする明渡請求訴訟の非訟的性格が影響しているように思われる[3]。この訴えの類型論も含め、限られた紙幅の中ではあるが、本稿のテーマに関連する訴訟法的諸問題についてこれまでの議論を整理し、私見の一端を述べてみたいと考えている[4]。

　本稿のまとめとしては、一応、次のように考えている。すなわち、建物賃貸借契約の終了に基づく明渡請求訴訟において、立退料（の提供ないし支払いの申出）は、実体法的には解約申入れ等の有効要件である正当事由を補完するものであるが、訴訟法的には、同明渡請求を理由づける正当事由を構成する請求原因事実（攻撃防御方法）であると同時に（借地借家28条。立退料支払いの申出は、解約申入れ等の際、賃借人に対する意思表示によりなされることで足りるが、弁論主義の第1テーゼ〔主張責任〕の観点からは、当事者の弁論にその申出の事実が現れない限り裁判所はこれを正当事由の補完要素と認めて判決することはできない）、申立て（訴訟物）に準ずる機能を果たすものと解すべきであるように思われる（民訴246条参照）。それゆえ、明示的な立退料の支払いを条件としまたはそれと引換えにする明渡請求の申立てがなくても、立退料の提供ないし支払いの申出がされたことの主張がある場合には、弁論の全趣旨から原告が立退料の支払いを条件としまたはそれと引換えに明渡しを命じる判決を求めていると推認して差し支えないように思われる。

---

[3]　澤野順彦「借家における正当事由と移転料」水本浩編・借地・借家の変貌と法理（金融財政事情研究会・1986）252-253頁は、「正当事由の概念はいわゆる一般条項であるとともに、社会法上の原理に強く依存している法理である。……このような法理の下における裁判は、回顧的ないし過去の一回的事実の模写的再現にその適合方式を見出す訴訟手続では妥当せず、具体的事情の下において、何が『相当』であり、また何が『妥当』であるかという目的志向を伴った価値判断がその本質となる。換言すれば、正当事由の判断、評価作用としての裁判手続としては訴訟手続より非訟手続がなじむものといえる」とする。同旨、広中俊雄編・注釈借地借家法［新版 注釈民法(15)別冊］（有斐閣・1993）936頁、939頁〔広中＝佐藤岩夫〕。このような指摘に対して、寺田逸郎「『借地借家法案』の概要と基本的視点」金法1285号（1991）7頁は、「裁判所に裁量的権限を与えすぎという声もあるでしょうが、継続的関係の調整方法としては、多くの事情を考慮して、実情に応じた柔軟な解決を図るという方向に進んでいるのではないでしょうか」と答えている。

[4]　後述Ⅱ9については、実体法上の問題ではあるが、Ⅱ2(3)と関連し、また賃借人保護の観点からも重要な論点であることから、とくに取り上げることにした。なお、本稿がその対象とし、検討した問題状況は、すでに旧借家法1条ノ2の下で生じていたものであり、現行法（借地借家28条）の下でも基本的には変わりがないことから（借地借家法制研究会編・一問一答 新しい借地借家法［新訂版］（商事法務研究会・2000）184頁参照）、文献の引用については改正前後でとくに区別していない。

II 正当事由をめぐる訴訟法的諸問題
（主として処分権主義の観点から）

1 無留保の明渡請求と留保付明渡請求[5]の訴訟物としての同一性

　賃貸借契約の終了に基づく明渡請求訴訟において、正当事由を基礎づける諸事情（攻撃防御方法である事実：当事者の職業・生活状況・資産状態、建物の構造、建物の利用状況、賃貸借契約当時の事情、期間中途における不信行為等）が請求を特定するために要求されている請求の趣旨（およびそれを認容する場合の判決主文）に訴訟物としてまたはそれと並んで掲示されることはないが、同じく正当事由を基礎づける攻撃防御方法の1つであるはずの立退料の支払いだけは、それ（弁論主義の領域）と並んで、実質上、訴訟物である訴訟上の請求に係る処分権主義の領域に取り込まれている、あるいは形式上、そのようにみえる理由は何か[6]。

　一般には、いずれの請求も「賃貸借契約の終了に基づく明渡請求」が訴訟物であり同一であると解されているように思われる[7]。その上で、請求の趣

---

5) 以下、本稿では、一定額の立退料の支払いを条件としまたはそれと引換えにする明渡請求を「留保付明渡請求」、それらを伴わないそれを「無留保の明渡請求」と略称することにする。同様に、一定額の立退料の支払いを条件としまたはそれと引換えに明渡しを命じる判決を「留保付明渡判決」と略称することにする。

6) 佃浩一「解約申入れによる建物明渡訴訟」塩崎勤編・裁判実務大系⑾不動産訴訟法（青林書院・1987）523頁は、この経緯について、次のように説明する。すなわち、「いうまでもなく、解約申入れに基づく建物明渡訴訟は、賃貸借契約終了を原因とする給付訴訟である。そこで、伝統的な民訴法理論からすれば、移転料の支払い等の申出があり、裁判所がこれを考慮してはじめて正当事由が具備したと考えた場合にも、その明渡認容判決は無条件の明渡判決にならざるを得ず、その結果賃貸人は、自らが申し出た移転料の支払い等を履行しなくても、建物明渡しの目的を達することができることになる。この結果が不当であることは多言を要しないであろう。そこで、賃貸人が移転料の支払い等を申し出ている場合には、賃貸人は、無条件の給付判決を自制しているのであるから、裁判所は、その自制された請求のとおりの移転料付判決ができると考えられるようになった。」と。留保付判決を可能とする法的根拠について、澤野順彦・論点借地借家法（青林書院・2013）238頁は、「当事者（賃貸人）の申し出た事項の範囲において、その判決を理由づける判断（立退料の提供……をもって正当事由が充足される）を担保し、判決の執行を実効あらしめる点に、その実質的理由があるものと考えられる」とする。「正当事由」に関する裁判の特質については、鈴木禄弥・居住権論［新版］（有斐閣・1981）202頁以下参照。

7) 吉川大二郎「判批」判評14号［判時158号］（1958）15頁、加茂紀久男「借地法一条ノ二の『正当事由』と立退料」判タ281号（1972）22頁、岩井俊＝小野洋一「家屋明渡しと立退料」判タ538号（1984）53頁、小川克介「立退料と正当事由」水本浩＝田尾桃二編・現代借地借家法講座(2)借家法（日本評論社・1986）43頁、近藤崇晴・民事訴訟法判例百選Ⅱ［新法対応補正版］（1998）313頁、木川裕一郎・民事訴訟法判例百選［第3版］（2003）173頁、山本・前掲注2）1211頁。判例も同旨か。訴訟物は同一であるとした大阪高判昭和41年5月31日下民17巻5＝6

旨に表示される留保付（「一定額の立退料の支払いを条件としまたはそれと引換えにする」）明渡請求のうち、留保（「　」内）の部分は申立ての一内容（無留保の明渡請求を一部自制した申立て）、すなわち訴訟物たる権利主張の一部（請求）と解しているように思われる[8]。しかしながら、筆者は、留保（「　」内）の部分は、訴訟物である明渡請求権（債権・債務）には含まれず、責任に属する部分、すなわち執行文付与の条件（民執27条1項・33条）または執行開始要件（民執31条）にすぎないものであるが、執行機関に分かるように判決主文に挙げる関係から、訴状の請求の趣旨にも表示しているにすぎないと解すべきものと考えている。この議論は、いわゆる留保付判決とされる相続財産の限度で支払いを命じた判決、およびその前提として相続財産の限度で支払えとの留保付請求とのアナロジーで考えたものであるが[9]（最判昭和49年4月26日民集28巻3号503頁参照）、その当否如何は、さらに検討を要するものと考えている。

　「立退料支払い」の弁論主義的性格を分析すれば、一方で、（その申出が）原告（賃貸人。以下、同じ）の明渡請求を理由づける正当事由を補完する請求原因（評価根拠事実）であり（借地借家法28条は、その文言上、この観点からのみ規定しているが）、他方で、（原告の請求が認容され得る場合に備えて、裁判所により言い渡される立退料額との同時履行を主張することになる）被告（賃借人。以下、同じ）の予備的抗弁（評価障害事実）ともなり得るものである。これを処分権主義の観点からみると、前者の原告からする立退料支払いの申出は、同時に申立ての限度を画したものとみることができるのに対して、後者の被告から（同時履行

　　　号452頁〔原審〕を是認した最判昭和46年11月25日民集25巻8号1343頁のほか、東京高判昭和58年5月31日判時1084号75頁、最判平成3年3月22日民集45巻3号293頁参照。これに対し、篠塚昭次・判評158号（判時658号）（1972）24頁はこれを別個の請求とみるべきとする。坂田・前掲注2）12-13頁、鈴木・前掲注2）365頁も同旨か。また、主位的請求を棄却し、予備的請求を認容する旨の判示をした裁判例として、東京高判昭和57年1月28日判時1037号114頁参照。
　8）　鈴木・前掲注2）378頁は、「裁判所の決定する立退料の額の負担をひきうけるという原告申立てがあるからこそ、……つまり、それが申立事項に含まれているからこそ判決事項とすることができるのである」とする。近藤・前掲注7）313頁も、このような「申立ては、原告が請求を自制したものであって、一部請求の一種であると考えられる」とする。これに対し、川嶋四郎・民事訴訟法（日本評論社・2013）263頁注117）参照。
　9）　これによると、「いずれの訴訟物も、直接には、賃貸借契約の終了に基づく明渡請求権、すなわち債権（債務）の存在であるが、正当事由を補完する立退料支払いの申出の存在および効力も、これに準じるものとして審理判断されるのみならず、これが認められたときは主文においてそのことが明示されるのであるから、正当事由を補完する立退料支払いの申出の存在および効力についての判断に関しては、既判力に準ずる効力があると解すべきである」ということになろうか。ただし、後述Ⅱ7参照。

の抗弁とともに）する立退料請求権の主張は、原告による無留保の明渡請求に対する（それを一部認容に制約する、反訴的性格を帯びた）予備的抗弁といい得るように思われる。

2　無留保の明渡請求に対して、留保付明渡判決を言い渡すことは適法か

　申立事項は、訴訟上の請求（訴訟物）、原告が求める審判の種類・形式、範囲を特定することによって明らかにされ、裁判所はこれに拘束されることになる（民訴133条2項2号・246条）。その結果、裁判所は、質的にも量的にもこれを超えることは許されないが、当事者の要求以下のものを認容することは（申立ての意思解釈から）許される（質的に同一であって、単に量的範囲内にあるときは、一部認容として許容される。これに対し、質的範囲内かどうかが問題となるときは、原告の合理的意思、被告の防御の利益の観点から慎重な検討が必要となる）[10]。

　上記の判断基準を、本問の各パターンへ当てはめると、次のようになろう。

（1）　原告から主張としての立退料の支払いの申出がある場合　無条件の家屋明渡請求に対して（ただし、「原告は被告に対し立退料として金20万円の贈与を申出ている」）、立退料として金21万7600円の贈与を受けることを条件として家屋の明渡しを命じた裁判例として、東京簡判昭和33年5月28日（下民9巻5号909頁・判時152号22頁）がある（「主文第一項〔立退料の贈与を受けることを条件に家屋の明渡しを命じた部分〕は請求の趣旨に包含せられる。其一部である。主文第一項を言渡すことは当事者に申立てない事物を帰せしむることにならない。一の制限を附したに過ぎない。請求を棄却することも妥当でなくさりとて全面的に請求を認容するは被告に過酷である場合被告に有利なる条件を附して請求を認容するも亦止むを得ない。」）。一部認容として許容されるとする趣旨と考えられる。

　この場合、最高裁の先例[11]の趣旨に鑑みれば、原告の通常の意思としては

---

[10]　高橋宏志・重点講義民事訴訟法(下)［第2版補訂版］（有斐閣・2014）236頁注2）、235頁は、「不意打ち防止は、当事者の弁論権の保障という最も基本的な要請のコロラリーである」とした上で、「不意打ちの防止という理念が246条の解釈の指針となる」とする。

[11]　最判昭和46年11月25日民集25巻8号1343頁。原告が、主位的に無条件の明渡しを、予備的請求として立退料300万円の支払いを正当事由の補強条件とし、その支払いと引換えに店舗の明渡しを請求したのに対して、この原告の申立て内容を「原審の確定した諸般の事情のもとにおいては、被上告人が上告人に対して立退料として300万円もしくはこれと格段の相違のない一定の範囲内で裁判所の決定する金員を支払う旨の意思を表明」したものと意思解釈した上で、500万円と引換えに本件店舗の明渡請求を認容した原審の判断は相当であって、原判決に違法は存しない、としている。

請求棄却よりも留保付明渡判決を望むものと解し得ることから、必要なら釈明した上で、裁判所が、留保付明渡判決を言い渡しても、一部認容に準じ適法と考えてよいであろう[12]。さらに、弁論の全趣旨から立退料の提供ないし給付の申出がされたことの主張があるものと認定できる場合には、原告が留保付の明渡判決を求めているものと推認して差し支えないように思われる[13]。

(2) 原告から主張としての立退料の支払いの申出がない場合 この点については最高裁によって決着がつけられておらず、学説のうえでも対立がある。原告が無留保の明渡しだけを請求している場合に、留保付の明渡判決をすることを一部認容として許容する見解も有力であるが[14]、通説は、処分権主義（民訴246条）に反すると解している[15]。他方で、弁論において立退料の支払いの申出がない限り、判決の基礎とすることができないのは、実体法の規律（立退料は、賃貸人からの申出を必要としている〔借地借家28条〕）および弁論主義の要請（立退料は、明渡請求を基礎づける正当事由の補完要因である主要事実）によるものである。明渡請求において、正当事由を構成する具体的事実が主要事実であるとすると、正当事由を補完する立退料支払いの申出の事実が当事者の弁論に現れない限り、裁判所はそもそもこれを正当事由の補完要素と認めて判

---

12) 吉川・前掲注7) 15-16頁、星野英一・借地借家法（有斐閣・1969) 571頁、野崎幸雄「借家法一条ノ二にもとづく家屋明渡請求訴訟」鈴木忠一＝三ケ月章監修・実務民事訴訟講座(4)（日本評論社・1969) 80頁、小川・前掲注7) 43頁、澤野・前掲注3) 255頁、佃・前掲注6) 522頁、青山善充「演習」法教140号（1992) 112頁、近藤・前掲注7) 312頁、新堂幸司・新民事訴訟法［第5版］（弘文堂・2011) 343頁、山本・前掲注2) 1213頁〔質的一部認容とする〕参照。これに対して、鈴木・前掲注6) 189頁は、原告から主張としての立退料の支払いの申出がある場合でも、「限定的明渡が『請求の趣旨』として求められていない場合には、かかる限定的判決はなしえない」とする趣旨か。

13) 木村保男「立退料の提供と借地法一条ノ二」道工隆三先生還暦記念・民事法特殊問題の研究（酒井書店・1962) 90頁、加茂・前掲注7) 22頁、鈴木・前掲注2) 360頁参照。なお、岩井＝小野・前掲注7) 52頁は、「主張共通の原則により、右の事実は賃貸人からの主張がなくとも、賃借人から主張があれば、裁判所はこれを事実認定の対象となしうる。もっとも、この場合、賃借人は、賃貸人が立退料を申し出たことを主張しなければならないから、賃借人が『立退料の支払いと引換えにであれば明渡しに応ずる』と述べるだけでは足りないであろう〔賃貸人がこれに応ずる旨の陳述をすれば別として〕」とする。

14) 木川・前掲注7) 173頁、澤野・前掲注3) 255頁、新堂・前掲注12) 343頁、川嶋・前掲注8) 264-265頁、小島武司・民事訴訟法（有斐閣・2013) 278頁（「通常は条件の有無が請求の質的同一性を否定すると考えるべきではなく、無条件の給付請求を求めるという原告の意思が明らかとならない限りは、……適法とみられる」とする）参照。

15) 上杉晴一郎「立退料支払を条件として家屋明渡を命ずる判決」判夕123号（1961) 12頁、木村・前掲注13) 88頁、鈴木・前掲注6) 189頁、下村眞美「申立事項と判決事項」伊藤眞＝山本和彦編・民事訴訟法の争点（有斐閣・2009) 118頁、兼子一ほか・条解民事訴訟法［第2版］（弘文堂・2011) 1356頁〔竹下守夫〕、伊藤眞・民事訴訟法［第4版補訂版］（有斐閣・2014) 211頁注99)。

決することはできないということになる（借地借家28条）。それゆえ、本問は処分権主義違反を問題とする以前に、弁論主義違反の問題として処理されるべきことになろうか[16]。

(3) 被告から一定額の立退料の受領との引換えで建物を明け渡す旨の同時履行の抗弁がされた場合 　　無留保の明渡請求に対して、被告から一定額の立退料の受領との同時履行の抗弁が提出された場合には、引換明渡判決をすることができるとする説もある[17]。しかしながら、売買契約に基づく目的物の引渡請求訴訟において、被告である売主が同時履行の抗弁（民533条）を適法に主張した場合に、裁判所は売買代金の支払いとの引換給付判決をすることが認められているのと比較して、立退料の申出は専ら賃貸人の裁量に委ねられ、賃借人が立退料の受領との引換えによる退去（同時履行）を申し出たとしても売主のように実体法上の請求権が認められていないと解される以上、引換明渡判決の可否は審判対象を規律する処分権主義の問題を抜きに論ずることはできないと思われる[18]。

立退料の支払いは、裁判所が建物の賃貸人の申出を考慮してその明渡しを

---

16) 吉川・前掲注7）15頁、星野・前掲注12）572頁、加茂・前掲注7）22頁、鈴木・前掲注2）366頁注15）、小川・前掲注7）43頁、佃・前掲注6）521頁、青山・前掲注12）112頁、奈良次郎「判批」リマークス5号（1992）64頁、広中編・前掲注3）940頁〔広中＝佐藤〕、鈴木正裕＝青山善充編・注釈民事訴訟法(4)（有斐閣・1997）122頁〔長谷部由起子〕、近藤・前掲注7）312頁、齊藤顕「立退料による正当事由の調整」判タ1180号（2005）80頁、稲coba洋之助＝澤野順彦編・コンメンタール借地借家法［第3版］（日本評論社・2010）226頁〔本田純一〕、秋山幹男ほか・コンメンタール民事訴訟法Ⅴ（日本評論社・2012）53頁、山本・前掲注2）1212頁、笠井正俊＝越山和広編・新コンメンタール民事訴訟法［第2版］（日本評論社・2013）901頁〔越山〕、高橋・前掲注10）245頁。村松俊夫「訴訟法と実体法との交錯の一面」民事裁判の理論と実務（有信堂・1967）219頁も同旨か。これに対して、兼子ほか・前掲注15）1356頁〔竹下〕は、「弁論主義以前の審判の対象の問題であると思われる」とする。
17) 加茂・前掲注7）22頁、野崎幸雄「正当事由」伊東秀郎＝田尾桃二＝賀集唱編・判例からみた借地借家の諸問題（新日本法規・1976）72頁、近藤・前掲注7）313頁。加茂・前掲注7）22頁は、「立退料支払義務を認める立場においても、無条件の明渡請求に対して条件附の認容判決がなされるのは、被告から同時履行の抗弁が提出された場合に限られる」とする。同旨、篠塚昭次「判批」民商51巻6号（1965）1022頁参照。
18) 上杉・前掲注15）12頁、小川・前掲注7）42頁、兼子ほか・前掲注15）1356頁〔竹下〕、我妻学・民事訴訟法判例百選［第5版］（2015）160頁。すなわち、売買契約における引換給付の抗弁のように予め訴訟外で対価関係に立つ義務の存在および範囲が確定している場合と異なり、立退料については多くの場合、訴訟上の、しかも原告による予備的な主張によってその支払義務が根拠づけられ、さらにその厳密な金額は判決があるまで確定しない特殊性がある。同旨、鈴木・前掲注2）364頁参照。下村・前掲注15）118頁も、「明渡しを求められている被告が、立退料の受領と引換えに明渡しに応じる旨を陳述しても、賃貸人である原告からの申出がない限り、裁判所としては正当事由の補完として立退料を考慮することはできない（借地借家28条は、「賃貸人が……申出をした場合におけるその申出」と規定し、賃借人からの申出は含まれていない）」とする。

条件にまたはそれと引換えにすることはできるが[19]（借地借家28条参照）、それ以前、すなわち口頭弁論係属中（それが未発生かつ確定していない段階で）は、未だ被告からの権利抗弁として主張することも反訴として請求することもできないものと考えるべきである[20]。ただし、原告の明渡請求に対する（この額なら明け渡すことも止むなしと被告が考える一定額の立退料の受領を条件とする、またはそれとの引換え、すなわち同時履行を求める）予備的抗弁または同請求の却下または棄却を解除条件とする予備的反訴としてなら（なお、予備的反訴の場合は、原告の申出額の場合と同様、裁判所が被告の請求額に拘束されるかが問題となろう）、これを許容してよいのではないかと考えている[21]。

3 留保付明渡請求に対して、次のような態様の明渡判決を言い渡すことは適法か

(1) **無留保の明渡判決**　同一の訴訟物とはいえ、申立ての上限を自制しているとみ得ることから、それを上まわる（すなわち、申立てよりも原告に有利な）内容の判決をすることは処分権主義違反ということになろう[22]。

(2) **原告の申出額より増額した留保付明渡判決**　最高裁の先例[23]によると、原告が、被告に対し、留保付明渡請求をしている場合に、裁判所が、相当な範囲内で増額した留保付明渡判決を言い渡すことは、原告の申立ての趣旨に反せず、処分権主義の観点からは十分に許容範囲内（一部認容）であるということになろう[24]。

---

19) 青山・前掲注12) 113頁参照。
20) 坂田・前掲注2) 208頁注107)、山本・前掲注2) 1201頁、1213頁参照。
21) 青山・前掲注12) 113頁、坂田・前掲注2) 200頁参照。
22) 吉川・前掲注7) 15頁、上杉・前掲注15) 12頁、野崎・前掲注12) 80頁、近藤・前掲注7) 313頁、秋山ほか・前掲注16) 52頁、上田徹一郎・民事訴訟法［第7版］（法学書院・2011) 186頁、山本・前掲注2) 1214頁、小島・前掲注14) 277頁、松本博之＝上野泰男・民事訴訟法［第8版］（弘文堂・2015) 588頁。東京高判昭和26年10月9日下民2巻10号1179頁は、立退料の提供とは関係なく正当事由の存在を認めたうえで、「本訴請求を右限度〔金5万円の移転料との引換え〕に自制しているので、本件家屋の明渡は右申立の範囲においてこれを命ずるに止める」とする。
23) 前掲注11) 最判昭和46年11月25日。最判昭和46年12月7日判時657号51頁も、立退料500万円の申立てに対し1000万円の支払いと引換えに明渡しを認めている。
24) 星野・前掲注12) 571頁、加茂・前掲注7) 22頁、大石忠生「申立事項、抗弁事項と判決主文」三ケ月章＝青山善充編・民事訴訟法の争点［旧版］（有斐閣・1979) 193頁、澤野・前掲注3) 255頁、岩井＝小野・前掲注7) 51頁、小川・前掲注7) 44-45頁、奈良・前掲注16) 63頁、青山・前掲注12) 112頁、小林秀之「民事訴訟法の現代問題⒀」判タ774号（1992) 21頁、鈴木＝青山編・前掲注16) 121頁〔長谷部〕、近藤・前掲注7) 313頁、坂田・前掲注2) 163頁、稲本＝

ただし、最高裁の先例は、原告が支払いの申出をした立退料の金額と「格段の相違のない一定の範囲内」であれば、処分権主義に反せず許容しているわけであるが、原告による一定額の立退料支払いの申出に対して、それと「格段の相違のない一定の範囲内」であるかどうかは、当該事案における個々の事情（明渡しを求める原告側の事情）を考慮の上、原告の申出の趣旨を越えていないかどうかを判断すべきである。裁判所としては、原告に釈明してそれを許容する意思を確認できなければ、請求棄却の判決をすべきであるように思われる[25]。

(3) 原告の申出額より減額した留保付明渡判決　　前記(1)と同様に解すべきであろう[26]。いずれにしても、減額は不可とすることは、私見によれば、

澤野編・前掲注16）226頁、新堂・前掲注12）343頁、兼子ほか・前掲注15）1355頁、秋山ほか・前掲注16）53頁、小島・前掲注14）277頁、川嶋・前掲注8）264頁、笠井＝越山編・前掲注16）900頁〔越山〕、山本・前掲注2）1215頁、伊藤・前掲注15）211頁、高橋・前掲注10）246頁、松本＝上野・前掲注22）588頁ほか多数。山本和敏「判批」判タ278号（1972）60頁、鈴木・前掲注2）359頁も同旨か（ただし、鈴木・同363-364頁参照）。なお、水本浩「判批」民商67巻2号（1972）294頁は、正当事由の原理が実体法上は社会法原理に属し、市民法原理とは異質なものであって、形成裁判的要素を加味する方が本質に合うことを理由とする。これに対して、吉川・前掲注7）16頁、上杉・前掲注15）12頁、村松・前掲注16）220頁、野崎・前掲注12）80頁は、裁判所は増減できないとする。なお、立退料の支払いは明渡しの条件となるのか、両者は同時履行の関係になるのかについて、借地借家法28条は、明文でその双方を認めているで、そのいずれにするかは原告の選択に任され、裁判所はその申立ての内容に拘束されると解されるとするのは、兼子ほか・前掲注15）1355頁〔竹下〕。

25) 鈴木・前掲注2）363頁、岩井＝小野・前掲注7）51頁、青山・前掲注12）112頁、齊藤・前掲注16）81頁、兼子ほか・前掲注15）1355頁〔竹下〕、上田・前掲注22）185頁。同旨、斎藤秀夫ほか編著・注解民事訴訟法(4)〔第2版〕（第一法規出版・1991）404頁〔斎藤＝渡部吉隆＝小室直人〕、我妻・前掲注18）161頁、福岡地判平成元年6月7日判タ714号193頁、東京高判平成元年10月30日判タ752号179頁。なお、東京高判平成10年9月30日判時1677号71頁参照。近藤・前掲注7）313頁は、「立退料の支払は賃貸人の意思に基づくものであるから、実体法の観点からは、増額の根拠も賃貸人の意思に求めざるを得ない」とした上で、原告の明示した額を大幅に増額することは、実体法上は金額の根拠を欠き、訴訟法上も申立ての範囲を逸脱して186〔現行246〕条に抵触することになる」とする。同旨、千種秀夫・最判解民事篇昭和46年度546頁。なお、水本・前掲注24）293頁参照。

26) 星野・前掲注12）571頁、鈴木・前掲注2）359頁、岩井＝小野・前掲注7）52頁、小川・前掲注7）46頁注9）、小林・前掲注24）21頁、鈴木＝青山編・前掲注16）112頁〔長谷部〕、近藤・前掲注7）313頁、木川・前掲注7）173頁、稲本＝澤野編・前掲注16）226頁、兼子ほか・前掲注15）1356頁〔竹下〕、笠井＝越山編・前掲注16）901頁〔越山〕、小島・前掲注14）277頁、山本・前掲注2）1214頁、伊藤・前掲注15）211頁注(99)、高橋・前掲注10）245頁、我妻・前掲注18）161頁。加茂・前掲注7）22頁は、「立退料申出は請求を理由あらしめる事実の問題だから同〔246〕条と関係がない」とした上で、「右申出額そのものに、判決による減額は許さないという程度の拘束力」があることを減額不可の理由とする。これに対して、青山・前掲注12）113頁は、「立退料なしでも正当事由があるという場合にまで立退料を支払わせる必要はなく、増額と同様に減額も裁判所の裁量と考えるべきではないだろうか」とする。同旨、大野寿夫「立退料提供の法的根拠」経済と法14号（1981）149頁、澤野・前掲注3）255頁、佃・前掲注6）527頁、川嶋・前掲注8）264頁。

本来の訴訟物ではない立退料の支払いという留保部分について（申立てを自制しているとみて）民訴法246条が類推適用されることになるということである。

4 （一定額の特定のない）裁判所が相当と認める額の留保付明渡請求の適法性

　この場合、被告としては、最悪立退料1円での明渡判決を予測しての防御をすればよいと考えれば、被告への不意打ち防止の観点からの請求の不特定の問題は生じないと思われる[27]。他方、裁判所の審判対象の明確性という観点からは、そもそも訴訟物は賃貸借契約の終了に基づく明渡請求であり、特定されているといってよく、留保部分の不特定は不適法とするには当たらないと考えられる（「立退料の支払いの申出」は、訴訟物を理由づける請求原因ではあっても、それを特定する請求原因〔民訴133条2項2号〕ではない〔民訴規53条1項参照〕。提訴手数料についても同様に、本来の訴訟物である賃貸借契約の終了に基づく明渡請求を規準にすればよいのではないかと考える）。また、正当事由が問題となる事案の性質上、原告に予め裁判所が相当と考える適正な立退料額を特定して申立てをさせることは困難であり期待できないというべきである[28]。

5 一定額の立退料の支払いを条件とする明渡判決は、停止条件の成就が口頭弁論終結後に到来する将来給付判決と解すべきか

　引換明渡判決は、立退料支払いの申出を考慮して「正当事由」ありとの判断が最終的には口頭弁論終結時になされ得ることから、現在の給付判決であるのに対し、条件付明渡判決は、口頭弁論終結時には未だ「正当事由」が具備されるには至らず、現実に賃借人が立退料を受領したときに「正当事由」が具備される（そのような理解のもとで立退料の支払いまたは現実の提供を条件として正当事由の具備が認められる）ものであるとすると、その時点で明渡請求権が現

---

[27] 近藤・前掲注7）313頁も、「無条件明渡しの申立ての場合と同様に、弁論主義の問題としてとらえれば足りよう」とする。山本・前掲注2）1216-1217頁は、さらに、「原告の敗訴リスクも、請求を全部棄却する判決によって上限を画されている」とする。

[28] 最判平成3年3月22日民集45巻3号293頁参照。兼子ほか・前掲注15）1356頁〔竹下〕は、この判決の非定的性格からみて、このような申立ても許されると解したいとする。結論同旨、木川・前掲注7）173頁、秋山ほか・前掲注16）53頁。青山・前掲注12）113頁も、「金額の提示が……一応の目安にすぎない以上、これを否定する必要はあるまい」として適法とした上で、「逆に、そうであるなら、減額を認めないのはおかしいことになる」とする。

　これに対して、高橋・前掲注10）249頁注16）は、「正当事由補完の目安として、また当事者間の討議を促し訴訟を整序するためにも、原告には一定額の申出を要求すべきである」とする。

実化する将来の給付判決ということになると考えるべきであろうか[29]。それとも、条件付明渡請求権（執行条件付で発生した現在の権利）を認めた現在の給付判決と解すべきであろうか[30]。この問題については、旧借家法1条ノ2の場合とは異なり、借地借家法28条は、「建物の賃貸人が建物の明渡しの条件・として又は建物の明渡しと引換えに建物の賃借人に対して財産上の給付を・する旨の申出をした場合におけるその申出を考慮して、正当事由が認められ・る」（圏点、筆者）と規定していることから、条件付給付判決に対する一般の理解とは異なり[31]、（引換明渡しの場合と同様、現実の提供を待たずに）立退料の支払いを条件とする賃貸人の申出により借地借家法28条の正当事由が具備され、借地借家法26条または27条の要件を充足した時点で（賃貸借契約は終了し）賃借人の明渡義務が生じると考えられており、将来の立退料の履行（現実の提供）は、あくまでも強制執行の際の条件（執行文付与の要件。責任の問題）にすぎないというのが、通説・判例の理解であるように思われる[32]。

6 無留保の明渡請求が棄却され、その判決が確定した後、改めて立退料を提示して留保付の明渡請求の訴えを提起することはできるか

既判力は、前訴で審判の対象となった事項（訴訟上の請求である訴訟物）が、同一当事者間の後訴で再び問題となった場合に作用する。そして、①この既判力は、（判決主文における）権利・法律関係の存否の判断に生じるが（民訴114条1項）、②権利・法律関係は時間の経過とともに発生・変更・消滅する可能性があることから、既判力が与えられる判断は、いつの時点を基準にしているのかを確定する必要があり、この基準時は、事実審の口頭弁論終結時とされている（民執35条2項）。裁判所は、口頭弁論終結時までに提出された主張や証拠（訴訟資料・証拠資料＝攻撃防御方法）に基づいて判決するのであり、

---

29) 木村・前掲注13) 77頁、同「『正当事由』訴訟の特異性と解約の意思表示」民商50巻2号 (1964) 225頁〔以下、②論文と略称する〕。同旨、大野・前掲注26) 144頁。なお、星野・前掲注12) 574頁、西原道雄「判批」民商36巻3号 (1957) 388頁参照。
30) 吉川・前掲注7) 14頁、上杉・前掲注15) 12-13頁。
31) 山本・前掲注2) 1195頁参照。同1201頁によると、著者が検討の対象とされた最高裁判決のいずれの事案においても、「条件付明渡判決における条件には、明渡請求権を現実化するという実体法的な意味はなく、単なる強制執行の開始に制約を加える事由となっている」と指摘する。
32) 稲本＝澤野編・前掲注16) 225-226頁参照。これに対して、山本・前掲注2) 1208-1210頁は、借地借家法28条の下でも、その文言には反するきらいがあることは認めた上で、条件付明渡判決は（立退料の支払いを法定の停止条件とする）将来給付を命じる判決であるとする。

終結後の資料は斟酌され得ない。判決は、口頭弁論終結時現在の権利または法律関係について判断されるのである。

このような既判力の客観的範囲および基準時を、本問に当てはめれば、次のようになろう。すなわち、①前訴と後訴の訴訟物および当事者は同一であることから、前訴判決の既判力は後訴に作用する関係にはあるが、②後訴における主張内容（攻撃防御方法）は、前訴口頭弁論終結後に新たに生じた事由である（請求原因である正当事由を新たに補完する）立退料の支払いを条件としたはそれとの引換えを主張していることから、その主張は、前訴判決の既判力に触れずに可能である（なお、正当事由を補完する立退料の支払いの申出〔攻撃防御方法〕は、前訴口頭弁論終結前にも可能であったことをどう評価すべきかは問題となろうが、自己使用の必要性等立退料なしでも正当事由を充たしていると考える原告・賃貸人の訴訟戦略は許容されるべきであり、既判力との関係で前訴で予備的にでも主張しておかなければ遮断されてしまう攻撃防御方法と解すべきではないと思われる。また、貸金返還請求権の発生原因事実のような過去の一回的事実か、正当事由を基礎づけるような刻々変化し得る可能性のある事実か、の違いにもよるものと思われる）。それゆえ、賃貸人は、前訴判決確定後、改めて立退料を提示して、再度、明渡請求をすることができると考えるべきである[33]。

7 留保付明渡判決確定後、大幅な事情変更があった場合、裁判所は当事者の申立てにより前訴判決で認定された立退料を増減することができるか

この問題については議論のあるところであるが、留保付判決が確定後、著しく事情が変わった場合は、条件等の変更または請求異議の訴えが可能と解すべきである[34]（民訴2条参照。民訴117条の類推適用）。しかし、一般論としてはそのようにいえるとしても、裁判に持ち込まれた具体的事例においては、事情変更の原則の適用が否定されることが多いであろう（東京地判平成10年5月8日判タ1008号154頁参照。借地の事例ではあるが、事情変更による正当事由補完の

---

[33] 鈴木・前掲注2）348頁参照。
[34] 判決確定後に著しい事情の変更があり、判決の内容をそのまま実現するのが信義に反するような場合には、判決の実現が認められないこともあり得る（自動車事故の損害賠償請求訴訟の判決の執行につき、最判昭和37年5月24日民集16巻5号1157頁参照）。鈴木・前掲注2）362頁も、「1000万円との引換給付判決が確定しても、借地の場合と異なり、この判決にもかかわらず、その後の事情変更を主張して、明渡しの再訴を提起することができる」とする。ただし、澤野・前掲注6）247頁は否定的。

金額の減額の主張を排斥している）。

8 正当事由を基礎とする明渡請求訴訟は、給付訴訟と解することで十分か、それとも形成的要素を含んだ複合訴訟と解すべきか

　後でも取り上げる賃貸人の一般的な立退料支払義務というようなものは、これを認める実体法上の根拠はないが（借地借家法28条は、この義務を規定したものではない）[35]、立退料の支払い（の申出）が借地借家法28条にいわゆる解約申入れ等の「正当事由」を肯定する1つの事情とされていることから、賃貸人の申出を受けてなす留保付明渡判決により、この義務が形成的に生じると解すべきように思われる[36]。それゆえ、そこを捉えれば、この訴訟は、形成的要素を含んだ複合訴訟という理解も可能であるように思われるが、通説・判例は、（留保部分は、本来的な訴訟物ではないとの理解からか）給付訴訟との理解である。

　本体である明渡請求は択一的（認められるか否か）であるが、正当事由の有無の判断、それを基礎づける立退料の要否および額については、共有物分割などと同様、非訟的要素を帯びた性格の訴訟（形式的形成訴訟）と理解することも可能であるように思われる[37]。元来、市民法原理でできている民法の賃貸借の規律を社会法原理で修正した借地借家法の規律を、非訟ではなく訴訟で処理しようとするところに難しさが内在する。

---

35)　借地借家法制研究会編・前掲注4）184頁参照。東京地判平成16年8月31日 LLI/DB 判例秘書（L05933571）も、賃借人が賃貸人に対し、居住権に基づき立退料の支払いを求めた事案において、民法、借地借家法その他の実体法上、立退料請求権を認める規定は存在しないとして、原告の請求を棄却している。

36)　青山・前掲注12）113頁、坂田・前掲注2）200頁参照。澤野・前掲注3）254-255頁は、「支払義務の根拠は当然借家法一条ノ二の正当事由のなかに内在するものであり、訴訟法上は正当事由の解釈を通じて、当事者間に新たな権利状態を設定する形成的訴訟であると解される。……借家人からの移転料支払いの請求も認められることになる」とする。

37)　大野・前掲注26）148頁。澤野・前掲注3）253-255頁は、訴訟の非訟化傾向の例として、特別訴訟（人事訴訟、行政事件訴訟など）、仮処分訴訟、形式的形成訴訟に続けて、「最も訴訟の非訟化の例としてあげられるのが、損害賠償の算定である」とする（民訴248条参照）。そして、本稿が対象とする実体私法における一般条項への大幅な依存もその1つであり、「最も非訟的、形成訴訟的特色を帯びる条文は、借家法一条ノ二〔借地借家28条〕の正当事由である」とした上で、結論として、「明渡訴訟の法的性質は、非訟的形成訴訟」であるとする。野崎・前掲注17）70頁も、賃料増減額請求（借地借家32条2項・3項）と同様、「家屋明渡訴訟の中に、相当立退料の決定という非訟的な手続がくみこまれている」とする。この問題の検討に当たっては、労働契約関係の終了の際の議論（解雇法理：解雇が正当と認められるための要件＝客観的に合理的な理由があり、社会通念上相当であると認められること）が参考になるように思われる。

正当事由は、過失のような過去の事実の法的評価ではなく、それを含めた将来発生が予想される事実を含めた創設的・政策的判断（評価）が必要であり、この場合、（立退料請求権形成の問題のほか、明渡請求権はいつ発生するか、賃貸借契約はいつ終了するか等の実体法的諸問題を含め）それらを踏まえた明渡請求権の存否自体が裁判所の法的判断に委ねられている訴訟の性格をどう理解するかが重要であるように思われる[38]。

9 賃貸人の賃借人に対する実体法上の立退料支払義務なるものが観念できるか

これまでは、立退料の支払いと引換えに建物の明渡しを命じる判決がなされても、立退料の支払いをいう部分に執行力がない（債務名義にならない）ことに争いがなく、立退料の支払いないし現実の提供は、明渡しの強制執行開始の要件（民執31条1項）にすぎないと解されてきたように思われる[39]。

もっとも、立退料の支払いと引換えに明渡しを命じる判決により、賃貸人に実体法上の立退料支払義務が発生するか否かについては争いがあり、これを否定する説もあるが[40]、賃貸人に支払義務を認めないと賃借人の立場を不安定なものにする等の理由から、これを肯定する説が多いように思われる[41]。

---

[38] 木村・前掲注29）②論文225頁参照。小川・前掲注7）48頁は、「立退料と正当事由に関し最も問題なのは、不明確な立退料支払を最終的には裁判所が実質的に明確化することを認めざるをえないにもかかわらず、当事者の意思による法律関係の形成と民訴理論のもとにその意思をどう組み入れるかに存するのであり、正当事由訴訟を立法的に非訟化する道を選択するか、伝統的な給付訴訟説のもとで法律構成を考えていくか論議の余地は多いと思われる」とする。同旨、加茂・前掲注7）23頁、鈴木・前掲注6）207頁参照。

[39] 坂田・前掲注2）176頁参照。被告が、立退料の債務名義を欲するのであれば、予備的反訴を提起すればよいとするのは、加茂・前掲注7）21頁注8）、青山・前掲注12）113頁、近藤・前掲注7）313頁、高橋・前掲注10）251頁注19）。

[40] 広中編・前掲注3）940頁〔広中＝佐藤〕。奈良次郎「判批」リマークス16号（1998）58頁も、「基本的に、合意が成立しないかぎり、賃貸人は、立退料と引換え給付の判決が確定しても、実体法上立退料支払義務は負担しないことになろう」とする。

[41] なお、留保付明渡しを命じられた賃借人の不安定な地位に配慮して、一定期間（例えば、口頭弁論終結日または判決送達日から3ヶ月）に限って賃貸人の立退料の提供を認める裁判例もある（この期間が過ぎれば、明渡判決は失効する）。京都地判昭和34年4月20日下民10巻4号797頁、東京地判昭和35年7月4日下民11巻7号1425頁など参照。同旨、水本浩＝遠藤浩＝田山輝明編・基本法コンメンタール 借地借家法〔第2版補訂版〕（日本評論社・2009）286頁〔木村保男＝田山〕。澤野・前掲注3）255頁も、「判決確定後借家人から移転料支払いの催告があった後相当な期間（三ヵ月ぐらいが相当）を経過しても支払がなされないときは、もはや正当事由は存在しなくなったとして請求異議の訴えを提起できるものと解する」とする。これに対して、高橋・前掲注10）250頁注(19)は、「強制執行期間を定めることは、救済法という法領域を肯定するのであれば別であるが、実体法上の根拠に乏しいと言わざるをえない」とする。

すなわち、立退料支払いの申出が正当事由を補完するのは、究極的に申出にかかる立退料が賃借人の手に入ることが予定されているからであり、現実の提供でなく、その申出の段階で既に補完の効果が生じ解約等の条件が整うとすれば、賃借権の消滅（したがってまた明渡し）と立退料の支払いとの間には一種の対価関係（同時履行の関係）があるというべきである[42]。それなのに解約等の効果の発生を一方で認めながら、立退料の支払いについてはこれを賃貸人の任意に委ね、ただ明渡しの強制執行のための前提要件に止めるというのでは片手落ちというべきである。さらに、実際上の問題として、支払義務の発生を否定すると、賃借人が任意に明け渡した場合は立退料の支払いを請求する途がなく、賃貸人が一方的に、明渡しを受けるかどうかおよびその時期を選択できるという不都合が生じる[43]。そこで、実体法上の支払義務が発生するとすれば、それをどのような根拠に基づくものと説明すべきかが問題となる。支払義務を肯定する立場からは、この点は次のように種々の理論構成で説明される。

①単独行為説は、賃借人としても、敗訴して明け渡さなければならないときに立退料を受領することに異論のあるはずはないから、このような例外的な場合には単独行為による支払義務の発生を認めるべきであるとする[44]。②承諾擬制説は、賃貸人の申出に基づき留保付で明渡しを命じる判決がなされた場合には、賃借人が申出を受諾したのと同様の効果が生じるとする[45]。③信義則説は、立退料支払いを条件としまたはそれと引換えに明渡しを命じる判決が確定した場合は、信義則上、立退料支払いの申出を撤回できず、少なくとも賃借人の受領または明渡しの時に承諾の成立があるとする[46]。そして

---

42) 上杉・前掲注15) 13頁、野崎・前掲注12) 79頁、田中英司「借家権の消滅」中川善之助＝兼子一監修・不動産法大系Ⅲ 借地・借家（青林書院新社・1970) 472頁、加茂・前掲注7) 20頁、山本・前掲注24) 59頁、小川・前掲注7) 46頁。
43) 加茂・前掲注7) 20頁。坂田・前掲注2) 13頁は、「このような問題が生じる背景には、……立退料を得るのは被告の利益であるにもかかわらず、原則としてすべての訴訟上のイニシアティヴが原告に存するということが挙げられよう」とする。
44) 吉川・前掲注7) 14頁、野崎・前掲注12) 76頁、77頁。これによると、「立退料提供の申入だけで債務が発生するとすれば……借家人は明渡判決の有無にかかわらず、立退料の支払を請求することが可能となり（明渡訴訟中では反訴を提起し、抗弁をだしうる）、……〔家主は〕立退料提供の申出の撤回が不能となる。」とするのは、木村・前掲注13) 76頁。
45) 西原・前掲注29) 388頁、星野・前掲注12) 573-574頁。
46) 上杉・前掲注15) 13頁、山本・前掲注24) 59頁、澤野・前掲注6) 245頁、坂田・前掲注2) 14頁参照。

最後に、④不当利得説は、立退料の支払いを衡平の観念に基づく利害の調整、あるいは消滅すべき建物の利用利益の清算と観念し、不当利得の返還とみる[47]。これらの説の中で、信義則説は、申込みと承諾という契約的な構成によって説明する点で、もっとも無難な法律構成と考えられる（なお、賃貸人は立退料支払いを補完要素として主張することにより、少なくとも明渡しを受けるまでは債務負担の申込みを撤回しない旨を賃借人に表明したとみて、そこに民法521条1項の類推により撤回制限の根拠を見出すこともできよう。また、賃借人が予備的にでも同時履行の抗弁を提出すれば、立退料支払いの申込みを承諾したものとして引換明渡判決を受けることができる）。判例は、信義則説に立っているものと思われる[48]。

Ⅲ　おわりに

坂田宏教授は、「それ〔現在の立退料判決（正当事由紛争）の問題点〕は、明渡しの可否という択一的な争点と立退料問題という利益調整的な争点とが、しかも『後者が前者の条件となる』という形で同時に決着がついてしまうという、いわば『一体型処理枠組み』を構成していることに起因する」と本問題の所在を的確に指摘されている[49]。

和田仁孝教授により、「調整紛争化、そして非訟化への方向」にあるとされる「正当事由紛争」であるが[50]、本稿は、それを意識しつつ、あくまでも訴訟事件としての手続の有り様について、処分権主義の観点から理論的検討

---

47) 千種・前掲注25) 544頁、高橋・前掲注10) 251頁注(19)参照。
48) 福岡地判平成8年5月17日判タ929号228頁参照。同判決は、一般論として、立退料の支払いと引換えに建物の明渡しを命じる判決が確定した後は、信義則上賃貸人は立退料支払いの申出を撤回できず、少なくとも賃借人の受領または明渡しのときに承諾があり、このような無名契約の成立により賃貸人には実体法上立退料支払義務が発生すると解すべきであるとして支払義務肯定説（信義則説）に立った上で、具体的な事案の解決としては、判決により認定された立退料額（7000万円）が賃貸人が申し出ていた金額（当初は500万円で、その後4000万円に増額）と格段の相違がある場合には、①認定された立退料額は賃貸人の意思の範囲を超えたものであること、②このような場合にまで賃貸人の支払義務を認めると引換給付を命じる判決に非訟的な機能を認めることになってしまうこと等を理由として、賃貸人に実体法上の立退料支払義務は発生しないものと解すべきであるとし、原告（賃借人）の請求を棄却した。
49) 坂田・前掲注2) 163頁。こうした正当事由訴訟の複合的性格について、澤野・前掲注3) 254-255頁は、次のように述べている。「その審理手続は、原則として移転料の提供を除く正当事由の存否については当事者の主張と厳格な証明を基調とする訴訟手続が、移転料の額の算定に関する主張、立証、鑑定の採否は非訟的手続になじむという二重構造をもった非訟的訴訟と解することができる。」
50) 和田仁孝・民事紛争交渉過程論（信山社・1991) 199頁。

III　おわりに

を試みたものである。

　非訟的処理に馴染むとされる正当事由の存否および立退料額の決定を訴訟手続において審理してゆく困難さについて、本来の訴訟物である明渡しの可否については、弁論主義で処理されるべきは当然であるとはいえ、それを基礎づける正当事由の補完的要素である立退料の算定については、離婚訴訟における附帯処分としての財産分与の審理（人訴32条・33条）と同様、当事者の弁論権に配慮した形での[51]（専門委員の関与も含めた）職権証拠調べ等（非訟33条・49条・52条）の導入も考慮されてしかるべきように思われる。

---

[51]　裁判所としては、正当事由を基礎づける事実等の要件を抽出・分析して当事者に知らせることにより、正当な立退料額についての（とくに正当事由を争っている）賃借人の主張・立証の機会を実質的に保障する必要があるように思われる。同旨、小川・前掲注7）521頁参照。

本訴・反訴の請求債権による
相殺に関する判例法理

◆勅使川原和彦◆

 I はじめに
 II 3つの最高裁判例と2つの下級審裁判例
 III 「審判対象の重複を許さない形での条件付けによる制度的な分離禁止」構成
 IV おわりに

I はじめに

　本訴の被告が反対債権を有している場合に、被告が当初その債権を反訴として訴求するか、相殺の抗弁として用いるかは、防御方法として考えどころであるものの、初めは早急な債務名義獲得を意図して反訴を選択したところ、本訴の原告の資力が十分でないなどが判って改めて相殺を選択し直したいと考えることは、相殺の公平保持機能や簡易決済機能に鑑みれば、保護に値しないとはいえない。また本訴の原告が、被告の反訴に対し、訴訟中判明してきた被告の資力状況に応じて、訴求債権を改めて反訴に対する相殺の抗弁として用いたいと考えることも、同様に不合理な行動ではない。このような考え方に立つ場合、それらの場面でまずは考えられる本訴や反訴の取下げが、相手方の同意なしには許されない状況にあり、相手方の同意も事実上期待できない場合に、取り下げない限り、重複起訴（重複する訴えの提起）の禁止の趣旨によって相殺の抗弁を許さないとする結論は受容できないことになるが、ではどのような法構成で相殺の抗弁を許すべきか。
　この小稿では、この問題について集積してきた判例を通観して、そこに矛盾のない法理があるかを確認・検討してみたい。

II 3つの最高裁判例と2つの下級審裁判例

1 平成3年最判

　この議論についてのスタートラインはやはり、最判平成3年12月17日（以下、「平成3年最判」という）[1]である。平成3年最判は、先行訴訟で訴訟物となっている債権を後行訴訟の相殺の抗弁に用いる（いわゆる別訴先行型〔抗弁後行型〕といわれるケース）ことは先行訴訟と後行訴訟が一度は併合されていても重複起訴の禁止の趣旨から許されない、と判示した。重複起訴の禁止（旧231条・現142条）の趣旨を、後行する「訴え」ではなく後行訴訟における「相殺の抗弁」にも適用できるとしたこの有名な最判に対しては、すでに様々な評釈が公刊されており[2]、その多くで指摘されている注目点の1つが、「右抗弁が控訴審の段階で初めて主張され、両事件が併合審理された場合についても同様である」と判示した点である。併合審理されている限り、平成3年最判が示す「民訴法231条が重複起訴を禁止する理由は、審理の重複による無駄を避けるためと複数の判決において互いに矛盾した既判力ある判断がされるのを防止するためである」という「重複起訴の禁止の趣旨」との抵触は実際上はないわけであるから、抵触があるのは分離されたときである。当該事件でも分離されてしまっていたところであったが、上記判示から「併合審理されていてもその後の分離の可能性がある限り、不適法である」という判例理解が導き出されている。その理由として、「相殺の抗弁を提出した時点で両事件が下級審で併合審理されていたとしても、その後に弁論が分離されたり、上告審で一方又は両方が破棄差戻しとされ、弁論が分離されて再度事実審で審理されることもあり得るから、ある審級において併合審理されていたというだけでは判断の抵触回避が可能であるとはいえない」ことが挙げられている[3]。

　この、本訴・反訴でも分離可能性があり同一訴訟手続内での統一的解決の

---

1) 民集45巻9号1435頁。本判決の調査官解説として、河野信夫・平成3年度最判解民事篇511頁。
2) さしあたり、吉村徳重・リマークス6号（1993）124頁、山本克己・平成3年度重判解121頁、内海博俊・民事訴訟法判例百選［第5版］（2015）82頁（38①事件）等。
3) 増森珠美・平成18年度最判解民事篇(上)529頁。

「制度的保障」がない[4]限り、本訴・反訴請求債権による相殺の抗弁に重複起訴の禁止の趣旨が妥当するという、相殺の抗弁を適法にするためには「分離可能性を失わせる制度的保障」が必要だとする考え方は、この後現在まで、2つの最高裁判例に大きく影響していくことになる。

2　平成 18 年最判

本訴に対して被告は反訴を提起していたが、反訴請求債権をやはり本訴において相殺の抗弁として使いたい、と考えた場合[5]、被告の相殺の抗弁は適法か。

本訴と反訴が分離されてしまえば、別訴（反訴）で訴求されている債権を本訴における相殺の抗弁に供する、という場面となり、まさに平成 3 年最判と同じ、別訴先行型（抗弁後行型）の状況と同じであり、しかも平成 3 年最判の判示からすれば、両訴訟手続が併合審理されていても分離可能性がある限り、相殺の抗弁は不適法だということになる。ところが、当事者が何ら訴えの変更手続を取っていないのに、裁判所の側が本訴被告の反訴を、（反訴原告の合理的意思解釈として）相殺の抗弁提出と同時に「単純反訴」から「予備的反訴」に変更されたと解することで、相殺の抗弁が、重複起訴禁止の趣旨に触れず適法になる、と判示したのが、最判平成 18 年 4 月 14 日（以下、「平成 18 年最判」という）[6]である。

処分権主義からすると疑義が残らないではない、強引にもみえる「合理的意思解釈による予備的反訴への訴え変更」構成[7]は、重複起訴の禁止の趣旨

---

[4]　増森・前掲注 3）531 頁参照。なお、原文は「制度的保証」。
[5]　実務上は、反訴請求を減縮してその分を相殺の抗弁に振り分けることで、明示的一部請求の形にして対応する（最判平成 10 年 6 月 30 日民集 52 巻 4 号 1225 頁）ことが多いとされるが、反訴原告としては本訴・反訴のおよその認容額を予測した上でこうした振り分けをしなければならないことが、事案によっては困難を感じる場合がある、と指摘されている。増森・前掲注 3）529 頁注 5）。
[6]　民集 60 巻 4 号 1497 頁。調査官解説は、増森・前掲注 3）525 頁。本件の評釈には、酒井一・民商 138 巻 3 号（2008）334 頁、三木浩一・平成 18 年度重判解 127 頁、二羽和彦・リマークス 35 号（2007）112 頁、徳田和幸・判時 1974 号（判評 584 号）（2007）190 頁、河野正憲・判タ 1311 号（2010）5 頁等がある。評釈は河野評釈を除き、ほぼすべて平成 18 年最判の「予備的反訴への変更」構成に批判的である。
[7]　増森・前掲注 3）533 頁は、無条件の反訴を維持したままでは当該債権につき審判対象の重複（二重起訴）を生じさせ、相殺の抗弁を不適法にせざるを得ないから、特に異なる意思表示をしない限り、反訴原告が相殺の抗弁を適法に提出するためには予備的反訴に変更する意思表示を含むと合理的に解釈できるとしたものであり、かつ本件のような条件設定による予備的反訴では、

への抵触を免れるための2つのメリットを有している、と説明されている。1つは「予備的」反訴の、「予備的」とするための解除条件の条件設定によるメリットである。すなわち、ここでの条件設定は、「反訴請求債権につき本訴において相殺の自働債権として既判力ある判断が示された場合にはその部分については反訴請求としない趣旨」で「予備的」だとされている。一般的な予備的反訴が、「原告の請求に対して被告がまず請求棄却を申し立て、これが容れられない場合に自己の請求について裁判所の判決を求める申立て[8]」と定義されるのと比して、条件設定がやや複雑である。平成18年最判のいう「予備的」反訴は、相殺の抗弁を主張して請求棄却を求めるとともに、「相殺の抗弁について判断されることなく」本訴請求が認容される場合に備えて予備的に相殺に供した自働債権の履行を求める申立てだと理解されているが[9]、間接的には本訴請求が棄却される場合と条件付けられているともいえるものの、直接には、相殺の自働債権として既判力ある判断が示されるかどうかに条件付けられているというべきであり、本訴に対する相殺の抗弁の（既判力が生じる判断が示されるか否かという意味での）帰趨と、反訴申立てと

　　反訴請求債権の存否について相殺の抗弁か予備的反訴かのいずれかで既判力ある判断を得られるから反訴被告に不利益もない、と説明する。少なくともこの反訴原告の「合理的意思解釈」は、「予備的反訴への変更」構成が前提となっているので、平成18年最判の検討としては、「予備的反訴への変更」構成の当否の問題が先行する。
　　なお、単純反訴の予備的反訴への訴え変更に関する手続の不要性（書面の不要、反訴被告の同意の不要）に関しての判示は、それぞれの手続の趣旨からすれば、本件では受容し得る内容であろう。
[8]　松本博之＝上野泰男・民事訴訟法［第8版］（弘文堂・2015）371頁〔松本〕。すなわち、あくまで本訴請求と反訴請求との「請求」同士の帰趨が直接条件付けられている関係にある、という理解である。ドイツ法でも、かつて、RG（ライヒ大審院）時代の判例から離れ、BGH（連邦通常最高裁）が予備的反訴（eventuelle Widerklage）を適法とした判例の条件設定も、「本訴請求棄却を求める本訴被告の主位的申立てと、反訴によって本訴原告の敗訴を求める本訴被告の副次的申立てとが、予備的関係にある場合」というものであった（NJW 1956, 1478; BGHZ 21, 13）。本訴請求の棄却を求める被告の「（いわゆる）請求棄却の申立て」の帰趨（すなわち本訴請求の帰趨）と反訴申立てとの条件関係が、本来の「予備的関係」ということである。平成18年最判は、本来「本案の申立て」がないはずの被告についての「（いわゆる）請求棄却の申立て」の中に、既判力を生じる可能性のある「相殺の抗弁」が含まれ、そこに反訴との重複起訴禁止の趣旨が妥当する可能性も生じることから、直接にはこの「相殺の抗弁」の帰趨との条件関係を措定せざるを得なかったものと思われる。
[9]　秋山幹男ほか・コンメンタール民事訴訟法Ⅲ（日本評論社・2008）219頁。なお、本来の予備的関係とは、請求が両立し得ない関係にある場合が想定されているが、平成18年最判の事案は、請負報酬債権が自働債権、瑕疵修補に代わる損害賠償債権が受働債権（両債権は相殺されない限りは民法634条2項により同時履行の関係に立つ。最判平成9年2月14日民集51巻2号337頁参照）となる相殺の主張であり、反訴請求と自働債権は同一債権であっていわゆる予備的関係に立たない（酒井・前掲注6）343頁）。

が条件付けられている場面である。条件を付した反訴も、その条件成就が審理の過程で確定される場合には許されると一般に解されているから、この場合でも許される「予備的／条件付」反訴であるとはいえる。ただし、本訴請求そのものの帰趨と（直接は）条件付けられていない「予備的／条件付」反訴が、本訴・反訴の分離禁止という解釈を当然にもたらすと従前考えられてきたかは留意が必要かもしれない。審理順序の強制により、相殺の抗弁が必ず審理され、本訴請求の帰趨に影響する、というわけではないからである。しかし少なくとも、平成18年最判は、本訴・反訴の分離禁止を導くために、本訴請求そのものというより、直接には本訴における相殺の抗弁の帰趨との条件関係をもって、「予備的／条件付」反訴を適法とした判例であったことを確認しておきたい[10]。

　ともあれ、こうした意味での「予備的」反訴がもたらす1つ目のメリットは、①相殺の自働債権（抗弁）について既判力ある判断がされれば、反訴請求のうち本訴で判断の対象となった額に相当する部分の訴えについては解除条件の成就により反訴における審理の対象にならないから、そもそも審判対象の重複（二重起訴）は生じていないとの説明が可能である[11]、ということである。これに対しては、単純反訴を維持して相殺の抗弁と併存したままでも、（相殺の法的性質について通説である新併存説・解除条件説に従うと）訴訟上の相殺の意思表示が相手方に到達した時点で相殺の効果が生じ、反訴請求債権は相殺の限度で消滅して、反訴は（一部または全部）棄却で処理されるから、あえて「予備的」反訴にする必要性はない、との批判がある[12]。もとよりこの批判は、本件のようなケースでは、そもそも本訴・反訴を分離してはならない（分離は裁判所の手続裁量権の逸脱ないし濫用となる）、という立場に立ってのものであり、本訴請求債権を用いて別訴で相殺の抗弁がなされた場合でも、あく

---

[10]　併合審理されている一方の請求が、他方の請求自体の帰趨に条件付けられている場合だけでなく、他方の請求に対する「相殺の抗弁」の帰趨に条件付けられていることが、一方の請求と他方の請求に係る審理判決の分離禁止をもたらしている、と敷衍できるのだとすれば、本訴請求が反訴における相殺の抗弁の帰趨との条件関係で結びついている場合（後掲・平成27年最判のケース）にも、本訴・反訴の分離禁止をもたらすとみる理論的余地を生む。

[11]　増森・前掲注3）532頁。この立場では、併合審理していても、審判対象の重複があると考えていることになる。同534頁は、「本訴請求債権を自働債権として相殺の抗弁を主張する場合には、同一の訴訟物が本訴と反訴で重複して審判対象となっている（二重起訴）とも考えられる」としている。

[12]　三木・前掲注6）128頁。

まで両事件の審判の併合または分離は、裁判所の合理的裁量の枠内であると考える平成3年最判の立場からすれば、裁判所の裁量を封じる「制度的保障」が必要になる。

そこで「予備的」反訴のもたらす2つ目のメリットが、②予備的反訴であれば本訴とは予備的併合関係になり、分離をすることができなくなって、審理の重複や判断の抵触を生じるおそれがない[13]、という点である。もっとも、予備的併合・予備的反訴であれば分離ができないというのも、明文規定はない純然たる解釈論であるのだから、分離すると相殺の抗弁が重複起訴状態に該当するような場合には、単純反訴でも分離できないという、解釈による「本訴と単純反訴の分離禁止」論によって対処すれば足りる、という考え方も充分説得的であるとも思われる。しかし、かかる解釈論を平成18年最判が採らなかった理由については、次の点に、より合理性・優位性をみたものと考えられる。

すなわち、本訴被告（反訴原告）としては、本訴で反訴請求債権を自働債権とする相殺の抗弁について既判力ある判断が示されれば、それと重複する部分について反訴で審判を求めることは、たとえ内容的に矛盾しないものであっても（むしろ、矛盾しないものであるからこそ）、「無益」である[14]、というものである。ここでは、当事者にとって「無益」であるのみならず、裁判所（司法資源）にとっても「無益」だという考え方も背景にあるものと思われるが、いずれにしても、同一債権については既判力を生じる実体判断は1つに絞り込むべきとの価値判断が看取できる[15]。この価値判断からすれば、2つ

---

13) 増森・前掲注3) 532頁。なお、河野正憲・民事訴訟法（有斐閣・2009) 687頁は、自働債権とされる債権をそのまま反訴請求の基礎とすることはできないとして、「必然的に」相殺に用いた部分につき確定判断が重ならないようにする「予備的」反訴の形式をとらざるを得ないとする。

14) 増森・前掲注3) 533頁。三木・前掲注6) の批判とは、この点で対峙することになる。ただし、この「重複既判力無益」論が、重複起訴の禁止（の類推）にあたっての本質的な理由たり得るか、という疑問の余地はある（宮川聡「最判平成27年4月14日判批」甲南法務研究12号（2016) 119頁参照）。ただ、併合審理されていれば実際上審理の重複はない、という実際論に対し、潔癖に、併合審理していても審判対象が重複していれば、分離があり得る以上潜在的に審理の「重複」がある、とみているのが判例であるといえる。判例はそのうえで、分離を認めないという解釈論を採った場合や制度的に分離が許されないとされる（本来の）予備的併合の場合でも、既判力の重複は「無益」であるし、上訴審での判断矛盾の可能性（後述）も考えると、審判対象の重複そのものを許さないとすべき、と更に理詰めで重ねてきているのであろう。

15) 債務不存在確認訴訟で、重複起訴の禁止に抵触するのを回避すべく別訴ではなく反訴の形で同一債務の履行を求める給付訴訟が提起され、本訴・反訴が同時に判決に至る場合、従前は、本訴・反訴で矛盾のない2つの既判力ある実体判断を判決主文で示していた実務の取扱いもあった

の既判力ある実体判断を導いてしまう単純反訴のままでは駄目なのだ、ということになる。この観点では、「予備的」反訴として分離ができない点のメリットと並んで、「条件付」反訴として、同一債権については既判力を生じる実体判断を1つに絞り込むメリットも重視していることになる。

　なお、もう1つ考えられるのは、上訴審での矛盾判断の可能性である。第1審で、解釈による「本訴と単純反訴の分離禁止」論を採れば足りるとする場合、この「本訴と単純反訴の分離禁止」論は、上訴審でも維持される必要がある。例えば、単純反訴を維持したままで第1審判決が「反訴請求債権による相殺の抗弁に立ち入らずに本訴請求棄却＋反訴請求棄却」というケースでは、本訴原告も反訴原告も不服の利益を有するため、控訴審でも分離禁止の解釈を維持しなければ、重複起訴の問題が生じうる。他方、単純反訴構成を維持したままで第1審判決が「反訴請求債権による相殺の抗弁に立ち入らずに本訴請求棄却＋反訴請求認容」というケースでは、本訴原告（反訴被告）のみが不服の利益を有するが、ここで、本訴原告が本訴請求についてのみ控訴した場合、控訴審において、仮に本訴請求債権がいったん存在と判断され反訴請求債権による相殺により消滅したという判断に至り、相殺に供した反訴請求債権が（相殺の意思表示が相手方に到達したことにより消滅したため）不存在と判断された場合でも、（不）利益変更禁止の原則により、不服申立てがなかった反訴請求については、第1審判決を取り消して反訴請求棄却に変えることはできない（解釈で分離を禁止してもしなくても不利益変更禁止の原則により第1審判決が維持される）。同一の反訴請求債権が、反訴と相殺の抗弁とでその存否の帰結を異にすることは、不利益変更禁止原則の結果であり、控訴しなかった当事者の自己責任でやむを得ないともいえる。ただし、この結論は、単純反訴（単純併合）構成が、同一債権について既判力を生じる実体判断を2つ導いてしまうことから発生するものであり、同一債権につき既判力ある実体判断を1つに絞り込む条件設定をする予備的反訴（予備的併合）構成では、

が、最判平成16年3月25日民集58巻3号753頁（判タ1149号294頁）が、この場合には債務不存在確認の訴え（本訴）の確認の利益が喪失し、本訴が訴え却下となる、という判断を打ち出している（「確認の利益喪失」論。勅使川原和彦・読解民事訴訟法〔有斐閣・2015〕120頁以下参照）。これも、本訴・反訴で内容が矛盾していない2つの同じ既判力を生じる実体判断をしてよい、という従前の実務にみられた取扱いを、実体判断を1つに絞り込む取扱いに変えようとしたものとも評価し得る。

予備的反訴形式ゆえに上訴審でも分離禁止がもたらされることは勿論、実質的にも既判力ある実体判断は1つだけであるので、2つの矛盾判断が生じる余地がない。同一債権の存否についての既判力の帰趨について矛盾を許さず、同一債権については既判力を生じる実体判断を1つに絞り込む点（①）をメリットとする立場からは、上訴審において「予備的／条件付」反訴構成に優位をみることになる。

3　平成15年東京高判と平成18年大阪地判

　平成18年最判は、反訴請求債権を本訴の相殺の抗弁に用いたケースであったが、逆に、本訴に対して反訴が提起されたので、本訴請求債権を反訴における相殺の抗弁に用いたケースも、下級審裁判例で2つ消極例が明らかにされている。

　当該ケースについて、東京高判平成15年12月10日[16]は、「本訴請求の訴訟物となっている債権を自働債権として相殺の抗弁を主張することは、同一債権について既判力を生ずる二個の裁判を求めるものであって、許されない」と判示する。「同一債権について既判力を生ずる二個の裁判を求める」ことが相殺の抗弁を不適法とする根拠として挙げられており、簡単な判示ではあるが、のちの平成18年最判と同一線上にあったものと評価できる。

　もう1つ、大阪地判平成18年7月7日[17]は、平成18年最判をふまえた上で、本訴および反訴が係属中に、本訴請求債権を自働債権とし、反訴請求債権を受働債権とし相殺の抗弁を主張する場合においては、「重複起訴の問題が生じないようにするためには、本訴について、本訴請求債権につき反訴において相殺の自働債権として既判力ある判断が示された場合にはその部分については本訴請求としない趣旨の条件付き訴えの取下げがされたことになるとみるほかないが、本訴の取下げにこのような条件を付すことは、性質上許されないと解すべきである。」として[18]、相殺の抗弁を不適法とした[19]。

---

16) 判時1863号41頁。
17) 判タ1248号314頁。同地判の評釈として、我妻学・リマークス37号（2008）116頁、和田吉弘・法セミ637号（2008）117頁。
18) 「条件付」の訴えの取下げは、最高裁判例でも「訴訟係属を不明確ならしめるから、許されないものといわなければならない」と判示されている（最判昭和50年2月14日金法754号29頁）。
19) 反訴が提起されてその帰趨と条件付ける限り、併合審理される予備的併合関係に立つ訴訟係属すべてが消滅してしまうわけではない、として反対したり（和田・前掲注17）117頁参照）、あ

本訴を「条件付」にはできないという支配的見解に従わざるを得ず、かつまた、制度的に分離禁止となる併合状態を要求し、手続裁量の制約として分離禁止を導くことを肯んじない判例に従う限り、「条件付」本訴の取下げという権道で対処せざるを得ないことになるが、しかし、条件付訴えの取下げは、実質的にみて本訴を「条件付」にするに等しく、やはり採用し難いものであったろう。反面、最初から自己の債権を反訴で訴求するか相殺の抗弁に用いるかを選択できた平成18年最判のケース[20]よりも、本訴で訴求中に反訴が提起されたので、本訴としてではなく反訴における相殺の抗弁に同一債権を用いたいというこちらのケースの方が、同一債権を相殺の抗弁に切り替える場合の合理性がより高いように思われる。平成18年最判のケースで相殺の抗弁が認められて、平成15年東京高判や平成18年大阪地判では相殺の抗弁が認められないという帰結については、やはり均衡を失するとの評価[21]に説得力を感じる。

4　平成27年最判

(1) 民法508条による相殺という特殊性　近時、本訴請求債権を反訴における相殺の抗弁に用いたケースで、「条件付」相殺の抗弁の条件設定に、「本訴において訴訟物となっている債権の全部又は一部が時効により消滅したと判断されること」を措定し、反訴において「当該債権のうち時効により消滅した部分を自働債権として相殺の抗弁を主張する」ことを適法とした最高裁判例が現れた。最判平成27年12月14日（以下、「平成27年最判」とい

　　るいは、そもそも本訴と反訴における相殺の抗弁の密接関連性から分離を禁止すべきであり、そうであれば条件付訴えの取下げと構成する必要はない、という批判（我妻・前掲注17）119頁）がなされている。
20)　増森・前掲注3）535頁は、「自ら進んで訴えを提起したのであるから、その訴えの中で自己の権利主張をすれば足りるとも考えられる。」として、本訴請求に係る訴えの中で必ず判断が示される以上、訴訟法上は権利行使の均衡を失するとはいえない、とする。
21)　松本＝上野・前掲注8）357頁〔松本〕、我妻・前掲注17）119頁。もっとも、平成18年最判についても、増森・前掲注3）535頁は、本訴原告が相殺の抗弁のために訴えを一部取り下げようとしても正当な理由なく同意をしない本訴被告については、不適法な相殺として却下されて実体法上の効果も生じないとしても、以後、本訴被告が同時履行を主張することは信義則違反と評価する、という対処を示している。ただこの場合、本訴原告が相殺の担保的機能（ないし簡易迅速確実かつ公平な決済機能）を享受する利益（山本弘・金法2049号〔2016〕26頁参照。また、反訴請求認容時に、相殺を主張して請求異議の訴えを提起して強制執行を回避しなければならない不利益もある。宮川・前掲注14）120頁参照）は等閑視されている。

う）[22]である。

　判旨は、平成3年最判をふまえながら、「本訴において訴訟物となっている債権の全部又は一部が時効により消滅したと判断されることを条件として、反訴において、当該債権のうち時効により消滅した部分を自働債権として相殺の抗弁を主張することは許されると解するのが相当である。」とし、理由として、

> ⓐ　時効により消滅し、履行の請求ができなくなった債権であっても、その消滅以前に相殺に適するようになっていた場合には、これを自働債権として相殺をすることができるところ、本訴において訴訟物となっている債権の全部又は一部が時効により消滅したと判断される場合には、<u>その判断を前提に、同時に審判される反訴において</u>、当該債権のうち時効により消滅した部分を自働債権とする相殺の抗弁につき判断をしても、当該債権の存否に係る本訴における判断と矛盾抵触することはなく、審理が重複することもない。したがって、反訴において上記相殺の抗弁を主張することは、重複起訴を禁じた民訴法142条の趣旨に反するものとはいえない。
> ⓑ　このように解することは、民法508条が、時効により消滅した債権であっても、一定の場合にはこれを自働債権として相殺をすることができるとして、公平の見地から当事者の相殺に対する期待を保護することとした趣旨にもかなうものである。

という2点を挙げている（記号・下線部筆者）。

　本訴請求債権を反訴における相殺の抗弁に用いるということでは、前述の平成15年東京高判および平成18年大阪地判の類型に属するが、異なるのは、本訴請求債権が時効にかかって消滅したと判断された部分（すなわち請求棄却の既判力が生じ得る部分）について、民法508条に基づき反訴において相殺に供するということである。すなわち、本訴請求債権が存在する場合はもちろん、時効消滅した場合でも、時効消滅以前に相殺適状になっていれば相殺に用い得ることは民法自体が許容しており、その意味で、本訴請求債権の時効消滅による「不存在」と、相殺の自働債権として用いられることとは、矛盾

---

[22]　民集69巻8号2295頁、金判1484号8頁。評釈として、内田義厚・速報判例解説 Vol. 19（新判例解説 Watch）（2016）157頁、上田竹志・法セミ738号（2016）124頁、今津綾子・法教430号（2016）144頁、我妻学・リマークス53号（2016）110頁、宮川・前掲注14）113頁、山本・前掲注21）26頁等がある。

しない。本訴請求債権で、一部ないし全部が時効消滅したことを前提とする限り、時効消滅部分を反訴において相殺に用いて、受働債権たる反訴請求債権の認定額[23]が自働債権額を下回った場合でも、相殺に供した自働債権の存否についての判断は、相殺によって消滅した部分についての「不存在」と、相殺されなかった部分の「不存在」（もともと時効消滅している部分）とで、併せて自働債権額全部について「不存在」の判断にしかならない。もともと時効消滅して「不存在」の債権について、反訴においてそれが相殺されようがされなかろうが、「不存在」となる判断は変わらないことになる。したがって、かかる場面では、既判力としては、同一の本訴請求債権の時効消滅部分については、本訴での民訴法114条1項による判断と、反訴での同条2項による判断との間に、矛盾は生じ得ない。

　審理の重複についてはどうであろうか。本訴においては、本訴請求債権の時効消滅部分について、時効消滅していたかどうかの審理、反訴（における相殺の抗弁）では、時効消滅していたという判断を前提に民法508条（ならびに最判平成25年2月28日民集67巻2号343頁）に基づき、受働債権につき、期限の利益の放棄または喪失等により、その弁済期が現実に到来しているかどうか、かつ、消滅時効が援用された自働債権が、その消滅時効期間が経過する以前に受働債権と相殺適状にあったかどうか等の審理がなされることになり、本訴における時効消滅の判断を反訴において前提にできる限り、その判断部分は反訴において改めての審判対象とされないので、潜在的にも審理の重複はない[24]。

　結局、問題は、反訴において「本訴において訴訟物となっている債権の全部又は一部が時効により消滅したと判断されること」を前提にできるか、ということに収斂される。判決理由ⓐの下線部「同時に審判される反訴において」としか述べられていない判示の意味が問われることになる。

(2)　本訴・反訴の分離禁止か、実際上の非分離か　　「同時に審判される反

---

[23]　民訴法114条2項にいう「相殺をもって対抗した額」で既判力が生じる範囲、すなわち「対当額」で相殺に供した範囲が、受働債権たる訴訟債権の「主張額」の枠か「（裁判所による）認定額」の枠かについて、勅使川原和彦・法教421号 (2015) 149頁参照。

[24]　審判対象の重複がある限り潜在的な審理の重複があると考えるのが判例（前掲注14））だとすると、本訴における時効消滅の判断を前提にできない場合、その部分の債権の存否を反訴においても相殺の抗弁の成否のために審判対象とせざるを得ないため、審判対象の重複が生じ、併合審理していても潜在的に審理の重複ありということになろう。

訴において」という判示からは、裁判所に分離禁止は強制されないが現実に分離されないまま本訴・反訴が判決に至った場合にだけ適用のある法構成、という読み方もできなくはないが、「審判対象の重複を許さない（＝潜在的な審理の重複を認めず、矛盾判決の可能性を徹底して排除する）形での条件付けによる制度的保障のある分離禁止」を指向してきた平成3年最判以来の判例理論の同一線上にあるとすれば（平成27年最判も平成3年最判を引用する）、こうした読み方は一応度外視できる。平成27年最判の評釈は、おしなべて判示の結論が本訴・反訴が分離されない場合にのみ成り立つことを指摘しつつ、判示が明示的にそれを示していないため、その分離「不可」を導く種々の構成を推論している。

第1に、本件事案の特質による事例判決とみる見方である[25]。本件においては、本訴原告たる消費者が、本訴被告たる金融業者との継続的な金銭消費貸借に係る第1取引と第2取引を一連のものとみて、第1取引部分の過払金を第2取引に充当し利息制限法による引直し計算をすると、第2取引に基づく過払金が発生するという主張に基づき過払金返還請求をしたのに対し、本訴被告は、本件取引の一連性を否定し、第1取引における過払金返還請求権は時効消滅するので、第1取引の過払金を第2取引に充当できず、むしろ第2取引に基づく貸金返還請求権が存するという主張に基づき、反訴として貸金返還請求をしている。本件取引の一連性の有無に対する評価次第で、本訴・反訴の結論が裏腹になり得る事案であり、本訴請求と反訴請求が審理対象事実および審理内容において密接不可分の関係にあって、そのように実際上およそ弁論の分離が考えられない場合に相殺の抗弁が適法とされた事例判決、とするのである。この見解では、単純反訴のままではなお理論的には弁論分離の可能性が残る点を、当事者の相殺に対する期待保護（判決理由ⓑ）という実体法上の観点で補強した、と考える。

第2に、もともと平成18年最判のような「合理的意思解釈による予備的反訴への訴え変更」構成を技巧的として批判し、解釈による「本訴と単純反訴の分離禁止」論を主張する学説による、今回の平成27年最判をそういった解釈論への転換の一場面とみる考え方がある[26]。かかる解釈による「分離

---

[25] 内田・前掲注22) 159頁。
[26] 今津・前掲注22) 144頁、宮川・前掲注14) 123頁、山本・前掲注21) 29頁参照。

禁止」論を一般的に受容したものとみるか、本件のように本訴と反訴が実体法上密接に関連している場合に限って受容したものとみるか、には差があるものの、本件の評釈はこうした考え方をとるものが多い。

　第1の考え方は実務感覚に裏打ちされたものであり、第2の考え方も理論的な説得力の高いものであるが、いずれも、平成3年最判以来の判例の「審判対象の重複を許さない（＝潜在的な審理の重複を認めず、矛盾判決の可能性を徹底して排除する）形での条件付けによる制度的な分離禁止」構成を外れる。学説上は、その後の判例によって、平成3年最判の立場は揺らいでいるとか実質的に変更されているという評価が一般的であり、平成27年最判は更にその一例を加えるものという見方が多いのであるが、ここでは、平成3年最判・平成18年最判の立場は（その当否は措いた上で）なお維持されており、判例法理として確立している、という見方が可能か、検討しておきたい。

Ⅲ　「審判対象の重複を許さない形での条件付けによる制度的な分離禁止」構成

　平成27年最判では、本訴と、本訴請求債権の一部を自働債権として相殺の抗弁が提出された反訴とが、単純併合のまま、相殺の抗弁が適法とされた。平成18年最判が、反訴と、反訴請求債権の一部を自働債権として相殺の抗弁が提出される本訴との関係で、単純反訴を「予備的／条件付」反訴に変更したのと差異をみせている（平成27年最判は平成3年最判を先例として引用する一方で平成18年最判を引用していない）。

　すでに平成18年最判が、相殺の抗弁についての判断の帰趨を直接の条件とする「条件付」反訴によって、「審判対象の重複を許さない形での条件付けによる制度的保障のある分離禁止」を達成していた。平成27年最判では、「条件付」の相殺の抗弁は、それが提出される反訴の訴訟物とは訴訟物を異にする本訴の判断の帰趨に依拠する条件付けであるが、この条件付けによって、条件の内容が消滅時効に関するものであることとひいては民法508条の存在故に審理の重複および矛盾判決を排除し得ることはすでに確認したが、制度的な分離禁止は達成できるのであろうか。平成18年最判のように、条件が付されたのが「反訴」であれば予備的併合として制度的保障のある分離

禁止が導きだせるが、平成27年最判のように条件が付されたのが「相殺の抗弁」であった場合、制度的な分離禁止を考えることはできないのであろうか。

1つの推論を試みてみたい。

およそ、民訴法142条の趣旨適用を考える際に、訴訟係属の重複が措定されなければならないと解されるが、この点、従来の通説的見解は、相殺の抗弁を「減縮された反訴[27]」であるとか「抗弁ではあるものの、それ自体独立に訴訟物となりうる債権であるから反訴に類した性質を持つ[28]」といった説明で、相殺の抗弁の実質的な訴訟係属性を肯定してきた。142条の趣旨適用の場面では、相殺の抗弁につきいわば反訴と類似した扱いをしてきたということである。平成27年最判のケースでは、本訴原告は、言うなれば本訴の帰趨を「条件」とした「減縮された（再）反訴」を提起したものとして、142条の趣旨適用を受けるかどうかが問題とされていることになる。この場合、実質的に訴訟係属が重複しているとみるのであれば、本訴と、本訴の帰趨に条件付けられた相殺の抗弁とは、（こと142条の趣旨適用を考える場面では）いわば「予備的併合」状態にあるという評価も可能なのではないか。このような評価が可能であるとすれば、本訴請求債権の全部または一部が時効消滅していない（として本訴請求認容）と判断されることを解除条件とした「条件付」「（減縮された）（再）反訴」たる相殺の抗弁と、本訴とは、実質的な予備的併合状態として分離が禁止され、かつ、反訴における相殺の抗弁はもとより抗弁である以上反訴から「分離」することはできないから、結局、反訴も引きずられて分離ができない、ということになる。こうしたことを判示では「同時に審判される反訴」の一言に込めたのではないか。すでに平成18年最判が、併合審理されている一方の請求が、他方の請求に対する相殺の抗弁の帰趨に条件付けられていることが、一方の請求と他方の請求に係る審理判決の分離禁止をもたらしていると解されるとすれば（前掲注10）参照）、併合請求されている一方の請求に対する相殺の抗弁が、他方の請求の帰趨に条件付

---

27) 梅本吉彦「相殺の抗弁と二重起訴の禁止」鈴木忠一＝三ケ月章監修・新実務民事訴訟講座第1巻（日本評論社・1981）385頁。
28) 高橋宏志・重点講義民事訴訟法(上)［第2版補訂版］（有斐閣・2013）140頁。

けられている場合も分離禁止をもたらす[29]ものと敷衍できる余地も生じそうである。

Ⅳ　おわりに

　この小稿での試論は、「反訴に類した性質（実質的な「訴訟係属」類似性）を持つ」相殺の抗弁の特殊性を、142条を趣旨適用する場面だけでつまみ食いするのではなく、同条の趣旨の適用外とする方向においても、一定の「条件付け」を条件に分離禁止とする場面で妥当させうるのではないか、そのことによって平成3年最判以来の判例理論はなお維持されているものと正当化できるのではないか、という試みである。ただし、仮にこの試論によって、判例理論の維持が正当化できるとしても、平成27年最判の事案で、本訴が消滅時効により（一部または全部）請求棄却された場合には、本訴原告（反訴被告）は、反訴において民法508条により相殺の担保的機能を享受できることになるが、本訴で時効消滅が認められなかった場合には本来の相殺による担保的機能を享受できないことになる[30]。同様に、平成15年東京高判と平成18年大阪地判のような事案でも、審判対象の重複を避けられるような条件付けを相殺の抗弁に施せなければ、やはり相殺の抗弁を不適法とせざるを得ないことになる。そのことの当否について、なお判例理論の検討の余地は残るが、与えられた紙幅が尽きた。

　【付記】
　　この小稿を献呈する上野㤗男先生には、20年以上前、私が助手時代に民訴学会関西支部の研究会で報告をさせていただいて以来、お世話になっておりま

---

[29]　ただし、ここで仮に分離禁止としたとしても、判例理論によれば、審判対象の重複があれば相殺の抗弁は適法とはされない。平成27年最判は、その条件設定が、本訴において本訴請求債権の全部または一部が時効消滅したという判断を前提に時効消滅部分を相殺に供する、というものであったことが審判対象の重複を回避している。

[30]　山本・前掲注21）29頁は、この帰結を「倒錯した結論」と批判するが、これも判例の「条件付け」構成のメリットとの衡量の問題になりそうである。
　　なお、校正段階で、本稿同様に平成27年最判までの判例を検討した、堀清史「重複訴訟の制限と相殺の抗弁についての判例の変遷」德田和幸先生古稀祝賀・民事手続法の現代的課題と理論的解明（弘文堂・2017）163頁に接した。本稿の分析とは逆に、（多くの学説同様）むしろ平成27年最判に至るまでの判例が、平成3年最判の理解について揺れているという方向で検討されている。

す。早稲田大学においでいただいてからも、学会シンポジウムでご一緒させていただいたり、研究会や授業の合間等、様々な機会で、先生の本当に貴重なご教示にあずかって参りました。真に学恩ある上野先生に、かくも検討不足の拙稿を献呈するのは、誠に申し訳ない限りですが、先生の今後のご健康をお祈りしつつ筆を擱く次第です。

医療事故調査制度の現状と課題
―― 民事訴訟法の観点から

◆西口　元◆

Ⅰ　問題の所在
Ⅱ　これまでの死因究明手段
Ⅲ　医療事故調査制度
Ⅳ　医療事故調査制度の民事訴訟法的問題
Ⅴ　民事訴訟の事実認定力の強化と医師の責任追及

Ⅰ　問題の所在

2015年10月、医療法の改正により、「医療事故調査制度」が創設された[1]。これまでは、医療事故の原因の究明は、主に医療過誤訴訟によって行われてきたにもかかわらず、新たな医療事故調査制度を創設するということは、医療事故の原因を審理対象とする民事訴訟には満足することができない点があったことを意味する。

本稿は、医療事故調査制度の問題点について、民事訴訟法の観点から、検討を加えるものである。

1　民事訴訟の構造

医療事故調査制度は、「死因等の究明」という事実認定を行うのであるから、民事訴訟の事実認定の問題点を検討する前提として、民事訴訟の構造等を概観したい。

（1）**法的三段論法**　民事訴訟は、原告が提示した訴訟物（権利関係）の要件事実の有無を認定し、これに関係法規を適用して、訴訟物の有無を判断す

---

[1] 医療事故調査制度の立法経過や目的等については、田上喜之「平成26年医療法改正の解説――医療事故調査制度の創設」ひろば67巻11号（2014）4頁以下、山本和彦「医療事故調査の新たな制度」ひろば67巻11号（2014）8頁以下を参照されたい。

るという手順（法的三段論法）を経る。そして、民事訴訟の実務においては、関係法規の解釈をめぐって争いになることは少なく、事実認定をめぐる争いが中心となる。

(2) 弁論主義と証明責任　　民事訴訟においては、裁判資料（事実資料と証拠資料）の提出責任を当事者に負わせる「弁論主義」の下、争いがある要件事実については、当事者から提出された証拠に基づいて認定することとなる。しかし、要件事実が真偽不明の場合には、それについて「証明責任」を負う当事者が不利益な判断（敗訴判決）を受けることになる。

2　事実認定の構造

(1) 証明度（歴史的証明）　　民事訴訟における事実認定は、事実の存否について、裁判官に「確信」を生ぜしめるものであり、「高度の蓋然性」を証明することが必要であって、通常人が疑いを差し挟まない程度に真実性の確信をもち得るものでなければならないといわれる[2]。

すなわち、民事訴訟の事実認定は、自然科学の証明とは異なり、絶対的真実を認定するものではない。なぜならば、裁判は、そもそも神ならぬ人間が行うものであるし、事実認定に利用する裁判資料も当事者が提出した極めて限られたものである上に、審理時間も無制限ではないこともあって、絶対的真実を認定することは当初から期待されていないからである。換言すれば、民事訴訟の事実認定は、当事者の権利（訴訟物）の有無を判断する上で必要な範囲内で、利用者または国民が「常識的な認定」であると思う程度の証明度（歴史的証明）で足りるのである[3]。

(2) 経験則による事実認定　　(a) 経験則の意義　　常識的な事実認定は、裁判所が「経験則」を利用して行う。経験則とは、経験から帰納的に得られた知識や法則をいう[4]。例えば、昨夜、雨が降っていたか否かが争点となっている場合に、「寝る前には、玄関先が濡れていなかったにもかかわらず、翌朝起きて玄関先をみると、玄関先一帯が濡れていた」という事実があれば、常識的には、昨夜、雨が降ったと思うものである。このような知識や法則を

---

[2]　最判昭和50年10月24日民集29巻9号1417頁。
[3]　最判昭和23年8月5日刑集2巻9号1123頁。
[4]　中野貞一郎＝松浦馨＝鈴木正裕編・新民事訴訟法講義［第2版補訂版］（有斐閣・2006）282頁〔春日偉知郎〕。

経験則という。確かに、玄関先が濡れていても、誰かが打ち水をした可能性もあるから、雨が降ったという上記認定は、真実に反する可能性がある。しかし、国民の健全な常識からすると、朝に玄関先一帯が濡れていたという事実があれば、特段の事情がない限り、昨夜、雨が降ったと思うものであるから、裁判所は、当事者または国民の信頼を得るためには、100%の真実ではないことを知りつつ、「昨夜、雨が降った」という事実認定をすることとなる。

　　(b)　経験則の収集　　経験則には、誰もが有する「一般常識的経験則」と専門家のみが有する「専門的経験則」がある。

　一般常識的経験則は、通常人が有するものであるから、証明を待つまでもなくこれを利用して事実認定をしても、利用者または国民から非難を受けることはない。これに対し、専門的経験則は、当該専門分野については、裁判官も素人であるから、これについての証拠調べをすることなく事実認定をすると、利用者または国民は、そのような裁判を到底信用することができない。専門的経験則については、裁判官は、鑑定を通じて入手する。

3　医療事故調査制度が提示した問題——民事訴訟の事実認定力に対する不信

　医療事故調査制度は、その設立経緯からも明らかなとおり、医療事故の多発と医療事故による医師の民事責任または刑事責任の追及に対する医師の危機意識をきっかけにして設けられたものである。そこには、医師の過失についての司法による事実認定に対する医師の強い不信感がある。医師の刑事責任が追及されることは、極めて少ないから、医師が強い不信感をもつのは、患者から多数提起される民事訴訟の事実認定についてである。

　民事訴訟においては、医学的専門知識の入手方法は、鑑定であるから、民事訴訟の事実認定力に対する医師の不信は、主として鑑定に向けられたものである。本稿では、鑑定を中心にして、民事訴訟の事実認定力の有無等を考察し、医療事故調査制度が提示した問題点が的を射たものか否か検討したい。

II　これまでの死因究明手段

　患者の死因については、個々の事案で患者の遺族等の同意の下、医療機関

等における解剖等を通じて究明されることもあるが、第三者的立場から死因究明が行われるのは、以下のとおりである。

1 医療過誤訴訟

（1）鑑定 （a）鑑定の実情と新たな試み （i）鑑定の実情 担当医師の過失を理由とする損害賠償請求においては、裁判所は、鑑定（民訴212条以下）を通じて、医師の過失を判断する上で必要な「医療水準」という専門的知識を入手する。

鑑定人については、裁判所が、当事者からの鑑定の申出に基づき、当該民事訴訟の事案等に応じて、それにふさわしい専門知識を有すると考えられる医師を選任する。鑑定人は、通常は1人であるが、裁判所によっては、複数の鑑定人が選任されることもある。鑑定人は、通常、大学病院所属の医師（講師または准教授クラスの医師が多い）が選任される。

（ii）鑑定の新たな試み 千葉地裁や東京地裁等では、鑑定人の負担の軽減や鑑定の客観性確保等を目的にして3人程度の鑑定人を選任し、鑑定人間の意見交換等を行うという試みを行い、その試みは、定着し、その他の地裁に拡大しつつある。特に、千葉県においては、裁判官の有志、千葉大医学部等の医師、医事紛争に詳しい弁護士等が結成した「医事紛争研究会」のメンバーが中心となり、「複数鑑定」手法を開発し、医師も協力した「医療ADR」を最初に設立するなどめざましい成果を挙げている。「医事紛争研究会」の活動がなければ、医事紛争解決の新たな試みは、成功しなかったのではないかと思われる[5]。

（b）鑑定の問題点 しかし、鑑定には、多くの問題点がある。特に深刻な点は、鑑定人の資質である。すなわち、多くの鑑定人は、大学病院の医師の中から選任されるが、大学病院の医師の中には、必ずしも臨床経験が十分ではないこともあって、医学界においてどの程度信頼されているか疑問がある者もいる。

また、医学鑑定においては、通常、1人の医師が鑑定人に選任されることが多く、術式について医学界のコンセンサスが得られていない場合等におい

---

[5] 千葉県における医事紛争の解決制度の改革等については、千葉大医事紛争研究会「ミニシンポジウム 医と法との相克」判タ1191号（2005）27頁以下等の多数の文献で紹介されている。

ては、鑑定人の個人的意見によって鑑定結果が左右されることがある。

さらに、鑑定意見を受け取る裁判官および弁護士は、通常、医学知識が乏しく、鑑定書を正確に理解することが困難である。

以上のような諸事情が複雑に絡み合って、専門家の医師は、鑑定書の信用性が乏しいと感じ、そのことから、多くの医師は、医療過誤訴訟の判決に不信感をもつこととなる。

(2) **専門委員** (a) 専門委員制度の趣旨と現状　専門委員制度は、平成15年の民事訴訟法改正により新設されたものである。専門委員は、経験豊富な医師等が選任され、争点整理段階、証拠調べ段階および和解段階において、専門知識に基づく説明等をして、裁判官を補助するものである。しかし、「医師のかばい合い」等を危惧する弁護士会の強い警戒感があり、専門委員の利用は、当初の予想に反して、必ずしも活発ではない[6]。

(b) 専門委員制度の問題点　専門委員になる医師は、鑑定人に選任される医師と比べて、大病院の院長等の臨床経験が豊富な者が多い。しかし、専門委員の説明等によって裁判官の心証が影響を受けることを危惧する弁護士の警戒感もあって、多くの専門委員が争点整理等において十分な説明等をすることができない状況にある[7]。

(3) **その他の制度（専門家調停委員等の活用）**　　(a) 補佐人　その他の医学専門知識の導入方法として、「補佐人」「調停の活用」等がある。補佐人とは、裁判所の許可を得て、当事者等とともに期日に出頭し、これらの者の陳述を補足する者である（民訴60条1項）。補佐人の法律上の性格については、①当事者等の「単なる発言機関」にすぎないと解する説と②補佐人も自分の意思に基づいて発言し、その効力は、当事者に及ぶという「一種の代理人」であるとする説があるが、②説が通説である。

補佐人制度が利用されるのは、建築瑕疵訴訟等が多く、医療過誤訴訟で利

[6) 専門委員制度導入の趣旨については、小野瀬厚＝武智克典編著・一問一答 平成15年改正民事訴訟法（商事法務・2004）が詳しい。また、専門訴訟の問題点等については、伊藤眞「専門訴訟の行方」判タ1124号（2003）16頁以下を参照されたい。

7) 専門委員制度導入に当たっての対立については、笠井正俊「専門訴訟への対応」法時74巻11号（2002）36頁以下、同「専門委員について」曹時56巻4号（2004）3頁以下、高橋宏志「民事訴訟法の改正について」法教273号（2003）77頁等に詳しく紹介されている。
　なお、専門委員の活用策等については、西口元「弁論活性化方策としての専門委員の活用」判タ1191号（2005）46頁以下を参照されたい。

用されるのは、極めて少ない。多忙な医師は、法廷に出頭する余裕はなく、また、口頭弁論が低調な日本の実務では、医師が当事者等に同行して当事者の陳述を補足する必要性も少ないものと思われる。

　(b)　専門家調停委員　　多くの裁判所では、民事調停委員として医師が選任されている。そこで、医事紛争において、必ずしも調停成立を期待することなく、争点整理のために医師を調停委員に選任して調停に付することもできる（民調 20 条 1 項）。

　しかし、争点整理のために付調停を利用するのは、①合意を目標とする調停の性質に反するし、②調停不調となった場合に調停経過（争点整理の結果）をどのようにして当事者や訴訟を担当する裁判所に開示するか問題が多く、医療過誤訴訟において付調停を利用することは極めて少ない。

2　医師法 21 条の異状死の届出

　(1)　異状死の届出　　医師法 21 条は、「医師は、死体又は妊娠 4 月以上の死産児を検案して異状があると認めたときは、24 時間以内に所轄警察署に届け出なければならない。」と規定し、異状死体等についての医師の届出義務を定めている。この規定のルーツは、明治時代の「医師法施行規則」9 条にさかのぼる。同条は、「異状」の代わりに「異常」という用語を使用するほかは、現行医師法 21 条と同じ内容である[8]。

　(2)　異状死届出義務の範囲　　医師法 21 条の異状死届出義務が広く問題となったのは、平成 11 年に発生した「都立広尾病院事件」（看護師の点滴ミスによる患者死亡事件）である。その事件では、病院長が医師法 21 条違反の刑事責任を問われた。それに加えて、平成 18 年には、「福島県立大野病院事件」（子宮全摘を試みた際の出血多量による妊婦死亡事件）において、医師法 21 条違反等により担当産婦人科医が逮捕され、異状死届出義務が国民の注目を集めることとなった。

　医師の側からは、医師が医師法 21 条違反で逮捕されることに対し、強い反発があり、医師が自ら診療に当たっていた患者については、同条の届出義

---

　[8]　医師法 21 条の届出義務については、野村稔「医師の異状死体等の届出義務」判タ 1238 号（2007）4 頁以下を、同条の届出義務に関連する裁判例については、西口元「医師法 21 条の『異状死』をめぐる裁判例概観」判タ 1238 号（2007）23 頁以下をそれぞれ参照されたい。

務が免除されるべきであるなどの意見が出された。このように、当該医師が診療していた患者の死体に関しても届出義務を負うか否かについては、消極説、原則消極説、積極説の対立があったところ、最高裁判所は、死体を検案して異状を認めた医師は、自己がその死因等につき診療行為における業務上過失致死等の罪責を問われるおそれがある場合にも、医師法21条の届出義務を負うとの判断を示し（最判平成16年4月13日刑集58巻4号247頁）、積極説を採った。

（3）　**異状死届出制度の問題点**　医師法21条所定の医師の異状死届出義務は、死体等の発見は往々にして犯罪と結びつく場合があることから、死体等に異状が認められた場合には、医師にその届出義務を課して、犯罪の発見等を容易にするためのものである（東京地判平成13年8月30日判時1771号156頁）。このように、警察署等は、届出があった異状死体等について、犯罪の有無という観点から異状死体の検視等をするのであって、その死因の究明のみを問題とするのではない。したがって、異状死体等に犯罪の痕跡等がない場合には、それ以上に死因の究明を行うことはない。

　現在では、医師が刑事責任を問われることに対して過剰反応とも思われるような反応を示したことから、警察署および検察庁が医師法21条違反で医師を逮捕することは極めてまれである。

Ⅲ　医療事故調査制度

1　経　　緯

　1999年に大病院で連続して医療事故（横浜市立大学病院事件、都立広尾病院事件）が起こり、医師が医師法21条所定の異状死の届出義務違反という刑事責任を問われたことから、医師および患者双方から、死因究明制度の創設が要望されるようになった。

　2008年には、厚生労働省が、医療事故調査を行う行政機関をつくるという「医療安全調査委員会設置法案（仮称）大綱案」（以下、「大綱案」という）を提案した。ところが、大綱案では、リピーター医師や改ざんがあった場合等には、警察に通報することになっていたので、医療界の一部が強く反対し、法案には至らなかった。

そこで、2012年からは、医師の自浄作用として医療事故再発防止制度を構築することができるか否かなどについて検討が加えられた。

その結果、2014年6月には、医療法の一部改正によって「医療事故調査制度」に関する法律が成立し、2015年10月から「医療事故調査制度」がスタートすることとなった。

しかし、「医療事故調査制度」の対象となる医療事故の認定をめぐっては、医療機関の管理者の判断が区々となり、判断のばらつきが生じた。そこで、2016年6月には、「死亡等の確実な把握のための体制の確保」と「医療事故調査等支援団体による協議会の組織」を目標として、医療法施行規則の一部が改正された。

2 仕組み

医療事故調査制度の概要は、以下のとおりである（次頁の厚生労働省HP〔医療事故に係る調査の流れ〕の図参照）。

（1）**対象医療機関** 医療事故調査制度の対象となる医療機関は、診療所、助産所等を含む全ての医療機関である。ところで、全国の医療機関の数は、現在、約18万である。

（2）**調査過程** （a）医療機関管理者による「医療事故判定」 医療機関で死亡または死産があった場合、当該医療機関の「管理者」は、医療に「起因」し、または「起因」すると疑われる死亡または死産であって、当該管理者が死亡または死産を「予期」しなかったものとして厚生労働省令（2015年5月8日公布の医療法施行規則1条の10の2第1項）で定めるものであるかの認定を行う（医療法6条の10第1項）。したがって、管理者が当該死亡または死産が予期されたものと認定した場合には、医療事故調査制度の対象とはならないこととなる。

（b）**遺族への説明** 医療事故があったと認定した場合には、当該医療機関の管理者は、下記センターへの報告をするに当たり、あらかじめ、遺族に対し、医療事故の日時、場所、状況等を報告しなければならない（医療法6条の10第2項）。

（c）**医療事故調査・支援センターへの報告** 医療事故があったと認定した場合には、当該医療機関の管理者は、一般社団法人日本医療安全調査機

医療事故に係る調査の流れ

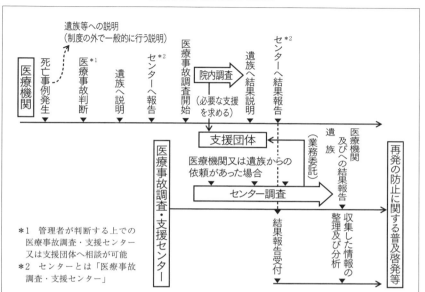

構・医療事故調査・支援センター（以下、「センター」という）に対し、遅滞なく、医療事故の日時、場所、状況等を報告しなければならない（医療法6条の10第1項）。なお、センターは、一般社団法人という民間の組織にすぎず（医療法6条の15第1項）、調査の結果によっては警察に通知するという義務までは負っていない。

　　(d)　医療事故調査（院内調査）　　その後、当該医療機関の管理者は、速やかにその原因を明らかにするために必要な調査（以下、「医療事故調査」という）を行わなければならない（医療法6条の11第1項）。医療事故調査は、死亡事故等が発生した医療機関内部で行うものであることから、「院内調査」と呼ばれることが多い。

　なお、当該医療機関の管理者は、厚生労働大臣が定める団体（医療事故調査等支援団体。以下、「支援団体」という）に対し、医療事故調査に必要な支援を求めるものとされている（医療法6条の11第2項）。都道府県医師会等の職能団体や日本医学会に属する学会等の学術団体等が支援団体に指定されている。

支援団体は、医療事故の判断に関する相談、調査手法に関する相談・助言、医療事故調査の進め方に関する支援、医療事故調査に必要な専門家の派遣、報告書作成に関する相談・助言等を行う。この中で重要なものは、専門家の派遣である。医療事故調査は、支援団体から派遣された専門家が参加することにより、一定程度客観性が維持されることとなる。

　　(e)　医療事故調査結果の遺族への説明　　医療事故調査が終了したときは、当該医療機関の管理者は、センターへ下記の報告をするに当たり、あらかじめ、遺族に対し、調査結果を説明しなければならない（医療法6条の11第5項）。

　　(f)　医療事故調査結果のセンターへの報告　　医療事故調査が終了したときは、当該医療機関の管理者は、遅滞なく、センターに対し、調査結果を報告しなければならない（医療法6条の11第4項）。

　　(g)　センターの調査と報告　　センターは、センターに医療事故として報告された事案について、医療機関の管理者または遺族から、調査の依頼があったときは、必要な調査を行うことができる（医療法6条の17第1項）。そして、センターは、その調査結果を医療機関および遺族へ報告しなければならない（医療法6条の17第5項）。

　　(h)　センターの再発防止策等　　センターは、再発防止のため、医療事故調査の結果、収集された報告を整理・分析して再発防止策を立て、医療従事者に対し、医療安全に関する研修を行い、普及啓発を行わなければならない（医療法6条の16）。

3　実　　　情

　医療事故調査制度創設当時には、医療事故は、年約1300件から2000件であると推計されていたが、これに反し、医療事故報告受付件数は、制度創設当初から毎月30件程度にすぎない[9]。その原因については、必ずしも明らかではないが、医療事故の判定が医療機関ごとにばらつきがある上、「薬の取り違えなどは、しばしば起こり得ることであるから、予期し得ないではない」などとして、医療機関の管理者が当該死亡等を予期していたと判定する

---

　　9)　一般社団法人日本医療安全調査機構・医療事故調査・支援センター「医療事故制度開始1年の動向」(2016) 11頁。

傾向が強いのではないかと思われる。

4 問題点

医療事故調査制度に対しては、種々の問題点が指摘されている。以下においては、その主要なものを紹介することとする。

(1) **報告・調査対象の範囲**　医療事故調査制度においては、医療事故か否かの判定を当該医療機関の管理者に委ねているところ、「予期された死亡等」か否かは、①患者等への事前説明、②診療録等への事前記載、③事情聴取等によって判定されるものである（医療法施行規則1条の10の2第1項）。

確かに、①および②は、客観性が高く、患者等にとっても透明性が高いが、③は、客観性が低く、患者等にとって透明性も低く、恣意的な判定の危険性もある。患者も信頼することができる死因究明制度の創設を目標にしたのであるから、医療機関の管理者の「医療事故判定」の客観性と透明性を図ることが必要であろう。

(2) **遺族に対する説明の方法**　遺族に対する医療機関の管理者の説明は、必ずしも書面でする必要はない。しかし、医学知識が乏しい遺族にとっては、口頭の説明を受けても、死因等の理解は困難である。

Ⅳ　医療事故調査制度の民事訴訟法的問題

1　死因等の究明手段としての有効性

(1) **死因等の相対性**　民事訴訟における事実認定は、前記のとおり、事実の存否について、裁判官に「確信」を生ぜしめるものであり、「高度の蓋然性」を証明することが必要であって、通常人が疑いを差し挟まない程度に真実性の確信をもち得るものでなければならない。

また、その証明度は、前記のとおり、絶対的真実を証明する必要はなく、利用者または国民が「常識的な認定」であると思う程度の証明度（歴史的証明）で足りる。医療事故調査制度における死因等の究明も、医学がそもそも個人差の大きい人間の体を対象とする学問であって発展途上にある以上、相対的かつ暫定的なものにとどまらざるを得ない。

さらに、死因等の判定の前提となる診療経過については、裁判と同じく経

験則に基づく事実認定にならざるを得ない。毒物投与で死亡したなどの死因等が明白である場合を除き、「なんで死んだか分からない」こともあるのである。

(2) **信頼性の要因**　上記のとおり、死因等が相対的である以上、死因等の究明は、その判定が患者等から信頼されることが必要である。信頼性の確保という観点から、医療事故調査制度の「死因等の究明」方法を検討してみよう。

(a) **客観性の有無**　死因等の究明は、判定者の個人的な判断ではなく、検査結果のデータ等に基づく客観的なものでなくてはならない。死因等の究明方法については、医療法は、具体的な方法を規定していない。医療事故調査制度上の死因等の究明は、医師の「良心」に委ねられたものであるから、死因等の究明方法についても、具体的な方法等を規定しなかったものと思われる。しかし、患者の遺族等の信頼を得るためには、死因等の究明方法に関する「ガイドライン」を作成する必要があるし、医療機関の医療事故調査委員会も、医療事故原因を究明する上で、何らかのガイドラインがあった方が作業が効率的であろう。したがって、センター等の関係者は、学会等の協力を得て、大多数の医師等が了解することができる「ガイドライン」を作成すべきであろう。

(b) **中立性の有無**　前記のとおり、そもそも、死因等の究明は、相対的であるが、仮に、鑑定により客観的な事実を認定することができたとしても、その鑑定経過が不透明であって、患者等が不信感をもつものであった場合には、紛争解決にはならない。

医療事故調査制度上の「医療事故調査委員会」のメンバーは、支援団体から、第三者である専門家の派遣を受けて、ある程度の客観性を保つことができるであろうが、基本的には、「医療事故調査委員会」の構成員は、医療事故が発生した医療機関の医師等であるから、裁判上の鑑定と同様の中立性を保つことは困難であろう。

確かに、センターは、医療事故調査制度上、第三者機関であるとされているが、センターが行う調査は、基本的には、医療事故調査委員会が行った調査結果を前提にして、その評価等を行うものにすぎないから、医療事故調査委員会の調査結果を全面的に再審査するものとはいえない。

2 医療事故調査報告書の民事訴訟法上の取扱い

(1) 送付嘱託　送付嘱託とは、当事者が裁判所から文書の所持者に対して文書の提出を依頼するよう求めるものである（民訴226条）。裁判所は、当事者の申立てを相当であると認めるときは、送付嘱託の決定をするが、当事者は、この決定に対して独立の不服申立てをすることができない。実務では、登記申請の添付書類等について、送付嘱託が利用されている。

医療事故調査報告書も文書であるから、これを作成して保管している医療機関は、裁判所から医療事故調査報告書の送付を依頼されたときは、嘱託に応じなかったとしても制裁はないが、官公署である医療機関には、嘱託に応じる公法上の一般的義務があると解される。

医療事故調査報告書には、患者等の個人情報が含まれているから、そのまま送付してもよいか問題があるところである。医療事故調査報告書に記載された「医療従事者名」等を仮名にして送付することも考えられる。その場合には、担当医師等の関係者の証人尋問の際に仮名にされた氏名等を尋問すればよいであろう。

(2) 弁護士会照会　弁護士会照会とは、弁護士が、受任している事件について、所属弁護士会に対し、公務所または公私の団体に照会して必要な事項の報告を求めることを申し出ることができる制度である（弁護士法23条の2第1項）。

医療事故調査報告書を作成した医療機関が報告書について弁護士会照会を受けたときには、報告書を送付するか、その内容のうち必要な部分に限って回答するかは、弁護士会照会の内容によって決まる。死因に関係する部分に限って回答すれば足りる場合には、その部分のみを謄写して回答すればよかろう。しかし、報告書に担当医師等の個人情報が記載されているときには、前記の送付嘱託の場合と同じく、個人情報部分を仮名にするなどの処理が必要となろう。

(3) 文書提出命令　文書提出命令とは、訴訟の当事者が、裁判所に対し、相手方または第三者が所持している文書を裁判所に提出することを命じる命令を発令するよう求める制度である[10]。

---

[10]　文書提出命令については、西口元「証拠収集手段(1)—文書提出命令」塚原朋一ほか編・新民事訴訟法の理論と実務(上)（ぎょうせい・1997）393頁以下が詳しい。

文書提出命令は、所持者に文書提出義務があることが必要である（民訴220条）。医療事故調査報告書は、死因等の解明という患者の遺族等のためのものであって、患者と医療機関との間の診療契約に関するものであり、「利益文書」（民訴220条3号前段）または「法律関係文書」（同号後段）に該当すると考えられるから、報告書を所持する医療機関は、報告書を提出する義務があると解される。

V　民事訴訟の事実認定力の強化と医師の責任追及

医療事故調査制度は、前記のとおり、現行の民事訴訟に対する根深い医師等の不信感から設けられたものである。民事訴訟研究者や実務家は、医療事故調査制度が突きつけた問題について、真摯に検討し、民事訴訟制度をさらに改良しなければならない。本格的に民事訴訟制度、特に証拠調べ方法を改革するには、民事訴訟法の改正が必要であろうが、以下においては、緊急に改善すべき実務の運用に限って概略を述べたい。

1　専門訴訟における事実認定強化策

(1)　人的体制　医療過誤訴訟等の専門知識が必要な事件を適正・迅速に審理するためには、裁判官の専門的知識の不足を補うスタッフが必要である。他方、裁判の中立性・客観性を維持するためには、裁判官の専門的知識導入過程を透明化する必要がある。

この目的から、前記のとおり、専門委員制度が導入されたが、専門委員制度は、予想に反して十分には利用されていない。その原因として考えられるのは、民事訴訟法上、専門委員が行うことができるのは、医学上の専門的知識についての「説明」であって、「意見」ではないとされていることであろう。その結果、担当裁判官は、制度導入に当たって弁護士会等から消極的意見が出されたこともあって、専門委員の発言が「説明」にとどまるか否か慎重に判断せざるを得ず、どうしても専門委員制度の利用に消極的にならざるを得ない。

しかし、中立的な専門家による専門的知識の補充という立法趣旨に照らすと、専門委員の発言が「説明」か「意見」かといういわば観念的議論をする

のは、非生産的である。「被告病院の担当医師には過失がある」などといった明らかに「意見」にわたる専門委員の発言を除いて、「説明」か「意見」かは、事案の内容や発言がされた審理の過程等を詳細に検討しなければ容易に判断することができないものである。民事訴訟においては、裁判の中立性や可視性を確保するために、「双方審尋主義(対席主義)」が採られているのであるから、医療過誤訴訟等における審理でも、厳格に「対席主義」を守り、ラウンドテーブル法廷等において、全員在廷の下、全員が活発に議論をするという方法を採るべきであろう。専門委員の発言が「説明」の範囲を超えていると判断した当事者は、直ちに異議を述べて裁判官に注意を喚起すればよい。日本の実務は、「交互面接和解協議」に如実に表れているとおり、法廷における活発な議論を避ける傾向が強いが、「対席主義」という先人達が残した審理原則を再認識することが大切である。

(2) 鑑定手法の改革 従来から行われてきた「単独鑑定」(1名の鑑定人による鑑定)を改善すべく、千葉地裁の「複数鑑定」(3人の鑑定人による鑑定)や東京地裁の「カンファレンス鑑定」(鑑定書を提出した3人の鑑定人による口頭の意見交換)等が実施されるようになっている[11]。

しかし、鑑定手法は、これらに限られる必要性はないから、事案や地域の医師数等の事情に応じて種々の試みがされるべきであろう。ともあれ、鑑定改革においては、「専門性」を維持しつつ「中立性(客観性)・透明性」を守るという目的に照らし、「当該事案にふさわしい鑑定人の確保」(専門性の確保)、「複数鑑定人」(客観性の確保)、「公開法廷における口頭の説明」(透明性の確保)といった要素等を重視して、鑑定を行うことが重要である。

付言するに、実務では、個人の鑑定人を選任することが多いが、官庁、公署または法人に対して「鑑定の嘱託」をすることができるのであるから(民訴218条1項)、「専門性の確保」「客観性の確保」という観点から、鑑定の嘱託を積極的に活用すべきであろう。

---

11) 鑑定手法の改革については、小山稔=西口元編集代表・専門訴訟大系1 医療訴訟(青林書院・2007)203頁以下〔西口〕を参照されたい。そこでは、鑑定手法について、千葉地裁の「書面による複数鑑定」、東京地裁の「カンファレンス方式」およびNコートの「説明会方式」が紹介されている。

2 個人責任から組織責任へ

　医療過誤訴訟においては、担当医師の過失責任が問題とされることが多い。しかし、現在の医療現場では、治療方針等については、「カンファレンス」（医局等の検討会議）で決めることが多い。また、多くの医療事故は、医師とその他の医療従事者（看護師等）との間のコミュニケーション不足という医療体制に原因がある。さらにいえば、民事訴訟等においては個人責任が追及されることが多いことが医師の過剰反応・拒否反応を引き起こしている。

　以上の諸事情を考えると、民事訴訟においても、「個人責任」から「組織責任」へと審理の重点を置くべきではないかと思われる。組織責任では、「人的体制の不備」「異業種間のコミュニケーションを図るシステムの欠陥」等が問題とされ、その判断手法は、医療現場の実情に合っているし、将来の医療事故防止に役立つ情報を入手することも容易となろう[12]。

【付記】

　この研究は、早稲田大学特定課題研究助成費（課題番号 2016B-042）の助成を受けたものである。

---

12) 医療事故の原因について、「組織責任」の観点から考察したものとしては、西口元＝島田佳子「医師の制度疲労責任」判タ1133号（2003）11頁以下がある。

第 4 編

判決の効力

登記手続を命ずる確定判決と承継人に対する判決効

◆笠井正俊◆

I　はじめに
II　関連する判例
III　意思表示を命ずる確定判決の強制執行に関する総論的事項
IV　承継執行肯定説
V　承継執行否定説
VI　検　　討
VII　結びに代えて

I　はじめに

　口頭弁論終結後の承継人に対する判決効に関する上野泰男先生[1]を始めとする近時の議論の驥尾に付したいと願い、私は、昨年、所有権に基づく物の引渡請求訴訟（建物収去土地明渡請求訴訟等）に関し、口頭弁論終結後の承継人に対してその請求認容判決の執行力が及んで承継執行がされ、既判力は、その強制執行の当否が争われる場面（請求異議の訴え等）で作用することを述べた[2]。そこでの問題意識は、いくつかの見解が、前訴が給付訴訟で、後訴も（前訴の原告または被告が一方当事者で、他方の口頭弁論終結後の承継人が他方当事者となる）給付訴訟である場面を想定し、前訴の訴訟物が後訴の訴訟物に対する先決的法律関係にならないので既判力は作用しないと論じているが、前訴判決の承継執行を前提にすれば既判力が働く場面があり、後訴として給付の訴

---

[1]　上野泰男「既判力の主観的範囲に関する一考察」関西大学法学論集41巻3号（1991）907頁、同「執行力の主観的範囲」青山善充＝伊藤眞編・民事訴訟法の争点［第3版］（有斐閣・1998）250頁（以下「争点」と引用）、同「民事訴訟法大正改正の経過と既判力の主観的範囲」鈴木正裕先生古稀祝賀・民事訴訟法の史的展開（有斐閣・2002）693頁参照。
[2]　笠井正俊「口頭弁論終結後の承継人に対して判決効が作用する場面について」松本博之先生古稀祝賀・民事手続法制の展開と手続原則（弘文堂・2016）557頁（以下、「前稿」ともいう）。

えを想定する必要性に乏しい（そのような後訴には訴えの利益がない）のではないかというものであった。その際、不動産登記手続義務の承継執行については検討の対象外とした[3]。それは、登記手続義務の承継執行がそもそも認められるかについて考えを示せなかったからである。本稿は、その課題を検討しようとするものである。問題意識は、前稿のそれを引き継いでおり、登記手続請求訴訟で請求を認容する確定判決を得た登記権利者が登記義務者の承継人[4]との関係でも判決に基づく登記手続ができるのであれば、当該承継人に対して改めて給付の訴えを提起する必要はないが、登記手続に関してそのようにいえるか、というものである[5]。

この問題が生じ得る代表的な事例（確定判決）を2つ挙げ、本稿での主な対象とする。

【事例1】 所有権移転登記の抹消登記手続を命ずる確定判決[6]
　Xは、自己所有の土地にXからYへの所有権移転登記がされていると主張

---

[3] 笠井・前掲注2）570頁。
[4] 相続人等の一般承継人、および、係争不動産の買受人等の特定承継人である。なお、本文後記Vの承継執行否定説からは、登記手続義務について民事執行法23条1項3号の「承継人」概念を用いること自体にも疑いの目が向けられている。
[5] 本稿は、登記手続等の意思表示を命ずる判決に仮執行宣言を付することができるかという問題には立ち入らず（できないとするのが判例（大決昭和10年9月27日民集14巻1650頁、最判昭和41年6月2日判時464号25頁）・多数説（兼子一・強制執行法［再増補版］（酒井書店・1955）292頁等）であり、できるとする代表的な説として、中野貞一郎＝下村正明・民事執行法（青林書院・2016）177頁がある）、専ら判決が確定した場合を念頭に置く。裁判上の和解調書等（民執22条7号）が成立した場合も同様である。また、本稿では、登記義務者側に承継があった場合について検討する。登記権利者側の承継に関しては、一般承継の場合には不動産登記法62条と63条2項により承継執行文を受けずに承継人が所有権移転登記を得ることが可能であり、特定承継の場合は債権者代位権の行使（不登59条7号参照）により承継人（転得者）が確定判決上の登記義務者から登記権利者への所有権移転登記を得ることが可能である（当該登記権利者から転得者への登記はそれらの者の問題である）ので承継執行文付与の必要はない（並木茂「判決による登記」幾代通ほか編・不動産登記法講座Ⅰ 総論(1)（日本評論社・1976）367頁、369頁、幾代通＝浦野雄幸編・判例・先例コンメンタール不動産登記法Ⅰ（三省堂・1982）316頁〔鈴木禄彌〕、上野・前掲注1）争点252頁、七戸克彦監修・条解不動産登記法（弘文堂・2013）419頁〔七戸〕参照）。登記権利者側の承継人と登記義務者との間に既判力が作用する場面として、これらによって所有権移転登記がされた後、確定判決上の登記義務者が承継人に対してその抹消登記手続を求める訴訟が考えられる（その訴訟の裁判所の判断は、前訴確定判決により登記義務の存在に既判力が生じていることを前提にすべきこととなる）。また、登記義務者側の承継に関しても、承継人が登記を得る前に原告（債権者）が登記請求権を保全するために処分禁止の仮処分を得てその執行（民保53条1項）をしていた場合、確定判決により原告が単独で登記をして承継人の登記を抹消することができるので（同法58条1項・2項の解釈）、承継執行を論ずる必要はない。
[6] なお、Xが物権的請求権に基づいて真正な登記名義の回復を原因とする所有権移転登記手続を請求し、その請求を認容する確定判決がされた場合も、基本的に同様に考えてよいと思われる。

して、Yを被告として、所有権に基づき、この所有権移転登記の抹消登記手続を求める訴えを提起し、請求を認容する確定判決を得た。その事実審口頭弁論終結後に、この土地がYからZに売買等により譲渡され、YからZに所有権移転登記がされた。

　この例では、Yに所有権移転登記がされた原因（裁判所が判決で認定した事実関係）について種々のものが想定できる。Yが単独で偽造書類により登記手続をした場合、無権代理人が関与した場合、X・Y間の通謀虚偽表示による場合等である[7]。第三者Zとの関係では実体法上民法94条2項の適用または類推適用が問題となり得て、それが承継執行との関係でどのような意味をもつかが問題となり（いわゆる固有の抗弁の問題）、Zが善意である場合と悪意である場合の双方を想定する必要がある[8]。

　【事例2】　売買を原因とする所有権移転登記手続を命ずる確定判決
　　Xは、Yから土地を買い受けたと主張して、Yを被告として、売買契約に基づき、売買を原因とする所有権移転登記手続を求める訴えを提起し、請求を認容する確定判決を得た。その事実審口頭弁論終結後に、この土地がYからZに売買等により譲渡され（二重譲渡である）、YからZに所有権移転登記がされた。

　なお、以上の2つの例では、それぞれ、ZがYから売買等による譲渡を受けた特定承継の場合を挙げているが、ZがYを相続したとか合併したとかの一般承継の場合も別途考える必要がある（それぞれ、【事例1′】、【事例2′】とする）。
　そして、Zを承継人として承継執行ができるかについては、特に【事例1】に関して見解の対立がある。おおまかにいうと、比較的多数の学説[9]や

---

7)　なお、売主Xと買主Yの間に売買契約が成立してYに所有権移転登記がされたが、その意思表示の取消しまたは契約の解除がされ、対抗問題が生ずる場合（大判昭和17年9月30日民集21巻911号、最判昭和35年11月29日民集14巻13号2869頁参照）については、次の【事例2】と同様に考える必要がある。
8)　後記Ⅱ1で挙げる最判昭和48年6月21日民集27巻6号712頁は善意の事例、最判昭和54年1月30日判時918号67頁は悪意の事例である。
9)　兼子・前掲注5）292頁、新堂幸司「訴訟当事者から登記を得た者の地位」訴訟物と争点効(上)（1988〔初出1971〕）297頁、鈴木忠一＝三ケ月章＝宮脇幸彦編・注解強制執行法(4)（第一法規出版・1978）197頁〔山本卓〕、香川保一監修・注解民事執行法2（金融財政事情研究会・1985）97頁〔大橋寛明〕、河野正憲「口頭弁論終結後の承継人（その2）―執行力の拡張」小山昇ほか編・演

登記先例および不動産登記法の実務的な解説書[10]が登記手続義務に関する承継執行を肯定し、承継執行文が裁判所書記官によって付与されるとするのに対し、少数であるが有力な学説[11]と裁判所書記官による実務研究および裁判所書記官のための手引書[12]が承継執行を否定している。裁判所書記官実務は、おそらく、後者の考え方に従って承継執行文の付与をしないのを原則としているとみられる。

私の結論は、【事例1】については承継執行を認めるべきであると考える。他方、【事例2】の承継執行は否定すべきである。以下、判例と学説を概観し（II〜V）、検討する（VI）。

II 関連する判例

1 【事例1】関係

最判昭和48年6月21日（民集27巻6号712頁）は、Yの所有権登記がX・

習民事訴訟法（青林書院・1987）599頁、丹野達「執行力の客観的範囲試論」民事法拾遺（酒井書店・2004〔初出1994〕）264頁、上野・前掲注1）争点252頁、兼子一ほか・条解民事訴訟法〔第2版〕（弘文堂・2011）596頁〔竹下守夫〕、松本博之・民事執行保全法（弘文堂・2011）110頁等。

10) 登記先例として、「昭和32年5月6日付民事甲738号法務省民事局長通達」法務省民事局編・登記関係先例集・追加編II（帝国判例法規出版社・1960）94頁。解説書として、香川保一「判決に因る登記(5)」登記研究110号（1957）1頁、吉野衛・注釈不動産登記法総論(上)〔新版〕（金融財政事情研究会・1982）557頁、並木・前掲注5）366頁、幾代＝浦野・前掲注5）317頁〔鈴木〕、林久「判決による登記」田中康久編著・不動産登記制度と実務上の諸問題(上)（テイハン・1987）316頁、神崎満治郎・改訂判決による登記の実務と理論（テイハン・1989）107頁、小池信行「判決による登記」鎌田薫＝寺田逸郎＝小池信行編・新不動産登記講座第3巻 総論III（日本評論社・1998）77頁、新井克美・判決による不動産登記の理論と実務（テイハン・2009）110頁、七戸監修・前掲注5）420頁〔七戸〕等。なお、青山正明編・新版民事訴訟と不動産登記一問一答（テイハン・2004）155頁〔田中康久〕は両論を挙げる。

11) 中野貞一郎・民事執行法(上)（青林書院新社・1983）122頁、同「弁論終結後の承継人」民事訴訟法の論点I（判例タイムズ社・1994〔初出1993〕）235頁、中野＝下村・前掲注5）128頁、鈴木正裕＝青山善充編・注釈民事訴訟法(4)（有斐閣・1997）421頁〔伊藤眞〕。なお、鈴木忠一＝三ケ月章編・注解民事執行法(5)（第一法規出版・1985）130〜131頁〔町田顕〕は、判決確定後に債務名義の当事者について承継があった場合には既に意思表示の擬制が生じているから承継執行の問題が生じないことを前提としつつも、実際的利用という面から債権者が登記申請のために承継執行文の付与を要する場合があるとするので、必ずしも否定説であるとは解されない。

12) 大山涼一郎＝城所淳司＝福永浩之・執行文に関する書記官事務の研究(下)（裁判所書記官研修所・1992）658頁以下〔福永〕（以下、「執行文研究」として引用する。いずれも執筆者は福永）、裁判所職員総合研修所監修・執行文講義案〔改訂再訂版〕（司法協会・2015）196頁以下（以下、「執行文講義案」として引用）。執行文研究664頁は、「規定形式どおり口頭弁論終結後あるいは和解などの成立後の承継であれば、意思表示擬制後の承継であっても承継執行の観念を認める見解が多数であるように思われる」との認識を示しつつ、「ここではそれを採らない」とする。

Y間の通謀虚偽表示によるものであるとして、X[13]の所有権に基づく真正な登記名義の回復を原因とする所有権移転登記手続請求を認容する判決が確定し、その後Zが強制競売事件でYから善意で所有権を取得した場合に、「Xは、本件土地につきY名義でなされた前記所有権取得登記が、通謀虚偽表示によるもので無効であることを、善意の第三者であるZに対抗することはできないものであるから、Zは本件土地の所有権を取得するに至つたものであるというべきである。このことはXと訴外Yとの間の前記確定判決の存在によつて左右されない。そして、ZはYのXに対する本件土地所有権移転登記義務を承継するものではないから、Xが、右確定判決につき、Yの承継人としてZに対する承継執行文の付与を受けて執行することは許されない」とする。

他方、最判昭和54年1月30日（判時918号67頁）は、所有権保存登記抹消登記手続請求の認容判決確定後に登記義務者から所有権移転登記を受けた悪意の者が旧民訴法201条1項（現行民訴法115条1項3号に相当する部分を含む）の口頭弁論終結後の承継人に当たるとして既判力を受けることを肯定した判例である。この判例は、訴えの利益に関する文脈で、「Xにおいて前訴の判決につきZに対する承継執行文の付与を受けて登記申請手続をしたとしても」として、承継執行文付与の余地を認めるかのような判示をする[14]。

なお、これらの判例に先立ち、大判昭和17年5月26日（民集21巻592頁）は、抵当権設定登記抹消登記手続を命じられた被告から被担保債権と抵当権の譲渡を受けて口頭弁論終結後に登記を取得した者が旧民訴法201条1項の口頭弁論終結後の承継人に当たるとしている。

2 【事例2】関係

既判力に関する判示であるが、最判昭和41年6月2日（判時464号25頁）

---

13) なお、前訴ではXの破産管財人が原告であった。
14) ただし、中野・前掲注11) 民事訴訟法の論点Ⅰ242頁も指摘するとおり、傍論である。ところで、訴えの利益について、本判決は、承継執行文の付与を受けて登記申請手続をしてもZの所有権移転登記とYの所有権保存登記が抹消されるにとどまり、登記簿上直接Xの所有名義が実現されるものではないから、XがZに対して真正な登記名義の回復を原因とする所有権移転登記手続を請求する本件訴えは前訴確定判決の存在によって当然に訴えの利益を欠くことになるものではないとする。承継執行が可能な承継人に対する給付の訴えは訴えの利益を欠くとする私の立場（笠井・前掲注2）569頁参照）からは、Yに所有権保存登記がされた事案ではなく、もとは

は、二重譲渡を受けて口頭弁論終結後にその所有権移転登記を経たZは既判力の及ぶ承継人に当たらないとした原判決を是認している[15]。

III 意思表示を命ずる確定判決の強制執行に関する総論的事項

不動産登記手続を求める請求は、被告に対して登記手続という意思表示を求めるものであり、その請求認容確定判決の強制執行は民事執行法174条1項本文による意思表示の擬制の方法によってされる[16)17]。すなわち、判決の確定または和解調書等の成立の時に被告（債務者）が意思表示をしたものとみなされる。これによって強制執行は終了する[18]。この意思表示は、原告（債権者）に対するものではなく、登記申請行為という登記所に対する公法上の意思表示であり、登記所を名宛人とするものである[19]。原告（債権者）は、このような確定判決があれば、共同申請（不登60条）の例外として、登記所

Xに所有権登記があった【事例1】のような事案であったとして、本稿の課題である承継執行が認められるのであれば、後訴は訴えの利益を欠くことになる。

15) これより前の下級審裁判例であるが、二重譲渡の場合の承継執行を認めた京都地判昭和38年2月25日金法342号8頁がある。同判決は、確定判決の基礎となった口頭弁論終結時現在でYはXに対し所有権移転登記手続をする義務を負担していたものであるところ、その後ZはYから所有権移転登記を受けたのであるから、これにより、ZはYのXに対する前記登記義務をも承継したもので、口頭弁論終結後の承継人（旧民訴201条）に当たり、承継執行文の付与に違法はない（XとZとの対抗問題となるが、Zも口頭弁論終結当時登記を得ておらず、対抗できなかったのであるから、ZはYのXに対する債務を承継したことになる）とする。ZがX・Y間の訴訟の存在につき悪意または重過失により知らない場合にはこの結論を可とすべきであるとする見解として幾代＝浦野編・前掲注5）318頁〔鈴木〕があり、他方、前掲注12）執行文研究732頁は疑問の残る裁判例であるとする。

16) 民事執行法174条1項ただし書に該当する場合もあるが、本稿では、本文前記Iの例にかんがみ、専ら同項本文を念頭に置く。同項ただし書における執行文は、債務名義の執行力を公証し、その後の執行手続の基礎を提供するという通常の執行文とは趣旨が異なり、意思表示を擬制するために、執行文付与の形を借りて、関係の事実を公的に確認することを目的とするものであるとされている（香川保一監修・注釈民事執行法(7)（金融財政事情研究会・1989）304頁〔富越和厚〕参照）。

17) なお、登記手続を命ずる給付判決に仮執行宣言を付し得るとの説からは、間接強制による強制執行によることになるが（中野＝下村・前掲注5）177頁参照）、前掲注5）で述べたように本稿は確定判決を前提とするので、この点の議論にも立ち入らない。

18) 最判昭和41年3月18日民集20巻3号464頁は、不動産登記の抹消登記手続を求める請求は、被告の抹消登記申請という意思表示を求める請求であって、その勝訴の判決が確定すれば、それによって、被告がその意思表示をしたものとみなされ（旧民事訴訟法736条を引用する。同条は現行民事執行法174条1項本文に相当する部分を含む）、その判決の執行が完了するので、抹消登記の実行をもって判決の執行と考える必要はないとする。

19) 前注の最判昭和41年3月18日、吉野・前掲注10）553頁、並木・前掲注5）361頁、幾代通・不動産登記法［第3版］（有斐閣・1989）110頁、前掲注12）執行文研究674頁等参照。

に単独で登記申請をすることができる（同法63条）。この登記申請によって債務者の意思表示が登記所に到達し[20]、判決主文の内容に応じた登記がされ、債権者の権利の実現（満足）が完了することになる。このように登記所で原告が単独で登記申請ができ、登記がされることは強制執行の範疇には入らない[21]。

意思表示義務は、不代替的作為債務であり、そのことからすると強制執行の方法としては間接強制（民執172条1項）によることになるが、意思表示請求権の目的は意思表示の効力が発生すれば達せられるので、間接強制という迂遠な方法をとらずに、意思表示の擬制という簡略な方法がとられることになった[22]。

そして、口頭弁論終結後、判決確定前に登記義務者に一般承継が生じた場合には、承継執行文の付与がなくても執行力拡張（民執23条1項3号）により承継人の意思表示が擬制されるが、債権者が登記申請をするには、登記義務者を明らかにする必要上、承継執行文付与が必要となるとされている[23]。

Ⅳ 承継執行肯定説

登記手続を命ずる判決について承継執行を肯定する考え方も、Ⅲで述べた

[20) 意思表示を命ずる判決一般について、民事執行法174条によって意思表示の「到達」までは擬制されない（中野貞一郎・訴訟関係と訴訟行為（弘文堂・1966）290頁、中野＝下村・前掲注5）827頁、吉野・前掲注10) 551頁、前掲注12) 執行文研究673頁、松本・前掲注9）339頁等、通説）。

21) これらは「広義の執行」と呼ばれることがある。前掲注12) 執行文研究675頁は、これは「債権者の利益追行行為」であって、国家機関の強制的処分と関係があるような印象を与える「広義の執行」と称することは適当でないとする。呼称の適否はともかく、登記手続を命ずる確定判決の強制執行は民事執行法174条1項本文による意思表示の擬制によって終了し、登記申請行為等は強制執行手続とは別のものであることは一般に認識されている（ただし、丹野・前掲注9）264頁は、登記手続も執行手続の一環と解するようである）。

22) 中野＝下村・前掲注5）826頁（間接強制という迂路を通るまでもなく、意思表示の擬制という執行方法によってその表白行為を観念的かつ直截に実現させるのであるとする）、鈴木＝三ケ月＝宮脇編・前掲注9）188頁〔山本〕、鈴木＝三ケ月編・前掲注11) 119頁〔町田〕、山本和彦ほか編・新基本法コンメンタール民事執行法（日本評論社・2014) 433頁〔大濱しのぶ〕等参照。これに対し、香川監修・前掲注16) 302頁、305頁〔富越〕は、意思表示は表意者の自由意思に基づくものである必要があるので、強制によるべきものではなく、間接強制にもなじまないとする。

23) 吉野・前掲注10) 556頁、並木・前掲注5）307頁等。中野＝下村・前掲注5）831頁や前掲注12) 執行文研究696頁のように、本文後記Ⅴの承継執行否定説からも、この結論は是認されている。香川監修・前掲注16) 314頁〔富越〕も同様である。執行文研究696-699頁や前掲注12) 執行文講義案211-213頁が説くように、訴訟係属中に当事者が死亡した場合であるので、判決確定の時に承継人の意思表示が擬制され、登記申請の必要上、承継執行文の制度をいわば借用しているものということになるだろう。

ように、強制執行は判決確定時に終了することを前提としている。しかし、民事執行法174条1項本文が強制執行の方法として意思表示の擬制をしているのは、強制執行の簡略化を考慮したものであり、このような判決が確定しても、登記所に登記申請ができなければその判決の本来の目的（すなわち原告の本来の目的）は実現されないのであるから、そのためには、承継人が債務者の登記申請の意思表示を承継してするのとは別の意味で、承継執行を観念し得るとする[24]。

承継執行文付与に際して承継人の手続保障が十分でないと否定説から批判されている点（後記Ⅴ2の理由(3)）については、執行文付与の訴えにより承継執行文を付与することとする[25]、民事執行法174条3項を類推適用して承継人に証明文書提出の機会を与える[26]、承継人を審尋する必要があるものとする[27]といった方法が提唱されている。

1 一般承継の場合

【事例1′】のように所有権登記の抹消登記を命ずる判決確定後に登記義務者Yが死亡し、相続人Zが相続を原因とする所有権移転登記を経由した場合、Xは、Yを被告とする確定判決にZを承継人とする承継執行文の付与を受けて、YからZへの所有権移転登記とXからYへの所有権移転登記の各抹消登記を単独で申請することができるとされる[28]。

また、【事例2′】のように、売買契約に基づく所有権移転登記請求を認容する確定判決の基礎となった口頭弁論終結後に登記義務者Yが死亡し、Zが相続の登記を経由した場合も、Xは、確定判決にZを承継人とする承継執行文の付与を受けて、単独で、Xへの所有権移転登記をすることができるとされる[29]。

---

[24] 香川・前掲注10)3頁、林・前掲注10)316頁、丹野・前掲注9)264頁参照。
[25] 斎藤秀夫編著・注解民事訴訟法(3)（第一法規出版・1973)369頁〔小室直人〕参照。
[26] 吉村徳重・民事判決効の理論(下)（信山社・2010〔初出1981〕)144頁、兼子ほか・前掲注9)594頁〔竹下〕、新堂幸司「判批」民事執行・保全判例百選(2005)23頁参照。
[27] 松本・前掲注9)110頁参照。
[28] 法務省民事局長通達・前掲注10)、七戸監修・前掲注5)420頁〔七戸〕等参照。
[29] この結論に変わりはないが、Xは、ZからXへの所有権移転登記を受けることができるとする考え方（小池・前掲注10)78頁、新井・前掲注10)116頁）と、Xは、YからZへの相続登記の抹消登記とYからXへの所有権移転登記の双方を単独で申請できるとする考え方（神崎・前掲注10)106頁、七戸監修・前掲注5)420頁〔七戸〕）とが示されている。

2 特定承継の場合

【事例1】において、確定判決で認められたXのYに対する所有権移転登記抹消登記手続請求権は、Zの所有権登記の抹消登記手続請求権とは異なるものである（確定判決はYの意思表示を命じたものであり、Zの意思表示を命じたものではない）という問題については、次のような説明がされる。YからZに口頭弁論終結後に所有権移転登記がされた場合、XのYに対する判決の執行という観念には、XのYに対する登記請求権を実現する前提として登記手続の技術上必要不可欠なZの所有権登記の抹消も包含しているので、Zに対する承継執行とは、Zの所有権登記の抹消をいい、Zの登記の抹消の意思表示が承継執行としてされることになる[30]。また、実体法的にはXのZに対する請求権がXのYに対する請求権と別個であるとしても、XのYに対する判決の執行力をZに対して拡張する必要があり、その拡張があっても、Zはその不利益を甘受すべき立場にあるので、XのZに対する登記請求権は、XのYに対する登記手続請求を認容する確定判決の執行力の客観的範囲内にあるといってよい[31]。これらの説明は、前者は登記手続の技術的な包含関係という観点から、後者は執行力の客観的範囲という観点からの説明であるが、基本的に同様の趣旨と考えてよいであろう。なお、通謀虚偽表示による登記について善意であった第三者等、いわゆる固有の抗弁がある場合の承継執行については考え方が分かれ得るが、結局は承継人の手続保障をどのように図るかという問題に帰着する。その方法に関しては後記Ⅵ3の中で触れる。

他方、このような承継執行肯定説でも、【事例2】のような二重譲渡事例に関しては、Zへの承継執行を否定する見解が多数である[32]。対抗問題に関する実体法上の規律によるとZに固有の利益があること、XはYに対する債権的請求権をZに物権的に主張できないので、民事執行法23条1項3号の承継人に当たらないことなどが理由とされる。

---

30) 香川・前掲注10) 4頁。
31) 丹野・前掲注9) 266頁。
32) 香川・前掲注10) 6頁、並木・前掲注5) 368頁（なお、Zが背信的悪意者である場合にも承継執行はできない旨を明言する）、林・前掲注10) 316頁、小池・前掲注10) 78頁、七戸監修・前掲注5) 421頁〔七戸〕等。なお、丹野・前掲注9) 268頁も結論として承継執行を否定するが、理由づけに注目すべきところがあるので、後記Ⅵ1の注44) で更に言及する。

V 承継執行否定説

1 一般承継の場合

　一般承継に関しては、後記 2 の特定承継で承継執行を否定する見解も、承継執行文付与の方法を必ずしも否定するわけではないようである。すなわち、【事例 1′】【事例 2′】のいずれの場合についても、「既に意思表示の擬制という強制執行は完了していることからすると登記名義人である相続人を被告とする新たな訴訟を提起するのが本来であるが、相続人に対して承継執行文を付与する方法を利用することを認めることを否定するまでもないので、例外的に承継執行文の利用が許される」という旨の考え方が示されている[33]。もっとも、確定判決によって擬制された意思表示はＹ（被相続人）を登記義務者とするものであり、承継執行文を付与してＺからＸへの移転登記ができるようにするのは、登記義務者をＺとするように判決主文を変容させるに等しいが、これが許容されるかは疑問であるとする否定的な見解も示されている[34]。

2 特定承継の場合

　承継執行否定説は、【事例 1】、【事例 2】ともにＸの勝訴確定判決についてＺを承継人とする承継執行文の付与は許容されないとする説である。その主たる理由は次の 4 点であるといってよい[35]。(1)と(2)は、判決の確定時に被告Ｙの意思表示の擬制によって強制執行が終了すること（前記Ⅲ参照）を基盤とする。

　(1)　判決の確定により意思表示が擬制されるので、その後に債務者が擬制された意思表示と矛盾・抵触する別個の意思表示をすることは可能であり、後の意思表示に基づく法律効果が先に実現され、結果的に強制執行によって

---

　33)　前掲注 12) 執行文研究 694 頁。
　34)　前掲注 12) 執行文講義案 210 頁。これが裁判所書記官実務の最近の取扱いといえるかもしれない。
　35)　(1)は前掲注 12) 執行文研究 714 頁による。(2)から(4)までは中野＝下村・前掲注 5) 128 頁によるが、執行文研究や前掲注 12) 執行文講義案も、以下に注記するように同様の視点を示している。

擬制された意思表示に係る法律効果が生じない事態は存在するので、登記義務者の登記申請の意思表示が擬制されても、それが登記官に到達する前に表意者が登記名義を失ってしまえば、登記の実現という効果が生ずる余地はない。したがって、承継執行という観念を容れる余地はない[36]。

(2) 判決の確定をもって擬制されたYの意思表示に基づく登記によりXの得る利益とZの登記名義の排除によりXの得る利益とは、別個の登記に関するもので、併存するので、債務名義の執行力の客観的範囲内にZの登記の抹消は包含されない。いわゆる広義の執行も、本来の給付内容のみに関するから、異なる登記のための広義の承継執行なるものはあり得ない[37]。

(3) 承継執行を肯定すると、Zは、事前審尋も受けずに承継執行文の付与がされ、自己の登記名義を喪失することになるし、強制執行は意思表示擬制によって終了しているので、請求異議の訴えにより承継執行の排除を求める余地もない[38]。このように、承継人の手続保障に著しく欠けることになる[39]。

(4) Xは、あらかじめ処分禁止の仮処分を得てその執行をしておけば、Zの出現に対処できたので、その方法をとらなかったXが、Zの出現により新たな債務名義を必要とすることも、登記をもってする公示の原則の下では、やむを得ない[40]。

---

36) 前掲注12) 執行文研究715頁は、口頭弁論終結後、判決確定前の特定承継の場合（一般承継の場合（本文前記Ⅲ、前掲注23）参照）と異なり当事者は当然には交代しない）、意思表示擬制時に債務者に所有権がないので、承継執行という観念を容れる余地はないとする。これに対して、中野＝下村・前掲注5）831頁は、特定承継の場合も一般承継と同様に承継人による意思表示の擬制を認める趣旨のようである。
37) 前掲注12) 執行文講義案198頁も同旨。
38) 前掲注12) 執行文研究681頁も同旨。なお、大決昭和16年4月16日民集20巻486頁、東京高決昭和33年12月8日東高民9巻12号214頁、東京高決平成元年5月23日金判831号15頁は、いずれも、登記手続を命ずる確定判決または登記手続をするとの和解調書もしくは認諾調書について、執行停止の余地がないとしている。ただし、これらのうち東京高決平成元年5月23日は、登記申請行為を仮に差し止めることを命ずる仮処分命令は可能であるとした裁判例である。
39) 前掲注12) 執行文研究680頁、前掲注12) 執行文講義案198頁も同旨。前掲注12) 執行文研究718頁が、特定承継をした第三者がそれによって独自の利益を取得した場合に、その第三者の意思表示なくしてその利益を奪うことは適当でないので、承継執行文の借用は許されないとするのも、擬制される意思表示の主体が異なる（これは(2)と共通の視点といえる）ことのほかに、第三者の手続保障（防御の機会が与えられないことが問題）という趣旨をも含むと理解できる。
40) 前掲注12) 執行文研究720頁も同旨。

VI 検　討

1 「承継人」への該当性

　まず、執行力および既判力が及ぶ承継人の範囲を画する基準（前訴当事者から何を承継した場合に承継人となるか）については議論があるが、私は、訴訟物に関連する実体法上の地位を当事者から承継し、当事者に実体法上依存する関係にある者が承継人に当たるとの説に賛成しており、前稿では、そこに、所有権に基づく引渡請求訴訟の被告から伝来的に占有を承継した者も含むとした[41]。【事例１】の所有権に基づく所有権登記抹消登記手続請求訴訟で敗訴確定判決を受けた被告Ｙからその所有権移転登記を受けたＺも、これと同様に、訴訟物において抹消の対象となった登記を伝来的に承継した者として、承継人の概念に含まれると考える[42]。

　これに対して、【事例２】の二重譲渡事例では、ＹがＸに対して所有権移転登記義務を負うというＹの地位からＺが伝来的に承継するものは何もなく、Ｘとの関係（民法177条が規律する対抗関係である）でＺがＹの実体法上の地位に依存するとはいえない。したがって、このような事例でのＺは、民事執行法23条１項３号および民事訴訟法115条１項３号の承継人に当たらない[43]。承継執行は認められず、前記Ⅳ・Ⅴで挙げた学説の結論と同じである。なお、Ｚが背信的悪意者である可能性があることは、承継人の範囲の問題とは切り離して考えるべきであり、Ｚが背信的悪意者であればＹの地位に依存することになるといった帰結にはならないであろう[44]。

---

41) 笠井・前掲注２）564頁参照。
42) なお、いわゆる紛争の主体たる地位の移転説に立っても、この結論は同じと考えられる。新堂・前掲注９）342頁参照。
43) 紛争の主体たる地位の移転説に立つ新堂教授（新堂・前掲注９）342頁）も、Ｚに対する承継執行文の簡易な付与は認めるべきではないとするが、いわゆる権利確認説を前提に、Ｚの固有の防御方法が成立する確率が高いことが理由のようである。
44) 丹野・前掲注９）268頁は、【事例２】の場合、登記のないＸは実体法上原則としてＺに劣後するので、ＸがＺへの執行力拡張の利益を受けるためには、Ｘに対抗要件が不要であることを理由づけるための事実（Ｚが背信的悪意者であること等）が必要となり、ＹからＺへの承継の事実とともに２個の事実が執行力拡張原因となることを指摘し、そのことから執行力の拡張を否定する。その趣旨を本文で述べた依存関係という観点から換言するならば、依存関係はあくまで承継原因事実によって考えるべきものであるから、承継原因事実のみでは譲渡人に対する実体法上の依存関係が認められない場合に、別の事実があれば依存関係が発生するという事態はあり得ないということになろう。

さて、【事例 1】に話を戻すと、前記Ⅴの承継執行否定説の理由(2)は、Yの意思表示に基づく登記によりXの得る利益とZの登記名義の排除によりXの得る利益とは別個の登記に関するものであるというものであり、既判力や執行力の承継人に関するいかなる基準によるとしても、Zが承継人の範囲内に入らないという趣旨のものとも理解できる。しかし、抹消されるべき登記を譲り受けたZの地位は、占有を引き渡す義務を負う者から占有を受けた者（前稿のテーマ）と実体法上の地位や利害関係において同種のものであって、後者について承継人に当たるとしながら前者が承継人に当たらないとするのは整合性に欠ける[45]。前稿で、執行力の範囲との関係で「純実体法説」[46]というものがあるとすれば、債務名義の実効性を著しく損なうので、民事手続法（民事訴訟法、民事執行法等）の合目的的解釈として、そのような説は採れない旨を述べたが、承継執行否定説の理由(2)は、その説を志向するようにみえるのである。

2　意思表示擬制後の執行文付与との関係

承継執行否定説の理由(1)は、Yの意思表示が擬制された後にYがそれと矛盾・抵触する別個の意思表示をしてZに登記が移転すれば、その後Xへの登記が実現することはないというものであった。しかし、前記Ⅲのように、登記手続義務の執行が意思表示擬制によってされるのは、確定判決の内容の実現を間接強制よりも簡便な方法によって図るためである。前記Ⅳで肯定説の理由づけとして紹介したように、強制執行に関する法律が、執行方法を簡略化して権利を実現しやすくしているにもかかわらず、そのために採用された方法の形式だけをとらえて、既に強制執行が終わっているから執行文が付与できないとか、その後に別の意思表示がされれば、そちらが優越して勝訴

---

[45]　丹野・前掲注 9) 264 頁（Yが執行免脱の目的でZに登記の目的物件を譲渡することは間々あり得るので、引渡執行の場合とパラレルに考えることは可能であるとする）、上野・前掲注 1) 争点 252 頁（強制執行と広義の執行の違いはあるものの、継承執行を否定するのは占有移転の実現と対比して釣合いがとれないとする）、松本・前掲注 9) 110 頁（登記名義の承継人は登記を放棄すべき義務を含む地位を債務者から承継しているのであり、占有承継人の場合と利益状況は異ならないとする）参照。

[46]　前掲注 12) 執行文研究 17 頁が、学説においてこの見解を明確に述べるものは寡聞にして知らないと留保しつつ想定する説であり、訴訟当事者間の実体法上の権利義務自体を実体法上の承継原因に基づいて承継する場合に限って承継人に執行力が及ぶとするものと理解できる。同書も、その文脈では、この説に批判的である。

判決の効果が実現できないといった解釈をすることは、法律の趣旨に反する。債権者としては、それならば承継人に対して間接強制を申し立てるので、その前提として承継執行文（【事例1】では前記1のとおり要件を満たす）を付与してほしいと思うであろう。もとより、民事執行法174条があるため登記手続義務について間接強制を認めないのが多数説の見解であって、私もそれを否定するものではなく、簡便化された意思表示擬制の方法による場合にも、承継執行文を付与することが認められるべきであると考えるものである。

　なお、民事執行法174条は、一定の執行文は認めながら、承継執行文の付与について言及していないが、それをもって反対解釈がされるべきではない。もとより、意思表示擬制に関する執行文は、本来の執行文とは異なる性質を有するところがあり、それを「借用」ということも可能であるが、【事例1】でXが勝訴した結果をZとの関係で無意味にしないようにするため、承継執行文の方法を用いるべきである。

3　承継人の手続保障

　承継執行否定説が挙げる理由(3)の、承継人の手続保障が欠けることは、確かに重要な問題である。しかし、前記Ⅳで肯定説からの提言をみたように、Zの審尋をする、Zに固有の抗弁の証明の機会を与えるといったことにより対応可能である。また、【事例1】のような場合、いわゆる起訴責任の転換により、Zから請求異議の訴えまたは登記回復のための訴えを提起させることになっても、Zの地位がYの地位に依存していることからすると、不当とはいえない[47]。

　固有の抗弁に関しては、前記Ⅱ1の最判昭和48年6月21日との関係も問

---

[47]　民事執行法が定める手続の中で、Zの固有の抗弁について裁判所書記官または裁判所（裁判官）が判断する手続が、執行文付与の手続（執行文付与の訴え、執行文付与に対する異議の訴えを含む）なのか請求異議の訴えなのかは、いわゆる権利確認説と起訴責任転換説との議論（簡潔な紹介として、河野・前掲注9）593頁、鶴田滋・民事執行・保全判例百選［第2版］（2012）18頁参照）とも関連する困難な問題である。私は、承継人が固有の抗弁を主張すべきなのは、それが実体法上の不当執行事由であることからして、請求異議の訴えにおいてであると考えるが、意思表示執行の執行文に関しては、民事執行法174条3項の類推解釈の余地等を考慮すると、執行文付与手続での本文で挙げたような承継人関与の機会を否定することも妥当でない。他方、固有の抗弁は、承継執行文付与の訴えでの抗弁事由にならず（最判昭和52年11月24日民集31巻6号943頁参照）、裁判所書記官が承継執行文を付与した場合には承継人が請求異議の訴えによればこれを主張し得る（執行停止も認められるべきである）と解する。ただし、これらの理論的な一貫性については異論の余地があろう。

題となるが、この判例は、固有の抗弁を有するZについて、「Yの承継人としてZに対する承継執行文の付与を受けて執行することは許されない」とするが、「承継執行文の付与を受けることができない」としたわけではないので、上記のような解釈を排除するものとはいえないであろう[48]。

4 処分禁止の仮処分

承継執行否定説は、理由(4)のように、Xは処分禁止の仮処分による対応が可能であったことを（おそらく補充的な理由として）挙げる。しかし、理論的にはそのことによって上記のようなZの承継人としての地位が左右されるわけではないし、実質的には処分禁止の仮処分には担保の提供が必要であるなどXの負担を前提とするもので、それによってXの勝訴判決の結果が実現されないことを必ずしも正当化できないといった反論が可能である。

5 一般承継の場合に関連して

承継執行否定説も、前記Ⅴ1のように、一般承継に関する【事例1′】および【事例2′】の場合には、承継執行文の付与を必ずしも否定しない。強制執行が終了していることを理由に承継執行を認めないのであれば、一般承継でも同様に認めないのが一貫するが、それでは具体的妥当性を欠くとの認識があるものと思われる。

私は、これらの一般承継の場合には、もとより、承継執行文の付与を認めるべきであると考える。その理由は、肯定説に共通するところであるが、確定判決で認められた訴訟物たる義務がそのまま相続人に移転した場合であるので、権利義務の同一性に関する障害は小さく、また、これを認めることの妥当性が肯定できるからである。

特定承継の場合も含め、結局のところ、意思表示執行の終了後でも承継執行文のある種の「借用」をどこまでの範囲で許容するかの価値判断によって結論が決まる問題であるように思える。すなわち、理論的に全てを説明し切れるわけではないのであるから、価値判断の問題として、前訴で勝訴した債権者の保護を重視してもよいと考えられるのである。

---

48) 丹野・前掲注9) 281頁参照。

Ⅶ　結びに代えて

　以上のとおり、【事例１】については、Ｚを承継人とする承継執行文を得てＸがＹの所有権登記とＺの所有権登記を抹消することが可能であり、それをＺが争うとすると、Ｚ側から提起する訴訟において、Ｘ・Ｙ間の確定判決の既判力がＺに及び、それとは別個にＺの固有の抗弁が問題となり得る。

　【事例２】については、Ｚは、民事執行法23条１項３号の意味でも民事訴訟法115条１項３号の意味でもＹの承継人に当たらないので、承継執行文も付与されるべきではないし、Ｘ・Ｚ間にＸ・Ｙ間の確定判決の既判力は及ばないと解する。【事例２】を前提に、Ｘが、Ｚが背信的悪意者であるとして、所有権に基づきＺの所有権登記の抹消登記手続を求める訴えを提起した場合、Ｘの所有権取得原因としてＸ・Ｙ間の売買契約の成立が挙げられるが、これは、Ｘ・Ｙ間の前訴では理由中の判断であって、既判力は生じていないので、その意味でも、Ｘ・Ｙ間の判決の効力が何らかの形でＺに作用することはない。

　本稿では、既判力と執行力の関係について、十分な検討ができなかった。また、固有の抗弁の取扱いについても更に詰めて考える必要性を感じている。さらに、既判力や執行力を訴訟法の見地から考えることとの関係で、いわゆる依存関係説をどのように位置づけるのかという問題も残っている。これらについて、今後、更に検討を深めたい。

既判力の時的限界について

◆加波眞一◆

Ⅰ　はじめに
Ⅱ　既判力の時的限界と既判力の基本的規制枠組み
Ⅲ　既判力の時的限界と口頭弁論終結後の形成権行使の許否
Ⅳ　本稿のまとめ

Ⅰ　はじめに

　筆者（加波）は、既判力により遮断される主張の問題を再審や判決無効との関連で考察してきたが、その観点からは、既判力の時的限界は避けては通れない問題である。再審や判決無効を論じる中でも若干言及はしてきたが、この問題自体を取り上げて論じる機会はなかった。この問題は、既判力による後訴での主張許否問題として、遮断される主張範囲の問題を、再審や判決無効と関連付けながら、統一的に考察されるべきものと考えている[1]。そこでは、いわゆる一時的棄却判決問題や後遺症による追加請求問題も考察対象の射程に入ることになる。

　しかし、本稿では、紙幅の都合上、既判力の標準時後の形成権行使許否問題という典型的論点のみに限定せざるを得なかった。そのため、若干、看板に偽りありということになるが、今後の議論の展開の第一歩とする意図で「既判力の時的限界について」という標題にした。

Ⅱ　既判力の時的限界と既判力の基本的規制枠組み

　上記論点の検討を始める前に、既判力が及ぶ場合の効果とそれが後訴の主張に及ぶ場合の基本的規律枠組みはどのように考えられるべきか確認してお

---

1)　松本博之・既判力理論の再検討（信山社・2006）1頁以下も同旨の問題意識かと思われる。

きたい。

1 通説的見解

既判力論については、さまざまな議論の末、わが国では、かつての通説であった権利実在説（ないし権利実在化説）に取って代わって、いわゆる二元説が現在の通説的見解となっている[2]。この見解によると、既判力が後訴での当事者の主張に対して拘束力（消極的効力としての遮断効と積極的効力としての後訴裁判所への判断拘束力）を有するのは、その主張がすでに前訴で裁判所により判断されているからである。ただし、その拘束力の正当性を保障するのは前訴における当事者への手続保障（当事者の訴訟手続での十分な対論の機会の保障）による。裁判所による裁断的要素と当事者の手続保障という異なる2側面から既判力の拘束力の根拠や正当性を説明するので二元説と呼ばれるが、手続保障は裁判所により判断された内容の拘束力を正当化する限度で機能するのであり、手続保障の存在それ自体が既判力を根拠づけることはない。訴訟物となった法律関係を判断するために行われる争点の全ての審理において手続保障は要求され実施されるが、既判力が生じるのは、その審判の結果、主文で示される判断（主文判断）に対してのみである（民訴114条1項）からである。すなわち、手続保障の存在それ自体が、裁判所の訴訟物判断を超えて既判力を生じさせることはない[3]。

このように二元説に立つ限り、主文で判断されたという裁断的契機に既判力は制限される[4]ので、後訴で既判力の遮断効により排除されるのも、前訴の主文「判断」内容と矛盾する主張であるからということになる[5]。ただし、

---

2) 新堂幸司・新民事訴訟法［第5版］（弘文堂・2011）683頁、高橋宏志・重点講義民事訴訟法(上)［第2版補訂版］（有斐閣・2013）590頁、伊藤眞・民事訴訟法［第4版］（有斐閣・2011）502頁、河野正憲・民事訴訟法（有斐閣・2009）564頁以下、小島武司・民事訴訟法（有斐閣・2013）635頁、川嶋四郎・民事訴訟法（日本評論社・2013）675頁など。また、高見進「判決効の意義と機能」実務民事訴訟講座［第3期］第3巻（日本評論社・2013）296頁。
3) この点、高橋・前掲注2）590頁参照。
4) 水谷・後掲注9）は、この場合の既判力の遮断効を「判断効」とよぶ。
5) 新堂・前掲注2）684頁以下。なお、二元説では、この既判力の遮断効の当事者拘束の根拠を手続保障による自己責任に基づく拘束力としての主張規制という点に求めることができるが、そのような要素のない純粋の訴訟法説に立つドイツ法の多数説では、既判力の遮断効は当事者ではなく裁判所のみを規制する効力ととられている点、松本・前掲注1）157頁参照。また、既判力の遮断効の作用論として、「一事不再理説」と「矛盾禁止説」があるが、本稿では、わが国の通説である「矛盾禁止説」に立って議論している。この点は、松本・前掲注1）115頁および同頁注7）掲載文献参照。また、後掲注31）参照。

それは口頭弁論終結時点での判断であり、その時点での判断内容たる法律関係についてのみ既判力は生じる。

　これが既判力の時的限界である[6]。それゆえ、既判力の時的限界は、既判力により遮断される事実の範囲を既判力の標準時である口頭弁論終結時の前後で区別し、既判力が及ぶ事実を「口頭弁論終結時以前の事実」に限定することを意味するものではない。既判力により確定される（訴訟物たる法律関係についての）主文「判断」内容の時点を標準時（すなわち口頭弁論終結時）に限定することを意味するものである[7]。その結果、口頭弁論終結時に権利が存在すると「判断され」確定する認容判決に対して、その時点での権利の不存在を主張することは既判力の（消極的効果である）遮断効により排除されることになるが、その時点以後の権利変動により権利の不存在を主張することは既判力に抵触しないので可能となる、という結論が導かれることになる[8]。

2　提出責任（ないし提出責任効）説

　以上のような通説的な既判力の基本的規律枠組みを否定して、一定の場合に一定の事実を主張すべしとの行為規範（いわゆる「提出責任」）を定立し、その規範の実効性を確保すべく、規範違反への制裁として既判力の遮断効による主張排除を考えるべきである、という見解が主張されているのは周知の通りである。この見解は論者により内容上多少の違いがある[9]が、既判力の遮断効で排除される主張かどうかは、その主張が前訴で「主張（ないし提出）すべき」ものであったか否かで決まるのであり、主文判断に矛盾する主張か否かによるのではない、と解する点では共通している。すなわち、既判力の遮断効の根拠を、判決の裁断的要素にではなく、「主張でき、かつ、すべきで

---

6) 時的限界論の展開については、坂田宏「既判力の時的限界の意義」鈴木正裕先生古稀祝賀・民事訴訟法の史的展開（有斐閣・2002）665頁。
7) この点は、中野貞一郎「既判力の標準時」民事訴訟法の論点Ⅰ（判例タイムズ社・1994）247頁が強調して論じる点である。
8) 中野・前掲注7) 246頁以下、新堂・前掲注2) 690頁、高橋・前掲注2) 603頁など。
9) この見解に立つものとして、上田徹一郎「遮断効と提出責任」判決効の範囲（有斐閣・1985）224頁、水谷暢「後訴における審理拒否」民訴26号（1980）59頁、吉村徳重「判決の遮断効と争点効の交錯」民事判決効の理論(下)（信山社・2010）、井上正三「既判力の客観的限界」新堂幸司編集代表・講座民事訴訟6巻（弘文堂・1984）317頁以下、井上治典「判決効による遮断」井上治典＝伊藤眞＝佐上善和・これからの民事訴訟法（日本評論社・1984）219頁、などがある。これらの各見解の違いについては、新堂幸司「提出責任効論の評価」訴訟物と争点効(下)（有斐閣・1991）259頁（269頁以下）。

あったのにしなかった」という審理手続的契機に重点を置いて考えるものといえよう。

3 検　討

　この見解については新堂幸司教授による、「提出責任」なるものの内容、要件・効果が不明であり、現時点では実用的な解釈論とはいえないとの詳細な批判がある[10]が、そもそも、このような「主張（ないし提出）すべきものであったにもかかわらず、主張しなかった」から既判力で遮断される、という論理自体に疑問がある[11]。

　例えば、次のような事案はどうであろうか（以下、【第1事案】という）。Aを相続したXがAの遺産を整理していると、AはYに甲動産を売却したが、代金500万円の内200万円が未回収であることが判明した。そこで、未払い残代金200万円をYに請求したが、歳をとり少しボケてきたYはそのようなXとの甲売買契約の記憶はないとして支払いを拒絶した。そこで、XはYに対して、甲動産の売買契約による代金500万円の内200万円の支払い請求を提訴した（第1訴訟）。裁判所は売買契約の成立を認めて200万円の支払いを判示し、その内容で判決は確定したが、その訴訟中、Yは甲売買契約を否認するのみで代金弁済については全く言及しなかった。そこで、Xは代金は実は500万円全額が未払いだったと考えて、残額300万円を併せて500万円全額の支払い請求を提訴した（第2訴訟）。しかし、その頃には、Yも記憶が戻ってきて、確かに売買契約は締結したが、代金は全額弁済ずみであることを思い出したので、その旨を主張して請求棄却を申し立てた。このYの全額弁済の事実は第1訴訟の「口頭弁論終結時以前に存在した事実」であり、かつ、口頭弁論終結時までに「主張すべき」事実でもある。第2訴訟での、そのような弁済の主張は既判力で排除されないのか。

　明示の一部請求ではその一部請求債権のみが訴訟物となり、残部債権には既判力が及ばない、という結論が多数説である[12]ので、200万円分について

---

　10)　新堂・前掲注9) 285頁以下 (287頁)。
　11)　本稿と同様の観点からの批判として、住吉博「民事訴訟における救済と既判力」訴訟的救済と判決効 (弘文堂・1985) 244頁 (271頁以下)。
　12)　提出責任説を提唱する上田説も原則的には認める。上田徹一郎・民事訴訟法［第7版］(法学書院・2011) 195頁。

は弁済主張は既判力で排除されるが、300万円の分については主張できるのではないか。そうであれば、同じく「口頭弁論終結時以前に存在した事実」であり、かつ、口頭弁論終結時までに「主張すべき」事実でもある点で異なることのない「500万円の弁済」という主張が、なぜ、200万円分についてのみ既判力で排除されることになるのか、提出責任説（ないし提出責任効説）では説明できないのではないか。かといって、この場合に300万円の分の弁済主張についても既判力の遮断効で排除されるとすると、Xの残部請求である300万円の請求については既判力が及ばないこととの権衡を欠きX・Y間で不公平となる。

もちろん、それは明示の一部請求による残部請求を認め、一部請求では常に全債権が訴訟物になるという見解をとらないからであり、議論の前提に問題がある、という反論は考えられる。しかし、それは、結局、審判対象の内容によって既判力の遮断効の範囲が決まってくるという論理を認めるものであり、その論理の助けを借りて初めて妥当性を得ることができるということなので、「主張すべきであった」か否かということから既判力の遮断効が及ぶか否かを決定するという論理だけでは既判力の遮断効が及ぶか否かは決定できないということ、すなわち、そのような論理の破綻を意味することになろう。

また、次のような事案（以下、これを【第2事案】という）はどうであろうか。

上記の第1事案で、Xが（一部請求ではなく）500万円の全部請求をしたとする。そして、そのXの主張に対して、YはXとのそのような甲売買契約の記憶はないとして支払いを拒絶した、とする。この場合、認容判決の確定後、代金は全額弁済ずみであることを思い出したYは、売買契約は錯誤ゆえ無効であるにもかかわらず、契約と同時に代金を支払ってしまっているので500万円を返還せよと主張して、不当利得返還請求を提訴しても、そのような主張は認められない。提出責任説からは、そのような主張は口頭弁論終結時までに「主張すべき」事実であったから、ということになろう。では、売買契約の成立を認めるだけの証拠がないとして、請求棄却となった場合はどうか。その判決確定後に、上記の弁済ずみを主張して不当利得返還請求を提訴しても、その主張は認められないはずである。

この場合も、（上記認容判決の場合と同じく）弁済事実は口頭弁論終結時まで

に「主張すべき」事実であり、かつ、「口頭弁論終結時以前に存在した事実」であることに変わりはない。結論が請求棄却になった点は異なるが、口頭弁論終結までの審理の状況に変わりはないからである。したがって、この場合に既判力が及ばないとすれば、前訴の主文判断は請求棄却で、代金債権が口頭弁論終結時には存在しないと確定されている以上、それを前提に代金支払いは法的根拠を欠くものであると主張することは矛盾しないからということであり、結局、主文で判断された内容に矛盾する主張か否かという点で既判力の遮断効が及ぶか否かを決定するという、既判力の伝統的規制枠組みをとることを意味することになる。

しかし、この場合も、口頭弁論終結時までに「主張すべき」事実であったことに変わりはないので、それを理由に（請求棄却の場合でも）「弁済」等の主張は既判力の遮断効により認められない、と解するとすれば、それは主文判断の内容を超えて既判力を及ぼすことになり、民訴法114条1項の規定内容からかなり乖離した解釈論であるという誹りを免れないであろう。

かくして、「主張すべき」事実であったかどうかという基準で既判力の遮断効が及ぶか否かを判断するという見解は問題であるということになろう。

また、提出責任説は、既判力の根拠を主に審理手続的契機に求めることになるので、前述の通説的見解である二元説とはなじまない。この見解に立つのであれば、根本的に既判力論の再構築を行うことが必要となろう。

以上から、少なくとも既判力論の二元説に立つ以上、原則的には、客観的範囲と時的限界という枠組みにより、主文で判断され確定された内容に矛盾する主張か否かを検討し、矛盾する主張のみが既判力により排除されるという既判力の基本的規律枠組みが維持されるべきものと思われる[13]。この見解によると、ある事由が、口頭弁論終結時までに主張しておくべき事由であるというのは、口頭弁論終結時までに主張しておかないと、判決確定後は、主文判断内容上、矛盾主張であるとして既判力で遮断されてしまうことになるからである。主張すべき事由だから、その事由に対して既判力による遮断効が及ぶことになる、という見解はその論理が逆転してしまっている、と批判されることになる。

---

13) 坂田・前掲注6）も同旨を示唆するものと思われる。

III 既判力の時的限界と口頭弁論終結後の形成権行使の許否

1 議論状況の概観

既判力の時的限界を以上のようなものと考えると、既判力の標準時後の実体法上の形成権の行使は、その行使時に形成効が生じて実体法上の権利変動が生じるところから、既判力の問題は生じないはずであるが、周知の通り、**全面排除説**と**全面認容説**、および**折衷説**がある。(基準時後の) 形成権行使 (による法的効果の主張) を既判力により排除するか否かに関して、全面排除説は、全ての形成権の行使を否定する見解であり、全面認容説は逆に全ての形成権の行使を認める見解であり、折衷説は、形成権の内容によってその結論を異にする見解である。判例は、折衷説の立場に立つ[14]。これら諸見解の内容についての要領のよい解説はすでに多くの文献で行われており[15]、ここでそれを行うことは、屋上屋を重ねることになるので、控えたい。ここでは、下記での検討に必要な限りで言及するに留めたい。

その際、形成権の行使を否定する根拠を既判力以外に求める見解も行使排除説に含める場合があるが、本稿では、既判力の時的限界問題としてこの問題を検討することから、あくまで既判力により排除するかどうかのみを問題とし、既判力により排除する見解をもって行使排除説とする。そこで、以下では、既判力による形成権行使排除の理論的根拠にのみ焦点を当てて検討を行う。

2 後訴での既判力による形成権行使排除の法理

全面的排除説と折衷説は、形成権行使の既判力による排除を認めるが、いかなる法的論理・法的根拠により「既判力による」その行使の排除を認めるのか。

かつての通説を代表する兼子一説は「取消権が発生して居り且行使できた以上、提出することのできた抗弁事由と認めなくてはならない。」という論

---

14) 松本・前掲注1) 115頁以下、山本弘「基準時後における形成権行使と既判力の遮断効」法教376号 (2012) 119頁以下、山本克己「形成権の基準時後行使」法教295号 (2005) 141頁など。
15) 例えば、松本・前掲注1) 152頁以下、三上威彦「既判力の時的限界」伊藤眞＝山本和彦編・民事訴訟法の争点 (有斐閣・2009) 224頁など。

理で相殺の抗弁を例外として原則的に形成権は既判力により行使できないと論じた[16]。それは、「取消権が発生して居り且行使できた」こと（すなわち、「形成権の存在」）が「提出することのできた抗弁事由」（すなわち、標準時前に存在した抗弁事由）と同じである、それゆえ、既判力で排除されることになる、という論理である。しかし、「形成権の存在（ないし、形成原因の存在）」を権利に内在する瑕疵であるというとしても、形成権の行使（すなわち、意思表示）があるまでは、その法的効果は生じないので、後訴で「形成権の存在（ないし、形成原因の存在）」を主張しても、その主張自体は主文判断で確定された権利義務に反する主張とはならないはずである。その点を論じて兼子説を批判したのが中野説である[17]。この中野説の登場により兼子説の見解による原則的全面排除説は通説の地位を失うことになり、その後、学説は多様な展開をみせることになる[18]。

以上のことから、本稿では中野説後（ポスト中野説）の学説状況を中心に検討することにする。

(1) **全面排除説**　中野説後の、この見解の代表的論者である坂原説によると、口頭弁論終結後の形成権行使により（法律行為の）取消し無効の主張を認めることは、「既判力による法律関係の確定の効果を否定する」ことになるので、「既判力が生じている命題の存立確保のために遮断効（失権効）が働くと考える」と、そのような取消しの主張を認めることはできない、という[19]。

しかし、既判力により確定された法律関係は既判力の標準時（すなわち、口頭弁論終結時）の時点でのものにすぎないので、「既判力が生じている命題の存立」も標準時の時点でのものにすぎない[20]。既判力により確定される法律関係は既判力の標準時の時点に限定されるということこそがまさに既判力の時的限界であるということは（前述の通り）中野説の力説する点ではなかった

---

16)　兼子一・新修民事訴訟法体系［増訂版］（酒井書店・1965）340頁。
17)　中野貞一郎「形成権の行使と請求異議の訴え」強制執行・破産の研究（有斐閣・1971）36頁以下、また、中野・前掲注7）247頁。
18)　この中野説の学説上の意義については、新堂・前掲注9）263頁以下。
19)　坂原正夫「既判力の標準時後の取消権の行使について」民訴52号（2006）17頁。
20)　石川明「既判力と取消権の失権」判タ1272号（2008）38頁以下も、既判力により確定される法律関係は「取消権が行使されていない状態の法律関係」にすぎない、という表現で坂原説を批判する。この坂原説の見解は全ての形成権に区別なく適用されると、坂原正夫・民事訴訟における既判力の研究（慶應義塾大学法学研究会・1993）9頁は明言する。

か。このような論拠では、中野説の批判に何ら答えたことにはなるまい。

　また、坂原説は、弁済を「報告的陳述」といい、それと「形成権の存在」とは「訴訟法的には同じ」と考え、口頭弁論終結前の弁済主張が既判力で排除されるのと同様に、口頭弁論終結前の「形成権の存在」主張も既判力で遮断される、と論じる[21]。しかし、両者は全く別物である。弁済という事実はただちに債権（債務）の消滅という法的効果をもたらすゆえ、その主張は抗弁となる。それゆえ、認容判決確定後に、口頭弁論終結前の弁済事実を主張することは、口頭弁論終結時に権利義務は存在すると確定する主文判断に反する法律関係の主張となるので既判力で遮断されるのである。しかし、「形成権の存在」自体は何の訴訟法的意味はない。形成権は行使されて初めてその時点で法的効果が生じ抗弁として扱われるのであり、その「存在」のみを抗弁として主張しても主張自体失当として却下されるだけである。また、坂原説は、相殺権は債権（債務）消滅をもたらす事由であるがゆえに口頭弁論終結時までに行使（実行）しておくべきなので、口頭弁論終結後の相殺権行使の主張は既判力の遮断効で排除されるという論理も主張する[22]が、その論理に従えば、弁済と形成権は訴訟法的には同じという以上、弁済も債権（債務）消滅をもたらす事由であるがゆえに口頭弁論終結時までに必ず履行しておくべきことに変わりはないので、口頭弁論終結後に弁済しても、その弁済事実の主張は既判力の遮断効で排除されるということになるのではないか。それは問題であろう。弁済の場合、債権の存在を否認している以上、その存在が確定されるまでは弁済の履行を強要できないというのであれば、その点は相殺も同じである。

　もちろん、後述の伊藤眞説のように、形成権の遡及効を問題にすれば、標準時後の形成権行使の主張であっても標準時における「既判力による法律関係の確定の効果を否定する」主張となる可能性はある。また、（後述の）訴訟物の内容を問題にするという論理もあり得るが、それらの論理を援用しないのであるから、坂原説は十分な理論的根拠を欠くといわざるを得ない[23]。

---

21) 坂原・前掲注20) 97頁、112頁。
22) 坂原・前掲注20) 88頁。
23) 同じく全面的否定説に立つ塩崎勤「既判力標準時後の形成権の行使に関する一試論」民事裁判の実務的課題（民事法研究会・2004) 296頁も、坂原説に同調するのみで理論状況は坂原説と異なるところはない。したがって、坂原説と同じ批判が妥当する。

(2)　**折衷説**　山本(和)説は、基準時前に成立した形成権も他の防御方法と異なるところはないので、標準時前に存在した攻撃防御方法（例えば、弁済）と同じく、標準時後の形成権行使は原則的に既判力により遮断される、と論じる。その上で、相殺権のように、継続的な「状態型」形成原因の形成権の標準時後の行使は、標準時後の権利変動事由として既判力は及ばない、と論じる[24]ので、折衷説に属することになる。しかし、これは、標準時前の「形成権の存在」を弁済事実と同様に扱うことで既判力による形成権行使排除を根拠づける見解なので、形成権行使排除の法的根拠は上記の坂原説と同じであり、中野説の批判に答えていない等の上記坂原説に対するものと同じ批判が妥当することになる。

　　(a)　**行為責任違反に対する制裁という論理**　従来の既判力の基本的規律枠組みで考察する限り、中野説の批判が妥当し、標準時後の形成権行使を既判力による遮断効で排除するのは困難なので、基準時までに形成権を行使すべしとの行為規範を定立し、その規範違反への制裁としての既判力の遮断効による主張排除を考える諸見解がある。

　新堂説は、「基準時点において、その争点につき主張可能な防御方法を尽くすべき義務（行為規範としての提出義務）」を当事者に課するのが公平として、債務負担行為の取消しや解除の標準時後の行使は既判力で排除されると論じる[25]。

　河野説は、既判力による遮断効（失権効）の根拠を「当事者の訴訟手続における一連の行為にもとづく自己責任」に求め、当事者が自己の権利の行使や防御に必要な事項につき、それを主張すべき機会にそれをしなかった場合はその行使権能を失効するという論理により既判力による行使排除を根拠づける[26]。また、池田説は、「形成権の行使責任」というものを想定した上で、それを基準化し、形成権行使遮断を予測できるような「要件プログラム」を措定することで、形成権行使の既判力による遮断に関する新たな規律を模索する[27]。

　それらに対して、松本説は、実体法上の権利も、訴訟上で行使される場合

---

24)　山本和彦・民事訴訟法の基本問題（判例タイムズ社・2002）202頁以下（210頁）。
25)　新堂・前掲注2）692頁。
26)　河野正憲「形成権の機能と既判力」当事者行為の法的構造（弘文堂・1988）144頁。
27)　池田辰夫・新世代の民事裁判（信山社・1996）171頁以下（178頁）。

は、訴訟上の都合に応じた適切な取り扱いがされるべきであるとして、「当該形成権の内容、存在理由および訴訟状況に即した個別的評価に基づき」、実体法的には標準時後の事由として既判力は及ばない事由であっても、訴訟法的には既判力の及ぶ事由であると評価して既判力の遮断効による主張排除を認めるという論理をとる[28]。この見解は、慎重に行為責任という構成は避けて、主文判断に生じる既判力の及ぶ射程を模索するという論法をとる点では正しいが、取消権のような特定の形成権行使につき、実体法上・訴訟法上の一定の必要性から、（原則的には）標準時までに主張しておかないと既判力により排除されると論じるわけであるから、結局は、その形成権行使に行為責任を課するのと同じ結果となろう。

　これらの見解は、口頭弁論終結後の取消権行使については、原則的には、既判力の遮断効により排除することを認めるものであるが、その行使排除は、口頭弁論終結時までに「主張すべき」であるにもかかわらずそれを主張しなかったことに対する制裁という論理によるものと評価してよかろう。そこで次のような問題が生じる。前述（Ⅱ3）の第2事案において、詐欺取消しを主張したかったが、証拠収集の状況から、弁済の抗弁を主張した結果、それが認められて請求棄却を得た。その後、詐欺成立に関する十分な証拠が整ったので、詐欺による取消権を行使し、弁済として支払った金員を不当利得による返還請求権で回収しようと考えたとしよう（以下、【**第3事案**】という）。すなわち、第2事案の口頭弁論終結後の錯誤無効の主張ではなく、口頭弁論終結後の取消権行使の主張の場合となるが、その取消し主張は既判力に抵触することなく認められるのか。やはり、前訴判決が請求棄却の場合でも、その取消権行使は前訴既判力の遮断効で排除されることになるのか[29]。排除されない理由が、主文判断内容が請求棄却であることに基づくのであれば、既判力は主文判断内容の枠内でのみ生じる、という既判力の基本的規律枠組みに沿って対処したことになる。それなら、既判力は標準時の時点での主文判断で確定された法律関係にのみ生じるので、既判力の遮断効で排除されるのはその（標準時での）判断内容と（実体法上の論理によると）矛盾する法律関係の主張

---

28)　松本・前掲注1) 176頁以下。
29)　少なくとも新堂・前掲注2) 720頁、高橋・前掲注2) 657頁はこれを排除せず、その主張を認めるようなので問題となる。

か否かという論理で決せられるべきである。

上記第3事案において、請求認容判決の場合は、判決内容と矛盾主張になるか否かで遮断するという論理の代わりに「主張すべき」か否かで遮断するという論理を用い、請求棄却判決となると、逆に、「主張すべき」か否かで遮断するという論理は用いず、判決内容と矛盾主張になるか否かで遮断するという論理を用いて、「既判力」で遮断するというのは整合性のとれた見解といえるのか。少し鵺(ヌエ)的な見解といわざるをえないのではないか。新堂説の規範分類説を前提とする一連の議論[30]によっても説得力ある説明が可能か疑問が残る。

前述のように、二元説における手続保障要請は、主文判断内容を越えて既判力の拡張をもたらすものではない。既判力による遮断効は、判決内容と矛盾する法的主張であるのか否かで判断されるという、前述の通説的な既判力枠組みが維持されるべきであり、そこに、「主張すべき」か否かで遮断するという異なる論理を持ち込むべきではなかろう。このような論理を持ち込む見解は、主文判断に生じる既判力の及ぶ射程を精査するという名目の下、実質的には主文判断内容を越えて既判力を及ぼすものといわざるを得ない点に疑問が残る。

また、「主張しておくべき」事由については必ず口頭弁論で主張しておかないと既判力で遮断されるという論理をとるのであれば、全部認容判決を得た原告が、判決確定後、同一訴訟物を再訴する（という講学上の）訴えに対して、訴え却下すべしという見解（訴え却下説）を採るのは背理となろう。なぜなら、「主張しておくべき」事由が前訴口頭弁論終結後に生じた場合で、後訴が提起されているのであれば、それらの事由は必ず後訴の口頭弁論で主張しておかないと後訴の既判力で遮断されることになる、と解すべきことになる。そうでないと論理一貫性を欠くことになるが、そのためには、後訴では必ず口頭弁論を開いて本案判決をして既判力の標準時を後訴の口頭弁論終結時まで引き上げておく必要があるからである。しかし、ここでの論者の多くは、この場合、訴え却下説をとっており[31]、その点でも疑問が残る。

30) 新堂・前掲注2) 726頁以下の「手続事実群」や「正当な決着期待争点」などによる遮断効論。
31) 新堂・前掲注2) 708頁、高橋・前掲注2) 595頁、河野・前掲注2) 571頁は訴えの利益欠缺ゆえ訴え却下とし、松本・前掲注1) 97頁以下（103頁）は、既判力の作用としての訴え却下説を採る。関連文献として、越山和広「既判力の作用と一事不再理説の再評価」松本博之先生古稀

なお、高橋説も折衷説であるが、前述の中野説の批判には正面から答えていないので、既判力による形成権行使排除の法理は必ずしも明らかではないが、前述の松本説とほぼ同旨かと思われる[32]。

(b) 訴訟物の構成内容を根拠とする論理　　前述の通説的な既判力枠組みを維持しつつ、(口頭弁論終結後の)形成権行使の既判力による遮断を根拠づける論理として、訴訟物の内容に、「(訴訟物たる法律関係の存否に限ることなく、それを超えて)口頭弁論終結後の権利変動を理由に主文判断内容を否定する主張」を排除するような内容が組み込まれていると解する見解が考えられる[33]。

例えば、前訴の口頭弁論終結時(既判力の標準時)における訴訟物たる請求権の存在を否定する瑕疵にとどまらず、将来においてその請求権の存在を否定する瑕疵の「不存在」までも主文判断に包含され、既判力が及ぶとの見解に立てば、訴訟物たる請求権認容判決の確定後、後訴で、すでに契約時に詐欺という意思表示の瑕疵があり、それを理由とする取消権を行使するという主張は、前訴の口頭弁論終結時(既判力の標準時)にすでにそのような瑕疵が存在していたとの主張をすることになるので、その主張は既判力に抵触し遮断されるという立論の余地が出てくる。

判例は、標準時後の形成権行使の許否基準として、当該形成権が「請求権の発生・成立原因に内在する瑕疵」に該当するか否かを問題にする[34]。その瑕疵の内容には、将来においてその請求権の存在を否定する瑕疵もが含まれており、かつ、その不存在までも認容判決の主文判断に包含されていると解釈できるのであれば、請求認容判決に対して、口頭弁論終結前に成立した告知権を口頭弁論終結後に主張して、その判決で認容された請求権の消滅を主張する場合、その請求権の消滅という主張は、確定判決の主文内容である「請求権の(口頭弁論終結時の)存在」判断との関係では、既判力の時的限界により既判力で遮断されないとしても、口頭弁論終結時には「請求権の発生・

　　祝賀・民事手続法制の展開と手続原則(弘文堂・2016)459頁、八田卓也「ドイツ民事訴訟法における一事不再理について」徳田和幸先生古稀祝賀・民事手続法の現代的課題と理論的解明(弘文堂・2017)347頁。
32)　高橋・前掲注2)591頁、614頁以下。
33)　ドイツではこのような方向での議論が一般的である点につき、越山和広「請求棄却判決と再訴の可能性(二・完)」近大法学46巻4号(1999)61頁、坂田・前掲注6)、松本・前掲注1)166頁以下、坂原・前掲注19)3頁以下、など。
34)　例えば、最判平成7年12月15日民集49巻10号3051頁など。ただし、判例の詳しい検討は、紙幅の都合から、割愛せざるを得ない。判例の展開は、前掲注14)掲載文献などを参照されたい。

成立原因に内在する瑕疵」は不存在であるという主文判断内容に抵触することになり、その点で既判力に抵触するとして、その取消権の主張を遮断することが可能になる。

判例はこのような論理に立つのではないかとも考えられるが、理論的には、主文で判断される訴訟物の内容に、どのようにして、将来においてその請求権の存在を否定する瑕疵をも含んだ「請求権の発生・成立原因に内在する瑕疵」の存否問題を包摂させるか、という解釈論が、処分権主義とも関係して、問題となろう。

学説では、垣内説が、「既判力は基準時において確定が期待し得た権利関係を確定するものと説明」されるとして、「前訴で主張すべきであったと言える」形成権についてはその遮断を認めることができる、と論じる[35]のも、訴訟物を「確定が期待し得た権利関係」と解する趣旨であるなら、この(b)に属する見解となる。渡部説も、訴訟物との関係から形成権を行使する責任を考えるべきと論じるので[36]、この(b)に属する見解といえよう。したがって、これらの見解にも、上記判例に対するのと同じ疑問が妥当する。

(c) 遡及効による「前訴判決内容に矛盾する主張」ゆえの排除という論理

以上の諸見解と異なり、判決内容と矛盾する主張となるので既判力の遮断効で排除されるという通説的な既判力枠組みに立った上で、形成権の遡及効により形成権行使の既判力による排除を根拠づけるのが伊藤説[37]である。この見解では、形成された法的効果が遡及効を有する場合、その法的効果の主張は、口頭弁論終結時にもそのような判決主文内容と矛盾する法的効果が成立しているとの主張を含むことになるため、判決主文内容に生じる既判力と抵触することになるので既判力の遮断効で排除されるという理論構成をとるが、相殺の抗弁は、一旦は「標準時には権利は存在する」と確定された内容を前提として、その債権を反対債権で「消滅させる」という消滅の抗弁の主張なので、判決主文内容と矛盾せず、既判力による主張排除は生じない、と

---

35) 垣内秀介「評釈」法協115巻2号 (1998) 291頁 (303頁)。
36) 渡部美由紀「判決の遮断効と争点の整理 (3・完)」法学64巻3号 (2000) 64頁。なお、柏木邦良・既判力の客観的範囲の研究 (リンパック・2001) 356頁も既判力の時的限界問題と訴訟物を結びつけて論じる。
37) 伊藤・前掲注2) 509頁以下 (510頁)。これと同旨の結論を「判決確定の効果たる不可争性」から導き出す見解として岡庭幹司「『既判力の時的限界』という法的視座への疑問」青山善充先生古稀祝賀・民事手続法学の新たな地平 (有斐閣・2009) 45頁以下。

いう。それに対し、意思表示の瑕疵による取消しの抗弁の主張内容は、そもそも訴訟物たる「権利は成立しない」という、権利障害の抗弁の主張なので、「標準時には権利は存在する」と確定された内容と矛盾する主張となり、既判力で排除されることになる、という。

しかし、この場合は、単なる「債権不成立」の主張ではなく、「遡及的不成立」の主張なので、この両者が法的に同じものと評価できるかが問題となる。この点、現在の民法の通説・判例によると、意思表示の瑕疵による取消の場合でも、いわゆる遡及的物権変動を認める。すなわち、一度不動産の所有権を取得した以上、その所有権の取得原因である法律行為が取り消されても、登記を有する限り第三者との関係ではいまだ所有権者としての地位が残存する（すなわち、権利不成立ではない）として二重譲渡が可能となるという見解が現在も通説・判例の見解であるといわれている[38]。そのような現在の民法の通説・判例に立つ限り、両抗弁とも（口頭弁論終結時に存在すると判断され確定された）請求権の不存在を遡及的に主張するものであるが、一旦は口頭弁論終結時には存在すると確定された内容を前提とする点で異ならないことになる[39]。

すなわち、遡及効を根拠にしても、形成権行使の既判力による遮断許否問題については、中野説が妥当し、遡及効を理由に形成権行使の既判力による遮断は根拠付けることができず、「前訴判決内容に矛盾する主張」ゆえの排除という論理でも形成権行使を既判力により排除することはできないことになる。

3 結　論

以上の検討から、既判力による形成権行使許否問題については、行使の全面的認容を認める中野説をもって妥当とすることになる。しかし、遡及効の存在を理由に口頭弁論終結後の形成権行使を既判力では排除できないとしても、そのことから、直ちに、全ての口頭弁論終結後の形成権行使が認められるという結論が妥当となるわけではない。

---

[38]　代表として、加藤雅信・新民法体系Ⅱ物権法［第2版］（有斐閣・2005）125頁以下。
[39]　その限りで、山本・前掲注24）198頁や松本・前掲注1）156頁の指摘は正当ということになる。

中野説は民法が取消権の熟慮期間をかなり長い期間認めていることを強調し、取消権の訴訟上行使を規制することは問題である、という論理を展開する[40]。

しかし、民法は、形成権行使による権利変動の対象となる権利は現に存在し、かつ、形成権も有効に存在することを前提にしての規律を定めるものである。形成権行使による権利変動の対象となる権利自体の存在が争われており、形成権も有効に存在するか争われる訴訟という状況を前提とする規定ではない。

少なくとも、現行の民事訴訟手続では、迅速な訴訟による紛争解決要求から、適時提出主義がとられ（民訴156条・157条）、当事者への訴訟促進義務も課されている（民訴2条）。そのような訴訟手続においては、その争われている権利を否定するための形成権であれば、口頭弁論終結時までにその行使が強制され、それを行わない以上、その口頭弁論終結時以後の行使は実体法上失権する、という民法上の解釈を行うとしても、それは必ずしも不当な解釈とはいえない[41]。実体法の権利を訴訟上行使する場合は、民法上のみならず訴訟法上も適切な法的結果が維持されるべく（その手続上での行使時の問題点に配慮した）実体法規の修正的適用が行われるべきことは多数説の認めるところであるからである[42]。この問題を実体法上の解釈問題と解すれば、標準時後の形成権行使が既判力の遮断効で排除される場合には、その形成権行使により生じた実体法上の効果はどうなるのか、という問題[43]も解決されることになる。

そして、従来の（前述折衷説における）標準時後の形成権行使の許否に関す

---

40) 中野・前掲注17) 46頁、石川・前掲注20) 42頁も同旨。
41) この点は、すでに松本・前掲注1) 113頁が指摘している点であり、この問題を実体法の解釈問題として扱うことの可能性はすでに中野・前掲注7) 258頁も示唆していた。坂原・前掲注19) 20頁もこれを認め、既判力による実体法の権利行使制限を論じるが、実体法上、形成権行使が制限されるのであれば、それを既判力で制限する必要はないから、論理的に矛盾することになる。また、坂原説のように、実体法上の解釈として、全ての形成権の標準時後の行使を否定するというのは、石川・前掲注20) 41頁がすでに批判するところであるが、画一的すぎるといわざるを得ない。
42) 例えば、相殺の抗弁の主張に関し、その行為が時機に後れた攻撃防御方法として却下された場合、民法の明文（民506条1項）に反して、上記の理由から、裁判上行使する相殺の意思表示は条件付きのものであると解して対処するのが多数説である。松本博之・訴訟における相殺（商事法務・2008) 39頁以下（40頁）。
43) 松本・前掲注1) 113頁。

る、各形成権の実体法上の特質や制度目的を重視した利益衡量的・政策的諸検討はまさにこの民法上の解釈による行使許否判断のための検討と考えるべきである。そこでの諸検討を踏まえると、あくまで実体法上の解釈論としてではあるが、取消権については松本説（いわゆる中間説）の結論が、相殺権と建物買取請求権については行使認容説の結論が妥当と思われる[44]（その他の形成権については結論留保）。訴訟上の信義則により形成権行使規制を検討するという見解もあり得る[45]が、定型的・原則的な行使許否を検討する問題に信義則を用いるのは不適切であろう。

Ⅳ　本稿のまとめ

既判力の伝統的な基本的規律枠組みは現在でも維持されるべきであり、既判力の遮断効で排除される主張か否かは、標準時までに「主張・提出すべきであった」か否かではなく、標準時での主文判断で確定された法律関係に反する法律関係か否かで決定されるべきことになる。そうすると、標準時後の形成権行使により生じる法律関係の主張を既判力の遮断効で排除するための法理としては、訴訟物の内容を工夫するか、形成権の遡及効を根拠にするか、という法律構成をとることになるが、現在のところ、それらのいずれも十分な論拠となり得ていない。したがって、既判力による形成権行使排除は理論的には困難なので、むしろ、実体法上の解釈問題として行使許否が検討されるべきであろう。

【付記】
　研究生活上、上野䖝男先生の励ましの御言葉で生き返ったことがよくあります。古稀のお祝いに、今日までの感謝の念を込めて、この拙稿を献呈いたしたく存じます。

---

44) 紙幅の都合上、結論のみに止めざるを得ないが、具体的理由としては、松本・前掲注1）152頁以下、高橋・前掲注2）614頁以下で展開されている各説の理由を援用することになる。
45) 中野・前掲注7）258頁が示唆する。

既判力の失権効と要件事実
―― 口頭弁論終結後の承継人への既判力拡張・補論

◆鶴田　滋◆

- I　問題の所在
- II　既判力の拘束力と失権効
- III　既判力の失権効と要件事実
- IV　口頭弁論終結後の承継人への既判力拡張の作用
- V　おわりに

I　問題の所在

1　本稿の目的

本稿の目的は、口頭弁論終結後の承継人への既判力拡張を論じる上での補足として、既判力の失権効（遮断効）と要件事実の関係について論じることを目的とする。

2　問題状況

口頭弁論終結後の承継人への既判力拡張については、これまで様々な見解が登場してきたが、未だ決着をみていない。この問題については、主に次の【例1】を念頭に、次の点が議論されてきた。

　　【例1】　Xは、Yを被告として、土地所有権に基づく建物収去土地明渡請求の訴え（前訴）を提起した。当該請求を棄却する判決が下され、それが確定した。その後、前訴口頭弁論終結後にYはZに地上建物を譲渡した。そこで、XはZを被告として土地所有権に基づく建物収去土地明渡請求の訴え（後訴）を提起した。

まず、承継人の定義についてである。伝統的な見解は、既判力本質論にお

ける権利実在化説を前提に、承継人を当事者適格を承継する者と定義する（適格承継説）。しかし、口頭弁論終結後に訴訟物である権利関係や係争物の譲渡が行われても、当事者適格（訴訟追行権）は前主から承継人に移転しないため、適格承継説では承継人を定義づけできないことが既に明らかになっている。そこで、現在、紛争の主体たる地位の承継説、依存関係説、実体適格の承継説などが対立しているが、私見は、前主またはその相手方の前訴における既得的地位の保護を目的とする民事訴訟法115条１項３号の趣旨に鑑み、実体適格の承継説を採ることを明らかにした[1]。【例１】に即していえば、Ｚは、Ｙから地上建物を譲り受けた結果、Ｙの土地占有を承継したため、ＸのＹに対する土地所有権に基づく地上建物収去土地明渡請求権についてのＹの義務主体性（消極的実体適格）を喪失させ、新たに、ＸのＺに対する土地所有権に基づく建物収去土地明渡請求権の義務主体性を取得したことから、承継人に当たるとした。

次に、承継人への既判力の作用の問題がある。伝統的な見解によれば、ここでも既判力本質論における権利実在化説を前提に、前主とその相手方との間の訴訟において実在化した権利関係が承継人に承継されることにより、承継人と相手方間の権利関係も実在化されたものとして扱われる。しかし、既判力本質論における現在の通説は訴訟法説であり、これによれば、前訴で前主とその相手方との権利関係が既判力により確定し、後訴裁判所はこの判断に拘束されるので、伝統的な見解により既判力の作用を説明することは現在困難となっている[2]。しかし、既判力本質論における訴訟法説を前提としても、さらに次の２つの問題が生じる。

１つは、既判力は、前訴の訴訟物についての判断が後訴における訴訟物と、同一または先決・矛盾関係にある場合にのみ作用するが、いわゆる占有承継における、前主とその相手方との間の前訴と、承継人と相手方との間の後訴は、前述の３つの関係のいずれにも当たらないのではないか、という問題で

---

1) 学説の詳細と私見については、鶴田滋「口頭弁論終結後の承継人への既判力拡張の意味」法政研究81巻４号（2015）822頁以下、同「判決効拡張・訴訟承継における承継人概念」法時88巻８号（2016）26頁以下を参照。
2) ただし、実質説と既判力本質論との結びつきに関する疑問として、加波眞一「口頭弁論終結後の承継人への既判力拡張論の現状」徳田和幸先生古稀祝賀・民事手続法の現代的課題と理論的解明（弘文堂・2017）338頁注７）。

ある[3]。【例1】に即せば、前訴の訴訟物であるXのYに対する土地所有権に基づく建物収去土地明渡請求と後訴の訴訟物であるXのZに対する土地所有権に基づく建物収去土地明渡請求が、同一、先決または矛盾のいずれの関係にもないので、前訴判決の既判力が後訴に作用しないとの批判である。この点について私見は、仮に承継がなかった場合には民訴法115条1項1号の既判力により保護されるはずであった前主またはその相手方の既得的地位を保護するという、前述の民訴法115条1項3号の趣旨に鑑み、「前訴の訴訟物が、仮に前訴口頭弁論終結後に承継の事実がなかったならば、前主との関係で提起されるはずであった後訴の訴訟物と、同一であるか、矛盾または先決関係にある場合には、前訴確定判決の既判力が現実の後訴に作用する」と解した[4]。私見によれば、【例1】においては、YからZへの占有承継がなかった場合の仮定のX・Y間の後訴の訴訟物に、XのYに対する土地所有権に基づく建物収去土地明渡請求を観念することができる。この仮定のX・Y間の後訴と前訴は、当事者も訴訟物も同一であることから、前訴確定判決の既判力は仮定のX・Y間の後訴を拘束する。この仮定のX・Y間の後訴を拘束すべきであった前訴確定判決の既判力が、現実のX・Z間の後訴をも拘束する[5]。

もう1つは、仮に前訴判決の既判力が後訴裁判所を拘束するとしても、前訴判決の既判力は前訴の訴訟物となった権利関係にしか生じない以上（民訴114条1項）、前訴判決の既判力は後訴裁判所にとって何ら役に立たないのではないか、という疑問である[6]。たとえば、山本弘教授は、【例1】の前訴においてXが勝訴したケースを念頭に、要件事実的にみれば、「前訴判決が

---

[3] 髙田昌宏「口頭弁論終結後の承継人」民事訴訟法判例百選［第3版］(2003) 191頁。山本克己教授も、「前訴の訴訟物は……後訴の訴訟物の先決関係でない」ため、「前訴確定判決の既判力を、……後訴に及ぼしても無意味である」と述べる（同「口頭弁論終結後の承継人」民事訴訟法判例百選［第5版］(2015) 185頁）。

[4] 鶴田・前掲注1）法政研究832頁。

[5] この局面における私見は、「新たに訴訟上主張される請求権……は、前訴において主張された請求権……と同一性を擬制される結果、既判力が及ぶ」と考える訴訟物同一性擬制説（例えば、越山和広「既判力の主観的範囲―口頭弁論終結後の承継人」新堂幸司監修・実務民事訴訟講座［第3期］第3巻（日本評論社・2013）310頁。この考え方は、上野泰男「既判力の主観的範囲に関する一考察」関西大学法学論集41巻3号（1991）932頁注48を発端とする）を、民訴法115条1項3号の趣旨から正当化したものと位置づけることができる。この点に関するコメントとして、加波・前掲注2）392頁注13）。

[6] この批判は、丹野達「既判力の主観的範囲についての一考察」民事法拾遺（酒井書店・2004〔初出1995〕）216頁以下に端を発する。

乙〔Y：筆者〕の借地権を否定していたとしても、それは乙〔Y：筆者〕の抗弁についての判決理由中の判断に過ぎない」と述べる[7]。

　この点についても、私見は、前訴判決の既判力の「失権効は、前訴において訴訟物となった権利関係の範囲でのみで生じる」が、「承継人と相手方との現実の後訴においても、想定された後訴において作用し得たのと同じように作用する」ので、上記の問題を克服することは可能であると述べた[8]。すなわち、私見によれば、【例1】では、前訴確定判決の既判力が後訴を拘束し、その失権効により、前訴において確定された主文中の判断である、前訴口頭弁論終結時におけるXのYに対する所有権に基づく建物収去土地明渡請求権の不存在と矛盾する攻撃防御方法が遮断される。具体的には、前訴判決がXが土地を所有していないという理由で請求を棄却した場合には、前訴口頭弁論終結時にXが土地を所有していなかったことと矛盾する主張や挙証を、前訴判決がYが土地の占有権原を有しているとの理由で棄却した場合には、前訴口頭弁論終結時にYが土地占有権原を有していたことと矛盾する主張や挙証を、後訴の当事者が行うことは許されない[9]。

　しかし、この私見に対しては、笠井正俊教授から、「結局のところ理由中の判断に拘束力を認めてそれを承継人に拡張している」と批判された[10]。そこで、この点についての論証がさらに必要であると思われるので、本稿はこの問題について再論することを目的とする。

---

7) 山本弘「弁論終結後の承継人に対する既判力の拡張に関する覚書」伊藤眞先生古稀祝賀・民事手続の現代的使命（有斐閣・2015）695頁。山本克己教授も、前訴確定判決の既判力である「積極的効力を及ぼすことに意味がない後訴であっても、既判力の消極的効力ないし失権効が拡張されることがある……と説く見解」は、「前訴確定判決の理由中の判断……に既判力を肯定し、その拡張を認めることに帰するのではなかろうか」と述べる（山本（克）・前掲注3）185頁）。中西正「既判力・執行力の主観的範囲の拡張についての覚え書き」伊藤滋夫先生喜寿記念・要件事実・事実認定論と基礎法学の新たな展開（青林書院・2009）621頁および623頁も同旨。
8) 鶴田・前掲注1）法政研究850頁。
9) 鶴田・前掲注1）法時28頁注13。なお、越山教授も、「第一訴訟の判決効が第二訴訟へ及ぶ」のは、「第一訴訟と第二訴訟とで承継がなかったと仮定した場合に、第一訴訟の既判力が第二訴訟に及ぶ限度で」あると述べ、その場合の既判力の作用は、【例1】に即していえば、標準時におけるX・Y間の権利関係の不存在を前提にして、X・Z間の権利関係の審理がされるという意味で「先決関係と同じに扱われる」と述べる（越山・前掲注5）310頁以下）。
10) 笠井正俊「口頭弁論終結後の承継人に対して判決効が作用する場面について」松本博之先生古稀祝賀・民事手続法制の展開と手続原則（弘文堂・2016）558頁注1）。

3　問題意識

　ところで、近時における口頭弁論終結後の承継人への既判力拡張をめぐる議論は、上野泰男教授による問題提起を発端としている。上野教授によれば、承継人への既判力の作用について、次のように述べている。すなわち、「口頭弁論終結後の承継人は、前訴当事者間で確定された権利関係を争いえないという拘束を受けるが、自己が当該権利関係の主体でない結果、その主たる意味は、既判力によって確定された相手方・前主間……の権利関係につき遮断される攻撃防御方法が、相手方・承継人間……の権利関係についてもまた遮断される」。言い換えると、「攻撃防御方法の遮断という既判力の消極的作用は、元来、既判力でもって確定された権利関係を争う結果となる場合に作用するが、この攻撃防御方法の遮断が、承継関係が介在することによって、相手方が（又は相手方に対して）向けかえなければならない、承継人と相手方との間の権利関係についてもまた作用する」、と述べる[11]。

　ところが、私見によれば、上野教授による上記の問題提起が後の学説に必ずしも受け継がれていなかったために、現在においても、承継人への既判力の作用をめぐる議論が紛糾していると考える。具体的には、次の2点に問題がある。

　1つは、既判力の拘束力と失権効（遮断効）の区別が十分に行われていない点である。たしかに、後訴裁判所が、前訴の確定判決の既判力により拘束される対象の範囲は、前訴において訴訟物となった権利関係についての判断に限定される（民訴114条1項）。しかし、既判力の作用は、このような積極的作用に限られず、前訴確定判決の既判力に拘束される後訴裁判所は、前訴において訴訟物となった権利関係についての判断と矛盾する攻撃防御方法の提出を後訴の当事者に許さない、という消極的作用すなわち失権効も存在する[12]。この失権効は、前訴の訴訟物となった権利関係についての前訴裁判所

---

11)　上野・前掲注5) 931頁以下。
12)　もっとも、一事不再理効による訴えの却下の場合を除けば、既判力の拘束力とは別に、失権効を独立して承認する必要はないとする見解も近時有力である（例えば、髙見進「判決効の意義と機能」前掲注5) 実務民事訴訟講座第3巻274頁、越山和広「既判力の作用と一事不再理説の再評価」前掲注10) 松本博之先生古稀祝賀474頁）。しかし、この見解によっても、既判力の拘束力の反射または論理的な帰結として、前訴の既判力ある判断と矛盾する当事者の攻撃防御方法の提出を許さない点には、争いがないと思われる。例えば、伝統的な拘束力説に立つ岩松三郎博士は、次のように述べる。すなわち、既判力は「裁判所が既判力ある判決の確定したところを、そのまま裁判の基礎としなければならないことを意味するのであり、その審判権を制約するもの

の判断が誤っていることを根拠づける攻撃防御方法の遮断を意味するから、失権されるべき攻撃防御方法が、前訴判決の理由中の判断と重なりあうことがあるのは、むしろ当然である。したがって、このような攻撃防御方法の失権を認めることは、判決理由中の判断に既判力（拘束力）は生じないとの立法判断と矛盾しないはずである。それにもかかわらず、現在の学説においては、前訴における訴訟物である権利関係についての判断と矛盾する攻撃防御方法の失権を認めることは、判決理由中の判断に既判力を認めることであると批判するものが多く存在する[13]。

　もう1つは、既判力の拘束力と要件事実論を不必要に結びつけている点である。たとえば、丹野達元判事は、「前訴の訴訟物たる権利自体が後訴の請求原因の一つとなる場合においてのみ、それは、後訴の訴訟物たる権利又は法律関係の発生ないし移転の要件事実となるのであって」、「この場合においてこそ前訴判決の既判力が後訴において効果を発揮するものであり、そのためには、第三者が前訴の訴訟物たる権利自体を承継することがまず必要であ」り、「これ以外の場合には、前訴判決の既判力を第三者に拡張するといってみても、法律上の効果はなく、事実上の効果に期待を寄せるほかない」と述べる[14]。山本弘教授も、前述の【例1】の前訴においてXが勝訴したケースを念頭に、後訴においては、後訴の両当事者（XおよびZ）にとっても、前訴の訴訟物についての判断であるYがXに対して「建物収去・土地明渡義務を負うことは攻撃防御方法を構成しない」と述べる[15]。しかし、前訴判決の既判力が後訴を拘束するかどうか、言い換えると、後訴裁判所が前訴確定判決の主文中の判断に拘束されるかどうかは、前訴と後訴の訴訟物が同一、先決または矛盾関係にあるかどうかによって決まり、かつ、それは、前訴と後訴において訴訟物となった権利関係の実体法的論理関係によって決まる。

　　　に外ならない。そして、これによって、反射的に当事者は既判力ある判決主文の内容に反する主張を訴訟上有効になし得ないこととなるのである」。岩松三郎「民事裁判における判断の限界」民事裁判の研究（弘文堂・1961）90頁以下。
13)　平成28年の司法試験に、この点についての問題が出題された（論文式試験問題民事系科目第3問設問3）。その出題趣旨をみると、判決理由中の判断であるため既判力は作用しないとの見解を前提としているように読めるが（「論文式試験問題の趣旨」11頁。http://www.moj.go.jp/content/001204818.pdf）、林昭一教授による問題解説の通り、判決主文中の判断の失権効と捉える見解（林昭一・法セミ740号〔2016〕76頁）の方が正しいと思われる。
14)　丹野・前掲注6）219頁以下。
15)　山本弘・前掲注7）695頁。

とりわけ、先決関係の存否は、「法律効果相互の実体法上の関連により定まる」[16]。したがって、前訴において訴訟物となった権利関係についての判断が、後訴の請求原因の1つとなるかどうかや、後訴における当事者の攻撃防御方法を構成するかどうかは、前訴判決の既判力が後訴を拘束するか否かの判断基準とは必ずしも関係がない[17]。その他、山本教授が、【例1】の前訴におけるYの賃借権の抗弁は「要件事実的には」判決理由中の判断であると述べる点も[18]、前述の通り、既判力の拘束力と失権効の区別を曖昧に捉えており問題である。

4 考察の方法

以上の問題意識を前提に、既判力の失権効と要件事実の関係を念頭に、口頭弁論終結後の承継人へ既判力が具体的にはどのように作用するのかを論じることとする。

この問題について学説が混迷する原因は、おそらく、前訴と同一の当事者間の同一訴訟物の後訴においてすら、前訴確定判決の既判力とりわけ失権効がどのように作用するのか、さらにいえば、その失権効と要件事実はどのような関係にあるのかについて、十分に論じられてこなかったためであると思われる。そこで、以下、ⅡとⅢでは、前訴が請求棄却判決であった場合を念頭に、同一当事者間の同一訴訟物における後訴の既判力の作用について論じ、このうちⅡでは既判力の拘束力と失権効の関係を、Ⅲでは既判力の失権効と要件事実の関係を論じる。その結果を踏まえて、Ⅳでは、口頭弁論終結後の

---

16) 松本博之＝上野泰男・民事訴訟法［第8版］（弘文堂・2015）620頁〔松本〕。
17) もっとも、先決関係における既判力の作用の典型例に挙げられる次の場合、すなわち、XがYを被告として提起したある物の所有権確認訴訟の請求棄却判決確定後、XがYを被告として同一物の所有権に基づく返還請求訴訟を提起した場合には、前訴確定判決が既判力を有する事項、すなわち、Xが当該物の所有者でないという事項は、Xの後訴における請求原因事実の1つであるX が当該物の所有者であることと抵触するため、前訴確定判決の既判力により確定した事項が、後訴当事者の攻撃防御方法（この場合はYの防御方法）を構成する。しかし、先決関係を理由に既判力が作用するケースは、前述の典型例に限られないのではないだろうか。例えば、松本博之教授は、「給付を命じる確定判決は、債務不履行に基づく損害賠償請求の訴えまたは違約金の支払請求の訴えに対しても先決関係として既判力を及ぼす。侵害の差止めを命じる確定判決は、侵害による損害の賠償を求める後訴に対しても、既判力を及ぼす」と述べるが（松本＝上野・前掲注16）621頁〔松本〕）、これらの場合、前訴確定判決の訴訟物についての判断は、後訴における請求原因事実や抗弁事実を必ずしも構成しないと思われる。もっとも、松本教授の見解は、現在の学界において広く支持されているとはいえないため、この点については、Ⅱにおいて詳述する。
18) 前掲注7）とそれに対応する本文を参照。

承継人へ既判力がどのように作用するのかを明らかにする。最後に、Vにおいて本稿のまとめを述べる。

II　既判力の拘束力と失権効

前訴が請求棄却判決であった場合に、前訴と同一当事者、同一訴訟物の後訴に、前訴確定判決の既判力の拘束力と失権効は、どのように作用するのであろうか。次の例を挙げて考察する。

【例2】　XはYを被告として、土地所有権に基づく、地上建物収去土地明渡しを求める訴えを提起した。Xの請求は全部棄却され、確定した。その後、XがYを被告として再度同じ訴えを提起した。

この場合、前訴と後訴の当事者と訴訟物は同一であるため、前訴判決の既判力が後訴に作用する。一般に、前訴と後訴の訴訟物が同一の場合、通説的な見解によれば、後訴裁判所は、前訴口頭弁論終結時における訴訟物である権利関係についての判断、【例2】では、XのYに対する土地所有権に基づく地上建物収去土地明渡請求権の不存在の判断に拘束され、基準時後の新たな事由が主張されない限り、Xの請求は棄却される[19]。これに対して、一事不再理を強調する有力説によれば、この場合には、Xの訴えが不適法として却下される[20]。しかし、この点について、近時の有力説は、前訴の口頭弁論終結後の新たな事実が前訴の同一訴訟物の後訴において主張される可能性を考えにくいケースを念頭に置いて、この場合にまで、前訴の口頭弁論終結後から後訴の口頭弁論終結時における、後訴の請求認容判決を理由づける攻撃防御方法を既判力により遮断するためだけに、後訴において本案判決をする必要はなく、訴訟経済のために訴訟判決をすべきではないか、と論じていた[21]。したがって、棄却説、却下説のいずれによっても、後訴裁判所は、後

---

19)　例えば、兼子一ほか・条解民事訴訟法［第2版］（弘文堂・2011）548頁〔竹下守夫〕、伊藤眞・民事訴訟法［第5版］（有斐閣・2016）525頁。
20)　有力説を再評価する嚆矢となった文献として、松本博之「請求棄却判決の確定と標準時後の新事実による再訴」既判力理論の再検討（信山社・2006〔初出2002〕）97頁以下、松本＝上野・前掲注16）617頁以下〔松本〕。
21)　この点を指摘する有力説として、岡庭幹司「『既判力の時的限界』という法的視座への疑問」

訴と同一当事者間の同一訴訟物である前訴の確定判決の主文中の判断を前提に、自ら判決をしなければならないことは、これを既判力の拘束力と呼ぶかどうかは別にして、当然の前提とされていたと考えられる[22]。そこで、以下では、現在の通説的見解である拘束力説を前提に考察をする。

それでは、拘束力説を前提とすれば、前訴請求棄却判決の既判力が、前訴と同一当事者間の同一訴訟物の後訴において、どのような態様で拘束力を及ぼし、その結果、後訴における当事者のどのような攻撃防御方法の提出を遮断するのかを確認したい。現在の学説によれば、この場合における既判力の作用の態様は、前訴における請求棄却判決の理由により異なると考えられている。詳細は次の通りである。

まず、前訴裁判所が、Xが土地を所有していない、または、Yが土地を占有していないとの理由で棄却した場合、後訴裁判所は、前訴標準時における所有権に基づく建物収去土地明渡請求権が存在しないとする前訴確定判決の判断に拘束され、通常は、請求棄却となる。この場合、既判力の失権効により、前訴標準時における権利の不存在と矛盾する後訴当事者の主張、たとえば、標準時前にXが土地所有権を取得した、もしくは、Yが土地占有を取得した、または標準時後にYが土地占有権原を喪失したなどの主張は許されない[23]。

これに対して、前訴裁判所が、Xは土地を所有していない、または、Yは土地を占有していないとの理由でXの請求を棄却した場合でも、標準時後にXが土地所有権を、または、Yが土地占有を取得したと主張して、XがYを被告として、XのYに対する土地所有権に基づく建物収去土地明渡請求の訴えを提起することはできる。この後訴の訴訟物と前訴のそれが同一であると解すれば、前訴標準時における所有権に基づく建物収去土地明渡請求権の不存在についての判断に後訴裁判所は拘束される。その結果、既判力の失権効により、これと矛盾する当事者の攻撃防御方法の提出が許されない

青山善充先生古稀祝賀・民事手続法学の新たな知平（有斐閣・2009）54頁、高見・前掲注12）278頁以下、越山・前掲注12）463頁以下。
22) この点をさらに掘り下げて検討した文献として、八田卓也「ドイツ民事訴訟法における一事不再理について」前掲注2）徳田和幸先生古稀祝賀347頁。
23) この場合、権利がそもそも発生していないとの前提的判断に基づいてなされた、訴訟物として主張された権利の不存在の判断に既判力が生じる、と説明される。上野泰男「既判力の客観的範囲」法教282号（2004）12頁以下、とりわけ13頁を参照。

こととなる。

　次に、Yの土地賃借権の抗弁が認められるなど、Yが土地占有権原を有しているという理由で棄却された場合に、Xが、標準時にYに土地占有権原がなかったという主張をして、Yを被告として同一訴訟物の再訴を提起する場合には、前訴確定判決の既判力が後訴に作用し、通説によれば、後訴は請求棄却となる。しかし、この場合にXが、標準時後にYが土地占有権原を喪失したという主張をして、Yを被告として同一訴訟物の再訴を提起することは許される[24]。後者の場合の後訴では、前訴の標準時前に生じた事実について再度主張することが許される。なぜなら、前訴の請求棄却判決において、たまたまXの土地所有とYの土地占有について積極的な判断がされていても、この判断は主文における判断に影響しないからである[25]。

　以上から、請求棄却判決の場合は、棄却理由により既判力の作用の態様が異なるものの、前訴確定判決の判断が後訴裁判所を拘束する限り、いずれの場合にも、既判力の失権効として、前訴標準時における所有権に基づく建物収去土地明渡請求権の不存在についての判断と矛盾する攻撃防御方法の提出は許されないことが明らかになった。

　ここで確認しておきたいのは、時間的な側面を考慮すると、訴訟物同一の場合の既判力の拘束力は、後訴の口頭弁論終結時における訴訟物である権利関係にとって、前訴の口頭弁論終結時における訴訟物である権利関係が、先決的法律関係にあることから生じるということである。しかも、この場合の既判力は、前訴判決の判断が、後訴における請求原因や抗弁のような当事者の攻撃防御方法を構成していないにもかかわらず作用している[26]。このことからも、既判力の拘束力と要件事実論は必ずしも関連するわけではないこと

---

[24] この場合、前訴の同一訴訟物の後訴における、前訴確定判決の既判力の時的限界の問題として捉えられるのが一般的である。しかし、一時的棄却の問題としても把握可能である。すなわち、土地賃借権の終期が到来していないとの前提的判断に基づいて、そのような消極的属性をもった権利であるとの判断に既判力が生じると捉える。上野・前掲注23) 13頁参照。一時的棄却の適用範囲については、高橋宏志・重点講義民事訴訟法(上) [第2版補訂版] (有斐閣・2013) 604頁注24) に詳しい。

[25] 上野・前掲注23) 13頁。

[26] 越山・前掲注12) 472頁以下は、給付請求の前訴において請求認容判決を受け敗訴した相手方が標準時以後の事実関係の変動（弁済など）を主張して債務不存在確認訴訟を行う場合、前訴と後訴は訴訟物が同一であるにもかかわらず、「先決関係に類似した場面」であり、したがって、既判力の積極的作用に基づく処理が求められる、と述べる。この場合も、前訴の判決主文中の判断は、後訴における請求原因や抗弁を構成しない。

を示すことができる。

Ⅲ 既判力の失権効と要件事実

　それでは、既判力の失権効は、現実の後訴において具体的にはどのように現れるのであろうか。後訴における当事者の攻撃防御方法の提出を規律するのは要件事実論であるから、これと失権効がどのような関係にあるのかを明らかにすると、既判力の失権効の態様がさらに明確となろう。

　まず、【例２】において、前訴裁判所が、例えば、ＸがＡから本件土地を譲り受けたとのＸの所有権取得原因事実が否定された結果、Ｘが土地を所有していないとの理由で棄却したにもかかわらず、Ｘが、前訴の標準時に所有権に基づく建物収去土地明渡請求権が存在したことを前提とする再訴を提起したと仮定する。この場合、Ｘは、後訴において、請求原因事実として、①Ｘが本件土地を所有していること、②Ｙが本件土地を占有していることを主張するであろう[27]。

　これに対して、既判力は職権調査事項ではあるが、通常は、Ｙは前訴の請求棄却判決は既に確定しているとの陳述をし、既判力についての裁判所の職権発動を促す[28]。これを受けて、後訴裁判所が、自らが前訴確定判決に拘束されることを確認すれば、当事者が前訴口頭弁論終結後にＸが新たに土地所有権を取得したとの事実を主張しない限り、後訴裁判所は、Ｘの後訴について再度請求棄却判決を下すことになる。その結果、Ｘが後訴において主張した請求原因事実①および②は、裁判所に訴訟資料として取り上げられることなく失権したことになる。とりわけ、請求原因事実①は、前訴判決の理由中の判断と矛盾する主張であるが、この主張は、前訴判決の主文中の判断についての既判力の失権効により遮断されたことになる。さらにいえば、この場合にＸが前訴の請求棄却理由とは異なる所有権取得原因事実、例えば、標準時前にＡから本件土地を贈与されたとの事実を主張していても失

---

27) 例えば、司法研修所編・改訂 紛争類型別の要件事実（法曹会・2006）59頁。
28) 田中豊・民事訴訟の基本原理と要件事実（民事法研究会・2011〔初出 2008〕）4 頁以下によれば、この当事者の陳述は、「既判力に関する主張」と呼ばれ、「実体法上の主張」、「本案前の主張」、弁論主義の適用を前提とする「抗弁」のいずれとも異なると正当に指摘されている。

権することとなる。

　次に、Yの土地賃借権の抗弁が認められるなど、Yが土地占有権原を有しているという理由で棄却されたにもかかわらず、Xが、前訴の標準時にYに土地占有権原がなかったと主張して、Yを被告として同一訴訟物の再訴を提起する場合について考える。この場合にも、Xは、後訴において、請求原因事実として、①Xが本件土地を所有していること、②Yが本件土地を占有していることを主張するであろう。

　これに対して、Yは、抗弁事実として、③Yは、前訴標準時前に本件土地をXより賃借し、その土地の引渡しを受けた結果、現在土地を占有する権原を有していることを主張するとともに[29]、前訴においてこの事実が真実であり、その標準時におけるYの占有権原の存在が認められた結果、前訴の請求が棄却され、その判決は既に確定しているとの陳述をする。後訴裁判所が、前訴確定判決に拘束されることを確認すれば、Xが前訴標準時後に土地賃貸借契約が終了したなど、Yの土地占有権原が前訴標準時後に喪失したことを基礎づける事実を主張しない限り、後訴裁判所は、Xの後訴について再度請求棄却判決を下すことになる。その結果、Xが後訴において主張する（はずであった）抗弁事実③の前訴標準時における存在を否定する事実、たとえば、前訴口頭弁論終結時までに、XはYと土地賃貸借契約を締結しなかったとか、Yとの土地賃貸借契約はすでに終了していたなどの事実の陳述は、既判力の失権効により、裁判所に訴訟資料として取り上げられることなく遮断される。ここでも、抗弁事実③の前訴標準時における存在は、前訴判決の理由中の判断であるにもかかわらず、これを否定する陳述は、前訴判決の主文中の判断の既判力の失権効により遮断される。

　以上の考察から、後訴において、前訴の訴訟物となった権利関係についての判断と矛盾する当事者の攻撃防御方法の提出を遮断する失権効は、前訴判決の理由中の判断にも作用することが明らかとなった。しかも、請求棄却判決の場合は、請求を棄却する理由と矛盾する攻撃防御方法を提出することによってはじめて、当事者は後訴において前訴判決の蒸し返しをすることが可能になるのであるから、前訴において請求が棄却されることとなった直接の

29）　例えば、司法研修所編・前掲注27）58頁。

理由中の判断に反する攻撃防御方法を、後訴当事者が提出できないようにすることが、既判力の制度目的である紛争の蒸し返し防止のためには最も重要である。

Ⅳ 口頭弁論終結後の承継人への既判力拡張の作用

　以上の考察を前提に、前述の【例1】を用いて、口頭弁論終結後の承継人への既判力拡張の作用態様を具体的に論じてみたい。
　まず、Ⅰ2で述べたように、115条1項3号は、仮に承継がなかったならば115条1項1号により保護されるはずであった前訴当事者（【例1】ではY）の既得的地位を、承継があった場合の後訴においても保護することを目的とする。したがって、仮に承継がなかった場合のX・Y間の後訴に、【例2】のような、XのYに対する土地所有権に基づく建物収去土地明渡請求を観念でき、かつ、この仮定の後訴の訴訟物と前訴の訴訟物が同一であることから、前訴判決の既判力が現実の後訴にも作用する。そのため、X・Z間の後訴の裁判所は、仮定の後訴の訴訟物と前訴の訴訟物が同一である場合と同様に、X・Y間の前訴標準時における所有権に基づく建物収去土地明渡請求権の不存在の判断に拘束される。
　しかし、Ⅱで述べたとおり、仮に承継がなかったならXがYに対して提起していたであろう、XのYに対する土地所有権に基づく建物収去土地明渡請求の後訴にとって、前訴の訴訟物となった権利関係であるXのYに対する土地所有権に基づく建物収去土地明渡請求権は、時間的な側面を考慮すれば、先決的法律関係にあるため、これが訴訟物同一の局面であるにもかかわらず、先決関係と同様の態様で、前訴判決の既判力は仮定の後訴を拘束する。そのため、X・Y間の前訴確定判決の既判力は、承継がなかった場合に想定されるX・Y間の後訴を拘束するのと同様の態様で、すなわち、前訴がX・Y間の仮定の後訴の先決関係にあるのと同様の態様で、X・Z間の後訴にもその拘束力を及ぼす。
　そして、115条1項3号によりX・Z間の後訴がX・Y間の前訴確定判決の判断に拘束される以上、その既判力の失権効が、X・Z間の後訴においても、仮定のX・Y間の後訴において作用し得たのと同じように作用する。

その結果、X・Z間の後訴において、X・Y間の前訴で訴訟物となったX・Y間の権利関係についての判断と矛盾する当事者の主張が妨げられる[30]。この失権効は、前訴における棄却理由に反する主張を妨げることに実際上の意味があるので、以下では、前訴において請求が棄却された理由に応じて、後訴裁判所が、既判力の失権効に従ってどのような処理をすべきかについて明らかにする。

まず、前訴裁判所が、Xが土地を所有していないとの理由で棄却したにもかかわらず、Xが、前訴の標準時においてXのYに対する所有権に基づく建物収去土地明渡請求権が存在したことを前提として、口頭弁論終結後の承継人Zを被告として後訴を提起したとする。この場合、Xは、後訴において、請求原因事実として、ⓐXが本件土地を所有していること、ⓑZが本件土地を占有していることを主張するであろう。

これに対して、Zは前訴の請求棄却判決は既に確定しているとの陳述をし、既判力についての後訴裁判所の職権発動を促す。これを受けて、後訴裁判所が、自らが前訴確定判決に拘束されることを確認すれば、後訴裁判所は、それが仮に承継がなかった場合に提起されるはずであったX・Y間の同一訴訟物の後訴であるかのように、X・Y間の前訴判決の既判力に拘束される。その結果、後訴においては、【例2】について既に述べたとおり、X・Y間の仮定の後訴において提出されるはずであった、Xが本件土地を所有していること（請求原因事実①）が前訴標準時に存在したとの主張は、裁判所に訴訟資料として取り上げられることなく失権したことになる。Xが本件土地を所有していること（請求原因事実①）は、現実に提起されたX・Z間の後訴においても、請求原因事実の1つ（請求原因事実ⓐ）である。したがって、後訴において、Xが、前訴の口頭弁論終結時にこの事実が存在したと主張することが許されないから、後訴裁判所は、前訴の口頭弁論終結時において本件土地の所有者はXでなかったことを前提に判断せざるを得ず、その結果、

---

30) したがって、私見は、山本弘教授によれば、兼子説以来暗黙裏に前提とされていたとされる「判決が確定した後は原告側の物権的請求権またはそれに対応する被告側の物権的負担が承継人に承継されるという発想」、すなわち、「既判力による実体法の書き換え」（山本弘・前掲注7）698頁）を前提とせず、あくまで既判力拡張の趣旨から、前訴確定判決の既判力の後訴に対する拘束力とその失権効により、承継人への既判力拡張の作用を説明する。

Xが前訴の口頭弁論終結後に自らが土地所有権を取得したとの主張をしない限り、Xの請求は棄却されることになる。

次に、Yの土地賃借権の抗弁が認められ、Yが土地占有権原を有しているという理由で棄却されたにもかかわらず、Xが、前訴の標準時にYに土地占有権原がなかったと主張して、Zを被告として後訴を提起する場合を検討する。この場合にも、Xは、後訴において、請求原因事実として、ⓐXが本件土地を所有していること、ⓑZが本件土地を占有していることを主張するであろう。

これに対して、Zは、抗弁事実として、ⓒZが本件土地を占有する権原を有していることを主張し、これを推認させる具体的事実として、ⓓ前訴の口頭弁論終結時においてYがXの土地の賃借権を有し、その地上建物の所有権を有していたが、前訴の口頭弁論終結後に、YはZから地上建物の所有権を譲り受け、土地の賃借権を承継した、と主張するであろう。そして、このうちの、前訴口頭弁論終結時におけるYの占有権原の存在を基礎づけるために、X・Y間の前訴において、XのYに対する所有権に基づく建物収去土地明渡請求権の不存在が既判力により確定していることを陳述するであろう。

後訴裁判所が、X・Y間の前訴判決の既判力に拘束される結果、後訴においては、【例2】について述べたのと同様に、X・Y間の仮定の後訴において主張されるはずであった抗弁事実③のうち、前訴の標準時にYが本件土地の占有権原を有していたことを否定する当事者の陳述は、裁判所に訴訟資料として取り上げられることなく失権したことになる。仮定の後訴における抗弁事実③は、現実に提起されたX・Z間の後訴においても、抗弁事実ⓒを推認させる具体的な事実ⓓの一部である。したがって、後訴において、Xが前訴の口頭弁論終結時にYが土地の占有権原を有していたことと矛盾する主張をすることは許されず、この限りで前訴確定判決の既判力の失権効が作用する。もっとも、後訴の口頭弁論終結時における本件土地についてのYの占有権原の存在（抗弁事実ⓒの存在）についてはZが証明責任を負うので、Zはこの事実の存在を主張・立証しなければならない。しかし、Xが前訴の口頭弁論終結後にYの土地占有権原が失われたなどの主張をしない限り、XはZの主張を実質的に争えず、その結果Xの請求は通常は棄却されるこ

とになるであろう[31]。

V　おわりに

　以上の考察から明らかになったのは以下の3点である。
　①　請求棄却判決の前訴の当事者が後訴の当事者と同一で、かつ、前訴の訴訟物となった権利関係が後訴における訴訟物である権利関係と同一である場合には、通常、後訴裁判所は、前訴確定判決の既判力により、前訴において訴訟物となった権利関係についての判断に拘束される。既判力の拘束力が生じる場合、後訴当事者は、前訴標準時における訴訟物である権利関係の不存在についての判断と矛盾する攻撃防御方法を提出することは許されない（既判力の失権効）。なお、この場合、前訴確定判決の判断が、後訴における請求原因や抗弁のような当事者の攻撃防御方法を構成しないにもかかわらず、後訴の口頭弁論終結時における訴訟物である権利関係にとって、前訴の口頭弁論終結時における訴訟物である権利関係が、時間的側面を考慮すれば、先決関係と同様の関係にあることから、既判力の拘束力が生じる。
　②　既判力の拘束力が生じる限り、後訴において、前訴の訴訟物となった権利関係についての判断（判決主文中の判断）と矛盾する攻撃防御方法を遮断する失権効は、前訴判決の理由中の判断にも及ぶ。しかも、請求棄却判決の場合は、請求を棄却する理由と矛盾する攻撃防御方法を提出することにより、当事者は後訴において前訴判決の蒸し返しをすることが可能になるから、前訴において請求が棄却されることとなった直接の理由中の判断に反する攻撃防御方法を、後訴当事者が提出できないようにすることが、既判力の制度目的である紛争の蒸し返し防止のためには最も重要である。
　③　口頭弁論終結後の承継人への既判力拡張の場面でも、①と②で述べたことが妥当する。前訴確定判決の既判力が後訴裁判所を拘束する場合には、承継がなかったと仮定する場合の前主とその相手方間の後訴において失権されるべき攻撃防御方法が、承継人とその相手方間の現実の後訴においても攻

---

31)　なお、【例1】の前訴が、債権的請求権である土地賃貸借契約終了に基づく建物収去土地明渡請求の訴えであっても、本文と同様の結論となる。詳細は、鶴田・前掲注1）法政研究840頁以下、855頁。なお、加波・前掲注2）402頁注26）の批判は、鶴田・前掲論文858頁注48）の誤解によると思われる。

V　おわりに

撃防御方法となる限りで、前訴確定判決の既判力（失権効）が作用し、当該攻撃防御方法が後訴において遮断される。

　このように、本稿では、前訴判決の理由中で判断された攻撃防御方法にも、判決主文中の判断の既判力の失権効は作用すること、および、要件事実論と既判力の拘束力は関連しないが、要件事実論を用いて既判力の失権効の態様を具体化することはできることを明らかにした。争点効や信義則その他の方法により、判決理由中の判断についても蒸し返しを防ぐことができるとの見解が有力化した結果、判決主文中の判断についての既判力がどの範囲で及ぶのかを明確にする作業の重要性が等閑視されるようになったのではないだろうか。本稿による問題提起に留まらず、既判力に関する基礎的研究をさらに進めたいと考える。

口頭弁論終結後の承継人の訴訟上の地位

◆長谷部由起子◆

Ⅰ　問題の所在
Ⅱ　【例1】の検討——給付判決の既判力の拡張
Ⅲ　【例2】の検討——請求棄却判決の既判力の拡張

Ⅰ　問題の所在

1　口頭弁論終結後の承継人に対する既判力の作用（建物収去土地明渡請求訴訟の場合）

【例1】　X（土地の所有者）がY（土地上の建物の所有者）に対して提起した土地所有権に基づく建物収去土地明渡請求の訴え（前訴）において、Xの請求を認容する判決がされ、確定した。ところが、基準時後にYがZに建物を譲渡したため、XがZに対して建物収去土地明渡請求の訴え（後訴）を提起した。

【例2】　X（土地の所有者）がY（土地上の建物の所有者）に対して提起した土地所有権に基づく建物収去土地明渡請求の訴え（前訴）において、Yが提出した賃借権の抗弁を認めてXの請求を棄却する判決がされ、確定した。ところが、基準時後にXはZに土地を譲渡したため、ZがYに対して建物収去土地明渡請求の訴え（後訴）を提起した。

これらは、口頭弁論終結後の承継人に対する既判力の拡張（民訴115条1項3号。以下、「法115条1項3号」という）が問題となる事例として論じられてきたものである[1]。

---

1) 【例1】は、上野泰男「既判力の主観的範囲に関する一考察」関西大学法学論集41巻3号（1991）924頁以下で（【例4】として）、【例2】は、同論文930頁以下で（【例5】として）検討されている。上野論文に先行する高見進「判決効の承継人に対する拡張—建物収去土地明渡請求訴訟の場合」北大法学論集31巻3＝4号(上)（1981）1226-1240頁によれば、【例1】については学説の蓄積があるのに対し、【例2】については当時あまり議論がないとされていた。高見論文の後は、吉村徳重「既判力の第三者への拡張」民事判決効の理論(下)（信山社・2010〔初出1984〕）182頁以下および新堂幸司ほか・演習民事訴訟法2（有斐閣・1985）277頁以下〔新堂〕において、

【例1】【例2】のZが前主からどのような地位を承継したかをめぐっては争いがあるものの[2]、Zが前訴の基準時後の承継人に該当することについては、学説上異論がない。また、承継人であるZに前訴判決の既判力が拡張されることの意味は、既判力によって確定された権利関係はZも争えず、その判断を後訴判決の基礎にしなければならないことに尽きる、Zが後訴で固有の防御方法を提出することは既判力に抵触しない、という点についても、現在では争いがない[3]。しかし、Zが後訴でどのような主張を禁じられるのかをめぐっては、見解が対立している。

2 Zに対する失権効拡張の可否

1つの見解によれば、前訴判決の既判力の拘束を受ける前主が禁じられる主張は、Zもすることができない。【例1】では、「前訴の基準時においてXは本件土地の所有者ではなかった」という主張や「前訴の基準時においてYは本件土地につき賃借権を有していた」という主張は、前訴判決で既判力をもって確定された、前訴の基準時におけるXのYに対する所有権に基づく建物収去土地明渡請求権の存在と矛盾するから、Yは、これらの主張をXに対する請求異議の訴えにおいてすることができない。同様に、Zも後訴でこれらの主張をすることを禁じられる。【例2】では、「前訴の基準時においてYの本件土地の賃借権は消滅していた（Yは権原なく本件土地を占有していた）」という主張は、前訴判決の既判力ある判断である、前訴の基準時にXのYに対する所有権に基づく建物収去土地明渡請求権が存在しなかったことと矛盾するので、XもZもこのような主張をすることができない。

【例1】【例2】のいずれにおいても、本件土地についてのXの所有権やYの賃借権は前訴の訴訟物になっておらず、それぞれの権利の存否それ自体が既判力をもって確定されているわけではない。しかし、前訴判決の既判力の

【例2】についての検討がなされている。
2) 承継の対象については、当事者適格、紛争の主体たる地位、訴訟物またはそれに関連する実体法上の地位、係争権利関係の帰属主体たる地位を意味する「実体適格」などが主張されている。
3) この考え方は、山木戸克己「訴訟物たる実体法上の関係の承継」法セミ30号（1958）46-47頁および小山昇「口頭弁論終結後の承継人について」小山昇著作集第2巻（信山社・1990〔初出1960〕）175頁、177頁注（3）によって提唱され、その後「形式説」と呼ばれて現在の通説を形成している。口頭弁論終結後の承継人に対する既判力拡張に関してこれ以外の考え方はありえないことは、上野・前掲注1）920頁以下によって指摘され、中野貞一郎「弁論終結後の承継人」民事訴訟法の論点Ⅰ（判例タイムズ社・1994〔初出1993〕）221頁の支持を得ている。

消極的作用により、前主がこれらの権利の存否に関する主張を遮断されるので、後訴の当事者である承継人も同様の拘束を受ける。前訴当事者間の既判力の遮断効（失権効）が承継人と相手方の間にも拡張されることから、以下では、この見解を「失権効拡張説」と呼ぶことにしよう[4]。

他方で、Ｘの所有権に基づく建物収去土地明渡請求権の存否が前訴判決の既判力によって確定されていても、その前提である本件土地についてのＸの所有権やＹの賃借権の存否の判断に既判力が生じていないならば、後訴におけるＺの主張は制約されない、という見解もある。この見解によれば、【例１】の前訴判決で、基準時においてＸが本件土地を所有し、Ｙが本件建物を所有することにより本件土地を占有し、かつＹには本件土地を占有する権原がなかったことが認められていたとしても、それらは理由中の判断にすぎないから、後訴の当事者および裁判所を拘束しない。また、既判力の消極的作用は、前訴と後訴の訴訟物が同一であるか、前訴の訴訟物が後訴の訴訟物の先決的法律関係であるか、または両者が矛盾対立する関係にある場合に問題になるものである。【例１】のように、前訴と後訴の訴訟物の関係がこれらのいずれにもあたらない場合には、後訴の当事者となったＺに失権効は及ばない。【例２】の前訴判決におけるＹの賃借権を認める判断も、理由中の判断にすぎないから、後訴の当事者および裁判所を拘束しない。それゆえ、【例１】の後訴でＺが「前訴の基準時においてＸは本件土地の所有者ではなかった」あるいは「前訴の基準時においてＹは本件土地につき賃借権を有しており、ＺはこれをＹから譲り受けた」と主張することや、【例２】の後訴でＺが「Ｙが本件土地について有していた賃借権は、Ｘが解除権を行使した結果、前訴の基準時において消滅していた」と主張することは、

---

[4] 失権効拡張説に属する見解としては、上野・前掲注１）927頁以下、とくに931-932頁、越山和広「口頭弁論終結後の承継人への既判力―その作用についての論点整理」香川法学22巻１号（2002）（以下、「越山①」として引用する）52頁以下、同「既判力の主観的範囲―口頭弁論終結後の承継人」高橋宏志＝加藤新太郎編・実務民事訴訟講座［第３期］(3)（日本評論社・2013）（以下、「越山②」として引用する）308頁以下、中西正「既判力・執行力の主観的範囲の拡張についての覚え書き―要件事実の視点による整理」伊藤滋夫先生喜寿記念・要件事実・事実認定論と基礎法学の新たな展開（青林書院・2009）620-626頁、松本博之「口頭弁論終結後の承継人への既判力の拡張に関する一考察」民事訴訟法の立法史と解釈学（信山社・2015〔初出2012〕）363頁以下、鶴田滋「口頭弁論終結後の承継人への既判力拡張の意味」法政研究81巻４号（2015）847頁以下（以下、「鶴田①」として引用する）、同「判決効拡張・訴訟承継における承継人概念―実体適格と訴訟追行権」法時88巻８号（2016）（以下、「鶴田②」として引用する）27-29頁などがある。ただし、それぞれの理論構成は、後述するように異なっている。

前訴判決の既判力に抵触しない。Ｚのこれらの主張を封じるためには、【例1】では、Ｘが前訴で所有権確認請求およびＹの賃借権不存在確認請求を併合提起するか、これらを中間確認の訴えとして提起しなければならず、【例2】では、Ｙが前訴で賃借権確認請求を反訴または中間確認の訴えとして提起しなければならない。

この見解は、【例1】【例2】における承継人に対する既判力の拡張として、既判力の積極的作用によるもののみを問題とし、失権効の拡張を否定していることから、以下では「失権効拡張否定説」と呼ぶことにする[5]。

3　失権効拡張説の理論構成

前訴確定判決による紛争解決の実効性の確保という観点からは、失権効拡張説が優位にある。【例1】【例2】のいずれにおいても、Ｚの前主は前訴で敗訴しており、前訴の訴訟物たる権利関係の前提となる本件土地に対するＸの所有権やＹの賃借権の存否について、既判力ある判断と矛盾する主張をなし得ない立場にあった。前主が基準時後に行った処分行為の結果、前主に代わってＺが後訴の当事者となったとたん、そうした制約が消えてしまうとすれば、前訴で勝訴した相手方に対して不公平である。この問題の解決は、相手方が前訴で、訴訟物たる権利関係の前提となる権利の存否について確認請求をする方法によってではなく、【例1】【例2】のような場合にも、後訴において既判力の消極的作用が機能しうるような理論を構築することによって、図られるべきであろう。

そのような試みはすでになされている。すなわち、【例1】【例2】のように、前訴と後訴の訴訟物が、その主体の違いを別にすれば請求の趣旨を共通にし、主体の変更は、承継人が前主から訴訟物たる権利関係と関連する実体

5）　失権効拡張否定説は、丹野達「既判力の主観的範囲についての一考察」民事法拾遺（酒井書店・2004〔初出1995〕）216頁以下を嚆矢とする。丹野論文によれば、【例1】【例2】のいずれにおいても、後訴の請求原因である①原告が本件土地を所有していること、および②被告が本件土地上に本件建物を所有していることについては、前訴判決の既判力が生じていない。前訴判決の既判力は後訴の訴訟物に全く影響しないので、前訴判決の既判力を承継人に拡張することに意味はないことになる。こうした議論は、山本弘「弁論終結後の承継人に対する既判力の拡張に関する覚書」伊藤眞先生古稀祝賀・民事手続の現代的使命（有斐閣・2015）692頁以下および山本克己「口頭弁論終結後の承継人」民事訴訟法判例百選［第5版］（2015）185頁によって深化され、【例1】の後訴においては、前訴判決の既判力の積極的作用のみならず、消極的作用も問題にならないとされた。

I 問題の所在　375

法上の権利を承継した結果である場合には、前訴と後訴の訴訟物が同一である場合と同様に扱ってよい（前訴と後訴の訴訟物の同一性が擬制される）、という考え方がそれである[6]。このほかにも、【例1】【例2】は、前訴の訴訟物が後訴の訴訟物の前提問題となる場合に準ずるとする見解[7]や、X・Y間の前訴確定判決の既判力がZに及ぶのは、Zが前主の実体適格（【例1】においては、義務の帰属主体性の意味の消極的実体適格、【例2】においては、本件土地についての積極的実体適格）を承継したことによるとする見解[8]も提唱されている。

4　承継人に対する失権効拡張を正当化するもの

これらの見解は、【例1】【例2】の場合に承継人に既判力の失権効が拡張されないとすれば、前訴確定判決の紛争解決機能が損なわれ、承継人に対する既判力の拡張を規定した法115条1項3号の趣旨に反する、という共通の問題意識を有している[9]。これは、既判力制度の維持と前訴で勝訴した相手方に対する公平を根拠に、承継人に対する失権効拡張の必要性と正当性を基礎づけようとする議論といえよう。それとは別に、失権効を拡張される承継人の観点からその正当性を基礎づけるとすれば、どのような議論が考えられるだろうか。

この問題について、上野泰男教授は次のように論じる。

「前主の訴訟追行の結果である判決効を口頭弁論終結後の承継人に拡張す

---

[6] この考え方は、上野・前掲注1）論文によって提唱され、【例1】【例2】については前訴と後訴の訴訟物の同一性が擬制されるのに対し、【例1】における後訴の訴訟物がXのZに対する土地所有権の確認請求であった場合には、同一性は擬制されないとされた。上野・前掲注1）929頁、932頁注（48）（49）。これを支持する越山論文（前掲注4）は、前訴と後訴の訴訟物の同一性が擬制されるのは、「第一訴訟と第二訴訟〔前訴と後訴と同義：筆者注〕とで承継がなかったと仮定した場合に、第一訴訟の既判力が第二訴訟に及ぶ限度」である、としている。越山①57-58頁、越山②311頁。

[7] 中西・前掲注4）624頁は、次のように説く。「ある物の引渡し請求権（明渡し請求権や登記請求権も含む）につき確定判決による既判力が生じた場合、既判力の基準時より後にその物の占有（あるいは登記名義）の承継が生じたときは、既判力拡張（民訴115条1項3号）との関係では、既判力により確定された請求権（前訴の訴訟物）を前提として承継人に対する請求権（後訴の訴訟物）が発生したと見るのである。前訴確定判決の既判力の紛争解決機能を維持すること、つまり民訴法115条1項3号の趣旨から、このような法律構成が導けるのではないかと思われる」。

[8] 松本・前掲注4）376-377頁、379-382頁。このほか、鶴田②27-28頁は、【例1】においては、厳密にいえばZは前主から消極的実体適格を承継したのではなく新たに消極的実体適格者になったとし、ZがYから本件建物を譲り受け本件土地の占有を承継したことによりYの消極的実体適格を喪失させたことを、Zへの失権効拡張の根拠とする。

[9] 前掲注7）で引用した中西論文のほか、越山①54-55頁、越山②310頁、319頁、松本・前掲注4）376頁、鶴田①830頁、838頁、鶴田②28頁参照。

ることの許容性は、前主の訴訟追行に求めざるを得ない。そうだとすると、少なくとも承継人が前主の訴訟追行権能を基礎づけていた法的地位を承継した場合にのみ、このような許容性が充足されることになる」[10]。【例1】においては、「〔前主であるYの〕被告適格を基礎づけているのは、建物所有……に基づいて土地を占有しているという地位であ」り、Zが建物所有権について対抗要件を具備した時に、Yの訴訟追行権を基礎づけていた法的地位を承継したことになるから、それが前訴の基準時後であれば、Zに対して既判力が拡張される[11]。

この議論が、Zは、Yから建物所有権に基づく土地の占有を承継したことにより、前訴確定判決によって形成されたYの訴訟上の地位をも承継した、という趣旨だとすれば、上野説と既判力本質論に関する実体法説（権利実在説）的な説明——前訴判決の確定により、X・Y間には既判力による制約を伴う実体権が形成され、ZはそれをYから承継した——の距離はきわめて近い[12]。訴訟法説と整合的な説明を試みるならば、たとえば、次のような議論がありうるように思われる。

前訴における前主の訴訟追行は、訴訟物たる権利関係につき最も強い利害関係を有する前主が、当事者としての地位の保障のもとに行ったものである。それゆえ、充実した訴訟追行がされたといえ、その結果としての前訴判決の内容にも正当性が認められよう[13]。他方、承継人は、前訴の基準時までは訴訟物たる権利関係についてなんらの利害も有していなかった。そのような承継人が、前訴判決の既判力による拘束を受けるのはやむをえない。

もっとも、このような議論があてはまるのは、前訴における前主の地位と後訴における承継人の地位の間に一定の関係がある場合に限られる。上野説

---

10) 上野・前掲注1）934頁（原文の注は省略した）。
11) 上野・前掲注1）938頁。
12) 上野説と既判力本質論に関する実体法説または権利実在説の親近性を指摘する見解として、永井博史「口頭弁論終結後の承継人についての素描―承継人に対する『確定判決の効力』の及び方」栂善夫先生＝遠藤賢治先生古稀祝賀・民事手続における法と実践（成文堂・2014）633頁がある。池田愛「口頭弁論終結後における『承継の要件』に関する一試論―既判力の拡張根拠との結合を目的として」同志社法学66巻5号（2015）1431頁も、上野説が訴訟法説との関係を十分に説明しきれているかは疑問であるとしている。
13) 高橋宏志・重点講義民事訴訟法(上)［第2版補訂版］（有斐閣・2013）691頁は、前訴判決について「前訴のときには紛争の主体たる地位を持っていた者が争った結果として出された判決なのであるからその内容的正当性は高いと言うこともでき」るとする。

はこれを、「承継人が前主の〔前訴における〕訴訟追行権能を基礎づけていた法的地位を承継した場合」と表現した。これは、前訴で前主が提出しえた攻撃防御方法と後訴で承継人が提出しうる攻撃防御方法がどのような関係にある場合をいうのだろうか。承継人がそのような法的地位を承継していれば、前訴における前主の訴訟追行がどのような態様であっても、承継人に対する失権効拡張は正当化されるのだろうか。前主が、みずからの不十分なあるいは不熱心な訴訟追行の結果、既判力の失権効に服するのは当然であるとしても、基準時後の特定承継人にまで失権効が拡張されるのはどのような理由によるのだろうか。前訴確定判決による紛争解決の実効性の確保あるいは前訴で勝訴した相手方に対する公平のほかに、理由はないのだろうか。

以下では、【例1】【例2】の検討を通じて、これらの問題の解明を試みたい。

II 【例1】の検討——給付判決の既判力の拡張

1 後訴の訴えの利益

【例1】においては、前訴でXの請求を認容する判決がされ確定しているので、Xは、Zに対する承継執行文の付与を受けて強制執行を開始することができる。そのため、XがZに対して提起した後訴（給付の訴え）に訴えの利益があるのか、が問題となる。

この問題に関する学説は、分かれている[14]。承継執行ができる場合にはそれによるべきである、という消極説の議論はもっともではあるが、執行文付与の訴え（民執33条）と給付の訴えとで審理内容は変わらないので、給付の

---

14) 積極説として、新堂幸司・新民事訴訟法［第5版］（弘文堂・2011）267頁注（2）、中野貞一郎＝松浦馨＝鈴木正裕編・新民事訴訟法講義［第2版補訂2版］（有斐閣・2008）137頁〔福永有利〕、中野貞一郎＝下村正明・民事執行法（青林書院・2016）267頁、伊藤眞・民事訴訟法［第5版］（有斐閣・2016）177頁注24）、松本博之＝上野泰男・民事訴訟法［第8版］（弘文堂・2015）151頁〔松本〕、高橋・前掲注13）353頁注（8）、長谷部由起子・民事訴訟法［新版］（岩波書店・2017）138-139頁などがあり、消極説として、兼子一・新修民事訴訟法体系［増訂版］（酒井書店・1965）154頁、三ケ月章・民事訴訟法（有斐閣・1959）61頁、小山昇・民事訴訟法［5訂版］（青林書院・1989）237頁、笠井正俊「口頭弁論終結後の承継人に対して判決効が作用する場面について」松本博之先生古稀祝賀・民事手続法制の展開と手続原則（弘文堂・2016）568-569頁などがある。

訴えの利益を強いて否定する必要はない、という積極説の議論[15]のほうが、実際的であろう。給付の訴えの利益を認めると、Xを債権者とする債務名義がさらに作成され、二重執行を避けるためにZが請求異議の訴え等で対応しなければならないという問題はある[16]が、承継執行ができるのにあえて給付の訴えを提起したXが給付判決の確定後に承継執行を開始することは、実際には多くないと考えられる。

　以上の理由から、後訴には訴えの利益があるものとして、議論を進めることにしよう。

2　後訴における当事者の主張立証

　民法学における有力学説によれば、物権的請求権の成立要件は、物権に対する侵害ないし侵害のおそれがあり、かつ、物権侵害の状態が客観的に違法なものであること、である。たとえば、他人の所有する土地につき占有権原を有しない者が当該土地上に建物を建てて居住している場合には、土地所有者の所有権の行使が違法に妨げられていることになるので、上記要件が満たされる[17]。土地所有者が所有権に基づく建物収去土地明渡請求の訴えを提起したときは、原告が当該土地について所有権を有していること、および被告が当該土地を占有していることを、原告の側で主張立証し、被告が正当な占有権原を有していることは、物権的請求権の行使を妨げる事由であるから被告の側で抗弁として主張立証すべきである、とされている[18]。

　【例1】の前訴ではXが勝訴しているので、前訴でXは、①Xは本件土地を所有、および②Yは本件建物を所有することにより本件土地を占有、を

---

15) 新堂・前掲注14) 267頁注（2）。このほか、執行文付与の訴えの既判力の範囲を理由とする議論として、中野＝下村・前掲注14) 267頁、長谷部・前掲注14) 284頁がある。
16) 二重執行の弊害については、笠井・前掲注14) 568頁を参照。
17) 舟橋諄一＝徳本鎮編・新版注釈民法(6)［補訂版］（有斐閣・2009）144-145頁、159頁〔好美清光〕、生熊長幸・物権法（三省堂・2013）19-20頁、安永正昭・講義 物権・担保物権法［第2版］（有斐閣・2014）19頁。所有権の行使を妨げている者が占有権原を有する場合には、物権的請求権の行使は認められない。この点は、侵害の客観的違法性を物権的請求権の成立要件として挙げない見解においても同様である。鈴木禄弥・物権法講義［5訂版］（創文社・2007）18頁、山野目章夫・物権法［第5版］（日本評論社・2012）98頁、佐久間毅・民法の基礎2 物権［補訂2版］（有斐閣・2010）299頁など。
18) 生熊・前掲注17) 20頁、安永・前掲注17) 19頁、司法研修所編・新問題研究 要件事実（法曹会・2011）58-59頁、村田渉＝山野目章夫編著・要件事実論30講［第3版］（弘文堂・2012）305-306頁〔三角比呂〕など。

請求原因として主張し、Yが賃借権の抗弁を提出したとすれば③Xは賃貸借契約を解除した、を再抗弁として主張し、いずれも認められたことになる。前訴判決の確定により、Yは、①から③と矛盾する主張をして、前訴の基準時におけるXの建物収去土地明渡請求権の存在を争うことができない。

Zに対する後訴においてもXは、①Xは本件土地を所有、を主張し、前訴で主張した②については、YをZに変更し、「基準時後にZはYから本件建物の所有権を取得した」という主張を追加することになる。それらの主張についての証明責任はXが負うが、Zがどのような主張をなしうるか、そして、それに対してXがどのような主張立証をする必要があるかは、Yに対する失権効がZにも拡張されるか否かによって異なったものになりうる。

まず、Zに失権効が拡張されない場合には、Zは、たとえば「本件土地は、前訴の基準時前から現在にいたるまでWが所有している。Yは、本件土地につきWから賃借権の設定を受けて前訴の基準時において本件建物を所有していたのであり、Zは、基準時後にYから本件建物を借地権付きで買い受けた」という主張をなしうることになる。これに対してXは、前訴の基準時前から本件土地を所有していたのはWではなくXであることを主張立証する必要がある。Xが、前訴で提出した証拠を再び提出したり、前訴判決を提出したりして立証した結果、前訴の基準時においてXが本件土地を所有していたことが証明されれば、その後にXに本件土地の所有権喪失事由が生じたことは、Zが主張立証する必要がある[19]。

他方、Zに失権効が拡張される場合には、Zは、前訴の基準時においてXが本件土地を所有していたことを争えない。その後にXが所有権を喪失したことをZが主張立証しない限り、後訴でもXの本件土地の所有が認められる。

Xの「Zは前訴の基準時後にYから本件建物の所有権を取得した」という主張についても、Zに失権効が拡張されなければ、Zは、「前訴の基準時において本件建物を所有していたのはYではなくAであり、ZはAから本件建物の所有権を取得した」と主張することができる。Zに失権効が拡張さ

---

[19] Xが前訴の基準時後も本件土地の所有権を喪失していないことの証明責任を負わないのは、こうした証明が困難であることによる。司法研修所編・前掲注18) 59頁。

れる場合には、Zは、このような主張をすることができず、Xは、基準時後のYからZへの建物所有権の移転を立証すれば足りる。

さらに、Zに失権効が拡張されない場合には、Zは、「前訴の基準時においてYは本件土地の賃借権を有していた」と主張することができるのに対し、Zに失権効が拡張される場合には、そのような主張は許されない。Zが「基準時後にYから本件土地の賃借権を承継した」と主張するためには、基準時後にYが新たに本件土地の賃借権を取得したことを主張立証しなければならない。

3 Zに対する失権効拡張が正当化される場合

以上の検討の結果、明らかになったように、X・Y間の前訴とX・Z間の後訴における攻撃防御方法は、本件土地を占有するのがYかZかという点を除けば共通である。そして、Zに対して前訴判決の既判力の失権効が拡張されることが意味をもつのは、Yが争えなくなっている事実が、後訴においてXが主張立証しなければならない事実の前提問題であることによる。Xは、Yが争えないその事実について立証の負担を免れ、Zは、失権効が拡張されなければ否認することができたその事実を前提として、主張立証活動を行わなければならない[20]。これが正当化されるのは、いかなる理由によるのだろうか。

Ⅰ4で述べたように、承継人に対する失権効拡張の正当化根拠については、前主が前訴において訴訟物たる権利関係に最も強い利害関係を有しており、しかも当事者としての地位を保障されて訴訟を追行しているので、その結果としての前訴判決の内容的正当性は高い、という議論がある。この議論からは、Yが前訴において、Xの本件土地の所有、Yの本件建物の所有、およびXによる賃貸借契約の解除について十分争ったにもかかわらず敗訴した

---

20) 【例1】における前訴と後訴の攻撃防御方法の関係および承継人に対する失権効拡張の効果は、承継人に対して失権効を拡張すべきことに異論がない次の例におけるのと同様である。すなわち、【例3】XのYに対する消費貸借契約に基づく貸金返還請求訴訟（前訴）において、請求認容判決がされて確定したが、基準時後にZがYの債務を免脱的に引き受けた場合には、前訴でXは、①契約の成立および②弁済期の到来を主張し、Yが消滅時効の抗弁を提出したとすればさらに③時効の中断事由を主張し、いずれも認められたことになる。Zに対する後訴でXは、①から③のほか、基準時後の免脱的債務引受の事実を主張することになるが、失権効を拡張されるZは、弁済期の到来した債務が基準時に存在したことを前提として、基準時後に弁済その他の債務の消滅事由が生じたことを主張立証しなければならない。

場合には、これらの論点に関するXの主張を認めた前訴判決の判断の内容的正当性は高いため、Zが後訴でこれを争えないのはやむをえない、という帰結が導かれよう。

それでは、YがXによる賃貸借契約解除の効力のみを争い、Xの本件土地の所有およびYの本件建物の所有については自白した場合のように、Yが争った論点と争わなかった論点があるときはどうだろうか。この場合にも、ZはYと同様、すべての論点について失権する、というべきだろうか。

前主が自白をした論点については、後訴において承継人に独自の訴訟追行を保障すべきである、という議論はこれまでにもあった[21]。これに対しては失権効拡張説から、前主が自白していた論点について承継人が争えるとすれば相手方との公平性を害する、という批判がされている[22]。しかし、前主が自白している場合について一律に、承継人に対する失権効拡張の許否を論じるべきではないように思われる。以下で述べるように、この場合でも原則として承継人に失権効が拡張されるが、例外もあるというべきである。

4　Yの自白の態様による区別

【例1】の前訴においてYが勝訴するためには、Xの本件土地の所有、Yの本件建物の所有、およびXによる賃貸借契約の解除のすべてを争う必要はない。反証に成功することができそうな論点に絞って防御方法を提出し、その他の論点については深くは争わないこともできる。たとえばYが、反証が最も容易なのは賃貸借契約の解除の効力であるとの判断のもとに、Xの本件土地の所有およびYの本件建物の所有については自白し、解除の効

---

21) たとえば、上田徹一郎・民事訴訟法［第7版］（法学書院・2011）506頁は、前訴で敗訴した前主の訴訟追行過程で自白や上訴権の不行使などの処分的訴訟追行があった場合には、相手方との間で承継人独自の訴訟追行を保障すべき必要性を否定できない、とする（ただし、法的安定要求との関係で承継人に対する判決効拡張を認めざるをえない、とする）。同「口頭弁論終結後の承継人への判決の効力の拡張」判決効の範囲（有斐閣・1985〔初出1981〕）183-184頁も参照。福永有利「参加承継と引受承継」三ケ月章＝中野貞一郎＝竹下守夫編・新版民事訴訟法演習2（有斐閣・1983）47頁は、訴訟承継における承継人の手続保障との関連において、前主が慎重に行う必要のなかった自白の効果に承継人が拘束されることには問題がある、とする。このほか、承継人に対する失権効拡張を争点効の拡張として説明する見解（新堂幸司「訴訟当事者から登記を得た者の地位」訴訟物と争点効(上)（有斐閣・1988〔初出1971〕）348-351頁、新堂・前掲注14）722頁、三宅省三＝塩崎勤＝小林秀之編集代表・注解民事訴訟法(II)（青林書院・2000）483頁〔稲葉一人〕も、失権効拡張説が承継人に対する既判力拡張の問題としてきた事例は、争点効拡張の問題を扱っているとする）の立場でも、前主が自白した論点は失権効の対象にならない。
22) 越山①69頁、越山②320頁。

力に集中して証拠を提出することは、訴訟戦術として合理的である。Yが敗訴した場合に、争った論点のみならず、自白した論点についても失権する理由としては、既判力制度の維持のほか、Yはすべての論点について争う機会を与えられていたこと、そして、Yが防御の対象として選択した論点について不利な判断がされて敗訴した以上、それ以外の論点について再度、防御の機会を与えられたとしても、勝訴できる見込みは低いことが挙げられよう。Yがあえて争わなかった論点について後訴でZが防御の機会を与えられても、やはり勝訴できる見込みは低い。そのことのゆえに、Zは、Yが争った論点のみならず、争わなかった論点についても失権することが正当化されよう。

しかし、以上の議論があてはまらない場合もある。たとえば、前訴でYが期日に出席せず、Xの主張についてYの自白が擬制されてX勝訴の判決（いわゆる欠席判決）がされた場合には、Yの敗訴は可能な限りの防御を尽くした結果ではない。判決の基礎となった事実はYによる主張立証を経て認定されたわけではなく、判決の内容的正当性はYが出席して争った場合よりも低い。それでも、防御の機会を与えられながらそれを利用せず敗訴したYに再度争う機会を与える必要はないし、争う機会を与えることは勝訴したXとの公平に反する[23]。しかし、Zに争う機会を与えないことは正当化されない。Zは、実体法上Yから本件建物の所有権を譲り受け、本件土地の占有を承継してはいるが、そのことのゆえにYの不熱心な訴訟追行の結果までも引き受けるべきである、とはいえないからである。

Ⅲ 【例2】の検討──請求棄却判決の既判力の拡張

1 後訴における失権効の範囲

【例2】においても、X・Y間の前訴とZ・Y間の後訴における攻撃防御方法の多くは共通である。前訴でも後訴でも、Yの本件土地の占有と占有権原の有無が問題となり、違いがあるのは、本件土地を所有するのが前訴では

---

[23] いわゆる欠席判決であっても、既判力をもつ判決であることについては異論がない。その理由は、対席判決主義のもとで出席当事者の主張が首尾一貫していることの審理はされていること、および欠席判決に既判力が認められないとすれば、不熱心な当事者に対して相手方が既判力ある判決を得る方法はないこと、に求められよう。

X、後訴ではZである点にとどまる。しかも、Zの所有権はXの所有権を承継したものである。ただし、【例1】と異なり、前訴でYの賃借権の抗弁が認められたためにXの請求を棄却する判決が確定している。この場合にZは、後訴においてどのような主張を禁じられるのか。

まず、前訴の基準時におけるYの賃借権の存在は、前訴判決の結論を導いた判断である。前訴でYの賃借権の存否が争点となり、裁判所が実質的な判断をしたとすれば、これをXおよびZが争うことは、すでに解決ずみの問題を蒸し返すことになるので許されるべきではない。もっとも、こうした効果が既判力によるものなのか、争点効によるものなのかについては、議論の余地がある[24]。かりに既判力の作用によるとすれば、前訴でXがYの賃借権の存在を争わなかったために請求棄却判決がされた場合でも、Zに失権効が及ぶことになるが、この結論が正当化されるかについては疑問がある。前訴でXが勝訴するためには、Yの賃借権の存在を争う必要があったのであり、Xがこれを争わなかったのは不熱心な訴訟追行であると評価されるからである。Zは、後訴であらためてYの賃借権の存在を争うことができるというべきである。

それでは、Xの本件土地の所有のように、Xの請求を理由づける論点について、前訴判決の理由中でこれを認める判断がされていた場合には、そのことはXおよびZに有利な作用を及ぼすというべきだろうか。すなわち、当該判断には後訴に対する拘束力が認められ、YはXまたはZに対して、前訴の基準時においてXが本件土地を所有していたことを争えないというべきだろうか[25]。

1つの考え方は、Yの賃借権の存在について後訴に対する拘束力が認められるのであれば、同じ理由中の判断である、Xの本件土地の所有についても拘束力が認められるというものである。もっとも、Xの本件土地の所有

---

24) Zに対するこうした拘束力が既判力と争点効のいずれの作用によるものかは、これまで明らかにされてこなかった。たとえば、吉村・前掲注1) 183-184頁は、Yの賃借権が存在するとの判断は前訴判決の理由中の判断にすぎないから、既判力によって当然に確定されているといえるかは問題であるとしつつ、結論としては既判力の作用による拘束力を認めるが、同時に、これは争点効の承継人への拡張として提唱されてきたものと異ならない、とも指摘している。

25) この問題を積極に解することができるかどうかも、明らかではない。たとえば、新堂ほか・前掲注1) 280頁〔新堂〕は、ZがX・Y間の既判力を受けることの意味の中に、Xが土地所有者であった点をYがZに対して再び争うことは許されないということまで含まれているかどうかは定かではない、としている。

を認めた前訴判決の判断は、請求棄却判決をするうえで不可欠の判断であった——この判断がなければ請求棄却判決はされなかった——わけではない。その点で、同じく理由中の判断でありながら拘束力が認められるYの賃借権の存在とは異なる。この違いから、Xの本件土地の所有については拘束力を認めることができない、という考え方もありうる。

　後者の見解を採用する場合には、請求棄却判決をするうえで不可欠な判断でなければ後訴に対する拘束力が及ばないのはなぜなのか、を明らかにする必要がある。また、請求棄却判決における既判力の失権効の範囲が、被告が請求棄却判決を求める理由としてどのような主張をしたか、そして前訴裁判所がどのような判断を請求棄却判決の決定的理由としたかによって変わりうるとすると、前訴の審理の過程における争点の決定や釈明権の行使はどのように行われるべきか、も問題になるように思われる。

　これらの問題については、期限未到来を理由とする請求棄却判決の既判力の客観的範囲をめぐる議論[26]を参考にして検討することにしよう。【例2】の請求棄却判決も期限未到来を理由とする請求棄却判決も、原告が勝訴するために主張立証しなければならない事項が複数ある場合に、そのうちの1つの不備を理由として請求を棄却する点は共通であり、また、【例2】の請求棄却判決は、賃借権の存続期間中は土地所有者は建物収去土地明渡請求をなしえないことを意味している点で、期限が到来するまでの間は債務の履行を請求できないとする請求棄却判決と類似しているからである。

2　請求棄却判決の既判力の客観的範囲

　期限未到来を理由とする請求棄却判決の既判力の客観的範囲については、これまで以下の内容が承認されるにいたっている。

　被告は、請求棄却判決を求める理由として債務の不成立や弁済を主張す

---

[26] この問題を詳細に論じた文献として、新堂幸司「既判力と訴訟物」前掲注21）訴訟物と争点効(上)〔初出1963〕145頁、とくに152頁以下、新堂ほか・前掲注1）264頁〔井上治典〕、高橋宏志「既判力と再訴」三ケ月章先生古稀祝賀・民事手続法学の革新(中)（有斐閣・1991）521頁、とくに531頁以下、越山和広「請求棄却判決と再訴の可能性—期限未到来による棄却判決を中心に(1)(2・完)」近畿大学法学45巻3＝4号（1998）129頁、46巻4号（1999）47頁がある。また、この問題を含む請求棄却判決の既判力につき、ドイツの学説を検討しつつ論じたものとして、柏木邦良「棄却判決の既判力—その客観的範囲」判タ881号（1995）32頁、松本博之「請求棄却判決の確定と標準時後の新事由による再訴」既判力理論の再検討（信山社・2006〔初出2002〕）13頁がある。

こともできるし、債務の履行期が到来していないことを主張することもできる。前者の主張を認めて請求を棄却する判決が確定した場合には、その既判力により債務の不存在が確定する。原告が基準時後に再訴を提起して、債務の存在と履行期の到来を主張することはできない。これに対して、後者の主張を認めて請求を棄却する確定判決の既判力は、期限の到来を理由とする再訴を禁じるものではない。同じ請求棄却判決であっても、その理由によって既判力の客観的範囲は異なっている。

それでは、債務の成立を認めつつ、期限未到来を理由として請求を棄却した前訴判決の確定後に、原告が、基準時後の期限の到来を主張して再訴を提起した場合に、被告は、債務の成立を争うことができるだろうか。換言すれば、前訴判決における債務の成立を認める判断には既判力が生じ、後訴の当事者および裁判所を拘束する、というべきだろうか。

この問題を積極に解する論拠について、ドイツにおいては、期限未到来を理由として請求棄却判決がされた場合でも、債務の成立が理由中の判断で認められているならばこれに既判力を認めるべきことが、当事者間の武器対等の原則（Prinzip der Waffengleichheit）から要請される、という議論がある[27]。すなわち、「債務の履行期が到来していない」という敗訴原告にとって不利な理由中の判断に既判力が認められるならば、「債務が成立している」という勝訴被告にとって不利な理由中の判断にも既判力を認めなければ、当事者を対等に扱ったことにはならない、という議論である[28]。これに批判的な見解からは、期限未到来は請求棄却判決の決定的な理由であるのに対し、債務の成立は請求棄却判決を理由づけるうえで不可欠ではないという違いがあるにもかかわらず、どちらにも既判力を認める扱いは正当ではない、という反論がなされている[29]。しかし、「債務が成立している」という理由中の判断に既判力を認めた場合にどのような不都合があるのかは、なお明らかではない。この点については、むしろ次のように説明するべきであるように思われる。

---

[27] *Grunsky*, Rechtskraft von Entscheidungsgründen und Beschwer, ZZP 76 (1963), 169-170; *ders.*, Grundlagen des Verfarensrechts, 2. Aufl., 1974, S. 529.
[28] これに賛同する見解として、*Stein/Jonas/Leipold*, Kommentar zur Zivilprozessordnung, 22. Aufl., §322 Rdnr. 249 (2007) がある。
[29] *Baumann*, Gedanken zur Subsidiarität der Amtshaftung, AcP 169 (1969), 344. 松本・前掲注26) 56頁も参照。

前訴の審理の過程で、被告が当初、債務の成立を争ったが反証に成功しなかったため、さらに期限の到来を争ったところ、期限未到来を理由として請求棄却判決がされた場合であれば、債務の成立も期限未到来も当事者間の主張立証を経た判断であるので、双方について後訴に対する拘束力を認めることが当事者間の公平にかなう。しかし、被告が当初から期限の到来を争い、債務の成立については自白していた場合には、同じことはあてはまらない。また、被告が争ったか否かを問わず、債務の成立を認めた裁判所の判断には既判力が生じるとすると、被告は債務の成立についても争おうとし、裁判所がこれを判決理由中で認めた場合には、期限が到来していないという理由で請求が棄却されていても控訴しようとするであろう[30]。これでは、期限未到来を理由に請求棄却判決をすることができる場合でも債務の成立についての審理が必要になり、前訴の審理が遅延するおそれがあるように思われる。

3　前訴における審理の過程と後訴における失権効の範囲

　以上から明らかになったのは、請求棄却判決の決定的理由（期限未到来）が両当事者の十分な主張立証に基づいているのに対し、請求を理由づける判断（債務の成立）は被告が十分な主張立証を行った結果であるとは限らないこと、そして、後者についても既判力を認めるために被告に主張立証の機会を保障した場合には、手続を不必要に遅延させるおそれがあること、である。【例2】の場合にも、前訴でYは、主として賃借権の存在について主張立証し、Xの本件土地の所有については十分争っていなかった可能性がある。Xの本件土地の所有が前訴判決の理由中で認められていても、争点効の要件を満

---

30)　被告が控訴することは、債務の成立に既判力が認められるか否かにかかわらず可能である。期限未到来を理由とする請求棄却判決は、請求を一時的に棄却するにすぎない点で債務の不成立や消滅を理由とする請求棄却判決よりも被告にとって不利益であるので、勝訴者である被告にも無条件の請求棄却判決を求めて控訴する利益はあるからである。松本・前掲注26) 39頁参照。ただし、高橋・前掲注13) 606頁は反対。ドイツの判例・有力説も、この場合には被告は控訴をなしうるとしている。BGHZ 24, 279 = NJW 1957, 1279; BGHZ 144, 242 = NJW 2000, 2988; *Walchshöfer*, Die Abweisung einer Klage als „zur Zeit" unzulässig oder unbegründet, in Festschrift für Schwab (1990), 532; *Grunsky*, Überlegungen zur Konkurrenz mehrerer Klageabweisungsgründe, in Festschrift für Schumann (2001), 162-163; *Rosenberg/Schwab/Gottwald*, Zivilprozessrecht, 17. Aufl., §135 Rdnr. 13, 14 (2010); *Baumbach/Lauterbach/Albers/Hartmann*, Zivilprozessordnung, 72. Aufl., Grundzüge vor §511 Rdnr. 18 (2014); *Stein/Jonas/Althammer*, Kommentar zur Zivilprozessordnung, 22. Aufl., Allgemeine Einleitung vor §511 Rdnr. 90 (2013). 本文の議論は、債務の成立に既判力が認められると、認められない場合に比べて被告にとっての控訴の必要性が高まることを問題としている。

たす場合を除き、YはXまたはZに対する後訴で、この判断に拘束されないというべきである。

そうであるとすると、ZはYに対する後訴において、前訴の基準時におけるXの本件土地の所有を主張立証する必要があり、また、前訴の基準時におけるYの賃借権の存在については、前訴におけるXの訴訟追行が不熱心なものであった場合を除き、争えないことになる。しかし、Zが「Yの賃借権は第三者であるZには対抗できないものである」と主張することは、Zに固有の抗弁の提出として許される[31]。

【例2】の前訴では、Yの賃借権の抗弁が認められてXの請求が棄却されたが、YがXの本件土地の所有を争う旨を選択的に主張していたとすれば、その理由で請求棄却判決がされたかもしれず、その場合には、XおよびZに対する失権効の範囲も異なっていたはずである。事件の真の争点はいずれであるかについて当事者と裁判所の認識に齟齬があれば、当事者が十分に主張立証を尽くしていない論点に関する判断に基づいて、裁判所が請求棄却判決をする可能性もある。これを防ぐためには、争点整理の段階で、主要な争点がなにかについて当事者と裁判所の共通認識を形成することが重要であろう[32]。

【付記】

校正の段階で、加波眞一「口頭弁論終結後の承継人への既判力拡張論の現状」徳田和幸先生古稀祝賀・民事手続法の現代的課題と理論的解明（弘文堂・2017）385頁以下に接した。

上野㤗男先生の問題提起によって理論の深化をみた論点（の1つ）である本稿のテーマについて今後も実りのある議論が重ねられていくことを祈念して、誠に拙いものではありますが、本稿を献呈させていただきます。

---

31) Zが「前訴で認められたYの賃借権は、実は使用借権にすぎない」と主張することが許されるか、許されるとした場合の要件はなにかについては、議論がある。吉村・前掲注1）182頁、186-187頁、新堂ほか・前掲1）279-280頁〔新堂〕。なお、上野・前掲注1）933頁は、X・Y間では、Yの占有権原が賃借権であっても使用借権であってもXは敗訴判決を免れないのに対し、Z・Y間では、Yの占有権原が使用借権であればZは常に勝訴することができることから、Zの上記主張は固有の抗弁として許される、とする。

32) 越山・前掲注26）46巻4号69頁における「当事者の争点形成の主体性や、決着を期待する争点に関する裁判所との共通認識の形成といったことが、既判力の拘束を正当化する」との指摘は、筆者と共通の問題意識に基づくものであろう。

口頭弁論終結後の承継人に関する覚書

◆本間靖規◆

I　はじめに
II　口頭弁論終結後の承継人の基準をめぐる従来の議論
III　上野説の位置付け
IV　おわりに

I　はじめに

（1）　上野泰男先生の既判力の主観的範囲に関する業績として「既判力の主観的範囲に関する一考察」（関西大学法学論集41巻3号（1991）395頁〔以下では、上野①と略す〕、ならびに「民事訴訟法大正改正の経過と既判力の主観的範囲」（鈴木正裕先生古稀記念・民事訴訟法の史的展開（有斐閣・2002）693頁〔以下では、上野②と略す〕）がある。上野①は、大正15年の民事訴訟法改正で導入された既判力の主観的範囲を定めた規定（旧民訴201条）の緻密な解釈論であり、上野②はその大正改正の経過を精密に辿ったものである。そしていずれも学界の貴重な財産となっている[1]。

（2）　上野①は、第三者への既判力の拡張を「当事者型」と「承継人型」に分けて分類し、前者には、訴訟担当の場合の利益帰属主体や目的物の所持者が、後者には口頭弁論終結後の承継人がそれぞれ属するとする。前者に属する者については、訴訟当事者間の権利関係とは別個独立の権利関係は存在せず、これらの者への既判力拡張は、訴訟当事者が受ける既判力と全く同じものであるのに対して、後者に属する者については、前者におけるのと異なり、訴訟当事者間の前訴判決で確定された権利関係と既判力の拡張を受ける第三者の権利関係とは同一のものではない。たとえば、前訴訴訟物が建物収

---

[1]　同じテーマに関する上野泰男先生の業績として上記のほか、谷口安平＝井上治典編・新・判例コンメンタール民事訴訟法③（三省堂・1994）277頁〔上野〕があり、それまでの判例の緻密な分析をみることができる。

去土地明渡請求であり、その認容判決によって確定される権利関係と前訴の口頭弁論終結後に前訴被告から建物を譲り受けた者（ないしは建物を賃借した者）と前訴原告との権利関係は明らかに異なる。したがって前訴権利関係の既判力の発生に伴い、前訴原告と係争物の譲受人である第三者との権利関係も既判力をもって確定すると直ちにいうことはできないはずである。そこで前者を「当事者型」、後者を「承継人型」と両者を区別して論じることを提唱した（398頁）。

(3)　上野①は、この区別を前提として、実質説と形式説の意義を検討し、前訴と第三者を当事者とする後訴で訴訟物が異なる承継人型においては、当事者型で機能する実質説は採ることができず、形式説を採らざるを得ないとする（411頁）。

(4)　上野①の挙げる、既判力拡張をめぐる具体例のうち、前訴が土地賃貸人Xの賃借人Yに対する建物収去土地明渡請求訴訟で原告の請求が認容され確定したところ、前訴の口頭弁論終結後に建物が第三者Zに譲渡されたという事案で、XのZに対する建物収去土地明渡を求める後訴に前訴判決の既判力が及ぶかを取り上げてみる。上野①は、これを当事者型に当て嵌めると、X・Y間の判決の既判力が、X・Z間の訴訟に及ぶかを判断するためには、X・Y間で成立する権利関係と同様の権利関係がX・Z間に成立するかが問われる。しかし上記事案ではその可能性はほとんどなく既判力拡張は否定されるが、もしX・Y間の訴訟の請求原因がXの所有権（物権）である場合には、XのYに対する権利の成立により、XのZに対する権利も成立する可能性が高い。そこで前訴が物権的請求である場合には、Zに対する既判力拡張が肯定されるが、債権的請求であれば否定されるとの結論が引き出されるとする（414頁）。他方、この事案を承継人型に当て嵌めた場合、前訴判決の既判力拡張が意味するのは、X・Y間の前訴において確定した、XがYに対して建物収去土地明渡請求権を有するとの判断をX・Z間の後訴でZが争えないというに止まり、XがZに対して前訴と同様の権利を有するかは既判力拡張とは関係のない問題となる。そこで問われるのはただZが口頭弁論終結後の承継人に当たるかであり、その基準は、ZがYの訴訟追行権能を基礎づけていた法的地位を承継取得したかにあるとする（415頁）。そこでYの被告適格を基礎付けるものが何かを探求し、土地の賃借人であ

ることと、建物所有によって土地を占有していることの複合的基礎により Y の被告適格が成り立つとする。そのうち Z は建物所有による土地占有の要素を承継しているといえるから、Z は X・Y 間の訴訟の口頭弁論終結後の承継人に当たる。この Z に対する既判力拡張の意味は、X・Y 間で確定している、X の Y に対する建物収去土地明渡請求権の存在を争うことができないことにある（たとえば、Y が賃借権を有し、これを Z が適法に譲り受けたという事実を主張してこれを攻撃防御方法とすることはできない）。しかし X の Y に対する前訴の訴訟物と、X の Z に対する後訴の訴訟物とは異なるから、Z としては固有の抗弁を主張して請求棄却に持ち込むことは許される。このことは基本的に、X の Y に対する前訴が X の所有権に基づく物権的請求訴訟であった場合でも同様に通用する。X が提起する両請求とも土地の明渡請求であるという点は共通しており、しかも建物所有権の承継取得による土地の占有という被告適格を基礎付ける法的地位は、まさにこの明渡請求にかかわるから、X の Z に対する後訴における請求に関して、X の Y に対する請求権と同一性が擬制されると解する（417 頁）。

(5) 口頭弁論終結後の承継人という場合の「承継」の意味するところは、(4)でみたように、承継人が前主の訴訟追行権能を基礎付けていた法的地位を承継する場合と解することによって、既判力拡張の許容性が充足される（422 頁）。すなわち承継人として既判力の拡張が認められるのは、第三者が前主の訴訟追行の結果を許容しなければならない法的地位についた場合であり、これが既判力拡張を正当化する理由になるとする。これを上野①は、依存関係説に属する見解とする（423 頁注 54）。

(6) 口頭弁論終結後の承継人に関する上記の見地からすると、金銭請求における被告の義務の承継が問題となる。金銭請求の場合、権利の承継と義務の承継（引受）をパラレルに考えることは困難である。というのは、金銭請求の被告適格は、債務者であることのほか、責任財産の主体であることが基礎にあるところ、債務の引受によって債務者の地位は取得するものの、責任財産に変動がない限り、既判力拡張を正当化する承継（厳密にいうと、責任財産に対する処分権の承継）があったということはできないからである（424 頁）。この点では、上野①において Henckel の影響をみることができる[2]。

---

2) *Henckel*, Parteilehre und Streitgegenstand im Zivilprozeß, 1961, S. 106., *ders*, Parteibegriff und

(7) 明渡請求における被告側の承継時と対抗要件取得時との関係について、上野①は、XのYに対する建物収去土地明渡請求でXの請求を認容する判決が確定したところ、その口頭弁論終結前にZが係争建物を譲り受けたが、仮登記をしたに止まり、口頭弁論終結後に代金を完済して本登記をしたという事案で、上野①は、建物所有権の所在が決定的な意味をもつことから、対抗要件具備の時点をもって、Yの被告適格を基礎づけていた法的地位を承継したとすべきであるとする（426頁）。

(8) 以上が上野①の骨子である。上野①は、周知のようにその後の学説の展開に大きな影響を与えた。その議論の精緻さもさることながら、ここには口頭弁論終結後の承継人をめぐるこれまでの議論との関係で多くのメッセージが含まれていることがわかる。本稿は、この上野論文から示唆を受けて、既判力の主観的範囲論のうち主として口頭弁論終結後の承継人（民訴115条1項3号）を取り扱うものであるが、これまでの数々の業績のように判例の分析や事案類型ごとの承継人該当性の適否といった解釈論に深く立ち入るものではなく、その背景にある諸見解の由来と意義に焦点を当てて検討し、この問題をめぐる議論の展開とその収斂の方向性を探ろうとするものである。その意味ではこれからの研究の準備段階に相当するものと位置付けた関係で覚書と題する次第である。

II 口頭弁論終結後の承継人の基準をめぐる従来の議論

1 民事訴訟法115条1項3号の趣旨

本条項は、大正15年の民事訴訟法改正に際して導入されたものである。それまでは、執行力の拡張に関する規定（明治23年法律第29号519条）が存在したものの既判力の拡張に関する規定はおかれていなかった。そのため、当時の大審院は、特定承継人に対する既判力の拡張について消極的に解していた[3]。しかしこれでは、敗訴判決を受ける者が請求の目的物を第三者に譲渡してしまうと強制執行ができなくなって困る。そこで口頭弁論終結後の承継

Rechtskrafterstreckung, ZZP 70, 1957, S. 448.
3) 当時の大審院判例（や学説）については、小山昇「口頭弁論終結後の承継人の基準に関する学説の展開について」判決効の研究（小山昇著作集2）（信山社・1990）188頁、190頁参照。なお、この論文においては、明治民訴法519条の成立過程も論じられている。

II 口頭弁論終結後の承継人の基準をめぐる従来の議論　393

人や目的物の所持者に既判力を拡張する規定を設ける必要があった。これが大正改正の趣旨である[4]。

改正案として、「確定判決ハ当事者、口頭弁論終結後ノ承継人又ハ其者ノ為請求ノ目的物ヲ占有スル者ニ對シテ其効力ヲ生ス」（324条1項）と規定することが提案されたが、立案担当者（松岡義正）の答弁によると、「三二十四條は之は現行法に存せざる所でありまして、之は学問上で云ひます所の例の確定力、既判力の主觀的範囲と云うような名前を付ける所でありまして、誰に對して確定力既判力を有するか、斯う云ふ問題は現行法に於きましては學説に一任して居って明文を以て規定して居ない、併しながら之は矢張り外國にもある通り其の範囲と云うものは明かにして置いた方が實際上宜しいという所から致しまして三二十四條の規定を新設した次第であります、そこでこの三二十四條の内容のことに付いて説明を致してみますと、口頭弁論終結の後の承繼人、斯う云ふことに致しました、之は口頭弁論の終結前に承繼があったならば其の効力を生ずると云うことはどうなるか、斯う云ふことは直ちに出て来る問題でありますが、此の問題に付きましては我々の考としましては、訴の提起後、口頭弁論の終結迄に訴訟の目的たる權利の承繼があったならば之は前の訴訟を進行するのでなくして、訴訟参加の手續に依つて其者が訴訟を引受てさうして進行すると云うことにして居るのでありますから、訴の提起後口頭弁論の終結前に於ける承繼人を茲に擧げる必要がなくなつた、そこで口頭弁論終結後の承繼人と云ふことに規定したのであります」とある[5]。

ちなみにその後の議論で、鈴木喜三郎が、家屋明渡訴訟で負けると思うと他の者に住まわせてその判決の効力を妨げるようなことがよく行われているが、この条文でその弊害を避けることができるかと質問したのに答えて、松岡は、その場合、判決の仮執行の宣言をしてその仮執行をすると既判力を有することになる、そこでその目的物を占有する者があると総て効力を及ぼす

---

[4] 加藤正治・改正民事訴訟法案概説（有斐閣・1937）61頁、中田淳一「既判力（執行力）の主観的範囲」中田淳一＝三ケ月章編・民事訴訟法演習 I（有斐閣・1963）203頁では、加藤・前掲が目的物の所持者を中心に叙述しているところ、口頭弁論終結後の承継人にこそ本当の問題がある旨の指摘がある。中西正「既判力・執行力の主観的範囲の拡張についての覚え書き」伊藤滋夫先生喜寿記念・要件事実・事実認定論と基礎法学の新たな展開（青林書院・2009）633頁も参照。

[5] 松本博之＝河野正憲＝徳田和幸編著・日本立法資料全集12 民事訴訟法［大正改正編］(3)（信山社・1993）380頁。

と説明している。口頭弁論終結後の承継人としてどのようなものを想定していたのかを窺い知ることができ興味深い（仮執行に関する部分は仮執行による権利の実現を承継人に引き継がせる第3項に関連するものと思われるが、その趣旨については不明な部分が残る）。

このような形で行われた改正の経緯については、上野②で詳しく論じられているところである。これによれば、既判力の主観的範囲に関する議論は低調で、訴訟引受との関係も明瞭でない部分を残したまま大正改正（201条、71条ないし74条）がなされたことを窺い知ることができる。しかし後の学説上の議論との関係で押さえておかなければならないのは、大正改正201条が、家屋明渡訴訟の口頭弁論終結後の請求の目的物たる家屋の占有移転の場合に対処することを立法の趣旨としていたことである。このことは、勝訴判決によって得た既判力を承継人に及ぼすことによって、当事者が獲得した訴訟上の地位を保持する制度として、本条が規定されたことを意味する。すなわち本条は訴訟政策的な目的をもって新設された規定であるということである[6]。ただその立法目的を、どの範囲の者を承継人にすることによって達成するか

---

6) 三ケ月章「特定物引渡訴訟における占有承継人の地位」民事訴訟法研究Ⅰ（有斐閣・1962）307頁は、「そもそも201条にいう承継人というのは、一つの訴訟法上の概念なのである。……占有者を承継人として捉えることも、実は実体法上の承継という観念だけでは律しきれぬものであることを考えればこのことは明らかである。それをしも訴訟法の角度からは承継人として捉えねばならぬのはそうしなければ訴訟制度（今の場合には給付訴訟制度）が無意味なものになってしまうからであり、訴訟法はそれを避けるために、実体法的には必ずしも承継という概念がうまく結びつかぬ場合であっても、訴訟上の承継人という概念をたてて、いわば独自の立場から問題の解決をはかろうとするのである。その意味では、誰がそこにいう承継人であるかについては、訴訟制度の目的が決定的であるということを率直に認めねばならぬ」とするが大変示唆的な叙述であるように思われる。

大正改正の施行後間もない判例として、大決昭和5年4月24日民集9巻415頁は、土地所有者であるXと無断でバラックを建設して土地を不法に占有しているAとの間で家屋を収去して土地を明け渡す旨の和解が成立した後に、Aが当該家屋をYに譲渡したため、Xが民訴法201条、497条の2に基づいてYに対する執行文の付与を求めたものである。原審は、上記事実を認めたが、Yは前期和解に基づく明渡義務の承継人とは解しがたいとした。これに対して大審院は、Aの占有を承継したYは民訴法201条の承継人に当たるとして、X・A間の和解に基づいてYに対する執行文の付与を認めた。判例が201条の立法趣旨が本件事案に当てはまると判断した点が注目される。実務が本条の趣旨をそのように解釈すべきであると理解したことは当時の一般的理解を表すものと受け止めることができるからである。もっとも、本件の評釈者である兼子一・判例民事訴訟法（弘文堂・1950）300頁は、本件が物権的請求権に基づくものであったことに着目して、訴訟中または判決後に占有者の妨害物件に対する権利が第三者に譲渡されたときは、当該第三者は、収去義務の負担者としての地位を前主から承継し、それに関する訴訟状態上の利益・不利益または既判力・執行力を受けることになる（損害賠償債務のような人的義務については然らず）としている。承継人の判断基準として、請求が物権的なものであるか債権的なものであるかによって区別する見解の当否については後述する。

を明確にしなかったため、その基準の抽出がその後の学説の関心を呼ぶことになる。

2 実体法上の依存関係を基準とする見解（依存関係説、従属関係説）

大正改正で民訴法 201 条を新設するに際しては、すでに既判力の主観的範囲の規定を有していたドイツの ZPO が参照されたことは推測に難くない。ZPO325 条は、大正改正における日本の立法とは異なり、訴訟係属中の係争物の譲渡の際に当事者恒定主義をとった関係から、既判力の主観的範囲に関しては、訴訟係属後の権利承継人に既判力が及ぶと規定している。この違いに止まらず、ZPO325 条は、少なくともその立法当時（1898 年改正法）において、実体的当事者概念を基礎にした規定であることには注意をする必要がある[7]。日本とは異なり、ドイツには訴訟担当に際して被担当者が既判力を受ける規定がないのは、権利の帰属主体として被担当者に既判力が及ぶと考えられたことによる。このことが既判力の本質論において実体法説が支配していたことと相俟って、実体法的な依存関係（訴訟当事者からの訴訟対象たる権利義務や目的物の伝来的取得）が承継の基準となった理由である（もっとも実体法説といえども既判力の相対効を前提とすることに変わりはないと思われることから単に説明の容易さにつながるという限定付きであることは注意を要する。権利実在説についても同様）。この見解の下では、権利義務の帰属主体性を表す実体適格（Sachlegitimation）の移転を承継の基準とすることで足りた。依存関係説はこのような中から生まれてきたものである[8]。ところが、訴訟担当制度の導入とともに実体的当事者概念を貫徹することが困難となり、また既判力の本質論について訴訟法説をとる見解が次第に有力になってくると依存関係説の位置付けも変容を来さざるを得なくなる。

この領域においても日本の学説に多大な影響を与えた Hellwig は、既判力を純粋に訴訟法的概念として取り扱う立場を採っていたが[9]、既判力の第三者への拡張を 2 類型に分類して、一方を第三者の訴訟当事者に対する民事法上の依存関係が拡張に関する立法の正当化根拠となる事例とし、他方を、通

---

7) *Henckel*, Prteilehre (Fn. 2), S. 139., *ders*, ZZP 70, S. 456f. この点は、1877 年の CPO236 条 3 項の当事者概念を引き継いでいる。
8) 吉村德重・民事判決効の理論(下)（信山社・2010）15 頁参照。
9) *K. Hellwig*, Wesen und subjective Begrenzung der Rechtskraft, 1901, S. 10.

常は当事者に限定される判決効の拡張のために民事的な基礎を欠く場合とした[10]。前者については、実体法上の依存関係が直接既判力拡張の根拠となるといっているのではなく、立法の背景にある実体法上の関係を指しているにすぎない。第三者が前主の受けた判決の既判力に服するのは、財産の管理権限（Verwaltungsmacht）をもつ前主と第三者との間の民事的な法律関係が存し、第三者の権利状態が訴訟追行した当事者の管理行為によって決定されることを理由とするとする[11]。基本的にはこの考え方が、依存関係説として後の学説を支配することになる。日本においては、雉本朗造を嚆矢として、加藤正治などが Hellwig に依拠した議論を展開したのを初めとする[12]。そこでの承継として考えられていた具体例は、ZPO325 条 1 項に倣い、訴訟の対象を構成する権利の伝来的取得と訴訟当事者である前主からの占有の承継の事例であった。これに限定するというのであればともかく、実体法上の依存関係説はここから広がっていく可能性を秘めたものであった。実際ドイツにおいては、実体法上の依存関係に基づく既判力拡張の事例が日本でいう反射効の事例にまで及ぶ議論がなされ、その限界設定が不明瞭である議論にまで発展している[13]。たとえ、実体法上の依存関係がなにゆえ訴訟法上の効果である既判力の拡張の根拠となり得るのかの疑問を乗り越えることができるとしても、実体法上の依存関係の多義性、すなわち基準としての明確性の問題が残るように思われる[14]。

10) *Hellwig*, a. a. O. (Fn. 9) S. 51.
11) *Hellwig*, a. a. O. (Fn. 9) S. 62. 吉村・前掲注 8) 16 頁参照。
12) 雉本朗造「判批（大判大正 8 ・ 2 ・ 6 民録 25 輯 61 頁）」法学論叢 3 巻 2 号（1920）102 頁、加藤正治「判批（大判大正 10・ 6 ・ 7 民録 27 輯 1071 頁）」法協 42 巻 7 号（1924）1229 頁、同・民事訴訟法判例批評集 1 （有斐閣・1926）297 頁所収。小山・前掲注 3 ）195 頁、菱田雄郷「口頭弁論終結後の承継人に対する既判力の作用」法學 74 巻 6 号（2011）173 頁、池田愛「口頭弁論終結後における『承継の要件』に関する一試論」同志社法学 66 巻 5 号（2015）133 頁などにその後の日本における学説の展開をみることができる。
13) 本間靖規「反射効について―根拠論を中心に」松本博之先生古稀祝賀・民事手続法制の展開と手続原則（弘文堂・2016）616 頁参照。
14) 吉村・前掲注 8 ）66 頁は、依存関係を、実体法上当事者間の係争権利関係につき判決内容のごとき処分がなされれば、第三者がこれを承認せざるを得ない権利関係を有すると定義する多数の理解を前提として、これに訴訟法上の法律構成として、実体法上の依存関係を基点として、承継による既判力拡張規定を類推適用できる範囲においてのみ既判力拡張を認めることができるとして、「当事者適格の依存性」を基準として提示している。しかし「権利承継」と「占有承継」を明記する ZPO325 条とは異なり、単に「口頭弁論終結後の承継人」とのみ規定する日本において承継規定の類推は果たして明確な基準となっているかが問われるように思われる。他に、ドイツの議論を実体的当事者概念を絡ませながら、比較的忠実に反映させた承継人論を展開する見解として、上田徹一郎・判決効の範囲（有斐閣・1985）がある。上田も、吉村同様、「依存関係を基

3　適格承継説

　適格承継説を初めに唱えたのは、兼子一であるということができる。兼子は、訴訟承継論において[15]、次のように叙述している。「訴訟の承継の原因には、一先づ、原告の主張に随って争の存在を仮定し、其の争に対し原告は如何なる立場から関係しているのか（所謂原告の適格 Aktivlegitimation の問題）、如何なる点で被告を相手として居るのか（被告の適格 Passivlegitimation の問題）を見、両者何れかの側の此の関係が訴訟中に第三者に移転したか否かを考察する必要がある。此の点は従来所謂正当なる当事者（richtige Partei）、当事者の適格（Sachlegitimation）、乃至訴訟追行権（Prozessführungsbefugnis）と称せられていた問題であって、訴訟の承継はありと仮定せられる此等の関係の移転であると謂い得るのである」[16]。当事者「適格が訴訟の係属後に、当事者より第三者へ移転せる場合に、当該紛争の主体の訴訟外に於ける変更があり、随って之と対応せしめる為に訴訟上当事者の変動の必要が生じるのである」[17]。この叙述の中には、訴訟追行権と実体適格の区別が未分化の点がみられるが、当時の理論状況からしてやむを得ないことと思われる[18]。兼子にとって承継の対象は前主の訴訟追行による訴訟状態であって実体法上の地位や権利義務関係ではないことから、手続的な地位の承継（争いの主体たる利益の承継）が念頭に置かれていたものと思われる[19]。

　　礎とする適格の移転」という表現を使いながらも、実体法を反映する承継人論を展開している（49頁、51頁）。もっとも上田は、既判力を拡張される承継人の手続保障に配慮して、法的安定要求と手続保障要求とが緊張関係にあるとの前提の下、その調和点を探る作業をしている（108頁）。しかし上田説は、同時に、民訴法115条1項（旧201条1項）を立法上の決断とし、当然の理論的帰結ではないことを認めている（161頁）。さらに伊藤眞・民事訴訟法［第5版］（有斐閣・2016）557頁も依存関係説を正当として、比較的広い範囲で承継人性を認める議論を展開している。もっとも実体法関係が訴訟法上の効果の理論的根拠となるかの疑問に正面から答えてはいない。
15)　兼子一は、訴訟承継と口頭弁論終結後の承継の基準をそれぞれ区別して論じてはいない。むしろ両者に通じる基準を提示しているとみることができる。菱田・前掲注12）175頁参照。
16)　兼子一「訴訟承継論」民事法研究Ⅰ（酒井書店・1971〔19刷〕）50頁。なお本文では旧字体を改めている。以下同様。
17)　兼子・前掲注16）60頁。
18)　本間靖規「当事者適格の機能領域」徳田和幸先生古稀祝賀・民事手続法の現代的課題と理論的解明（弘文堂・2017）40頁参照。
19)　松本博之「民事訴訟における訴訟係属中の係争物の譲渡」民事訴訟法の立法史と解釈学（信山社・2015）273頁は、兼子の「適格の承継」を実体適格の承継を念頭に置いていたと解している。しかし、兼子・前掲注16）100頁は、破産管財人は破産者の訴訟が先行する場合、これによって発展した訴訟上の利益状態、生成中の既判力を付着して財団に取り入れられることから、管財人は破産者の訴訟状態上の承継人であるとしている。ここから推測すると、兼子が念頭に置いてい

適格承継説を決定づけたのは、山木戸克己[20]、小山昇[21]であった。山木戸論文は、訴訟承継と口頭弁論終結後の承継人の基準を同列のものとして扱うものであるが、両者に共通して、承継（一般承継、特定承継や権利承継、義務承継の区別を問わない）は実体法上の観念ではなく訴訟法上の概念であり、実体法上の地位の移転に伴って訴訟物である特定の権利関係を争うことのできる地位を前主から承継するもの、すなわち当事者適格の承継と解する。そして承継人への既判力の作用は、口頭弁論終結時における当事者間の権利関係を不可争のものとして確定するものであるから、承継人は口頭弁論終結時における前主と相手方の権利関係について確定判決の内容と抵触する主張を禁じられることにある。したがってその後に生じた事由や善意取得のような固有の抗弁を主張することは既判力によって妨げられない。善意取得や原始取得の場合には既判力の拡張はないと解するのはかえって承継の意義について混乱を招くとする。

　小山も同様の議論をする。たとえば家屋明渡請求の場合、明渡しの相手方となるのは家屋の占有者である。すなわち占有者が被告適格を有する。その占有が口頭弁論終結後に前主から第三者に移転した場合、被告適格の移転があったことになる。これは被告の地位の移転ではない。原告と前主、原告と承継人とでは攻撃防御方法が異なりうるからである。したがって承継人に既判力が及ぶことは、承継人が固有の抗弁を主張することを妨げるものではない。兼子は、所有物返還請求と占有回収の訴えでは、民法200条2項が存在するがゆえに、既判力拡張の結論の有無も異なると解したが[22]、何れの場合も返還請求の被告適格者は目的物の所持者であるから、請求原因の違いは被告適格の承継に影響を及ぼさない。しかし既判力の拡張は、前主が提出できない攻撃防御方法を承継人も提出できないことに止まり、承継人固有の民法200条2項の抗弁は、その後の執行関係訴訟で主張することを妨げるもので

　　たのは、実体適格の承継ではなく、訴訟追行権の承継であったということができる。兼子の適格承継説を受け継いだ者、たとえば中田淳一「判批（大判昭和19・12・27民集23巻20号639頁）」民事訴訟判例研究（有斐閣・1972）83頁には、「既判力の標準時後に訴訟物について当事者たる適格（訴訟追行権）の承継があった場合」の叙述がみられる。小野木常・民事訴訟法（有信堂高文社・1949）83頁、354頁も同旨。
20)　山木戸克己「訴訟物たる実体法上の関係の承継」法セミ30号（1958）44頁。
21)　小山昇「口頭弁論終結後の承継人について」前掲注3）判決効の研究168頁。
22)　兼子一・新修民事訴訟法体系［増訂版］（酒井書店・1965）345頁。

はない[23]。このように両者は、承継人を訴訟法上の概念で捉え、しかも既判力の拡張の作用を前訴当事者が提出できなくなった主張を承継人も禁じられるという点に絞る、そのため承継人に固有の抗弁の主張は既判力によって妨げられないとする議論であった。後にこれは形式説と呼ばれるようになる。

4　紛争の主体たる地位の承継説

新堂幸司は、承継前と承継後の訴訟物が異なる場合であっても、なお承継の可能性を認めるべき場合がある以上、承継前の訴訟物についての当事者適格と承継後の訴訟物に関する当事者適格とは同じ権利関係についての当事者適格とはいえないとして、当事者適格の移転（承継）を不正確な表現として退ける。そこであらたに紛争の主体たる地位の承継を基準とする見解を表明した[24]。

3でみたように適格承継説は、必ずしも承継前と承継後の訴訟物の同一性を前提とした議論ではなく、別訴訟物であっても既判力による前訴結果の保持のために前訴と後訴の当事者適格の承継関係を認めるものであった。したがって両者は表現方法の違いのようにも思われる。しかし紛争の主体たる地位の承継説は、一方で既判力制度の機能（前訴判決の紛争解決の実効性）を最大限に確保すべき要請と他方では善意者保護等の実体法秩序との調和を見いだそうとする解釈努力の表現と評価することができる点で[25]、適格承継説との差別化を図ることができる見解である。その場合、適格承継説と比較して紛争の主体たる地位の承継説が承継人の範囲を広く採ることになるのか否かに関心が向くが、その比較は難しい。むしろ新堂は、山木戸説、小山説が他説と比べて既判力拡張の範囲を広く認めながら、固有の抗弁の主張場面を考え

---

23)　小山昇「既判力の対象と遮断効」前掲注3）判決効の研究24頁は、既判力は訴訟上の請求の当否についての判断を不可争とする（蒸し返しを認めない）ことにあるが、上記当否の判断と両立しない判断を導くことに役立つ主張がなされると蒸し返しを認めることになる。そこでどのような判断がどのような主張を禁じることになるのかを判例をとおして分析している。これと同じ思考方法で承継人に対する既判力拡張の作用を捉えていると考えられる。

24)　新堂幸司「訴訟当事者から登記を得た者の地位」訴訟物と争点効(上)（有斐閣・1988）325頁（訴訟承継に関する316頁も同様）。すでに兼子・前掲注16）で頻繁にみられる表現（争の主体たる利益の承継）と近似する。また紛争の主体たる地位の承継の表現は、最判昭和41年3月22日民集20巻3号484頁にもみられる。なお、兼子一ほか・条解民事訴訟法［第2版］（弘文堂・2011）571頁〔竹下守夫〕は、基本的にこの見解にたちながら、「訴訟物にかかる実体的利益の帰属すべき法的地位の承継人」とする。

25)　新堂・前掲注24）332頁参照。

るという実体法秩序との関係を配慮している点を評価しながら、具体的な事案の解決には利益衡量を用いることを特徴とする[26]。

5　実体適格の承継とする見解

　松本博之は、係争物の譲渡における訴訟承継に関し、兼子・訴訟承継論では明確でなかった訴訟追行権と実体適格を峻別することを出発点とする。その上で、兼子が「適格の承継」とした中身は、実体適格であったとして、実体適格の承継をもって承継人の範囲を定める基準とすることを提案する[27]。そしてその基準を口頭弁論終結後の承継人にも適用する。そこで「承継されるのは主張された当事者の実体適格（Sachlegitimation）である。即ち原告側では積極的実体適格（Aktivlegitimation）であり、被告側では消極的実体適格（Passivlegitimation）である」とする[28]。確かに、口頭弁論終結後の債権譲渡の場合を考えると、前主の実体適格の喪失と承継人の実体適格の取得を伴う。しかし両者の間にどのようなつながりがある場合に「承継」というかの問題であるとするならば、実体適格の承継という場合の「承継」は何を意味するのであろうか、実体法上の依存関係説に実質説を加味した上田説との違いはどこにあるのか等の検討を要するように思われる。

　従来の適格承継説の中に、現在のドイツでは当然とされている訴訟追行権と実体適格の区別を意識的に行うものはなかったように思われる[29]。また両者の区別は民事訴訟法における議論に進展をもたらす有益なものであると考える。その意味で松本説の提起した議論は興味深い。ところで訴訟追行権概念の誕生は、ドイツにおける CPO の制定（1877 年）により訴訟担当が導入

---

26)　新堂・前掲注 24) 334 頁。
27)　松本・前掲注 19) 319 頁。
28)　松本博之「口頭弁論終結後の承継人への既判力の拡張に関する一考察」前掲注 19) 民事訴訟法の立法史と解釈学 385 頁。これを受けて実体適格の承継説に基づき具体例の検討を行うものとして、鶴田滋「口頭弁論終結後の承継人への既判力拡張の意味」法政研究 81 巻 4 号（2015) 817 頁。
29)　前述のように、兼子・前掲注 16) では、当事者の適格（Sachlegitimation）という言葉遣いがなされていた。また同様に、加藤正治・新訂民事訴訟法要論［第 4 版］（有斐閣・1952) 115 頁も「当事者適格（Sachlegitimation）」としていた。しかし注 19) の中田淳一や小野木常は、当事者の適格（訴訟追行権）としていて訴訟追行権と実体適格が果たして意識的に使い分けられているのかは明確ではない。ちなみに加藤・前掲書と同時期に出された、Nikisch, Zivilprozeßrecht, 2. Aufl. 1951, S. 118 には、訴訟追行権（Prozessführungsrecht）の説明箇所に、訴訟追行権はしばしば実体適格（Sachlegitimation）とも呼ばれるが、用語法としては不正確であるとの叙述がある。当時のドイツにおいても両者の峻別は未だ確立したものとなっていなかったことを示している。

されたこと（236条2項、現行265条2項）により実体的当事者概念を貫徹することができなくなり、形式的当事者概念が次第に優勢となったことに基づく。形式的当事者概念の下では、当事者概念が実体的法律関係から切り離されることから、たとえば債権関係につき第三者であるAが債務者Bを相手に債権者Cへの支払を求めて訴えを提起することも可能になり、民衆訴訟を誘発する懸念が生じた。そこで民衆訴訟を排除するため実体法との関連性の必要から導入されたのが訴訟追行権である。ここで訴訟追行権に関するドイツでの議論に立ち入ることはできないが[30]、前述のようにZPO325条は、上記の議論にもかかわらず実体的当事者概念に基づいて規定された条文と解されている。その本来の意味では、実体適格の承継がZPO325条1項の承継に当たるとの議論は可能である。しかし形式的当事者概念が採られている現在では、別の議論が必要となる。

松本博之は、小山昇が口頭弁論終結後の被告の占有承継人は前訴の被告適格の承継人であるとしている点に関して、小山説は消極的実体適格を基礎づける占有の移転を指して被告適格の移転としているものと解する。その上で「口頭弁論終結後の承継人への既判力の拡張は実体適格の承継であるとみることこそ正しい。なぜなら、給付訴訟の訴訟追行権（通説が「当事者適格」と呼んでいるもの）は訴訟担当の場合を除くと、自分に権利が帰属すると主張する者とその相手方とされる者にあり、実際に権利がその者に、その相手方に帰属しているかどうかが問われないのであるが、既判力の拡張を受ける承継人はその承継を基礎づける実体関係の存在を必要とするものであり、それは最早訴訟追行権の意味での適格の承継ではないからである」とする[31]。しかし小山説を上記のように評価することは妥当であろうか。実体適格は、権利義

---

30) さしあたり、*Heintzmann*, Prozeßführungsbefugnis, 1970を参照。なお、*C. Berger*, Die subjektiven Grenzen der Rechtskraft bei der Prozeßstandschaft, 1992, S. 81ff. は、訴訟追行権の機能を分析し、これを以下の3つに分けている。①Sicherungsfunktion（民衆訴訟から法律関係の当事者を保護する機能）、②Ermächtigungsfunktion（第三者に訴訟追行を認める機能。訴訟担当の基礎となるもの）、③Kompetenzschutzfunktion（他人の権利を管理する第三者の利益を保護する機能）。ただし同論文は訴訟担当に関するものであることに注意を要する。

31) 松本・前掲注19）386頁注42にある叙述。実体適格の承継説を支持する鶴田も、小山昇の適格承継説を、「実際には、実体適格の承継であったと評価することができるのであれば、口頭弁論終結後の承継人該当性に関する議論は、実は、小山教授の見解の登場により既に決着していたと評価することができる」としている。鶴田・前掲注28）829頁。実際、鶴田・前掲は、小山説を類型ごとの具体例に即して展開したものといえる。

務の帰属主体性の問題であって本案の審理対象に属するところ、小山説は、口頭弁論終結後に被告から占有の移転を受けた者が義務の帰属主体となるとはいっていない。占有の移転により原告が自己の権利の実現のために相手にしなければならない者が代わったことによって、原告と前主間で前主が提出できなくなった攻撃防御方法を承継人が自由に主張できること（蒸し返し）により原告の訴訟追行が無駄になることを避けるための議論、すなわち本案の帰結に関わらないという意味で純粋に手続的な考察をしているのである。この場合、むしろ訴訟追行権の承継といった方が小山説をいい当てることになるのではないかと考える。また口頭弁論終結後に当事者が破産宣告を受けたことにより破産管財人が受継する場合[32]、これを実体適格の承継とすることはできず、実体適格の承継では統一的な基準を提示したことにならないこともこの見解の欠点となるのではないか。さらに動産の引渡請求訴訟の口頭弁論終結後に当該動産を善意取得した者についてはどのように考えるのであろうか。松本は、訴訟承継に関して、「承継人が権利承継の際に実体法上の善意取得や対抗要件あるいは民法94条2項の類推適用によって保護されるべき固有の法的地位を同時に取得するときには、それは前主の法的地位と無関係にこれを訴訟上主張することができるという帰結が、明文の規定がないにもかかわらず難なく導かれる」とする[33]。そうすると実体適格の承継もいわば形式説的な作用をすることになるが、前主から権利義務の帰属主体性の移転を受けた承継人という構成からこの帰結が難なく導かれるのか検討を要するように思われる（第三者による口頭弁論終結後の目的物の原始取得の場合も同様の問題が生じるように思われる）。そもそも形式的当事者概念と実体適格の関係から説き起こす必要もあることから、この点は後の考察に留保したい。ちなみにドイツにおいては、承継人の判断基準に関する議論が盛んに行われている状況にあるとはいえないが、少なくとも近時において、訴訟追行権の承継（Rechtsnachfolge in die Prozeßführungsbefugnis）とする見解が散見されることは注目に値する[34]。

---

32) 伊藤眞ほか・条解破産法［第2版］（弘文堂・2014）363頁参照。
33) 松本・前掲注19) 323頁。
34) *Heintzmann*, a. a. O. (Fn. 30) S. 85., *C. Berger*, a. a. O. (Fn. 30) S. 173ff. なお、誰が（ドイツの場合訴訟係属後の）承継人であるかについて、*Stein/Jonas/Leipold*, 22. Aufl. 2013, Kommentar zur Zivilprozessordnung, §325 は、同条1項の意味における権利承継人は、訴訟において主張さ

6 要件事実と口頭弁論終結後の承継人

　丹野達は、実体法上の依存関係説を前提として、依存関係の意味を「前訴判決の訴訟物たる権利が後訴の訴訟物たる権利の発生原因となる要件事実の一を構成すること」と理解する[35]。この点は、承継を実体法上の概念とすることを徹底するものであると同時に依存関係説の拡がりを抑えるための独特の見解の提示と評価することができる。この見解によれば、一般承継（たとえば相続）や特定承継のうち訴訟物たる権利自体の承継においては、既判力の拡張が認められるものの、AのBに対する建物収去土地明渡訴訟の口頭弁論終結後にBから建物の譲渡を受けたCには、A・B間の訴訟物とA・C間の訴訟物の関係から、既判力拡張が否定されるとの結論が引き出される[36]。しかしこれに対しては、理論的な問題として、丹野説が既判力の拡張を認める口頭弁論終結後の訴訟物たる権利義務の相続の場合においても、既判力によって実在化した（あるいは判決内容通りに変更された）権利義務を相続すると構成しない限り、既判力の相対効原則からすると相続人は被相続人の訴訟追行の結果を甘受しなければならないとの結論は、訴訟法説からは当然のこととしては出てこない。したがってこのような帰結を正当化するためには、そうすることが相手方との関係で公平であるとの政策的判断がどうしても介在せざるを得ないように思われる。この公平感はさらに家屋収去土地明渡請求の口頭弁論終結後の家屋譲受人にも既判力を拡張すべきとの結論に拡げるべきことにつながる。結局、明確な基準を設定しようとの試みは良しとしても、最後は、当事者の一方による口頭弁論終結後の処分行為によって相手方の訴訟追行が無駄になることから保護する規定であるとの目的合理的思考に基づ

　　れた法的効果に関し、当事者に代わって現れた者、すなわち係争物や主張された請求権の譲渡の場合であれば、その取得者（Erwerber）、返還請求の場合には自己占有の承継人、ただし第三者による新たな占有の取得は権利承継に当たらないとする（1323頁）。また債務引受人は、免責的であろうと重畳的であろうと権利承継人ではないとする（1326頁）。なお、前主と承継人間には既判力は及ばない（1322頁）。

35) 丹野達「既判力の主観的範囲についての一考察」民事法拾遺（酒井書店・2004）224頁。

36) 丹野・前掲注35）216頁。なお、同じく要件事実からみた既判力の主観的範囲論として、中西・前掲注4）が挙げられる。中西は、丹野の結論の狭さを解消するためか、A・B間の訴訟物は、A・C間の訴訟物の前提関係に準ずる関係にあるとして、前訴が所有権に基づく物権的請求である場合、Cに対する既判力の拡張を認めている（626頁）。これに対して、山本弘「弁論終結後の承継人に対する既判力の拡張に関する覚書」伊藤眞先生古稀祝賀・民事手続の現代的使命（有斐閣・2015）683頁は、物権的請求においては、妨害発生ごとに別個に請求権が生じるのであって、A・B間の前訴とA・C間の後訴は別訴訟物であることからすると、明渡義務が承継されるとするのは、実体法の書き換えであるとして、中西説を含め拡張を認める見解を批判する。

く検証に耐えられる見解かが問われる[37]。なお、明確な基準という観点から、既判力が作用する前訴と後訴の訴訟物の同一関係、先決関係、矛盾関係の場合に限定して承継人に対する既判力拡張を認めるとの見解[38]も拡張の範囲として狭すぎるとの批判を受けている[39]。

7 小　括

　民訴法115条1項3号が政策的判断に基づく立法者の決断により規定されたものであるとしても、単なる利益衡量に任せることにせず、承継人の基準設定のために解釈努力がなされてきた跡を辿ることができる[40]。しかし提案されてきた基準は、既判力の拡張の必要性に基づく正当化の一応の基準という機能をもつものであった。政策的判断を背景としながらその範囲の明確な設定がなされないままの立法であることからすると致し方ないものと思われる。それにしてもどのような基準設定が妥当かの考察は意味のないものではないであろう。私見は、妥当な結論との結びつきを可能とし、なおかつ基準の明確性を示すのは、適格承継説ではないかと考えている。これに対しては、訴訟物との関係で決まる当事者適格を訴訟物が異なる承継人への請求との関係で採用することに対して批判があった。訴訟物が異なったとしても認容判決を得た当事者の訴訟追行の結果を維持するための制度であることに鑑みるとあらたに当事者適格者となったものを承継人とすると考えれば良いように思われるが、それにどうしても抵抗を感じるということになれば、「訴訟追行権の承継（Die Rechtsnachfolge in die Prozeßführungsbefugnis）」を基準とするのが妥当ではないかと考える。いずれにしても形式的基準を採るのであるから、承継人の実体的地位への配慮（固有の抗弁）やその主張のための手続保障の手段を講じる必要は否めない。給付訴訟であれば、執行力の拡張との関係で執行関係訴訟が考えられるし、確認訴訟であれば後訴での手続権の保障の問題

---

37) 越山和広「口頭弁論終結後の承継人への既判力―その作用についての論点整理」香川法学22巻1号（2002）47頁は、丹野説を承継人に対する既判力拡張の意義自体を否定しかねない不自然な議論であるとする（54頁、64頁）。
38) 髙田昌宏・民事訴訟法判例百選［第3版］（2003）191頁。
39) 高橋宏志・重点講義民事訴訟法(上)［第2版補訂版］（有斐閣・2013）708頁注123。
40) ドイツにおいてもZPO325条に規定する既判力の主観的範囲をめぐって利益衡量説が有力である一方で基準の設定に向けての議論を展開する見解があり、状況の類似性をみることができる。Berger, a. a. O. (Fn. 30) S. 71ff.

となる。既判力拡張における手続法上の必要性と実体法上の保護の調和をその後の手続過程において図ることになる。

III　上野説の位置付け

1　当事者型と承継人型の区別

　実体的当事者概念に基づいて規定が制定された ZPO 325 条の成り立ちからすると、上野①のような類型の区別は、容易に理解できるし、既判力の主観的範囲をめぐって現在でも実体的当事者概念の有効性が論じられていることに鑑みるとその区別は意味のあることであるように思われる[41]。また上野説が依存関係説を採用しているのもこれとの関係で理解できる。しかし形式的当事者概念を前提とすると、承継人型を基本とすることになる[42]。もっとも目的物の所持者について、これを実質説で理解すると当事者型の有効であることが示され、その分類は意義を有することは間違いない[43]。また同一事案を当事者型からみた場合と承継人型からみた場合の違いは、形式説と実質説の違いを理解する上で有意義である。

2　請求の同一性の擬制

　土地賃貸借関係の終了に基づく建物収去土地明渡請求の口頭弁論終結後の建物譲受人に対する既判力拡張を例にとると、建物旧所有者である前主に対する請求と新所有者となった承継人に対する請求とでは訴訟物が異なる。しかし両請求権とも土地の明渡請求である点で共通性を有し、しかも建物所有権の承継取得による土地の占有という被告適格を基礎づける法的地位はこの請求権に関わるものであるから承継人に対する請求権と前主に対する請求権

---

[41]　上野説に影響を与えたと思われる Henckel の利益財産を基準とする理論は、形式的当事者概念の貫徹への疑問を表すものであったことについて、松原弘信「民事訴訟法における当事者概念の成立とその展開（4・完）」熊本法学 55 号（1988）30 頁以下参照。日本においては、上田・前掲注 14）155 頁、松原・前掲 45 頁、菱田雄郷「当事者の意味・定義─形式的当事者概念」法教 251 号（2001）40 頁などに同様の議論がみられる。

[42]　中野貞一郎「弁論終結後の承継人」民事訴訟法の論点 I（判例タイムズ社・1994）222 頁。私見も、形式的当事者概念を前提とすると形式説を含め中野説の一元的理解の方が説明の仕方として分かりやすいと考える。なお、形式説は承継人との後訴における攻撃防御方法に制約をかけるものであって実際にどのような攻防が行われるかとは切り離して論じることができる問題である。

[43]　高橋・前掲注 39）706 頁参照。

は同一性を擬制されるとする[44]。類似の説明はすでに小山説においてみることができる。これによれば、上記と同一の事案において、土地の新占有者に確定判決が効力を有するということは、「判決における判断を新占有者が自己の地位を前訴の被告と同一視して、前訴の原告に対する関係で争うことができないということである」[45]。小山は、同一視の擬制が認められる根拠を、被告たる地位ではなく、被告適格者たる地位の承継に求めた。これによって新占有者の固有の抗弁の提出も可能となるからである。前主に対する請求と承継人に対する請求とで訴訟物が異なる場面で、なおかつ厳密な意味での先決関係といえないところにおいて、被告適格の承継と考えるか、被告適格（訴訟追行権能）を基礎づける法的地位の承継と考えるかの違いこそあれ、承継人に既判力の拘束を認める根拠の提示という点で同一方向を示すものと考える。私見もこの結論に賛成したい[46]。

Ⅳ　おわりに

　既判力の口頭弁論終結後の承継人への拡張は、勝訴当事者の訴訟追行の結果に関する利益を保護するための制度として規定されたものである。しかし既判力の拘束を受ける承継人の手続保障なしに拡張が許されるためには、単なる勝訴当事者の側からの必要性だけでは十分ではない。この観点から承継人の保護が考慮されるべきことを要する。そのためには、ZPO 325条2項のように実体法上の保護との調和を図る規定を置くことが考えられるが、日本においては、既判力の作用との関係で、前訴当事者間の遮断効が承継人に及ぶとするにとどめ、固有の抗弁の主張の機会を保障することをもってこれを実現すべきとの見解が早くから主張され、これが支配的となっている。それにしても既判力拡張は相対効の例外であり、その範囲を幅広く認めることは

---

44)　上野①417頁。本文でみたように上野説は、前訴が物権的請求か債権的請求かで承継の有無が異なるとすべきかの議論においても当事者型か承継人型かの区別が有用として、後者であれば、請求の同一視が擬制されるとする。私見も結論的にはこれに賛成である。
45)　小山・前掲注3) 170頁。
46)　ZPO 325条1項により、占有者を相手とする返還請求の訴訟係属後の占有の移転を受けた者に既判力が拡張されることはドイツにおいても疑われていない（善意取得の場合は、別途2項で保護される）。*Jauernig*, Subjektive Grenzen der Rechtskraft, ZZP 101, S. 373.

慎まなければならない[47]。訴訟承継とは異なり、拡張を受ける者の審尋請求権の保護なしにこれを認めるとなればなおのこと慎重さが要求される。これを検討するには、判例の分析が必要であるところ、本稿ではその余裕がなかった。後日を期したい。

【付記】
　上野㤗男先生には、かなり以前から関西や東京での研究会でご教示を受ける恩恵に浴してきた。先生の緻密な議論と比較すると雑駁な論考になってしまったことを申し訳なく思うが、先生には今後ともご健勝で引き続きご指導をお願い申し上げる次第である。

---

47)　ドイツにおいては実体法上の依存関係による既判力の拡張を論じる際、債権者と主債務者間の判決が保証人に及ぼす効力の問題や債権者と合名会社間の訴訟の判決効の社員への拡張なども議論の対象とされることがある。日本では、これらの事例が口頭弁論終結前の関係にある場合でも拡張対象になるかの観点から議論されることから、既判力拡張とは異なる効力（反射効など）として論じられることが多いが、そこではその範囲をかなり絞りながら、既判力拡張の範囲を広くとることがはたして整合的か検討の余地があるように思われる。

第 5 編

上訴・再審

再審の訴えにおける除斥期間
―― 民訴法 338 条 2 項後段の場合について

◆ 内山衛次 ◆

　　Ⅰ　はじめに
　　Ⅱ　判例および学説の状況
　　Ⅲ　検　　　討
　　Ⅳ　おわりに

Ⅰ　はじめに

　再審の訴えは、確定した終局判決に対して、その訴訟手続に重大な瑕疵があったことが発見されたり、またはその判断の基礎資料に異常な欠陥のあることが看過されていた場合に、当事者がこれを理由として、その判決の取消しと事件の再審理を求める非常の不服申立方法である[1]。しかし、判決により確定された権利関係が、長い期間を経た後に変更されるならば、法的安定性を著しく侵害し、関係者にとって耐えがたく、要求できないことから、再審の訴えは時間的制約に服する[2]。

　民事訴訟法342条は、その1項で再審の訴えの出訴期間を定め、2項でその除斥期間を定める。1項の出訴期間は、当事者が判決確定後再審事由を知った日から30日の不変期間であり、2項の除斥期間は、判決が確定した日から5年を経過したときである。また、2項括弧書によれば、再審事由が判決確定後に生じた場合は、その事由の発生した日が除斥期間の起算日となる。

---

[1]　兼子一・新修民事訴訟法体系〔増訂版〕（酒井書店・1965）481頁、菊井維大＝村松俊夫・全訂民事訴訟法Ⅲ（日本評論社・1986）365頁、石川明＝高橋宏志・注釈民事訴訟法(9)（有斐閣・1996）1頁〔高橋〕、高橋宏志・重点講義民事訴訟法(下)〔第2版補訂版〕（有斐閣・2014）766頁、新堂幸司・新民事訴訟法〔第5版〕（弘文堂・2011）939頁、高田裕成ほか編・注釈民事訴訟法　第5巻（有斐閣・2015）459頁〔内山衛次〕。

[2]　石川＝高橋編・前掲注1）75頁〔納谷廣美〕、斎藤秀夫ほか編著・注解民事訴訟法〔第2版〕(10)（第一法規・2006）297頁〔斎藤＝加藤新太郎〕、吉村徳重「再審事由―とくに、420条2項要件および補充性・再審期間との関連」小室直人＝小山昇先生還暦記念・裁判と上訴(下)（有斐閣・1980）131頁、高田ほか編・前掲注1）519頁〔内山〕。

とりわけ、除斥期間は、訴え提起の可能性を制限し、これにより既判力の基礎をなす法的安定性を確保することから、ここでは法的安定性は、再審制度の基礎をなす実体的正当性の回復に対して例外的に優先する[3]。実際にも、この実体的正当性を完全に実現することは当初から可能ではなく、とくに時間的な制約に拠らざるを得ないことから、除斥期間の解釈は厳格に行うことができるし、また行わねばならないとされる[4]。

ところで、除斥期間は、従来から、338条2項後段の場合におけるその解釈について争いがある。すなわち、342条2項括弧書が規定する原判決確定後に再審事由が生じる場合とは、確定判決の基礎となった判決などがその後に変更された場合（338条1項8号）の他に、338条1項4号から7号所定の可罰行為について、有罪判決などが確定した場合が該当する[5]。それというのも、可罰行為についての有罪判決が、原判決確定から5年以上経過した後に確定することで、再審の訴えが提起できなくなることは、再審の訴えを提起しようとする者にとって著しく酷な結果となるからである[6]。したがって、338条2項前段による有罪判決などの確定が、再審を申し立てられた原判決の確定後であれば、342条2項括弧書により、除斥期間の起算日は有罪判決の確定した日となる。しかし、有罪の確定判決などがなく、338条2項後段による場合、とりわけ、被疑者の死亡または公訴時効の完成により有罪の確定判決を得ることができない場合、それらの事実の発生後、可罰行為の存在を証明できる証拠が原判決の確定後に具備されたならば、除斥期間の起算日がいつになるかについては、見解が分かれる。

そこで、以下では、この問題について、とくに従来から議論されている被疑者死亡の場合の除斥期間の起算日について検討を行う。

---

3) *Baumbach/Lauterbach/Albers/Hartmann*, Zivilprozessordnung, 74. Aufl., (2016), §586 Rdnr. 2.
4) Vgl. *Baumbach/Lauterbach/Albers/Hartmann*, a. a. O. (Fn. 3), §586 Rdnr. 2.
5) 最判昭和47年5月30日民集26巻4号826頁、最判昭和52年5月27日民集31巻3号404頁、三谷忠之「可罰行為と民事再審に関する若干の問題―最判昭和47・5・30を機縁にして」判タ292号（1973）8頁、石川＝高橋編・前掲注1）84頁〔納谷廣美〕、斎藤ほか編著・前掲注2）314頁〔斎藤＝加藤〕、兼子一ほか・条解民事訴訟法〔第2版〕（弘文堂・2011）1739頁〔松浦馨〕、新堂・前掲注1）944頁、高橋・前掲注1）792頁、吉村・前掲注2）131頁、高田ほか編・前掲注1）525頁〔内山〕。
6) 前掲注5）最判昭和47年5月30日。

Ⅱ 判例および学説の状況

1 判例の見解

　最高裁判所は、被疑者死亡に基づく再審の訴えの除斥期間の起算日が争われた事件について、以下のように判示した（最判昭和52年5月27日民集31巻3号404頁）。

　〔事案〕Y（再審被告）は、Yの先代であるB（昭和14年9月26日死亡）がA（Xらの先代）から本件係争土地を買い受けたと主張して、Aに対して当該土地の所有権移転登記手続を求める訴えを提起し、第1審で勝訴した。これに対してAが控訴したが、控訴審は第1審と同様に、Y提出の甲第1号証（売券証）におけるAの印影の真正を認め、そこから同号証の真正を推認し、これを主たる証拠としてA・B間の売買契約の成立を認め、控訴を棄却した（名古屋高金沢支判昭和42年2月27日）。そして、Aの上告も棄却され（最判昭和42年9月22日）、控訴審判決は確定した。Aは昭和46年に死亡し、相続人であるXら（再審原告）が、控訴審判決確定後5年を経過した昭和47年9月27日に、本件再審の訴えを提起した。

　Xらの訴えは、原判決の証拠となった甲第1号証が、亡Bにより偽造（BがAの実印に酷似した印鑑を使用して作成）されたものであること（338条1項6号、同条2項後段）に基づく。Xらは、この偽造の事実は、本件再審の訴えの提起直前である昭和47年9月になって、XらがAの実印の印影と甲第1号証の印影とをそれぞれの拡大写真によって照合して初めて明らかになったのであり、したがって、この時点、あるいは、その後、印影鑑定専門家が甲第1号証が偽造されたものである旨の鑑定書を作成した時点から、除斥期間を起算すべきである、と主張した。

　原審（名古屋高金沢支判昭和48年9月19日高民26巻3号293頁）は、判決確定後5年の除斥期間が経過していることを理由に、本件再審の訴えを却下した。その要旨は、①民訴法420条（現行338条）2項後段の文理解釈からは、可罰行為の存在について証拠を具備することという要件を導き出せないこと、②可罰行為の存在につき、証拠が存在するか否かは420条（現行338条）1項の問題として判断されるはずであること、③証拠の具備を要求すると、それについて再審の訴えで審査しなければならず、424条4項（現行342条2項括弧書）の起算日が不明確となること、であった。

　これに対してXらが上告した。上告理由は、①証拠がないという理由以外で有罪確定判決を得られないというのは、判決を得られない理由が証拠がない

ということであってはならないとの意味であることは論理必然であり、当然の帰結として証拠の具備を前提とすること、②民訴法420条（現行338条）2項後段の要件につき、同条1項6号の要件と同じ証拠判断が併せてなされるのは法規が要求していること、③被疑者死亡の場合に、証拠の具備の判断はそれほど困難ではないこと、などであった。

〔判旨〕上告棄却。「民訴法420条〔現行338条〕1項6号に基づく再審の訴が、同条2項後段の要件を具備するためには、前審判決の証拠となった文書等の偽造又は変造につき有罪の確定判決を得る可能性があるのに、被疑者の死亡、公訴権の時効消滅、不起訴処分等のためこれを得られなかったことを必要とするから、文書偽造等につき有罪の確定判決がない場合に同条1項6号に基づいて再審を申し立てる当事者は、被疑者の死亡等の事実だけではなく、有罪の確定判決を得る可能性があることについてもこれを立証しなければならない（最高裁昭和39年（オ）第1374号同42年6月20日第3小法廷判決・裁判集民事87号1071頁）。しかし、有罪の確定判決を得る可能性そのものは被疑者の死亡等の時に既に存在すべきものであるから、右再審の訴の除斥期間は、被疑者の死亡等の事実が前審判決確定前に生じたときは、同法424条3項〔現行342条2項本文〕により右判決確定の時から起算すべきであり、また、右事実が前審判決確定後に生じたときは、同条4項〔現行342条2項括弧書〕により右事実の生じた時から起算すべきである。本件の場合、被疑者Bの死亡は前審判決確定前であったのであるから、同法420条1項6号に基づく再審の訴は、前審判決確定後5年の除斥期間内に提起すべきものといわなければならない。所論の再審甲第1号証の1は、前審の審理の過程においてその成立の真否が重要な争点とされた本案甲第1号証（売券証）の亡A名下の印影が同人の実印によるものであるかどうかについての鑑定書であり、その鑑定依頼・提出は有罪の確定判決を得る可能性があることについての立証方法の問題であるにすぎず、右鑑定書の作成されたのが前審判決確定後であるからといって、その作成の日が同法424条4項にいう再審事由発生の日にあたると解するのは相当でない。」

　最高裁は、判決理由の冒頭で昭和42年6月20日の最高裁判決を引用する。これによれば、現行338条2項後段の要件は、被疑者の死亡により有罪の確定判決などを得ることができない場合に、その事実だけでなく、有罪の確定判決を得る可能性を証明することにより充足される[7]。また、判例および通説は、338条2項の事実は、再審の訴えの適法要件であり（適法要件説）[8]、

---

7) 斎藤ほか編著・前掲注2) 251頁以下〔小室直人＝三谷忠之〕、川嶋四郎・民事訴訟法（日本評論社・2013) 955頁、笠井正俊＝越山和広編・新コンメンタール 民事訴訟法［第2版］（日本評論社・2013) 1142頁〔林昭一〕、吉村・前掲注2) 102頁以下、高田ほか編・前掲注1) 525頁〔内山〕。

再審事由は 338 条 1 項所定の可罰行為じたいであるが、342 条 1 項の出訴期間との関係で、可罰行為を知ってから 30 日内に有罪判決などを得ることは不可能に近いことから、再審原告の救済のために、出訴期間の起算日は、再審原告が可罰行為だけでなく、338 条 2 項の事実を知った日とする[9]。したがって、除斥期間の起算日は、被疑者死亡の事実だけでなく、有罪の確定判決などを得る可能性が発生する日となるが、それがいつであるかについて争いがある[10]。

これについて本判決は、有罪の確定判決を得る可能性そのものは被疑者の死亡の時にすでに存在すべきであるとし、本件の場合、被疑者 B の死亡は前審の確定判決前であったことから、再審の訴えは、342 条 2 項により、前審の判決確定後 5 年の除斥期間内に提起しなければならないとする。また、傍論として、被疑者死亡の事実が前審の判決確定後に生じたときは、342 条 2 項括弧書により、除斥期間はその事実の生じた時から起算すべきであるとする。

2 学説の見解

学説は、判例と同じく、被疑者死亡の場合、有罪の確定判決を得る可能性は被疑者死亡の時にすでに存在すべきであるとする説と、有罪の確定判決を得る可能性とは可罰行為の存在を証明できる証拠が具備されたことであり、被疑者の死亡後、可罰行為の存在を証明できる証拠が原判決の確定後に具備

---

8) 最判昭和 45 年 10 月 9 日民集 24 巻 11 号 1492 頁、兼子ほか・前掲注 5) 1730 頁〔松浦〕、高橋・前掲注 1) 784 頁。なお、適法要件説の他にも、有罪の確定判決などの事実は可罰行為と一体となって再審事由になるとする説(合体説。細野長良・民事訴訟法要義 第五巻 (巌松堂・1937) 40 頁、松本博之・民商 67 巻 6 号 (1973) 1034 頁、松本博之 = 上野泰男・民事訴訟法〔第 8 版〕(弘文堂・2015) 704 頁以下〔松本〕)があり、これによれば起算日は有罪確定判決などの存在を知った日となる。また、再審事由は可罰行為だけであり、有罪の確定判決などの事実は再審事由の存在を認定する際に具備を必要とする要件であるとする説(理由具備要件説。小室直人「再審事由と上告理由の関係」兼子一博士還暦記念・裁判法の諸問題〔下〕(有斐閣・1970) 186 頁以下、三谷忠之・民事再審の法理 (法律文化社・1988) 111 頁、斎藤ほか編著・前掲注 2) 232 頁〔小室 = 三谷〕)では、起算日は可罰行為を知った日となるが、有罪確定判決は再審の訴えの適法要件ではないことから、有罪確定判決などの要件が具備される可能性が認められる場合には、再審裁判所は手続の進行を停止しておくことができるとする。

9) 大判昭和 12 年 12 月 8 日民集 16 巻 1923 頁、斎藤秀夫・民事訴訟法概論〔新版〕(有斐閣・1982) 608 頁、石川 = 高橋編・前掲注 1) 79 頁〔納谷〕、菊井維大 = 村松俊夫・全訂 民事訴訟法Ⅲ (日本評論社・1986) 398 頁、斎藤ほか編著・前掲注 2) 304 頁〔斎藤 = 加藤〕、兼子ほか・前掲注 5) 1738 頁〔松浦〕、高橋・前掲注 1) 804 頁、吉村・前掲注 2) 106 頁。

10) これについては、高田ほか編・前掲注 1) 525 頁〔内山〕参照。

されたならば、その具備された時が除斥期間の起算日であるとする説に分かれる。

(1) **被疑者死亡時説** 有罪の確定判決を得る可能性は被疑者死亡の時にすでに存在しなければならないとする説である。

　この説は、338条2項後段の「証拠がないという理由以外の理由により有罪の確定判決……を得ることができないとき」とは、被疑者死亡の時にすでに有罪判決が得られるほどの証拠が具備されていたにもかかわらず、被疑者死亡により、有罪判決が得られなくなったことを指すのであり、この論理から必然的に、有罪判決が得られるほどの証拠が具備していなければならないのは、死亡の時点までとする[11]。したがって、刑事的証拠が後になって確知(発見)することができたからといって、再審の訴えが提起できるわけではなく、前述昭和52年最判の事例では、当事者は、前審の本案訴訟において証拠を提出するための手続保障を受けており、前審の判決確定までにできる限りの努力をして証拠を確知し、勝訴判決を勝ち取るべきであるとする[12]。

　また、反対説が、可罰行為の存在を証明できる証拠が具備した時を再審事由の発生した日とすることは、不当であるとする[13]。すなわち、この説が、可罰行為の存在を証明できる証拠の具備が客観的に明らかである時を再審事由の発生日とするならば、有罪判決の確定がない以上、そのような状態を認めることができるのは、再審訴訟において裁判所が338条1項6号・7号の要件事実の存否につき確信を抱いた時点であり、これでは再審の訴えの適法要件としての除斥期間の規定は全く無意味となる。また、この説が、証拠の具備を再審原告が証拠の存在を知った時と考えるならば、342条1項に出訴期間の規定が置かれているにもかかわらず、本条2項に除斥期間の定めがある趣旨に反することになる。

　さらに、338条2項後段の要件として証拠の具備を要求すること自体が問題であるとする[14]。すなわち、証拠の具備が要求されるならば、裁判所は最初に再審の訴えの適法要件としてこれについて判断し、その後、再審事由の存否の問題として同じことを判断する。これは無用の重複であり、被疑者死

---

11) 中村雅麿・民事訴訟法判例百選Ⅱ［新法対応補正版］(1998) 437頁。
12) 中村・前掲注11) 437頁。
13) 上原敏夫・法協95巻1号 (1978) 1828頁。
14) 上原・前掲注13) 1830頁。

亡のような例外的な場合（338条2項後段）には、適法性によるチェックは行わないと考えることができる。それというのも、338条2項は、再審の訴えが可罰行為の存在だけでは続出することから、濫訴の弊を防止するために、この訴えを可罰行為の存在する蓋然性が顕著な場合に限定する趣旨であり[15]、これは同条2項前段の場合には妥当するが、後段の場合には妥当せず、濫訴の弊を防止するために適法性の段階を設ける必要はないからである。

また、この見解は、例えば、前述の昭和52年最判の事例において、反対説が主張するように、印影照合の主張、鑑定書の作成依頼ないし提出により証拠の具備が認められ、それが除斥期間の起算日となるならば、再審の訴えの濫用を容認することになるとする[16]。

(2) 証拠具備時説 この説は、有罪の確定判決を得る可能性は可罰行為の存在を証明できる証拠が具備された時に発生し、被疑者死亡の場合は、死亡後に可罰行為の存在を証明できる証拠が原判決の確定後に具備されたならば、その具備された時が除斥期間の起算日であるとする。

前述昭和52年最判における上告理由はこの見解を主張する。それによれば、338条2項後段の要件は、前述昭和52年最判が引用した昭和42年6月20日の最高裁判決が示すように、被疑者の死亡という事実だけでなく、有罪の確定判決を得る可能性を証明することにより充足される[17]。そして、この判決に基づけば、除斥期間の起算日は、出訴期間の起算日が可罰行為だけでなく338条2項の事実を知った日であることから、被疑者死亡の時ではなく、有罪の確定判決を得る可能性が存在する時とすべきであり、当該事例では、実印の印影との照合の時、あるいは、その後の鑑定書が作成された時が除斥期間の起算日であると主張とした。

また、学説は、除斥期間は、たしかに法的安定性の要請により客観的事実

---

15) 前掲注8）最判昭和45年10月9日、兼子ほか・前掲注5）1730頁〔松浦〕、伊藤眞・民事訴訟法［第4版補訂版］（有斐閣・2014）728頁、高橋・前掲注1）784頁、髙田ほか編・前掲注1）503頁以下〔内山〕。
16) 上原・前掲注13）1830頁、中村・前掲注11）437頁。
17) 同旨の裁判例として、大阪高判昭和43年7月3日判タ226号177頁。この事件は、原判決の証拠となった証人の証言が虚偽である旨の主張はあるが、当該証人（被疑者）はすでに死亡していたという事例であり、大阪高裁は「その行為をした者が単に死亡したというだけでは足らず、その者がすでに起訴され有罪判決を得られるだけの証拠があるのに死亡したため有罪判決を得られなかった場合とか、犯罪の証明があるが起訴猶予になり、又は公訴の時効が完成した場合のように、客観的に虚偽の陳述であることが明らかである場合であることを要する」と判示した。

を起算点として、一律に再審の訴えの提起可能性を制限するのであるが、ここでの法的安定性の内容は検討されるべきであるとする。すなわち、判決の既判力が攻撃から保護されるのは、永い期間の経過によって諸関係も不明確となり、判決により確定された権利関係を変更することが、もはや関係者にとって期待不可能であり、耐え難くなるという観念に基づく。しかし、有罪の確定判決などの要件は、可罰行為の存在を示す「確実な証拠」であり、判決基礎の不当性を明らかにする事実であるから、このような「確実な証拠」がある以上は、判決確定後5年が経過したことで、当該すべての諸関係が不明確になったとはいえず、この除斥期間は、改めて有罪の確定判決などの「確実な証拠」を具備した時を起算点として進行を始めるべきであるとする[18]。この見解は、勝訴者の法的安定性の要求と敗訴者の実体的正義実現の要求は、当事者間の衡平に照らして調整されるべきであり、「確実な証拠」により再審事由が存在する顕著な蓋然性が示された以上は、可罰行為の存否の審理に立ち入り、これが認められる場合は、事件自体の再審判を求める敗訴者の要求を容れるべきであると説く[19]。

　さらに、被疑者死亡時説を採ると、再審事由である可罰行為に気がついたときは、すでに除斥期間が経過しており、これにより再審の提訴が手遅れになるおそれがある。これでは再審原告に酷であるし、このことは342条2項括弧書が除斥期間の起算日を延期した趣旨にも反する[20]。

　この見解は、判例が採る被疑者死亡時説は、再審の補充性（338条1項ただし書）についての新たな判例により、今後、見直される可能性があることを指摘する。すなわち、最判平成6年10月25日（判時1516号74頁）は、前述昭和52年最判およびそこで引用される昭和42年6月20日の最高裁判決を引用した上で、「民訴法420条〔現行338条〕1項6号に該当する事由を再審事由とし、かつ、同条2項の適法要件を主張する再審の訴えにおいては、被疑者の死亡等の事実が再審の訴えの対象となった判決の確定前に生じた場合であっても、文書の偽造等につき有罪の確定判決を得ることを可能とする証拠が再審の訴えの対象となった判決の確定後に収集されたものであるときは、

---

18)　吉村・前掲注2）131頁以下。
19)　吉村・前掲注2）124頁以下。
20)　高橋・前掲注1）792頁。

同条1項但書には該当せず、再審の訴えが排斥されることはない」と述べた。再審の補充性とは、再審事由に当たる事実があるとしても、判決確定前に上訴によってこれを主張したが棄却された場合、またはこれがあることを知りながら上訴で主張しなかった場合に、同一事由を主張して再審を申し立てることができないことをいう[21]。判例は、従来から、補充性の要件に本条2項所定の事実が含まれるとし、補充性により再審の訴えが許されないのは、前訴における上訴により、可罰行為だけでなく、本条2項の要件が主張され、または知りながら主張されなかった場合に限られるとする[22]。したがって、前訴の判決確定後に本条2項の要件が具備された場合は、上訴によりその要件を主張することはできなかったことから、再審の訴えは許される。しかし、除斥期間の起算日について被疑者死亡時説によれば、被疑者死亡時までに有罪判決が得られるほどの証拠が具備されていなければならず、被疑者死亡が原判決の確定前であれば、再審の訴えを提起することはできないとする余地もあったはずである[23]。

たしかに、この見解が述べるように、知って主張しなかった場合を対象とする補充性では証拠収集を考慮しやすく、当事者の知・不知を問わない除斥期間においては証拠収集を考慮しにくいという状況はある。しかし、補充性についてのこの判例は、除斥期間の判例の論理の見直しにつながる希望はあるとされる[24]。

III 検　　討

被疑者の死亡後、可罰行為の存在を証明できる証拠が、原判決の確定後に具備された場合、再審の訴えの除斥期間はいつから起算されるのかについては、このように2つの立場が対立している。そこで以下では、それぞれの見解について検討を行う。

---

21) 再審は確定判決に対する非常の不服申立方法であることから、このような制約が課せられる。最判平成4年9月10日民集46巻6号553頁、吉村・前掲注2）128頁、石川＝高橋編・前掲注1）12頁〔高橋〕、高田ほか編・前掲注1）467頁〔内山〕参照。
22) 大判昭和8年7月22日民集12巻2244頁、吉村・前掲注5）最判昭和47年5月30日。なお、上野泰男・判評439号（1995）210頁以下を参照。
23) 高橋・前掲注1）793頁。なお、高田ほか編・前掲注1）526頁〔内山〕参照。
24) 高橋・前掲注1）793頁。

1 有罪確定判決を得る可能性の発生時期

　被疑者死亡時説は、338条2項後段の意味を、被疑者死亡の時にすでに有罪判決が得られるほどの証拠が具備されていたにもかかわらず、被疑者死亡により、有罪判決が得られなくなったことであるとする。しかし、補充性についての前述平成6年最判によれば、被疑者死亡の事実が前訴判決の確定前に生じたとしても、有罪の確定判決を得ることを可能にする証拠が確定判決後に収集されたときは、再審の訴えは許されるとする。また、証拠具備時説の見解は、有罪の確定判決を得る可能性とは可罰行為を証明できる証拠が具備されたことであり、その具備が被疑者の死亡後であっても、原判決確定後であれば、それが具備された時が除斥期間の起算日であると主張する。さらに、前述昭和52年最判が引用する昭和42年最判は、証拠具備時説からもその論拠として引用されており、この問題について決定的な役割をもつものではない。

　とくに、被疑者死亡時説では、証拠具備時説が指摘するように、証拠の具備が被疑者死亡の時までに制限されるならば、再審の訴えを提起しようとする者が、再審事由である可罰行為に気がついたときは、すでに除斥期間が経過している、というきわめて酷な結果になりかねない。このような事態は、再審制度の趣旨および目的から容認されるべきではない。すなわち、確定判決の既判力が、当事者間に妥当する正義の観念によって正当化することができない場合、つまり判決の基礎に敗訴者の責めに帰しえない重大な瑕疵があり、その不当性が明らかな場合は、その限りで手続の再開を認めても、勝訴者の法的安定性を不当に損なうことにはならない[25]。他人の可罰行為という敗訴者の責任の範囲にはない瑕疵が判決の基礎となっている場合は、可罰行為を証明できる確実な証拠が具備されたときは、再審による救済を認めねばならず、除斥期間の経過により保護を受けられないという事態を発生させてはならず、このことが除斥期間の起算日を決定するにあたり基本となる[26]。

　また、被疑者死亡時説により、被疑者死亡の時にすでに有罪判決が得られるほどの証拠が具備されていたことが338条2項後段の意味であるとすれば、原判決の確定後に被疑者が死亡し、その後に可罰行為の存在を証明できる証

---

25) 吉村・前掲注2) 124頁。
26) 髙田ほか編・前掲注1) 527頁〔内山〕。

拠が具備された場合には、その具備が被疑者死亡後 5 年以内であり、この 5 年の経過前に再審の訴えを提起しても、後述のように、訴えは不適法となる。このことは、再審による救済を不当に狭めることになる。

　もっとも、証拠具備時説に対しては、証拠が具備されていることを裁判所は適法要件および再審事由の存否の問題として判断することになり、これは無用の重複であって、そもそも被疑者死亡の場合には適法性によるチェックは行わないと考えることができる、という批判があり、また、除斥期間は当事者の知・不知を問わないものであるから、証拠の具備を再審原告が証拠の存在を知った時とするならば、342 条 1 項に出訴期間の定めが置かれているにもかかわらず、本条 2 項に除斥期間の定めがある趣旨と適合せず、さらに、どのような証拠が有罪確定判決を可能にする証拠であるかの判断は必ずしも容易ではないことから、再審の訴えにおいてその主張の機会を広く認めることは濫訴を容認することになる、という批判もある。そこで以下ではこれらについて検討する。

2　適法性および再審事由の審理

　証拠具備時説では、裁判所はまず最初に再審の訴えの適法要件として証拠の具備を判断し、その後、再審事由の存否の問題としてこれを判断する。これについて、前述昭和 52 年最判における上告理由は、338 条 2 項後段の要件については、同条 1 項 6 号の要件と同じ証拠判断が併せてなされることは法規が要求しているとする。また、学説の中には、338 条 2 項の要件は、再審事由である可罰行為が存在することの証拠が存するということであり、その証拠を取り調べて可罰行為が現実に存在したか否かの証明問題は同条 1 項の問題であるから、可罰行為を証明すべき証拠が存するということと、可罰行為が存在するということは全く別の問題であるとする[27]。

　たしかに、証拠具備時説では、再審の訴えの適法要件である除斥期間の遵守の判断に際し、可罰行為の存在を証明できる証拠がいつ具備されたのかが重要であり、被疑者死亡の場合は、その証拠の具備が原判決確定後であれば、その具備の時が除斥期間の起算日となる。したがって、この説では、適法性

---

27)　三谷・前掲注 8) 316 頁。

の審理において証拠具備の時点の判断は必要であり、それゆえ、被疑者死亡時説から、再審の訴えの適法要件および再審事由の存否の審理の際に同じことを判断するのは無用の重複であると批判される。しかし、被疑者死亡時説によっても、原判決の確定後に被疑者が死亡し、その後に可罰行為の存在を証明できる証拠が具備された場合には、その具備が被疑者死亡後5年以内であり、そしてその経過前に再審の訴えを提起する場合には、可罰行為について有罪確定判決などが存在していること（338条2項）は再審の訴えの適法要件であることから[28]、裁判所は証拠が被疑者死亡の時までに具備されたかどうかを審理しなければならない[29]。したがって、判断の重複は証拠具備時説だけでなく、被疑者死亡時説でも起こりうるのであり、またこの問題は、出訴期間の起算日についても発生しうるものである。

3 出訴期間との関係

証拠具備時説が、再審原告が証拠の存在を知った時、例えば、印鑑偽造の鑑定書を獲得した時を証拠具備の時とし、除斥期間を起算するならば、除斥期間の起算において当事者の知・不知を問うことになり、出訴期間（342条1項）との関係が問題となる。そして、この問題は、証拠具備時説における重大な理論的難点とされる[30]。

たしかに、被疑者死亡時説では、除斥期間は、338条2項後段の要件として証拠の具備を要求するか否かにかかわらず、被疑者死亡の時から起算されることから、基準としては明確である。

証拠具備時説は、被疑者死亡のように、有罪の確定判決を得ることができなかった場合、除斥期間（342条2項）の起算日を、被疑者死亡後、判決の確定後に可罰行為の存在を証明できる証拠が具備された時とする。つまり、この場合には、例外的に、除斥期間の起算において再審原告の証拠の確知を基準とする。たしかに、除斥期間については、期間の伸縮や付加期間（96条）を定めることはできず、訴訟行為の追完（97条）も不可能であり、また5年

---

28) 高田ほか編・前掲注1）538頁以下〔内山〕参照。
29) なお、Ⅲ1で述べたように、原判決の確定後に被疑者が死亡し、その後に可罰行為の存在を証明できる証拠が具備された場合に、その具備が被疑者死亡後5年以内であっても、再審の訴えが不適法となるのであれば、再審による救済を不当に狭めることになる。
30) 高橋・前掲注1）792頁。

の除斥期間が経過すれば、当事者が再審事由の存在を知っているか否かにかかわらず、一律に再審の訴えは不適法として、決定により却下されることになる（345条１項）。このように、除斥期間は例外なく厳格に解釈されるが、ドイツでは、一部の学説は、再審期間の意義および目的から、除斥期間の規定は例外としてその適用を制限される場合があるとする[31]。

ドイツでは、ドイツ民事訴訟法（Zivilprozessordnung〔以下、「ZPO」と略す〕）が、586条１項で「訴えは、１ヶ月の不変期間の経過前に提起しなければならない」と規定し、その２項で「この期間は、当事者が取消しの理由を知った日をもって開始するが、判決の確定力が発生する前には開始しない。判決確定の日から起算して５年を経過した後は、訴えは許されない」と定める。ZPOには、わが国の民訴法342条２項括弧書に相応する規定はなく[32]、それにより、従来から除斥期間が短すぎると批判されている。そこで、この期間を10年、15年、さらには30年とする提案も行われてきた[33]。たしかに、ZPO580条１号から５号までの可罰行為の際に、刑事手続が適時に終了しないことは再審の提訴可能性を失うことにつながるが、これについては、再審の訴えが除斥期間の経過前に提起され、刑事手続の終了まで再審手続を停止することで対応できるとされている[34]。

ドイツにおいて、再審期間の意義および目的から除斥期間が適用されない場合を認める見解は、その例として、判決がまだ執行されていない場合を挙げる。すなわち、判決がまだ執行されていない限りで、執行阻止のために提起される再審の訴えは、単なる時間の経過により阻止されてはならないのであり、判決が５年を経過するまで執行されず、債務者がそれ以前に再審事由を全く知らなかった場合には、除斥期間は適用されないとする[35]。また、未だ現実化していない法律関係についての裁判、つまり将来給付の訴えにおいて、除斥期間の経過後に初めて弁済期が到来する給付が問題となる場合には、不服を申し立てる当事者に、弁済期の到来前に再審事由の主張を許さないこ

---

[31] MünchKommZPO/Braun, 5. Aufl.（2016）, §586 Rdnr. 3.
[32] これについては、三谷・前掲注８）317頁以下を参照。
[33] Vgl. MünchKommZPO/Braun, a. a. O.（Fn. 31）, §586 Rdnr. 2.
[34] Vgl. Stein/Jonas/Matthias Jacobs, Kommentar zur Zivilprozessordnung, 22. Aufl., Bd. 6,（2013）, §586 Rdnr. 10.
[35] MünchKommZPO/Braun, a. a. O.（Fn. 31）, §586 Rdnr. 4.

とは、除斥期間の機能ではないとする[36]。ドイツでは、家事事件及び非訟事件の手続に関する法律（Gesetz über das Verfahren in Familiensachen und in den Angelegenheiten der freiwilligen Gerichtsbarkeit）185条1項が、血縁関係について裁判した確定決定に対する再審の訴えの申立ては、関係者が血縁関係について新しい鑑定意見を提出し、その鑑定意見が単独でまたは先の手続において取り調べられた証拠と併せて異なる判断をもたらしたであろう場合にも許されるとし、その4項で、ZPO586条は適用されないと規定する。先の見解は、このようにZPO586条の適用を制限する必要があるとされる場合は、特別な場合に限られるのではなく、将来の法律関係についての判決を修正することが問題となる限りで、ZPO586条は適用することができないとする[37]。

この見解は、通説からは反対されているが[38]、除斥期間の規定であっても、解釈によりその適用が制限される場合があると主張する。このことは、わが国において、出訴期間と除斥期間の関係を考える上で参考になる。すなわち、被疑者が死亡した場合に、その死亡後に可罰行為の存在を証明できる証拠が原判決の確定後に具備されたならば、再審の訴えには、例外的に除斥期間の規定は適用されず、出訴期間の規定だけが適用される。そして、その場合には、再審原告による証拠の確知が起算日となると解釈することは可能であると思われる。

4 証拠具備の意味とその判断

このように、被疑者死亡後に可罰行為の存在を証明できる証拠が原判決の確定後に具備された場合には、出訴期間の規定だけが適用される。したがって、その起算日は、再審原告が証拠の存在を知った日となる。

ところで、342条1項の出訴期間における「知った」とは[39]、証拠が存在することを確実に知ったことであり、知らなかったことに過失があってもよいが、再審原告が、証拠が存在するという事実を意識的に知ろうとしなかったり、また、具体的な手がかりが存在するにもかかわらず、それを契機とし

---

[36] *MünchKommZPO/Braun*, a. a. O. (Fn. 31), §586 Rdnr. 5.
[37] *MünchKommZPO/Braun*, a. a. O. (Fn. 31), §586 Rdnr. 5.
[38] Vgl. *Stein/Jonas/Jacobs*, a. a. O. (Fn. 34), §586 Rdnr. 10; *Zöller/Greger*, Zivilprozessordnung, 31. Aufl., (2015), §586 Rdnr. 15.
[39] これについては、石川＝髙橋編・前掲注1）79頁〔納谷〕参照。

てさらに証拠を収集することを怠ることは許されない[40]。

　前述昭和52年最判の事例では、原訴訟においてすでに甲第1号証が偽造であることが主張されており、再審原告が実印の印影と甲第1号証の印影とを拡大写真により照合し、また印影鑑定専門家による甲第1号証が偽造である旨の鑑定書を獲得することは、遅くとも判決が確定する前には可能であったはずである。それにもかかわらず、これを行わなかったことは、まさに具体的な手がかりが存在するにもかかわらず、証拠の収集を怠ったといえるのであり、本件において再審の訴えが却下されたことは妥当であったと思われる[41]。

　なお、被疑者死亡時説は、この事例において、印影照合の主張、鑑定書の作成依頼・提出により証拠の具備が認められるとするならば、再審の訴えの濫用を防止することができないと主張する。たしかに、どのような証拠が具備されれば有罪の確定判決を得る可能性が存在するのかの判断は容易ではなく[42]、この問題は338条2項後段の解釈の問題である。また、出訴期間の起算日についても関係することであり、慎重な検討が必要である。しかし、証拠の存在を知ったことについて、前述のように考えるならば、再審の訴えの濫用を防止することは可能であると考える。

Ⅳ　おわりに

　被疑者が死亡した場合、その死亡後に可罰行為の存在を証明できる証拠が原判決の確定後に具備されたならば、再審の訴えには、例外的に除斥期間の規定は適用されず、出訴期間の規定だけが適用される。このような解釈は、公訴時効の完成の場合についても行うことができる[43]。また、このような解

---

40) Prütting/Gehrlein/Meller-Hannich, Zivilprozessordnung, 6. Aufl. (2014), §586 Rdnr. 7f.
41) 高橋・前掲注1) 792頁。なお、吉村・前掲注2) 135頁は、再審原告の責めによって確実な証拠の具備が遅れたのではないかぎり、証拠具備の時点を起算点とすべきであるとする。
42) 高橋・前掲注1) 792頁。
43) なお、原判決確定後に、起訴猶予処分があった場合の除斥期間の起算日は、その処分があった日とされるが（秋山幹男ほか・コンメンタール民事訴訟法Ⅶ〔日本評論社・2016〕62頁）、この場合にも除斥期間の規定の適用はなく、再審原告が検察官作成の不起訴処分通知書または不起訴処分の理由の告知を口頭または書面で受領した日（刑訴260条・261条）、あるいは検察審査会からの不起訴処分の通知書類を受領した日（検察40条）から出訴期間を起算すべきである（受領日を除斥期間の起算日とする見解として、高田ほか編・前掲注1) 525頁〔内山〕）。もっとも、

釈は立法により明確にされることが望ましい。

　すでに述べたように、証拠の具備が被疑者死亡の時までに制限されることで、再審の訴えを提起しようとする者が、再審事由である可罰行為に気がついたときは、すでに除斥期間が経過しているという事態は、再審制度の趣旨および目的から容認されるべきではなく、他人の可罰行為という敗訴者の責任の範囲にない瑕疵が判決の基礎となっている場合は、可罰行為を証明できる確実な証拠が具備されたときには再審による救済を認めねばならず、このことが再審期間の起算日を決定するにあたり基本となるべきである。

　旧法当時の判例であるが、最判昭和45年10月1日（民集24巻11号1483頁）は、出訴期間の起算日について、偽証による第1の再審の訴えが有罪判決等の要件を欠くとして却下され、その上告審において有罪判決が確定したことから、これを上告理由補充書で主張したが取り上げられず、上告が棄却された事件で、第2の再審の訴えの出訴期間は、再審原告が偽証の有罪判決の確定を知った日からではなく、上告棄却判決の言渡しがあった日から起算されるとした。この判決は、第2の再審の訴えが偽証の有罪判決の確定を知った日から30日以内に提起されなかったことから、第1の再審の訴えの処置のまずさを救済したものとされるが[44]、その背景には、他人の可罰行為という敗訴者の責任ではない瑕疵が判決の基礎となっている場合には、再審の訴えによる救済を認めるべきであり、このことは出訴期間の起算日について、十分に考慮しなければならないとする思考があると思われる。

　たしかに、どのような証拠が具備されれば有罪の確定判決を得る可能性が存在するのかなど、今後検討が必要な点は少なくないが、その際には、再審制度の趣旨および目的、すなわち終局判決が確定して訴訟手続が終了した以上、これによる解決を尊重することは法的安定性の確保につながり、実効的な紛争解決をもたらすのであるが、訴訟手続に重大な瑕疵があり、判決の基礎となった資料に異常な欠陥があった場合には、確定判決の効力を争うことができなければ、裁判の適正の理念に反して当事者に酷であり、また裁判に対する真の権威と信頼が損なわれることを十分に考慮すべきである。

　　　実際には、処分の後にすぐに告知があることから、とくに問題は発生しないと思われる。
　44）　石川＝高橋編・前掲注1）80頁〔納谷〕、斎藤ほか編著・前掲注2）305頁〔斎藤＝加藤〕、兼子ほか・前掲注5）1738頁〔松浦〕、新堂・前掲注1）948頁、高橋・前掲注1）804頁。

一部請求と控訴の利益
―― 全部勝訴した原告にはなぜ控訴の利益が認められないのか？

◆ 越山和広 ◆

  I 課題の提示
  II 明示の一部請求と控訴の利益
  III 黙示の一部請求と控訴の利益
  IV 結果的な一部請求と控訴の利益
  V 附帯控訴による請求の拡張
  VI 原理的検討

I　課題の提示

1　全部勝訴した原告の控訴の利益

　第1審がした終局判決に対して適法に控訴を提起するためには、いわゆる控訴の利益が必要であるが[1]、全部勝訴した原告にはこの利益を認めることができないとされる。その理由について、現在の通説・判例である形式的不服説は[2]、原告は申立てどおりの裁判を得たから控訴の利益がないと説明する。しかし、この説明では、控訴人が控訴によってその発生を阻止しようとする不利益（Beschwer）の実体が明らかにならない。これに対して、本稿が捧げられる上野㤗男先生は、新実体的不服説の立場から、予想される判決効が控訴人に対して不利益に及ぶことが、不服の実体であることを明らかにされた[3]。この説によれば、全部勝訴の判決を得た当事者が不利な判決効を受けない限り、控訴の利益が否定されることになる。しかし、筆者は、控訴人に対して判決効が不利に及ばないということだけで、その者による訴訟の続

---

 1) 松本博之＝上野㤗男・民事訴訟法［第8版］（弘文堂・2015）828頁〔上野〕参照。
 2) 高田裕成ほか編・注釈民事訴訟法第5巻（有斐閣・2015）14頁以下〔春日偉知郎〕および34頁以下〔松村和徳〕参照。
 3) 上野説については、上野㤗男「上訴の利益」鈴木忠一＝三ケ月章監修・新・実務民事訴訟講座3（日本評論社・1982）233頁以下などを参照。

行要求が許されないことの実質的な根拠を説明し尽くしたことになるのかどうかについて疑問をもっている[4]。本稿は、控訴の利益論において新境地を開拓された上野先生のご業績に導かれつつ、全部勝訴した原告にはなぜ控訴の利益が認められないのかという原理的な問題をあらためて考えることを目的とする。

2 一部請求と控訴の利益

現在では支持を失った旧実体的不服説によれば、全部勝訴者も控訴することができるとされている。この見解によれば、控訴提起時に控訴審の口頭弁論終結時点での事実関係を予測して、より有利な内容の判決を得られる可能性があれば、控訴することができるとされており[5]、この説の適用例として、全部勝訴者は、より有利な判決を求めるべく、請求を拡張するために控訴することができると論じられている[6]。本稿は、これをより具体化して、一部請求訴訟で全部勝訴した原告が、控訴（または附帯控訴）を提起して残額請求について請求の拡張をすることができるかどうかということを議論の対象として取り上げる[7]。問題となるのは、以下の3つの類型である。

①明示の（または公然の）一部請求で全部認容判決を得た原告の控訴（後述Ⅱ）。これは、前訴の訴訟過程で、何らかの形で一部請求であることの留保が表示された場合をいう[8]。

②黙示の（または隠れた）一部請求で全部認容判決を得た原告の控訴（後述Ⅲ）。ここでの「黙示」とは、原告の内心では一部請求であるが、表示上は全部請求にみえるという形で内心と表示の不一致があることをいう。すなわ

---

[4] 越山和広「不服の利益（上訴の利益）論について」香川法学32巻3＝4号（2013）407頁、418頁以下参照。この論文に対しては、上野泰男「上訴の不服再考」松本博之先生古稀祝賀・民事手続法制の展開と手続原則（弘文堂・2016）635頁以下で、批判的なコメントを頂いている。

[5] 加藤正治・民事訴訟法判例批評集第1巻（有斐閣・1926）416頁以下。

[6] 加藤正治・新訂民事訴訟法要論（有斐閣・1951）466頁。ドイツでは、*Augst von Kries*, Die Rechtsmittel des Civilprocesses und Strafprocesses nach den Bestimmungen der deutschen Reichsgesetze, 1880, S. 52.

[7] 原審で全部勝訴した者が附帯控訴によって請求を拡張した例のうち、最判昭和32年12月13日民集11巻13号2143頁（土地の一部明渡しから全部明渡しへと拡張）、最判昭和38年12月27日民集17巻12号1838頁（代償請求額を相場変動を考慮して増額）、最判昭和37年9月4日民集16巻9号1834頁および最判昭和42年6月1日判夕209号132頁（不法行為による損害賠償請求訴訟で主として慰謝料の増額）などが一部請求にかかわる。

[8] 明示の方法については、最判平成20年7月10日判時2020号71頁を契機として議論がされている。

ち、債権としては請求額を超える部分が存在するが、原告の内心のみにおいて請求額を限度とする一部請求であることが留保されていた場合である。

③結果的に一部請求となった訴訟で全部認容判決を得た原告の控訴（後述Ⅳ）。これは、提訴段階における原告の内心と表示は全部請求であることで一致していたが、認容額を超えた金額を請求できること、つまり請求の拡張が可能なことが後に判明した場合である。例えば、原告は不法行為に基づく損害賠償として逸失利益1000万および慰謝料1000万円の合計2000万円の請求を行い、全部認容されたが、慰謝料をなお500万円上乗せできることが判明した場合である。旧実体的不服説によれば、このような事例についても、全部勝訴者は、請求の拡張目的で控訴を提起することができるはずである[9]。また、仮に、この事例で既判力の双面性が作用するとすれば、判決効の及び方に照準を合わせる新実体的不服説との関係でも、控訴の利益が認められる可能性がある[10]。この類型はあまり議論がされていないので、本来的な意味での黙示の一部請求と併せてこの類型も検討する[11]。

Ⅱ　明示の一部請求と控訴の利益

1　各説の帰結

　明示の一部請求を全部認容する第1審判決があった場合、残額部分について請求を拡張するために、この判決に対して控訴することができるか。ここでは、明示の一部請求認容判決後の残額請求は既判力によって遮断されないという考え方[12]を前提とする。この類型について、形式的不服説では、申立てと原判決が一致するから控訴の利益は認められないはずである。しかし、この説を前提にしながら、請求を拡張する目的での原告による控訴を適法と解する見解も有力である[13]。他方、実体的不服説では、前述したとおり、控

9）　小室直人・上訴制度の研究（有斐閣・1961）9頁。
10）　井上治典・民事手続論（有斐閣・1993）181頁参照。
11）　判例では、後に後遺症等の別損害が発生した場合について、結果的に前訴を明示の一部請求であったと解釈して、追加請求を許すという論理操作がされている。最判昭和42年7月18日民集21巻6号1559頁、最判昭和61年7月17日民集40巻5号941頁参照。これらの例は、本稿でいう結果的な一部請求と共通するが、別の損害が新たに発生している点で本質的に異なる。
12）　最判昭和37年8月10日民集16巻8号1720頁。なお、紙幅の制約上、一部請求論に関する文献の網羅的な引用は断念せざるを得ない。諸賢のご海容をお願いしたい。
13）　斎藤秀夫・民事訴訟法概論［新版］（有斐閣・1982）551頁は、附帯控訴ができることとの権衡

訴の利益が認められる。新実体的不服説の場合は、明示の一部請求の認容判決が残額請求に対して遮断的な効果を有しないことを理由に、控訴の利益は否定される。

2 請求拡張目的での控訴の必要性

このように、通説である形式的不服説の内部においてさえ、請求の拡張目的での控訴を許す見解があるということは、控訴の利益の判断基準だけではこの問題を解決することができないことを示唆するように思われる。そこで、控訴の利益論からいったん離れて、明示の一部請求で原告の請求を全部認容する判決があった場合、残額部分について請求を拡張するために控訴をする合理的な必要性がありうるかどうかを具体的に検討する。

判例・多数説によれば、一部請求を認容する判決が確定しても、残額請求に対して既判力が及ぶことはない。したがって、形式的不服説は、控訴の機会を否定しても原告には別段の不都合はないから、請求拡張のための控訴の必要性は認められないと論じる[14]。しかし、別訴を提起させることと、現在の手続を継続させることのいずれが合理的かという問題設定も可能である。すなわち、既判力が残額請求に及ぶことはないとすれば、当事者は、残額請求訴訟で、一部請求を認容した確定判決の効力を有利に援用する余地がないから、別訴提起という道は、当事者（原告）にとって必ずしも有利ではない。そうだとすれば、訴訟資料の継続的な利用が可能な上訴審の開始を選ぶという原告の行動は、むしろ合理的であるということもできる。

たしかに、残額請求に対して請求認容判決の既判力が及ばないとの法律構成は、残額請求に係る争いの先送りを容認することを意味するから、いったん一部請求として開始した手続に請求全部を集中して一回的解決を強制することは、一部請求全部認容判決の既判力に関する判例・多数説と整合的では

上可能とする。井上・前掲注10) 186頁も、残部が失権するかどうかにかかわらず控訴を認めてよいとする。三木浩一・民事訴訟における手続運営の理論（有斐閣・2013) 143頁は、明示の一部請求の類型ごとに控訴の利益の有無を考察し、類型によってはこれを認める。なお、小山昇・民事訴訟法［5訂版］（青林書院・1989) 546頁は、時効中断の必要があれば控訴可能とするが、一部請求論の前提自体が通説と異なっているように思われる。

14) 小室直人・民事訴訟法論集㈲（信山社・1999) 11頁。消滅時効の問題も、最判平成25年6月6日民集67巻5号1208頁によって一定の解決策が示されたので、再訴の大きな妨げにはならない。日渡紀夫「上訴の利益と附帯上訴」新堂幸司監修・実務民事訴訟講座［第3期］6巻（日本評論社・2013) 39頁、57頁も、別訴で利益を得られるから上訴の利益はないとする。

ない[15]。しかし、だからといって、残額請求については上訴でなく別訴によらなければならないという結論が、当然に出てくるわけではない[16]。なぜならば、原告にはいずれの道を選ぶかの選択権があると論じることもできるからである。しかし、このように解すると、結局、残額請求についても第1審から争わせるべきであるという被告の審級の利益の確保という要請に反する[17]。すなわち、可分な請求権について原告に紛争を細分化する権限を認めるのであれば、他方で、被告側の利益も考慮しなければならないのである。

もっとも、被告には残額請求について債務不存在確認訴訟の提訴責任が課せられているから、債務不存在確認を求めなかった被告の利益を考慮に入れる必要はないという反論があるかもしれない。しかし、現在の判例（最判平成10年6月12日民集52巻4号1147頁）によれば、被告はわざわざ消極的確認訴訟を提起しなくても、請求棄却判決と同等の効果（正確には信義則による失権的効果）を残額請求で有利に援用できることから、明示の一部請求の場合に、被告の提訴責任を前面に押し出して議論する立場は、現在ではもはや少数説にとどまるであろう[18]。また、一部請求が全部認容された場合は、少なくとも一部請求額が存在することだけが確実に判断されたということであり、残額があとどのくらい残っているのかについての拘束力ある確定的な判断はされていない[19]。したがって、被告にも改めて残額の確定を求める機会を与えることが合理的である。

以上の考察によると、残額請求をするには控訴でなく別訴によらなければならないという一般的に承認されている結論は、申立て通りの利益が得られたから控訴を利用する資格がないとか、不利な判決効が生じていないという観点だけでは十分に理由付けることができず、相手方当事者の期待的利益を持ち出して初めて理由付けることができる。

---

15) 福永有利「控訴の利益」鈴木正裕先生古稀祝賀・民事訴訟法の史的展開（有斐閣・2002）755頁、780頁は、原告は一部請求を選択し、請求拡張もしなかったことを理由に、控訴の利益を原則的に否定する。
16) 坂口裕英「判批」民事訴訟法判例百選Ⅱ［新法対応補正版］(1998) 409頁は、「別訴さえできるのであれば、むしろ控訴は当然できるのではないかと考えられる」と論じる。
17) 栗田隆「上訴を提起できる者」新堂幸司編集代表・講座民事訴訟7（弘文堂・1985）55頁、67頁。
18) 奈良次郎「判批」法の支配113号（1999）97頁以下参照。
19) 越山和広「判批」平成25年度重判解129頁。

III 黙示の一部請求と控訴の利益

1 形式的不服説

　黙示の一部請求について、判例（最判昭和32年6月7日民集11巻6号948頁）は、全部認容判決確定後の残額請求は、もはやなしえないと結論付けている。そして、そのような結論を考慮して、全部勝訴した原告に対して、例外的不服を肯定する裁判例が存在する[20]。一部請求であることの明示の有無にかかわらず、全部勝訴した原告は判決確定後の残額請求をすることができないとする学説も、同様に、控訴の利益を認める[21]。このような理解は、新実体的不服説と親和的である。他方で、形式的不服説に立つ論者の多くは、この例について、形式的不服の不存在ではなく、第1審段階で請求を拡張することができた点をあげて、控訴の利益を否定している[22]。この議論を踏まえて、筆者は別稿で、次のような試論を提示した。すなわち、控訴の利益論とは、新実体的不服説がいうように、予測される判決効の不利益性から説明されるべき問題ではなく、原審への手続集中化を当事者に対してどれだけ要求することができるのかということと結び付けて論じるべき問題ではないのかということである[23]。実際に、形式的不服説は、このような視点を暗黙のうちに共有しており、黙示の一部請求の場合に残額部分について請求を拡張するために控訴することができるかという問題を、申立てと判決の一致・不一致の問題ではなく、第1審段階で請求を拡張する責任を課すことが相当なのかどうかという問題として論じている。したがって、ここでは、黙示的一部請求の全部認容判決が有する遮断的効果が、第1審段階という早期での請求拡張を原告に対して要求しているとみてよいのかどうかが問題になる[24]。

---

20) 名古屋高金沢支判平成元年1月30日判時1308号125頁。
21) 新堂幸司・新民事訴訟法［第5版］（弘文堂・2011）885頁、高橋宏志・重点講義民事訴訟法(下)［第2版補訂版］（有斐閣・2014）602頁。
22) 伊藤眞・民事訴訟法［第5版］（有斐閣・2016）705頁注22は形式的不服がないとする。これに対して、日渡・前掲注14）57頁（残額請求しなかったことの自己責任を問える）、福永・前掲注15）781頁（代理人が請求拡張の必要性を認識していたような場合は否定）、松本博之・人事訴訟法［第3版］（弘文堂・2012）210頁（拡張の機会があった）参照。
23) 越山・前掲注4）103頁参照。これに対して、上野・前掲注4）651頁参照。
24) 一部請求であることの明示をしなかったことに過失があったかどうかという視点から論じる見解もある。三木・前掲注13）142頁、栗田・前掲注17）67頁以下。

2 残額請求遮断の根拠

まず、前提問題として、黙示的一部請求を全部認容する判決が確定すると、なぜ残部請求が遮断されるのかを考えておく。様々な議論があるが[25]、やはり信義則的な説明が無難である。すなわち、原告が内心においてより多額の請求ができることを知りながら、その事実を隠したままにしておき、もはやこれ以上請求されることはないとの外形を作出したならば、それに対する相手方の信頼は保護に値すると考えるべきである。ここで、単に既判力に反するというだけでは、説明にならない。なぜなら、この場合の請求認容判決の既判力は、原告が求めた請求額の存在のみを確定するにとどまり、「それ以上の請求権は原告に帰属しない」ことを確定するものではないからである。申立ての全部が認容された以上、それを超える額も存在しないという意味での既判力の双面性を承認しない限り[26]、既判力による説明は不可能である。

3 控訴の利益

黙示の一部請求の相手方は、第 1 審の終結段階で、もはやこれ以上請求されることはないとの外形が作出されたとして、さらに、請求を拡張する目的で控訴がされることはないと信頼してかまわないと論じることができるだろうか。例外的不服を肯定する見解は、判決の確定までの間は、紛争解決結果に対する相手方の信頼はなお暫定的なものにとどまるという考え方である。あるいは、原告には 1 回の手続を通じて 1 回だけ請求拡張の可能性を与えるべきであり、全部請求という外観をもって提訴されたとしても、被告は請求拡張の可能性を常に覚悟すべきであるとの考え方であるということもできる。しかし、黙示の一部請求の場合、全部敗訴した相手方は、敗訴した以上に請求を拡張される可能性があるとは認識することができないはずである。それにもかかわらず、さらに請求の拡張がありうることを覚悟すべきであるというのでは、この見解の本来的な意図に反して、原告の利益保護に偏してしまうのではなかろうか[27]。また、第 1 審段階での請求の拡張は常に覚悟すべき

---

25) 高橋宏志「一部請求判例の分析」前掲注 4 ）松本博之先生古稀祝賀 211 頁以下参照。
26) 伊藤・前掲注 22）223 頁。双面性については、後述Ⅳ2 を参照。
27) 三木・前掲注 13）142 頁は、残部に関する被告の審級の利益を問題とする。高橋宏志・重点講義民事訴訟法(上)［第 2 版補訂版］（有斐閣・2013）109 頁注 15 は、この点を考慮して、控訴審における裁量的差戻しの可能性を認める。

だと論じることはできても、控訴審段階でも引き続き覚悟すべきだとまではいえないと考えられる。

他方で、不服を否定する考え方は、第1審判決がされたことで、もはやそれ以上の請求をされることはないとの保護に値する信頼が生じたとみているということができる。そのような信頼を生じさせる前提として、全部勝訴者には第1審において請求を拡張する責任があり、この責任を履行しないと、控訴の利益が否定されるというのが、不服を否定する見解の考え方である。私見によれば、動機にも左右されるが、請求可能額の全体像を知っている原告に対して早期の請求拡張を要求することは、合理的であると解される。したがって、黙示の一部請求の場合は、別訴禁止ルールによる警告の下で請求の早期拡張を要求しつつ、それに応じないまま全部勝訴した原告には、相手方の信頼を保護するために、控訴の利益が否定されると解すべきである。

IV 結果的な一部請求と控訴の利益

1 控訴の利益

審理の結果として事後的に一部請求であったこと、つまり、当初の申立て以上のものを請求することができることが判明した場合は、本来の意味での黙示的一部請求論の延長線上に位置づけることができる。この場合に関して有力説は[28]、形式的不服説を前提としながらも、第1審の審理の結果として同じ不法行為にもとづく損害額が請求額を上回ることが判明したときを例にして、訴えの変更によらない限り別訴ではその請求をすることができない場合は、訴えの変更目的での控訴を許容する。しかし、この見解は、黙示の一部請求の全部認容判決に対する原告の不服を否定すると思われるところ、その一方で、結果的に黙示の一部請求となってしまった場合には例外的不服を認めると解することは、論理的に整合しないのではなかろうか[29]。これに対して、有力説の論者は、次のように反論するかもしれない。すなわち、本来の黙示的一部請求では、原告は全体の損害額を把握できている一方で、この

---

28) 兼子一ほか・条解民事訴訟法［第2版］（弘文堂・2011）1530頁〔松浦馨〕。なお、斎藤秀夫編・注解民事訴訟法(9)［第2版］（第一法規・1996）74頁〔小室直人＝東孝行〕は、この類型を問題とする趣旨か。

29) 越山・前掲注4) 109頁注55、上野・前掲注4) 650頁注42)。

場合は、結果的に全体の損害額が把握しきれていなかったという違いがある。したがって、本来の黙示的一部請求では第1審で請求の拡張をすることができたのだから、例外的不服を認めるまでもない。他方で、この場合は、第1審終結の段階で初めて残額請求をすることができることが判明した以上[30]、控訴審で請求の拡張をするための例外的不服を認めることは合理的であるという反論である。しかし、損害の数額が争われ、より多額の請求が可能であることが判明したときは、当該審級の終結が遅延するとはいえ、できる限りその審級で解決を図ることが望ましい。また、より多額の請求が可能なことは、実務的な感覚には反するかもしれないが、判決段階よりも前の段階で当事者に対して開示するべきではなかろうか。したがって、提訴段階で損害の全体像が把握できていたかどうかということだけで、控訴の利益の扱いを変える必然性は乏しい[31]。すなわち、この類型でも第1審段階での手続集中化という観点から、控訴の利益を否定するべきである。

2　既判力の双面性

ところで、結果的な一部請求を全部認容する確定判決は、残額請求を遮断するような効果を有するのだろうか。前述した有力説は、訴えの変更によらない限り別訴ができないという前提に立つ以上、この説が例示する損害賠償請求訴訟では、残額請求に関して別訴禁止ルールが適用されるので[32]、その過酷さを回避する必要が大きいと考えているものと思われる。すなわち、請求を全部認容した以上は、それ以上の請求を認めることができないという意味での既判力の双面性がこの説の前提になっていると解される。この前提が

---

30) 賀集唱＝松本博之＝加藤新太郎編・基本法コンメンタール民事訴訟法3［第3版追補版］（日本評論社・2012）15頁〔松本〕は、さらに請求できることが口頭弁論終結後に判明したときには、控訴の利益があると慎重な形で記述する。
31) 原告において損害額の全体像を口頭弁論終結までに知りえなかった事情を合理的に説明することを要するとの妥協的な考え方もありうる（越山・前掲注4）109頁注55）。また、この例には、一部請求であることの明示をしなかったことについて過失がなければ控訴の利益を認める見解（前掲注24）の三木説）が当てはまる。しかし、このような実質論を控訴の適法要件と結びつけることは、控訴の開始段階を混乱させる原因になるので、かえって現実的ではない（自説を改める）。栗田・前掲注17）68頁参照。なお、小室・前掲注9）35頁は、残部請求定立の過失による怠りのときは例外を認めないが、これは、ここでいう結果的な一部請求の例を念頭に置いた上での立論と思われる。
32) この見解が、別訴禁止ルールが妥当する別の例として、異議事由の同時主張が強制される請求異議訴訟を示していることからも明らかである。

正しいとすれば、新実体的不服説でも、請求の拡張のために控訴の利益を認めざるを得ない。

では、このような意味での既判力の双面性は認められるか[33]。例えば、総額 2000 万円の支払いを求める不法行為による損害賠償請求訴訟で全部認容判決が行われ、それが確定したとする。その場合に、同じ事件について損害額は実は 2500 万円であったとして、さらに追加的な賠償請求をすることを既判力が妨げることはないとすると、いったい既判力は何のために存在するのかという疑問が生じることはたしかである。他方で、2000 万円の金銭支払請求を認容する確定判決は、訴訟物が 2000 万円を超えて存在するかどうかについてまで判断しておらず、その点は確定していないという理解も可能である[34]。古典的な一部請求肯定説は、このような理解を前提としている。しかし、金額という要素を捨象した金銭債権というものは想定することができないとするならば、兼子説や伊藤説が前提とするように[35]、2000 万円という金額によって特定される全体の債権という 1 個の存在とは別に、一部の金額のみを目的とする債権が存在すると論じることはできない。考え尽くしたわけではないが、明示または黙示の一部請求とは異なり、ここで問題としている結果的な一部請求の事例では、原告が 2000 万円という金額によって特定した 1 個の金銭債権を訴訟物にしていると解するべきではないかと思われる。したがって、2000 万円の金銭債権の存在を確定した判決は、既判力の双面性によって、それ以上の金額の請求を遮断するということになるのではなかろうか[36]。

---

33) 双面性の具体例については、兼子一「確定判決後の残額請求」民事法研究第 1 巻（酒井書店・1950）394 頁、兼子ほか・前掲注 28) 558 頁〔竹下守夫〕参照。
34) 伊東乾・民事訴訟法研究（酒井書店・1968）527 頁以下、中野貞一郎・民事手続の現在問題（判例タイムズ社・1989）93 頁参照。さらに、高橋・前掲注 27) 599 頁注 17)、高田裕成「一部請求論について」伊藤眞先生古稀祝賀・民事手続の現代的使命（有斐閣・2015）363 頁、382 頁も参照。
35) 兼子・前掲注 33) 413 頁以下、伊藤・前掲注 22) 222 頁参照。
36) では、なぜ明示の一部請求の場合は、1 個の債権をいわば分割することができるのかという難問が突きつけられるが、なお解決できていない。思うに、一部請求における請求の趣旨には既判力の対象を限定することにその主要な意味があり、審理の対象を限定する機能は与えられていない。明示の一部請求によって 1 個の債権が分割されたかのような外観が生じるが、だからといって、2 個の実体法上の請求権が生じるはずはなく、これは民訴法 246 条の適用上、原告の意思によって既判力の対象が限定されるということではなかろうか。なお、要件事実論では、売買代金支払請求訴訟等の訴訟物一般について、「一定金額の」金銭支払請求権であるとは説明しない。この説明は、一部請求を容認することの布石であると筆者は理解している

V 附帯控訴による請求の拡張

1 附帯控訴の必要性

　形式的不服説によれば、申立てを全部認容された原告は、自ら控訴して請求の拡張を求めることはできない。ところが、全部敗訴した被告が控訴を提起すると、控訴審で請求の拡張をすることができると考えられている。もっとも、この結論を導くための理論構成については議論がある。すなわち、判例・通説は、附帯控訴を控訴とは異なる特殊な攻撃的申立てと性質付け、控訴の利益を必要としないことを前提とする。その上で、全部勝訴した原告＝被控訴人にはもともと控訴の利益が認められないけれども、附帯控訴の方式を通すことで請求の拡張をすることができると論じている。したがって、控訴審において被控訴人は請求の拡張をすることができるが、それには、附帯控訴の申立てを要する[37]。他方で、上野説は、このような前提自体を批判的に考察した上で、附帯控訴は失われた控訴権の回復であって控訴に他ならず、したがって控訴の利益を要件とするが、請求の拡張は、端的に控訴審における訴えの変更として理解すれば足りると論じる[38]。

　この議論は、被告側が控訴すると、なぜ、それに便乗して（本来は不可能なはずの）請求の拡張をすることができるのかという疑問に対して、説得力のある説明をすることができていない。通説は、この疑問に対して、附帯控訴によって残額請求部分に不服申立てという衣をかぶせることではじめて、控訴審での審判対象とすることができるからであると答えるであろう[39]。しかし、被控訴人である原告がそもそも控訴という不服申立てをすることができないにもかかわらず、附帯控訴をすると、その原則が破られる理由は明らかでない。通説は、これに対して、附帯控訴は控訴ではないから、そのような結論になるのは当然だと論じると思われる。しかし、これでは問いをもって問いに答えただけにすぎない。たしかに、通説によるならば、控訴審の審判対象が不服申立てであるとの大前提を堅守することができる。しかし、請求

---

[37] 詳細は、髙田ほか編・前掲注2）115頁以下〔川嶋隆憲〕、秋山幹男ほか・コンメンタール民事訴訟法VI（日本評論社・2014）125頁以下参照。
[38] 上野泰男「附帯控訴と不服の要否」民訴30号（1984）1頁、14頁以下。
[39] この点につき、髙橋・前掲注21）616頁の分析を参照。

の拡張部分は第1審の訴訟物ではなかったのだから、それに対して不服申立てという衣をかぶせても、その衣の下には本来何も実体がなく、その実体は、控訴審での請求の拡張によって初めて出現するものである。したがって、もともと控訴の利益が認められない請求について附帯控訴を申し立てると、第1審判決に対する不服申立てがあったことになるという議論は、単なる擬制か、あるいはつじつまあわせの議論にすぎない。要するに、請求の拡張をするために附帯控訴を申し立てることには法的な意味が認められない。そうだとすると、附帯控訴の性質論と請求拡張の可能性の問題とはいったん切断して、請求の拡張の問題は控訴審における訴えの変更の要件論として検討すれば足りるとする上野説に従うべきである。

しかし、そのように考えてもなお問題が残る。日本法は、控訴審における訴えの変更について特別な規制を置いていない（民訴143条、300条参照）。したがって、一部請求訴訟における請求の拡張は、請求の基礎に変更がなく、訴訟を遅滞させることもないのが原則であろうから、ほとんど例外なく適法とされることになる。このように、被告側が控訴すると、それに便乗して請求を拡張することができるのが原則であると解してよいのだろうか。以下、より具体的に検討する。

2 明示の一部請求

明示の一部請求で全部勝訴した原告が控訴の利益を有しない実質的な理由として、本稿は、残額請求について被告は別訴によって初めから争うことについて利益を有しており、それを保護するためであると考えた。この観点によれば、被告が全部棄却を求めて控訴した場合は、このような被告の利益はいわば放棄されたと考えることができる。一部請求を全部棄却に追い込むには、債権全額の不存在を導く主張（弁済、相殺等の抗弁）を改めて提出することになるが、これが仮に成功すると、被告は、残額請求も含めて原告主張の債権全額について再訴禁止という有利な効果を得ることができる。そうだとすると、控訴によって全部棄却を求める被告の合理的な意思は、債権全体に及ぶ有利な効果をその手続内部で得ようとする点に求めることができる。したがって、控訴人である被告は、残額請求について別訴による決着を求めなかったことになるのだから、被控訴人である原告にも、当該手続内部で残額

請求について給付判決を得るべく請求の拡張を行う機会を控訴審で与えるべきである。これは、武器対等の原則からもバランスのよい解釈であると思われる。

3 黙示の一部請求

これに対して、黙示の一部請求で全部認容判決を得た原告が、被告の控訴に便乗して請求を拡張できると考えることには、問題がある。なぜならば、原告はこれ以上の請求をすることがないという外形を作出したことに対するいわば制裁として、残額請求をするための控訴が許されないと考える一方で、被告によって控訴審が開始されると、この考え方を覆すことができるということには違和感を禁じえないからである[40]。古典的な一部請求肯定説に立つならば別論であるが、そもそも黙示の一部請求という訴訟行為それ自体が望ましくないことは、疑いがないのではなかろうか。ただ、一部請求を選択した原告の意思をある程度は尊重する必要性も否定しきれないから、訴え自体は不適法ではなく、また、第1審に限って請求の拡張が認められると考えるべきであろう。以上から、本来的な意味での黙示の一部請求の場合については、被控訴人である原告による控訴審での請求の拡張も認められないとして、第1審段階での手続集中化という発想を貫徹したい。すなわち、黙示の一部請求では、控訴審における当事者間の武器対等性を強調することができないと考える[41]。

4 結果的な一部請求

結果的に一部請求であったことが第1審段階で判明した場合の扱いは、難問である[42]。この場合の控訴の利益について、本稿は、本来的な黙示の一部請求と同様に、第1審段階での手続集中化を貫徹して、原告には請求の拡張目的での控訴を認めないという結論を採用した。では、原告が被控訴人にな

---

40) この場合に控訴の利益を認める見解に立つならば、このような議論を考える必要がないことは当然である。
41) 黙示の一部請求を全部棄却する確定判決が残額請求を遮断するかどうかを検討しなければならないが、ここでは保留せざるを得ない。
42) 判例で問題となった事案の中には、確実ではないが、このタイプの一部請求も含まれる。大判昭和2年12月7日民集6巻674頁など参照。

った場合の請求の拡張は可能だろうか。この場合、結果的に一部請求であることが当事者双方にとって明らかになってしまったのだから、控訴審では、明示の一部請求の場合と同様に処理をする（前掲Ｖ２参照）という意見があるかもしれない。また、この場合には、第１審段階で請求の拡張ができなかったことについて当事者側に責任を問うことが難しいから、被控訴人である原告に対して控訴審で拡張の機会を与えることには、あまり違和感がないといえるかもしれない[43]。

　しかし、このタイプの一部請求が明示の一部請求と完全に同じだということにはならない。なぜならば、被告が仮に全部棄却判決を得たとしても、明示の一部請求と同様な形で、客観的な債権全額に及ぶ遮断的な効果を得られるかどうかについて、疑問があるからである。既判力の双面性は全部認容判決に対して認められるものであり、棄却判決に対しては認められないと解される。このため、全部敗訴した被告による控訴を当該手続内部での全面的解決を求める趣旨に解釈することは困難である。なお考えが固まっていないが、被控訴人である原告による請求の拡張を許容するには、反訴の規定（民訴300条１項）を類推して、控訴人である被告が、１回の訴訟での解決に対して明示的に同意することが必要であると解しておきたい。

Ⅵ　原理的検討

1　形式的不服説

(1) 小室説　最後に、申立て通りの裁判を受けた当事者に対して控訴の利益が認められない原理的な理由について検討する。戦後はじめて上訴の利益論を詳細に検討した小室説は、上訴制度の存在意義を法的平和の回復に求め、その観点から上訴の利益を論じている。すなわち、一方当事者の申立てを認めるならば、申立ての全部または一部が否定された他方当事者の不満を誘発し、法的平和を危険にする。そのために上訴制度が必要となるが、他面、申立てを全部認容された当事者にとっては、法的平和の回復の原理から

---

43)　ただし、前掲注31)を参照。

いって、上訴は不必要になるとされる[44]。この考え方は、後の学説によって、裁判所が当事者の申立てに拘束されることを根拠とする一種の自己責任原理に立脚する見解であると評価された[45]。しかし、小室説は、上訴制度の存在意義を根拠として、申立てを認められた当事者の不服を認めることができないと論じており、当事者の自己責任を直接的かつ明示的な根拠としていたわけではない。

　(2)　**伊東説**　これに対して、原判決の形成に主体的に関与してきた原告の自己責任という観点を明確にしたのが、伊東説である。伊東説は、「すべて当事者は自ら求めるものに前審で達しえなかったその場合にのみ新たな審級への接近を許される」というのが上訴の不服の基本思想であるとするBaur論文の記述[46]に示唆を得て、「みずから求め、もしくは、みずから招いた結果について、人が不服を唱えうるとは、考えられない所であって、上訴人自身の前審における行態を捨象する」実体的不服説は不合理であると論じる[47]。

2　新実体的不服説

　ドイツの新実体的不服説は、原審で行った申立てに対する自己責任という要素を不服概念から排除する[48]。Ohndorfは[49]、形式的不服がなければ上訴できないとする説は、原審の申立てを全部認容した場合には、その原審判決をもって修正の余地のない最終的な処分効果を付与するのと同じことになるが、それでは控訴審で更新権が認められていることと矛盾する。原審で上訴人がどのような申立てや訴訟上の行態（Verhalten）をしたのかは、不服にと

---

44)　小室・前掲注9) 29頁。小室・前掲注14) 3頁では「要求通りの裁判をえれば、不服がないとするのが常識的である。」との論拠が追加されている。
45)　栗田・前掲注17) 61頁注5)。井上・前掲注10) 188頁注2) は、この理解を引き継ぐ。なお、これらの文献は、裁判所が当事者の申立てに拘束されない場合における上訴の利益の問題を説明する、斎藤秀夫編・注解民事訴訟法(6)（第一法規・1980) 24頁〔小室直人〕を引用して論じるが、不可解である。
46)　*Baur*, Zur Beschwer im Rechtsmittelverfahren des Zivilprozesses, Festschrift für Friedrich Lent zum 75. Geburtstag, 1957, S. 1, S. 12.
47)　伊東乾「上訴要件」小室直人＝小山昇先生還暦記念・裁判と上訴(上)（有斐閣・1980) 302頁、309頁、312頁。もっとも、伊東説の基本的な関心は、なぜ申立てを認められなかったのが不服を基礎付けるのかに対する実質的理由の探求であった（前掲310頁以下参照)。
48)　栗田・前掲注17) 76頁、越山・前掲注4) 415頁以下参照。
49)　*Ohndorf*, Die Beschwer und die Geltendmachung der Beschwer als Rechtsmittelvoraussetzungen im deutschen Zivilprozessrecht, 1972, S. 97 ff.

って何ら関係がなく、原審での訴訟追行の当否は控訴審で審査すれば足りるなどと論じ、原審での上訴人の訴訟追行は不服の基準にならないとする。しかし、以上の議論は、旧実体的不服説と何ら変わりがない[50]。日本の新実体的不服説の代表である上野説がこのような理由付けを回避するのは、そのためだと思われる。また、新実体的不服説に立つ栗田説も、このような説明にはよらず、裁判所が当事者の申立てに拘束される場合は、当事者は自ら求めた裁判による不利益は甘受すべきであるとの理由から、全部勝訴者の不服を否定する。

3 検 討

　自己責任に注目する見解は、自ら求めた裁判を獲得しておきながら、より有利な裁判を求めることができるというのは虫が良すぎるという議論であると言い換えることができる[51]。では、全部勝訴者の控訴は、なぜ「虫が良すぎる」のだろうか。ここで、かつての実体的不服説を振り返ってみると、この説は、より大きな利益を求める可能性があるならば当該手続内部でその可能性を追求することができると解する点で、正当な核心を有していた。しかし、この説は、控訴審をより大きな利益を追求する場と理解したため、反対に、第1審の存在意義を軽視するという致命的な誤りを犯した[52]。そこで現在では、第1審段階での手続集中化をできる限り追求するべきであるとの要請が働くことに、全部勝訴した原告の控訴の利益が認められない理由を求めるべきである。また、申立てを容れられた当事者の自己責任という議論は、相手方との武器対等性ということにも配慮して展開されるべきである。すなわち、当事者が第1審段階での手続集中化の努力を怠ったのにもかかわらず、手続の続行を要求することは、相手方の利益に対する配慮を欠く行動であり、だからこそそれは、「虫が良すぎる」との消極的評価を受けるのである。

　ところで、裁判所が当事者の申立てに拘束されるのは、申立てに示された当事者の意思が尊重されるからである。栗田説は、そのような意味での申立拘束力から、申立人が、自らの申立てに対して責任をとるべきであるとの原

---

　50)　栗田・前掲注17) 77頁、越山・前掲注4) 92頁参照。
　51)　「虫が良すぎる」という表現は、井上・前掲注10) 177頁を参照した。
　52)　小室・前掲注9) 26頁以下は、このことを厳しく批判する。

則が導き出されると論じ、形式的不服説も同様の原理に立脚しているとする。しかし、この論理展開はわかりにくい。また、形式的不服説は、全部勝訴した原告には控訴の利益が認められないとする一方で、相手方の控訴があれば控訴審で請求を拡張することができるとするのだから、当事者が自ら定立した申立てに拘束されるという意味での自己責任は貫徹できていない。その意味では、申立てに対する拘束力に注目する説明はあまり説得的ではない。もっとも、裁判所は、当事者の申立ての範囲内でのみ裁判することができるのだから、より大きな利益を追求することを望む当事者は、可能な限り第1審手続内部で、請求を拡張する申立てを行うべきである。そのような申立てを行わずに手続の続行を要求することは許されないのが原則であると論じることは可能であろう。申立拘束力を論拠とする見解は、以上のように論じることで、再構成されるべきではなかろうか。

詐害再審についての一考察

◆畑　宏樹◆

I　はじめに
II　再審における当事者適格
III　詐害判決と再審事由
IV　現行民事訴訟法の解釈論による詐害再審の可能性
V　さいごに——立法論として

I　はじめに

　民事訴訟において確定判決の効力が及ぶ者の範囲は原則として訴訟の当事者とされているところ（民訴115条1項1号。紛争解決の相対性の原則）、これは当事者として訴訟に関与することができた者には攻撃防御の機会が与えられていたことにその正当化の根拠を見出すことができる。他方、この原則には民事訴訟法上も一定の例外が認められている（同条同項2号～4号）ほか、特別法においていわゆる対世効が定められている場合もある（人訴24条1項、会社838条、行訴32・33条など）。このような訴訟当事者以外の第三者にも判決効が拡張される場合には、この第三者にとっては自らが当該訴訟に関与する機会もないままに判決の効力が及ぼされることの正当化の根拠を別途考える必要がある。このうち対世的効力を有する判決については、それを正当化するに足りる根拠ないし道具立てとして、①当該紛争をもっとも真剣かつ徹底的に争うことができる者に当事者適格を限定すること（これにより当該判決の内容的正当性を高め第三者の保護を図りうる）、②処分権主義・弁論主義を制約し、職権探知主義を採用すること（裁判所の後見による当該判決の内容的正当性の向上）、③訴訟係属の事実を第三者に知らせその者の当該訴訟への参加の途を開いておくこと、④訴訟の結果が第三者にとって詐害的なものである場合に第三者に再審を許すことによって事後的に救済すること、⑤第三者にとって利益な判決についてのみ判決効の拡張を認める方式を採用すること（片面的拡張。会

社838条はこれにあたる)、などがその方途として考えられている[1]。

しかしながら、前訴における訴訟当事者が共謀して、第三者の利益を害する内容の判決を得ようとする訴訟（馴れ合い訴訟）や、被告となる者に訴訟追行の意欲がないことを利用して、原告が単独で第三者の利益を害する判決を得ようとする訴訟など第三者を害する内容の判決を取得する訴訟（詐害訴訟）が行われ、その結果、第三者の権利を不当に害する判決効が及ぶような結果となった場合に、これを詐害判決であるとして当該第三者を救済するために再審を認めることができるか——すなわち、詐害再審（第三者再審）の可否という問題——をめぐっては、民事訴訟法学においては古くから論じられてきた[2]。周知のとおり、詐害再審という制度は、旧々民事訴訟法（明治23年法律第29号）483条においては明文で定められていたものであるが、旧民事訴訟法（大正15年法律第61号）の制定の際に削除され[3]、現行民事訴訟法（平成8年法律第108号）もこれを踏襲しており詐害再審を一般的に許容する旨の規定は存在しない。しかしながら、これは立法の過誤であったとの評価が今日では一般的であり、立法論としてはこの制度を復活させるべきとの指摘も多くなされている[4]。この問題は、前述④の方途に関連するものであるところ、個別の立法によって実定法化されている例はいくつかあるものの（行訴34条、会社853条1項、特許171条1項・172条1項など）、一般的にこれについて定めた規定は現行民事訴訟法には存在しないことから、解釈論としてこれを認めるべくその方途が様々に議論されてきた。

本稿においては、紙幅の都合上、第三者による詐害再審が個別に立法化されていない会社の組織に関する訴えの類型に限定して考察を進める[5]。この

---

1) 新堂幸司・新民事訴訟法［第5版］（弘文堂・2011）299頁以下、高橋宏志・重点講義民事訴訟法(上)［第2版補訂版］（有斐閣・2013）308頁以下、畑宏樹「判決の対世効」伊藤眞＝山本和彦編・民事訴訟法の争点（有斐閣・2009）240頁など参照。
2) この問題を取り扱う先行業績には枚挙の暇がなく、平成25年決定以後の近年の研究だけに着目しても、杉山悦子「第三者による再審の訴え」一橋法学13巻3号（2014）981頁以下、菱田雄郷「第三者による再審の訴えについて」伊藤眞先生古稀祝賀・民事手続の現代的使命（有斐閣・2015）531頁以下、坂田宏「会社訴訟における第三者再審に関する一考察」松本博之先生古稀祝賀・民事手続法制の展開と手続原則（弘文堂・2016）655頁以下、安達栄司「判決効の拡張と第三者の救済」法時88巻8号（2016）13頁以下などがある。
3) この間の法改正の経緯については、鈴木正裕「判決の反射的効果」判タ261号（1971）10頁参照。
4) 新堂・前掲注1）826頁、上田徹一郎・民事訴訟法［第7版］（法学書院・2011）570頁など。
5) なお、人事訴訟においても判決の対世効は認められている（人訴24条1項）ものの、詐害再審制度は存在しない。この点、補助参加（共同訴訟的補助参加）の申立てと同時に再審の訴えを

I はじめに

紛争類型においては近年の判例において、詐害再審を現行法の解釈論の枠内で認めたものがいくつかみられるところ[6]、注目すべき判例としては最決平成 25 年 11 月 21 日（民集 67 巻 8 号 1686 頁。以下、「平成 25 年決定」）があげられよう[7]。同決定において最高裁は、①判決効の拡張によって自己の権利を害されるとする第三者は、詐害防止参加（民訴 47 条 1 項前段）の申出をするとともに再審の訴えを提起することによって、再審の訴えの原告適格を取得する、②判決効の拡張を受ける第三者に訴訟係属の事実が知らされず当該第三者の訴訟参加の機会が奪われており、反面、訴訟の当事者による真摯な訴訟追行がなされていなかったといった、第三者に確定判決の効力を及ぼすことが手続保障の観点から看過することができない場合には、上記確定判決には、民訴法 338 条 1 項 3 号の再審事由がある、という判断を示し、一定の要件の下に、第三者による詐害再審を現行法の解釈論の枠内において認め、この判断枠組み自体は後の判例（最決平成 26 年 7 月 10 日判時 2237 号 42 頁[8]。以下、「平成 26 年決定」）においても基本的には踏襲されている。

この問題を検討するにあたっては、まず、再審が確定判決を取り消して従前の訴訟手続を再開・続行する手続であることに鑑みると、従前の訴訟手続の当事者ではなかった第三者がそもそもその再審における当事者となることができるのか、再審手続における当事者適格という点が問題となってくる。そのうえで、再審事由は従前の訴訟当事者について生じた判決形成上の瑕疵を指すものであるところ、判決効の拡張を受ける第三者がそれを自己に対す

提起することはでき（民訴 42 条）、これを用いることにより判決効の拡張を受ける第三者の救済を図ることも可能ではあるが、本稿でも検討するように、第三者自身が前訴に参加することができなかったことを直接の理由として再審の訴えができるかという問題は別途残る。
6) 大阪高決平成 15 年 12 月 16 日判タ 1152 号 287 頁。評釈として、岡田幸宏「判批」リマークス 31 号（2005）122 頁以下参照。
7) 平成 25 年決定の評釈として、加波眞一「判批」ジュリ 1466 号（2014）136 頁以下、岡田幸宏「判批」リマークス 49 号（2014）122 頁以下、伊藤眞「判批」金判 1434 号（2014）1 頁、堀野出「判批」新・判例 Watch 15 号（2014）145 頁以下、川嶋四郎「判批」法セミ 719 号（2014）110 頁、八田卓也「判批」金法 2005 号（2014）66 頁以下、河村好彦「判批」法学研究（慶應義塾大学）87 巻 11 号（2014）56 頁以下、今津綾子「判批」判例セレクト 2014 [Ⅱ] 29 頁、河野正憲「判批」法政論集 262 号（2015）449 頁以下、三木浩一「判批」民事訴訟法判例百選［第 5 版］（2015）246 頁以下など参照。
8) 平成 26 年決定の評釈として、安西明子「判批」新・判例 Watch 16 号（2015）145 頁以下、徳田和幸「判批」民商 150 巻 6 号（2014）760 頁以下、菱田雄郷「判批」リマークス 51 号（2015）129 頁以下、笠井正俊「判批」判例セレクト 2014 [Ⅱ] 30 頁、吉垣実「判批」平成 26 年度重判解 135 頁以下、我妻学「判批」法教 422 号（2015）25 頁以下、間渕清史「判批」判時 2265 号（2015）160 頁以下、川嶋四郎「判批」法セミ 733 号（2016）96 頁など参照。

る瑕疵として援用することが可能なのか、またこれが可能であるとして、いかなる再審事由によることになるのか、という点がさらに問題となってくる。

II　再審における当事者適格

1　補助参加説

　再審の訴えを提起できる者（原告）は、確定判決の効力が及び、かつその取消しに利益（不服の利益）を有する者とされるが、現行民事訴訟法は、補助参加人にも再審の申立てをすることを認めている（民訴45条1項）。そこで、判決効の拡張を受ける第三者としては、共同訴訟的補助参加人として再審の申立てをすることがまずは考えられる（補助参加説）[9]。

　しかしながら、補助参加人に認められるこの権能は、あくまでも被参加人のための再審申立権を認めるものであるにすぎず、補助参加人自身がその再審における再審原告（再審訴訟における当事者）となることまでも認めたものではないと解されている[10]。この点を意識して平成25年決定も、「新株発行の無効の訴えに係る請求を認容する確定判決の効力を受ける第三者は、再審原告として上記確定判決に対する再審の訴えを提起したとしても、上記確定判決に係る訴訟の当事者ではない以上、上記訴訟の本案についての訴訟行為をすることはできず、上記確定判決の判断を左右できる地位にはない。そのため、上記第三者は、上記確定判決に対する再審の訴えを提起してもその目的を達することができず、当然には上記再審の訴えの原告適格を有するということはできない」、と判示して、共同訴訟的補助参加人であれば再審原告適格を有するとした原決定の見解を否定している。加えて、補助参加説の立場に対しては、従前の訴訟との関係においては第三者に過ぎない補助参加人自身の固有の再審事由を主張することが果たして可能かという疑問も投げかけられている[11]。

---

9)　この見解に立つものとして、三谷忠之・民事再審の法理（法律文化社・1988）334頁、伊藤眞・民事訴訟法［第5版］（有斐閣・2016）752頁、松本博之＝上野㤗男・民事訴訟法［第8版］（弘文堂・2015）785頁〔上野〕など。
10)　伊藤・前掲注9）752頁、上田・前掲注4）630頁、加波眞一「判批」リマークス47号（2013）127頁など参照。
11)　伊藤・前掲注9）752頁の注22)、鈴木正裕「判批」リマークス2号（1991）131頁、八田・前掲注7）72頁。平成26年決定の金築誠志裁判官の補足意見もこの点を指摘する。

2　詐害防止参加説

　他方、学説上では、対世効を受ける第三者が、独立当事者参加（詐害防止参加）の形式で前訴当事者双方を共同被告として再審を申し立てるという場合には、再審原告としての当事者適格を認めるとする見解が存在する（詐害防止参加説）[12]。詐害防止参加とは、沿革的には、既存当事者による馴れ合い訴訟を防止するための制度と説明されるが、いかなる場合に「訴訟の結果によって権利が害される」ことになるかをめぐっては学説上諸説唱えられている。もっとも、平成25年決定のような事案においては、有力説とされる判決効説[13]に立とうと、通説的見解とされる詐害意思説[14]に立とうと、いずれにせよ詐害防止参加の要件は認められることにはなろう。この詐害防止参加説による場合には、かかる第三者にも再審原告たる地位を認める余地が生じるようにも思われる。

　判例は、平成25年決定がこの立場に立つことを明確に判示しているが、その理由付けについては判然としない。もっとも、同決定に先立つ大阪高裁平成15年決定（大阪高決平成15年12月16日判タ1152号287頁）においては、「本案訴訟が提起され、相手方会社において本件決議が有効に成立したことを積極的に主張しない場合、抗告人は、民事訴訟法47条1項所定の『訴訟の結果によって権利が害されることを主張する第三者』として、相手方の本案請求の棄却を求めるとともに、相手方らとの関係で本件決議が有効であることの確認を求め、本案訴訟に独立当事者参加をすることができたはずであり、本案判決が確定した後は、独立当事者参加の方式により、その再審の訴えを提起する資格を有する者と解される」との判示がなされており、上掲最高裁決定では判断が不十分であった詐害防止参加の要件へのあてはめを試み

---

[12]　兼子一・新修民事訴訟法体系［増訂版］（酒井書店・1965）485頁、新堂・前掲注1）945頁、上田・前掲注4）630頁、高橋宏志・重点講義民事訴訟法(下)［第2版補訂版］（有斐閣・2014）794頁など。
[13]　他人間で係属中の訴訟の判決の既判力や反射効が第三者に及ぶことによって、参加人たる第三者の権利が侵害される場合を意味すると解する見解。兼子・前掲注12) 413頁、小山昇・民事訴訟法［5訂版］（青林書院・1989）497頁など。
[14]　詐害防止参加の沿革を重視して、当事者がその訴訟を通じ参加人となるべき第三者を害する意思をもつと客観的に判断される場合（詐害的な訴訟追行がなされている場合）に参加の理由を認めるとする見解。三ケ月章・民事訴訟法（有斐閣・1959）225頁、新堂・前掲注1）828頁、伊藤・前掲注9）675頁、高橋・前掲注12) 501頁、秋山幹男ほか・コンメンタール民事訴訟法Ⅰ［第2版追補版］（日本評論社・2014）466頁など。

ている点に特色がある。

　この詐害防止参加説に対しては、独立当事者参加についての一般的理解を前提とするならば、前訴当事者の双方を共同被告ととらえることには問題があり、また、再審が前訴の再開・続行である以上、再審原告はあくまでも前訴当事者であると考える見地から、独立当事者参加の形式で前訴当事者双方を共同被告として再審を申し立てるという考え方に対して疑問を呈する見解も唱えられている[15]。また、仮に、対世効を受ける第三者が、独立当事者参加の形式で前訴当事者双方を共同被告として再審を申し立てることを認めたとしても、この者に認められているのはあくまでも再審申立権であって、再審に当事者として関与することはできたとしても、再審原告としての地位が認められるわけではないという指摘がある[16]ことにも留意をしておく必要はあろう。

3　小　　括

　現行民事訴訟法における再審手続は、申し立てられた再審の訴えが適法でありかつ再審事由の存在が認められる場合には、再審開始決定（民訴346条1項）をし、これが確定したときに、従前の訴訟における本案についての審理および裁判をする（民訴348条1項）という2段階構造を採用している。かかる構造からすると、再審開始の申立権者と再審開始決定により復活する従前の訴訟についての当事者とは、多くの場合には一致するとはいえ、厳密には異なる概念と思われる。

　とりわけ本稿で取り上げた会社の組織に関する訴えについては、判決効の拡張を受ける第三者は、必ずしも従前の訴訟における当事者適格者ではありえない。このような第三者は、復活する本案訴訟との関係においては、せいぜい補助参加人（共同訴訟的補助参加人）としての地位しか有しないのはある意味当然のことといえる。そうだとすると、補助参加説に馴染みやすいとも考えられるが、この場合には、第三者固有の再審事由（従前訴訟における手続保障欠缺など）を主張して再審の申立てをすることが果たしてできるか（再審申立権者たりうるか）という点がやはり問題となってくる。

　15）　学説の詳細については、加波・前掲注10）127頁参照。
　16）　加波・前掲注7）137頁、同・前掲注10）128頁参照。

詐害防止参加説による場合には、判決効の拡張を受ける第三者に自身の再審事由を主張して再審の訴えを提起すること（再審申立権者たりうること）を認めやすくはなるものの[17]、復活する本案訴訟において当事者たる資格がいかに根拠づけられるのかは必ずしも明らかではない。この点については、再審の訴えを提起する第三者からの従前の当事者に対する請求の定立を必須とした平成26年決定の登場により、判例上は、再審事由が認められるならば、従前の訴訟は実質のある三面訴訟として復活することが想定されているとの評価もある[18]が、同事案をめぐって指摘がなされているように、従前の当事者に対する請求の定立が困難な場合には[19]、そもそも詐害再審自体が認められなくなるという問題が他方では生じる。

III 詐害判決と再審事由

再審事由とは、前訴判決の当事者にとって、判決内容を維持することが正義に反するような重大な瑕疵であるから、確定判決といえどもその既判力を排除して再審判を正当化できるというものである。そうであるならば、前訴の当事者ではないが判決の効力を受ける第三者にとっても、判決内容を維持することが正義に反するような重大な瑕疵があるのであれば、再審事由を類推適用することも許容されるといえる。もっとも、詐害判決の存在それ自体が再審事由でないことはいうまでもない。そこで、詐害判決に対する再審の可能性を志向する学説においては、いかなる再審事由の類推適用をすべきかについて議論がなされている。

1つの考え方としては、詐害訴訟を執行妨害（刑96条の2）とみなして、そ

---

17) 堀野・前掲注7)148頁は、本訴当事者の主張しうるものを超えた事由の主張を第三者に許すべく独立当事者参加の申出を要件としてその形式を「借用」しているとする。同旨の指摘として、富越和厚「判解」平成元年度最判解民事篇372頁、安西・前掲注8)146頁、我妻・前掲注8)27頁など。
18) 安達・前掲注2)16頁参照。
19) 平成26年決定とは異なり、独立当事者参加全般について参加人独自の請求の定立は不要とする見解（井上治典・多数当事者訴訟の法理（弘文堂・1981）298頁以下、上田徹一郎＝井上治典編・注釈民事訴訟法(2)（有斐閣・1992）205頁〔河野正憲〕など）や、独立当事者参加のうち詐害防止参加については不要とする見解（徳田和幸「独立当事者参加における請求の定立について」新堂幸司先生古稀祝賀・民事訴訟法理論の新たな構築(上)（有斐閣・2001）705頁、高橋・前掲注12)520頁など）も有力に唱えられている。

の処罰に基づいて民訴法338条1項5号を類推適用して、第三者が独立当事者参加とともに再審の訴えを提起するという可能性を説く見解がある[20]。この見解に対しては、そもそも詐害訴訟を執行妨害と同視できるか問題であるし、仮にできるとしても、給付訴訟の場合に限られるためその射程が限定される、といった問題点があげられている。

そこで、第三者に判決効が及ぶ訴訟で、当事者がその第三者を害する目的で訴訟追行することは、当事者に第三者から適法な授権がない場合に比擬することができるとして、民訴法338条1項3号の類推適用を認める見解も唱えられている[21]。

ところで、近時の裁判例においては、当事者に対する実質的な手続保障欠缺の事案において、民訴法338条1項3号の再審事由が認められるとする傾向にある（最決平成19年3月20日民集61巻2号586頁）。判決の対世効が正当化される根拠の1つとして、当該紛争をもっとも真剣かつ徹底的に争うことができる者に当事者適格を限定する（平成25年決定のような事案においては、会社834条による被告適格の法定）ことで、その者による訴訟追行を介して第三者にも代替的な手続保障が確保されるという点があげられるところ[22]、詐害訴訟においてはまさにその代替的手続保障が欠けることになることから、手続保障欠缺として民訴法338条1項3号を類推適用しても差し支えないと考えられる[23]。

判例では、大阪高裁平成15年決定は、端的に民訴法338条1項3号の類推適用説に立っているが、平成25年決定においては、「新株発行の無効の訴えは、株式の発行をした株式会社のみが被告適格を有するとされているのであるから（会社法834条2号）、上記株式会社によって上記訴えに係る訴訟が追行されている以上、上記訴訟の確定判決の効力を受ける第三者が、上記訴訟の係属を知らず、上記訴訟の審理に関与する機会を与えられなかったとしても、直ちに上記確定判決に民訴法338条1項3号の再審事由があるということはできない」が、「当事者は、信義に従い誠実に民事訴訟を追行しなけ

---

20) 兼子・前掲注12) 413頁。
21) 船越隆司「詐害判決論」法学新報74巻4＝5号（1967）170頁、鈴木・前掲注3) 12頁、三谷・前掲注9) 38頁以下、岡田・前掲注6) 125頁など。
22) 畑・前掲注1) 240頁参照。
23) 加波・前掲注10) 129頁参照。

ればならないのであり（民訴法2条）、とりわけ、新株発行の無効の訴えの被告適格が与えられた株式会社は、事実上、上記確定判決の効力を受ける第三者に代わって手続に関与するという立場にもあることから、上記株式会社には、上記第三者の利益に配慮し、より一層、信義に従った訴訟活動をすることが求められるところである」から、「上記株式会社による訴訟活動がおよそいかなるものであったとしても、上記第三者が後に上記確定判決の効力を一切争うことができないと解することは、手続保障の観点から是認することはできないのであって、上記株式会社の訴訟活動が著しく信義に反しており、上記第三者に上記確定判決の効力を及ぼすことが手続保障の観点から看過することができない場合には、上記確定判決には、民訴法338条1項3号の再審事由があるというべきである」と判示しており、従前の当事者の第三者に対する信義誠実訴訟追行義務なるものを観念したうえで、これに反して当該第三者に判決効が拡張された場合に当該第三者の手続保障欠缺を理由とする再審事由を認めている点に特色がある[24]。

Ⅳ 現行民事訴訟法の解釈論による詐害再審の可能性

Ⅰでも述べたとおり、判決効の拡張を受ける第三者による再審については、現行民事訴訟法にはこれを許容する規定は存在しないものの、かかる第三者の事後的救済制度の必要性も他方では認識されており、かかる問題意識のもと様々な解釈論が展開されている状況についての確認をしてきた。民事訴訟法以外の個別の立法によってそのような救済策が規定されている例を除くと、本稿で取り上げた会社の組織に関する訴えの紛争類型における詐害再審の可否は、まさに現行民事訴訟法の解釈論の枠内でこれを認めるべきかどうかが問われる課題といえる。

この問題は、①再審における当事者適格の問題と、②詐害判決がなされた場合の第三者の再審事由の問題、という2つの問題を、現行民事訴訟法の枠内でクリアする必要がある。このうち、②の問題については、筆者としては、従前の訴訟に関与する機会を与えられないまま判決効の拡張を受けることと

---

24) 伊藤眞「会社の訴訟追行と信義誠実の原則」金判1434号（2014）1頁参照。

なった第三者としては、民訴法338条1項3号の類推適用により手続保障欠缺を理由とする第三者固有の再審事由を認めることができると考えている。平成25年決定で判示されたような、信義誠実訴訟追行義務違反の場合に再審事由を認めるべきかどうかについては、再審事由が認められる場合の広狭に差異をもたらすことはあれ否定的にとらえる必要もないと思われる。

　問題なのは、①の問題についてである。再審の申立権者の問題と再審により復活する本案訴訟における当事者の問題とは異なるものであるとすると、まずは、判決効の拡張を受ける第三者に再審の申立権が認められるか、またいかなる訴訟形態によってこれを認めることができるかという点から検討をしてみる必要がある。

　上述の補助参加説による場合には、補助参加（共同訴訟的補助参加）の申出をするとともに再審の訴えを提起できるとされていることから（民訴45条1項）、これができること自体には問題はないが、補助参加人の主張しうる再審事由が被参加人である参加の対象となる訴訟の当事者が主張しうる再審事由に限られるとする一般的な理解に従うと、当該第三者についての固有の再審事由をもって再審の訴えを提起することはできないということになろう。したがって、補助参加説に立つ場合には、当該第三者についての固有の再審事由を主張することも認める見解[25]にあわせて立つ必要が生じる。ただ、第三者に固有の再審事由を共同訴訟的補助参加人が主張しうるかについては、共同訴訟的補助参加の理解如何で肯定にも否定にもとらえることができるとの指摘もある[26]ことに鑑みると、明文規定をもたない共同訴訟的補助参加をここで用いることは、解釈論（詐害再審の可否）に解釈論（共同訴訟的補助参加人の地位）を重ねることにもなり、躊躇を覚える。他方、詐害防止参加説に立つ場合には、当該第三者がまさに独立した当事者として自らについての再審事由を主張して再審の訴えを提起することには、さほど問題はないと思われる。

　これに対し、復活する従前の本案訴訟との関係において、当該第三者は当

---

[25] 三谷忠之「判批」判タ722号（1990）82頁は、共同訴訟的補助参加人については、その地位が強いことを根拠に、「自己との関係での再審事由たる瑕疵を主張して再審の訴えを提起できるはずであるから、もちろん自己の代理権欠缺を理由にして再審の訴えを提起することが認められるであろう」とする。同旨、岡本・前掲注7）125頁参照。なお、松本＝上野・前掲注9）785頁〔上野〕も、詐害防止参加説の抱える請求定立の要否の問題との関係から、「共同訴訟的補助参加の方法の方がベターであるという結論になろうか」とされる。

[26] 菱田・前掲注2）551頁参照。

事者たりうるかという点については、詐害防止参加説、補助参加説いずれの立場に与しようとも、従前の本案訴訟における訴訟物との関係においては当事者適格を有する者ではない。その限りにおいては、補助参加（共同訴訟的補助参加）の形態によることには問題はない。詐害防止参加説に立つ場合には、従前の本案訴訟が実質的な三面訴訟として再開される必要があることから、第三者としては、再審の申立てと同時に従前の当事者に対して請求を定立する必要があると考える（平成26年決定の立場）が、事案によっては請求の定立が困難な場合もありうることも他方では指摘されており、請求定立不要説を援用することも考えられているところである。

このように、再審の申立権者と再審により復活する本案訴訟における当事者の問題とは異なる概念であるという前提に立つとすると、判決効の拡張を受ける第三者としては、前者について、まず詐害防止参加の申出をするとともに自己固有の手続保障欠缺を理由とする再審事由を主張して再審の訴えを提起し、再審開始決定がなされ従前の本案訴訟が復活すれば、当該訴訟に改めて共同訴訟的補助参加をする、という方途を採ることが手続構造上は無難な方策といえるが、迂遠であることはいうまでもない。

V　さいごに――立法論として

詐害再審の制度を立法論として導入すべきとの考え方は、現行民事訴訟法制定の際にもみられたが[27]、結局は見送られた。判決効が第三者に及ぶ場合の当該第三者に対する手続保障として、訴訟参加による訴訟関与を認めるとともに、再審による事後的な救済の制度の必要性についてはほぼ異論のないところといえる。その限りにおいて、大正改正の際に詐害再審の制度を廃止し、平成改正の際にこの制度の立法的復活を認めなかったのは、やはり立法の過誤であったといわざるを得ない[28]。

現行法の下においては、詐害再審の途を開くことを解釈論として許容すべきなのか、それとも立法論の問題として諦めるべきなのかが問われることになるところ、平成25年決定ならびに大阪高裁平成15年決定は前者の途を模

---

27)　法務省民事局参事官室編・民事訴訟手続の立法的課題（商事法務研究会・1991）66頁。
28)　岡田・前掲注6）125頁も同旨。

索したものと評価することができる[29]。解釈論としてもこの問題に対応可能であるとするとあえて立法論的解決を図る必要もないと思われるが、近時の民事訴訟法学においては、現行民事訴訟法のさらなる改正課題を提示し新たな立法論が様々に提案されている[30]。そのうちの1つとして、第三者再審制度の導入というテーマの下、「判決の効力が及ぶ第三者は、一方当事者に第三者を害する意図があり、他方当事者がその意図について悪意である場合には、確定した判決を絶対的に取り消すことができる旨の第三者再審制度を導入する」という立法提案が示されている[31]。現行法の解釈論としても詐害再審を認める途を開いた本件最高裁判決の登場により[32]、かかる立法論的提案の必要性が再度問われることにはなるともいえよう。

私見としては、第三者による詐害再審制度は、Ⅳでも示したように現行民事訴訟法の解釈論としては一定の限界があると考えており、やはり立法的解決に委ねることが望ましいと考える[33]。もっとも、この制度はあくまでも判決効が第三者に及ぶ場合の当該第三者に対する事後的救済に過ぎないものであり、事前の手続保障という見地からは訴訟参加の制度もやはり整えておく必要がある。平成16年改正前の商法には、被告たる会社による訴え提起についての公告の制度が存在していたものの（商旧105条4項・247条・252条など）、平成16年の商法改正によりこれは削除され、平成17年制定の会社法においても対世効を伴う訴訟における公告の制度は設けられていない。第三者に対する手続関与の機会を付与するという見地からは、疑問の残る立法であったと思われ、かかる公告制度の復活がまずは望まれる[34]。

---

29) これに対し、平成25年決定の原決定（東京高決平成24年8月23日判時2158号43頁）は、「会社の組織に関する訴えに係る請求を認容する確定判決について、詐害判決であることを再審事由として認めるかどうかは、会社法上の立法政策に属する問題であり、この確定判決に出訴期間等の制限のない再審の訴えの提起を認める解釈は、その旨の明文の規定を有しない会社法838条の予定しないところである」と判示し、後者の立場を採用する。
30) 三木浩一ほか「（シンポジウム）民事訴訟法の今後の改正課題」民訴59号（2013）145頁以下。
31) 三木ほか・前掲注30) 178頁〔杉山悦子〕、三木浩一＝山本和彦編・民事訴訟法の改正問題（有斐閣・2012）176頁以下参照。
32) 三木・前掲注7) は、平成25年決定を、実質的な第三者による詐害再審を現行法の枠内での解釈運用によって認めたものであり、緊急避難的な救済と評される。
33) 八田・前掲注7) 73頁、杉山・前掲注2) 1002頁なども、本来立法論による解決が図られるべきとする。
34) 実際、平成25年決定において示された、信義誠実訴訟追行義務に反して第三者に対する手続保障違反が認められるために例示された4つの具体的事情（①前訴係属の不告知、②前訴被告との係争の存在、③前訴被告の原告請求への迎合的訴訟追行、④前訴被告からの訴訟係属通知の容

他方、事後の救済策としての詐害再審の制度もやはり整えておくべきであろう[35]。会社法853条1項1号は、責任追及等の訴えが提起された場合において、原告および被告が共謀して責任追及の訴えに係る訴訟の目的である株式会社の権利を害する目的をもって判決をさせたときは、株式会社または株主は、確定した終局判決に対し、再審の訴えをもって不服申立てをすることができるとされており、さしあたりはこの規定を参考とすべきと思われる。条文上、当該第三者が再審の訴えを提起することができる場合を定めておくことで、再審事由の明確化を図るべきである。もっとも、同条同項同号の文言からは、誰が再審の被告適格を有するとされているのかは明らかにはされておらず、解釈論として従前の訴訟の原被告双方が再審の被告になるとされているようであることから[36]、その旨もあわせて明文化しておくべきである。もっとも、会社の組織に関する訴えにおいては、復活した従前の訴訟手続との関係において、当該第三者はやはり当事者適格を有しないことから、この者は共同訴訟的補助参加人として訴訟行為を行うこととなろう[37]。

【付記】

　本稿脱稿後校正段階において、岡田幸宏「第三者による再審の訴えについて」徳田和幸先生古稀祝賀・民事手続法の現代的課題と理論的解明（弘文堂・2017）485頁以下、青木哲「第三者による再審における詐害性について」同書501頁以下に接したが、この2つの論稿に対する検討については十分に行うことができなかった。

易性）はいずれも、前訴の当事者が利害関係を有する第三者に対し、その訴訟係属の事実を知らせて、訴訟参加の機会を与えておけば生じないような軽微な瑕疵と評されている。安達・前掲注2）18頁参照。
35）民事訴訟法でなく個別立法として会社法に整備するほうが望ましいと思われる。我妻・前掲注8）31頁参照。
36）菱田・前掲注2）544頁以下の考察に負う。
37）この点については、行訴法34条に関する解釈論を参考とする。南博方ほか編著・条解行政事件訴訟法［第4版］（弘文堂・2014）703頁〔大江裕幸〕、富越・前掲注17）374頁参照。

「手続集中」理念と更新禁止原則

◆松村和徳◆

 I はじめに
 II わが国における更新権をめぐる議論——更新禁止原則を中心として
 III オーストリア民訴法における更新禁止原則
 IV おわりに——わが国民事訴訟法における更新権のあり方

I　はじめに

　「真実に合致した（適正な）裁判と迅速な裁判の実現」は、民事訴訟法制において常に求められてきたものである。わが国におけるこのような思考とその試みの出発点は、大正15年の民事訴訟法（大正15年法律第61号）に遡ることができる。争点中心型の審理手続を整備した現行民事訴訟法（平成8年法律第109号）もこの流れの中に位置づけられよう[1]。

　大正民訴法改正時にとくに重視されたのは、「訴訟遅延の防止」と「裁判の適正」であった。そして、それは1895年のオーストリア民事訴訟法の影響を受けていたと思われる[2]。このオーストリア民訴法を創設したフランツ・クラインは、「真実発見に基づく適正な裁判」と「迅速な裁判」という2つの相反するとみなされていた目的を「手続集中」理念でもって結びつけた[3]。つまり、手続を集中させることにより、真実に即した裁判と迅速な裁

---

1) 法務省民事局参事官室編・一問一答　新民事訴訟法（商事法務研究会・1996）5頁、169頁など参照。なお、引用文献は、紙幅の関係上、網羅的ではない。
2) 松村和徳「わが国におけるオーストリア民事手続法の受容—『手続集中』理念と大正民事訴訟法改正」早稲田大学比較法研究所編・日本法の中の外国法（早稲田大学比較法研究所叢書41号）（成文堂・2014）213頁以下参照（以下、「叢書41号」で引用）。同「『手続集中』理念とその方策としての弁論準備システム」河野正憲先生古稀記念・民事手続法の比較法的・歴史的研究（慈学社・2014）221頁参照（以下、「河野古稀」で引用）のこと。本稿も、この手続集中理念に関する一連の研究成果の一部であり、また科研費助成；基盤研究(c)（課題番号：15K03226）の研究成果の一部でもある。
3) 手続集中理念に関するクラインの考えについては、*Klein/Engel*, Der Zivilprozess Österreichs (1927), S. 244 ff. 参照。概念的には、この手続集中理念は、「訴訟経済」理念と重複してくる（なお、*Fasching*, ZPO. 2. Aufl (1990), S. 372 など参照）。

判の実現が可能と考えたのである。そして、この「弁論（手続）集中」理念が大正民訴法改正にも影響をおよぼしたものと考えられる[4]。

　手続の集中化のために、クラインが採った方策は、①審理構造（システム）の構築と②訴訟主体の行為規律であった[5]。このオーストリア民訴法は訴訟促進化の点で大きな成果を上げ、周辺諸国へ影響を与えたのは周知のことであろう。その後、オーストリア法は、審理システムにつきオーストリア固有の「第1回期日」や「準備手続」といった制度を時代の変遷において廃止するに至った[6]が、手続集中の観点から今日でもなお高く評価され、とくに重要なのが「更新禁止原則」である。クラインによる訴訟モデルでの「第1審において事実関係をできる限り完全に探求する」との基本方針と相俟ってまさに、この「更新禁止原則」は、オーストリア民事訴訟において今日まで手続集中のための最も有効な制度としてみなされている（この「更新禁止原則」により、オーストリア法の控訴審は事後審制を採用しているとされる）。

　他方、わが国では、ドイツ法の影響を受け続審制を採り、「更新禁止原則」を採用していない。しかし、近時、審理の集中と充実を目的とした合理的訴訟運営をめざした実務から「続審制の事後審的運用」が提唱され[7]、また、控訴審における新たな攻撃防御方法の提出を現行法より制限する旨の立法案も提案されている[8]。平成8年の現行民訴法が争点中心型の審理方式を採用し、第1審集中化を促進したことに鑑みれば、控訴審での更新権が無制限に認められるとの考え方が後退せざるを得ず、その意味ではこの傾向は想定された。そして、この事後審的審理方法について詳細な検討を加えたのが上野教授である[9]。教授は、事後審的審理方法につき、審判対象、控訴理由、人証の再尋問の観点から検討を加え、本稿の考察対象である更新権の観点からは、濫用のおそれや明らかに不要な場合を除いては、控訴審は再尋問の申出

---

4) この点については、松村・前掲注2）叢書41号252頁以下など参照。
5) Klein/Engel, a. a. O. (Fn. 3), S. 245. ff. は、訴訟行為および訴訟審理の集中化と訴訟内容の集中化という2つの観点から区分する。なお、クライン自身、手続集中化の方策のどれがキーポイントとなるかは述べていない。むしろ、「事実上、迅速な訴訟追行を保障する『ひとつの』有効な措置は存在せず、相互に密接に関連し合いかつ相互に補完する『措置の束』全体が重要でなければならない」とするのである（Klein/Engel, a. a. O. (Fn. 3), S. 245)。
6) 詳細は、松村・前掲注2）河野古稀221頁以下参照。
7) 司法研修所編・民事控訴審における審理の充実に関する研究（法曹会・2004）参照。
8) 三木浩一＝山本和彦編・民事訴訟法の改正問題（有斐閣・2012）147頁以下。
9) 上野泰男「続審制と控訴審における裁判資料の収集」民事手続法研究2号（2006）59頁以下。

をなるべく許すべきであり、その際、裁判所と当事者間での議論・検討において、再尋問不用理由を裁判所が説明すべき旨を主張された[10]。続審制の中での事後審的審理方法への傾斜に対する危惧と制約を主張されたものと思われる[11]。ただ、手続集中の観点からみたとき、続審制における事後審的審理方法の必要性とその限界づけはなお議論の余地があると思われる。

　そこで、本稿は、こうした認識の下、オーストリア民訴法における手続集中の実現手段のひとつである「更新禁止原則」を的確に紹介することを通して、事後審的審理の特色となっている更新権の制限についての検討を目的とするものである。この考察のために、以下では、まず、わが国における控訴審における更新権をめぐる（立法）議論を概説し、次に、オーストリア民訴法における控訴審における更新権の取扱い、すなわち、「更新禁止原則」の内容とその目的・機能などを明らかにしたい。そのうえで、わが国における続審制の下での事後審的審理方法について検討することにする。

II　わが国における更新権をめぐる議論
　　──更新禁止原則を中心として

1　大正民事訴訟法改正

　わが国における控訴審での更新権をめぐる議論は、大正民訴法改正に遡ることができる。これは、以下に示すように、オーストリア民訴法の影響を受けたことが推定できる。

　ドイツ民訴法の影響を受けていた明治23年民訴法（明治23年法律29号）では、415条で「当事者ハ、第一審ニ於テ主張セザリシ攻撃防禦ノ方法、特ニ新ナル事実及ビ証拠方法ヲ提出スルコトヲ得」（句読点、筆者。以下同様）と規定され、当事者の更新権は保障されていた[12]。

---

10)　上野・前掲注9）94頁。
11)　勅使川原和彦「続審制の変容」民事手続法研究2号（2006）35頁以下も参照。その後、事後審制について批判的スタンスを鮮明にしたのが、松本博之「控訴審における『事後審的審理』の問題性」青山善充先生古稀祝賀・民事手続法制の新たな地平（有斐閣・2009）459頁以下〔松本博之・民事訴訟法の立法史と解釈論（信山社・2015）490頁以下所収〕である。
12)　明治民訴法における控訴審の構造については、佐瀬裕史「民事控訴審の構造に関する一考察（5）」法協128巻9号（2011）2327頁（2346頁以下）が詳細である。佐瀬論文では、日本では、弁護士不足による弁護士強制の不採用から第1審での十分な審理の保障が低く、更新権を認める必要性がドイツより高かった旨が指摘されている（同2369頁）。

明治23年民訴法の制定後すぐに、民事訴訟法調査委員会による改正作業が開始されている[13]。この改正作業は、明治32年の法典調査会に引き継がれ、明治36年に改正草案を公表し、調査会は廃止された。この民事訴訟法改正案（旧法典調査会案）においても、更新権については、450条以下で明治23年民訴法の規定が維持された[14]。その後、実質的に民訴法改正が着手されるのは、明治44年6月の法律取調委員会からである。そこでは、訴訟遅延が強く意識され、その改善に向けて民訴法改正作業が大きく転換した。その実質的出発点となるのが主査委員会の審議である[15]。その審議は、第92回民事訴訟法改正起草委員会決議（大正3年6月22日）において、主査委員会に提出された問題[16]からなる。その中の議題(17)でオーストリア民訴法482条[17]に類した「更新禁止」規定が検討課題とされたのである。

　　議題(17)
　　「第二審ニ於テハ、第一審ニ於テ重大ナル過失ナクシテ主張スルコト能ハザリシ事実ノ外、新ナル事実ハ之ヲ主張スルコトヲ得ザルモノトスベキヤ」

　この議題(17)は、大正3年12月7日の第6回主査委員会で議論された。しかし、準備書面に記載しなかった攻撃防御方法を失権させる規定（議題(4)「準備書面ニ掲ゲザリシ攻撃防御ノ方法（証拠方法ヲ含ム）ハ、口頭弁論ニ於テ、之ヲ提出スルコトヲ得ザルヲ本則トスベキヤ」）との関係で、留保とされた[18]。そして、第10回主査委員会では全員異議なく決議され、委員総会に提出されている。決議案は、「第二審ニ於テハ、攻撃防御ノ方法（証拠方法ヲ包含ス）ハ訴訟ヲ遅

　13）　その後の大正民訴法改正への詳細は、鈴木正裕・近代民事訴訟法史・日本（有斐閣・2004）231頁以下、松本・前掲注11）民事訴訟法の立法史と解釈論51頁以下などを参照。
　14）　この点については、松本博之＝河野正憲＝徳田和幸編著・日本立法資料全集10 民事訴訟法［大正改正編］(1)（信山社・1993）82頁参照。
　15）　その審議の内容は、松本＝河野＝徳田編著・前掲注14）625頁以下参照。主査委員会は、大正3年11月18日の第2回委員会から本格的審議を開始する。大正民訴法改正の控訴審関係の改正事項については、佐瀬裕史「民事控訴審の構造に関する一考察（6・完）」法協129巻8号（2012）1797頁以下が詳細である。
　16）　問題については、松本＝河野＝徳田編著・前掲注14）613頁以下参照。訴訟遅延に対する対応が危急の課題であった。
　17）　この規定はすでに、雉本朗造「民事訴訟制度の變遷及改正運動(九)」法律新聞844号（1913）335頁で訴訟遅延防止策の1つとして紹介されていた。
　18）　議論内容は、松本＝河野＝徳田編著・前掲注14）661頁参照。

延セシムル虞ナキモノ、又ハ新ニ成立シタルモノ、其他当事者ノ重大ナル過失ニ非ズシテ、第一審ニ提出シ能ハザリシコトヲ疏明シタルモノニ限リ、之ヲ提出スルコトヲ得ツモノト為スコト」である[19]。

このように、大正4年段階では更新禁止が考慮されていたといえよう。しかし、大正7年の民事訴訟法改正起案会決定案（起草委員会議案）351条では「当事者ハ、控訴審ニ於テ新ナル攻撃又ハ防御ノ方法ヲ提出シ、其他新ナル主張ヲ為スコトヲ得」とある[20]。更新禁止規定が削除され、控訴審での新たな事実資料の提出を当事者の自由とした明治民訴法の規定に戻っている。

その後、大正9年の民事訴訟法改正起草委員会決議案（第1案）351条、民事訴訟法改正案（起草委員会案）359条、民事訴訟法改正案（第1案・議案）359条、同第2、3案359条（第3案は大正13年）まで同様である[21]。359条については、民事訴訟法改正調査委員会議事速記録第40回（大正12年3月20日）において議論されており、原嘉道委員より準備手続の失権規定（220条）との関係で、第1審で主張しなかった新たな攻撃防御方法を提出できることに疑問が提示され、同条の削除が提案された[22]。その後、民事訴訟法改正調査委員会議事速記録第57回（大正14年7月17日）において、山内確三郎委員は、準備手続についての多数意見は、第1審における準備手続は第2審においてもその効力を生じ、当事者は準備手続に関する規定の拘束を受けるがよいというものであることから、359条に適当の規定を置くべき旨を述べている[23]。

---

19) 松本＝河野＝徳田編著・前掲注14) 693頁。なお、議題(4)に関する準備手続創設の過程については、松村・前掲注2) 叢書41号213頁以下参照。

20) 松本博之＝河野正憲＝徳田和幸編著・日本立法資料全集11 民事訴訟法［大正改正編］(2)（信山社・1993) 93頁。

21) 松本＝河野＝徳田編著・前掲注20) 133頁、175頁、213頁、275頁、321頁（大正13年段階)。

22) 松本博之＝河野正憲＝徳田和幸編著・日本立法資料全集12 民事訴訟法［大正改正編］(3)（信山社・1993) 413頁以下。なお、この意見に対して、松岡義正委員からは、上告審では新たな攻撃防御方法が提出できなくなることから、十分な裁判をなすことを可能にするためと、続審制を念頭においたと思われる発言がなされていた（同413頁)。第1審における随時提出主義の規定（大正民訴法改正ではむしろ同時提出主義に近い）が控訴審にも準用されるので、更新権の規定を置かなくてもいいとの理由から更新権保障の規定は削除され（石渡哲「民事訴訟法の改正と控訴審の審理構造」中野貞一郎＝石川明編・リュケ教授退官記念・手続法の改革（信山社・1995) 104頁など参照)、この削除には、無制限に新たな攻撃防御方法の提出を許すものではないことが含意されていたとの指摘もある（佐瀬・前掲注15) 1804頁)。民事訴訟法改正案修正問題では、「第一審ニ於テ準備手続ヲ命ジタル場合ニ於テハ、控訴審ノ弁論ニモ第二百二十条所定ノ弁論制限ノ効力が及ブ主旨ヲ明定スルノ要ナキヤ」となっており（松本＝河野＝徳田編著・前掲注20) 239頁)、議論はされたようである。

23) 松本博之＝河野正憲＝徳田和幸編著・日本立法資料全集13 民事訴訟法［大正改正編］(4)（信山社・1993) 106頁。

それを受け、民事訴訟法案中修正案（起草委員提案）（大正14年7月20日印刷）では、更新権を認める359条を修正し、370条で「第一審ニ於テ為シタル準備手続ハ控訴審ニ於テモ其ノ効力ヲ有ス」と変更された[24]と思われる。

以降、この規定については、改正民事訴訟法法案（第4案）（大正14年10月印刷）、民事訴訟法中改正法律案（議会提出・第5案）では、381条において同一内容で規定され、変更も議論もない。民事訴訟法中改正法律案理由書では「第一審ニ於テ為シタル準備手続モ亦当然控訴審ニ於テ其ノ効力ヲ有セザルベカラズ。是レ本条ノ規定アル所以ナリ」との記述があるのみである[25]。これが、大正民訴法380条となる。ただ、民事訴訟法改正起案会決定案（起草委員会議案）349条で第1審手続の規定の準用を規定し、また同350条で、第1審でなした訴訟行為は控訴審でも効力を有する旨を規定した。以後これらの規定に変動はなく、大正民訴法378条、379条となる。大正民訴法380条とこれらの規定が、実務での控訴審の覆審的取扱いへの傾斜を批判し、続審制を採用したことを明らかにしたものであることを立法担当者が述べていること[26]からすると、続審制の宣言により、議論は終結したようにみえる。しかし、準備手続の効力が控訴審でもその効力を認める大正民訴法381条により、第1審の準備手続において当事者が主張しなかった攻撃防御の方法は控訴審で新たに主張できないのが原則となる[27]と、準備手続は原則実施されることになっていた（249条）のであるから、大正民訴法では、規定上、更新権はかなりの程度制限された構造となっていたと評価することも可能であったのである[28]。

---

24) 松本＝河野＝徳田編著・前掲注20) 335頁。後述の第4案については、同393頁。第5案については、同435頁。

25) 松本＝河野＝徳田編著・前掲注23) 225頁。その後、「大正15年2月25日貴族院民事訴訟法中改正法律案外十一件特別委員小委員会議事速記録第6号」池田寅二郎政府委員の説明でも同様の説明がなされている（松本博之＝河野正憲＝徳田和幸編著・日本立法資料全集14 民事訴訟法〔大正改正編〕(5)（信山社・1993) 6頁）。

26) この点につき、山内確三郎・民事訴訟法の改正第2巻（法律新報社・1930) 146頁以下、加藤正治・改正民事訴訟法概説（有斐閣・1937〔初出は法学協会雑誌44巻2号、3号、5号〕) 110頁など参照。

27) 山内・前掲注26) 148頁参照。加藤・前掲注26) 110頁も準備手続を一般に行うこととした関係で381条を設置した旨を指摘していた。また、山内・前掲注26) 148頁は、職権調査事項、法律事項は主張でき、また新たな主張が著しく訴訟を遅延させないこと、準備手続で主張しなかったことが重過失に因らずしてなしえなかった事情に基づくことの疎明がある場合には、控訴審で新たに主張できること、そして、準備手続後において生じた事由は主張できる旨を指摘していた。

28) この点では、大正民訴法ではオーストリア法における更新禁止原則と同様の更新権の制限が

2 戦後民事訴訟法学における議論

　その後も、控訴審における更新権制限の議論は繰り返し登場する。まず、上告審の負担軽減を目的に昭和25年に施行された民事上告特例法の延長をめぐる議論[29]の中で登場してくる。この改正議論においては、法制局が意見照会した民事訴訟法改正問題で控訴審の構造として取り上げられた。更新権の制限は、裁判所サイド、とくに地方裁判所側から強く求められていた[30]。他方、弁護士会、学会は続審制を支持していた[31]。この議論を紹介し、事後審制に関する検討を展開したのが中田淳一博士である[32]。中田博士は、オーストリア民訴法の更新禁止原則をわが国で初めて詳細に検討し、更新禁止原則の適用による訴訟資料の肥大化、とくに第1審の負担過重、訴訟記録の作成負担、原判決を取り消す場合の差戻審や再審の負担と訴訟の重複による全体としての紛争解決の遅延などの問題点を指摘した。そして、続審制の維持を主張し、事後審制への転換を否定したのであった[33]。

　他方、当時の実務では、覆審的な訴訟運営がかなり行われていたようで、

　　　採られていたとも評しうるものである。しかし、準備手続による審理方式自体がわが国では失敗に帰した結果（松村・前掲注2）叢書41号224頁など参照）、準備手続による失権に基づく更新権の制限は意味を失くしていったものと思われる。また、大審院（大判昭和8年2月7日民集12巻2号159頁など）も続審制である点などを根拠に上げ、「時機に後れて」の判断は、第1審における訴訟手続の経過をも通じて観察して判断するとし、実務的にも更新権の制限は意味を失くしていた。学説も同様であった点につき、佐瀬・前掲注15）1812頁参照。

29)　松本・前掲注11）民事訴訟法の立法史と解釈論108頁以下など参照。この議論の中で、控訴審の審理についても議論されており、この経緯等については、石渡・前掲注22）111頁以下が詳細である。

30)　昭和25年の「裁判手続の運用についての最高裁判所通達」（松本博之編著・日本立法資料全集62 民事訴訟法〔戦後改正編〕(2)（信山社・1997）283頁に基づき、「民事訴訟の促進に関する民事裁判官会同」が実施され、その協議事項に挙げられていた（同303頁以下）。また、「第一審強化に関する民事裁判官会同」（同418頁以下）では、控訴審において新たな主張立証を許さないとすることについての可否が議論されている（同536頁以下）。更新権を制限する議論は、第1審の軽視があり、訴訟引延しのために控訴が悪用されるおそれがあるというものを根拠とするのが中心であった（同538頁など参照）。

31)　石渡・前掲注22）112頁によれば、斎藤秀夫教授のみが、第1審の強化を図ったうえで事後審制を採用すべきとの意見を提出していたとされる。

32)　中田淳一「控訴審における更新権について」訴訟及び仲裁の法理（有信堂・1953〔初出、私法6号（1952）〕）217頁以下。

33)　中田・前掲注32）242頁は、「事案の解明は、裁判官の単独作業ではなく、むしろ裁判官と当事者及び訴訟代理人との緊密な協力をまって始めて達成できる協同作業である。しかるに、これら訴訟関係人の間には、その協力を事実上妨げる多くの要素が介在することを忘れてはならない。……かかる場合、控訴審に至って始めてすべての関係人間の十分な理解の下に、事件の核心をついた弁論と裁判が行われる可能性が生じるもので、この可能性は、更新権を原則として承認することによってのみ活かされるものである」とする。

村松判事によるその批判が提示され[34]、その後も実務側からは、覆審的訴訟運営は批判され、代わって事後審的訴訟運営の紹介が登場してきた[35]。

中田博士の見解後、研究者サイドからは、昭和43年、木川統一郎博士により控訴事後審制の主張が新たに展開された[36]。木川説は、オーストリアでの実務の見聞を基礎に、中田博士のオーストリア法における事後審制の批判はすでに克服されているとして、事後審制の導入を主張した。木川博士は、訴訟促進を考慮すると、続審制のまま全体を迅速化する方法より、オーストリア法を範とした事後審制導入を提唱する。締まりのない続審制の採用は第1審の集中化を達成できないとして、事後審制導入条件として弁護士の訴訟開始直後の集中的訴訟準備の必要性を提唱された。

その後、実務家サイドから当事者の納得と第1審審理の漫然たる繰り返しを防止した訴訟の効率的運営という、相反する要請の中で覆審的訴訟運営に対する批判がなされ、訴訟運営の試みが紹介された[37]。とくに、昭和51年の近藤判事の論説は、控訴審での不必要な審理の重複を避けるためには、最初から入念な整理と準備に立脚した最終弁論的弁論をなすべきであるとし、いわゆる「第1回結審」を提唱された[38]。そして、そのためには控訴理由強制の必要性が唱えられていた。そして、昭和末から平成の初めには、東京高裁において「事後審的審理」が試みられていたとの指摘がなされていた[39]。

3　平成民事訴訟法改正とその後の議論

こうした中、平成民訴法改正が着手されることになる。そして、立法議論において、またしても更新権の制限をめぐる議論が登場してくる。改正に際して、更新禁止原則（正確には「更新権の制限」）が関連して議論されたのは、

---

34)　村松俊夫「控訴審の審理」民事裁判の諸問題（有斐閣・1953〔初出、曹時5巻2号（1951）〕）118頁以下。
35)　西村宏一＝尾中俊彦「控訴制度の諸問題」民訴10号（1963）11頁など。控訴審の訴訟運営をめぐる議論の推移については、司法研修所編・前掲注7)24頁以下など参照。
36)　木川統一郎「控訴事後審制」比較民事訴訟政策の研究（有斐閣・1972〔初出、法学新報75巻1＝2号（1968）〕）169頁以下。
37)　右田堯雄「民事控訴審実務の諸問題」判タ288号（1973）2頁、奈良次郎「控訴審における審理の実際と問題点」小室直人＝小山昇先生還暦記念・裁判と上訴㈲（有斐閣・1980）105頁など。
38)　近藤完爾「心証形成過程の説示(9)」判タ328号（1976）15頁。
39)　田尾桃二「いわゆる『実務の知恵』について」判タ781号（1992）6頁、司法研修所編・前掲注7)29頁参照。

現行民訴法301条をめぐってであった。この議論については、筆者はすでに紹介しているので[40]、本稿では更新禁止原則との関係で簡単に紹介することにする。平成2（1990）年に法制審議会民事訴訟法部会は、民事訴訟手続の全面的見直し作業に着手した。そして、平成3（1991）年12月に法務省民事局参事官室は「民事訴訟手続の検討課題」（別冊NBL23号）を公表した。控訴審における新たな攻撃防御方法の提出につき、以下の2案が提示された（検討事項60頁以下）。

①控訴審においては、原則として、第一審で提出しなかった攻撃防御方法の提出、請求の変更及び反訴の提起をすることはできないが、当事者が重大な過失なくして第一審においてこれらをすることができなかったこと又は訴訟手続きを著しく遅滞させないことを疏明したときは、この限りでないものとするとの考え方

②控訴審においては、決定又は裁判所の裁定した期間の経過後は、原則として、第一審で提出しなかった攻撃防御方法の提出、請求の変更及び反訴の提起をすることはできないが、当事者が重大な過失なくしてこれらをすることができなかったこと又は訴訟手続を著しく遅滞させないことを疏明したときは、この限りでないものとする考え方

　①案は、第1審軽視、訴訟遅延の指摘を受けて、更新禁止原則に近い考え方が採られている。②案は、裁定期間を設けての提出制限の考え方の提示である。検討事項に対する各界の意見は、賛成、反対が拮抗していたが、第1審判決が欠席判決であった場合等において、当事者にとって不当に不利益になるという理由で、平成5（1993）年の「民事手続に関する改正要綱試案」（別冊NBL27号）では②案が採用された[41]。②案は、失権の例外を「重大な過失」や「手続遅延」に係らしめずに、当事者の説明責任という形（争点整理手続における167条、174条、178条に対応）で修正したが、他はほぼ維持された形で、現行民訴法301条となる。平成民訴法改正でまた、更新権の制限に関する立法論は頓挫することになった。

　しかし、②案をベースとした301条による失権によっても、控訴理由書お

40）　松村和德＝酒井真紀子「控訴手続の改正」早稲田法学74巻2号（1999）564頁以下。
41）　改正要綱試案補足説明70頁。

よび反論書の提出強制（民訴規182条、183条）の運用次第で更新禁止に近い更新権の制限が可能との評価もできる[42]。またその後も研究者の中から、更新権の制限を肯定する見解も新たに主張された[43]。

　実務では、平成7年に藤原判事による論考[44]が公表され、第1回結審の訴訟運営論が紹介された。これにより、続審制の中での事後審的訴訟運営が控訴審実務に広がっていったとされる[45]。そして、2004（平成16）年に実務動向として、前述の事後審的運営が紹介されるに至った。その間、わが国民事訴訟法学に大きな影響を与えてきたドイツでも2002年の民訴法改正により、控訴審における更新権の制限を拡張した[46]。この控訴審改革の流れを受け、民訴法学会でも2006（平成18）年に「上訴の理論的再検討」と題したシンポジウムを開催し[47]、この問題が検討された。しかし、この議論をみても、この控訴審における更新権の制限については、わが国民訴法学界では消極的見解が根強い[48]。

　わが国の立法論において、覆審制を採るべきではない点ではほぼ一致していたと思われる。しかし、ここで再考すべきは、概観したわが国における立法作業の中で、なぜ繰り返し更新権の制限の立法が試みられたかであり、削除された明治民訴法の「更新権保障」の規定（明治民訴法415条）の復活がないことをどう評価するかである。他方、わが国における更新権制限消極論は更新禁止原則の意義・機能の理解不足に関わるように思われる。そこで、以下で、手続集中化実現の中核手段となっているオーストリア民訴法の更新禁止原則を概観することにしたい。

42）　松村＝酒井・前掲注40) 571頁以下。
43）　石渡・前掲注22) 132頁以下、畑宏樹「控訴審における更新権についての一考察」山形大学法政論叢6号（1996) 84頁以下など。
44）　藤原弘道「『民事控訴審のあり方』をめぐる二、三の問題点」判タ871号（1995) 4頁。また、東孝行「民事控訴審の構造論と実務」判タ819号（1993) 12頁も参照。
45）　司法研修所編・前掲注7) 32頁参照。
46）　詳細は、勅使川原・前掲注11) 35頁以下、佐瀬裕史「民事控訴審の構造に関する一考察(4)」法協127巻12号（2010) 2037頁以下など参照。
47）　河野正憲ほか「（シンポジウム）上訴の理論的再検討」民訴53号（2007) 111頁以下。
48）　上野・前掲注9)、勅使川原・前掲注11)、松本・前掲注11) 民事訴訟法の立法史と解釈論など参照。学会のシンポジウムでは、裁判所側の実務家からも事後審的運用を採用していない旨の発言もあり、実務も統一性がないことが明らかになった。

Ⅲ オーストリア民訴法における更新禁止原則

1 オーストリア民訴法のコンセプトと更新禁止原則

1895年オーストリア民訴法において手続集中理念の観点から審理システム上、要の１つとなったのが、オーストリア民訴法482条に規定する「更新禁止原則（Neuerungsverbot）」である。上告審においてもまた当然に、新たな事実上の主張または証拠の提出は、無効原因またはその他の訴訟上の欠欷を支持ないし争うためにのみ許されているにすぎない（オーストリア民訴504条2項）。この規定は、現行法においても変更がないまま、現在に至っている。

> オーストリア民事訴訟法482条
> 1　控訴裁判所の弁論においては、控訴手続の訴訟費用の償還請求を除き、新たな請求又は新たな抗弁を提出することは許されない。
> 2　判決の内容及びその他の訴訟記録の内容によれば第1審において提出されていた控訴理由を立証し又は反駁するためにのみこれを提出することが許される。また、これら新たに提出されたものは、控訴状又は控訴答弁書（468条）を通じて予め相手方に通知されていた場合に限り、斟酌することができる。

オーストリア法による控訴は、第1審手続のやり直し（Wiederholung）ではなく、第1審手続のコントロールに役立つものと位置づけられている。控訴審の対象は、控訴提起者によってなされた控訴申立ての枠内で、第1審判決の合法性および正当性についての再審理のみである。控訴は、「訴訟をコントロールするのであって、現実をコントロールするのではない」のである[49]。ここに第1審中心主義の思考が現れている。

オーストリア法における更新禁止原則は、クラインによって創設されたものではない。オーストリア法の伝統に基づく。1895年のオーストリア民訴法の前訴訟法である1871年「オーストリア一般裁判所法」257条ですでに規定されていた。しかも、この規定は、一切の例外を認めず、更新を禁止したものであった[50]。これに対して、クラインは、ドイツ法の影響を受け、

---

49) *Klein/Engel*, a. a. O. (Fn. 3), S. 403.
50) この規定は、一般裁判所法以前の規定と一般的慣行に相応するものであり、立法過程でも反

482条2項が示すように、更新禁止原則を緩やかに規定したのである[51]。これに対して、オーストリアの判例は、無条件に更新禁止原則を支持している。判例は、クラインによる482条2項の緩和を意識的に考慮しないか、または制限的に解釈してきたとされ、その根拠は、上訴審における更新の許容は、第1審の手続を無価値なものとしてしまい、かつほとんどの事例で下級審に事件を差し戻すにちがいないとされた点にあったとされる[52]。そこで、以下では、更新禁止原則について概説しておくことにしたい[53]。

2 オーストリア民訴法における更新禁止原則の概要

(1) **更新禁止原則の目的**　上訴システムにとって決定的な意義を有するのは、新たな事実・証拠の提出は許されるのか、そしてそれを考慮しなければならないのかという問題である[54]。オーストリア民訴法は、この問題について、控訴は「更新禁止原則」に服するという形で応えた。オーストリア民訴法482条によれば、第1審判決の再審理は、第1審口頭弁論終結時での本案の申立てと事実陳述に基づいてのみ認められる。新たな請求および抗弁のみならず、新たな事実および証拠の提出も許されない、つまり、民事訴訟の重心を第1審に置き、控訴審ではすべての新たな事実と証拠方法の提出は原

　　対意見は出てこなかった。詳細は、*Loschelder,* Die österreichesche Allgemeine Gerichtsordnung von 1871, S. 157 (1978) 参照。257条は「控訴においては、第1審裁判所に提出された以外の歴史的事実及び証拠方法はこれを提出してはならない。これに違反した場合には、新たな提出はこれを考慮してはならない」と規定する。

51)　詳細は、*Fasching,* Die Entwicklung des zivilgerichtlichen Berufungsverfahrens in der Rechtsprechng, ÖJZ 1963, S. 538. なお、この事情につき、鈴木正裕・近代民事訴訟法史・オーストリア（信山社・2016）146頁以下が詳細である。それによれば、クラインは証人の証拠力に関する新事実および証拠方法の提出を例外として考えていた。

52)　この点に関しては、*Fasching,* Die Entwicklung des Neuerungsverbots im zivilgerichtlichen Rechtsmittelverfahren im letyten Jahrzeht in Österreich., FG Fasching (1993), S. 315.〔初出、FS Mitsopoulos (1987)〕

53)　以下の叙述は、主に、*Fasching,* Zivilprozeßrecht., 2. Aufl. (1990), S. 872ff. (以下、*Fasching,* ZPR); *Fasching/Konecny* (Hrsg), Zivilprozeßgesetze, 4. Band-1, 2. Aufl. (2005), S. 150ff. (*Pimmer*); *Rechberger* (Hrsg), ZPO. 4. Aufl. (2014), S. 1630ff (*Kodek*); *Rechberger/Simotta,* Zivilprozessrecht., 8. Aufl., (2010). S. 565ff. (以下、*Rechberger/Simotta,* ZPR); *Fucik/Klauser/Kloiber,* ZPO, 12. Aufl. (2016), S. 488ff.; *Buchegger/Markowetz,* Grundriss des Zivilprozessrechts. (2016), S. 382ff.; *Fucik,* Das Neuerungsverbot im Zivilgerichtsverfahrensrecht, ÖJZ 1992, S. 425ff..; *Fasching,* a. a. O. (Fn. 52), S. 314ff.; *Böhm,* Was will das Neuerungsverbot? Hindergrund, Funktion und Einfluss auf das Prozessverhalten in erster Instanz, FS 100 Jahre ZPO (1998), S. 234ff. などを参照。

54)　*Fasching,* ZPR, S. 872.

則許さないとの立場をとったのである[55]。控訴審は、第1審裁判所が口頭弁論終結時に存在する訴訟資料に基づき適正に判決を下したか否か、または第1審裁判所で遂行された手続が適法であるか否かを審査するだけである。換言すれば、控訴審は、事実および法的観点についての第1審裁判所の判断をコントロールするのである。したがって、更新禁止原則は、訴訟集中のための手段の1つとなり、訴訟の緊張化と訴訟遅延の防止に役立つものとされた[56]。更新禁止原則による手続集中により、控訴審（上告審も含め）の遅延をきわめて効果的に防止でき、コストの削減も可能になるとされる。更新禁止は、職権によって考慮される。

（2）　更新禁止原則の適用対象　　更新禁止の対象となるのは、第1審（下級審）の訴訟においてまだ提出されなかったまたは陳述されなかったすべての判決資料である。この資料を「Neuerungen（更新資料）」という。これには、当事者（または裁判所）に第1審で知れており、かつ利用可能であったが、まったく陳述されなかった、かつ訴訟に提出されなかった事実および証拠方法も含まれる[57]。オーストリア民訴法482条1項は、新たな請求および抗弁の主張を更新禁止の対象とする。原被告のすべての本案申立が禁止されるのであり、さらに、訴えの拡張、訴えの変更が禁止される（オーストリア民訴483条4項参照。請求の認諾・放棄、和解、請求の縮減は許されている）。抗弁または異議は、それらが新たな事実または証拠方法の提出を必要とする場合にのみ、排斥される[58]。

また、「Neuerungen」には、「nova producta」と「nova reperta」も含まれる。「nova producta」とは、判決言渡しの基準となった時点（第1審口頭弁論終結時）後初めて生じた事実およびそれらの事実を立証するための証拠方法である。これらが控訴審では提出を禁止される。なお、この点に関して、正義の要請から控訴審でもこれらの基準事後の事由を即座に提出することを

---

55) *Rechberger* (Hrsg), ZPO. 4. Aufl. (2014), S. 1630 (*Kodek*) など参照。
56) *Fasching*, ZPR., S. 874f. など。
57) これらが控訴審において無制限に認められ考慮されるとすると、綿密な訴訟準備および集中的な訴訟遂行をなす当事者の義務を空洞化させ、第1審手続を無価値なものとし、さらに訴訟を根本的に遅延させ、かつそのコストを上げることになるであろうとされている。*Faching*, ZPR., S. 873 参照。
58) *Fasching*, ZPR., S. 877. また、*Fucik*, a. a. O. (Fn. 53), S. 426 は、民訴法482条1項における抗弁とは、裁判所が事実の完全な陳述の際にも職権によって顧慮する必要のないすべての請求棄却事由と解している。

認めかつ考慮すべきであるとして、更新禁止原則に対する批判がなされているが、控訴審は更新禁止原則により迅速に進行するので、基準事後の事由はめったに生じず、オーストリアの実務では考慮されていない[59]。そして、この場合には、これらの事実および証拠方法は基準事後の新事由となるため（オーストリア民訴法では、既判力の基準時は第1審口頭弁論終結時となる）、新たな訴訟を提起するか、執行が関わる場合には、請求異議の訴えにより主張しうることになる[60]。

他方、「nova reperta」とは、第1審口頭弁論終結時までに主張責任を負う者が知りえなかった事実、そのような事実の証明のための証拠方法および、すでに知られていた事実であるが、当事者が知らなかったまたは利用できなかった事実の証明のための証拠方法である。こうした事実の存在は、第1審の判決の基礎が基準時において不完全で正しくなかったことを意味している。しかし、法的安定性と訴訟資料収集に関する当事者の共同責任の観点から、この「nova reperta」概念を手続法の基礎にすることは排斥される。それゆえ、手続法の意味において「nova reperta」とみなされるのは、主張・立証責任を負う当事者が過失なく第1審の口頭弁論終結時までに知らなかった事実および証拠調べとなり[61]、これらが更新禁止の対象となる。控訴審において、新たな事実および証拠方法を当事者が知らなかったということに過失があったかなかったかを審査することの負担が大きく、控訴審理の遅延やコストの負担増が考慮されたのである。なお、オーストリア法では、こうした過失なく提出されなかった事実は、再審の訴えでもって主張できる（オーストリア民訴530条1項7号、同2項）。この再審事由の緩和が更新禁止原則を機能させる要因の1つとなっている。

　(3)　**更新禁止原則の例外と違反の効果**　このように第1審において提出されなかった事実および証拠方法は、更新禁止原則によって控訴審では原則提出できない。しかし、オーストリア民訴法は、482条2項で例外を規定する。つまり、控訴状または控訴答弁書で記載され、相手方に通知されていた限りで、控訴理由[62]を立証しまたはこれを反駁するためにのみ、それらの事

---

59)　*Fasching*, ZPR., S. 875.
60)　*Rechberger/Simotta*, ZPR., S. 416.
61)　*Fasching*, ZPR., S. 873.
62)　オーストリアでは控訴理由については法文上の規定はないが、学説は控訴理由を4つのグル

実および証拠方法を提出できるとする。したがって、控訴審の弁論において初めて提出されるものは考慮されないのである。このような規定があるにもかかわらず、オーストリアの判例・通説は、482条2項を限定的に取り扱うのは前述の通りである[63]。また、経験則は、それが事実問題の解明に必要な限りでのみ、更新禁止の対象となる。

判例等により更新禁止原則の対象外とされるのは、まず新たな法的観点の陳述である。さらに、訴訟要件、上訴の適法要件、手続無効原因等の職権により顧慮されるべき事情を説明するための事実および証拠調べも更新禁止の対象とはならない。

他方、更新権が認められている民事手続もある。婚姻の無効宣告または婚姻存在ないし不存在確認に関する手続（民訴438のa条2項）、非嫡出児の親子関係（UeKG 5章5文）および認知の承認または争い（FamRAnglV 3章6条1項1文）に関する争訟、ならびに労働契約法事件についての争訟およびAGGG 50条1項による労働関係の存続をめぐる労働協約上の争訟である[64]。

更新禁止原則違反に対しては、上告理由に該当しないことから、いかなる制裁もないとするのが通説である[65]。しかし、同時に処分権主義違反となる場合、つまり、控訴審が控訴手続で初めて提起された請求または抗弁について判断した場合は、上告理由となる[66]。

3 更新禁止原則に対する批判

更新禁止原則に対して諸外国で繰り返しなされたのは、第1審の訴訟が極

　ープ（手続法規違反による手続無効、その他の手続上の瑕疵（オーストリア民訴496条1項1～3号）、不正確な事実関係の確定、不正確な法的評価）に分ける点で一致している（*Buchegger/Markowetz*, a. a. O. (Fn. 53), S. 390ff. など）。通説は、間違った証拠評価に基づく不正確な事実関係の確定も控訴理由に該当するとする（*Fucik*, a. a. O. (Fn. 53), S. 427.）。

63) *Fasching*, ZPR., S. 876によれば、本案の申立て（請求）の支持または反駁のための新たな提出はできず、具体的控訴理由それ自体に関わる事実陳述のみができるにすぎないとする。なお、個々の限界事例に関する判例の概要については、*Fucik*, a. a. O. (Fn. 53), S. 427ff. など参照。
64) もっとも、更新禁止原則を採らなかったこれらの領域では、訴訟引延しや事件の蒸し返しのために、更新権行使がなされているとの指摘もなされている。*Fasching*, a. a. O. (Fn. 53), S. 317ff. (FG-Fasching).
65) *Fasching*, ZPR. S. 878.; *Fucik*, a. a. O. (Fn. 53), S. 429など参照。
66) *Rechberger/Simotta*, ZPR., S. 567.; *Fasching/Konecny* (Hrsg), ZPO Ⅳ/1. §503 Rz8 ff (*Zechner*) など参照。なお、控訴審決定に対する抗告審での更新禁止原則違反については、議論のあるところである。抗告理由は法律上の規定がないため、いずれにせよ抗告理由として承認されているとの見解が多い（*Rechberger/Simotta*, ZPR., S. 567.; *Fucik*, a. a. O. (Fn. 53), S. 429など参照）。

めて広範になり、長期化し、膨張するとの批判である。この批判に対して、オーストリア民事訴訟法は広範な裁判官の実体的訴訟指揮権によって対応した。この権限と結びついて、無駄な陳述や定まらない陳述は却下できた。また、控訴審は第１審手続で確定された事実関係に拘束されるので、判断権限が不当に制限され、その間に生じた事実関係の変動を考慮できないという批判があった。この批判に対して、オーストリア法は再審の訴え等で対応し（前述）、実務では、更新禁止原則による手続の促進化により、そのような変動はめったにないことから、批判は重視されなかった[67]。更新禁止原則は、両当事者が事実陳述および証拠申出の完全性について少なくとも同程度に共同責任を有する場合にのみ、その訴訟集中的失権機能を発揮してよいということに争いはない[68]。

4 更新禁止原則と手続集中

　最後に、この更新禁止原則と手続集中理念の関係を簡単に整理しておこう。
　第１に、オーストリア民事訴訟においては、更新権は厳格に制限され、このことにより、訴訟の緊張化と促進化が実現されている。
　第２に、更新禁止原則は、民事訴訟の重心が第１審に置かれることを前提としており、それは第１審集中化を実現し、訴訟コストの削減にも寄与する。
　第３に、更新禁止原則に伴う不利益は、裁判官の実体的訴訟指揮権（オーストリア民訴182条、183条）と再審事由の緩和（同530条１項７号、２項）によって、また請求異議の訴え等により問題なく対応されている。とくに、裁判官の実体的訴訟指揮権行使と当事者の完全陳述義務（同177条〜179条、184条）等による事案解明の諸方策が第１審集中化を支えるものである。
　このように、更新禁止原則は手続集中理念実現の中核となる方策となっている。そして、オーストリア民訴法の特色が示すのは、重要であるのは控訴審だけを射程とした促進化ではなく、いかに訴訟（紛争）自体を適正かつ迅

---

[67] *Fasching*, ZPR., S. 875 参照。また、*Fasching*, a. a. O. (Fn. 52), S. 317ff. (FG-Fasching) では、連邦司法省が1961年設置の民事手続法に関する改正作業グループにおいて更新禁止原則を審議させたが、それが根本的に可能であることが実証され、その欠点の排除は緊急のものとされなかった旨が指摘されている。その後の改正でも更新禁止原則に変更が加えられることはなかったのである。*Rechberger*, Die Verfahrenskonzentration im österreichischen Zivilprozeß, in „Zivilprozeßrecht im Lichte der Maximen", Istanbul (1999), S. 6 も参照。

[68] *Fasching*, a. a. O. (Fn. 52), S. 317 (FG-Fasching).

速に処理するかということである。訴訟手続全体の合理的・効率的運営との考えが存するものと思われる。

　手続集中のためクラインによって導入された諸方策は、オーストリア民訴法では様々な変容を経験した[69]。しかし、この更新禁止原則と裁判官の実体的訴訟指揮権は変更なく、これらが手続集中の方策の中心となっているといえよう。そして、オーストリア法においては、手続集中による適正かつ迅速な裁判の実現のために、どこに重点を置き、どのような形でセーフティーネットを張るかを第1審から上告審、さらには再審まで含めた紛争処理全体の流れの中で考察している。つまり、手続全体による手続集中の実現の視点が重要であるということに注意すべきである。

　手続集中を目指したオーストリアの更新禁止原則の法制は、諸外国にも影響を与えてきた。その詳細は、紙幅の関係上、論述できないが、更新禁止原則につき頑なにそれを拒んできた隣国のドイツ法に大きな影響を与えたものと推定できる。ドイツ民訴法は、1978年の簡素化法を経て近時の2002年のドイツ民事訴訟法改正により、更新権の制限を大きく拡張させた[70]。また、最近の大規模な民訴法改正である2011年施行のスイス民事訴訟法においても更新権は大きく制限された[71]。

IV　おわりに
——わが国民事訴訟法における更新権のあり方

1　更新権の制限と立法論としての事後審制

　以上、オーストリア民訴法の控訴審を特徴づける更新禁止原則を中心に、

---

69)　松村・前掲注2）河野古稀236頁以下参照。
70)　ドイツ法の更新権制限についての立法の沿革等は、佐瀬裕史「民事控訴審の構造に関する一考察(2)～(4)」法協126巻11号（2009）2204頁、127巻6号（2010）739頁、同12号（2010）2037頁以下が詳細である。1895年オーストリア民訴法の更新禁止原則に対するドイツの否定的対応については、Fasching, a. a. O. (Fn. 52), S. 316. ff. (FG-Fasching) など参照。また、簡素化法での更新権制限については、石渡哲「西ドイツ簡素化法施行後における更新権の制限」法学研究（慶應義塾大学）61巻6号（1988）80頁など、2002年改正については、前掲注46) 参照。
71)　Reetz, Zivilprozessrecht, S. 41f., (2010); Baker & Mckenzie (Hrsg), Schweizerische Zivilprozessordnung (ZPO), S. 1165ff. (2010) など参照。統一されたスイス民訴法では、317条1項で次のように、規定している。「第1項　新たな事実及び証拠方法は以下の場合にのみ考慮される。a) それらが遅滞なく提出されている場合で、かつ、b) 期待できる注意を払ったにもかかわらず、第1審においてすでに提出することができなかった場合」。

更新権の制限をめぐる議論を概観してきた。わが国の議論では、続審制か事後審制かという控訴審の審理構造をめぐる議論の中で更新権の制限はもっぱら論じられてきたといえよう。しかし、控訴審の迅速化などの形で控訴審という局面からのみの論じ方は余り意味がないことは、前述のとおりである。この理は、立法論において明確である。更新禁止原則は、第1審重点主義を前提していることから、第1審の審理を充実させる方策とセットとなる。オーストリア法は審理システムだけでなく、裁判官の実体的訴訟指揮権と当事者の完全陳述義務等を第1審重点化の中核手段と位置づけ、とくに裁判官の積極性は、更新禁止原則と並んで手続集中の主要方策としてクラインの立法以来大きな変更はない[72]。そして、他方で再審事由を緩和させている。このような手続集中の仕掛けにより訴訟促進の実効性が担保されているといえよう。事後審制につき立法論を展開するのであれば、これらに加え、さらに既判力の基準時の変更、控訴審での訴えの変更の禁止、仮執行宣言の廃止等々についても併せて論じて、立法論ははじめて意味をなす。更新権を原則制限する規定を設けるだけの立法論は無意味であり、その意味を見出すには事後審制とは別の意味と捉える必要があろう。

2　実務の事後審的訴訟運営論の意義

更新権の制限の議論は、覆審的審理の排除と訴訟の引き延ばしなどによる第1審軽視への対応に重点がある。この点につき異論はない。問題はこの対応手段を現行法制の中でどう構築するかである。かかる視点からみると、実務が提唱する「続審制の下での事後審的訴訟運営」とは、「第1審の漫然たる繰り返しではなく、まず、第1次的には、控訴理由が実質的に問題とする特定の争点について、審理の対象を絞り、その争点に対する集中的な審理を進める訴訟運営〔をいい〕、……結果として第1回結審は生じるものである」[73]とすることからして、繰り返し議論されてきた第1審軽視への対応に基づくものといえる。これに対して、事後審制の採用されていないところで

---

72)　勅使川原・前掲注11) 57頁以下が更新権制限は制度的裏打ちがなければ、正当化できず、実体的訴訟指揮権が義務的に強化される必要がある（ドイツの法改正ではその裏打ちがなされた）と説くのは、このことを念頭においたものと思われる。なお、手続集中と裁判官の積極性の関係については、松村和德「手続集中理念と裁判官の積極性」民訴63号（2017）掲載予定参照。

73)　司法研修所編・前掲注7) 42頁以下。

事後審的審理を行うことは法的基礎に欠け、直接主義を軽視するものである等の批判[74]はそれ自体正当とも評せるが、続審制という法制において第1審軽視への対応手段をどう組み立てるかという実務側の工夫とは視点にズレが生じているように思われる。ドイツ法等が事後審制に近づく更新権制限へ大きく舵を切った背景には、社会的価値の重心が「迅速性」に移り、訴訟促進に配慮した第1審重点化と司法コスト削減の観点があったといえる。また、続審制という審理方法が覆審的にも事後審的にもなりうるものである[75]ことからすれば、控訴審における従前の問題に対して、第1審重点化を採った現行民訴法においては事後審的訴訟運営という実務の対応はありうるものと評価できよう。問題はその対応が現行民訴法からみて適切かという点にある。

3 手続集中と事後審的審理方法

現行民訴法は、実務から提唱されている事後審的審理方法は、上野教授が指摘したように、判断資料を第1審の裁判資料に限定して、主張された控訴理由に基づいて第1審判決の当否を判断する方式であるといえる。そして、更新権の制限は、適時提出主義と当事者の誠実訴訟追行義務からの制限となる[76]。これらの点では、更新禁止原則をとるオーストリア民訴法に近い審理方式である。

したがって、この方式では第1審において裁判資料が当事者から全て出て、事実関係が完全に解明されたことが理論的には基本前提となる。第1の問題は、現行民訴法によるこのための制度的保障が十分かということである。現行民訴法は、訴訟の審理充実・促進の実現のために、早期に争点を明確にして、争点に焦点を絞った効率的証拠調べができるように、争点整理手続を整備し、集中証拠調べを明文化した。第1審重視を明確にしている。とくに、証明すべき事実を裁判所と当事者間で確認することを義務づけたことは（民訴165条、170条5項、177条）は、裁判所と当事者間での争点・資料についての共通認識の形成を担保するものであり、少なくとも請求の争点をめぐる事実関係は解明された形になるはずである。このための手段として、現行民訴

---

74) 例えば、松本・前掲注11) 501頁以下など。
75) 上野・前掲注9) 59頁以下等で指摘されていたことである。
76) 司法研修所編・前掲注7) 44頁参照。

法は、裁判官の釈明権等の裁量拡大[77]、文書提出義務の一般化、提訴前後の当事者照会制度、提訴前の証拠収集処分などを用意する。以上を勘案すれば、現行民訴法上は、この問題についての制度的保障はあるといえよう。

　第2に、実務の事後審的審理では、控訴理由書の提出強制を前提として控訴理由に基づいて第1審判決の当否を判断する。この点は、訓示規定といわれる民訴規則182条を根拠にすること、控訴理由に制約がかかることなどの疑義が上野教授により述べられている[78]。正当な疑義と思われるが、事件の第1回結審が可能かを判断する点に力点があり、進行協議期日などでの当事者との期日前協議、事前釈明の実施[79]や反論書の提出も命令でき（民訴規183条）、第1回口頭弁論は開催されそこでの審理もあるとすると、続審制の枠内で第1審判決の当否を判断する一応の前提は形成されうるといえるのではなかろうか。

　第3の問題は、適時提出主義による更新権の制限（失権）が十分に機能するかである。すでに論じた点ではあるが、控訴理由書および反論書の提出強制（民訴規182条、183条）の運用を厳格に実施し、301条による失権を的確に実施できれば、更新禁止原則に近い更新権の制限が可能な形となっている[80]。

　以上を勘案すると、実務の事後審的審理は、続審制が維持されている現状では、現行法がとった第1審集中の審理方式を埋没させず、訴訟全体の迅速化や上告審の負担軽減化にも寄与しうる仕組みとして評価できそうである。また、全面的ではないが、ある程度は、更新禁止原則の機能を代替するものとして評価できよう。ただ、問題はその運用が実務上統一的にできるかであり、その危惧を含めた抜本的解決のためには、前述のような立法が必要であるが、それが可能かは現状では不確定なままである。

---

77)　現行法の裁判官の権限拡張については、松村和徳・新民事訴訟法ノートⅠ（成文堂・1998）7頁以下、89頁以下参照。前掲注72)で指摘したように勅使川原教授により、わが国ではドイツ法のような厳しい釈明義務が法定化されていない点で事後審的審理に疑問符が付けられているが（勅使川原・前掲注11) 46頁以下）、第1審の充実、当事者の納得という意味では、現行法上でも対応できる法制となっていると評価できよう。ただ、運用の面での課題は残る。
78)　上野・前掲注9) 81頁以下、84頁以下。
79)　司法研修所編・前掲注7) 54頁以下参照。
80)　現行民訴法のこのような規律による更新権の制限方式を、筆者はかつて「緩やかな更新禁止」と称した。松村＝酒井・前掲注40) 571頁以下参照。

訴訟判決および訴訟終了宣言判決を取り消す際の控訴審における措置をめぐる諸問題

◆三木浩一◆

Ⅰ　はじめに
Ⅱ　訴訟判決の取消しと不利益変更禁止原則
Ⅲ　訴訟終了宣言判決の取消しと自判の可否

Ⅰ　はじめに

　第1審判決が訴えを不適法として却下する訴訟判決であった場合には、訴訟物に関する本案についての実体審理は第1審では原則として行われていないので、控訴審が第1審判決を取り消した上で本案について自判することができるものとすると、事実審による審判は1審級のみとなって当事者の審級の利益を害することになる。そこで、旧民訴法では、訴えを不適法として却下した第1審判決を控訴審が取り消す場合は、事件を第1審に差し戻さなければならない旨の規定が設けられた（旧388条）。この規定は、事件を第1審へ差し戻すか否かについて控訴審の裁量を明文で認める旧389条とは異なっており、文言上は控訴審の裁量の余地がないようにみえる規定ぶりであったため、旧389条が任意的差戻しと呼ばれたのに対し、それと区別して必要的差戻しと呼称された。

　しかし、当事者の審級の利益を侵害しないと判断できるような事情がある場合には、控訴審が事件を差し戻すことなく自判をしたとしても問題はないはずである。具体的には、第1審で本案についても実質的に審理が尽くされている場合、当事者間で結論を左右しうる事実関係に争いがない場合、原告

の請求が明らかに主張自体失当である場合などが挙げられる[1]。そこで、こうした考え方に基づいて、控訴審が事件を差し戻すことなく請求棄却の判決をする裁判例が旧法下において集積されていった。また、学説においても、同様の見解が有力化していった[2]。これらを受けて、1996年の民訴法改正において307条に「ただし、事件につき更に弁論をする必要がないときは、この限りでない」との文言が新設され、上記のような場合には控訴審による自判が許されることが条文上も明らかとなった[3]。

　この結果、控訴審が第1審の訴訟判決を取り消す場合に問題となるいくつかの論点のうち、①「控訴審は、第1審による訴え却下の訴訟判決を取り消す場合に本案について自判をすることが許されるか」という論点は立法によって解決している。しかし、依然として議論の余地のある論点も残っている。その1つは、②「控訴審が第1審の訴訟判決を取り消して自判する場合に不利益変更禁止原則が適用されるか」という問題である。これにつき、第1審の訴え却下判決に対して原告のみが上訴[4]した場合については、すでに最高裁の判例が確立しており、実務的には決着がついているといえなくもない。しかし、学説の多数は判例の考え方に反対しており、学問的にはなお争いが残っている。また、被告のみが上訴した場合については、最高裁の判例のみならず下級審も含めて明確な裁判例は見当たらない。もう1つは、③「控訴審は、第1審による訴訟終了宣言判決を取り消す場合に自判をすることが許されるか」という論点であるが、これは「訴訟終了宣言判決は訴訟判決の一種といえるか」と言い換えることもできる。この問題についても、すでに最高裁による判断が出されてはいるが、大いに疑問が残る判例である。

　以上のような民訴法307条ただし書をめぐる判例と学説の現在の状況を踏まえ、本稿は、上記の②および③の論点について、従来のわが国における議論よりも、やや踏み込んだ考察を行うものである。

---

1)　法務省民事局参事官室編・一問一答 新民事訴訟法（商事法務・1996）339頁参照。
2)　当時の学説の状況については、後藤勇「訴却下の訴訟判決を不当とした場合の控訴審の措置」判タ427号（1981）27頁参照。
3)　法務省民事局参事官室編・前掲注1) 339頁参照。
4)　本稿では、主として控訴の場合を念頭に考察するが、その論理は上告の場合にも等しく妥当する。なお、後述する判例のいくつかは、上告審が控訴審判決を取り消す際の不利益変更禁止原則の適用の有無が問題になったものである。

II 訴訟判決の取消しと不利益変更禁止原則

1 原告のみが上訴した場合

ここで検討の対象となるのは、「第1審における訴え却下の訴訟判決に対し、原告のみが上訴したところ、上訴審が第1審とは異なり訴訟要件に欠缺はないと判断した場合に、上訴審が請求棄却の自判をすることは、不利益変更禁止原則に抵触するか否か」という問題である。

(1) 判例 判例は、戦前の大審院の時代から今日に至るまで、一貫して、上訴審が第1審の訴訟判決を取り消す場合には不利益変更禁止原則が適用されるので、控訴審は、請求棄却の自判ではなく控訴棄却の判決をすべきであるとする見解（以下、「控訴棄却説」という）を採用している。

たとえば、大判昭和15年8月3日（民集19巻1284頁）は、耕地整理組合に対する分賦金の返還を求める訴えに対し、控訴審が、本件は司法裁判所の管轄に属さないとして訴えを不適法却下した事件につき、上告審は、本件は司法裁判所の管轄に属するので適法であるとした上で、原審における認定によれば、第1審原告の請求に理由がないことは明らかであるとして、大要、以下のような判示をした[5]。すなわち、上訴審が原審の訴え却下の訴訟判決を取り消して自判する場合、たとえ本案について請求棄却の心証を抱いたとしても、原審の訴え却下判決のほうが請求棄却判決よりも上訴をした当事者にとって有利であるので、不利益変更禁止原則が適用される結果、上訴審としては原判決を取り消して請求棄却の判決をすることは許されず、単に上訴棄却の判決をすべきである。

こうした考え方は、戦後の最高裁でも維持されている。たとえば、最判昭和35年3月25日（集民40号669頁）は、農地売買処分無効確認等請求事件について、第1審では訴え却下の判決がなされ、それに対して原告のみが控訴したところ、控訴審は、第1審が訴えを却下したのは違法であるとしなが

---

5) 判決の原文は、「原審カ不適法トシテ訴ノ一部ヲ却下シタル判決ニ対シ上訴アリテ上訴審ニ於テ其ノ部分ニ関スル請求ヲ理由ナシトシテ棄却スル場合ニ訴却下ノ判決ハ請求棄却ノ判決ニ比シ上訴シタル敗訴ノ当事者ニトリ利益ナルヲ以テ上訴審ニ於ケル不利益変更ノ禁止ノ行ハルル結果上訴審ニ於テハ原判決ヲ取消シテ請求棄却ノ判決ヲ為スコトヲ得ス単ニ上訴棄却ノ判決ヲ為セハ足ルヲ以テ本件ニ於テモ不当利得返還請求ニ付テハ単ニ上告棄却ノ判決ヲ為セハ足ルモノトス」。

ら、本案については請求棄却の心証を抱いたことから、不利益変更禁止原則を理由として控訴を棄却したのに対し、第1審原告がこの措置を違法として上告をした事件である。この事件において、最高裁は、「原判決は訴却下の一審判決を取消し請求を棄却することは控訴人に不利益に一審判決を変更することに帰する旨を説明しており、訴却下の判決があつた場合に被告から控訴することができないことではないから、原判決が附帯控訴がないという理由で上告人の控訴を棄却したのは正当である」として、控訴棄却説を当然の前提とする判示をしている。

また、最判昭和 60 年 12 月 17 日（民集 39 巻 8 号 1821 頁）は、本件は上告審が請求棄却の自判ができる事案である旨を述べた上で、「以上の次第で、本件訴えについては請求を理由がないものとして棄却すべきこととなるが、その結論は原判決よりも上告人に不利益となり、民訴法 396 条〔現行法 313 条〕、385 条〔現行法 304 条〕により、原判決を上告人に不利益に変更することは許されないので、当裁判所は原判決の結論を維持して上告を棄却するにとどめるほかなく、結局、原判決の前示の違法はその結論に影響を及ぼさないこととなる」とする。

さらに、近年の判例である最判平成 25 年 7 月 12 日（判時 2203 号 22 頁）も、「上告人の上記請求は棄却を免れないものである以上、不利益変更禁止の原則（行政事件訴訟法 7 条、民訴法 313 条、304 条参照）により、上告を棄却するにとどめるほかなく、原判決の上記違法は結論に影響を及ぼすものではない」とする。

(2) 学説　　学説では、判例の一貫した立場である控訴棄却説を支持する見解もあるが、最近では不利益変更禁止原則の適用を否定して請求棄却の自判を認める見解（以下、「請求棄却説」という）が多数である。以下、それぞれの論拠とするところをみていく。

　　(a) 控訴棄却説　　まず控訴棄却説に立つ見解であるが、次のような理由を述べる[6]。訴え却下の判決は確定しても実体上の権利の存否に既判力が生じないので、原告は、将来、訴訟要件が具備されれば別訴を提起して勝訴

---

6) 後藤・前掲注 2) 35 頁注 16 参照。なお、秋山幹男ほか・コンメンタール民事訴訟法 VI（日本評論社・2014）214 頁も控訴棄却説に立つが、その理由については前掲後藤論文を全面的に引用する。

判決を得る可能性がある。これに対し、請求棄却の判決が確定した場合には、実体上の権利の不存在が既判力によって確定するので、別訴によって勝訴判決を得る可能性は封じられる。したがって、請求棄却の判決は訴え却下の判決よりも原告にとって不利益であり、上訴審が第1審の訴訟判決を取り消して請求棄却の自判をすることは不利益変更禁止原則に抵触する。

　　(b)　請求棄却説　　これに対し、請求棄却説に立つ諸見解が挙げる論拠は、概ね以下のとおりである。①不利益変更禁止原則は、原判決が上訴人に与えた法律上の地位を当事者から奪うことを禁止する趣旨であるが、原判決が訴訟判決である場合には上訴人は本案については何らの法律上の地位も与えられていないのであるから、上級審が請求棄却の判決をしても上訴人が原判決で受けた法律上の地位を奪うことにはならない[7]。②控訴棄却説によるとすれば、最初から請求認容判決であればよいが請求棄却判決はいけないという結論を固定することになり、便宜的にすぎる上に当事者間の公平にも反する[8]。③訴え却下の判決に対する上訴の趣旨は、請求についての本案の判決を求めるところにあるから、請求棄却判決も上訴の申立ての範囲に含まれる[9]。④控訴棄却説によれば上級審は上訴棄却の判決により訴え却下の訴訟判決を確定させることになるが、訴え却下判決では原告が再訴してくる可能性が残るので、訴訟経済上好ましくない[10]。

　(3)　**検討**　　結論を先に述べれば、判例や伝統的な学説である控訴棄却説は妥当ではなく、近時の多数説である請求棄却説を相当と考える。しかし、従来の請求棄却説が説く論拠には、後述のように疑問がある[11]。

　議論に際して、まず不利益変更禁止原則の理論的根拠を確認しておく必要がある。不利益変更禁止原則の根拠について、伝統的な見解は、上訴審にお

---

[7]　飯塚重男「不利益変更禁止の原則」新堂幸司編集代表・講座民事訴訟7（弘文堂・1985）209頁、斎藤秀夫ほか編著・注解民事訴訟法(9)［第2版］（第一法規・1996）293頁〔小室直人＝東孝行〕、松本博之「相殺の抗弁についての判断と不利益変更禁止の原則」訴訟における相殺（商事法務・2008）244頁、兼子一ほか・条解民事訴訟法［第2版］（弘文堂・2011）1591頁〔松浦馨＝加藤新太郎〕、高田裕成ほか編・注釈民事訴訟法　第5巻（有斐閣・2015）199頁〔宮川聡〕等参照。

[8]　松本・前掲注7）243頁、兼子ほか・前掲注7）1592頁〔松浦＝加藤〕、高田ほか編・前掲注7）198頁〔宮川〕。

[9]　伊藤眞・民事訴訟法［第4版補訂版］（有斐閣・2014）700頁。

[10]　山本和彦・民事訴訟法の基本問題（判例タイムズ社・2002）231頁、高橋宏志・重点講義民事訴訟法(下)［第2版補訂版］（有斐閣・2014）634頁。

[11]　従来の請求棄却説と私見との論拠の違いは、原告のみが上訴した場合には結論の差異をもたらさないが、後述する被告のみが上訴した場合では結論の差異を導く。

ける申立拘束原則として捉えており、民訴法246条が定める処分権主義の上訴審における現れとする。すなわち、民事訴訟法の基本的性格に由来するものとされることから、本質説とも呼ばれる。これに対し、沿革的考察や柔軟な運用を可能にすることから、同原則を政策的な制度とみる見解も主張されており、政策説とも呼ばれる。政策説は、不利益変更禁止原則は、上訴人に不利な変更をすることが上訴人の意図に沿わない場合に上訴人を保護するという素朴な感覚に基礎を置く制度であって、申立拘束原則とは別のものであるとする[12]。たしかに、不利益変更禁止原則の機能を申立拘束原則のみで理解するには無理があるし、上訴人が上訴に際して抱いている自然な期待の保護を図ることは、上訴における過度の萎縮効果を防いで上訴制度を健全に機能させるためにも必要である。そこで、こうした両説の関係であるが、両説は相互に排他的ではないのであるから、不利益変更禁止原則は、両者の要素をもつものとして捉えることが可能であろう。ただし、沿革的考察に加えて柔軟な運用の確保や不利益変更禁止原則を破る手続としての附帯上訴が用意されていること等から、政策的要素がより強いものとして理解すべきである[13]。

　以上を踏まえて、前述(2)(b)にみた請求棄却説の論拠を検討してみよう。まず④であるが、訴訟経済は、民事訴訟法の基本的性格や上訴制度の機能確保の要請を上回る価値とはいえないので、論拠として大きな意味をもたせることは適切とはいえない。次に③は、不利益変更禁止原則の根拠を申立拘束原則にのみ求めているところや、上訴人の意図は単に本案判決が得られればよいというだけではないことを考えると、やはり不適切である。また、②であるが、控訴棄却説によった場合の結論が便宜的かどうかは、その処理が不利益変更禁止原則の趣旨に沿うものか否かによるのであり、趣旨に沿っていた場合には一見便宜的にみえる処理もやむを得ないのであるから、本質的な批判とはいえない。

　かくして検討すべきは、請求棄却説が挙げる論拠のうちの①ということに

---

[12] 宇野聡「不利益変更禁止原則の機能と限界(1)(2・完)」民商103巻3号（1990）397頁、103巻4号（1991）580頁参照。
[13] 加波眞一「不利益変更禁止の原則」青山善充＝伊藤眞編・民事訴訟法の争点［第3版］（有斐閣・1998）292頁、高橋・前掲注10）636頁注39等参照。

なる。不利益変更禁止原則の主たる趣旨は、前述のように、上訴人が上訴に際して抱く自然な期待の保護であるとすれば、①の論拠が説く「原判決が上訴人に与えた法律上の地位を当事者から奪うことになるかどうか」という考え方は、メルクマールとして相応の合理性をもつ。そこで、問題となるのは、原判決が上訴人に与えた法律上の地位として何を措定するかである。この点につき、従来の請求棄却説は、訴え却下の訴訟判決が上訴人に与えた法律上の地位は、訴訟要件の存否に関するものであるから、本案については何らの法律上の地位も与えられていないとする。しかし、上訴人が原判決から受けた法律上の地位として素朴に観念すると思われるのは、勝訴者または敗訴者としての地位であろう。この勝訴者または敗訴者の地位は、後述する被告勝訴の場合には顕著に結論を左右するものとして現れる。すなわち、訴訟判決による訴え却下であっても本案判決による請求棄却であっても、被告からすれば、要は原告の請求を退ける地位を得られたことに意義があるのであり、訴訟判決か本案判決かは大きな意味をもつものではない。勝訴者の地位か敗訴者の地位か、換言すれば、原告の請求が認められたのか、それとも退けられたのかが、上訴に際して上訴人が抱く素朴な期待として不利益変更禁止原則による保護に値すると考えるべきである[14]。

　こうした観点から原告のみが上訴した場合を検討すると、原告は、第 1 審で訴え却下の訴訟判決により訴訟に敗訴しており、控訴審で請求棄却の自判がなされても、ともに敗訴者という点では同じであるので上訴人にとって不利益な変更とはいえない。もちろん、控訴棄却説が述べるように、訴訟判決は実体権の不存在を既判力によって確定しないのに対し、請求棄却判決では既判力により別訴で勝訴判決を得る可能性が封じられるとの違いはある。しかし、控訴審が民訴法 307 条ただし書に基づいて請求棄却の自判をすることができる場合とは、そのほとんどは請求棄却の結論が明らかな場合に限ら

---

14) 不利益変更禁止原則における利益・不利益を判断するために上訴人の勝訴・敗訴の地位を基準とするのは、あくまでも原審の判決が訴え却下の訴訟判決であった場合のことである。原審の判決が本案判決であった場合には、判例・通説が説くように利益・不利益は原則として既判力を基準として決定される。本案判決同士の場合には、その利益・不利益は既判力の比較によって判断するほかないからである。これに対し、原審判決と上訴審判決が別種であって既判力の対象や性質が異なっている場合には、そもそも比較自体に意味がない。したがって、判例のように訴え却下判決と請求棄却判決の既判力を比較することは理論的に無意味である。また、判例は、原審が訴訟終了宣言判決の場合にも、訴訟終了宣言判決と本案判決を比較して利益・不利益を判断するが、後掲注25) で述べるように、この場合はより一層無意味である。

るものと解されるので、別訴の可能性は現実問題としてはきわめて希薄であり、決定的なファクターとはならない。

　以上の私見によれば、原告のみが上訴した場合について、控訴審は請求棄却の自判をすることが許されるという点では従来の請求棄却説と結論を同じくするが、その結論に至る理由は異なることになる。

2　被告のみが上訴した場合

　ここで検討の対象となるのは、「第1審における訴え却下の訴訟判決に対し、被告のみが上訴したところ、上訴審が第1審とは異なり訴訟要件に欠缺はないと判断した場合に、上訴審が請求認容の自判をすることは、不利益変更禁止原則に抵触するか否か」という問題である。

　(1)　判例　この問題について正面から判断を下した裁判例は最上級審および下級審を通じて見当たらない。しかし、前述した原告のみが上訴した場合における判例の考え方を基にして、被告のみが上訴した場合の結論についての予測を立てることは可能である。すなわち、第1審の訴え却下判決に対して原告のみが上訴した場合について、判例は、請求棄却の本案判決は訴え却下の訴訟判決と比較すると、本案の対象である訴訟物に関して生ずる既判力の点で原告にとって不利益であるので、不利益変更禁止原則が働くとする。そこで、これを被告のみが上訴した場合についてみてみると、第1審の訴え却下の訴訟判決では訴訟物に関する既判力は何ら生じないのに対し、上訴審が請求認容の自判をした場合には訴訟物に関して被告に不利益な既判力が生じるので、同様の論理によって不利益変更禁止原則に抵触するとの結論になるものと思われる[15]。

　(2)　学説　学説においても、この問題を明示的に論じたものはごくわずかであるが、ほぼ唯一のものとして、第1審の訴訟判決に対して被告のみが請求棄却を求めて控訴した場合、控訴審が第1審の訴訟判決を不当と認めれば原判決を取り消し差し戻すべきであるが、請求の理由がないことが明らかなときは請求棄却の自判ができるのはもちろん、請求に理由のあることが明白なときは、被告に不利な判決をすることもできるとする見解がみられ

---

15)　垣内秀介「判批」リマークス 53 号（2016）116 頁参照。

る[16]。この見解は、原告のみが上訴した場合について請求棄却説に立ち、不利益変更禁止原則は、原判決が与えたものを控訴審が奪うことを禁止するものであるところ、原判決が何ら判断していない本案について請求棄却をすることは差し支えないことを理由とするので、被告のみが上訴した場合についても、第1審では本案について何ら判断していないのであるから、同様の論理により、不利益変更禁止原則は適用されず、上訴審が請求認容の自判をすることも許されるとするのであろう。

（3）**検討**　前述の1(3)で検討したのと同じく、上訴審による請求認容の自判が不利益変更禁止原則に抵触するかどうかは、上訴人の第1審における勝敗に関する地位についての自然な期待を裏切るものかどうかにかかっている。そこで、その点を考えてみるに、第1審における訴え却下の訴訟判決は原告の請求を退けるものであるので、第1審判決は被告勝訴である。これに対し、控訴審が請求認容の自判をした場合には被告は敗訴者となるので、第1審で得た勝訴者の地位を失う。これは、相手方からの控訴も附帯控訴もない場合には、上訴人が上訴に際して抱いていた自然な期待を裏切ることになる。また、こうした形で被告が勝訴者の地位を失う可能性があるとすると、過剰な萎縮効果によって上訴制度の健全性を損なうことにもつながる。したがって、被告のみが上訴した場合については、不利益変更禁止の原則が働くと解すべきであり、控訴審は控訴棄却の判決をする必要がある。

Ⅲ　訴訟終了宣言判決の取消しと自判の可否

1　問題の所在

最近出されたばかりの判例である最判平成27年11月30日（民集69巻7号2154頁。以下、「平成27年最判」という）は、訴訟上の和解が成立したことを理由とする訴訟終了宣言判決に対して被告のみが控訴した事案であるが、控訴審が第1審の訴訟終了宣言判決を不当と認めたときは、第1審で本案の審理が尽くされていれば控訴審は訴訟終了宣言判決を取り消して本案について自判することが許される旨を判示した。ただし、訴訟終了宣言判決は、「訴訟

---

16)　斎藤ほか編著・前掲注7) 294頁〔小室＝東〕参照。

が終了したことだけを既判力をもって確定する訴訟判決であるから、これと比較すると、原告の請求の一部を認容する本案判決は、当該和解の内容にかかわらず、形式的には被告にとってより不利益である」として、「和解による訴訟終了判決である第1審判決に対し、被告のみが控訴し原告が控訴も附帯控訴もしなかった場合」には、控訴審が請求の一部を認容する本案判決をすることは不利益変更禁止原則に抵触するもので許されないとする。

このように、同判決は、訴訟終了宣言判決は訴訟判決の一種であるとの理解を前提として、控訴審が第1審の訴訟判決を取り消す場合の事件処理に関する従来の判例の立場を踏襲する態度を示した。すなわち、まず、第1審の訴訟判決を取り消す場合における控訴審の自判の可否という問題については、本判決は民訴法307条ただし書に言及してはいないものの、実質的に同規定の適用または類推適用と同じ論理により、本案についての自判を認める。次に、控訴審が自判する場合に不利益変更禁止原則が適用されるかという問題については、訴訟判決に関する従来の判例と同じく[17]、請求の一部認容の本案判決は既判力の点で上訴人に不利益であるので不利益変更禁止原則が働くとして、控訴審が第1審に差し戻すことなく自判をする場合には控訴棄却の判決をするほかはないとしたものである。

しかし、訴訟終了宣言判決を訴訟判決と同視することは果たして妥当であろうか。そして、第1審の訴訟終了宣言判決を取り消す場合に控訴審による自判を認めることは果たして妥当であろうか。

2 訴訟終了宣言判決の法的性格

訴訟終了宣言判決と訴訟判決の関係をどのように考えるかについては、これまで学界や実務において十分な考察が行われてきたとはいい難い。まず、伝統的な学説は、訴訟終了宣言判決も本案以外のものを対象とすることから、いわば当然のこととして訴訟判決の一種として扱ってきた[18]。判例も、古く

---

[17] 従来の判例は原告のみによる控訴の場合であるのに対し、本判決は、被告のみによる控訴という違いがある。しかし、通常の訴訟判決である訴え却下判決は、原告の請求を退けるものであるから被告勝訴の判決であるが、和解の成立を理由とする訴訟終了宣言判決は、原告勝訴の判決でも被告勝訴の判決でもないので、いずれの側からの上訴であるかという点は、訴訟終了宣言判決に対する上訴の事案では、さほどの意味をもつものではない。

[18] 伊藤・前掲注9) 482頁、髙橋・前掲注10) 284頁等。

から訴訟終了宣言判決を訴訟判決であるとしており[19]、本判決自身も明示的に訴訟終了宣言判決は訴訟判決であるとする。もっとも、近時の学説の中には、訴訟終了宣言判決は、訴訟の終了を確定する効力を有する点では訴訟判決と類似の機能を果たすものであるが、訴訟終了効がないことなどから一般の訴訟判決とは異なる要素がある旨を明示的に述べるものもある[20]。そこで、あらためて両者の関係を考えてみたい。

　訴訟終了宣言判決は、本案についての判断を伴わないので、この点ではたしかに一般の訴訟判決と類似する。しかし、他方において、一般の訴訟判決が訴訟係属を前提とするのに対し、訴訟終了宣言判決は訴訟係属の不存在を前提とするものである。また、これと表裏のことであるが、一般の訴訟判決には訴訟終了効があり、訴訟終了の効果を形成的に生じさせるのに対し、訴訟終了宣言判決は訴訟終了効を有さず、訴訟終了の事実を確認的に判断するものである。これらの点では、明らかに一般の訴訟判決とは異なる[21]。さらに、確定判決が有する既判力の点についても、一般の訴訟判決の既判力が訴訟要件の不存在を確定するのに対し、訴訟終了宣言判決の既判力は、その訴訟が終了したことを確定する効力のみを有する点で異なる[22]。なお、私見の立場からみれば、一般の訴訟判決は終局判決であるのに対し、訴訟終了宣言判決は終局判決ではない点でも、両者は性質を異にする。終局判決とは、当該審級における手続を終結させる効果を有する判決をいうところ、後述のように、私見は訴訟終了宣言判決に対する上訴の移審範囲を和解の有効・無効に関する部分のみと考えるからである。

　このように、訴訟終了宣言判決は訴訟判決とは相当に異なる要素をもつことは否定できない。もちろん、訴訟終了宣言判決が訴訟判決の１つであるかどうかそれ自体についていえば、つまるところは訴訟判決の定義の問題に帰着する。しかし、訴訟判決に関する法規が訴訟終了宣言判決に適用されるか、あるいは訴訟判決に関する理論を訴訟終了宣言判決にストレートにあてはめてよいかどうか等については、両者の間には前述のような大きな差異がある

19）　最判昭和 47 年 1 月 21 日（集民 105 号 13 頁）。
20）　三木浩一ほか・民事訴訟法［第 2 版］（有斐閣・2015）399 頁〔垣内秀介〕。
21）　三木ほか・前掲注 20）399 頁〔垣内〕。
22）　本判決も、訴訟終了宣言判決は、「訴訟が終了したことだけを既判力をもって確定する」とする。

以上、それを踏まえて個々的に判断していく必要があろう。本稿のテーマとの関係では、民訴法307条ただし書ないし同条の背景にある法理が訴訟終了宣言判決に適用可能か否かは、慎重な検討を要するということになる。

3　訴訟終了宣言判決に対する控訴の移審範囲

(1)　学説　訴訟終了宣言判決に対して控訴がなされたとき（原告による控訴であれ、被告による控訴であれ）、本案も含めた事件全体が一体として控訴審に移審するのか（以下、「全部移審説」という）、それとも、訴訟上の和解や訴えの取下げ等（以下、訴訟上の和解の場合を念頭に議論する）の有効・無効に関する争いの部分のみが移審するのか（以下、「一部移審説」という）をめぐっては、かねてより議論がみられる。具体的には、民訴法307条（旧法388条）の解釈の場面において見解の対立がみられる。

まず、全部移審説に立つ見解は、訴訟終了宣言判決と訴訟判決の異同について特段の検討をすることなく、単純に訴訟終了宣言判決は訴訟判決に準ずるとして、訴訟判決と同様に事件全体が移審することをアプリオリの前提にして、同条の訴訟終了宣言判決への適用を認める[23]。

これに対し、一部移審説に立つ見解は、第1審で訴訟上の和解の有効・無効が争われた場合において、和解は有効であるとして訴訟終了宣言判決が出され、これに対して控訴されたときは、和解の有効・無効のみが本案とは無関係に控訴審で争われているのであるとして、移審の範囲は和解の有効・無効に関する部分のみであることを理由に同条の適用を否定する[24]。

(2)　平成27年最判　この問題につき、平成27年最判は、最高裁として初めて全部移審説を採ることを正面から明らかにした。すなわち、まず、本件の原審は、原々審の訴訟終了宣言判決を取り消した上で本案について判決しているのであるから、原審が全部移審説を前提としていることは自明である。そして、平成27年最判は、この原審判決を破棄自判したものではあるが、その理由とするところは、原審の本案についてなされた判決が不利益変更禁止原則に違反することに求めているのであるから、原々審の本案部分が

---

[23]　兼子一＝松浦馨＝新堂幸司＝竹下守夫・条解民事訴訟法（弘文堂・1986）1194頁〔松浦〕、兼子ほか・前掲注7）1590頁〔松浦＝加藤〕。

[24]　秋山ほか・前掲注6）236頁、斎藤ほか編著・前掲注7）318頁〔小室＝東〕も同旨。

控訴審たる原審に移審していることを当然の前提としており、やはり全部移審説に立つことは明らかである[25]）。

（3）**検討** 結論を先に述べれば、平成 27 年最判が採る全部移審説は妥当ではなく、一部移審説によるべきである。その理由は、以下のとおりである。

訴訟終了宣言判決は、受訴裁判所に係属している訴訟が有効な和解等によって終了しているかどうかを判断して訴訟の終了を確認的に宣言する判決であり、本案についての審理および判断とは一切関わりをもたない。換言すれば、本案の審判対象は訴訟物たる実体権の存否や内容をめぐる紛争であるのに対し、訴訟終了宣言判決の審判対象は訴訟上の和解等における瑕疵の存否をめぐる紛争であり、両者は紛争として別個である。また、そのことの必然的な結果として、判決の効力の点においても、本案判決は、訴訟物の存否を既判力により確定するのに対し、訴訟終了宣言判決は、訴訟が終了したことのみを既判力により確定するものであり、本案については既判力その他のいかなる効力も生じない。このように、訴訟終了宣言判決の審判対象は和解の有効・無効をめぐる紛争であるのに対し、本案の審判対象は訴訟物の存否をめぐる別個の紛争であるので、訴訟終了宣言判決に対する控訴によって本案部分も一体として移審するとする全部移審説は不当である。ちなみに、一般の訴訟判決に対する控訴では本案部分も移審するが、それは、その審判対象である訴訟要件が本案判決の不可欠の前提要件であるからであって、本案とは完全に別個の紛争である和解の有効・無効を対象とする訴訟終了宣言判決の場合とは、おのずから事情を異にする。

また、全部移審説は訴訟終了宣言判決の法的性格とも矛盾する。すなわち、訴訟終了宣言判決は訴訟終了効を有さず、その法的性質は、すでに訴訟上の和解によって生じている訴訟終了の結果を確認することを内容とする一種の

---

[25] なお、本文で前述したように、平成 27 年最判は、全部移審説を前提として本件に不利益変更禁止原則を適用し、第 1 審の訴訟終了宣言判決の既判力と控訴審が出すことになる本案判決の既判力を比較して、不利益性の有無を判断している。しかし、訴訟終了宣言判決の既判力は訴訟が終了したことを確定するものであり、本案に対する判断を一切含まないのであるから、これと本案判決を比較することは理論的に無意味である。実質的に考えてみても、訴訟終了宣言判決はいずれの当事者にとっても勝訴・敗訴の意味をもたないのであるから、その不利益変更を論ずること自体が不可解である。以上の点を含む平成 27 年最判の全体的な判例分析については、三木浩一「判批」法学研究（慶應義塾大学）89 巻 11 号（2016）75 頁参照。

確認判決である。したがって、控訴審において訴訟終了宣言判決が取り消されれば、差戻し等の措置がなくても、第1審における本案訴訟が当然に進行を再開すべきものである[26]。ところが、全部移審説による場合は、控訴審への本案の移審は、本案についての第1審の訴訟が完結していることを前提とするはずであるから、理論的には訴訟終了宣言判決が訴訟終了効を有することになってしまうのではないかと思われる[27]。しかし、訴訟上の和解が有効である場合には、当該訴訟上の和解に基づく訴訟終了効がすでに生じているのであるから、それに重ねて訴訟終了宣言判決による訴訟終了効が生じる余地はないはずであり、この点においても、全部移審説は不当である。

そもそも、訴訟上の和解の無効を主張する手段としての期日指定の申立ては、いわば形式的に期日指定の申立ての方式を手段として借用しているだけであって、本来の期日指定申立てとは性質を異にする。すなわち、実質的には特殊な再審手続の一種として位置づけうるものであり、もともと本案とは独立した別個の手続である。したがって、その意味でも全部移審説はとることができない。

以上の考察に基づいて一部移審説に従う場合には、訴訟終了宣言判決に対する上訴によって移審するのは訴訟上の和解等の有効・無効に関する争いのみであり、本案を含めた事件の本体が移審するわけではないことになる。したがって、控訴審が差し戻すまでもなく事件はもともと第1審に係属しているので、民訴法307条ただし書の適用の余地が考えられないばかりか、同条本文の適用の余地もない。もちろん、控訴審による自判の余地もない。また、不利益変更禁止原則の適用の有無をめぐる議論についても、不利益変更禁止原則は本案が移審することを前提としたものであるので、そもそも論ずる必要はないことになる。

(4) 一部移審説に基づく事件処理 それでは、私見の一部移審説を前提とした場合、控訴審が、第1審とは異なり訴訟上の和解等は有効であるとの

---

[26] 斎藤ほか編著・前掲注7) 317頁〔小室＝東〕、秋山ほか・前掲注6) 236頁参照。

[27] 平成27年最判の説示の中で、「和解による訴訟終了判決に対する控訴の一部のみを棄却することは、和解が対象とした請求の全部について本来生ずべき訴訟終了の効果をその一部についてだけ生じさせることになり」と述べている部分があるが、訴訟上の和解の訴訟終了効について述べているのか、それとも訴訟終了宣言判決に訴訟終了効があるという趣旨なのかは、必ずしも判然としない。

判断をしたときは、裁判所はどのような判決をすることになるであろうか。

　考え方としては、第 1 審の訴訟終了宣言判決を取り消し、訴訟は終了していない旨を自判の形式で宣言するという措置も、あり得ないではない。しかし、控訴審が第 1 審判決を取消す場合に、併せて自判等の措置が必要とされる理由は、第 1 審判決を単に取り消しただけでは第 1 審における当事者の申立てに対する応答がなくなってしまうからであるところ、訴訟終了宣言判決は、当事者の申立てに対応する判決ではないのであるから、自判等の措置は不可欠とはいえないであろう[28]。

　また、訴訟手続の運営上も、控訴審が第 1 審における和解は無効である旨を判決理由中において認定して第 1 審の訴訟終了宣言判決を取り消せば、それだけで訴訟は第 1 審に係属していることになるのであるから[29]、やはり自判等の措置は不要である。

　したがって、結局のところ、「第 1 審の訴訟終了宣言判決を取消す」との判決だけをすればよいと思われる。

---

28) 本件とは事案を異にするが、「原判決を取消す」との主文のみを掲げた裁判例として、名古屋高金沢支判昭和 26 年 11 月 29 日（下民 2 巻 11 号 1365 頁）がある。これは、養子縁組無効確認訴訟の係属中に当事者の一方が死亡したことにより、一身専属権の相続承継はないので訴訟は当然終了するはずであるにもかかわらず、第 1 審裁判所がこれを看過して本案に関する終局判決をした事案であるが、控訴審は、「本件訴訟は判決によらずして完結の処理を為すべき場合である」として、取消しの主文のみを掲げる判決をした。
29) 斎藤ほか編著・前掲注 7) 318 頁〔小室＝東〕、秋山ほか・前掲注 6) 236 頁参照。

民事訴訟における上告受理制度の
機能について

◆ 安見ゆかり ◆

Ⅰ はじめに
Ⅱ 上告受理（および上告）の機能をめぐる議論状況
Ⅲ 代表的判例にみられる上告受理の機能
Ⅳ まとめとして

Ⅰ はじめに

　平成8年民事訴訟法改正により上告受理制度[1]が新設されて、はや18年が経過した[2]。周知の如く、当時、最高裁判所は大量の上告事件で機能不全に陥り、本来の法令統一機能を十分に果し得ないという危機感を抱いており、そのような状況下で、現行民事訴訟法は最高裁判所への上告理由を、憲法違反、憲法解釈の誤りおよび絶対的上告理由だけに限定するという大改革を行った（民訴312条）。この結果、従来旧民事訴訟法（以下、「旧法」と称する）394条により救済されてきた「判決ニ影響ヲ及ボスコト明カナル法令ノ違背アル」判決は、改正後、最高裁判所との関係では、権利上告の対象から外され

---

[1] 青山善充ほか「研究会・新民事訴訟法をめぐって（第24回）②各論—Ⅳ 第3編 上訴（その3）」ジュリ1141号（1998）110頁、165頁。上告受理制度の定義や申立要件等を検討されている。

[2] 上告制度改正については、山本克己「上告制度に関する改正の経緯」三宅省三＝塩崎勤＝小林秀之編集代表・新民事訴訟法体系—理論と実務 第4巻（青林書院・1997）23頁、上告受理および許可抗告については、同「最高裁判所による上告受理及び最高裁判所に対する許可抗告」ジュリ1098号（1996）89頁以下に詳しい。上告制度改革について他に、三宅省三「最高裁判所の役割の変化」三宅＝塩崎＝小林編集代表・前掲書66頁、出口雅久「最高裁判所に対する上告」同書48頁、伊藤眞「上訴制度の目的」竹下守夫編集代表・講座新民事訴訟法3（弘文堂・1998）1頁、徳田和幸「最高裁判所に対する上訴制度」同書47頁等。
　上告受理制度制定の趣旨については、青山ほか・前掲注1）144頁〔柳田幸三判事発言〕参照。改正10年後の状況は、高橋宏志ほか「座談会・民事訴訟法改正10年、そして新たな時代へ」ジュリ1317号（2006）6頁。

ることになる[3]。他方で現行民事訴訟法（以下、「現行法」と称する）は、従来上告理由であった「判決ニ影響ヲ及ボスコト明カナル法令ノ違背アル」判決を救済するために、その318条に上告受理制度を新設し、「法令の解釈に関する重要な事項を含むものと認められる事件」について裁量上告を認めることにした[4]。また破棄理由を定める325条では、2項に「上告裁判所である最高裁判所は、第312条第1項又は第2項に規定する事由がない場合であっても、判決に影響を及ぼすことが明らかな法令の違反があるときは、原判決を破棄し、次条の場合を除き、事件を原裁判所に差し戻し、又はこれと同等の他の裁判所に移送することができる。」旨を規定した。以上の結果、いわゆる「判決ニ影響ヲ及ボスコト明カナル法令ノ違背アル」事件として解決されることを認められた事件は、312条または318条の上告受理事件として最高裁判所の俎上にのぼり、その審理過程で325条2項の職権破棄[5]の道が開かれることになった[6]。しかし反面318条および325条2項は共に最高裁判所の裁量を広く認める規定であり、未だ対象事件が明らかではない[7]。また旧法下で明文規定のない上告理由として取り扱われてきた再審事由とりわけ絶対的上告理由とは異なる再審事由[8]が、どのように救済されるのかも未だ明らかといえない（もっとも旧法における再審事由の手続内考慮の根拠となった「再審の補充性」（338条1項ただし書）は、権利上告だけに適用されて「上告受理」には適用されない、と解釈されることで、上告受理が受け皿として機能し始めている[9]）。

現行法においては、（325条2項の職権破棄により）上告受理を定める318条1

---

[3] 青山善充ほか「研究会・新民事訴訟法をめぐって（第23回）②各論―IV　第3編　上訴（その2）」ジュリ1140号（1998）75頁以下。同79頁で柳田判事が、絶対的上告理由が残された経緯を語られている。なお同研究会第22回はジュリ1137号（1998）110頁以下に掲載。

[4] 最判平成11年6月29日判時1684号59頁「コメント」参照。

[5] 職権破棄の意義については、青山ほか・前掲注3）「研究会（23）」84頁以降参照。

[6] 法務省民事局参事官室編・一問一答　新民事訴訟法（以下、『一問一答』と称する）（商事法務・1996）355頁参照。なお、草鹿晋一「民事上告審における職権破棄の裁量性について」産大法学44巻4号（2011）25頁、宇野聡「上告裁判所が調査の対象とするべき破棄事由」民訴58号（2012）56頁参照。

[7] この点に関連して、伊藤滋夫『『事実と評価』の問題を考える視点―要件事実・事実認定論における『事実と評価』の問題の一環として』ビジネス法務3月号（2017）135頁は興味深い。

[8] 再審については、加波眞一・再審原理の研究（北九州法政叢書15）（信山社・1997）が詳しい。とりわけ「日本法における再審制度の展開と再審事由」同書119頁以下参照。

[9] 再審事由と上告受理との関係に関するものとして、上野泰男「上告―上告理由について」法教208号（1998）36頁、高橋宏志「民事訴訟法案内（第28回）上訴・再審（その2）」法教425号（2016）102頁、山本弘「上訴審手続の現状と展望―再審事由を理由とする最高裁に対する上告の可否を中心として」ジュリ1317号（2006）119頁。

項の「原判決に最高裁判所の判例（これがない場合にあっては、大審院又は上告裁判所若しくは控訴裁判所である高等裁判所の判例）と相反する判断がある事件その他の法令の解釈に関する重要な事項を含むものと認められる事件」という文言は、312条2項6号の絶対的上告理由である「判決に理由を付せず、又は理由に食違いがあること」という文言と並ぶ、当事者救済手段である。しかし上告受理事件の具体例として法務省民事局参事官室編『一問一答』（354頁）が示した「①最高裁の判例がない解釈問題について最高裁の判断をしめすべき場合、②最高裁の従前の判例を変更すべき場合、③高等裁判所の誤った法令解釈を高等裁判所の判決として確定させることが適当でない場合」[10]、とりわけ「③高等裁判所の誤った法令解釈を高等裁判所の判決として確定させることが適当でない場合」とは具体的にいかなる場合を指すのか。また318条のいう「法令の解釈に関する重要な事項」とは、学説が指摘するように当該事件を超えて広く一般的に基準となるものに限定されるものであるのか。そうであれば経験則違反や採証法則違反[11]、さらには釈明義務違反のような、当該事件においては判決の結論を左右する重要なものではあるが、当該事件を超えて他の事件に対しても広く一般に影響を与えるとは必ずしもいえない事件は、どこまでどのように考慮されるのか等議論は尽きない[12]。

そこで本稿では、すでに多岐にわたって詳細に論じられている上告受理制度について、①判決の結論に明らかに影響を与える法令違背の取扱い、②再審事由の取扱い、③「重要な法令違背」における経験則違反や採証法則違反、釈明義務違反の位置づけ等の問題を念頭に置きながら、上告受理の機能を改めて整理・鳥瞰し、今後の研究の準備作業とする（もっとも再審事由との詳細な関係については稿を改めることとする）。この観点から、Ⅱでは議論状況の整理を行い、Ⅲで著名な3判例を紹介し、最後に若干の所感を述べさせていただく。

---

10) 法務省民事局参事官室編・前掲注6) 354頁参照。10年後の具体的運用については、高橋ほか・前掲注2) 34頁以下参照。
11) 採証法則については、田中秀幸＝倉地康弘「最高裁民事破棄判決等の実情(上)―平成22年度」判時2115号（2011) 12、13頁参照。
12) 例えば、近藤崇晴「上告と上告受理の申立て―新民事訴訟法と最高裁判所への上訴」自正52巻3号（2001) 61頁も経験則や採証法則違反の取扱いを論じられている。

II 上告受理（および上告）の機能をめぐる議論状況

　上告受理の機能は、主に経験則違反・採証法則違反や再審事由が存在する判決との関係で論じられる。すなわち312条により上告の範囲を狭めなければならなくなった背景事情と、上訴の当事者救済機能との狭間で、はたして、当事者にとっては重大であっても一般的には重大といい難い事件が、318条がいう「法令の解釈に関する重要な事項を含むものと認められる事件」に含まれるか否か、また上告理由といえない再審事由がある判決を破棄するためには、再審事由の存在が判決の結論に影響を及ぼすことが明らかである点を審理する必要があり（たとえば偽りの自白がなくても判決の結論が変わらない場合には再審事由は存在しない[13]）、この判断過程においては「事実認定」が不可欠だが、それを最高裁判所に強いることは現行民事訴訟法下における最高裁判所像と調和するのか等が問われてきた[14]。これらの問題は、上告受理理由の解釈が最高裁判所の負担増に直結するだけに、上訴の機能（法統一か当事者救済か）や、旧法下の事件処理により築かれた国民の最高裁判所への厚い期待や信頼と相まって、非常に難しい論点を形成している。以下では、この点（最高裁判所における（上告および）上告受理の機能）に関する3つの立場を紹介する。最後の中間的立場が現在の裁判実務の立場である。

1 法令解釈（適用）統一機能を重視する立場

　上告制度改正の目的に鑑みて、上告受理制度においても法令解釈（適用）統一機能を重視する立場である。以下では上告受理の法令統一機能を前面に打ち出された工藤教授の見解を引用しながら[15]、この立場を紹介する。「……判断遺脱を上告受理申立て（新法318条1項）によって主張することが可能か否かについて検討する。この点、上告受理は、最高裁の負担軽減のため権利上告理由を制限する一方で、法令解釈の統一を図るため、重要な法律問題について適切に判断できるようにした制度であるから、上告受理の要件

---

[13]　山本・前掲注9）119頁。
[14]　山本・前掲注9）119頁。
[15]　工藤敏隆「判批（最2小判平成11・6・29判時1685号59頁、判タ1009号93頁、約束手形金請求事件）」法学研究（慶應義塾大学）74巻4号（2001）109頁。

である『法令の解釈に関する重要な事項』は、一般的な法令の解釈に関する重要性を意味し、個別事案における重要性は含まれない概念と解すべきである。しかるに判断遺脱は法令違反に該当するが、当該事案の個別事情に過ぎず、法令解釈の統一の問題ではないため、法令解釈に関する重要な事項とは考えられない。よって、判断遺脱を上告受理申立てにより主張することはできないと解する……」[16]。

　この立場は、最高裁判所に対する上告制度改革に至る背景や上告受理の立法的沿革から、法律審の法令統一機能を重視し、上告受理で取り扱われるべき「重要な」法律事件とは、広く一般的に影響する判例のごときものに限定されるとする。

2　当事者救済機能を重視する立場

　これに対して上告審の当事者救済機能を重視する立場は、法令解釈に関する重要な事項には当該事件限りで重要なものも含まれるので、上告を受理し原審を破棄すべきであると考える。上訴の当事者救済機能を重視し、上告受理における当事者申立権、当事者の訴訟費用負担を根拠として、318条が要求する重要性を、一般的に重要な事件に限定しない立場である。また当事者救済を重視するので、同様の事件には同様の救済を与えるべきで、裁判所が裁量によって受理事件を選別することは当事者救済の観点から認めがたいとする[17]。なお「判断遺脱」に関しては、これが上告制度改革の一因であったことから、①当事者救済の観点を重視しながらも、判断遺脱を上告受理理由とした判例の立場に距離をおき、早期確定・早期再審開始による救済を主張する見解と、②再審の事件数が少ない点に着眼し、当事者救済を重視しても差し支えないとして、上告受理による救済を認める立場に分かれるようである[18]。

---

16)　もっとも工藤教授は、再審事由につき現行法でも明文なき上告理由とみられる（工藤・前掲注15）109頁）。
17)　高橋宏志「上告受理と当事者救済機能」井上治典先生追悼・民事紛争と手続理論の現在（法律文化社・2008）284頁、高橋・前掲注9）102頁ほか。
18)　当事者救済を重視しながら、事件の早期確定・早期再審による救済を唱えるものとして、宇野聡「判批」リマークス2000（下）134頁。

3 中間的立場

　この立場は、民事訴訟法の規定上は、上告受理事件の選定に際して裁量行使が可能であり、また裁量行使の余地もあるが、現時点においては「法の正当な適用」という最高裁判所の職責および最高裁判所に対する社会的信頼に鑑みて、受理事件選択に際して裁量を行使しない（ただし将来的にはわからない）とする立場である。これは最高裁判所の立場であり、以下では、この立場を忠実に反映する「最高裁判所民事破棄判決等の実情」（以下、「民事破棄判決等」と称する）の一部を引用させて頂き、職権破棄の状況報告を通じて、裁判所の職責意識の強さや、上告受理の運用を予想することとする[19]。

　平成11年度「民事破棄判決等」（生野判事執筆）によれば「訴訟法規のうち、裁判権、訴えの利益、専属管轄、裁判所の構成等、裁判の根幹にかかわる公益性の強い重要な規定に関する違反については、上告理由に指摘がない場合でも、職権で調査し、破棄することができる（新民訴法322条、旧民訴法405条）。また法律の適用は裁判所の職責であるから、確定された事実に対する実体法の解釈適用が誤っている場合には、上告理由に指摘がない場合でも、職権で調査し、不服申立ての限度で破棄することができると解されていた（なお新民訴法では325条2項が新設されている）。右以外の違法は、上告理由に基づいて不服申立ての限度で調査の対象となるに過ぎない（新民訴法320条、旧民訴法402条）」[20]。

　この生野判事の御論稿にしたがえば、裁判所は①公益性が強い訴訟法規と②実体法規の違背等が上告審の俎上にのれば職権破棄対象とし、③それ以外の訴訟法規違背は（当事者による責問権放棄を理由としてか）、（原則として）職権破棄対象とされないようである。ただ筆者は、職権破棄対象と認められる事件

---

19) 生野考司「最高裁民事破棄判決等の実情(1)―平成11年度」は判時1707号（1999）55頁から連載。なお、本田知成「最高裁民事破棄判決等の実情(1)―平成15年度」は判時1859号（2003）3頁から連載。田中＝倉地・前掲注11）は判時2115号（2011）3頁から連載。なお生野「民事破棄判決（11）」によれば、上告受理は施行期日以後に高等裁判所における口頭弁論が終結し、または飛越上告の合意がされた事件について適用される（新法付則20条）。最高裁における上告および上告受理については、武藤貴明「最高裁判所における民事上告審の手続について」判タ1399号（2014）50頁以下参照。高裁への上告については、小池一利「上告審としての大阪高等裁判所第14民事部の実情(上)(下)」判タ1272号（2008）5頁、判タ1273号（2008）5頁、島岡大雄「大阪高等裁判所第7民事部における上告事件の処理の実情」判タ1409号（2015）36頁がある。職権破棄の実情については、生野「民事破棄判決等（11）」60頁参照。

20) 生野・前掲注19) 60頁。

は、法務省民事局参事官室編『一問一答』の上告受理具体例における「③高等裁判所の誤った法令解釈を高等裁判所の判決として確定させることが適当でない場合」の「最低ライン」を示すものと考える。というのは第1に裁判官が連綿と受け継いできた強い職業意識は、「法令違背」を放置できずに現行民事訴訟法325条という形に結実したものであるが、325条の職権破棄は、裁判官の職業意識のみに依存するために見落し等が皆無とまではいえないが、318条の上告受理は、当事者に申立権を認めることで、(裁判官の強い職責意識の上に)裁判所に応答義務まで課すため、(「重大性」判断段階では裁量が働くものの)一旦「法令違背」が上告審の審理対象となれば、より詳細に検討されるであろうことが予想されるからである。したがって裁判実務では、原則として①公益性が強い訴訟法規と②実体法規の違背等を上告受理の対象とし、③それ以外の訴訟法規違背は必ずしも上告受理対象とはされないが、ただⅢにみられるように、①経験則違反、②採証法則違反、③釈明義務違反等の訴訟法規違背事件であっても、それが判決の結論に与える影響の重大性を個別具体的に検討した結果、放置できないと認められた場合には、受理され破棄理由になると考える。以上の上告受理機能についての議論を大きく整理すると、学説は大きく「法統一機能重視」と「当事者救済機能重視」の立場から指針を示し、最高裁判所実務は、旧法下の実務との連続に配慮しながら徐々に変革を試みているようである。そして現時点では、原則として①公益性が強い訴訟法規と②実体法規の違背等を上告受理の対象とし、③それ以外の訴訟法規違背は必ずしも受理対象としないものの、これが判決の結論に与える影響が重大であれば、個別具体的に受理するようである。

Ⅲ 代表的判例にみられる上告受理の機能

　本節では上告受理をめぐる非常に著名な3事件を示し、上告受理の現時点の機能を簡単に整理する。簡略化のために先ず【解説】で個々の判決の位置づけや論点等を紹介し、次に【事案の概要、判旨等】で受理申立理由をも含めて判明した事案の概要および裁判所の判断を示すこととする。

1 第1事件（「理由不備・理由の食違い」と「判断遺脱」）

【判示事項】 抗弁に基づいて判決を下しながら、再抗弁に対する判断の遺脱が存在する場合は、上告理由としての理由不備に当たらないとされた事件（最3小判平成11年6月29日判時1684号59頁、判タ1009号93頁（平10（オ）2189号、差戻し））[21]。

【解説】 旧法の下では、①「判断遺脱」は広範な意義を有する「理由不備」[22]に含まれ、②判断遺脱は再審事由として明文なき上告理由となる一方で、理由不備・理由齟齬は明文で定められた上告理由であると理解されてきた。本判決はこの点を改め、①絶対的上告理由である理由不備とは「主文を導き出すための理由の全部又は一部が欠けていることをいうもの」[23]と定義して、②本件における判断遺脱（抗弁を摘示・判断しながら、再抗弁については適示も判断も加えないまま、抗弁を認めて請求を棄却した点）と区別し、②本件は上告理由である理由不備には当たらないが、判断の遺脱によって、原判決には判決に影響を及ぼすことが明らかな法令の違反があるとして、③このような法令違反は職権で破棄されるべきことを示した重要な判例である。本判決の結果、判断遺脱の有無は、従来は「訴訟において当事者がある事実を主張していたかどうかは、訴訟記録一切を精査して初めてわかる事柄である場合もありえ」たという点が改められ[24]、「判決主文だけを精査すれば理由不備か否かが判断できる」[25]ことになった。この結果は最高裁判所の負担軽減に資する反面、①当事者の主張が事実摘示されながら、理由中で判断されない場合は理由不備となるのに、当事者の主張が事実摘示も理由中での判断もされない場合には理由不備にならず、最高裁判所への上告が不適法となるという不均衡を生じる点[26]、②法令違背が、当事者に帰責性のない裁判所の作業結果

---

21) 本件については、最も詳細に事件を紹介された髙見進教授の評釈（髙見「判批」判時1709号（2000）215頁（判評497号36頁））に負うところが大きい。また宇野・前掲注18）135頁以下参照。
22) 旧法下の理由不備概念および具体例については、髙見・前掲注21）216頁参照。旧法下で再審事由が絶対的上告理由とされた論拠および旧法下の再審事由としての判断遺脱については、宇野・前掲注18）135-136頁参照。
23) 宇野・前掲注18）136頁も、髙見・前掲注21）と同じく、調査資料が原判決のみか訴訟記録全体かという点でメリットは大きいと評価しつつ、当事者救済の観点からの問題点を指摘する。
24) 髙見・前掲注21）217頁。
25) 髙見・前掲注21）217頁。
26) 宇野・前掲注18）137頁。

である点、③本判決以後、裁判所が事実摘示せずに判断遺脱に至った事件では、当事者による指摘がない限り、上告理由の審理過程で発見されるのが困難となる点[27]を指摘されている。本判決は現行民事訴訟法で考慮すべき諸要素の一角を浮き彫りにした貴重な判決で[28]、本稿は、とりわけ高見進教授、宇野聡教授の評釈に多くを負っている[29]。

【事案の概要、判旨等】 Y_1 有限会社（代表者 Y_2）は、廃棄物処理業者である訴外 A 有限会社を買収する計画を立てたが（買収対象たる工場の所有者は X 会社、工場の敷地所有者は X 会社代表である訴外 B、A 会社出資持分の所有者は X 会社代表である訴外 B および訴外 C[30]）、Y_1 会社に買収資金がなかったため、まず Y_2 が訴外 B を保証人として環境事業団から A 名義で 13 億円の融資を受け、借入金の一部で売買代金を支払い、後日保証人を B から Y_2 に変更することとした。しかし Y_1 は、売買の手付金 5000 万円を支払う資力もなかったので、満期日を平成 8 年 11 月 5 日とし、支払保証目的で Y_4 医療法人（代表者 Y_5）を含めた Y_2 から Y_5 を裏書人とした 5000 万円の手形を振り出して X に交付した。この際、買収計画の仲介者訴外 D（Y_2 と関係する Y_3 会社の実質的経営者）は、環境事業団からの融資が実現しないときは売買が無効になる旨を、訴外 B および Y_5 に説明している。後日、訴外 D は協定書、持分権譲渡契約書、不動産売買契約書を作成し、訴外 B 等の X 代表者および Y_2 が調印して、手形振出日を補充した。この協定書には、事由の如何を問わず、環境事業団からの融資が不能に帰したときは、本件売買は無効となる旨の条項が存在し、他方、不動産売買契約書には、当該手付金が X と Y_1 間の土地売買について授受された旨、および本件不動産売買の効力が無効、取消、解除などで消滅しても、手付金の返還を要しない旨が記載されていた。しかし Y_1 は融資を受けるのに必要な担保を用意できずに環境事業団から融資を拒絶され、手形決済ができなかったことから、X が、Y_1 から Y_5 を相手取って手形訴訟を提起したのが本件である。X 勝訴後、Y_3 を除く各被告が異議申立てを行い、①本件売買には、Y_1 が環境事業団からの融資を得られたときに初めてその効力を生ずるとの停止条件が付されており、これが成就していないから、本件裏書は原因関係を欠くこと、②仮に右条件が右融資が得られないときに本件売買の効力を失わせる旨の解除条件であるとしても、Y_2 は環境事業団から融資を拒絶されその条件が成就した旨を主張した。これに対して X が再抗弁として、③Y_1 に対する環境事

---

27) 高見・前掲注 21) 218 頁。
28) 理由不備、食違いについては生野・前掲注 19) 61 頁参照。本判決については前節紹介の工藤教授以外にも多くの評釈がある。
29) 高見・前掲注 21)、宇野・前掲注 18) 参照。
30) 高見・前掲注 21) 参照。なお、関係人を示すアルファベットは、高見・前掲注 21) に従った。

業団からの融資の拒絶は故意によるものである以上、Y_2 はそのような主張ができないこと、④X と Y_1 は環境事業団からの融資が不能に帰した場合、手付の返還を要しないことを約した旨主張した。第1審異議審は、Y_1 らが主張する①停止条件の不成就と②解除条件の成就を認めたものの、契約履行不能が Y_1 の責めに帰すものであり、手形は手付として没収されると判示、手形判決を認可した。これに対して Y_4、Y_5 のみが控訴したところ[31]、原審は手形判決を取り消すと共に、Y_4 らによる①停止条件不成就および②解除条件成就の抗弁を摘示したが、X の再抗弁については③停止条件の成就妨害のみを摘示し、環境事業団からの融資の拒絶（解除条件）が成就したとして、X の請求を棄却した。原審が、再抗弁である③Y_1 の故意による停止条件成就妨害による民法130条の適用および④Y_1 の故意による解除条件成就作出による民法130条の類推適用のうち、④解除条件成就作出について摘示せず、解除条件成就に基づく請求を認めたことから、X が、原審には、再抗弁事実を摘示せず、かつ、その判断を遺脱したという二重の理由不備の違法がある[32]として上告受理の申立てを行った。これに対して最高裁判所は以下の理由を示して職権破棄をした。

【判旨】「原判決は、停止条件の不成就と解除条件の成就をいずれも抗弁として摘示しながら、再抗弁としては、停止条件の成就妨害のみを摘示し、解除条件の成就作出を摘示していない。しかも、原審は、本件売買は解除条件が成就し無効となったから、本件裏書は原因関係を欠くに至ったとして、解除条件成就の抗弁を入れながら、解除条件の成就作出については何らの判断も加えないで、上告人の請求を棄却した。右によれば、原判決には、判決に影響を及ぼすべき重要な事項について判断を遺脱した違法があるといわなければならない。……しかしながら、原判決の右違法は、民訴法312条2項6号により上告の理由の一事由とされている『判決に理由を付さないこと』（理由不備）に当たるものではない。すなわち、いわゆる上告理由としての理由不備とは、主文を導き出すための理由の全部又は一部が欠けていることをいうものであるところ、原判決自体はその理由において論理的に完結しており、主文を導き出すための理由の全部又は一部が欠けているとはいえないからである。したがって、原判決に所論の指摘する判断の遺脱があることは、上告の理由としての理由不備に当たるものではないから、論旨を直ちに採用することはできない。しかし、右判断の遺脱によって、原判決には判決に影響を及ぼすことが明らかな法令の違反があるものというべきであるから（民訴法325条2項参照）、本件については、原判決を職権で破棄し、更に審理を尽くさせるために事件を原裁判所に差し戻すのが相当である。」

---

31) 高見・前掲注21) 216頁。
32) 高見・前掲注21) 215、216頁。

2 第2事件（判決の基礎となった行政処分の変更）

【判示事項】　特許を取り消す決定の取消請求を棄却した原判決に対する上告審が係属中に、当該特許の特許請求範囲を減縮する旨の訂正審決が確定した場合と民事訴訟法 325 条 2 項にいう法令違反（最 2 小判平成 15 年 10 月 31 日判時 1841 号 143 頁（平 14（行ヒ）200 号、破棄差戻し[33]））。

【解説】　本件は、特許権に対する異議申立てによって特許取消判決を受けた特許権者が、特許取消決定の取消を求めた、原審における取消決定取消訴訟でも敗訴し、上告および上告受理事件を提起する一方で、特許範囲の減縮を目的とする訂正審決請求を申し立てたところ、上告受理による上告審係属中に、特許庁において訂正審決が確定したので、特許庁における訂正審決確定を理由として、職権による原審破棄の上申書を提出したという事件である。上告審係属中に再審事由（民訴 338 条 1 項 8 号）が発生した場合に、上告審がどのような救済を図るべきかを示した重要判例ではあるが、本件は改正前の特許法が適用されたものであり、平成 15 年改正によって類似事件が激減することが予想されている。改正法の内容と影響については高林龍教授による評釈[34]が詳しい。先例には旧法下における最 3 小判昭和 60 年 5 月 28 日（判時 1160 号 143 頁）がある。本件については安達栄司教授、高林龍教授による評釈および笠井正俊教授による研究がある[35]。本件は生野考司「最高裁民事破棄判決等の実情(6・完)——平成 11 年度」（判時 1714 号（2000）30 頁以降）にも紹介されている。

　　【事案の概要、判旨等】　X は「窒化ガリウム系化合物半導体発光素子」という発明名称を有する特許（平成 4 年 7 月 23 日特許出願、同 9 年 6 月 6 日特許権設定登録、特許番号第 2658009 号）の特許権者である。この特許に対して特許異議の申立てが行われ、平成 11 年 10 月 1 日、特許庁によって特許取消決定が下された。X はこの取消決定の取消しを求めたところ、原審は平成 14 年 4 月 24 日、すべての主張について理由がないと判断して、X の請求を棄却する判決を下した。X は原判決の言渡し後の平成 14 年 5 月 15 日に、この原判決に対

---

[33]　本件は平成 15 年改正前の特許法が適用された事件である。本（第 2）事件については、高林龍「判批」ジュリ 1269 号（2004）266 頁、安達栄司「判批」NBL805 号（2005）87 頁。本事件の解説は判時 1841 号 143 頁「コメント」に負うところが大きい。

[34]　高林・前掲注 33) 266 頁。

[35]　笠井正俊「特許無効審判の結果と特許権侵害訴訟の再審事由」民訴 54 号（2008）31 頁、安達・前掲注 33) 87 頁、高林・前掲注 33)。

して上告および上告受理の申立てをする一方で、同年7月11日に特許請求範囲の減縮を目的とする訂正審判を請求した。この請求に対しては、上告審係属中の同年9月2日に、本件明細書の訂正をすべき旨の訂正審決が下され、確定した。そこでXの代理人は、訂正審決が確定したことを理由として、原判決を破棄するよう求める旨の上申書を提出した。これに対して最高裁は、上告事件については上告棄却決定を下していたが、上告受理申立て事件については、上告受理理由書提出期間を上申書提出日まで伸長し（民訴96条1項）、受理決定をした。そして上告審係属中の訂正審決確定により、原判決に再審事由（民訴338条1項8号）（現行法では「判決に影響を及ぼすことが明らかな法令の違反」になる）があるとして、以下のように述べながら、民事訴訟法325条2項に定める職権による破棄差戻しを行った。

【判旨】「本件のように、特許を取り消すべき旨の決定の取消請求を棄却した原判決に対して上告又は上告受理の申立てがされ、上告審係属中に当該特許について特許出願の願書に添付された明細書を訂正すべき旨の審決が確定し、特許請求の範囲が減縮された場合には、原判決の基礎となった行政処分が後の行政処分により変更されたものとして、原判決には民訴法338条1項8号に規定する再審の事由がある。そして、この場合には、原判決には判決に影響を及ぼすことが明らかな法令の違反があったものというべきである（最高裁昭和58年（行ツ）第124号同60年5月38日第三小法廷判決・裁判集民事145号73頁参照）。」

3 第3事件（経験則違反、採証法則違反、実体法の解釈、上告受理）

【判示事項】 賃借人に対して借地借家法38条2項所定の説明書面の交付があったと認定した原審の認定には経験則または採証法則に反する違法があるとされた事件（最2小判平成22年7月16日判タ1333号111頁、判時2094号58頁、金判1354号44頁（平21（受）120号、職権による破棄差戻し。原審平成20年9月25日東京高裁判決、平20（ネ）3048号。第1審平成20年4月23日横浜地裁判決、平19（ワ）3430号ほか）。

【解説】 本件は①4階建て建物1階部分の賃貸人Xが、X・Y（賃借人）間の賃貸借契約は定期建物賃貸借（借地借家38条）であり、期間の満了により終了したとして、Yを相手に提起した本件建物部分の明渡等請求事件と②YがXを相手に提起した賃借権存在確認事件（契約前の38条2項所定の説明書面の交付および説明がなく定期建物賃貸借に当たらない旨主張）が併合審理されたものである。ところで本件の争点たる定期賃貸借契約は、期間の満了により確定的に終了して以後更新されないという特殊な性質を有するため、定期賃貸借

契約の性質を契約者が明確に認識して契約を締結できるように、①契約書の作成が必須とされ、かつ②賃貸人が賃借人に、あらかじめ、当該賃貸借は更新がなく、期間の満了により契約が終了する旨を記載した説明書面を交付して説明する必要があり（借地借家38条2項）、これらの点が欠けると定期建物賃貸借の効力は認められない（同法38条3項）。この38条2項は、定期賃貸借は、通常の賃貸借契約とは異なって、契約の説明だけでは賃借人を十分に保護できないとの配慮の下に、賃借人が定期建物賃貸借であることを明確に認識するように追加された条項で、立法過程では、説明書が契約書とは独立して作成されることが予定されていたとされる[36]。説明書面の要否については現在も議論があり、①38条2項の趣旨（契約締結に際し、賃借人が当該賃貸借が定期建物賃貸借であることを十分に認識して契約締結に至るために事前の書面交付と説明を要求する）に鑑みて、説明書面は契約書とは別個独立に作成されるべきであるとする説、②説明書面が作成交付される必要はなく、契約書の作成交付と説明で足りるとする説、③賃借人が、当該賃貸借契約につき、定期建物賃貸借で、更新されない点を具体的に認識している場合は、説明書面を契約書と別に作成しなくてもよいとする説、にわかれるようである。上告受理申立てを受けた最高裁判所は、原審の認定につき、経験則違反および採証法則違反があるとして破棄・差戻しをした。以下では訴訟代理人の主張を織り交ぜながら事案を紹介する。本件については、経験則違反[37]と採証法則違反についての加藤新太郎判事の御論稿に負うところが大きい[38]。

【事案の概要、判旨等】 Xは平成15年10月29日、Yとの間で本件建物部分につき、「定期賃貸借建物契約書」と題した契約書により、同年11月16日から平成18年3月31日までの期間の賃貸借契約を締結した。Y側からの受理申立理由によれば、Yは通常の賃貸借を望んでいたが、本件建物が当該地区の再整備計画の対象で、横浜市から収用される可能性があったために、立退料等の問題を避けるべく定期賃貸借の形式をとったのであるが、X・Y間には、口頭により、収用という事態に至らなければYが引き続き賃借するという共

---

36) 加藤新太郎「上告理由・上告受理申立て理由としての経験則違反―最二小判平22・7・16判タ1333号111頁、判時2094号58頁、金判1354号44頁」判タ1361号（2012）42頁参照。
37) 加藤・前掲注36)参照。なお318条の「重要性」については、青山ほか・前掲注1）151頁以下。
38) 加藤・前掲注36)参照。

通の合意が存在していたという。ところが期間満了から 11 ヶ月を経過した平成 19 年 2 月 20 日、X は Y に対して「定期賃貸借建物契約」による契約期間満了に基づく賃貸借終了を理由として、建物明渡しおよび使用料相当損害金を請求した。そこで Y は、当該契約では借地借家法 38 条 2 項に反して、契約前の説明文交付と定期賃貸借についての説明を受けておらず、当該契約は通常の賃貸借契約であるとして、賃貸借存在確認の反訴を提起した。本件は、この本訴と反訴の併合事件であり、争点は、本件契約を定期賃貸借か通常の賃貸借かに区別する、(定期賃貸借の性質についての) 契約締結前の説明文の交付の有無および事前説明の存否である。ところで X・Y 間には冒頭の契約書の他に、契約書とほぼ同内容の公正証書が作成されていて、その 4 条には、Y が、契約締結時に、本件賃貸借が定期建物賃貸借で契約の更新なく期間満了とともに終了する旨の説明を受けた旨が記載されていた。そこで X は、①公正証書で、Y が契約締結時に定期賃貸借契約の説明文書の交付を受け説明を受けた旨が記載され、②Y 自身も公正証書の読み聞かせと閲覧によって同様の説明を受けているので、法 38 条 2 項所定の説明義務は履行されたといえ、この契約が定期賃貸借契約である旨主張した。しかし X は第 1 審においても控訴審においても当該説明文書を提出しなかったので、第 1 審では本件公正証書における説明書交付および説明が十分になされたといえないことを理由に X の請求を棄却した。これに対して原審は、本件公正証書に説明書面の交付があったと確認する旨の条項がある点および公正証書は作成時に、公証人が公正証書を当事者に読み聞かせ、内容に間違いがない旨を確認する点から、本件においても説明書面の交付があったと認定し、本件賃貸借を定期建物賃貸借として、賃借権が期間の満了により終了したことを理由に Y の請求を棄却した。そこで Y 側は、①本件の論点は法 38 条 2 項の説明義務が果たされたか否かというものであり、この説明義務の主要事実は、ⓐ契約締結前に別個の説明文を交付し、ⓑ説明文に基づいて締結対象たる「定期借家契約」について説明するという点にあるが、原審は、相手方がⓐ事実を主張していないにもかかわらず、証拠たる公正証書の 4 条の閲読からⓐ事実を認定することにより、主張のない事実を証拠から認定した点で弁論主義に反する、②公正証書作成前に締結された本件契約書には、原審が、根拠とした公正証書 4 条の規定と同一内容の規定は存在せず、公正証書の読み上げに際して、Y がこれを、ほぼ同一内容の契約書と全くの同一内容と考え、新たに挿入された条項を聞き逃すことは経験則上ままある。……③Y は地区再整備計画により、当該建物が横浜市に収用された場合の立退料等の問題を避けるべく定期賃貸借契約を行ったが、相手方代表者や仲介業者が、申立人に、地区の再整備計画が実施されない限り、本件契約が更新され継続していく旨を説明し、申立人もそのような認識で本件契約を締結したと認められるから、相手方は定期建物賃貸借契約について十分な説明をしたとは認められない旨を主張した。最後の、収用まで賃貸借契約が継続する旨の説

明については、原審も認定している。最高裁判所は、上記Y側の申立てによる上告受理申立てを受理し、以下の理由により、原審判決に経験則違反および採証法則違反が存在するとの理由で破棄・差戻しをした。

【判旨】「前記事実関係によれば、本件公正証書には、説明書面の交付があったことを確認する旨の条項があり、Yにおいて本件公正証書の内容を承認した旨の記載もある。しかし、記録によれば、現実に説明書面の交付があったことをうかがわせる証拠は、本件公正証書以外、何ら提出されていないし、Xは、本件賃貸借の締結に先立ち説明書面の交付があったことについて、具体的な主張をせず、単に、Yにおいて、本件賃貸借の締結時に、本件賃貸借が定期建物賃貸借であり、契約の更新がなく、期間の満了により終了することにつき説明を受け、また、本件公正証書作成時にも、公証人から本件公正証書を読み聞かされ、本件公正証書を閲覧することによって、上記と同様の説明を受けているから、法38条2項所定の説明義務は履行されたといえる旨の主張をするにとどまる。これらの事情に照らすと、Xは、本件賃貸借の締結に先立ち説明書面の交付があったことにつき主張立証をしていないに等しく、それにもかかわらず、単に、本件公正証書に上記条項があり、Yにおいて本件公正証書の内容を承認していることのみから、法38条2項において賃貸借契約の締結に先立ち契約書とは別に交付するものとされている説明書面の交付があったとした原審の認定は、経験則又は採証法則に反するものといわざるを得ない。」

以上、旧法下で上告理由と考えられてきた再審事由ならびに経験則違反および採証法則違反を取り扱った受理事件3件を紹介したが、これらをみるに、上告制度改革当時の立法者意思とは異なり、裁判実務は、受理制度の運用に際して、旧法との連続性を留めながら現状に即した当事者救済を行っているようである。本稿では取り扱わなかったが、釈明義務違反を理由に破棄差戻しをした事例も存在し[39]、現状では、上告受理制度を通じた積極的な当事者救済が行われているといえよう。

---

39) たとえば最判平成22年10月14日判タ1337号105頁、判時2098号55頁(法人であるYから定年により職を解く旨の辞令を受けた職員であるXがYに対し雇用契約上の地位確認および賃金等の支払を求める訴訟において、控訴審が、X、Yともに主張していない法律構成である信義則違反の点についてXに主張するか否か明らかにするよう促すとともにYに十分な反論および反証の機会を与える措置をとることなく、Yは定年退職の告知の時から1年を経過するまでは賃金支払義務との関係では信義則上定年退職の効果を主張することが出来ないと判断したことに釈明権の行使を怠った違法があるとされた事例)。その他、住民訴訟に関する最大判平成22年1月20日民集64巻1号1頁。

Ⅳ　まとめとして

　本稿では、冒頭で上告受理制度の機能についての現時点における論点をいくつか示し、その後にⅡで制度の機能に関する議論状況および裁判実務の傾向を紹介した。続くⅢでは、現行民事訴訟法下の最高裁判所の姿勢を示す著名な3判決を紹介することにより、最高裁の姿勢、すなわち従来の事件処理との連続性を保ちながら、一方で負担軽減のために上告理由概念を整理し、他方で従来上告理由より重大な瑕疵と位置付けられてきた再審事由や、当該事件限りで重要な法令違背を有する事件について、上告受理制度（および職権破棄）を用いて積極的に当事者救済を行っている現状を紹介した。これらからは上告受理制度が当初の予測にかかわらず、権利上告を補完する制度として重要性を増しつつあることが理解できる。また、毎年『判例時報』に掲載されている「最高裁判所における民事破棄判決等の実情」の中には、同様の理由で破棄された複数の判決が並べて紹介されている点等に鑑みれば、現時点においては、最高裁判所が裁量で「法令解釈の統一にふさわしい事件」が来るまで受理を見送ったり、事件を選別したりするようには思われない。当初御紹介した生野判事の職責論からしても、高等裁判所の誤った裁判をそのまま確定させるような取り扱いはなく、一事件ずつ丁寧に審理されているようである。もっとも「座談会」[40]における福田判事の御発言では、事件数増加等諸般の事情に伴い、このような現状を将来的に維持できる保障はなさそうである。とはいえ当面、上告受理は、①重要な訴訟法規違反、②実体法規違反、③再審事由、④事実認定の瑕疵（採証法則違反、経験則違反等）がある事件を、最高裁判所の俎上にのせるための貴重な制度として機能し続けることであろう。しかし今後の法曹人口の増加や人々の権利意識の増大に鑑みれば事件数が減るとは考えにくく、将来的に法令解釈がある程度整備された段階で、裁判所が、上告受理事件選別過程において、どの程度の裁量権を行使するのか、「①最高裁の判例がない解釈問題について最高裁の判断をしめすべき場合、②最高裁の従前の判例を変更すべき場合、③高等裁判所の誤った

---

40) 高橋ほか・前掲注2）35頁〔福田最高裁上席調査官（当時）発言〕ほか参照。

法令解釈を高等裁判所の判決として確定させることが適当でない場合」の判断に際し、どこまで当事者救済機能や当事者の不服申立権に配慮し、同様の事件の平等取扱いを実現できるかは、本当に未知数といえる。いずれも今後の事件数の推移等に係るであろうが、早くから警鐘を鳴らしてこられた、上野㤗男先生をはじめとする多くの先生方の御慧眼には、心から敬意を表したい。なお本稿では関連文献全てをお示しできず、また心ならずも多くの評釈および研究文献からお教えを賜ることが叶わなかった。今後、上告受理の機能について研究および検討を進めるにあたっては、現行法318条の重要性に関連して①経験則または採証法則違反、釈明義務違反が、判決の結論に影響を与えるとして受理された後に、破棄されるために必要な違反の具体的程度や②再審事由の取扱いだけではなく、③325条2項の職権破棄の調査範囲、④同条同項に基づく破棄に行使される裁量の程度、⑤決定による却下や棄却活用による負担軽減等、上告受理がその機能を十全に発揮するために必要不可欠な諸制度その他の関連事項等々につき、しっかりと検討してゆきたい。本稿は甚だ雑駁で恐縮至極であるが、今後の準備作業とさせていただきたい。

第 6 編

執行・倒産

請求権の事後的変動と強制執行
――転換執行説に対する若干の疑問と検討

◆内田義厚◆

Ⅰ　はじめに
Ⅱ　転換執行説の内容
Ⅲ　転換執行説の検討と私見
Ⅳ　不作為義務の強制執行における侵害態様の変動
Ⅴ　建物買取請求権の行使による債務名義上の請求権の変動
Ⅵ　おわりに

Ⅰ　はじめに

　執行力の客観的範囲は、債務名義に表示された請求権の内容および範囲によって画される。そして、債務名義に表示された請求権が、債務名義成立後に変更・消滅するに至った場合、その債務名義の執行力は失われるのが原則である。しかし、当該債務名義に表示されていた請求権と同一性を有する請求権の満足のために、その債務名義の執行力を用いることが例外的に許容されるのではないかということから、旧債務名義に基づいて新たな請求権に対する強制執行を許す旨の執行文（転換執行文）の付与を求めることができるとする説が有力である。かかる説（以下、「転換執行説」という）は、承継執行（民執27条2項）の根拠につき起訴責任の転換を図るものと解したうえで、同一の執行当事者間においてもかかる承継執行の場合に準じた取り扱いをすることで、旧債務名義が執行力を喪失して実効性を失う事態を回避し、同一性を有する請求権の円滑な執行に資するということを内容とするものであり、その意図および内容について相応の説得力を有する説といえる。しかし、かかる執行力の転換が認められる根拠、特に承継執行の正当化根拠との類比や、いったん発生した「請求権」の事後的変動が、なぜ「執行文」の転換という操作によってカヴァーしうるのか、執行文の転換と、それによって不利益を

受ける当事者の不服申立手段が請求異議であるとすることとの関係はどのように説明するのかといった点が疑問点として指摘しうるように思われる。本論文では、これら疑問点について検討したうえ、請求権の事後的変動をいかに円滑に後続の強制執行に結び付けていくかという観点から、転換執行説のもつ問題点を明らかにし、さらに、転換執行説からよりよく説明できるとされるいくつかの事例のうち、建物買取請求権の行使による請求権の変容[1]と、不作為を内容とする義務に対する違反があった場合の執行方法について、他のアプローチを提示することとしたい。

II 転換執行説の内容

1 中野説

わが国における転換執行説の嚆矢は、中野貞一郎教授の所説である[2]。中野教授は、承継執行の許容性につき、強制執行制度における起訴責任の転換(強制執行における名義形成責任の分担)という観点だけから根拠づけるべきであるとされる。すなわち、現行の強制執行制度は、裁判機関(名義作成機関)と執行機関の峻別という基本的建前のもと、債権者には、その執行債権の存否および範囲をあらかじめ債務者の関与のもとに債務名義上確定することを要求するとともに、債務名義と実体状態の不一致は、債務者のイニシアティヴによって形成された反対名義たる文書が執行機関に提出されない限り斟酌しないこととして、執行の適正と迅速という背馳する2つの理想の調和的実現を所期しているとの前提に立ち、承継執行制度も、このような起訴責任分担(名義責任分担)のうえに立つとする[3]。そのうえで、承継執行制度の骨子である、第三者が自己のまたは自己に対する債務名義なしに他人の受けた判決により執行でき、あるいは執行を受けなければいけない基本的な理由は、そ

---

1) 上野泰男教授は、「請求異議の訴え―建物買取請求権」民事執行・保全判例百選［第2版］(2012)において、建物買取請求権行使を異議事由とする請求異議の適否に関し、既判力の遮断効の観点から、錯綜する学説をわかりやすく整理されている。本稿は、これを踏まえつつ、執行力が排除される範囲について、さらなる検討を加えようとするものである。
2) 中野貞一郎「執行力の客観的範囲―承継執行と転換執行」〔原題は、「執行力の客観的範囲」山木戸克己教授還暦記念・実体法と手続法の交錯(下)(有斐閣・1978)〕。現在は、同・民事訴訟・執行法の世界(信山社・2016) 238頁以下所収。以下では同書の頁により引用する。
3) 中野・前掲注2) 250頁。

の第三者が債務名義に記載された債権者・債務者の地位に基づいて自己の法的地位を取得（承継）したからでなければならないとし、かかる執行力拡張を肯定するについては、前記した起訴責任分担に照らし、主として、①債権者の既得的地位の維持（債務名義形骸化の防止）の必要性、②執行力の客観的範囲の同一性、③承継人に対する請求の有理性、④承継人に対する手続権保障といったファクターを考慮すべきとされる。そして、このような分析に基づき、執行力拡張を受ける承継人の範囲を画定する基礎が与えられるとされる。すなわち、債務名義成立後（既判力を伴う債務名義ではその標準時以後）にそこに表示された当事者の一方の法的地位に基づいて自己の法的地位を取得した者であって、①その者のまたはその者に対する債務名義に基づく執行を認めることが債務名義における債権者の既得的地位の確保のために衡平上必要とされ、②執行力の客観的範囲を動かさず、③執行文付与の過程においてその者のまたはその者に対する請求を債務名義の記載と相まってそれ自体理由あるもの（有理性）とするのに必要な事実が債権者によって証明され、④債務者がこの執行に対し請求異議の訴えにより反対名義を形成する手段を保障されている場合には、その者のためにまたはその者に対して債務名義の執行力が及ぶと解すべきとされる[4]。そして、上記①ないし④の各事由が認められるのであれば、承継執行文に準じて、同一の執行当事者間においても、執行債権を転換する執行文（転換執行文）の付与が認められるべきであろうとされ、かかる転換執行文は、執行文制度が、過去の一定時点で形成された債務名義を前提としながら、債務名義成立後の実体状態の変化に即して債務名義の記載を内容的に追加・訂正・補充し、もって強制執行の基礎を拡大することができるという機能を有することから正当化しうるとされる[5]。

2 転換執行説の要点とそれに対する評価

　以上からすると、転換執行説の意義ないし核心は、旧債務名義の請求権によっては権利実現が図られず、しかもそのような事態が衡平の観点から容認しえない場合、すなわち、新たな請求権が旧債務名義の請求権と同一で、執行力の客観的範囲内にあると認められる場合には、債権者の既得地位の維持

---

4)　中野・前掲注2) 253頁。
5)　中野貞一郎＝下村正明・民事執行法（青林書院・2016）254頁。

の必要性が高いと考えられることから、承継執行の許容性に関する根拠論（起訴責任の転換）および執行文の機能論（債務名義の補充機能論）をてこに、転換執行文の付与を通じて旧債務名義の失効を回避し、新たな請求権について迅速かつ実効的な執行を実現しようとする点にあると解される。そうだとすれば、転換執行説の妥当性を検討するにあたっては、その根拠の柱となっている2点、すなわち、承継執行における起訴責任の転換という考え方が正当なものといえるかという点、および執行文の債務名義補充機能が認められるかという点の検討が不可欠になるものと考えられる。以下、これらについて検討する。

Ⅲ 転換執行説の検討と私見

1 起訴責任の転換について

まず、転換執行説の基礎となっている起訴責任の転換については、私見もこれを妥当なものと考えている。承継執行の根拠論については、周知のとおり、いわゆる権利確認説と起訴責任転換説の対立があるが[6]、執行手続の迅速かつ円滑な進行による債権者の権利実現の機会の保障という点を考慮すれば、債務者側の承継によって債権者に新たな債務名義作成の負担を課すことは相当とはいえず、承継人に対する執行債権の存在について新たな債務名義を要求することなく承継執行を認めている民事執行法の趣旨からするならば、債権者側は、債務者側につき承継があったとしても新たな債務名義形成の責任を免れ、逆に、債務者側において反対名義作成および提出責任を負わせるのが妥当と解されるからである。

2 執行文の機能について

では、転換執行説のもう1つの基礎となっている、執行文の機能についてはどうであろうか。私見は、これについては種々の問題ないし疑問点があると考えている。以下では、転換執行文が承継執行文の類推という形をとっていることから、承継執行文に関する問題に絞って検討したい。

---

6) 各説の内容については、中野＝下村・前掲注5) 138頁参照。

(1) 承継執行の正当化根拠との関係　債務名義が作成されていない承継人に対する執行の必要は、前記のとおり債権者の権利実現の円滑化の確保という点が重要であるが、なぜ承継人に対する新たな債務名義の取得を要せずしてこのような執行が許容されるのかという観点から考えた場合、それは、承継人が前主から、前の債務名義で確定した義務と同一の義務を引き継いでいるからということになるのではないかと思われる。すなわち、前主の義務が同一性をもって承継人に移転しているからこそ、請求権の問題は基本的に捨象でき、あとは誰に対してどの範囲で執行力を有するかという点だけを問題にすれば足りる、すなわち承継の有無という点に焦点を絞ればよいということになるはずである（このように解することで、執行文付与の訴えが、いわゆる重点訴訟であることがよりよく説明できるものと考えられる）。しかし、請求権の同一性に疑問がもたれるような場合にまで、請求権の問題ではなく執行力の範囲の問題（執行文の問題）としてしまうのは、問題の本質を見誤るものではないか。請求権の同一性の問題を、債務者側に請求異議で争わせる機会を与えることで、起訴責任転換説の趣旨は実現できるが、同一性に疑問がある場合まで執行文の問題としてしまうことは、承継執行が承継人の財産権を直接的に侵害する効力をもつものであり、既判力の問題とは承継人に対する影響の度合いが異なることからすれば疑問が残る。

(2) 承継執行の類推という構成の妥当性　転換執行説が、承継執行の類推という構成をもち出している根拠は、つまるところ、起訴責任転換の趣旨において、承継執行の場合と転換執行の場合は共通する要素がある、という点にあるのではないかと思われる。すなわち、承継執行においては債権者の既得権の維持から新訴の提起が省略できるというメリットに着目し、これを転換の場面でも利用できないかという文脈で論じられているものと考えられる。そうだとすれば、承継執行の類推という構成は、論理的に密接な関係を有するというものではないといえる。むしろ、新訴提起の省略という点が他の方法により容易に可能になるのであれば、あえて承継執行の類推という構成をもち出す必要はないと考えられる。承継執行は、債務名義作成過程で債務者が負った義務あるいはそれと同一性を有する義務を、承継人が承継したことが、承継人に対する強制執行を正当化するというものであり、既得権の維持という観点からは便宜ではあるが、前記のとおり、既判力の拡張とは異

なり、承継人に及ぼす影響が非常に大きい（その意味で、権利確認説は、その内容はともかく、債務者の利益保護という点にも配慮がされており、その意図については正しいものがあったと考えられる）。その意味では、この承継執行の理屈を他の場面で応用することには、ある程度慎重に考えるべきではないかと思われる。

(3) **起訴責任の転換と、転換執行文とすることとの関係** 　転換執行が問題になる場面は、基本的には請求権が前の債務名義から事後的に変動している場合に他ならない。そうだとすれば、かかる事後的変更の場合も、請求権が変更された場合と同様に扱うことが論理的と思われるが、転換執行説は、これを執行力の範囲の問題（執行文の問題）としてしまっていることに問題があるように思われる[7]。また、このことが、転換執行に対する不服申立て手段の問題にもつながっているように思われる。すなわち、転換執行の場合、新たな請求権は旧債務名義の主文等にではなく、転換執行文の記載の中に具現されているとみるとすれば、債務者の不服は、かかる新たな請求権を具現するものとして転換執行文が付与された行為に対して向けられるのであり、そうだとすれば、不服申立て手段は執行文付与に対する異議ということになるのではないかとも思われる。しかし、中野教授は、救済手段については請求異議の訴えのみを想定されているようであり[8]、このことと、転換執行文付与に対する不服との関係については明らかではないように思われる。また、他の転換執行説の論者の中には、請求異議の訴えと執行文付与の訴えの双方を認める見解もあるが[9]、その論理的関係は同じく不明である。むしろ、執行文の問題とすることなく、請求権の問題であることとの整合性ある帰結を考えるべきではなかろうか。また、転換執行文が付与されないということになった場合は、新訴の提起ではなく、執行文付与の訴えによるべきとも考えられるが、この点につき転換執行説はどのように考えるのか、必ずしも明確とはいえない。

---

[7] 田尾桃二「買取請求権が行使された場合の判決主文の表示方法」判タ 215 号（1968）46 頁〔本井巽＝賀集唱編・民事実務ノート第 3 巻（判例タイムズ社・1987）62 頁所収〕は、建物収去土地明渡請求訴訟で建物買取請求権が行使された場合につき、原告は可及的に訴えの変更、つまり予備的な請求の追加をすべきであり、裁判所もこれをすすめることが望ましいとしているが、これは、請求権の変動が執行力の問題ではなく、請求権ないし訴訟物の問題であることを的確に指摘するものといえる。なおこの点につき、淺生重機「建物の占有と土地の占有」判タ 1321 号（2010）20 頁以下、特に 33 頁参照。

[8] 中野・前掲注 2) 252 頁参照。

[9] 井上治典＝中島弘雅編・新民事救済手続法（法律文化社・2006）186 頁〔西川佳代〕。

(4) 建物買取請求権行使の場面における転換執行の適用可能性　中野教授は、転換執行が有用な場面として、建物収去土地明渡請求訴訟で原告勝訴判決が確定したのちに建物買取請求権が行使され、これを異議の理由とする請求異議の訴えが認容された場合、建物退去土地明渡請求の限度で転換執行文の付与をすることで、土地所有者は再訴の負担を免れることができると主張する[10]。しかし、転換執行説は、前記のとおり、元来は、債務者による執行妨害的行為に対処するために、新たな債務名義を作成することなく、新たな請求権について執行を可能にし、債務者に反対名義の起訴責任を負担させる理論であったと考えられるところ、建物買取請求の場合は、債務者はかかる起訴責任の負担を正当化されるだけの違反あるいはそれに類する行為があるわけではなく、むしろ実体法上認められている権利を正当に行使しているに過ぎない。そのような場合を、本来的な転換執行の場面と同一の理論で説明しようとする点には無理がありはしないであろうか。むしろ、このような場合は、起訴責任の転換や請求異議の訴えといった点を持ち出すまでもなく、請求権の事後的変動を債務名義において公証することができさえすれば、債権者にとっても債務者にとっても、より望ましい帰結をもたらすことになるのではなかろうか。

(5) 同一性の認定判断に関する実務的問題　中野教授は、新たな請求権が有理性を有するか否かの判断だけを執行機関に委ねることは、訴訟裁判所と執行裁判所の職務分担の趣旨に反するものではなく、執行裁判所の職分の逸脱と非難するには当たらないであろうとされる[11]。確かに、このような見解も全く首肯できないわけではなく、訴訟裁判所と執行裁判所の職分を厳格に分離することが果たして現実的あるいは妥当といえるかについては議論の余地があると思われる。しかし、ここではそのようなことが問題ではなく、有理性判断だけを切り離して執行機関に委ねるということが果たして現実問題として可能なのか、あるいは相当といえるのかということである。すなわち、(中野教授も認めておられるように思われるが) 有理性判断と、新旧の請求権の同一性判断は本来的には不可分なはずであり、少なくとも、同一性のあることが有理性を肯定する有力な事実になることは否定できない以上、執行機関に

---

10) 中野・前掲注2) 283頁。
11) 中野・前掲注2) 276頁。

おける実際の認定判断においても、同一性判断にある程度踏み込まざるを得ないのではないかという点をどのように考えるのかということである。また、このような実質判断を伴う事務は、執行事務の中では異質なものであり、多種多様な執行事件を同時並行的に処理しなければならない多くの執行裁判所においては、このような事務が混在することで、他の迅速処理が要請される事務を圧迫する可能性が高いのではないかと思われる。これに対し、訴訟裁判所であれば、執行文付与事務の延長としてこのような同一性や有理性の認定事務を行うことができるという点で、実務上もより妥当な帰結が得られるのではないかと思われる。

3 まとめ

以上から、私見の要点をまとめると、転換執行説がその根拠とする点のうち、起訴責任の転換という点は妥当と解されるが、執行文の問題とする点については疑問があり、これについては、事の実体に即して、請求権（の変動）の問題としてとらえる方が、建物買取請求権行使の場合も含め、様々な場面で妥当な解決を得られるのではないか、同一性や有理性の認定については、執行機関に委ねるのではなく、執行文付与事務のいわば延長として、訴訟裁判所に委ねるのが現実的かつ妥当ではないかということになる。すなわち、請求権の問題とするので、執行力の範囲の拡張に関する議論とは無関係の規律となり、債務名義と執行文の役割を区別している現行民事執行法の規律に合致し、その意味で執行文の補充的機能といった解釈論をもち出す必要がなくなることになる。また、転換執行文なる概念を知らない執行実務の運用とも平仄が合い、理論的にも明快な解決が得られるのではないかと思われる。

このように考えると、新旧の請求権について同一性があると認められる場合は転換執行を云々することなく、承継執行の一場合として扱って特に問題はないと考えられるが、同一性に問題ないし疑問がある場合（転換執行を認めるメリットは、このような場合にこそあるといえる）、転換執行は認められず、債権者は新訴の提起を余儀なくされることになる。しかし、このような事態を容認することは、転換執行説からの批判を正面から受けることになってしまい、また、実際上も妥当とはいいがたいところがある。転換執行説は、旧債務名義により確定した権利関係の安定や、再訴の負担にかなりの程度配慮した考

え方であり、これ自体はかなりの説得力があることから、転換執行文を否定する場合であっても、旧債務名義を活かしつつ、それとの連続性を確保して、円滑・迅速で実効性のある執行が可能になるような構成を考え出す必要がある。そこで考えられるのが、債務名義確定後の請求権の事後的変動の場合も、訴え変更の場合に準じた手続をとるということである（以下、「請求権変更手続」という）。これについては、不作為義務の場合の執行と、建物収去土地明渡請求訴訟での建物買取請求権行使の場合を題材に、以下その内容等を具体的に明らかにすることとしたい。

IV 不作為義務の強制執行における侵害態様の変動

1 転換執行説による帰結──転換執行文の付与

　不作為義務の強制執行のうち、転換執行が問題になるのは、具体的な作為・不作為を差し止める判決が確定した後、債務者が侵害行為の態様を変更した場合である。この場合、転換執行説は、新たな請求権の不存在を理由とする反対名義作成のための起訴責任を債務者側に負わせるのが衡平妥当であると認められる限りにおいて、債務名義に表示された請求権の内容の転換を認め、新たな態様の侵害に対する差止めの強制執行を許す旨の転換執行文を付した債務名義の正本に基づく強制執行ができると解すべきであるとする[12]。しかし、このような転換執行文の考え方には問題点があることは前記したとおりである。

2 私見──請求権変更手続

　では、請求権変更手続によった場合、どのような帰結になるであろうか。以下、理由とともに説明する。

　(1) 侵害態様変更の申立てと証明　　債権者は、侵害態様が変更したことにより判決主文等を変更するとの申立てを行い、かつ、それを証明する文書を提出する。この場合、証拠資料は、迅速かつ確実な審査を可能にするため、文書による証明に限定すべきと解する（民執181条、193条1項参照。相手方に対

---

[12]　中野＝下村・前掲注5）821頁。

する審尋等はできないとすべきであろう。同法145条2項参照）。また、ここにおける認定判断のあり方は、起訴責任転換の趣旨に照らし、法定文書の提出による執行手続の開始（同法181条）の際に求められる程度の審査で足りると解される。そして、変更申立てに対する審査主体は、前記したとおり、執行文付与事務の延長として、執行文付与機関（裁判所書記官または公証人）が担当するのが相当と解される。

(2) **債務名義の再度付与等** 債務名義作成機関が侵害態様変更による判決主文等の変更を相当と認めた場合は、変更決定を行い、変更した主文等は債務名義末尾に奥書の形で付する（民執規62条3項類推)[13]。これによって、侵害態様変更に対応した債務名義が新たにでき、執行機関は、これに基づいて迅速に強制執行を行うことができるようになるものと解される。そして、債務者によるさらなる侵害態様変更や、執行着手の遅延を防止するため、新債務名義に基づく執行文は、同債務名義作成と同時に付与しうるものとし、訴え変更の場合のような、債務者への送達（民訴143条3項）は不要とするのが相当と考える。このように解したとしても、後述のとおり、債務者は請求異議の訴えを提起しうるから特に不利益にはならず、また、起訴責任の転換の趣旨にも合致するのではないかと考える。

(3) **単純執行文の付与** 新債務名義に対する執行文は、新たな主文が新債務名義にすでに（奥書の形で）記載されていることから、これに対する単純執行文の付与で足りることになる。これによって、執行文付与の訴え（民執33条）を経ることはなくなるし、執行文付与に対する異議の訴え（同法34条）が提起される可能性がなくなることから、迅速な執行着手が実現することになると解される。

(4) **不服申立て** (2)の新債務名義への変更に不服のある債務者は、新債務名義の請求権の不存在または消滅等を理由に、請求異議の訴えを提起しうると解する。これに対し、変更申立てが認められなかった場合、債権者と

---

13) 執行力ある債務名義の正本に基づく強制執行で、請求債権の一部の満足を受けた場合、裁判所書記官は、満足を受けた額について上記正本に記載する。これは、満足を受けた部分について執行力が消滅していることを公証し、その債務名義の再利用の際に過剰執行をさせない趣旨であるとされている（最高裁判所事務総局編・条解民事執行規則［第3版］（司法協会・2007）319頁）。執行力が現存する範囲を公証するという点において、請求権の事後的変更の場合にも類推する基礎があると考えられる。

してはどうすべきかが問題になるが、変更申立てが認められなかったということは、すなわち旧債務名義での請求権と変更申立ての際の請求権との同一性が認められなかったということであるから、当該手続内での解決は困難かつ不相当というべきであり、新訴の提起によらざるを得ないということになろう。もっとも、(1)で述べたような審査のあり方からすれば、同一性について多少の疑問がある場合であっても、新債務名義への変更を認めることが可能かつ相当と考えられるし、そのような場合であっても債務者による請求異議の訴えを待てばよいと考えられるから、新訴提起が必要となる場合はかなりの程度限定されることになるのではないかと思われる。

(5) **予想される批判とそれに対する検討**　このような請求権変更手続に対しては、明文の規定がないという点が難点としてまずは指摘できるが、その基礎となっている、訴えの変更、債務名義に対する奥書の付与については、いずれも民事訴訟法および民事執行規則に根拠がある制度であり（前者は民訴143条、後者は民執規62条3項）、実務運用も確立しているものであること、債務名義確定前の訴訟手続では訴え変更は一定の要件の下で可能であり、事後的変更は、いわばその延長線上にあるということもできるから、明文の規定がないという点はさしたる支障にはならないと考えられる。また、請求権変更の審査についても、その実質において、承継執行文付与における承継の事実や、条件成就執行文における条件成就の有無の審査などと、審査の密度等において、それほどの差異はないと考えられる。問題は、変更申立てが認められなかった場合の債権者による新訴の提起の負担であるが、新訴提起を余儀なくされるのは、新旧債務名義上の請求権がおよそ同一とは認められないことが明らかな場合が想定されるのであり、そのような場合は、転換執行説によったとしても新訴の提起を要する場合であるから、請求権変更手続に対する批判としては決定的なものとはならないというべきであろう。

V　建物買取請求権の行使による債務名義上の請求権の変動

1　論点の整理

所有権に基づく建物収去土地明渡請求訴訟において、被告である土地賃借人から、土地上の建物の買取請求権（借地借家13条1項）が行使された場合、

上記建物収去土地明渡請求がどのように変容するかについては、同訴訟の訴訟物の捉え方とも関係して、さまざまな議論がある。この場合において、転換執行説は、建物収去土地明渡請求権は建物買取請求権の行使によって建物退去土地明渡請求権に縮減・変動し、その限度で執行力が肯定され、かかる建物退去土地明渡請求の強制執行をするためには、その旨の転換執行文を得ることで足りる、としている。しかし、そもそもこのような縮減・変動が求められるのかについては後述するとおり疑問が多く、また、転換執行文によることには前記のとおりの疑問点があることからすれば、その理論構成を根本から見直す必要があると考えられるところ、私見によれば、不作為義務における侵害態様の変動と同様に、この場合も請求権変更の手続により説明することが可能かつ妥当ではないかと考える。以下、転換執行説の前提となっている請求権の縮減の問題点について、建物収去土地明渡請求の訴訟物、建物買取請求権が行使された場合の建物収去土地明渡請求の認容判決の失効する範囲といった点を検討したうえで、請求権変更手続によることが妥当であることおよびその具体的手続について明らかにしていくこととしたい。そして、このことと関連して、建物収去土地明渡しの認容判決が確定したのちに建物買取請求権が行使された場合、それを異議の理由として請求異議の訴えを提起しうるかについても、請求権変更手続をとった場合にどのような帰結となるのかを検討することとしたい。

2 建物買取請求権行使による建物収去土地明渡請求権の変動に関する従来の見解と問題点

(1) 従来の通説的見解――縮減説 建物買取請求権の行使を異議の理由として請求異議訴訟を提起し、これが認容された場合、もとの建物収去土地明渡請求の債務名義の執行力は、建物退去土地明渡しの限度を超える執行力のみを排除するというのが通説であり、同旨の裁判例も多くみられるところである[14]。例えば、福岡高判平成7年12月5日（判時1569号68頁）は、以下の

---

14) 裁判例として、札幌高判昭和40年9月27日判時427号33頁、東京高判平成2年10月30日判時1379号83頁、学説として、村松俊夫「既判力と建物買取請求権の行使」民訴雑考（日本評論社・1959）87頁、中田淳一・民商59巻1号（1968）179頁、高島義郎・民商54巻3号（1966）401頁、沢井裕＝福永有利・民商55巻1号（1965）151頁、中野貞一郎・民商57巻6号（1968）994頁、鈴木忠一＝三ケ月章編・注解民事執行法(1)（第一法規出版・1984）615頁〔吉井直昭〕、

とおり判示して、建物退去土地明渡の範囲でなお執行力を保持するとしている。「建物収去土地明渡請求と建物買取請求の結果による建物退去土地明渡請求（ないし土地建物引渡請求）とは、給付の態様と執行方法を異にする別個の請求権であり、訴訟物は別個であるので、買取請求権の行使により建物収去土地明渡しの債務名義は全面的に失効するとの見解もありうるが、そのように解すると前訴の債務名義がいわば無駄になり、改めて建物明渡しの訴えを提起しなければならなくなって、紛争の一回的解決を期待した当事者の意思に反することにもなる。むしろ、建物引渡しによる土地明渡しは、建物収去土地明渡請求の内容的一部に含まれると解することが可能であって、土地所有権に基づいて建物引渡しを請求しうる筈であるから、建物収去土地明渡しを命ずる判決の確定後に建物買取請求権が行使された場合には、前訴の債務名義は建物収去を命じる限度で執行力を失うが、建物退去土地明渡し（ないし土地建物引渡し）の範囲では、なお執行力を保持すると解するのが相当である。」ここでは、紛争の一回的解決、再度建物退去土地明渡請求訴訟を提起しなければならないという負担が大きいといった実際的配慮が中心的根拠になっているものとみられるのであり、これは相応の説得力を有するものといえよう。

(2) 理論上の疑問点と私見　しかし、このような帰結、特に建物退去土地明渡請求が建物収去土地明渡請求の量的一部とみうるのかについては、かねてから疑問が提示されてきており、私見もかかる疑問を共有するものである。これにつき、上野教授は、建物収去土地明渡の債務名義が建物退去土地明渡の限度で執行力を有するとする縮減説の根拠は、一方では建物収去土地明渡請求訴訟（建物退去土地明渡請求も含む）の訴訟物についての通説的理解にあり、他方では、基準時後に買取請求権の行使を肯定することから生ずる不利益から債権者を救済しなければならないとの判断にあるとされ[15]、これは私見も見解を同じくする。そこで以下では、かかる２つの根拠を批判的に検討し、その上で請求権変更手続の適用問題を検討することとしたい。

建物退去土地明渡請求権は、建物の占有者（所有者ではない）が土地を占有しており、建物占有によって土地所有権が侵害されているという関係に立つ

　　　香川保一監修・注釈民事執行法(2)（金融財政事情研究会・1985）424頁〔宇佐美隆男〕。
15)　上野泰男「判批」名城法学29巻3号（1980）59頁、特に80頁。

ことで初めて成り立つ権利ということができる。したがって、建物退去土地明渡請求権は、「建物の占有者が土地を占有している」という命題が成り立つところで初めて成立するということになる。しかしながら、建物所有者以外の建物占有者が、建物の敷地を事実上支配しているとしても、その支配は、せいぜい建物の占有に付随するものに過ぎず、建物の占有が失われれば、当然に建物敷地に対する支配関係も喪失するというのが社会通念ではないかと考えられることからすれば、建物占有が主であり、その敷地の占有はあくまで従たる地位を有するに過ぎないのではなかろうか[16]。民法上の占有は、事実上の支配を基礎ないし出発点としながらも、それを有することで占有訴権や時効取得の原因になったり、各種の物権的請求権や損害賠償請求権の発生原因になるものであるから、そのような権利関係を発生させるにふさわしい事実上の支配についてのみ法的保護を与えるというのが民法の趣旨ではないかと考えられる。そのように考えると、建物占有者による土地占有は、建物占有の消長と命運を共にするという限度で保護されるものにすぎず、独立の保護の対象とするのは適しないように思われる。これに対し、土地の占有を肯定する説からは、最判昭和34年4月15日（訟務月報5巻6号21頁）が、「建物は、その敷地を離れて存在し得ないのであるから、建物を占有使用する者は、おのづからこれを通じてその敷地をも占有するものと解すべきである。」としていることが根拠としてあげられることがある。しかし、この判決は、「土地なしには建物は存立しえない」という事実認識を、単純に、民法上の占有という法的評価に結び付けてしまっている点に問題があり、賛成することはできない[17]。むしろ、「土地なしに建物は存立しえず、建物占有者が建物を使用するうえでは、敷地およびその周辺地の利用は当然に予定されているのであるから、敷地等の占有は、法的には、建物占有に付随し包摂されるものと評価すべきである。」と解した方が妥当なように思われる（換言すれば、建物占有者による土地占有は、それが適法な占有権原に基づくものである限り、

---

16) 藤井正雄「土地所有権に基づく地上家屋居住者に対する退去請求」近藤完爾＝浅沼武編・民事法の諸問題(2)（判例タイムズ社・1995）32頁、高橋欣一「建物収去・土地明渡請求訴訟における建物占有者に対する請求」鈴木忠一＝三ケ月章監修・実務民事訴訟講座(4)（日本評論社・1969）129頁。

17) 民法上の占有が法的評価を含むものであることにつき、伊藤滋夫「民事占有試論(上)(下)」ジュリ1058号（1994）75頁、同1060号（1995）84頁参照。

建物所有による土地占有の中に吸収されるということになろう)。さらに、建物収去土地明渡の執行方法との関係でいえば、土地の引渡義務は、建物収去義務を前提とするものであり、建物退去義務は、建物収去義務を前提とするものであると解されるところ、建物退去義務の成否は、建物収去義務の存否にかかってくることになり、建物占有者に土地の占有権原があるか否かは、建物占有者が土地の明渡義務を負うか否かには影響しないということになるから、建物占有者が土地を占有しているということはやはり疑問が残るということになるのではなかろうか[18]。

このように考えてくると、土地所有権に基づく建物収去土地明渡請求の訴訟物は、従来の通説[19]である土地明渡請求権1個と解するのは妥当とはいえず、土地と建物が別個の不動産であることを前提としつつも、建物収去土地明渡請求は、建物による土地の占有使用と法的に密接不可分に結合した特別な請求権と解するのが妥当ではないかと考えられるのであり(新1個説)[20]、このような請求権の存在を、民法の物権的請求権の類型論が否定しているものとは考え難いのではなかろうか。

以上を前提とすれば、建物買取請求権が行使されたことにより、建物収去土地明渡を認容した判決はその全部が失効し、土地所有者は、建物占有者に対して建物明渡請求訴訟を提起しなければならないということになる[21]。しかし、このような帰結は(1)の縮減説からの批判を正面から受けてしまうことになる。そこで、かかる理論的帰結と再訴負担の回避を両立させる構成が必要になるが、それが請求権変更手続である。

3　請求権変更手続による処理

(1) **請求権変更の申立て**　建物収去土地明渡請求の認容判決が確定したのちに建物買取請求権が行使された場合、債権者または債務者は、執行文付与機関に対し、請求権変更の申立てをする。この場合、建物明渡請求への変

---

18) 淺生・前掲注7) 34頁以下参照。
19) 中田・前掲注14) 179頁。実務上の通説でもある。司法研修所編・改訂紛争類型別の要件事実（法曹会・2006) 58頁。
20) 田尾・前掲注7) 78頁参照。
21) 畑郁夫「建物買取請求権の行使と請求異議訴訟」司法研修所15周年記念論文集(上)（司法研修所・1962) 353頁。なお、原田和徳＝富越和厚・執行関係訴訟に関する実務上の諸問題（法曹会・1989) 84頁参照。

更を申し立てることになろう。この申立てが債権者からされた場合は、建物収去土地明渡請求に比べて債権者にとって不利益な変更ということになるから、買取請求権の行使があったことについて証明は必要ないと解される。これに対し、債務者から申立てがあった場合は、買取請求権の行使がされたことを文書で証明することになるが、これは比較的容易であると考えられる。

(2) **債務名義の再度付与等**　執行文付与機関は、(1)の申立てを審査のうえ、債務名義の変更および奥書付与を行い、同時に建物明渡の単純執行文を付与することになる。

(3) **不服申立て**　債権者からの変更申立てに対し、債務者から不服申立てがされることは、まず想定できないであろう。債務者からの申立てに対し、変更請求が認められなかった場合は、請求異議の訴えを提起しうるとしてよいと考える。

これに対し、債権者からの不服としては、買取請求権行使の事実自体を争うことがまずは考えられるが、この場合も請求異議の訴えを認めてよいのではなかろうか。もっとも、実際上はこのようなケースはあまり想定できないし、仮にそのようなケースが出たとしても、通常は、書面等によって買取請求の意思表示がされていることが多いと考えられるから、請求に理由がないとされることが多くなるのではないかと思われる。

問題は、買取請求権行使に伴う売買代金請求とこの不服申立てとの関係である。買取請求権の行使の意思表示と同時に売買契約が成立するという理解を前提とするならば、売買代金額の争いは売買契約の成立とは一応切り離して考えることができ、これについて争いがある場合は請求権変更とは別の手続で解決するのが理論的かつ妥当ではないかと思われる。

(4) **請求権変更手続によった場合のメリット等**　このように、請求権変更手続を認めることで、債権者は、建物明渡請求について再訴する負担を免れ、また、債務者は、執行力排除のために一々請求異議訴訟を提起しなければならないという負担を免れることになり、請求異議の訴えを認める範囲も、適切に絞り込むことが可能になる。また、縮減説のような、ある種の擬制的解釈をとる必要はなくなり、理論上も実際の手続上も比較的明快な結論を得ることができるのではないかと考える。また、執行文についても、転換執行文によることなく、単純執行文によって処理がなしうるという点も、メリット

として指摘できるであろう。買取請求権行使に伴う売買代金請求の処理が、場合によっては別訴によらざるを得なくなる点はデメリットともいえるが、実際の事案において、売買代金額に関する紛争が常に発生するわけではないと考えられることからすれば、それほど決定的なデメリットとまではいえないのではなかろうか。

VI おわりに

　確定した旧債務名義上の請求権が同一当事者間で事後的に変動した場合、旧債務名義での権利者の保護という見地からは、承継執行（執行力の主観的拡張）に類似する場合として新たな債務名義取得は不要とし、かつ、執行力については執行文の転換によって処理することは、きわめて実際的で、具体的妥当性を有する処理であり、卓見といえる。しかし、請求権の事後的変動を執行力の問題として扱うことは、それが請求権に関する問題であるという本質をあいまいにするものであることは否定できないし、執行手続の円滑化・迅速化という観点からも問題なしとしない。そこで、転換執行説の根底にある起訴責任の転換という考え方は承認しうるとしても、請求権の事後的変動に関する問題を請求権の変更の問題としてとらえなおすことで、より適切かつ妥当な帰結をもたらしうるのではないか、転換執行なる概念を知らない実務との架橋を図ることができるのではないかと考えたのが本稿の趣旨である。また、このような請求権変更手続は、本稿で検討した場合以外にも幅広く適用が可能であるが[22]、これについては紙幅の関係で他日を期することとしたい。

　転換執行説については、現在のところ反対する学説もそれほど見当たらない中で[23]、無駄な波風を立てただけではないかという気もしているが、今後

---

22)　中野・前掲注2）285頁で挙げられている例のほか、執行証書に基づいて養育費の支払義務が定められていたところ、その内容を変更する家事審判が確定し、これに基づいて上記執行証書の支払義務を変更する場合等が挙げられる。
23)　もっとも、建物買取請求に関しては、淺生・前掲注7）20頁以下が、建物退去請求への転換につき、詳細な批判を展開されている。また、松本博之・民事執行保全法（弘文堂・2011）114頁は、建物収去土地明渡請求の債務名義が成立したのちに建物買取請求権が行使されて生じた建物引渡し・土地明渡請求権は、債務名義に表示された建物収去土地明渡請求権の一部であり、同一性を失っていないとして、転換執行文を観念する必要はないとされる。本稿は、これらの論稿からも示唆を受けたものである。

の議論にいくばくかでも寄与する点があるとすれば幸いである。

【付記】
　上野泰男先生には、私が裁判官であった時代から早稲田大学民事手続判例研究会で様々なご教示をいただき、私が退官後同大学に奉職した後も、同研究会をはじめとする様々な機会に大変お世話になりました。また、私は現在、同大学法科大学院で民事訴訟法を講ずる立場にありますが、難解な論点（特に既判力、複雑訴訟、上訴といった、これまで実務的にあまりかかわってこなかった分野）で、どう説明しようか悩みつつ、文献をあたっていくと、そこには必ず先生のご論考があり、それを拝読することで、目の前の霧が晴れたような感覚を覚えたことが何度もありました。今回の私の小論は、そのような先生のご学恩に報いるにはあまりに拙いものではありますが、今後も変わらぬご指導をいただきたく、献呈する次第です。

執行判決訴訟における相殺の抗弁

◆小田　司◆

I　はじめに
II　執行判決訴訟における相殺の抗弁の主張
III　相殺の抗弁と国際的訴訟競合
IV　おわりに

I　はじめに

　外国裁判所の判決は、その国の領域内においてのみその効力を有し、他国にはその効力は及ばないが、他国により外国裁判所の判決が承認された場合には、他国においてもその効力を有する。わが国をはじめ世界の多くの国は、外国判決の承認制度を有し、一定の要件を具備する外国判決の効力を内国においても認めている。外国判決の承認制度は、国によって異なり、内国裁判所が外国判決の内容を再審査する実質的再審査制度や実質的再審査を行わないが、内国裁判所が裁判手続により承認要件の審査を行う制度、さらに外国判決の承認のために特別な手続・裁判を必要としない自動承認制度等がある[1]。わが国では外国判決の承認について、母法国であるドイツおよび英米法系の国においても用いられている自動承認制度を採用し、民事訴訟法118条各号の承認要件を具備する確定した外国判決については、特別の手続を経なくとも法律の規定によりその効力を認めることにしている。ただし、外国裁判所の判決に基づき、わが国において強制執行を行うためには、わが国の裁判所に訴えを提起して、外国判決がわが国の承認要件を具備しているか否かの審査を受け、外国判決に基づく強制執行を許す旨を宣言する執行判決を得なければならない（民執22条6号・24条）。すなわち、外国判決の強制執行に先立ち、わが国の裁判所が予め民事訴訟法118条各号の要件を具備しているか否

---

1)　主要国における外国判決の承認制度については、鈴木忠一＝三ケ月章編・注解民事執行法(1)（第一法規・1984）368頁以下〔青山善充〕参照。

かについて判断する執行判決の制度が設けられており、外国判決は確定した執行判決と合体して債務名義となるとされている（民執22条6号）[2]。
　Ａ国裁判所の確定判決に基づいてわが国で強制執行を行うために、Ａ国法人である原告が日本法人である被告に対し、Ａ国裁判所の確定判決について、民事執行法24条に基づき執行判決を求める訴訟を提起したとする。この執行判決訴訟において、被告が原告に対しＡ国裁判所において訴求している債権を自働債権とする相殺の抗弁を主張した場合には、執行判決訴訟における審理の対象が外国判決の確定および民事訴訟法118条各号の要件の具備に限られていることから、①被告がこの訴訟において相殺の抗弁を主張することができるのかが問題となり、さらに相殺の抗弁について裁判所の判断がなされた場合には、相殺に供された自働債権の存否についての判断に既判力が生じ（民訴114条2項）、既判力の矛盾抵触が生じ得ることから、②Ａ国裁判所において訴求している債権を自働債権として執行判決訴訟で相殺の抗弁を主張することは重複訴訟禁止の法理に反しないのかが問題となる。
　これらの問題を扱った東京地裁平成25年4月26日判決[3]は、上記①の問題について、「実体を伴わない債務名義の作出は望ましくなく、執行判決をした後に改めて請求異議の訴えによることは訴訟経済にも反することから、外国裁判所の判決の基準時後の事情（請求異議事由）は、執行判決を求める訴えの中で抗弁として主張することができると解するのが相当である」と判示し、上記②の問題については、「民訴法上、相殺の抗弁が主張され、その自働債権の存在又は不存在の判断がされた場合、相殺をもって対抗した額について既判力を有するとされており（同法114条2項）、係属中の別訴において訴訟物となっている債権を自働債権として他の訴訟において相殺の抗弁を主張することは許されない（最高裁判所第三小法廷平成3年12月17日判決・民集45巻9号1435頁参照）。しかし、同法142条の『裁判所』とは、わが国の裁判所

---

[2]　中野貞一郎＝下村正明・民事執行法（青林書院・2016）179頁、福永有利・民事執行法・民事保全法［第2版］（有斐閣・2011）64頁、松本博之・民事執行保全法（弘文堂・2011）84頁、山本和彦ほか編・新基本法コンメンタール民事執行法（日本評論社・2014）60頁〔鶴田滋〕等。

[3]　東京地判平成25年4月26日 LEX/DB25512252。この判決の評釈として、青木哲「判批」JCAジャーナル61巻5号（2014）28頁、神前禎「判批」平成25年度重判解306頁、小池未来「判批」同志社法学66巻4号（2014）177頁、嶋拓哉「判批」ジュリ1465号（2014）123頁、手塚裕之「判批」道垣内正人＝古田啓昌編・実務に効く国際ビジネス判例精選（有斐閣・2015）138頁がある。

を意味し、外国の裁判所は含まれないから、特段の事情がない限り、被告による相殺の主張が重複起訴に当たり又はその趣旨に反するものとはいえない」と判示している。

　本稿においては、まず上記①の問題に関連する裁判例および学説の立場を整理・分析した上で、被告が執行判決訴訟において相殺の異議事由を抗弁として主張することが許されるのかという問題について検討し、さらに上記②の問題に関連する判例・学説の立場について検証し、係属中の外国訴訟において訴求している債権を自働債権として執行判決訴訟で相殺の抗弁を主張することは重複起訴禁止の法理に反し許されないかという問題について検討を加えることにする。なお、後者の問題と関連して、わが国の裁判所が相殺に供された自働債権の存否について審理・判断するためにも国際裁判管轄を有していなければならないかが問題となり、また外国訴訟と内国訴訟で自働債権の存否について審理・判断されて、両訴訟における判断に抵触が生じたときは、どのように扱われるべきかが問題となることから、これらの問題についても考察することにしたい。

Ⅱ　執行判決訴訟における相殺の抗弁の主張

　執行判決訴訟は、訴えの提起により開始される通常の判決手続であり、その審理手続は原則として民事訴訟の一般原則に従う。しかし、執行判決訴訟においては外国判決の実質的再審査が禁止され（民執24条2項）[4]、外国判決の内容の当否、すなわち外国裁判所による事実認定や法令の解釈・適用の当否、手続上の瑕疵の有無、判断の妥当性等につきわが国の裁判所は審査してはならないとされている。このようにわが国は、外国判決の内容の当否の審査に立ち入らない形式審査主義を採用しており、執行判決訴訟における審理の対象は、外国裁判所の判決が判決国法上確定していること（民訴118条、民執24条3項）、そして民事訴訟法118条各号に掲げられている承認要件、すなわち外国裁判所が国際裁判管轄を有していること（民訴118条1号）、手続

---

[4]　実質的再審査の禁止については、中西康「外国判決の承認執行における révision au fond の禁止について(1)～(4・完)」法学論叢135巻2号（1994）1頁、135巻4号（1994）1頁、135巻6号（1994）1頁、136巻1号（1994）1頁参照。

開始に必要な書類が適法に送達されていること（民訴118条2号）、外国裁判所の判決内容または訴訟手続がわが国における公の秩序または善良の風俗に反しないこと（民訴118条3号）、相互の保証があること（民訴118条4号）に制限されている（民執24条3項）。したがって、原告が被告に対し外国裁判所の確定判決について執行判決を求める訴訟を提起したところ、被告がこの訴訟において原告に対する債権を自働債権とする相殺の抗弁を主張した場合には、被告による相殺の抗弁の主張が執行判決訴訟の審理の対象になり得るのか、すなわちこの訴訟において相殺の異議事由を抗弁として主張することが許されるのか、あるいは法が本来予定している請求異議の訴え（民執35条）により相殺の異議事由を主張しなければならないのかが問題となる。執行判決訴訟の被告が外国判決の既判力の基準時後に生じた請求異議事由を抗弁として主張することができるか否かについては古くから議論があり、これを否定する見解と肯定する見解が対立している。以下においては、この問題に関する裁判例および学説の状況について整理・分析した上で、執行判決訴訟において相殺の抗弁を主張することが許されるのかという問題について検討することにする。

1　裁判例

執行判決訴訟において請求異議事由を抗弁として主張することの可否が問題とされた裁判例として、【1】東京地裁昭和40年10月13日判決[5]がある。アメリカ合衆国カリフォルニア州上級裁判所は、被告（夫）に対し原告（妻）および未成年の子の扶養料の支払いを命じる判決（本件外国判決）を下したが、この判決主文には、原告が1年間に3ヶ月以上未成年の子をカリフォルニア州以外に連れ出した場合には、被告は原告および未成年の子の扶養料の支払いを免除される旨の条項（本件州外移転禁止条項）が定められていた。本件は、原告が本件外国判決について執行判決を求める訴えを提起したところ、被告が原告は本件州外移転禁止条項に違反したことにより本件外国判決に基づく扶養料請求権を失ったとして、原告および未成年の子に対する扶養料の支払義務がないことを抗弁として主張した事案である。東京地裁は、「原告は、

---

5) 東京地判昭和40年10月13日下民16巻10号1560頁、判時426号13頁。

執行判決訴訟においては外国判決の既判力時点以後の実体請求権の変更、消滅に関する事由をもって抗弁となし得ないと主張するが、執行判決訴訟はわが国において当然には執行力の承認されない外国判決について、その現在の執行力の有無を確認して執行力を付与する訴訟手続であると解するので、当該訴訟手続においては請求異議訴訟において提出できる事由をもって抗弁となし得るものと解する」と判示し、執行判決訴訟において請求異議事由を抗弁として主張することを認めたが、被告の抗弁については、「州外移転禁止条項は……本来子の幸福のためのものであるという主目的の達成のためであって州外移転を禁止することが却って子の幸福に反する結果になるような本件の場合」には、被告は原告の本件州外移転禁止条項違反を主張して扶養料の支払いを免れることはできないと判断し、被告の抗弁には理由がないとしてこれを排斥した。

また、執行判決訴訟において外国判決言渡し後の事情変更を抗弁として主張することの適否および確定した執行判決のない外国裁判所の判決に対する請求異議の反訴の適否が問題とされた裁判例として、【2】東京地裁平成4年1月30日判決[6]がある。本件は、アメリカ合衆国テキサス州民である原告がわが国に居住する元妻の被告に対し、テキサス州地方裁判所が言い渡した判決（本件外国判決）のうち、被告に対して子の引渡しを命じた部分について執行判決を求める訴訟を提起したところ、被告が、子は母親である被告の監護のもとでわが国における生活に適合しており、再びテキサス州での生活を強いることは子の健全な発達の障害になるとして、本件外国判決言渡し後にその判決の判断の基礎となった事情が変わったことを抗弁として主張し、この抗弁事由を異議事由として請求異議の反訴を提起した事案である。東京地裁は、本件外国判決言渡し後の事情変更を抗弁として主張することの適否については、「外国判決自体に対する請求異議事由に該当する主張が執行判決訴訟における抗弁としての適格を有するかどうかはともかくとして、……単に被告の主張するような事実だけでは、本件外国判決自体に対する請求異議事由には該当しない」と判断して、被告の抗弁には理由がないとしてこれを排斥し、反訴として提起された本件請求異議の訴えの適否については、

---

6) 東京地判平成4年1月30日家月45巻9号65頁、判時1439号138頁、判タ789号259頁。

「請求異議の訴えは、債務名義の存在を前提とし、その執行力の排除を目的とする訴えであるところ、民事執行法22条6号は確定した執行判決のある外国裁判所の判決を債務名義と定めており、確定した執行判決のない外国裁判所の判決を債務名義から除外し、それ自体には執行力を認めていないことは法文上明らかである」との理由により、「いまだ確定した執行判決のない外国裁判所の判決に対する請求異議の訴えは、不適法な訴えというほかない」として、本件外国判決の執行力の排除を求める本件反訴は不適法であると判示した。すなわち、東京地裁は、請求異議の訴えが債務名義の執行力の排除を目的とするものであることを当然の前提とし、執行判決訴訟においては未だ債務名義とは認められていない外国裁判所の判決に対して請求異議の反訴を提起することはできないとしている。もっとも、東京地裁は、執行判決訴訟において請求異議事由を抗弁として主張することの適否については明確な判断を示していないが、被告が抗弁として主張した外国判決言渡し後の事情変更の有無について判断し、被告の抗弁を排斥していることから、この点について肯定的に解しているものと評価することができる。

　さらに、【3】東京地裁平成23年3月28日判決[7]も、前記【2】判決と同様に、執行判決訴訟において外国判決言渡し後に締結された和解契約の存在を抗弁として主張することの適否および確定した執行判決のない外国裁判所の判決に対する請求異議の反訴の適否が問題とされた裁判例である。本件は、原告が被告に対し、アメリカ合衆国カリフォルニア上位裁判所が言い渡した判決（本件外国判決）のうち、原告の扶養費、夫婦共有財産の不正目的使用金および未払金ならびにこれらに対する遅延利息の支払いを命じた部分について執行判決を求める訴訟を提起したところ、被告が本件外国判決後に原告・被告間で締結された和解契約により本件外国判決の効力が失われたことを抗弁として主張するとともに、反訴として請求異議の訴えを提起した事案であるが、東京地裁は、「請求異議の訴えは、債務名義の存在を前提とし、その執行力の排除を目的とする訴えであるが、民事執行法22条6号は、確定した執行判決のある外国裁判所の判決を債務名義と定めているところからすると、外国裁判所の判決でも確定した執行判決のないものについては債務名義

---

7)　東京地判平成23年3月28日判タ1351号241頁。この判決の評釈として、芳賀雅顯「判批」JCAジャーナル59巻1号（2012）19頁がある。

とはならないことは明らかである」との理由により、「確定した執行判決のない外国裁判所の判決に対する請求異議の訴えは、不適法な訴えといわざるを得ない」として、本件反訴を不適法であると判示した。東京地裁は、前記【2】判決と同様に、未だ確定した執行判決のない外国裁判所の判決に対する請求異議の反訴を不適法とするものであるが、執行判決訴訟において請求異議事由を抗弁として主張できるか否かという問題については言及していない。しかし、被告が抗弁として主張した原告・被告間の和解契約の効力の有無について判断していることから、この点について肯定的な立場に立つものと解することができる。

なお、旧仲裁法[8]の下では、仲裁判断についての執行判決訴訟において、仲裁判断後に生じた実体法上の異議事由を抗弁として主張することの可否について判断した裁判例がいくつか存在するが、その立場は肯定・否定に分かれている[9]。すなわち、【4】東京地裁昭和34年4月30日判決[10]は、原告が被告に対し中央建設工事紛争審査会が行った仲裁判断について執行判決を求める訴えを提起したところ、被告が本件仲裁判断による原告の請負工事代金債権の一部は第三者からの転付命令および第三者への原告からの債権譲渡により消滅したことを抗弁として主張した事案において、「仲裁判断に対する執行判決は原告に対して仲裁判断の執行力を付与するものであるから、原告が仲裁判断による請求権を有する範囲においてのみ執行判決をなすべく、原告が仲裁判断による請求権を失ったことが明らかなときはその範囲においては原告は執行判決を求めることができない」として、「被告は執行判決を求める訴において仲裁判断後に生じた実体上の請求権の変更、消滅に関する事由をもって抗弁となし得る」と判示し、執行判決訴訟において仲裁判断後に生じた実体法上の異議事由を抗弁として主張することを認めている[11]。

---

8) 現行仲裁法（平成15年法律第138号）の下では、仲裁判断に基いて民事執行をするためには、執行判決ではなく執行決定を得なければならず（仲裁45条1項ただし書・46条1項）、仲裁判断に執行力を付与するための手続は判決手続から決定手続に改められた。
9) 現行仲裁法の下での執行決定手続における請求異議事由の主張の可否については、安達栄司「外国仲裁判断の取消、承認・執行—とくに執行決定手続について」JCAジャーナル51巻12号（2004）69頁以下、猪股孝史「執行判決・執行決定と請求異議事由」法学新報119巻9＝10号（2013）130頁以下、小島武司＝猪股孝史・仲裁法（日本評論社・2014）557頁以下等参照。
10) 東京地判昭和34年4月30日下民10巻4号886頁、判時187号28頁、判タ939号55頁。
11) 東京地判昭和34年10月13日下民10巻10号2232頁も同旨。

これに対し、【5】神戸地裁平成5年9月29日判決[12]は、原告が被告に対し日本海運集会所が行った仲裁判断について執行判決を求める訴えを提起したところ、被告が本件仲裁判断に取消事由があることを主張し、その取消しを求める反訴を提起するとともに、被告の原告に対する保険料の不当利得返還請求権を自働債権とする相殺の抗弁を提出した事案において、「執行判決を求める訴えの審理の対象は、訴訟要件、適法かつ適式になされた仲裁判断の成立および仲裁判断取消事由の有無（同法〔民事訴訟法〕802条2項〔明治23年法律第29号〕）に限られ、仲裁判断の実体的判断の当否を審査することは許されない」から、「執行判決の訴えの手続内で被告が仲裁判断成立後における相殺を抗弁として主張することは、当事者の自主的紛争解決である仲裁判断を尊重し、右仲裁判断に対し、迅速に執行力を付与しようとする前記執行判決制度の趣旨に反し、許されないと解するのが相当であり、右抗弁事実は別途、執行判決が確定した後において、法が予定する請求異議の訴え（民事執行法35条）で主張すべき事由である」と判示し、執行判決訴訟において相殺等の実体法上の異議事由を抗弁として主張することは許されないとしている。

2　学説の状況

伝統的見解（否定説）[13]は、執行判決訴訟において請求異議事由を抗弁として主張することはできず、請求異議事由を主張するためには請求異議の反訴または予備的反訴を提起しなければならないとしている。その理由として、①執行判決訴訟における審理の対象は、外国判決の確定および民事訴訟法118条所定の要件のみに限定されていること、②執行判決を求める訴えと請求異議の訴えは、法が全く別個の訴えとして認めていること、③執行判決を求める訴えと請求異議の訴えでは、原告と被告が逆であり、被告の抗弁によって執行判決を求める訴えの性格が変わる結果を認めることは、能動的当事者を異にする形で救済方法を分立せしめた趣旨に合致しないこと、④請求権の消滅を主張する必要があるならば、執行判決訴訟において反訴または予備的反訴の形で請求異議の訴えを提起すれば足りること等が挙げられている。

---

12) 神戸地判平成5年9月29日判時1517号128頁、判タ863号273頁。この判決の評釈として、松下祐記「判批」ジュリ1126号（1998）344頁がある。
13) 三ケ月章・民事執行法（弘文堂・1981）84頁。

さらに、執行判決訴訟において請求異議事由を抗弁として主張することができるのかという問題は、執行文付与の訴えにおいて請求異議事由を抗弁として主張することができるのかという問題と全く同質であり、被告が請求権の消滅等を主張するには反訴を提起して併合審理を求めるべきであることが指摘されている[14]。

これに対し、近時の多数説（肯定説）[15]は、①外国判決は確定した執行判決と合体して債務名義となるから、現時点における執行力の付与の可否を判断すべきであること、②作出された当初から請求異議の対象となるような債務名義を作出することは債務名義の理念に反すること、③執行判決訴訟は判決手続であるから実体上の請求権について審理するのに不適切とはいえないこと、④執行判決訴訟において抗弁として主張することを認めて、請求異議事由の存否を裁判所に判断させることで、権利関係の速やかな安定を図る方法を認めるべきであること、⑤執行判決の確定をまって請求異議の訴えを提起させるよりも、執行判決訴訟において事前に執行力の付与を防ぐための手段を認めることは訴訟経済の要請に合致すること、⑥確定した外国判決を得ていても、執行判決を得ない限り債務名義は成立していないから、未だ債務名義自体の完成がない段階で外国裁判所の判決に対する請求異議の反訴（予備的反訴としても）は認められないこと等を根拠として、執行判決訴訟において請求異議事由を抗弁として主張することは許されるとしている。

3 検　　討

下級審の裁判例および肯定説は、請求異議の訴えが債務名義の執行力の排除を目的とするものであることを前提に、未だ債務名義が成立していない執行判決訴訟において請求異議の反訴または予備的反訴は認められないが、請求異議事由を抗弁として主張することは許されるとしている。

これに対し、否定説は、請求異議事由の主張の問題は執行判決訴訟における場合と執行文付与の訴えにおける場合では全く同質であり、両者を整合さ

---

14)　三ケ月・前掲注13) 84頁。
15)　青木・前掲注３) 30頁、猪股・前掲注９) 120頁以下、内田義厚・執行関係訴訟の理論と実務（民事法研究会・2016) 173頁以下、小林昭彦「外国判決の執行判決について」判タ937号（1997) 39頁、鈴木＝三ケ月編・前掲注１) 427頁〔青山〕、中野＝下村・前掲注２) 184頁以下、芳賀・前掲注７) 22頁以下、福永・前掲注２) 65頁以下、松本・前掲注２) 85頁等。

せなければならないとし、執行文付与の訴えにおいては、被告は請求異議事由を反訴として主張することができるが、抗弁として主張することは許されないから[16]、執行判決訴訟の場合にも同様に、被告は請求異議事由を反訴ないし予備的反訴として主張することはできるが、抗弁として主張することはできないとしている。

　被告が執行判決訴訟において請求異議事由を主張することができるという点では、肯定説・否定説の見解に相違はないが、両者の相違は、請求異議事由の主張方法、すなわち請求異議事由を抗弁として主張することができるのか、あるいは反訴ないし予備的反訴として主張しなければならないかという点である[17]。

　債務名義に表示された請求権に関する異議事由は、本来、請求異議の訴えにおいて主張されなければならないから（民執35条1項）、否定説が主張するように、執行判決訴訟において請求異議の反訴または予備的反訴を提起することが可能であれば、あえて抗弁としての主張を認める必要はない。執行判決訴訟の法的性質[18]について、外国判決の執行力は、判決国だけではなくわが国にも及ぶことを前提に、執行判決訴訟は、執行に先立って外国判決の要件充足の有無を訴訟裁判所において審査させるために行われるものであり、執行文の付与行為と同様の公証行為であるとする確認訴訟説[19]の立場に立ち、執行判決訴訟に係属中の外国判決であっても、わが国では潜在的に執行力を有しており、これを排除する必要性は否定できないこと、同一手続での併合審理を認めた方が矛盾判断の抑止や一回的解決の観点等から妥当であるとの理由により、執行判決訴訟の本訴に対する請求異議の反訴および予備的反訴は適法であるとの見解[20]が主張されている。しかし、執行判決訴訟は、外国

---

16)　最判昭和52年11月24日民集31巻6号943頁、判時874号42頁、判タ357号230頁。同様の立場に立つものとして、内田・前掲注15) 192頁、鈴木＝三ケ月編・前掲注1) 554頁〔丹野達〕、中野＝下村・前掲注2) 269頁、福永・前掲注2) 77頁、松本・前掲注2) 120頁、三ケ月・前掲注13) 120頁等。
17)　猪股・前掲注9) 122頁。
18)　執行判決訴訟の法的性質については、芳賀雅顯「執行判決訴訟の法的性質について」石川明＝三木浩一編・民事手続法の現代的機能（信山社・2014) 333頁以下参照。
19)　確認訴訟説の立場に立つものとして、内田・前掲注15) 165頁以下、兼子一・強制執行法（弘文堂・1949) 79頁、兼子一ほか・条解民事訴訟法［第2版］（弘文堂・2011) 622頁〔竹下守夫〕、竹下守夫・民事執行法の論点（有斐閣・1985) 67頁、芳賀・前掲注18) 347頁以下。
20)　内田・前掲注15) 179頁以下。

判決が民事訴訟法118条各号の要件を具備し、かつ判決国において執行力を有することを前提とし、これにわが国における執行力を付与する手続であり[21]、執行判決訴訟に係属中の外国判決は確定した執行判決と合体して債務名義となるから（民執22条6号）、未だ債務名義が成立していない段階でその執行力の排除を目的とする請求異議の反訴または予備的反訴を提起することはできない。

もっとも、執行判決訴訟の被告は執行判決の確定をまてば、請求異議の訴えを提起できるが、そのような方法は迂遠であり、訴訟経済の要請に反し適当ではない。また、執行判決訴訟後に請求異議の訴えが提起されて、執行判決の執行力が排除されるのであれば、執行判決訴訟において事前に執行力の付与を防ぐための手段を認めるべきであり、このことは訴訟経済の観点のみならず被告の保護という観点からも妥当である。したがって、被告は執行判決訴訟において相殺の異議事由を抗弁として主張することができる。

なお、被告が執行判決訴訟において請求異議事由を抗弁として主張せずに執行判決を受け、それが確定した場合には、その異議事由に基づいて請求異議の訴えを提起することができるのかが問題となる。この問題については、執行判決訴訟において請求異議事由を抗弁として主張することが許されるとしても、被告はその存在を知らないこともあり得るから、その主張をすることなく執行判決が確定した場合に常に失権させるのは不当であるとして、被告が1つでも請求異議事由を主張したときは、他の異議事由につき失権させることができるとの見解[22]が唱えられているが、執行判決訴訟の口頭弁論終結前に主張できたのに主張しなかった事由については、執行判決の確定後、その既判力による遮断効が及び、もはやその事由に基づいて請求異議の訴えを提起することはできないと解されている[23]。もっとも、相殺については、基準時後の行使も許されるとするのが判例・通説[24]であるから、被告が執行

---

21) 東京地判昭和40年10月13日下民16巻10号1560頁、判時426号13頁、鈴木＝三ケ月編・前掲注1）424頁〔青山〕。
22) 菊井維大・強制執行法（総論）［法律学全集36-I］（有斐閣・1976）60頁。
23) 猪股・前掲注9）125頁以下、内田・前掲注15）174頁、兼子・前掲注19）185頁、小林・前掲注15）43頁、鈴木＝三ケ月編・前掲注1）428頁〔青山〕、中野＝下村・前掲注2）185頁、福永・前掲注2）66頁等。
24) 最判昭和40年4月2日民集19巻3号539頁、高橋宏志・重点講義民事訴訟法(上)［第2版補訂版］（有斐閣・2013）622頁以下参照。

判決訴訟において相殺の抗弁を主張することなく執行判決が確定したとしても、その主張は執行判決の既判力によって遮断されない。

III 相殺の抗弁と国際的訴訟競合

1 国際的重複起訴の禁止

相殺の抗弁に係る債権は、訴訟物ではないが、相殺の抗弁について裁判所の判断がなされた場合には、相殺に供された自働債権の存否についての判断に既判力が生じる（民訴114条2項）。したがって、2つの訴訟において自働債権を重複して主張するような場合、すなわち係属中の外国訴訟において訴求している債権を自働債権として内国訴訟で相殺の抗弁を主張するような場合（別訴先行型）には、既判力の矛盾抵触という問題が生じ得ることから、内国訴訟の場合と同様に、民事訴訟法142条が定める重複起訴禁止の法理を類推適用すべきか否かが問題となる。

内国訴訟の別訴先行型における相殺の抗弁について、最高裁昭和63年3月15日第三小法廷判決[25]は、自働債権の存否につき審理が重複して訴訟上の不経済が生じること、確定判決により自働債権の存否が判断されると、相殺をもって対抗した額の不存在に既判力が生じ、別訴における別の裁判所の判断と抵触して法的安定性を害する可能性があること等を理由に、重複起訴の禁止を定める民事訴訟法142条の法意に反し相殺の抗弁を提出することは許されないと判示し、さらに最高裁平成3年12月17日第三小法廷判決[26]も、相殺の抗弁が提出された自働債権の存在または不存在の判断が相殺をもって対抗した額について既判力を有することから（民訴114条2項）、相殺の抗弁の場合にも自働債権の存否について矛盾する判決が生じ法的安定性を害する可能性があるとして、民事訴訟法142条の趣旨である審理の重複による無駄の回避および複数の判決における互いに矛盾した既判力ある判断の防止は、別訴先行型における相殺の抗弁の場合にも妥当するとの理由により、相殺の抗弁の主張は不適法であるとし、このことは相殺の自働債権を訴訟物とする訴訟と相殺の抗弁が提出された訴訟が併合審理された場合についても同様で

---

25) 最判昭和63年3月15日民集42巻3号170頁。
26) 最判平成3年12月17日民集45巻9号1435頁。

あると判示している[27]。

学説においては、内国訴訟の別訴先行型における相殺の抗弁について、別訴の被告は別訴において反訴を提起することが可能であること、別訴の原告が相殺の抗弁を主張するには別訴を取り下げなければならないが、それに必要な相手方の同意（民訴261条2項）を得ることが非常に困難であること、相殺の簡易決済機能や相殺の担保的機能に対する別訴原告の期待を保護すべきこと等を理由に、別訴先行型における相殺の抗弁の場合に限り、その主張を適法とすべきとする見解[28]が有力であるが、多数説[29]は、審理の重複と判断の矛盾抵触のおそれを回避することを重視し、相殺の抗弁の主張を民事訴訟法142条の趣旨に照らして不適法であると解している。

前掲東京地裁平成25年4月26日判決[30]は、上記の内国訴訟についての判例および学説における多数説の見解に従い、係属中の別訴において訴訟物となっている債権を自働債権として他の訴訟において相殺の抗弁を主張することは許されないとしながらも、民事訴訟法142条の「裁判所」とは、わが国の裁判所を意味し、外国の裁判所は含まれないから、内国訴訟の場合とは異なり、特段の事情がない限り、係属中の外国訴訟において訴求している債権を自働債権として内国訴訟で相殺の抗弁を主張することは、重複起訴の禁止に反しないとしている。

民事訴訟法142条は、重複起訴の禁止を定めているが、同条の「裁判所」とは、わが国の裁判所を意味し、外国の裁判所は含まれないと解されてい

---

27) ただし、最判平成10年6月30日民集52巻4号1225頁は、明示の一部請求訴訟の係属中に残部債権を自働債権とする相殺の抗弁について、審理の重複や債権の一部と残部とで異なる判決がなされることによる判断の抵触の問題があるとしつつも、相殺の抗弁は訴えの提起と異なり、相手方の提訴を契機として防御の手段として提出されるものであり、相手方の訴求する債権と簡易迅速かつ確実な決済を図るという機能を有するものであるとの理由により、債権の分割行使による相殺の主張が訴訟上の権利の濫用に当たるなどの特段の事情がない限り、正当な防御権の行使として許容されるとしている。

28) 高橋・前掲注24) 141頁以下、新堂幸司＝福永有利編・注釈民事訴訟法(5) (有斐閣・1998) 227頁以下〔佐野裕志〕、中野貞一郎＝松浦馨＝鈴木正裕編・新民事訴訟法講義〔第2版補訂2版〕(有斐閣・2008) 167頁以下〔堤龍弥〕、三木浩一ほか・民事訴訟法〔第2版〕(有斐閣・2015) 532頁以下〔笠井正俊〕。

29) 伊藤眞・民事訴訟法〔第4版補訂版〕(有斐閣・2014) 222頁、川嶋四郎・民事訴訟法（日本評論社・2013) 292頁以下、秋山幹男ほか・コンメンタール民事訴訟法Ⅲ（日本評論社・2008) 172頁以下、斎藤秀夫ほか編著・注解民事訴訟法(6)〔第2版〕276頁以下〔斎藤＝加茂紀久男〕、長谷部由起子・民事訴訟法（岩波書店・2014) 84頁以下等。

30) 前掲注3) 東京地判平成25年4月26日。

る[31]。すなわち、同条は国内裁判所における重複訴訟を規律するものであり、国際的重複訴訟には適用されないと解されているから、国際的重複起訴を禁止する明文規定は存在しない[32]。

しかし、同一事件について、外国訴訟の係属があっても、これを一切考慮せずに、わが国の裁判所において審理を進めることは、判決抵触の防止、当事者の公平、訴訟経済等の観点から妥当ではない。このような考慮から、判例および学説においては、国際的訴訟競合が生じた場合の取扱いとして、先行する外国訴訟において下されるであろう判決が、わが国において承認されることが予測できる場合には、内国裁判所における後訴を規制することができるとする見解（承認予測説）[33]や外国とわが国のいずれの裁判所で審理を行うのが適切であるかを比較衡量し、外国裁判所で審理を行う方がより適切であると認められるときは、内国の訴訟を規制することができるとする見解（比較衡量説）[34]が主張されているが、近時の裁判例[35]は、国際的訴訟競合の問題を民事訴訟法3条の9の「特別の事情」の有無の判断枠組の中で処理しようとする傾向がみられる。すなわち、同一または関連する訴訟が外国の裁判所において係属していることは、民事訴訟法3条の9の「その他の事情」として考慮され、わが国の裁判所の管轄権の有無が判断される。その上で、わが国の裁判所の管轄権が認められる場合には、外国の裁判所における審理の進行、証拠調べの状況、包括的な和解の可能性等も考慮しながら、期日の指定がなされ、審理が進められることになるとされている[36]。したがって、係

---

31) 東京高判昭和32年7月18日下民8巻7号1282頁、大阪地中間判昭和48年10月9日判時728号76頁、東京地中間判昭和62年9月23日判時1240号27頁、東京地中間判平成19年3月20日判時1974号156頁、東京地中間判平成21年11月10日判タ1320号265頁。

32) 現行民事訴訟法の改正作業において、法務省に設置された法制審議会国際裁判管轄法制部会では、国際的訴訟競合に関する規定を設けるかどうかについて議論されたが、「民事訴訟法及び民事保全法の一部を改正する法律（平成23年法律第36号）」では、国際的訴訟競合に関する規定が設けられなかったことから、国際的訴訟競合が生じた場合の取扱いは、実務の運用に委ねられることになる。佐藤達文＝小林康彦編著・一問一答 平成23年民事訴訟法等改正―国際裁判管轄法制の整備（商事法務・2012）174頁以下参照。

33) 東京地中間判平成元年5月30日判時1348号91頁、澤木敬郎「国際的訴訟競合」鈴木忠一＝三ケ月章監修・新実務民事訴訟講座(7)―国際民事訴訟・会社訴訟（日本評論社・1982）116頁、道垣内正人「国際訴訟競合」高桑昭＝道垣内正人編・新・裁判実務大系(3)―国際民事訴訟法（財産法関係）（青林書院・2002）146頁以下等。

34) 石黒一憲「外国における訴訟係属の国内的効果―国際的訴訟競合を中心として」澤木敬郎＝青山善充編・国際民事訴訟法の理論（有斐閣・1987）330頁以下、小林秀之＝村上正子・国際民事訴訟法（弘文堂・2009）163頁以下、古田啓員・国際訴訟競合（信山社・1997）118頁以下等。

35) 東京地判平成3年1月29日判時1390号98頁、前掲注31)東京地中間判平成19年3月20日。

属中の外国訴訟において訴求している債権を自働債権として内国訴訟で相殺の抗弁が主張された場合には、自働債権を訴求する外国訴訟の係属は、わが国の裁判所の国際裁判管轄の有無の判断において、「特別の事情」の有無の一要素として考慮される。

2 相殺に供された自働債権の国際裁判管轄

　国際的訴訟競合の問題を民事訴訟法3条の9の「特別の事情」の有無の判断枠組の中で処理する場合には、わが国の裁判所の国際裁判管轄の有無が問題となることから、わが国の裁判所が相殺に供された自働債権の存否について審理・判断するためにも国際裁判管轄を有していなければならないかが問題となる。この問題について、ドイツでは、ドイツ民事訴訟法322条2項により相殺に供された自働債権についての判断に既判力が生じること、自働債権についての訴訟追行の負担は、反訴と相殺の抗弁とで変わりがないこと、準拠法によっては、自働債権につき反訴の形式での権利追求が必要とされることがあること等を根拠に、裁判所は自働債権についても国際裁判管轄を有する場合にのみ自働債権の存否について審理・判断することができるとする管轄必要説が判例の立場であるとされているが[37]、わが国では、自働債権に国際裁判管轄は要求されないとする管轄不要説[38]が有力である[39]。

　管轄不要説は、国際裁判管轄の存否は、訴訟物との関係においてのみ問題となり、訴訟物について国際裁判管轄を有する裁判所は、その当否の判断に必要な事由について審理・判断することができること、相殺の抗弁は防御方

---

36)　佐藤=小林編著・前掲注32) 174頁以下。
37)　BGH NJW 1993, 2753 = IPRax 1994, 115 = ZZP 107 (1994), 211. なお、この問題に関するドイツでの議論状況については、石渡哲「渉外民事訴訟における訴訟上の相殺と反対債権に関する国際的裁判管轄—ドイツ連邦通常裁判所およびヨーロッパ裁判所の判例を契機とした問題提起」石川明先生古稀祝賀・現代社会における民事手続法の展開(上)(商事法務・2002) 284頁以下、ダグマー・ケスター・ヴァルチェン(渡邉惺之訳)「国際民事訴訟法における相殺」阪大法学46巻2号(1996) 174頁以下、松本博之・訴訟における相殺(商事法務・2008) 94頁以下参照。
38)　酒井一「相殺の抗弁と国際裁判管轄」判タ936号(1997) 67頁以下、松本・前掲注37) 103頁以下。
39)　管轄不要説の他、ドイツの中間説を基に、わが国の裁判所に国際裁判管轄のない自働債権による相殺の抗弁が主張された場合には、わが国の裁判所は被告に対し国際裁判管轄のある裁判所に自働債権の存在確認を求める訴えを提起するように示唆し、被告がこれに応じた場合には、受働債権についての審理によりその存在が明らかになっても、管轄権を有する裁判所による自働債権の存否に関する確定判決が得られるまでは、請求認容判決を下すことができないとする見解が唱えられている。石渡・前掲注37) 294頁。

法にすぎず、訴訟係属を生じさせるものではないこと、自働債権に国際裁判管轄を要求することは、被告の防御を不当に困難にすること等を理由に、裁判所は自働債権の存否について審理・判断するために国際裁判管轄を有する必要はないとしている。

　近時、東京地裁平成26年3月24日判決[40]も、「国際裁判管轄の存否は、訴訟物との関係において問題となるというべきであり、訴訟物について国際裁判管轄を有する裁判所は、その当否について判断するのに必要な事実上・法律上のすべての点について審理・判断することができると解するのが相当」であり、「相殺の主張は、攻撃防御方法の一つにすぎない」から、自働債権に国際裁判管轄は不要であると判示して、管轄不要説に立つことを明らかにしている[41]。

　訴求債権の消滅をもたらす相殺の抗弁は、反訴と共通する面を有するが、請求認容判決（債務名義）の獲得を目標とするものではなく、反訴とは機能的に異なるものである。すなわち、反訴に国際裁判管轄が要求されるとしても、相殺の抗弁は防御方法である以上、訴えの一種である反訴と同様に扱うべき理由に乏しく、自働債権に国際裁判管轄を要求することにより、被告から重要な防御方法の1つを奪うことを正当化することはできない[42]。また、管轄必要説は、相殺に供された自働債権についての判断に既判力が生じることを根拠に、自働債権についても国際裁判管轄が必要であるとするが、自働債権についての判断に既判力が付与されるのは、当事者の武器対等の要請から自働債権の二重行使を防ぎ、相殺の相手方を保護するためであり、既判力が付与されることは、自働債権に国際裁判管轄を要求することを根拠づけるものではない[43]。したがって、自働債権の存否についての審理・判断に国際裁判管轄は要求されないとする管轄不要説が妥当であり、わが国の裁判所が訴訟物について国際裁判管轄を有する場合には、自働債権の存否についても審理・判断することができる。

　　40）　東京地判平成26年3月24日（判例集未登載）。この判決については、小池未来「判批」ジュリ1483号（2015）124頁参照。
　　41）　その他、管轄不要説に立つ裁判例として、大阪地中間判昭和61年3月26日判時1200号97頁、判タ601号65頁、東京地判平成25年4月26日LEX/DB25512252がある。
　　42）　酒井・前掲注38）67頁以下、松本・前掲注37）103頁以下。
　　43）　酒井・前掲注38）68頁、松本・前掲注37）105頁以下。

3　外国訴訟と内国訴訟との抵触

　自働債権に国際裁判管轄は要求されず、相殺の抗弁の主張は国際的訴訟競合の問題として規制されないから、被告が原告に対し係属中の外国訴訟において訴求している債権を自働債権として執行判決訴訟で相殺の抗弁を主張することは許される。この場合、外国訴訟と内国訴訟で自働債権の存否について審理・判断されることになるが、両訴訟における判断に抵触が生じたときは、どのように扱われるべきか。相殺の抗弁について判断した内国訴訟が先に確定した場合には、自働債権を訴求する外国訴訟において請求を認容する判決は、手続公序（民訴118条3号）に反するものとしてその承認が拒否される[44]。逆に、自働債権を訴求する外国訴訟において請求を認容する判決が先に確定した場合には、わが国の裁判所は外国判決の既判力に拘束され、これに抵触する判決をすることができないから、先に確定した外国判決の既判力と抵触する判決は再審の訴えによる取消しの対象となる（民訴338条1項10号）[45]。

Ⅳ　おわりに

　本稿においては、執行判決訴訟における相殺の抗弁に関する問題として、被告は執行判決訴訟において相殺の異議事由を抗弁として主張することが許されるのかという問題、さらに係属中の外国訴訟において訴求している債権を自働債権として執行判決訴訟で相殺の抗弁を主張することは重複起訴禁止の法理に反し許されないかという問題に重点を置き検討してきた。検討結果をまとめれば、以下のとおりである。

　執行判決訴訟において請求異議事由を抗弁として主張することの許否につき肯定説と否定説が対立しているが、次の理由から肯定説が正当である。

　執行判決訴訟は、外国判決にわが国での執行力を付与する手続であり、この訴訟に係属中の外国判決は確定した執行判決と合体して債務名義となるか

---

[44]　青木・前掲注3）34頁。
[45]　秋山幹男ほか・コンメンタール民事訴訟法Ⅱ［第2版］（日本評論社・2006）517頁以下、安達栄司「国際的訴訟競合」新堂幸司監修・実務民事訴訟講座［第3期］(6)―上訴・再審・少額訴訟と国際民事訴訟（日本評論社・2013）411頁、岡田幸宏「外国判決の効力」伊藤眞＝徳田和幸編・講座新民事訴訟法Ⅲ（弘文堂・1998）386頁、兼子ほか・前掲注19）641頁〔竹下〕等。

ら（民執22条6号）、この訴訟の段階では未だ債務名義が成立していないため、被告はこの訴訟において債務名義の執行力の排除を目的とする請求異議の反訴または予備的反訴を提起することができない。執行判決の確定をまてば、被告は請求異議の訴えを提起することができるが、そのような方法は訴訟経済の要請および被告の保護の観点から適当ではないため、被告が執行判決訴訟において相殺の異議事由を抗弁として主張することを認めるべきである。

　民事訴訟法142条は、国内裁判所における重複訴訟を規律するものであり、国際的重複訴訟には適用されないが、同一事件についての外国訴訟の係属を一切考慮しないことは、判決抵触の防止、当事者の公平、訴訟経済等の観点から適切ではないことから、係属中の外国訴訟において訴求している債権を自働債権として内国訴訟で相殺の抗弁が主張された場合には、自働債権を訴求する外国訴訟の係属は、民事訴訟法3条の9の「その他の事情」として考慮され、わが国の裁判所の国際裁判管轄の有無が判断されることになる。しかし、防御方法の1つである相殺の抗弁は、国際裁判管轄が要求される反訴とは機能的に異なるものであり、また自働債権についての判断に既判力が付与されることは、自働債権に国際裁判管轄を要求することを根拠づけるものではないから、自働債権の存否についての審理・判断に国際裁判管轄は要求されず、相殺の抗弁の主張は国際的訴訟競合の問題として規制されない。したがって、わが国の裁判所が訴訟物について国際裁判管轄を有する場合には、自働債権の存否についても審理・判断することができる。

　その結果、外国訴訟と内国訴訟で自働債権の存否の判断に抵触が生じたときは、次のように処理される。相殺の抗弁について判断した内国訴訟が先に確定した場合には、自働債権を訴求する外国訴訟において請求を認容する判決は、手続公序（民訴118条3号）に反するものとしてその承認が拒否され、自働債権を訴求する外国訴訟において請求を認容する判決が先に確定した場合には、その既判力との抵触は再審事由（民訴338条1項10号）となる。

【付記】
　　上野泰男先生には、学会および研究会等において、多大なご指導をいただいております。上野先生の古稀をお祝いするには、甚だ拙い内容で大変申し訳なく存じますが、謹んで小稿を捧げさせていただきます。長年にわたるご指導に深く感謝し、上野先生の古稀を心よりお祝い申し上げます。

株式会社である再生債務者の公平誠実義務・再論
――事業再生過程における取締役の業務執行との関わりをめぐって

◆加藤哲夫◆

I　はじめに
II　日本法における理論状況
III　米国法における DIP とその取締役――概説
IV　むすびにかえて

I　はじめに

1　本稿の基本的な視座

　民事再生法にいう再生債務者の公平誠実義務（民再38条2項）とは、債権者に対し、業務遂行権、財産の管理処分権を公平かつ誠実に行使し、再生手続を遂行する義務である。このような内容から、事業を再生する過程における公平誠実義務は、もっぱら再生債権者のために再生債務者財産の価値を最大化するところに奉仕する義務であると一般に解されている。

　ところで、再生債務者の法的地位をどのように解するか[1]はひとまず措くとして、こと再生債務者が株式会社である場合にこの公平誠実義務はどのように機能するのだろうかという素朴な疑問がつきまとう。というのは、直截に考えれば、株式会社である再生債務者の負っている公平誠実義務は、再生債務者の名において業務執行を行う取締役自身が遂行すべき義務とも考えられるからである。もしこのような単純な論理が許されるならば、再生債務者が株式会社である場合に取締役が会社に対し負っている善管注意義務（会社330条・民644条参照）ないし忠実義務（同355条参照）をどのように考えるべき

---

1) この点の私見につき、加藤哲夫「民事再生法における再生債務者の地位―再生債務者論序説として」櫻井孝一先生古稀祝賀・倒産法学の軌跡と展望（成文堂・2001）21頁以下。

かという疑問に逢着することになる。

　さらに、以上のような疑問が正鵠を射ているとすれば、その延長線上には、次のような疑問が生じる。第１点として、取締役の具体的な業務執行との関係では、再生債務者財産の再生債権者価値を最大化する上で、その現実的な業務執行はその範囲に留まるといわざるを得ないのではないかという疑問である。第２点として、再生計画は、民事再生手続が基本的に再生債権者の再生債権の権利変更を内容としてその弁済原資を将来の事業収益に依存する建付けになっているところから、この間の事業収益の獲得は取締役の経営判断に基づく幅広い業務執行に依存せざるを得ない実態からみれば、再生債務者の公平誠実義務、そして取締役の善管注意義務や忠実義務をどのように考えればよいのかという疑問である。さらに、第３点として、民事再生手続では再生計画の認可要件のひとつにいわゆる「清算価値保障原則」（民再174条２項４号参照）の充足が要求されているから、少なくともこれを満たす再生計画案が可決され、認可される過程で、取締役の業務執行によりその弁済原資を超える事業収益が実現された場合には、その事業収益価値は取締役の経営判断による業務執行の成果として、再生債務者自体の利益留保あるいは株主価値として株主に配分されるべきものと考えてよいのかという疑問が生じる。

2　経営判断原則とのかかわり

　このようにみてくると、仮に、株式会社である再生債務者の公平誠実義務を介して、その取締役の善管注意義務ないし忠実義務を考えるにしても、再生債務者の名において行われる取締役の業務執行における経営判断との関係がおのずと顕在化してくる。端的にいえば、民事再生法が迅速な事業の再生を標榜しているとともに、「清算価値保障原則」の充足を要求しこれに従った再生計画の遂行が求められている建付けの中で、再生債務者に課せられている公平誠実義務の遂行とその業務執行を担う取締役の善管注意義務や忠実義務に支えられた経営判断との関係は微妙な同調関係あるいは対抗関係に立つことになろう。

　再生債務者の公平誠実義務に理論的に呪縛されていることもあってか、後述する一部の学説を除いてこの点にまで議論が及んでいないように考えられる。そこで、本稿では、あらためて日本法における理解の若干の検証[2]を行

うとともに、米国連邦倒産法における DIP の信認義務をめぐる議論と取締役の信認義務に密接にかかわる「経営判断原則」との関係を検討し、これとの比較の中で日本における前述の理論との整合・不整合を検証しようとするものである。

II 日本法における理論状況

1 公平誠実義務をめぐる理論状況

　民事再生法は、「再生手続が開始された場合には、再生債務者は、債権者に対し、公平かつ誠実に、前項の権利を行使し、再生手続を追行する義務を負う」（民再 38 条 2 項）と規定する。「前項の権利」とは、業務を遂行し、または財産を管理し、もしくは処分する権利である（同条 1 項）。ここにいう「公平」とは、特定の再生債権者の利益を図るのではなくすべての再生債権者の利益を公平に図ることを意味し、「誠実に」とは、再生債務者が自らの利益を図ることなくすべての再生債権者の利益のために業務遂行権、財産の管理処分権（民再 38 条 1 項参照）を行使し、再生手続を遂行する義務を表明したものと理解されている。すなわち、このような義務が、再生債務者財産の価値を再生債権者のために最大化することに奉仕するものであるという通説的な理解になる[3]。

　このような再生債務者の公平誠実義務の理解の下で、あるいはこのような義務との関係で、再生債務者が株式会社である場合における取締役がどのような地位に立つのかが、議論の源泉といえよう。いうまでもなく、平時実体法である会社法の下では、会社取締役は会社に対して善管注意義務および忠実義務を負い、取締役はその義務の違反ないし懈怠により損害賠償責任を負うことがある[4]。しかし、株式会社が民事再生手続に入るや否や、再生債務

---

2) 再生債務者の地位に関する学説の詳細な分析につき、加藤哲夫「日米における『再生債務者・DIP』論の一断面——公平誠実義務と信認義務をめぐる理論状況」民訴 61 号（2015）1 頁、10 頁以下。なお、同論文では特に、手続開始前の債務者と手続開始後の再生債務者の地位をめぐる問題を検討した。本稿では、これを踏まえて再生債務者の公平誠実義務とその取締役の業務執行との関係に議論を広げて論じることとする。
3) 「公平誠実義務」のこのような理解につき、さしあたり、松下淳一・民事再生法入門［第 2 版］（有斐閣・2014）37 頁。
4) これは、倒産との関係でいえば、従前の経営者の破綻責任をどのように問うかの問題である。そして、このような破綻に至る過程での「倒産責任」の概念を提唱するものとして、谷口安平

者は公平誠実義務を負うことになるから、その業務を執行する取締役が再生債務者の負っている公平誠実義務との関係で、直截にこの公平誠実義務を負うのかという問題がまず生じるし、平時に負っている善管注意義務および忠実義務は公平誠実義務との関係でどのように捉えればよいのかという問題が生じる。

2 取締役の善管注意義務・忠実義務

そこでまず、会社法上、取締役が負っている善管注意義務、忠実義務、ひいては経営判断との相互連関がどのように理解されているかをまず整理しておこう。いうまでもなく、株式会社と取締役との関係は委任契約による。受任者である取締役は、ある程度の自由裁量の権限を有し、委任者の指図だけに頼ることなく、任された事務を、その目的に従って、最も合理的に処理する権利・義務を有する[5]とされている。ここにいう事務の処理の委託は、一定の目的の下に合理的に処置することを受任者に任す意味であり、そのためある程度の自由裁量の権限が受任者には与えられる。ここにいう権利とは、事務処理にあたっての受任者の包括的権限であるといえる[6]。

他方で、受任者は、事務処理に当たり善管注意義務を負う（民644条）。これが受任者の義務の中核である。もっとも、委託者が企業の場合には、委任本来のいわば人格的な信頼関係を離れて経済的な委嘱関係であるといえるから、善管注意義務は委任者の得る利益、受任者の受ける報酬その他一切の事情を考慮し、信義則によって適当な範囲に限定される[7]といわれる。このような理解を前提にすると、会社法上取締役が負っている善管注意義務（会社330条による民644条）も、このような内容のものとして理解することができる[8]。

「倒産企業の経営者の責任」鈴木忠一＝三ケ月章監修・新・実務民事訴訟講座13（日本評論社・1981）241頁。同論文259頁は、この局面でのより厳格な「経営判断」の基準を提唱する。

[5] 我妻栄・債権各論 中巻二［民法講義 V₃］（岩波書店・1962）656頁。同文献の引用中、現代表記に直した。

[6] いうまでもなく委任契約は無償契約である。しかし、有償の特約があるのが通常であり、さらには事実たる慣習により報酬の特約ありと認められる場合が多いといわれる。このような指摘につき、我妻・前掲注5）685頁。

[7] 我妻・前掲注5）672頁。

[8] 江頭憲治郎・株式会社法［第6版］（有斐閣・2015）429頁によれば、善管注意義務の水準は、その地位・状況にある者に通常期待される程度のものであり、業務執行を萎縮させないよう注意

受任者が負う義務として、取締役には、法令・定款・株主総会決議を遵守して、会社のために忠実に職務を行うべき、忠実義務が課せられている（会社355条）。この忠実義務は、判例によれば、善管注意義務を敷衍して、いっそう明確にしたものであり、通常の委任関係に伴う善管注意義務とは別個の高度な義務を定めたものとはいえないと解されている[9]。すなわち、取締役の忠実義務は委任関係における善管注意義務と同質のものあるいはその一部と解されていることになる[10]。

次に、このような取締役の業務執行と経営判断の関係は、これまで一般論としてどのように考えられてきたであろうか。有力説によれば、取締役の善管注意義務が尽くされたか否かの判断は、行為当時の状況に照らした合理的な情報収集・調査・検討等が行われたか、そしてその状況と取締役に要求される能力水準に照らし不合理な判断がなされなかったかを基準になされるべきであり、事後的・結果論的な評価がなされてはならない[11]とされている。

このような経営判断原則による評価をめぐっては、事実認識・意思決定過程に不注意がなければ、取締役には広い裁量の幅が認められることを判示する裁判例が多い[12]とされ、それは経営における冒険の不可避性に由来するものと考えられている。現在における趨勢は、善管注意義務違反の有無の判断において経営裁量を重視する[13]とともに、取締役の広い経営裁量を確保することとその濫用を防止することとの間で適切なバランスをとらなければならず、それが善管注意義務の判断枠組みにおける経営判断原則の役割や機能[14]といった点に議論が収斂されているのではないかと考えられる[15]。

　　義務違反の責任を問うことには慎重であるべきとの原則を提示する。
9）　このような指摘として、取締役が会社を代表して政治資金を寄付する場合における取締役の忠実義務につき、最大判昭和45年6月24日民集24巻6号625頁参照。
10）　アメリカにおいては、取締役・会社間に利害対立の可能性のある「忠実義務」の領域とそれがない「注意義務」の領域を峻別し、取締役が責任を免れる要件、違反の効果が区別されているといわれる。日本では、これらを区別する発想は乏しく、自己の利益を図ってはならない義務である忠実義務も善管注意義務の一部にすぎないと一般に解されているとされる。この点につき、江頭・前掲注8）430頁。
11）　江頭・前掲注8）464頁。
12）　江頭・前掲注8）464頁注(3)。
13）　岩原紳作編・会社法コンメンタール7　機関(1)（商事法務・2013）424頁〔近藤光男〕。
14）　このような経営判断原則の役割と機能につき、落合誠一「株式会社のガバナンス(5)」法教317号（2007）35頁。
15）　事業再編計画の一環として、他者の株式を買い取る場合の買取価格の決定について取締役の善管注意義務違反が問題とされた事例につき、最判平成22年7月15日判時2091号90頁は、

3 再生債務者と取締役による経営判断

このように高度の専門性に裏打ちされた取締役の経営裁量が広範に認められており、取締役が業務執行を行うにあたり、日常的な経営判断は善管注意義務や忠実義務からの責任の幅を限定されていることになる。そこで、株式会社につき民事再生手続が開始された場合に、再生計画遂行過程における再生債務者の公平誠実義務、そしてその業務執行を具体的・現実的に担う取締役の善管注意義務や忠実義務、ひいてはその経営判断に対する捉え方や評価にもおのずと理論的な影響を与えざるを得ない。

株式会社である再生債務者に課せられた公平誠実義務は、その取締役等によって具体的かつ現実的に遂行されなければならない。他方で、取締役等は前述のような内容をもった善管注意義務や忠実義務を再生債務者である会社のために遂行しなければならない。このように考えてみると、多くの論者がいう公平誠実義務の基点にある再生債権者価値の最大化は、会社財産の価値の最大化、そして将来にわたる事業収益価値の最大化という連続した事業再生過程における1つの局面にすぎないということになるのではあるまいかとも考えられる。そして、この一連の過程には取締役の経営判断の裁量性の要素が多分に内在していることを考え合わせると、この過程を通じた会社財産の価値（事業価値）の最大化こそが、再生債務者の公平誠実義務、あるいは具体的かつ現実に業務執行をおこなう取締役の善管注意義務あるいは忠実義務の外延に絶えずあると解される所以といえないであろうか。

4 再生債務者の公平誠実義務・再論

そこで、1～3の論点に即して、株式会社である再生債務者の公平誠実義務とその取締役が負っている善管注意義務および忠実義務との関係を近時の学説から整理してみよう。

このような学説の階梯ともいうべき伊藤説[16]によれば、再生債務者の法律

「その決定の過程、内容に著しく不合理な点がない限り、取締役としての善管注意義務に違反するものではないと解すべきである」として、その決定に加わった取締役に善管注意義務の違反はないとした。本件は裁判所が取締役の経営判断に特段に異常性がみられない限り、その違反が問われることはない証左ともいえよう。

16) 伊藤眞「再生債務者の地位と責務(上)(中)(下)」金法1685号12頁以下、同1686号113頁以下、同1687号36頁以下（いずれも2003）。

上の地位につき私法上の職務説に立脚するとともに、再生債務者は、債務者財産の収益価値を保全し、これを利害関係人に配分するために創設された地位[17]と解し、その再生債務者に帰属する業務執行権等を行使するのは再生債務者の機関である取締役等ということになるが[18]、取締役等は従前の株式会社の機関としての地位も併有する[19]という。これらの者が本来の会社の機関として会社または株主に対するものは信認義務である一方、再生債務者の機関として債権者に対しては公平誠実義務を負うとしている[20]。伊藤説は、取締役等の地位を信認義務の主体であるとともに、再生債務者が負っている公平誠実義務の主体であると二面的に捉えている。この考え方については後述するアメリカでも議論のあるところであるが、再生債権者との関係では再生債務者の公平誠実義務を取締役が負うとともに、会社または株主との関係では善管注意義務や忠実義務を負っているというから、総体としては事業価値の最大化が公平誠実義務、善管注意義務、忠実義務が履行された結果であることを肯定していることにならないであろうか。

　以上に対して、再生債務者の負っている公平誠実義務と取締役の善管注意義務および忠実義務とを別異の概念としてとらえた上で、公平誠実義務の遂行は、取締役の善管注意義務あるいは忠実義務の遂行を介して実現されるという立場がある。注目に値するその見解は、再生債務者が株式会社である場合の再生債務者のとりわけ誠実義務と取締役の義務の関係を取締役の会社に対する義務から考察しようとする見解[21]である。再生債務者の財産・事業の価値（継続企業価値）の最大化と再生債権者価値の最大化とは常に一致するわけではないとの問題意識[22]を前提に、財産・事業の価値の最大化が再生債権者の価値の最大化と一致しない場合にまで再生債権者の価値の最大化を優先させるべきではないとする。その上で、「民事再生手続開始後は、債務超過の有無とは関係なく、取締役の会社に対する義務の履行基準は『再生債務者

---

17)　伊藤・前掲注16)㊥114頁。
18)　伊藤眞・破産法・民事再生法［第3版］（有斐閣・2014）795頁注2)、同・前掲注16)㊥114頁。
19)　伊藤・前掲注16)㊥119頁。
20)　伊藤・前掲注16)㊥116頁は、公平誠実義務とは、債権者の権利実現が再生債務者の機関に依存している関係に立つことから、両者の信認関係を表現したものという。
21)　森まどか「会社法から見た再生債務者の誠実義務─理論的検討」関西法律特許事務所開設45周年記念・民事特別法の諸問題第5巻㊤（第一法規・2010）241頁以下。
22)　森・前掲注21)244頁。一致しないことが想定される場合につき、同論文248頁以下参照。

の財産・事業の価値の最大化』と捉えるべきではないだろうか」として、再生債務者の誠実義務の本質は再生債務者である株式会社と取締役の間の委任関係が「株主および再生債権者」の請求権の合計額を最大化（財産・事業の価値を最大化）するよう変容した[23]ものと捉える。具体的には、再生債務者の取締役は、再生債務者たる会社に対する善管注意義務ないし忠実義務を通じて再生債務者の再生債権者に対する誠実義務を履行することになる[24]との論理を提示する[25]。この森論文の特徴は、取締役の善管注意義務あるいは忠実義務の遂行を公平誠実義務の実質と捉えるから、民事再生手続の事業再生過程における再生債務者財産の事業価値の最大化を標榜し、それは債権者のみならず会社・株主のための義務の遂行の結果であると理解しているところにある。

5 小　括

　以上のように、再生債務者の公平誠実義務、その取締役の善管注意義務・忠実義務、さらには、事業価値の最大化に奉仕するその外縁としての経営判断の連関を明確に意識した議論は、散見する限りでは、前述の森論文以外には日本ではみられないと考えられる[26]。

　公平誠実義務の本質が再生債権者のための価値の最大化にあるとしても、これを現実的かつ具体的に取締役が業務執行において実現する過程において、さまざまな経営判断・事業判断がなされる。この過程で、再生債権者に対する再生計画に基づく弁済が実現されていれば、少なくとも再生債務者の公平誠実義務、その取締役の善管注意義務・忠実義務は果たされていることになる。これに留まらず、その過程では多様な経営判断・事業判断がなされる以上、再生債権者のために確保された弁済原資を超えて（再生債権者価値の最大化を超えて）、事業を通じた収益の増加が実現された場合には、清算価値保障を超えたその価値は会社に留保されあるいは株主に配分されるべきものと考えられる。他方、清算価値保障を下回る価値しか実現されなかったとしても、

---

[23]　森・前掲注21) 257 頁。
[24]　森・前掲注21) 258 頁。
[25]　このような意味で取締役が財産・事業の価値を最大化するという判断には原則として任務懈怠はないという。森・前掲注21) 260 頁。
[26]　この伊藤論文、森論文以外の諸説の検討については、加藤・前掲注2) 11 頁以下参照。

再生債務者の公平誠実義務は果たされなかったとの判断が可能ではあるものの、先にみた経営判断原則の趨勢からみれば、善管注意義務あるいは忠実義務の違反に立ち入って取締役の責任が問われることについては消極に解することになる。もっとも、その取締役の責任がかかる義務との関係で判断される場合とは、例えば、これらの者の経営判断が民事再生による事業継続に固執して破産手続への果敢な移行を怠った結果として債権者や株主に対して損害が生じたような場合には、取締役の責任が問われよう。

Ⅲ　米国法における DIP とその取締役——概説

以上のような日本の理論状況との対比で考えると、米国では、DIP の信認義務、これに包摂される取締役の善管注意義務および忠実義務、そして経営判断原則につながる整然とした議論を柱とした諸説が存在する。そこで、日本における議論に資するために、米国連邦倒産法第 11 章手続における DIP とその取締役の義務、経営判断に基づく取引との連関がどのように捉えられてきたのかを概観してみよう。

1　DIP と取締役の信認義務

アメリカにおける第 11 章手続においては、いわゆる財産の占有を継続する債務者（Debtor in Possession; DIP）に、日本法がいうところの公平誠実義務と同様の義務を厳格に課している規定は存在しない。その理由は、アメリカ法では DIP は、管財人と同様の地位に立つことから、管財人が負っているのと同質の信認義務を DIP も負っていると解されていることに由来するといってよい[27]。そして、DIP が株式会社の場合に DIP の負っている信認義務はその業務執行者も負っていると解されている[28]。業務執行の判断に過誤があったことはそれ自体では損害賠償責任を生じさせる原因とはならないが、これまで確立されてきた注意義務の程度における懈怠に起因する判断は損害賠償責任を生じさせる原因となる[29]。

---

27)　もっともこの点については、懐疑的な見解もある。この点につき、加藤・前掲注 2）9 頁参照。
28)　MICHAEL A. GERBER & GEORGE W. KUNEY, BUSINESS REORGANIZATION 3d ed. 379 (2013). 本稿のこの部分の記述およびその理解は、同書に負うところが多い。
29)　Id. at 379-380 によれば、管財人選任事件における善管注意義務違反が肯定された事案、肯定

DIP の信認義務に関しては、連邦最高裁の判例[30]によれば、DIP のゼネラルマネージャーは債権者および株主に対する信認義務に反するとして債務者の株取引につき判示した事例がある。同判例によれば、第11章事件において管財人が選任されておらず「DIP である限り、管財人が負っているのと同様な信認義務をその会社が本質的に債権者に対して負っていることは明らかである。さらに、法人である DIP は手続が係属している限り負っている義務は実質的には管財人に課せられている義務である。実際上このような信認義務者としての責任はその法人自体のみならず手続開始後に裁判所の監督の下で債務者の事業を執行しなければならない役員および業務執行従業員にも負わされることは、均しく明らかである。したがって、──制定法のまさに文言に起因する争点を超えるように思われるが──管財人が信認義務者自体であるとすれば、債権者および株主に対して同様な職務を果たしかつ同様な義務を負担する者はこの目的のためには別異の取り扱いをされるべきではないと、論理および一貫性は確実に示唆することになろう」[31]とする。このような義務は、この最高裁判決後においては、1985 年の最高裁判決[32]によって改めて確認され、その後の下級審判例によって一貫しているところである[33]。

　さらに、債務者である会社が債務超過の状態にある場合には、取締役会を包含する DIP の信認義務、これに包含される注意義務および忠実義務は、株主に対するとともに会社債権者に対してまで拡張されると考えられている[34]。このような変質は、債権者が債務超過の会社の残余財産の所有者となり、そのためかかる財産は債権者の利益のために管理される財産に変質するからである。すなわち、会社が債務超過に至れば、役員および取締役は株主のみを代表するものではなく、債権者のための信認義務者にも変質する[35]と

　　　されなかった事案が紹介されている。
　30）　Wolf v. Weinstein, 372 U. S. 633 (1963).
　31）　Id. at 649-650.
　32）　Commodity Futures Trading Commission v. Weintraub, 471 U. S. 343, 105 S. Ct. 1986, 85 L. Ed. 372 (1985).
　33）　この点の判例の提示につき、GERBER & KUNEY, *supra* note 28, at 384.
　34）　このような判例の考え方の指摘につき、Harvey R. Miller, *Corporate Governance in Chapter 11: The Fiduciary Relationship Between Directors and Stockholders of Solvent and Insolvent Corporations,* 23 Seton Hall L. Rev. 1467, 1487-1488 (1993).
　35）　Davis v. Woolf, 147 F. 2d 629, 633 (4th Cir. 1945). さらに、その後の裁判例として、Automatic

いう理解に至る。もっとも、この問題に関する 1990 年代以降の議論には、債務者につき連邦倒産法第 11 章手続が開始された場合に、取締役や役員の信認義務がなにゆえに債権者に対してまで拡張されるのかの理論づけには、なお議論がある[36]。

2 「事業の通常の過程」をめぐる議論

　この一連の理論的連鎖を理解する上で、DIP の業務執行が問題となるのは、それが「事業の通常の過程」においてなされた取引行為であるかどうかである[37]。連邦倒産法第 11 章手続においては、DIP が倒産財団の財産の使用、売却または賃貸を「事業の通常の過程」において行った場合には、倒産財団に資するものとして有効とされる。他方で、連邦倒産法 363 条(b)(1)によれば、「事業の通常の過程」以外において倒産財団の財産の使用、売却、または賃貸を行う場合には、DIP[38]は、通知をなし審問を経た上でなければこれらの行為をすることができない。この通知と審問が要求されているのは、DIP の恣意的なこれらの処分行為を排除する趣旨である。しかし、DIP がこれらの行為を「事業の通常の過程」における行為として通知をなし審問を経ることなしになした場合に、その後に利害関係人がこれらの行為を「事業の通常の過程」以外における行為であるとして問題とされる例が多い。

　伝統的には、DIP（または管財人）の取引行為がここにいう「事業の通常の過程」のものであるか否かを判断する際に、2 つの基準が用いられてきたといわれる。それは、水平的基準と垂直的基準（あるいは合理的期待の基準）である[39]。

　水平的基準とは、債務者の事業と同様な事業に依拠して DIP が行った当

　　Canteen Co. v. Wharton, 358 F. 2d 587, 590 (2d Cir. 1966).
36)　本稿では紙幅の制約もあり、この後における議論は別稿で検討する予定である。
37)　連邦倒産法第 363 条(b)における「事業の通常の過程」をめぐる詳細な分析につき、杉山悦子「UCC および連邦倒産法における『通常の事業の過程』の意義」池田真朗＝中島弘雅＝森田修編・動産債権譲渡担保―比較法のマトリクス（商事法務・2015）89 頁以下参照。
38)　連邦倒産法 363 条(b)(1)は、管財人がこれらの行為をすることができる旨を規定しているが、同 1107 条によれば、DIP は第 11 章事件において管財人が有しているすべての権利および権限を有し、かつ、管財人が負担しているすべての職責および義務を果たさなければならない旨が規定されている。このことから、本稿では、特段に断りがない限り、連邦倒産法との関係では管財人についての規定であっても、これを DIP に置き換えることとする。
39)　このような基準の提示につき、2 COLLIER BANKRUPTCY MANUAL 4th Ed. ¶ 363. 3 [2]（2015）.

該取引行為が同様な事業者によっても通常行われたかどうかによって「事業の通常の過程」においてなされたかどうかを決定するというものである。これに対して、垂直的基準とは、債権者の視点からみて、債権者がその取引行為を行うことを予期するないし期待するのが合理的であるかどうかによって判断する基準である。DIPによる当該取引行為が債権者の予期したリスクの範囲内であるかどうかによって判定する基準ということになる。これらの2つの基準からの視角が、DIPによる具体的な業務執行のコアを形作っているものといえる。

　もっとも後者の垂直的基準は清算価値保障原則[40]からの要請といえるから、計画に従った債権者に対する弁済を保障しない結果をもたらす取引行為は債権者が予期すべきリスクを超えるものとして有効とはいえない。その意味では、DIPの経営判断の責任は、垂直的基準から問われることになろう。この点に限っていえば、日本法における再生債務者の公平誠実義務の判断と類似する。他方、水平的基準はDIPの取引行為が同種の事業者の行う取引行為との比較の中で「異常性」あるいは「特異性」を有するかどうかの判断を内包するから、DIPによる倒産財団の財産にかかる使用、売却、賃貸が通常のものであり、結果的に倒産財団の減少を招いたとしても、そのことだけではDIPが責任を問われることはない。それは、DIPの経営判断の一環と考えられるからであるといえよう。

　このようにみてくると、倒産財団に属する財産の使用、売却、または賃貸についてDIPの業務執行の上での裁量が幅広く求められるとともに、それによる損失が生じた場合でも責任を問われる可能性は限られた範囲に留まることになろう。

3　DIPと経営判断原則

　さらにここでは、1でみたDIPひいてはその取締役および役員の信認義務について問題とされる局面を、角度を変えて概括してみよう。

---

[40]　1978年連邦倒産法1129条(a)(7)(A)(ii)によれば、権利変更を受ける請求権または持分権のそれぞれの組につき、それぞれの権利者が仮に債務者に第7章・清算手続が行われたならば受け取るであろう額を下回ることのない価値を有する財産を第11章手続の計画により受け取りまたは留保するであろうことが、計画認可要件の1つとして規定されている。この要件は、日本の民事再生法174条2項4号に相当する。

Ⅲ 米国法における DIP とその取締役　*563*

　平時においてはいうまでもなく会社の取締役および役員は信認義務として注意義務を負っている[41]。この注意義務とは、通常人が会社にとって最善の利益になると合理的に確信する方法で、同一の状況であれば通常の誠実な人がするであろう注意を取締役や役員が尽くすことである。会社のみならず取締役や役員がこの義務の違反を追及された場合には、経営判断原則[42]を克服する必要がある。この経営判断原則が問題とされるのは、経営判断による結果よりも経営判断の過程に重きが置かれる。取締役または役員が誠実にかつ十分な情報に基づいて行動し、個々の経営判断における主題に私益がまったくなく、そして、その経営判断が会社の最善の利益になると合理的に確信した場合には、注意義務を果たしたことになる[43]。このように平時の局面では、経営判断に起因する一定の事実が生じた後の問題として、経営判断原則が考慮される[44]。

　これに対して、連邦倒産法第 11 章手続が開始された場合においては、次のような問題として立ち現れる。DIP の名において取締役ないし役員が業務執行をしようとする場合に、その取引行為が裁判所の許可が必要とされている行為である場合における問題として立ち現れる。つまり、上記の倒産手続外での場合とは異なって、経営判断に起因する一定の事実が生じる前の問題、すなわち、裁判所が取引行為を許可する判断過程の問題としてである。このような問題が生じた事案において、これまでの多くの判例は、経営判断がなされた過程とともに、DIP（取締役ないし役員）の経営判断によって倒産財団ひいては第 11 章手続に及ぼす影響に関心が払われてきた。その例として、連邦倒産法第 11 章事件の双方未履行契約の履行または解除の選択の問題が多く取り上げられる。これを規定する連邦倒産法 365 条に関する最近の

---

41) GERBER & KUNEY, *supra* note 28, at 377. なお、一般的に、ここにいう注意義務（the duty of care）とは、財産管理者の職業または地位にある人として要求される程度の注意という意味で通常の注意義務であるとされる。この点につき、樋口範雄・フィデュシャリー［信認］の時代—信託と契約（有斐閣・1999）180 頁。
42) アメリカにおける経営判断原則の理解につき、川濱昇「米国における経営判断原則の検討(1)(2・完)」法学論叢 114 巻 2 号（1983）79 頁・5 号（1984）36 頁、ロメルビン・A・アイゼンバーグ「アメリカ会社法における注意義務(Ⅱ)」商事法務 1713 号（2004）4 頁、江頭・前掲注 8）466 頁による。もとよりそこでの経営判断原則の捉え方は、経営破綻を惹起した会社および経営者の経営責任を問う場面をめぐってである。
43) この点につき、GERBER & KUNEY, *supra* note 28, at. 377.
44) 以上につき、*Id.*

判例[45]によれば、「合衆国法典第 11 編 365 条(a)の下で、DIP は、裁判所の許可を得て、いかなる未履行双務契約をも解除することができる。……この判断をする際に、倒産裁判所は、当該契約を解除する DIP の判断についての迅速な審査のみに関与する必要がある。特に、倒産裁判所は、DIP の当該契約を解除する判断を評価するために経営判断原則を適用する」と明言している。ここにいう経営判断原則の適用は、裁判所が DIP の解除の選択をこのような視点でみている1つの証左といえる。

Ⅳ　むすびにかえて

1　ひとつの推論

以上概略をみてきたように、米国における 1990 年代の議論は、米国連邦倒産法第 11 章手続にあっては、DIP は信認義務を負い、その業務執行を担う経営者（取締役や役員）は必然的に信認義務を負うとともに、手続の開始から計画案の可決に至るまでの業務執行、さらには計画認可までの過程でこの信認義務を負っている[46]。さらに、これらの者の業務執行については多様な局面で経営判断原則の適用があるといったところまで議論は昇華されてきている。

これに対して、日本法においては、再生債務者の公平誠実義務が再生債権者のための責任財産の観念的分配といった範囲に限定して考えられる傾向が総じてみられるように推し量ることができる[47]。このような基本的な考え方の根底には、破産手続の清算的本質を基盤とした観念的清算、すなわち再生債権者に対する財産価値の観念的な分配としての手続属性を重視する視点が

---

45) In re Pomona Valley Medical Group, Inc., 476 F. 3d 665, 669-670 (9th Cir. 2007). これ以前の例えば、Orion Pictures Corp. v. Showtime Networks, Inc., 4 F. 3d 1095, 1099 (2d Cir. 1993) では「双方未履行契約の引受けの申立てにより、倒産裁判所は契約及びその周辺状況を審理し、契約を引き受けることが倒産財団にとって利益になるか負担になるかを判断する上で最良の経営判断〔原則——筆者記〕を適用しなければならない」とした上で、その判断は倒産裁判所が管財人またはDIP の地位に立つ形でしなければならないものとしている。

46) この点につき、加藤・前掲注2) 6 頁以下参照。

47) このような発想は、民事再生が清算価値保障原則を帯有していること（民再 174 条 2 項 4 号）、優先債権者、再生債権者、劣後的再生債権者といった債権者の優先劣後性を規定するとともに（同 122 条・85 条・87 条 3 項等）、再生計画では再生債権者の権利変更における約定劣後債権に対する優先性が要求されていること（同 155 条 2 項）に由来すると考えられる。

支配しているのではないかとも推測できる。かくいう状況の中で、先にみた森論文は進んで、公平誠実義務を介して民事再生による事業再生過程全体に焦点を当てるとともに、再生債務者の公平誠実義務を取締役の善管注意義務や忠実義務に収斂させるところにまで至っている。それは、取締役等の業務執行における経営判断を幅広く保障し、事業再生をより現実化する視点といってもよい。この点で、概観した米国法における方向性に類似する。

2 ひとつの試論

　日本において、民事再生が再生債務者による自律的再生を指向していることから考えれば、再生債務者の公平誠実義務の遂行過程（事業再生遂行過程）は、その業務執行の局面での取締役の善管注意義務ないし忠実義務によって画された経営判断に基礎づけられた一連の過程そのものといえる。すなわち、その公平誠実義務の遂行は再生債権者価値の最大化のみならず、会社財産の価値（事業収益価値）の最大化をも射程に入れたものではなかろうか。そして、それは再生債務者の取締役の経営判断による成果として終局においては再生債権者のみならず会社・株主にも還元されるべき価値ともいえよう。これまでの諸説が、ともすると公平誠実義務を再生債務者に課せられた再生計画に従った弁済原資の確保に力点を置いて考えてきており、暗黙的にその限度ないし範囲において取締役の善管注意義務ないし忠実義務を捉えがちな傾向にあったのではなかろうか。その意味で、本稿の主眼は、株式会社である再生債務者の公平誠実義務との関係において、取締役の業務執行に多様でかつ幅広い経営判断が包含されている点を喚起するところにある。

【付記】
　上野㤗男教授とは、かつて司法試験考査委員を一緒に務めさせていただいた当時から今日に至るまで20年以上にわたり一方ならぬご厚誼を賜った。古稀をお迎えになり、健康に留意されて今後とも益々のご活躍を念じるところである。
　本稿は、科研費平成26年度〜28年度・基盤研究(C)(一般)・課題番号26380136の成果の一部である。

相反する債務名義による義務の衝突と間接強制の阻害事由
——諫早湾事例を素材とした覚書

◆ 金　炳学 ◆

　I　はじめに
　II　事案の概要および決定の要旨
　III　検　　討
　IV　結びに代えて

I　はじめに

　間接強制は、従来、法継受過程において「補充性」論をめぐる解釈上の論争がはなばなしく展開され、また、生活妨害の抽象的差止めおよび知的財産権侵害の差止めなどの執行方法をめぐる議論の蓄積がなされてきた。近年は、「併用」(不動産、動産の引渡し・明渡しの直接強制(民執168条1項、同169条1項、同170条1項)および代替執行(民執171条1項)が可能な債務に関する民執173条の創設)ないし適用範囲の拡張(扶養義務等に係る金銭債権に関する民執167条の15の創設)に関する法改正や研究の進展に伴い間接強制が機能する場面が増大する反面、その限界付けのため理論的検証の必要性が高まってきたところである。
　このような状況下において、近年、国が間接強制金の支払を命じられた事案が、社会的にも耳目を集めている[1]。諫早湾土地改良事業において設置された排水門の開門を命じる確定判決に基づく間接強制を是認した許可抗告審

---

1) 事案の詳細は、岩橋健定「諫早湾干拓事業をめぐる混迷と民事訴訟制度(1)・(2・完)」法教404号(2014) 44頁以下、405号(2014) 61頁以下、同「続・諫早湾干拓事業をめぐる混迷と民事訴訟制度——2つの最高裁平成27年1月22日決定とその後の展開」法教417号(2015) 44頁、興津征雄「判批」平成27年度重判解53頁以下を参照されたい。

決定（以下、「本決定」という）[2]と、継続的不作為義務としての開門禁止を命ずる仮処分決定（民執22条3号）に基づき国を債務者とする間接強制決定を是認した別件許可抗告審決定[3]である。民事執行法22条所定の債務名義に優先劣後の関係はなく、本件および別件事件において、国は相矛盾する義務を負い、理論的にはいずれか一方の義務に従っても他方の義務に違反することとなり、間接強制金の支払を命じられる事態となった（現段階では、本決定に基づく間接強制金が支払われている）。日本において、相反する実体法上の義務を命ずる債務名義がある場合の各間接強制の適否につき、従前の学説のうちこれについて直接言及するものはない。

　本稿は、本決定を機会に、債権者の有する債務名義とは別個の相反する実体法上の義務を命ずる債務名義が存する場合の間接強制申立てについて、検討するものである。以下の論述では、まず本決定の事案の概要および決定の要旨を概括し（Ⅱ）、次いで、これまでの議論の状況を確認した上で、若干の検討を行った後（Ⅲ）、本稿の考察をまとめたい（Ⅳ）。

Ⅱ　事案の概要および決定の要旨

1　事案の概要

　佐賀県側の漁業者ら49人（Xら・債権者・相手方）は、国（Y・債務者・抗告人）に対して、国営諫早湾土地改良事業の開門調査をめぐり、福岡高裁において、平成22年12月6日に判決確定の日から3年を経過する日までに、防災上やむを得ない場合を除き、潮受堤防の各排水門の5年間にわたる開放を命ずる判決を得た[4]。これに対し、Yは上告をせず、判決は確定した（以下、「本件確定判決」という）。本件確定判決により、Yは、平成25年12月20日までに、本件各排水門を開門すべき義務を負ったが、これに従わなかった。そ

2）　裁時1620号4頁、集民249号43頁、判時2252号33頁①事件、判タ1410号55頁①事件。
3）　最二小決平成27年1月22日裁時1620号5頁、集民249号67頁、判時2252号33頁②事件、判タ1410号55頁②事件。この決定については、鈴木拓児「確定判決の執行禁止を求める仮処分の可否」須藤典明＝深見敏正編著・最新裁判実務大系第3巻 民事保全（青林書院・2016）73頁以下を参照されたい。
4）　判時2102号55頁。評釈として、大塚直「判批」判評632号（2011）148頁以下、赤渕芳宏「判批」環境法判例百選［第2版］（2011）192頁以下、中島肇「判批」論究ジュリ13号（2015）150頁以下など参照。

こで、Xらは、同月24日、本件確定判決を債務名義として（民執22条1号）、Yがその義務を履行しない場合、主位的に1日につきXらに合計1億円、予備的に1人当たり1日につき204万816円の割合による金員の支払を求める間接強制を申し立てた。佐賀地裁は、平成26年4月11日、「本決定の送達を受けた日の翌日から2か月以内に防災上やむを得ない場合を除き」、各排水門の5年間にわたる開放を継続しない場合、Xら1人当たり1日につき1万円の割合による金員の支払を命じた[5]。Yは、これを不服として福岡高裁に執行抗告をしたところ、平成26年6月6日に抗告は棄却された[6]。これに対し、Yは許可抗告の申立てをし、抗告が許可され、最高裁は下記の要旨のとおり、抗告を棄却した[7]。

2 決定の要旨

抗告棄却（丸囲みの数字は筆者による）。

①「……本件確定判決に基づきYが負う債務の内容は、防災上やむを得ない場合を除き一定期間本件各排水門を開放することだけであるから、それ自体、性質上Yの意思のみで履行することができるものである。」②「このことは、Yが別件仮処分決定により本件各排水門を開放してはならない旨の義務を負ったことにより左右されるものではない。」③「民事訴訟においては、当事者の主張立証に基づき裁判所の判断がされ、その効力は当事者にしか及ばないのが原則であって、権利者である当事者を異にし別個に審理された確定判決と仮処分決定がある場合に、その判断が区々に分かれることは制度上あり得るのであるから、同一の者が仮処分決定に基づいて確定判決により命じられた行為を

---

5) TKC25503902。
6) 判時2225号33頁、金炳学「判批」福島大学行政社会論集28巻1号（2015）247頁以下、同「判批」新・判例解説Watch 17号（2015）161頁以下参照。
7) 本決定の評釈として、金炳学「判批」新・判例解説Watch 17号（2015）169頁以下、野村秀敏「判批」ひろば69巻1号（2016）50頁以下、岡田洋一「判批」判評683号（2016）12頁以下、松村和德「判批」リマークス52号（2016）134頁以下、西川佳代「判批」判例セレクト2015［Ⅱ］32頁、青木哲「判批」平成27年度重判解129頁以下、興津・前掲注1）53頁以下、巽智彦「判批」自治研究92巻9号（2016）144頁以下、寺村信道「判批」同志社法学68巻5号（2016）1945頁以下、川嶋四郎「判批」法セミ745号（2017）120頁以下がある。
　なお、佐賀地決平成26年9月5日（TKC25504882）によってXらのうち本件確定判決の口頭弁論終結後に漁業協同組合を脱退した4人につき強制執行の停止が認められた。また、佐賀地決平成27年3月24日判時2265号45頁により、間接強制金は1日当たり1人2万円に増額された。これに対するYの抗告は棄却され（福岡高決平成27年6月10日判時2265号42頁）、許可抗告も棄却された（最一小決平成27年12月21日TKC25542468）。この評釈として、宮澤俊昭「判批」判評686号（2016）29頁以下がある。

してはならない旨の義務を負うこともまたあり得るところである。」④「本件確定判決により本件各排水門を開放すべき義務を負ったYが、別件仮処分決定により本件各排水門を開放してはならない旨の義務を負ったとしても、間接強制の申立ての許否を判断する執行裁判所としては、これら各裁判における実体的な判断の当否を審理すべき立場にはなく、本件確定判決に基づき間接強制決定を求める申立てがされ、民事執行法上その要件が満たされている以上、同決定を発すべきものである。」
　⑤「以上によれば、Yが別件仮処分決定により本件各排水門を開放してはならない旨の義務を負ったという事情があっても、執行裁判所は本件確定判決に基づきYに対し間接強制決定をすることができる。」
　⑥「……なお、本件各排水門の開放に関し、本件確定判決と別件仮処分決定とによってYが実質的に相反する実体的な義務を負い、それぞれの義務について強制執行の申立てがされるという事態は民事訴訟の構造等から制度上あり得るとしても、そのような事態を解消し、全体的に紛争を解決するための十分な努力が期待されるところである。」

III 検　　討

1　判例・学説の概観——債務者の意思では排除することができない障害

　本決定は、不代替作為義務において（民執172条）、本件確定判決に基づく債務が、債務者において相矛盾する債務を負うとしても、債務者の意思のみで履行することができる債務であることはなんら変容を受けず間接強制が可能であり、さらにすすんで債務者における相反する債務名義による義務の衝突は、間接強制の阻害事由とはならない旨を明らかにしたはじめての最高裁の判断である。
　まず、分析の前提として、本決定とは異なり債務者の意思のみで履行できない債務に関する判例・学説の概観を確認したい。
　間接強制は、不代替的作為義務および不作為義務（民執172条1項）のほか、不動産、動産の引渡し・明渡しの直接強制、代替的作為義務および扶養義務等に係る金銭債権（173条1項、167条の15第1項）に関する債務でありその要件[8]を満たせば、債権者の申立てにより、認められるようにも思われる。し

　　8）　間接強制の発令要件は、一般の執行開始要件の充足のほか、①履行を求める債務と債務名義に表示された債務との同一性、②債務の内容の特定性、③債務が間接強制の対象となるものであ

かし、明文の規定はないが、間接強制には内在的制約が存すると理解されており[9]、そのうち、本件では、債務者の意思では排除することができない障害がある場合が問題となる。

この場合に間接強制が許されないとされるのは、間接強制が一定の不利益を賦課することを予告して債務者をして債務の履行を動機づけるものであるから、当該債務は債務者自身の意思のみで履行可能な債務であることを要すると理解されていたためである。このような理解の根底には、間接強制の適用対象が明治23年制定の旧々民訴法734条において「債務者カ其意思ノミニ因リ為シ得ヘキ行為」に限定され、これ以外の場合には、どんなに債務者に圧迫を加えても、単に債務者を苦しませる（苛酷執行[10]になる）だけで、その行為をさせることは期待できないとの認識があるものと考えられる。このような理解は、明治31年の改正において前記文言が失われた後も、解釈に一定の影響を及ぼしてきた。

(1) 従前の見解　かつての見解は、①間接強制は制裁の告知により債務者に履行を動機づけるものであるから、債務者自身の意思のみで履行することができる債務であることを要し、第三者の協力を必要とする債務者の意思では排除することができない事実上の障害のある債務は当然に間接強制が許されない[11]、②または、その履行のために債務者の資力に不相応な費用を要するとき、履行をするのに事実上もしくは法律上第三者の協力を要するにも拘わらず、容易にこれを得る見込みのない等の外的な障害がある場合は、間接強制は認められないとする[12]。

ること、と指摘されている（鈴木忠一＝三ケ月章編・注解民事執行法(5)（第一法規・1985）106頁〔竹越和厚〕、香川保一監修・注釈民事執行法第7巻（金融財政事情研究会・1989）289頁〔富越〕）。
9)　鈴木＝三ケ月編・前掲注8）26頁、98頁〔富越〕、香川監修・前掲注8）186頁、283頁以下〔富越〕、中野貞一郎＝下村正明・民事執行法（青林書院・2016）111頁、814頁以下、奥田昌道編・新版注釈民法(10)Ⅰ（有斐閣・2003）583頁以下〔奥田＝坂田宏〕など。
10)　苛酷執行については、石川明「苛酷執行について」曹時24巻9号（1972）1540頁、同・ドイツ強制執行法と基本権（信山社・2003）42頁以下参照。
11)　我妻榮・新訂債権総論（岩波書店・1964）93頁、鈴木＝三ケ月編・前掲注8）98頁〔富越〕、香川監修・前掲注8）284頁〔富越〕、於保不二雄・債権総論〔新版〕（有斐閣・1972）133頁注1）、潮見佳男・債権総論Ⅰ〔第2版〕（信山社・2003）244頁、中西正＝中島弘雅＝八田卓也・民事執行・民事保全法（有斐閣・2010）246頁以下〔中島〕など。
12)　兼子一・増補強制執行法（弘文堂・1951）289頁、吉川大二郎・強制執行法（法律文化社・1958）139頁、三ケ月章・民事執行法（弘文堂・1981）421頁、竹下守夫＝上原敏夫＝野村秀敏・ハンディコンメンタール民事執行法（判例タイムズ社・1985）413頁〔竹下〕、奥田編・前掲注9）583頁〔奥田＝坂田〕、山木戸克己・民事執行・保全法講義〔補訂2版〕（有斐閣・1999）213頁以

(2) 判例・裁判例　　これらの学説と同様の枠組みのもと、債務の履行が債務者の意思のみに係るとした間接強制肯定例として、ⓐ財産管理の清算を請求する債権[13]、ⓑ裁判上の和解において当事者が金員の預金を約諾した場合[14]、ⓒ建物約 16 坪の木造瓦ぶき二階建ての居住用建物を建築すべき債務[15]があり、債務者の意思では排除することができない障害があるとした間接強制否定例として、ⓓ債権者の側で受電設備を完成する以前の送電義務[16]、ⓔ債務者が第三者たる会社から震災により焼失した株券の再発行を受けて質権者に交付すべき債務[17]、ⓕ開催が中止されたコンサートの再演を求める請求[18]がある。

　これらの判例は、債務者の意思のみに係る場合＝間接強制適用可能という命題の下、反対に、第三者の協力必要＝債務者の意思では排除することができない障害の存在＝間接強制適用不可能という枠組みで判断を行っている。

(3) 近時の展開　　これに対し、近時は、③債務者が不代替的作為義務を履行するには、第三者の協力を要する場合はきわめて多く、その協力が得られる見込みにも（事実上・法律上の両面にわたり）大きな幅があって一律に解するのは適当でないとし、そのような場合、直ちに間接強制を否定せず、執行方法で克服できない外的な障害の有無について間接強制決定前の審尋において判断し決すべきとし[19]、または、④第三者の協力を要することから直ちに間接強制の適用を否定するのではなく、第三者の協力調達を含めて強制することが相当か否かにつき、具体的な事情に照らして判断すべきであるとする説が主張されている[20]。

　しかし、これらの学説が具体的な状況に応じて柔軟に考慮するとしても、

　　　下、林屋礼二・民事執行法［改訂 2 版］（青林書院・1998）269 頁、福永有利・民事執行法・民事保全法［第 2 版］（有斐閣・2011）214 頁以下など。
13)　大決大正 10 年 7 月 25 日民録 27 輯 1354 頁。評釈として、加藤正治「判批」法協 44 巻 11 号（1926）2071 頁参照。
14)　東京控決昭和 3 年 12 月 10 日新聞 2927 号 15 頁。
15)　名古屋地決昭和 38 年 2 月 13 日下民 14 巻 2 号 206 頁。
16)　大決大正 4 年 12 月 21 日新聞 1077 号 18 頁。
17)　大決昭和 5 年 11 月 5 日新聞 3203 号 7 頁。
18)　東京地判昭和 63 年 5 月 12 日判時 1282 号 133 頁。
19)　中野＝下村・前掲注 9）814 頁（間接強制を妨げる外的障害の存在につき、債務者に証明責任があると指摘する）。
20)　山本和彦ほか編・新基本法コンメンタール民事執行法（日本評論社・2014）430 頁〔大濱しのぶ〕。

間接強制適用の可否の基準として、不明確である[21]。

そこで、この点に配慮し、⑤債務者が第三者の協力を得るために期待可能なことをすべて行った場合に初めて、第三者の協力が得られないために作為を実行することができないと評価する説[22]、さらに、⑥第三者の協力の可能性を考慮すべきであり、その協力が確実であれば間接強制決定は可能であり、逆に協力を得られないことが確実であれば間接強制は許されないものとし、協力の有無が明らかでないときは債務者が第三者の協力等を得るために期待可能なすべてのことをしているかどうかがメルクマールになるとする説[23]がある。

これらの説は、債務者は第三者の協力を得られるよう期待可能な行為・努力をすべきであって、協力の調達が容易でなくても期待可能な行為・努力を求める手段としての間接強制が債権者に認められるべきであるとする。期待

---

21) 山本和彦「間接強制の活用と限界」曹時 66 巻 10 号（2014）2729 頁。
22) シルケン・エベルハルト（石川明訳）「ドイツ民訴法における作為・不作為執行の今日的諸問題」前掲注 10）ドイツ強制執行法と基本権 235 頁、松本博之・民事執行保全法（弘文堂・2011）330 頁。
　　松本教授は、次のとおり、指摘される。まず、間接強制が可能とされるのは、当該債務の実行が債務者の意思に係る場合である。そのため、債務の履行のために第三者の協力を要するが、これが得られる見込みがない場合には、間接強制は不適法である。ただし、作為義務の履行にあたって第三者の協力を要する場合が多いが、債務者が第三者の協力を得るために期待可能なことをすべて行った場合に初めて、第三者の協力が得られないために作為を実行することができない。
　　松本教授の見解は、ドイツにおいて、最上級審決定によって確立された判例準則となっている。Vgl. etwa BGH Beschluss vom 27. 11. 2008, NJW-RR 2009, 443 = MDR 2009, 468; BGH Beschluss vom 18. 12. 2008, NJW 2009, 2308 = MDR 2009, 1010; BayObLG Beschluss vom 17. 12. 1974, NJW 1975, 740; OLG Hamm Beschluss vom 14. 10. 1977, MDR 1978, 586; OLG Köln Beschluss vom 5. 1. 1981, MDR 1981, 505; BayObLG Beschluss vom 29. 12. 1988, NJW-RR 1989, 462; OLG Stuttgart Beschluss vom 21. 12. 1989, OLGZ 1990, 354; KG Beschluss vom 25. 6. 1990, OLGZ 1990, 467; OLG Frankrurt a. M. Beschluss vom 17. 7. 1991, NJW-RR 1992, 171; OLG Köln, Beschluss vom 9. 9. 1991, NJW-RR 1992, 633; OLG Frankfurt a. M. Beschluss vom 23. 9. 1996, NJW-RR 1997, 567; OLG Zweibrücken, Beschluss vom 17. 3. 1998, NJW-RR 1998, 1767; OLG Karlsruhe Beschluss vom 27. 11. 1998, FamRZ 1999, 1436; OLG Köln, Beschluss vom 3. 7. 2002, MDR 2003, 114; OLG Düsseldorf Beschluss vom 13. 3. 2002, ZMR 2002, 853 = NJW-RR 2002, 1663; OLG Stuttgart Beschluss vom 26. 7. 2005, MDR 2006, 293; OLG Brandenbug Beschluss vom 27. 7. 2006, FamRZ 2007, 63; OLG Karlsruhe Beschluss vom 16. 4. 2013, JurBüro 2013, 661; OLG Hamburg Beschluss vom 21. 8. 2013, MDR 2013, 1452; LG Heilbronn, Beschluss vom 28. 9. 1992, JurBüro 1993, 175. 紙面との都合から、ドイツの判例の総合的な検討は、他日を期したい。
23) 同説は、後掲注 39）の *Grunsky* の論文を基に分析をされ、債務者としてできることをすべてしているとき、第三者の協力等が得られずに履行できない場合に、それ以上に強制金決定を課すのは苛酷執行になる一方、債務者にとって期待可能な行為が残っているとすれば、そのような行為をさせるために間接強制決定をすることは債権者の権利実現に資するもので相当であることを理由とする（山本・前掲注 21）2729 頁）。あわせて、期待可能なすべてのことをしたかどうかについては、債務者の側に主張証明責任があると指摘する（山本・前掲注 21）2730 頁）。

可能な行為・努力とは、法律上・事実上期待できるあらゆる措置を含むとする[24]。もっとも、理論上、債務者がとるべき期待可能な行為・努力には際限がないともいえ、履行の着手の態様によっては間接強制の適否の判断に幅が生じ得る。そのため、事例ごとに、間接強制適用の阻害事由となる基準を積み上げていく必要があるであろう。

理論としては、⑤、⑥のアプローチを支持し、また、作為の履行不能に関する証明責任は債務者が負う[25]、と解したい。

2　若干の検討

(1)　義務の衝突と間接強制　本決定は、その要旨①のとおり、本件確定判決に基づきYが負う債務の内容は、Yの意思のみで履行可能であるとした上で、要旨④のとおり、判決機関と執行機関の分離の原則[26]から、執行裁判所が実体的な判断の当否を審理すべき立場にないとして、その余の間接強制の要件を満たす限り、間接強制決定を発すべきである旨を判示し、本決定の要旨③において、債務者における相反する実体法上の義務の衝突は民事訴訟の構造上あり得ることを補足する。

相反する実体法上の義務の衝突としては、二重譲渡や二重契約がその端的な例として考えられる。また、民執法173条の創設に伴って生じた新たな問題として、建物収去土地明渡しを命じた債務名義を有する債権者（土地所有者）が間接強制の申立てをしたところ、債務者（建物所有者）は、第三者に当該建物を賃貸している場合[27]も、建物収去土地明渡債務と建物賃借人に対する建物賃貸債務を負っており、義務の衝突が生じうる[28]。そして、代替執行

---

24) 山本・前掲注21) 2730頁。
25) エベルハルト・前掲注22) 236頁、中野＝下村・前掲注9) 814頁、梅本聡子「間接強制の可否についての実務上の問題」金法1972号（2013）44頁、山本・前掲注21) 2730頁。
26) この点については、栂善夫「判決機関と執行機関の職務分担について―執行手続における当事者能力および訴訟能力の審査に関する問題を中心として」民訴24号（1978）119頁以下、同「民事執行における当事者」鈴木忠一＝三ケ月章監修・新・実務民事訴訟法講座12 民事執行（日本評論社・1984）106頁以下を参照されたい。
27) 梅本・前掲注25) 43頁以下の設例による。
28) この場合、梅本・前掲注25) 43頁以下は、債務者が提起した占有者に対する明渡訴訟の敗訴判決が確定した段階に限って間接強制を否定する。他方、山本・前掲注21) 2736頁以下は、期待可能な措置を講じている場合には、広く間接強制の阻害事由を認める。
　なお、関連判例として、間接占有者である債務者に対し、建物退去土地明渡しを命ずる債務名義を有する債権者が、その強制執行として債務者に間接強制を申し立てた事案において、「本件

であれば、抵当権が設定された建物を対象とすることも可能であるが[29]、抵当不動産所有者は抵当不動産の維持・保存義務を負うので、抵当建物所有者自身が建物を収去することは前記義務に反する。代替執行が義務の衝突をもって否定されないのであれば、間接強制においても義務の衝突をもってその阻害事由とする合理的根拠に欠けるであろう。そもそも、義務の衝突があるとしても、債務者の意思のみにより履行可能な債務であることが変容しないのであれば、間接強制が否定される理由は乏しい。

　これに対し、野村教授は、仮処分決定の存在が履行の妨げとなっており、本決定の事案では債務者が期待可能なことを全て既に行っていると考えられるから間接強制の申立ては却下されるべきであったように思われる、このように解すると「二つの判決・決定によって矛盾する態度をとるように命ぜられた債務者がそのいずれの態度をとるかにつき自由な選択権を有するということに帰着する。……このような結論で何ら差し支えないように思われる。しかし、司法の判断が示されているのに自由な選択権があるというのでは何か違和感を感じないでもない。その場合には、後から示された判断を優先し、これのみが間接強制の対象になり得るとすべきであろうか……。どう解すべきかは残された問題としておく。」[30]、とされる。また、松村教授は、これらの義務の衝突が生じる事例が間接強制の本来的事案である本決定とは局面を異にし、本決定の事案では、債務者の意思とは無関係に事実上履行できない状況が訴訟システム上生じてしまった事例であり、「債務者の意思のみによる履行」について「事実上の障害」があったと評してよい、とされる[31]。野村教授および松村教授が、仮処分決定によって、債務者の意思のみにより履行できない債務に変容したとされるのか、債務者の意思のみにより履行でき

　　において間接強制決定を求める債務名義が間接占有者に対する建物退去土地明渡しの請求権を表示したものであることや……各建物の当初及び現時点の占有状況等記録からうかがわれる事実によれば」、同決定をすることはできないと判示した最二小決平成27年6月3日金判1471号20頁がある。同決定は、その抗告審決定とは異なり、当該建物につき第三者が占有する場合において、債務者の意思のみでは排除することができない障害の有無に関する判断については沈黙している。同第二小法廷決定の解説等として、平野哲郎「判批」判例セレクト2015 [Ⅱ] 33頁、山本和彦「判批」平成27年度重判解131頁以下、下村眞美「民事執行関係重要判例の回顧（平成27年）」新民事執行実務17号（2016）147頁以下、内山衛次「判批」リマークス53号（2016）122頁以下がある。

29)　中野＝下村・前掲注9）306頁注6）、806頁注7）参照。
30)　野村・前掲注7）55頁以下。
31)　松村・前掲注7）137頁。

る債務ではあるが「事実上の障害」があるとされる趣旨かは、判然としない。仮に、後者であれば（前者と解する余地もあるが、このように解した場合は、後記(2)の議論が妥当する）、従前の議論の枠組みでは、前記1のとおり、「事実上の障害」は、「債務者の意思のみにより履行可能か否か」によって判断されてきたのであるから、従前の議論の枠組みからは外れる。そのため、なぜ仮処分決定の存在が、履行の妨げとなるのか（野村教授）、「事実上の障害」と評せるか（松村教授）につき、更に論証が必要と思われる。このほか、松村教授の見解には、なぜ、前述の義務の衝突事例と本決定とは局面を異にするといえるかも、疑問がある。

　なお、本件において、両立し得ない司法判断が下された理由[32]は、別件長崎地裁仮処分決定[33]の理由が示すとおり、弁論主義の下、Ｙが漁業行使権侵害の事実を主張せず、裁判所が基礎とすべき事実が異なる事に起因する。義務の衝突をもって間接強制が否定されるのであれば、ある義務を命じる債務名義が成立した後、債務者が第三者と馴れ合い訴訟ないし意図して敗訴するなどして相反する義務を命じる債務名義を作出することで、間接強制「破り」を認める事も可能となりかねない（このような事案であれば、信義則によって債務者の主張は否定されるであろうが、執行裁判所がこのような点について信義則違反か否かを審理するのは不相当であろう[34]）。したがって、本決定が相反する義務の衝突につき、間接強制の阻害事由とはなららないとして間接強制「破り」を封じた点は、正鵠を得ている。

---

[32]　本件において、民事訴訟の構造上、両立し得ない判断が区々に分かれた可能性として、当事者の主張や提出された証拠が異なることによって裁判所が基礎とすべき事実が異なる点が指摘されている（岩橋・前掲注1）（2・完）61頁）。この点については、完全陳述義務との関係で議論になる可能性があるが、詳細は、松本博之＝上野泰男・民事訴訟法［第8版］（弘文堂・2015）142頁［松本］、松本博之・民事訴訟における事案の解明（日本加除出版・2015）246頁以下、中野貞一郎＝松浦馨＝鈴木正裕編・新民事訴訟法講義［第2版補訂2版］（有斐閣・2008）208頁以下〔鈴木〕、新堂幸司・新民事訴訟法［第5版］（弘文堂・2011）485頁以下、高橋宏志・重点講義民事訴訟法㈲［第2版補訂版］（有斐閣・2013）469頁以下、伊藤眞・民事訴訟法［第5版］（有斐閣・2016）304頁以下、中野貞一郎「訴訟における真実義務」民事訴訟・執行法の世界（信山社・2016〔初出1962〕）53頁以下掲載の文献を参照されたい。

[33]　TKC25502355。

[34]　梅本・前掲注25）44頁注19）は、債務者が債権者に対して負っている義務の履行のために、事実上または法律上執り得る措置がないことを立証した場合は債務の履行義務を免れるが、債務者がこれらの立証に成功した場合にも、債権者において当該訴訟が債務者と第三者との馴れ合いによるものであることなどを立証したときは、債務者の主張が覆ることになると指摘する。これに対し、山本・前掲注21）2737頁注71）は、訴訟手続において、債務者が十分な攻撃防御を尽さなかった場合などは問題であるが、これは損害賠償の問題に吸収されようと指摘される。

(2) **相反する義務を命ずる債務名義が確定判決の場合** ところで、山本和彦教授より、仮処分による義務が最終的に確定判決になった場合には、永久に強制金をどちらかの債権者に対して払い続ける義務を課すことは（いくら相手方が国であったとしても）相当ではなく、間接強制決定の阻害事由となると解する余地がある旨の問題提起がされている[35]。

この指摘を受け、岡田准教授は、両義務が判決において確定するに至った場合には、債務者として債務の履行にむけて期待できる事実上・法律上の行為は尽きてしまっているといえ、法は不可能を強いることができない以上、両義務についての判決の確定により債務者の意思だけでは排除できない事実上の障害が発生し、間接強制は認められなくなると考えるべきであると指摘する[36]。あわせて、岡田准教授は、梅本・前掲注25) の設例の明渡訴訟において債務者の敗訴判決が確定した場合に間接強制を不許とする例を挙げた上で、間接強制は債務者が債務の履行に向けてとり得る事実上・法律上の措置が存在しなくなった時点でその実効性は消滅し、なおその履行を求めることで残るのは苛酷執行のおそれということになろうと指摘する。

しかしながら、まず、既判力の本質論について、既判力を裁判内容どおり裁判外に実体関係をつくりだす作用と解する実体法説ではなく、既判力は国家的裁判の統一という要求に基づく訴訟法上の効力で後訴裁判所に対して確定判決と矛盾する判断を禁止する内容的拘束力であるとする訴訟法説を前提とする限り[37]、確定判決になったとしても、このことをもって直ちに債務者

---

[35] 山本・前掲注21) 2734頁注66) 参照。ただし、山本教授は、なお慎重な検討を要すると指摘され、態度を留保される。なお、付記の研究会の席上において、参加者から、この問題提起は、同教授が、既判力の本質につき訴訟法説を前提としつつ実体法が債務の態様面での牽連性を認める場合に限り反射効を肯定される（山本和彦「反射効」民事訴訟法の基本問題（判例タイムズ社・2002〔初出1998〕）181頁以下）ことも背景にあると思われる旨の指摘をいただいた。

[36] 岡田・前掲注7) 162頁。

[37] 兼子一ほか・条解民事訴訟法［第2版］（弘文堂・2011）511頁以下〔竹下守夫〕、秋山幹男ほか・コンメンタール民事訴訟法Ⅱ［第2版］（日本評論社・2006）447頁、松本＝上野・前掲注32) 613頁以下〔松本〕、高橋・前掲注32) 587頁および588頁注4)、同・民事訴訟法概論（有斐閣・2016）253頁、伊藤・前掲注32) 524頁以下、勅使川原和彦・読解民事訴訟法（有斐閣・2015）135頁以下。

なお、保全命令の既判力を否定する見解もある（兼子一「保全訴訟の性格」吉川大二郎博士還暦記念・保全処分の体系(上)（法律文化社・1965）10頁、西山俊彦・新版 保全処分概論（一粒社・1972）164頁以下、瀬木比呂志・民事保全法［新訂版］（日本評論社・2014）258頁以下）。この点につき、吉川大二郎「保全訴訟における裁判の既判力」増補 保全訴訟の基本問題（有斐閣・1952）61頁以下、中田淳一「保全訴訟の訴訟物と既判力」吉川大二郎博士還暦記念・保全処分の体系(下)（法律文化社・1966）449頁以下、松浦馨＝日比野泰久「保全命令の既判力と形成力」松浦

が負う債務の性質が変容することはない（確定判決となっても債務の性質が変化することはないことは、岡田准教授も前提とされる[38]）。また、梅本・前掲注25）の事案は、当初から第三者の協力が必要な事例であるのに対し、本決定の事案は、本決定の要旨①が示すとおり債務者の意思のみで履行可能な債務であり、事案を異にする。そして、「債務者として債務の履行にむけて期待できる事実上・法律上の行為が尽きたか否か」は、民法の履行不能の議論を前提として検討されるべきである。本決定の事案では、不代替的作為義務（民執172条）に関する後発的不能、すなわち、開門義務が、これと相反する開門禁止を命じる確定判決によって履行不能となるかが検討されるべきである[39]。履行不能は、社会通念ないし取引通念に従って、債務者による履行の実現が期待できないことである[40]。これまで、契約の目的物が仮差押えの執行を受

馨＝三宅弘人編・基本法コンメンタール 民事保全法（日本評論社・1993）58頁以下、高橋宏志「民事保全における裁判の後行手続に対する拘束力」丹野達＝青山善充編・裁判実務大系4 民事保全法（青林書院・1999）414頁以下、野村秀敏・民事保全法研究（弘文堂・2001）149頁以下、上村明広「民事保全の裁判と既判力」山﨑潮編・民事保全の基礎知識（青林書院・2002）143頁以下、松本・前掲注22）487頁および509頁などを参照されたい。

38) 岡田・前掲注7）162頁。

39) 岡田准教授の見解が成り立つためには、債務名義の債務が後発的に履行不能となった場合に、間接強制が否定されることを認めることを前提に（①）、別件確定判決によって、債務名義の債務が後発的に履行不能となることを認める（②）ことが必要であると思われる。

①につき、Stein/Jonas/*Brehm*, Zivillprozessordnung, Bd. 8, 22. Aufl., 2004, §888, Rn. 10; Rosenberg/Gaul/*Schilken*/Becker-Eberhard/Lakkis, Zwangsvollstreckungfsrecht, 12. Aufl., 2010, §71, Rn. 27; Schuschke/*Walker*, Vollstreckung und Vorläufiger Rechtsschutz, 5. Aufl., 2011, §888, Rn. 18; Krüger/Rauscher/*Gruber*, Münchener Kommentar zur Zivilprossordnung, Bd. 2, 5. Aufl., 2016, §888, Rn. 13; Musielak/Voit/*Lackmann*, Zivilprozessordnung mit Gerichtsverfassungsgesetz, 12. Aufl., 2015, §888, Rn. 9; Zöller/*Stöber*, Zivillprozessordnung, 31. Aufl., 2016, §888, Rn. 2; Prütting/Gehrlein/*Hilbig-Lugani*, ZPO Kommentar, 8. Aufl., 2016 §888, Rn. 13; Baumbach/Lauterbach/Albers/Hartmann, Zivilprozessordnung, 74. Aufl., 2016, §888 Rn. 4; *Lüke*, Zivilprozessrecht, 10. Aufl., 2011, Rn. 702; *Lackmann*, Zwangsvollstreckungsrecht, 10. Aufl., 2013, Rn. 404; Brox/*Walker*, Zwangsvollstreckungsrecht, 10. Aufl., 2014, Rn. 1078; *Grunsky*, Die Notwendigkeit der Hinzuziehung Dritter durch den Schludner bei Vollstreckung eines Anspruchs auf Vornahme unvertretbarer Handlung, JuS 1973, S. 553ff.; *Schilken*, Zur Zwangsvollstreckung nach §888 Abs. 1 ZPO bei notwendiger Mitwirkung Dritter, JR 1976, S. 320ff.; *Gerhardt*, Die Handlungsvollstreckung-eine Bestandsaufnahme über Befund und Entwicklungstendenzen-, 50Jahre Bundesgerichtshof, Festgabe aus der Wissenschaft, Bd. III, 2000, S. 471f..

さらに、②につき、Prütting/Wegen/Weinreich/*Schmidt-Kessel*, BGB Kommentar, 10. Aufl., 2015, §275, Rn. 7ff; Palandt/*Grüneberg*, Bürgerliches Gesetzbuch, 75. Aufl., 2016, §275, Rn. 4ff; *Bier*, „Willessabhängigkeit" unvertretbar Handlungen und Beugezwang (§888 Abs. 1 ZPO), 1987, S. 39ff. 参照。

40) 我妻・前掲注11）143頁以下。債権法改正では、民法412条の2において、「債務の発生原因及び取引上の社会通念に照らして不能」と定められ、履行不能の判断基準について従前の通説が立法化される予定である（潮見佳男・民法（債権関係）改正法案の概要（きんざい・2015）53頁以下）。

けても履行不能とはならないとされ[41]、仮処分が行われているに過ぎない場合も履行不能にあたらないとされていることによれば[42]、開門禁止の債務名義が確定判決となっても、開門義務が履行不能になるとはいえないであろう。なお、別件許可抗告審では、「Yが別件確定判決により本件各排水門を開放すべき義務を負っていることにより左右されるものではない」（下線は筆者）と判示されており、相反する実体法上の義務を命じる債務名義が確定判決であっても、履行不能とはならないことは前提とされているともいい得る。

結論として、相反する義務を命じる債務名義が確定判決であったとしても、このことをもって間接強制の阻害事由とはならないと解する。

IV 結びに代えて

本稿の考察を要約する。第1に、債務者の意思では排除することができない障害に関する間接強制申立ての判断は、ドイツ法の議論を参考とした学説のうち、III1(3)で言及した⑤、⑥説が主張しているとおり、債務者が第三者の協力等を得るために期待可能な最善の措置を尽くしているか否かがメルクマールになると解するのが正当である。その際、作為の履行不能に関する証明責任は、債務者が負う。第2に、相反する債務名義の存在が間接強制の阻害事由となるとする考え方は、債務者の意思のみにより履行可能な場合は間接強制を可能とする原則に対して、何故にその例外を認めるのかという点についての理論的理由付けが不明であるといわざるを得ない。また、相反する債務名義の存在が間接強制の阻害事由となるとすると債務者が第三者と馴れ合い訴訟ないし意図して敗訴するなどして、間接強制「破り」を招来するおそれが高く、利益衡量の点からも賛成することができない。第3に、相反する債務名義が確定判決となった場合であっても、既判力の本質論における訴訟法説および実体法の履行不能の議論を前提とする限り、間接強制の阻害事由とならないことは変わりがない。

---

41) 谷口知平＝五十嵐清編・新版注釈民法(13)［補訂版］（有斐閣・2006）703頁以下〔甲斐道太郎〕、大判大正10年3月23日民録27輯641頁、我妻栄「判批」法協39巻12号（1921）2157頁以下。
42) 最一小判昭和32年9月19日民集11巻9号1565頁、三淵乾太郎「判解」昭和32年度最判解民事篇206頁以下、山木戸克己「判批」民商37巻3号（1958）123頁以下など参照。

【付記】
　上野㤗男先生におかれましては、大学院以来、ながらく民事訴訟法の講義を拝聴させて頂き、民事訴訟法の理論に対する研究姿勢と講義の仕方について、親しく手ほどきをしてくださり、賜った御恩は、はかり知ることができない。
　めでたく古稀をお迎えになられた上野㤗男先生の御学恩をいまだお返しすることもできず、御健勝と御安寧を、心より祈念し、謹んで、この未熟な小論稿を捧げさせていただく。
　なお、本稿は、2016年6月11日の早稲田大学民事手続判例研究会における報告を基にしたものである。上野㤗男先生をはじめ、諸先生方に賜った貴重な御教示に心より御礼申し上げるとともに、今後とも、一歩ずつ精進して参ります。
　本稿は、日本学術振興会（JSPS）・韓国研究財団（NRF）二国間交流事業2016年度共同研究「日本と韓国における民事手続法の展開に関する二国間史的考察―現行法制定を中心に」および全国銀行学術研究振興財団2015年度助成「日本と韓国における債権回収に関する比較民事執行法研究―実務運用を中心に」および日本学術振興会科学研究費助成事業平成28年度研究助成若手研究(B) 26780053「原子力災害事例における救済執行手続としての間接強制の弾力的活用」による研究成果の一部である。

倒産 ADR の現状と課題
——「法的整理から倒産 ADR へ」の流れを受けて

◆中島弘雅◆

Ⅰ　倒産 ADR の意義と本稿の目的
Ⅱ　私的整理と私的整理ガイドライン
Ⅲ　民間型倒産 ADR
Ⅳ　行政型倒産 ADR
Ⅴ　司法型倒産 ADR
Ⅵ　おわりに

Ⅰ　倒産 ADR の意義と本稿の目的

　倒産 ADR とは、裁判外で中立公正な第三者の関与によって債務者の倒産処理とりわけ事業再生を目的として再建計画や債務調整の合意を図っていく手続のことである。制度化された私的整理ないし準則型私的整理といわれるものの一部がそれにあたる[1]（経営者保証に関するガイドライン 7 項(1)ロ参照）。

　もともと私的整理は、裁判外で債権者と債務者とが任意に協議をして債務整理（債務者の事業や財産関係の整理）をすることをいうが、わが国では、長く多くの倒産事件が裁判所に持ち込まれず、私的整理で処理されてきた。その背景には、かつての破産手続や和議手続等が必ずしも使い勝手のよい手続でなかったことに加え、倒産事件を処理する裁判所の倒産手続に対する消極的な姿勢等に原因があったと考えられる[2]。しかし、裁判所が一切関与しない私的整理では、整理屋が介入してきたり、一部の強硬な債権者の主導で、不公正な処理（不適切な財産処分や偏頗弁済等）が行われるなど、様々な問題があった。そこで、わが国では、1990 年代後半から、公正・衡平で使い勝手の

---

[1]　この点につき、伊藤眞・破産法・民事再生法［第 3 版］（有斐閣・2014）45 頁参照。
[2]　園尾隆司「法的整理と私的整理は今後どこに向かうのか—倒産事件減少の背景と将来展望」金法 2050 号（2016）8 頁参照。

よい倒産手続を整備すべく倒産法制の大改正が行われた。また、法改正をにらんでの倒産事件に対する裁判所の積極的な取組み等もあって、その後、多くの倒産事件が法的整理事件として裁判所に持ち込まれ、純粋な私的整理は大幅に減るに至った[3]。

しかし、法的整理は、仮にそれが企業の再建を目指すものであっても、多かれ少なかれ債務者企業に「倒産」という烙印を押し、その再建を困難にするという要素を抱えている。とりわけ法的整理（倒産）手続が申し立てられると、原則として、商取引債権者等を含むすべての債権者が手続に拘束され、従来通りの弁済が受けられなくなる結果、債務者企業の事業価値が毀損されるといった事態が生じた。特にわが国では、諸外国と比べ、手形の満期を含む売掛金債権の回収サイト（回収期間）が長いため、法的整理開始時点における総債権のうち商取引債権の占める割合が極めて高く、商取引債権が弁済されないと取引先も連鎖倒産するといった事態が生じやすかった[4]。そのため、最近では、金融機関等の金融債権者のみを対象とし、商取引債権者にはそのまま弁済を継続できる私的整理のメリットが見直される中、公明正大で透明性のある私的整理を実現する手段として、倒産ADRが俄然注目を浴びるようになった。

倒産ADRには、介在する第三者の属性に応じて、①民間型、②行政型、③司法型、の3類型があるとされる[5]。いわゆる事業再生ADRによる再生支援が①にあたる。中小企業再生支援協議会や企業再生支援機構、さらには地域経済活性化支援機構等による再生支援が②に分類される。また、特定調停による再生支援が③に該当する。

現行倒産法制の整備に伴い、一旦は私的整理は減少し、法的整理とりわけ再建型の民事再生、会社更生手続の申立件数は、2002年頃まで増加傾向を示していたが、その後の相次ぐ倒産ADR手続の整備に伴い、法的再建手続の申立件数は、2003年あたりから次第に減り始め、その後、一旦は盛り返したものの、2009年以降、急激に減少している（次頁の【表】参照）。これに

3） このことにつき、園尾・前掲注2）8頁参照。
4） このことにつき、松嶋英機「事業再生実務家協会における事業再生ADRの概要」金法1852号（2008）10頁参照。
5） 倒産ADRという概念および倒産ADRが3種類に分類できることを、初めて明らかにしたのは、山本和彦・倒産処理法入門（有斐閣・2003）27頁である。

I 倒産 ADR の意義と本稿の目的

【表】 私的整理と法的整理の件数比較（事業再生と債権管理 152 号 11 頁掲載の表を一部加工した）

○中小企業再生支援協議会手続

年	2000	2001	2002	2003	2004	2005	2006	2007	2008	2009	2010	2011	2012	2013	2014	2015上期
債務免除				—	—	—	—	113	80	51	48	30	55	48	69	26
直接放棄				—	—	—	—	38	23	11	6	1	8	6	11	2
第二会社方式				—	—	—	—	67	57	40	42	29	47	42	58	24
金融機関・取引先からの DES				—	—	—	—	12	4	3	0	2	3	4	2	1
債務免除＋DES の合計				—	—	—	—	125	84	54	48	32	58	52	71	27
DDS				—	—	—	—	27	28	84	12	12	113	114	126	25
金融機関による DDS				—	—	—	—	27	23	21	4	1	63	57	53	7
協議会版資本的借入金				—	—	—	—	0	5	22	8	11	50	57	73	18
リスケジュール				—	—	—	—	0	219	423	319	225	1,410	2,434	2,365	476
完了案件	662	1,110	1,093	301	504	566	422	394	332	476	364	255	1,511	2,537	2,484	509

中小企業庁ホームページ「中小企業再生支援協議会の活動状況について」よりデータを集計。2007 年度よりデータを掲載。社数ベース、事業年度ベース。
たとえば DES と直接放棄など、上記の手法を複数実施しているものがある。

○事業再生 ADR 手続

年	2008	2009	2010	2011	2012	2013	2014	2015
件数	7	108	9	8	28	24	4	8

事業再生実務家協会より資料提供。社数ベース、暦年ベース。

○企業再生支援機構（ETIC）・地域経済活性化支援機構（REVIC）手続

年		2009	2010	2011	2012	2013	2014	2015
		0	9	12	7	9	13	9

REVIC より資料提供。ETIC は 2009 年 10 月設立。公表された支援決定件数ベース、暦年ベース。リスケジュールのみで債権放棄を伴わない件数は、ETIC において 1 件のみ。

○法的整理

年	2000	2001	2002	2003	2004	2005	2006	2007	2008	2009	2010	2011	2012	2013	2014	2015
民事再生手続	662	1,110	1,093	941	712	646	598	654	859	661	348	327	305	209	165	158
会社更生手続	25	47	88	63	45	44	14	19	34	36	20	7	24	6	4	42

神谷笑子ほか「平成 22 年における倒産事件申立の概況」NBL 958 号 110 頁、比良睦織ほか「平成 26 年における倒産事件申立の概況」NBL 1051 号 20 頁。暦年ベース。

対し倒産 ADR、とりわけ行政型倒産 ADR、中でも中小企業再生支援協議会の再生支援手続の利用件数・再生計画成立（完了）件数は、近時、急増している。特に 2013 年と 2014 年には、その利用件数・再生計画成立案件数は、年間 2500 件前後と高水準にある（前頁の【表】参照）。

本稿は、近時における「法的整理から倒産 ADR へ」という大きな流れを受けて、わが国の事業再生スキームとしての各倒産 ADR の概要と現状を確認するとともに、倒産 ADR をめぐる問題点や課題を明らかにすることを目的としている。ただ、その前に、倒産 ADR 誕生に至るまでの、わが国の私的整理をめぐる動きをごく簡単に眺めておくことにする。

II 私的整理と私的整理ガイドライン

1 私的整理から私的整理ガイドラインへ

(1) 私的整理の問題点　私的整理には、簡易迅速性、柔軟性、秘密保持性に加え、当該企業の事業価値の毀損を防ぐことができる点で、法的整理にはないメリットがある。したがって、私的整理がうまく行われれば理想的な倒産処理が実現できるが、裁判所の監督がなく、保全処分、強制執行の停止、否認権などの、手続の適正を担保するためのシステムが全く備わっていない上に、その手順が法定されていないため、透明性や予測可能性という点で限界がある。実際にも債務者の実情に合わない安易な債権放棄が行われたり、問題の先送りにとどまったりすることも多かった。また、私的整理はあくまでも債務者・債権者間の合意に基づく手続であるため、債務者は多数の債権者と整理案（特に再建計画案）をめぐって交渉しなければならないが、債務者と各債権者との交渉は必ずしも透明なものではない。そのため、一部強硬な債権者との間で裏取引等が行われ、優先的な取扱いがなされることがあり、少なくとも債権者間にもそうした疑心暗鬼が生じやすい。また、当事者間の力関係がそのまま交渉にも反映して「ごね得」といった問題も生じやすい。さらに、最悪の場合には、整理屋が甘言と威嚇により債務者の財産を占有し、債権者には不当な譲歩を強要するという形で私的整理を取り仕切り、捻出した剰余金を債務者からの謝礼と称して組織活動の資金に組み入れてしまうといった事態に立ち至ることもあったといわれている。

(2) 私的整理ガイドライン誕生の経緯　そこで、わが国の金融機関の不良債権処理と企業の過剰債務問題が喫緊の課題であった2001年当時、それらの課題を一体的・抜本的に解決するため、より透明・公正な手続で私的整理を行うことができるようにしたいという政府の要請に基づき、金融界・産業界の代表者の間での合意として、2001年9月に策定・公表されたのが、「私的整理に関するガイドライン」（私的整理ガイドライン）である。

私的整理ガイドラインは、複数の金融機関に対して返済困難な債務を抱えた企業のうち、過剰な債務をある程度軽減することにより再建可能性のある企業を救済するため、債務者企業と複数の金融機関とが協議した上で、債権放棄やデット・エクイティ・スワップ（DES：債権の株式への振替え）などの金融支援を行い、公明正大で透明性のある私的整理を行うための手続準則である。基本的に、資金繰りに窮する以前のより早い段階で私的整理に着手して迅速に事業を再生させることを目指すものであり、そこでは商取引債権を毀損することなく、通常の営業を継続することが当然の前提とされている。私的整理ガイドラインには法的拘束力はないが、金融機関等である主要債権者（債権額の多い複数の金融機関）および対象債権者（再建計画が成立した場合に権利変更が予定されている債権者〔主要債権者も含む〕）、債務者企業、ならびにその他の利害関係人によって、自発的に尊重・遵守されることが期待されている（私的整理ガイドライン〔以下、GLとして引用する〕2項(1)）。私的整理ガイドラインは、その後、事業再生実務が変化したことを受けて、2005年11月に、一部改訂されている[6]。

2　私的整理ガイドライン

(1) 私的整理ガイドラインの基本的スキーム　　(a)　対象となる私的整理

私的整理ガイドラインによる再生支援は、会社更生や民事再生などの法的整理手続を利用したのでは債務者企業の事業価値が著しく毀損され、その事業の再生に支障を生ずるおそれがあり、私的整理に拠った方が債権者と債務者の双方にとって経済的合理性がある場合に限り行われる（GL1項(2)、3項(3)

---

[6]　以上につき、中島弘雅＝佐藤鉄男・現代倒産手続法（有斐閣・2013）376-378頁〔中島〕、中島弘雅ほか「（シンポジウム）事業再生のツールとしての倒産ADR—挑戦するADR」仲裁とADR11号（2016）94-96頁〔中島報告〕参照。

(4))。対象となる企業は、過剰債務を主因として経営困難な状況に陥っていて自力による再建は困難であるが、事業価値があり、重要な事業部門で営業利益を計上しているなど債権者の支援により債務者企業の再建の可能性があることが必要である（GL3項(1)(2)）。

　（b）　金融債権者による支援　　私的整理ガイドラインによる再生支援には、多数の金融機関等が主要債権者または対象債権者として関わり、債務の減免・支払猶予などの協力が求められる（GL1項(1)(3)）一方で、商取引債権については、原則として約定通りの弁済が継続される。

　（c）　公正・衡平と透明性の重視　　私的整理ガイドラインによる再生支援の手続は、公正・衡平を旨とし、透明性が尊重される（GL2項(5)）。

　(2)　私的整理ガイドラインによる再生支援の流れ　　私的整理ガイドラインによる再生支援を求めようとする債務者企業としては、まず最初に、主要債権者（通常はメインバンク）に対し、再建計画案を添付してこのガイドラインによる再生支援を申し出る必要がある。なお、私的整理ガイドラインによる再生支援では、外部専門家（弁護士、公認会計士、不動産鑑定士等）による財務DD（デュー・デリジェンス）および事業DDは、手続が開始する前に完了しておき、支援開始後の手続の中で、これをチェックするという運用が行われている[7]。

　申出を受けた主要債権者は、ⓐ債務者企業にガイドライン3項に規定する申立資格があるか否か、ⓑ再建計画案につき対象債権者の同意を得られる見込みがあるか否か、ⓒ再建計画案の実行可能性があるか否か、について検討する。主要債権者が、債務者企業から提出された資料を精査した上で、提案が妥当であるとの結論に至ったときは、主要債権者と債務者の連名で、対象債権者全員に一時停止通知を発する（GL4項(3)、6項）とともに、通知を発した日から2週間以内の日を開催日とする第1回債権者会議を招集する（GL5項(1)）。

　第1回債権者会議では、債務者企業による資産・負債と損益状況、再建計画案の内容等について説明を受け、出席した対象債権者間で意見交換を行うほか、資産・負債や損益状況および再建計画案の正確性・相当性・実行可能

　7）　このことにつき、事業再編実務研究会編・あるべき私的整理手続の実務（民事法研究会・2014）180頁〔今川嘉文〕参照。

性等を調査検証するために、公認会計士、税理士、弁護士、不動産鑑定士、その他の専門家を選任するか否かを検討し、必要な場合には被選任者を決定する（GL 5 項(2)）。また、一時停止の期間や、第 2 回債権者会議の開催日時・場所、債権者委員会設置の有無等を決定する（GL 5 項(3)）。

第 2 回債権者会議では、再建計画案の相当性と実行可能性等についての調査結果の報告を聞き、対象債権者が書面により債権計画案に対する同意・不同意を表明すべき期限を定める（GL 8 項(1)〜(3)）。

対象債権者全員が、再建計画案に同意する旨の書面を提出したときに再建計画は成立し、債務者は再建計画を実行する義務を負い、対象債権者の権利は、設立した再建計画の定めに従って変更され、対象債権者は、債務の猶予・減免など再建計画の定めに従った処理を行う（GL 8 項(4)）。

債務者企業は、対象債権者に対し、再建計画に従って、その成立後に定期的に開催される債権者会議等において、再建計画の実施状況を報告しなければならない（GL 9 項(2)）[8]。

(3) 再建計画案の内容　金融機関が融資先に対して債権放棄を行う基準として、再建計画案には、以下のような内容が盛り込まれる必要がある。

①3 年以内の実質的債務超過の解消（GL 7 項(2)）。

②3 年以内の経常利益黒字化（GL 7 項(3)）。

③株主責任の追及。すなわち、債務者企業が対象債権者の債権放棄を受けるときは、支配株主の権利を消滅させることはもちろんのこと、減増資により既存株主の割合的地位を減少または消滅させることを原則とする（GL 7 項(4)）。

④経営者責任の追及。すなわち、債務者企業が対象債権者の債権放棄を受けるときは、債権放棄を受ける企業の経営者は退任することを原則とする（GL 7 項(5)(6)）。

⑤平等と衡平。すなわち、権利関係の調整は、債権者間で平等であることを旨とし、債権者間の負担割合は、衡平性の観点から個別に検討する（GL 7 項(6)）[9]。

8）　以上につき、三上威彦「近時における私的倒産処理手法の可能性」慶應法学 17 号（2010）71-72 頁、事業再編実務研究会編・前掲注 7）172 頁以下〔今川〕など参照。

9）　以上につき、三上・前掲注 8）72-73 頁参照。

(4) 私的整理ガイドラインの意義と問題点 　私的整理ガイドラインに基づく私的整理（再生支援）は、純粋な私的整理とは相当に趣を異にする。純粋な私的整理では、債務者と債権者との相対交渉で債務整理が行われるのに対し、私的整理ガイドラインによる再生支援では、いわゆる専門家アドバイザーが必須のものとして手続に組み込まれており、手続全体の一種の「疑似ADR」化が強まっている。その意味で、私的整理ガイドラインに基づいて行われる私的整理は、純粋な私的整理と倒産ADRとの中間的なものと位置づけることができる。

　私的整理ガイドラインが直接適用された案件は、必ずしも多くないが[10]、私的整理ガイドラインは、わが国の事業再生支援において一定の成果を挙げたと評価できる。しかし、私的整理ガイドラインによる再生支援といえども、基本的に当事者間の和解契約による私的整理であるから関係者全員の合意がないと成功しない。そのため、債務者企業の再建を支援しようとするメインバンクとしては、再建計画への同意を渋る他行に対して譲歩し、自行の負担を増やすことで何とか再建案をまとめようとする現象が生じた（メイン寄せ）。しかし、このようなことが続くと、メインバンクとしては次第に私的整理ガイドラインによる再生支援を敬遠するようになってくる。また、メインバンクに他行の要求に応じるだけの体力がない場合には、私的整理ガイドラインによる再生支援は、不発に終わらざるを得なかった[11]。こうした中で、企業の事業再生局面で俄然注目を浴びるようになったのが、倒産ADRである。

　そこで次に、①民間型、②行政型、③司法型の順に、各倒産ADR手続の概要・現状と課題・問題点をみていくことにする。

Ⅲ　民間型倒産ADR

1　事業再生ADRの意義

　事業再生ADRは、「裁判外紛争解決手続の利用の促進に関する法律」（ADR法）上の「認証ADR事業者」（認証紛争解決事業者）の仕組みを利用しな

　10）　私的整理ガイドラインによる再生支援数は、2001年9月の私的整理ガイドライン公表後、2005年までに30社ないし40社程度の企業が利用したと報告されている。

　11）　以上につき、事業再編実務研究会編・前掲注7）172頁以下〔今川〕、中島＝佐藤・前掲注6）378-382頁〔中島〕など参照。

がら、それに経済産業省の認定を上乗せした独自の倒産 ADR 手続である。すなわち、事業再生 ADR を行うことのできる認証 ADR 事業者は、ADR 法に基づき法務省から「認証」を受けた民間の「認証 ADR 事業者」のうち、さらに「産業競争力強化法」（産競法）に基づき経済産業省から「認定」を受けた事業者である（産競法 2 条 15 項、ADR 法 2 条 4 号。認証の基準につき ADR 法 6 条、認証の欠格事由につき ADR 法 7 条参照）。

事業再生 ADR 事業者の活動領域は広いので、事業再生 ADR 事業者は、手続の公正・衡平性を保持するため、経済産業大臣による認定を受けなければならない（産競法 51 条）。事業再生 ADR では、ADR 事業者が事業再生の専門家を「手続実施者」として選任できることが、産競法上、経済産業省の「認定」を受けるための要件とされている（産競法 51 条 1 項 1 号、ADR 法 2 条 2 号）。ただ、「事業再生に係る認証紛争解決事業者の認定等に関する省令」（経済産業省令）が要求する「手続実施者」を実際に選任できる組織は限られていることから、現在のところ、事業再生 ADR 事業者として認証されているのは、事業再生実務家協会（JATP）のみである。

2 事業再生 ADR 手続の流れ

事業再生 ADR 手続は、基本的には、私的整理ガイドラインの事業再生スキームに依拠している。すなわち、事業再生 ADR 事業者は、予め財務 DD と事業 DD を完了した後、最初に、債務者と連名で債権者に対して一時停止を要請する通知を発し、その後に、債権者会議が開催される運びとなる。債権者会議についても、私的整理ガイドラインにならい、事業再生計画案の概要を説明するための第 1 回会議（概要説明会議）、計画案の協議のための第 2 回会議（協議会議）、そして、計画案の決議のための第 3 回会議（決議会議）が想定されている。そして、最終的に、事業再生計画案がすべての債権者に受け入れられると、事業再生 ADR の手続は終了する[12]。

このように事業再生 ADR 手続で想定されている基本的スキームと私的整

---

12) 事業再生 ADR の具体的な手続については、「裁判外事業再生」実務研究会編・裁判外事業再生の実務（商事法務・2009）123 頁以下〔須藤英章〕、事業再生実務家協会編・事業再生 ADR のすべて（商事法務・2015）38 頁以下が詳しい。また、中島ほか・前掲注 6）100 頁〔富永浩明報告〕、山本和彦「事業再生 ADR」倒産法制の現代的課題（有斐閣・2014〔初出 2008〕）378 頁以下も参照。

理ガイドラインのそれとは類似しているが、他方で、事業再生 ADR では、事業再生 ADR 事業者があくまでも中立的第三者として債務者の事業再生に関与するという点で、私的整理ガイドラインに基づく事業再生との間には決定的な違いもある。

3 事業再生 ADR の特徴

　この手続は、債務者やその取引相手にとってはもちろんのこと、金融機関や地域経済にとっても、多くのメリットを有する。

　(1) 企業価値の毀損防止　　事業再生 ADR は、秘密裏に進められるので（密行性）、債務者企業の事業価値の毀損を防ぐことができる。また、手続対象債務者について、後にみる中小企業再生支援協議会による再生支援スキームのように、中小企業者に限定するといった制約がないので、上場企業や大企業もこの手続を利用できる。上場企業が法的整理（倒産）手続に入ると、上場廃止基準に抵触するため、上場廃止を余儀なくされるが（東京証券取引所有価証券上場規程 601 条 1 項 7 号等）、事業再生 ADR の場合には、二期連続の債務超過、時価総額の基準割れといった実質的理由による上場廃止の可能性はあるものの、この手続に入ったことそれ自体でもって直ちに上場が廃止されるわけではない[13]。

　(2) 手続の透明性・公正性・衡平性　　倒産 ADR 全体に共通する点として、債務者および債権者から独立した専門家が第三者的立場から、事業再生手続の適正および再生計画の内容の合理性を確認するという特徴を挙げることができる。しかし、その中でも特に事業再生 ADR では、経済産業省令で定められた厳格な資格要件に適合する専門家のみが手続実施者となりうるので、事業再生手続および再生計画を検証する第三者が、事業再生に深い経験と見識を有する者であることが制度的に担保されている[14]。その結果、手続の透明性が確保でき、公正・衡平な事件処理が可能となる。

　(3) 手続の迅速性　　事業再生 ADR は、事業再生 ADR 事業者が案件を正式に受理し、対象債権者に一時停止通知が発せられてから 2 週間以内に第

---

　13)　中島＝佐藤・前掲注 6) 396 頁〔中島〕。
　14)　このことにつき、「裁判外事業再生」実務研究会編・前掲注 12) 196 頁〔中村廉平〕、事業再編実務研究会編・前掲注 7) 346 頁〔鈴木学〕参照。

1回債権者会議（概要説明会議）が開催されることが省令上明記されている。その後、2回の債権者会議（協議会議・決議会議）を経て、事業再生計画が成立に至ることも省令上明記されている。案件によって若干の違いはあるものの、一時停止通知からおおむね4ヶ月ないし5ヶ月程度で再生計画の成否が決まるので、その分、債務者企業の事業価値の毀損を最小限にとどめることができる[15]。

(4) **事業再生計画の柔軟性・実行可能性**　事業再生ADRでは、対象債権者全員の同意が得られれば、比較的柔軟な事業再生計画を策定できる。また、当該事業に最も精通する債務者が、専門家の適切な助言・指導を得ながら主体性をもって計画案の策定に臨むので、より現実的で実行可能性の高い事業再生計画案の策定が可能である。

(5) **事業再生を支える法的手当て**　産競法は、債務者が、事業再生ADR手続を開始した後に、事業の継続に欠くことのできない資金の借り入れ（プレDIPファイナンス）を行う場合に、中小企業基盤整備機構の債務保証や信用保険の特例への途を開くことで、つなぎ融資を円滑に供給できる仕組みを講じている（産競法53条・54条）[16]。また、事業再生ADRを利用して事業再生計画が成立した場合には、税務上、債務者は、資産の評価損の損金算入と期切れ欠損金の利用ができ、また債権者は、債権放棄による損失を損金算入できるというメリットがある。

他方、事業再生ADRが一部の対象債権者の反対によって挫折した場合、債務者としては、民事再生や会社更生手続の申立てか、計画案に不同意の特定の債権者に対して、改めて裁判所からの説得を試みる目的で、特定調停の申立てを検討することになるが、事件が特定調停に移行した場合には、特定調停手続の特則として、裁判官単独で調停を行うことができるので（産競法52条。なお、民調5条参照）、事業再生ADRで策定された再生計画案が、そのまま、調停案として利用されることもありうる。また、必要に応じて、調停に代わる決定（民調17条）が裁判官によってなされることもありうる。

しかも、事業再生ADRが成立せず、再生手続や更生手続へ移行すること

---

15) 以上につき、「裁判外事業再生」実務研究会編・前掲注12) 133頁〔須藤〕、事業再編実務研究会編・前掲注7) 347-348頁〔鈴木〕参照。
16) 山本（和）・前掲注12) 385-386頁、「裁判外事業再生」実務研究会編・前掲注12) 133頁〔須藤〕参照。

になった場合も、プレDIPファイナンスについては、再生計画や更生計画の中で一般の倒産債権よりも優先的な弁済を許容することができる（産競法59条・60条）。同様の取扱いは、後に紹介する地域経済活性化支援機構による再生支援でもみられるが、他方で、中小企業再生支援協議会による再生支援には、かかるプレDIPファイナンスの保護制度がなく、他の私的整理のスキームについても同様である。その点、プレDIPファイナンスを優遇できることが法律に明記されている事業再生ADRは、他の倒産ADRと比べて利用しやすい面がある[17]。

(6) メインバンク・地元経済にとってのメリット　事業再生ADRは債務者主導の手続であるため、メインバンクが、他行からの非難・攻撃の矢面に立つことを回避でき、私的整理ガイドラインによる事業再生の場合のような理不尽なメイン寄せを回避しやすい[18]。また、メインバンクは、取引関係の深い企業を破綻させることなく、再生させることで、地元におけるレピューテーションリスクを回避できる。さらに、商取引債権者を手続の対象から外すので、連鎖倒産を防ぐことができ、地元経済へのダメージを回避することもできる[19]。

4　事業再生ADRの課題

(1) 手続費用問題　事業再生ADRの正式な申込み件数は、2016年3月末時点で59件と報告されており、必ずしも多いというわけではない。その最大の理由と考えられるのは、手続全体にかかる費用が高額であるという点である[20]。事業再生ADR手続を利用した場合に、事業再生ADR事業者（事業再生実務家協会）に支払う業務委託費は、①対象債権者数（6社未満～20社以上）、②対象債権者に対する債務額（10億円未満～100億円以上）に応じて4段階に分けて標準額が定められている（200万円～1000万円）。これに、さらに手続実施者に対する報酬が加わる（基準額は、400万円から2000万円）。もっとも、

---

17)　このことにつき、山本(和)・前掲注12) 386-387頁、「裁判外事業再生」実務研究会編・前掲注12) 131-132頁〔須藤〕、事業再編実務研究会編・前掲注7) 347頁〔鈴木〕参照。

18)　「裁判外事業再生」実務研究会編・前掲注12) 133頁〔須藤〕、事業再生実務家協会編・前掲注12) 33頁参照。

19)　以上につき、中島＝佐藤・前掲注6) 398頁〔中島〕参照。

20)　事業再編実務研究会編・前掲注7) 348頁〔鈴木〕参照。

個別の事案毎に、ⓐ事案の難易度、ⓑ調査内容・範囲、ⓒ手続実施者の職種・経験、ⓓ調査に要する補助者の有無・員数を考慮しながら、手続実施者の意見を聴いて金額が決定されるのが一般的なようである。しかも、その後、事業再生 ADR 手続実施の過程等で新たに判明した事情により費用の増額・追納を求めることもあるとのことである[21]。この手続費用の高さが、事業再生 ADR 手続の利用者が上場企業や中堅企業（およびこれらを中核とした企業集団）に限られている理由である。2014 年および 2015 年の利用件数に至っては、わずか一桁にとどまる（583 頁の【表】参照）。かねてより事業再生 ADR の利用対象者を中小企業にも拡大するよう求める声もあるが、高額な費用負担がネックとなる。もっとも、後にみるように、中小企業再生支援協議会の再生支援に要する費用は、国が負担し、利用者たる中小企業には費用負担が生じない仕組みになっているので、仮に事業再生 ADR の手続費用を下げたとしても、そう簡単に事業再生 ADR を利用しようとする中小企業者が増えるかどうかは、疑問である。

(2) **立法的課題** 次に、事業再生 ADR をめぐる近時における重要な課題として、事業再生 ADR に多数決原理を導入できないかという問題がある。しかし、反対債権者を強制的に服従させることは、ADR の正当性根拠との整合性の確保について至難の問題を提示することになる。そこで、事業再生 ADR と法的整理の連携を確保することで、事業再生 ADR から法的整理に円滑に移行し、両者のメリットを最大限に活かす方向を模索する提案がすでになされている[22]。具体的な提案の中には民事再生法や産競法の改正を要するものもあり、今後の展開が注目される。また、より差し迫った重要な課題として、事業再生 ADR の根拠法たる産業競争力強化法（産競法）の恒久化の是非をめぐる議論がある。周知のように、産競法は、廃止を含めた見直し期限が 2018 年 3 月 31 日と定められている。したがって、事業再生 ADR 事業者は、法律上、恒久的な組織ではない。そのため、裁判外事業再生のニーズを考えると、この制度は恒久化する必要があるのではないかとの問題提起が

21）「裁判外事業再生」実務研究会編・前掲注 12) 135 頁〔須藤〕、事業再生実務家協会編・前掲注 12) 36-37 頁など参照。
22） かかる問題を検討した報告書として、「事業再生に関する紛争解決手続の更なる円滑化に関する検討会報告書（平成 27 年 3 月）」（商事法務研究会・2015）がある。

なされている[23]。

　ただ、これらの立法的課題を検討するに際しては、その前提として、事業再生 ADR の法的な位置づけを明確にしておく必要がある。もともと事業再生 ADR は、法的整理が債務者企業の事業価値を毀損させるとの認識を前提に、企業の事業価値の向上を目的とした民間主体の事業再生メカニズムの構築のため、私的整理と法的整理との間隙を埋めるもの、ないしは私的整理と法的整理との連続性を確保するものとして、債権者間の利害調整が困難な案件において、債権者間の合意形成を促進することを目的として生み出されてきたものである。しかし、河崎祐子教授が、つとに指摘しているように、事業再生 ADR は、その創設過程で専ら上記のような機能的な効果を追い求めるあまり、その法的な位置づけが曖昧になったという側面がある[24]。したがって、上記の立法的課題を考えるに際しては、事業再生 ADR を、わが国の社会経済の活性化を図る上で不可避の課題を解決するために必要な、ADR 法に基づく恒久的な法的制度と位置づけるのか、それとも、事業再生 ADR を、あくまでも現在のわが国の景気浮揚を実現するための緊急避難的な産業再生措置の１つと位置づけるのかを、最初に明確にしておく必要があるように思われる。

Ⅳ　行政型倒産 ADR

1　産業再生機構、企業再生支援機構および地域経済活性化支援機構

　（1）　産業再生機構・企業再生支援機構による再生支援　　行政型倒産 ADR としては、中小企業再生支援協議会による再生支援が近年注目を浴びているが、かつて存在した産業再生機構（IRCJ）や、その後身ともいえる企業再生支援機構（ETIC）、さらにはその後身たる地域経済活性化支援機構（REVIC）による再生支援も、行政型倒産 ADR に属する。

　　23）　前掲注 22）「報告書」86 頁。
　　24）　以上につき、河崎祐子「事業再生 ADR の法的位置づけ」今中利昭先生傘寿記念・会社法・倒産法の現代的展開（民事法研究会・2015）667-668 頁参照。事業再生 ADR の法的位置づけに関しては様々な見解がある。さしあたり、山本（和）・前掲注 12）373 頁以下、伊藤眞「第三極としての事業再生 ADR」金法 1874 号（2009）144 頁以下、田頭章一「事業再生 ADR と法的整理の関係について―最近の裁判例を手掛かりとして」法の支配 170 号（2013）51 頁以下など参照。

産業再生機構による再生支援について規定する「株式会社産業再生機構法」は、先にも述べたように、私的整理ガイドラインでは、再生支援の場面で生じるメイン寄せに十分に対応できなかったことから、非メインバンクの金融債権を産業再生機構に合理的な価格で買い取らせ、メインバンクとの交渉を円滑に進めることにより、私的整理を円滑かつ迅速に成立・遂行させることを目的として、2003年に成立した法律である。ただし、産業再生機構は、不良債権処理のためのいわば緊急避難的措置として5年の時限の機関であったため、ダイエーやカネボウなどの有力企業を含む41の企業グループ、合計195社の再生を支援し、2007年3月に、予定の期限を1年前倒しして解散してしまった。しかし、産業再生機構の解散と相前後して、事業再生のための恒常的な仕組みとして、私的整理ガイドラインに基づく再生支援スキームと裁判所における法的整理手続との中間に、何らかの実効的な事業再生のためのスキームが必要なのではないか、私的整理と法的整理とを連携させるような何らかの法制度が必要ではないかが、議論されるようになった。

　かかる要請を受けて、産業再生機構の実績を承継しつつ、疲弊したわが国の地域経済再生のための新たなスキームを提供するものとして、2009年10月に成立したのが、「株式会社企業再生支援機構法」である。企業再生支援機構は、世界的な金融経済情勢の悪化等により、低迷が続いている地域経済の再生を図り、有用な経営資源を有していながら、過大な債務を負っている中堅事業者、中小企業者その他の事業者の事業の再生を支援することを目的として設立された国策会社である。同機構は、上記の産業再生機構とほぼ類似の機能をもち、金融機関からの債権の買い取りや出資、経営者の派遣等を行うものとされていた。企業再生支援機構は、日本航空やウィルコムなどの大企業の再生支援で大きな役割を果たしたが、2012年12月の政権交代により成立した安倍自民党政権は、中小企業の支援強化の方針を掲げて、株式会社企業再生支援機構法を見直すこととし、2013年2月、新たに「株式会社地域経済活性化支援機構法」を成立させ、従来の企業再生支援機構も、地域経済活性化支援機構に改組された[25]。

(2)　地域経済活性化支援機構による再生支援　　その際、地域経済活性化支

---

25)　以上につき、中島＝佐藤・前掲注6）383-386頁〔中島〕参照。

援機構法は、大企業については、原則として支援対象から除外することとし（同法25条参照）、以後は、中堅・中小企業に対する支援に軸足を移すことになった。また、同法は、従来の企業再生支援機構による再生支援業務に加え、新事業・事業転換・地域活性化事業に対する支援業務も担うこととし、健全な企業群の形成・雇用の確保や創出を通じた地域経済の活性化を図ることも目的としている。

地域経済活性化支援機構（およびその前身たる企業再生支援機構）による事業再生支援では、明確なメイン寄せこそ回避できるものの、私的整理ガイドラインによる再生支援と同様に、債務者企業の再生にメインバンクの積極的な支援・関与が必要である。その点で、メインバンク不在あるいは必ずしもメインバンクが債務者企業の再生に積極的な姿勢をみせていない段階でも利用可能な事業再生 ADR による再生支援との間に、大きな違いがある。

地域経済活性化支援機構では支援を行う案件を厳しく絞り込んでいるのか、同機構単独での支援案件は、2014年3月末までで10件と報告されている[26]。2015年末の集計によっても、案件数は決して多くない（583頁の【表】参照）。これに対し、その再生支援の利用（および計画成立）件数で、他の倒産 ADR を圧倒しているのが、中小企業再生支援協議会による再生支援である。

2 中小企業再生支援協議会

(1) 意義と概要　中小企業再生支援協議会（以下では、単に支援協議会ということがある）は、中小企業庁の委託を受け、中小企業再生支援業務を行う者として認定を受けた認定支援機関（多くは各都道府県の商工会議所）の中に設置された支援事業部門のことである（産競法127条参照）。2003年2月以降に順次設置され、現在、各都道府県に1ヶ所ずつ置かれている。

地方経済の疲弊が問題とされるようになって久しいが、わが国の産業を支える中小企業の活力の再生は、わが国の産業の再生にとって不可欠である。しかし、中小企業は、多種多様で地域性が強いという特性をもっているため、それらを再生させるには、各地域の実情を踏まえた柔軟、かつ、きめ細かな

---

26)　以上につき、事業再編実務研究会編・前掲注7）89頁以下〔片山英二＝河本茂行〕参照。地域経済活性化支援機構の概要と業務について詳しくは、鈴木学＝竹山智穂「地域の面的な再生に向けて―地域経済活性化支援機構の概要と業務」事業再生と債権管理141号（2013）4頁以下参照。

対応が必要である。そこで、こうした取組みを支援するため、当時の産活法（現産競法）に基づき、各都道府県に、経済産業大臣の認定により設置されたのが、中小企業再生支援協議会である。

支援協議会の主な機能は、公正・中立な第三者の立場から中小企業者の事業面、財務面の詳細な DD を実施し、窮境に陥った原因を把握したうえで、中小企業者による経営改善計画の策定を支援するとともに、金融機関に経営改善計画を提示し、金融機関調整を行うというものである。

各認定支援機関（商工会議所等）は、中小企業庁から、中小企業再生支援事業を受託し、認定支援機関内に設置された支援事業部門（中小企業再生支援協議会）において、窓口相談（第1次対応）と再生計画策定支援（第2次対応）を行っている。

支援協議会による相談や再生計画策定支援を受けられるのは、事業再生の必要があり再生の可能性のある中小企業者に限定されている（産競法2条17項）。中小企業施策として行われるものであるため、大企業や上場企業は予定されていない。学校法人も同様である。ただし、医療法人については、以前は適用対象外であったが、2015年2月より、常時使用する従業員が300人以下の医療法人も利用できることになった（中小企業再生支援協議会事業実施基本要領〔以下では、単に基本要領という〕Q & A10）。

対象となる債権者は、金融債権者のみである。すなわち、相談企業の「取引金融機関等の債権者」であって、再生計画が成立した場合に、金融支援の要請を受けることが予定されている債権者である。ここにいう「取引金融機関等の債権者」には、いわゆる金融機関のほか、金融機関等から債権譲渡を受けた債権回収会社（サービサー）や金融ファンド、信用保証協会も含まれる（基本要領 Q & A 17 参照）[27]。

(2) 支援協議会による再生支援手続の流れ　　支援協議会による再生支援の業務は、大きく第1次対応と第2次対応とに分かれる。第1次対応は、常駐専門家（統括責任者〔プロジェクト・マネージャー〕1名と統括責任者補佐〔サブ・マネージャー〕複数名）[28]が、窮境にある中小企業者から相談を受け助言や支援機

---

27) 以上につき、中島ほか・前掲注6）103頁〔加藤寛史報告〕参照。
28) 統括責任者のほとんどが金融機関出身者である。他方、統括責任者補佐は、金融機関出身者が半数で、他は公認会計士、中小企業診断士であり、稀に弁護士である。また、支援協議会に常

関等の紹介を行うものである。

　第2次対応は、相談を受けた中小企業者のうち、一定の要件を満たす企業に対して再生計画策定支援を行うものである。第2次対応が開始すると、常駐専門家と中小企業者の連名で「返済猶予等」（一時停止）の要請を行うが、対象債権者にいきなり通知をするのではなく、メインバンクないし主要（金融）債権者に対して事前に意向の確認をしているとのことである。

　第2次対応が開始すると、再生計画策定支援を実際に行う（専門家からなる）個別支援チームが編成される。債権放棄を伴う場合には、外部専門家として弁護士、公認会計士が支援チームに入るという運用が行われている[29]。

　前述のように、私的整理ガイドラインや事業再生ADRによる再生支援では、手続開始前に、財務・事業DDをある程度完了し、手続の中ではこれをチェック、検証するという運用が行われている。これに対し、支援協議会による再生支援では、協議会が委嘱した外部専門家（弁護士、公認会計士、税理士、中小企業診断士等）が財務・事業DDを行うという方法が一般的である（通常型スキーム）。もっとも、債務者が依頼した専門家がすでにDDを実施している場合には、支援協議会が委嘱した外部専門家がそのDDを検証するという、事業再生ADRと同じ方法で手続が進められる（検証型スキーム）[30]。

　財務・事業DDの結果を踏まえて再生計画案が作成されるが、支援協議会が委嘱した外部専門家が支援をして債務者自身が作成する場合と、債務者が依頼した専門家が支援して債務者が作成する場合とがある。続いて、債権放棄を伴う再生計画案については、原則として外部専門家たる弁護士が、その他の再生計画案については、統括責任者が再生計画調査報告書を作成する。

　事業再生ADRでは、協議のための債権者会議と概要説明のための債権者

　　　駐している統括責任者補佐の数は、東京では20名、地方では3名ないし4名程度とのことである。この点については、中島ほか・前掲注6）103-104頁〔加藤報告〕参照。
29）　かつての中小企業再生支援協議会事業実施基本要領では、債権放棄を伴う再生計画の策定が見込まれる案件では、原則として、外部専門家（弁護士、公認会計士等）をチームに入れなければならないと定められていたが、後に触れる「中小企業金融円滑化法の最終延長を踏まえた中小企業の経営支援のための政策パッケージ」（政策パッケージ）を受けて、2013年5月に基本要領が改訂され、外部専門家は必要に応じて参画すれば足りることになった。しかし、債権放棄を伴う案件では、今もなお、弁護士や公認会計士を参画させるという運用がなされているとのことである。このことにつき、中島ほか・前掲注6）104頁〔加藤報告〕参照。
30）　債権放棄を伴う事業再生事例に関する通常型スキームおよび検証型スキームによるモデルケースが、伊藤久人＝河本茂行＝山県康郎「中小企業再生支援協議会の下での私的整理」事業再生と債権管理152号（2016）32-34頁〔山形〕にそれぞれ紹介されている。

会議が必ず開催されるが、中小企業再生支援協議会の手続では、債権者会議の開催を義務づける規律はない。そのため、債権者会議を開催するかどうかは任意であるが、要するに、金融債権者全員の同意が得られれば、再生計画が成立する[31]。

　(3)　支援協議会による再生支援の特徴　支援協議会による再生支援の特徴としては、①支援協議会は、中立な第三者的立場で債務者企業と金融機関との間に立つ公的機関と位置づけられており、地域ごとの金融債権者の合意形成に一定の役割を果たしていること、②協議会の支援決定は、基本的に対象債権者である金融機関以外には知らされないので、法的整理手続とは異なり、風評被害による事業価値毀損リスクを回避できること、さらには、③支援協議会が策定支援した再生計画は、一定の要件を満たせば、金融検査マニュアル上、「実現可能な抜本的な計画」と認められ、債務者企業の債務者区分をランクアップできるため、金融機関が不良債権として開示する必要がなくなること[32]、加えて、④支援協議会による事業再生では、たとえば、最初に、暫定的なリスケ計画と経営改善計画に基づく施策を実施し、一定期間の改善状況を確認した後に、債権カットを含む抜本的な再生計画案の作成に着手するといった、柔軟でかつ実行可能性の高い事業再生計画案の策定が可能であること[33]、それに何よりも、⑤支援協議会は全国47都道府県のすべてに設置されており、債務者企業にとって地理的に身近で利用しやすい存在であること等を挙げることができる。

　(4)　再生計画成立の実績　支援協議会が支援業務を行うに際しての準則が、「中小企業再生支援協議会事業実施基本要領」である。基本要領には、再生計画案が満たすべき数値基準として、5年以内の実質債務超過解消、3年以内の経常利益の黒字化、有利子負債 CF 倍率 10 倍以内という要件も定められている。しかし、同時に、数値基準を満たさない計画案も許容している（基本要領6(5)②③④）。そのため、計画案の9割以上が、外部専門家が関与しないリスケジューリング（弁済条件変更）型である。しかも、基本要領は、法律でも規則でもなく、あくまでも国が認定支援機関に委託する支援事業の

---

31)　以上につき、中島ほか・前掲注6）103-105頁〔加藤報告〕、伊藤＝河本＝山形・前掲注30)25-26頁〔伊藤〕など参照。
32)　以上につき、事業再編実務研究会編・前掲注7）91頁〔秋松郎〕参照。
33)　この点につき、伊藤＝河本＝山形・前掲注30) 32-33頁〔山形〕参照。

実施要領と位置づけられているため、その時々の国の中小企業施策に応じてしばしば改訂が行われる。周知のように、2012年4月20日、内閣府・金融庁・中小企業庁は、翌年3月末に金融円滑化法が終了した後に企業倒産が増加するのを防ぐため、「中小企業金融円滑化法の最終延長を踏まえた中小企業の経営支援のための政策パッケージ」（いわゆる政策パッケージ）を公表したが、政策パッケージには、支援協議会でより多くの中小企業支援案件を受け入れるという政府の方針に基づき、年間3000件の再生支援を行うことが明記された。そこで、2014年5月には、この政府の方針に基づき、支援協議会による再生支援を容易にするため、基本要領の改訂が行われている[34]。果たせるかな、支援協議会による再生計画成立案件（再生支援が完了した案件）は、支援協議会がその業務を開始した2003年から2011年まではせいぜい年間300件から500件にとどまっていたのに対し、政策パッケージが公表された2012年には計画成立案件数が1511件となり、そして続く2013年と2014年には、計画成立案件はそれぞれ2537件、2484件と急増している（583頁の【表】参照）。この支援協議会の再生計画成立案件数の増加は、上記の政府の積極的な中小企業施策の影響と考えられる[35]。

(5) **評価と問題点**　(a)　しかし、支援協議会による再生計画成立案件の中味をよくみてみると、債権放棄を含むものは全体の1割もなく、そのほとんどはリスケジューリング（弁済条件変更）による支援であり、債務者企業の抜本的な事業再生にはなっていない【表】参照）。しかも、中には、債務超過が著しく今後50年間返済を続けても債務を完済できない企業が、弁済条件変更により事業を継続している案件や、わざわざ支援協議会の再生支援手続を利用しなくても、相対交渉で十分再生計画の合意ができたと思われる案件も含まれているとのことである[36]。

確かに、現在、経営不振に陥っていても、再生の見込みのある企業を支援し、その事業を再生させることは何ら悪いことではなく、むしろ好ましいことである。しかし、利用件数や再生計画成立数の多寡にこだわるあまり、支援協議会による再生支援が、およそ事業の持続可能性のないゾンビ企業の延

---

34) このことにつき、中島ほか・前掲注6) 106頁〔加藤報告〕参照。
35) このことにつき、園尾・前掲注2) 10頁参照。
36) この点につき、中島ほか・前掲注6) 105頁〔加藤報告〕参照。

命の手段になっていたり、次にみるように、支援協議会手続では手続利用者に費用負担が発生しないことを理由に、本来、この手続を利用する必要のない債務者が、再生支援を受けている場合があるとしたら、それこそ、公明正大で透明性のある私的整理としての行政型倒産 ADR に対する国民の信頼を裏切るおそれがある。その意味で、利用件数や計画成立件数の多寡にこだわらず、相談に訪れた企業を、必要に応じて適宜、民事再生手続や破産手続、その他当該企業の実情に適した法的整理手続に誘導するのも、支援協議会手続の重要な役割の１つと考えるべきではなかろうか。

　(b)　もう１つ支援協議会による再生支援の抱える大きな問題として、手続費用負担の点がある。いうまでもなく、債務者企業の事業再生にかかる費用は、受益者負担の観点から、債務者企業が負担するのが原則である。民事再生、会社更生等の法的整理手続についてはもちろんのこと、他の倒産 ADR でも受益者負担の原則が貫かれている。そのため、事業再生 ADR では、極めて高額といわれる手続費用負担が、その利用を妨げていることは、先にみた通りである。ところが、支援協議会手続による再生支援に要する費用については、国の委託事業費から支出されており、債務者たる中小企業には費用負担は発生しないことになっている[37]。しかし、これでは、本来、経営危機に陥った企業が、相応の手続費用のかかる民事再生等の法的整理手続を避けて、支援協議会による再生支援に流れ込んでくるのは、当然の理である。しかし、支援協議会を利用した再生支援の場合にだけ、何故、手続費用を、受益者たる当該企業ではなく、国が負担するのかは疑問であり、およそ納得のいく説明はできないと思われる。受益者負担の原則を採用すると、仮にその利用件数が減るとしても、再生支援にかかる手続費用は、債務者企業に負担させるのが妥当である。

　(c)　ところで、上記政策パッケージに基づく中小企業施策の実効性を高めるため、2012 年 8 月 30 日には、改正「中小企業経営力強化支援法」が施行され、より専門性の高い中小企業支援事業を実現するために支援事業を行う者を認定する「経営革新等支援機関」制度が発足し、2013 年 3 月 8 日には、全国の中小企業再生支援協議会に「経営改善支援センター」が設置さ

---

[37]　このことにつき、伊藤久人＝河本茂行＝佐藤昌巳＝多比羅誠「民事再生手続が利用されない理由―私的整理が選ばれる理由」事業再生と債権管理 152 号（2016）40 頁参照。

れた。同センターの業務は、「経営革新等支援機関」が、財務上の問題を抱えているため金融支援が必要であるものの、自らは経営改善計画等を策定することが困難な中小企業・小規模事業者の依頼を受けて経営改善計画策定支援に要する計画策定費用およびフォローアップ費用のうちの3分の2（上限は200万円）を補助することにある[38]。しかし、経営改善計画策定にかかる費用を、たとえ一部であれ国が負担するこの制度も、支援協議会手続費用負担の問題と同様に、受益者負担の観点からは大いに疑問がある。

このように、近年、支援協議会による再生支援は、事業再生局面で大きな成果を挙げているといえるが、その仕組みや運用、再生支援の具体的な中味等を仔細にみていくと、多々問題を抱えているといわざるをえない。

V 司法型倒産ADR

1 特定調停制度誕生の経緯と意義

「特定債務等の調整のための特定調停に関する法律」（特定調停法）は、民事調停法の下で、事実上、個人債務者に関し倒産手続としての機能を営んできた、いわゆる「債務弁済協定調停」の機能を充実・強化する目的で1999年に議員立法で制定された法律である。かかる立法の経緯もあり、主な活用の舞台は、当初、多重債務者の債務整理事案が中心であった。その後、全国各地の住宅供給公社や第三セクターに係る過剰債務の処理案件に適用された時期があるが[39]、一般的な事業再生案件ではあまり使われてこなかった。それは、特定調停法の施行の翌年（2001年）に、私的整理ガイドラインが公表され、特定調停の出る幕がなかったためである。

もっとも、その後、事業再生ADRにおいて全員同意が困難な場合に、特定調停に私的整理を成立させる補完的機能が期待されるに至り、特定調停に注目が集まることになった。すなわち、私的整理の協議先である金融債権者の一部が事業再生計画への同意に難色を示している場合に、その協議の場を特定調停手続に移して、そこで協議を進めて、それでもなお協議が整わない

---

[38] 以上については、事業再編実務研究会編・前掲注7）97頁、105頁〔本永敬三〕参照。
[39] 詳しくは、宮脇淳編・第三セクターの経営改善と事業整理（学陽書房・2010）153頁以下〔中島弘雅〕参照。

ときに、調停に代わる決定（17 条決定）（民調 17 条、特調 22 条）を用いて、裁判所の判断に対してまでは殊更に反対はしないという意向の金融債権者との関係で、特定調停を成立させるという使い方がそれである（産競法 52 条参照）。しかし、実際には、先行する事業再生 ADR が挫折した後に特定調停手続が使われたという例は聞かない。

そうした中で、特定調停が再び注目を浴びるに至ったのは、2013 年 3 月末に時限立法であった金融円滑化法が期限を迎えるにもかかわらず、事業再生をするのか、事業転換をするのか、あるいは事業から撤退するのかを決めかねている中小企業が今なお数多く存在することを踏まえ、中小企業に、関係者との協議を通じて事態の打開を促すきっかけを与えるために、日弁連が2013 年に公表した『金融円滑化法終了への対応策としての特定調停スキーム利用の手引き』（以下、「利用の手引き」として引用する）の中で、特定調停に事業再生スキームとしての役割を与えたときである。

この特定調停スキームは、比較的小規模な中小企業者を念頭に、予め特定債務者が所定の財務・事業 DD を実施し、メインバンクその他の金融債権者との事前調整も経た上で（調停成立の見込みを受けて）、特定調停の申立てを行い、専門性のある調停委員を選任しつつ、数回の期日でもって調停成立に至ろうというものである[40]。

2　事業再生のための特定調停手続の概要──特定調停スキーム

(1) 利用対象者　特定調停スキームの目的が、「経営困難な状況に陥り、本格的な再生処理が必要となる中小企業のうち、比較的小規模な企業の再生を支援すること」（利用の手引き 1 項）とされていることから、「中小企業のうち、比較的小規模な企業」がこのスキームの主たる利用対象者である。もっとも、これは、中規模以上の中小企業の利用を制約する趣旨ではないと解されている。中規模以上の企業であれば、中小企業再生支援協議会の再生支援が期待できることから、「比較的小規模な企業」を主たる対象者として想定したに過ぎない。その事業規模としては、おおむね年商 20 億円以下、負債

---

[40]　以上につき、中島ほか・前掲注 6) 108 頁〔濱田芳貴報告〕参照。特定調停が事業再生のための手続として有用であることにつき、事業再編実務研究会編・前掲注 7) 366 頁以下〔中井康之＝山本淳〕参照。

総額10億円以下の中小企業が念頭に置かれている（利用の手引き4項(1)）[41]。特定調停スキームによれば、申立てにかかる案件が同スキームの対象とすべき案件か否かについては、①申立人が過剰債務を主因として経営困難な状況に陥っており、自力再建が困難であるが、②事業価値があり、債権者の支援（一部減免、条件変更、劣後化等）により再生可能性があり、③民事再生などの申請により事業価値が毀損され、事業再生に支障が生じるおそれがある、といった諸事情が考慮されるものとされている（利用の手引き4項(2)ウ参照）。

(2) **事前調整手続**　特定調停スキームでは、特定調停の申立前に、申立代理人となる弁護士や補助者（公認会計士、税理士等）によって、財務・事業DDが実施されることが前提とされており、DDの結果を踏まえて経営改善計画案を予め策定することが求められている（利用の手引き5項(1)）。これは、事前調整手続を実施することにより、申立後の手続を円滑に進め、もって調停成立の実現性を高めるためであると説明されている[42]。

(3) **申立て**　申立書には、当事者および法定代理人、申立ての趣旨および紛争の要点等を記載しなければならないが（民調4条の2、民調規3条、非訟規1条）、併せて、財産の状況を示すべき明細書その他特定債務者であることを明らかにする資料（①資産、負債その他の財産の状況、②事業の内容および損益その他の状況）、関係権利者の一覧表（氏名または名称および住所ならびにその有する債権または担保権の発生原因および内容）、関係権利者との交渉の経過および申立人の希望する調停条項の概要、労働組合の名称等も明らかにすべきものとされている（特調3条3項、特調規1条・2条）。

ここにいう「申立人の希望する調停条項の概要」は、事業再生を目的とした特定調停の場合には、協議対象である「事業再生計画」の内容と整合的である必要があるが、そこには、事前調整手続におけるDDの結果を踏まえ、事業再生の可能性、同意の見込み、経営者責任（私財提供、退任その他）、株主責任（減増資、持分希釈化その他）といった事項を明らかにしておくことが求められる。そのため、日弁連の特定調停スキームでは、「調停申立書」の書式に加えて「経営改善計画案」の書式も載せ（利用の手引き5項(2)ウ参照）、利用

---

41) 日本弁護士連合会＝日弁連中小企業法律支援センター編・中小企業再生のための特定調停手続の新運用の実務（商事法務・2015）10頁〔高井章光〕、事業再編実務研究会編・前掲注7）376頁〔中井＝山本〕参照。

42) 日本弁護士連合会＝日弁連中小企業法律支援センター編・前掲注41) 13頁〔高井〕。

者の参考に供している[43]。

(4) 手続機関　民事調停事件の管轄裁判所は、簡易裁判所であるが（民調3条1項）、裁判官（調停主任）や民事調停委員が企業倒産や事業再生に必ずしも通暁しているとはいえない。そこで、日弁連の特定調停スキームでは、地方裁判所本庁に併設された簡易裁判所に申し立てるのが適切であるとしている（利用の手引き5項(2)イ）。また、中規模を超える事案で特定調停を利用しようとする場合には、予めメインバンク等との間で（倒産専門部のある）地方裁判所に管轄合意をしておくことが望ましいとしている（利用の手引き5項(2)イ）。また、特定調停では、管轄違いの申立てであっても、広く自庁処理および移送が認められている（特調4条ほか）。

民事調停では、調停主任1名と民事調停委員2名以上から構成される調停委員会で調停を行うのが原則であるが（民調5条1項、6条）、特定調停では、事案の性質に応じて必要な法律、税務、金融、企業の財務、資産の評価等に関する専門的な知識経験を有する者を調停委員に指定するものとされており（特調8条）、また、必要に応じ、裁判官単独で調停を行うことも可能である（民調5条1項ただし書、15条、特調19条）。

特定調停における協議や調停事項（事業再生計画、経営改善計画等）の内容の公正性や衡平性、経済的合理性を担保するのは、中立的な専門家である調停委員や調停主任（裁判官）が調停に関与しているという点にある。その意味で、事業再生を目的とした特定調停では、調停委員や裁判官に、調査や和解の仲介などについて、他の倒産ADRにおける中立的第三者（事業再生ADRにおける手続実施者、支援協議会手続個別支援チーム等）に相当する役割が期待されているのである[44]。

(5) 調停期日　調停期日は2回程度で終結することが想定されており、調停期日で改めて専門家による財務DDや事業DDを実施することは予定しておらず、それらは申立前に申立人側で実施し、債権者においてその結果について検証がなされることが想定されている。調停期日では、事前調整手続を経ていることを前提に、最終的な調整作業のみを実施することを予定し

---

43)　以上につき、中島ほか・前掲注6）112頁〔濱田報告〕参照。
44)　以上につき、中島ほか・前掲注6）112-113頁〔濱田報告〕参照。

ているが、調停期日間に、申立代理人が、適宜、各金融機関と協議をもち、調整を行うこともありえよう（利用の手引き5項(3)参照）[45]。

(6) 調停成立に資する制度　一般的な私的整理の限界として、大多数の債権者が債務者の提案に理解を示しているにもかかわらず、ごく一部の債権者が異論を唱えている場合には、計画の内容や協議の過程がいかに適正であったとしても、調停が成立に至らないという難点が指摘されてきた。この点、特定調停では、裁判所は、調停成立の見込みがない場合でも、相当であると認めるときは、調停委員の意見を聴き、当事者双方のために衡平に考慮し、一切の事情をみて、職権で当事者双方の申立ての趣旨に反しない限度で、事件の解決のために必要な決定（17条決定、調停に代わる決定）をすることができるとされている（民調17条、特調22条）。この決定は、告知日から2週間以内に異議申立てがない限り、裁判上の和解と同一の効力を有するとされているため（民調16条、18条各項。民訴267条参照）、それまで反対していた債権者であっても、裁判所において示される見解であれば、さらに異を唱えることまではしないという意向をもった債権者との間では、その消極的賛成によって特定調停が成立に至ることもある[46]。

3　特定調停スキームの問題点

　特定調停スキームでは、前述のように、特定調停の申立前に、申立代理人となる弁護士や補助者（公認会計士、税理士等）によって、財務・事業DDが実施されることが前提とされており、DDの結果を踏まえて経営改善計画案を予め策定することが求められている。その理由については、前述のように、事前調整手続を実施することにより、申立後の手続を円滑に進め、もって調停成立の実現性を高めるためであると説明されている。

　しかし、申立ての前に、予め申立人の方でDDを済ませ、それを踏まえた経営改善計画案まで準備してから申立てをせよというのは、経営危機に陥った企業にとっては極めて高いハードルであり、そのことが、特定調停スキームの利用を妨げる大きな要因になっているように思われる。加えて、特定

---

　45)　以上につき、日本弁護士連合会＝日弁連中小企業法律支援センター編・前掲注41）15頁〔高井〕参照。
　46)　以上につき、中島ほか・前掲注6）113頁〔濱田報告〕参照。

調停スキームが想定している利用対象者たる「中小企業のうち、比較的小規模な企業」としては、より利用しやすい、中小企業再生支援協議会の再生支援手続による再生支援も期待できるから、今後、あえて特定調停スキームを利用したいという中小企業者が増加してくるようには思えない[47]。

Ⅵ　おわりに

　以上でみてきたように、法的整理事件は、確かに、近年、減少してきている。しかし、かといって再生支援を必要とする案件が、全ての倒産ADRに満遍なく流れ込んでいるかというと、必ずしもそうではない。中小企業再生支援協議会による再生支援のように大盛況といえるものから、事業再生ADRや地域経済活性化支援機構による再生支援のように、その利用件数が年間20件以内にとどまるもの、さらには、特定調停スキームによる事業再生のように、あまり利用が見込めないものまで様々である。そうした中、特に中小企業再生支援協議会による案件が近年急増したのは、専ら政府の倒産件数抑制という中小企業施策の影響によるところが大きい。特にその要因を挙げるとすると、①支援協議会は全国47都道府県のすべてに設置されており、再生支援を必要とする債務者企業にとって地理的に身近で利用しやすい存在である点、②支援協議会による再生支援手続では、利用者に手続費用負担が発生しない点、さらには、③債務超過が著しく、再生計画に従って数十年弁済を続けても債務を完済できないような債務者企業であっても、支援協議会手続では再生支援が受けられる場合があるといった点が、利用者から高く評価されたためである。しかし、このうち、①の点はともかく、②の手続費用の負担が発生しないという点は、受益者負担の原則からみて、正当化できるかどうかは疑問である。また、最後の③の点は、支援協議会による再生支援が、およそ再生見込みのないゾンビ企業の延命策になっている場合があることを如実に示すものであり、言語道断といわざるを得ない。かかる運用は直ちに改められるべきである。

　もっとも、近時、中小企業再生支援協議会による再生支援を含む倒産

47）　近時における特定調停の利用状況につき、さしあたり中島ほか・前掲注6）121頁〔濱田発言〕参照。

ADR全体の利用案件が増加し、法的整理事件が減少している大きな要因として、弁護士が事業再生案件に接したとき、すぐに法的整理に持ち込みたがるため、リスケジューリングで足りる案件では、債務者企業が弁護士に事件処理を依頼してこないという点も指摘されている[48]。全国的にみて、まだ事業再生のノウハウに通暁していない弁護士が多いという点が、その原因なのかもしれない。しかし、倒産ADRによる再生支援手続が公明正大で透明性のある手続となるためにも、そしてまた、倒産ADR案件が挫折したときにスムーズに法的整理に移行させるためにも、より多くの事業再生事案に弁護士が積極的に関与していくことが不可欠であり、弁護士の関与なしには、およそ公正かつ衡平な再生支援は行うことができないように思われる。このように倒産ADRが今後わが国で健全に発展していくための課題は多いが、それらを順次解決し、わが国で、イギリスにおけると同様に、事業再生文化 (rescure culture) が広く行き渡っていく[49]ことを祈念しつつ、擱筆することにする。

【付記】

本稿は、日本学術振興会 (JSPS)・韓国研究財団 (NRF) の二国間交流事業2016年度共同研究「日本と韓国における民事手続法の展開に関する二国間史的考察―現行法制定を中心に」(代表:内田義厚教授・李鎬元教授) の一環として、2017年2月4日に早稲田大学で開催された「日韓・韓日倒産処理法シンポジウム」における筆者の報告の基になった論考である。長きにわたり学恩を賜ってきた上野䒳男先生に、このような小稿しか献呈できないのは慚愧の極みであるが、先生のご海容を切にお願いする次第である。

---

[48] 多比羅誠「これからの私的整理・民事再生と弁護士」事業再生と債権管理152号 (2016) 86頁。
[49] 近時のイギリスにおける事業再生スキームについては、さしあたり中島弘雅「イギリスの事業再生手法としての『会社整理計画』」伊藤眞先生古稀祝賀・民事手続の現代的使命 (有斐閣・2015) 947頁以下参照。

間接強制決定をめぐるプロセスと不当利得

◆西川佳代◆

Ⅰ　はじめに
Ⅱ　諫早湾潮受堤防排水門をめぐる間接強制と請求異議
Ⅲ　執行と不当利得
Ⅳ　裁判外のプロセスと間接強制における審理
Ⅴ　おわりに

Ⅰ　はじめに

　最高裁第2小法廷判決平成21年4月24日は[1]、仮処分に基づく間接強制についてその効力が否定された場合、すでに支払った間接強制金を執行債務者が不当利得として返還請求できる旨判示した。この事案は保全執行であり、本案訴訟において判断が覆る可能性をそもそも内包するものである。被保全権利が当初から存在せず、間接強制決定が取り消されたということであれば、執行債権者が間接強制金を保持する理由が消滅し、執行債務者に間接強制金を返還しなければならないという結論については、一応納得ができる。
　しかし、仮にこれが保全執行ではなく、本執行である場合はどうであろうか。確定判決に基づいてなされた間接強制は、容易に覆ることがない債務名義に基づくものではあるが、再審[2]や請求異議の訴えにより判決の取消しや

---

1) 最2小判平成21年4月24日（民集63巻4号765頁、裁時1482号12頁、金法1874号155頁、判タ1299号144頁、判時2046号79頁、集民230号551頁、金商1338号36頁）。本件解説としてさしあたり、中村心「判解」平成21年度最判解民事篇377頁、上原敏夫「間接強制、仮処分の取消しに伴う原状回復」法教348号（2009）41頁、笠井正俊・速報判例解説5号（2009）149頁、山本和彦・法学研究（慶應義塾大学）83巻5号（2010）75頁、難波譲治・速報判例解説6号（2010）99頁、酒井博行・北海学園大学法学研究46巻1号（2010）123頁、森田修・法協127巻11号（2010）182頁、西川佳代・リマークス41号（2010）130頁。
2) 本稿では諫早事件に対象を特定しているため、再審の場合の間接強制金と不当利得の関係については検討の対象としていない。

判決の執行力が排除される可能性はやはり残っている。さらに、債務名義に表示された請求が将来請求である場合には事情の変更が生じやすいことから、その可能性はより高くなるであろう。また、債務名義に表示された請求権が事実審の口頭弁論終結時に存する事実をもとに作為・不作為を命ずるものである時に間接強制の手段がとられる場合、相手が義務を履行しなければ口頭弁論終結時から時間が経過し、状況の変化により請求異議によって判決の執行力が排除されるおそれが高まることになる。仮に請求異議の訴えが認められ、債務名義である判決の執行力が排除されたならば、それに基づく間接強制決定も取り消され、間接強制金について不当利得返還の問題が生じるおそれがある[3]。そうであるとするならば、間接強制という手段にはどのような意味があると考えられるだろうか[4]。

現在、間接強制金の返還問題は、諫早湾潮受堤防排水門の開放をめぐる紛争においてもその可能性を示唆されている[5]。そこで本稿においては、まず諫早湾潮受堤防排水門をめぐる間接強制に関する最高裁決定を概観した後(以下、Ⅱ)、冒頭にあげた間接強制金に関する平成21年判決を検討する(以下、Ⅲ)。ついで諫早湾の間接強制決定プロセスについて裁判外の動きも含めて間接強制決定の審理過程において何が議論されているのかを検討し(以下、Ⅳ)、これらにより、間接強制決定プロセスおよび間接強制金の意義を確認した上で、間接強制金が不当利得となるかについて検討する若干の手がかりを示したい。

Ⅱ 諫早湾潮受堤防排水門をめぐる間接強制と請求異議

1 2つの間接強制事件

諫早湾潮受堤防排水門をめぐる間接強制事件については2つの最高裁決定

---

3) 中野貞一郎＝下村正明・民事執行法(青林書院・2016) 816頁。
4) 平成21年判決につき、保全処分を無視しても事後的に実体権なしとされれば間接強制金を不当利得として返還される余地が生じ保全制度の実効性が弱まることへの危惧を指摘するものとして、難波・前掲注1)。
5) 平成27年9月10日の参院農林水産委員会において農村進行局長は、請求異議訴訟に勝訴し、間接強制決定が取り消された場合、間接強制金を不当利得として返還請求できるとし、さらに5％の法定利息がつく可能性も示唆している。第189回国会参議院農林水産委員会議事録第20号2頁。

がある。

　まず、諫早湾干拓事業における潮受堤防の設置により被害を受けていると主張する漁業関係者ら（以下、「漁業者側」という）は、国を相手取って漁業行使権に基づく妨害予防請求権および妨害排除請求権の行使として潮受堤防の開門を請求する訴訟を提起したところ、判決確定後3年までに以後5年間にわたって潮受堤防の排水門の解放を継続する旨を命じる福岡高裁の判決[6]が確定した（以下、「福岡高裁確定判決」という）。

　これに対して、開門すれば被害を受けることになると主張する干拓地の農業関係者など（以下、「営農者側」という）が同じく国に対し、所有権等に基づく妨害予防請求権の行使として開門の差止めを求める訴訟を提起し、同請求権を被保全権利とする仮の地位を定める仮処分を申し立て、開門の差止めを認める旨の仮処分決定[7]（以下、「開門差止仮処分決定」という）がなされた。

　福岡高裁確定判決後、3年が経過しても開門がなされなかったため、漁業者側によりこの判決を債務名義とする間接強制が申し立てられ、開門履行まで債権者1名につき1日1万円（1日計49万円）の支払を命ずる間接強制決定がなされた（後に債権者1名につき1日2万円に増額決定された[8]）。他方、営農者側も開門差止仮処分決定に基づき間接強制を申し立て、これについても開門した場合、1日49万円の支払いを命ずる間接強制決定がなされた。

　執行抗告審でもそれぞれの間接強制決定が認められたため、国は漁業者側を相手方とする許可抗告（以下、「①事件」という）[9]と、営農者側を相手方とする許可抗告（以下、「②事件」という）を申し立てた[10]。この2つの許可抗告について最高裁は、漁業者側の債務名義（開門）と営農者側の債務名義（開門差止め）の双方に基づく間接強制を認め、これにより国は開門してもしなく

---

6) 福岡高判平成22年12月6日（判時2102号55頁、判タ1342号80頁）。
7) 長崎地決平成25年11月12日（LEX/DB25502355）。
8) 最1小決平成27年12月21日（LEX/DB25542468）。
9) 最2小決平成27年1月22日平成26年（許）17号（裁時1620号4頁、判時2252号33頁、判タ1410号55頁、集民249号43頁）。本件解説として、岩橋健定「続・諫早湾干拓事業をめぐる混迷と民事訴訟制度ー2つの最高裁平成27年1月22日決定とその後の展開」法教417号（2015）44頁、西川佳代・判例セレクト2015［Ⅱ］32頁、岡田洋一・判時2274号（2016）158頁、野村秀敏・ひろば69巻1号（2015）50頁、興津征雄・平成27年度重判解53頁、青木哲・同書129頁、巽智彦・自治研究92巻9号（2016）144頁、金炳学・新・判例解説Watch 17号（2015）169頁。
10) 最2小決平成27年1月22日平成26年（許）26号（裁時1620号5頁、判時2252号36頁、判タ1410号58頁、集民249号67頁）。

ても、間接強制金を支払うこととなった。国は、間接強制決定が確定した後も開門義務を履行せず、現在まで数億円にのぼる間接強制金を漁業者側に支払っている。これらの最高裁決定を受けて、請求異議訴訟等が係属している福岡高裁や開門差止訴訟等が係属している長崎地裁は、和解の呼びかけや和解案の提示をし、国が基金設立の提案をするなどの動きはあるものの、難航している[11]。

2　将来給付判決による間接強制と請求異議

　国は開門義務を履行せず（逆に開門差止めの不作為義務を履行して）、漁業者側に間接強制金を支払いながら請求異議訴訟を提起し、開門義務を争っている。この請求異議訴訟は福岡高裁に係属中であるが[12]、仮に基準時後のある時点からは状況が変化したと認められ請求異議訴訟が認容された場合[13]、間接強制との関係ではどのような問題が生じるだろうか。

　請求異議の訴えにおいて国側が勝訴しそれが確定した場合、存続中の執行手続においては、当該確定判決は執行取消文書となり（民執40条1項、同39条1項1号）、執行終了前にそれが執行機関に提出されると、すでにした執行処分は取り消されることになる。①事件のように作為義務の実現まで金銭の支払を命ずる間接強制の場合には、義務が実現されない間は執行は存続中であると考えられる。そうだとすると、間接強制決定が取り消されることにな

---

11) 西日本新聞平成29年2月25日（http://www.nishinippon.co.jp/nnp/national/article/310468）（最終閲覧日平成29年3月15日。以下同）。長崎地裁は、国、漁業者、営農者の3者に対し、平成29年1月に不開門を前提とした和解勧告を、2月には開門を含めた和解協議の提案をし、それぞれにつき、漁業者側、営農者側が反発している。

12) 佐賀地判平成26年12月12日（判時2264号85頁）においては、漁業組合員の資格を喪失した結果、開門請求権を失った数名についての請求異議が認容されたが、環境アセスメントで新たになった事由の主張は基準時前に存在していたとして退けられた。また、開門による被害が発生するのがわかっていて執行を申し立てるのは信義則違反であるとの主張も退けられたため国は控訴している（平成29年2月現在、控訴審係属中）。

13) 前掲注12) 佐賀地判も、開門を認めた福岡高裁確定判決については「将来給付の判決であるから、将来、すなわち口頭弁論終結後の事実関係については、口頭弁論終結時における事実関係に基づく予測によらざるを得」ず、「将来給付の判決において、確定判決に表示された権利関係が口頭弁論終結後に生じた事実関係の変動により成立し得なくなった場合には、請求異議の訴えでこのような事実関係の変動を異議事由として主張することは当然に許される」としている。将来の給付の訴えとその変更可能性については、高橋宏志・重点講義民事訴訟法(上)［第2版補訂版］（有斐閣・2013）756頁、山本弘「将来の損害の拡大・縮小または損害額の算定基準の変動と損害賠償請求訴訟」民訴42号（1996）25頁、角森正雄「将来の給付の訴えについて」富大経済論集27号（1982）577頁、内山衛次「将来の給付の訴え」鈴木正裕先生古稀祝賀・民事訴訟法の史的展開（有斐閣・2002）120頁。

る。この場合、それに基づいて支払われてきた間接強制金の帰趨が問題となるだろう。

　ところで、一般に請求異議認容判決によって債務名義の執行力が排除されると解されている[14]。ここでは債務名義の執行力全体が排除されると考えられるが、仮にすでに収受された間接強制金を保持する法律上の原因が実体法上の権利にあると考えた場合には、請求異議を認容する事由により後の不当利得返還請求の範囲が異なってくるということも想定されるのではないだろうか。例えば、諫早のケースにおいて、国が主張するように強制執行が信義則違反・権利濫用[15]であるとして請求異議が認容されるならば、間接強制は当初からそもそもそも不当な執行であることになり、間接強制決定が取消され間接強制金の返還の問題となるであろう。他方、福岡高裁確定判決の事実審口頭弁論終結後の事情の変化により漁業権の侵害がなくなったとの判断が仮になされた場合には、いつ、侵害がなくなったかが問題となる余地が出てくるのではないだろうか。つまり、事情変更が間接強制決定以前であれば、信義則違反の場合と同様に間接強制金全額の返還が問題となってくる。逆に、間接強制決定後の事情変更であれば、間接強制決定時から侵害がなくなる時点までの間接強制は法律上の原因があるということになるとも思える。他方、法律上の原因を間接強制決定自体とみるならば、それが取り消された場合には、収受された間接強制金を保持する理由がなくなることになる。

　以上のような、すでに支払われた間接強制金に不当利得に基づく返還という問題がありうることを認識させたのは、保全執行の場面において間接強制金の返還を認めた最高裁第 2 小法廷判決平成 21 年 4 月 24 日（以下、「平成 21 年判決」と呼ぶ）である。以下では平成 21 年判決をめぐる議論をみることによりどのような場合にどのような根拠で間接強制金の返還が命じられるかを考察する。

---

14)　中野＝下村・前掲注 3) 216 頁。
15)　請求異議事由として権利濫用、信義則違反を認めるものとして、最 1 小判昭和 37 年 5 月 24 日（民集 16 巻 5 号 1157 頁）。

III 執行と不当利得

　平成 21 年判決では、不作為義務を認めた仮処分による間接強制が存続している間に、本案訴訟において被保全権利が仮処分発令時から存在しなかったと判断された。そのため、仮処分命令および間接強制決定を取消す旨の決定が確定し、すでに債権者が得た間接強制金について法律上の原因を欠き不当利得であるとして返還が命じられたものである。つまり、執行の結果として債権者が得た間接強制金について、それを維持し続ける「法律上の原因」が不存在であるとされたのである。

　それでは執行の結果を維持し続ける法律上の原因とは何であろうか。平成 21 年判決では、「保全すべき権利が、本案訴訟の判決において当該仮処分命令の発令時から存在しなかったものと判断され、これが事情の変更に当たるとして当該仮処分命令を取り消す旨の決定が確定した場合には、当該仮処分命令に基づく間接強制決定は、履行を確保すべき債務が存しないのに発せられたものであったことが明らかであるから」債権者に交付された間接強制金は法律上の原因を欠いた不当利得にあたるとしており、「履行を確保すべき債務が存しない」ことが「法律上の原因を欠いた」ことになるのか、「仮処分命令を取り消す旨の決定が確定した」ことが「法律上の原因を欠いた」ことになるのかについては明らかではない。また、上告受理申立て理由とされた間接強制金の法的性質についても明らかにしていない。

1　金銭執行と不当利得をめぐる判例・学説

　平成 21 年判決は仮処分に基づく間接強制と不当利得が問題となったケースであった。それでは、他の債務名義や執行との関係ではどうであろうか。

　まず執行としては典型的な金銭執行についてはどのように考えられているか。例えば、確定判決に基づく金銭執行が終了した後になって、債務名義上の債権が基準時前の弁済によって消滅していたと主張して不当利得返還を求めた事案において、大審院は再審によって取り消された場合は別としつつ、確定判決上の債権が実体法上不存在であったとしても、事後的に不当利得の成立を認めなかった[16]。

次に、公正証書による強制執行の場合、最3小判昭和37年10月9日は[17]、金銭消費貸借公正証書の執行力ある正本に基づく債権執行後に、金銭消費貸借の不存在を主張して不当利得返還請求をした事案である。通常、請求異議の訴えの提起が想定されるが、判例は「被告のなした右強制執行につき執行法上の救済方法があるからといつて、被告の右利得が法律上の原因のあることにならないのはいうまでもない」として不当利得を認めている[18]。

これらについては執行法上の効力を認めた上で、不当利得の問題と処理しているのに対して、債務名義の騙取のケースにおいては、執行法上の効果の発生自体を認めないとするのが判例の立場であり[19]、公正証書の場合においても代理権のない者が代理人として作成嘱託した公正証書に基づく不動産競売の場合は、執行の効力自体を認めていない[20]。いずれも債務名義作成手続上の瑕疵があり、債務者とされた者が手続に関与できていない事案である。

要するに判例においては、債務名義作成手続および執行手続における債務者の手続保障の問題ではなく、債務名義上の権利の不存在・消滅という実体法上の問題が金銭執行後に判明した場合については、執行法上の効果を認めた上で、不当利得の成否については債務名義の種類によって結論を異にしているということが指摘できる。すなわち、すでに終了した強制執行について実体法上の事由を主張する場合については、債務名義が確定判決の場合には不当利得を認めず（再審による執行力排除があった場合には認める余地がある）、公正証書の場合には請求異議の訴えにより執行力を排除せずとも不当利得を認めるというものである。

学説は、このような判例の債務名義による取扱いの差を、確定判決は実体

---

16) 大判明治38年2月2日民録11輯102頁。
17) 集民62号767頁。
18) このほか、大判昭和15年12月20日民集19巻23号2215頁も、公正証書に基づく債権執行後、請求異議の訴えの提起なしに、公正証書上の債権の消滅を理由として不当利得返還請求を認めている。
19) 最3小判昭和43年2月27日民集22巻2号316頁は、騙取された債務名義（支払命令）の効力は再審で取り消されているという事情はあるものの、債務者が防御方法を奪われたまま成立した債務名義による強制執行は、債務者に対しては「債務名義がなくしてされたもの」というべきであり、その強制執行手続は債務者に対しては効力を生じないとした。上田徹一郎「騙取判決の既判力と不当利得」谷口知平教授還暦記念・不当利得・事務管理の研究(3)（有斐閣・1972）265頁。
20) 代理権のない者が代理人として作成嘱託した公正証書に基づく不動産競売の効力を認めなかったものとして、最3小判昭和50年7月25日民集29巻6号1170頁。前掲最判昭和43年2月27日を引用している。なお、この場合も当事者は執行終了前に請求異議訴訟の提起が可能であったが、それを経由していない。

的法律関係を確定しているものであるため法律上の原因は債務名義にあるが、公正証書の場合には確定されているわけではないので、実体的法律関係それ自体に法律上の原因があると位置づけているようである[21]。

そうであるとすると、平成21年判決の場合は未だ実体的法律関係が判決によって確定されているわけではない仮処分によるものであるから、公正証書の場合と同様に実体的法律関係それ自体に法律上の原因があるとみることもできよう。また、確定判決の場合には判例は不当利得を認めていないとはいっても、そこでは基準時前の実体法上の事由が主張されているのであり、それを主張することは既判力により遮断されるからこそ債務名義に法律上の原因があることになる。そうすると、基準時後の事由が主張され債務名義たる判決の執行力が排除された場合には、債務名義に法律上の原因があるとはいえないことになると考えられる。

2　間接強制金の性質と不当利得

金銭執行の場合には、債務名義自体が金銭の給付を内容とするものであり、実体権の内容（金銭給付）＝債務名義上の債務の内容（金銭給付）と金銭執行とは内容が一致していると考えられる。しかし、平成21年判決や諫早のケースにおいては、実体権の内容（作為・不作為）＝債務名義上の債務（作為・不作為）ではあるが、執行手段としての間接強制においては、間接強制決定が介在し、間接強制金の収受か、債務者が任意に支払わない場合は間接強制決定を債務名義とした金銭執行となる。

このように、間接強制においては、実体法上の権利と債務名義および強制執行との間に、間接強制決定が介在することから、これをどのように捉えるかが問題となり、特に間接強制金の性質論との関係で論じられている。

間接強制は「債務の履行を確保するために相当と認める一定の額の金銭を債権者に支払うべき旨を命ずる方法」（民執172条1項）により行われるが、旧民訴法734条が間接強制金を「一定ノ賠償」「損害ノ賠償」と定めていたところから、その性質は債権者への損害賠償であると捉えられていた。現行法の形となったことでその性質が制裁金へと変化したとも考えられる。しか

---

[21]　四宮和夫・事務管理・不当利得・不法行為(上)（青林書院・1981）103頁、加藤雅信・財産法の体系と不当利得法の構造（有斐閣・1986）237頁、248頁。

し、現行法では間接強制金が損害に充当されることが認められており（民執172条4項）、また、損害金を超える部分についての返還義務はないと考えられている[22]。このような現行法の規定からも、間接強制金の性質は理解のわかれるところである。

間接強制金の性質論としては、①損害賠償金（違約金）と捉える説（通説)[23]、②裁判所の履行命令違反に対する制裁金と捉える説[24]（履行命令を⒜債務名義自体に求める説[25]と⒝間接強制決定に求める説[26]とがある）、③制裁と損害賠償の性質を併有するとみる説[27]などにわかれる。これらの間接強制金の性質論は、不当利得における法律上の原因と結び付けられやすい。すなわち、損害賠償金であるとすれば法律上の原因は実体権と結びつき、制裁金と捉えれば間接強制命令違反の事実を法律上の原因とする立場に結びつくことが指摘されている[28]。とはいえ、例えば、ドイツのように、秩序金（間接強制金）を国庫に支払う制度（よって性質としては制裁金と捉えられる）のもとでも、秩序金の取り立ての基礎となった仮処分が取消された場合には、秩序金は債務者に返還されるという通説的立場[29]を考慮に入れると間接強制金の性質論が決め手となるわけでもない。民事執行法自体、どちらともとれるような規定の仕方をしていることもあり、やはり間接強制金の性質を一律に決めて不当利得の成否を問うことは難しいように思われる。

そこでこの点につき、平成21年判決が間接強制金の性質を論じていないことを評価した上で、間接強制金が執行債権者に保持される根拠を端的に問題とし、その「法律上の原因」を①実体権、②債務名義、③執行行為のどのレヴェルに求めるかという観点から検討するという見解が注目される[30]。こ

---

22) 中野＝下村・前掲注3）816頁。中村・前掲注1）381頁。
23) 浦野雄幸・条解民事執行法（商事法務・1985）752頁、田中康久・新民事執行法の解説［増補改訂版］（きんざい・1980）376頁、香川保一監修・注釈民事執行法(7)（きんざい・1989）291頁〔富越和厚〕など。
24) 中野＝下村・前掲注3）814頁。松本博之・民事執行保全法（弘文堂・2011）319頁。
25) 山本・前掲注1）82頁。
26) 大濱しのぶ・フランスのアストラント（信山社・2004）489頁、503頁。野村秀敏「仮処分・間接強制決定と仮執行宣言の失効に伴う事後処理に関する若干の問題点」専修ロージャーナル6号（2011）192頁。
27) 松下淳一「扶養義務等に係る金銭債権についての間接強制」家月57巻11号（2005）16頁、酒井・前掲注1）131頁、川嶋四郎・法セミ666号（2010）122頁、難波・前掲注1）99頁。
28) 笠井・前掲注1）151頁。
29) 野村・前掲注26）215頁。
30) 森田・前掲注1）189頁。

の立場は、平成21年判決が間接強制を「債務名義に表示された債務の履行を確保する手段」と定義しているところから、「法律上の原因」を③執行行為としての間接強制命令に求めるのでも②の債務名義に求めるのでもなく、①の実体権に結びつけられると考える。しかしここでの実体権の内容は、保全すべき権利であるが、それは「商標権の持分権に基づいて一般法義務が発生し、この義務に対応する履行請求権が観念され、これが間接強制の局面で具体化されたものとしての強制履行請求権」であるとする。さらに、平成21年判決が、間接強制が手段として結び付けられる先が単に「債務」ではなく「債務名義に表示された債務」としているところに注目し、「債務名義に表示された債務」との表現は、「実体法的に純化されたものでもなく、そこに手続法的考慮を組み入れるための開口部を開いたもの」であると評価する。そして「間接強制実施のプロセスを規律する実体的請求権として具体化されなければならない」強制履行請求権に「訴訟法的考慮の受け皿」としての構造を持たせなければならないという経緯をそれは表しているとする。

　この説では、実体法と手続法の両観点から間接強制金を保持する「法律上の原因」を見出そうとしているものと思われる。「間接強制のプロセスの規律に、どこまで執行裁判所の自由裁量の幅を持たせ、また手続的考慮を盛り込むか、そこに実体法的な根拠づけとの間でどのような連続を維持するか」というところに真の問題があると指摘している点からも、間接強制においてどのようなプロセスを経たかということから「法律上の原因」を見出す可能性があることを示唆していると考えられる。

　この点については、例えば代替的作為義務や不作為義務の間接強制であれば、格別の執行開始要件がある場合を除き、執行裁判所での決定手続は債務名義の命令内容そのままを発令すればよいのであり[31]、執行裁判所の裁量や訴訟法的考慮の余地はないように思われる。しかし、債務名義の解釈に争いがあり、裁判所外でのプロセスが膠着状態である中で、間接強制の申立てがなされるケースではそうとはいえない場合がある。

　そこで、間接強制のプロセス内外を確認できる素材の1つとして、以下で

---

31)　旧法当時の文献であるが、上谷清＝河村卓哉＝林屋礼二編・強制執行・競売の基礎（青林書院・1977）310頁〔伊藤剛〕は、代替執行における必要的審尋に必然的理由を見出せないと指摘する。

は、Ⅱ1でみた間接強制決定手続において何が議論されていたのかを、裁判外の動きも含めて検討する。ここで裁判外の動きにも着目するのは、間接強制の場合、直接強制や代替執行と異なり、債務名義上の義務は裁判所の執行過程そのものの中で実現されるのではなく、執行手続外の債務者の行為によって実現されるものであるという特徴があることによる。つまり間接強制における審理やそこでの当事者間のやりとり自体が、裁判外の当事者の行為とどのように関係しているのか、また、その裁判外での当事者の行為が、裁判手続内ではどのような主張と結びつき義務の実現へと進んで行くのか、そして間接強制決定にどのような意義があるのかを考察するためである。

Ⅳ 裁判外のプロセスと間接強制における審理

1 間接強制決定後の動き[32]

　諫早湾潮受堤防の排水門の開門を命ずる福岡高裁確定判決は、国に対して「判決確定の日から3年を経過する日までに、防災上やむを得ない場合を除き、国営諫早湾土地改良事業としての土地干拓事業において設置された、諫早湾干拓地潮受堤防の北部及び南部各排水門を開放し、以後5年間にわたって同各排水門の開放を継続せよ」と命じるものであった。国が上告断念を決断し[33]、判決は確定したのであるが、この上告断念は干拓事業を進めてきた長崎県側に何の説明もないままに発表されており、直後から長崎県側は不満を表明し[34]、開門差止めを求める訴訟の検討を始めている[35]。

　また、農水省側もそのような長崎県側の態度から、調整を図るためには平成23年5月の環境影響評価の中間報告後の方が納得を得やすいと考え、判決確定後3ヶ月を過ぎても福岡高裁確定判決の原告（漁業者側）と開門に関

---

[32] 本件については、紛争が裁判に持ち込まれる以前からの分析の必要性があるが、紙幅の関係でここでは立ち入らない。なお、諫早紛争において、各紛争の局面ごとに、当事者（アクター）の入れ替わりが生じ、そのことにより紛争が複雑化していく様子を指摘するものとして、開田奈穂美「地域開発問題における問題の変質とアクターの『入れ替わり』に関する考察―諫早湾干拓事業を事例として」年報科学・技術・社会20巻（2011）1頁。

[33] 朝日新聞平成25年11月10日東京本社朝刊3頁。

[34] 朝日新聞平成22年12月15日東京本社夕刊1頁。長崎県知事、県議会および営農者側による抗議の様子が上告断念表明翌日から報道されている。

[35] 朝日新聞平成22年12月16日西部本社夕刊14頁、朝日新聞平成22年12月16日長崎朝刊35頁。

する交渉を進めていない。その後、農水省は開門調査に向けた準備工事に入ろうとしたが、地元住民や干拓地の営農者ら300人の抗議を受けて[36]、約20分で着工を見合わせ、同年9月28日、10月28日にも同様の反対にあい、着工を諦めている。

平成23年4月19日、長崎県農業振興公社など営農者側は国に対して開門による防災上の問題等を主張し開門差止めを求める訴え（以下、「開門差止訴訟」と呼ぶ）を長崎地裁に提起し[37]、平成25年11月12日、開門の差止めを命じる仮処分決定が出た[38]。

結局、3年の間、開門はおろかその準備工事もなされないままであり、平成25年12月21日の福岡高裁判決の履行期限がきても国は開門を履行しなかったため、同12月24日、漁業者側は福岡高裁確定判決に基づき佐賀地裁に間接強制を申し立てた。そもそも福岡高裁確定判決は「5年間にわたる開門」という作為義務を命じたものであり、法的にはこの開門は代替的作為義務と考えられる。だとすると、具体的な可能性はともかくとして、執行方法としては代替執行（民執171条）により執行官など第三者による実現をも求めうる[39]。仮に早期の開門というだけであればこの方法の方が実効的であると考えられる。しかし、漁業者側は「債務者国に対して本件確定判決以前から一貫して求めていたのは、防災も、農業も、そして漁業も全てが両立する開門」であり、「本件開放によって防災や農業に支障が生ずるのであれば、万全の対策工事を実施するべきとの立場を堅守してきた」、そして「こと今日にあっても、対策工事が行われないまま本件開放が実施されることなど求めておらず」、「債務者国において、万全の対策工事を実施したうえで本件開放を行うことを可能とする間接強制の手段を選択」したという[40]。

2 開門義務間接強制決定における審理

以上のように判決後、義務の不履行により、間接強制決定が申し立てられ

---

36) 佐賀新聞平成25年9月10日（http://www1.saga-s.co.jp/news/isahayakantaku.0.2547006.article.html）。
37) これを本案とする仮処分の申立ては長崎地判平成25年11月12日（LEX/DB25502355）において認められ、後に間接強制の申立てへと至る。
38) 長崎地判平成25年11月12日（LEX/DB25502355）。
39) この意味では民事執行法173条の制定により間接強制が認められたものであり、新しい問題であるといえる。

たのであるが、そこでは何が争点となり、何が審理されたのであろうか。漁業者側の「間接強制の申立」書、「意見書」、「意見書2」および国側の「意見書」「意見書2」によれば[41]、間接強制の要件としての「債務者の意思では排除することができない事実上の障害」の有無が主な争点の1つとして現れている。

　間接強制を申し立てられた債務者・国側は、(i)関係自治体及び地元関係者が各排水門の開放自体に反対しており協力又は同意が得られないため、対策工事を実施することができず、また、各排水門の開放の際に必要な管理規定の作成及び管理等が行えないこと、また、(ii)別件仮処分決定により、債務者は各排水門を開放してはならない旨の義務を負ったことから、債務者の意思では排除することができない事実上の障害があり、間接強制による執行は許されないと主張している。

　これに対して、債権者・漁業者側は、(i)につき、福岡高裁判決の折に対策工事には3年かかると主張していた国が、判決確定後直ちに対策工事にとりかからないばかりか、具体的工事案をださなかった旨、福岡高裁確定判決後の環境アセスメントの結果（以下、「アセス」という）を根拠として福岡高裁判決が命じているのは常時開門ではなく制限開門の方法であると主張し始めた旨、必要のないアセスの結論をまとめるのに2年をかけた旨、その間、反対派が開門阻止訴訟を提起したことから、債権者側弁護団が解決への唯一の道筋として長崎地裁における裁判所を中に挟んでの客観的でオープンな協議を提案したが、これを拒み続けた旨、過去に地盤沈下があったことから代替水源を地下水とすることには住民の抵抗が予想されるため債権者弁護団が簡易ため池による早期開門実施を主張したにもかかわらず地下水案をとり地元の反対を招いた旨、また、数度にわたる裁判外の意見交換会においても具体的な案を出そうとしなかった旨などが主張されている。

　(ii)の開放差止の仮処分の存在について、債務者・国は、仮処分決定によって本件開放禁止義務を負うことになったが、このような仮処分決定が福岡高裁判決の口頭弁論終結後に出されたこと自体が、債務者の意思のみでは克服することのできない事実上の障害に当たり、仮処分決定が取り消されない限

---

40)　佐賀地決平成26年4月11日（LEX/DB25503902）債権者側「意見書」。
41)　いずれもLEX/DB25503902による。なお、手続の詳細は不明。

り、本件各排水門の開放のための強制執行は許されないと主張した。

これに対し、債権者・漁業者側は、長崎地裁における開放差止仮処分において、国が福岡高裁確定判決で認められた漁業被害を主張しなかった旨、補助参加人として当該仮処分手続に参加した漁業者側が漁業被害を主張しても、国はそれを受け入れなかった旨を主張した[42]。

概略以上のような双方の主張を受けて、佐賀地裁は、(i)の債務者の意思では排除することができない事実上の障害がある旨の主張については、「間接強制は、制裁の告知により債務者に履行を動機づけるものであるから、債務者が自己の意思のみで履行することができる債務であることを要し、第三者の協力又は同意を要するため債務者の意思では排除することができない事実上の障害のある債務は、間接強制の対象とすることができないと解するのが相当である」とした上で、「本件各排水門の開放義務を負っている債務者としては、当該義務を履行するために、本件関係自治体及び本件地元関係者の協力及び同意が得られるように誠実に交渉を継続するのみならず、他の代替工事を検討するなど信義則上可能な限りの措置を講じるべきであるところ、債務者が上記措置を講じる余地がないとは認めるに足りない。また、本件各排水門の管理規定の作成及び管理等についても、長崎県等の協力が得られるように誠実に交渉を継続するのみならず、債務者自身が管理及び連絡調整を行うなど信義則上可能な限りの措置を講じるべきであるところ、債務者が上記措置を講じる余地がないとは認めるに足りない」とした。

また、(ii)については、別件仮処分決定に対しては「保全異議の申立てをするなど法律上の措置を講じることが可能であることからすると、別件仮処分決定が本件確定判決に基づく債務を間接強制の対象とすることを妨げる理由となるものではない」として、債務者の主張する事情は「事実上の障害とは言い難い」とした。

佐賀地裁は理由中で自治体および地元関係者の協力及び同意が得られるよ

---

42) LEX/DB25502355。この点について、開放差止仮処分を出した長崎地裁自身、福岡高裁確定判決と「事実上矛盾する決定をするものである」が、福岡高裁確定判決が「枢要な根拠としたのは、『前訴原告58名は、債務者が潮受堤防の締切りをして本件各排水門を開放しないことによって、漁業被害を被り漁業行使権を侵害されている』との事実である。」が、「本件仮処分命令申立手続において、債務者は、上記事実を主張しなかった」ため、「それぞれその判断の根拠とした重要な事実が大きく異なる」旨指摘している。

うな誠実な交渉の継続、他の代替工事の検討など信義則上可能な限りの措置を講じるべきと指摘しているが、間接強制決定の主文上は、福岡高裁確定判決と同様に開門と以後 5 年間にわたる開放継続を命じ、2 ヶ月の猶予を与えている[43]。

　福岡高裁における執行抗告では、「開門についての管理は抗告人から長崎県に委託されているものの、抗告人の意思のみで開放することができ、第三者の協力又は同意を要するものではないから、債務者である抗告人が自己の意思のみで履行することができる債務であることは明らかである」、そして「本件各排水門については、現在、抗告人が管理規程を定めて長崎県に管理を委託していることが認められるが、長崎県の協力が得られない場合は、管理委託契約を解除し（抗告人も法的に解除し得るものであることについて争うものではない。）、抗告人自身が管理を行うなどして自ら開門することは可能である。」「抗告人の主張が開門自体に対する事実上の障害の主張を含むものであるとしても、本件関係自治体及び本件地元関係者の反対等は開門自体に対する事実上の障害足り得ないというべきであるから、いずれにしても理由がない」とした。これに対する許可抗告がⅡ 1 でみた最高裁決定①事件であり、最高裁においても債務者の意思のみで履行できると判断されたものである。

3　債務者の意思では排除できない事実上の障害の存在に関する裁判例と学説

　以上のように間接強制決定において争点となった「債務者の意思では排除できない事実上の障害」の存在に関しては、従来、間接強制の要件として論じられてきた。民事執行法 172 条の文言上は、強制執行の一般要件のほかに要件を課してはいない。しかし、間接強制については、債務者のみにより排除できない障害が存在する場合、間接強制決定はできないと解されている。というのも、旧々民訴法（明治 23 年 4 月 21 日法律第 29 号。明治 31 年民法施行法による改正前の旧民訴法 734 条）が、「債務者カ其意思ノミニ因リ為シ得ヘキ行為ニシテ第三者之ヲ為シ得ヘカラサルモノナルトキハ第一審ノ受訴裁判所ハ申立ニ因リ民法ノ規定ニ従ヒテ決定ヲ為ス」としていて、債務者がその意思の

43）　営農者側も長崎地裁に開放差止仮処分決定に基づき間接強制を申し立てこれも認められている。国はここでも、福岡高裁確定判決という「債務者の意思では排除することのできない事実上の障害」があることを主張している。

みによりなしうべきことが間接強制決定の要件となっていたためである[44]。

その後、明治31年に改正された旧民訴法（明治31年6月21日法律第11号）では、「債務者カ其意思ノミニ因り為シ得ヘキ行為」という文言は削除されたが、裁判例および学説ではこれを要件として認めるものが多い。

裁判例では大決大正10年7月25日は[45]、すでに旧々民訴法改正後であるが、債務者が債権者の財産についてした管理の精算行為を為すべき債務は、第三者にさせることができず、かつ、債務者の意思のみによってこれを行うことができるものと指摘した上で、旧民訴法734条の「債務の性質が強制履行を許す場合」に該当とするとしている[46]。

次に大決昭和5年11月5日は[47]、質権者が占有していた株式が焼失したため、質権者が債務者に当該会社から新株の発行を受け質権者に交付すべき債務の執行を求めた事案において、会社が株式を発行しなければ債務者は履行できないことから、債務者の意思のみに係るものとはいえないとして間接強制を認めなかった。いずれも、旧々民訴法の文言削除後も判例は債務者の意思のみによって行うことができる行為であることを要件としている。

戦後も、最大判昭和31年7月4日は[48]、謝罪広告を求める判決の執行について代替執行可能性を認めるものであるが、その前提として「これを命ずる場合の執行も債務者の意思のみに係る不代替作為として民訴七三四条に基き間接強制によるを相当とするものもあるべく」としている。

また、東京地判昭和63年5月12日は[49]、雨天中止となったマドンナのコンサートの再演を求める請求について、不代替的なものであるから、その債務の性質上、直接強制の余地はなく、債務者の費用をもって第三者になさし

---

44) 旧民訴法734条は当時のドイツ民訴法888条を参考としたものであり、ドイツにおいては現行民訴法888条でも「作為が第三者によって実行できない場合において、その行為がもっぱら債務者の意思にかかるときは、受訴裁判所は申し立てにより、強制金により、強制金が取り立てられない場合は強制拘留により、債務者に行為を実行させる旨を命ずる」と規定する。

45) 民録27輯1354頁。

46) 本件解説である加藤正治・法協44巻11号（1926）2084頁においても、734条の間接強制が「所謂債務者ノ意思ヲ抑厭（Beugezwang）シテ之カ履行ヲ為サシメメトスルモノナルカ故ニ其ノ履行カ債務者ノ意思ノミニ罹ル場合ニ非サレハ之ヲ履行セシムルコト能ワサルハ當然ノ事理トスル所ナリ」としている。

47) 新聞3203号7頁。

48) 民集10巻7号785頁、裁時211号4頁、判時80号3頁、新聞21号3頁、判タ62号83頁、ジュリ113号64頁、集民22号683頁。解説として、越山和広・民事執行・保全判例百選［第2版］（2012）150頁。

49) 判時1282号133頁。

める代替執行にも親しまず、また間接強制も許されないとしている。

面会交流ケースについては、この要件が争われたものが多い。最3小決平成15年8月6日は[50]、面会交流をさせる義務を負う者が履行しない場合において、この義務について「債務者の意思のみで履行が不能なもの……は間接強制の対象とすることは出来ない」とした。東京高決平成20年7月4日は[51]、債務の内容が債務者の意思のみによって容易に履行され得るものではないとしつつも間接強制金の金額を引き下げた上でこれを認めている。

学説においても債務者の意思のみにより行うことができる行為であることを要件とする説は多いが、以下のようにその内容については見解が分かれている。

まず、ⓐ第三者の協力を要する場合は当然に間接強制を許されないとする説は、「第三者の協力を必要とする給付については間接強制は許されない。心理的強制を加えただけでは目的を達しえないものだからである」と[52]し、およそ第三者の協力を要する場合は常に間接強制の対象とならないとするものである。間接強制の対象を最も狭く解する立場である。

ⓑ第三者の協力を要する場合において、その第三者の協力を容易に得られる見込みが無いときに限って間接強制が許されないとする。この説は、「履行をするのに事実上若しくは法律上第三者の同意若しくは協力を要するのに拘らず、容易にこれを得る見込みのない場合（例えば、他人の手術、撮影）の類は執行できない」としている[53]。

ⓒ以上の説に対して、債務者がその作為債務の履行に第三者の協力を要する場合はきわめて多く、この要件を文字通り受け取ると、権利の実効性を左右することになることから慎重な判断をしなければならないと指摘した上で、執行方法で克服できない外的な障害がある場合には間接強制が許されないとする説がある。この考えは、「義務履行に第三者の協力を要する場合は多様

---

50) 家月56巻2号160頁。
51) 家月61巻7号53頁。
52) 我妻栄・新訂 債権総論（岩波書店・1964）93頁以下。そのほか、香川監修・前掲注23) 284頁〔富越〕、中西正＝中島弘雅＝八田卓也・民事執行・民事保全法（有斐閣・2010）247頁〔中島〕も同旨。
53) 兼子一・増補 強制執行法（弘文堂・1951）289頁。三ケ月章・民事執行法（弘文堂・1981）421頁、山木戸克己・民事執行法講義（有斐閣・1984）201頁、福永有利・民事執行法・保全法〔第2版〕（有斐閣・2011）214頁も同旨。

であり、その協力が得られる見込みにも（事実上・法律上の両面にわたり）大きな幅があって、一律に解するのは適当でない」ことから、「執行方法で克服できない外的障害があるのか、間接強制申立てについての決定前に審尋を経て審査すべきである（間接強制を妨げる外的障害の存在につき債務者に証明責任がある）」とする[54]。

ⓓさらに、債務者が第三者の協力を得るために期待可能な行為をすべて行ったかどうかによるという説がある。この説は、まず、間接強制が可能とされるのは、当該債務の実行が債務者の意思のみにかかる場合であり、そのため、債務の履行のために第三者の協力を要するが、これが得られる見込みがない場合には間接強制は不適法であることを前提とする。ただし、作為義務の履行にあたって第三者の協力を要する場合が多く、債務者が第三者の協力を得るために期待可能なことをすべて行った場合に初めて、第三者の協力が得られないために作為を実行することができないということができる、としている[55]。

ⓐ、ⓑ説では、作為義務自体の態様が問題であったのに対し、ⓒ、ⓓ説では義務の履行にあたっての第三者の協力の方に視点が移っている。また、同じように第三者の協力をみる場合でも、ⓒ説では第三者の協力を得られない外的障害の存在を静態的にみることになるが、ⓓ説では第三者の協力を得るために期待可能な行為を債務者が全て行ったかをみることになる。注目すべきは、ⓓ説をとる場合、債務者が期待可能な行為を行ったかが争点となるため、実際問題として、義務実現のために債務者に何らかの行動をとることが求められる点であろう。

---

54) 中野＝下村・前掲注3）814頁。なお、「第三者の協力を要することから直ちに間接強制の適用を否定すべきではない。第三者の協力調達を含めて強制することが相当か否かにつき、具体的な事情に照らして判断すべき」とするのは、山本和彦ほか編・新基本法コンメンタール民事執行法（日本評論社・2014）430頁〔大濱しのぶ〕。
55) 松本・前掲注24) 330頁。また、山本和彦「間接強制の活用と限界」曹時66巻10号（2014）25頁は、「第三者の協力の可能性を考慮すべきであり、その協力が確実であれば間接強制決定は可能であり、逆に協力を得られないことが確実であれば、間接強制は許されない。そして、協力の有無が明らかでないときは、債務者が第三者の協力等を得るために期待可能なすべてのことをしているかどうかがメルクマールになる」とする。ただし、「債務者が第三者の協力を法的に強制できる場合には、第三者の意思は関係なく、原則として、常に第三者の協力を得る可能性があることになる」と指摘する。

4 将来の選択肢開発ツールとしての「債務者の意思のみによる」要件

　Ⅳ2でみた執行抗告審の考え方は、まず、間接強制決定において強制される義務の内容を、「本件排水門を開放すること」と限定した上で、自治体や地元関係者の反対等は開門自体に対する事実上の障害たり得ないとして債務者の意思のみで実施可能とするものであった。佐賀地裁の間接強制決定が「当該義務を履行するために、本件関係自治体及び本件地元関係者の協力及び同意が得られるように誠実に交渉を継続するのみならず、他の代替工事を検討するなど信義則上可能な限りの措置を講じるべき」であり「債務者が上記措置を講じる余地がないとは認めるに足りない」として、ⓓ説に近い考え方を示したのに対し、執行抗告審は本件義務の履行にあたっては自治体や地元の関係者の協力や同意を要せず、排水門の管理委託契約を解除し、国自らが開門することが可能であると示している。

　仮に佐賀地裁の立場を取ったとしても、国としては管理委託契約の解除、そして解除に伴う管理引渡し等において抵抗がある場合にその強制執行等が期待可能であるとするならば、そのような措置をすべて実施しなければならず、本件において国がそれをしているとは言い難いため、間接強制を認めることになる[56]。

　とはいえ、佐賀地裁の考え方であれば、すでにみたように間接強制決定において「債務者の意思のみにより履行可能か」という要件をめぐり、現実の履行にあたって債務者がどのような障害があると考えているのかを間接強制の審理過程で提出することになり、その除去のためには何が可能であるのかという履行のための諸条件をめぐって裁判所において債権者、債務者が争うことになる。そしてここでの議論の結果として、債務者にとって可能なことがある場合には間接強制決定が出されるのである。要するに「債務者の意思のみによる」という要件を巡って、様々な選択肢や第三者の協力可能性等の将来の選択肢が争われているのであり、ここから次に間接強制決定のもとで債務者がとるべき具体的手段を特定できる可能性が出て来るのである。

　このような観点から佐賀地裁の間接強制決定をみると、当事者間のやりとりの中から、債務者が上記措置を講じる余地がないとは認めるに足りない、

---

56)　山本・前掲注55) 30頁。

つまり債務者に可能な行為があると判断したことがうかがえる。そうだとすると、間接強制決定の理由にいう「誠実な交渉継続」、「信義則上可能な限りの措置」というだけでなく、もう一歩踏み込んで、間接強制決定において具体的に可能な方策を特定して命じることはできないだろうか[57]。佐賀地裁では２ヶ月という期間を限定して開門義務の履行と期間経過後の間接強制金の支払いを命じたが、これでは３年間の期間内に実現できなかったものを２ヶ月で履行せよとあらためて命じるものとかわらない。むしろ義務を履行させるためには、より具体的で実現可能な方策を講じ、段階的にそれを命ずるなどの方策が考えられないだろうか[58]。

もちろん、義務の履行のためには様々な方法があり、債務者にそれを選択させるため、福岡高裁確定判決では開門せよとだけ命じられていると考えられる。しかし、すでにみたように、もはや３年が経過し、一連の紛争の中でどのような方法をとるか、そしてそれが可能であるか、ということ自体が裁判内外で問題となっている。一見すると開門する義務として「特定」されているようにみえても、全開放、制限開門、段階的開門がありうる他[59]、実際問題としては開門のための条件として、関係自治体や営農者側との調整など様々な配慮が必要となることはすでにみたとおりである。そしてまたそれは間接強制決定における「債務者の意思のみによる」という要件をめぐってすでに間接強制の審理過程において争われているのである。

V おわりに

諫早ケースの間接強制決定において、以上のように具体的な履行方法の可

---

[57] 執行抗告審において、国側が佐賀地裁が指摘する本件開放義務を履行するために、本件関係自治体及び本件地元関係者の協力及び同意が得られるように誠実に交渉を継続するのみならず、他の代替工事を検討することが可能な程度のものではないと主張していることから、国側にとっては具体的に履行可能な選択肢がある中での間接強制ではないと考えていることがわかる。

[58] このような考え方は、すでに抽象的差止判決の執行において代替執行として「将来のための適当な処分」を授権決定の中で発令する発想の中にも現れている。竹下守夫「生活妨害の差止と強制執行」立教法学13号（1974）3頁、同「生活妨害の差止と強制執行・再論」判タ428号（1981）28頁。特に、手続的制約からこのような発想を否定する立場に対する反論として、丹野達「抽象的差止判決の執行」東洋法学39巻1号（1995）77頁。

[59] 平成23年9月25日には漁業者側と農水副大臣が協議をしたが、そこでは高裁判決の主文「開放を継続せよ」という文言について、農水省側は全部開放とは書かれていない、主文の解釈の裁量権を国がもっていると主張した。朝日新聞平成23年9月25日長崎朝刊35頁。

能性が検討され、それに基づいてより具体的な作為義務が形成されると考えるならば、実体法上の義務や債務名義上の義務そのものというよりは、それらをもとにして間接強制のプロセスで新たに義務が形成されるということになるだろう。そこでは間接強制金は、その新たに形成された義務の履行を促すという目的のためのものと考えられる。しかし、特に期間を限定せずに間接強制金の支払を命じる場合には、義務履行時や新事由の発生時に債務者に起訴責任を負わせることになるため、これにより間接強制決定後も継続的な手続関与および交渉を促す機能を持つと考えられる。つまり、債務者は、義務を履行した場合や基準時後の新たな事由が生じた場合には義務の消滅・変更を主張して、請求異議の訴えや事情変更の申立て（民執172条2項）をしなければ間接強制金の支払を免れることはできないし、義務の履行にあたって何らかの障害が生じた場合には、事情変更の申立てにより金額や期間の変更等を求めることになる。債権者側も間接強制決定によっても債務者が履行をしない場合には、事情変更の申し立てにより間接強制金の増額を求めることができる。これらの手続においては、請求異議訴訟においてはは口頭弁論が必要的であり、事情変更の申立てを審理する手続も相手方の審尋が必要的であるので（民執172条3項）、相手方とのコミュニケーションが可能となり再調整の機会がうまれる。このように、間接強制金の支払いを命じることで、履行にいたるまで、当事者間の交渉継続を促すことができるのである[60]。

　間接強制のプロセスが、将来の選択肢を開発するための場として位置づけられ、間接強制金がその後の交渉を継続させるためのものであるとするならば、交渉の継続が必要でなくなった時点、つまり請求異議の訴えが認容された後については間接強制金は発生しないと考えられる。また、このように解することによって、たとえ債務名義の執行力が排除され、請求異議認容判決が執行機関に提出されることにより、間接強制決定が取消されたとしても、請求異議事由によっては、交渉継続の必要が存続しているということがありうる。そのような場合には、間接強制金を維持する「法律上の原因」はあると考えられるのではないだろうか。

---

[60]　この意味で、間接占有者に対する間接強制を認めなかった最3小決平成27年6月3日金判1471号20頁は、すでに明渡が完了しているという請求異議事由を判断材料としたものとも考えられるが、むしろ交渉継続を促す必要がなかったものと捉えることもできる。

また、諫早のケースにおいて、間接強制決定を将来の選択肢開発のための場として位置づける場合には、裁判外で事実上の影響を受ける可能性のある営農者側をどのように手続に組み込むかという大きな問題が残る。さらには判断機関・執行機関分離の原則からは、執行裁判所にそのような「判断」をさせるべきではないしそのような権限はないのではないかという批判もありうる。

　元来このような問題は司法の問題ではなく、他の政治的行政的プロセスで行うべき議論であるとも考えられるが、裁判外のプロセスが適切に進行せず硬直しているときこそ、その進行を援助する関わり方を司法も考えるべきではないかと思われる。この点、最高裁は諫早の間接強制決定に関する両許可抗告において「なお、本件各排水門の開放に関し、本件確定判決と別件仮処分決定とによって抗告人が実質的に相反する実体的な義務を負い、それぞれの義務について強制執行の申立てがされるという事態は民事訴訟の構造等から制度上あり得るとしても、そのような事態を解消し、全体的に紛争を解決するための十分な努力が期待されるところである」と指摘している。裁判所もまた、その期待をされているのではないだろうか。

【付記】
　本研究は、JSPS 科研費 JP15KT0043 の助成を受けたものです。

破産管財人の法的地位と破産財団に属する財産の帰属
—— 最判平成 26 年 10 月 28 日の理解をめぐって

◆山本克己◆

 I　はじめに
 II　最判平成 26 年 10 月 28 日
 III　木内裁判官の補足意見の分析
 IV　破産財団に属する財産一般が破産管財人に帰属すると考えることの問題点
 V　不法原因給付の扱い
 VI　他の問題点

I　はじめに

　破産管財人の法的地位は、①破産手続の内部的法律関係の問題、②破産管財人の職務遂行についての指導理念の問題、③破産管財人の外部者との実体法的法律関係上の地位の問題、の 3 つの局面に分けて論ずるべきであると説かれることがある。そして、①の局面では、「破産財団に対する管理処分権の破産管財人による行使、裁判所や破産債権者と破産管財人の関係、否認権の行使主体、財団債権の債務者などを合理的に説明できるかどうか」、換言すれば、「破産手続の内部的法律関係をいかに矛盾なく説明できるか」が問題であるとされる[1]。①の局面においては、従来、破産債権者代理人説、破産者代理人説、職務説、破産財団法主体説（破産財団代表者説）、管理機構説、信託受託者説などの様々な見解が説かれてきた。しかし、筆者は、かつて、この①の局面における諸学説の対立は、無意味なものではないかとの疑問を呈したことがある[2]。

---
　1)　伊藤眞・破産法・民事再生法［第 3 版］（有斐閣・2014）199 頁以下。
　2)　山本克己「財団債権・共益債権の債務者」田原睦夫先生古稀・最高裁判事退官記念・現代民事法の実務と理論(下)（金融財政事情研究会・2013）64 頁以下。

その筆者の疑問の根底にあったことがらの１つが、破産管財人が破産財団に属する実体的な権利の帰属主体でないことが諸学説の共通の前提になっているという認識であった。もっとも、この認識との関係では、信託受託者説[3]を検討しておく必要がある。
　信託法上の信託は、信託の設定により委託者から受託者に目的財産の帰属が移転することを重要な構成要素としている（信託２条３項、３条各号参照）。したがって、信託受託者説を額面通り受け取ると、破産手続の開始により破産財団に属する財産を目的とする法定信託が成立し、これらの財産の帰属が破産者から破産管財人に移転することになるはずである。その結果、破産財団＝信託財産という等式が成り立つことになる。しかし、信託受託者説は、財産の帰属の変動を含意していないようである[4]（もしこのことを含意するのだとすると、Ⅳで述べる批判が妥当する）。また、破産管財人の地位などの破産実体法上の問題点について、破産法に定めがない事項との関係で、信託法の適用を認める（つまり、破産法の少なくとも一部を信託法の特別法として位置づける）わけでもなさそうである。
　むしろ、信託受託者説は、②の局面において、破産管財人が破産債権者を受益者とする受認者的な地位に立つことを明らかにしようとする意図に出たもののように感じられる[5]。しかし、そのことのために、破産管財人を信託受託者として捉える必要はない。というのも、破産債権者の受益者性は、破産管財人の第三者性の前提となる考え方、つまり、破産手続開始決定は破産財団に所属する財産を破産債権者全員のために包括的に差し押さえるもので

3）　本稿では、信託受託者説を最初に提唱した文献である、霜島甲一・倒産法体系（勁草書房・1990）44頁以下、特に54頁以下を取り上げる。なお、同書の執筆時点では、旧破産法・旧会社更生法・旧信託法が妥当しており、民事再生法は制定されていなかった。

4）　霜島・前掲注３）54頁は、管財人（破産管財人・更生管財人）は、自己の名で、倒産者（破産者・更生会社）の財産的法律関係を処理する地位にある旨を述べており、財産的法律関係の帰属主体は破産者・更生会社であると捉えられていると思われる。同じ頁で、管財人をめぐる法律関係は、旧信託法１条の信託の定義に合致するとも述べられているが、同条が委託者が「財産権ノ移転其ノ他ノ処分」をすることを信託の概念内容としていることが看過されているように思われる。

5）　霜島・前掲注３）44頁には「債権者を受益者として設定される法定信託関係」、54頁には「債権者その他の利害関係人（受益者）のため」との表現が見られる。その他の利害関係人はともかくとして、債権者（おそらく破産債権者と更生担保権者・更生債権者であると思われる）が受益者とされている。注４で紹介したように、同書は旧信託法１条の信託の定義に合致すると述べるのであるが、その理由は、受託者の管理処分によって利益を受けるのが受益者であること（旧信託法７条本文）を意識してのことであると推測される。

I はじめに

ある、という考え方（包括差押えの観念。なお、金銭執行の手続において、差押えの裁判・処分自体の効果として差押え対象財産の帰属の変動が生ずることはない）によっても、説明できるからである。つまり、この包括差押えの観念によれば、包括差押えによって成立した破産財団についての破産管財人の専属的な管理処分権限（破産78条1項）は、差押債権者に相当する者である破産債権者一般（集団としての破産債権者）の利益のために行使されなければならないのである。

ところで、③の局面において、破産管財人は差押債権者的な地位に立つと言われるとともに、破産管財人の第三者性はこの差押債権者的な地位から派生するとされる。しかし、破産管財人の第三者性を説明するための教室設例の1つに、破産手続開始前に破産者に自己の財産を譲渡する旨の通謀虚偽表示をした者が、破産管財人に対して譲渡行為の無効を主張できるかどうかという問題があり、その結論は民法94条2項によって定まるとされる。そして、集団としての破産債権者が同項所定の「第三者」であるとされ、善意・悪意は破産管財人について判断するのではなく、破産債権者のうち1名でも善意であれば同項の適用があり、譲渡行為をした者は無効を主張できないとされる。つまり、個別執行（金銭執行）の差押債権者は、民法94条2項の「第三者」に該当するところ、そのアナロジーとして、包括差押えとしての破産手続開始決定における差押債権者に相当する者である集団としての破産債権者が、同項の「第三者」であるとされるのである。このように、差押債権者的地位に立つ者も、第三者性を有する者も、本来は集団としての破産債権者であるのである。

それにもかかわらず、破産管財人が差押債権者的な地位を有するとされ、あるいは、破産管財人が第三者的な地位に立つとされるのは、破産管財人に破産財団の管理処分権限が専属する結果、包括差押えによって成立する破産財団（法定財団および現有財団）に所属する財産についての争いに主体的に関わることができる者が、集団としての破産債権者ではなく、破産管財人であるからである。つまり、破産管財人の差押債権者的な地位も、そこから派生する破産管財人の第三者性も、一種の比喩的表現であるのである。

筆者は、従来、この包括差押えの観念を前提に、様々な破産法上（より広く倒産法上）の問題点を論じてきた。また、この包括差押えの観念がほとんど定説ないし公理であるかのように位置付けられている、と言ってもよい議

論状況がある、と認識してもきた。しかしながら、このような認識を根底から覆す可能性があるのが、最判平成26年10月28日（民集68巻8号1325頁）、とりわけ同判決での木内道祥裁判官の補足意見（以下、「木内意見」という）である。以下では、同判決を題材にして、包括差押えの観念（あるいは、その前提にある、破産手続は包括執行の手続であるという考え方）について、改めて考えてみたい。

II 最判平成26年10月28日

平成26年判決の事案は、同判決によると次のようなものである。

　　(1)　破産会社は、平成22年2月頃から、金銭の出資及び配当に係る事業（以下「本件事業」という。）を開始した。本件事業は、専ら新規の会員から集めた出資金を先に会員となった者への配当金の支払に充てることを内容とする金銭の配当組織であり、無限連鎖講の防止に関する法律2条に規定する無限連鎖講に該当するものであった。
　　(2)　被上告人〔被告―筆者記〕は、平成22年3月、破産会社と本件事業の会員になる旨の契約を締結した。被上告人は、同年12月までの間に、上記契約に基づき、破産会社に対して818万4200円を出資金として支払い、破産会社から2951万7035円の配当金の給付を受けた（以下、上記配当金額から上記出資金額を控除した残額2133万2835円に係る配当金を「本件配当金」という。）。
　　(3)　破産会社は、本件事業において、少なくとも、4035名の会員を集め、会員から総額25億6127万7750円の出資金の支払を受けたが、平成23年2月21日、破産手続開始の決定を受け、上告人〔原告―筆者記〕が破産管財人に選任された。上記破産手続においては、本件事業によって損失を受けた者が破産債権者の多数を占めている。

このような事案において、原告が、被告に対して、被告が破産者から本件配当金を受領したことが不当利得に当たるとして、それに相当する金額の支払を求めて訴えを提起したところ、第1審も控訴審も、民法708条を適用して、原告の請求を棄却した。その理由を法廷意見は次のように述べている。

　　本件配当金は、関与することが禁止された無限連鎖講に該当する本件事業に

よって被上告人に給付されたものであって、その仕組み上、他の会員が出えんした金銭を原資とするものである。そして、本件事業の会員の相当部分の者は、出えんした金銭の額に相当する金銭を受領することができないまま破産会社の破綻により損失を受け、被害の救済を受けることもできずに破産債権者の多数を占めるに至っているというのである。このような事実関係の下で、破産会社の破産管財人である上告人が、被上告人に対して本件配当金の返還を求め、これにつき破産手続の中で損失を受けた上記会員らを含む破産債権者への配当を行うなど適正かつ公平な清算を図ろうとすることは、衡平にかなうというべきである。仮に、被上告人が破産管財人に対して本件配当金の返還を拒むことができるとするならば、被害者である他の会員の損失の下に被上告人が不当な利益を保持し続けることを是認することになって、およそ相当であるとはいい難い。

したがって、上記の事情の下においては、被上告人が、上告人に対し、本件配当金の給付が不法原因給付に当たることを理由としてその返還を拒むことは、信義則上許されないと解するのが相当である。

そして、本件の裁判長を務めた木内裁判官は、法廷意見を補足するため、次のような補足意見を述べている。

無限連鎖講のように、実現不可能な高利率の配当を約束して出えんを募り、その配当の実施を誘因としてより多くの出えんを得ようとする事業では、出えん者の大多数は出えんの填補を得られないことが必至である。この事業における利得者は出えんを超える配当を受けた少数者であり、その利得の元となった他の出えん者は損失を受けており、事業実施者に対する債権者となっている。

その事業実施者が破産した場合、破産管財人が行う給付（利得）の返還請求は、破産者に代わって行うものということはできない。破産制度の目的は「債務者の財産等の適正かつ公平な清算を図る」ことであり（個人破産については「債務者について経済生活の再生の機会の確保を図る」ことが加わる。）、その目的のために「債権者その他の利害関係人の利害及び債務者と債権者との間の権利関係を適切に調整」（破産法1条）するという破産管財人の任務の遂行としてこれを行うのである。

破産管財人の任務遂行によって得られた資産は、破産財団に属し、手続費用を含む財団債権及び破産債権の全てを支払って余剰が生ずるというような稀有な事例を除けば、破産者に交付されることはない。破産手続の廃止は、破産財団が破産手続の費用に不足する場合になされることはもちろんであるが、破産管財人は換価し得るものは換価し尽くして手続費用を含む財団債権に充て、な

お不足する場合に廃止の申立てを行うのが実務の通例であり、破産管財人が第三者から回復した財産が破産廃止により破産者に戻されるようなことは、実際上、考えられない。

　会員を含む破産債権者への配当が実施されれば、その配当額については破産者の債務が減額されることにはなるが、破産者にとっての破産債務の消滅ないし自然債務化は、破産配当の有無を問わず、法人であれば破産終結に伴う法人格の消滅により、個人であれば免責許可によってなされるのが破産制度の基本的な仕組みであり、破産管財人に対する給付の返還が直ちに破産者の債務の消滅に結び付くものではない。破産管財人の不当利得返還請求を認めることをもって、反倫理的な事業を行った破産者に法律上の保護を与えることになるということはできない。

　以上の観点からすれば、本件において、破産管財人の返還請求を認めないとすれば、他の会員の損失の下に本件事業により相当額の利得を得た者がその利得を保持し続けることを許容することになるのは法廷意見の述べるとおりであり、他方、本件における破産管財人の返還請求はそのような結果を回避して、損失を受けた会員を含む破産債権者など利害関係人の権利関係を適切に調整するためのものであるから、不法原因給付に当たることを理由として給付の返還を拒むことは、信義則上許されないと解すべきである。

Ⅲ　木内裁判官の補足意見の分析

　Ⅰで述べたように、筆者は、木内意見が包括差押えの観念を否定しているのではないか、と考えている。それは、同意見中の「破産管財人が行う給付（利得）の返還請求は、破産者に代わって行うものということはできない」という下り（以下、「木内テーゼ」という）に着目してのことである。

　破産管財人を破産者の代理人として捉える、破産債権者代理人説は現在支持者を見出すことができない。それは、破産管財人の行為によって受益すべき者は集団としての破産債権者であるところ、代理人が本人の利益を擁護することを前提にする代理制度と破産管財人制度は相容れないからである[6]。したがって、破産管財人が破産者の代理人であることを否定している限りにおいて、木内テーゼに異論はない。

　しかし、破産管財人がある動産ないし不動産が破産財団に属するとして、

　6）　山本克己「信認関係として見た法定訴訟担当」法学論叢 154 巻 4＝5＝6 号（2004）257 頁、同「法定訴訟担当論の再検討」民訴 51 号（2005）97 頁以下を参照。

III 木内裁判官の補足意見の分析　637

その占有者に対して訴えをもって返還請求（それとともに、所有権確認請求）をする場合や、破産管財人がある債権が破産財団に帰属しているとして、第三債務者に対して訴えをもって当該債権に係る債務の履行請求をする場合、一般的な見解によると、破産管財人の原告適格は法定の訴訟担当者としてのそれである。この法定訴訟担当構成において、被担当者（本人）は破産者であるとされている。つまり、破産財団に属する財産的な権利の帰属は破産者にあることを前提に、実体法上は、「○○の破産管財人」（○○は破産者の氏名ないし名称である）という肩書付きではあるものの、破産管財人は自己の名でかかる権利の行使その他の処分ができるとともに、その訴訟法への反映として、かかる権利を訴訟物とする訴訟において破産管財人は法定訴訟担当者としての当事者適格（破産法80条が定める、自己の名で原告または被告となる資格）を有するのである。この場合に破産管財人がする実体法上の行為も訴訟行為も、破産者に「代わって」される行為であると捉えるのが一般的な考え方である。木内テーゼがこのことをも否定すると理解することも可能である。

　もしもこのような理解が正しいのだとすると、木内テーゼは、破産手続開始決定は破産者に帰属する財産のうち破産財団に属するものを包括的に差押え（差押えは対象財産の帰属を変更するものではないことに注意されたい）、これらの財産の管理処分権限が破産管財人に専属する、という破産法が依って立つ（と一般に信じられている）法構造を破壊するものであると言わなければならない。木内意見は、法定財団の換価とそれによる配当財団の増殖が破産者の利益にならないことを論証することを主眼としているが、そのための一番の早道は、破産財団に属する財産は破産者に帰属しないという法律構成である。木内テーゼがそこまでの含意を有するかどうかは即断できない。しかし、少なくとも、無限連鎖講の防止に関する法律2条に規定する無限連鎖講に加入し、講への出捐を上回る配当を得た者について、運営者の破産管財人が出捐と配当の差額を不当利得として返還を求める請求権は、破産管財人に帰属することを、木内テーゼが意味している可能性が大きい。というのも、不当利得返還請求権者が不法な原因に関与していない破産管財人であり、しかも、破産管財人が同請求権の履行を受けることが破産者に対する利益をもたらさないことで、この不当利得返還請求権については民法708条が適用されないことを論証するのが木内意見が意図するところであり、木内テーゼもその一

環として定立された、という解釈に相当の合理性があるからである。

　もっとも、木内意見が、その結論部分で、破産管財人が不当利得返還請求権を有するとは言わずに、「〔被告が—筆者記〕不法原因給付に当たることを理由として給付の返還を拒むことは、信義則上許されない」と述べていることを考えると、木内テーゼが不当利得返還請求権の帰属にまで踏み込んだものではない、という理解も可能である。

　このように、木内テーゼは一義性を欠いているように思われるが、それが本件不当利得返還請求権の帰属が破産管財人にあることを意味していると理解され、後世において、その理解が破産財団に属する財産一般にまで拡張される可能性が否定できないように思われる。そこで、以下では、まず、破産財団に属する財産一般が破産管財人に帰属すると考えることの問題点をいくつか指摘し、その次に、本件不当利得返還請求権が破産者に帰属すると考えても、平成26年判決の結論がその法廷意見との矛盾を来すことなく維持できることを明らかにすることを試みることにする。

Ⅳ　破産財団に属する財産一般が破産管財人に帰属すると考えることの問題点

　包括差押えの観念は、既に何度も述べたように、破産手続開始決定により破産者の有する財産のうち破産財団に属するものが破産者の財産として差し押さえられることを内容としており、破産手続開始による当該財産の帰属の変動を含意していない。ここでは、破産法の明文規定や一般的に承認されている解釈が、包括差押えの観念を前提としていることの例をいくつか挙げておきたい（ただし、網羅性を主張するものではない）。

1　破産手続開始の登記（権利の登記）

　ここで取り上げるのは、破産法258条1項2号所定の「破産財団に属する権利で登記がされたものがある」場合にされる、破産手続開始の登記である。

　現行破産法においては、この破産手続開始の登記は、個人破産の場合に限ってされることとされ、法人破産の場合にはされないこととされている（同法257条参照）。したがって、法人破産の場合には、破産管財人が破産財団所

属の不動産を任意売却により換価した場合の不動産登記は、破産者から買主に直接名義が移転する形をとることになる。しかし、仮に破産手続開始決定により当該不動産の所有権が破産管財人に移転するとすれば、このような登記は所有権の移転の経過を反映していないことになる。法人破産の場合に、権利の登記についての破産手続開始の登記がされないのは、破産管財人がする任意売却による不動産の所有権が、破産者から買主へ移転することを前提としているためであると考えられる。

そして、破産法が個人破産の場合に権利の登記についての破産手続開始の登記を要求する趣旨は、会社法上の会社についての商業登記のような法人登記に相当する登記（破産257条1項参照）がない個人については、破産手続開始を公示するための登記として、権利の登記について破産手続開始の登記を要求するという選択肢が採用されたためであって、破産管財人への権利の移転を公示する趣旨を含まない。

2　動産先取特権とそれに基づく物上代位

動産先取特権は、「債務者がその目的である動産を第三取得者に引き渡した後は、その動産について行使することができない」とされる（民333条）。つまり、追及力がないとされるのである。他面、債務者が第三取得者に引き渡さない限りは、一般債権者や一般先取特権を有する債権者に対抗できることとされている。これを受けて、民事執行法133条・192条においては、一般債権者や一般先取特権者の申立てに係る動産執行・動産競売において、動産先取特権者が配当要求をすることができることとされている。破産手続開始決定は、一般債権者（通常の破産債権者）や一般先取特権を有する債権者（優先的破産債権者）を含む集団としての破産債権者のための包括差押えであるところ、動産先取特権者は、破産手続開始後も、集団としての破産債権者に対抗でき、破産管財人による換価の相手方である第三取得者に引き渡されるまでは、破産管財人を執行債務者とする動産競売の手続によって、別除権者としてその権利を行使できる（破産2条9項・10項、65条1項）。

この破産法上の帰結は、破産管財人が破産者である債務者の一般承継人であって、民法333条所定の「第三取得者」でないことによって説明されることがある。しかし、右に述べたように、動産先取特権の別除権性は、動産先

取特権が包括差押えにおける差押債権者である団体としての破産債権者に対抗できることによって説明されるべきである。破産手続開始後の動産競売において破産管財人が執行債務者とされるのは、破産管財人が破産財団に属する当該動産について自らの名で管理処分する権限を有するからである[7]。つまり、他人の申立てに係る動産執行・動産競売の場合とは、権利の実現の手続こそ配当要求と動産競買の申立てとで異なるものの、破産手続開始後も動産先取特権者の権利が実現できることとされていることは、包括差押えの観念を媒介とする個別執行の規律のアナロジーによって説明できるのである。しかし、破産手続開始決定により破産財団に属する財産の帰属が破産管財人に移転すると考える場合には、以上のようなアナロジーが成り立たない。

また、動産（売買）先取特権に基づく物上代位についての最高裁判例も、最高裁自身によって以上のようなアナロジーによって説明されている[8]。

一方において、最判昭和60年7月19日（民集39巻5号1326頁）は、「目的債権について一般債権者が差押又は仮差押の執行をしたにすぎないときはその後に先取特権者が目的債権に対し物上代位権を行使することを妨げられるものではない」として、動産売買先取特権の目的物が買主により第三取得者に転売された後に、転売代金債権について買主の一般債権者の申立てに係る差押えや仮差押えがされても、動産売買先取特権者は民事執行法193条1項後段により物上代位権を実行できるとした。他方において、最判昭和59年2月2日（民集38巻3号431頁）は、動産売買先取特権の目的物が買主により第三取得者に売却された後に、買主について破産宣告があった場合に、動産売買先取特権者が同項後段により物上代位権を実行することを認めたのであるが、その理由として次のように判示されている。

---

7) 加藤哲夫（司会）「シンポジウム・倒産法と契約」における田頭章一報告「倒産債務者の締結した契約の管財人等に対する拘束力」民訴56号（2010）136頁以下は、倒産処理手続開始前に債務者が締結した契約につき、管財人等がその契約上の地位を承継するという理解が、「管財人等の財産管理機関としての地位に整合するか」という疑問から出発し、かかる契約の拘束力が管財人等に承継されることを否定する。また、同シンポジウムの討論における松下淳一発言・同167頁は、かかる契約の管財人等に及ぼす効果は、差押債権者に及ぼす効果と同様に考えればよい旨を指摘する。筆者の立場が松下教授のそれに近いことは言うまでもない。それはともあれ、「一般承継人性」という説明枠組みには再検討が必要であるように思われる。

8) 以下で挙げる最高裁判例についての筆者の理解は、山本克己「債権執行・破産・会社更生における物上代位権者の地位(1)〜(3)」金法1455号（1996）36頁以下、1456号（同年）29頁以下、1457号（同年）2頁以下を参照。

民法304条1項但書において、先取特権者が物上代位権を行使するためには金銭その他の払渡又は引渡前に差押をしなければならないものと規定されている趣旨は、先取特権者のする右差押によつて、第三債務者が金銭その他の目的物を債務者に払渡し又は引渡すことが禁止され、他方、債務者が第三債務者から債権を取立て又はこれを第三者に譲渡することを禁止される結果、物上代位の対象である債権の特定性が保持されこれにより物上代位権の効力を保全せしめるとともに、他面第三者が不測の損害を被ることを防止しようとすることにあるから、第三債務者による弁済又は債務者による債権の第三者への譲渡の場合とは異なり、単に一般債権者が債務者に対する債務名義をもつて目的債権につき差押命令を取得したにとどまる場合には、これによりもはや先取特権者が物上代位権を行使することを妨げられるとすべき理由はないというべきである。そして、債務者が破産宣告決定を受けた場合においても、その効果の実質的内容は、破産者の所有財産に対する管理処分権能が剥奪されて破産管財人に帰属せしめられるとともに、破産債権者による個別的な権利行使を禁止されることになるというにとどまり、これにより破産者の財産の所有権が破産財団又は破産管財人に譲渡されたことになるものではなく、これを前記一般債権者による差押の場合と区別すべき積極的理由はない。

　この昭和59年判決は、一般債権者の申立てに係る個別執行上の債権差押えとのアナロジーにより、破産宣告（破産手続開始決定）後の物上代位権の実行を根拠付け、昭和60年判決がその趣旨を個別執行に関して追認しているのである。この2つの判決によって形成された最高裁判例は、破産法が明文で規定している制度の説明に止まらず、破産法の条文上必ずしも明らかでない事項について、包括差押えの観念を媒介とするアナロジーを用いて、合理的で一貫した解釈論的な帰結を導いているのである。

3　行使上の一身専属権の扱い

　破産法の条文上必ずしも明らかでない事項の例を、もう1つ挙げておく。
　帰属上の一身専属権はともかくとして、破産者が破産手続開始時に有する行使上の一身専属権は、破産法34条1項にもかかわらず、同条3項2号の類推適用により、破産財団ではなく自由財産に属すると考えるのが通説的見解であり、異論を見ない[9]。このような解釈論的な帰結がどのように導き出

9）　例えば、伊藤・前掲注1）242頁以下。

されているかというと、強制執行上のまたは一般先取特権の実行のための債権の差押えに関する民事執行法の解釈として、行使上の一身専属権は差押禁止債権として差押えの対象とならない、という解釈が一般に共有されており[10]、かかる個別執行における解釈論的帰結が、包括差押えである破産手続開始決定の解釈にも推し及ぼされたのである。つまり、包括差押えの観念により媒介されたアナロジーが、行使上の一身専属権が破産財団に属さないという帰結を導き出しているのである（そもそも、同条3項2号自体がかかるアナロジーを基礎としている[11]）。

この理は、最高裁判例の認めるところである。最判昭和58年10月6日（民集37巻8号1041頁）は次のように判示している。

> 名誉を侵害されたことを理由とする被害者の加害者に対する慰藉料請求権は、金銭の支払を目的とする債権である点においては一般の金銭債権と異なるところはないが、本来、右の財産的価値それ自体の取得を目的とするものではなく、名誉という被害者の人格的価値を毀損せられたことによる損害の回復の方法として、被害者が受けた精神的苦痛を金銭に見積つてこれを加害者に支払わせることを目的とするものであるから、これを行使するかどうかは専ら被害者自身の意思によつて決せられるべきものと解すべきである。そして、右慰藉料請求権のこのような性質に加えて、その具体的金額自体も成立と同時に客観的に明らかとなるわけではなく、被害者の精神的苦痛の程度、主観的意識ないし感情、加害者の態度その他の不確定的要素をもつ諸般の状況を総合して決せられるべき性質のものであることに鑑みると、被害者が右請求権を行使する意思を表示しただけでいまだその具体的な金額が当事者間において客観的に確定しない間は、被害者がなおその請求意思を貫くかどうかをその自律的判断に委ねるのが相当であるから、右権利はなお一身専属性を有するものというべきであつて、被害者の債権者は、これを差押えの対象としたり、債権者代位の目的とすることはできないものというべきである。しかし、他方、加害者が被害者に対し一定額の慰藉料を支払うことを内容とする合意又はかかる支払を命ずる債務名義が成立したなど、具体的な金額の慰藉料請求権が当事者間において客観的に確定したときは、右請求権についてはもはや単に加害者の現実の履行を残すだけ

---

10) 例えば、中野貞一郎＝下村正明・民事執行法（青林書院・2016）673頁。
11) 現行破産法の立案担当者による解説である小川秀樹編著・一問一答 新しい破産法（商事法務・2004）64頁以下は、破産法34条3項1号により自由財産とされる金銭の額が、民事執行法131条3号所定の動産執行において差押えが禁止される金銭よりも多額であることを正当化するための理由を述べているが、これも破産法34条3項1号が例外的な規定であるとの認識を前提としていると考えられる。

Ⅳ　破産財団に属する財産一般が破産管財人に帰属すると考えることの問題点　　643

であつて、その受領についてまで被害者の自律的判断に委ねるべき特段の理由はないし、また、被害者がそれ以前の段階において死亡したときも、右慰藉料請求権の承継取得者についてまで右のような行使上の一身専属性を認めるべき理由がないことが明らかであるから、このような場合、右慰藉料請求権は、原判決にいう被害者の主観的意思から独立した客観的存在としての金銭債権となり、被害者の債権者においてこれを差し押えることができるし、また、債権者代位の目的とすることができる……。
　……亡Aが本訴訟提起によつて本件慰藉料請求権を行使する意思を明示したということだけでは、いまだ右権利につき同人による行使上の一身専属性が失なわれるものでないこと前記のとおりであり、したがつて、同人が既に破産宣告を受けていても、そのために本件訴えについて当事者適格を有しないこととなるべき理由はない。それゆえ、これと異なる見解に立つて亡Aの本件訴訟の当事者適格を否定した原審の判断は、誤りであるといわなければならない。そして、前記のとおり、亡Aは本件訴訟が原審に係属中……に死亡したというのであるから、本件慰藉料請求権は前記の一身専属性を失なつたものというべきところ、破産終結の決定がされたのちに行使上の一身専属性を失なうに至つた慰藉料請求権については、破産法283条1項後段〔現行破産法215条1項後段に相当する旧破産法の条文である―筆者記〕の適用がないと解するのが相当であるから、本件慰藉料請求権が右の条項により破産財団に帰属する余地はなく、したがつて、本件訴訟はその相続人において承継することとなるべき筋合である。

　この判示においては、名誉の侵害に基づく損害賠償請求権が行使上の一身専属権であって、債権者代位（民423条1項ただし書）や債権差押えの対象にならないことのアナロジーによって、かかる請求権が破産財団に属さないことが導き出されているのである。

4　小　　括

　このように、包括差押えの観念を媒介とするアナロジーによって、条文の規律内容の説明だけではなく、条文に書かれていない解釈問題の解決が図られている。このことによって、ある種の評価の一貫性（内的体系）が確保されている（以上の3つの場合には、責任財産秩序の一貫性）。しかし、包括差押えの観念を否定して、破産手続開始により破産財団に属する財産の帰属が破産者から破産管財人に移転すると考える場合には、このようなアナロジーが成り立たなくなる。つまり、条文にない解釈論的帰結のうち、包括差押えの観

念を媒介とするアナロジーによって根拠付けられているものについては、当該帰結を別の論拠によって根拠付けるか、それとも、別の帰結を採用する必要がある。そのような破産法解釈論の全面的な見直しに繋がるようなテーゼを、破産法の基礎理論の再構築についての目処を示さずに定立することは、差し控えるべきであると考えられる。

V　不法原因給付の扱い

　Ⅳで述べたことに対しては、一般論としては承認できても、平成26年判決の事案においては、破産者が有しない不当利得返還請求権を、破産管財人が破産者に「代わって」行使することなどあり得ないのではないか、という反論がされることが容易に予想される。そして、このような反論をする論者は、木内テーゼは自らの疑問と同じ趣旨に出たものであるとして、木内意見を援用するであろう[12]。しかし、筆者は、平成26年判決の帰結は、訴訟物である不当利得返還請求権が破産者に帰属する、という前提を採ったとしても、その法廷意見と矛盾しない形で正当化できると考えている。以下、その理由を述べる。
　まず、Ⅳ3で取り上げた昭和58年判決が、債権者代位の被代位債権、債権差押えの目的債権と破産財団に属する債権について、同様の扱いをすることを前提にして議論を組み立てていることに注目すべきであると考えられる。これら3つの事項は、一般債権者のための責任財産の範囲の問題であるので、できるだけ一貫した取扱いがされることが望ましいからである。
　しかし、本件破産会社について破産手続が開始していないと仮定した場合において、それに対する一般債権者が、本件訴訟物である不当利得返還請求権を差し押さえて取立訴訟を提起したときに、執行債務者である本件破産会社が、不当利得返還請求権を有しないのだとすると、裁判所は請求を棄却するしかない。他方で、転付命令（譲渡命令は考えられない）が確定した場合を除

---

12) このような立場においては、訴訟物である不当利得返還請求権は、破産者に帰属していない以上、破産法34条1項に該当せず、破産財団にも属していないことになろう。そのこととの関係では、木内意見の「破産管財人の任務遂行によって得られた資産は、破産財団に属し」という下りが、不当利得返還請求権は破産財団に属しないが、それを取り立てて得られた金銭は破産財団に属する、ということまでを意味するかどうかが問題となる。

いて、差押債権者が不当利得返還請求権の帰属主体となると考えることは、債権執行の基本構造を破壊することを意味するので、このような考え方は採用できない。しかし、それでは、平成26年判決の結論を肯定する場合に、債権差押えの場合と破産の場合とで整合的な問題解決を図ることができない。

　これに対して、民法708条について人的な相対性を認めれば、債権差押えと破産手続開始の場合の整合的な解決が可能になる。つまり、給付者（本件破産会社）自身が不当利得返還請求権を行使する場合には同条を適用して請求権の存在を否定し、行使者が差押債権者または破産管財人である場合には同条を適用せず請求権の存在を肯定する、という人的な相対性を認めるのである。もっとも、このような考え方には違和感を感じる向きもあろうが、そのような違和感の根源にあるのは権利を過度に物象化する思考方法であると考えられる。しかし、不動産の二重譲渡事例（いずれの譲受人も登記を経由していない段階では、どちらの譲受人も譲渡人には所有権を主張できるが、他方の譲受人との関係ではどちらの譲受人も所有権を対抗できない）のように、権利を完全に物象化していては説明できない事象が、少なくとも私法の領域においては多々存在する。権利が有体物ではなく観念上の所産でしかないことに思い至れば、権利の存否が行使者によって相対化することが排除されないことが理解できるであろう。そして、民法708条の適用についてこのような相対性を認めることに合理性があることは、責任財産秩序の一貫性という観点から正当化できると考えられる。

　しかし、債権者代位の場合と債権の差押えの場合を等置して、右の行使主体による相対性の考え方を、債権者代位の場合にまで及ぼすことができるかどうかについては、なお検討すべき問題がある。

　この点についての最上級審の裁判例である、大判大正5年11月21日（民録22輯2250頁）は、「民法423条の定むる代位訴権は債権者か其債務者に属する権利を行ふに他ならされは債務者か請求することを得さるものは債権者に於ても之を請求することを得さるの筋合なりとす」（漢数字を算用数字に、漢字の旧字体を新字体に、片仮名を平仮名にそれぞれ改めた）と判示している。この大正5年判決は、被代位債権が金銭債権である場合について、代位債権者が第三債務者に対して自己に対する給付を求めることができる旨を初めて判示した、大判昭和10年3月12日（民集14巻482頁）に先立つものであることに

注意が必要である。

大正5年判決は民録に登載されているため、その第1審判決と控訴審判決の内容を知ることができないので、代位債権者である原告の請求の正確な内容も知ることができない。しかし、代位債権者が第三債務者に求めることができるのは債務者に対する給付に限られる、というそれ以前の大審院判例（大判明治36年7月6日（民録9輯884頁））に従い、大正5年判決の事案においても、債務者に対する支払が求められていた可能性がある。しかし、債務者に対する支払がされると、支払われた金銭が債務者の一般財産に混入してしまう。したがって、仮に債務者に対する支払が求められているのだとすると、民法708条が代位債権者との関係では適用されないと解しても、そのように解することの目的が達成できない。また、仮に大正5年判決の事案で、代位債権者に対する支払が求められていたとしても、一般論としては代位債権者が自己ではなく債務者に対する支払を求めることも選択できると解されるところ、代位債権者自身に対する支払を求める場合と債務者に対する支払を求める場合とで、取扱いを変えることは困難であり、債務者に対する支払を求める場合を標準として民法708条の適用の有無を考えるべきことになろう。つまり、代位債権者が行使者である場合には、民法708条の適用が排除されるべきでないと考えられるのである[13]。

代位債権者の場合と差押債権者の場合との差別的な取扱いは、不当利得返還請求権に係る給付の結果が、債務者の一般財産に混入してしまう可能性を排除する仕組みの有無[14]によって正当化される。このように、代位債権者について別個の扱いを認めても、差押債権者が行使者である場合と破産管財人が行使者である場合の両方について、民法708条が適用されないと考える[15]限り、破産手続開始決定についての包括差押えの観念と矛盾しないことに留意されたい。そして、平成26年判決の法廷意見の趣旨は、このように破産

---

13) 藤原正則・不当利得法（信山社・2002）116頁は、代位債権者について民法708条の適用を否定する方向を示唆しており、そこで挙げられている論拠には共感するところが多い。
　　民法（債権関係）改正法案423条の3の趣旨が、代位債権者が債務者に対する履行を求める余地を排除する趣旨であれば、それが法律となった場合には、分別が実現できるので、代位債権者を差押債権者や破産管財人と同様に扱うことが許されよう。

14) 転付命令その他の移付命令が発令されない場合に、強制執行・担保執行としての債権執行の手続において、そのような分別の仕組みが整っていることについては、山本・前掲注8）(1)36頁以下、(2)23頁以下を参照。

15) 同旨、伊藤眞・破産（有斐閣・1989）170頁以下。

手続の基本構造と整合的に理解されるべきであり、また、理解することができる、というのが筆者の見解である。

　筆者の基本的な考え方は、上で述べた通りであるが、そこでは、一般債権者のうち被害者である債権者とその他の債権者が区別されていない。しかしながら、平成26年判決の法廷意見においては（木内意見でも）、破産債権者の多くが被害者であることが強調されている。つまり、同判決の意図するところは、破産債権者一般の破産配当による満足の向上ではなく、出資者間の公平の実現にある、と考える余地があるのである。

　Ⅰで述べた民法94条2項に関する設例におけるように、集団的な債権実現手続である破産手続においては、一種のフリーライダー（この設例においては悪意の破産債権者、平成26年判決の事案で出資者間の公平を実現しようとする場合においては被害者でない破産債権者）が生ずることを回避することができない。したがって、破産管財人が被告から取り立てた金銭が被害者だけでなくそれ以外の破産債権者に対する破産配当の原資となることは、必ずしも出資者間の公平を追求することと矛盾するわけでないと言うことができる。しかし、債権差押えの場合には、一般債権者全般に着目するか、被害者である出資者に着目するかで、大きな違いが生ずる。しかし、被害者である一般債権者と他の一般債権者を区別する理由はないのではないかと考えられ、また、このような扱いを債権執行の手続で可能とする仕組みも用意されていない。このように被害者と他の債権者を区別しないと考える場合には、民法708条の人的相対性の考え方は、平成26年判決の事案のような集団被害型の事件以外にも適用されるべきことになる。

　なお、大判昭和6年5月15日（民集10巻327頁）は、破産法上の否認権は各破産債権者に属し、破産管財人はこれを債権者全員のために行使するものであって、破産者の権利を行使するものではない、という理由で、破産管財人が否認権を行使した場合には、不法原因給付であっても破産管財人が返還請求できると判示している。学説には昭和6年判決の結論に追随する見解が有力である[16]。しかし、否認権は確かに破産管財人に固有の権利である（も

---

16)　谷口知平・不法原因給付の研究［第3版］（有斐閣・1970）9頁以下、我妻栄・債権各論（下1）（岩波書店・1972）1162頁、松坂佐一・事務管理・不当利得［新版］（有斐閣・1973）194頁、四宮和夫・事務管理・不当利得・不法行為㊤（青林書院・1981）180頁、藤原・前掲注13) 116頁以下。

っとも、昭和6年判決が言うように、否認権は集団としての破産債権者の保護を目的とする制度である）が、否認権を形成権として捉える通説的見解によれば、否認権行使の結果として生じる請求権は破産財団に帰属する（破産財団法主体説を採らない限り、破産者に帰属する）。このように、筆者の立場からは、昭和6年判決は結論において支持できるが、理論構成に難点がある裁判例である、と言うことができる。

これに対して、大判昭和7年4月5日（法律学説判例評論全集21巻諸法437頁）は、破産手続開始時において破産者が有しない請求権が破産財団に属するわけがないとして、破産管財人が不当利得返還請求をする場合にも民法708条の適用があるとする。平成26年判決が被害者間の公平を実現しようとしたものだとすれば、同判決は昭和7年判決の例外を認めたものとなるが、筆者の理解によれば、平成26年判決は昭和7年判決を変更したことになる。

Ⅵ 他の問題点

平成26年判決の判示事項についての筆者の見解は上に述べたとおりである。しかし、同判決には他にも問題点が含まれている。ここでは筆者が気づいた3つの点を指摘しておきたい。

まず、破産管財人の原告適格の問題がある。平成26年判決の事案の第1審判決である、東京地判平成24年1月27日（判時2143号101頁）は、「破産開始決定時に破産者が有していた財産権の管理及び処分する権利は破産管財人に専属している（破産法78条）ところ、本件で、原告は、本件契約が無効であることを前提に、破産会社が破産開始決定時に有していた被告に対する不当利得返還請求権を、破産者に代わって上記管理処分権に基づき行使していると認められる」と判示して、原告である破産管財人の原告適格が法定訴訟担当者としてのそれであることを認めている。また、控訴審判決である東京高判平成24年6月6日（金法1981号97頁②事件）も、「破産管財人は、破産会社が破産手続開始決定時に有していた不当利得返還請求権を、破産者に代わって行使するものであることは、……原判決が……判示するとおりである」として、同様の立場を採用している。

仮に平成26年判決が破産管財人に不当利得返還請求権が帰属することを

前提としつつ、請求を認容したのだとすると（「被上告人が、上告人に対し、本件配当金の給付が不法原因給付に当たることを理由としてその返還を拒むことは、信義則上許されない」という法廷意見の判示が、請求権の帰属を曖昧にしていることに注意が必要である）、原告適格と訴訟物について第1審・控訴審とは異なる立場に立っていることになる。それにもかかわらず、請求の変更を経ずに、最高裁が自判することが許されるかどうか、という問題が生ずる。もっとも、別のこと（平成26年判決が、原告適格と訴訟物について、第1審・控訴審と同様に考えていること）を前提とすれば、この問題は生じない（民法708条の人的相対性を主張する上述の私見は、かかる問題を封ずることになる）。しかし、木内テーゼが第1審判決と控訴審判決の「破産者に代わって」というフレーズを意識していることは否定できない。

　また、破産管財人の原告適格が法定訴訟担当者としてのそれであるとすると、請求認容判決が確定した場合の民事訴訟法115条1項2号や民事執行法23条1項2号（後者については仮執行宣言付判決でも問題となる）の適用が検討されるべき課題となる。しかし、これらの条項は、訴訟物である債権や債務名義上の債権の存否の相対性を観念する必要のない原則的な場合を念頭に置いた規定であり、破産管財人や取立訴訟における差押債権者が、不法原因給付に係る不当利得返還請求権を訴求した場合の請求認容判決には適用されないと解すべきである。

　次に、請求額の問題がある。平成26年判決の事案において、原告である破産管財人が請求したのは、被告が受領した配当金と被告が支払った出資金の差額である。しかし、出資者間の平等を強調するのであれば、被告に配当金の全額を支払わせ、被告に出資金相当額の損害賠償請求権を破産債権として届出させる（他の出資者と同様に破産配当しか認めない）、という事件処理も考えられる。しかし、そのような処理を図るために、破産管財人が被告に対して配当金の全額に相当する金額を不当利得として請求した場合に、配当金の全額について不当利得返還請求が認容されるのか、そして、認容されるとして出資金相当額の損害賠償請求権を自働債権とする相殺が許されるのか、という問題がある。かかる相殺が破産法71条1項2号から4号までに該当する場合に、相殺が許されないことは当然である。しかし、ここで問題にしているのは、平時実体法上相殺が許容されるかどうかである。不当利得返還請

求権の帰属主体が破産管財人であるとすると、債権債務の対立がないので相殺できないことは当然である。これに対して、不当利得返還請求権が破産者に帰属すると考える場合には、この平時実体法上の問題が生ずることになる。この問題は民法708条の適用について主観的相対性を認める趣旨と関係付けながら検討されなければならないと考えられる。

最後に、本件破産会社が、破産手続ではなく、再生手続または更生手続に入ったと仮定した場合（例えば、本件破産会社が、無限連鎖講の防止に関する法律に反する事業以外に、適法な事業を営んでいるとすれば、後者の事業部門の再建を想定することができる[17]）に、どのように考えるべきかが問題になる。倒産実体法はできるだけ統一的に解釈されるべきであるとの立場においては、再生債務者ないし再生手続上の管財人や更生手続上の管財人が行使主体である場合にも、民法708条の適用が排除されるべきことになろう（手続機関としての再生債務者が再生債権者を受益者とする受認者であることを前提としている）。そのように考える場合、第三債務者が支払った金銭が再生債権者または更生担保権者・更生債権者に対する計画弁済の原資となることは、清算価値保障原則によって担保されることになる。しかし、そのように考えることが、再建型手続である再生手続や更生手続の性格と合致するかどうかは、更生計画において100％減資がされる場合を除いて、なお検討すべき問題点を含むように思われる。

言わずもがなのことをくどくど述べた感が否めないが、本稿が問題点の整理としてでも価値があることを期待して、ここで筆を擱くことにする。

---

17) もっとも、債務者である法人に解散命令の事由（一般法人261条1項各号、会社824条1項各号など）がある場合には、再生手続や更生手続を開始することができない、という解釈も一定の合理性があるように思われる。しかし、適法な事業を譲渡（売却）した上で、清算計画を立てる可能性までを封ずることが適当かどうか、という問題は残る。

アメリカにおける早期事業再生の手法

◆山本　研◆

Ⅰ　はじめに
Ⅱ　事前調整型の再建手続の類型
Ⅲ　363条セールによる事業譲渡
Ⅳ　商取引債権者の処遇——Critical Vendor に対する優先弁済
Ⅴ　おわりに

Ⅰ　はじめに

　現在、事業再生に関する世界的な潮流として、裁判外でのワークアウトの利点を活かし、事業価値の毀損を避けつつ、早期事業再生の実現を図る方向での制度改革が進められており、欧米においては、裁判外のワークアウトによる合意を法的手続においても尊重する制度が既に活用されているとともに（アメリカにおけるプレパッケージ型（Pre-packed Chapter 11）およびプレアレンジ型（Pre-arranged Chapter 11）の手続運用、イギリスにおける私的整理（Out of Court Work Out）と会社任意整理（Company Voluntary Arrangement）や会社整理計画（Scheme of Arrangement）等の法的手続を組み合わせた運用、フランスにおける迅速金融再生手続（Souvegarde Financière Accélérée）の創設など）、アジア諸国でも、裁判外のワークアウトにおいて法定多数の債権者の同意が得られた計画を裁判所が認可することにより発効させ、少数の不同意債権者を拘束する制度が相次いで立法されている（韓国における企業構造調整促進法やインド、香港、シンガポール、マレーシアなど旧英連邦国における英国型の制度（会社整理計画）を取り入れた立法、およびフィリピンにおける新倒産法の立法に伴う事前調整型の再建手続（Pre-negotiated Rehabilitation）の整備や裁判外のワークアウトによる再建計画（Out of Court or Informal Restructuring Agreements or Rehabilitation Plans）の導入など）[1]。

---

1) これら諸外国の状況全般については、経済産業省経済産業政策局産業再生課編・各国の事業再生関連手続について—英米仏独の比較分析（金融財政事情研究会・2011）、髙木新二郎「欧米

わが国においても、民事再生法の制定や会社更生法の全面改正など法的倒産手続の整備により、事業再生の円滑化・効率化が図られてきたが、近時においては、商取引債権者等への弁済を許容することにより事業価値の毀損を回避することが可能となる等、状況に応じて柔軟かつ迅速な事業再生が可能な裁判外のワークアウトの利点が改めて認識され、事業再生ADRをはじめとする、制度化された裁判外の事業再生手続が整備・活用されるにいたっている。もっとも、私的整理型の手続は、債権者の同意を基礎とする手続であるため、合理的な再建計画であっても、一部の債権者が強硬に反対する場合には、多数決により再建計画を成立させることが可能な強制力を有する法的手続によらざるを得ないという限界が存在する。そこで、諸外国において上記のような改革が進められる中、わが国においても、裁判外でのワークアウトの利点を活かし、より円滑な事業再生を可能とするための方策について検討が進められており、具体的な立法提言もなされるにいたっている[2]。これらの議論状況にかんがみると、今後の方向性としては、事業再生ADR等の私的整理型の手続において、主要債権者との間で再建の方向性や計画案につ

の早期事業再生スキームと法的再建手続」東京弁護士会倒産法部編・倒産法改正展望（商事法務・2012）51頁、同「APEC ABACによるアジア太平洋地域私的整理ガイドラインの承認とアジア銀行協会の私的整理ガイドライン（修正）の採択―100％同意を要する日本の事業再生ADRの改正が必要」事業再生と債権管理142号（2013）95頁、同「アジア諸国（中国・韓国等を除く）の迅速事業再生手続」NBL1032号（2014）56頁等参照。各国における近時の状況を紹介するものとして、中島弘雅「イギリスの事業再生手法としての『会社整理計画』」伊藤眞先生古稀祝賀・民事手続の現代的使命（有斐閣・2015）947頁、フランスについて、山本和彦「私的整理と多数決」NBL1022号（2014）1頁、同「フランス倒産法制の近時の展開―迅速金融再生手続を中心に」河野正憲先生古稀記念・民事手続法の比較法的・歴史的研究（慈学社・2014）501頁、韓国について、呉守根「韓国における企業構造調整促進法―議論および展望」前掲伊藤眞先生古稀祝賀731頁、オーストラリアについて、金春「オーストラリアの企業再生手続における裁判所の関与のあり方について―私的整理と法的整理の中間型モデルへのアプローチ」NBL1037号（2014）55頁等がある。

2）　2014年に、高木新二郎弁護士（事業再生実務家協会顧問）を顧問、山本和彦教授（一橋大学）を座長とする検討会（「事業再生に関する紛争解決手続の更なる円滑化に関する検討会」）が組織され、関係省庁からもオブザーバー参加を得て、私的整理において反対債権者がある場合にもなお事業再生を可能にする法的枠組みの是非、その問題点、実現のための手続等について検討が行われ、2015年3月に具体的な立法提言を含む検討結果が公表されるにいたっている（検討会・事業再生に関する紛争解決手続の更なる円滑化に関する検討会報告書（商事法務研究会・2015））。筆者は同検討会に委員として参加する機会を与えられ、検討会における議論を通じて多くの示唆を受けたが、本稿における検討結果については筆者個人の見解によるものである）。また、弁護士会の研究グループにおいても、事業再生ADR等の制度化された私的整理手続が中途挫折した場合の受け皿となり得る「特別な法的倒産手続」の創設という観点から検討が進められ、別途立法提言がなされている（東京弁護士会倒産法部倒産法改正検討特別部会『商取引債権の新弁済許可』及び『簡易迅速再生手続』の創設提言」法律実務研究31号（2016）121頁。

いて一定の合意が形成されているが、なお対象債権者全員一致の合意を得ることが困難な場合の受け皿となる法的手続を整備し、当該法的手続への円滑な移行を可能とするとともに、事前の合意を尊重することにより手続の多くの部分を省略し、手続に要する時間・コストを削減することに加え、法的手続の開始後も商取引債権者への弁済を継続することを可能とする施策を講ずることにより再建の実効性を高めるという、事前調整型の再建型手続（受け皿手続）の整備が有力な選択肢となっている[3]。

　上述したように、現在、諸外国において事前調整型の事業再生手法が活用されるにいたっているが、中でもアメリカにおいては、現行倒産法の制定時より、プレパッケージ型といわれる手続開始前に計画案に対する投票まで済ませてしまう特別手続の利用が可能とされており、さらにリーマンショック以降は、大企業を中心に、いわゆる「363条セール」を利用した事業譲渡と事前調整型の再建手続の組み合わせによる早期事業再生手法が活用されており（GMやクライスラーの早期事業再生がその好例としてあげられる）、判例理論の展開とともに活発な議論が展開されている。

　そこで、わが国における事前調整型の再建型手続のあり方について検討するにあたっても、アメリカにおける早期事業再生の手法が参考となると考えられることから、本稿においては、これら各手法相互の関係を踏まえた総合的な分析を行う前提として、まずは現在アメリカにおいて活用されている早期事業再生のための手法の概要を明らかにすることを試みる。具体的には、Ⅱにおいて、裁判外での事前調整と受け皿となる法的手続の連動のあり方について検討するにあたり、プレパッケージ型手続およびプレアレンジ型手続が参考になると考えられることから、その手続構造と利用状況について取り上げる。次いで、Ⅲにおいては、早期事業再生の有力な手法として活用されている、連邦倒産法363条による事業譲渡（363条セール）と、その適法性を

　3）「事業再生に関する紛争解決手続の更なる円滑化に関する検討会」の報告書においては、受け皿となる法的手続について、既存の簡易再生手続の運用を改善することにより受け皿とする案（「簡易再生運用改善モデル」）と、既存の簡易再生手続を更に簡略化した特別手続を受け皿手続として新設する案（「迅速事業再生手続モデル」）が併記して示されており、東京弁護士会倒産法部倒産法改正検討特別部会の提言においては、「簡易迅速再生手続」を受け皿として創設することが提案されている。また、商取引債権者の処遇についても、産業競争力強化法の改正等による商取引債権に関する考慮規定の新設（検討会）、または、民事再生法の改正による新たな商取引債権の弁済許可規定の新設（東京弁護士会）等が提案されている。

めぐる判例理論について取り上げることとする。そして、Ⅳにおいて、事業価値の毀損を回避するための商取引債権の支払いとの関係で、連邦倒産法における商取引債権者に対する優先弁済をめぐる、判例の展開と実務における運用状況についてみていくこととする。

Ⅱ 事前調整型の再建手続の類型

　アメリカの連邦倒産法チャプター・イレブン（Chapter 11）は、それ自体、「世界中で最も債務者が使いやすい制度（debtor friendly）」とも称されているが[4]、それに加え、申立前の事前交渉において、主要債権者との間で再建計画等について一定の合意が形成された後に手続の申立てを行い、手続開始後の早い段階で計画の認可を得ることにより、裁判所が関与する法的手続から早期に抜け出して迅速な再生を目指す手法が、特に大規模事件を中心に活用されている。これら事前調整の手続は、①チャプター・イレブンの申立前に計画案に対する投票まで済ませた上で申立てをするプレパッケージ型手続と、②申立前に再建計画案について主要債権者と交渉を行い大方の同意は取り付けておくが、計画案に対する勧誘および投票は手続申立後に行うプレアレンジ型手続に大別される。また、これらの事前調整型の手続においては、大型倒産事件を中心に、いわゆる363条セールやストーキング・ホース・ビッドを組み合わせ、早期に事業譲渡を実行するケースが多くみられる。

1　プレパッケージ型手続（Pre-packed Chapter 11）
　（1）　概要　　プレパッケージ型手続とは、チャプター・イレブンの申立前に計画案を作成し、これについて開示説明書（disclosure statement）により債権者に対して十分な情報を適切に開示した上で受諾の勧誘と投票を実施し、計画案可決に必要な法定多数の賛成投票を得た後に、チャプター・イレブンの申立てをすることにより、手続開始後には改めて投票を実施することなく、裁判所が当該計画案を速やかに認可できるという手続である（11 U. S. C. 1126条(b)参照[5]。以下、連邦倒産法の条文については条数のみ記す）。

　4）　高木新二郎「英米独仏の早期迅速事業再生スキームの最近の展開」NBL 957号（2011）11頁。
　5）　連邦倒産法は、プレパッケージ型手続について正面からは規定していないが、計画案はチャ

事案に応じて様々なバリエーションがあり得るが、一般的な流れとしては、チャプター・イレブンの申立前に、①主要債権者との協議を経て再建計画案を作成、②債務者の財務状況等の情報を含んだ開示説明書を債権者等に送付し、計画案の受諾を勧誘、③債権者等による（事前）投票を実施し、法定多数の同意を獲得（1126条(c)参照）、という段階まで裁判外で手続を進めた上で、④チャプター・イレブンの申立てをする。その後ただちに、裁判所に対して、開示説明書と計画案を提出し認可を求め、⑤認可のための聴聞を経て、⑥裁判所による計画案の認可に至る。

(2) プレパッケージ型手続のメリットとデメリット　プレパッケージ型手続の特徴として、法的手続の多くの部分を省略することにより迅速に手続を終了できること、および、再建計画について事前に大方の債権者の同意を得た上で法的手続の申立てがされることがあげられる。かかる特徴から導き出されるメリットとして、手続に要する諸々のコストを抑え、迅速な再建が可能となること、経営者が法的手続に惑わされることなく、事業の再建に注力できること、債権者・債務者の双方にとって手続遂行についての予見可能性が高まり、再建を軌道に乗せやすいこと、および、取引先や従業員の離脱を抑止することができるため、事業価値の毀損を回避し再建の実効性が高まることなどがあげられる[6]。

これに対し、デメリットとしては、手続申立前の事前調整段階においては、自動停止等の保護を受けることができないことのほか、事前投票の勧誘に先立つ債権者への情報開示の適切性については、手続開始後に連邦証券取引法をはじめとする倒産法以外の法規・規則に則しているかを基準として判断されるため（1126条(b)(1)）、通常手続の場合よりも詳細な情報開示が必要とされるとともに[7]、情報開示が不適切であると判断された場合には、再度、投票

プター・イレブンの申立てと同時に提出することが許されており（1121条(a)）、また、手続申立前に適切な情報開示のもとで計画を受諾した債権者は、手続開始後においても計画をそのまま受諾したとみなすと規定されており（1126条(b)）、これらの規定が、プレパッケージ型手続の根拠規定とされている。

[6]　裁判外のワークアウトと比較した場合の、プレパッケージ型手続のメリットについては、阿部信一郎「米国におけるプレパッケージ型再建手続について—日本型との相違」国際商事法務31巻3号（2003）306頁以下参照。

[7]　プレパッケージ型手続においては、この情報開示の要件が手続過程の公正さを担保する機能を果たしていることを指摘するものとして、中島弘雅＝村田典子「アメリカのプレパッケージ型倒産手続について」国際商事法務33巻1号（2005）15頁参照。

手続をやり直さなければならず、その場合には、却って時間・コストがかかってしまうというリスクが存在することがあげられる。

　プレパッケージ型手続については、以上のような点が足かせとなり、本来の制度趣旨にあった利用が困難となることもあるため、必ずしも利用件数は多くはない[8]。近年、大型事件を中心に活用が進んでいるのは、プレアレンジ型手続と363条セールの組み合わせにより、手続開始後の早い段階で事業と事業用資産の譲渡を実施した上で、迅速に法的手続から離脱し、スポンサーの支援の下で事業の再生を実現する手法である[9]。

2　プレアレンジ型手続（Pre-arranged Chapter 11）

　(1)　**概要**　　プレアレンジ型手続も、チャプター・イレブンの申立前に主要債権者やスポンサーとの間で事業再生の方向性や計画案の内容について事前交渉を行ない、大筋について同意を得た上で、手続開始の申立てをするが、計画案に対する投票の勧誘および投票については、手続開始後に行われる点でプレパッケージ型手続と異なる[10]。また、主要債権者との事前交渉で計画案について大方の合意に達したときは、計画案の可決を確実にするために、手続開始後に開示説明書について裁判所の承認が得られることを停止条件として、計画案に賛成することを内容とする、ロックアップ契約（Lock up Agreement）を結ぶことが多いとされる[11]。

　手続申立前において、開示説明書および計画案がほぼ完成しており、ロックアップ契約も締結されているケースから、主要債権者との間で大まかな合意が形成されているのみで、ロックアップ契約は伴わず、具体的な開示説明書や計画案の作成は手続開始後になされるケースまで様々なバリエーション

---

　8)　高木・前掲注1)「欧米の早期事業再生スキームと法的再建手続」55頁、同・前掲注4)12頁。
　9)　プレパッケージ型およびプレアレンジ型手続の利用統計については、経済産業省経済産業政策局産業再生課編・前掲注1)9頁以下参照。
　10)　プレアレンジ型手続のほか、プレネゴシエイト型手続（Pre-negotiated Chapter 11）という用語が用いられることがあるが、両者の差異については、必ずしも明確な定義は確立されておらず、それぞれの用語が互換的に使われているとの指摘があるほか、事前手続の進捗状況の差（ロックアップ契約を伴うか否か、あるいは、363条セールについて交渉が済んでいるか否か等）によるとするものなど、統一的な見解はないため、本稿においては、両者を総称してプレアレンジ型手続という用語を用いることとする。
　11)　福岡真之介・アメリカ連邦倒産法概説［第2版］（商事法務・2017）356頁、高木・前掲注1)「欧米の早期事業再生スキームと法的再建手続」55頁。

があるが、一般的な流れとしては、以下の通りである。まず、申立前に、①主要債権者との間で再建計画等について事前交渉を行い、一定の合意が形成されると、②開示説明書および計画案のドラフトを作成し、ロックアップ契約を締結する。その上で、③チャプター・イレブンの申立てをし、④手続開始後速やかに、計画案と開示説明書を裁判所に提出する。これを受け、⑤裁判所が債権者に対する聴聞を実施し、開示説明書を承認した後に、⑥債務者は計画案の受諾についての勧誘を行い、⑦債権者等による投票において、法定多数の同意を得て計画案が可決され、⑧裁判所による認可に至る。手続開始後に、開示説明書についての承認を得た上で、計画案に対する受諾の勧誘を実施するため、プレパッケージ型手続に比べると30日ほど多くの日数を要するが[12]、なお通常のチャプター・イレブン手続に比べると迅速に手続を終了することができる。

　プレアレンジ型手続のメリットとしても、程度の差はあるが、プレパッケージ型と同様に、法的手続に要する時間・コストを軽減し、事業価値の毀損を回避できること、事前調整によりあらかじめ主要債権者の同意を得ているので（特にロックアップ契約を締結している場合）、手続遂行についての見通しが立ちやすく、再建が軌道に乗りやすいこと等があげられる。また、手続開始後に受諾の勧誘を含む投票手続を実施するため、プレパッケージ型手続が理想的な形で進行した場合に比べれば多少の時間は要するものの、受諾の勧誘における情報開示にあたっては、連邦証券取引法等の適用がないため、プレパッケージ型にみられるようなリスクを抑止することができ、結果的には手続負担の軽減につながることがあげられる。

　(2)　利用状況[13]　　1990年代以降、通常のチャプター・イレブンによった場合の手続コストや事業価値の毀損などの問題が意識されるようになり、法的手続に要する時間・コストを縮減するために、プレパッケージ型またはプレアレンジ型の事前協議を行うケースが現れ始めた。さらに、2008年の金融危機以降、大型の倒産事件を中心にヘッジファンドや機関投資家が手続に関与するケースが増加し、手続コストの削減と事業価値毀損の抑制が一層

---

12)　中島＝村田・前掲注7）11頁。
13)　1990年代以降の事前調整型の再建手続の利用状況につき、経済産業省経済産業政策局産業再生課・前掲注1）9頁以下参照。

重視されるようになったことから、リスクを回避しつつ迅速な事業再生が可能なプレアレンジ型手続を利用するケースが増え、特に大型倒産事件では、その2分の1から3分の2がプレアレンジ型手続によって処理されているとの指摘もある[14]。

Ⅲ 363条セールによる事業譲渡

1 363条セールとストーキング・ホース

(1) **363条セール** チャプター・イレブンにおいて、管財人または債務者（DIP）は、通知と聴聞を経て、通常の事業過程によらずに（other than in the ordinary course of business）、財団財産を売却することができるとされており（363条(b)）、この規定に基づきなされる財団財産の売却手続を363条セールという[15]。363条セールによる売却は、公開入札（オークション）または任意売却のいずれによることも可能であるが、売却価格の公正性を担保するとともに、その最大化を図るため、公開入札方式によることが一般的である。

363条セールによる場合、計画によらずに、債務者の事業と事業用資産を含む財団財産を、担保権の負担を消滅させた上で迅速に売却することが可能であるため、スポンサーへの事業譲渡や事業再編の手法として活用されており[16]、特に大規模事件においては、手続申立前の事前交渉段階で、スポンサー候補（ストーキング・ホース）をあらかじめ選定した上でチャプター・イレブンを申し立て、手続開始後に速やかに363条セールにより事業譲渡を行うというケースが多くみられる[17]。

---

14) 経済産業省経済産業政策局産業再生課編・前掲注1）82頁。
15) さらに、「通常の事業取引の範囲内（in the ordinary course of business）」であれば、裁判所が別の命令により制限をしない限り、通知と聴聞手続を要せずに財団財産を売却することができる（363条(c)(1)）。
16) 事業譲渡は、計画に定めを置くことによっても実施できるが、363条セールは、計画による事業譲渡と異なり、手続開始直後の早い段階で実施することができるため、迅速な事業再生の手法として多くの事案において活用されている。
17) 363条セールによる事業譲渡の場合には、売却事業はチャプター・イレブンを離れて新たなスポンサーの下で再生の道を歩むことになるため、363条セールによって実質的な再建は終了し、あとは残された資産を債権者に分配するための清算型の手続を進めるだけという事案が増えているとの指摘がある（井出ゆり「米国GM・クライスラー等のチャプター11手続にみる『363条セール』に関する論点と日本の倒産手続上の計画前事業譲渡」事業再生と債権管理127号（2010）51頁）。

プレアレンジ型手続と363条セールを組み合わせて活用することにより、迅速な事業再生を実現した好例として、ゼネラルモーターズ（GM）のケースがあげられる。本件では、チャプター・イレブンの申立前において、連邦政府を中心とするスポンサーとの間で具体的な支援内容について協議・決定がなされており、その支援内容を前提に、大多数の債権者から同意を得た上で、チャプター・イレブンの申立てがされ、その直後に363条セールによって優良事業とその資産が受け皿会社（新GM）に譲渡された。手続に要した期間をみると、約6ヶ月の事前調整期間を経て、2009年6月1日にチャプター・イレブンの申立てがされ、40日後の7月9日には、363条セールによる事業譲渡が実施され、その翌日から新GMとして営業を開始するとともに、翌年2010年11月18日には株式の再上場を果たしており、迅速な事業再生が実現されている[18]。

　(2) ストーキング・ホース（Stalking Horse）[19]　　363条セールによる資産売却にあたっては、公開入札の前にストーキング・ホースと呼ばれる暫定的なスポンサーをあらかじめ選定し、解除条件付のスポンサー契約（ストーキング・ホース契約）を締結した上で、改めて公開入札によりストーキング・ホースを上回る条件を提示する候補者を募り、最終的なスポンサーを決定する方式（ストーキング・ホース・ビッド：Stalking Horse Bid）が活用されており、特に大規模事件においては、ストーキング・ホースを選定した上で、チャプター・イレブンの申立てをなし、早期の段階で公開入札を実施して最終的なスポンサーを決定することにより、迅速に363条セールによる事業譲渡が行われることが多い。早期事業再生が可能となることはもとより、あらかじめスポンサー候補が定まっていることによる信用補完効果等により、チャプター・イレブンの申立てによる信用不安を最小限に抑え事業価値の毀損を防ぐことができるとともに、最低限の売却価額を確保しつつ、改めて公開入札を実施することにより、より有利な条件のスポンサーを広く募ることができる

---

18) ゼネラルモーターズおよびクライスラーの事業再建におけるプレアレンジ型手続と363条セールの活用について、井出・前掲注17)、堀内秀晃ほか・アメリカ事業再生の実務―連邦倒産法Chapter 11とワークアウトを中心に（金融財政事情研究会・2011）240頁以下参照。

19) ストーキング・ホースおよびストーキング・ホースの保護条項については、棚橋洋平「再建型倒産処理手続におけるスポンサー保護条項の処遇(1)～(4・完)―アメリカにおけるストーキング・ホース保護条項からの示唆」早稲田大学大学院法研論集149号（2014）179頁、150号（2014）293頁、151号（2014）283頁、153号（2015）195頁に、詳細な紹介がある。

等のメリットがあることによる。
　他方、ストーキング・ホースはあくまで仮のスポンサーであって、その地位は不安定なものとならざるを得ない。そこで、債務者は、ストーキング・ホースを確保するために、ストーキング・ホース契約において一定の保護条項を付与することが一般的である。この保護条項には多様なものがあるが、ストーキング・ホースに後の公開入札において優先的地位を与える「優先条項」と、ストーキング・ホースが最終的な買い手となれなかった場合にストーキング・ホースに経済的補償を与える「補償条項」に大別できる。これらの条項は、規定の仕方によっては、ストーキング・ホースを過剰に保護するものとなり、債務者事業の再生を阻害することにもなりかねないため、手続開始後の入札手続命令において裁判所に許可されなければ、その効力は認められないとされている[20]。

　(3)　**363条セールのメリットと問題点**　363条セールを利用するメリットとして、手続開始後の早い段階で事業譲渡を行うことができるので、迅速な事業再編や事業再生が可能となること、事業価値が毀損する前に比較的高額での売却が期待できること、さらには、事業の陳腐化を回避できるので、譲受人のもとでの事業継続の可能性も高まること等があげられる。また、363条(f)が定める一定の要件を充たす場合には[21]、担保権等の権利の負担のない状態で（free and clear of any interest）、財産を売却できるため[22]、特に譲渡対象事業を構成する財産が担保の目的となっているような場合には、担保の負担なしに譲受人の下に事業を移転できるので、スムースな事業譲渡が可能となる。

　これに対し、事前調整型の手続と363条セールを組み合わせた再建手法に対しては、スピードが重視されるため財務リストラが中心となりがちで、事業自体の見直しが十分に行われないため、二次破綻が生ずる危険がある[23]、

---

20)　高木・前掲注1)「欧米の早期事業再生スキームと法的再建手続」57頁、棚橋・前掲注19) 149号192頁、KELLY K. FRAZIER, A COMPARISON SHOPPING GUIDE FOR 363 SALES 26 (2009).
21)　(1)適用ある破産法以外の法が権利の負担のない資産売却を認めていること、(2)当該権利者の同意があること、(3)かかる権利がリーエン（lien）である場合には、資産の売却価格が当該資産に設定されたすべてのリーエンの価値総額を上回ること、(4)その権利が争われている場合には、誠実に争われていること、(5)権利者が法律上または衡平法上の手続により、金銭的満足を受けることを強制されていること、のいずれかを充たす場合である（363条(f)(1)〜(5)）。
22)　この場合の担保権者等の保護については、363条(e)参照。
23)　伊藤眞＝須藤英章監修・新倒産法制10年を検証する—事業再生実務の深化と課題（金融財政

スポンサーの選定方法や売却プロセスが不透明になるとともに、内部者が関与することにより売却価格が低額となる可能性がある[24]等の問題点が指摘されている。さらに、実務上しばしば問題となるのが、計画案立案前の363条セールによる事業譲渡は、計画案の策定、利害関係人に対する適切な情報開示と法定多数の同意による可決、裁判所の認可という、本来は法の規定に従い厳格に行われるべきプロセスを経ずに、実質的には再建計画を策定したのと同様の効果を生じさせようとするものであり、チャプター・イレブンの潜脱的な部分利用として、許されるべきではないとの批判である。この問題については、一定の判例法理が形成されているので、以下、判例理論の展開について概観しておくことにする。

2　363条セールの適法性をめぐる判例理論の展開

(1) **サブローザプラン（Sub Rosa Plan）に関する判例法理**　　本来、チャプター・イレブンにおける、再建スキーム、事業譲渡等の重要な資産処分とその対価の分配、および各利害関係人の権利変更といった、利害関係人に重要な影響を与える事項については、計画案において定め、利害関係人による投票・可決、裁判所による認可という厳格なプロセスを経ることによって、はじめて効力を生ずべきものとされている。ところが、計画策定前の363条セールによる事業譲渡により、再建スキーム、資産処分、譲渡対価の分配等の本来計画において定めるべきことを、実質的に決定してしまうような場合には、法の規定に基づき履践すべきプロセスを潜脱することになるため、かかる363条セールは、サブローザプラン（Sub Rosa Plan：秘密計画、隠れた再建計画）として許されないとする判例法理が形成されている。

(2) **裁判例**　　まず、サブローザプランに関するリーディングケースとして、①Braniff Airways事件（700 F. 2d 935 (5th Cir. 1983)）があげられる。本件は、Braniff航空のチャプター・イレブン手続において、363条セールにより航空事業の譲渡がされたが、譲渡の対価（譲受人の旅行証券）を債務者会社の従業員、株主および一部の無担保権者のみに分配することとしており、この点が、実質的に将来の計画の内容を363条セールによって定めるサブロ

事情研究会・2011）117頁〔片山英二発言〕。
24)　経済産業省経済産業政策局産業再生課編・前掲注1）11頁（注12）参照。

ーザプランにあたり、363条(b)が許容する「資産の売却」の範囲を超えるものとして、これを許可した倒産裁判所の判断が違法とされたものである。

また、同じく 1983 年の②Lionel Corporation 事件（722 F. 2d 1063（2d Cir. 1983））では、債務者が弁済原資を捻出するために子会社の株式を 363 条セールにより売却しようとした事案において、363 条(b)に基づく計画策定前の重要な資産処分はいかなる場合に許容されるかが問題となった。倒産裁判所はこれを許可したが、第 2 巡回裁判所は、363 条(b)に基づきかかる重要資産の売却を認めるにあたっては、「正当な業務上の理由（good business reason）」の存在が証拠から明確に認定されなければならないと判示し、結論的には、本件においては当該株式を売却する正当な業務上の理由の存在が十分に示されていないとして、売却を認めた倒産裁判所の判断を取り消している。

上記 2 つの判決以降、363 条セールの適法性について判断するにあたっては、①の Braniff Airways 事件で示された、実質的に計画案認可に至るプロセスを潜脱することにならないか（サブローザプラン該当性）、および、②の Lionel Corporation 事件において示された、かかる資産売却に「正当な業務上の理由」が認められるかという、2 つの角度から審理し判断する傾向にあるとされる[25]。

もっとも、2001 年の③Trans World Airlines 事件（2001 WL 1820326（Bankr. D. Del. 2001））については、「正当な業務上の理由」を重視する判断にシフトしているのではないかとの指摘もある[26]。本件では、Trans World 航空が American 航空に 363 条セールにより事業譲渡をするにあたり、Trans World 航空の退職者の債権の一部を譲受人である American 航空が承継することとしていたため、363 条セールによりこれら退職者債権についてのみ他の債権と別異の取り扱いをすることになる点が、サブローザプランに該当するのではないかが争われた。これにつき、倒産裁判所は、363 条セールの目的は財団利益の最大化にあり、債権者に対する平等な配当まで要求するものではなく、結果的に個々の債権者について異なる取り扱いをすることになっても、計画案に関する規律（1123 条）とは切り離し、当該売却が財団利益の最大化に適合するのであれば許容されるとして、事業継続のために当該売却

---

25) 井出・前掲注 17) 59 頁。
26) 井出・前掲注 17) 59 頁参照。

が不可欠であることを重視した判断がなされている。

しかし、その後の④On-Site Sourcing事件（412 B. R. 817（Bankr. E. D. Va. 2009））では、363条セールによる事業譲渡に反対した無担保債権者のために売却代金により信託財産が設けられたケースにおいて、売却代金が優先債権よりも先に無担保債権者に対する弁済原資に充てられる点で、法定の優先順位を覆すものとして、サブローザプランに該当するとの判断がなされており、サブローザプラン該当性もなお、363条セールの適法性判断の基準として重要な役割を有しているといえよう。

Ⅳ　商取引債権者の処遇——Critical Vendorに対する優先弁済

1　商取引債権をめぐる背景と従前の処遇

わが国においては、諸外国に比べて商取引債権（売掛金債権）のサイトが長い取引慣行のため、倒産手続申立時の負債総額に占める商取引債権額の割合が大きくなる傾向があり、事業価値の毀損を回避するための商取引債権の弁済をいかなる範囲で、いかなる手法および根拠により許容すべきかがしばしば問題となる。これに対し、アメリカでは商取引債権のサイトは平均で商品の受渡日から40日程度であり、また、大型の倒産事件ではプレアレンジ型手続によることが多く、その場合には、事前調整の段階で現金取引に切り替えている商取引債権者もいるため、手続申立ての時点で残存している商取引債権自体が少なく、負債総額に占める割合も小さいため、商取引債権の処遇が問題となることは日本に比べて少ないといわれている[27]。

チャプター・イレブンの申立てにより、手続開始前に生じた債権に対する弁済等は自動的に停止されるのが原則であるが（362条）、以上のような背景もあり、多くの事案では、申立ての際に、重要な商取引債権者（critical vendor）に対する申立前の売掛金債務弁済の許可を申請し（First-day Motion）、申立てと同時にまたは申立て後遅滞なく、ファースト・デイ・オーダー（First-day Order）による弁済許可を得て、従前通りの弁済条件で支払いを継続する

---

27)　経済産業省経済産業政策局産業再生課編・前掲注1）43頁。中堅規模以上の事前調整型の再建手続では、そもそも商取引債権は支払うべきことが当然と受け止められており、金融債権者が商取引債権者への弁済に異論を唱えることもあまりないとのことである。

という実務運用が一般的に行われてきた[28]。

2 商取引債権者に対する優先弁済要件の厳格化――Coserv 事件 & Kmart 事件

　上述したように、従来は、債務者の事業継続にとって必要不可欠な商取引債権者については、比較的緩やかな認定に基づき、申立前に生じた債権の優先弁済をファースト・デイ・オーダーにより許可することが一般的であったが、2000 年代に入ると、商取引債権者の申立前債権に対する弁済を許可するにあたり、「重要な商取引債権者」と認定するための要件を定立し、その証明を債務者に厳格に課す裁判例が相次いで現れたことにより、従来の緩やかな実務慣行に衝撃を与えた。

　まず、2002 年の Coserv 事件（273 B. R. 487（Bankr. N. D. Tex. 2002））においては、申立前に生じた無担保債権に対する優先弁済の許可を得るために充たさなければならない要件として、①当該債権者との取引継続の不可欠性、②取引打ち切りによる不相応な損害発生の危険性、および、③弁済以外の代替手段の不存在という 3 つの要件を定立し、このすべてが証明される場合にのみ当該債権についての優先弁済が認められるとの厳格な基準が示された。さらに、2004 年の Kmart 事件（359 F. 3d 866（7th cir. 2004））では、363 条(b)(1)が特定の申立前債権の弁済を認める根拠になり得るとしつつも、これを正当化する前提として、①他の無担保債権者も、事業の再建が可能になることにより、清算した場合と同等以上の弁済を受けること、および、②旧債務を弁済しない限り当該債権者が取引を打ち切るであろうことの 2 点について債務者が証明しなければならず、特定の債権者（重要な商取引債権者）に優先弁済をすることが、他の一般債権者の利益にもつながることが記録により示された場合

---

28) 経済産業省経済産業政策局産業再生課編・前掲注 1) 44 頁、堀内ほか・前掲注 18) 102 頁。このような弁済許可の権限については、必ずしも明確に規定されているわけではないが、倒産裁判所は、かかる権限を 105 条(a)（裁判所は連邦倒産法の規定を遂行するために必要ないし妥当な命令、手続ないし判決を下すことができる）、あるいは、363 条(b)（債務者が財団財産を使用、売却、賃貸する権限）、および、私法において発達してきた「必要主義（doctrine of necessity）」に基づき認めていたとされる（ジェフ・フェリエル＝エドワード・J・ジャンガー（米国倒産法研究会訳）アメリカ倒産法(上)（Lexis Nexis・2012）376 頁）。また、杉本純子「事業再生とプライオリティ修正の試み―Critical Vendor Orders にみる商取引債権優先化プロセスの透明性」同志社法学 60 巻 4 号（2008）151 頁、162 頁以下によれば、2000 年前後における、倒産裁判所や一般実務の運用としては、105 条(a)を根拠に、事業再生の実現に必要な場合や再建の可能性を保護すべき場合には、特定の無担保債権者にのみ優先弁済をすることを認めることが一般的となり、比較的容易に商取引債権者への優先弁済が認められていたとのことである。

にのみ、かかる優先弁済は許容されるとし、結論的には本件においては、以上の点についての証明がないため、優先弁済の許可を発令することはできないとした[29]。

以上のように、重要な商取引債権者への優先弁済を認めるにあたり厳格な要件を課す裁判例が相次いで現れたことにより倒産実務に混乱が生じる中、2005年の法改正（The Bankruptcy Abuse Prevention and Consumer Protection Act of 2005[30]）において、商取引債権者の処遇に関し、①手続申立日前20日以内に納入した物品に対する代金請求権を管財費用として共益債権化（503条(b)(9)）、および、②売主が納入した物品の返還請求権の拡張（546条(c)）等の改正を行い、商取引債権者の保護について一定範囲で強化するとともに、これについて明文規定を置くことにより、実務上の混乱の沈静化を図っている。

3 現在の実務状況

Kmart事件以降、重要な商取引債権者に対する弁済許可の発令にあたり、「重要な商取引債権者」であることについては、以前よりも厳格な証明が要求されているものの、チャプター・イレブンの申立てとともに、重要な商取引債権者に対する手続開始前の売掛金債務の弁済を申請し、裁判所の許可を得て支払いを行う実務は継続している[31]。裁判所は、弁済を許可するにあたり、個別の債権者毎に額を定めて許可するのではなく、支払いを許可する商取引債権の総額を定め、その金額の範囲内で債務者が支払対象となる債権者を選別し、弁済をする方式がとられている[32]。これらの商取引債権者に対する弁済プロセスについては、運転資金の融資者（DIPレンダー）と債権者委員会による監視の下、合理的な基準に基づき実施されるのが通常とされ、現在のところ、不公平取り扱いを理由に、裁判所に異議申立てがされるケースは限られているようである[33]。

---

29) 以上の裁判例の詳細については、杉本・前掲注28) 168頁以下参照。
30) Pub. L. No. 109-8, 119 Stat. 23 (2005).
31) 経済産業省経済産業政策局産業再生課編・前掲注1) 48頁によれば、Kmart事件前後の裁判例をみると、「いずれも商取引債権の優先弁済を認めており、実務上は大きな変化は見られないと考えられる」とされており、また、インタビュー調査でも同様の傾向が確認されたとのことである。
32) 経済産業省経済産業政策局産業再生課編・前掲注1) 44頁、51頁。
33) 経済産業省経済産業政策局産業再生課編・前掲注1) 45頁、51頁、76頁、85頁参照。

V　おわりに

　わが国の倒産処理のための法制度は、民事再生法の制定や会社更生法の全面改正等を経て最新の法制度として生まれ変わるにいたっており、さらに、事業再生ADRや中小企業再生支援協議会による再生支援など、ADR型の事業再生スキームも各種創設され、わが国の事業再生に係る制度は、相当程度整備されてきているということができる。しかしながら、ひとたび制度を創設すれば事足りるわけではなく、既存の制度を更に利用しやすく、かつ実効性あるものとするため、更なる見直しをしていく必要があることはいうまでもない。

　冒頭で述べたように、現在、事業再生に関する世界的な潮流として、裁判外でのワークアウトの利点を活かし、事業価値の毀損を避け早期の事業再生を図る方向での制度改革が各国において進められており、欧米では、裁判外でのワークアウトによる合意を、法的倒産手続においても尊重する制度が主流となるとともに、アジア諸国において近時立法されている諸制度も、同様の方向性にある。ボーダレスな経済活動が普遍化する中、今後は、大規模倒産事件を中心に、クロスボーダーのワークアウトが増加することが予想され、わが国においても、裁判外のワークアウトを活用した、早期事業再生のための制度を整備する必要にせまられている状況にあるといえる。

　現在のわが国における議論状況に照らすと、今後の方向性としては、法的手続の申立前の段階で、主要債権者（金融債権者等）との間でADR型の事前調整を実施し、主要債権者と債務者との間で一定の合意が形成された後に法的手続を開始し、事前調整においてなされた合意を尊重することにより、法的手続の簡略化を図るとともに、手続開始後の早い段階で再建計画の認可を得ることを可能とし、裁判所が関与する法的手続から早期に抜け出して迅速な再生を目指す手法が有力な選択肢となっている。このような制度を構想するにあたり、本稿において概観した、アメリカにおけるプレアレンジ型を中心とする事前調整型の再建手続の運用、ロックアップ契約の内容と拘束力、363条セールの活用と法的手続の潜脱の問題（Sub Rosa Planに関する判例法理）、および、重要な商取引債権者に対する優先弁済の正当化根拠とその方式等が

参考になるとともに、今後は、裁判外ワークアウトの活用による事業再生の迅速化という観点からこれらの手法を相互に関連づけて検討していくことが必要とされよう。

　本稿をそのための出発点とし、今後これらの研究課題に継続的に取り組んでいきたいと考えている。

【付記】
　上野泰男先生からは、研究会等の様々な機会を通じてご指導をいただくとともに、同じ法学部の教員として過ごさせていただく中で、学生指導、学内業務のいずれに対しても真摯に向き合い取り組まれる姿から、多くのことをお教えいただいた。感謝の念とともに、先生の今後益々のご健勝とご活躍をお祈り申し上げる。
　本稿は、JSPS科研費JP15K03224の助成による研究成果の一部である。

第 7 編

仲裁・ADR

仲裁における当事者自治の原則

◆猪股孝史◆

 I　仲裁における手続自由原則
 II　仲裁における当事者自治の原則と限界
 III　仲裁における強行規定違反

I　仲裁における手続自由原則

1　自律的手続としての仲裁

　「紛争の解決を個別的に考えれば、その解決内容だけでなく解決の手段方法も、当事者の都合により、その欲するところに任せてもよいはずであるが（したがって仲裁手続では当事者の合意または仲裁人の裁量に任せられる。……）、国家制度として無数の訴訟を迅速経済的に処理するには、処理方法の画一性が要求され、訴訟制度の利用者もこれにしたがってのみ処理を求められることとしなければならない」[1]。

　民事訴訟では「任意訴訟の禁止（ないしは便宜訴訟の禁止）」がいわれ[2]、たとえば、このような説明がされる。この説明から理解されるのは、私法上の紛争を解決する手段方法は当事者に任せてよいし、むしろそれが本則である、ということであろう。原理的には、私法上の紛争を解決するにあたって、実体上は当事者は係争利益を処分できる自由をもつというなら、これに対応して、手続上もある行為をし、またはある行為をしない自由をもつとしてよいはずであろうからである[3]。

　そうであるにもかかわらず、民事訴訟ではそうでないのは、さきの説明に

---

[1]　兼子一・新修民事訴訟法体系［増補版］（酒井書店・1965）44頁。
[2]　兼子・前掲注1）44頁、三ケ月章・民事訴訟法（有斐閣・1959）286頁、新堂幸司・新民事訴訟法［第5版］（弘文堂・2011）47頁、伊藤眞・民事訴訟法［第5版］（有斐閣・2016）32頁、小島武司・民事訴訟法（有斐閣・2013）31頁、松本博之＝上野泰男・民事訴訟法［第8版］（弘文堂・2015）35頁［松本］など。
[3]　新堂・前掲注2）47頁参照。

よれば、無数の訴訟を迅速経済的に処理するのに画一性が要求されるからである。

それにしても、さきの説明から（意図せずして）明らかにされたのは、手続規律について、民事訴訟では原則として任意訴訟の禁止がとられるのとは対蹠的に、仲裁では、当事者の合意に任せ、仲裁人の裁量に任されてよいということである。すなわち、仲裁では、本則に戻って、手続面での当事者自治が認められてしかるべきであり、「任意手続の禁止（ないしは便宜手続の禁止）」は妥当しないのである[4]。仲裁が自律的な紛争解決手続であることから導かれる帰結であり、普遍的な基本原則であるといってよいであろう。

このように、仲裁では、訴訟手続におけるような厳格な手続規定の適用を免れて柔軟性を確保できることが特質の1つをなし、とりわけ国際取引紛争の解決のため国際仲裁が選択されるにあたって、手続の中立性、手続の公正性、専門性、効率性などと並んで、こうした手続の柔軟性は、大きな理由の1つとなる[5]。国際取引紛争では、当事者が別段の合意をしないかぎり、いずれか一方の当事者の自国での裁判権のもと、そこでの手続にしたがわざるをえないことになろうが、それは、そこでの法なり文化なりに根ざしているために、他方の当事者にとって必ずしも好ましいものとならないからである。

わが国の仲裁法26条1項は、仲裁手続の準則は当事者の合意によって定めることができることを明快に定め、同条2項で、そのような当事者の合意がないときは、仲裁廷が裁量により、適当と考える方法で仲裁手続を進行させることができるとしている。これは、モデル法19条1項にならったもので、実質的に同旨である[6]。そのモデル法19条は、モデル法18条と相まって、「仲裁手続のマグナカルタ」とよばれ[7]、手続的な当事者自治の原則を

4）　近藤昌昭ほか・仲裁法コンメンタール361頁以下（商事法務・2003）124頁、小島武司＝猪股孝史・仲裁法（日本評論社・2014）303頁、312頁、山本和彦＝山田文・ADR仲裁法［第2版］（日本評論社・2015）345頁〔山本〕など。

5）　See, Gary B. Born, *International Commercial Arbitration*, Volume II, 2nd ed., Wolters Kluwer Law & Business, 2014, at 2123-2124; Nigel Blackaby and Constantine Partasides with Alan Redfern and Martin Hunter, *Redfern and Hunter on International Arbitration*, 6th ed., OXFORD University Press, 2015, para. 6. 01. また、三木浩一「国際仲裁と企業戦略」三木浩一＝手塚裕之＝弘中聡浩編著・国際仲裁と企業戦略（有斐閣・2014）4頁以下参照。

6）　小島武司＝高桑昭編・注釈と論点　仲裁法（青林書院・2007）162頁〔佐藤安信〕、165頁〔中村達也〕参照。なお、以下、モデル法とは、UNCITRAL 国際商事仲裁モデル法を指す。本稿では、UNCITRAL 国際商事仲裁モデル法の邦訳は、近藤ほか・前掲注4）361頁以下に転載された、澤田壽夫編修代表・解説国際取引法令集（三省堂・1994）の澤田壽夫訳にしたがう。

確立したものとされる[8]。

　もっとも、わが国の仲裁法26条1項ただし書や、モデル法19条1項にあるとおり、仲裁における当事者自治といえども、まったく制約がないわけではない。そこで、本稿は、仲裁という自律的手続にあって、当事者自治の原則が最大限の価値を有すべきことを基調とすべきとされながら、これに対立し、あるいは、これと緊張関係にある価値が存することを認めるとき、それにはどのようなものがあるのか、そして、それらの価値はどのように調整されることになるのかを検討しようとするものである。

2　仲裁法と仲裁規則との関係

　仲裁では、実際上のこととして、当事者が事件ごとに手続準則の細部にわたり合意で定めることはほとんどなく、常設仲裁機関による仲裁規則や、UNCITRAL仲裁規則などを援用するのが通常であるといわれる[9]。

　ところでそうだとすると、当事者がある仲裁規則を援用することを合意すれば、それが手続準則になるが、これと国家法としての仲裁法とはどのような関係にあると考えるべきか。国家法としての仲裁法は、その内容から、仲裁合意や仲裁可能性などを定める仲裁実体法と、仲裁に関する手続を定める仲裁手続法とに大別することができるが[10]、仲裁手続法と仲裁規則とで、規定が重複することは当然にありうることであろう。

　そもそも手続準則についての当事者による合意を仲裁（手続）法が許しているかぎり、仲裁手続を直接に規律するのは、当事者が合意をもって定めた手続準則であり、また仲裁規則なのであるから、重複した規定がおかれているときは、原則として、仲裁法のうちの「公の秩序に関する規定に反し」な

---

7)　*See*, Seventh Secretariat Note, A/CN/ 9. 264, art. 19, para. 1.
8)　Howard M. Holtzmann and Joseph E. Neuhaus, *A Guide To The UNCITRAL Model Law On International Commercial Arbitration: Legilative History and Commentary*, Kluwer Law and Taxation Publishers, 1989, at 564; Peter Binder, *International Commercial Arbitration and Conciliation in UNCITRAL Model Law Jurisdiction*, 3rd. ed., Sweet & Maxwell, 2010, para. 5-104.
9)　たとえば、三木・前掲注5) 8頁、小島＝猪股・前掲注4) 14-15頁など。なお、諸外国の常設仲裁機関などの仲裁規則については、Rolf A. Schütze (eds.), *Institutional Arbitration: Commentary*, C. H. Back. Hart. Nomos, 2013参照。
10)　なお、ここにいう仲裁に関する手続には、仲裁申立てから仲裁判断に至る仲裁手続そのものほか、仲裁判断の取消手続やその執行手続も含まれる。谷口安平「仲裁判断の取消し」松浦馨＝青山善充編・現代仲裁法の論点（有斐閣・1998) 363-364頁参照。

いかぎり（仲裁26条1項ただし書）、仲裁規則が仲裁（手続）法に優先して適用されることになろう[11]。

あるいは、手続準則についての当事者による合意がないときは、仲裁廷は、その裁量によりつつも、仲裁法の規定に反することができないから（仲裁26条2項）、仲裁（手続）法は、仲裁廷がしたがうべき、仲裁手続の基本規定ないし補充規定を定めたものとして[12]、適用されることになる。

このようにみてくると、国家法としての仲裁法の存在理由は、仲裁規則のように、仲裁手続に関する準則を定めるというより、当事者が合意によっては定めることができない事項、あるいは、当事者が合意をもって変えることができない事項について、どのように定めるかにある[13]、ということができるであろう。

II　仲裁における当事者自治の原則と限界

1　当事者自治の限界を画する強行規定

(1)　当事者自治の限界を画する規準　　仲裁法26条1項ただし書は、モデル法19条1項と同じく[14]、手続準則を定める自由について、「この法律の公の秩序に関する規定」によって限界が画されることを定める。

「公の秩序に関する規定」を、講学上、「強行法規」と称するとされ[15]、仲裁法26条1項にいう「公の秩序に関する規定」も、仲裁法のうちの「強行規定」を意味すると説明されている[16]。

それでは、仲裁法におかれた規定のうち、どのようなものが強行規定であ

---

11)　高桑昭・国際商事仲裁法の研究（信山社・2000）398頁参照。
12)　小島＝猪股・前掲注4）15頁。
13)　なお、高桑・前掲注11）399頁参照。
14)　もっとも、モデル法19条1項は、「この法律の規定に反しない限り」、当事者が合意により手続準則を定めることができるとする規定であり、「この法律の規定」という法文ではあるが、それは、強行規定（mandatory provision）を意味するというのが一般的な理解である。これにつき、近藤ほか・前掲注4）125頁。See also, Holtzmann and Neuhaus, *supra* note 8, at 564; Binder, *supra* note 8, para. 5-018.
15)　伊藤進「強行法規の役割・機能—『法律行為』以外の私法的生活関係の規律を中心に」椿寿夫編著・民法における強行法・任意法（日本評論社・2015）82頁。See also, George A. Bermann, *"The Origin and Operation of Mandatory Rules"*, George A. Bermann and Loukas A. Mistelis ed., Mandatory Rules In International Arbitration, JURIS, 2011, at 4.
16)　近藤ほか・前掲注4）124頁。

ると考えるべきか。

　たとえば、1996年英国仲裁法4条1項のように[17]、強行規定を列挙する規定をおく仲裁法もあるが、わが国の仲裁法には、そのような明文規定はおかれていないから[18]、結局のところ、「当事者の別段の合意がないかぎり」などの文言を1つの手がかりにしながら、解釈によって決するほかない。

　国家が仲裁法を制定して、遵守すべきことを要求する基本的条件の具体的内容は、各国における正義や公平の観念、また、立法政策を反映して、さまざまなものがあるが、その核心は、要するに、仲裁という紛争解決手続を公正なものとすることにある。仲裁は、本質的に自律的な紛争解決手続であるところ、これを国家法の枠組みにおいて位置付け、許容した以上は、国家ないし司法権は、監督・規制と、援助・協力を適切に実施することが、その責務であるといわなければならないからである[19]。

　そうだとすると、仲裁法の存在理由にもかんがみて、仲裁も1つの紛争解決手続である以上、それが手続として公正なものであるための基本原理を定める規定、国家が承認した制度として、仲裁という紛争解決制度の基本的枠組みを定める規定[20]、そして、国家の裁判所が仲裁に介入し、またはその権

---

17) 1996年英国仲裁法4条1項は、別表1に強行規定を列挙する旨を定め、その別表1には、以下のとおり定められている。すなわち、9条から11条（裁判所手続の停止など）、12条（仲裁の開始期限を延長する裁判所の権限）、13条（出訴期限法の適用）、24条（仲裁人を解任する裁判所の権限）、26条1項（仲裁人死亡の効果）、28条（仲裁人への報酬・費用についての連帯責任）、29条（仲裁人の免責）、31条（仲裁廷の実体的管轄権についての異議）、32条（管轄権の前提問題の判断）、33条（仲裁廷の一般的義務）、37条2項（仲裁人の費用）、40条（当事者の一般的義務）、43条（証人の出頭確保）、56条（費用の支払がないときに仲裁判断を留保する権限）、60条（費用の支払がなかったときの合意の効果）、66条（仲裁判断の執行）、67条および68条（仲裁判断の取消し、実体的管轄権と重大な違反）、70条および71条（補充規定、裁判所の命令の効果）、72条（手続に関与しない者の権利の留保）、73条（異議権の喪失）、74条（仲裁機関の免責）、75条（弁護士費用の支払確保）、ただし、67条および68条、70条および71条については、そこに定めるものに関するものにかぎる、である。See also, Audley Sheppard, *"Mandatory Rules in International Commercial Arbitration: An English Law Persepvtive"*, Bermann and Mistelis ed., *supra* note 15, at 193.

18) モデル法にも強行規定を列挙する規定はおかれていない。もっとも、Binder, *supra* note 8, paras. 1-085 and 1-086によれば、最終的には削除されたが、過去にはおかれたこともあるとされ、Binder, *supra* note 8, para. 5-018では、モデル法で手続に関する強行規定として、18条（当事者の平等待遇）のほか、23条1項（申立および答弁）、24条2項・3項（審問および書面による手続）、27条（証拠調べにおける裁判所の援助）、30条2項（和解）、31条1項・3項・4項（判断の形式および内容）、32条（手続の終結）、そして、33条1項・2項・4項・5項（判断の訂正および解釈。追加的判断）を挙げる。

19) 小島＝猪股・前掲注4）9頁。

20) *See, e. g.* Bruce Harris, Rowan Planterose and Jonathan Tecks, *The Arbitration Act 1996: A COMMENTARY,* Blackwell Science, 1996, para. [4C].

限の発動にかかわる事項を定める規定、これらの規定が、強行規定であると理解することになろう。

(2) **仲裁が手続として公正であるための基本原理**　仲裁は、本来的に自律的な紛争解決手続であるとしても、それが1つの手続としてそれ自体で正統性を認められるには、手続として公正なものでなければならない。

仲裁にあっても、当事者自治を基調とするとはいえ、紛争解決手続一般に妥当する普遍的な原則、すなわち、当事者の基本的手続権を侵害することは許されない。端的にいえば、当事者の平等取扱い（仲裁25条1項）と、事案について十分な主張立証の機会の保障（同条2項）である[21]。これらが基本的手続権の中核をなすものであることに異論はあるまい。

(3) **仲裁という紛争解決制度の基本的枠組み**　国家は、仲裁という紛争解決手続についての基本的枠組みをどのように考えているか。これについては、当事者が合意によって定めることはできず、強行規定であることになる。

これには、仲裁合意の有効性（仲裁2条1項など）、仲裁可能性（仲裁13条1項）、仲裁と訴訟の関係（仲裁14条1項）、裁判所の協力（仲裁12条2項など）、仲裁判断の取消し（仲裁44条）、仲裁判断の効力（仲裁45条1項）などのほか[22]、たとえば、仲裁申立てによる時効中断効（仲裁29条2項）は、立法政策上の考慮により、定められるべき事項であろう。

また、仲裁人の忌避（仲裁18条）も強行規定である。そこで、仲裁人の忌避という制度の存在を否定し、これを排除すべく、いかなる事由があっても当事者は忌避できないとする合意は無効であるが、たとえば、当事者の合意により、または仲裁規則で、より厳格な忌避事由を定める場合、そのような合意や仲裁規則は、より厳格な独立・公正を要求するという趣旨であれば、それが当事者の合意である以上、本則に戻って、当事者の合意や仲裁規則が優先的に適用されると考えてよいであろう[23]。

(4) **国家の裁判所の仲裁への介入または権限行使**　仲裁法4条は、国家の裁判所が、その権限を行使できる場合を定める[24]。

---

21)　具体的内容については、さしあたり、小島＝猪股・前掲注4) 304-311頁。
22)　髙桑・前掲注11) 398-399頁参照。
23)　なお、三木浩一＝山本和彦編・新仲裁法の理論と実務（有斐閣・2006）221頁〔出井直樹発言〕参照。
24)　仲裁法4条がならったモデル法5条は、「介入（intervene）」との文言であるが、ここには援

その趣旨は、仲裁は当事者の合意に基づく自律的な紛争解決手続であるところ、国家の裁判所による過度の介入を抑止する必要がある、ということにある[25]。この規定により、国家の裁判所はどのような場合にその権限を行使できるのかが明らかにされ、国家の裁判所の権限行使のありようにかかわることについては、当事者自治の範囲外にあるものといわなければならないから、この裁判所の権限行使についての規定は、強行規定であることになる[26]。
　具体的には、裁判所による送達（仲裁12条2項前段）、仲裁人の選任（仲裁17条2項など）、仲裁人の忌避（仲裁19条4項前段）、仲裁人の解任（仲裁20条）、仲裁廷の仲裁権限の有無についての判断（仲裁23条5項前段）、裁判所による証拠調べ（仲裁35条1項）、仲裁判断の取消し（仲裁44条）、そして、仲裁判断の執行決定（仲裁45条）にかかる規定がある[27]。
　そこで、これらの場合以外には、当事者の合意をもってしても、国家の裁判所の関与する範囲を拡大し、また、これを新設することはできないというのが、立案担当者の説明である[28]。もっとも、強行規定とされることの意味も含め、これらの場合以外に、国家の裁判所が関与することは、一切、認められないのかどうか、それを引き受ける国家の裁判所の負担にもかかわるところがあり、それぞれの強行規定ごとに状況を分けて検討すべきものであろう[29]。

2　仲裁判断の取消しと当事者自治

（1）問題の所在　仲裁を利用する当事者（あるいは、潜在的な当事者）の実際上のニーズに応えようとして、当事者の合意があることを梃子に、当事者自治の一層の範囲拡大を図ろうとする意図が、仲裁判断の取消手続にかかる

　　助（assistance）も含まれることに争いはない。See, Holtzmann and Neuhaus, *supra* note 8, at 216; Binder, *supra* note 8, para. 1-108.
25)　近藤ほか・前掲注4）13頁、小島＝高桑編・前掲注6）27頁〔酒井一〕。なお、小島＝高桑編・前掲注6）28頁〔酒井〕は、本条によって、裁判所の介入する範囲が限定される趣旨が明確になり、外国当事者に対する透明性が確保されることも指摘する。このことについては、Holtzmann and Neuhaus, *supra* note 8, at 216; Binder, *supra* note 8, para. 1-107.
26)　近藤ほか・前掲注4）14頁。
27)　近藤ほか・前掲注4）14頁の表。
28)　近藤ほか・前掲注4）13頁。
29)　小島＝高桑編・前掲注6）28-29頁、40-41頁〔酒井〕参照。See also, Holtzmann and Neuhaus, *supra* note 8, pp 218-219.

局面にあって、どこまで許されるか、議論がある。

こうした当事者の意図は、一方では、取消事由を拡張する合意をし、そして取消手続を実質的に上訴に類する手続として再構成しようとし、さらには、仲裁判断の終局性を否定して、国家の裁判所による再審理（再審判）を許容しようとする方向に向かい、他方では、取消事由を縮減する合意をすることで仲裁判断の終局性を強化してその安定を図ろうとし、さらには、取消手続を排除する方向に向かう、そうした動きとなって現れる[30]。

ここでの問題は、仲裁における当事者自治にかかわるが、手続自由の原則を定めた仲裁法 26 条の問題ではなく、自律的な紛争解決手段としての仲裁の本然にかかわって、それと国家の裁判所がどのように切り結んでいくべきかという問題であり、解釈論としては、仲裁判断の取消しという制度の強行性にかかわるというべきである[31]。そこで、この検討において考慮されるべきは、国家の裁判所が、仲裁判断の取消しという制度においてどのような範囲まで仲裁ないし仲裁判断を規制し、その質的コントロールに関与すべきとするのか、そこのところを国家法である仲裁法は、どのように定めるべきなのか、であって、それらは、結局のところ、当事者自治を尊重しつつも、立法政策の問題であることになろう[32]。

(2) 国家の裁判所による審査を拡張する方向での合意 　　(a) 取消しの拡張

まず、取消事由を追加し、拡張する合意は許されるかどうか。たとえば、アメリカ法のもとで、連邦仲裁法（FAA）が定める仲裁判断の取消・変更事由とは異なる事由を当事者が合意により定めることができるかについて、学説や下級審では争いがあったところ[33]、連邦最高裁は、Hall Street Associates 事件において[34]、連邦仲裁法 9 条は、その 10 条および 11 条に基づいて

---

30) 中野俊一郎「仲裁法制の課題と展望」法時 83 巻 7 号（2011）49 頁参照。また、Born, *supra* note 5, pp. 3364 も参照。
31) 三木 = 山本編・前掲注 23) 214 頁〔三木発言〕、小島 = 猪股・前掲注 4) 488 頁。
32) 中野・前掲注 30) 50 頁は、このように問題を指摘したうえで、モデル法は、これについて「現時点で大方の仲裁利用者を納得させるだけのバランスのとれた線引きをして」いるとして、それを変える合意を許すには相当に慎重な検討が必要であろうとする。
33) これについては、谷口安平「仲裁判断取消事由の任意的拡張」原井龍一郎先生古稀祝賀・改革期の民事手続法（法律文化社・2000）368 頁以下、中林啓一「仲裁判断取消事由を拡張する仲裁合意の効力―合衆国における裁判例および学説からの示唆」修道法学 28 巻 2 号（2006）37 頁以下など。なお、三木 = 山本編・前掲注 23) 213 頁以下の議論も参照。
34) Hall Street Associates, LLC v. Mattel Inc., 552 U. S. 576 (U. S. S. Ct. 2008).

取消し、変更がされる場合を除いて仲裁判断の確認命令を発しなければならないと定め、また、連邦仲裁法 10 条および 11 条が定める仲裁判断の取消・変更事由は、限定的（exclusive）なものであると判示したことから[35]、当事者が合意でこれを追加し、国家の裁判所による仲裁判断に対する司法審査の範囲を拡張することはできない趣旨を明らかにしたものであると理解されている[36]。当事者が合意により取消・変更事由を追加し、拡張することは、連邦仲裁法の規定の文言と整合せず、裁判所の仲裁への介入をできるだけ抑制するという連邦仲裁法の法政策にも反するということである。

もっとも、Hall Street Associates 事件判決によって、いわゆる「法の明白な無視」の法理そのものが否定されたのかどうかについては見解が分かれているようである。Hall Street Associates 事件判決では、「法の明白な無視」を当事者が合意によって取消事由として追加できるかが問題となったのであるが、「法の明白な無視」を理由とする仲裁判断の取消しについては、きわめて限定的ではあるものの、Hall Street Associates 事件判決の後も、下級審では、「法の明白な無視」について異なるアプローチがみられ、これをなお取消事由としたものもみられるとのことである[37]。

仲裁判断取消しの規定（仲裁 44 条）は、強行規定であり、当事者が合意によって変更することは許されないと整理される[38]。それにしても、仲裁判断取消しの規定が強行的に適用される、ということの趣旨は、仲裁判断に対する不服申立ての制度として、国家の裁判所における取消手続を設けないとするような変更をすることは許されない、ということであろう。仲裁の本質が当事者の合意を基礎とするものである以上、わが国の仲裁法の定める、仲裁という制度の基本的枠組みの中で、仲裁判断の取消しという制度を維持しつ

---

35) これについては、中野俊一郎＝阮柏挺「判例紹介」JCA ジャーナル 55 巻 9 号（2008）60 頁以下、石田京子「米国連邦仲裁法における合意による司法審査の拡張の否定—2008 年ホールストリート事件判決」比較法学 44 巻 3 号（2011）145 頁以下、谷口安平＝中原千賀「当事者の合意による仲裁判断取消事由の拡張の可否—Hall Street Associates 事件」前掲注 5) 国際仲裁と企業戦略 222 頁以下など参照。また、Born, *supra* note 5, Vol. III, at 3375.
36) *See*, Redfern and Hunter, *supra* note 5, para. 10. 80.
37) *See*, Redfern and Hunter, *supra* note 5, para. 10. 74. また、谷口＝中原・前掲注 35) 234-235 頁も参照。なお、中野俊一郎「『法の明らかな無視』による仲裁判断取消し」JCA ジャーナル 59 巻 2 号（2012）2 頁以下、藤田美樹＝岩崎将樹「『法の明白な無視』の法理による国際仲裁判断の取消しの主張—Westminster Securities 事件」前掲注 5) 国際仲裁と企業戦略 242 頁以下など参照。
38) 近藤ほか・前掲注 4) 143 頁、14 頁。

つ、当事者の合意をできるだけ尊重しようとすることは、仲裁の本旨に適いこそすれ、仲裁法の根本政策に背弛するものではないであろう[39]。

　取消事由の拡張は、当事者自治の原則のもとで理論的には否定されないとすると、この問題は、当事者自治という価値と、仲裁判断の終局性、すなわち迅速な紛争処理と、これに基づく裁判所の負担軽減ないしは司法経済という価値とをどのように調和させるのか、その立法政策の判断によることになる[40]。

　たとえば、わが国の仲裁法4条は、国家の裁判所の仲裁への介入を限定し、仲裁法に規定がある場合以外には許さないことを明らかにしている。しかしこれとても、国家の裁判所が、法定の取消事由を超えて審査できないとするか、取消手続における以外では審査できないとするかの違いであり、法定の取消事由のほかに、当事者が合意により追加した取消事由もここに含めると考えても、当事者の意思ないし予測を超えて、国家の裁判所は仲裁に過度に介入してはならないとする仲裁法4条の趣旨を大きく損なうことにはなるまい。

　もっとも、すでに指摘があるように、「法律適用の誤り」についていうならば、あえて当事者が合意でこれを追加せずとも、法定の取消事由に当たる場合、すなわち、仲裁判断において準拠すべき法について当事者の合意があるにもかかわらず、それを適用しなかったこと（仲裁44条1項6号）、あるいは、適用法規いかんによっては、公序違反であること（同項8号）に当たると考えられる場合はあるであろう[41]。そういう意味からは、当事者の合意による取消事由の追加・拡張は許されてよいとしつつ、重要な法律問題だけ見直すという程度で仕切りができるなら実践的合理性があるとの指摘は[42]、国家の裁判所による実質的な司法審査の範囲いかんとの兼合いからも、評価することができよう[43]。

---

39) 小島＝猪股・前掲注4）490-491頁も参照。
40) 中野俊一郎「国際仲裁における仲裁判断の取消し」青山善充先生古稀祝賀・民事手続法学の新たな地平（有斐閣・2009）1159頁、石田・前掲注35）152頁、谷口＝中原・前掲注35）236頁参照。
41) これらにつき、さしあたり、小島＝猪股・前掲注4）491頁参照。
42) 三木＝山本編・前掲注23）219頁〔小島武司発言〕。
43) *See*, Born, *supra* note 5, Vol. III, at 3378. ここでは、不当で不適切な責務を国家の裁判所に課すのでないかぎり、当事者自治を尊重するならば、司法審査の強化を当事者に許すべきであろうとする。

(b) 再審理の許容　このような考えをさらに進め、当事者が合意により取消事由を追加し、それを増やしていけば、結局のところ、それは、仲裁判断について国家の裁判所に対する再審理（再審査）の申立てを許す合意、あるいは、仲裁判断を最終的なものとせず、その終局性を否定し、上訴に類するものとする合意を意味するものであることになろうが、これについては、どのように考えるべきか[44]。

あるいは、仲裁判断後に訴訟提起を許す合意について、たとえば、ドイツの伝統的な判例・学説では、消極的であったところ、仲裁判断を言い渡した後、一定期間内に同一紛争についての訴訟提起を許す合意について、これを有効とする連邦通常裁判所の決定がされたこと[45]、そして、これに対しては、このような趣旨の条件付きの仲裁合意は、仲裁の機能や利点を失わせるほか、その必要性は調停の合意でより適切にカバーされるとして批判的な見解があることの紹介がされている[46]。

国家の裁判所に対する、（実質的な）上訴制度を設けるに等しい合意、あるいは、仲裁判断の終局性を否定する合意は[47]、いずれも、わが国の仲裁法の定める仲裁制度の基本的枠組みを超えるものであり、わが国の仲裁法の適用のある仲裁とはいえないのでないか、との疑いは否定できない[48]。

かりに、そうした合意のある仲裁には、わが国の仲裁法の直接適用はないものの、そのような合意を尊重して効果を認め[49]、しかも、性質に反しない

---

44) ここでは、国家の裁判所は審査したうえ仲裁判断を取り消すにとどまるとの合意であることを前提とする。取り消したうえで国家の裁判所が自判をするのか、あるいは、仲裁廷に対し改めて仲裁判断をすべく差戻しをするか、比較法的にはありうるが、わが国の仲裁法の採用するところではなく、そのような権限行使を、国家の裁判所に求めることはできないというべきであろう。
45) BGH SchiedsVZ 2007, 160, 162 = XXXIII Y. B. Com. Arb. 234（2008）.
46) 中野・前掲注40) 1146-1147頁参照。See also, Richard Kreindler, Reinmar Wolff and Markus S. Rider, *COMMERCIAL ARBITRATION IN GERMANY*, OXFORD University Press, 2016, para. 2. 42. ここでは、司法審査に服する旨の合意があるときでも、仲裁合意たりうるかが問題となるところ、これを肯定する考え方のもとでは、当事者は、仲裁判断が司法審査に服するとか、裁判所における上訴手続に服するとか、定めることができるようになるが、仲裁判断には確定判決と同一の効力を有するとの規定もあり、法の明確性のためには、仲裁ではなく、調停に類する別の紛争解決合意だとみるべきでないかと批判されるが、同旨であろう。
47) したがって、その合意の内容や解釈いかんによるとして、丁寧な議論を展開する見解もある。三木＝山本編・前掲注23) 216頁〔三木発言〕参照。また、同書219頁〔中村達也発言・出井発言〕も参照。
48) 三木＝山本編・前掲注23) 216頁〔小島発言〕、小島＝猪股・前掲注4) 493頁参照。なお、東京地判平成16年1月26日判時1847号123頁も参照。
49) 三木＝山本編・前掲注23) 218頁〔近藤昌昭発言〕参照。

かぎり、わが国の仲裁法を準用ないし類推してよいと考えるならば、結論において大差ないともいえよう。そうだとすると、結局は、説明の仕方の違いでしかないことになるが、それだけに逆に、概念の明確さからは、別のものとしておくのが望ましいであろう。

(3) **国家の裁判所による審査を縮減する方向での合意**　　(a) 取消しの縮減

　すでに検討したように、当事者が合意により取消事由を追加することも、当事者自治の範囲内にあり許されないわけではないと考えるとすると、逆に、当事者が合意により取消事由を縮減することも、同じく当事者自治の範囲内にあるものであって、同じ論理のもとで、許されてよいと考えることになるであろう[50]。

　ただし、取消事由のうち、職権探知事項である2つ、すなわち、仲裁可能性を欠いていること（仲裁44条1項7号）と、公序良俗に反すること（同項8号）については、当事者自治の範囲外にあるのであって、これらを考慮しないとする当事者の合意は許されない。職権探知事項である2つ以外の取消事由については、そもそも当事者が主張しなければ取りあげられないはずの取消事由であり（仲裁44条6項参照）、仲裁判断の取消しを申し立てつつも、その当事者が慮外におくならば、そして、このことについて少なくとも仲裁判断がされた後に当事者の合意があるならば、国家の裁判所として、あえて審査しなければならないわけではないからである[51]。

　(b) 取消制度の排除　　このように考えて、さらにこのような考えを進めて、仲裁判断の取消しをまったく認めないこととする合意、すなわち仲裁判断の取消手続を排除する合意、あるいは、仲裁判断の取消権を事前に放棄

---

50)　たとえば、仲裁権限最終裁定条項（Kompetenz-Kompetenz-Klausel）につき、これを仲裁合意の無効を主張して仲裁判断の取消しを求めることはできないとする旨の合意だと考えると、ここでは、結果として、取消事由の縮減を意味することにもなろうが、そのような合意は許されるか、議論される。また、忌避裁定委員会の判断をもって終局とする合意（いわば忌避最終裁定条項）のもとでは、当該忌避事由を主張して仲裁判断の取消しを求めることができなくなるから、ここでも、結果として、やはり取消事由の縮減を意味することになるが、そのような合意が許されるのか、議論がある。結論としては、いずれについても、当事者自治の範囲内にあるものとして、許されてよいものであろう。さしあたり、仲裁権限最終裁定条項につき、猪股孝史「仲裁権限判断権の法理とこれをめぐる手続的規整」桐蔭法科大学院紀要1号（2006）29-30頁、忌避最終裁定条項につき、同「仲裁人の忌避手続」法学新報113巻9＝10号（2007）46頁注145、および、それらに掲げられた文献など参照。

51)　See, Kreindler et. al., *supra* note 46, paras. 6. 165 and 6. 166; Karl-Heinz Böckstiegel, Stefan Michael Kröll and Patricia Nacimiento (eds), *Arbitration in Germany: The Model Law in Practice*, 2nd, Wolters Kluwer Law & Business, 2015, at 387 para. 7.

する合意については、どのように考えるべきか。

このことについて、たとえば、スイス法のように、当事者の合意による仲裁判断取消しの排除を認める法制もあるものの、ただし、一定の関係性のある場合にまで取消しの排除が許されているわけではなく[52]、司法政策としては、見解が分かれるところであろうとの指摘がある[53]。

もっとも、モデル法を含め、多くの国家法は、仲裁判断の取消しを排除する合意の有効性を認めていないとし、ドイツ法でも、完全な仲裁判断取消しの排除は認められていないとの指摘がされ[54]、また、アメリカ法では、見解が分かれているものの、前述の Hall Street Associates 事件判決で、連邦仲裁法の定める取消事由は限定的なものであって、当事者は合意をもって拡張することができないとされたことからすれば、その理は、司法審査の放棄にも等しく及ぶことになろうとの指摘がされている[55]。

すでに検討したように、国家の裁判所に対して仲裁判断の取消しを求めることができるのは、わが国の仲裁法のもとでの基本的な制度的枠組みである。したがって、当事者の合意によって変更し、一切の取消しを求めることはできないとすることは許されないというべきであろう。

かりに、国の立法政策により、当事者が合意をもって仲裁判断取消しの排除を認めるにしても、仲裁という自律的な紛争解決方法を一国の司法制度に組み込んで、仲裁判断の効力を認める以上、どこかの段階では、すなわち少なくとも仲裁判断の承認・執行の段階では、それに相応しいものであるかの司法審査を用意しておくべきであろう[56]。

---

[52] たとえば、スイス国際私法 192 条 1 項は、「当事者のいずれもが、スイスに住所、常居所又は居所を有しない場合、仲裁合意又は事後の書面による合意において明示的な意思表示により、仲裁判断の取消しを完全に排除することができる。当事者は、第 190 条第 2 項に従い、個別の取消事由毎に仲裁判断の取消しを排除することもできる。」と定め、一定の要件のもとながら、完全な取消しの排除が許されている。邦訳については、仲裁法制研究会（代表・青山善充）編・世界の仲裁法規（商事法務・2003）91 頁〔春日偉知郎訳〕にしたがった。
[53] 中野・前掲注 40) 1144-1145 頁。ここでは、スイス法のほかに、ベルギー法やスウェーデン法にも同旨の規定がみられるとの紹介がある。
[54] See, Born, supra note 5, Vol. III, pp. 3368-3369. Also see, Kreindler et. al., supra note 46, para. 6. 166; Böckstiegel et al., supra note 51, at 387 para. 6.
[55] See, Born, supra note 5, Vol. III, at 3370.
[56] たとえば、スイス国際私法 192 条 2 項は、「当事者が、仲裁判断の取消しを完全に排除し、かつ、その仲裁判断をスイスにおいて執行すべきときは、外国仲裁判断の承認及び執行に関する 1985 年 6 月 10 日のニューヨーク条約が準用される。」と定める。

III 仲裁における強行規定違反

1 異議権の放棄・喪失

　仲裁においても、民事訴訟におけるのと同じように[57]、仲裁廷や相手方当事者が、手続準則を遵守しないとか、方式に適合しない手続や行為をした場合に、仲裁法に明文は存しないものの、そのことにつき注意を喚起し、異議を述べる権利が当然に認められる。このことを前提に、仲裁法27条は、いわゆる異議権の放棄・喪失について定める。趣旨は、手続が進行した後になって、手続準則違反があったとして異議を述べることを許すとすると、それまでの手続を覆滅させることとなることから、禁反言などの一般法理にも照らし、手続の安定を図る必要があるから、ということにある[58]。

　仲裁法27条の趣旨からして、異議権の放棄・喪失が認められうるのは、任意規定違反についてであり、強行規定違反については、その対象とならない。強行規定違反の手続や行為は、そもそも効力が生じないのであるから、異議を述べるまでもなく、異議権を放棄したものとみなされることにもならないと説明される[59]。しかも、強行規定は、仲裁手続の公正を確保するなどの趣旨から、その遵守が要求されている規定であるから、当事者自治の範囲外にあって、かりに当事者が強行規定違反につき異議を述べなかったときには異議権を放棄したものとみなす旨の合意をしたとしても、それは無効であるとも説明される[60]。

　では、強行規定違反の行為や手続は、どのように扱われるのか。

　仲裁廷は強行規定違反の手続や行為を是認するわけにはいかないから、仲裁手続の進行中、仲裁判断前に、判明したのであれば、そのような手続や行為を排除して、強行規定にしたがって改めてやり直さなければならない[61]。

---

　57)　秋山幹男ほか・コンメンタール民事訴訟法II〔第2版〕（日本評論社・2006）211頁、兼子一ほか・条解民事訴訟法〔第2版〕（弘文堂・2011）372頁〔新堂幸司＝高橋宏志＝高田裕成〕など。
　58)　小島＝猪股・前掲注4）315頁、山本＝山田・前掲注4）346頁〔山本〕。なお、近藤ほか・前掲注4）147頁、小島＝高桑編・前掲注6）164頁〔佐藤安信〕も参照。
　59)　近藤ほか・前掲注4）147頁、小島＝猪股・前掲注4）316頁、山本＝山田・前掲注4）346頁〔山本〕など。
　60)　近藤ほか・前掲注4）147頁、小島＝高桑編・前掲注6）164頁〔佐藤〕、小島＝猪股・前掲注4）316頁。
　61)　民事訴訟の場合につき、兼子ほか・前掲注57）14頁〔新堂＝高橋＝高田〕参照。

すなわち、ある規定が強行規定であるとされることの意味は、仲裁廷も当事者も、その規定の適用を排除することができず、強行規定に定められたとおりにしなければならない、ということだからである[62]。仲裁では、民事訴訟におけるような上訴制度は一般に予定されていないから、当該仲裁手続内において当該仲裁廷に対して異議を述べ、強行規定違反の是正を求めるほかない[63]。

しかしながら、強行規定違反が仲裁判断後に判明した場合は、仲裁判断に対する不服申立てとして許されているかぎりでしか問責することができず、結局のところ、取消事由（または執行拒絶事由）に当たるものしか顧慮されないことになろう[64]。言い換えれば、強行規定違反の主張は、仲裁判断後は、仲裁判断の取消手続か、その執行決定の手続において、それが取消事由（または執行拒絶事由）に当たるとき、その事由として主張できるにとどまるということになる[65]。

以上のように、強行規定違反の効果は、手続の特性から、手続の進行段階との関係で検討されなければならない。民事訴訟法について、いわゆる行為規範と評価規範の分化が指摘されるが[66]、同じことは仲裁法においても妥当しよう。

たとえば、裁判所によってする通知（仲裁12条2項参照）に瑕疵があったにもかかわらず、当事者が異議なく仲裁手続に応じた場合、どのように考えることになるか。この裁判所によってする通知を定める規定は、強行規定であると整理されているから[67]、そうである以上、その違反について、異議権の放棄も喪失も認められないことになるように思われるからである。

しかし、行為規範としてはともかく、評価規範としては、また別に考える余地があるであろう。この裁判所によってする通知を定める規定が強行規定であるのは、当事者から、国家の裁判所に対して権限発動の求めがあれば、そこに定められたとおりにしなければならない、ということにおいてのみで

---

62) 伊藤・前掲注15) 90頁参照。
63) 小島＝猪股・前掲注4) 315頁参照。
64) 民事訴訟の場合につき、兼子ほか・前掲注57) 14頁〔新堂＝高橋＝高田〕参照。
65) 近藤ほか・前掲注4) 148頁注、小島＝猪股・前掲注4) 316頁。
66) 新堂・前掲注2) 59-60頁参照。
67) 近藤ほか・前掲注4) 130頁参照。

あり、そして、この規定の目的は、究極的には当事者に主張立証のための機会を保障することにあり、そのための前駆としての通知を要求する以上、その目的が達せられ、当事者が異議なく手続に応じているならば、行為規範としての違反があるからといって、それを評価規範としての違反をも問うまでの必要はなく、あえてやり直す必要はないと考えることができよう。

そして、この理は、仲裁判断の取消手続においても同じく妥当する。すなわち、裁判所によってする通知を定める規定に違反があったとしても、これを評価規範としての違反を問うまでのことはないという場合には、これを取消事由として主張することもできない、ということである。あるいは、裁判所によってする通知を定める強行規定の違反は、通知の欠缺（仲裁44条1項3号）や手続違反（同項6号）に当たるとして、主張されることが考えられるが、手続的公序違反（同項8号）に当たるべき場合は別論としても、その強行規定違反が、仲裁判断に何の影響も与えていないのであれば、そのことを理由に仲裁判断を取り消す意味はなく、いわゆる裁量棄却することができると説明することもできよう[68]。

2 異議権の事前放棄

民事訴訟では、異議権の事前放棄は、結局のところ、便宜訴訟（ないし任意訴訟）を許すことになるとして、認められないとされる[69]。

仲裁では、そもそも便宜手続（ないし任意手続）が禁止されないのであるから、「当事者間に別段の合意がない限り」（仲裁27条）との規定であることもあり、異議権の事前放棄も許されてよいとの帰結となろう[70]。ここにいう異議権の事前放棄とは、仲裁手続において、かりに手続準則違反があったとしても、それを指摘し、異議を述べることをせず、とにかくも手続の迅速な進行を志向する、ということである。

もとよりこのことが妥当するのは任意規定違反についてであり、このように考えたとしても、強行規定違反については、そもそも異議権放棄の対象に

---

[68] 小島＝猪股・前掲注4）507頁参照。なお、中村達也「仲裁判断取消しの裁量棄却について」立命館法学363＝364号（2015）432頁も参照。
[69] 秋山ほか・前掲注57) 212頁、兼子ほか・前掲注57) 374頁〔新堂＝高橋＝高田〕など。
[70] 三木＝山本編・前掲注23) 222頁〔小島発言〕、223頁〔近藤発言〕、小島＝猪股・前掲注4）316頁。

ならないのであるし、仲裁手続の公正を確保するなどの趣旨から、その違反が取消事由（または執行拒絶事由）に当たるときは、取消手続か、執行決定の手続で主張する機会を残しておくことで足りるであろう。

　より肯定的な意味付けを与えるならば、異議権の事前放棄とは、ありうる手続準則違反をあえて問わないということである。そこには、仲裁廷に対する信頼を前提とした、仲裁における自覚的な当事者自治の発現があり、その回復であると捉えることもできる。自律的な紛争解決手段として仲裁が存在すること、そして、そこでは当事者自治がむしろ本則であることが、改めて理解されよう。

欧州連合 ADR とドイツ新消費者紛争解決法の動向

◆ 出口雅久 ◆

I　はじめに
II　欧州連合消費者 ADR ガイドラインのねらい
III　欧州連合とドイツにおける ADR の歴史
IV　ドイツ新消費者紛争解決法の内容
V　新消費者紛争解決法の評価
VI　おわりに

I　はじめに

わが国では、「消費者の財産的被害の集団的な回復のための民事の裁判手続の特例に関する法律」が、平成 25 年 12 月 11 日に公布され、平成 28 年 10 月 1 日から施行された。その中核となる消費者団体訴訟制度は、消費者と事業者との情報の質および量ならびに交渉の格差を是正し被害の回復・予防・救済を図るために、消費者問題に専門的知見を有する消費者団体に特別な権限を与えて事業者に対して訴訟等ができることとし、国家裁判所自体が最終的な紛争解決を強権的に実現するための制度である[1]。わが国の消費者団体訴訟制度は、まず差止請求の制度が実施され、そして今回の法改正により被害の回復もできるようになった点については積極的に評価すべきであると考える[2]。しかし、日本の裁判制度は消費者にとって必ずしも使い勝手の良い権利実現制度として十分に機能しているとはいい難い[3]。

---

1) 小田典靖「消費者裁判手続特例法の施行に向けて」現代消費者法 31 号（2016）62 頁参照。
2) 国府泰道「消費者被害救済に向けた民事裁判手続の現状と課題」現代消費者法 31 号 4 頁以下参照。
3) 消費者裁判手続特例法は、第 1 段階の「共通義務確認訴訟」と第 2 段階の「対象債権確定手続」から構成されており（松本博之＝上野泰男・民事訴訟法［第 8 版］（弘文堂・2015）181 頁以下〔松本〕参照）、破産法の手続構造に類似しているが、簡易・迅速・廉価をモットーとする消費者保護法の観点からは消費者にとってどれほど有益となるかについて今後の実務の運用を待つ

これに対して、欧州連合における消費者保護に関する立法動向にはここ数年間で政策的な変化がみられる。欧州連合における法政策は、従来までは各加盟国の国家裁判制度を通じて消費者保護を図ろうと企図してきた[4]。しかし、これまでの国家裁判所による権利保護制度の独占を排して、むしろ脱国家裁判所によるEU市民の、より廉価、迅速、効率的な権利保護を、いわゆる代替的な紛争解決制度の導入によって欧州連合全土に拡げて行こうとする欧州連合の野心的な試みがこれである。欧州連合では、伝統的な司法にはもはやそれほど問題解決能力があると信じられていない。しかし、欧州連合作業方法条約（AEUV）81条は加盟国の民事訴訟法に対する広範囲な介入を禁じているため、欧州連合は、裁判外紛争解決手続、とりわけ、「国境を超えた」消費者紛争における紛争解決について強力に推し進めようとしている[5]。

　ドイツでは、国内における一連のADRに関する立法[6]を経て、欧州連合による消費者事件における代替的紛争解決に関するガイドライン[7]の国内法化の議論が展開される中で、ドイツにおける国家裁判所としての民事訴訟法の存在意義について学界・法曹界を挙げて喧々諤々の議論の結果[8]、漸くドイツ新消費者紛争解決法が2016年2月19日に連邦議会を通過した[9]。本稿においては、欧州連合のADR政策とドイツ新消費者紛争解決法の立法動向について検討してみたい。

しかない。垣内秀介「国によるADRの促進」早川吉尚＝山田文＝濱野亮編著・ADRの基本的視座（信山社・2014）81頁以下も、現代の紛争は専門性が高く、訴訟制度が専門訴訟に対応することができていない状況について言及する。またドイツの建築紛争解決に関して、*Morits Lembcke*, Aktuelle Entwicklungen bei der Alternativen Streitbeilegung im Baurecht, NJW 2013, 1704ff も、裁判手続はその構造上の欠陥の故に建築紛争の特殊性を公正に判断する能力がなく、むしろ権利保護制度としてのADRによる紛争解決を提唱する。

4）　EU機能条約114条は、EUが域内市場の確立と機能を目的として各加盟国法を調和する場合の法的根拠となる（庄司克宏・はじめてのEU法（有斐閣・2015）186頁以下参照）。

5）　*Martin Engel*, Außergerichtliche Streitbeilegung in Verbraucherangelegenheiten - Mehr Zugang zu wenig Recht, NJW 2015, 1633 参照。

6）　ディーター・ライポルド（出口雅久訳）「調停、メディエーション、民事訴訟」立命館法学353号（2014）325頁以下参照。

7）　RICHTLINIE 2013/11/EU DES EUROPÄISCHEN PARLAMENTS UND DES RATES vom 21. Mai 2013 über die alternative Beilegung verbraucherrechtlicher Streitigkeiten und zur Änderung der Verordnung (EG) Nr. 2006/2004 und der Richtlinie 2009/22/EG.

8）　*Herbert Roth*, Der Zukunft der Ziviljustiz, ZZP 129, S. 6 以下は、憲法原則によって保障された訴訟原則が定められている民事訴訟と対比して、実体的正義を確保するための手続原則が保障されていない消費者紛争解決手続に極めて懐疑的である。

9）　詳細は、http://www.gesetze-im-internet.de/vsbg/．なお、ドイツ新消費者紛争解決法に関する紹介は、垣内秀介「ADRをめぐるドイツの状況」仲裁とADR 11巻（2016）3頁以下参照。

II　欧州連合消費者 ADR ガイドラインのねらい

　消費者事件における代替的紛争解決に関するガイドライン（以下、欧州連合消費者ガイドラインと呼ぶ)[10]は、加盟国の立法者に消費者が任意に事業者に対して異議を申し立てることができる独立の調停所を EU 全土にネットワーク化することを義務付けており、この消費者紛争解決調停所は、独立性、中立性、有資格性、透明性および公正性の要件を充足し、いわば消費者に対して敷居の低いアクセスを保障しなければならない[11]。欧州連合消費者 ADR ガイドラインは、その他一連の法規によって欧州連合の共同市場において裁判外紛争解決の強化を目論んでいる[12]。すなわち、簡易・効率・迅速・廉価な国内および国境を超えた紛争の解決可能性へのアクセスを保障することは、共通市場での消費者の信頼を強化し、それによって各加盟国の権利保護制度における格差から生じる域内市場に対する障壁を排除することを目的としているのである[13]。消費者紛争解決手続によって調停案が提示された後に国家裁判所に提訴するという迂遠な方法は、その高額な費用と長期にわたる手続期間という非効率性の故に欧州連合の立法者としては想定していない[14]。欧州連合が考える消費者保護は、調停による制限された権利の方向性からも明らかであるように、消費者の私法上の権利の実現自体をモデルとはしていないのであり、むしろ欧州の域内市場の活性化自体が代替的な調停の基礎となっており、欧州の消費者の利益のために国家裁判所制度を超えた欧州政治の目的の実現が問題となっているのである[15]。

III　欧州連合とドイツにおける ADR の歴史

　欧州連合の消費者紛争解決に関する法規の歴史はすでに 30 年前にまで遡

---

10)　a. a. O. (Fn. 7).
11)　*Reihard Greger*, Infrastruktur der künftigen Verbraucherstreitbeilegung: Zugang und Organisation, ZZP 128 (2015), S. 137.
12)　*Greger*, a. a. O. (Fn. 11), S. 137.
13)　*Greger*, a. a. O. (Fn. 11), S. 138.
14)　*Roth*, a. a. O. (Fn. 8), S. 6 参照。
15)　*Roth*, a. a. O. (Fn. 8), S. 6 参照。

ることができるが[16]、欧州連合は、消費者が実体法上の権利だけではなく、これらの権利を裁判上いかに効果的に実現させることができるかについて腐心してきた。まず欧州連合はすでに 1970 年代に進行していたカペレッティが中心となって議論が展開された「正義へのアクセス」[17]を端緒に、裁判外における権利実現メカニズムに焦点を拡大し、消費者に対する正義へのアクセスを探索してきた[18]。欧州連合指令の国内法化によりすでにドイツでも 2012 年 7 月 21 日にメディエーション法が制定された[19]。そして、2013 年には欧州連合の消費者紛争解決に関する立法作業は、最終的には消費者事件に関する代替的な紛争解決のためのガイドラインの発令および消費者事件におけるオンライン紛争解決に関する今回の規定へと結実するに至った[20]。今回のドイツ新消費者紛争解決法は、ドイツにおける立法者の ADR 法制の拡大をめぐる歴史のクライマックスと看做すこともできよう。

　ドイツにおける ADR 法制は、Hanns Prütting の分析によれば、下記の 4 つの歴史的段階に分けることができる[21]。第 1 段階は、1970 年代に起こったアメリカ合衆国で展開された法社会学的な新しい紛争解決制度の試みである[22]。第 2 段階は、1980 年代においてドイツで学術的な議論として展開された裁判所の負担加重と財政手段の困窮による代替的な紛争解決が期待された時期である[23]。第 3 段階は、1995 年にミュンヘン大学教授資格論文として公表された Stephan Breitenbach の「メディエーション、紛争における構造、チャンスおよびリスク」により、ドイツではじめて詳細にメディエーション[24]が紹介され、その後、EU メディエーションガイドラインを経て 2012

---

16) *Engel*, a. a. O. (Fn. 5), 1633.
17) Cappelletti/Garth, *Access to Justice, I-III*, 1978/1979 参照。
18) *Engel*, a. a. O. (Fn. 5), 1633.
19) ペーター・ゴットヴァルト（出口雅久訳）「ドイツにおけるメディエーション」松本博之先生古稀祝賀・民事手続法制の展開と手続原則（弘文堂・2016）83 頁参照。
20) Erwägungsgründe (4): a. a. O. (Fn. 7), (Richtlinie über alternative Streitbeilegung in Verbraucherangelegenheiten).
21) *Hanns Prütting*, Das neue Verbraucherstreitbeilegungsgesetz: Was sich ändert – und was bleiben wird, AnwB 3. 2016, S. 190.
22) ライボルド・前掲注 6) 330 頁以下参照。*Prütting*, a. a. O. (Fn. 21), S. 190 によれば、とりわけ、ドイツの学会においても 1977 年の「代替的法形式と法の代替性」、1981 年の「民事司法における代替性」、1982 年の「訴訟上の和解」などをテーマとして ADR が盛んに議論されてきた。
23) *Ernst Benda*, Richter im Rechtsstaat, DRiZ 1979, S. 357 はドイツ裁判官会議で「権利保護は希少財」であるとした。
24) *Stephan Breidenbach*, Mediation: Struktur, Chancen und Risiken von Vermittlung im Konflikt

Ⅲ 欧州連合とドイツにおける ADR の歴史　　693

年 7 月 26 日にドイツのメディエーション法[25]が施行され、2013 年に欧州 ADR ガイドラインの国内法化へと進展した。第 4 段階は、2014 年 9 月にハノーバーで開催された第 70 回ドイツ法曹大会においては、もはやこれ以上の裁判外紛争解決手続の強化は議論されず、むしろ国家司法制度自体の救済が議論の対象とされた[26]。すなわち、裁判外紛争解決手続の導入により訴訟を不要とする司法の民営化論、さらには二重司法、秘密司法をもたらす仲裁制度に対して強い懸念が表明された[27]。

　欧州連合の中核的な加盟国であるドイツにおいては、すでに指摘した通り、ドイツ国内の裁判所の負担加重の軽減を図ろうという法政策的な観点から 1990 年代以降、積極的な ADR 立法が推進されてきた。すなわち、1990 年の弁護士和解制度新設、1999 年の一部少額事件等についての調停前置制度の導入、2002 年の訴訟手続の冒頭での和解手続の義務化、2007 年の裁判外法的役務提供に関する法律などをはじめ、ドイツ国内において様々な ADR をめぐる諸立法が行われてきた[28]。しかし、それ以降のドイツの ADR 関連立法は、もっぱら欧州連合における消費者保護政策の推進を受けた欧州連合指令の国内法化によって消費者保護立法が強力に展開されてきた[29]。ドイツ

　　1995 参照。確かに 1970 年代のハーバードコンセプトは EU 加盟国にもかなり強い影響を与えたが、しかし、ドイツは 2002 年以降においては独自の道を歩み、裁判外紛争解決手続から裁判官メディエーションに舵を切り、ドイツ連邦政府は 2012 年のメディエーション法で部分的にかかる傾向に歯止めをかけて和解裁判官の形式に変更させている（詳細はゴットヴァルト・前掲注 19）86 頁以下参照）。
25)　ライポルド・前掲注 6 ）341 頁参照。
26)　http://www.djt.de/die-tagungen/70-deutscher-juristentag/ 参照。ドイツ法曹大会は、1860 年に創設され、2 年に一度ドイツの各都市で開催されるドイツ最大の法律家会議であり、大学教授、実務家、非法律家も交えて各種の立法、法政策などが検討される。
27)　*Prütting*, a. a. O. (Fn. 21), S. 190. 元 BGH 長官として ADR を積極的に推進するのは、*Professor Dr. Günter Hirsch*, Außergerichtliche Beilegung von Verbraucherstreitigkeiten‒ein alternativer Zugang zum Recht entsteht, NJW 2013, 2088 以下参照。ADR の導入により民事訴訟の意義が失われることに反対するのは、*Herbert Roth*, Bedeutungsverluste der Zivilgerichtsbarkeit durch Verbrauchermediation JZ 2013, 637 以下参照。なお、*Roth*, a. a. O. (Fn. 8), S. 6 は、ADR による「法文化の貧困化」を指摘する。また、今回の消費者調停に対しては、たとえば、「オンブズマン司法による裁判所の代替」、「二流の司法」、「二流の権利保護」、「法から消費者を一掃排除」などの厳しい批判が浴びせられている（*Engel*, a. a. O. (Fn. 5), 1635）。
28)　垣内・前掲注 9 ）1 頁以下参照。なお、フランスの ADR の状況については、ロイク・カディエ（西澤宗英訳）「フランス法における代替的紛争解決方式の展望」立命館法学 342 号（2012）438 頁以下参照。また欧州連合非加盟国のスイスの ADR の状況については、トーマス・ズッター゠ゾム（出口雅久＝本間学共訳）「新スイス民事訴訟法典」立命館法学 353 号（2014）307 頁以下参照。
29)　垣内・前掲注 9 ）2 頁参照。ドイツにおける欧州連合 ADR の影響は、たとえば 2012 年 7 月 21 日に施行されたメディエーション法、それに伴う民事訴訟法 ZPO 施行法 15 条 a［調停所によ

におけるADRは、これ以外にも、ドイツの元最高裁判事などが関与する、保険オンブズマン、民間銀行オンブズマン、公的旅客運送調停所、投資銀行オンブズマン、弁護士調停所、エネルギー調停所、ドイツ貯蓄・振替銀行協会調停所など、数多くの民間消費者保護 ADR 機関が整備されてきた経緯があるが[30]、Herbert Roth や Rolf Stürner などドイツ民事訴訟法学界からは厳しい批判に晒されている[31]。

　欧州連合 ADR ガイドラインは、各加盟国に対して消費者紛争に対する裁判外での紛争解決所の利用可能性を広範囲に保障することを義務付けている。そこで、2013 年 5 月 21 日に消費者法の紛争に関する代替的解決について公布された EU ガイドライン[32]は 2015 年 7 月 9 日までに国内法化されなければならなかったため、ドイツの立法者は精力的に法曹界との事前協議を行い、同年 6 月 22 日に政府草案が提出された[33]。同年 8 月 12 日のドイツ連邦参議院における意見表明[34]および連邦議会法務委員会での修正を経て、同年 12 月 3 日に法律が議会を通過し、2016 年 4 月 1 日より施行されている[35]。

　　　る和解]、さらに現行 ZPO 253 条 3 項 [訴状へのメディエーションや裁判外紛争解決の試み] や ZPO 278 条 a [メディエーション、裁判外紛争解決] などにより、裁判外紛争解決手続を民事訴訟による裁判上の権利保護の代替的な手段の導入などに表れている (Hirsch, a. a. O. (Fn. 27), 2088)。
30) Hirsch, a. a. O. (Fn. 27), 2088.
31) Roth, a. a. O. (Fn. 27), 637. とりわけ、Rolf Stürner, Die Rolle des dogmatischen Denkens im Zivilprozessrecht ZZP 127 (2014), 271 (319 Fn. 237) は、ドイツの元最高裁判事が調停機関のトップとして活動することは、従来の高い地位を利用して事業者のために財政的に有利に運営されるリスクがあると批判する。
32) a. a. O. (Fn. 7).
33) EU ガイドラインの国内法化に関するドイツ連邦司法省参事官草案は、2014 年 11 月 28 日にフライブルク大学において Christoph Althammer によって開催された学術会議において Ulrich Janzen 連邦政府参事官がはじめて消費者法の専門家に公表し、研究者および実務家を交えて詳細に検討が加えられた。詳細は、Christoph Althammer, Verbraucherstreitbeilegung: Aktuelle Perspektiven für die Umsetzung der ADR-Richtlinie, 2015, S. 9ff. 参照。各政党の意見表明については、Deutscher Bundestag Drucksache 18/5089, 09. 06. 2015 Gesetzentwurf der Fraktionen der CDU/ CSU und SPD, Entwurf eines Gesetzes zur Umsetzung der Richtlinie über alternative Streitbeilegung in Verbraucherangelegenheiten und zur Durchführung der Verordnung über Online-Streitbeilegung in Verbraucherangelegenheiten.
34) BT-Drs. 18/5760.
35) Erwägungsgründe (4): a. a. O. (Fn. 7) (Richtlinie über alternative Streitbeilegung in Verbraucherangelegenheiten).

Ⅳ　ドイツ新消費者紛争解決法の内容

1　欧州連合 ADR ガイドラインとドイツ新消費者紛争解決法の特徴

　今回の欧州連合 ADR ガイドラインによれば、消費者は将来的には廉価または無料で裁判外の中立的な機関において異議申し立てができる[36]。これにより欧州連合は、対象となる訴額が低額であると考える消費者が十分な法的知識をもたず、あるいは、基本的に国家裁判所に対する抵抗があるため自らの権利追及を思いとどまっていた実体法上の消費者権を実現させることを期待する[37]。さらに、欧州連合 ADR ガイドラインと同時に導入された欧州連合 ODR 規則（オンライン紛争解決規則）により欧州連合は、各加盟国内に存在する紛争解決所をネットワーク化する計画である。欧州連合自体が、消費者が管轄する紛争解決所をみつけ、消費者が自己の不服申立について直接的にオンラインポータルを通して通知することができるオンライン紛争解決プラットフォームを創設する予定である[38]。これにより欧州連合全域に及ぶ、廉価で、簡素かつ迅速な権利保護が正義への代替的なアクセスとして消費者紛争解決調停所が制度化されることになる[39]。

　欧州連合 ADR ガイドラインを国内法化した新消費者紛争解決法は、消費者に対して費用リスク、時間のロス、裁判手続の負担なしに日常生活から生じる紛争から解放される機会を欧州全土において提供するものである[40]。消費者紛争解決手続は、原則的に書面によって行われる略式手続であるので、事実関係および法律関係の根本的な解明や執行名義の作成または合意による解決策を共同で作成するような比較的重要な事件の解決には適さない[41]。ドイツ消費者紛争解決法が企図した適用領域において広がりをみせるかどうかは、費用負担を負う消費者紛争解決所のサービスを提供する側である事業者

---

　36)　*Engel,* a. a. O. (Fn. 5), 1635 は、消費者にとって無料であることは、国が関与しない限り、事業者側の影響力が強くなる可能性を意味し、その結果、かえって消費者紛争解決のメリットとされる独立性、中立性、透明性、公正性への阻害要因となることを指摘する。
　37)　*Engel,* a. a. O. (Fn. 5), 1633.
　38)　*Engel,* a. a. O. (Fn. 5), 1633.
　39)　*Prütting,* a. a. O. (Fn. 21), S. 190.
　40)　*Reinhard Greger,* Das neue Verbraucherstreitbeilegungsgesetz, MDR 2016, 370.
　41)　*Greger,* a. a. O. (Fn. 40), 370.

の意向にかかっており、消費者と事業者の両者の利害を適正に処理するマネージメント形式をいかに構築できるかが今後の課題となる[42]。

2　新消費者紛争解決法の全体枠組み

さて、今回のドイツ新消費者紛争解決法は以下の通り全体で43条の条文から構成されている。すなわち、第1部・総則（1条［適用領域］、2条［消費者調停所］）、第2部・民間の消費者調停所（3条［消費者調停所の運営主体］、4条［管轄］、5条［手続規定］、6条［紛争調停者］、7条［紛争調停者の独立性］、8条［紛争調停者の職務期間と解任］、9条［消費者団体および事業者団体の参加］、10条［消費者調停所の情報提供義務］）、第3部・紛争解決手続（11条［通知の方式］、12条［手続言語］、13条［訴訟代理］、14条［拒絶理由］、15条［当事者の要望による手続の終結］、16条［当事者への通知］、17条［法的審問請求権］、18条［メディエーション］、19条［調停案］、20条［手続期間］、21条［手続の終結］、22条［守秘義務］、23条［罰金］）、第4部・民間の消費者調停所の承認（24条［承認］、25条［承認の申立および変更の通知］、26条［承認の取消］、27条［管轄官庁］）、第5部・官庁の消費者調停所（28条［官庁の消費者調停所］）、第6部・包括調停所（29条［包括調停所と法規の授権］、30条［管轄と包括調停所の手続］、31条［手数料］）、第7部・消費者調停所の中央指導機関、消費者調停所のリストおよび報告義務（32条［消費者調停所の中央指導機関および管轄官庁ならびに監督官庁の通知義務］、33条［消費者調停所のリストならびに欧州委員会およびオンライン紛争解決のための欧州プラットフォームへのアクセス］、34条［消費者調停所の報告義務および情報提供義務］、35条［消費者調停報告書］）、第8部・事業者の情報提供義務（36条［一般的情報提供義務］、37条［紛争の発生後の情報提供］）、第9部・国境を超えた協力（38条［外国紛争解決所との協力］、39条［オンライン紛争解決のための欧州プラットフォームとの協力］、40条［国境を超えた紛争における消費者の支援；オンライン紛争解決のための欧州プラットフォームのためのコンタクト機関］）、第10章・終則（41条［過料規定］、42条［規定の授権］、43条［プロジェクト促進、研究計画、報告］）から構成されている。

3　消費者紛争調停所

新消費者紛争解決法（VSBG）の中核は第1部から第3部（1条～23条）ま

---

42)　*Greger*, a. a. O. (Fn. 40), 370.

での民間の消費者紛争解決所とその手続に関する規定である。消費者が信頼できる調停所として、承認された民間の設置機関（VSBG 2条2項）および官庁による調停機関（VSBG 28条）が設置される。官庁による調停所は公法上の様々な要請や監督に服しており、また民間で設置された調停所は、承認される前に、透明性および適法性（法的審問）の法的要件を充足している手続法を具備しているか、後述する法定されている紛争調停者が独立性、法的知識および専門知識の法的要件を充足しているか、消費者団体の参加が、たとえば、紛争調停者の選任の際に保障されているか、当該調停所機関が長期にわたり設置されているか、そして、財政措置は確保されているかという諸点が審査の対象となる[43]。これに加えて、VSBG 29条によれば、連邦各州は各州の包括的な調停機関を設置することもできる。適用対象としては、ドイツ BGB 310条3項の意味における消費者契約から生じるすべての法的問題が対象となるが、今回の法律は狭義の消費者保護領域に特化しており、労働契約に基づく紛争や非経済的なサービス業ならびに健康サービス業に基づく契約は明確に排除されている[44]。消費者紛争解決所は、消費者または企業が申立人または被申立人として参加する民事法上の紛争の裁判外解決手続を実施する機関とされている（VSBG 2条）。

4　紛争調停者（Streitmittler）

調停所は、1人または複数の紛争調停者（Streitmittler）から構成されている（VSBG 6条）。この紛争調停者は、独立かつ中立でならなければならず、また紛争調停者は法的知識、とりわけ消費者法に精通し、紛争解決能力を有していなければならない（VSBG 6条1項・2項）[45]。そのための資格として裁判官有資格または有資格のメディエーターであることを要求している（VSBG 6条3項）。調停所での手続には弁護士が代理することも適法とされているが、決して義務ではない（VSBG 13条）。紛争調停者は、一定の理由から紛争解決手続の実施を拒否することができる（VSBG 14条）。たとえば、争わ

---

43)　*Greger*, a. a. O. (Fn. 11), S. 140.
44)　*Prütting*, a. a. O. (Fn. 21), S. 191.
45)　*Althammer*, a. a. O. (Fn. 33), S. 16 は、当時のドイツ連邦参事官草案5条2項が、消費者保護法はかなりの高度な法体系を有するに至っているにもかかわらず、紛争調停者に対して、もっぱら一般的な法律知識だけを要求していた点に批判的である。

れている請求権が被申立人に対して主張されていなかった場合、または、申立てが、明らかに奏功の見込みがないか、軽率であると思われる場合などがこれに該当する[46]。紛争解決手続は、各当事者の希望があれば、いつでも終了させることができる（VSBG 15 条：私的自治の原則）[47]。当事者には法的審問請求権も保障されている（VSBG 17 条）。古典的な調停手続の他に、メディエーションの実施も可能である（VSBG 18 条）。純粋な紛争調停の場合には、紛争調停者は当事者に対して調停案を提示する（VSBG 19 条）。調停案を当事者が受諾しない場合には、民事訴訟法施行法 EGZPO 15 条 a 3 項に基づき不奏功の合意の試みと看做される（VSBG 21 条）。しかし、当事者が合意した場合であっても、受諾された調停案には消費者に対する既判力類似の拘束力は発生しないので[48]、調停案に同意したにもかかわらず、当事者には国家裁判所に提訴する可能性が認められている（VSBG 5 条 2 項）。

5　消費者調停所および事業者の情報提供義務について

　消費者調停所は、権利保護請求権者から簡便にアクセスできなければならない。そこで、どこにアクセスすればよいか、調停所の管轄、紛争調停者、調停所の承認、消費者紛争解決手続の手続経過および費用について明確で判りやすく情報を提供するウェブサイトの管理維持を承認された調停所に義務付けている（VSBG 10 条）。また、事業者に対しても情報提供義務を課している（VSBG 36 条）。すなわち、事業者は、ウェブサイトまたは普通取引約款において、消費者紛争解決手続に参加する義務があるか、あるいは参加する用意があるかどうかについて明確に判りやすく情報提供する義務があり、この事業者の情報提供義務は 2017 年 2 月 1 日より施行されている[49]。かかる事業者の情報提供義務は、どの事業者が一般的に消費者紛争解決手続を拒否するかについて透明性を高めることに貢献するとともに、これによって契約締結時において消費者も相手方について情報提供を受けることで紛争予防に資

---

[46]　*Prütting*, a. a. O. (Fn. 21), S. 191.
[47]　*Stefanie Fuchs*, Umsetzung der Richtlinie 2013/11/EU über die alternative Streitbeilegung in Verbraucherangelegenheiten sowie Durchführung der Verordnung (EU) Nr. 524/2013 über die Online-Streitbeilegung in Verbraucherangelegenheiten, ZUM 2016, S. 404.
[48]　*Prütting*, a. a. O. (Fn. 21), S. 191.
[49]　*Fuchs*, a. a. O. (Fn. 47), S. 409.

することになろう。かかる措置によって、一方では、消費者は代替的な紛争解決の可能性について了知する機会を得るし、また他方では、どの調停所に申し立てを行いうるのか、あるいはオンラインプラットフォームはどこで開始されるのかについて教示される[50]。

V 新消費者紛争解決法の評価

1 ドイツにおける ADR の賛否

　ドイツ連邦通常裁判所 BGH 判事の経験もあり、ドイツ民事訴訟法学界において ADR を積極的に推進している Reinhard Greger[51]によれば、本法は、国境を超えた取引行為だけではなく、ドイツ国内における取引行為に対しても適用されるものであり、すべての企業に対して顧客に対する将来的な接客方法について根本的な見直しを迫るものであり、消費者が全ヨーロッパにおいてより簡易に、より迅速に、そして、より安価に自己の権利を実現できることになるであろう、と EU の消費者保護政策を積極的に評価している[52]。

　新法に対してはその成立過程においてすでに多くの意見が表明されてきた。批判的な論者からは、過度の官僚主義、調停所の裁量権の広範さに対して法律の効率性に対する疑念が提起されており、とりわけ、国家司法制度の後退、それによる法的安定性と法創造に対するリスクなども懸念されている[53]。

　これに対して、同じくドイツ連邦通常裁判所民事部出身で、ドイツ連邦憲法裁判所元判事 Reinhard Gaier[54]は、消費者紛争解決法の施行を契機として

---

50) *Susanne Gössl*, Das Gesetz über die alternative Streitbeilegung in Verbrauchersachen - Chancen und Risiken, NJW 2016, 839.
51) Vgl. http://www.reinhard-greger.de/alternative-konfliktbeilegung/
52) *Greger*, a. a. O. (Fn. 40), 365. ただし、同論文 370 頁は、ドイツに国家裁判手続との峻別をするとともに、消費者紛争解決手続の運用が費用を負担する事業者側サイドの意向にかかっているとする。ドイツ法曹界において ADR を積極的に推進するのは元 BGH 長官である *Hirsch*, a. a. O. (Fn. 27), 2088 などである。
53) *Prütting*, a. a. O. (Fn. 21), S. 191. ADR に懐疑的な論者としては、*Roth*, a. a. O. (Fn. 27), 637. ライポルト・前掲注 6) 353 頁参照。ゴットヴァルト・前掲注 19) 105 頁も、他の欧州諸国の裁判所と比較してドイツの裁判手続は迅速で効果的であり、家事事件、相続事件以外において、これ以上の代替的な紛争解決手続は不要であるとする。
54) *Reinhard Gaier*, Der moderne liberale Zivilprozess, NJW 2013, 2876ff. は、現行ドイツ民事訴訟法は、依然として処分権主義、弁論主義などの訴訟原則においてリベラルな考え方に立脚しており、グローバル化・IT 化する国際経済社会に必ずしも適合していないとし、とりわけ、建築訴訟などについてイギリスやアメリカの ADR による紛争解決の必要性について訴える。

国家裁判所が相当数の事案の減少を意識するようになり、その原因を調停、仲裁など裁判外での紛争解決手続の提供に起因しうるとして国家裁判所の意義の喪失が問題視されているが、むしろ権利請求権者が自己の権利をより良く追及できるようにするために、調停、仲裁裁判所、国家司法が制度的な権利実現システムにおける3つのアクターとして相互にネットワークを構築し、統合的に紛争解決機能を果たさせるべきである、と主張する[55]。

2　紛争調停者（Streitmittler）の資格

新法の規定の中でドイツの法曹界で最も議論されたのは、やはり紛争調停者の資格に関する問題である。紛争調停者は中立・公正な手続を実施する責任がある。消費者保護において法律家の関与をできるだけ排除しようとしている欧州連合側は、EUガイドライン6条1項および同検討理由書36号では、紛争調停者には一般的な法的理解力のみが要求されているのであり、紛争調停者は法律家として職能階級の有資格者である必要はないことを明確に強調していた[56]。そこで、これを受けて、ガイドラインにおける紛争調停者像を文字通り承継したドイツ消費者紛争解決法・参事官草案5条2項においても、紛争調停者は、一般的な法的知識を有しなければならないとのみ定められていた[57]。しかし、ドイツの立法者は、ドイツ法曹界での議論を経て紛争調停者の資格については、裁判官資格を有する者または有資格のメディエーターでなければならない（VSBG6条2項2号）と明記した点が注目される[58]。ただし、消費者紛争解決所による調停案が現行のドイツ消費者法体系をどの程度まで斟酌すべきかという基準は依然として不明確のままである[59]。

ドイツ消費者紛争解決法は、消費者調停所の背後に企業や消費者の利益を代表する団体が存在する場合であっても、消費者調停所の独立性と中立性を保証するための厳格な基準を設けている（VSBG3条、同法9条）[60]。そこで、

---

55) *Reinhard Gaier*, Schlichtung, Schiedsgericht, staatliche Justiz – Drei akteure in einem System institutioneller Rechtsverwirklichung, NJW 2016, S. 1376ff.
56) a. a. O. (Fn. 7)（Richtlinie über alternative Streitbeilegung in Verbraucherangelegenheiten 参照。
57) *Althammer*, a. a. O. (Fn. 33), S. 111 参照。
58) *Prütting*, a. a. O. (Fn. 21), S. 191.
59) *Gerhard Wagner*, Die Richtlinie über Alternative Streitbeilegung Law Enforcement statt mediative Konfliktlösung, ZKM 2013, 105 は、消費者調停をはっきりと"rough justice"および"law enforcement light"とみている。
60) *Greger*, a. a. O. (Fn. 40), 365.

紛争調停者は、任免される過去3年間において、紛争調停の事業者や業界団体の利害に関わることは認められていない[61]。

　現代における消費者法体系はかなり複雑であり、完全法曹資格者でないと適切に理解することはかなり困難を伴うので、調停手続においても実体的な消費者保護法の適用を誤る可能性がありうる[62]。ドイツ連邦弁護士連合会（BRAK）[63]やドイツ弁護士協会（DAV）[64]からは当時の参事官草案についてこの点を批判する意見書が出されていた。また、ドイツ裁判官連盟からも同様に紛争調停者（Streitmillter）の概念の曖昧さから裁判実務での問題が生じる点について批判的な意見表明が提出されていた[65]。ドイツの弁護士会側はその職能領域の確保の観点からも、またドイツの裁判所側は裁判実務で実際の処理の観点からも、紛争調停者などの法概念をより厳格にとらえることが支配的であり、裁判官資格を要求するドイツの調停手続の規定とも同じような考え方に立っているといえる[66]。

3　消費者紛争解決所の手続期間と効率性

　消費者紛争解決において最も重要な問題は、手続の簡便さと共に迅速性と効率性である。そこで消費者紛争解決手続がどの程度の期間を要するかは、本法の目的達成を占う試金石となる。消費者紛争解決手続はあくまでも任意の手続であり、消費者も事業者も本法に定める消費者紛争解決手続を利用することは義務付けられていない[67]。すなわち、消費者紛争解決手続を実施した後でも、国家裁判所や仲裁裁判所において自らの請求権を行使することは自由である（私的自治の原則）。Reinhard Greger は、この手続の任意性の故に、

---

61)　詳細は、*Fuchs*, a. a. O. (Fn. 47), S. 405ff. 参照。
62)　*Prütting*, a. a. O. (Fn. 21), S. 192.
63)　Vgl. http://www.brak.de/zur-rechtspolitik/stellungnahmen-pdf/stellungnahmen-deutschland/2015/januar/stellungnahme-der-brak-2015-3.pdf/
64)　Vgl. a. a. O. (Fn. 63);消費者紛争解決法の中核としての紛争調停者（Steitmittler）は、EU ガイドラインでは一般的な法律の理解力が要求されるだけであったが、ドイツの消費者保護法はかなり高度な法体系を有している関係上、消費者紛争解決法は狭義の権利保護のためには不適切であり、消費者保護に対するリスクとなりうると警告するのは、*Eidenmueller/Engel*, "Die Schlichtungsfalle: Verbraucherrechtsdurchsetzung nach der ADR-Richtlinie und der ODR-Verordnung der EU" Zeitschrift für Wirtschaftsrecht (ZIP) 2013, 1707ff.
65)　Vgl. http://www.drb.de/stellungnahmen/2015/adr-richtlinie.html?L=0/
66)　*Prütting*, a. a. O. (Fn. 21), S. 193.
67)　*Greger*, a. a. O. (Fn. 40), 366.

多くの論者が批判しているように、消費者紛争解決手続は決して消費者の権利の削減につながるものではなく、むしろ、効率的かつ節約的な利害実現の可能性を拡大するものであると主張する[68]。しかし、消費者紛争解決手続が奏功しない場合には、一般的に市民が権利保護保険を利用するドイツではなおさら、結果的には頻繁に裁判所での訴訟が提起されることになり、必然的に手続期間は重畳的に長くなることは避けられないであろう。第1段階でVSBG 14条で拒絶理由がない場合には、第2段階でVSBG 17条により当事者の審問が行われ、第3段階でVSBG 19条により調停案が提示されるが、すべての手続期間を終了すると5ヶ月から6ヶ月を要することになり、区裁判所における民事事件の終結期間とほぼ同様となり、その限りにおいてやはり手続の効率性には疑念は拭えない[69]。

4 実体的消費者法の意義の確保

消費者紛争解決法の制定にあたっては、新しい消費者ADR手続の整備が従来の消費者保護の水準にどのような影響を与えるかについて大きな争点とされてきた[70]。代替的紛争解決の根本的な問題のひとつは、厳格な法適用や判例が公表されないことによって法創造のリスクが生じうるということである[71]。調停手続において消費者法が無視され、申立人が常にいい加減な妥協を強いられる場合には、消費者保護はかなりの部分で悪影響を受けることになるであろう[72]。とりわけ、法律問題として重要な消費者事件が連邦通常裁判所で取り上げられなくなれば、法秩序全体が影響を受けることになろう。かかる批判に対応するべく、消費者紛争解決法は、まずはVSBG 6条で紛争調停者に厳格な法曹資格要件を課し、VSBG 13条で消費者はいつでも弁護士のアドバイスを受けたり、代理をさせることができると規定した。また、VSBG 19条の調停案は強行法としての消費者保護法体系を遵守するように強調している。また、VSBG 34条では、消費者保護法の法発展の確認のた

---

68) *Greger*, a. a. O. (Fn. 40), 366.
69) *Prütting*, a. a. O. (Fn. 21), S. 192: ゴットヴァルト・前掲注19) 105頁も、家事・相続などの一部特殊なメディエーションを除いては、ドイツ民事訴訟手続の迅速性・効率性のゆえに必ずしも新たなADRは必要と看做していない。
70) 垣内・前掲注9) 4頁参照。
71) *Prütting*, a. a. O. (Fn. 21), S. 192
72) *Eidenmueller/Engel*, a. a. O. (Fn. 64), 1707ff.

めに、消費者調停所では毎年活動報告を公表し、2年に一度自己評価報告書を作成することになっている。

5 消費者調停と権利保護保険（Rechtsschutzversicherung）との関係

　消費者調停所の活動ではドイツの権利保護保険との関係も重要なファクターとなるであろう。保険業者は紛争交渉においては重要な水先案内人として今後の動向が注目される。国家による民事訴訟および弁護士による訴訟代理がその意義を大きく喪失するか否かは、その意味においてドイツ保険業者の経営戦略にかなり依存してくるものと思われる[73]。というのは、保険業者が権利追及のためのコストを請け負うことによって消費者の理性的な無関心に対する最も効果的な手段を手中にすることになるからである[74]。しかし、保険業者が権利保護保険加入者に対して消費者紛争解決手続を権利実現の現代的な方式としてセールスし、場合によっては普通取引約款でこの手続を強制することになれば、消費者調停は単なる"rough justice"にとどまらず、"rough legal advice"、恐らくは弁護士としての職業法に違背することになるリスクもありうる[75]。

Ⅵ　おわりに

　すでに指摘した通り、新消費者紛争解決法の制定過程においてはドイツにおいても様々な意見が表明されてきたことは前述の通りである。ドイツ連邦通常裁判所（BGH）元長官 Günter Hirsch は、消費者紛争解決所による合意の方向性、手続の簡易化、費用の側面、素人への理解可能性は、消費者紛争における法治国家的に要請された民事手続を補完しうる社会法治国家的な要素であり、欧州委員会の見解によれば、裁判外紛争解決手続は、裁判手続を補うだけではなく、欧州人権条約6条および欧州人権憲章47条で基本権として保障された権利へのアクセスを改善するものである、として今回の消費

---

73)　*Engel*, a. a. O.（Fn. 5), 1637.
74)　*Engel*, a. a. O.（Fn. 5), 1637.
75)　*Engel*, a. a. O.（Fn. 5), 1637.

者紛争解決法を全面的に評価している[76]。

　また、同じくドイツ連邦憲法裁判所（BVerfG）元判事であった Reinhard Greger は、確かに、新消費者紛争解決法は、事実関係および法律関係を解明し、執行名義を確保し、または合意による解決策を共同で作成する伝統的な紛争解決方法には適さないものの、消費者は、費用負担、時間のロス[77]、裁判手続における証明責任を気にせずに、しかも、契約相手がどの EU 諸国に居住していても書面による迅速な手続で紛争解決が可能となる点は、それを上回るメリットであると強調している[78]。

　しかし、これに対して、ドイツ法系民事訴訟法担当者会議議長 Herbert Roth は、ドイツの消費者のための実体法が、広範囲に及ぶ効力をもって伝統的な法適用を義務付けられている民事訴訟から解き放たれ、部分的にでも消費者保護法を十分に理解していないメディエーションや調停手続に委ねられてしまうことは、ドイツの立法者が意図した本来の消費者保護に関する実体法の意味を著しく損なうと鋭く指摘する[79]。Hanns Prütting も、恐らく消費者紛争解決法の導入によってドイツの法文化が根本的に変革を受けることはないとし、消費者事件における権利保護がある程度改善されることは排除しないが、依然としてその道程は長くかかるであろうと予測している[80]。

　今回の立法で最も激しく争われた紛争調停者の資格については、EU ガイドライン 6 条 1 および EU 考慮理由 Nr. 36 では、紛争調停者には一般的な法律知識だけが要請されていた。新消費者紛争解決法 6 条 2 項 2 文に裁判官資格が要求されることになった点は、ドイツの立法者が消費者紛争解決のような代替的な紛争解決手続といえども、個々の実体法上の消費者としての権利を実現するための権利追及手段として捉えていることの証左でもある。現

---

76) *Hirsch*, a. a. O. (Fn. 27), 2088, 2094. Günter Hirsch 元 BGH 長官は、前職はルクセンブルク欧州連合司法裁判所判事であり、ドイツの裁判官出身者の中でも欧州連合の政策支持派である。なお、ロルフ・シュトゥルナー（川中啓由訳）「国内法に対する EU 司法裁判所の裁判の影響力」立命館法学 366 号（2016）223 頁以下は、欧州連合司法裁判所の果たしてきた重要性については評価するものの、その民主的正当性、中立性、独立性、意思決定スタイル、大量生産性に対して批判的である。

77) これについては、消費者紛争解決法による調停が不調に終わった場合には、本訴が提起されることになり、必ずしも手続期間が短くなるとは限らない（*Prütting*, a. a. O. (Fn. 21), S. 192 参照）。

78) *Greger*, a. a. O. (Fn. 40), 370.

79) *Roth*, a. a. O. (Fn. 27), 637.

80) *Prütting*, a. a. O. (Fn. 21), S. 193.

代のドイツ消費者保護法は、かなり複雑な法体系を有しており、完全法曹資格者ではない者が紛争調停者として事件を処理することは調停手続により実体消費者法が潜脱されかねないことを意味する。欧州連合における各加盟国の裁判制度の格差に起因する消費者保護の格差を是正するという欧州連合側のガイドラインの立法趣旨に依拠しつつも、やはり手続法と実体法の立法趣旨をお互いに尊重しながら消費者保護を図っていくことを今後のドイツの消費者紛争解決手続の運用に期待したい。かかる意味において Reinhard Gaier が提唱するように、今後は、調停、仲裁、国家司法が、権利実現の制度的なシステムの3つのアクターとして総合的な紛争解決手続ネットワークを構築していく必要があると考える[81]。

【付記】
　本稿は、2009年度全国銀行学術研究振興財団補助金：テーマ「欧州連合におけるADR法制」の研究テーマの一部である。

---

81) *Gaier*, a. a. O. (Fn. 55), S. 1376ff.

過払金返還請求訴訟と特定調停の効力

◆柳沢雄二◆

Ⅰ　はじめに
Ⅱ　調停条項と公序良俗違反
Ⅲ　調停に代わる決定と錯誤
Ⅳ　おわりに

Ⅰ　はじめに

　平成18年改正（法律第115号）前の旧貸金業の規制等に関する法律43条1項のみなし弁済に関する要件をかなり厳格に解釈した最判平成18年1月13日（民集60巻1号1頁）の登場以降、過払金返還請求訴訟が爆発的に増加して、社会問題となった[1]。また、それに伴って、様々な問題が発生し、多数の裁判例が公表されて、詳細な議論がなされるようになった[2]。以上については、もはや周知の事実といってよいであろう。

　もっとも、事案によっては、過払金返還請求訴訟が提起される前に、借主と貸金業者の間で、民事調停法に基づく民事調停ないし特定調停法（特定債務等の調整の促進のための特定調停に関する法律）に基づく特定調停が成立する場合、あるいは、調停に代わる決定（民調17条・特定調停22条。いわゆる17条決定）がなされる場合がある。そして、その条項の中に、借主の貸金業者に対する残債務の存在を認める旨の確認条項、および、調停条項に定めるほかは

---

[1]　最高裁判所事務総局・裁判の迅速化に係る検証に関する報告書（第5回）（平成25年7月）の「概要」2-3頁によれば、民事第1審訴訟事件の新受件数は、平成18年以降に急増し、平成21年にピークを迎え、その後は減少に転じている。もっとも、過払金返還請求訴訟を除く新受件数は、平成18年前後であまり変化していない。そのため、過払金返還請求訴訟の急増が、この時期の新受件数の増加の原因であると解される。
[2]　例えば、「特集・過払金返還請求訴訟の現状と課題」判タ1306号（2009）5頁以下、澤野芳夫ほか「過払金返還請求訴訟における実務的問題」判タ1338号（2011）15頁以下、過払金返還請求訴訟の実務（判例タイムズ社・2011）等を参照。
　　また、柳沢雄二「過払金返還請求権と再建型倒産処理手続」名城法学61巻2号（2011）73頁以下も参照されたい。

当事者間には何らの債権債務がないことを相互に確認する旨の清算条項が含まれていることがある。この点、後者の清算条項にいう「債権債務」関係に過払金返還請求権も含まれるとすると、借主は過払金返還請求権がないことをも確認していることになるから、たとえ利息制限法所定の法定利率による引直し計算の結果として過払金が発生しているとしても、貸金業者に対して過払金の返還を請求することができないということになる余地がある。また、これらの調停ないし調停に代わる決定について借主の側に錯誤があったとしても、そもそも錯誤を主張することができるか否か、仮に主張することができるとしても和解の効力に関する民法696条との関係をどのように考えるべきか、さらには、これらの調停条項が公序良俗違反になるのか、などの問題も生ずる。

そこで、本稿では、これらの問題点について中心的に論ずることを目的とする。

II 調停条項と公序良俗違反

確認条項および清算条項を含む特定調停が公序良俗違反になるか否かが争われた事案として、最判平成27年9月15日[3]がある。そこで、まずこの事案の概要を紹介し、第1審および原審の判断、ならびに最高裁の判旨を引用したあとで、若干の検討を行う。

1 事案の概要

(1) Xは、貸金業者であるA株式会社との間で、継続的に金銭の借入れとその弁済が繰り返される金銭消費貸借に係る基本契約を締結し、これに基づき、昭和62年9月16日に20万円を借り入れ、同日から平成14年4月1日までの間、借入れと返済を繰り返してきた（以下、「A取引」という。これは、

---

3) 集民250号47頁、裁時1636号1頁、判時2281号98頁、判タ1418号96頁、金法2040号76頁に掲載されている。
調査官解説として、髙原知明・ジュリ1489号（2016）93頁がある。判例評釈として、中崎隆・月刊消費者信用2015年12月号34頁、堀清史・判例セレクト2015［II］35頁、磯村保・平成27年度重判解69頁、垣内秀介・同書135頁、岡田好弘・新・判例解説Watch 19号（2016）181頁、平野裕之・判評692号〔判時2302号〕（2016）159頁、等がある。

第1審および原審でいう「本件取引1」のことである）。この基本契約で定められた利息の利率は、利息制限法所定の制限利率を超えるものであった。

　(2)　Xは、平成14年4月25日、Aを相手方として、N簡裁に対し、特定調停法に基づいて特定調停の申立てを行った。同年6月14日、X・A間で特定調停が成立した（以下、「本件調停」という。これは、第1審および原審でいう「本件調停1」のことである）。本件調停の「申立ての表示」欄には、「XとAとの間の平成10年3月11日締結の金銭消費貸借契約に基づいて、XがAより同日から平成14年3月20日までの間に18回にわたって借り受けた合計金207万8322円の残債務額の確定と債務支払方法の協定を求める申立て」との記載がある。また、本件調停の「調停条項」欄には、「Xは、Aに対し、借受金の残元利金合計44万4467円の支払義務のあることを認める」旨の条項（以下、「本件確認条項」という）、「Xは、Aに対し、本調停の席上で7467円を支払い、残金43万7000円を23回の分割払いで支払う」旨の条項、および、「XとAは、本件に関し、本件調停の調停条項に定めるほか、XとAとの間には何らの債権債務のないことを相互に確認する」旨の条項（以下、「本件清算条項」という）の記載がある。

　(3)　本件確認条項において確認されたXのAに対する残債務額は、本件調停の調停調書の「申立ての表示」欄に記載された借受けおよびこれに対する返済を利息制限法所定の制限利率に引き直して計算した残元利金の合計額を超えないものであった。もっとも、A取引全体の借受けおよび返済を利息制限法所定の制限利率に引き直して計算すると、本件調停が成立した時点で、過払金234万9614円および法定利息2万7621円が発生していた。

　(4)　Xは、本件調停に従い、平成14年6月14日から平成16年5月10日までの間、Aまたは平成15年1月1日にAを吸収合併したY株式会社に対して、返済を行った。

　(5)　Xは、貸金業者であるB株式会社との間でも継続的に金銭の借入れとその弁済が繰り返される金銭消費貸借に係る基本契約を締結し、これに基づき借入れと返済を繰り返してきた（これは、第1審および原審でいう「本件取引2」のことである）。この基本契約で定められた利息の利率も、利息制限法所定の制限利率を超えるものであった。この取引のうち平成8年11月15日以降の借受けおよび返済（以下、この部分の取引を「B取引」という）を利息制限法所

定の制限利率に引き直して計算すると、平成24年5月31日時点で、過払金30万4217円および法定利息15万8555円が発生していた。なお、Xは、平成14年4月25日にこの取引に関してN簡裁に特定調停の申立てを行い、同年6月14日に特定調停が成立した（これは、第1審および原審でいう「本件調停2」のことである）。また、Bは、平成15年1月1日にYに吸収合併された。

(6) Xは、Yに対して、過払金の返還として533万5065円およびうち354万4715円に対する平成24年6月1日から支払済みまで年5分の割合による金員の支払いを求めて本件訴えを提起した。これに対して、Yは、本件調停に関しては、本件清算条項によりYのXに対する不当利得返還債務は存在しないと主張して、Xの請求を争った（その他の争点については省略する）。

2　第1審および原審の判断

(1) **第1審の判断**　第1審（東京地判平成25年2月28日金法2040号85頁）は、「本件調停1は、実際には、Xに、前記のとおり過払金返還請求権が発生しており、残債務は存在しないにもかかわらず、Xの債務を認めたものであり、本件調停1の効力を認めることは利息制限法に反することになるから、本件調停1は、公の秩序に反するものとして無効である。なお、本件調停1の清算条項（調停条項6項）は、Xに残債務があることを前提として、当事者双方の間に債権債務がないことを確認しているものであって、当該清算条項のみを有効と解するのは相当でないから、本件調停1は全体として無効である。」と判示して、本件調停による過払金返還債務の消滅を否定し、465万4700円およびうち309万8298円に対する平成24年6月1日から支払済みまで年5分の割合による金員の支払いを求める限度でXの請求を認容し、Xのその余の請求を棄却した。これに対して、Yが控訴した。

(2) **原審の判断**　原審（東京高判平成25年6月19日金法2040号82頁）は、「Xが本件調停1の際にYから取引履歴を開示されたことを認めるに足りる証拠はなく、本件調停1の成立した平成14年6月14日に7467円を弁済する前の時点で、……過払金元本234万9614円及び過払利息2万7621円が生じていたにもかかわらず、本件調停1の調停条項3項において、代理人弁護士のないXが本人として、Yに対し借受金債務42万8819円及び未払利息1万5648円の合計44万4467円の支払義務があることを認めていることか

らすると、同条項は公序良俗に反し無効であるというべきである。さらに、本件調停1の清算条項（調停条項6項）についても、Xに残債務があることを前提として、当事者双方の間に債権債務がないことを確認しているものであって、当該清算条項のみを有効とするのは相当ではないから、同条項も無効であるというべきである。」と判示して、Yの控訴を棄却した。これに対して、Yが上告受理の申立てをして、これが受理された。

3　最高裁の判旨

　「本件調停は特定調停手続において成立したものであるところ、特定調停手続は、支払不能に陥るおそれのある債務者等の経済的再生に資するため、債務者が負っている金銭債務に係る利害関係の調整を促進することを目的とするものであり、特定債務者の有する金銭債権の有無やその内容を確定等することを当然には予定していないといえる。本件調停における調停の目的は、A取引のうち特定の期間内にXがAから借り受けた借受金等の債務であると文言上明記され、本件調停の調停条項である本件確認条項及び清算条項も、上記調停の目的を前提とするものであるといえる。したがって、上記各条項の対象であるXとAとの間の権利義務関係も、特定債務者であるXのAに対する上記借受金等の債務に限られ、A取引によって生ずるXのAに対する過払金返還請求権等の債権はこれに含まれないと解するのが相当である。そして、本件確認条項は、上記借受金等の残債務として、上記特定の期間内の借受け及びこれに対する返済を利息制限法所定の制限利率に引き直して計算した残元利金を超えない金額の支払義務を確認する内容のものであって、それ自体が同法に違反するものとはいえない。また、本件清算条項に、A取引全体によって生ずるXのAに対する過払金返還請求権等の債権を特に対象とする旨の文言はないから、これによって同債権が消滅等するとはいえない。以上によれば、本件確認条項及び本件清算条項を含む本件調停が、全体として公序良俗に反するものということはできない。」

　最高裁は、A取引が終了した平成14年6月14日までに発生した過払金返還請求権等は本件清算条項等によって消滅したとはいえないが、同日以降の支払いは法律上の原因がないとはいえず、過払金返還請求権等が発生したとはいえないとして、401万0493円およびうち265万3831円に対する平成24年6月1日から支払済みまで年5分の割合による金員の支払いを求める

限度でXの請求を認容し、Xのその余の請求を棄却した（破棄自判）。

4　若干の検討

(1)　調停条項の効力　　(a)　第1審および原審は、A取引の全期間の取引履歴から過払金返還請求権が発生していることが判明したという「事後的事情を重視」[4]して、本件確認条項を無効であると解したものと思われる。

ここで、調停条項の有効性は、調停調書の解釈に依拠して判断されるものであり、調停調書の解釈[5]は、調停調書に記載された調停条項の文言のみならず、調停成立の前後に現れた諸般の事情をも考慮に入れて、客観的かつ合理的に、調停における合意の内容を探求することによって、行われるべきであるとされる[6]。とすれば、調停における「申立ての表示」欄の記載も、当然のことながら考慮事項に含まれるというべきである。

そして、本件調停の「申立ての表示」によると、本件調停は、A取引の全期間ではなく、平成10年3月11日から平成14年3月20日までの間という特定の期間のみを対象としているにすぎないということが分かる。このような期間の限定について、本件調停が成立した平成14年当時は、貸金業者がすべての取引履歴を開示していたわけではなく、簡裁における特定調停の実務でも、調停合意を適正妥当な範囲に限定することを意図して、開示された取引履歴を利息制限法所定の制限利率に引き直して計算することで特定債務者の残債務を圧縮する一方で、争いのある過払金返還請求権については調停の対象外とし、別途支払いを求める余地を残すという運用が行われていたとされ、「平成14年当時における特定調停実務における典型的解決であった」と評されている[7]。すなわち、本件調停がA取引の特定の期間のみを

---

4)　髙原・前掲注3) 94頁。
5)　小山昇・民事調停法［新版］（有斐閣・1977) 279頁以下、梶村太市＝深沢利一・和解・調停の実務［補訂版］（新日本法規出版・2007) 560頁以下〔梶村〕等を参照。
6)　最判昭和40年12月7日集民81号337頁は、「調停の有効無効は、調書の文言のみに拘泥せず、一般法律行為の解釈の基準に従ってこれを判定すべきものである」と判示する（最高裁判所事務総局民事局編・民事調停法逐条解説（法曹会・1970) 54頁も同旨）。
　なお、裁判上の和解に関しても、「裁判上の和解の内容および効力については、原則として、和解調書に記載されたところから、これを判断すべき」である（最判昭和46年12月10日判時655号31頁）が、その「有効無効は、和解調書の文言のみに拘泥せず一般法律行為の解釈の基準に従ってこれを判定すべき」である（最判昭和31年3月30日民集10巻3号242頁）とされる。
7)　この点は、髙原・前掲注3) 94頁に負う。なお、岡田・前掲注3) 182頁も参照。

対象としたこと自体は、別に非難されるべき事柄ではないと解することができる。そして、そうであれば、本件の調停条項の解釈においても、本件確認条項および本件清算条項が限定された期間内でのみ適用されるものにすぎないということを前提にしなければならないであろう。

　(b)　さらに、最高裁によると、本件確認条項において確認されたXのAに対する残債務額は、この限定された期間内の借受けおよびこれに対する返済を利息制限法所定の制限利率に引き直して計算した残元利金の合計額を超えないものであったというのである。上述のように、本件の調停条項が限定された期間内でのみ効力を有するものであるということを念頭に置く以上は、本件確認条項が利息制限法に違反するものとはいえないとする最高裁の見解も首肯することができよう。

　(c)　なお、第1審および原審は、本件確認条項を無効としつつ本件清算条項のみを有効とするのは相当でないとして、本件清算条項を含む本件調停が全体として無効であると判示している。確かに、残債務の存在を認める本件確認条項と、他には何らの債権債務がないことを相互に確認する本件清算条項の密接関連性に鑑みれば、一方が無効であるのに他方は有効であるとするのは、いかにも不合理であろう。その意味で、本件確認条項を無効と解する以上は本件清算条項もまた無効であるとする第1審および原審の判断は、その限りでは一貫性があるということができよう。ただし、上述のように、本件の調停条項においては、本件確認条項も本件清算条項も、A取引の全期間ではなく、特定の期間のみを対象としているにすぎない[8]というのであるから、本件確認条項が利息制限法に違反しないと解する場合には、本件清算条項[9]もまた利息制限法に違反するものではないと解するのが妥当であ

---

8) 和解や調停では、当事者間には債権債務が存在しないことを確認する旨の清算条項が含まれることが多い。しかし、その理論的な解明は現在でもあまり進んでいないように思われる。清算条項に関する文献として、石川明＝梶村太市編・民事調停法（青林書院・1985）466頁以下〔塚原朋一〕、梶村＝深沢・前掲注5）631頁以下〔深沢〕、後藤勇＝藤田耕三編・訴訟上の和解の理論と実務（西神田編集室・1987）453頁以下〔遠藤賢治〕、濱口浩「和解条項中の清算条項の解釈と問題点」判タ860号（1995）30頁以下等を参照。

9) 和解や調停における清算条項を訴訟物に関するものに限定する場合、実務では「本訴請求に関し」や「本件に関し」と表示するのが一般的である（濱口・前掲注8）32頁・44頁以下、遠藤賢治・事例演習 民事訴訟法［第3版］（有斐閣・2013）134頁等参照）。ただし、清算条項の解釈が「本件に関し」の文言の有無だけで決まるわけではなく、合意に至る経緯その他の個別的な事情をも鑑みなければならないというのが、最高裁の趣旨であろう。この点につき、髙原・前掲注3）95頁、垣内・前掲注3）136頁。

る[10]。したがって、本件確認条項が無効ではないと解する以上は、本件清算条項もまた無効ではないと解すべきである[11]。

(2) 利息制限法違反と公序良俗違反　ところで、第１審および原審は、調停成立の時点で過払金返還請求権が発生しており、残債務は存在しないにもかかわらず、Xの債務を認めた点で、本件確認条項が利息制限法に違反しており、公序良俗に反するとして無効であると判示している[12]。ここでいう「公序良俗」について、条文の引用がないために明確とはいえない[13]が、おそらく民法90条に規定する公序良俗違反のことを想定していたと思われる。とすれば、第１審および原審は、利息制限法違反から直接的に民法90条の公序良俗違反を導いているということができよう。

この点、従来の通説は、強行法規による内容規制と公序良俗による内容規制を区別し、両者で根拠規定が異なるとする、いわゆる二元論[14]であり、この見解を前提とすれば、利息制限法違反から直接的に民法90条の公序良俗違反を導くことにはならないはずである。もっとも、近時は、強行法規に反する法律行為の無効が公序良俗違反の法律行為を無効とする民法90条から導かれるとする、いわゆる一元論[15]が有力に主張されている[16]。第１審および原審は、この問題につき一元論を採用すると明言しているわけではないが、

---

10)　なお、髙原・前掲注３）95頁が、最高裁は本件清算条項の記載を「例文にとどまると解したものと思われる」と述べたのに対して、磯村・前掲注３）70頁は、「これを例文解釈の問題として位置づけるのは適切とはいえないであろう」と批判する。しかし、髙原調査官の記述の意図は、その少し後で述べられている、最高裁が「清算条項の解釈に関する何らかの一般的指針を示したものではない」という点にあったのではなかろうか。

11)　なお、調停に代わる決定における清算条項が、そもそも過払金返還請求権を対象としてはいなかったという理由で、特定債務者の過払金返還請求を認めた事案として、大阪地判平成18年９月13日（平17年（ワ）7103号、LEX/DB25437109）、福岡高判平成24年９月18日判タ1384号207頁、福岡高宮崎支判平成25年５月29日（平24年（ネ）312号・平25年（ネ）9号、LEX/DB25502196）、東京地判平成26年10月23日（平25年（ワ）29681号、LEX/DB25521891）、等がある。

12)　調停に代わる決定が公序良俗に反するかが争点となった裁判例として、大分地判平成19年12月17日判タ1270号320頁、東京地判平成24年３月28日（平22年（ワ）15471号、LEX/DB25492653）がある（両判決とも、公序良俗違反を否定している）。

13)　磯村・前掲注３）70頁。

14)　我妻榮・新訂民法総則（岩波書店・1965）262頁以下、近江幸治・民法講義Ⅰ　民法総則［第６版補訂］（成文堂・2012）179頁以下等。

15)　山本敬三・民法講義Ⅰ　総則［第３版］（有斐閣・2011）253頁以下等。

16)　この問題については、川島武宜＝平井宜雄編・新版注釈民法(3) 総則(3)（有斐閣・2003）108頁以下〔森田修〕、大村敦志・基本民法Ⅰ　総則・物権総論［第３版］（有斐閣・2007）61頁以下等も参照。

その判示内容からすると、近時の有力説である一元論を前提としているものと解される。

とはいえ、強行法規と任意法規を区別する基準自体が明確ではなく、強行法規違反を理由とする無効の判断基準としては、規定の趣旨、違反行為に対する社会の倫理的非難の程度、一般取引に及ぼす影響、当事者間の信義・公正などを詳細に検討して総合的に判断するしかないと考えられる[17]ため、一元論と二元論の違いは、それほど大きくないとの評価もある[18]。

これに対して、最高裁は、本件調停条項との関係では利息制限法違反を認めなかったために、本件では強行法規違反と公序良俗違反の関係の問題は生じていないことになる。かくして、最高裁は、この問題については何も言及していない。

（3）**結語**　以上のように考えてくると、本件確認条項および本件清算条項を含む本件特定調停が、全体として公序良俗に反するものということはできないとする最高裁の結論には、賛成することができる。

（4）**最高裁判決の射程**　最後に、最高裁判決の射程であるが、本件のような特定調停のほか、民事調停、債務弁済協定調停や、調停に代わる決定については及ぶといってよいであろう。それに対して、その他の裁判外紛争解決制度（ADR）一般（とりわけ裁判外の和解契約ないし裁判上の和解）については、当然には及ぶわけではないと解するのが妥当である[19]。もっとも、条項の解釈方法に関して、条項の文言のみならず諸般の事情を考慮すべきであるとする最高裁の判断自体は、その他の裁判外紛争解決制度においても汎用性を有する事項であるから、最高裁判決の重要性に変わりはないといえる[20]。

---

17) 我妻・前掲注14）264頁以下、大村・前掲注16）67頁、山本・前掲注15）259頁以下等。
18) 岡本裕樹・判評645号〔判時2160号〕（2012）149頁。なお、「消費貸借上の貸主が、借主の窮迫、軽卒（ママ）もしくは無経験を利用し、著しく過当な利益の獲得を目的としたことが認められない限り、利息が月1割と定められたという一事だけでは、この約定を公序良俗に反するものということはできない（判決要旨）」とした最判昭和32年9月5日民集11巻9号1479頁も参照。
19) なお、訴訟外の和解契約が公序良俗違反にならないとした裁判例として、大阪高判平成22年6月17日判タ1343号144頁、東京高判平成23年9月9日金法1946号136頁（評釈として、岡本・前掲注18）148頁以下）、東京地判平成27年9月7日（控訴審）（平27年（レ）481号、LLI/DB L07031051）、東京地判平成27年12月25日（控訴審）（平27年（レ）184号、LLI/DB L07031286）、等がある。
　また、裁判外の和解契約が過払金返還請求権についての争いを対象とするものではないという理由から和解の効力を否定した裁判例として、東京高判平成27年10月15日判タ1419号135頁がある。
20) 髙原・前掲注3）95-96頁、磯村・前掲注3）70頁、垣内・前掲注3）136頁、岡田・前掲注

III　調停に代わる決定と錯誤

1　問題の所在

　近時、特定調停において調停に代わる決定がなされ、当該決定が確定した後に、特定債務者が当該決定は錯誤により無効であると主張して、貸金業者に対して過払金の返還を求めるという事案が報告されている。

　すなわち、ここでの事案に共通する一般的な事件経過は、次のとおりである。貸金業者との間で継続的に金銭の借入れとその返済が繰り返される金銭消費貸借に係る基本契約を締結した債務者が、特定調停法に基づいて特定調停の申立てを行った。受調停裁判所は、「当事者双方には他に債権債務がないことを相互に確認する」旨の清算条項を含む調停に代わる決定をした。当該決定は、当事者からの異議（民調18条）が申し立てられなかったために、確定した。しかし、その後、特定債務者が、借受けおよびこれに対する返済を利息制限法所定の制限利率に引き直して計算したら過払金が発生しており、当該調停に代わる決定は錯誤により無効である（民95条本文）[21]から、特定債務者は貸金業者に対して過払金の返還を請求することができると主張して、訴えを提起した。

　そこで、調停に代わる決定に対して、当事者はそもそも錯誤を主張することができるか否かが、まず問題となる。

2　見解の対立

　(1)　錯誤否定説　調停に代わる決定に対して、当事者は錯誤を主張することができないとする裁判例が、数多く存在する[22]。その根拠については、

　　3）184頁。
　21）民法95条については、民法（債権関係）改正法案において、大々的な改正が予定されている。その詳細に関しては、潮見佳男・民法（債権関係）改正法案の概要（金融財政事情研究会・2015）6頁以下を参照。
　22）東京地判平成16年12月10日（平16年（ワ）15017号、LLI/DB L05935016）、東京地判平成23年12月15日（平23年（ワ）5656号、LEX/DB25490086）、東京地判平成24年1月16日（平22年（ワ）45093号、LEX/DB25491156）、東京地判平成24年2月8日（平22年（ワ）3545号、LEX/DB25491880）、東京地判平成24年3月14日（平22年（ワ）1120号、LEX/DB25492640）、東京地判平成24年3月27日（平23年（ワ）17887号、LEX/DB25493418）、東京地判平成24年3月28日（平22年（ワ）15471号、LEX/DB25492653）、東京地判平成24年8月23日（平23年

ほぼ共通しているといえるので、ここでは、裁判例の中でも詳細な理由づけをしている大分地判平成19年12月17日（判タ1270号320頁。控訴審)[23]の判旨を引用しておこう。

　「Xは、本件調停事件当時、過払状態であることを知らず、それについて調停委員から十分な説明を受けないまま、本件17条決定に対して異議を述べなかったものであり、過払いについて認識していればこれを受け入れることはなかったから、本件17条決定は錯誤により無効であると主張する。
　しかしながら、そもそも、民法95条本文は、法律行為の要素に錯誤のある意思表示を無効とする規定であるところ、17条決定は裁判であり、裁判は裁判機関がその判断又は意思を法定の形式で表示する訴訟行為であって、当事者の意思表示を要素とする法律行為ではない。また、17条決定は当事者又は利害関係人の異議申立てによって失効するから（民事調停法18条2項〔筆者注：現民調18条4項〕）、その効力発生は当事者の意思に委ねられているということができるが、このことは、17条決定が当事者の意思表示を要素とすることを意味するものではない。
　そうすると、仮に、調停事件に関し当事者に何らかの錯誤があったとしても、当事者の意思表示を要素としない17条決定が、当該錯誤により無効となることは法的に見てあり得ないというべきである。
　したがって、17条決定が当事者の錯誤により無効となる余地があることを前提とするXの主張は、失当といわざるを得ない。」

(2)　錯誤肯定説　　(a)　調停に代わる決定に対して、当事者は（直接適用

　　（ワ）35351号、LEX/DB25496496)、東京地判平成24年10月31日（平24年（ワ）6242号、LEX/DB25498173)、東京地判平成25年1月17日（平24年（ワ）14381号、LEX/DB25510385)、東京地判平成25年2月20日（平24年（ワ）3820号、LEX/DB25511267)、東京地判平成25年6月27日（平24年（ワ）33341号、LEX/DB25513345)、東京地判平成25年9月17日（平24年（ワ）11968号、LEX/DB25515185)、東京地判平成25年9月19日（平24年（ワ）15074号、LEX/DB25515019)、東京地判平成25年9月20日（平24年（ワ）24350号、LEX/DB25514931)、東京地判平成25年10月25日（平24年（ワ）15797号、LEX/DB25515452)、東京地判平成25年12月9日（平24年（ワ）36968号、LEX/DB25516847)、東京地判平成26年4月25日（平25年（ワ）31853号、LEX/DB25519407)、東京地判平成26年5月13日（平25年（ワ）20899号、LEX/DB25529530)、東京地判平成26年5月20日（平24年（ワ）33807号、LEX/DB25519621)、東京地判平成26年6月13日（平24年（ワ）36548号、LEX/DB25520097)、東京地判平成26年9月30日（平25年（ワ）23193号、LEX/DB25521776)、等がある。なお、澤野ほか・前掲注2) 27頁によると、この他にも、東京高判平成22年6月29日および東京高判平成22年12月1日（いずれも公刊物未登載）があるようである。

23)　なお、この判決の上告審である福岡高判平成20年4月15日（平20年（ツ）13号）も、「本件決定について錯誤無効を認めなかった原判決の判断は相当」であると判示して、上告を棄却している。福岡高判については、田中教雄・金判1336号（2010）106頁による。

か類推適用かは措くとしても）民法 95 条の錯誤を主張することができるとする裁判例も、かなりの数が存在する[24]。その根拠については、ほぼ共通しているといえるので[25]、ここでは、裁判例の中でも詳細な理由づけをしている福岡高判平成 24 年 9 月 18 日（判タ 1384 号 207 頁）の判旨を引用しておこう。

「17 条決定自体は、その規定から明らかなとおり、当事者の意思から独立して裁判所によりなされる決定である。
　しかし、①17 条決定は、当事者の互譲及び合意を前提とする民事調停制度における手続であること、②17 条決定をするに当たっては、当事者双方のために衡平に考慮し、一切の事情を見て、事件の解決のために必要な決定をすることができる旨定められており、権利義務関係の存否の判断を目的とする訴訟手続における判決等とは異なることに加え、③取下げ等なき限り、当事者の意思にかかわらず何らかの法的効力が生じる判決及び決定等とは異なり、17 条決定は、当事者又は利害関係人から所定期間内に異議が申し立てられた場合にはその効力を失う旨定められていること（民事調停法 18 条 2 項〔筆者注：現民調 18 条 4 項〕）からすれば、17 条決定は、裁判所による最終的な調停案の提示であり、これに対する異議申立てをしないとの当事者等の消極的合意を停止条件として裁判上の和解と同一の効力を生じる制度、すなわち和解と同様、当事者等の合意に基礎を置いた紛争解決のための制度であると解するのが相当であり、これについても、和解と同様に錯誤等の適用があるものと解するのが相当である（なお、上記 18 条 2 項〔筆者注：現 18 条 4 項〕によれば、17 条決定に対する当事者等の異議は解除条件であるかのようにも読めるが、同 3 項〔筆者注：現 18 条 5 項〕において、所定期間内に異議の申立てがないときは、17 条決定は、裁判上の和解と同一の効力を有する旨規定していることからすれば、上記のとおり停止条件と解するのが相当である。）。」

24）　和歌山地新宮支判平成 18 年 5 月 25 日消費者法ニュース 69 号 103 頁、那覇地判平成 19 年 5 月 9 日消費者法ニュース 72 号 146 頁、高松高判平成 21 年 9 月 10 日消費者法ニュース 87 号 49 頁、名古屋簡判平成 23 年 3 月 23 日消費者法ニュース 88 号 160 頁、長野簡判平成 23 年 5 月 16 日消費者法ニュース 88 号 162 頁、玉島簡判平成 23 年 8 月 19 日消費者法ニュース 91 号 75 頁、東京地判平成 24 年 4 月 25 日消費者法ニュース 92 号 136 頁、東京地判平成 25 年 1 月 17 日（平 23 年（ワ）29251 号、LLI/DB L06830195）、岐阜地多治見支判平成 25 年 9 月 17 日消費者法ニュース 98 号 245 頁、大分地判平成 25 年 11 月 19 日消費者法ニュース 98 号 250 頁、東京地判平成 26 年 6 月 27 日（平 26 年（ワ）4790 号、LEX/DB25520294）、東京地判平成 27 年 2 月 23 日（平 26 年（ワ）23125 号、LEX/DB25523780）、等がある。
25）　これに対して、異議の申立てがされなかった 17 条決定について無効を主張しようとする当事者は、同決定が無効であることを確認する訴えを提起するか、同決定の無効を前提として調停手続の続行期日の指定を求めるなどする必要があるとした裁判例として、東京地判平成 24 年 6 月 14 日（平 23 年（ワ）38245 号、LEX/DB25494961）がある。

(b) もっとも、この説によると、関連する問題として、17条決定が確定すると裁判上の和解と同一の効力を有する（民調18条5項）ところ、錯誤の主張を認めることは和解の効力に関する民法696条に反するのではないかという問題に答えなければならなくなる[26]。

この点につき、前掲注24）掲記の東京地判平成24年4月25日は、次のように判示している[27]。

「和解契約には民法696条の確定効が存するが、同条の規定は、当事者が和解によってやめることを約した争いの目的たる権利について錯誤がある場合に適用があるにとどまり、かかる争いの目的とならない事項であって和解の要素をなすものについて錯誤がある場合には、同条の適用はなく、同法95条によって和解契約の効力を決することになる（大審院大正6年9月18日第一民事部判決・民録23輯1342頁参照）」「Xは、本件決定時において、真実はYに対する残債務は存在せず、逆に不当利得返還請求権が発生していたにもかかわらず、金銭消費貸借契約に基づく債務合計21万4784円の支払義務があると誤信していたから錯誤があったと主張するものであるが、Xの主張する上記錯誤は、金銭消費貸借契約に基づく残債務の確定という本件決定によってやめることとした争いの目的たる権利に関するものではなく、その不存在及び不当利得返還請求権の発生という本件決定において争いの目的となっていなかった事項であり、かつ、争いの前提として本件決定の要素をなすものである。したがって、

---

26) もっとも、前掲注24）の裁判例のうち、和歌山地新宮支判平成18年5月25日、那覇地判平成19年5月9日、高松高判平成21年9月10日、名古屋簡判平成23年3月23日、長野簡判平成23年5月16日、玉島簡判平成23年8月19日、東京地判平成26年6月27日は、この問題に言及していない。

27) 前掲注24）の裁判例のうち、同様の判断をしたものとして、岐阜地多治見支判平成25年9月17日、大分地判平成25年11月19日がある。
　なお、前掲注11）の福岡高判平成24年9月18日は、「仮に錯誤無効を認める余地があるとしても、民法696条（和解の効力）が適用される旨」の貸金業者の主張について、「本件決定がなされた経緯に鑑み、本件清算条項には過払金についての債権債務は含まれないと解するのが相当である。」と判示している。しかし、そうであれば、そもそも17条決定が錯誤により無効か否かを論じる必要はなく、したがって民法696条との関係も問題とならないはずである。よって、福岡高裁の判示では、この問題に対する応答にはなっていないといわざるを得ない。
　また、前掲注24）の東京地判平成27年2月23日は、「Xは、本件決定当時、過払金の発生を十分予想し得たのであるから、本件決定は、YのXに対する貸金債権のみを清算の対象としたものではなく、XのYに対する過払金返還債権もその清算の対象としたと解するのが相当であり、……本件決定は、XのYに対する過払金返還債権も清算対象としており、これについても和解の効力（民法696条）が及ぶと解されるから、もはやXは、本件決定の錯誤無効を主張して当時存在した過払金の返還を求めることはできない」と判示する。しかし、この判示からすると、Xはそもそも錯誤には陥っていなかったということになるから、民法696条が適用されるのは、ある意味当然のことなのではなかろうか。

上記錯誤の点は、民法696条ではなく同法95条によって決せられるものというべきである」。

3 若干の検討

(1) 調停本質論との関係　この問題を検討するに当たっては、まず調停に代わる決定の性質論を確認しておく必要がある。そして、そのためには、いわゆる調停本質論についても触れておくべきであろう。

調停本質論、すなわち民事調停の本質が合意か裁判かという問題は、古くから議論されており[28]、調停手続における当事者の任意の合意を調停の本質とみる調停合意説と、調停は当事者の合意を調書に記載する裁判であるとする調停裁判説が対立している。そして、調停合意説によれば、調停に代わる決定は、調停解決案を裁判所が提示したにすぎないという考え方に親和的であるのに対して、調停裁判説によれば、調停に代わる決定は、まさに裁判所による裁判であるという点が強調されることになる[29]。

もっとも、このような捉え方は一面的なものにすぎず、調停合意説であっても、調停に代わる決定は「決定（裁判）」という形で裁判所によってなされるものであり、当事者の合意が要件とされているわけではないし、逆に調停裁判説であっても、この決定に対して当事者が異議を申し立てればすぐにその効力が失われる（民調18条4項）以上、当事者が納得しないような決定を出しても無意味であるから、裁判所としては事件の解決のために必要な調停解決案を当事者に提示するという側面があることを否定することはできない。したがって、とりわけ調停に代わる決定に関しては、裁判所による当事者に対する調停解決案の提示という側面と、裁判所による裁判という側面の両方を有しているということを前提としなければならないように思われる[30]。

とすれば、この問題を検討するに当たって、調停に代わる決定の性質論または調停本質論から結論を直接的に導くことは妥当でないというべきである。

(2) 異議の申立てとの関係　(a) 次に、調停に代わる決定は、当事者ま

---

28) 石川＝梶村編・前掲注8) 20頁以下〔佐々木吉男〕、梶村＝深沢・前掲注5) 194頁以下〔梶村〕、山本和彦＝山田文・ADR仲裁法［第2版］（日本評論社・2015) 156頁以下〔山田〕等を参照。
29) 石川明＝梶村太市編・注解民事調停法［改訂］（青林書院・1993) 238頁〔梶村〕。
30) 石川＝梶村編・前掲注29) 239頁〔梶村〕参照。

たは利害関係人が、異議申立期間内に適法な異議の申立てをしなかった場合に、裁判上の和解と同一の効力を有する（民調18条5項）が、この当事者が異議を述べなかったという点をどのように評価すべきかが問題となる。

　すなわち、錯誤肯定説は、当事者が異議を述べないことは当事者による消極的な合意（意思表示）であり、調停に代わる決定においても当事者の合意が前提となるという点で、積極的な合意を要件とする和解または調停との類似性を見い出しているものと思われる。

　確かに、実務における調停に代わる決定の多くは、相手方である業者が遠隔地にあるため等の理由で期日に出頭しないものの、実際には欠席者は調停案に異議を述べないという了解の下でなされているといわれている[31]。とすれば、本来的には調停における当事者間の合意が成立する（民調16条）ところを、諸般の事情から調停に代わる決定を「借用」しているにすぎないということができるのかもしれない。

　しかしながら、調停に代わる決定の条文上の要件は、「調停委員会の調停が成立する見込みがない場合において相当であると認めるとき」（民調17条前段）であって、すべての調停に代わる決定に当事者の消極的な合意があるとは限らない。すなわち、理論的には、たとえ当事者が合意していなくても、民事調停法17条の要件を満たす場合には、裁判所は調停に代わる決定をすることができるのであって、この場合に消極的にせよ当事者の合意を擬制することはかなり問題があるといわなければならないであろう。よって、調停に代わる決定の要素として当事者による消極的な合意（意思表示）が常にあるということはできず、この点で錯誤肯定説の理由付けには疑問があるというべきである。

　　(b)　また、仮に当事者による消極的な合意をもって当事者の意思表示とみることができるとしても、ここでの「合意」は、調停に代わる決定に対して異議を述べないということを内容とするものであるから、これは調停の相手方ではなく、裁判所に対して向けられていると解さなければならない。さらに、錯誤肯定説によれば、錯誤の対象は、「決定の内容に反して過払金が発生していた」ことではなく、「過払金が発生していたにもかかわらず清

---

[31]　山本 = 山田・前掲注28) 209頁〔山本〕。

算条項が含まれている調停に代わる決定に対して異議を述べなかった」ことであると解するのが、論理的であると思われる。そうだとすると、これが類推適用とはいえ民法95条の錯誤と類似性を有するといえるかは、疑問の余地があるというべきなのではなかろうか。

（3）　**結語**　以上より、調停に代わる決定に対して当事者は錯誤を主張することができないとする錯誤否定説が妥当であると解する。

Ⅳ　おわりに

過払金返還請求訴訟が社会問題化した現在、特定調停手続においても、過払金の発生の可能性を念頭に置いた上で調停ないし調停に代わる決定がなされることになるであろう。とすれば、本稿で検討したような事態は、今後はそれほど生じないのかもしれない。とはいえ、調停条項の解釈等に関して、本稿が今後の参考になれば幸いである。

【付記】
　上野㤗男先生には、筆者が大学院の修士課程で先生の講義を受けた時から、研究会その他の折に御指導を頂いている。また、筆者の初任地が上野先生と同じく名城大学であることに、勝手ながら先生との御縁を感じるとともに、昔の大学の事情等を先生からお伺いすることができたことは大変貴重であった。
　上野先生の学恩にお応えするにはあまりに拙く、判例評釈の域を出ないものであることは十分自覚しているが、先生の益々の御健勝をお祈りして、謹んで本稿を捧げる次第である。
　脱稿後、最判平成27年9月15日の判例評釈として、河崎祐子・リマークス54号（2017）122頁に接した。

ADR 和解への執行力付与に関する総論的検討
―― UNCITRAL 国際商事調停和解の執行に関する審議からの示唆

◆山田　文◆

 I はじめに
 II ADR 和解への執行力付与に関する現在の状況
 III 執行力消極論の理由と対応可能性
 IV 執行拒絶事由の検討
 V おわりに

I　はじめに

　国際商事紛争の解決方法として、現在主流をなしているのは国際仲裁であるが、その手続の複雑化、それにともなう長期化・高額化への対応として、国際商事調停の利用が増加している。この傾向は、英米法圏を中心とする近時の調停利用の多さ、EU における調停の利用促進の動き[1]、またアジアにおける伝統的な調整型の紛争解決方法[2]の利用傾向とも合致する。

　もっとも、日本を含めて多くの法圏において、仲裁判断には執行力が認められる（仲裁 45 条 1 項）が、調停による和解には直接的には執行力は認められていない。法圏により、裁判所が極めて簡易な手続で効力を認め執行力を付する法制もあるが、多くは、債権者が、和解によって解決されたと主張す

---

 1 ）　「民事及び商事事件における調停に係るいくつかの事項に関する 2008 年 5 月 21 日の指令」（Directive 2008/52/EC）参照〔抄訳〔垣内秀介〕は、山本和彦 = 山田文・ADR 仲裁法［第 2 版］（日本評論社・2015）47 頁所収）。本指令の対象は渉外紛争であったが、多くの加盟国は、国内紛争を含めて対象としつつ、この指令に基づく法制度を整備している。
 2 ）　同一の語を用いているが、英米法圏や EU が念頭においている「調停」（mediation, conciliation）が、少なくとも理念的には、当事者間の交渉を前提としているのに対し、日本を含むアジア法では、相対的には調停人の積極性がより強く、判断的要素もより強くみられる点で相違はあるように思われる。

る紛争について訴えを提起し、和解契約の存在を主張して給付判決を得るか、仲裁手続を利用して仲裁判断の形式を採る（仲裁 38 条 1 項・2 項）等の方法により、執行力のある債務名義を得る可能性が生ずるにとどまる。

このような状況は、国際仲裁において NY 条約等により仲裁判断に執行力が認められるのが一般化していることとの比較において、国際商事調停の利用促進の妨げとなっているとの認識が拡がりつつある。そこで、紛争解決制度の整備を通じて国際的な商取引の円滑化を目指す観点から、2014 年の UNCITRAL 総会（第 47 会期）において、作業部会 II（dispute resolution）に対して国際商事調停により生じた和解に執行力を付することの検討が諮問され、作業部会 II では 2015 年の第 63 会期から、執行力付与に関する法文書[3]（条約、モデル法、またはガイダンス文書）の草案作成作業が続けられている。

筆者は、この作業部会に政府代表として参加しているが、本稿は、同作業部会での議論を参照しつつ[4]、国内法において ADR 和解に執行力を付与するための立法論として総論的検討を試みるものである[5]。

II ADR 和解への執行力付与に関する現在の状況

1 国際商事調停の執行力

上述のように、UNCITRAL ではかねてより国際商事調停による和解への

---

[3] 作業部会 II で検討されている法文書（instrument）のタイトルは、"International commercial conciliation: preparation of an instrument on enforcement of international commercial settlement agreements resulting from conciliation" である。詳細は、http://www.uncitral.org/uncitral/commission/working_groups/2Arbitration.html において閲覧可能である。

[4] なお、UNCITRAL は、すでに UNCITRAL 調停規則（1980 年）、同国際商事調停モデル法（2002 年。以下、「モデル法」という）を採択し、国際商事調停に関するルールの統一化を図ってきた。このモデル法の検討時にも執行力付与が対象となったが、各国の議論が収束せず、同 14 条は、執行力付与について各国法制に委ねる旨を規定するにとどまる（三木浩一「UNCITRAL 国際商事調停モデル法の解説（9・完）」NBL 764 号（2003）46 頁。その後、モデル法の立法及び運用に関するガイド（Guide to Enactment and Use of the UNCITRAL Model Law on International Commercial Conciliation）が公表された。今回の作業部会 II の審議は、10 年余を経てモデル法 14 条の検討が再開されたという位置付けとなるが、この部分を単行法（条約またはモデル法）とする可能性も残っている。

[5] この問題に関しては、すでに複数の立法提案がなされており（徳田和幸ほか「シンポジウム ADR 法の改正課題」仲裁と ADR 9 号（2014）68 頁、とくに 86 頁以下〔濱田陽子報告〕、山本和彦「ADR 和解の執行力について(上)(下)」NBL867 号（2007）9 頁、868 号（2007）24 頁）、本稿も大きく影響を受けている。とくに前者のシンポジウムは、筆者も参加した研究会での成果をベースにしたものであって、内容的な重複も少なくない。

執行力付与につき検討を続けてきた。2002年採択の国際商事調停モデル法（前掲注4）参照）は、その14条で執行力に関しては各国法制に委ねているが、これは作業部会での慎重な審議の結果、成案が得られなかったことによる。この審議においては、主として次の3種類の立場が主張され、いずれにも議論が収束しなかったとされる[6]。すなわち、①和解合意への調停人の署名により、法的拘束力と執行力を付与する提案（日本等）、②調停人の署名により仲裁判断としての拘束力と執行力を付与する提案（中国、オーストラリア、メキシコ、シンガポール、カナダ、ドイツ等）、および③和解合意は契約としての拘束力を有するが、それに留まり、執行力については各国の契約一般の強制執行方法に委ねる（直接には執行力を付与しない）とする立場（イギリス、フランス、アメリカ、イスラエル等）である。

①は、債務者の和解内容の執行受諾の意思表示について、調停人が認証したものとみるならば、日本法上の執行証書に類した発想ということができ、②は、和解内容を仲裁判断とする場合（仲裁38条）に必要となる仲裁合意や仲裁人の選任につき当事者の合意の擬制を制度化するものと考えれば、和解仲裁に類した発想ということができる。

これらに対し、現在作業部会Ⅱで検討されているスキームは、債権者による執行を求める地の裁判所に対する和解合意への執行力付与の申立てと、これに対する裁判を中核としている。すなわち、②類型に近く、（和解合意を内容とする）仲裁判断に対する執行決定（仲裁46条）に類似した制度が想定されている。そのため、執行拒絶事由をどのように規定するかがクリティカルな論点となっている（後述）[7]。

なお、今次の作業部会の検討に先立ち、2008年、EUでは「民事及び商事事件における調停に係るいくつかの事項に関する2008年5月21日の指令」が発効した（前掲注1）参照）。その6条（「調停により成立した合意の執行力」）は、

---

6) 三木・前掲注4）51頁以下。
7) なお、国際商事調停については、一般的には「承認」の概念は適用されない（当該和解合意につき、準拠法上認められる法的効果を執行が求められた地の裁判所が認める場合、一般的には、実体法上の和解（契約）の効果を認めるにすぎない）ものと考えられる。ただし、訴訟手続において成立した和解（訴訟上の和解）や裁判所の承認を得た和解（民事調停法上の合意）等については、その内国法上の効果に鑑み、別途考える余地がある。日本法上の訴訟上の和解の承認可能性について、安達栄司「我が国における米国クラス・アクション上の和解の承認適格」民事手続法の革新と国際化（成文堂・2006）226頁参照。

加盟国に対し、調停和解への執行力付与のための措置を講ずべき義務を規定し、その形式として、判決、決定、公正証書を挙げており[8]、ADR（調停）和解に対する執行力の付与自体になじみがないわけではない[9]。

2　日本法の状況

現行法は、和解の仲介による合意（家族法、労働法関係を除く）の執行力は、民事訴訟法、民事調停法、仲裁法等によって執行力が付与されているものを除き、原則として債務名義とならないとしている（民訴267条、民調16条、民執22条6号の2・7号等参照）。したがって、いわゆる民間型ADR一般および行政型ADRによる和解は、直ちには強制執行をすることができない。

もっとも、ADR法立法時から民間型ADR、とくにADR法上の認証を得た認証紛争解決手続（ADR法5条）の結果としての和解（ADR和解）について、執行力付与の相当性が検討されてきた。要件について具体的な提案もなされたが、債権者と称して消費者を債務者とする虚偽の債務名義が作成されるおそれや債務名義の粗製濫造が懸念され、他方、ADRの理念は当事者が納得して合意した債務が任意履行されることを前提としており、執行力の付与とは相容れないとの理論的な反対も強く、立法は見送られた。

その後、ADR法の改正の必要性を検討するために、2014年、法務省に「ADR法に関する検討会」が設置された（同法附則2条）。ここでも、再びADR和解への執行力付与の当否が検討された。この検討会に先立ち、複数の改正提案が公表されていたが、いずれも一定の条件のもとで認証紛争解決手続の結果たるADR和解に執行力を付与することを相当とするものであっ

---

8)　第6条　調停により成立した合意の執行力（山本＝山田・前掲注1）48頁以下）
　　1　加盟国は、当事者の双方又は一方が、相手方当事者の明示の同意を得て、調停により成立した書面の合意の記載について、執行力の付与を求めることができるようにするために、必要な措置を講じなければならない。かかる合意の記載は、その記載が執行力の付与が求められた加盟国の法令に反し、又は、加盟国の法令上当該事項について執行力が認められない場合を除き、執行力が付与されなければならない。
　　2　前項に規定する合意の記載は、執行力の付与が求められた加盟国の法令に従い、裁判所その他の管轄当局により、判決若しくは決定により、又はこれを公正証書に記載して、執行力を付与することができる。
9)　なお、外国判決の執行に関するルールの統一化のために、ハーグ国際私法会議の判決プロジェクト特別委員会において、条約予備草案が検討されている。外国判決の承認・執行を対象とする条約案であるが、「裁判上の和解合意」を対象とすることも検討されており、UNCITRALの法文書とのすみ分けが議論されている（日本法でいえば調停調書がどちらのルールの適用を受けるか等が問題となる）。

た[10]。具体的には、ADR 和解への執行力付与は、仲裁判断に対する執行決定に準じて執行裁判所の判断を前提とすべきこと、ADR の多様性を保持する観点から、各 ADR 機関に執行力の付与に関して選択権を与える制度とすることが共通して提案された。さらに、消費者紛争の ADR 和解については、消費者が執行債務者となる場合に特則を設けるべきとする提案も有力に主張されていた[11]。

しかし、同検討会も、最終的には、執行力付与に関する法改正の提言を見送った[12]。その主な理由は、①事件数が少なく立法事実に乏しいこと、②執行力の存在による利用者の萎縮効果の生ずるおそれがあること、③代替手段が存在し、法改正の必要性に乏しいこと、および④合意内容の適法性・妥当性を確保するための仕組みを要することであった。もっとも、同報告書は、「事業者の選択及びこれに対する適切な規制による一部の ADR のみに対する執行力の付与や裁判所の関与による和解の適切性の確認等により合理的な制度設計が可能ではないかとの見解もあることから、このような見解にも留意しつつ、今後も検討を続けるべき将来の課題とする。」（6 頁）とし、なお今後の議論に開かれたものとしている。

そこで、以下では、UNCITRAL で審議中の国際商事調停の執行のためのスキーム（前掲Ⅱ1）を参照して、執行債権者が ADR 和解への執行力付与を求めて裁判所に執行決定の申立てをし、裁判所は執行拒絶事由（手続的瑕疵、実体的瑕疵）が認められない限り、決定により執行力を付与するという制度を国内法として採用した場合を前提として、従来の執行力消極論に応接してみることとする。

Ⅲ　執行力消極論の理由と対応可能性

前節のとおり、立法論においても ADR 和解への執行力付与には消極的な態度が採られてきた。その理由として挙げられてきたのは、「検討会報告書」

---

10)　前掲注 5）の 2 案のほか、一般財団法人日本 ADR 協会による提言「ADR 法の改正に向けて」23 頁以下がある（http://japan-adr.or.jp/teigen.pdf）。
11)　山本・前掲注 5）NBL868 号 28 頁参照。
12)　「ADR 法に関する検討会報告書」（2014 年 3 月）（http://www.moj.go.jp/content/000121361.pdf）6 頁以下参照。以下では、「検討会報告書」という。

の掲げる①立法事実の乏しさ、②利用者の萎縮効果が生ずるおそれ、③代替手段の存在、④合意内容の適法性・妥当性の確保のほか、⑤濫用のおそれ、⑥主文の内容が多様であり、執行に適さない内容が含まれうること、等である。以下、分説する。

1 立法事実の乏しさ（①）

これは多分に事実上の問題であるが、執行力付与のニーズが潜在している可能性も否定できない。とくに日本法では、民事調停との競合関係において、民間型 ADR の競争力の弱さの一因は、執行力がないために弁護士が ADR を選択しないことにあるとも説明される。したがって、執行力付与により民間型 ADR の事件数が増えることも想定され得ないわけではないと考えられる。

2 利用者への萎縮効果のおそれ（②）

萎縮効果のおそれに関しては、執行力の付与を前提とした和解仲介手続においては、和解合意の内容が、一定金額の支払等「裁判的な」給付条項に限定される傾向や、それに伴って手続自体がその柔軟性を欠くようになるのではないかとの懸念が指摘されてきた。確かに、ADR の特質として、紛争を必ずしも法的紛争の枠内にとどめず、社会的意味での紛争をも解決できることが挙げられ、そのためには手続および和解合意が柔軟かつ紛争の実情に適合したもの、個別事件の当事者のニーズを反映したいわばオーダーメイドのものがより合理的・効率的であることも指摘し得る[13]。そのような合意には、必ずしも強制執行には馴染まないが実質的に紛争解決に資する合意や事実行為に関する合意、暫定的な合意などが含まれ得るため、執行力付与を前提とすればこのような合意を回避する傾向が生じうるとすれば、ADR の多様性にとって相当でないといわざるを得ない。

もっとも、立法論としては、執行力付与につき各 ADR 機関の選択権を認めた上で、各機関の規則の書きぶりを工夫することで、このような懸念を払拭しつつ、商事調停のように多くは金銭支払その他契約上の義務履行のみを

---

13) 訴訟上の和解に関してであるが、山田文「訴訟上の和解への ADR 研究からの示唆」民訴 63 号掲載予定（2017）参照。

合意すれば足りるようなADRと両立させて、多様性を維持することは可能であると考えられる。仮に機関規則において執行力を付することを規定したとしても、これが当事者を拘束するのは、和解仲介手続の利用につき両当事者が規則の適用を合意したとみなすことができるためである。したがって、規則が手続的合意を排除しない限り、仮に両当事者が執行力を付さないことに合意した場合には、不執行の合意として認められる範囲で（したがって、ADR 和解の合意書上における表示が必要となる[14]）、執行力は付与されないとの効果が生ずると考えられる。

なお、仮に和解条項中に強制執行の対象たる事項とそれ以外の事項が含まれる場合（現行法下の実務でもそのような事態は生じうる）、技術的には、後者の事項につき債務名義にあたらないことを形式的に明確にする（例えば、別紙を付する）ことにより、執行できないような事項が含まれ執行機関が困惑するという問題を回避しうるものと思われる。

3　代替手段の存在（③）

ADR 和解に執行力を認めなくとも、代替手段でまかなうことができるから、立法の必要性に欠けるとの理由が挙げられる。確かに、上述のとおり、ADR 和解の内容を執行証書（民執22条5号）、起訴前の和解による和解調書（民訴275条1項・267条、民執22条7号）、ないし和解に基づく仲裁判断（仲裁38条、民執22条6号の2）とすることにより、債務名義とすることは可能である。もっとも、いずれも所定の手続費用を要するほか、執行証書は金銭支払等に限定されており（民執22条5号）、和解調書の作成のためには訴えの提起と期日の指定が必要であり、和解内容を仲裁判断とする決定を得るためには仲裁合意等の仲裁手続が必要となるといった時間的・金銭的ロスが生ずる。

また、これらの手段は、ADR 和解に執行力を付することが理論的に不可能ないし不相当であることを前提とするわけではなく（仮にそうであれば、法の潜脱と評価されることになる）、上記のような制限や負担が当事者に課されることと立法を比較して、後者のコストがより大きいと判断されているものと考えられる。そうだとすると、前者の当事者のコストについて、現在のよう

---

[14]　大審院時代の判例を変更し、不執行の合意を請求異議事由として認めることを判断した、最決平成18年9月11日民集60巻7号2622頁参照。

に国際商事調停の当事者のコストが増大していることを前提に、より重くみるという比較衡量も不可能ではないと思われる。

また、これらの代替手段においては、債務名義作成過程および執行力付与において、内容の適法性の判断や債務者の手続保障に関して、確定判決を債務名義とする場合と比べて、制度的には必ずしも十分に保障されているわけではないことは留意されるべきである。すなわち、現行法は、すでに、執行力の正当性を担保するための事前の手続保障につき、一定範囲で当事者が処分できることを認めているということができる。この点は、さらに4で検討する。

4　合意内容の適法性・妥当性を確保するための仕組みの必要性（④）

一般に、強制執行の正当性を根拠づける要素として次の3点が挙げられる[15]。すなわち、ⓐ権利義務関係の蓋然性、ⓑ債務名義作成過程における（債務者の）手続保障、およびⓒ債務名義の成立等に関する事後的是正の機会の保障である。

(1)　権利義務関係の蓋然性　まず、ⓐに関して、3で挙げた代替手段たる債務名義（執行証書、和解に基づく仲裁判断、起訴前の和解による和解調書）において、確定判決と同じ意味で実体的な権利義務関係の蓋然性が執行力の根拠とされているとはいえないであろう。いずれにおいても、当事者の合意が真意に基づくことを要件として、私的自治の妥当する範囲において当事者間の合意が尊重されることを通じて、債務名義に表象される権利義務関係の存在が認められ、執行力が正当化されるとみることができる。

ADR（和解仲介）手続においては、原則として、結果たる和解契約の締結により手続的な瑕疵は治癒されると考えられ、和解契約が有効である限り、上記の意味での執行の実体的正当性が認められることになろう。もっとも、これらの要件が具備されているかにつき事前審査の機会が十分ではない債務名義については、事後的な救済の機会を保障してバランスをとる必要がある。ADR和解についても、ⓑⓒとの総合的な検討を要し、各々において実体的

---

15)　中野貞一郎＝下村正明・民事執行法（青林書院・2016）155頁、竹下守夫「民事執行における実体法と手続法―民事執行の基本構造の把握のために」民事執行における実体法と手続法（有斐閣・1990〔初出1976〕）451頁以下。

瑕疵と手続的瑕疵の除去が考慮されるべきである。ⓒについて、執行力付与のための執行裁判手続を前提とするならば、これらの瑕疵のうちⓑで放棄ないし処分されたとはいえない瑕疵が執行拒絶事由を構成することになろう。

(2) **債務名義作成過程における手続保障**　ⓑに関して、仲裁判断の執行拒絶事由との対比では、債務名義成立前に当事者に平等な手続上の機会を与えること（仲裁25条）が最小限の手続保障を構成するとして、手続的公序（仲裁26条1項ただし書参照）として要求されることになりそうである。もっとも、手続保障といってもその多くが当事者の合意により変更したり任意に放棄可能なものであることを考えると、和解に基づく仲裁（仲裁38条）と同様、形式的平等を拒絶事由とはしないが、実質的公平性を要求する（後述Ⅳ2）ことがより適当といえよう（なお、執行証書との比較では、債務名義作成過程で手続保障が予定されているとはいえないが、公証人による受諾意思の確認（公証26条、公証規13条参照）のあり方に依存しているといえよう）。

これらと比較すると、少なくとも認証紛争解決手続（認証 ADR）では、その認証基準により手続の一定の透明性・予測可能性が求められており、手続実施者の公平性を保障する仕組みがあり、弁護士の助言措置も規定されていることから、ⓑの要素を（制度的に）認める余地があると思われる。もっとも、手続保障の観点からは、執行力付与のための裁判手続をⓒとして予定することにより、債務者に当事者としての地位を保障することが必要であろう。

(3) **債務名義の成立等に関する事後的是正の機会**　最後に、ⓒ債務名義の成立等の瑕疵を成立後に是正する機会をどのように保障するかは、クリティカルな問題である。他の債務名義、とくに和解に基づく仲裁との比較から明らかとなるように、まず実体的瑕疵として、当事者能力の欠缺、当事者の意思表示の瑕疵（錯誤、詐欺、取消事由）、その他の無効事由、および実体的公序違反などが問題となり得る。また、手続的瑕疵として、手続的公序のほか、調停人の偏頗性情報の不開示、その他調停人の調停内外の行為により錯誤を生ぜしめる場合などが対象となり得よう。これらの事由をもって、執行拒絶事由とすることが考えられる（Ⅳ参照）。

なお、請求異議事由を執行拒絶事由として主張できるかも問題となり得るが、仲裁判断と異なり、取消しの手続が予定されていないこと、および実体法上の瑕疵の判断を執行決定手続のみで行うことができるかが問題となると

同時に、債務名義形成過程での手続保障の不十分さを©の手続で補うべきと考えるならば、実体的な理由（弁済、条件不成就など）を執行拒絶事由として主張することも検討に値すると思われる。

さらに、ADR 和解について執行裁判によって執行力が認められた場合にも、原則として失権効を認めず、請求異議の訴え（民執 35 条）の提起が妨げられないような仕組みの検討が考えられよう。執行裁判の手続は、現行仲裁法が執行決定手続を採用していることとのバランス上、決定手続となる可能性が高いが、請求異議事由が実体的な抗弁であることに鑑み、手続保障の観点から、必要的口頭弁論期日の保障された手続（請求異議の訴え）を排除すべきでないからである[16]。

5　濫用の恐れ（⑤）

⑤は、とくに消費者紛争、多重債務者問題を念頭においた懸念であったと思われる。④⑥の手段により、これらの問題に一定程度対処することが可能であると考えられるが、さらに立法に際しては、執行対象を最初は（国際）商事紛争に限定することや、消費者が債務者となる場合の特則を設けること（前掲注 11））が考えられる。

6　執行に適さない和解条項の排除の必要（⑥）

国際調停ではもちろん国内調停においても、執行が求められる地の手続法において執行に馴染まないとされる和解条項[17]を排除する制度が必要となる[18]。実体的な和解契約としては有効だが、手続的には無効である場合、手続的公序や強行規定（狭義）に反する場合[19]には、現行法下の仲裁判断と同様、執行決定手続により排除されるべきことになろう[20]。

---

16) 小島武司＝高桑昭編・注釈と論点 仲裁法（青林書院・2007）277 頁〔高田裕成〕。反対、安達・前掲注 7) 242 頁、小島武司＝猪俣孝史・仲裁法（日本評論社・2014）561 頁。
17) 法圏によっては謝罪等の債務は強制執行になじまないとされ、日本法上は（家事紛争であるが）夫婦同居義務等は任意履行に委ねるとされる。
18) 現行法上、執行文付与の要件たる「強制執行に親しむ請求権がその文書に表示されていること」（中野＝下村・前掲注 15) 256 頁）の判断は、職権調査・職権探知による。また、執行地の法律が文書に表示された執行方法を知らない場合につき、後掲注 22) 参照。
19) 和解契約による債務承認としての時効中断効（民 147 条 3 号）等の実体法上の効力は発生しうる。
20) なお、和解と ADR 和解の相違が曖昧な場合があり得るが、和解成立後に ADR 和解とするこ

Ⅳ　執行拒絶事由の検討

以上より、ADR 和解への執行力付与に関しては、国際・国内調停を問わず、仲裁判断型、すなわち、和解に基づく仲裁判断（和解仲裁）に類似した執行決定制度が適合するのではないかと考えられる。執行決定を行う裁判所の判断を通じて債務名義としての一応の正当性を担保し、かつ、当該手続内で債務者に執行拒絶事由を主張する機会を与える構造である。

1　和解仲裁の執行拒絶事由との共通性

執行拒絶事由として、ADR 和解に関して想定される事由は、その多くが和解による仲裁判断の執行拒絶事由（仲裁 38 条 2 項・45 条 2 項参照）と重なるものと考えられる[21]。両者は、当事者間の和解合意について、債務名義作成過程の手続保障の弱さにかかわらず、合意の真意性により執行力を正当化し得る点で共通しており、したがって、和解合意の実体的有効性に係る執行拒絶事由が共通するためである（なお、執行方法に関する問題を理由として執行拒絶事由の判断をする場合につき、東京高判平成 10 年 2 月 26 日判時 1647 号 107 頁参照[22]）。

とを前提として合意をしたが、ADR 和解としては認められなかった場合、これを停止条件とする和解契約であるならば効力不発生、そうでなければ契約としての効力が発生するにとどまることになろう（谷口安平＝鈴木五十三編著・国際商事仲裁の法と実務（丸善雄松堂・2016）296 頁〔日下部真治＝井上葵〕参照）。

また、ADR 和解が和解に基づく仲裁判断の形式を採っていたが、何らかの理由で執行力が認められない場合に、同一の和解について ADR 和解として執行を求めることができるかも問題となり得る（second bite 問題）。仮に、NY 条約の不適用を理由に執行決定が得られなかった場合には、ADR 和解としての執行申立ては原因を異にするもので、遮断されないと考えられる。他方、実体的な理由であって、両手続に共通する執行拒絶事由が認められた場合には、執行の迅速性と適正性の両立のために原則として、信義則上、蒸し返しはできないと判断すべきものと思われる。決定に既判力はないとしても、蒸し返しを認める趣旨ではないと考えられるからである。

21)　山本・前掲注 5）NBL868 号 26 頁参照。また、仲裁判断取消事由につき、三木浩一＝山本和彦編・新仲裁法の理論と実務（有斐閣・2006）307 頁以下参照。

22)　日本法の知らない執行方法を規定する債務名義について、執行を否定せざるを得ない場合があるが、実現されるべき権利は確定しているのだから、執行方法の解釈により可及的に執行力付与をすることが相当であろう。

この点で、本文に掲げた平成 10 年判決が注目される。事案は外国判決の承認執行であるが、原判決は、外国判決の給付判決部分（債務者の雇用者に対して天引きによる執行を命ずる部分）につき、日本法で執行できない内容であると判断して請求を棄却したが、控訴審は、判決のみならずその基礎となる米国州法を調査の上、当該部分の趣旨は毎月特定額を一定期間支払わせることに執行力を認めるものと解釈し、日本法で執行できる内容に変更して認容している。ADR 和解の執行方法は、事案に即したより柔軟な態様である可能性があり、本判決の意義は大きいと思

2 ADR 和解固有の拒絶事由

 もっとも、上記のとおり、ADR 和解では債務名義作成過程の実定法による手続的規律が（仲裁手続と比べても）ほとんどなく、債務者の要保護性がより強いこと、および手続保障が弱くともそれが当事者の自己決定であることから正当化されるところ、その自己決定が十分な情報や手続への信頼に基づいてなされたかが争いとなるおそれがあることにおいて、独自性を有する。

 そこで、前者との関係では、実体的な抗弁を執行拒絶事由としても主張することを認めるという手当てが考えられよう。例えば、弁済等の抗弁、無効事由、取消しの効果のほか、条件不成就による債務の未発生等を挙げることができる（UNCITRAL 草案 4 条 1 項(b)は、これらを拒絶事由としている）。

 また、後者との関係では、調停人の行為規範を何らかの形式で設定したうえで（例えば、公平性、情報開示義務）、その違反に対するサンクションとしての拒絶事由（手続的事由）を設定することが考えられる[23]。例えば、調停人の公平待遇や ADR の当事者に不公正の疑いを生ぜしめるような事情の不開示を拒絶事由とすることも検討に値しよう。

 草案 4 条 1 項(d)(e)は、これらを拒絶事由としているが、適用範囲が広すぎるとして手続の遅延や不当な蒸し返しも懸念されている。もちろん、公平待遇は機械的な公平性を意味しているのではなく、当事者の性質をも考慮した衡平・公正な待遇と考えるべきであり、また、絶対的拒絶事由というよりも、そのような待遇の存在が ADR 和解に影響を及ぼした場合に限定するべきであろう[24]。また、事情不開示については、開示されていれば忌避が可能であったような事由であるが、これも、仮にその事情を知っていても当事者が認めるならば（責問権の放棄）、処分できると考えることができ、絶対的拒絶事由とすべきか、慎重な検討を要するように思われる[25]。

われる。
23) この点で、日本では、和解仲介手続の手続ルールや調停人の行為基準・行為規範を設けることの必要性は広くは認められていないが、国際的には、モデル調停法のほか、いくつかの国際的な調停機関による行為規範の採択や国レベルでの行為規範の検討が進められており、国内でも早急な検討を要するものと考えられる。
24) 草案 4 条 1 項(d)参照。このような事由を規定しなくとも、錯誤による無効を主張することが可能とも考えられるが、調停の手続原則を明示することに価値があると考えられよう。
25) なお、仲裁における事情開示の不完全履行を理由とする仲裁判断取消申立てについて、当事者の責問権の放棄を認めるべきか、また「重大な」瑕疵に限定すべきかについては、下級審裁判例が分かれている（大阪地決平成 27 年 3 月 17 日判時 2270 号 74 頁、大阪高決平成 28 年 6 月 28

V おわりに

　以上、極めて大雑把かつ総論的検討にとどまっているが、ADR 和解の執行力付与の可能性とそのための制度枠組みについて、UNCITRAL 作業部会の現時（第 65 会期）の草案を参考にしつつ、スケッチを試みた。大きな枠組みとしては、仲裁判断と同様、執行裁判（決定）により裁判所の判断を通じて執行力付与をすることが相当であるが、その拒絶事由としては和解による仲裁判断のそれを参照して実体的瑕疵と手続的瑕疵が考えられる。

　もっとも、とくに後者について、ADR という実定的な手続ルールのほとんどない手続においてこのような事由を認めることには一種のディレンマが生じ、なお検討を要するところである。また、実体的事由については、この裁判と請求異議の訴えのような、既存の和解成立過程の争いを判断するシステムとの整合性をどのように仕組むか、執行文付与の争いをどのように位置づけるか等が執行法上も重大な問題であり、この点もまだ問題提起に留まっており、UNCITRAL 草案確定後に再検討を期したい。

　日判タ 1431 号 108 頁）。もっとも、ADR 和解においては、責問権の放棄はより広い範囲で認められるとの前提にたつならば、重大性ないし和解成立との因果関係を要件とすることも首肯できるように思われる。

仲裁判断における準拠法について

◆山本和彦◆

I　本稿の問題意識
II　準拠法（合意法）違反と仲裁判断取消事由
III　準拠法（密接関連国法）違反と仲裁判断取消事由
IV　最密接関連性に関する自白・擬制自白の効力
V　おわりに

I　本稿の問題意識

　本稿は、仲裁判断の準拠法について論じるものである。この点について、現行仲裁法は明文の規定を設けている[1]。すなわち、仲裁法36条の規定である。現行法上は、この問題は当該規定の解釈問題ということになるが、以下のように、なお必ずしも明確になっていない部分も残っていると思われる。本稿は、そのような解釈問題について、筆者の若干の検討結果を示そうとするものである[2]。

　第1に、仲裁法36条1項に関する問題である。同項は「仲裁廷が仲裁判断において準拠すべき法は、当事者が合意により定めるところによる」とする。そこで、仲裁廷が、仲裁判断において準拠すべき法について、同項前段の定めに反して、「当事者が合意により定める」法を適用せず、「当事者が合意により定める」法ではない法を適用し、これによって仲裁判断をした場合に、当該仲裁判断は、仲裁法44条1項6号所定の「仲裁手続が、日本の法令……に違反」した場合に該当して取消事由となると考えられるかどうかという問題がある。またこの場合において、仲裁法36条1項前段にいう「当事者が合意により定める」とは、仲裁合意締結後における事後の合意または

---

1)　仲裁法制定前の民事訴訟法においては、この点に関する明文規定が存在しなかった。
2)　なお、以下の議論においては、仲裁手続の準拠法が日本法（すなわち仲裁法）であることを前提とする。

黙示の合意でも足りるかという問題もある。

　第2に、仲裁法36条2項に関する問題である。同項は「前項の合意がないときは、仲裁廷は、仲裁手続に付された民事上の紛争に最も密接な関係がある国の法令であって事案に直接適用されるべきものを適用しなければならない」とする。そこで、同項にいう「仲裁手続に付された民事上の紛争に最も密接な関係がある国の法令」には、国際私法（抵触法）を含みうるか、それとも国際私法を排除した実質法のみに限られるかがまず問題となる。そして、これが仮に実質法であるとして、それは1つの国の法に限られるか、複数国法が密接な関係をもつということはありうるかという問題も生じる。さらに、1項の場合と同様に、仲裁廷が、仲裁判断において準拠すべき法について、同項の定めに反して、「仲裁手続に付された民事上の紛争に最も密接な関係がある国の法令」を適用せず、それ以外の法令を適用した場合に、当該仲裁判断は、仲裁法44条1項6号所定の「仲裁手続が、日本の法令……に違反」した場合に該当して取消事由となると考えられるかどうかという問題が生じることになる。

　第3に、上記のような問題の前提的な問題となるが、当事者間において「仲裁手続に付された民事上の紛争に最も密接な関係がある国の法令」が日本法であることについて黙示の合意があったか、またはその点について争いがなかったにもかかわらず、仲裁廷が、それとは異なる法を適用して仲裁判断をした場合に、当該仲裁判断は、仲裁法36条2項の定めに違反したものとして、同法44条1項6号所定の取消事由となると考えられるかという問題も生じよう。換言すれば、密接関連性に関する自白または擬制自白の成否の問題である。

　以下では、以上のような解釈問題に関する筆者の見解について、順次述べていくこととする。

II　準拠法（合意法）違反と仲裁判断取消事由

1　合意法の意義

　まず、仲裁法36条1項前段の趣旨であるが、法文上、ここでの「合意」に特段の限定がないことは明らかである。当該合意は一種の訴訟行為である

と解されるが、その方式等については一般に法律行為の規律が準用されるものと解される。すなわち、通常の民法上の合意の方式と同旨のものであり、特段の定めのない限り、それは要式行為ではないと解される。また、同じ法律（仲裁法）の中で、例えば、仲裁合意については書面性が必要とされ（仲裁13条2項）、明確に要式行為として位置づけられていることに鑑みれば、仮にここでの準拠法に関する合意も法が要式行為とする趣旨であれば、当然仲裁法はその旨を明定したはずであるが、何の規定もされていない。したがって、仲裁法36条1項前段にいう当事者の合意は、非要式行為として当事者の効果意思の合致があればそれで足り、黙示の合意でも足りるものと解される。

また、合意の時期についても、明文の規定は置かれていない。実質的にみても、仲裁における両当事者の意思の尊重の要請に鑑みれば、その合意がされた時期の如何にかかわらず、特段の弊害がない限り、その意思が合致しているのであれば、それを尊重するのが相当であろう。その意味では、紛争発生前の合意、紛争発生後仲裁申立て前の合意、仲裁申立て後の合意のいずれであっても構わないと解される。もし問題があり得るとすれば、仲裁申立て後審理が相当程度進んだ段階でされる合意である。このような合意は、それまで密接関連国法等の適用を前提に進められてきた仲裁手続の審理（争点整理や証拠調べ等）の結果を覆すおそれがあるからである。しかし、それでも両当事者がそのような審理の混乱や遅滞をあえて甘受するのであれば、そしてそのために要する追加的費用をそれぞれが負担するのであれば、（税金で運営され公益的な配慮が常に必要となる訴訟手続の場合とは異なり）仲裁においてはそれを認めてよいであろう[3]。したがって、仲裁法36条1項前段にいう当事者の合意は、仲裁合意締結後における事後の合意でも足りるものと解される。

以上から、仲裁合意締結後における事後の合意または黙示の合意であっても、仲裁法36条1項前段の「合意」に含まれうるものと解される[4]。

---

3) 仲裁機関等がそのような負担をもし回避したければ、機関規則等においてその例外を定めておけば足りる。デフォルト・ルールである仲裁法において、あえて上記のような時期の合意をアプリオリに排除する必然性はないといえよう。

4) この点について、日本法と実体法・手続法において基本的に共通する規律を有するドイツ法において、ドイツ連邦最高裁判所の判例（BGH 1985年9月26日（NJW 1986, 1436））が、仲裁準拠法の合意について、仲裁手続係属後、当事者の手続行為による黙示の合意でも足りる旨を明らかにしていることは注目されてよい。

2　合意法の適用違反と仲裁判断の取消し

次に、仲裁廷が当事者の合意した法を適用しないことが、「仲裁手続が、日本の法令……に違反するもの」（仲裁44条1項6号）といえるか、について検討する。

(1) 実質論的検討　この場合、仲裁判断において準拠すべき法について、「当事者が合意により定める」法を適用しないことが、仲裁法36条1項前段の規定、すなわち日本の法令に違反することは明らかである。「仲裁廷が……準拠すべき法は、当事者が合意により定めるところによる」という規律は、「準拠すべき」との文言から明らかなように、仲裁廷に対する準拠義務を設定する規範と理解されるからである。また、「当事者が合意により定める」法ではない法を仲裁廷が適用することも、基本的には同じことであり、やはり仲裁法36条1項前段に反するものと解される。けだし、そのことにより、反射的に当事者が合意により定めた法を適用しない結果になっているからである[5]。

ここで前提として注意すべきことは、（しばしば混同されている場合があるが）準拠法の選択自体の誤りと、選択された準拠法の解釈適用の誤りとは、問題として峻別して議論されなければならない点である。後者は準拠法とされた法の解釈適用の誤りに過ぎず、そもそも仲裁法に違反しているものではないので、「日本の法令」に反するものではない[6]。そこでは仲裁法は正しく適用されているが、その後の準拠法の解釈適用を仲裁廷が誤ったに過ぎず、仲裁法36条に反するものではない。これに対し、準拠法の選択自体の誤りは、それとは性質を全く異にする問題であり、仲裁判断に係る準拠法の選択について定めた仲裁法36条の適用の誤りといえる。

以上のように、このような法適用が日本の法令＝仲裁法に違反するといえることは明らかであるが、次に、このような法適用が、「仲裁手続」が日本

---

[5]　仮に合意法の内容が不明であるような場合に、準拠法をどうするかについては議論があり得る。このような場合に、合意法以外の法（例えば、密接関連国法）を適用する余地は残ると解される（訴訟の場合の準拠外国法不明の場合の取扱いにつき、山本和彦「外国法の不明」櫻田嘉章＝道垣内正人編・注釈国際私法第2巻（有斐閣・2011）358頁以下参照）。しかし、ここでは、合意国法の内容が不明ではないにもかかわらず、それを適用しなかったという通常の場面を前提に考える。

[6]　仮に準拠法が日本法（日本民法等）の場合であっても、ここでいう「日本の法令」は「仲裁手続」に関するものであるので、民法等の実体法がそれに含まれないことは明らかである。

の法令に違反する場合といえるかどうかが問題となる。すなわち、この仲裁判断の準拠法の問題が「仲裁手続」の問題といえるかどうか、という論点である。

　この点を検討するについては、まず仲裁法1条、すなわち仲裁法の趣旨に関する規定が重要である。そこでは、仲裁法は「仲裁地が日本国内にある仲裁手続」について定めるものとしている。そうすると、仲裁法36条1項の規律も、仲裁法の中の規定として、やはり仲裁手続について規定しているものと考えるのが素直である。また、仲裁法26条にも「仲裁手続」の文言が出てくるが、ここでの「仲裁手続の準則」も仲裁法36条1項の規律を含んでいると解してよい。すなわち、仲裁法26条1項の規律は、準拠法についての合意がある場合ということになれば、基本的に36条1項の規律に吸収されるし、合意がない場合についての同法36条2項の規律は、26条2項の「この法律の規定」に該当することになるので、仲裁廷の裁量は制約される。その意味で、ここでの「仲裁手続」に準拠法選択の規律を含むものと解しても特に矛盾は生じない。その意味で、仲裁法全体が「仲裁手続」についての規律を構成しているものと理解してよい。

　また、実質的にみても、当事者が合意により準拠法を選択し、当該準拠法に基づいて仲裁手続における攻撃防御活動を展開していたにもかかわらず、仲裁廷が全く異なる法規範に基づき仲裁判断をすることは、当事者にとって多大な不意打ちになり、その手続保障を害することは明らかである。それにもかかわらず、そのような重大な手続的瑕疵を不問に付して仲裁判断の効力をそのまま維持することは相当でない。一般の仲裁手続違反が取消事由になることと比較しても、このような場合に（これが仲裁手続の問題ではないとして）仲裁判断の効力をそのまま維持する旨の扱いを仮にするとすれば、それは明らかにバランスを欠くものといえよう。

　以上のような検討から、仲裁廷が当事者の合意した準拠法を適用しないことは、「仲裁手続が、日本の法令……に違反するもの」（仲裁44条1項6号）になるといえるものと解される。

　（2）　従来の学説の検討　　この点の違反が仲裁判断の取消事由になるとの見解は、すでに立案担当者自身によって示されているものである。すなわち、司法制度改革推進本部における仲裁法の立案担当者であった近藤昌昭判事ほ

かの手になる注釈書は、同法36条の解説として、「仲裁廷は、当事者が準拠すべき法を定めた場合には、その法を適用して仲裁判断をしなければならない。仲裁廷がその義務に違反して仲裁判断をした場合には、その違反は、仲裁判断の取消原因となり得る（第44条第1項第6号）と考えられる」と明言している[7]。また、中野俊一郎教授も同様に取消可能性を認めるし[8]、また、近時の小島武司名誉教授および猪俣孝史教授による体系書も、「当事者の合意した判断規準に反したことは、仲裁判断を正当化する基礎を欠くことになり、取消事由となりうると解してよい」とされている[9]。かつて筆者も同様の見解を公にしたことがある[10]。

これに対し、反対説として、柏木昇名誉教授の見解がみられる[11]。そこでは、「仲裁廷が、当事者の準拠法の指定に従わなかった場合も同じ結果となるであろう」（「同じ結果」とは、その前にある「それだけの理由では、仲裁判断の取消事由……にはならないとみざるを得ないだろう」という「結果」を指すものと解される）。ただ、その根拠は明らかにされていない。しかるに、同論文は、当事者が法による仲裁判断を求めている場合において仲裁廷が「衡平と善」による仲裁判断をしたときも取消事由にはならないことを前提にされているが、そもそもそのような理解は不当であり、当事者が衡平と善による仲裁判断を求めている場合において仲裁廷が法による仲裁判断をしたとき（これが取消事由にならないことはほぼ争いがない）と問題を混同されている可能性が否定できず、それが上記見解の前提になっている可能性がある。そのような点をも考慮すると、このような反対説の存在を重視することはできず、基本的には、この問題についての学説は一致して、仲裁廷が当事者の合意した準拠法を適用しない場合を仲裁判断の取消事由と解しているものといってよい[12]。

---

7) 近藤昌昭ほか・仲裁法コンメンタール（商事法務・2003）199頁参照。
8) 三木浩一＝山本和彦編・新仲裁法の理論と実務（有斐閣・2006）115頁〔中野俊一郎〕参照。ただし、根拠規定としては、仲裁法44条1項6号のほか、同項5号の可能性も指摘される（同書116頁参照）。
9) 小島武司＝猪俣孝史・仲裁法（日本評論社・2014）402頁参照。同書514頁は、その根拠を仲裁法44条1項6号とする。
10) 山本和彦＝山田文・ADR仲裁法［第2版］（日本評論社・2015）385頁参照。同書は適用法規を明示していないが、次の36条2項違反の問題と同様、仲裁法44条1項6号によるとの趣旨であった。
11) 小島武司＝高桑昭編・注釈と論点 仲裁法（青林書院・2007）211頁〔柏木昇〕参照。
12) ドイツ法においても、判例（前掲注4）掲記の連邦最高裁判決等）は、当事者の合意した準拠法を適用しなかった仲裁判断には取消事由があると解している。すなわち、そこでは、「仲裁

(3) 結論 以上のように、実質論的な検討からも、仲裁法に関する従来の学説の検討からも、仲裁廷が仲裁判断において当事者の合意した準拠法を適用しない場合は、「仲裁手続が、日本の法令……に違反するもの」（仲裁44条1項6号）として、当該仲裁判断は取消しの対象になるものと解される。

III 準拠法（密接関連国法）違反と仲裁判断取消事由

1 最密接関連国法の意義

まず、仲裁法36条2項にいう「仲裁手続に付された民事上の紛争に最も密接な関係がある国の法令」が、国際私法（抵触法）を含みうるか、それとも実質法のみに限られるか、という問題であるが、文言上、「事案に直接適用されるべきもの」という概念は、抵触法ではなく実質法を指すことは明らかといえよう。

UNCITRALモデル法は、この点について、「仲裁廷が適当と認める抵触法により実質法を決定するものとする」と規定し（同法28条2項）、抵触法に基づくものとするところ、それに対し、日本法の立案担当者は、仲裁法36条2項の規律はそれとは明確に「異なっている」ものと位置付け、この規定は、実質法基準によるとされているドイツ法や韓国法と同じ内容のものであると説明している[13]。同旨として、出井直樹弁護士らも、「仲裁廷は、どの国の抵触法に関する法律に従うかをまず決めて、そこで決めた抵触法に従って、適用法を決めるという順序ではなく、直接どの国の法令を適用するかを判断すべきものとされています」と説明するし[14]、小島名誉教授らも同旨であり[15]、異論はない状況にある。

また、立案の経緯からしても、この点は明らかであると思われる。すなわち、中間試案では、モデル法と同一の規律を提案するA案と、最終的に法

廷が、当事者の合意により仲裁廷を拘束するとされた法規範とは異なる法規範に基づき判断した場合または当事者の授権なしに衡平に基づく裁判をした場合は、当事者の合意またはそれを補充する仲裁法の規定に反するものとして、仲裁手続は不適法であり、仲裁判断は取り消されなければならない」旨が一般論として明らかにされている。

13) 近藤ほか・前掲注7）201頁参照。
14) 出井直樹＝宮岡孝之・Q＆A新仲裁法解説（三省堂・2004）147頁参照。
15) 小島＝猪俣・前掲注9）399頁参照。

律になったB案とが併記されていたが[16]、前者はモデル法、後者は最新のドイツ法・韓国法に倣ったものと解説されていたところ[17]、その後の検討の結果、後者が成案となったものである。

確かに仲裁法36条1項後段の規律とは異なり、「抵触する内外の法令の適用関係を定めるその国の法令ではなく」との文言が同条2項には存在しない。しかし、このことには大きな意味はないと解される。日本の法制技術上、単に1項との重複を避けただけとみられ、そこに実質的な差異を見出すことは不当であろう。

さらに、このことは条文の英文訳からも明らかである。仲裁法36条2項は、"the laws and regulations of a State which has the closest relationship to the civil dispute that has been referred to the arbitration procedure and which should be directly applied to the case" という表現をとっている。そこでは、1項の表現と全く同じもの、すなわち "directly" という表現が採用されており、それにより低触法を含まないことは明確になっているものと解される。

以上の検討から、仲裁法36条2項で適用になる最密接関連国法は、当該国の国際私法（抵触法）を排除した実質法のみに限られるものと解される。

2 複数の最密接関連国法の可能性

次に、仲裁法36条2項は、「仲裁手続に付された民事上の紛争に最も密接な関係がある国の法令」と定めるが、この法令が単数か複数かが問題となり得る。「最も」という文言の理解として、仲裁事案ないし仲裁判断ごとに1つの国の法令に限定されるのかという問題である。具体的には、例えば、相殺の準拠法が問題となる事案において、国際私法では、自働債権と受働債権の準拠法の重畳適用とする考え方が有力であるところ、仮にこの見解をとると、両者が異なる国である場合、その両国法を最密接関連国法と考えることは可能か（複数説）、それとも、そのような考え方はとることができず、相殺の効力等はどちらか1つの国の法によって規律されることになるのか（単数説）、という問題である。

---

16) NBL編集部編・仲裁法制に関する中間とりまとめと解説（商事法務・2002）20頁参照。
17) NBL編集部編・前掲注16) 65頁参照。

日本語としては、「最も密接な関係がある国」は、単数とは限らず、同程度の密接関連性が肯定できれば、複数の国が同時に最も密接な関係を有するものとされることは論理的にありえよう。他方、この条文の英訳をみると、前述のように、"a State" と表現されており、単数形が採用されている。これは、単数説に有利な事情とみることができるが、必ずしも絶対的なものではない[18]。他方、この点に関して論じる学説は、管見の限り、存在しないようである。

　しかし、規律の実質を考えると、これを1国の法に限定する解釈は相当でないと解される。まず、仲裁事案全体に1国の法しか適用できないとすると、例えば、行為能力の準拠法と契約の効力の準拠法が問題となりうるような仲裁事案がある場合に、仲裁廷は、行為能力の問題については当事者の本国（例えばドイツ）が最密接関連国であり（通則法4条1項参照）、契約の効力については当事者が履行地として選択した国（例えば日本）が最密接関連国である（通則法7条参照）と判断したにもかかわらず、どちらか1つの国の法令によらなければならないことになり、結果として極めて不合理なことになる。少なくとも仲裁事案全体について1つの最密接関連国のみを観念する考え方は相当でないと思われる。

　そして、同一の単位法律関係についても、同様の趣旨は妥当すると思われる。すなわち、仲裁法36条1項の合意法については、分割合意の可能性が一般に承認されており[19]、複数の準拠法の適用可能性が認められているし、同条2項についても、厳格な抵触法の適用を避ける趣旨ではあるが、通常は抵触法に従うことになるとの見解が一般的である[20]。そうだとすると、抵触法を介して最密接関連国法を探求することは、仲裁廷の裁量の範囲内であると考えられ、国際私法上、複数の準拠法の重畳適用が支持されているような場面において、そのような考えによることができないとすることは、明らかに相当ではないと解される。このような場合は、当該複数の準拠法を最密接

---

[18]　政府の公表している法令の英訳作業においては、当該法令の所管官庁の実質的関与があるものと考えられる（法令外国語訳・実施推進検討会議「最終報告」ジュリ1312号（2006）21頁は「具体的な翻訳整備については、各法令の所管府省の責任において行う」ものとされている）。ただ、もちろん、それが日本語の文言の解釈に決定的な影響をもつ性質のものでないこともまた明らかであろう。

[19]　近藤ほか・前掲注7) 199頁、三木＝山本編・前掲注8) 105頁以下など参照。

[20]　小島＝猪俣・前掲注9) 399頁、三木＝山本編・前掲注8) 109頁〔中野〕など参照。

関連国法と解する余地が認められるべきである。

　以上の検討からすれば、ここでの「最も密接な関係がある国」とは単位法律関係ごとに考えるべきであり、かつ、同一の単位法律関係についても、複数の国が同時に最も密接な関係がある国とされる可能性も認めるべきものと解される。したがって、結論としては、複数の国を最密接関連国と認定し、同一仲裁手続の異なる法律関係についてそれらを適用し、または同一の単位法律関係についてそれらを重畳的に適用することも許されるものと考える。

3　密接関連国法の適用違反と仲裁判断の取消し

　次に、仲裁廷が仲裁手続に付された民事上の紛争に最も密接な関係がある国の法令を適用しないことが、「仲裁手続が、日本の法令……に違反するもの」（仲裁44条1項6号）といえるか、という問題について検討する。

　(1)　実質論的検討　　まず、当事者間で合意準拠法がない場合には、最密接関連国法を適用することが仲裁廷の義務であることについては、仲裁法36条2項の「適用しなければならない」との文言から明らかであろう。したがって、仲裁廷が最密接関連国法を適用しないこと、あるいはそれ以外の法を適用することは、仲裁法36条2項、すなわち「日本の法令」に違反することになる。また、合意法の場合（Ⅱ2(1)参照）と全く同じロジックによって、この点の規律はやはり「仲裁手続」の問題であると解される。その意味で、合意法の場合と最密接関連国法の場合（つまり36条1項の場合と2項の場合）とを論理的に区別することはできず、前者のみを「仲裁手続」の問題であり、後者は「仲裁手続」の問題ではないとする理解は、少なくとも解釈論としては不可能であると思われる[21]。したがって、合意法について述べたことと同じ理由から、やはり上記のような法令違反は、仲裁法44条1項6号に該当して取消事由になるものと解される。

　また、実質的にみても、そのような恣意的な法適用が仲裁手続における当事者の攻撃防御の機会を奪い、手続保障を害することも、合意法違反の場合（Ⅱ2(1)参照）と基本的に変わりはない。当事者は、（正しい解釈に基づく）最密接関連国法を前提に攻撃防御活動をしているはずであり、それにもかかわら

---

21)　また、取消事由を重大性の有無で区分するとしても、前者のみを重大な問題とし、後者を軽微な問題とすることも同様に不可能であろう。

ず、仲裁法の誤った解釈に従い誤った準拠法に基づき仲裁判断がされれば、当事者にとって容認し難い不意打ちになるからである。その場合、その点を無視して、そのような仲裁判断の効力をそのまま維持することは相当でない。

　加えて、準拠法に関する当事者の合意がない場合に、一般の手続問題（仲裁 26 条 2 項）のように仲裁廷の裁量に委ねるのではなく、最密接関連国法によらせている仲裁法の趣旨も勘案する必要がある。このような規律の趣旨は、仲裁廷の恣意的な法適用の排除と、それに伴う当事者の予測可能性の確保にあるとされている[22]。そうだとすれば、仲裁廷がそのような規律に反して最密接関連国法を適用しなかった場合には、当事者がそれを争えるのでなければ意味がないことになろう。仮に当事者がその違反を争えないのであれば、実質的に仲裁廷の裁量に委ねたのと同じ結果になってしまい、仲裁法 26 条 2 項とは別に、同法 36 条 2 項を定めた立法の趣旨に反するからである。さらに、仲裁判断の準拠法の問題は（手続問題ではあるが）、他の手続問題とは異なり、仲裁手続中で争うことがそもそも不可能である点にも注意を要する。この場合は、仲裁判断が出された後でなければ、確定的に適用される準拠法が当事者にはそもそも明らかにならないため、その前の手続の段階で争う機会が当事者に与えられていないからである。

　以上の検討からすれば、当事者の準拠法合意がない場合に最密接関連国法を適用しないような仲裁判断には、取消事由が認められると解するべきである。

(2)　従来の学説の検討　　他方、最密接関連国法違反の場合の効果については、合意法違反の場合とは異なり、従来の学説の検討は必ずしも多くない（この点については、立案担当者の見解も明確ではない）。ただ、筆者は、すでにこの点についての立場を明らかにしている。すなわち、「当事者間に適用法の合意がない場合に、仲裁廷が最も密接な関係があると判断した国の法が最も密接なものではなかった場合も、本来適用されるべき法規範が適用されなかったという意味で、日本（仲裁地）の法令に反する手続として取消し（また執行決定拒絶）の理由になろう（仲裁 44 条 1 項 6 号・45 条 2 項 6 号）」と解するものである[23]。結論としては、合意法の場合と同様の理解によっている。

---

[22]　三木＝山本編・前掲注 8) 109 頁〔中野〕参照。
[23]　山本＝山田・前掲注 10) 385 頁参照。

これに対して、合意法違反の場合とは異なり、最密接関連国法違反の場合には、有力な異論もある。例えば、中野俊一郎教授は、客観連結の場合は「これまでほとんど議論がありません」としながら、「取消事由にするのは難しいだろう」と述べられるし[24]、小島名誉教授らも、「意識的ないし恣意的な過誤など、きわめて例外的な場合を除いては、基本的に取消事由とはならない」と解されている[25][26]。

　ただ、以上のような見解には、疑問を否めない。

　第1に、中野説も自認されるとおり、「当事者が合意した場合と、客観連結による場合とでは、仲裁法が認めた準拠法であることに変わりはないわけですから、当事者が合意した場合には取消事由になって、客観連結の場合には取消事由にならないというのは、一貫しない」[27]との批判がまさに妥当しよう。この点は、前述（(1)参照）のところからも明らかであろう[28]。

　第2に、中野説も例外的に「仲裁廷が極めて恣意的な法適用をした場合にも一切取消事由にならないのかというと、それも適当でないわけで、非常に例外的な場合には、取消事由にすべき場合も出てくる」とされる[29]。取消事由にすべき場合があるとの認識自体は正当と考えられるが、例外的な場合にのみ取消事由となる法的根拠は明らかでないし、取消事由になる場合とならない場合との線引きも不明確なものにならざるをえない[30]。むしろ最密接関

---

24)　三木＝山本編・前掲注8）115頁〔中野〕参照。
25)　小島＝猪俣・前掲注9）515頁参照。
26)　ドイツ法においても、小島＝猪俣説と同様の見解が多数を占めるようである。すなわち、そこでは、ドイツ民訴法1051条2項に違反して最密接関連国法を適用しなかった仲裁判断について、それが意図的（bewußt）または恣意的（willkürlich）なものであれば取消事由となるが、単なる過誤によるもの（irrtümlich）または当該条項の誤った解釈によるものであれば取消事由にはならないと解する見解が多数を占めている。P. Gottwld, Die sachliche Kontrolle internationaler Schiedssprüche durch staatliche Gerichte, FS H. Nagel (1987), S. 63; R. Hausmann, Die Aufhebung von Schiedssprüchen nach neuem deutschen Schiedsverfahrensrecht, FS H, Stoll (2001), S. 601; Zöller/Geimer, ZPO 31 Aufl. (2016), S. 2322. ただ、両者の区分について説得力のある根拠やメルクマールは必ずしも示されていないようにみえ、やはり後述と同旨の批判が妥当するものと思われる。
27)　三木＝山本編・前掲注8）115頁〔中野〕参照。
28)　ドイツ法の議論では、この点を実質的再審査の禁止の原則から演繹するようにみえる見解もある。しかし、準拠法合意の有効性に関する仲裁廷の判断を裁判所が再審査することは許容されるのに、最密接関連国に関する仲裁廷の判断を裁判所が再審査することは（恣意的なものでない限り）許されないとする合理的理由は、筆者には見出せない。いずれにしても、これは準拠法の内容に関する仲裁廷の判断の再審査（通常の意味での実質的再審査）ではないからである。
29)　三木＝山本編・前掲注8）115-116頁〔中野〕参照。前述のように、小島名誉教授らも同様の理解を示されている。

連性の判断を誤った場合には、他の手続違反と同様、端的に仲裁判断の取消事由になると解するべきであり、例外的に軽微なもの[31]は除外されると解するのが相当であろう[32]。

　第3に、小島名誉教授らは、以上のような議論の根拠につき、準拠法については「当事者の合意がない以上、仲裁廷の裁量に委ねたものとみて、その判断を尊重してよ」いとされるが[33]、仲裁法に基づく仲裁である以上、当事者の合意がない場合には最密接関連国法によるという期待を当事者がもつのは当然かつ正当であり、法はこの点を仲裁廷の裁量に委ねる趣旨ではないと解されることから（(1)も参照）、その議論の前提には疑問があろう。

　(3)　結論　　以上のような検討から、上記(1)における実質論的な検討を覆す根拠は見出せず、上記(2)で引用したような反対説の存在にもかかわらず、当事者の準拠法合意がない場合に（裁判所が判断した）最密接関連国法を適用していないような仲裁判断については、取消事由が認められるものと解される。

Ⅳ　最密接関連性に関する自白・擬制自白の効力

　最後に、最密接関連性に関する当事者の自白（合意）ないし擬制自白（争わないとの表示）の効力について検討する。

　この問題を検討する前提として、ここで検討対象となる「最密接関連性」の意義の問題がある。筆者は、この点については、連結点の問題として認識している。同様に（訴訟において）最密接関連性を準拠法決定の要件とする規律として、法適用通則法15条（事務管理・不当利得の準拠法）および同法20条（不法行為の準拠法）などがあるが、これらは、いずれも原因事実発生地（同法14条）や結果発生地（同法17条）と同等のレベルの事実として、最密接関連性を規定しており、法はそれを（抽象的・一般的要件ではあるが）連結点として

---

30)　前掲注26)のドイツ法の議論状況も参照。
31)　例えば、仲裁廷が法適用を誤ったが、仲裁判断の結論には影響しなかった場合などがこれに当たろうか。
32)　ドイツの判例においても、その誤りがなければ、仲裁廷が必ず異なる判断に至ったということまで立証される必要はなく、そのような可能性があったことが証明されれば、仲裁判断の取消しに至るとされているようである。BGH 2009年1月15日判決（SchiedsVZ. 2009, 126）など参照。
33)　小島＝猪俣・前掲注9)515頁参照。

認識しているものと解される[34]。そうだとすれば、仲裁法のこの規律についても同様の理解が妥当しよう。

　さて、そのように理解すると、最密接関連性に関する当事者の自白・擬制自白は、連結点に関する自白・擬制自白の効力の問題として位置付けられることになる。そして、訴訟手続の場合のこの問題の取扱いについては、弁論主義によるか職権探知主義によるかに争いがある[35]ところ、筆者自身は、結論として職権探知主義説によるのが妥当と解している[36]。その根拠は、弁論主義説によると、結局、当事者の意思により適用法規が決定されることになる点にある。例えば、「物権準拠法については、通則法は当事者による処分を認めていないのに、当事者の自白により実は物件所在地でない場所が所在地とされ、それに裁判所が拘束されるとすれば、通則法の想定しない準拠法が結果として適用される」ことになり、相当ではないと解されるからである。

　これに対し、仲裁手続におけるこの問題の取扱いについては、議論は存しないようにみえる。しかし、訴訟において弁論主義説によるとすれば、仲裁においてのみ当事者の処分権を否定する理由はなく、当然に同旨が妥当するはずである。これに対し、訴訟において（私見のように）職権探知主義説による場合については、仲裁でも訴訟と当然に同じ扱いになるわけではないように思われる。そこでは当事者の合意による紛争解決（ADR）としての仲裁の性質を勘案する必要があるからである。

　第1に、そもそも準拠法について仲裁手続において一般的に合意を認めている趣旨を考慮すべきである。訴訟の場合も契約準拠法など準拠法合意が認められている局面はあるが、訴訟では合意が認められていない場面（物権準拠法など）についても、基本的に例外なく準拠法合意を容認している仲裁法の趣旨を考慮すべきである。そのような趣旨に鑑みると、上記私見のような職権探知主義説の根拠は仲裁の場面では妥当せず、むしろ部分的な準拠法合意としてこの問題を把握する余地があろう。

　第2に、（準拠法もそれに含まれると解される）仲裁手続の準則について広く当事者の合意が認められる（仲裁26条1項参照）趣旨についても、同様に考慮が

---

[34]　この問題については、山本・前掲注5) 368頁注2）において論じた通則法15条および20条に関する理解を参照。
[35]　山本・前掲注5) 368頁参照。
[36]　山本・前掲注5) 369頁参照。

必要である。この点について任意訴訟禁止の原則が妥当する訴訟手続とは、全く事情が異なることになる。

　第3に、そもそもの大前提として、仲裁手続自体が仲裁合意という当事者間の合意を根拠としている点である。いわば仲裁では（土俵上の行為のみならず）その土俵そのものがオーダーメードのものとなっているのである。この点で、仲裁当事者の立場は、合意によらずに否応なく手続に引き込まれる訴訟手続の当事者とは全く異なる。

　以上のように、仲裁は、あらゆる局面において当事者の合意がその根拠となり、また手続を進めていく上での基準ともなっている。そして、その趣旨は準拠法選択の局面でも等しく妥当すべきものと考えられ、準拠法自体についての合意がない場合であっても、その連結点について合意があるのであれば、それはやはりそのまま尊重されるべきものと解される。前述のように、準拠法に関する当事者の部分的な合意とも評価することが可能だからである。その結果として、客観的な最密接関連国とは異なる国に最密接関連性が認められることになったとしても、それが当事者の合意に淵源を有する限り、不当なものではないと考えられよう。その意味で、準拠法について当事者の直接の合意がなくても、最密接関連性（連結点）について合意があるのであれば、その自白を認め、仲裁廷をそれに拘束してよいと思われる[37]。そもそも仲裁廷があえて当事者の合意に反してまで客観的に正しい最密接関連国を探知する必要はないし、そのようなことは仲裁においては適当でもない。そして、自白（明示の合意）が認められるのであれば、黙示の合意である擬制自白も、当事者の処分権を表すものとしてやはり認めてよいと解される。

　以上のような検討から、最密接関連性に関する当事者の自白（合意）ないし擬制自白（争わないとの表示）の効力を認めてよいものと解される。そして、そうだとすれば、そのような自白や擬制自白に反して仲裁廷が異なる最密接関連国を認定したとすれば、当該仲裁手続においては、それは本来の最密接関連国ではない国の法を仲裁廷が適用したことになる。そうすると、これは、結局Ⅲ3と同じ問題となり、仲裁法44条1項6号に該当し、当該仲裁判断

---

[37]　なお、このような考え方を自白を合意の延長線上の意思表示と捉える筆者のような考え方（山本和彦・民事訴訟法の現代的課題（有斐閣・2016）330頁以下参照）とより整合的であるが、通説に従ってこれを観念の表示と理解しても、本文のような理解はなお十分に可能であろう。

は取り消されるべきものと解される。

V おわりに

　以上のような検討から、冒頭で取り上げた解釈問題に対する筆者の結論は、以下のようなものとなる。

　第1に、仲裁廷が、仲裁判断において準拠すべき法につき、仲裁法36条1項前段の定めに反して、「当事者が合意により定める」法を適用せず、または、「当事者が合意により定める」法ではない法を適用し、これによって仲裁判断をした場合は、当該仲裁判断は、同法44条1項6号所定の「仲裁手続が、日本の法令……に違反」した場合に該当して、取消事由があることになると解される。この場合において、仲裁法36条1項前段にいう「当事者が合意により定める」とは、仲裁契約締結後における事後の合意または黙示の合意でも足りると解される。

　第2に、仲裁法36条2項にいう「仲裁手続に付された民事上の紛争に最も密接な関係がある国の法令」には、国際私法（抵触法）は含まれず、国際私法を排除した実質法のみに限られるものと解される。また、この場合、複数の国を最密接関連国と認定し、同一仲裁手続の異なる法律関係についてそれらを適用し、または同一の単位法律関係についてそれらを重畳的に適用することも認められる。さらに、仲裁廷が、仲裁判断において準拠すべき法につき、仲裁法36条2項の定めに反して、「仲裁手続に付された民事上の紛争に最も密接な関係がある国の法令」を適用せず、それ以外の法令を適用した場合は、当該仲裁判断は、同法44条1項6号所定の「仲裁手続が、日本の法令……に違反」した場合に該当して、取消事由があることになると解される。

　第3に、当事者間において、「仲裁手続に付された民事上の紛争に最も密接な関係がある国」がA国であることについて黙示の合意があった、または争いがなかったにもかかわらず、仲裁廷が、それとは異なるB国の法令を適用して仲裁判断をした場合は、当該仲裁判断はやはり仲裁法36条2項の定めに反したものとして、同法44条1項6号所定の取消事由があることになると解される。

V　おわりに

　以上が、必ずしも練られたものではないが、筆者の検討の結果である。その結論には異論もありえようが、本稿を契機として、仲裁判断の準拠法に関する議論が更に深められることを祈念したい。

【付記】
　本稿は、上野㐮男教授の古稀をお祝いする論文集に寄稿することを目的として執筆されたものである。周知のように、上野教授は、仲裁法研究における日本の第一人者である。従来必ずしも十分な検討がされてきたとはいえない仲裁法の分野において、「孤軍奮闘」に近い活躍をされてきた先達のお一人であり、そのドイツ法を基礎とする重厚かつ的確な議論は、日本の仲裁法の立法論・解釈論に大きな影響を与えてきた。日本における仲裁の利用状況は依然として芳しいものとはいい難いが、学術的な発展の余地はなお大きく、長い目でみればそれが仲裁制度の活用の基盤を形成していくものと思われる。本稿は、学恩多大な上野教授の古稀をお祝いするには余りに貧弱なものにとどまったが、上野教授が切り拓かれてきた日本における仲裁法研究の今後の更なる発展を祈念するものとして、筆者のお祝いの気持ちのみをお汲み取りいただければ幸甚である。

認定司法書士と裁判外和解の代理権能および裁判書類作成権能

◆我妻　学◆

Ⅰ　はじめに
Ⅱ　認定司法書士の裁判外和解の代理権能
Ⅲ　司法書士の裁判書類作成権能
Ⅳ　おわりに

Ⅰ　はじめに

　2002 年の司法書士法の改正により、認定司法書士制度が導入され、従来の登記業務、裁判所へ提出する書類作成業務のほか、簡易裁判所における訴訟追行権が認められ、司法書士の職業領域が拡げられている。認定司法書士の数は、近年増加率は緩やかになってはいるものの、確実に増加しており[1]、2015 年には、全体の 72.1％ が認定司法書士となっている[2]。
　司法書士に簡易裁判所の訴訟代理権が付与されているのは、簡易裁判所の民事事件は、訴額が 140 万円以下の比較的少額・軽微な事件であるため、もともと弁護士が受任しない場合が多いとされており、法律専門家である司法書士の関与により、国民の司法へのアクセスを拡充し、利便性を向上するものである。しかし、司法書士が実際に関与している事件の大部分は、いわゆる過払金返還請求訴訟の原告代理人としての関与であり、過払金返還請求事件の新受件数の減少に比例して、関与率も減少傾向にあるとされている。その他の事件では、建物明渡し、貸金、敷金返還等の事件に関し原告代理人あ

---

[1]　2005 年における認定司法書士は、8642 人であるのに対し、2015 年は、1 万 5613 人に増加している（日本司法書士連合会編・司法書士白書［2016 年版］（日本加除出版・2016）32 頁）。
[2]　2015 年における司法書士の数は、2 万 1658 人である。認定司法書士の割合が多いのは、札幌会（81.7％）、福岡県会（81.7％）、神奈川県会（81.4％）および京都会（81.3％）である（日本司法書士連合会編・前掲注 1）33 頁）。

るいは貸金事件の被告代理人となる例がみられるものの、その数は多くはないとされている[3]。

さらに、簡易裁判所における通常訴訟事件において司法書士が関与している事件数の割合は、全国で9.8%にとどまっており、弁護士が関与している事件数の割合が20.1%であるのに比較して少なく[4]、認定司法書士には、過払金請求訴訟だけではなく、その他の紛争類型にも積極的に関与することが期待されている。

相手方との裁判外の和解交渉や裁判所による和解勧試に対し、司法書士は、弁護士と比較して、和解に応じないと指摘されている[5]。さらに、司法書士の中には、相手方との裁判外の和解交渉や裁判所による和解勧試に対し、明確な理由を示さずに強硬に拒絶したり、多数の事件を同時に受任し、裁判所の指定した期日に出頭しないなどの問題を起こしている者もいる。もちろん、ほとんどの認定司法書士は誠実に事件処理をしており、このような問題を引き起こしているのは、一部の認定司法書士あるいは弁護士であり、司法書士固有の問題ではない。

認定司法書士の裁判外の和解権限の範囲をめぐって、最一小判平成28年6月27日（民集70巻5号1306頁）は、請求金額・個別債権額を基準とすることを初めて示している。受益額を基準としてきた司法書士連合会の見解を排斥していることから、理論上・実務上重要な意味を有する。

本論文では、認定司法書士の裁判外和解の代理権能および裁判所へ提出する書類作成業務に関してあわせて考察する。

II　認定司法書士の裁判外和解の代理権能

1　債権額説と受益額説

認定司法書士が裁判外の和解をするための代理権の範囲をめぐって、特に債務整理を依頼された認定司法書士が、当該債務整理の対象となる債権に関

---

[3]　小野憲一「大阪簡易裁判所の実務運用と認定司法書士にのぞむ訴訟活動等」市民と法81号（2013）14頁、近藤哲「簡易裁判所の審理と司法書士関与事件の実情と課題」同号20頁など参照。
[4]　日本司法書士連合会編・前掲注1）179頁。
[5]　大濱寿美＝大江宏明「簡易裁判所における民事訴訟の現状と展望」月刊司法書士482号（2012）8頁。

わる裁判外の和解の範囲はどこまで認められるかが問題となっている。具体的には、紛争の目的の価額と裁判所法33条1項1号に定める価額（140万円）とを比較し、前者が後者を超える場合（司法書士法3条1項7号）には、認定司法書士は裁判外の和解について代理することはできない。

「紛争の目的の価額」は、「訴えで主張する利益によって算定される」（民訴8条1項）から、原告が全部勝訴の判決を受けたとすれば、その判決によって直接利益を受ける客観的かつ金銭的に評価して得た額とされている[6]。

債務者に貸金残債務が存在する場面における紛争の目的の価額に関し、学説は、債権者が主張する請求債権額（債権額説）[7]と債務弁済協定調停事件や特定調停事件における代理の範囲と同様に弁済計画の変更によって受ける経済的利益の額（受益額説）に分かれている[8]。受益額説によれば、通常は（残債務について残債務額についての争いがない場合は）、残債務の額ではなく、弁済計画の変更によって債務者が受ける経済的利益による。残債務額について争っている場合は当事者間の主張の差額が経済的利益となるものとされている[9]。

債権額説は、認定司法書士に裁判外の和解の代理権が認められた立法趣旨とされる弁護士に依頼することが困難なことが多い比較的少額な事件について、司法書士の専門性を活用するために認められたことから、簡裁訴訟代理権（司法書士法3条1項6号）に付随して認められたものであること、民事に関する紛争が「簡易裁判所における民事訴訟法の規定による訴訟手続の対象となるものに限る」と文言上明記されていること（同項7号）、裁判外の民事紛争・和解は、裁判所の関与がなく、事件受任の判断は、司法書士に委ねられるから、相談時および事件受任において客観的に明確であることを根拠としている[10]。

受益額説は、簡裁訴訟代理権（司法書士法3条1項6号）に付随して認められたものであり、裁判外の代理権と裁判上の代理権は同一基準で判断されると

---

[6] 秋山幹男ほか・コンメンタール民事訴訟法Ⅰ［第2版追補版］（日本評論社・2014）153頁、兼子一ほか・条解民事訴訟法［第2版］（弘文堂・2011）105頁［新堂幸司＝高橋宏志＝高田裕成］、小林昭彦＝河合芳光・注釈司法書士法［第3版］（テイハン・2007）78頁など参照。

[7] 若旅一夫「認定司法書士の裁判外代理権の範囲」自正60巻11号（2009）66頁、同「司法書士の裁判外代理権の範囲」NBL898号（2009）36頁など参照。

[8] 小林＝河合・前掲注6）117頁、八神聖＝石谷毅＝藤田貴子・全訂 司法書士 裁判外和解と司法書士代理の実務（日本加除出版・2014）134頁など参照。

[9] 小林＝河合・前掲注6）117頁、八神＝石谷＝藤田・前掲注8）135頁など参照。

[10] 若旅・前掲注7）自正67頁、同・前掲注7）NBL36頁など参照。

している。債務整理の場合は、債務弁済協定調停や特定調停と同一の基準で判断され、債務免除や弁済計画の変更に関する裁判外の交渉が不調に終わった場合、認定司法書士は、債務弁済協定調停などの手続について代理をすることができる（司法書士法3条1項6号ニ）[11]。

債権額説は、受益額説に対し、債権者と実際に司法書士が交渉しないと受益額とされる免除額が明らかにならないことから、受任時に代理権の有無およびその範囲が客観的に定まらないこと、司法書士は代理人として債権者との交渉に関し、自己の代理権が許容される範囲に限定しようとし、当事者本人の利益に相反する危険があること[12]を批判している。たとえ、成立した和解金額が140万円以内であっても、過払金元金自体が140万円を超えていれば、司法書士に和解交渉権限は認められず、懲戒の対象となる[13]。認定司法書士が代理権を行使するため、ことさらに一部請求をした場合には、司法書士の代理業務権限の範囲内であり、訴訟代理権が否定されることはないが、品位保持義務違反となり、懲戒処分の対象となる（47条）[14]。

さらに、複数の債権者に債務を負う場合に、紛争の目的価額に関し、学説は、各債権者の債権ごとに算定した額（個別説）と特定の債務者に対するすべての債権について合算した額（総額説）を基準とするかに分かれている。

個別説は、債務整理の場合であっても裁判上の手続が、個別の債権の給付を求める民事訴訟手続に還元されること、裁判外の和解も和解契約であり、二当事者間における申し込みと承諾によって成立すること、相談時および事件受任時において、客観的に定まりやすく基準として明確であることを理由とする[15]。

総額説は、個々の債権が140万円を超えなければ、多数の債権者がいる場合には、個別説によれば、その合算額に上限がないため、受任できることになり、比較的少額の事件に関し、司法書士の専門性を活用し利用者の利便性

---

11) 小林＝河合・前掲注6）117頁（テイハンHPでは、当該部分を削除し、今後は最判平成28年6月27日の考え方に実務は従って動いていく、と改説している）、八神＝石谷＝藤田・前掲注8）139頁など参照。
12) 若旅・前掲注7）自正69頁、同・前掲注7）NBL38頁など参照。
13) 石谷毅＝八神聖・司法書士の責任と懲戒（日本加除出版・2013）331頁など参照。
14) 小林＝河合・前掲注6）81頁、八神＝石谷＝藤田・前掲注8）187頁、石谷＝八神・前掲注13) 333頁など参照。
15) 八神＝石谷＝藤田・前掲注8）138頁、石谷＝八神・前掲注13）79頁など参照。

を向上させるという本来の趣旨に反すること、司法書士への依頼の趣旨が多重債務者の経済的再生を図ることを目的としている以上、すべての債権者に対する債務を対象とすることは本来の趣旨であるとする[16]。総額説に対し、個別説は、総債務の基準・範囲が不明確であると批判している[17]。

2　従来の下級審判例

司法書士の和解権限が問題となっている判例は、①神戸地判平成20年11月10日（自正60巻11号72頁。司法書士に雇用された事務員が退職合意の効力無効などを理由に労働契約上の地位の確認等を求めている事案において、被告司法書士が裁判外代理権の範囲を逸脱して非弁行為（弁護士法72条）を行ったか否かが問題となった事案）、②大阪高判平成21年10月16日（THINK108号別冊303頁［①の控訴審］）、③京都地判平成20年6月19日（判例集未登載。司法書士に債務整理を依頼していた債務者（株式会社）が裁判外の和解契約の無効（無権代理等）を主張して、貸金業者に過払金請求をした事案[18]）、④さいたま地判平成21年1月30日（判例集未登載。司法書士に債務整理を依頼していた債務者が裁判外の和解契約の無効（無権代理等）を主張して、貸金業者に過払金返還請求をした事案[19]）、⑤広島地福山支判平成24年2月27日（判時2179号66頁。裁判外の和解契約を締結した貸金業者が認定司法書士の交渉活動が非弁行為であるとして、損害賠償を請求した事例）、⑥広島高判平成24年9月28日（同号74頁［⑤の控訴審］）、⑦札幌高判平成26年2月27日（判タ1399号113頁。司法書士に債務整理を依頼していた債務者が裁判外の和解契約の無効（無権代理等）を主張して、貸金業者に過払金返還請求をした事案）などがある。

債権額説を明確に採用しているのは、①、③、④、⑤および⑦である。これに対し、受益額説を明確に採用しているものはない[20]。

なお、個別説を採用しているのは、④であり、総額説を採用する判例はない。

最一小判平成28年6月27日（民集70巻5号1306頁）は、債務者が債務整

---

[16] 梅本吉彦「債務整理と司法書士の権限」自正64巻11号（2013）88頁、若旅一夫「和歌山訴訟最高裁判決と『認定司法書士制度』の今後（改廃問題）」自正67巻12号（2016）17頁など参照。
[17] 八神＝石谷＝藤田・前掲注8）138頁など参照。
[18] 八神＝石谷＝藤田・前掲注8）151頁に判旨の概要が記載されている。
[19] 八神＝石谷＝藤田・前掲注8）154頁に判旨の概要が記載されている。
[20] 田中孝一「最判平成28年6月27日判解」ジュリ1498号（2016）121頁。

理を依頼した司法書士に対し、代理権限の範囲を超えた違法な裁判外の和解であることを理由に損害賠償請求をした事例において、紛争の目的価額の基準に関し、従来の実務でとられている受益額説・個別説ではなく、総額説・個別説を採用している。

3 最一小判平成28年6月27日（民集70巻5号1306頁）

〔事実の概要〕 X1（第1審原告・控訴人・附帯被控訴人・第1事件被上告人・第2事件上告人）および亡Z（第1審原告）の相続人であるX2およびX3（附帯被控訴人・第1事件被上告人・第2事件上告人）が債務整理を依頼した認定司法書士Y（第1審被告・被控訴人・附帯控訴人・第1事件上告人・第2事件被上告人）に対し、Yが認定司法書士が代理することができる範囲を超えて、違法に裁判外の和解を行い、これに対する報酬を受領したなどと主張し、不法行為に基づく損害賠償として、その報酬相当額およびこれに対する遅延損害金の支払いを求めている。

X1は父（元夫）、亡Zは母（元妻）、X2・X3は、X1とZとの間の子である。第1審口頭弁論終結後・判決言渡前にZが死亡したため、X2・X3が訴訟承継し、X1に加えて、X2、X3が原告となっている。

Xら（X1～X3）および亡Z（本件債務者ら）は、それぞれ複数の貸金業者（延べ33社）との間で、継続的な金銭消費貸借契約取引を行っていたが、Yとの間で、債務整理を目的とする委任契約（本件委任契約）を締結した。

Yは、本件委任契約に基づいて、各貸金業者に対し、各取引について取引履歴の開示を求め、裁判外の和解やその交渉をするなどの債務整理に関する業務を行って、本件債務者らからこれに対する報酬の支払いを受けている。利息制限法所定の制限利率に引き直して計算すると、平成19年10月19日当時、貸付金元本の総額は1210万円あまりであり、過払金の総額は1900万円あまりであった。また、各取引の中には、貸付金元本額や過払金の額が140万円を超える個別の取引が複数存在している。本件でYの裁判外の和解に係る代理権の範囲をめぐって問題となっている和解の相手方債権者は、A～Eの5社である。

本件各債権の1つであるB社の亡Zに対する貸付元本額517万円あまりの債権について、Yが代理をして、亡Zがその内、493万円あまりに将来利息を付加して裁判外の和解が成立している。なお、亡Zがこの弁済計画の変更により受ける経済的価額は、140万円を超えないものである。

第1審判決（和歌山地判平成24年3月13日）は、利息制限法所定の制限利率に引き直し計算をし、過払金が発生するか否かで分け、X1・A間、Z・C間の

過払金返還請求およびZ・D間の残債務の支払に関わる和解が基準となる140万円を超えると認め、Xらの請求を一部認容している。

原審判決（大阪高判平成26年5月29日）は、「紛争の目的の価額」は、その紛争が和解不成立等により訴訟となったと想定した場合の「訴訟の目的の価額」等と同じになるものと解し、裁判外の和解等の代理権の範囲は、その紛争が訴訟になったと想定した場合の訴訟代理権の範囲）と一致するものとして、貸金残債務があるときの貸金返還訴訟、または過払金が発生しているときの過払金返還訴訟における「訴訟の目的の価額」であるところの「訴えで主張する利益」であるとして、第1審判決で認められたX_1・A間およびZ・C間の過払金請求のほか、X_1・B間、Z・B間およびX_2・E間の過払金請求に関し一部認容している。

原判決に対し、Xら（第1事件）およびY（第2事件）双方から上告受理の申立てがなされ、受理されている。Xらは、債権額説・総額説の立場であり、Yは、受益額説・個別説の立場である。

〔判旨〕 本件各上告棄却。

法3条1項7号は、「簡裁民事訴訟手続の代理を認定司法書士に認めたことに付随するものとして、裁判外の和解についても認定司法書士が代理することを認めたものといえ、その趣旨からすると、代理することができる民事に関する紛争も、簡裁民事訴訟手続におけるのと同一の範囲内のもの」、「複数の債権を対象とする債務整理の場合であっても、通常、債権ごとに争いの内容や解決の方法が異なるし、最終的には個別の債権の給付を求める訴訟手続が想定されるといえることなどに照らせば、裁判外の和解について認定司法書士が代理することができる範囲は、個別の債権ごとの価額を基準として定められるべきもの」と判示した上で、「認定司法書士が裁判外の和解について代理することができる範囲は、認定司法書士が業務を行う時点において、委任者や、受任者である認定司法書士との関係だけでなく、和解の交渉の相手方など第三者との関係でも、客観的かつ明確な基準によって決められるべきであり、認定司法書士が債務整理を依頼された場合においても、裁判外の和解が成立した時点で初めて判明するような、債務者が弁済計画の変更によって受ける経済的利益の額や、債権者が必ずしも容易には認識できない、債務整理の対象となる債権総額等の基準によって決められるべきではない。

以上によれば、債務整理を依頼された認定司法書士は、当該債務整理の対象となる個別の債権の価額が法3条1項7号に規定する額を超える場合には、その債権に係る裁判外の和解について代理することができないと解するのが相当」であると判示している。

平成28年最判は、紛争の目的価額に関し債権額説・個別説を採用し、従

来の実務の主流である受益額説を採用しなかった[21]。さらに、債務整理手続においても、総額説を採らなかった点も注目される。

認定司法書士が裁判外の和解について代理することができる範囲に関し、特に基準の「客観性、明確性」を強調している。債権額説が受益額説を批判しているように、債務者が依頼し、認定司法書士が業務を行う時点において定まらず、裁判外の和解の内容（和解金の額、分割金の額や分割の期間等）によって変動するものであり[22]、司法書士が代理権の範囲に収めるため恣意的な和解をして依頼者の利益を害する恐れも否定しがたいからである[23]。平成28年最判が債権額説を採用したことは、まさに客観的かつ明白な基準であり、妥当と思われる[24]。

平成28年最判の立場は、多重債務者の債務整理の場面において、一債権者からすれば、当該多重債務者の債務総額等の債務の全貌を必ずしも容易には認識できず、当該債権者がある時点で把握している債務総額も、その後常に変動する可能性があり、そのため認定司法書士が業務を行う時点において、代理権を有するかどうか客観的かつ明確に判断できない認定司法書士を相手に、和解交渉を行うことを迫られる恐れもあることを補強材料としている[25]。

平成28年最判は、認定司法書士に裁判外の和解権限が認められなければ、明示はしていないが、無効説を前提にしているように思える[26]。依頼人と代理人とは、内部関係であり、第三者たる債権者には取引の安全を別個に考慮すれば足りるからである。

債権者が債務者の知人や親族であれば、たしかに保護する必要性がある[27]が、平成28年最判で問題となっている相手方は、いずれも貸金業者、信販会社などであり、むしろ債務者の財産状態を信用情報機関などによって継続的に把握し、与信を管理すべき立場にある。

---

21) 田中・前掲注20) 122頁参照。
22) 仁木恒夫教授は、認定司法書士の権限に債務弁済協定調停等での代理が含まれているのは、こうした不確定な和解交渉での紛争処理能力が認められていることを意味するとされる（仁木恒夫「認定司法書士の裁判外の和解権限の範囲」NBL1031号（2014）68頁）。
23) 田中・前掲注20) 122頁参照。
24) 加藤新太郎「認定司法書士の裁判外和解代理権の範囲」登記情報659号（2016）56頁など参照。
25) 田中・前掲注20) 122頁参照。
26) 田中・前掲注20) 123頁参照。
27) Zは実妹に約1000万円の債務を負担しているが、当初Xらは、Yに告げておらず、債務整理の対象とすることを希望しておらず、債務整理の対象とはされていない。

前記⑥広島高判平成24年9月28日は、裁判外の和解契約を締結した貸金業者が認定司法書士の交渉活動が非弁行為であるとして、損害賠償を請求した事案に関し、利息を放棄して元本の長期分割弁済を内容とする本件債務弁済契約に応じたのは、債務者の経済的資力や回収可能性を検討した結果であり、司法書士に代理権限があることを信頼してそれを理由（原因）に利息を放棄したと認めることはできず、有効な代理権限があったか否かと利息を放棄したこととの間に相当因果関係は認められない、として、損害賠償請求を棄却している。
　たしかに、平成28年最判が判示するように、一般的には、複数の債権を対象とする債務整理の場合であっても、債権ごとに争う内容や解決の方法が異なるし、最終的には個別の債権の給付を求める訴訟手続が想定される。しかし、本件では、原審が認定しているように債務者が複数の債権者に対し、残債務を負っているだけではなく、Xら4名につき全員の過払金を相互に流用することも含めて全体として債務整理を行い、全員の経済的更生を図ることを目的としている。個別説は、もともと一人の債務者が複数の債権者に対し、債務を負っている場合を想定しており、平成28年最判の事案のように全体として債務整理を行う場合を想定していなかったと考える。
　原審は、委任契約締結時点における債務および過払金の状況によれば、回収可能な過払金額が債務額を上回っており、司法書士に報酬を支払うことを考慮に入れても、全員について任意整理を行うことが可能な状況であると認めている。そこで、委任契約の趣旨・目的であるXら4名の債務整理による経済的更生を図るために、認定司法書士が権限を有する範囲において、債務整理をするための裁判外の和解をすることおよび過払金返還請求訴訟における裁判所提出書類を作成することを委任していると認定している。
　原審は、Xら4名の経済的再生を図るには、過払金をできるだけ多くかつ適時に回収できるかが重要であり、過払金の回収について、高度な専門知識を用いた裁量的判断を行いつつ、交渉や訴訟進行を図ること等が必要であった、と指摘している。しかし、代理権限に制限がある司法書士では、弁護士とは異なり、必要な場面で専門的・裁量的判断に基づく処理を行うことができず、過払金の回収において支障が生じるおそれがあり、弁護士と司法書士のどちらに委任するかで、債務整理の目的を達成する上でいかなるメリッ

ト、デメリットがあるのか等、その違いを理解するための説明をした上で、それでもなお司法書士に委任するかを確認する信義則上の説明・助言義務違反がある[28]と判示している。

さらに、過払金の具体的な回収に関しても過払金の回収を待って全体としての弁済計画を策定し、その後に債務額の減額交渉をして和解をすることが、法律専門職として依頼者の正当な利益を最大限図る上での最善の選択であったとして、Z・D間の和解を先行させたことは、法律専門家としての善管注意義務に反するとしている。

これらの点を参酌すると、平成28年最判は、Xらが主張しているように、全ての債務の処理が1つの紛争であり、むしろ総額説を採用すべき事案と考える。

Ⅲ 司法書士の裁判書類作成権能

司法書士の裁判書類作成権能（司法書士法3条1項4号）に関し、平成28年最判は、論じていないが、司法書士の業務との関係で検討する[29]。

平成28年最判の事案では、YがX₁とAとの取引に係る債務整理の依頼を受け、受任通知を発送した上、入手した取引履歴に基づいて引き直し計算をしたところ、過払金が140万円を超えることが判明したので、X₁に地方裁判所への訴訟の提起を助言し、一般に用いられている冒頭ゼロ計算による過払金を前提に訴状をX₁に代わって作成して地方裁判所に提出している。その後、第1回口頭弁論期日前にAから提示された和解案をX₁に伝えるなど和解案の伝達を何度か行った後、X₁がAに電話をして和解が成立している。

原審は、司法書士の書類作成権限に関し、「裁判書類作成関係業務及びこの事務について相談に応じる業務の範囲については、……代理権とは異なり、何ら限定が付されていない。それは司法書士が裁判書類の作成そのもの及びこの事務に付随する必要不可欠な業務のみを行うことが予定されているから

---

[28] 最三小判平成25年4月16日民集67巻4号1049頁は、債務整理に係る法律事務を受任した弁護士が、特定の債権者の債権につき消滅時効の完成を待つ方針をとる場合において、上記方針に伴う不利益等や他の選択肢を説明すべき委任契約上の義務を負うと判示している。

[29] 加藤・前掲注24) 59頁参照。

である……。したがって、司法書士が裁判書類作成関係業務を行うに当たって取り扱うことができるのは、依頼者の意向を聴取した上、それを法律的に整序することに限られる。それを超えて、法律専門職としての裁量的判断に基づく事務処理を行ったり、委任者に代わって実質的に意思決定をしたり、相手方と直接交渉を行ったりすることは予定されていないものと解され、司法書士の裁判書類作成関係業務としての行為がこれらの範囲に及ぶときは、……権限を逸脱する」と判示した上で、「Y は、一応 X_1 に A との訴訟を任せ、裁判関係書類の作成に関与しているように行っているものの、上記訴訟の当初から和解に至るまで終始、X からの相談を受けて法律専門職として助言しており、この実質的な関与に応じて報酬についても、単なる裁判書類作成関係業務の通常の対価 4～5 万円（Y）に比して、約 20 倍に上る 99 万 8000 円を得ており[30]、全体としてみると、弁護士法 72 条の趣旨を潜脱するものといえるから無効」と判示している。

原審は、司法書士の書類作成業務として、従来の下級審判例[31]と同様に整序という作用を重視する立場に立ち、認定司法書士の行為が法律専門職として助言をしていること、実質的な関与に応じて報酬も書類作成業務の通常の対価をはるかに超える高額な報酬が支払われていることが弁護士法 72 条を潜脱するものであると判示している。

これに対し、裁判上の書類作成は、嘱託の真の目的に適ったものでなければ意味がないが、そのためには、嘱託の目的が、いかなる手続的効果をもつ書面の作成に向けられ、また終局的にはそれによっていかなる実体的効果を得ようとしているのか、それらの手続的および実体的効果を得るにはいかなる事項を記載しなければならないかにつき、法律的判断を加えなければならないとする説[32]の方が学説上は、有力である。

---

30) 東京三会のクレジット・サラ金事件報酬基準によれば、訴訟によって、過払金を回収したときは、平成 23 年の改正により、過払金報酬は、回収額の 24% から 20% に減額されており（東京弁護士会＝第一東京弁護士会＝第二東京弁護士会・クレジット・サラ金処理の手引 [5 訂版補訂]（2014）57 頁）、Y の報酬は際だって高額といえよう。
31) 高松高判昭和 54 年 6 月 11 日判時 946 号 129 頁、富山地判平成 25 年 9 月 10 日判時 2206 号 111 頁など参照。
32) 兼子一＝竹下守夫・裁判所法［第 4 版］（有斐閣・1999）452 頁、伊藤眞「弁護士と当事者」新堂幸司編集代表・講座民事訴訟 3（弘文堂・1984）120 頁、江藤价泰・司法書士の社会的役割と未来（日本評論社・2014）268 頁、小田司「富山地判平成 25 年 9 月 10 日判批」リマークス 50 号（2015）117 頁、仁木恒夫「富山地判平成 25 年 9 月 10 日判批」新・判例解説 Watch16 号（2015）

さらに、認定司法書士に簡易裁判所の訴訟代理権が付与されていることから、認定司法書士が訴訟代理を受任した場合には、作成すべき訴状・答弁書・準備書面のほか、証拠申出書、証人尋問申請書など裁判書類および弁論などの訴訟活動に関し、弁護士資格を有する訴訟代理人が作成する書面と遜色のないものである必要があり、認定司法書士が地方裁判所に提出する裁判書類の作成を受任した場合には、法的判断を控えるべきと考えるのは、もはや正当性を失っていると主張する説も有力となっている[33]。

原審は、法律専門職としての司法書士が、自己の有する職務権限の範囲内においてこれを行使して債務整理に関する事務処理をすることができ、法律専門職として債務整理を受任する以上、権限の大小にかかわらず、善管注意義務として、事案に即して依頼者の正当な利益を最大限確保するために最も適切・妥当な事務処理を行う義務を負い、当事者の意向いかんにかかわらず、法律専門職として最善の手段について説明・助言すべき義務を認めている。これに対して、地方裁判所の書類作成権限に関しては、職務権限を超えるとして、法律専門職としての裁量的判断に基づく事務処理を行うことを認めないのは、果たして正当といえるか疑問である。

むしろ問題は、簡易裁判所における訴訟代理権を有する認定司法書士が裁判書類作成業務として、どのように依頼者が当事者本人として自律的に地方裁判所における訴訟行為を追行できるように支援するかである[34]。前記富山地判平成25年9月10日は、認定司法書士が当事者本人名義で作成した訴状によって地方裁判所に訴訟を提起した場合において、司法書士が訴訟行為を策定し、実質的には訴訟代理をしていると認定している。このような訴訟行為は、弁護士法72条に違反し、弁護士代理の原則（民訴54条1項）に違反する無効なもの[35]であり、包括的に司法書士に対して委任していることを本人が知っている場合には、追認することもできないとして、訴えを却下している。

これに対し、平成28年最判の事案は、X₁・A間の和解交渉は、期日前に

151頁など参照。松山地西条支判昭和52年1月28日判時865号110頁も参照。
[33] 加藤新太郎「司法書士の地裁訴訟関与のあり方」登記情報631号（2014）14頁、齋木賢二「司法書士による書類作成」市民と法80号（2013）28頁など参照。
[34] 加藤・前掲注33）15頁が、的確に指摘する点である。
[35] 最二小判昭和43年6月21日民集22巻6号1297頁。

行われ、訴えが取り下げられており、裁判所は関与していない。

　平成28年最判の事案において、X₁・A間の過払金返還請求だけを取り上げれば、期日前に和解が成立しているので、事実関係などに争いがない場合と考えられるので、資料さえ揃っていれば、司法書士は定型的に書類を作成して訴訟を行うことができ、X₁の自律的な訴訟支援と認められる余地があるかもしれない。しかし、平成28年最判の事案は、Xら4名の経済的再生を図るために、過払金をできるだけ多くかつ適時に回収できるかが重要であり、過払金の回収について、高度な専門知識を用いた裁量的判断を行いつつ、交渉や訴訟進行を図ることが必要不可欠であり、そもそもX₁本人が自律的にAとの和解交渉・訴訟追行をすることは期待できないといえる。さらに、認定司法書士による裁判書類作成業務で過払金を回収しうるのか、むしろ弁護士による地方裁判所での訴訟追行によるべきかなどに関し、YもXらに説明・助言すべきであったと考える。

Ⅳ　おわりに

　裁判外の和解権限を有しない認定司法書士の債務整理行為は、弁護士法72条違反（非弁行為）であり、不法行為となるほか、公序良俗違反（民90条）として無効となる（最一小判昭和38年6月13日民集17巻5号744頁）から、不当利得として、依頼人たる債務者に支払った報酬等の返還請求も認められる[36]。

　平成28年最判が債権額説・個別説を採用したことにより、依頼人たる債務者が認定司法書士に支払った報酬等の返還請求訴訟を提起しうるが、実際には、以下のような問題点が示されている[37]。

　第1に平成28年最判の対象は、貸金業者が貸金残債務が存在していると主張している取引に限定され、過払金のみが発生している取引の場合において、主張されているわけではない。また、認定司法書士が取得していた報酬は通常僅少であり[38]、費用対効果の点に鑑みれば、訴訟提起は必ずしも引き

---

36)　田中・前掲注20) 123頁参照。
37)　田中・前掲注20) 123頁参照。
38)　平成28年最判の事案では、着手金4万（Xら4名分まとめて）、債務整理については、1社あたり3万1500円（税込み）、過払金については、各債権者につき返還額の2割である。過払金に関する報酬に関し、X₁が121万4000円、Zに関し25万1500円と認定されている。

合わないと思われる。依頼者が自己の実体的な権利・利益を実現・擁護してくれたと感じていたら、あえて報酬等の返還請求をするとは考えにくい[39]。第3に、平成28年最判は、債権額説だけではなく、個別説を採る旨の法理判断を示しているから、認定司法書士が違法に裁判外の和解を行ったとされる場合は、総額説を採った場合と比較して相当程度限られてくるとされている。通常は、認定司法書士は、個別の多重債務者ごとに債務整理をしていると考えられ、平成28年最判のように多重債務者である家族全体の債務整理をするとは想定しにくい。

実際に依頼者たる債務者から認定司法書士に対して提起される訴訟で主張される請求は、①不法行為に基づく損害賠償請求、②不当利得による返還請求に分けられる[40]。

認定司法書士は、受益額説に基づいて事件を受任し、債務整理を行なったことに関し、過失がないことを主張して争うことができる[41]。司法書士連合会の見解および立法関係者による文献の記載などから、実務上広く行われていたからである。認定司法書士がことさらに一部請求するのは、司法書士倫理に反し、懲戒事由となるのは当然であるが、裁判外の和解権限がないと評価すべきである。

なお、依頼者に対し認定司法書士が過失相殺（民722条）を主張する場合は、通常は考えられない。認定司法書士と依頼人との間での債務整理に関する情報の非対称性に鑑みれば、原審が認めたように認定司法書士が弁護士と比較して、権限が限定されており、権限を超える場合には、依頼人が自ら訴訟などの行為をすることを説明する責任があるからである[42]。ただし、前記⑦札幌高判平成26年2月27日は、取引履歴が直近10年分のものしか開示されず、債務者本人が取引に関する書類を全て処分しているため、認定司法書士が過払金の額が代理権限を超えるか否かを確定できない場合、和解契約を締結することは代理権限の範囲内であると判断し、当該和解契約が無効で

---

39) 加藤・前掲注24) 57頁など参照。
40) 田中・前掲注20) 123頁、加藤・前掲注24) 58頁など参照。
41) 平成28年最判に関し、故意または過失要件の欠如を理由に不法行為責任を否定すべきであったとする説もある（七戸克彦「司法書士の業務範囲(5)」市民と法102号（2016）30頁など参照）。しかし、原審が認定したように、受益額説に立っても紛争の目的物の価額が140万円を超えることから過失責任は免れないと考える。
42) 加藤・前掲注24) 58頁など参照。

Ⅳ　おわりに

あることを理由とする業者に対する過払金返還請求を棄却している。

　不当利得返還請求訴訟がなされた場合には、不法原因給付（民708条ただし書）を柔軟に解釈することにより依頼者は返還請求が認められない場合があるとされているが[43]、通常は認定司法書士の報酬に関し不法原因給付とは認められないと思われる。

　平成28年最判の対象は、債務整理を依頼された認定司法書士の裁判外の和解権限に限定されたため、認定司法書士の職域問題として注目されている。当事者の司法へのアクセスは、弁護士によるものだけではなく、認定司法書士による法律相談、裁判書類作成および簡裁における訴訟代理によって拡充されており、司法書士の職域を過度に制限するよりも、今後は過払金以外の紛争類型への積極的な関与を期待する方が生産的といえる[44]。

　しかし、平成28年最判の事案は、特に原審が認定しているように①Xら4名につき全員の過払金を相互に流用することも含めて全体として債務整理を行い、全員の経済的更生を図ることを目的としており、和解権限および訴訟追行に関し、弁護士と比較して制限がある認定司法書士として受任しうるのか、②その後の債務整理の場面で、裁判書類作成業務としてしか、地方裁判所での過払金返還請求に関与できない場合に債務整理を続行しうるか、③過払金の回収を待って全体としての弁済計画を策定し、その後に債務額の減額交渉をして和解を行うことができるか、④債務整理の最終段階で、債務者が隠していた多額の債務の存在が明らかになった場合に債務整理を完了してよいのか、それぞれの場面で、はたして、認定司法書士が自ら債務整理を続行すべきなのか、むしろ倒産実務に精通している弁護士に業務を引き継がせる必要があるのか[45]、あるいは、債務整理だけではなく、むしろ破産、個人再生などの法的手段を債務者に説明すべきかなどもあわせて、今後検討する必要があるように思える。

43）　田中・前掲注20）123頁、加藤・前掲注24）58頁など参照。

44）　例えば、イギリスにおいては、伝統的に当事者対抗主義をとり、弁護士による訴訟追行を前提としているが、2012年の法律扶助の改正により、法律扶助の対象事件が大幅に制限されたため、民事・家事事件における本人訴訟が増加し、当事者の司法へのアクセスが阻害されているだけではなく、裁判所の訴訟運営にも支障をきたしているとされている（H. Genn, *Do-it-yourself law: Access to Justice and the Challenge of Self-representation*, (2013), 32 C. J. Q. 413.）。

45）　医療訴訟におけるより高度の専門医療機関への転送義務（最三小判平成9年2月25日民集51巻2号502頁、最三小判平成15年11月11日民集57巻10号1466頁など参照）に類似する。司法書士と弁護士との協業に関しては、江藤・前掲注32）276頁、246頁も参照。

国際仲裁における仲裁判断の res judicata

◆渡部美由紀◆

- I はじめに
- II 仲裁判断の res judicata
- III 国際仲裁判断の res judicata
- IV むすびに代えて

I はじめに

　仲裁は、国際民商事紛争解決手段の第1次的な選択肢として広く認識されている。その理由は、当事者の合意を基礎とする手続であるため、国家主権に係る制約を回避することができ、専門性、迅速性、非公開等のメリットに加え、主要国のほとんどが加盟する1958年の外国仲裁判断の承認及び執行に関する条約（いわゆるニューヨーク条約）によって、仲裁判断の承認・執行が判決より容易であることにある。国際商事仲裁（以下、「国際仲裁」という）は年々活発化しており[1]、多数の当事者や複数の契約が関係する仲裁が増加するなど、その内容は複雑化している[2]。

　強制執行の可能性を前提とした実効的紛争解決手段として、仲裁判断には終局性を有する拘束力が要求される。平成15年に改正されたわが国の仲裁法45条1項は、仲裁地が日本国内にあるか否かを問わず、仲裁判断に「確

---

1) Alan Redfern/Martin Hunter/Nigel Blackaby/Constantine Partasides, *Law and Practice of International Commercial Arbitration* (5th ed. 2009), para. 1. 01. 国際商事仲裁では、ロンドン国際仲裁裁判所（LCIA）、国際商業会議所（ICC）に属するICC国際仲裁裁判所、アメリカ仲裁協会（AAA）などの常設機関による仲裁が広く行われている。小林秀之＝村上正子・国際民事訴訟法（弘文堂・2009）196頁。

2) 多数当事者仲裁等の複雑仲裁については、Bernard Hanotiau, *Complex Arbitration: Multiparty, Multicontract, Multi-issue and Class Actions* (2005)、渡部美由紀「多数当事者仲裁の法的規律—手続の併合を中心に」河野正憲先生古稀記念・民事手続法の比較法的・歴史的研究（慈学社・2014）699頁以下等参照。

定判決と同一の効力」を認める。これが既判力を含むか否かについては、周知のように従来から議論があるが、その際、国内仲裁判断であるか国際仲裁判断であるかは、ほとんど意識されてこなかった。当事者合意を基礎とする仲裁の基本構造や特質は、国内仲裁と国際仲裁とで異なるものではなく、外国仲裁判断であっても、その効力を国内仲裁判断に準じて尊重するのが、いずれの国にも妥当する国際的な根本規範であると考えられてきた[3]。

　他方、ILA（International Law Association: 国際法協会）の国際商事仲裁委員会は、2006 年の res judicata[4] と仲裁に関する最終報告および勧告（Recommendations）において、国際仲裁における仲裁判断の res judicata について、内国法（national law）とは異なる国際的な規律（transnational rules）のあり方を勧告している[5]。これは、国際仲裁の効率性と終局性を促進するため、仲裁判断は、将来の仲裁手続に対して、終局的な排除効（conclusive and preclusive effects）を有するべきであるとし、特定の国の法のみではうまく処理できない国際仲裁判断の res judicata 問題に関する実務上の困難を回避するガイドラインとなるべく、各国における判決の res judicata に関する規律から共通性を抽出し、国際仲裁の性質に見合った res judicata のあり方を勧めるものである。この ILA 勧告は、仲裁判断の res judicata の問題に直面する仲裁人に向けられたものであり、国家裁判所に対して直接向けられているものではないため、各国の仲裁判断の res judicata に関する規律に直ちに反映されるものではない。しかし、これは、当事者の合意を手続形成の中核とする国際仲裁判断の効力を、特定の内国法における判決効論により規律しようとする従来の議論に理論的再考を促すものであるといえよう。

　国内仲裁の場合は、当事者、仲裁地、準拠法等の要素がすべて一国に属し、

3）　小山昇・新版仲裁法（有斐閣・1983）225 頁、小林＝村上・前掲注 1）209 頁。なお、国内仲裁判断と外国仲裁判断との区別の基準については、手続地法説と準拠法説の争いがある。これについて、小林＝村上・前掲注 1）210 頁以下（手続地法説を採る）。

4）　res judicata とは、既判事項（"a matter adjudged"）を意味する。ラテン語の格言のフルテキストは、「res judicata pro veritate accipitur」（既判事項は真実とみなされる）である。res judicata は、日本法では、既判力と重なる。これについては、後に改めて述べる。

5）　2004 年から、国際商事仲裁委員会により、res judicata と lis pendens（重複手続）について、中間報告、最終報告、勧告が発表されている（ILA, Committee on International Commercial Arbitration, Interim Report on Res Judicata and Arbitration; Final Report on Res Judicata and Arbitration; Recommendations on Lis Pendens and Res Judicata and Arbitration〔以下、それぞれ「ILA Interim Report」「ILA Final Report」「ILA Recommendations」とする〕）。これらは、すべて、http://www.ila-hq.org か、Arbitration international（2009）25 巻 1 号 35 頁以下で閲覧できる。

統一的な国家法制度の枠内で考えることができるから、当事者間に別段の合意がない場合、仲裁判断の効力について、国内法の判決効論を参照して処理しても特段の問題は生じないように思われる。しかし、国際仲裁の場合には、統一的に適用される国家法制度のようなものはなく、国によって res judicata に関する規律の内容は異なるため、事情が異なる。関連しうる複数国のいずれかの法に連結して解釈するという抵触法的処理を行うことになろうが、特定の国家裁判所による裁判権を排除する当事者の合意を基礎とする国際仲裁の性質に照らしたとき、このような処理をすることは果たして適切なのだろうか。

以上のような問題意識から、筆者は、2011 年に開催された日本民事訴訟法学会において、仲裁法に造詣が深い上野泰男先生に司会の労をお取りいただき[6]、この ILA 提案の方向性を支持する旨の個別報告を行った。その際の報告内容はすでに公刊されているが[7]、論文の形で公表する機会を逸してしまった。その後、世界的にみると、ILA 提案を契機として同様の問題意識から書かれた論稿が散見される[8]。そこで、本稿では、あらためて仲裁判断の res judicata ないし既判力をめぐる従来の議論を確認した上で、近時の問題提起とそれに対する反応を紹介しながら、国際仲裁における仲裁判断の res judicata について検討する。とりわけ、国により規律が異なる res judicata の客観的範囲の解釈の方向性について、私見を提示したい。

II　仲裁判断の res judicata

1　res judicata

いったん裁判所等において争点とされ判断が示された事項は終局的なものとみなされ、同一当事者間で、当該事項を再度蒸し返すことはできないとす

---

[6]　仲裁判断の効力、とりわけその人的範囲に関して、上野泰男「仲裁契約及び仲裁判断の効力の人的範囲」関西大学法学論集 35 巻 3 = 5 号（1985）1187 頁以下、同「仲裁判断の効力の主観的範囲について」名城法学 42 号（1992）357 頁以下。

[7]　渡部美由紀「国際仲裁における仲裁判断の効力について」民訴 58 号（2012）155 頁以下参照。

[8]　たとえば、Luka G. Radicati di Brozolo, *Res Judicata and International Arbitral Awards*, Tercier (Hrsg.), ASA Special Series No. 38, Huntington, 2011, pp. 127-149（2011 年 1 月 28 日にスイス仲裁協会主催の大会（バーゼル）で報告されたもの。http://ssrn.com/Abstract=1842685 で閲覧可能）、Silja Schaffstein, *The Doctrine of Res Judicata before International Commercial Arbitral Tribunals* (2015).

る res judicata の基本的な考え方は、コモンロー系であるか大陸法系であるかを問わず、一般原則として広く認められている[9]。res judicata 理論は、判断に終局性を認めることで、紛争の不当な蒸し返しによる司法資源の無駄使いを防ぐとともに、法的安定を確保し、紛争解決の実効性に資する[10]。res judicata により、当事者は、後の手続で先に示された判断を基礎とすることができ（積極的効力）、また、先の手続で既に判断された事項については再度争うことができなくなる（消極的効力）。

　このような一般原則が承認される一方で、res judicata の効力の作用やその適用範囲等についての具体的アプローチは、国によって異なる[11]。概して、コモンロー系諸国では、判決の res judicata は、一般に、請求に対する判断について生じる請求排除効（claim preclusion/cause of action estoppel）と、争点に対する判断について生じる争点排除効（issue preclusion/issue estoppel/collateral estoppel）として現れる[12]。これに対して、ドイツやわが国のような多くの大陸法系諸国では、res judicata は請求（訴訟物）についての判断、換言すると、判決の主文中の判断についてのみ生じ、理由中の判断には生じない[13]。なお、コモンローと大陸法の溝に架橋し民事訴訟法の世界的な調和を目的とする ALI/UNIDROIT 国際民事訴訟法原則は、判決の res judicata について、争点排除効を例外的にのみ認めるという制限的なアプローチを採用している[14]。

---

9) e. g., Julian D. M. Lew, Loukas A. Mistelis and Stefan M. Kröll, *Comparative International Commercial Arbitration*, 2003, paras 24-1 et seq., Schaffstein, *supra* note 8, p. 12. ドイツ法の Rechtskraft, 日本法の既判力等がこれにあたる。

10) ドイツ法における既判力とアメリカ法の res judicata の目的の差異につき、*Tobias B. Lühmann, Die Rechtskraft des Schiedsspruchs im deutschen und US-amerikanischen Recht*, 2014, S. 19 f.

11) ILA Interim Report, p. 41 et seq., Schaffstein, *supra* note 8, p. 15.

12) res judicata 理論の歴史的発展について、*Lühmann*, a. a. O. (Fn. 10), S. 16-19.

13) Stavros Brekoulakis, *The Effect of an Arbitral Award and Third Parties in International Arbitration: Res Judicata Revisited*, 16 (1) American Review of International Arbitration 177 (2005), p. 182 et seq. は、コモンロー諸国では、res judicata は事実発見（fact-finding）の価値を有するとし、他方大陸法系諸国では、res judicata は、事実発見とは分離されており、事実を確定するよりもむしろ起こったであろうことの法的結果のみを決定しうるとする。また、大陸法系の国では、ドイツ、日本のほかに、スイス、スウェーデンでは、厳格に主文中の判断に限られるが、フランス、ベルギー、オランダ、イタリアでは、理由中の判断に生じる場合もある。Redfern/Hunter, *supra* note 1, p. 559, ILA Interim Report, pp. 51-52, 65.

14) Rolf Stürner, *The Principles of Transnational Civil Procedure*, 69 Rabels Zeitschrift für Ausländisches und Internationals Privatrecht, S. 201, 204, 250 f. (2005). その理由としては、外国判決承認国の裁判所の裁判官がコモンローモデルに従って請求排除効や争点排除効の範囲を決定するには相当の外国法の知識を必要とするが、これは現実的に困難であり、明確で単純な基準と

2 仲裁判断の res judicata

(1) 国内法および国際仲裁機関等における規律 　仲裁判断の効力については、次にみるように、国によって規定の仕方は異なるが、実効的な紛争解決をはかるために、一般に、判決同等の終局性をもつ res judicata が認められている。したがって、仲裁判断を得た後、その一方当事者が、同一の相手方に対して、同様の申立原因にもとづいて、同様の審判対象に関して、訴えの提起または仲裁の申立てをした場合、裁判所または仲裁廷は、先の仲裁判断の res judicata に拘束される。先の仲裁手続において主張されなかった事由も、原則として遮断される[15]。とはいえ、その適用範囲等の具体的な内容は必ずしも明確に定められていない。

　1985 年に UNCITRAL が採択した UNCITRAL 国際商事仲裁模範法（いわゆるモデル法）[16]35 条 1 項は「仲裁判断は、それがなされた国のいかんにかかわらず、拘束力あるものとして（as binding）承認されなければならない」と規定する[17]。これに対して、わが国の仲裁法 45 条 1 項[18]や、ドイツ民事訴訟法 1055 条（「仲裁判断は当事者間で確定した裁判所の判決の効力を有する」）は、裁判所の確定判決を媒介して仲裁判断の効力を規定する。アメリカ連邦仲裁法（FAA）13 条も、仲裁判断が訴訟における判決と同一の効力（the same force and effect）を有する旨を規定する[19]。これに対して、イギリス仲裁法（1996 年）58 条 1 項は、仲裁判断は最終的なものであり当事者を拘束する（final and

---

　　　して救済を求められた形式的な請求のみを対象とする慎重な解決方法がよりよいことにある。
15）　もっとも、仲裁判断が無効であり管轄権のある裁判所によって取り消される場合は、その仲裁判断の内容には res judicata は生じない。
16）　これは各国の国内立法のためのモデルとなるものであり、多くの国で採用ないし準拠されている。モデル法の邦訳および解説については、澤田孝夫「UNCITRAL 国際仲裁模範法」ジュリ 857 号（1986）100 頁以下、同・UNCITRAL 商事仲裁模範法（国際商事仲裁協会・1986）等参照。
17）　これと同様に規定するものとして、たとえば、カナダ商事仲裁法 35 条 1 項。
18）　この規定ぶりは旧法（公示催告手続及ビ仲裁手続ニ関スル法律 800 条〔1890 年民事訴訟法において確立した仲裁制度を内容的に引き継ぐもの〕）と同様である。現行民事訴訟法（平成 15 年法律第 138 号）においても、仲裁判断の効力の理解に関する基本的観念に変更はないと思われる（小島武司＝高桑昭編・注釈と論点仲裁法（青林書院・2007）266 頁〔高桑〕参照。これについて、立法担当者は、外国裁判所の確定判決の承認に関する民訴法 118 条の規制方法にならって、承認拒絶事由のない限り、特別の手続を要することなく、確定判決と同一の効力を認める趣旨であるとする（近藤昌昭ほか・仲裁法コンメンタール（商事法務・2003）263 頁）。
19）　Restatement of the Law (Second) of Judgments 84 条 1 項は、有効かつ終局的な仲裁判断は、res judicata ルールの下、裁判所の判決と同一の効力を持ち、同一の例外および要件に服するとする。ただし、排除効が適用されない例外も多い。アメリカの仲裁法について、Schaffstein, *supra* note 8, p. 124 et seq.

binding）旨規定しており[20]、シンガポール仲裁法44条1項、香港仲裁令73条1項も同様である[21]。

　常設国際仲裁機関の規則にも、仲裁判断のres judicataについて定めが置かれている。たとえば、ロンドン国際仲裁裁判所（LCIA）の仲裁規則（2014年）26条8項は、仲裁判断は、当事者に対し、（そのような仲裁判断の理由を含めて）終局的であり、かつ拘束力を有すると定め、さらに遅滞なく仲裁判断を履行すべき当事者の義務も規定する[22]。国際商業会議所仲裁裁判所（ICC）規則（2012年）34条6項は、仲裁判断は当事者を拘束し、当事者は遅滞なく仲裁判断を履行しなければならないとする[23]。また、日本商事仲裁協会（JCAA）の商事仲裁規則（2015年）59条は、「仲裁判断は、終局的であり当事者を拘束する」と規定する[24]。

　(2)　わが国における従来の議論——確定判決の既判力との対比　国家裁判所が、自国の判決のres judicataルールを参照することによって国際仲裁判断のres judicataを解釈するという態度は、それが望ましいか否かにかかわらず、世界的に共通する[25]。わが国でも、「確定判決と同一の効力」である仲裁判断の既判力は、確定判決の既判力論を比較・参照することによって検討されてきた[26]。

　まず、仲裁判断に確定判決と同様の既判力を認めるかが問題となる。確定判決の既判力は、前訴裁判所の判断内容の通用性を保障して紛争解決の実効性をはかるものであり、原則として、判決主文中の判断に生じる（民訴114条1項）。当事者の意思による紛争解決方法である和解には実体的確定効がある（民696条）が、当事者の合意を基礎としない公権的強行的民事紛争解決手

---

20)　イギリスの仲裁法について、Schaffstein, *supra* note 8, p. 121 et seq., Mark Beeley and Hakeem Seriki, *Res judicata: Recent Development in Arbitration*, 8 (4) International Arbitration Law Review 111 (2005).

21)　各国の仲裁法の条文については、仲裁法制研究会・世界の仲裁法規（商事法務・2003）1頁以下所収の翻訳を参照。

22)　http://www.lcia.org/Dispute_Resolution_Services/lcia-arbitration-rules-2014.aspx

23)　http://www.iccwbo.org/products-and-services/arbitration-and-adr/arbitration/icc-rules-of-arbitration/#article_35

24)　https://www.jcaa.or.jp/arbitration/docs/Arbitration_Rules_2015j.pdf

25)　ドイツ、アメリカのアプローチについて、Lühmann, a. a. O. (Fn. 10), S. 85 f., Schaffstein, *supra* note 8, pp. 120-144 は、アメリカ、イギリス、フランス、スイスの裁判所の国際仲裁判断へのアプローチを紹介する。

26)　従来の議論については、渡部美由紀「仲裁判断の既判力について」法学志林101巻2号（2004）1頁以下。

段である民事訴訟では、拘束力の根拠を当事者の意思に求めることはできない。そこで、紛争解決の実効性をはかるために、法は、蒸し返しを禁ずる制度的効力として既判力を判決に付与する。これに対して、仲裁は、当事者が、自らの負担で、仲裁合意に係る紛争解決のみを求めて、私的に行うものである。そのため、仲裁判断を仲裁合意の具体化である義務履行の合意として、その拘束力を一種の契約効と捉えるか、あるいは、これを判決同様のものと考え判決同様の既判力を肯定するかについて、従来から争いがあった[27]。

通説は、仲裁判断に確定判決同様の既判力を認めてきた[28]。確定判決と仲裁判断では、前提とする手続や審判対象が異なるが[29]、法は、訴訟手続と同等に、仲裁制度に訴訟と同等の紛争解決機能をもたせており（仲裁合意は妨訴抗弁となる〔仲裁14条〕）、国家裁判所には、そのような自治的紛争解決内容を尊重して、仲裁判断の終局性を保障することが求められる。もっとも、その拘束力の基礎は、確定判決とは異なり、当事者間の終局的紛争解決を仲裁人の判断に委ねる旨の仲裁合意にある。このことは、契約当事者の無能力や仲裁合意を超えた仲裁判断、仲裁合意のない仲裁判断が無効であるなど、取消原因に契約的側面がとりあげられていることからも明らかである（同44条1項各号）。他方で、和解とは異なり、仲裁人の示した具体的な判断内容に対しては合意による当事者の受容は存在しない。そのため、確定判決と同様に、手続内容を合意ないし了解しつつ一定の手続を経た結果、中立的第三者の裁断を受けたことに対する当事者行為の評価も併せて考える必要がある[30]。

27) 東京地判昭和42年10月20日下民18巻9＝10号1033頁は、仲裁判断を権利義務の主体として自己の権利関係の争いを自らの手で解決する権能を有する当事者の自治的紛争解決権能のあらわれであるとし、仲裁判断の拘束力の本体は、和解等の自治的紛争解決の場合と同様に、係争権利関係に対する実体法上の確定力にあるとして、訴訟法がその確定力を容認するとともに、これを基礎として執行力等の訴訟法上の効果を附与するとする。
28) 小島＝高桑編・前掲注18) 260頁〔高桑〕、小山・前掲注3) 195頁、斉藤秀夫ほか編・注解民事訴訟法(11)〔第2版〕（第一法規・1996) 530頁〔河野正憲〕、青山善充「仲裁判断の効力」松浦馨＝青山善充編・現代仲裁法の論点（有斐閣・1998) 335頁など。
29) 訴訟手続と異なり、仲裁手続では、必ずしも口頭審理がされない（仲裁32条2項）。証拠調べ等において裁判所の援助を受けることはありうるが（同35条)、手続規則の決定を含め、各局面で当事者の合意を重視した柔軟なものであり、非公開である（同26条参照）。仲裁判断も必ずしも法律に拘束されない。仲裁人が仲裁判断を行うと手続は終了し、仲裁人は任務を終了する（同40条1項・3項）。終局判決と異なり仲裁判断に対する上訴は一般に予定されておらず、取消手続があるにとどまる（同44条）。仲裁廷は紛争の都度設置されるため、判決手続のように判断の統一、手続経済といったことはほとんど問題にならない。また、仲裁手続の対象は、仲裁適格が認められるものに限定される（同13条）。
30) 渡部・前掲注26) 13頁以下。

次に、既判力の取扱いが問われる。仲裁判断は、当事者の合意を基礎として私人たる仲裁人が下すものであるため、私的性格を有しており、公的性格を有する確定判決とは異なる性質を有する。そのため、いくつかの点において、仲裁判断の既判力については、確定判決の場合とは異なった取扱いがされる。通説は、確定判決の既判力とは異なり、仲裁判断の既判力は、①当事者の援用をまって考慮すれば足り（抗弁事項）、②当事者の合意により処分できる（処分肯定）とする[31]。これに対して、ドイツでは、近時、仲裁判断が当事者の仲裁合意を基礎とすることは認めつつも、仲裁は裁判同様、国家的制度として国が承認し、法が特に効力を付与したものであるとして、仲裁判断と判決とを同置し、その既判力を職権調査事項とし、当事者はこれを合意により処分できないとする見解が有力に主張されている[32]。しかし、仲裁廷は紛争の都度私的に設置されるものであり、前訴・後訴ともに国家機関である裁判所に係属する訴訟とは異なることに鑑みると、職権調査事項とすることは実務上困難があるように思われる[33]。

また、仲裁判断は私人たる仲裁人が行うものであるため、当然に国家裁判所を拘束するものではない。各国家法の観点からみて取消・承認執行拒絶事由がある場合等には、裁判所はその拘束力を否定しうる（仲裁44条1項）。当事者が仲裁判断の取消や、承認・執行宣言等を申し立てた場合、裁判所は、仲裁判断に終局的拘束力を付与する前提として、仲裁人の判断が当事者の有効な合意を基礎とするか、仲裁人が中立的な第三者として独立に法または衡平の原則に従って判断したか等の取消事由・承認執行拒絶事由の有無を国家法の見地から審査する[34]。そのため、仲裁判断は当事者が受領した段階で有効であるが、完全有効性を獲得し裁判所も拘束するという意味で終局性を有するのは、当事者が裁判所による承認・執行宣言を獲得したとき、あるいは

---

31) 仲裁判断の既判力の取扱いに関する議論については、豊田博昭「仲裁判断の既判力」仲裁とADR 3号（2008）10頁以下が詳しい。また、渡部・前掲注26）参照。
32) 従来のドイツの議論については、*Lühmann*, a. a. O. (Fn. 10), S. 184-188, 豊田・前掲注31）14頁以下、渡部・前掲注26）23頁以下参照。
33) なお、仲裁には先例拘束性（stare decisis）の原則は妥当しない。
34) 外国判決の場合には、民訴法118条所定の要件を満たせば、特別な裁判等国家による承認行為を経ることなく、法律上当然にその外国判決の効力がわが国でも認められる（自動的承認の原則）。判決国での判決効の種類や範囲がわが国と異なる場合には、それをそのまま承認するのではなく、わが国の手続保障や裁判を受ける権利の観点から検討する必要がある。小林＝村上・前掲注1）133頁以下。国際仲裁判断の承認・執行要件につき、同211頁以下。

取消申立期間の経過によるとする見解も主張されている[35]。

(3) **仲裁廷において res judicata が問題になる局面**　仲裁判断の res judicata は、当事者の仲裁合意を基礎として手続を経た行為の評価であり、私的な性質をもつ点で、国家の公権的強制的紛争解決制度である民事訴訟における確定判決の res judicata とは異なる取り扱いが許容されるが、確定判決の res judicata と同様に、判断の終局性と手続的な拘束力を意味する[36]。紛争解決の終局性を保障する効力が生じるということは、単に仲裁判断の内容が当事者に対して拘束力を有するだけではなく、手続的に通用力をもたなければならない。すなわち、仲裁判断の res judicata は、判決の res judicata と同様に、いったん仲裁判断がなされた後に、その仲裁手続と同様の審判対象について、別の手続が申し立てられた場合に問題となる。ILA 中間報告は、仲裁廷において、res judicata が問題になる場合を、①仲裁廷と国家裁判所間、②異なる仲裁廷間、③同一の仲裁手続内における部分的仲裁判断と最終的仲裁判断間、④超国家的裁判所または仲裁廷と仲裁廷間の4つに分ける[37]。このうち、④は主に投資保護条約に関するものであるため、国際商事仲裁を対象とする本稿では取りあげない。

①**仲裁廷と国家裁判所間**　実際には、仲裁に付される実体的な問題は通

---

[35]　*Gerhard Wagner*, Grundfragen der Vollstreckbarerklärung von Schiedssprüchen, *Peter Schlosser/Wagner,* Die Vollstreckbarerklärung von Schiedssprüchen, 2008, S. 8. 21 f.　仲裁判断の取消は、一般に仲裁地国の裁判所のみが行いうる。取消事由と承認執行拒絶事由は連動しており、後者は前者を内包しているとみられる。その内容は国によって異なるが、国家裁判所が介入できる範囲は、当事者自治の尊重という見地から一般にかなり限定されており、原則として実体判断内容を再審査することはできない。取消申立期間は、法的安定性の早期確保の要請から制限されている。

[36]　東京地判平成16年1月26日判時1847号123頁は、原告が「仲裁判断を最終的なものとしないとの合意」を主張して訴えを提起した事例につき、「仲裁判断の申立てについて法定の取消理由が存在しなくても、裁判所にも同一の訴えを提起できることになると、確定判決と同一の効力を有する仲裁判断と、裁判所による確定した判決とが併存し、これらが相互に矛盾するおそれが生じるが、このような事態は、抜本的、終局的な紛争の解決に支障が生じ、法秩序の安定を損なうというべきであるし、確定判決や仲裁判断の既判力の趣旨・意義が、当事者双方が手続関与を経たことについて自己責任を負い（敗訴者の場合）、あるいは法的地位の安定性を尊重される（勝訴者の場合）という関係から認められると解されることにかんがみても、このような合意は無効というべきである」とする。しかし、「仲裁判断を最終的なものとしないという合意」は、終局性を保障して紛争の実効的解決をはかるという仲裁の前提自体を否定するものであることから、このような合意は本来的な意味における仲裁合意とはいえないように思われる。この問題に関しては、当事者が合意で仲裁判断の取消事由を拡大しうるかといった問題も検討されなければならない。

[37]　ILA Interim Report, p. 37 et seq. 以下の分類は、Schaffstein, *supra* note 8, p. 105 et seq. を参照した。

常当事者の仲裁合意によって定められており、国家裁判所で先に判断されることはないため、仲裁廷が、先に全く同一の事実関係と申立てにもとづいて同一当事者間でされた判決の res judicata の問題に直面することはほとんどないと思われる。しかし、場合によっては、裁判所が、合意の解釈として自己に管轄があることを前提に特定の争点について判断した後に、同一当事者間で同一の争点が仲裁に付され、先の裁判所の判決の res judicata に仲裁廷が拘束され、それを前提として仲裁判断を作成しなければならないかどうかが問題になる。先にされた判決の判決効が後の仲裁廷を拘束するか否かという問題は、とくに、多数の当事者や多数の契約がからむ複雑な紛争において生じる[38]。国家裁判所でされる判決は、その国家の司法権の行使の一環であり、裁判がされた地の資源を用いることになる点に留意する必要があろう。なお、同様に、国家裁判所において、先にされた仲裁判断の res judicata が問題になる場合もある。

　②異なる仲裁廷間　　すでに別の仲裁廷によって判断された争点についてあらためて申立てがされた場合、先の仲裁判断の res judicata をどう評価するかが問題となる。この場合も、まずは、①と同様に、仲裁廷の管轄について、仲裁合意の範囲や有効性が問題となる。とりわけ、複数の仲裁合意がある場合には、当事者の意思をどのように解するかが難しいケースも生じる[39]。また、たとえば、請負会社、下請会社、労働者等、多数当事者が含ま

---

38) 例として次のような場合が考えられる。最初の契約はＡとＢ間で締結され、この契約には仲裁条項が含まれていた。第2契約は、ＡとＣ間で締結され、ＡのＢとＣに対する権利および義務について定めるものであり、これにはＡがＢからロイヤリティを受ける権利も含まれていた。Ｂがロイヤリティを支払うことを拒絶したため、ＣがＢに対して裁判所に訴えを提起したところ、裁判所はＣの訴えを棄却した。ＡはＢに対して未払いのロイヤリティの支払いを求める仲裁を開始した。ここでＢが裁判所の判決の res judicata を援用すると、仲裁廷は、Ｂ・Ｃ間でされた判決がＡ・Ｂ間の仲裁において res judicata として作用するかどうか、この res judicata の内容は何か、また誰に適用されるかを判断しなければならない。See Schaffstein, *supra* note 8, p. 108.

39) 例として次のような場合が考えられる。Ａ国の当事者は、ICC の仲裁条項に基づき仲裁手続を開始した。他方、相手方であるＢ国の当事者は、ICC の仲裁条項がＢ国法に反することを理由として ICC 仲裁廷の管轄権を否定した。最初のヒアリングにおいて、両当事者は ICC 仲裁を放棄する旨の新しい仲裁合意を締結し、3ヶ月以内に仲裁判断をしなければならないとするアドホックな仲裁廷を設立した。アドホック仲裁廷がその任務延長を決定したとき、Ｂ国の当事者は、両当事者の正式な合意なく仲裁廷が任務を延長する権限は持たないとして、その仲裁に参加することを拒否した。アドホック仲裁廷が仲裁を継続する権限がないことを決定した後、Ａ国の当事者は当初の ICC 仲裁合意に基づいて、新たな ICC 手続を開始した。この場合、ICC 仲裁廷は、アドホック仲裁廷がした先の仲裁判断に拘束されるか否か、とりわけ、先の仲裁判断がアドホック仲裁を定める有効な仲裁合意があったと最終的に決定するものであり、それによって有効なICC 仲裁合意の存在が排除されたか否かについて判断しなければならない。See Schaffstein, *supra*

れる仲裁では、複数の仲裁合意に基づいて、複数の異なる仲裁廷で事件が処理される可能性があり、その結果としてそれぞれの仲裁判断の res judicata が問題となる[40]。さらに、一方当事者が、先の仲裁判断が十分に当事者間の紛争を解決するものではなかったという理由で、新たな仲裁を申し立てることも考えられる。

③同一の仲裁廷内　先に特定の争点について仲裁判断をした場合、最終的仲裁判断をする場合には、同一の仲裁廷において、その一部仲裁判断の res judicata が問題になる。たとえば、一部仲裁判断後にその的確さを疑わせる新たな証拠が出てきた場合や、当事者が一部仲裁判断の内容と矛盾する主張をしてきた場合にも、その一部仲裁判断に拘束されるか否かが問題となる。

III　国際仲裁判断の res judicata

1　問題点

　国内法は、一般に、仲裁判断は終局的な拘束力を有する、あるいは裁判所の判決と同一の効力をもつといった文言以上に具体的な内容を示していない。常設仲裁機関の res judicata の規定も同様である。そこで、仲裁判断に res judicata を認めるとしても、具体的にどのようにこれを適用するかが問題になる。先に述べたように、従来は、裁判所の判決の res judicata 論を対照することで、その解釈がされてきた。すなわち、基本的には、両者は同一の効力を有するが、判決の res judicata は、終局的公権的紛争解決方法である民事訴訟の結果生じるものであるから、当事者の合意を基礎とする仲裁判断の場合とは、その取扱いにおいて全面的には一致しない。そうすると、たとえば、仲裁判断の既判力の客観的範囲を決定する際にも、確定判決の場合を基礎として、仲裁の私的性質から生じる違いを考慮することになる[41]。確かに、一内国法秩序における紛争解決制度の一環である国内仲裁の場合には、当事者は国家裁判権が確立した内国法規律を前提として、訴訟との比較において

---

note 8, p. 110.
40)　*See* Hanotiau, Complex Arbitration, *supra* note 2, para. 547.
41)　*Lühmann*, a. a. O. (Fn. 10), S. 85 f.

仲裁を選択しているから、そのような処理をしても問題はないであろう[42]。

これに対して、国際仲裁では、統一的に適用される国家法制度のようなものはなく、国により仲裁判断の res judicata の規律は異なる。そのため、準拠法選択等の問題が生じる[43]。仲裁では、仲裁地、実体準拠法、手続準拠法等は第一次的に当事者が決定することができる。これらについて明示の合意がない場合もある。仲裁判断の res judicata の効力を決定するにあたっては、①仲裁地国、②仲裁判断の効力が主張される第2の仲裁地国または承認地国（仲裁判断の既判力が援用された国）、③実体準拠法国など、複数の異なる国の法が関係することが考えられる。このいずれを準拠法とするかについて、決定的な基準を見出すことは困難である。

さらに、特定国の法を準拠法とするとしても、それが仲裁の特質に照らして適切かどうかという問題が生じる。たとえば、仲裁地国は、その国の裁判所が仲裁手続に監督的な管轄権を有しており、仲裁判断の有効性についても管轄権を有しているから、重要な連結点となるとして、判断の res judicata の規律も仲裁地国法に従うとする。そうすると、まず仲裁地国法における仲裁判断の res judicata の規律を参照し、その効力が仲裁判断の res judicata の効力が援用された国や仲裁廷において拡張あるいは承認されるかを判断することになるのだろうか。国際仲裁では、両当事者の属性に関わりない中立的な第三国が仲裁地として選ばれる場合もあるが、仲裁地国法と両当事者の国の法の規律とが異なる場合、当事者が手続準拠法あるいは実体準拠法として仲裁地国法の規律と異なる法を選択した場合、仲裁地国の決定につき当事者の合意がなく仲裁廷が便宜的に仲裁地国を決定した場合等においても、やはり仲裁地国法の規律が基準となるのだろうか。仲裁地国法の既判力の規律によって、その客観的範囲等が異なってくるとすれば、仲裁地の選択は非常に大きな意味をもつが、当事者が判決効の範囲まで視野に入れて仲裁地を選択するかどうかは疑わしい。たとえば、日本法人がドイツ法人を相手方として、イギリスを仲裁地国として、仲裁を行うとする。イギリス法であれば理由中の判断について争点排除効を認め、日本法やドイツ法はこれを認めない

---

42) もっとも、仲裁判断と判決の違いからすると、このような処理が正当化されるかは問題である。Brozolo, *supra* note 8, p. 134.
43) *See* Brozolo, *supra* note 8, p. 132.

が、後に、日本の裁判所や仲裁機関でその仲裁判断の res judicata が問題になった際、争点排除効を認めることになるのだろうか。もしそうだとすると、当事者に予測できない結論につながる可能性もある。結論が大きく左右されるにもかかわらず、どの国の法に連結して解釈すればよいかは必ずしも明確ではない。したがって、関連しうる複数国のいずれかの法に連結して解釈するという抵触法的処理は、そもそも、特定の国家裁判所による裁判権を排除する当事者の合意を基礎とし、手続においても当事者の合意を尊重する国際仲裁では、困難であるのみならず、適当でないように思われる[44]。

また、当事者の自治的な紛争解決手段である仲裁では、仲裁人は、裁判官とは異なり、国内法を厳格に適用する必要はない。仲裁人には国内法を厳格に適用するよりも、国際的な紛争解決として、事案に応じた争点指向型の解決をすることが望まれる[45]。

2 どのように規律するべきか——国境を越えたルールの可能性

統一的な res judicata 理論がなく、国際仲裁においてどのように res judicata を扱うかが明確でないならば、国際仲裁の性質に見合った res judicata に関する超国家的な規律を構築することが考えられる。しかしながら、現段階においては、これを実現することは難しい。現段階であり得る解決策としては、先述した ILA 勧告のように、ガイドラインの形式で望ましい解決策を示すことが考えられる[46]。

ILA 最終報告は、国際仲裁判断の res judicata は必ずしも国家裁判所の判決の res judicata と同等であるべきものではなく、国内法における res judicata と異なって取り扱うことができるとする。これは、国際仲裁と内国裁判所における紛争解決の違いや、仲裁の国際的な性格を理由とする。また、仲裁の国際的な性格は、国内的な解決では有効であっても、国際的なコンテクストと適合しにくい国内の res judicata の概念に縮小されるべきではないとされる[47]。国際仲裁に見合った res judicata のあり方を提案する ILA 勧告

---

44) Brozolo, *supra* note 8, p. 130 et seq. これら国際仲裁実務上の問題については、Schaffstein, *supra* note 8, p. 152 et seq. に詳細な記述がある。
45) Brozolo, *supra* note 8, p. 136 et seq.
46) Schaffstein, *supra* note 8, pp. 216-217, p. 293 et seq., Brozolo, *supra* note 8, p. 145 et seq.
47) ILA Final Report, p. 72.

は、仲裁廷にとって国際的な res judicata を解釈するうえで有用なガイドラインとなろう。

3 res judicata の客観的範囲

（1）　**ILA 勧告**　ILA 勧告は、仲裁判断が後の仲裁手続において終局的な排除効（conclusive and preclusive effect）を生じる場合について、仲裁判断が、仲裁地国において終局的拘束力を有しており、後続の仲裁地国において問題なく承認されることのほか、同一当事者、同一の審判対象（subject matter）および同一の救済申立て（claim for relief）であるという、いわゆる「triple identity test」を採用する[48]。そして、その客観的範囲については、主文・理由という区別はとても形式的であり、大陸法系の国でも法文や解釈によって主文の判断に必要な限りで理由中の判断に拘束力を認めている国もあることから、仲裁判断は、①主文中の判断およびそれに至るために必要な（necessary）理由中の判断、②仲裁判断の主文中の判断に至るために必須（essential or fundamental）である場合には、実際に仲裁がなされ、判断された事実上または法律上の争点について終局的な排除効を有し、先の仲裁判断に至る仲裁手続において、提出することができたが提出されなかった請求、申立原因および事実上・法律上の争点について、新たな請求、申立原因または事実上・法律上の争点の提起が、手続の濫用（abuse of process）や手続的不正（procedural unfairness）になるような場合には、排除効が生じるとする[49]。

（2）　**検討**　確定判決の既判力を主文中の判断に限定するわが国の規律（民訴 114 条 1 項）は、周知のように、ドイツ民訴法の解釈論に由来する。これは、理由中の判断の既判力を否定することで、当該訴訟におけるいわば結論部分についての迅速な紛争解決を提供するものである。もし理由中の判断に争いがある場合には、中間確認の訴えがある場合は別として、また別の訴訟で争えばよい、という価値判断を前提とする。

これに対して、仲裁判断には原則として上訴は予定されておらず、仲裁判断がなされれば当該仲裁廷は任務を終了する。そのため、仲裁はいわば 1 審限りの 1 回的な紛争解決である。仲裁判断が基礎とする仲裁合意は、その範

48）　ILA Recommendations, p. 85, para 3.
49）　ILA Final Report, p. 73 et seq.; ILA Recommendations, p. 85, para 4, 5.

囲で裁判所の裁判権を排除して仲裁による終局的紛争解決を望む当事者の意思を意味するから、当事者は仲裁合意の範囲の請求については、仲裁による１回的解決を望んでおり、その仲裁手続内で争うべきであるという評価ができるのではなかろうか。また、仲裁では、私的自治の原則から、当事者はどのように手続をすすめるかについて広い裁量を有している。したがって、仲裁判断の res judicata の客観的範囲についても、仲裁地国法等の res judicata の客観的範囲に関する規律如何にかかわらず、このような当事者の仲裁合意に係る紛争解決期待を中心として考えるべきである[50]。仲裁付託事項に対する仲裁判断の主文ないしそれに相当する部分について終局的拘束力が認められることは当然として、当事者の紛争解決期待があると認められる場合には、理由中の判断であっても拘束力を認めうる場合もあろう。他方、仲裁の申立てが主文において斥けられた場合には、その判断には res judicata が生じるが、その内容や範囲を解釈するためには、理由中の判断が必要になる。そもそも、仲裁判断は、必ずしも裁判所における判決と同様に作成されるわけではなく、常に主文と理由が明確に区別できるとは限らない。また、内国の仲裁法や仲裁機関の規則でも、仲裁判断が主文の形で仲裁人の判断を示すことを要求していない場合もある[51]。したがって、主文・理由という形式に拘泥せず、実質的内容から客観的範囲を考えるべきである。

　仲裁判断の主文中の判断に至るために必須の事実上または法律上の争点については、実際に仲裁がなされ、判断された場合には、両当事者の紛争解決期待があると思われるから、その判断に拘束力を認めてよいと思われる。これに対して、主文中の判断との関係で必争点になるものではない点の判断には、当事者の紛争解決期待が十分にあるとはいえないから、原則として、拘束力は生じないと考えるべきであろう。別の仲裁廷に、この点を主たる付託事項として、新たに仲裁が申し立てられた場合には、この点についての判断を第２の仲裁廷に委ねた当事者の意思が尊重される[52]。

　もっとも、仲裁の場合には、訴訟と異なり、手続は非公開であり、調書や

---

50)　Lühmann, a. a. O. (Fn. 10), S. 314.
51)　例えば、フランス法がこのような立場である。Schaffstein, *supra* note 8, p. 134.
52)　これに対して、先の仲裁手続において、特定の争点について一部仲裁判断がされた場合には、当該争点について当事者の紛争解決期待の下に手続がされたといえるから、後の手続においてもこの点の判断に拘束力を認めてよいと思われる。Schaffstein, *supra* note 8, p. 284.

一件記録のようなものが常にあるわけではなく、仲裁判断がなされれば、仲裁廷は基本的には任務を終え解散する。したがって、後の手続において、裁判所や仲裁廷が判断資料として利用できるものは限定される。そのため、事後的に当事者が手続過程においてどう争ったかを認定することには限界があるものと思われる。しかし、仲裁判断において、争点とそれに対する判断が明確に記されている場合には、res judicata を認める余地があるのではないだろうか。例えば、十分に争点整理がなされ判断が示された常設機関仲裁などでは、拘束力が認められる可能性が高いと思われる。また、一部仲裁判断がされ、同一の仲裁廷において、その res judicata が問題になる場合には、その理由づけも含めて先の部分的な判断に拘束されることになろう[53]。

IV むすびに代えて

仲裁判断の res judicata の根拠は、仲裁合意を基礎として一定の手続を経た結果中立的第三者の裁断を受けた当事者行為の評価にあり、特定の国家法の規律から独立して観念しうる。国際仲裁判断の res judicata を考える上では、各国の国内法の規律よりも、仲裁判断の拘束力の根拠となる当事者の意思を中心として解釈がされるべきであろう。国際仲裁に見合った仲裁判断の res judicata を示唆する ILA 提案は理論的にも支持しうる。その客観的範囲は、仲裁の特質から判断資料に一定の制約があることを前提として、仲裁合意に係る当事者の紛争解決期待と仲裁の特質に照らして、理由中の判断であっても拘束力が認められる場合があると思われる。本稿では、未だ十分に検討できなかった点が多く、仲裁判断の res judicata の主観的範囲等をはじめ残された課題は多い。国際的なスタンダードを構築する可能性を含め、さらに十分な検討が必要である。

---

53) Schaffstein, *supra* note 8, p. 286.

上野㤗男先生　経歴・著作目録

略　歴

1947 年 3 月 16 日	和歌山県和歌山市に生まれる
1965 年 3 月	和歌山県立桐蔭高等学校卒業
1965 年 4 月	関西大学法学部入学
1969 年 3 月	関西大学法学部法律学科卒業
1969 年 4 月	大阪市立大学大学院法学研究科修士課程入学
1972 年 3 月	大阪市立大学大学院法学研究科修士課程修了（大阪市立大学法学修士）
1972 年 4 月	大阪市立大学大学院法学研究科博士課程入学
1975 年 3 月	大阪市立大学大学院法学研究科博士課程単位取得退学
1980 年 7 月	ドイツ・フランクフルト大学に留学（1982 年 4 月まで）
1987 年 4 月	ドイツ・レーゲンスブルグ大学に留学（1988 年 8 月まで）

職　歴

1975 年 4 月	名城大学法学部専任講師（1977 年 3 月まで）
1977 年 4 月	名城大学法学部助教授（1985 年 3 月まで）
1978 年 10 月	愛知大学法学部（非常勤）講師（1979 年 3 月まで）
1983 年 4 月	愛知大学法学部（非常勤）講師（1983 年 9 月まで）
1985 年 4 月	関西大学法学部教授（2001 年 3 月まで）
1998 年 10 月	大阪市立大学法学部（非常勤）講師（1999 年 3 月まで）
1999 年 10 月	大阪市立大学法学部（非常勤）講師（2000 年 3 月まで）
2001 年 4 月	早稲田大学法学部教授（2004 年 3 月まで）
2004 年 4 月	早稲田大学大学院法務研究科教授（2007 年 3 月まで）
2007 年 4 月	早稲田大学法学部教授
2008 年 4 月	東北大学法学部（非常勤）講師（2008 年 9 月まで）
2010 年 4 月	首都大学東京法科大学院（非常勤）講師（2010 年 9 月まで）
2017 年 3 月	早稲田大学定年退職

所属学会

日本民事訴訟法学会
　　1992 年 5 月～1995 年 5 月　大会担当理事
　　1995 年 5 月～1998 年 5 月　雑誌担当理事
　　1998 年 5 月～2001 年 5 月　総務担当理事

仲裁 ADR 法学会
　　2004 年 10 月〜2007 年 10 月　会計担当理事
日本私法学会、日独法学会、日米法学会、金融法学会

学外活動

1995 年 4 月	司法試験（第二次試験）考査委員（破産法）（1995 年 12 月まで）
1996 年 1 月	司法試験（第二次試験）考査委員（民事訴訟法）（2004 年 12 月まで）
1998 年 4 月	大阪弁護士会綱紀委員会参与員（2001 年 3 月まで）
2001 年 9 月	法制審議会民事・人事訴訟法・民事執行法部会臨時委員（2004 年 1 月まで）
2002 年 5 月	大学評価・学位授与機構評価委員（2003 年 2 月まで）
2003 年 2 月	新司法試験実施に係る研究調査会委員（2003 年 12 月まで）
2003 年 10 月	日本学術会議民事法学研究連絡委員（2005 年 10 月まで）
2004 年 3 月	新司法試験問題検討会委員（2005 年 3 月まで）
2005 年 5 月	大学評価・学位授与機構法科大学院認証評価委員会専門委員（2009 年 4 月まで）
2006 年 4 月	新司法試験考査委員（民事訴訟法）（2007 年 10 月まで）

著作目録

1. 共　　著（共訳を含む）

ペーター・ギレス『法曹教育と民事手続法』（松浦馨との共訳）	1991 年	弘文堂
『民事訴訟法』（松本博之との共著）	1998 年	弘文堂
『民事訴訟法〔第 2 版〕』（松本博之との共著）	2001 年	弘文堂
『民事訴訟法〔第 3 版〕』（松本博之との共著）	2003 年	弘文堂
『民事訴訟法〔第 4 版〕』（松本博之との共著）	2005 年	弘文堂
『民事訴訟法〔第 4 版補正版〕』（松本博之との共著）	2006 年	弘文堂
『民事訴訟法〔第 5 版〕』（松本博之との共著）	2008 年	弘文堂
『民事訴訟法〔第 6 版〕』（松本博之との共著）	2010 年	弘文堂
『民事訴訟法〔第 7 版〕』（松本博之との共著）	2012 年	弘文堂
『民事訴訟法〔第 8 版〕』（松本博之との共著）	2015 年	弘文堂

2. 分担執筆

小室直人ほか編『基本法コンメンタール民事訴訟法』（227 条・422 条の注釈)	1972 年	日本評論社
斎藤秀夫編『注解民事訴訟法(4)』（244 条の注釈〔小室直人と共同執筆〕）	1975 年	第一法規
小室直人ほか編『倒産法』（第 6 章 1 節〜2 節、6 節〜7 節を執筆）	1984 年	青林書院
小島武司編『現代裁判法』（第 II 章 1〜4 を執筆）	1987 年	三嶺書房

新堂幸司編著『特別講義民事訴訟法』(「上訴の利益」を執筆)　　1988 年　　有斐閣
小室直人 = 賀集唱編『基本法コンメンタール民事訴訟法Ⅰ〔第 4 版〕』(71 条・72 条の注釈)
　　　　　　　　　　　　　　　　　　　　　　　　　　　　1992 年　日本評論社
小室直人 = 賀集唱編『基本法コンメンタール民事訴訟法Ⅱ〔第 4 版〕』
(227 条・426 条・429 条の注釈)　　　　　　　　　　　　　1992 年　日本評論社
井上治典 = 高橋宏志編『エキサイティング民事訴訟法』(「控訴の利益」を執筆)
　　　　　　　　　　　　　　　　　　　　　　　　　　　　1993 年　　有斐閣
松浦馨 = 三宅弘人編『基本法コンメンタール民事保全法』(41 条・42 条の注釈)
　　　　　　　　　　　　　　　　　　　　　　　　　　　　1993 年　日本評論社
納谷廣美編著『民事訴訟法』(第 5 編を執筆)　　　　　　　　1994 年　八千代出版
谷口安平 = 井上治典編『新判例コンメンタール民事訴訟法(3)』(201 条を執筆)
　　　　　　　　　　　　　　　　　　　　　　　　　　　　1994 年　　三省堂
白川和夫 = 飯塚重男編『破産法』(第 2 章を執筆)　　　　　　1995 年　　青林書院
小室直人ほか編『基本法コンメンタール新民事訴訟法 1』
(47 条・48 条・115 条・116 条の注釈)　　　　　　　　　　1997 年　日本評論社
小室直人ほか編『基本法コンメンタール新民事訴訟法 3』(318 条の注釈)
　　　　　　　　　　　　　　　　　　　　　　　　　　　　1997 年　日本評論社
小室直人ほか編『基本法コンメンタール新民事訴訟法 2』(136 条の注釈)
　　　　　　　　　　　　　　　　　　　　　　　　　　　　1998 年　日本評論社
中野貞一郎ほか編『新民事訴訟法講義』(第 6 編第 1 章～第 4 章を執筆)
　　　　　　　　　　　　　　　　　　　　　　　　　　　　1998 年　　有斐閣
松浦馨 = 青山善充編『現代仲裁法の論点』(「仲裁可能性」「仲裁人契約」を執筆)
　　　　　　　　　　　　　　　　　　　　　　　　　　　　1998 年　　有斐閣
中野貞一郎ほか編『新民事訴訟法講義〔補訂版〕』(第 6 編第 1 章～第 4 章を執筆)
　　　　　　　　　　　　　　　　　　　　　　　　　　　　2000 年　　有斐閣
園尾隆司 = 小林秀之編『条解民事再生法』(21 条～23 条の注釈)　2003 年　　弘文堂
小室直人ほか編『基本法コンメンタール新民事訴訟法 1〔第 2 版〕』
(47 条～48 条・115 条～116 条の注釈)　　　　　　　　　　2003 年　日本評論社
小室直人ほか編『基本法コンメンタール新民事訴訟法 2〔第 2 版〕』(136 条の注釈)
　　　　　　　　　　　　　　　　　　　　　　　　　　　　2003 年　日本評論社
小室直人ほか編『基本法コンメンタール新民事訴訟法 3〔第 2 版〕』(318 条の注釈)
　　　　　　　　　　　　　　　　　　　　　　　　　　　　2003 年　日本評論社
中野貞一郎ほか編『新民事訴訟法講義〔第 2 版〕』(第 6 編第 1 章～第 4 章を執筆)
　　　　　　　　　　　　　　　　　　　　　　　　　　　　2004 年　　有斐閣
三木浩一 = 山本和彦編『ロースクール民事訴訟法』(執筆箇所の記載なし)
　　　　　　　　　　　　　　　　　　　　　　　　　　　　2004 年　　有斐閣
三木浩一 = 山本和彦編『ロースクール民事訴訟法〔第 2 版〕』(執筆箇所の記載なし)
　　　　　　　　　　　　　　　　　　　　　　　　　　　　2005 年　　有斐閣
中野貞一郎ほか編『新民事訴訟法講義〔第 2 版補訂版〕』(第 6 編第 1 章～第 4 章を執筆)
　　　　　　　　　　　　　　　　　　　　　　　　　　　　2006 年　　有斐閣

小林秀之編『法学講義 民事訴訟法』(第9章を執筆) 2006年 悠々社
園尾隆司＝小林秀之編『条解民事再生法〔第2版〕』(21条～23条の注釈)
　　　　　　　　　　　　　　　　　　　　　　　　　　2007年　　弘文堂
三木浩一＝山本和彦編『ロースクール民事訴訟法〔第2版補訂版〕』(執筆箇所の記載なし)
　　　　　　　　　　　　　　　　　　　　　　　　　　2007年　　有斐閣
中野貞一郎ほか編『新民事訴訟法講義〔第2版補訂2版〕』
(第6編第1章～第4章を執筆) 2008年　　有斐閣
三木浩一＝山本和彦編『ロースクール民事訴訟法〔第3版〕』(執筆箇所の記載なし)
　　　　　　　　　　　　　　　　　　　　　　　　　　2008年　　有斐閣
賀集唱ほか編『基本法コンメンタール民事訴訟法1〔第3版〕』
(訴訟参加解説・42条～46条〔以上、井上治典と共同執筆〕・47条～48条・115条～116条の注釈) 2008年 日本評論社
賀集唱ほか編『基本法コンメンタール民事訴訟法2〔第3版〕』(136条の注釈)
　　　　　　　　　　　　　　　　　　　　　　　　　　2008年 日本評論社
賀集唱ほか編『基本法コンメンタール民事訴訟法3〔第3版〕』(318条の注釈)
　　　　　　　　　　　　　　　　　　　　　　　　　　2008年 日本評論社
三木浩一＝山本和彦編『ロースクール民事訴訟法〔第3版補訂版〕』(執筆箇所の記載なし)
　　　　　　　　　　　　　　　　　　　　　　　　　　2010年　　有斐閣
三木浩一＝山本和彦編『ロースクール民事訴訟法〔第3版補訂2版〕』
(執筆箇所の記載なし) 2011年　　有斐閣
賀集唱ほか編『基本法コンメンタール民事訴訟法1〔第3版追補版〕』
(訴訟参加解説・42条～46条〔以上、井上治典と共同執筆〕、47条～48条・115条～116条の注釈) 2012年 日本評論社
賀集唱ほか編『基本法コンメンタール民事訴訟法2〔第3版追補版〕』(136条の注釈)
　　　　　　　　　　　　　　　　　　　　　　　　　　2012年 日本評論社
賀集唱ほか編『基本法コンメンタール民事訴訟法3〔第3版追補版〕』(318条の注釈)
　　　　　　　　　　　　　　　　　　　　　　　　　　2012年 日本評論社
園尾隆司＝小林秀之編『条解民事再生法〔第3版〕』(21条～23条の注釈)
　　　　　　　　　　　　　　　　　　　　　　　　　　2013年　　弘文堂
松川正毅ほか編『新基本法コンメンタール人事訴訟法・家事事件手続法』
(41条～47条の注釈) 2013年 日本評論社
三木浩一＝山本和彦編『ロースクール民事訴訟法〔第4版〕』(執筆箇所の記載なし)
　　　　　　　　　　　　　　　　　　　　　　　　　　2014年　　有斐閣

3. 論文（研究ノートを含む）

「強制執行法案要綱案（第一次試案）第65乃至第67について」
　　法学雑誌（大阪市立大学）19巻1号（1972年）99頁
「反訴の強制による訴訟の単一化——アメリカ法における必要的反訴 Compulsory Counter-claims について」
　　法学雑誌（大阪市立大学）19巻2号（1972年）107頁

「法定当事者変更総論(上)(下)」
　　判例タイムズ 313 号（1975 年）26 頁；314 号（1975 年）46 頁
「家屋収去土地明渡請求訴訟における被告の変更」
　　名城法学 25 巻 2 号（1975 年）41 頁
「当事者確定基準の機能——死者名義訴訟の場合」
　　『名城大学創立 30 周年記念論集 法学篇』（1978 年・法律文化社）133 頁
「判例に現われた形式的不服概念の問題点」
　　小室直人＝小山昇先生還暦記念『裁判と上訴(上)』（1980 年・有斐閣）315 頁
「ドイツ離婚訴訟と上訴要件としての不服」
　　矢野勝久教授還暦記念『現代における法と行政』（1981 年・法律文化社）619 頁
「金額不特定訴訟と上訴要件としての不服」
　　名城法学 31 巻 2 号（1982 年）67 頁
「認諾判決と上訴要件としての不服」
　　名城法学 31 巻 3＝4 号（1982 年）101 頁
「上訴の利益」
　　鈴木忠一＝三ケ月章監修『新実務民事訴訟講座 3 巻』（1982 年・日本評論社）233 頁
「附帯控訴と上訴要件としての不服(1)～(3・完)」
　　名城法学 32 巻 3＝4 号（1983 年）313 頁；33 巻 1 号（1983 年）78 頁；34 巻 1 号（1984 年）161 頁
「請求の予備的併合と上訴」
　　名城法学 33 巻 4 号（1984 年）1 頁
「附帯控訴と不服の要否」
　　民事訴訟雑誌 30 号（1984 年）1 頁
「ドイツ民事訴訟法に於る仲裁上の和解について(1)」
　　名城法学 34 巻 3 号（1985 年）1 頁
「附帯上訴の本質」
　　鈴木正裕＝鈴木重勝編『講座民事訴訟 7 巻』（1985 年・弘文堂）171 頁
「仲裁契約及び仲裁判断の効力の人的範囲」
　　法学論集（関西大学）35 巻 3＝4＝5 号（1985 年）657 頁
「仲裁人選定手続と公平」
　　『関西大学法学部百周年記念論集(下)』（1986 年・有斐閣）405 頁
「経済的又は社会的優位の利用と仲裁契約の効力」
　　法学論集（関西大学）36 巻 3＝4＝5 号（1986 年）773 頁
「不服申立段階における決定主義について」
　　判例タイムズ 639 号（1987 年）40 頁
「1986 年ドイツ仲裁法の改正について」
　　本城武雄教授還暦記念論文集（名城法学 38 巻別冊）（1989 年）375 頁
「本案起訴命令と仲裁の訴の提起について」
　　法学論集（関西大学）38 巻 5＝6 号（1989 年）287 頁
「仲裁手続と保全処分——判例の検討」

法学論集（関西大学）39巻4＝5号（1990年）355頁
「遺産確認の訴について」
　　　法学論集（関西大学）39巻6号（1990年）63頁
「既判力の主観的範囲に関する一考察」
　　　法学論集（関西大学）41巻3号（1991年）395頁
「仲裁手続における記録の閲覧について」
　　　法学論集（関西大学）41巻5＝6号（1992年）501頁
「仲裁による紛争解決と仲裁法上の主要問題」
　　　『紛争処理のメカニズム（関西大学経済・政治研究所研究双書第79冊）』（1992年）143頁
「仲裁判断の効力の主観的範囲について」
　　　菊地正教授還暦記念論文集（名城法学42巻別冊）（1992年）357頁
「訴訟脱退について」
　　　法学論集（関西大学）42巻3＝4号（1992年）469頁
「上訴制限について」
　　　法学論集（関西大学）43巻1＝2号（1993年）743頁
「当事者関連項目について（民事訴訟手続に関する改正要綱試案）」
　　　民商法雑誌110巻4＝5号（1994年）663頁
「仲裁可能性について」
　　　『ドイツ・日本問題研究Ⅱ（関西大学経済・政治研究所研究双書第88冊）』（1994年）342頁
「借入金による弁済と否認」
　　　法学論集（関西大学）45巻2＝3号（1995年）211頁
「独立当事者参加訴訟の審判規制」
　　　中野貞一郎先生古稀祝賀『判例民事訴訟法の理論(上)』（1995年・有斐閣）477頁
「戦後補償における訴訟法上の諸問題――いわゆる台湾人元日本兵・軍属戦死傷補償請求事件の検討を中心に」
　　　『ドイツ・日本問題研究Ⅲ（関西大学経済・政治研究所研究双書第95冊）』（1995年）135頁
「保全抗告の構造」
　　　中野貞一郎ほか編『民事保全講座2巻』（1996年・法律文化社）286頁
Internationale Schiedsgerichtsbarkeit in Japan, in:
　　　Peter Gottwald (Hrsg.), Internationale Schiedsgerichtsbarkeit, 1997, SS. 553-637, Gieseking-Verlag
「文書提出義務の範囲」
　　　松本博之＝宮崎公男編『講座新民事訴訟法Ⅱ』（1999年・弘文堂）33頁
「新民事訴訟法における文書提出義務の一局面」
　　　原井龍一郎先生古稀祝賀『改革期の民事手続法』（2000年・法律文化社）96頁
「民事訴訟法大正改正の経過と既判力の主観的範囲」
　　　鈴木正裕先生古稀祝賀『民事訴訟法の史的展開』（2002年・有斐閣）693頁

「仲裁人の独立性及び仲裁人の忌避に関する諸問題」
　　　仲裁研究会編『仲裁法試案改定案に関する調査研究』(2002年・産業研究所) 47頁
「証拠収集手続の拡充」
　　　ジュリスト1252号 (2003年) 21頁
「仲裁手続の非公開と情報保護」
　　　谷口安平先生古稀祝賀『現代民事司法の諸相』(2005年・成文堂) 395頁
「続審制と控訴審における裁判資料の収集」
　　　民事手続法研究2号 (2006年) 59頁
「いわゆる二重譲渡事例と権利主張参加について」
　　　井上治典先生追悼『民事紛争と手続理論の現在』(2008年・法律文化社) 190頁
「旧民事訴訟法187条3項の新設について」
　　　青山善充先生古稀祝賀『民事手続法学の新たな地平』(2009年・有斐閣) 1頁
「明示の一部請求訴訟棄却判決の既判力」
　　　法学雑誌 (大阪市立大学) 55巻3＝4号 (2009年) 691頁
「民事訴訟法と権利」
　　　早稲田大学大学院法学研究科編『法学研究の基礎——法と権利』(2011年) 213頁
「民事訴訟法319条〔旧401条〕の沿革について」
　　　栂善夫先生＝遠藤賢治先生古稀祝賀『民事手続における法と実践』(2014年・成文堂) 723頁
「上訴の不服再考」
　　　松本博之先生古稀祝賀『民事手続法制の展開と手続原則』(2016年・弘文堂) 635頁

4．判例批評等

「取消差戻の判決を得た控訴人と上告の利益等 (最判昭和45年1月22日民集24巻1号1頁)」
　　　民商法雑誌63巻4号 (1971年) 590頁 (小室直人と共同執筆)
「死者を被告と表示する訴における表示の訂正 (東京高判昭和45年1月20日下民集21巻1＝2号9頁)」
　　　法学雑誌 (大阪市立大学) 18巻4号 (1973年) 600頁
「相続財産の限度での支払を命ずる判決が確定した場合における判決の効力 (最判昭和49年4月26日民集28巻3号503頁)」
　　　法学雑誌 (大阪市立大学) 21巻3号 (1975年) 436頁
「訴訟代理人による附帯控訴権の放棄と特別授権の要否 (東京高判昭和48年2月23日高民集26巻1号78頁)」
　　　民商法雑誌72巻2号 (1975年) 357頁
「賃貸人の破産と管財人の解除権 (東京高判昭和36年5月31日下民集12巻5号1246頁)」
　　　新堂幸司ほか編『倒産判例百選 (別冊ジュリスト52号)』(1976年) 136頁
「訴訟代理権を授与された者が本人の死亡後にその者を原告と表示して提起した訴えの効力 (最判昭和51年3月15日判時814号11頁)」
　　　名城法学26巻2号 (1977年) 94頁

「建物引渡し土地明渡の確定判決を得ている土地所有権者が右判決の口頭弁論終結後に生じた事情を理由にして提起した建物収去土地明渡しの後訴について、訴の利益が認められた事例（最判昭和54年4月17日判時931号62頁）」
　　　　名城法学29巻3号（1980年）59頁
「当事者の変更と表示の訂正（大阪地判昭和29年6月26日下民集5巻6号949頁）」
　　　　石川明編『基本判例双書民事訴訟法』（1980年・同文舘）20頁
「当事者の変更（大阪高判昭和29年10月26日下民集5巻10号1787頁）」
　　　　石川明編『基本判例双書民事訴訟法』（1980年・同文舘）22頁
「民法上の組合の当事者能力（最判昭和37年12月18日民集16巻12号2422頁）」
　　　　石川明編『基本判例双書民事訴訟法』（1980年・同文舘）24頁
「住民団体の当事者能力（最判昭和42年10月19日民集21巻8号2078頁）」
　　　　石川明編『基本判例双書民事訴訟法』（1980年・同文舘）26頁
「上訴とともにする受継申立（大判昭和7年12月24日民集11巻22号2376頁）」
　　　　石川明編『基本判例双書民事訴訟法』（1980年・同文舘）206頁
「訴訟手続の受継と受継資格の争い（大判昭和14年12月18日民集18巻22号1534頁）」
　　　　石川明編『基本判例双書民事訴訟法』（1980年・同文舘）208頁
「執行官占有に関する事件（最判昭和34年8月28日民集13巻10号1336頁）」
　　　　中川淳編『判例辞典』（1983年・六法出版）437頁
「傷害保険管轄合意約款事件（札幌高決昭和45年4月20日下民集21巻3＝4号603頁）」
　　　　中川淳編『判例辞典』（1983年・六法出版）509頁
「任意的訴訟担当許容事件（最判昭和45年11月11日民集24巻12号1854頁）」
　　　　中川淳編『判例辞典』（1983年・六法出版）875頁
「占有移転禁止仮処分の効力（最判昭和46年1月21日民集25巻1号25頁）」
　　　　新堂幸司ほか編『基本判例からみた民事執行法』（1983年・有斐閣）364頁
「附帯控訴と不服の要否（BGH, Urt. v. 13. 5. 1974, ZZP 89, 199）」
　　　　名城法学32巻2号（1983年）144頁
「不当な引換給付判決と不服（BGH, Urt. v. 9. 12. 1981, NJW 1982, 1048）」
　　　　判例タイムズ482号（1983年）58頁
「執行抗告状が原裁判所以外の裁判所に提出された場合と裁判所のとるべき措置（最決昭和57年7月19日判時1051号57頁、最決昭和57年7月20日判時1052号66頁）」
　　　　名城法学33巻1号（1983年）118頁
「主たる当事者及びその補助参加人の控訴の訴訟上の単一性（BGH, Urt. v. 26. 3. 1982, NJW 1982, 2069）」
　　　　判例タイムズ504号（1983年）82頁
「離婚訴訟での全部勝訴者と附帯控訴による財産分与申立（最判昭和58年3月10日判時1075号113頁）」
　　　　民商法雑誌89巻5号（1984年）725頁
「主位的請求を棄却し予備的請求を認容した第一審判決に対し第一審被告のみが控訴した場合と控訴審判の対象（BGH, Urt. v. 29. 1. 1964, BGHZ 41, 38）」
　　　　名城法学33巻3号（1984年）173頁

「破産宣告により中断した訴訟の受継（最判昭和59年5月17日判時1119号72頁）」
　　　名城法学34巻2号（1985年）127頁
「固有必要的共同訴訟人の一部の上訴の効力（最判昭和60年4月12日集民144号461頁）」
　　　民商法雑誌93巻2号（1985年）273頁
「起業者に対する損失補償等の訴えを収用委員会に対する土地収用裁決の取消しの訴えに変更することが不適法であるとされた事例（東京高判昭和60年6月25日判時1172号30頁）」
　　　判例評論328号（判例時報1186号）（1986年）200頁
「借入資金による弁済と否認（大阪高判昭和61年2月20日判時1202号55頁）」
　　　新堂幸司ほか編『新倒産判例百選（別冊ジュリスト106号）』（1990年）76頁
「遺産分割協議成立前の相続人の共有物分割の訴えの適否（東京高判平成2年5月21日判時1352号69頁）」
　　　私法判例リマークス3号（1991年）131頁
「死者を当事者とする訴訟（大判昭和11年3月11日民集15巻977頁）」
　　　新堂幸司ほか編『民事訴訟法判例百選Ⅰ（別冊ジュリスト114号）』（1992年）80頁
「上訴の利益（最判昭和31年4月3日民集10巻4号297頁）」
　　　新堂幸司ほか編『民事訴訟法判例百選Ⅱ（別冊ジュリスト115号）』（1992年）394頁
「手形債権者・債務者間で手形金債務不存在確認請求訴訟が係属中、右手形債権者が別個に手形訴訟による手形金請求訴訟を提起することと二重起訴の禁止（東京地判平成3年9月2日判時1417号124頁）」
　　　判例評論405号（判例時報1430号）（1992年）187頁
「動産売買先取特権に基づく物上代位権者の優先弁済権（最判昭和62年4月2日判時1248号61頁）」
　　　竹下守夫＝伊藤眞編『民事執行法判例百選（別冊ジュリスト127号）』（1994年）162頁
「訴え却下の判決に対する控訴審において訴えの変更が許されるとされた事例（最判平成5年12月2日判時1486号69頁）」
　　　判例評論430号（判例時報1506号）（1994年）191頁
「自らの行為によって訴えの利益を消滅させた原告が訴えの却下を求めてした上告と上訴権の濫用（最判平成6年4月19日判時1504号119頁）」
　　　『平成6年度重要判例解説（ジュリスト1068号）』（1995年）130頁
「配当表に債権者として記載されていない者と配当異議の訴え（最判平成6年7月14日民集48巻5号1109頁）」
　　　私法判例リマークス11号（1995年）146頁
「民訴法420条1項6号に該当する事由を再審事由とし、かつ、同条2項の適法要件を主張する再審の訴えは、その対象となった原判決の証拠とされた文書の偽造等に係る公訴権の時効消滅等が原判決の確定前に生じた場合であっても、右文書の偽造等につき有罪の確定判決を得ることを可能とする証拠が原判決の確定後に収集されたものであるときは、同条1項ただし書により排斥されることはないとされた事例（最判平成6年10月25日判時1516号74頁）」
　　　判例評論439号（判例時報1534号）（1995年）210頁
「自らの行為によって訴えの利益を消滅させた原告が訴えの却下を求めてした上告と上訴権

の濫用（最判平成6年4月19日判時1504号119頁）」
　　　　法学論集（関西大学）45巻4号（1995年）264頁
「①督促手続における債務者以外の第三者による独立当事者参加の申立ての適否、②債務者以外の第三者による支払命令に対する異議申立ての適否（①仙台高決平成8年6月14日判時1583号69頁、②仙台高決平成8年6月17日判時1583号69頁）」
　　　　判例評論460号（判例時報1597号）（1997年）228頁
「文書提出義務に関する判例について(1)」
　　　　法学論集（関西大学）47巻5号（1997年）798頁
「死者を当事者とする訴訟」（大判昭和11年3月11日民集15巻977頁）
　　　　新堂幸司ほか編『民事訴訟法判例百選Ⅰ〔新法対応補正版〕（別冊ジュリスト145号）』（1998年）80頁
「上訴の利益」（最判昭和31年4月3日民集10巻4号297頁）
　　　　新堂幸司ほか編『民事訴訟法判例百選Ⅱ〔新法対応補正版〕（別冊ジュリスト146号）』（1998年）406頁
「文書提出義務に関する判例について(2)」
　　　　法学論集（関西大学）47巻6号（1998年）914頁
「文書提出義務に関する判例について(3)」
　　　　法学論集（関西大学）48巻1号（1998年）71頁
「文書提出義務に関する判例について(4)」
　　　　法学論集（関西大学）48巻2号（1998年）415頁
「建物の賃料債権の差押えの効力が発生した後に建物を譲り受けた者が賃貸人の地位の移転に伴う賃料債権の取得を差押債権者に対抗することの可否（最判平成10年3月24日民集52巻2号399頁）」
　　　　私法判例リマークス18号（1999年）136頁
「明示的一部請求訴訟の訴訟物・判決効（①最判平成10年6月12日民集52巻4号1147頁、②最判平成10年6月30日民集52巻4号1225頁）」
　　　　『平成10年度重要判例解説（ジュリスト1157号）』（1999年）122頁
「文書提出義務に関する判例について(5)」
　　　　法学論集（関西大学）48巻2＝3号（1999年）367頁
「遺産分割の審判の対象となった物件の一部がその後の判決によって遺産でないとされた場合において、その余の物件に対する前の審判による分割が有効とされた事例（名古屋高決平成10年10月13日判時1674号80頁）」
　　　　判例評論493号（判例時報1697号）（2000年）200頁
「銀行の貸出稟議書と民訴法220条4号ハ所定の『専ら文書の所持者の利用に供するための文書』（最決平成11年11月12日民集53巻8号1787頁）」
　　　　私法判例リマークス21号（2000年）130頁
「借入金による弁済と否認（最判平成5年1月25日民集47巻1号344頁）」
　　　　青山善充ほか編『倒産判例百選〔第3版〕（別冊ジュリスト163号）』（2004年）58頁
「信用組合の貸出稟議書が『専ら文書の所持者の利用に供するための文書』に当たるとはいえない特段の事情があるとされた事例（最決平成13年12月7日民集55巻7号1411頁）」

私法判例リマークス26号（2003年）130頁
「旧民訴法70条（現行46条）所定の効力が及ぶ判決理由中でなされた事実の認定や先決的権利関係の存否についての判断とは、判決の主文を導き出すために必要な主要事実に係る認定及び法律判断などをいうとされた事例（最判平成14年1月22日判時1776号67頁）」
　　　判例評論532号（判例時報1815号）（2003年）182頁
「入会団体の当事者適格（最判平成6年5月31日民集48巻4号1065頁）」
　　　伊藤眞ほか編『民事訴訟法判例百選〔第3版〕（別冊ジュリスト169号）』（2003年）24頁
「必要的共同訴訟と上訴（最判平成12年7月7日民集54巻6号1767頁）」
　　　伊藤眞ほか編『民事訴訟法判例百選〔第3版〕（別冊ジュリスト169号）』（2003年）212頁
「民事訴訟法220条4号ハ・ニの文書の提出義務（最判平成16年11月26日民集58巻8号2393頁）」
　　　『平成16年度重要判例解説（ジュリスト1291号）』（2005年）129頁
「借地上に建物を所有する土地の賃借人が、賃貸人から提起された建物収去土地明渡請求訴訟認容判決が確定しても、借地法4条2項（現行借地借家法13条1項・3項）所定の建物買取請求権は、同判決の既判力によって遮断されない（最判平成7年12月15日民集49巻10号3051頁）」
　　　伊藤眞ほか編『民事執行・保全判例百選（別冊ジュリスト177号）』（2005年）36頁
「借入金による弁済と否認（最判平成5年1月25日民集47巻1号344頁）」
　　　青山善充ほか編『倒産判例百選〔第4版〕（別冊ジュリスト184号）』（2006年）54頁
「信用組合の貸出稟議書が民訴法（平成13年法律第96号による改正前のもの）220条4号ハ所定の『専ら文書の所持者の利用に供するための文書』に当たるとはいえない特段の事情があるとされた事例（最決平成13年12月7日民集55巻7号1411頁）」
　　　金融・商事判例1311号（2009年）36頁
「文書提出命令(1)——自己専利用文書（最判平成11年11月12日民集53巻8号1787頁）」
　　　高橋宏志ほか編『民事訴訟法判例百選〔第4版〕（別冊ジュリスト201号）』（2010年）146頁
「特別抗告の理由として形式的には憲法違反の主張があるが実質的には法令違反の主張にすぎない場合に原裁判所が特別抗告を却下することの可否（最判平成21年6月30日判時2052号48頁）」
　　　私法判例リマークス41号（2010年）118頁
「請求異議の訴え——建物買取請求権（最判平成7年12月15日民集49巻10号3051頁）」
　　　上原敏夫ほか編『民事執行・保全判例百選〔第2版〕（別冊ジュリスト208号）』（2012年）36頁
「文書提出命令(2)——自己利用文書（最判平成11年11月12日民集53巻8号1787頁）」
　　　高橋宏志ほか編『民事訴訟法判例百選〔第5版〕（別冊ジュリスト226号）』（2015年）146頁

5. 学会報告等

「附帯控訴と不服の要否」第53回民事訴訟法学会大会（1983年）における報告（民事訴訟雑誌30号〔1984年〕1頁）

「座談会 仮差押え・仮処分制度の実情と問題点――実務法曹をかこんで」判例タイムズ563号（1985年）154頁

「仲裁法の動き」産業セミナー（1991年）における講演（関西大学経済・政治研究所『第111回産業セミナー』1頁）

「検討事項一三 上訴について」関西大学法学研究所第6回現代法セミナー（1993年）「民事訴訟法改正の諸問題」における報告（ノモス〔関西大学法学研究所〕4号〔1993年〕104頁）

「日本における民事訴訟法改正」漢陽大学法科大学・関西大学法学部・関西大学法学研究所友好シンポジウム「韓国および日本における法改正の動向」（1998年4月21日・22日）における報告（ノモス〔関西大学法学研究所〕9号〔1998年〕47頁）

「戦後日本の民事訴訟法学説における紛争解決の観念」第69回日本民事訴訟法学会大会（1999年）「日本民事訴訟法学会50周年記念シンポジウム」における報告（民事訴訟雑誌46号〔2000年〕110頁）

「新民事訴訟法と判決効」第71回日本民事訴訟法学会大会（2001年）シンポジウム「新民事訴訟法における理念と実務」における報告（民事訴訟雑誌48号〔2002年〕120頁）

「座談会 新仲裁法の理論と実務」（2004年5月）（ジュリスト1267号〔2004年〕146頁、1268号〔2004年〕172頁）

「続審制と控訴審における裁判資料の収集」第76回日本民事訴訟法学会大会（2006年）シンポジウム「上訴の理論的再検討」における報告（民事訴訟雑誌53号〔2007年〕127頁）

6. 解　　説

斎藤秀夫＝小室直人編『民事訴訟法の基礎』（1975年・青林書院）「当事者の確定」；「氏名冒用訴訟」；「任意的当事者変更」；「死者に対する訴訟」；「訴訟費用の裁判」；「不利益変更禁止の原則」の解説

上谷清ほか編『強制執行・競売の基礎』（1977年・青林書院）「執行文付与申請と債権者代位」の解説

小室直人編著『民事訴訟法講義』（1978年・法律文化社）「統治行為論について」ほか39項目の「註」の執筆

「当事者の変更」三ケ月章＝青山善充編『民事訴訟法の争点（ジュリスト増刊・法律学の争点シリーズ5）』（1979年）74頁

住吉博ほか編『司法試験シリーズ 民事訴訟法』（1980年・日本評論社）「任意的当事者変更と訴訟承継の差異」；「訴訟の承継人の地位」；「訴訟手続における当事者の交替」の解説

「執行文付与申請と債権者代位」藤田耕三ほか編『民事執行法の基礎』（1983年・青林書院）29頁

「上訴の利益」法学教室39号（1983年）53頁

石川明ほか編『民事調停法』（1985年青林書院）「調停における合意の解除」；「調停取消の

「訴え」の解説

「独立当事者参加」林屋礼二ほか編『民事訴訟法ゼミナール』（1985年・有斐閣）334頁

「独立参加訴訟における一当事者のみの上訴」小山昇ほか編『演習民事訴訟法』（1987年・青林書院）730頁

「申立ての取下げ」ジュリスト969号（1990年）194頁

「一般の財団債権」石川明ほか編『破産・和議の実務と理論』（判例タイムズ830号〔1990年〕）282頁

『ドイツにおける仲裁法の1986年改正について』（1991年・国際商事仲裁協会）

小島武司編『裁判キーワード』（1993年・有斐閣）「人事訴訟」;「非訟事件手続」;「裁判外紛争処理」;「調停」;「仲裁」の解説

鈴木重勝＝井上治典編『司法試験シリーズ 民事訴訟法Ⅰ〔第3版〕』（1995年・日本評論社）「当事者の変更（訴訟手続における当事者の交替）」の解説

宮脇幸彦＝林屋礼二編『民事手続法辞典(上)』（1995年・きんざい）「移審の効力」;「確定遮断の効力」の解説

宮脇幸彦＝林屋礼二編『民事手続法辞典(中)』（1995年・きんざい）「事実審・法律審」;「上訴」;「上訴期間」;「上訴権の放棄」;「上訴権の濫用」;「上訴の効力」;「上訴の要件」;「上訴の利益」の解説

宮脇幸彦＝林屋礼二編『民事手続法辞典(下)』（1995年・きんざい）「不上訴の合意」の解説

「裁判外紛争処理とその実効性確保」小島武司＝伊藤眞編『裁判外紛争処理法』（1998年・有斐閣）185頁

「上告——上告理由について」法学教室208号（1998年）36頁

「民事訴訟の流れと基本構造」法学教室211号（1998年）23頁

「執行力の主観的範囲」青山善充＝伊藤眞編『民事訴訟法の争点〔第3版〕（ジュリスト増刊・法律学の争点シリーズ5）』（1998年）250頁

「法定訴訟担当」鈴木重勝＝上田徹一郎編『基本問題セミナー民事訴訟法』（1998年・一粒社）80頁

小島武司編『裁判キーワード〔新版〕』（1998年・有斐閣）「人事訴訟」;「非訟事件手続」;「裁判外紛争処理」;「調停」;「仲裁」の解説

高木新二郎ほか編『倒産法実務事典』（1999年・きんざい）「会社更生手続の概要」;「弁済禁止の保全処分」の解説

「証明責任」法学教室267号（2002年）14頁

「既判力の客観的範囲」法学教室282号（2004年）11頁

「平成15年民事訴訟法改正のあらまし」受験新報636号（2004年）76頁

鎌田薫ほか編『民事法Ⅲ 債権各論』（2005年・日本評論社）「和解契約の効力【2】【4】」;「不当利得と転用物訴権【2】」の解説

「弁論主義」伊藤眞＝山本和彦編『民事訴訟法の争点（ジュリスト増刊・新法律学の争点シリーズ4）』（2009年）132頁

山本克己ほか編『新破産法の理論と実務』（2010年・判例タイムズ社）「執行行為の否認」;「転得者に対する否認」（杉本和士と共同執筆）;「借入金による弁済の否認」の解説

鎌田薫ほか編『民事法Ⅲ 債権各論〔第2版〕』（2010年・日本評論社）「和解契約の効力【2】

【4】」;「不当利得と転用物訴権【2】」の解説
「上訴の利益」長谷部由起子ほか編『基礎演習民事訴訟法』(2010年・弘文堂) 283頁
「上訴の利益」長谷部由起子ほか編『基礎演習民事訴訟法〔第2版〕』(2013年・弘文堂) 290頁

7. 紹介・翻訳ほか

「(紹介) Dölle, H., Zum Wesen der Gestaltungsklagrechte, Festschrift für Eduard Bötticher zum 70. Geburtstag, 1969」法学論叢 (京都大学) 89巻5号 (1971年) 94頁

「(紹介) Ohndorf, W., Die Beschwer und die Geltendmachung der Beschwer als Rechtsmittelvoraussetzungen im deutschen Zivilprozeßrecht, Schriften zum Prozessrecht Bd. 28, 1972」名城法学25巻4号 (1976年) 111頁; 26巻1号 (1976年) 92頁

「(紹介) Klamaris, N., Das Rechtsmittel der Anschlußberufung, Juristische Studien Bd. 57, 1975」名城法学28巻3=4号 (1979年) 143頁

「(紹介) Gilles, P., Rechtsmittel im Zivilprozeß, 1972」民事訴訟雑誌25号 (1979年) 271頁

「(紹介) Gilles, P., Anschließung, Beschwer, Verbot der reformatio in peius und Parteidispositionen über die Sache in höherer Instanz, ZZP 91 (1978), 128 ff., ZZP 92 (1979), 152 ff.」名城法学30巻2号 (1980年) 131頁

「(紹介) Baur, F., Der schiedsrichterliche Vergleiche, Schriftenreihe der Neuen Juristischen Wochenschrift Heft 17, 1971」名城法学34巻2号 (1985年) 141頁

「(紹介) Brinkmann, G., Schiedsgerichtsbarkeit und Maßnahmen des einstweiligen Rechtsschutzes, Schriften zum Prozessrecht, Bd. 54, 1977」法学論集 (関西大学) 39巻3号 (1989年) 198頁

「(紹介) Erman, W., Eilmaßnahmen aus §§117, 127 HGB und Schiedsvertrag, Festschrift für Philipp Möhring zum 65. Geburtstag, 1965; Schwab, K. H., Einstweiliger Rechtsschutz und Schiedsgerichtsbarkeit, Festschrift für Fritz Baur, 1981」法学論集 (関西大学) 40巻1号 (1990年) 157頁

「1989年学界回顧 民事訴訟法」法律時報61巻14号 (1989年) 124頁

「仮差押・仮処分法上の諸問題に関する実態調査レポート (その2) ——名古屋・大阪・那覇の地裁、法務局での調査(1)(2・完)」民商法雑誌101巻2号 (1989年) 289頁 (徳田和幸・玉城勲と共同執筆); 101巻3号 (1989年) 448頁 (徳田和幸・玉城勲と共同執筆)

「(書評) 小山昇著『仲裁の研究』」ジュリスト988号 (1991年) 108頁

「(翻訳) ペーター・ゴットヴァルト『ドイツの法学教育』」『ドイツ・日本問題研究 I (関西大学経済・政治研究所研究双書第85冊)』(1992年) 139頁

「(翻訳) ペーター・ゴットヴァルト『ドイツ民法及びドイツの権利保護制度入門』」関西大学法學會誌38号 (1993年) 110頁

「國府先生と私」『國府剛先生送別文集〔関西大学法學會誌51号〕』(2006年) 6頁

あとがき

　上野泰男先生は、長年にわたって民事手続法のご研究に専心されてこられました。ご研究の対象は、当事者論、証拠収集論、判決効論、上訴論といった民事訴訟法の諸領域にとどまらず、民事保全法、民事執行法、倒産法、仲裁法といった分野にまで及んでおります。そのすべてが、制度の根幹にまで立ち入って考え抜かれた深い思索に基づいたものです。そこで先生に献呈させていただく古稀祝賀論文集の書名を『現代民事手続の法理』としまして、先生の研究姿勢に倣わせていただこうと考えました。

　本論文集の企画に当たりまして、先生の謦咳に直接接しました民事手続法研究者の方々にご執筆をお願いしたところ、まさに第一線で活躍されている多くの先生方からご寄稿をいただくことができました。大変お忙しい中、ご論考をお寄せいただいた先生方に感謝申し上げる次第です。

　また、本論文集の出版をお引き受けいただいた株式会社弘文堂にも心からお礼申し上げます。ことに同編集部の北川陽子さんには、企画の段階からさまざまなご提案をいただき、出版に至るまで献身的に協力して下さったことを感謝申し上げます。さらに上野先生の経歴、著作目録の作成に当たって、ご尽力いただいた福島大学の金炳学先生、早稲田大学大学院法学研究科博士後期課程の宮下摩維子さんにも心からお礼申し上げます。

編集委員一同
加藤哲夫
本間靖規
髙田昌宏

〔編集委員〕
加藤哲夫 早稲田大学法学学術院教授
本間靖規 早稲田大学法学学術院教授
髙田昌宏 早稲田大学法学学術院教授

現代民事手続の法理
── 上野泰男先生古稀祝賀論文集

2017（平成29）年4月30日　初版1刷発行

編集委員	加藤哲夫・本間靖規・髙田昌宏
発行者	鯉渕　友南
発行所	株式会社 弘文堂　101-0062　東京都千代田区神田駿河台1の7
	TEL 03(3294)4801　振替 00120-6-53909
	http://www.koubundou.co.jp
装　丁	笠井亞子
印　刷	三陽社
製　本	牧製本印刷

Ⓒ 2017 Printed in Japan

[JCOPY] 〈(社)出版者著作権管理機構 委託出版物〉
本書の無断複写は著作権法上での例外を除き禁じられています。複写される場合は、そのつど事前に、(社)出版者著作権管理機構（電話 03-3513-6969、FAX 03-3513-6979、e-mail: info@jcopy.or.jp）の許諾を得てください。
また本書を代行業者等の第三者に依頼してスキャンやデジタル化することは、たとえ個人や家庭内での利用であっても一切認められておりません。

ISBN 978-4-335-35705-3

民事訴訟法［第8版］

松本博之・上野泰男＝著

民事訴訟法の全体が正確に理解できる体系書の決定版。新しい訴訟手続である「消費者裁判手続特例法」の概要を簡潔に解説するとともに、旧版以降に出現した新判例をできる限り取り上げ、その傾向を明示。重要な判例、学説・文献を徹底してフォローし、裁判動向等を詳細に分析・検討の上、盛り込んだ内容充実の最新版。　6500円

民事手続法制の展開と手続原則

松本博之先生古稀祝賀論文集

編集委員▶徳田和幸・上野泰男・本間靖規・髙田裕成・髙田昌宏

民事訴訟法理論の発展に大きな足跡を残してこられた松本博之先生の古稀を祝し、33人の日本人研究者および5人のドイツ人研究者が、民事手続法の根源的なテーマに果敢に挑んだ論文集。手続原則から立法、判例、学説の展開を検証する研究者・実務家必読の書。13000円

民事手続法の現代的課題と理論的解明

徳田和幸先生古稀祝賀論文集

山本克己・笠井正俊・山田文▶編

民事手続法分野の多岐にわたり数々の秀でた業績を残してこられた徳田和幸先生の古稀を祝し、わが国を代表する研究者46名が、批判的精神と論理的思惟をもって現代の重要課題に対峙する。学理的に強固な基盤の上に現代的課題の解決への道筋を示す論文集。15000円

＊定価（税抜）は、2017年4月現在のものです。